北京石景山年鉴(2015)

Beijing Shijingshan Nianjian(2015)

北京市石景山区人民政府 主办
北京市石景山区地方志办公室 承编

中华书局

图书在版编目（CIP）数据

北京石景山年鉴. 2015/北京市石景区地方志办公室编.
—北京：中华书局，2015.10
ISBN 978—7—101—11260—3

Ⅰ. 北…　Ⅱ. 北…　Ⅲ. 石景山区—2015—年鉴
Ⅳ. Z521.3

中国版本图书馆 CIP 数据核字（2015）第 237516 号

责任编辑：朱　慧

北京石景山年鉴 2015
《北京石景山年鉴》地方志办公室 编
*
中 华 书 局 出 版
（北京市丰台区太平桥西里 38 号　100073）
http://www.zhbc.com.cn
E-mail:zhbc@zhbc.com.cn
廊坊市金虹宇印务有限公司印刷
*
889×1194　1/16　39.25 印张　40 插页　1 463 千字
2015 年 11 月第 1 版　2015 年 11 月第 1 次印刷
印数：2500 册　定价：260.00 元

ISBN 978—7—101—11260—3

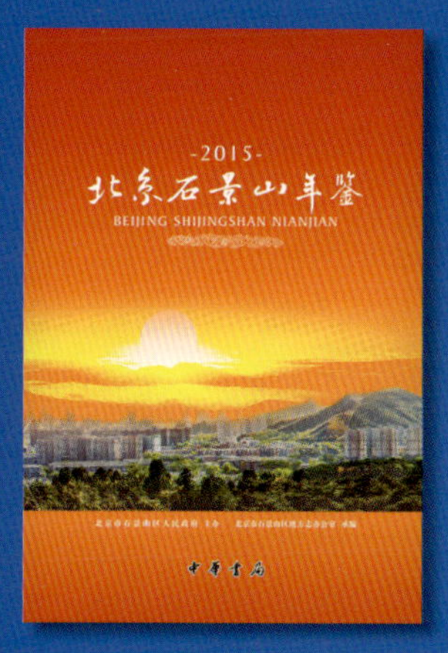

地址

北京市石景山区
八角西街27号

电话

010-68883642

传真

010-68880579

邮编

100043

电子信箱

sjsqzb@126.com

《北京石景山年鉴》编纂委员会

《北京石景山年鉴》编辑部

特约编辑

（按姓氏笔画为序）

编纂说明

一、《北京石景山年鉴》是石景山区人民政府主办、区地方志办公室按年编纂、连续出版的大型综合性、权威性、资料性工具书。

二、年鉴以邓小平理论、“三个代表”重要思想和科学发展观为指导，深入贯彻习近平总书记系列重要讲话，特别是考察北京工作时的重要讲话精神，围绕石景山区“全面深度转型　高端绿色发展”战略，遵循实事求是原则，力求科学、客观、全面、系统记录石景山区经济和社会发展的基本情况，体现时代特征、地区特点、行业特色。旨在为社会各界了解、研究石景山区提供基本资料，同时为修编《北京市石景山区志》积累史料。

三、年鉴收录范围以地域为界，凡在石景山区境域之内的部门单位、各行各业，不论其性质、隶属关系和级别，均在收录之列。本卷以详记区属各系统、各单位情况为主，适当记述辖区内中央、市属单位情况，既突出主题又概括全貌。

四、年鉴所收录资料信息的主要形式为文字（文章和条目）、数据（表格）、图片，采用分级分类编纂法，以条目体为主，用规范的语体文直陈其事，文字力求言简意赅。按栏目、分目、次分目、条目四级结构层次编排。

五、为突出年度区域特色，本卷增设金融类目。分为：总述、特载、专文、大事记、中共石景山区委员会、石景山区人民代表大会、石景山区人民政府、政治协商会议石景山区委员会、纪检·监察、民主党派·工商联、人民团体、政法、军事、综合经济管理、财政·税务、金融、中央市属驻区企业、商业贸易、旅游业、规划建设、城市管理、科学技术、教育、文化·传媒、医疗卫生、体育、社会事业、社会建设、先进、统计资料、附录等32个类目。按政治、经济、文化、社会的顺序，依次排列。共分栏目32个，分目137个，次分目206个，条目2231个，彩页108幅、图片169张、图表15个。全书总计约146万字。

六、《北京石景山年鉴》从2006年开始逐年编纂。2012年始，版式改为国际大16开，图片进条目正文。2015卷为总第11卷。其内容记述时限均为2014年1月1日至12月31日，本卷中凡未注明年份的事物，均为2014年内所发生。各级负责人任职情况，一律以2014年12月31日在册统计为准。

七、本鉴所用文章和条目，部分由区属各部门和驻区有关单位确定专人撰写或提供，并经撰稿单位主管领导审核。综合性统计资料由区统计局提供，业务部门的统计数字则由各主管部门提供。随文图片以各单位提供为主，编辑部提供为辅。

八、本鉴卷首有“总目”和“目录”，卷尾有“索引”。索引采用主题分析法，按主题词首字汉语拼音字母顺序排列。“总目”采用中英文对照，便于涉外交流。

九、本鉴在编辑出版工作中，得到全区各单位及各方面的大力支持和配合，也得到中国版协年鉴工作委员会、市志办领导和专家的悉心指导，在此谨表诚挚谢意，同时希望进一步得到关注和帮助。年鉴中存在的疏漏讹误之处，恳请读者批评指正。

编　者

2015年11月

北京石景山年鉴

2015·BEIJING SHIJINGSHAN NIANJIAN

数字石景山

区域总面积 85.74平方千米

常住人口 65.0万人

户籍人口 38.0万人

绿化覆盖率51.16%

建筑业总产值460.2亿元

登记失业率2.35%

学校（幼儿园、小学、中学）、文化事业机构、卫生机构个数及对应人数

幼儿园48所
在园幼儿数13409人

小学31所
在校学生数23479人

普通中学27所
在校学生数14715人

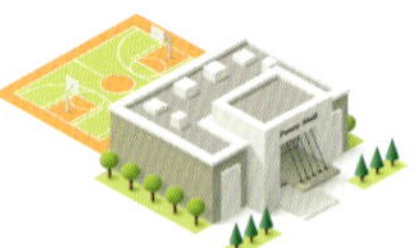
职业高中3所
在校学生数1371人

高考本科录取率88.5%

文化事业机构147个
文化事业人员数量326人

卫生机构 215个
卫生工作人员数量 9685人

科技专利申请量3119项
（2013年2160项）

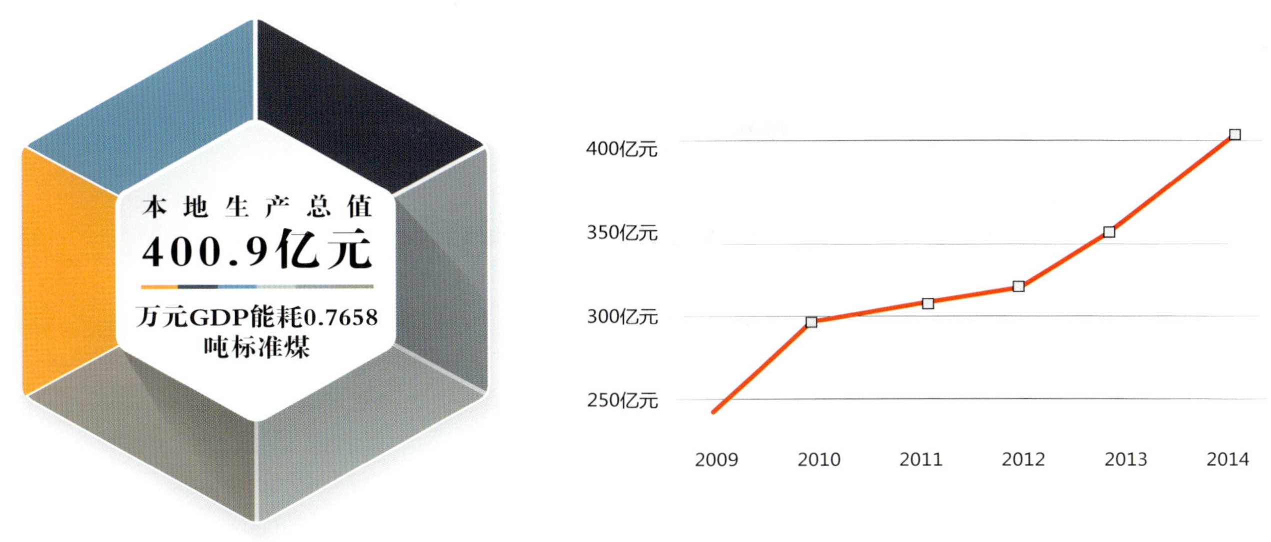

1、财政收入、财政支出总计(2009-2014)

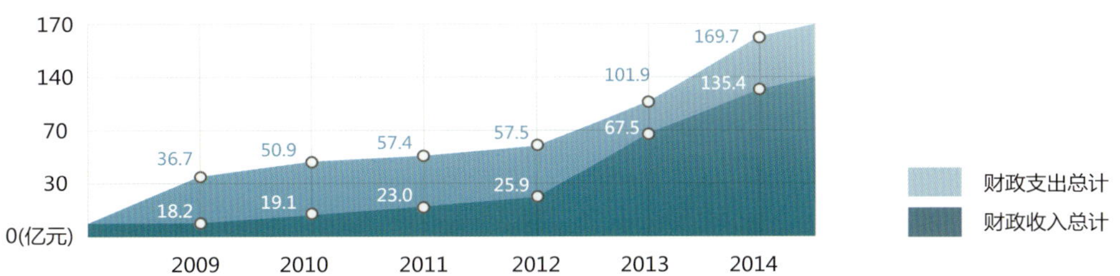

2、全社会固定资产投资完成额(2009-2014)

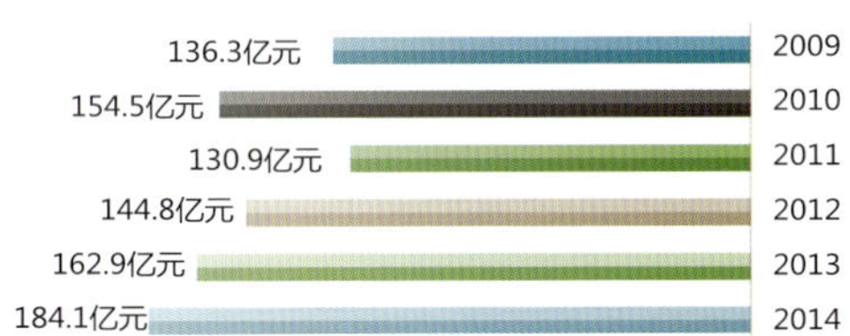

3、社会消费品零售总额(2009-2014)

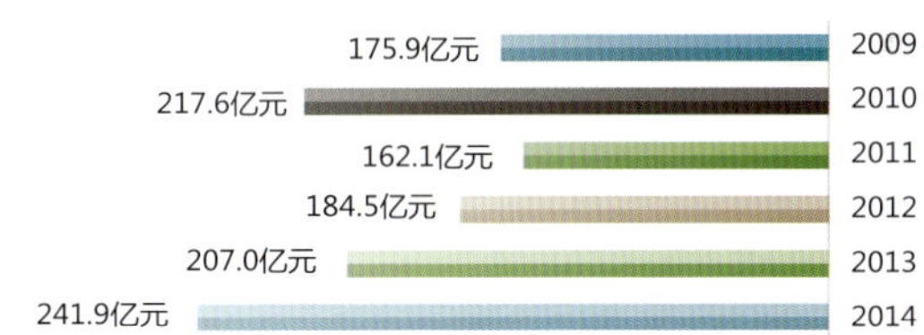

4、第三产业增加值

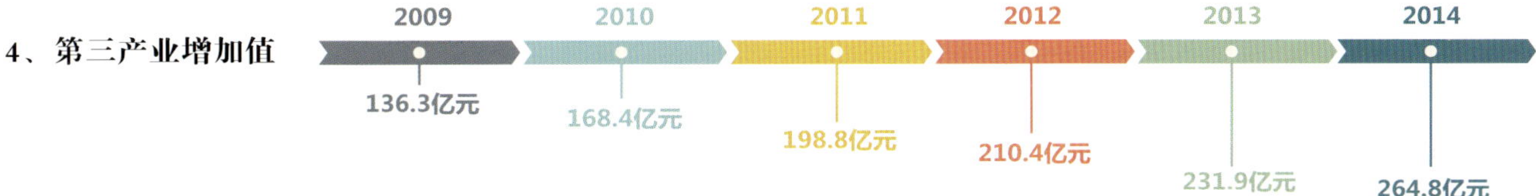

5、第二、三产业占比 33.9:66.1

6、规模以上文化创意产业收入合计333.5亿元

7、旅游业营业收入441542万元

9月16日，中共中央政治局委员、北京市委书记郭金龙调研石景山区城市管理体制改革工作

7 月 23 日，北京市委副书记、市长王安顺到大唐高井热电厂调研

5 月 27 日，区委书记牛青山与区少年儿童共庆“六一”

1 月 14 日，区人大常委会主任赵玉民慰问优抚对象

1 月 21 日，区长夏林茂春节前夕慰问全国五一劳动奖章获得者贾树庆及保安队员

5 月 27 日，区政协主席岳德顺视察广发银行

2月14日，石景山区召开深入开展群众路线教育实践活动动员大会

3月8日，石景山区级领导班子集中学习

3月13日，市委常委、宣传部部长、市委教育实践活动第六督导组组长李伟到八角街道办事处调研

3月12日，区委书记牛青山为党员干部讲党课

3月20日，区长夏林茂为党员干部讲党课

4月24日，石景山区党的群众路线教育实践活动征求意见座谈会

12月31日，区委十一届十次全会（扩大）会议召开

1月7—10日，区十五届人大四次会议召开

1月6-8日，区政协第九届委员会第三次会议召开

3月5日，区政府全体会议

1 月 29 日，区纪委第五次全会暨全区党风廉政建设和反腐败工作会议

3 月 12 日，石景山区党风廉政建设责任书签订仪式

10月28日，石景山区学习宣传贯彻党的十八届四中全会精神

3月14日，2014年第二期处级干部轮训班结业式

11月5日，石景山区2014年第二次四套班子联席会，研讨八个高端体系建设

8月22日，石景山区促进八个高端体系建设座谈会

9月11日，石景山区“发挥老同志作用，推进八个高端体系建设”座谈会

4 月 9 日，区四套班子领导到首钢交流座谈

12 月 25 日，北京保险产业园基础设施开工

4 月 1 日，中国人民银行副行长李东荣到石景山区调研

11 月 17 日，加快西部地区转型发展，推进“世界侨商创新中心”建设战略合作协议签署仪式暨中国侨商会首钢行活动举行

1月13日，石景山区领导与中国海外发展有限公司领导座谈会召开，并签约战略合作协议

11月28日，中关村科创高新技术转移促进会成立

6月1日，石景山区参加第三届京交会北京主题日项目签约活动

光大银行信用卡中心

建设中的银河商务区

建设中的西十筒仓项目

9月26日，第三届光影文化季暨首钢灯光秀活动

10月25日“碧水绿道，骑迹畅游”莲石湖旅游项目落地启动

4月28日，八大处中国园林茶文化节开幕

1 月，游乐园迎春洋庙会

9 月 6 日，2014 京西消费节开幕式

5 月 28 日，世界旅游城市体验中心举办“惠灵顿城市推介会”

6月20日，石景山区城市综合管理体制改革推进大会

10 月 21 日，石景山区社会秩序综合治理“亮剑行动”誓师动员大会

五里坨街道办事处开展“亮剑行动”

对大排档进行检查

模式口地区环境整治

拆除重聚园地区违章建筑

10 月 16 日，石景山区首个移动综合执法车亮相万达广场

建设中的苹果园交通枢纽

修缮后的工疗路

7月25日，高井热电厂燃煤机组关停

8月，衙门口垃圾转运站东配楼竣工

建设中的西北热电中心

阜石路

“山猫”除雪车进行除雪作业

小广告冲刷队队员冲洗桥面广告

苹果园地区

五里坨安置房 C 区全貌

莲石湖畔的保障性住房

远眺民俗大院

五里坨安置房小区绿化

绿色莲石湖

绿色莲石湖

石景山路

群明湖畔

石景山游乐园

鲁谷路绿化

4月28日，信访工作会暨信访工作代理制培训会

5月12日，石景山区职康残疾人服务站成立

4月29日，在北京国际雕塑公园举办“五一”表彰大会

12月29日，八角街道养老照料中心（英智康复）成立

2月20日，石景山区教育战略合作签约仪式

5月28日，北京市石景山区实验教育集团正式挂牌成立

9月1日，京源学校莲石湖分校开学

12月3日，大学生创业精英培训班暨创业沙龙

6月16日，公益星志愿服务队揭牌仪式

9 月 29 日，石景山区重阳诗歌会

6 月 30 日，北京朝阳医院西院医联体签约仪式

9 月 28 日，舞动北京舞蹈大赛

8 月 8 日，石景山区首届“双拥杯”篮球赛决赛在石景山体育馆举行

6 月 13 日，国家级非遗项目“石景山太平鼓”表演

10 月 12 日，第二十九届石景山区金秋体育盛会山地车挑战赛在老山休闲城市公园举行

5月17日，古城之春艺术节开幕

4月2日，清明诗会国际雕塑园分会场

五里坨民俗大院

5月17日，市委书记郭金龙到首钢展台参观视察，了解海水淡化情况

京唐公司首次实现扭亏为盈，并保持良好势头，盈利水平不断提高

4月17-18日，市长王安顺、副市长张工到首钢京唐公司调研慰问干部职工

首钢领导靳伟到西十筒仓施工现场检查安全工作

4 月 26 日，首钢党委中心组走进北京经济技术开发区（亦庄）进行集体学习

首钢北京园区开发找准定位稳步推进

8 月 22—23 日，“2014‘转型发展·钢铁强国之路’高峰论坛暨京津冀协同发展首钢实践研讨会”在北京举行

驻京中外知名企业投资首钢行活动在文馆举行

首钢领导干部周末大讲堂

首钢高端产品同比增长

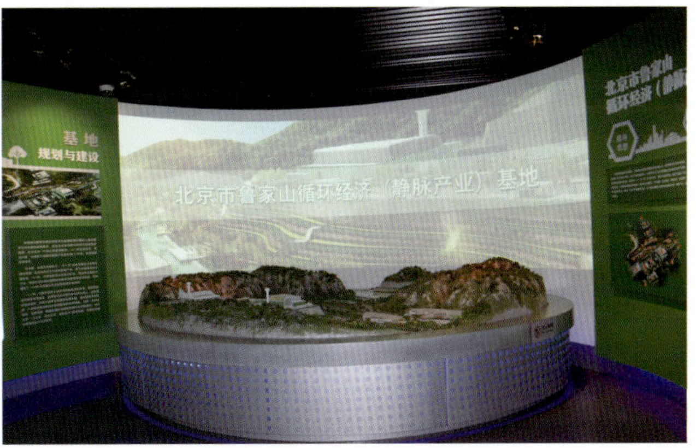

首钢生物质能源项目成功并网发电

总　目

总述 ……………………………………………… 1
特载 ……………………………………………… 5
专文 ……………………………………………… 35
大事记 …………………………………………… 59
中共石景山区委员会 …………………………… 63
区委重要会议 ………………………………… 64
主要工作和重大活动 ………………………… 70
区委日常事务 ………………………………… 78
组织建设 ……………………………………… 78
宣传教育 ……………………………………… 84
精神文明建设 ………………………………… 87
统一战线 ……………………………………… 89
对台事务 ……………………………………… 90
决策研究 ……………………………………… 92
机构编制管理 ………………………………… 93
老干部管理 …………………………………… 94
保密 …………………………………………… 96
直属机关党建 ………………………………… 97
党校 …………………………………………… 98
党史资料征集 ………………………………… 100
石景山区人民代表大会 ………………………… 103
重要会议 ……………………………………… 104
重要活动 ……………………………………… 106
石景山区人民政府 ……………………………… 109
主要工作和重大活动 ………………………… 110
政府日常政务 ………………………………… 120
政府法制建设 ………………………………… 121
民族·宗教·侨务 …………………………… 123
行政服务 ……………………………………… 124
信访 …………………………………………… 125
档案 …………………………………………… 126
地方志 ………………………………………… 128
集体经济 ……………………………………… 129
外事 …………………………………………… 131
政治协商会议石景山区委员会 ………………… 135
重要会议 ……………………………………… 136
专门委员会 …………………………………… 138
纪检·监察 ……………………………………… 141
民主党派·工商联 ……………………………… 145
中国国民党革命委员会石景山区工作委员会 ………… 146
中国民主同盟石景山区工作委员会 ………… 147
中国民主建国会石景山区工作委员会 ……… 149
中国民主促进会石景山区工作委员会 ……… 150
中国农工民主党石景山区工作委员会 ……… 151
中国致公党石景山区工作委员会 …………… 153
九三学社石景山区工作委员会 ……………… 154
石景山区工商业联合会 ……………………… 155
人民团体 ………………………………………… 159
石景山区总工会 ……………………………… 160
共青团石景山区委员会 ……………………… 164
石景山区妇女联合会 ………………………… 167
石景山区科学技术协会 ……………………… 170
石景山区文学艺术界联合会 ………………… 172
石景山区归国华侨联合会 …………………… 174
石景山区红十字会 …………………………… 174
政法 ……………………………………………… 177
政法委员会 …………………………………… 178
社会管理综合治理 …………………………… 179
公安 …………………………………………… 181
检察 …………………………………………… 184
审判 …………………………………………… 186
司法行政 ……………………………………… 189
军事 ……………………………………………… 195
人民武装 ……………………………………… 196
民防 …………………………………………… 197
综合经济管理 …………………………………… 201
综合经济调控 ………………………………… 202
经济和信息化 ………………………………… 205
统计 …………………………………………… 207
国有资产监督管理 …………………………… 210
工商行政管理 ………………………………… 212
质量技术监督 ………………………………… 215
安全生产监督管理 …………………………… 217
食品药品监督管理 …………………………… 221
审计 …………………………………………… 226
烟草专卖 ……………………………………… 227
财政·税务 ……………………………………… 229
财政管理 ……………………………………… 230
税务 …………………………………………… 231
金融 ……………………………………………… 237
金融管理 ……………………………………… 238
银行 …………………………………………… 240
保险 …………………………………………… 245
证券 …………………………………………… 246
典当 …………………………………………… 248
小额贷款 ……………………………………… 249

中央市属驻区企业 …… 251
首钢集团 …… 252
中铁二十二局集团有限公司 …… 257
北京北重汽轮电机有限责任公司 …… 260
北京巴布科克·威尔科克斯有限公司 …… 261
商业贸易 …… 263
商务 …… 264
对外经济 …… 267
招商引资 …… 267
企业经营 …… 268
旅游业 …… 271
旅游管理 …… 272
旅游活动 …… 274
西山八大处文化景区管理委员会 …… 276
北京石景山游乐园 …… 277
八大处公园 …… 279
规划建设 …… 281
规划管理 …… 282
国土资源管理 …… 285
建设管理 …… 288
房地产开发 …… 293
城市管理 …… 297
市政市容管理 …… 298
园林绿化 …… 304
公园管理 …… 307
市容卫生 …… 309
环境保护 …… 312
城市管理执法 …… 316
交通管理 …… 319
消防 …… 321
气象 …… 322
科学技术 …… 325
科技管理 …… 326
中关村科技园区石景山园 …… 330
驻区科研单位 …… 336
教育 …… 341
教育行政 …… 342
学前教育 …… 345
基础教育 …… 346
社区教育 …… 348
职业与成人教育 …… 349
教育督导 …… 350
民办教育 …… 353
驻区高校 …… 353
文化·传媒 …… 363
文化 …… 364
传媒 …… 373
医疗卫生 …… 377
卫生改革 …… 378
卫生应急 …… 380
医疗管理服务 …… 381
社区卫生服务 …… 385
疾病预防与控制 …… 386
卫生监督 …… 391
动物卫生监督 …… 393
医疗机构 …… 394
体育 …… 411
群众体育 …… 412
竞技体育 …… 414
体育产业 …… 416
体育执法 …… 418
社会事业 …… 419
民政 …… 420
人力资源和社会保障 …… 425
残疾人事业 …… 430
人口和计划生育 …… 432
私营个体经济 …… 435
居民生活状况 …… 435
社会建设 …… 437
社会领域党建及社会建设 …… 438
八宝山街道 …… 444
鲁谷社区 …… 446
老山街道 …… 448
古城街道 …… 450
八角街道 …… 453
苹果园街道 …… 456
金顶街街道 …… 458
广宁街道 …… 461
五里坨街道 …… 463
先进 …… 467
统计资料 …… 471
附录 …… 476
索引 …… 508

CONTENTS

SUMMARY ······ 1
SPECIAL ISSUE ······ 5
FEATURES ······ 35
CHRONICLE ······ 59
SHIJINGSHAN DISTRICT COMMITTEE OF CPC ······ 63
Main Conferences of District Committee ······ 64
Main Work and Activities ······ 70
Routine Work of District Committee ······ 78
Organization Building ······ 78
Propaganda and Education ······ 84
Construction of Spiritual Civilization ······ 87
United Front ······ 89
Taiwan Affairs ······ 90
Research on Policy – making ······ 92
Administration on Institutional Organization ······ 93
Senior Cadres Management ······ 94
Secrecy Work ······ 96
Enterprise Party Building ······ 97
Party School ······ 90
Collecting and Writing of Party History Data ······ 100
SHIJINGSHAN DISTRICT PEOPLE'S CONGRESS ······ 103
Major Conferences ······ 104
Important Activities ······ 106
SHIJINGSHAN DISTRICT PEOPLE'S GOVERNMENT ······ 109
Main Work and Activities ······ 110
Daily Affairs of Government ······ 120
Legal Construction of Government ······ 121
Ethnic Groups, Religions and Overseas Chinese Affairs ······ 123
Administration Service ······ 124
Letters and Calls ······ 125
Archives ······ 126
Local Chronicles ······ 128
Collective Economy ······ 129
Foreign Affairs ······ 131
SHIJINGSHAN DISTRICT COMMITTEE OF CHINESE PEOPLE'S POLITICAL CONSULTATIVE CONFERENCE ······ 135
Important Meeting ······ 136
Special Commission ······ 138
DISCIPLINARY INSPECTION AND SUPERVISION ······ 141
DEMOCRATIC PARTIES, ASSOCIATION OF INDUSTRY AND COMMERCE ······ 145
Shijingshan District Committee of Revolutionary Committee of the Kuomintang ······ 146
Shijingshan District Committee of China Democratic League ······ 147
Shijingshan District Committee of China Democratic National Construction Association ······ 149
Shijingshan District Committee of China Association for Promoting Democracy ······ 150

Shijingshan District Committee of Chinese Peasants and Workers Democratic Party …… 151
Shijingshan District Committee of China Zhi Gong Party …… 153
Shijingshan District Committee of Jiu San Society Democratic …… 154
Shijingshan District Association of Industry and Commerce …… 155
PEOPLE ORGANIZATIONS …… 159
Shijingshan District Federation of Trade Union …… 160
Shijingshan District Committee of China Communist Youth League …… 164
Shijingshan District Women' s Federation …… 167
Shijingshan District Association for Science and Technology …… 170
Shijingshan District Federation of Literary and Art Circles …… 172
Shijingshan District Federation of Returned Overseas Chinese …… 174
Shijingshan District Red Cross …… 174
POLITICS AND LAW …… 177
Politics and Law Commission …… 178
Comprehensive Treatment of Social Management …… 179
Public Security …… 181
Procuratorial …… 184
Judgment …… 186
Judicial Administration …… 189
MILITARY AFFAIRS …… 195
People' s Armed Forces …… 196
Civil Defense …… 197
COMPREHENSIVE MANAGEMENT OF ECONOMIES …… 201
Comprehensive Reform Of Economies …… 202
Economic and Informationization …… 205
Statistics …… 207
State – owned Assets Supervision and Administration …… 210
Industrial and Commercial Administration …… 212
Quality and Technological Supervision …… 215
Administration of Work Safety …… 217
Food and Drug Administration …… 221
Auditing …… 226
Tobacco Monopoly …… 227
FISCAL AND TAX …… 229
Financial Administration …… 230
Taxation …… 231
FINANCIAL …… 237
Financial Management …… 238
Bank …… 240
Insurance …… 245
Security …… 246
Pawn …… 248
Petty Loan …… 249
CENTRAL AND MUNICIPAL ENTERPRISE IN DISTRICT …… 251
Shougang Group …… 252
China Railway 22nd Bureau Group Co. Ltd. …… 257
Beijing BEIZHONG Steam Turbine Generator Co. , Ltd. …… 260

BABCOCK & WILCOX Beijing Co. Ltd. ······ 261
COMMERCE AND TRADE ······ 263
Commerce ······ 264
Foreign Trade ······ 267
Investment Attraction ······ 267
Business Operations ······ 268
TOURISM ······ 271
Tourism Management ······ 272
Tourism Activity ······ 274
Xishan Bodachu Culture Administration Committee ······ 276
Beijing Shijingshan Amusement Park ······ 277
Badachu Park ······ 279
PLANNING AND CONSTRUCTION ······ 281
Planning Administration ······ 282
Land and Resources Administration ······ 285
Construction Management ······ 288
Real Estate Development ······ 293
CITY MANAGEMENT ······ 297
Municipality and City Appearance Management ······ 298
Landscape and Forestry ······ 304
Park Management ······ 307
City Appearance and Sanitation ······ 309
Environmental Protection ······ 312
Urban Administration and Supervision ······ 316
Transportation Management ······ 319
Fire Fighting Work ······ 321
Meteorology ······ 322
SCIENCE AND TECHNOLOGY ······ 325
Technological Management ······ 326
Shijingshan Sub – park of Zhongguancun Science Park ······ 330
Research and Development Institution in District ······ 336
EDUCATION ······ 341
Education Administration ······ 342
Preschool Education ······ 345
Compulsory Education ······ 346
Community Education ······ 348
Vocational and Adults Education ······ 349
Educational Supervision ······ 350
Non – government Funded Education ······ 353
University in District ······ 353
CULTURE AND MEDIA ······ 363
Culture ······ 364
Media ······ 373
MEDICAL TREATMENT AND PUBLIC HEALTH ······ 377
Health Reform ······ 378
Health Emergency ······ 380
Medical Services ······ 381

Community Health Services ············ 385
Disease Prevention and Control ············ 386
Health Inspection and Supervision ············ 391
Animal Health Inspection ············ 393
Medical Institution ············ 394
SPORTS ············ 411
Mass Sports ············ 412
Competitive Sports ············ 414
Sports Industry ············ 416
Sports Law Enforcement ············ 418
SOCIAL PROGRAMS ············ 419
Civil Affairs ············ 420
Human Resources and Social Security ············ 425
Disabled Person Undertaking ············ 430
Population and Family Planning ············ 432
Private Self – employed Economy ············ 435
Livelihood of the Citizen ············ 435
SOCIAL CONSTRUCTION ············ 437
Party Building in Social Field and Social Construction ············ 438
Babaoshan Street Administration ············ 444
Lugu Street Administration ············ 446
Laoshan Street Administration ············ 448
Gucheng Street Administration ············ 450
Bajiao Street Administration ············ 453
Pingguoyuan Street Administration ············ 456
Jindingjie Street Administration ············ 458
Guangning Street Administration ············ 461
Wulituo Street Administration ············ 463
FIGURES ············ 467
STATISTICAL DATA ············ 471
APPENDIX ············ 476
INDEX ············ 508

目　　录

总　　述

石景山区概览 …… 2

特　　载

在区委十一届十次全会上的工作报告…… 牛青山 6
政府工作报告 …… 夏林茂 11
北京市石景山区人民代表大会常务委员会工作报告 …… 赵玉民 17
中国人民政治协商会议北京市石景山区第九届委员会常务委员会工作报告 …… 岳德顺 21
党的群众路线教育实践活动总结报告 …… 组织部 26

专　　文

全面深度转型　高端绿色发展　石景山建设国家级绿色转型发展示范区战略研究 …… 牛青山 36
破解人口资源与环境问题　推动石景山区高端绿色发展研究报告 …… 夏林茂 46

大 事 记

2014 年石景山区大事记 …… 60

中共石景山区委员会

区委重要会议 …… 64
· 概述 …… 64
领导干部会议 …… 64
群众路线教育动员大会 …… 64
区四套班子联席会 …… 64
区委专题民主生活会 …… 65
区委十一届九次全体(扩大)会议 …… 65
群众路线教育总结大会 …… 65
区委十一届十次全体(扩大)会议 …… 66
区委常委会 …… 66
· 表 1　区委常委会会议一览表 …… 66
主要工作和重大活动 …… 70
· 概述 …… 70
八个高端体系建设 …… 70
走访慰问活动 …… 71
军地领导座谈 …… 71
区企领导座谈 …… 71
全面深化改革 …… 71
与有关单位领导座谈 …… 71
市委领导调研 …… 71
群众路线教育实践活动 …… 71
群众路线专题调研 …… 72
国家部委领导调研 …… 72
保险产业园创新发展 …… 72
市人大政协领导调研 …… 73
构建城市综合管理体系 …… 73
高端体系建设听取意见 …… 73
高端体系建设专题研讨 …… 73
市委书记调研 …… 74
启动“亮剑行动” …… 74
接受市委巡视 …… 74
“首都民生对话”聚焦石景山 …… 74
“法定职责必须为”专题学习讨论 …… 75
迈入党建统领新常态 …… 75
开展专题调研 …… 76
· 表 2　区委书记主要调研情况一览表 …… 76
区委日常事务 …… 78
· 概述 …… 78
信息编报 …… 78
文秘工作 …… 78
综合协调 …… 78
会议服务 …… 78
强化督查 …… 78
机要密码 …… 78
组织建设 …… 78
· 概述 …… 78
· 基层组织和党员队伍建设 …… 78
概况 …… 78
党员干部讲党课 …… 79
在职党员进社区 …… 79
官德人品大讨论 …… 79
发展党员工作 …… 79
党员承诺活动 …… 79

纪念建党93周年 …… 79
服务型党组织建设 …… 80
社区党组织整顿 …… 80
基层教育培训 …… 80
开展党内帮扶 …… 80
党建研究会 …… 80
· 领导班子和干部队伍建设 …… 80
概况 …… 80
领导班子建设 …… 81
干部选拔任用 …… 81
从严管理干部 …… 81
干部挂职锻炼 …… 81
军转干部安置 …… 81
个人事项报告 …… 81
超职数配备治理 …… 82
干部监督管理 …… 82
科级干部选任 …… 82
经济责任审计 …… 82
公务员统计 …… 82
· 干部教育培训和人才管理 …… 82
概况 …… 82
处级干部专题轮训 …… 82
干部培训五年规划 …… 83
干教网分中心建立 …… 83
年轻干部基层锻炼 …… 83
高端人才体系研究 …… 83
接收博士、青年干部挂职 …… 83
优秀人才培养资助 …… 83
基层电教站点 …… 83
学用情况检查 …… 83
电教片观摩交流 …… 83
宣传教育 …… 84
· 概述 …… 84
“两会”宣传报道 …… 84
石景山手机报开通 …… 84
第七届北京清明诗会 …… 84
首家文创专营银行成立 …… 84
“最美石景山人”演讲比赛 …… 85
改革试点宣传报道 …… 85
出版学习体会选编 …… 85
政务微博互动功能 …… 85
抗战胜利69周年系列活动 …… 85
65周年国庆系列活动 …… 85
石景山新闻网改版 …… 85
重阳诗歌会 …… 85
烈士纪念日公祭活动 …… 86
核心价值观环境布置 …… 86
区处理论中心组学习 …… 86
群众路线教育活动宣传 …… 86
“最美石景山人”百姓宣讲 …… 86
做好新闻应急处置 …… 86
文化创意企业发展 …… 86
争取资金支持 …… 86
完善舆情研判 …… 87
精神文明建设 …… 87
· 概述 …… 87
“感动石景山人物”评选 …… 87
北京榜样推优宣传 …… 87
教育实践活动 …… 87
公益广告宣传 …… 87
道德讲堂、市民学校建设 …… 88
道德领域专项教育治理 …… 88
网络文明传播活动 …… 88
学雷锋志愿服务活动 …… 88
“我们的节日”主题活动 …… 88
公共文明引导行动 …… 88
首都文明区县创建 …… 88
文明单位创建 …… 89
文明社区创建 …… 89
理顺创建工作机制 …… 89
未成年人思想道德建设 …… 89
保护未成年人系列活动 …… 89
统一战线 …… 89
· 概述 …… 89
学习实践活动 …… 89
推进协商民主 …… 90
党外代表人士 …… 90
建言献策活动 …… 90
社会领域统战 …… 90
经济领域统战 …… 90
海联会组织建设 …… 90
调研和宣传 …… 90
为党外人士办实事 …… 90
对台事务 …… 90
· 概述 …… 90
走访北京台湾街 …… 91
区领导会见功文文教基金会 …… 91
台湾书法家作品展 …… 91
基层社区文化交流 …… 91
台资企业培训 …… 91

接待台湾团体参访 …… 91
领导小组调整 …… 91
推动基层社区交流合作 …… 91
法海寺壁画在台首展 …… 91
黄职挂牌市级涉台教育基地 …… 92
台海形势报告会 …… 92
在全市介绍对台工作经验 …… 92
赴台交流 …… 92
涉台宣传 …… 92
决策研究 …… 92
· 概述 …… 92
区重点协作课题 …… 92
完成综合文稿 …… 92
市重点关注课题 …… 92
优秀调研文集 …… 93
机构编制管理 …… 93
· 概述 …… 93
机构编制监督检查 …… 93
行政审批制度改革 …… 93
机构改革和职能调整 …… 93
机构编制调整 …… 94
机构编制管理 …… 94
事业单位法人年检制度 …… 94
老干部管理 …… 94
· 概述 …… 94
走访慰问 …… 94
健全完善工作机制 …… 94
文化阵地建设 …… 95
完善服务机制 …… 95
开展主题教育活动 …… 95
引导老干部发挥作用 …… 95
组织建设 …… 95
思想政治建设 …… 96
落实政策办实事 …… 96
保密 …… 96
· 概述 …… 96
“两会”保密工作 …… 96
健全完善保密组织 …… 96
宣传教育 …… 96
定密授权 …… 97
信息安全保密培训 …… 97
保密普查 …… 97
平台建设 …… 97
试卷监管 …… 97
涉密企业监督和指导 …… 97
保密审查 …… 97
保密检查 …… 97
警示教育 …… 97
督查考核 …… 97
涉密载体管理 …… 97
在线学习 …… 97
直属机关党建 …… 97
· 概述 …… 97
发挥群团作用 …… 98
机关党组织建设 …… 98
“共建”活动 …… 98
机关廉政建设 …… 98
党校 …… 98
· 概述 …… 98
政协委员培训班 …… 99
处级干部轮训班 …… 99
公务员初任培训班 …… 99
八角街道机关干部班 …… 99
副处级干部任职培训班 …… 99
中青年干部培训班 …… 99
团校专题培训班 …… 99
科级干部任职培训班 …… 99
处级干部进修班 …… 99
四中全会精神培训班 …… 100
“红色基因”精品课程 …… 100
学历教育 …… 100
科研工作 …… 100
党史资料征集 …… 100
· 概述 …… 100
发挥联络员作用 …… 100
党史党建宣传 …… 101
党史资料征编 …… 101
· 中共北京市石景山区第十一届委员会 …… 101
· 石景山区委工作机构主要负责人 …… 101
· 石景山区政府、人民团体、党政分设工作机构党委(党组)书记 …… 102

石景山区人民代表大会

重要会议 …… 104
· 概述 …… 104
区十五届人大四次会议 …… 104
区人大常委会第十六次会议 …… 104
区人大常委会第十七次会议 …… 104
区人大常委会第十八次会议 …… 105

区人大常委会第十九次会议…… 105
区人大常委会第二十次会议…… 105
区人大常委会第二十一次会议…… 105
区人大常委会第二十二次会议…… 105
区人大常委会第二十三次会议…… 106
人大工作研讨会…… 106
人大常委会主任会议…… 106
重要活动 …… 106
· 概述 …… 106
围绕经济发展履行职责…… 106
围绕科技创新履行职责…… 107
围绕城市建管履行职责…… 107
围绕司法监督履行职责…… 107
执法检查、视察活动 …… 107
代表建议办理工作…… 107
代表旁听法院庭审…… 107
区人大代表集中活动…… 107
市人大代表集中活动…… 108
补选代表工作…… 108
· 石景山区第十五届人大常委会主任、副主任、委员 …… 108
· 石景山区第十五届人大常委会工作机构负责人 …… 108
· 石景山区人大常委会办事机构负责人 …… 108

石景山区人民政府

主要工作和重大活动…… 110
· 概述 …… 110
政府常务会…… 110
· 表 3 政府常务会一览表 …… 110
区长办公会…… 111
· 表 4 区长办公会一览表 …… 111
与住总集团签订合作协议…… 113
中国非遗年俗文化展示周…… 113
市政府领导到区调研…… 113
与保险协会领导座谈…… 114
与华润集团、华夏幸福基业座谈 …… 114
教育战略合作签约…… 114
政府全体会议…… 114
与中兵投资公司座谈…… 114
医疗联合体系建设启动…… 114
央行领导到区调研…… 115
环境保护工作大会…… 115
保险产业园建设…… 115
与首钢领导座谈…… 115
市发改委领导调研…… 116
车联网产业园区落户…… 116
与安邦负责人座谈…… 116
与中国人保领导座谈…… 116
与国网北京电力签约…… 116
城市综合管理体制改革…… 116
与门头沟区进行工作商讨…… 117
与保监会沟通对接…… 117
加强南水北调对口协作…… 117
走访慰问幼儿园及学校…… 117
华侨代表团到区考察…… 117
城市综合管理体制改革…… 117
与力宝签署合作协议…… 117
国务院督导组视察…… 117
做好人口规模调控…… 118
高井燃煤机组全关停…… 118
老挝领导人参观考察…… 118
中央督导组调研指导…… 118
“十三五”规划编制…… 118
新首钢建设稳步推进…… 118
推动高端体系建设…… 119
“亮剑行动”全面启动…… 119
市督导组督导检查…… 119
西北热电中心建成投产…… 119
做好压减燃煤工作…… 120
与市侨办、首钢签署合作协议 …… 120
与赣州市缔结友好市区 …… 120
实施“单独两孩”政策…… 120
政府日常政务 …… 120
· 概述 …… 120
文稿起草…… 120
信息编报…… 120
公文档案…… 120
会议组织…… 121
服务保障…… 121
应急管理…… 121
督查落实…… 121
联络服务…… 121
信息公开…… 121
政府法制建设 …… 121
· 概述 …… 121
开展法制宣传…… 121
领导干部学法…… 121
依法行政培训…… 121

完善行政执法……122
行政处罚案卷评查……122
规范性文件清理……122
规范行政复议……122
重视行政应诉……122
加强行政调解……122
行政文件管理……122
民族·宗教·侨务……123
·概述……123
公益慈善……123
宗教节日……123
民族文体活动……123
活动场所检查……124
宗教领域稳定……124
行政服务……124
·概述……124
重点企业服务……124
街道居民事务大厅……124
压缩审批时限……124
精简审批环节……124
优化服务方式……124
政府信息公开……124
完善制度建设……125
管理系统升级……125
信访……125
·概述……125
开展信访代理制……125
经验交流……126
领导调研……126
市委巡视对接……126
排查调处……126
复查复核……126
宣传培训……126
档案……126
·概述……126
档案进社区巡讲……126
“档案馆日”活动……127
执法检查……127
机关测评……127
档案接收……127
档案征集……127
信息化建设……127
重点工程档案管理……127
民生档案利用……127
传播档案文化……127
重要数据异地备份……128
地方志……128
·概述……128
2014鉴出版发行……128
2013鉴获市级奖……128
年鉴业务交流……128
修改志书初稿……129
集体经济……129
·概述……129
再生资源治理……129
产权制度改革……129
经济效益情况……130
产业项目建设……130
引进企业31家……130
加强资产管理……130
八大处农工商改制……130
生活水平提高……130
生态文明建设……130
安全生产管理……130
行政执法监督……131
重视信访维稳……131
外事……131
·概述……131
涉外服务保障……131
开展友好交流……131
友好城市交往……131
“挑战杯”全球创业赛……132
石景山中学参加国际赛事……132
完成重点外事任务……132
国际语言环境建设……132
因公出国(境)管理……133
·石景山区人民政府区长、副区长……133
·石景山区人民政府工作机构主要负责人……133

政治协商会议石景山区委员会

重要会议……136
·概述……136
区政协九届三次会议……136
常务委员会会议……136
主席会议……136
高端体系调研通报会……137
理论研讨会……137
专门委员会……138
·概述……138

经济科技委员会 …… 138
社会法制与民族宗教委员会 …… 138
城建环保委员会 …… 138
教文卫体委员会 …… 138
提案委员会 …… 139
学习与文史委员会 …… 139
· 中国人民政治协商会议北京市石景山区第九届委员会 …… 139
· 石景山区政协专门委员会负责人 …… 140
· 石景山区政协工作机构负责人 …… 140

纪检·监察

区纪委五次全会 …… 142
行政监察工作 …… 142
廉政风险防控管理 …… 143
教育月活动 …… 143
电子监察平台 …… 143
清理议事协调机构 …… 143
落实党风廉政建设责任制 …… 143
节前廉政教育 …… 143
落实中央八项规定 …… 144
信访举报 …… 144
案件查办 …… 144
案件审理 …… 144
政风行风热线 …… 144
行政投诉受理 …… 144
· 中共北京市石景山区第十一届纪律检查委员会 …… 144

民主党派·工商联

中国国民党革命委员会石景山区工作委员会 …… 146
· 概述 …… 146
社会服务 …… 146
理论学习 …… 146
残疾人救助 …… 146
党派调研 …… 146
届中民主评议 …… 147
第五支部成立 …… 147
信息报送 …… 147
中国民主同盟会石景山区工作委员会 …… 147
· 概述 …… 147
总结表彰 …… 147
理论研究 …… 147
思想宣传 …… 148
自身建设 …… 148
组织发展 …… 148
开展调研 …… 148
信息报送 …… 148
社会服务 …… 148
工委活动 …… 148
支部活动 …… 149
获奖情况 …… 149
中国民主建国会石景山区工作委员会 …… 149
· 概述 …… 149
组织发展 …… 149
理论学习 …… 149
参政议政 …… 150
社服联络 …… 150
中国民主促进会石景山区工作委员会 …… 150
· 概述 …… 150
参政议政 …… 150
社会服务 …… 151
思想建设 …… 151
会员发展 …… 151
民主评议 …… 151
组织建设 …… 151
中国农工民主党石景山区工作委员会 …… 151
· 概述 …… 151
参政议政 …… 152
组织活动 …… 152
思想建设 …… 152
组织建设 …… 152
社会服务 …… 153
中国致公党石景山区工作委员会 …… 153
· 概述 …… 153
思想建设 …… 153
组织建设 …… 153
参政议政 …… 153
服务社会 …… 153
九三学社石景山区工作委员会 …… 154
· 概述 …… 154
社会服务 …… 154
参政议政 …… 154
支社活动 …… 154
调研信息 …… 155
组织建设 …… 155
思想建设 …… 155

石景山区工商业联合会……155
·概述……155
参政议政……155
优秀企业……155
走访慰问……155
光彩公益……155
八届四次执委会……156
第三届企业服务季……156
八角楼宇商会成立……156
与京津科技谷合作……156
缓解企业融资难题……156
创业辅导学堂巡讲……157
理想信念教育活动……157
助力非公经济发展……157
开展非公经济调研……157
创新非公人才服务……157
·石景山区各民主党派、工商联负责人……158

人民团体

石景山区总工会……160
·概述……160
“两节送温暖”活动……160
春风行动暖人心……160
劳模管理和服务……160
先进模范表彰……160
为一线职工送清凉……161
“金秋助学”活动……161
职工创新工作室……161
工会组建和会员发展……161
关注女职工权益……161
工资集体协商……162
劳动争议调解……162
京卡服务……162
普惠职工服务……162
经济技术服务创新……162
职工互助保险……162
厂务公开民主管理……162
三级服务体系建设……163
开展党工共建……163
“社区联合工会”建设……163
开门办会激发活力……164
共青团石景山区委员会……164
·概述……164
志愿者服务活动……164
传承红色基因系列活动……164
迎五四活动……165
青年工作交流……165
希望工程捐助……165
举办青年沙龙……165
区域化团建试点……165
青年人才培养……166
青春护航基地……166
青少年权益维护……166
青联工作……166
与人大代表、政协委员面对面……166
社区青年汇……167
开展非公团建……167
石景山区妇女联合会……167
·概述……167
送温暖活动……167
纪念“三八”国际妇女节……167
巧娘发展促进会……167
儿童节系列活动……168
寻找“最美家庭”……168
家庭综合服务项目……168
关爱女性健康……169
家庭教育活动……169
湖北宜昌市妇联考察……169
助学基金惠泽困难家庭……169
援助贫困母亲项目……169
“妇女之家”建设……169
“十二五”妇儿发展规划推进……169
女性·家庭·社会大讲堂……169
全国法制宣传日活动……170
狱内帮教活动……170
石景山区科学技术协会……170
·概述……170
青少年科技教育……170
实施科素纲要……170
区科协委员会及活动……171
科技周活动……171
科普之夏活动……171
家庭数字技能大赛夺魁……171
科普日活动……171
举荐优秀科技人才……171
社区科普益民计划……171
科普项目申报实施……172
石景山区文学艺术界联合会……172
·概述……172

开展书法交流活动 …… 172
德耀石景山春联征集 …… 172
加强文联工作交流 …… 172
集邮协会活动丰富 …… 172
文化学者到区调研 …… 172
组织文艺家会员采风 …… 172
同根同源书法活动 …… 172
曲协主席收徒 …… 173
书法展览活动 …… 173
美丽石景山展 …… 173
参加市文艺展演 …… 173
主题创作活动 …… 173
学生作文大赛 …… 173
老年书画活动 …… 173
曲协活动多彩 …… 173
文艺作品汇集 …… 173
美术作品创作 …… 174
石景山区归国华侨联合会 …… 174
· 概述 …… 174
组织活动 …… 174
依法维护侨益 …… 174
参政议政 …… 174
基层侨联活动 …… 174
石景山区红十字会 …… 174
· 概述 …… 174
红十字应急救护站 …… 175
拓展宣传动员 …… 175
创新应急培训 …… 175
抓实募捐救助 …… 175
推进三献工作 …… 175
加强防艾宣传 …… 176
· 石景山区人民团体负责人 …… 176

政　　法

政法委员会 …… 178
· 概述 …… 178
社会矛盾化解 …… 179
维稳信息研判 …… 179
治安防控体系 …… 179
政法工作宣传 …… 179
从优待警 …… 179
反恐防恐 …… 179
社会管理综合治理 …… 179
· 概述 …… 179
综治领导责任制 …… 180
违法群租房治理 …… 180
重点地区整治 …… 180
基层平安创建 …… 180
城乡结合部整治 …… 180
人口调控 …… 180
社会面防控 …… 181
群防群治 …… 181
网格化管理 …… 181
公安 …… 181
· 概述 …… 181
启动校警制院警制 …… 181
完成重大安保任务 …… 182
坚持以面保点 …… 182
强化反恐防恐宣传 …… 182
严打有组织犯罪 …… 182
突出治安整治 …… 182
人口服务管理 …… 182
公共安全监管 …… 183
社区安全防范 …… 183
深化爱警工作 …… 183
狠打严管毒品犯罪 …… 183
· 案例举要 …… 183
破获伤害致死案 …… 183
破获盗窃犯罪团伙案 …… 183
破获重大故意杀人案 …… 183
破获特大挪用资金案 …… 183
破获虚开增值税发票案 …… 183
破获入室抢劫及涉车盗窃案 …… 183
破获系列盗窃车内财物案 …… 183
打掉一制贩“毒豆芽”窝点 …… 183
破获跨区系列盗窃金店案 …… 184
破获系列寻衅滋事案 …… 184
检察 …… 184
· 概述 …… 184
检察开放日 …… 184
打击网游著作侵权行为 …… 184
与区司法局会签意见 …… 184
法律监督 …… 184
队伍建设 …… 185
规范治检 …… 185
宣传教育 …… 185
未成年人刑事检察 …… 185
监督廉检 …… 185
涉罪未成年人监督考察 …… 185

推进执法监督全覆盖 …… 186
与区委党校签订合作协议 …… 186
与天津基层院交流合作 …… 186
迁安检察联络室开展“三进” …… 186
案件办理 …… 186
审判 …… 186
·概述 …… 186
妥善处理信用卡纠纷案 …… 187
迁安矿区普通程序案件第一例 …… 187
审判质效管理 …… 187
便民利民举措 …… 187
知识产权保护 …… 188
完善纠纷预警机制 …… 188
公开渠道接受监督 …… 188
教育培训基地建设 …… 188
·案例举要 …… 188
徐杭诉袁腾飞侵害作品署名权、作品发行权案 …… 188
范凤来不服区审计局政府信息公开案 …… 189
司法行政 …… 189
·概述 …… 189
司法行政开放日 …… 189
古城消费纠纷调解室揭牌 …… 190
普法微视频征集活动 …… 190
流动人口法制宣传教育 …… 190
法律援助进社区 …… 190
矫正帮教工作 …… 190
律师协会换届 …… 191
青少年法制动漫征集 …… 191
普法宣传教育 …… 191
“法治石景山”创建 …… 191
人民调解工作 …… 192
律师行业管理 …… 192
公证质量建设 …… 192
创新大讲堂活动 …… 192
·案例精选 …… 193
人民调解化纠纷　老有所养家和睦 …… 193
精准衔接　依法入矫 …… 193
·石景山区政法部门负责人 …… 194

军　　事

人民武装 …… 196
·概述 …… 196
坚持战备执勤 …… 196
组织军事训练 …… 196
民兵组织整顿 …… 196
国防教育宣传 …… 197
完成征兵任务 …… 197
走访慰问部队 …… 197
应急力量建设 …… 197
民兵政治教育 …… 197
推进双拥共建 …… 197
民防 …… 197
·概述 …… 197
防灾减灾宣传 …… 198
指挥中心建设 …… 198
人防工程防汛 …… 198
设施维护管理 …… 198
专项业务培训 …… 198
资产资源普查 …… 198
宣教基地建设 …… 199
参加防空演习 …… 199
组织疏散演练 …… 199
人防工程整治 …… 199
完成专项整治 …… 199
·石景山区军事机构负责人 …… 199

综合经济管理

综合经济调控 …… 202
·概述 …… 202
服务业试点办成立 …… 202
市发改委领导调研 …… 202
电力设施建设签约 …… 202
加大压减燃煤力度 …… 202
严格控制人口规模 …… 202
推进融资平台建设 …… 203
打造良好用电环境 …… 203
便民工程建设管理 …… 203
永定输变电站投产 …… 203
“十三五”规划编制 …… 203
政府采购项目2636项 …… 203
重大项目立项 …… 203
固定资产投资 …… 203
“四本账”课题研究 …… 203
奢华浪费建设清理 …… 204
服务业试点区建设 …… 204
三类产业实现新突破 …… 204
节能减碳考核获市优 …… 204
区域生态文明建设 …… 204

落实能评下放……204
协调西北热电中心建设……204
电力安全生产检查……204
· 价格管理……204
概况……204
行政事业收费管理……205
市场价格服务保障……205
教育收费专项检查……205
受理价格举报……205
完成价格调控……205
停车收费管理……205
价格收费监管……205
开展价格监测……205
加强价格鉴定……205
中杉学校收费标准调整……205
经济和信息化……205
· 概述……205
创新政府资金扶持方式……206
智能交通停车诱导系统运行……206
“4K极清宽带电视”试点……206
人口管理服务平台上线……206
促进中小微企业办法发布……206
网上办事平台建设……206
推进工业结构调整……206
加强人口调控……207
培育新主导产业……207
行业安全生产……207
服务中小企业……207
宽带石景山行动……207
申请专项资金……207
实现4个100%覆盖……207
软件和信息服务业……207
完成国庆保障……207
政府门户APP建设……207
内网机房建设……207
视频会议系统……207
统计……207
· 概述……207
人口抽样调查……208
完成第三次全国经济普查……208
统计调研……208
落实折子工程……208
人口动态监测……208
统计进社区建设……208
高端体系统计监测……209
完成11项专项调查……209
统计服务……209
统计年报……209
名录库管理维护……209
投资统计改革试点……209
能源统计监测……209
居民生活调查……209
统计宣传……210
统计执法……210
国有资产监督管理……210
· 概述……210
推动国企改革……210
投融资平台服务……210
国有资产基础管理……210
完成招商引资指标……211
国资国企发展规划……211
国企业绩考核……211
加强国资监管……211
调研信息……211
人口调控……211
增设小区车位500个……211
排除隐患……211
信访维稳……211
· 北京市石景山区国有资产经营公司……211
概况……211
发行企业债券……212
参股中融金华(北京)公司……212
参股金熙金融信息公司……212
投资设立启润丰泽基金……212
设立融科鼎盛投资公司……212
基金运行良好……212
投资北京保险产业园……212
组建石泰基础设施公司……212
银河嘉业拓展业务范围……212
石金公司服务中小企业……212
工商行政管理……212
· 概述……212
首家商业保理落户……212
新消法宣传进军营……212
助力区域经济发展……213
消费维权进校园……213
殡葬用品市场监管……213
工商开放日……213
宣传《商标法》……213
综合调度指挥体系……213

首个人调办成立…………214
房地产经纪机构整治…………214
商标专项整治…………214
金融产业监督…………214
免费邮寄执照…………214
听证会注入高科技…………214
规范促销行为…………214
无证无照治理…………214
企业登记情况…………214
涉农企业监管…………215
规范防雾霾用品市场…………215
青少年维权…………215
质量技术监督…………215
· 概述…………215
烟花爆竹专项检查…………215
治煤防霾…………215
营造安全购物环境…………215
质量发展实施行动…………215
手机产品监督抽查…………216
地铁6号线西延配料秤校准…………216
加油机计量检查…………216
定量包装净含量检查…………216
眼镜制配企业检查…………216
商品条码监督检查…………216
计量器具周期检定…………216
清洁空气专项执法…………216
机动车检测场评级…………216
市假日旅游领导小组督查…………216
质量安全管理培训…………217
实验室资质认定…………217
发放标准补助资金…………217
APEC特种设备保障…………217
加油机强制检定…………217
出租车计价器整治…………217
服装生产企业排查…………217
安全生产监督管理…………217
· 概述…………217
城乡结合部整治…………217
安全生产大检查…………218
烟花爆竹监管…………218
暗访夜查行动…………218
强化“红线意识”…………218
获评市级先进单位…………218
街道专职安全员队伍…………219
职业卫生监督执法…………219
安全月“咨询日”活动…………219
安全生产月活动…………219
涉危企业安全监管…………219
国庆节安全生产大检查…………219
职业病危害防治评估…………219
安全生产控制指标…………220
安全生产培训…………220
打击违法生产经营…………220
“六打六治”专项行动…………220
地下管线执法检查…………220
存在爆危企业检查…………220
重点行业隐患排查…………220
职业卫生执法检查…………220
综合执法检查…………220
投诉举报办结率100%…………220
安全生产制度化建设…………221
安全生产信息化建设…………221
安全生产标准化建设…………221
安全生产社会化建设…………221
安全生产应急演练…………221
食品药品监督管理…………221
· 概述…………221
“两节”食品药品监管…………221
“两会”食品药品监管…………221
食药安全监控中心…………222
校园食品安全检查…………222
生食水产品专项检查…………222
注射用透明质酸钠检查…………222
区食品药品行业联盟成立…………222
夏季专项整治…………222
儿童食品、校园周边食品整治…………223
查处“毒豆芽”案件…………223
管所基础建设…………223
食品药品综合治理…………223
食品安全专项整治…………223
无证餐饮安全检查…………223
肉类安全专项整治…………223
食品流通监管…………223
食品标签标识治理…………224
餐饮监督抽检…………224
实施餐饮量化分级管理…………224
食品药品质量监测…………224
医疗机构药品使用监管…………224
特殊药品使用监管…………224
疫苗采购监管…………224
药品不良反应监测…………224

药品零售企业分类监管 …… 225
医疗器械企业“五整治” …… 225
体外诊断试剂专项检查 …… 225
定制式义齿专项督查 …… 225
保健食品企业检查 …… 225
化妆品企业监管 …… 225
食品药品市场秩序 …… 225
食品药品法制宣传 …… 225
简化行政审批 …… 226
加强依法行政 …… 226
信息化专网建设 …… 226
政务信息公开 …… 226
审计 …… 226
· 概述 …… 226
预算执行审计 …… 227
固定资产投资审计 …… 227
经济责任审计 …… 227
民生类专项审计调查 …… 227
烟草专卖 …… 227
· 概述 …… 227
经济运行 …… 227
网络建设 …… 227
打网办案 …… 228
市场监管 …… 228
专销联动 …… 228
网络案件研讨 …… 228
企业管理 …… 228
财务管理 …… 228
公益活动 …… 228

财政·税务

财政管理 …… 230
· 概述 …… 230
财政收支平衡 …… 230
经济建设投入 …… 230
加大民生投入 …… 230
部门预算管理 …… 230
国库集中支付 …… 230
规范政府采购 …… 230
预算绩效管理 …… 231
财政信息公开 …… 231
国有资产管理 …… 231
财政监督管理 …… 231
会计管理服务 …… 231
税务 …… 231
· 国家税务 …… 231
概况 …… 231
增值税管理 …… 232
出口退税管理 …… 232
所得税管理 …… 232
国际税收管理 …… 232
大企业税收管理 …… 233
个体税收管理 …… 233
园区税收管理 …… 233
税收稽查 …… 233
征管模式改革 …… 234
信息化建设 …… 234
· 地方税务 …… 234
概况 …… 234
税收收入 …… 234
依法行政 …… 235
税收征管 …… 235
纳税服务 …… 235
纳税评估 …… 235
税政职能 …… 236
税务稽查 …… 236

金 融

金融管理 …… 238
· 概述 …… 238
北京保险产业园建设 …… 238
推进商业保理试点工作 …… 238
构建金融服务监督机制 …… 239
市金融局领导到区调研 …… 239
成立现代金融行业组织 …… 239
亮相金融博览会 …… 239
互联网金融产业基地 …… 239
吸引高端要素聚集 …… 239
“长安金轴”加速形成 …… 239
金融服务改革创新 …… 239
中小企业上市 …… 240
金融风险防控 …… 240
提升现代金融影响力 …… 240
银行 …… 240
· 概述 …… 240
· 中国工商银行北京石景山支行 …… 240
概况 …… 240
经营发展 …… 240

个金业务…… 240
中间业务…… 240
资产业务…… 240
负债业务…… 241
· 中国农业银行北京石景山支行 …… 241
概况…… 241
深化银政合作…… 241
提升服务水平…… 241
树立创新意识…… 241
强合规控风险…… 241
加大安全管理…… 241
· 中国银行北京石景山支行 …… 241
概况…… 241
支持“地坛文化庙会·台北之旅” …… 241
文明优质服务百日竞赛…… 241
打造小微业务特色行…… 241
· 中国建设银行北京石景山支行 …… 242
概况…… 242
银政合作…… 242
风险控制…… 242
承办公积金贷款业务…… 242
优化网点布局…… 242
服务南水北调项目…… 242
· 北京银行石景山支行…… 242
概况…… 242
同业托管…… 242
周到服务…… 242
发放京卡…… 242
· 中国光大银行北京石景山支行 …… 243
概况…… 243
特色个人业务…… 243
网上服务…… 243
品牌宣传…… 243
2家社区银行成立 …… 243
· 广发银行北京石景山支行 …… 243
概况…… 243
深化园区合作…… 243
业务推广…… 243
· 江苏银行北京石景山支行 …… 243
概况…… 243
“卡易贷”产品…… 243
“智存宝”产品…… 244
· 中国邮政储蓄银行北京西区支行 …… 244
概况…… 244
创富大赛…… 244
银企合作…… 244
代发养老金…… 244
服务渠道创新…… 244
· 中国光大银行信用卡中心 …… 244
概况…… 244
业务规模…… 244
创新发展…… 245
保险 …… 245
· 概述 …… 245
· 中国保险信息技术管理有限责任公司 …… 245
概况…… 245
经济指标…… 245
信息数据平台建设…… 245
· 天安人寿保险股份有限公司 …… 245
概况…… 245
业务经营…… 245
创新发展…… 245
机构建设…… 246
保险产品开发…… 246
信息化建设…… 246
· 光大永明资产管理股份有限公司 …… 246
概况…… 246
首发产品…… 246
行业荣誉…… 246
· 中国农业产业发展基金有限公司 …… 246
概况…… 246
基本资金增至40亿元 …… 246
推动西部地区农村经济发展…… 246
投资企业登陆“新三板”…… 246
支持绿色环保与循环经济…… 246
支持海洋经济发展…… 246
证券 …… 246
· 概述 …… 246
· 国泰君安证券股份有限公司鲁谷路营业部…… 247
概况…… 247
证券投资业务…… 247
多元化创新业务…… 247
· 广发证券股份有限公司北京鲁谷路证券营业部 …… 247
概况…… 247
证券投资服务…… 247
创新金融业务…… 247
资产管理服务…… 247
· 中信建投证券北京时代花园南路证券营业部 …… 247
概况…… 247

财富管理平台上线 …… 247
新三板进展 …… 247
柜台衍生品尝试运行 …… 247
典当 …… 248
· 概述 …… 248
北京中天典当有限公司 …… 248
北京金寿典当有限公司 …… 248
北京都市典当有限公司 …… 248
北京国融典当有限公司 …… 248
北京瑞鑫达典当有限公司 …… 248
北京永大典当有限公司 …… 248
北京万嘉信诚典当有限公司 …… 248
北京国华典当有限公司 …… 249
北京铭锋典当有限公司 …… 249
北京中保典当有限公司 …… 249
北京鼎瑞典当有限公司 …… 249
北京金泽通宝典当有限公司 …… 249
北京中京典当有限公司 …… 249
北京融惠典当有限公司 …… 249
北京宝盛源典当有限公司 …… 249
北京泰德典当有限公司 …… 249
北京祥瑞通典当有限公司 …… 249
小额贷款 …… 249
· 概述 …… 249
· 北京铭鑫小额贷款有限公司 …… 250
概况 …… 250
服务对象 …… 250
主要产品 …… 250
· 北京市盛丰小额贷款有限责任公司 …… 250
概况 …… 250
公司业务 …… 250

中央市属驻区企业

首钢集团 …… 252
· 概述 …… 252
市领导调研 …… 252
生物质能源项目 …… 252
签署战略合作协议 …… 252
首钢老工业区纳入全国试点 …… 253
获市科技二等奖 …… 253
园区开发建设 …… 253
养老项目启动 …… 253
获市发明专利奖 1 项 …… 253
连续 4 年进入世界 500 强 …… 254
京津冀协同发展 …… 254
获全国荣誉称号 …… 254
首钢基金公司成立 …… 254
薪酬分配制度改革 …… 254
服务 APEC 会议 …… 254
首钢新园区通过专家评审 …… 254
非钢产业取得新成效 …… 254
获中国专利奖 1 项 …… 255
烟气脱硫项目通过鉴定 …… 255
管理创新成果获奖 …… 255
获“金杯奖”产品 11 项 …… 255
西十筒仓改造项目 …… 255
钢铁生产 …… 255
矿产资源业 …… 255
科技进步创品牌 …… 256
同 6 家企业交流合作 …… 256
专利获奖 …… 256
获 5 项国家科技项目 …… 256
钢材产品销售 …… 256
首特钢园区开发 …… 257
节能环保 …… 257
碳排放权交易创效益 …… 257
出口创汇 10.68 亿美元 …… 257
中铁二十二局集团有限公司 …… 257
· 概述 …… 257
主要经济指标 …… 258
松原至陶赖昭铁路工程 …… 258
太兴静游至兴县铁路 2 标 …… 258
哈齐客运专线 1 标工程 …… 258
福安至寿宁高速公路 A2 标段 …… 258
古武高速公路 A4 合同段 …… 258
寿光至邹平线三电工程 …… 259
福州可门港铁路支线完工 …… 259
珠海高栏港铁路专用线一期 …… 259
北京地铁 6 号线二期 16 标 …… 259
安全质量 …… 259
科技成果 …… 260
北京北重汽轮电机有限责任公司 …… 260
· 概述 …… 260
主要指标完成情况 …… 260
创新体制机制 …… 260
市场开拓 …… 260
科技开发 …… 260
质量管理 …… 261
北京巴布科克·威尔科克斯有限公司 …… 261

· 概述 …… 261
签订山西神头锅炉合同 …… 261
签订宁夏枣泉锅炉合同 …… 262
签订宁夏宁东锅炉合同 …… 262
首台高效参数锅炉 …… 262
首台百万等级锅炉 …… 262

商业贸易

商务 …… 264
· 概述 …… 264
商业保理业务试点 …… 264
粮食平衡调查 …… 264
拓宽购物新渠道 …… 264
再生资源回收体系建设 …… 264
规范消夏露天餐饮经营 …… 265
参加第三届“京交会” …… 265
2014 京西消费节 …… 265
完善“数字商务”系统 …… 266
推动跨境电子商务发展 …… 266
新七天获电子发票资格 …… 266
促消费保增长 …… 266
蔬菜零售网络建设 …… 266
早餐示范工程试点 …… 267
行业安全监管 …… 267
对外经济 …… 267
· 概述 …… 267
提升台湾街影响力 …… 267
外资结构 …… 267
外贸进出口 …… 267
外资来源 …… 267
新批外资规模 …… 267
新批外资结构 …… 267
外资大项目 …… 267
支持中小企业开拓国际市场 …… 267
招商引资 …… 267
· 概述 …… 267
全年引进企业 1558 家 …… 268
签署战略合作协议 …… 268
提升区域服务品牌 …… 268
提升区域投资环境 …… 268
企业经营 …… 268
· 北京万商投资发展有限公司 …… 268
概况 …… 268
K 地块签订临时占地协议 …… 268
引进电信通网络 …… 268
企业改制 …… 268
机场巴士专线设站万商 …… 268
三星级酒店复核 …… 269
外宾入住增长 20% …… 269
· 北京市永定林工商公司 …… 269
概况 …… 269
接待游客 18 万人次 …… 269
产业绿色转型 …… 269
拓展对外宣传 …… 269
全年无安全事故 …… 269
· 北京市星宇商贸有限公司 …… 269
概况 …… 269
股权结构调整 …… 269
转制企业回购 …… 269
完善制度建设 …… 269
· 宏润公司 …… 269
概况 …… 269
海特花园西侧环境改造 …… 270
京西医药物流中心增资 …… 270
嘉和市场经营模式转变 …… 270
开展人口调控 …… 270
· 石景山区物资总公司 …… 270
概况 …… 270
工资集体协商 …… 270
股权转让变更 …… 270
安全隐患排查 …… 270
强化营销和清欠 …… 270
出租房屋收入 …… 270
安全综合治理 …… 270

旅游业

旅游管理 …… 272
· 概述 …… 272
旅游市场秩序整治 …… 272
春节假日旅游部署 …… 272
春节假日活动宣传 …… 272
八大处班组获文明称号 …… 272
旅游业发展行动计划 …… 272
防灾减灾日消防演练 …… 273
消防安全知识培训 …… 273
安全生产标准化达标 …… 273
“安全生产月”活动 …… 273
旅游协会换届 …… 273

参加安全技能大赛 …… 273
官方旅游微信开通 …… 273
重大活动安全保障 …… 274
国庆公园免费开放 …… 274
签署合作框架协议 …… 274
机场巴士石景山专线开通 …… 274
全年假日旅游统计 …… 274
旅游活动 …… 274
与新浪联手举办“私人定制”游 …… 274
春节假日旅游再创新高 …… 274
学雷锋旅游咨询活动 …… 275
清明假日旅游实现双增长 …… 275
春季主题活动 …… 275
中国旅游日咨询活动 …… 275
惠灵顿城市推介会举办 …… 275
暑期旅游咨询活动 …… 275
首发旅游“护照” …… 275
体验中心启动市场化运营 …… 275
“北京礼物”大赛获金奖 …… 276
参加旅游商品博览会 …… 276
第三届光影文化季 …… 276
莲石湖环湖之旅 …… 276
西山八大处文化景区管理委员会 …… 276
· 概述 …… 276
推动景区建设快速发展 …… 277
核心区道路及配套设施 …… 277
广场改造及景观提升工程 …… 277
“三区两线”空间格局确立 …… 277
北京石景山游乐园 …… 277
· 概述 …… 277
9项游艺设备停运 …… 277
迎春洋庙会 …… 277
“金玲魔法世界”活动 …… 278
“爱在摩天轮”活动 …… 278
通过三体系认证外部审核 …… 278
动漫游戏嘉年华(IDO户外)活动 …… 278
陕西安康“欢乐世界”培训 …… 278
狂欢之夏活动 …… 278
七夕特别活动 …… 278
企业宣传片拍摄 …… 278
游乐园官网改版 …… 278
欢乐金秋游园会 …… 278
提示信息 …… 279
八大处公园 …… 279
· 概述 …… 279
首届新春祈福庙会 …… 279
三寺庙照明工程 …… 279
宝珠洞智能化安防工程 …… 279
三寺庙修缮工程验收 …… 279
第十三届园林茶文化节 …… 280
浴佛大法会 …… 280
佛牙舍利塔免费开放 …… 280
缅甸总统参拜佛牙舍利 …… 280
第六届中秋慈善晚会 …… 280
西山八大处文化节 …… 280
首届佛牙舍利大法会 …… 280

规划建设

规划管理 …… 282
· 概述 …… 282
总规修改工作启动 …… 282
重点地区控规调整 …… 282
构建综合规划体系 …… 282
开题研讨会召开 …… 282
推动棚户区改造 …… 283
保险产业园设计方案征集 …… 283
基础设施建设 …… 283
高端城市规划研究 …… 283
西十筒仓改造项目 …… 283
京西商务中心项目 …… 284
交通枢纽调整方案获批 …… 284
气象业务用房项目 …… 284
专项规划编制评估 …… 284
推进便民工程建设 …… 284
提升便民工程设计水平 …… 284
无障碍设施改造普查 …… 285
查处违法建设 …… 285
国土资源管理 …… 285
· 概述 …… 285
推进西部储备项目 …… 285
信息化建设 …… 285
刘娘府A1地块交易 …… 285
行政服务大厅成立 …… 286
建设项目用地预审 …… 286
土地供应项目划拨 …… 286
出让土地批后监管 …… 286
补办商品房出让手续 …… 286
完成专项审计 …… 286
地质矿产管理 …… 286

地质灾害防治 …… 286
地籍宗地代码信息化 …… 287
地籍管理数据 …… 287
城镇国有土地权属审核 …… 287
农村土地调查统计 …… 287
土地登记服务 …… 287
信息公开管理 …… 287
土地储备项目 …… 287
土地上市供应 …… 287
卫片执法检查 …… 287
土地供应计划编制 …… 288
建设管理 …… 288
· 概述 …… 288
石槽 E02 地块商业工程 …… 288
环氧胶等生产厂房项目 …… 288
节能改造工程 …… 288
八角中里改造工程 …… 288
交通枢纽 H 地块部分 …… 288
站前小区经适房项目 …… 288
八角东街写字楼 …… 288
燕山水泥厂限价房 …… 288
房屋腾退拆迁 …… 288
八角北路等节能改造工程 …… 289
高井发电厂小区改造工程 …… 289
赵山小区等节能改造工程 …… 289
八角南路等节能改造工程 …… 289
康复医院医疗工程 …… 289
刘娘府 B 地块 B5 楼等项目 …… 289
老古城 D 地块二类居住工程 …… 289
高新技术产业综合楼 …… 289
玉泉医院医疗教学综合楼(一期) …… 289
老古城 JB 地块项目 …… 289
银河商务区 E 地块 …… 290
刘娘府 D 区 D4 楼等 5 项 …… 290
冬季安全联合检查 …… 290
老旧小区公共区域改造 …… 290
建筑质量监管 …… 290
行政处罚 18 起 …… 290
依法行政 …… 290
重点工程建设 …… 290
高端城建体系研究 …… 290
住房民生保障 …… 290
房地产、物业企业资质管理 …… 291
建筑业企业资质管理 …… 291
房地产经纪机构和租赁管理 …… 291
保障性住房建设 …… 291
保障性住房管理 …… 291
工程施工招标 …… 291
普通地下室管理 …… 291
劳务管理 …… 291
建筑节能 …… 291
房改售房 …… 292
· 表 5 石景山区 2014 年 1～12 月房改售(调)房情况表 …… 292
维修资金审核 …… 292
施工安全管理 …… 292
房屋安全度汛 …… 292
各类信访 1855 件 …… 292
政府信息公开 …… 292
房屋权属交易与登记 …… 292
· 房屋经营和市场管理 …… 292
概况 …… 292
安全生产 …… 293
信访维稳 …… 293
廉租房管理 …… 293
物业管理 …… 293
售房办证 …… 293
供暖保障 …… 293
测绘工作 …… 293
拆迁工作 …… 293
房地产开发 …… 293
· 北京石开房地产开发有限公司 …… 293
概况 …… 293
银河热力管线工程 …… 293
融景城收尾工作 …… 293
加强维修维保 …… 293
特约巡查员和“五方会议” …… 294
融景城北停车管理 …… 294
· 北京实兴腾飞置业发展公司 …… 294
概况 …… 294
五里坨建设组团项目 …… 294
项目进展 …… 294
子公司项目建设 …… 294
资产管理 …… 294
履行社会责任 …… 294
· 石景山区建筑公司 …… 295
概况 …… 295
幼儿园、小学校工程 …… 295
通过三体系认证监督审核 …… 295
· 西部建设办公室 …… 295
概况 …… 295

建设区控规调整研究……295
开展水资源、交通研究……295
市政基础设施建设……295
项目建设……295
· 北京燕全源置业有限公司……295
概况……295
交通枢纽项目调整……296
M、N 地块完成拆迁……296
M、N 地块上市前准备……296
· 北京金石融景房地产开发有限公司……296
概况……296
南宫项目成为文明施工标杆……296
金融街(长安)中心建设……296
南宫嘉园建设……296
创新销售模式……296

城市管理

市政市容管理……298
· 概述……298
· 市政基础设施建设……298
概况……298
供热计量改造……298
老旧管网改造……298
设施养护管理……298
环卫设施改造……298
· 城市环境建设……299
概况……299
环境综合整治……299
构建城市综合管理体系……299
APEC 期间环卫保障……299
优美小区街巷胡同评选……299
公共服务设施整治……300
架空线入地……300
市区级重点大街整治……300
背街小巷综合整治……300
校园周边及老旧小区整治……300
市级重点区域景观提升……300
解决无主脏乱问题……300
环境精细化管理……300
规范户外广告、门头牌匾……300
景观亮化工程……300
· 交通保障……300
概况……300
公共自行车服务系统建设……300
非机动车存车处开放……300
增设非机动车停车架……301
停车设施编号和补建……301
民用运力车辆预征……301
· 水务管理……301
概况……301
与市民面对面沟通……301
市人大代表调研……301
加强防汛准备……301
开展联合执法……302
永定河、南马场水库安全度汛……302
防汛应急演练……302
APEC 期间供水保障……302
生态清洁小流域……302
雨洪利用工程……302
排水管理……302
截污治污……302
防汛消隐工程……302
水价调整……302
中小河道第二阶段治理……302
三、四阶段前期工作启动……303
节水器具换装……303
节水型单位创建……303
· 防震减灾……303
概况……303
防震减灾日宣传……303
应急避难场所建设……303
安全社区和学校创建……303
地震应急志愿者培训……303
· 爱国卫生……303
概况……303
公共场所控烟……303
健康细胞工程……303
病媒生物控制……304
爱国卫生活动……304
健康社区指导员……304
园林绿化……304
· 概述……304
区绿化委调整……304
义务植树……304
杨柳飞絮治理……304
林木普防普查……305
释放白蛾天敌……305

绿化资源普查 …… 305
绿化隔离区核查 …… 305
国庆景观布置 …… 305
森林防火宣传 …… 305
专业消防培训 …… 305
绿地系统规划修编 …… 305
重点绿化工程 …… 305
立体绿化工程 …… 306
群众性绿化美化 …… 306
“两沟一线”绿化 …… 306
百姓身边增绿 …… 306
林木绿地认建认养 …… 306
野生动物救助 …… 306
古树名木管理 …… 306
搭建森林防火网 …… 307
涉林案件办理 …… 307
绿化养护管理 …… 307
代征绿地 4.5 公顷 …… 307
公园管理 …… 307
· 概述 …… 307
马年新春文化游园活动 …… 307
第十一届玉兰文化节 …… 308
安全生产检查 …… 308
工艺美术非遗嘉年华 …… 308
重视森林防火 …… 308
加强绿化养护 …… 309
推进环境整治 …… 309
林木生物防治 …… 309
资源保护管理 …… 309
工程项目建设 …… 309
完成服务保障 …… 309
落实信访代理制 …… 309
公益惠民活动 …… 309
市容卫生 …… 309
· 概述 …… 309
“两节”环卫保障 …… 310
应对马年初雪 …… 310
应对雾霾天气 …… 310
中秋、国庆环境卫生保障 …… 310
APEC 环境卫生保障 …… 311
开启鲁家山作业模式 …… 311
专项应急保障 …… 311
重要节点保障 …… 311
建成区道路作业 …… 312
完成专业作业 …… 312
设施设备升级 …… 312
安全生产管理 …… 312
环境保护 …… 312
· 概述 …… 312
推进无煤区建设 …… 313
环保法制工作 …… 313
完成减排任务 …… 313
餐饮油烟监管 …… 313
空气质量指标 …… 313
清洁空气行动 …… 313
环境保障 …… 314
十件环保实事 …… 314
空气重污染应对 …… 314
环境准入管理 …… 314
清洁能源改造 …… 314
扬尘污染控制 …… 314
机动车污染控制 …… 314
声环境监测 …… 314
水环境监管 …… 314
环境安全保障 …… 314
处理 1011 件信访件 …… 315
生态红线划定 …… 315
环境监测 …… 315
排污申报收费 …… 315
环保宣传 …… 315
声环境质量 …… 315
· 表 6　区域环境噪声监测统计表 …… 315
水环境质量 …… 315
· 表 7　地下水环境质量监测主要题目数据统计表 …… 315
主要污染物排放 …… 316
· 表 8　区域主要污染物排放量统计表 …… 316
城市管理执法 …… 316
· 概述 …… 316
燃气安全执法检查 …… 316
整治非法小广告 …… 317
校园周边整治 …… 317
“降尘控污”行动 …… 317
清明节专项整治 …… 317
治理“大排档”出新招 …… 317
环境整治宣传月 …… 317
停车管理专项整治 …… 317
东方家园周边整治 …… 317
中高考服务保障 …… 318

中秋节、国庆环境保障 …… 318
十八届四中全会环境保障 …… 318
环境秩序“亮剑行动” …… 318
大风扬尘天气治理 …… 319
冬季环境秩序整治 …… 319
夜查农用机动车 …… 319
APEC 会议环境保障 …… 319
建筑垃圾运输执法 …… 319
拆违 1846 平方米 …… 319
新生违建动态清零 …… 319
打造有序高质城市环境 …… 319
交通管理 …… 319
· 概述 …… 319
推进高峰交通勤务 …… 320
静态交通和谐有序 …… 320
路面交通“净化行动” …… 320
道路交通事故预防 …… 320
提高交通安全意识 …… 320
整治交通违法行为 …… 320
消防 …… 321
· 概述 …… 321
灭火能力提升 …… 321
加强消防宣传 …… 321
消防湿化行动 …… 322
火患清剿行动 …… 322
“一区一警”机制 …… 322
推广“掌上 119” …… 322
火灾形势平稳 …… 322
开展执法检查 …… 322
隐患举报 …… 322
消防设备 …… 322
实战演练 …… 322
气象 …… 322
· 概述 …… 322
重大活动专项保障 …… 323
气象宣传 …… 323
应对雾霾 …… 323
气象服务 …… 323
气象培训 …… 324
依法行政 …… 324
气候评价 …… 324
· 表 9 石景山区 2014 年月平均气温与常年对比统计表 …… 324

科学技术

科技管理 …… 326
· 概述 …… 326
绿色通道信息服务平台 …… 327
8 项成果获市级奖励 …… 327
武警动漫创作骨干培训 …… 327
首家文创银行成立 …… 327
知识产权“领航工程” …… 327
知识产权案件“巡回审判” …… 327
知识驱动 创新引擎培训 …… 327
获评可持续发展优秀会员 …… 327
科普文化交流活动 …… 327
新增市重点实验室 …… 328
4 企业获评专利示范单位 …… 328
空气质量自动监测系统 …… 328
两岸生产力机构牵手 …… 328
知识产权金融培训 …… 328
32 个项目获区政府奖励 …… 328
生产力促进中心获金桥奖 …… 329
高新技术转移促进会成立 …… 329
著名商标企业增至 9 家 …… 329
领航工程支撑创新驱动 …… 329
高端绿色发展迈出新步伐 …… 329
8 家单位获年度表彰 …… 329
文化创意产业发展 …… 330
中关村科技园区石景山园 …… 330
· 概述 …… 330
获音像电子网络出版物奖 …… 330
首钢环境产业发展平台成立 …… 330
3 企业获试点项目支持 …… 331
获中关村年度奖项 …… 331
中天金谷挂牌“新三板” …… 331
国际科技合作基地获批 …… 331
园区通勤班车正式运营 …… 331
华录百纳并购蓝色火焰 …… 331
共商首都保险业创新发展 …… 331
与车联网签署战略合作协议 …… 332
天山公司获 AI“用户好评奖” …… 332
斯坦福大学“点燃”项目说明会 …… 332
企业和个人获荣誉称号 …… 332
文化科技融合主线布局 …… 332
猎豹移动登陆纽交所 …… 332
昊福文化挂牌“新三板” …… 332

5 企业获市设计创新中心认定 …… 332
小米互娱落户石景山 …… 332
贝壳网际入选领军企业 …… 332
中国智能交通建设推荐品牌奖 …… 333
中关村智慧环境产业联盟调研 …… 333
创业项目融资对接会 …… 333
91 金融超市推出 …… 333
高级专业技术资格直通车 …… 333
市级部门与园区企业对接 …… 333
中关村年会论坛 …… 333
保险产业园开发建设 …… 334
中银创业快捷贷产品发布 …… 334
无线天利在深交所创业板上市 …… 334
乐动卓越联手腾讯互娱 …… 334
豆果美食完成 C 轮融资 …… 334
首个园区企业并购合作案例 …… 334
北Ⅰ区定向安置房项目立项获批 …… 334
互动体验项目亮相文博会 …… 335
蓝港在线登陆香港创业板 …… 335
保险产业园基础设施开工 …… 335
首都科技创新券政策宣讲 …… 335
多家企业获创新基金资助 …… 335
动漫游戏产业服务平台 …… 335
设计产业示范基地建设 …… 336
驻区科研单位 …… 336
· 中国科学院高能物理研究所 …… 336
概况 …… 336
科研项目 …… 336
国际合作 …… 336
科研进展 …… 336
科研成果 …… 337
成果转化 …… 337
· 工业和信息化部电子科学技术情报研究所 …… 337
概况 …… 337
承办软博会 …… 337
提升综合服务能力 …… 337
举办中国 IT 两会 …… 337
承办网络安全宣传周 …… 338
多领域有突破 …… 338
加强战略合作 …… 338
· 北京建筑材料科学研究总院 …… 338
概况 …… 338
资源整合 …… 338
技术服务 …… 338
技能大赛 …… 338
科研成果 …… 339
科研项目 …… 339
科研平台 …… 339
项目建设 …… 339
· 北京首钢国际工程技术有限公司 …… 339
概况 …… 339
明确发展战略 …… 339
加大市场营销 …… 339
服务首钢园区 …… 339
项目实施 …… 339
管理创新 …… 339
科技开发 …… 340
成果应用 …… 340
企业技术中心建设 …… 340
人才管理 …… 340
企业文化 …… 340

教　育

教育行政 …… 342
· 概述 …… 342
中小学课外活动启动 …… 342
教育科研大会 …… 343
第 6 届中学生模拟联合国 …… 343
实验教育集团成立 …… 343
推进核心价值观教育 …… 343
绿色教育发展实验区 …… 343
庆祝教师节大会 …… 343
国家安全教育示范基地 …… 344
三方教育联合会换届 …… 344
承办小足球节 …… 344
警示教育巡展 …… 344
拉萨市教育考察组到区交流 …… 344
教育人才队伍建设 …… 344
区域优质教育新地图构建 …… 345
十项教育实事完成 …… 345
平安校园建设 …… 345
学前教育 …… 345
· 概述 …… 345
教师成长工作室建设 …… 345
园长教师专题培训 …… 346
验收大地金苹果幼儿园 …… 346
幼儿园环境创设评优 …… 346
萌芽杯评比 …… 346

绿色活动课程实践研讨 …… 346
玩教具配备培训 …… 346
交流民办园工作 …… 346
基础教育 …… 346
· 概述 …… 346
校长成长工作室推进研究 …… 346
生涯教育交流会 …… 346
第八届教育教学研讨月 …… 347
经典诵读活动 …… 347
颁布中小学文化建设方案 …… 347
初中教师基本功表彰 …… 347
第28届“四联展” …… 347
可持续发展教育督导评估 …… 347
第五届武林大会举办 …… 347
优质课程资源评选 …… 347
学习方式变革研讨 …… 347
承办市课程建设研讨 …… 347
中小学随班就读 …… 347
新创意作文赛获奖 …… 348
中小学生涯教育协作体 …… 348
在线教育服务培训 …… 348
第12届教育教学大赛 …… 348
召开三级课程建设现场会 …… 348
科学探案项目培训 …… 348
学生机器人大赛举行 …… 348
第32届学生科技节 …… 348
社区教育 …… 348
· 概述 …… 348
社区工作者招聘组考 …… 349
第十届社区学习节 …… 349
开展APEC实用英语培训 …… 349
学习型组织表彰 …… 349
第十届全民终身学习周 …… 349
家庭快乐厨艺赛 …… 349
志愿者送教进社区 …… 349
社区一街一品建设 …… 349
职业与成人教育 …… 349
· 概述 …… 349
大师工作室成立 …… 350
京袍技艺传承 …… 350
业大校园招聘 …… 350
志愿服务毛主席纪念堂 …… 350
京西杯技能大赛 …… 350
中职示范校建设 …… 350
参加技能竞赛 …… 350
出版版权教材 …… 350
教育督导 …… 350
· 概述 …… 350
· 总类 …… 351
推进中小学挂牌责任督导 …… 351
素质教育评价指标体系 …… 351
学校卫生工作督导资料目录 …… 351
校外教育评价指标体系 …… 351
挂牌责任督学督导 …… 351
责任督学挂牌督导手册编制 …… 351
素质教育评价方案汇编 …… 351
学校艺术教育工作评估细则 …… 351
义务教育减负督导监测培训 …… 352
· 督导检查 …… 352
综合督导民办培训学校 …… 352
接受市素质教育综合督导 …… 352
综合督导中小学2所 …… 352
· 督导评价 …… 352
督导随访京源幼儿部 …… 352
督导随访民办培训机构4所 …… 352
督导复查回访 …… 352
督导随访街道办事处 …… 352
督导随访社区教育 …… 352
· 督导调研 …… 352
民办教育情况反馈 …… 352
调研特教发展状况 …… 352
人民满意校调查 …… 353
民办教育 …… 353
· 概述 …… 353
乐童成长计划 …… 353
民办学校年检 …… 353
民办幼儿园安检 …… 353
查处非法办学 …… 353
维修改造校舍 …… 353
驻区高校 …… 353
· 中国科学院大学 …… 353
概况 …… 353
泰国公主来校访问 …… 354
新一届行政班子任命 …… 354
丹麦女王为中丹科教楼奠基 …… 354
“理科菁英班”开办 …… 354
校党委换届 …… 355
入选文化遗产十佳图书 …… 355

智能设计获全国一等奖 …… 355
中丹项目硕士生毕业 …… 355
首次招收本科生 …… 355
与多所大学签署合作协议 …… 355
授予外教名誉博士学位 …… 355
APEC 志愿服务 …… 356
创新专利成果获金奖 …… 356
国际大学生亚洲赛创佳绩 …… 356
场发射枪扫描电镜落户 …… 356
党委主要负责人调整 …… 356
· 北方工业大学 …… 356
概况 …… 356
师生参赛获奖 …… 357
社会荣誉 …… 357
与多所院校合作 …… 357
新增一名市科技新星 …… 357
小学体育美育合作 …… 358
校领导任免 …… 358
校棒球队创联赛纪录 …… 358
参加全球华人计算机大会 …… 358
集成电路设计大赛 …… 358
获学生作业展最高奖 …… 358
东北亚设计大会 …… 358
设计竞赛颁奖典礼 …… 358
“Y 计划”教育启动 …… 359
新增 3 个硕士学位授权点 …… 359
与迪信通集团合作 …… 359
与中建公司合作 …… 359
新增 1 个市重点实验室 …… 359
1 项目通过成果鉴定 …… 359
参加专业建设研讨 …… 359
第二届国际文化节 …… 359
青年教师培养 …… 360
国际竞赛获银奖 …… 360
1 人获法国荣誉奖章 …… 360
入选科技期刊顶尖论文 …… 360
教学科研荣誉 …… 360
校外实习基地落户深圳 …… 360
两教材入选国家级规划教材 …… 360
获两项省部级科技进步奖 …… 360
《人文思考与社会观察》出版 …… 360
· 北京工业职业技术学院 …… 360
概况 …… 360
获评“平安校园示范校” …… 361
专业调整及布局优化 …… 361
培训 7400 余人次 …… 361
与城建亚泰合作 …… 361
北煤机电公司改制 …… 361
聘请法律顾问 …… 362
探索高职培养新模式 …… 362
参加全国大赛获佳绩 …… 362
获国家级教学成果奖 …… 362
入选全国先进个人 …… 362

文化·传媒

文化 …… 364
· 概述 …… 364
· 群众文化 …… 365
概况 …… 365
非遗年俗文化展示周 …… 365
第 31 届“古城之春”艺术节 …… 365
市器乐大赛复赛 …… 366
文化遗产日宣传展示 …… 366
诗歌朗诵大赛 …… 366
夏日文化广场 …… 366
群众合唱展演 …… 367
金视角摄影团成立 …… 367
“舞动北京”决赛 …… 367
群众舞蹈大赛 …… 367
文化中心建设 …… 367
公共文化“菜单式”服务 …… 367
基层设施建设 …… 368
非遗保护 …… 368
文艺创作 …… 368
阵地建设 …… 368
· 图书馆 …… 369
概况 …… 369
道德讲堂活动 …… 369
世界读书日活动 …… 369
第四届“换书大集” …… 369
文化助残 …… 369
30 周年馆庆 …… 369
纪念抗战胜利 69 周年 …… 369
改变传统借阅方式 …… 370
获评全国先进 …… 370
打造数字化少儿馆 …… 370
学习品牌项目 …… 370
吸引社会力量 …… 371
· 文物管理 …… 371

概况 371
文物清查摸底 371
八宝山革命公墓增补为国保单位 371
文保工程通过财政审计 371
首届两岸书画展 371
法海寺壁画赴台展 371
加大资金投入 371
确保文物安全 372
文物利用情况 372
· 文化市场 372
概况 372
地下空间检查 372
规范春节市场 372
确保两会安全 372
安全生产宣教 372
严查报刊市场 373
打击黑游戏厅 373
清源专项行动 373
加强汛期执法 373
校园周边净化 373
网吧消防培训 373
法规知识竞赛 373
文化执法考评 373
传媒 373
· 广播电视 373
概况 373
话说石景山路 374
高清建设 374
新闻宣传 374
百姓系列 374
微信公众平台 374
· 石景山报 374
概况 374
群众路线教育报道 374
亮剑行动重点报道 375
重要会议报道 375
重点工作报道 375
“法定职责必须为”宣传 375
服务经济发展 375
民生问题宣传 375
精神文明报道 375
学习型党组织报道 376
理论研究宣传 376
社会热点宣传 376
最美石景山人报道 376
合办教育导刊 376
国防建设宣传 376

医疗卫生

卫生改革 378
· 概述 378
医联体建设 379
医改工作会 379
市卫计委领导调研 379
社会资本办医 379
公立医院改革 379
基层机构改革 380
完善医保体系 380
完善医疗服务 380
推进信息化建设 380
卫生应急 380
· 概述 380
埃博拉疫情防控 380
重大节点医疗保障 380
公共卫生事件处置 381
国家级示范区创建 381
反恐维稳专项工作 381
医疗管理服务 381
· 概述 381
医院感染管理 382
公立医院目标管理 382
赴新疆对口支援 382
医师定期考核 382
优质护理服务 382
医疗质控管理 382
重点学科建设 383
大型义诊活动周 383
南水北调支援 383
医疗设备 383
准入管理 383
血液管理 384
纠纷处理 384
队伍建设 384
医疗服务 384
中医管理 384
药械管理 384
继续教育 384

满意度调查……384
埃博拉防控培训……384
信息化建设……384
社区卫生服务……385
·概述……385
服务体系建设……385
服务能力建设……385
推行家庭医生式服务……385
功能社区卫生服务站……385
完善预约转诊……385
返聘退休专家……385
示范中心创建……385
自助健康监测……386
老年健康管理……386
卫生人才培养……386
家庭保健员培养……386
中医药服务……386
社区卫生诊断……386
疾病预防与控制……386
·概述……386
艾滋病防控……387
妇幼健康技能竞赛……387
生命统计……387
传染病防治……387
公共卫生监测与评价……388
卫生应急……388
妇女保健……388
母婴保健技术许可……388
计划免疫……388
手足口病防控……388
结核病防治……389
精神卫生……389
口腔卫生……389
慢性疾病防治管理……389
全民健康生活方式……389
感染防治……389
学校卫生……390
健康促进……390
放射卫生……390
从业人员体检……390
儿童保健……390
爱婴医院管理……391
卫生监督……391
·概述……391
"两会"卫生监督……391
打击无证行医……391
纳入大城管体制……391
保障饮用水安全……391
传染病防控监督……392
消毒产品监督检查……392
飓风、亮剑行动……392
血液透析专项检查……392
公共卫生检查……392
加强监督执法……392
办理行政审批……393
学校卫生监督……393
放射卫生监督……393
医疗卫生监督……393
完成产品抽检……393
动物卫生监督……393
·概述……393
动物防疫和检疫……393
动物和动物产品检疫……393
监督检查……393
动物和动物产品安全检查……393
流浪动物收容救置……393
诚信责任体系建设……393
医疗机构……394
·中医医院……394
概况……394
传染病防控……394
医疗质量……394
院感管理……394
护理质量管理……395
学科建设……395
人才队伍……395
科教工作……395
中医药文化建设……395
对口支援……395
安全生产……395
·妇幼保健院……395
概况……395
健康教育……396
改革与管理……396
技能竞赛……396
扩建项目……396
医疗保健……396
儿童保健……396

妇女保健 …… 396
婚前保健 …… 396
两癌筛查 …… 396
免费增补叶酸 …… 396
指标完成情况 …… 397
· 五里坨医院 …… 397
概况 …… 397
精神卫生 …… 397
社区卫生服务 …… 397
老年病诊治 …… 398
· 北京市石景山医院 …… 398
概况 …… 398
医疗服务 …… 398
社区卫生服务 …… 399
科研教学 …… 399
医联体建设 …… 399
预防保健 …… 399
护理业务 …… 399
信息化建设 …… 399
基础建设 …… 400
· 北京大学首钢医院 …… 400
概况 …… 400
医学教育 …… 400
机构设置 …… 400
改革与管理 …… 400
启动医联体建设 …… 400
医疗服务 …… 401
护理业务 …… 401
科研工作 …… 401
信息化建设 …… 402
后勤与基建 …… 402
· 清华大学玉泉医院 …… 402
概况 …… 402
综合楼建设 …… 402
医疗服务 …… 403
医保工作 …… 403
护理业务 …… 403
院感管理 …… 404
科研与教学 …… 404
信息化建设 …… 404
· 首都医科大学附属北京康复医院(北京工人疗养院) …… 404
概况 …… 404
医疗服务 …… 404
护理业务 …… 405
预防保健 …… 405
科研教学 …… 405
医学院建设 …… 405
公益服务 …… 405
行政管理 …… 405
基建项目 …… 405
· 中国医学科学院整形外科医院 …… 405
概况 …… 405
医疗服务 …… 406
护理业务 …… 406
科教工作 …… 406
· 中国中医科学院眼科医院 …… 406
概况 …… 406
机构设置 …… 407
学术交流 …… 407
改革与管理 …… 407
医疗服务 …… 407
护理业务 …… 408
科研管理 …… 408
医学教育 …… 408
· 首都医科大学附属北京朝阳医院(西院) …… 408
概况 …… 408
医疗服务 …… 408
科研水平 …… 409
改革与管理 …… 409
护理业务 …… 409
医学教育 …… 409
社区医疗 …… 409
· 首钢矿山医院 …… 409
概况 …… 409
改革与管理 …… 409
医疗服务 …… 410
科研工作 …… 410
护理业务 …… 410
医学教育 …… 410
社区服务 …… 410
体检工作 …… 410

体　育

群众体育 …… 412
· 概述 …… 412
第二十九届阳春保健社区体育生活周 …… 412

登山骑行活动 …… 413
和谐杯乒乓球赛 …… 413
民俗体育运动展演 …… 413
社区体质促进项目推广 …… 413
和谐邻里运动季 …… 413
中老年健身表演 …… 413
“双拥杯”篮球赛 …… 413
武术协会挂牌 …… 413
健身项目展示 …… 413
金秋体育盛会 …… 413
重阳登山大会 …… 413
百姓骑游活动 …… 413
山地车挑战赛 …… 414
徒步乐跑大会 …… 414
社会健身项目展示 …… 414
健身气功展示 …… 414
全民健身服务 …… 414
体育生活化社区 …… 414

竞技体育 …… 414

· 概述 …… 414
参加市运会柔道资格赛 …… 414
参加市运会举重资格赛 …… 414
参加市运会羽毛球资格赛 …… 414
参加市运会射箭资格赛 …… 414
参加市运会击剑资格赛 …… 415
参加市运会武术散打资格赛 …… 415
参加市运会跆拳道资格赛 …… 415
参加市运会田径资格赛 …… 415
参加市运会体操资格赛 …… 415
参加市运会武术套路资格赛 …… 415
组队参加第十四届市运会 …… 415
·表 10 石景山代表团参加第十四届市运会成绩一览表 …… 415
承办市运会体操项目比赛 …… 416
承办市运会足球女子乙组比赛 …… 416
南京青奥会射箭比赛夺双金 …… 416
欢乐足球在校园 …… 416

体育产业 …… 416

· 概述 …… 416
非遗年俗文化展示 …… 416
体育产业联盟活动 …… 416
承接各类市级赛事 …… 416
“孙剑云杯”武术太极拳赛 …… 417
标准舞拉丁舞国际公开赛 …… 417
城市羽毛球赛华北大区赛 …… 417
北京市少儿武术比赛 …… 417
北京国际武术邀请赛 …… 417
国际机器人全国赛 …… 417
国际机器人世界杯赛 …… 418
西五环体育产业带发展 …… 418

体育执法 …… 418

· 概述 …… 418
春节期间联合检查 …… 418
多部门联合安全检查 …… 418
安全生产标准化推进部署 …… 418
减溺工作 …… 418
体育法制宣传 …… 418
等级证书审批 …… 418

社 会 事 业

民政 …… 420

· 概述 …… 420
养老机构建设 …… 420
寒冬送温暖行动 …… 420
行政区域界线联检 …… 420
优待抚恤 …… 420
清明节祭扫服务 …… 420
养老管理服务中心 …… 421
接受各界捐赠 …… 421
居家养老宣传 …… 421
获评全国先进 …… 421
社会救助专项整治 …… 421
福利企业生产 …… 421
防灾减灾管理 …… 421
地退人员抚恤 …… 421
超转人员管理 …… 421
居家养老服务券发放 …… 421
福利彩票发行 …… 421
落实“九养”政策 …… 421
开展济困工程 …… 421
社区志愿者服务 …… 422
退役士兵安置 …… 422
见义勇为权益保护 …… 422
低保和医疗救助 …… 422
婚姻收养登记 …… 422
慈善公益救助 …… 422
特困人员供养 …… 422
社会组织管理 …… 423

· 双拥工作 …… 423
概况 …… 423
驻区单位春节团拜会 …… 423
军地领导见面会 …… 423
军地联合送温暖 …… 423
慰问基层官兵 …… 423
科普走进军营社区 …… 424
军地座谈谋发展 …… 424
区长进军营办公 …… 424
首届“双拥杯”篮球联赛 …… 424
随军家属就业安置 …… 424
强军育才接力工程 …… 424
强军爱兵暖心工程 …… 424
军地齐心双拥共建 …… 424

人力资源和社会保障 …… 425

· 概述 …… 425
劳动人事仲裁院建立 …… 425
医保医师库动态管理 …… 425
职业技能培训 …… 425
公开招考招聘 …… 425
毕业生创业基地 …… 425
和谐劳动关系构建 …… 426
公务员申诉公正委员会成立 …… 426
推进督查考核 …… 426
服务农民工情况督察 …… 426
军转干部和随军家属安置 …… 426
调整技能鉴定机构 …… 426
就业任务全面完成 …… 427
就业服务“三进”活动 …… 427
首创“量身定制”招聘会 …… 427
人事考试联席会机制 …… 427
事业单位管理 …… 427
专技人员职称管理 …… 427
博士后创新基地建设 …… 427
7 人获教授级高工职称 …… 428
毕业生就业率 96.2% …… 428
科级干部选拔任用 …… 428
年轻干部基层锻炼 …… 428
公务员考核 …… 428
保障不同群体收入分配 …… 428
社会保险扩面征缴 …… 429
社保水平稳步提高 …… 429
工伤认定与劳动鉴定 …… 429
服务工伤职工 …… 429
劳动合同签订 …… 429
劳动保障监察 …… 430
追回拖欠工资 …… 430
劳动人事争议仲裁 …… 430
劳动人事争议调解 …… 430
行政案件连续八年胜诉率 100% …… 430

残疾人事业 …… 430

· 概述 …… 430
残疾人图书馆成立 …… 431
助残日宣传活动 …… 431
职业技能培训 …… 431
温馨家园建设 …… 431
家庭康复服务站 …… 431
三级信访代理制 …… 431
残疾人体育活动 …… 432
残疾人扶贫救助 …… 432
就业服务机构达标 …… 432
整合志愿服务 …… 432
盲人保健按摩 …… 432

人口和计划生育 …… 432

· 概述 …… 432
单独两孩政策 …… 433
爱家服务中心 …… 433
特扶家庭帮扶 …… 433
幸福家庭文化季 …… 433
健康讲堂进军营 …… 433
慰问失独家庭 …… 433
加强依法行政 …… 433
利益导向政策 …… 433
人口战略研究 …… 433
公共服务均等化 …… 434
人口信息化建设 …… 434
计生药具全覆盖 …… 434
孕前优生检查 …… 434
婴幼儿早期教育 …… 434

私营个体经济 …… 435

· 概述 …… 435
“光彩服务日”学雷锋活动 …… 435
七届三次理事会召开 …… 435
钟青林入选“中国好人榜” …… 435
4 家企业建立党支部 …… 435
组织会员培训 …… 435

居民生活状况 …… 435

· 概述 …… 435
居民收入 …… 435

· 表 11　2014 年石景山区城镇居民收入构成及增长情况 …… 435
· 图 1　2014 年与 2013 年居民人均可支配收入对比情况 …… 436
消费支出 …… 436
· 表 12　2014 年石景山区城镇居民消费构成及增长情况 …… 436
· 图 2　2014 年与 2013 年居民家庭消费支出情况对比 …… 436
百户耐用消费品拥有量 …… 436
· 表 13　2014 年每百户耐用消费品拥有量 …… 436

社会建设

社会领域党建及社会建设 …… 438
· 概述 …… 438
社会组织公益行活动 …… 438
网格化组织体系全覆盖 …… 438
老旧小区自我服务管理 …… 438
成立首家楼宇商会 …… 438
社区工作者队伍建设 …… 439
高端社会治理体系建设 …… 439
社会领域党建表彰 …… 439
社会工作者培训 …… 439
“枢纽型”社会组织建设 …… 439
青年社工骨干拓展训练 …… 440
获评市级公益服务品牌 …… 440
社区规范化建设 …… 440
推进六型社区创建 …… 440
一刻钟服务圈信息化 …… 440
规范社会党建运行 …… 440
规范专职协管员队伍 …… 440
智慧社区建设 …… 441
推进志愿反哺 …… 441
政府购买服务 58 项 …… 441
政府购买公共服务 …… 441
志愿者网上注册 68324 人 …… 441
实施便民工程 154 项 …… 441
创新民主自治模式 …… 442
社会动员工作试点 …… 442
新增社工事务所 5 家 …… 442
商务楼宇工作站建设 …… 442
· 社区党建 …… 442
概况 …… 442
党建“三级联创” …… 442
党代表工作室成立 …… 442
红色网格全面推开 …… 442
“身边好人”评选表彰 …… 442
全国党建网到区调研 …… 443
扩大非公领域党建 …… 443
创新廉政教育载体 …… 443
十个“一线工作法” …… 443
社区大党委成立 …… 443
社区大党委新思路 …… 443
党员活动接力赛 …… 443
入党“双把关”制度 …… 443
八宝山街道 …… 444
· 概述 …… 444
社区群防群控 …… 444
推进信访代理制 …… 444
网格化管理系统试运行 …… 444
健全志愿者服务体系 …… 444
协管员统筹规范管理 …… 444
城市管理体制改革 …… 445
开展“亮剑行动” …… 445
整治无照经营早餐摊点 …… 445
扶贫助困资金发放 …… 445
完成 19 项便民工程 …… 445
提升计生服务品质 …… 445
“温馨家园”改造 …… 445
群租房屋整治 …… 445
安全生产检查 …… 445
绿化老旧小区 …… 445
获评国家级示范社区 …… 446
“阳光菜园”示范点 …… 446
服务大厅环境改造 …… 446
鲁谷社区 …… 446
· 概述 …… 446
环境综合管理 …… 446
优秀义工表彰 …… 446
人口综合调控 …… 446
推进“亮剑行动” …… 447
“六条服务线”开通 …… 447
太平之家公寓拆违 …… 447
充分就业社区 …… 447
社会化服务管理 …… 447
综治态势平稳 …… 448
计划生育率 99.2% …… 448
安全生产管理 …… 448
社区文化活跃 …… 448
新建工会 12 家 …… 448

老山街道 …… 448
· 概述 …… 448
第三次经济普查 …… 448
城市管理综合执法 …… 448
单独夫妇信息核查 …… 449
清理城市牛皮癣 …… 449
保障辖区环境秩序 …… 449
工会建会 116 家 …… 449
五步惠民工作法 …… 449
文化惠民工程 …… 449
保障性住房管理 …… 449
安全生产监管 …… 450
流动人口服务管理 …… 450
社区用房规范化建设 …… 450
环境秩序整治 …… 450
社会保障救助 …… 450
促进就业服务 …… 450
残疾人康复训练 …… 450
古城街道 …… 450
· 概述 …… 450
北辛安地区整治 …… 451
执法指挥中心运行 …… 451
建立安全教育基地 …… 451
门前三包联片自治 …… 451
突出治理城市顽疾 …… 452
微信服务功能开通 …… 452
商务楼宇服务升级 …… 452
戒毒康复示范单位 …… 452
安全生产隐患排查 …… 452
壮大群防群治队伍 …… 452
市容环境精细化管理 …… 452
新建 3 个社区居委会 …… 452
“千百十”便捷家园 …… 452
搭建 3 个服务平台 …… 453
优化就业三个体系 …… 453
推进第三次经济普查 …… 453
2 个社区居委会更名 …… 453
八角街道 …… 453
· 概述 …… 453
教育实践活动联系点 …… 453
杨庄北区第二社区成立 …… 454
首家楼宇志愿服务联盟 …… 454
体育场南路社区成立 …… 454
综合治理“亮剑行动” …… 454
补选 1 名区人大代表 …… 455
党群“连心服务港” …… 455
党群共建新模式 …… 455
五分钟廉情预警播报 …… 455
完成 17 项便民工程 …… 455
维护地区安全稳定 …… 455
实现就业 1176 人 …… 455
保障残疾人服务 …… 455
特色社区建设 …… 456
养老服务“110”模式 …… 456
信访“12345”体系 …… 456
繁荣社区文化 …… 456
完成第三次经济普查 …… 456
苹果园街道 …… 456
· 概述 …… 456
“亮剑”专项行动 …… 456
打造清洁社区 …… 457
推行“两本日志” …… 457
环境综合治理 …… 457
健全信访代理制 …… 457
公益反哺家园 …… 457
城市病大家治 …… 457
阳光计生服务 …… 457
社会保障体系 …… 457
社区基础设施 …… 457
3D 文化影院俱乐部成立 …… 457
打造“文化苹果园” …… 458
弱势群体帮扶 …… 458
落实住房保障 …… 458
金顶街街道 …… 458
· 概述 …… 458
模式口地区综合整治 …… 459
模式口大街整治工程 …… 459
执法指挥中心成立 …… 459
“亮剑行动”见成效 …… 459
探索分项治理 …… 460
落实信访代理制 …… 460
打造城市管理新常态 …… 460
保障改善民生 …… 460
强化安全管理 …… 460
精品便民工程 …… 460
规范社区建设 …… 460
广宁街道 …… 461
· 概述 …… 461

信访代理室(站)成立 …… 461
复兴街交通整治 …… 461
网格化管理中心建成 …… 461
社会治理指挥中心成立 …… 461
数字化图书馆开馆 …… 461
便民服务中心运行 …… 461
“亮剑行动”动真格 …… 461
区人大代表补选 …… 461
群众文体活动 …… 462
斩除城市顽疾 …… 462
完成便民工程 14 项 …… 462
超额完成就业指标 …… 462
保障性住房审核备案 …… 462
地区经济普查完成 …… 462
维护辖区安全稳定 …… 462
服务西北热电中心建设 …… 462
打击偷倒渣土 …… 462
五里坨街道 …… 463
· 概述 …… 463
多种形式促就业 …… 463
做好垃圾分类 …… 463
执法指挥中心运行 …… 464
首届“五里坨好声音”评选 …… 464
完成辖区经济普查 …… 464
清理非法洗车点 …… 464
成立和撤并社区 5 个 …… 464
“亮剑行动”启动 …… 464
攻克违法停车顽疾 …… 464
军休职工服务 …… 464
安全生产监管 …… 465
城市环境建设 …… 465
流动人口服务管理 …… 465
4 项便民工程竣工 …… 465
保障性住房审核 …… 465
推进养老服务 …… 465
深化社会救助 …… 465
· 石景山区街道(社区)工委办事处负责人 …… 465

先　　进

全国(含系统)先进集体及先进个人 …… 467
先进集体 …… 467
先进个人 …… 467
北京(含系统)先进集体及先进个人 …… 467
先进集体 …… 467
先进个人 …… 469

统 计 资 料

表 1　地区生产总值 …… 471
表 2　财政收入与支出 …… 472
表 3　银行存贷款情况 …… 472
表 4　现金收支情况(年人均) …… 473
表 5　消费性支出(年人均) …… 473
表 6　固定资产投资完成情况(建设地) …… 473
表 7　房地产开发建设生产情况 …… 474
表 8　户籍人口数 …… 474
表 9　人口出生与自然增长情况 …… 474
表 10　石景山区主要经济指标完成情况 …… 475

附　　录

中共北京市石景山区委主要文件目录 …… 476
· 中共北京市石景山区委文件 …… 476
· 中共北京市石景山区委办公室文件 …… 476
北京市石景山区人民政府主要文件目录 …… 477
· 北京市石景山区人民政府文件 …… 477
· 北京市石景山区人民政府办公室文件 …… 477
区域教育单位名录 …… 478
石景山区幼儿园名录 …… 478
石景山区小学名录 …… 480
石景山区中学名录 …… 481
石景山区职业教育、高等教育学校名录 …… 482
石景山区民办教育机构名录 …… 482
石景山区特殊教育学校名录 …… 485
区域科研机构名录 …… 485
驻区科研单位名录 …… 485
区域卫生机构名录 …… 486
卫生医疗单位名录 …… 486
区域文化设施名录 …… 491
全国重点文物保护单位名录 …… 491
北京市重点文物保护单位名录 …… 491
石景山区文物保护单位名录 …… 491
图书馆名录 …… 492
电影院放映场所名录 …… 492
歌舞娱乐场所名录 …… 492
互联网上网服务营业场所名录 …… 493
出版物经营单位名录 …… 494
区域体育健身设施名录 …… 498

石景山区体育经营单位名录 …… 498

职业服务机构名录 …… 500

职业介绍机构名录 …… 500

民办职业技能培训学校名录 …… 501

律师、公证服务机构名录 …… 502

律师事务所名录 …… 502

公证处名录 …… 502

法律服务所名录 …… 502

石景山公安分局派出所名录 …… 503

科技中介服务组织名录 …… 503

福利机构名录 …… 504

街道社区居委会名录 …… 504

古城街道 …… 504

苹果园街道 …… 504

金顶街街道 …… 505

五里坨街道 …… 505

广宁街道 …… 506

八宝山街道 …… 506

鲁谷社区 …… 506

八角街道 …… 507

老山街道 …… 507

索引 …… 508

总 述

石景山区概览

石景山区位于北京西部西山风景区南麓和永定河冲积扇上，因燕都第一仙山——石景山而得名。地理坐标为北纬 39°53′～39°59′，东经 116°07′～116°14′，东至玉泉路与海淀区毗连，南抵张仪村与丰台区接壤，北倚克勤峪与海淀区搭界，西濒永定河与门头沟区为邻。辖区东西宽约 12.25 千米，南北长约 13 千米，最东端距天安门 14 千米，总面积 85.74 平方千米。

石景山区地势北高南低，海拔高度 70～130 米。西北部山地是太行山余脉，约占全区面积的三分之一，40 余座山峰比肩而立。南部横亘着古老的永定河，蜿蜒曲折。中部和东南部是永定河冲积扇形成的夹带残丘的平原，为全区人民生产生活的主要地区。本区地处暖温带半湿润大陆性季风气候区。全年平均气温为 13.8℃，较常年平均值(12.7℃)偏高；全年总降水量 280.7 毫米，比常年(540.7 毫米)偏少。

石景山区自古就是京西历史文化重镇，既是西进京城的军事交通要塞，也是北京现代工业的发祥地，历史文化独特鲜明。境内名胜古迹众多，有近现代重要史迹及代表性建筑 21 处，以"三山八刹十二景"著称的一代名园八大处、以明代壁画闻名于世的法海寺、石刻造像美仑美奂的田义墓、第四季冰川遗迹陈列馆、八宝山革命公墓等均荟萃于这块美丽的土地上。

石景山区是本市继东城、西城之后第三个没有农业户籍人口的城区，下辖八宝山街道、老山街道、八角街道、古城街道、苹果园街道、金顶街街道、广宁街道、五里坨街道及鲁谷社区等 9 个街道办事处。全区有 46 个民族，常住人口 65 万人。

石景山区曾是北京传统重工业区，以首钢为核心的重工业在地区经济社会发展中占有重要地位。根据北京市赋予石景山区"一区三中心"的城市功能定位，随着首钢搬迁调整的逐步深入，石景山区于 2006 年确立"打造北京 CRD，构建和谐石景山，建设现代化首都新城区"的发展战略，在 2011 年区第十一次党代会上提出由传统工业石景山向绿色生态石景山转型的总方向。经过多年艰苦奋斗，全区经济结构调整和发展方式转变取得了实质性重要成果。2013 年 12 月，区委十一届八次全体(扩大)会提出"全面深度转型、高端绿色发展"战略和建设国家级绿色转型发展示范区目标，以及"八个高端体系"构建。2014 年，全区紧紧围绕建设国家级绿色转型发展示范区这一目标，以深入开展党的群众路线教育实践活动为动力，全力推动"全面深度转型、高端绿色发展"战略，统筹谋划和推进"八个高端体系"建设，加快培育主导产业新优势，不断提升城市规划建设管理水平，着力保障和改善民生，各项工作取得了新的重要成绩。

区域经济发展

全年实现地区生产总值 400.9 亿元，同比增长 7.3%，第三产业比重达到 66%；一般公共预算收入实现 37.97 亿元，同比增长 24.1%；全社会固定资产投资完成 184.1 亿元，同比增长 13%；社会消费品零售额完成 241.9 亿元，同比增长 12.1%；城镇居民人均可支配收入 41943 元，同比增长 8.5%；城镇登记失业率控制在 2.35%；万元 GDP 能耗 0.77 吨标准煤，较去年同期下降 15.3%，超额完成市政府下达下降 2%的任务。

深入落实国家服务业综合改革试点区发展三年行动计划，制定鼓励类服务业指导目录，大力发展"高精尖"产业，服务业实现增加值 252 亿元，同比增长 9%，第三产业比重达到 65%。全力推进北京保险产业园建设，积极争取中国保监会、北京市联合出台《关于加快推动北京保险产业园创新发展的意见》，制定实施办法，高标准完成规划设计方案，开工建设配套基础设施。吸引中国人寿电子商务有限公司、中兵集团金融投资公司等大型金融机构入驻，成立全国第一家中外合资铁矿石交易中心，高端金融要素加快集聚。现代金融产业实现收入 518 亿元，同比增长 37.4%。坚持创新驱动，调整中关村石景山园管理体制，推动国家级文化和科技融合示范基地建设，获批"北京市国际科技合作基地"，文化创意产业实现收入 300 亿元，高新技术产业实现收入 1100 亿元，同比增长 29%。扎实推进全市唯一的商业保理试点工作，出台设立商业保理公司试行办法，建立"4＋1"监管机制，商业保理企业达到 20 家。充分挖掘消费潜力，电子商务板块快速发展，高端商务服务产业实现收入 397 亿元。制定旅游业发展行动计划，组织第三届光影文化季暨首钢灯光秀等系列活动，世界旅游城市体验中心、莲石湖一期旅游项目投入运营，实现旅游收入 42 亿元，同比增长 8.5%。深化"石景山服务"品牌建设，完善招商引资联络员和订单式服务等措施。全年引进注册资金千万元以上企业 248 家，同比增长 74.6%，其中亿元以上企业 37 家，同比增长 60.9%，招商引资不断向高端化、优质化发展，区域经济实力进一步增强。

城市建设与管理

牢固树立城市建设要成为高端产业的典范、建筑艺术的典范、智能管理的典范、高端文化的典范、生态文明的典范的理念，强化重大项目的引领和带动作用，深化领导分工负责、督查督办工作机制，推动71个重大项目建设。十项重点工程全部实质性开工，高标准落实京西商务中心、区文化中心等重点项目方案设计，长安街西延拆迁工作全部完成，管线施工加快推进，轨道交通S1、M6线开工建设，永定220kV输变电工程竣工。深入落实老工业区搬迁改造相关政策，加快推进新首钢高端产业综合服务区建设，西十筒仓项目主体完工。在国家严格调控房地产市场的大背景下，科学把握土地开发和入市节奏，老古城综合改造地块、刘娘府综合改造A1地块等4个项目实现上市交易，成交金额达到134亿元，创历史新高，区域发展品质和影响力进一步提高。

社会综合治理

聚焦城市管理弊端，着力构建城市综合管理体系。制定落实《关于建立城市综合管理体系提升社会治理水平的意见》，建立三级管理网络，在区级层面成立社会治理综合执法委员会，搭建高位指挥、组织协调的综合管理平台。成立区委城管工委和区城管委，整合城市管理领域相关议事协调机构，对城市管理系统实行归口管理，统一指导、协调、监督、检查、考核。推动管理重心和专业职能下沉街道，在各街道设立社会治理综合执法指挥中心，统筹辖区社会治理和综合执法工作，城管执法队伍实行"双重管理"体制，公安、城管、食药、安监、环保、工商、交通、消防等部门向街道派驻执法人员273人，初步形成党建统领、行政综合、法治综合、上下综合、社会综合的城市综合管理体系，石景山区被市委、市政府确定为全市唯一的城市管理体制改革试点区。把握新形势下群众工作的新特点，积极推行信访代理制，制定并认真落实《关于深入推广信访代理制的工作意见》，构建"三级代理"工作格局，实行信访积案"五个一"包案制度，着力建设"六个之家"，妥善解决群众合法合理诉求，集体访90%得到及时有效解决，群众信访诉求解决时间平均缩短20%，全区信访量下降30%。深入推进教育改革，实施7项国家级、市级教育改革项目，成立实验教育集团，加强与首师大、北师大附中、清华附小等名校合作，引进优质办学资源，努力办好人民满意的教育。推动医药卫生体制改革，落实区属四家公立医院目标管理考评工作。深化工商登记制度改革，建立金融机构代理企业登记注册机制，实现全程网上登记注册。在全市率先开展目标督查考核工作改革，减少考核主体、突出考核重点，减轻基层负担、增强考核实效，有力促进工作作风转变和效率提升。

生态文明建设

全区直面城市发展难题，签订责任书，立下军令状，全面开展环境整治攻坚战，高标准推进城市建设和综合治理。深入研究土地、规划、投资和人口"四本账"，完成18个项目控规优化，编制5个专项规划。把人口调控放在重要位置，制定严格控制人口规模工作方案，落实部门责任及督查考核制度，清理62处地下空间、拆除457处群租房、整治16个出租大院，人口调控初见成效。加强基础设施建设，启动北辛安路北段拆迁，推进永引渠南路等6条城市主干路前期工作，建设金顶北路等6条城市次干路，实施工疗路等23项道路大中修工程。强化静态交通管理，新增老旧小区停车位2235个，投资500万元，建设40个公共自行车服务站点。开工建设五里坨水厂，实施隆恩寺沟、潭峪沟河道治理工程，完成五里坨污水处理厂配套工程。认真落实清洁空气行动计划，全面完成环保十件实事，实施3个污染减排项目，退出2家污染企业。启动"无煤区"建设，全力保障西北热电中心这一市级重点建设项目，充分发挥属地职能，扎实做好配套热力管线穿山隧道工程扰民维稳等工作，确保西北热电中心按期建成并投入运行，顺利关停高井热电厂燃煤机组，削减燃煤230万吨，占全市压煤任务的88.5%，削减二氧化硫2300吨、氮氧化物7200吨，全区主要污染物浓度稳步下降。集中开展社会环境秩序综合整治"亮剑行动"，出动执法人员3.7万人次，查处违法行为5.5万起。坚决治理违法建设，全年累计拆除303处、19.4万平方米。实施八大处、半月园环境综合改造项目，整治古城大街等15条重点道路和翠园西街等12个背街小巷，完成16个小区垃圾分类达标工作，城市综合管理能力进一步提升。推进城市绿化美化，建设刘娘府、鲁谷路等17个绿地改造项目和莲石湖绿化升级工程，全区绿化覆盖率达到51.16%，城市环境面貌明显改观。

社会服务管理

坚持财政资金向惠民生倾斜，教育、社会保障、医疗卫生、住房保障等民生领域支出达到52.8亿元，占总支出的76.7%。多渠道开发就业岗位，实现新增就业11377人。建立社会保险稽核网格化管理体系，社会保险基金收缴率达到98%以上。创建20个"六型社区"，新建6个"一刻钟社区服务圈"，社区用房平均面积达到438平方米。推进社区商业便民体系建设，完善蔬菜零售网络，开展早餐示范工程试点。加快西黄村等11个棚户区改造项目建设，推进老旧小区综合整治工程，完成272栋居民楼、115万平方米抗震加固和节能改造任务。新建各类保障性住房820套，竣工5206套。投资1.11亿元，实施80项济困工程，救助17.3万人(户)次。投资8000万元，完成159项便民工程，建设水平和实施成效不断提高。推进社区养老助残工作，建成养老机构8家，提供床位3090张，养老服务社会化体系不断完善。加强教育基础设施建设，京源学校莲石湖校区和五里坨地区规模学校主体完工，黄庄职业高中改扩建工程竣工，接收3所配套幼儿园，新增幼儿园学位690个。开工建设区文化中心，推进西山八大处文化景区道路及配套设施

一期工程，实施18个基层公共文化设施项目。加强公共卫生服务保障，完成妇幼保健院扩建工程，推进社区卫生服务基础设施标准化建设，医疗服务质量不断提高。圆满完成第十四届市运会参赛任务，创建32个“北京市体育生活化社区”，全民健身运动深入开展。围绕服务保障APEC会议、新中国成立65周年等重大活动，加强社会治安综合治理，强化流动人口服务管理，依法防范和惩治违法犯罪活动，严格食品药品和安全生产监管，维护了社会安定祥和。支持工会、共青团、妇联等人民团体开展工作，统计、档案、民防、保密、外事和对台等工作取得新成绩，民族、宗教、侨务和人口计生等工作深入开展，普法、对口援助和交流工作顺利推进，军民融合深度发展。

执政能力建设

认真落实中央、市委和区委统一部署，按照“四大一满意”目标，围绕坚定理想信念、传承红色基因、修养官德人品、扫除“四风”问题、践行“三严三实”五个要素，扎实推进精神家园建设。坚持开门搞活动，政府各单位、各部门共查找问题2000余个、征求意见建议5400余条。坚持立行立改，办好惠民实事，建立并落实区领导蹲点办公、区处两级干部与困难家庭结对帮扶等制度，积极主动回应群众呼声和需求，对群众反映强烈的社区物业管理、公共服务设施、环境卫生、违法建设、停车秩序和消防安全等方面存在的问题进行专项整治，建立健全209个便民服务中心，让百姓感受到更多看得见、摸得着的实惠。规范行政许可工作，取消36项审批事项，优化审批流程，压缩审批时限，办结行政许可服务事项近6万件。以整改工作为契机，不断推动政府自身建设，促进政风行风转变，提高行政效能。区政府会议数量压缩20%，会议时间缩短25%，发文数量减少32.5%。坚持勤俭办一切事业，“三公”经费支出同比下降23.4%。严格落实党风廉政建设各项规定，对重大工程项目、大额财政支出实行全程监管。

特　载

在区委十一届十次全会上的工作报告

中共北京市石景山区委书记 牛青山

（2014年12月31日）

同志们：

我受区委常委会委托，向全会作工作报告，请予审议。

一、2014年工作总结

2014年是胜利的一年。面对全新的形势，我们在市委的坚强领导下，全面贯彻落实党的十八大，十八届三中、四中全会和习近平总书记系列重要讲话精神，坚持稳中求进工作总基调，围绕高端绿色发展战略，充分发挥总揽全局、协调各方的领导核心作用，区四套班子励精图治，全区上下付出了艰苦努力，各项事业取得了新的重要成绩。

（一）以党的群众路线教育实践活动为重点，党的建设取得重要成果

区委常委会认为，开展党的群众路线教育实践活动是坚持党要管党、从严治党的重大决策，具有重要现实意义和深远历史意义。我们不折不扣地贯彻落实中央、市委部署，以“三严三实”的精神，开展了党的群众路线教育实践活动，取得了丰硕成果，得到了中央巡回督导组和市委的充分肯定。

一是锁定“四大一满意”目标，教育实践活动高质量推进。我们提出“使党的思想政治建设水平有一个大提升，对‘四风’问题做一次大扫除，使党要管党、从严治党的能力有一个大增强，对全面深度转型、高端绿色发展来一个大促进，达到人民群众满意”的“四大一满意”目标，坚持方向、坚定态度、坚守标准，区四套班子主要领导和区委常委担任各督导组组长，严督实导，层层落实，确保了教育实践活动高起点开局、高标准开展。

二是聚焦精神家园建设，思想政治建设水平明显提升。我们把思想政治建设作为党的建设的首要前提，紧紧围绕“坚定理想信念、传承红色基因、修炼官德人品、扫除‘四风’问题、践行‘三严三实’”五个重点要素建设精神家园。运用党员领导干部层层讲党课和官德人品大讨论两个务实有效的实践载体，引导党员领导干部解决好“八个面对”问题。我们在区内媒体开设专版专栏，四套班子主要领导三次发表联合署名文章，凝聚广泛共识。全区577名处级以上领导干部和47425名共产党员普遍经历了一次政治洗礼、思想升华和党性锻炼，进一步增强了道路自信、理论自信和制度自信，精神上补了“钙”，思想上加了“油”，行动上鼓了“劲”，形成了强大的正能量，为推动高端绿色发展奠定了坚实的思想基础。

三是着眼扫除“四风”、树立新风，“四风”突出问题有效遏制。我们坚持开门搞活动，集中精力对“四风”问题进行大检视、大排查、大扫除，区处两级班子和干部共征集意见1184条。我们把整改落实作为决定性环节，坚持问题导向，破立并举，敢破敢立，区处两级班子共确定整改任务1404项，新建、修订和完善制度2050项。我们以“言必信、行必果”的坚决态度，全力推进整改任务落实。区处两级单位共精减会议1132个，压缩文件1780份，取消评比达标表彰活动84项，调整清理办公用房面积5210平方米，“三公”经费同比下降23.4%。我们着力打通服务群众的“最后一公里”，建立并落实区领导蹲点办公、区处两级干部与困难家庭结对帮扶等制度，切实解决了一批群众反映突出的问题，精神家园建设推动民生家园建设取得实实在在的成效。

四是严肃党内政治生活，政治生态明显改善。我们把整风精神贯穿始终，以“闻过则喜、改过则喜”和“君子坦荡荡、良师益友互相帮”的境界查摆问题，认真开展对照检查和谈心活动。各级党组织严格落实标准不降、力度不减、目标不变、不搞彩排的要求，召开了高质量的专题民主生活会和专题组织生活会，擦亮批评与自我批评的武器，进一步摒弃了无原则“一团和气”的庸俗之风，营造了积极健康的政治生态。

五是落实从严治党责任，管党治党能力进一步增强。我们研究制定了《关于进一步加强领导干部理论学习的意见》，创新了中心组单元式学习和开设报刊专栏开展思想讨论互动模式，进一步提高了理论学习的实效性。结合学习贯彻《党政领导干部选拔任用工作条例》，完善了干部选拔任用、考核评价、监督管理等制度，不断优化和配强了各级领导班子。开展了基层服务型党组织建设试点、在职党员进社区、软弱涣散党组织整顿、党代表工作室规范化建设等工作，基层党组织和党员队伍凝聚力、战斗力进一步增强。扎实推进惩治和预防腐败体系建设，研究制定了《石景山区关于落实党风廉政建设党委主体责任、纪委监督责任的实施意见》，制定了党风廉政建设责任制量化考核标准，对违反中央“八项规定”的12起案件、18人进行了从严查处。我们从加强人大代表建议、政协委员提案的办理入手，推进社会主义政治文明建设，充分发挥了人大和政协在社会主义民主政治建设中的主力军、主渠道作用，充分发挥了统一战线这一党的重要法宝的政治优势，党的自身建设和党建统

领能力进一步加强。

(二)以高端绿色为发展战略,经济社会发展取得重要成果

区委常委会认为,党的十八大以来习近平总书记发表的系列重要讲话,为我们做好各项工作指明了方向、提供了基本遵循,郭金龙书记提出的十个方面新认识为我们明确了工作重点。我们按照“把思想统一起来,把工作落实下去”的思路,举全区之力,聚万众之智,共同谋划和推进区域高端绿色发展。

一是凝聚共识,系统谋划和推进高端绿色发展。区委统筹四套班子领导落实责任,按照“谁主管、谁研究,谁主管、谁破题”原则,牵头破解“八个高端体系”建设这一重大课题。召开了区委常委扩大会和四套班子联席会,群策群力,集思广益,基本形成了高端绿色发展战略实施方案,明确了路线图、时间表和任务书。全区呈现出认识统一、目标坚定、战略明确、上下同欲的良好局面。

二是锁定高端,区域经济发展取得新成效。我们按照加快构建“高精尖”经济结构的要求,明确了发展高端产业的“三高两低”标准,充分发挥“四区”政策优势,以重点功能区为抓手,推动经济提质增效升级。经济结构不断优化,第三产业比重达到65%。五大主导产业高端发展,现代金融产业呈现良好发展势头,北京保险产业园建设加快推进,“长安金轴”影响力不断扩大。文化创意产业、高新技术产业融合发展,高端商务服务产业、旅游休闲产业发展能力进一步增强。我们持续打造“石景山服务”品牌,招商引资工作成效明显。在经济下行压力加大的宏观形势下,我区主要经济指标保持快速增长势头,一般公共预算收入、社会消费品零售额等指标增幅居全市前列,取得了令人鼓舞的成绩。

三是瞄准一流,城市环境和生态文明建设取得新进展。我们自觉站在建设国际一流和谐宜居之都的高度,认真研判和核算我区规划、土地、投资、人口“四本账”。坚持打造城市建设的精品力作,对京西商务中心、北京保险产业园、区文化中心规划设计方案进行多次专题研究,确立了新建商务楼宇要达到“绿色建筑三星级、体现21世纪文明水平”的标准。加快推进重大项目建设,十项重点工程全部开工,基础设施建设顺利推进。我们坚持拆违、治乱、创一流,打响拆除违法建设、城市环境治理、城中村和棚户区改造、处理信访积案“四个攻坚战”。开展了社会环境秩序综合整治“亮剑行动”,城市综合管理能力明显提升,城市面貌明显改观。我们严格落实人口规模调控责任,人口调控初见成效。坚决落实清洁空气行动计划,全面实施环保十件实事,加快推动“无煤区”建设。西北热电中心按期投入运营,将实现压减燃煤550万吨,继首钢搬迁后我区为首都生态环境建设作出了又一重大贡献。着力提高城市绿化水平,绿化覆盖率达到50.41%,绿色生态优势进一步增强。

四是以人为本,以民生家园为重点的社会建设成效明显。我们切实加强就业和社会保障工作,加快保障性住房建设和老旧小区综合整治,进一步改善了群众生活条件。扎实推进教育、医疗卫生等社会事业全面提速,加快文化设施和服务体系建设,基本公共服务均等化水平不断提高。科技、体育、人口计生等各项事业健康发展。积极推进社会治理创新,加强工会、共青团、妇联等人民团体工作,全面贯彻党的民族、宗教、侨务政策,推动军民融合深度发展。协同推进“法治石景山”和“平安石景山”建设,支持法院、检察院依法独立公正行使职权,充分发挥公安机关维护社会稳定主力军作用,依法治区水平不断提高。强化社会治安综合治理,建立健全多元化社会矛盾调解和打防管控一体化工作机制,有效化解各类矛盾纠纷。扎实做好新中国成立65周年庆祝活动和APEC会议等重要节点的安保维稳工作,确保了社会和谐稳定。

(三)以社会治理领域为着力点,全面深化改革取得重要突破

区委常委会认为,改革创新是推进高端绿色发展的重要法宝。我们成立了区委全面深化改革领导小组,强化顶层设计,突出重点领域,以敢于担当、敢为人先、敢创一流的精神,着力推进重点领域改革。

一是率先在全市进行城市管理体制改革。作为全市唯一的城市管理体制改革试点区,我们聚焦预防和治理“城市病”这一重大任务,制定了《关于建立城市综合管理体系提升社会治理水平的意见》,着力构建党建统领、行政综合、法治综合、上下综合、社会综合的城市综合管理体系,成立了区委城管工委和区政府社会治理综合执法委员会,街道成立了社会治理综合执法指挥中心。城管执法队伍实施“双重管理”体制,城管、公安、食药、安监、环保、工商、交通、消防等单位分别向街道派驻了执法人员,推动管理重心下移和专业职能下沉,形成整体合力,打造城市管理模式石景山“升级版”。

二是深入系统推行信访代理制。我们研究制定了《关于深入开展信访代理制的工作意见》,按照把各级党委、政府各部门建设成为“代理人民诉求之家、为民排忧解难之家、主持公平正义之家、法治宣传教育之家、征集人民建议之家和人民群众满意之家”的工作目标,实行“五个一”包案制度,构建“三级代理”工作格局。全区共建立信访代理站183个,完成信访代理1491件,群众满意率在90%以上,信访诉求解决时间平均缩短20%以上,集体访同比下降30%,一批信访积案得到有效化解。

三是推进民主政治建设创新发展。我们把高质量办理人大代表建议和政协委员提案,作为加强民主政治建设的突破口,出台了《关于深入推进民主政治建设进一步加强人大建议和政协提案办理工作的意见》,坚持区领导领衔,建立健全责任制,实行闭环式管理。全年共办理人大代表建议和政协委员提案262件,提高了办理的质量和效率,提升了民主政治建设水平。

四是实施年度考核考评改革。把区委、区政府和街道作为综合考评主体,减少了考核主体,简化了考核程序,减轻了基层负担,增强了考核实效。

同志们，全区各项事业取得了新的重要成果，这是市委市政府正确领导的结果，是区四套班子团结奋斗的结果，是各民主党派、工商联、无党派人士齐心协力的结果，也是全区各级党组织、全体党员干部群众扎实工作的结果。在此，我代表区委常委会，向大家表示衷心的感谢！

在总结工作的同时，常委会也认真分析了存在的问题，主要是：把党的建设作为首要政治任务和重要法宝的认识和实践还不到位，贯彻落实党要管党、从严治党任务任重道远；“四风”问题还没有彻底根除，形式主义、官僚主义以及“为官不为”、不敢担当的现象在一些部门和干部中仍然存在，作风建设任重道远；“八个高端体系”的构建还需要在实践中不断探索完善，推进高端绿色发展战略任重道远；落实全面深化改革任务还面临许多需要攻克的难题，坚持不懈地推进重点领域改革任重道远；经济总量还比较小，培育和壮大优势主导产业、构建“高精尖”经济结构任重道远；按照民主与法治思维，不断推进社会治理体系和治理能力现代化任重道远。

二、2015 年主要工作

党的十八大以来，以习近平同志为总书记的党中央，着眼于进行具有许多新的历史特点的伟大斗争，实现中华民族伟大复兴的中国梦，对发展中国特色社会主义进行了全面布局，就协调推进全面建成小康社会、全面深化改革、全面依法治国、全面从严治党作出战略部署。市委围绕首都功能定位和发展目标提出了一系列重要举措，开启了首都发展的新篇章。我们一定要找准定位、增强定力，认识新常态、适应新常态、引领新常态，坚定不移地锁定国家级绿色转型发展示范区目标，深入推进全面深度转型、高端绿色发展战略。

常委会认为，经过全区各界的共同艰苦努力，我区转型发展已经胜利走出了低谷，基本形成了以现代服务业为主体的经济结构，五大主导产业支撑作用不断增强，经济发展处于稳定增长期；城市建设正加快从传统发展模式向高端绿色发展模式转变，规划建设管理一体、人口资源环境协调的综合管理体系正加快构建，城市发展处于系统提升期；社会服务管理体制机制不断健全，民生家园建设不断提速，多层次多领域依法治理扎实推进，社会治理处于改革创新期。实践证明，CRD 战略是正确的，并且取得了重要成果。在新的历史条件下推进我区全面深度转型、高端绿色发展战略，是对以往战略的继承、深化和发展。经过深入研究和系统谋划，我区高端绿色发展战略将分三个阶段实施。2015 年至 2017 年为重点突破阶段，2018 年至 2020 年为形成格局阶段，2021 年至 2025 年为示范引领阶段。实现我区高端绿色发展的战略构想，我们必须具有战略定力，锁定目标不动摇，同时也必须具有励精图治、只争朝夕的奋斗精神，一张蓝图绘到底，一步一步勇攀登。

2015 年是全面完成“十二五”规划的收官之年、全面深化改革的关键之年和全面推进依法治国的开局之年，也是我区实施全面深度转型、高端绿色发展战略的突破之年。做好明年工作，意义重大，影响深远。全区工作总的要求是：全面贯彻落实党的十八大，十八届三中、四中全会，中央经济工作会议精神，高举中国特色社会主义伟大旗帜，以邓小平理论、“三个代表”重要思想、科学发展观为指导，深入学习贯彻习近平总书记系列重要讲话精神，按照市委十一届六次全会部署，坚持稳中求进工作总基调，以党建统领为法宝，以高端绿色发展为战略，以改革创新为动力，以依法治区为保障，以建设民生家园为目的，励精图治，不断开创各项工作新局面。

（一）着力推进党建统领的新常态

党的领导是中国特色社会主义最本质的特征。要把党的建设作为推进各项事业的首要政治任务，作为做好一切工作的最大法宝，作为科学发展的根本保证。要坚持党建统领各项事业发展的基本工作格局，把党建工作与中心工作同谋划、同部署、同推进、同考核。党要管党、从严治党是重大历史任务，要坚持思想教育从严、干部管理从严、作风要求从严、组织建设从严、制度执行从严，提高党的建设科学化水平。

第一，把从严治党责任落实到位。各级党组织和党员领导干部，要牢固树立“党建是最大的政绩，党委不抓党建、书记不抓党建是最大失职”的意识。各级党组织书记要切实肩负起党建第一责任人的职责，真正成为从严治党的书记；班子成员要充分履行分管领域从严治党的直接责任，切实抓好党建工作。要完善考核评价制度，把党建工作作为考核评价领导班子和领导干部的首要标准。对管党治党不严致使问题频发、不正之风蔓延的要追究领导责任。

第二，把从严治党任务落实到位。一要始终把思想政治建设作为党的建设的灵魂和前提。要把学习习近平总书记系列重要讲话精神作为最重要的任务。习近平总书记发表的系列重要讲话，是中国特色社会主义理论体系的最新成果，是指导具有许多新的历史特点的伟大斗争最鲜活的马克思主义，也是广大党员干部改造主观世界和客观世界的有力思想武器。我们要在系统学习、把握精神实质上下功夫，真正用以武装头脑、指导实践、推动工作。制定我区《关于加强思想政治建设的意见》，持续锁定精神家园建设的五个要素，把传承党的红色基因和中华民族优秀传统文化基因贯穿思想政治建设始终。坚持和深化中心组单元式学习和专题讨论互动的模式，创新学习宣传教育载体，推进思想政治建设取得新的成果。二要始终把干部队伍建设作为党的建设的决定性环节。深入贯彻《党政领导干部选拔任用工作条例》，落实领导班子建设规划纲要，改进和完善我区干部管理办法，进一步明确干部管理工作的任务、标准和方法。坚持正确的用人导向，努力做到寻找人才如饥似渴、发现人才如获至宝、使用人才只争朝夕，把那些“信念坚定、为民服务、勤政务实、敢于担当、清正廉洁”的“好干部”及时发现出来、合理使用起来。改革干部考核评价体系，考重点、重平时、强监督、重基础、强规矩。建立和运用好领导干部励精图治敢于担当实绩档案，完善定量评价与定性评价相结合、定量评价转化为定性评价的考核办法，营造鼓励和支持干事创业的良好环境，“绝不让好干部吃亏”！三要始终把严肃党内政治生活作为党的建设的重要准则。进一步健全和完善民主生活会制度，切实用好批评与自我批评的法宝和锐利武器，坚持和严格执行民主集中制这一最根本的组织制度和铁的纪律，着力建设、巩固和发展良好政治生态。四要始终把党风廉政建设作为党的建设的生命线。认真落实好党委的主体责任和纪委的监督责任，全面加强惩治和预防腐败体系建设。进一步完善权力清单制度，实施廉政风险防控项目化管理，探索领导干部廉政风险评估机制。以从严治吏为主题，加强廉政文化建设，形成“严是爱、宽是害”的良好氛围。强化正风肃纪，加大从严查办违纪案件力度，营造风清气正的良好环境。五要始终把基层党组织建设作为党的建设的基础。研究制定《加强基层服务型党组织建设的实施意见》，推动基层服务型党组织建设载体创新。认真抓好社区“两委”换届工作，选优配强社区带头人，加大人员、场所、经费和活动的保障力度。六要始终把民主政治建设作为党建工作的重要内容。充分发挥人大和政协等民主政治建设主力军、主渠道作用，形成“四套班子一起上、四个轮子一起转”的整体合力。支持人大及其常委会依法行使职权，探索对其任命的国家工作人员实施监督的有效形式。适时召开区委人大工作会议和政协工作会议。进一步完善协商民主制度和工作机制，推进协商民主广泛多层制度化发展。坚持把做好统一战线工作作为各级领导干部的基本功，充分发挥统一战线在协商民主中的重要作用，认真听取各民主党派、工商联和无党派人士意见。扎实推进基层民主建设，切实加强工会、共青团、妇联等人民团体工作，全面贯彻党的民族、宗教、侨务政策，推动军民融合深度发展，争创“全国双拥模范城”七连冠。

第三，把教育实践活动整改任务落实到位。教育活动有时限，作风建设无穷期。要巩固和发展好教育实践活动成果，对整改落实情况要进行“回头看”，做到“问题要解决、制度要完善”。在抓好整改的同时，明确和聚焦作风建设重点，继续加强对形式主义、官僚主义和“为官不为”等问题的整治。“为官不为”与“四风”具有同等的危害性，各级领导干部要牢固树立“不充分依法履职就是失职”的意识，积极、全面、有效、规范地履职，敢于担当，确保作风建设真正取得实效。要加强对作风建设的监督检查，在督导组的基础上成立专门机构，继续对作风建设实施有力督查。要高度重视市委巡视组反馈的巡视意见，切实抓好整改落实。要用改革的办法建新制度、树新风气，形成务实管用的长效机制，把作风建设不断引向深入。

（二）着力推进高端绿色发展的新常态

高端绿色发展是推进我区全面深度转型的必然选择，是我们建设和谐宜居首善之区的必由之路。要把高端绿色作为全区各项事业的共同标准、共同目标、思维方式和工作追求，全面融入到蓝图里、落实到工作中、体现在成效上，走出一条具有时代特征、首都特点、石景山特色的高端绿色发展之路。

第一，完善高端绿色发展战略布局。在取得前期研究成果的基础上，加大全面统筹和整体协调力度，做好与我区“十三五”规划的衔接，形成上下左右“一盘棋”。进一步细化和完善“八个高端体系”的具体路径，尽快形成“任务、空间、时间、步骤、责任”一体落实的整体格局。要经过法定程序科学决策，使之具有法律效力。

第二，明确高端绿色发展重点任务。按照“增量高端、存量升级、集中治乱”的思路，抓好“八个高端体系”建设。一是着力构建“高精尖”的经济结构。深入推进国家服务业综合改革试点区建设，高标准建设北京保险产业园，加大协调力度，加快新首钢高端产业综合服务区建设步伐。把园区建设作为主战场，促进五大主导产业高端、融合、特色、集聚发展。深入实施创新驱动发展战略，用好用足“四区”政策集成优势，争创科技成果转化应用强区。加快国有企业发展转型升级，高度关注和支持非公有制经济、小微企业发展。深化“石景山服务”品牌建设，坚持招大引强，助推经济优化升级。二是加快建设国际一流的和谐宜居之区。发挥规划的引领作用，制定我区绿色建筑标准管理办法，以住宅建筑二星级、商业建筑三星级为标准，以京西商务中心为标杆，打造城市建设的精品力作。着力提高水电气热等城市基础设施建设质量，加大对市、区重点项目的协调推进力度。综合运用思想、经济、行政、法律等手段，严格落实责任，实现人口调控目标。坚持拆违、治乱、创一流，巩固“亮剑行动”成果，建立长效管理机制，不断提高城市精细化管理水平，提升城市品质。三是增强绿色生态新优势。着力加强西部地区生态保护，制定全区最严密的生态保护规划，划定最严格的生态保护红线，执行最严格的生态保护制度。下更大决心和更大力气加强大气污染防治，落实环保十件实事，加快推进“无煤区”建设。扩大绿化美化空间，实施靓丽城市工程，建设花园式社区，打造城市绿轴，编织道路绿网，使绿色生态成为我区全面深度转型的“金名片”。四是加快形成高端普惠的文化生活体系。大力加强民族优秀传统文化建设，大力培育和践行社会主义核心价值观，深入开展精神文明创建活动。加快区文化中心等重点文化设施建设，加强文物保护和非物质文化遗产管理，实施文化精品战略，推动创建国家公共文化服务示范区的工作。

第三，形成推进高端绿色发展合力。要按照“谁主管谁研究，谁主管谁破题，谁主管谁制定措施，谁主管谁抓好落实”的要求，无缝对接“八个高端体系”的实现路径，进一步明确各自的工作重点和主攻方向，把各项目标任务细化、量化、具体化，责任到人。要坚持重点突破、形成示范，每个体系都要尽快实现重点突破，树立好标杆，引领和推动“八个高端体系”建设不断取得新成效。

（三）着力推进全面深化改革的新常态

改革是破解难题的“金钥匙”，是推动我区高端绿色发展的根本动力。要坚持解放思想，突出问题导向，破除体制机制弊端，用改革创新的办法攻坚克难，以改革开放的思维推动发展,在改革中探新路、破难题、见成效、创特色。

第一,抓好全面深化改革任务的统筹。根据中央和市委部署,对我区改革任务进行总体规划。加强对改革工作的组织协调,细化任务分解,明确时间进度,有重点、有时序、有步骤地加以推进。

第二,系统深化和拓展重点领域改革。开弓没有回头箭,不达目的不罢休。要坚定不移地把全市唯一的城市管理体制改革试点区的重大任务抓实、抓好、抓出典范,为首都城市治理闯出一条可复制、可推广的新路。要把握党建统领、行政综合、法治综合、上下综合、社会综合的思路,努力实现体制机制的法治化和规范化。深入推进行政审批制度改革,在优化投资项目审批试点上取得新突破。研究和谋划市场监管体制改革。要通过综合执法体制、行政审批制度和市场监管体制改革,构建起相互衔接、互为支撑的综合管理体系,提升社会治理科学化水平。深入研究农转居后续问题,推动集体经济改革取得突破、走出新路、见到实效。

第三,不断增强推动改革的本领。各级领导干部要拓宽视野,博采天下,积极学习国内外的先进经验,主动融入京津冀协同发展大局,以开放促改革,增强创造性,为高端绿色发展不断注入新的活力。

(四)着力推进依法治区的新常态

全面推进依法治国,是我们党治国理政方略的一次伟大升华,是国家治理领域的一场广泛而深刻的革命。要以公平正义为核心,以依法行政为重点,以公正司法为保障,以全民守法为基础,以社会和谐为目标,建设法治示范区。

第一,认真学习贯彻十八届四中全会精神。各级党组织要把学习好、宣传好、贯彻好十八届四中全会精神作为当前的重大政治任务,精心组织,周密安排,在全区形成学习贯彻全会精神的热潮。按照市委部署,制定全面推进依法治区实施意见。把宪法法律列入党委(党组)中心组专题学习内容,列入党校和各类培训班的必修课。要把全民普法作为长期基础性工作,完善"谁执法谁普法"的普法责任制,把法治教育纳入宣传工作体系和国民教育序列,推动法治教育进机关、进学校、进社区、进企业、进单位、进军营。坚持贴近基层、贴近群众、贴近实际,创新宣传方式方法,营造浓厚氛围。

第二,扎实推进"法治石景山"建设。要把十八届四中全会精神和依法治国各项决策部署落实到推动我区高端绿色发展的生动实践中,不断提高依法治区水平。要着力构建法治常态化机制。推进机构、职能、权限、程序、责任法定化,推行政府权力清单制度,建立权责统一、权威高效的依法行政体制,加快建设职能科学、权责法定、执法严明、公开公正、廉洁高效、守法诚信的法治政府。各单位、各部门要树立"以充分履职为荣、以避事推诿为耻"的理念,做"法定职责必须为"的典范。要着力推进综合执法。按照十八届四中全会关于减少层次、整合队伍、提高效率的原则要求,坚定不移地推进城市综合执法改革,加强城市管理综合执法机构建设,理顺执法体制,强化综合执法与行政管理、专业执法的协调联动,探索推进行政执法和刑事司法衔接机制。要着力维护社会公平正义。支持法院、检察院依法独立公正行使职权,切实做到有法必依、执法必严、违法必究,不断提高司法公信力。

第三,全面推进法治社会建设。法律的权威源自人民的内心拥护和真诚信仰,人民权益要靠法律保障,法律权威要靠人民维护。要培育全社会法律信仰,推进社会依法治理,促进社会规范有序。要发挥党政机关、司法部门的职能优势,发挥人民团体和社会组织的重要作用,深入开展多层次多形式的法治创建活动,建设完备的法律服务体系,引导群众自觉守法、遇事找法、解决问题靠法,成为社会主义法治的忠实崇尚者、自觉遵守者、坚定捍卫者。

(五)着力推进民生家园建设的新常态

改善民生是我们为之奋斗的根本目的,是检验我们一切工作成效的根本标准。要更加注重民之所愿、民之所盼,问政于民、问需于民、问计于民;更加注重民之所急、民之所难,加大民生投入,只争朝夕、殚精竭虑为民排忧解难,切实做到永远与人民心连心、手拉手、实打实。

第一,继续抓好信访这一最迫切的民生问题。进一步巩固和深化信访代理制,要把抓好信访代理作为考察官德人品的主要标准之一,落实"谁主管谁负责、谁主管谁代理、谁主管谁协调、谁主管谁解决"的制度。积极推进街道联合接访平台建设,加强督促检查,促进信访积案化解。健全人民调解、行政调解、司法调解有效衔接的大调解工作格局,提高协调化解社会矛盾的能力。

第二,始终抓好劳动就业和社会保障这一最根本的民生问题。进一步健全就业服务体系,着力推动实现更高质量的就业。加大劳动维权力度,构建和谐劳动关系。扩大社会保险覆盖面,健全社会保险衔接机制,加快建设更加公平的社会保障体系。加大济困工程投入,提升社会救助工作管理服务水平。提高养老机构的覆盖面,完善多元化的养老服务体系。

第三,着力抓好住房和生活环境等最突出的民生问题。大力推进保障性安居工程,多渠道筹措房源,努力解决中低收入家庭的住房困难。加快棚户区改造,加强便民工程建设,努力解决交通拥堵、停车难、社区配套设施落后和物业管理不到位等突出问题。深入落实好区领导蹲点办公、区处两级干部与困难家庭结对帮扶等制度,帮助群众解决实际困难。

第四,全力抓好教育和医疗卫生等最普遍的民生问题。推进基础教育改革创新,加快教育集群化发展试验区建设步伐,促进基础教育均衡优质特色发展。进一步提升学前教育供给能力,积极发展职业教育、特殊教育,不断完善全民教育体系。合理规划和调整医疗资源布局,加强医疗联合体建设,推进全国健康促进试点区建设工作,开展以中医药为特色的健康管理社区建设,推进奥林匹克体育生活化社区升级,提高人民群众健康水平。

第五，全面加强和创新社会治理。完善社会服务管理运行机制，探索建立多元参与共建的社会治理模式。加强社区规范化建设，提升服务群众能力。切实推进“平安石景山”建设，落实安全生产“一岗双责、党政同责”制度，完善应急处置体系，建立健全突发事件预警机制，加强消防、交通和食品药品等领域的监管。始终绷紧反恐防暴这根弦，加强重点地区管控，严密防范暴力恐怖事件。依法严厉打击各类违法犯罪活动，完善社会治安防控体系，切实维护社会和谐稳定。

同志们！新常态引领新发展，新常态铸就新辉煌。我们要紧密地团结在以习近平同志为总书记的党中央周围，在市委的坚强领导下，励精图治，敢于担当，开拓进取，加快推进全面深度转型、高端绿色发展，为实现国家级绿色转型发展示范区目标而不懈奋斗！

政府工作报告

——在北京市石景山区第十五届人民代表大会第五次会议上

（2015年1月13日）

北京市石景山区人民政府区长　夏林茂

各位代表：

现在，我代表石景山区人民政府，向大会报告政府工作，请予审议，并请各位政协委员提出意见。

2014年工作回顾

2014年是贯彻落实党的十八大和十八届三中、四中全会精神的重要一年。我们认真学习贯彻习近平总书记系列重要讲话特别是视察北京重要讲话精神，在市委、市政府和区委的正确领导下，在区人大、区政协的监督支持下，紧紧围绕建设国家级绿色转型发展示范区这一目标，以深入开展党的群众路线教育实践活动为动力，全力推动“全面深度转型、高端绿色发展”战略，统筹谋划和推进“八个高端体系”建设，加快培育主导产业新优势，不断提升城市规划建设管理水平，着力保障和改善民生，各项工作取得了新的重要成绩。

地区生产总值预计完成390亿元，同比增长7.5%；一般公共预算收入完成37.97亿元，同比增长24.1%；社会消费品零售额预计完成227亿元，同比增长10%；全社会固定资产投资预计完成176亿元，同比增长10%；居民人均可支配收入预计达到41940元，同比增长8.5%；城镇登记失业率为2.35%。主要经济指标全年始终保持快速增长势头，一般公共预算收入、社会消费品零售额增速居全市前列。全面完成了区十五届人大四次会议确定的各项目标任务。主要做了以下工作：

一、坚定不移推进结构调整，经济发展优质高效

深入落实国家服务业综合改革试点区发展三年行动计划，制定鼓励类服务业指导目录，大力发展“高精尖”产业，服务业实现增加值252亿元，同比增长9%，第三产业比重达到65%。全力推进北京保险产业园建设，积极争取中国保监会、北京市联合出台《关于加快推动北京保险产业园创新发展的意见》，制定实施办法，高标准完成规划设计方案，开工建设配套基础设施。吸引中国人寿电子商务有限公司、中兵集团金融投资公司等大型金融机构入驻，成立全国第一家中外合资铁矿石交易中心，高端金融要素加快集聚。现代金融产业实现收入518亿元，同比增长37.4%。坚持创新驱动，调整中关村石景山园管理体制，推动国家级文化和科技融合示范基地建设，获批“北京市国际科技合作基地”，文化创意产业实现收入300亿元，高新技术产业实现收入1100亿元，同比增长29%。扎实推进全市唯一的商业保理试点工作，出台设立商业保理公司试行办法，建立“4+1”监管机制，商业保理企业达到20家。充分挖掘消费潜力，电子商务板块快速发展，高端商务服务产业实现收入397亿元。制定旅游业发展行动计划，组织第三届光影文化季暨首钢灯光秀等系列活动，世界旅游城市体验中心、莲石湖一期旅游项目投入运营，实现旅游收入42亿元，同比增长8.5%。深化“石景山服务”品牌建设，完善招商引资联络员和订单式服务等措施。全年引进注册资金千万元以上企业248家，同比增长74.6%，其中亿元以上企业37家，同比增长60.9%，招商引资不断向高端化、优质化发展，区域经济实力进一步增强。

二、全力以赴推动重大项目建设，城市发展载体更加坚实

牢固树立城市建设要成为高端产业的典范、建筑艺术的典范、智能管理的典范、高端文化的典范、生态文明的典范的理念，强化重大项目的引领和带动作用，深化领导分工负责、督查督办工作机制，推动71个重大项目建设。十项重点工程全部实质性开工，高标准落实京西商务中心、区文

化中心等重点项目方案设计，长安街西延拆迁工作全部完成，管线施工加快推进，轨道交通S1、M6线开工建设，永定220kV输变电工程竣工。深入落实老工业区搬迁改造相关政策，加快推进新首钢高端产业综合服务区建设，西十筒仓项目主体完工。在国家严格调控房地产市场的大背景下，科学把握土地开发和入市节奏，老古城综合改造地块、刘娘府综合改造A1地块等4个项目实现上市交易，成交金额达到134亿元，创历史新高，区域发展品质和影响力进一步提高。

三、加大重点领域改革攻坚力度，社会治理能力不断增强

聚焦城市管理弊端，着力构建城市综合管理体系。制定落实《关于建立城市综合管理体系提升社会治理水平的意见》，建立三级管理网络，在区级层面成立社会治理综合执法委员会，搭建高位指挥、组织协调的综合管理平台。成立区委城管工委和区城管委，整合城市管理领域相关议事协调机构，对城市管理系统实行归口管理，统一指导、协调、监督、检查、考核。推动管理重心和专业职能下沉街道，在各街道设立社会治理综合执法指挥中心，统筹辖区社会治理和综合执法工作，城管执法队伍实行“双重管理”体制，公安、城管、食药、安监、环保、工商、交通、消防等部门向街道派驻执法人员273人，初步形成了党建统领、行政综合、法治综合、上下综合、社会综合的城市综合管理体系，我区被市委、市政府确定为全市唯一的城市管理体制改革试点区。把握新形势下群众工作的新特点，积极推行信访代理制，制定并认真落实《关于深入推广信访代理制的工作意见》，构建“三级代理”工作格局，实行信访积案“五个一”包案制度，着力建设“六个之家”，妥善解决群众合法合理诉求，集体访90%得到及时有效解决，群众信访诉求解决时间平均缩短20%，全区信访量下降30%。深入推进教育改革，实施7项国家级、市级教育改革项目，成立实验教育集团，加强与首师大、北师大附中、清华附小等名校合作，引进优质办学资源，努力办好人民满意的教育。推动医药卫生体制改革，落实区属四家公立医院目标管理考评工作。深化工商登记制度改革，建立金融机构代理企业登记注册机制，实现全程网上登记注册。在全市率先开展目标督查考核工作改革，减少考核主体、突出考核重点，减轻基层负担、增强考核实效，有力促进了工作作风转变和效率提升。通过扎实有序推进改革，进一步激发了区域发展活力。

四、着力破解人口资源环境难题，生态文明建设成效明显

我们直面城市发展难题，以敢于担当、敢于碰硬精神，签订责任书，立下军令状，全面开展环境整治攻坚战，高标准推进城市建设和综合治理。深入研究土地、规划、投资和人口“四本账”，完成18个项目控规优化，编制5个专项规划。把人口调控放在重要位置，制定严格控制人口规模工作方案，落实部门责任及督查考核制度，清理62处地下空间、拆除457处群租房、整治16个出租大院，人口调控初见成效。加强基础设施建设，启动北辛安路北段拆迁，推进永引渠南路等6条城市主干路前期工作，建设金顶北路等6条城市次干路，实施工疗路等23项道路大中修工程。强化静态交通管理，新增老旧小区停车位2235个，投资500万元，建设40个公共自行车服务站点。开工建设五里坨水厂，实施隆恩寺沟、潭峪沟河道治理工程，完成五里坨污水处理厂配套工程。认真落实清洁空气行动计划，全面完成环保十件实事，实施3个污染减排项目，退出2家污染企业。启动“无煤区”建设，全力保障西北热电中心这一市级重点建设项目，主动作为、靠前协调，充分发挥属地职能，扎实做好配套热力管线穿山隧道工程扰民维稳等工作，确保西北热电中心按期建成并投入运行，顺利关停高井热电厂燃煤机组，削减燃煤230万吨，占全市压煤任务的88.5%，削减二氧化硫2300吨、氮氧化物7200吨，全区主要污染物浓度稳步下降。集中开展社会环境秩序综合整治“亮剑行动”，出动执法人员3.7万人次，查处违法行为5.5万起。坚决治理违法建设，全年累计拆除303处、19.4万平方米。实施八大处、半月园环境综合改造项目，整治古城大街等15条重点道路和翠园西街等12个背街小巷，完成16个小区垃圾分类达标工作，城市综合管理能力进一步提升。推进城市绿化美化，建设刘娘府、鲁谷路等17个绿地改造项目和莲石湖绿化升级工程，全区绿化覆盖率达到50.41%，城市环境面貌明显改观。

五、统筹推进社会服务管理创新，民生保障持续改善

坚持财政资金向惠民生倾斜，教育、社会保障、医疗卫生、住房保障等民生领域支出达到52.8亿元，占总支出的76.7%。多渠道开发就业岗位，实现新增就业11377人。建立社会保险稽核网格化管理体系，社会保险基金收缴率达到98%以上。创建20个“六型社区”，新建6个“一刻钟社区服务圈”，社区用房平均面积达到438平方米。推进社区商业便民体系建设，完善蔬菜零售网络，开展早餐示范工程试点。加快西黄村等11个棚户区改造项目建设，推进老旧小区综合整治工程，完成272栋居民楼、115万平方米抗震加固和节能改造任务。新建各类保障性住房820套，竣工5206套。投资1.11亿元，实施80项济困工程，救助17.3万人(户)次。投资8000万元，完成159项便民工程，建设水平和实施成效不断提高。推进社区养老助残工作，建成养老机构8家，提供床位3090张，养老服务社会化体系不断完善。加强教育基础设施建设，京源学校莲石湖校区和五里坨地区规模学校主体完工，黄庄职业高中改扩建工程竣工，接收3所配套幼儿园，新增幼儿园学位690个。开工建设区文化中心，推进西山八大处文化景区道路及配套设施一期工程，实施18个基层公共文化设施项目。加强公共卫生服务保障，完成妇幼保健院扩建工程，推进社区卫生服务基础设施标准化建设，医疗服务质量不断提高。圆满完成第十四届市运会参赛任务，创建32个“北京市体育生活化社区”，全民健身运动深入开展。围绕服务保障APEC会议、新中国成立65周年等重大活动，加强社会治安综合治

理，强化流动人口服务管理，依法防范和惩治违法犯罪活动，严格食品药品和安全生产监管，维护社会安定祥和。支持工会、共青团、妇联等人民团体开展工作，统计、档案、民防、保密、外事和对台等工作取得新成绩，民族、宗教、侨务和人口计生等工作深入开展，普法、对口援助和交流工作顺利推进，军民融合深度发展。

六、深入开展党的群众路线教育实践活动，执政能力和公信力进一步提升

我们认真落实中央、市委和区委统一部署，按照"四大一满意"目标，围绕坚定理想信念、传承红色基因、修养官德人品、扫除"四风"问题、践行"三严三实"五个要素，扎实推进精神家园建设。坚持开门搞活动，政府各单位、各部门共查找问题2000余个、征求意见建议5400余条。坚持立行立改，办好惠民实事，建立并落实区领导蹲点办公、区处两级干部与困难家庭结对帮扶等制度，积极主动回应群众呼声和需求，对群众反映强烈的社区物业管理、公共服务设施、环境卫生、违法建设、停车秩序和消防安全等方面存在的问题进行专项整治，建立健全209个便民服务中心，让百姓感受到更多看得见、摸得着的实惠。规范行政许可工作，取消36项审批事项，优化审批流程，压缩审批时限，办结行政许可服务事项近6万件。我们以整改工作为契机，不断推动政府自身建设，促进政风行风转变，提高行政效能。区政府会议数量压缩20%，会议时间缩短25%，发文数量减少32.5%。坚持勤俭办一切事业，"三公"经费支出同比下降23.4%。严格落实党风廉政建设各项规定，对重大工程项目、大额财政支出实行全程监管。通过精神家园建设促进民生家园建设，切实把教育实践活动成效转化成推动经济社会发展的强大动力。

各位代表、各位委员，人大建议和政协提案凝聚着代表、委员的心血和汗水。办好建议和提案，是政府自觉接受人大法律监督和政协民主监督的重要内容，是政府的法定职责。今年以来，我们认真贯彻区委《关于深入推进民主政治建设进一步加强人大建议和政协提案办理工作的意见》，把办理工作作为推进民主政治建设的重要举措，作为密切同人民群众联系、解决群众切身利益问题、联系服务群众"最后一公里"的重要抓手，建立健全区领导责任制，区政府领导亲自抓、亲自管、亲自办，通过专题会、调度会等多种形式，集中办理、集中答复。我们对办理工作实行全过程闭环式管理，将任务细化分解到承办单位的主要领导、相关科室和具体人员，严格落实责任，强化督查考核，切实提升办理水平。我们主动加强与代表、委员联系，邀请代表、委员参与决策，定期通报政府工作，努力做到靠前服务。一年来，由区政府办理的219件建议和提案全部按期办复，其中办成75件，代表、委员满意率进一步提升，切实解决了一批群众关心的现实问题。

过去一年，全区经济社会发展迈出了新步伐，这些成绩的取得，是市委、市政府和区委正确领导的结果，是区人大、区政协监督支持的结果，是全区人民共同奋斗的结果。在此，我代表区政府，向全区人民，向各位人大代表、政协委员，向各民主党派、工商联和社会各界人士，向驻区单位、部队和企业，表示衷心的感谢并致以崇高的敬意！

审视石景山的发展，回顾一年的工作，我们还存在一些问题和不足。主要是：人口资源环境压力仍然较大，大气污染、水环境治理、违法建设等问题依然突出，城市环境综合整治需要进一步强化；经济总量比较小，经济结构还不够优化，主导产业需要进一步做大做强；公共服务水平不够高，教育、医疗、棚户区改造等关系群众切身利益的工作推进力度还不够大，民生保障需要进一步加强；政府系统"管思想、管工作、管作风"责任落实得不到位，管党治党、从严治党能力需要进一步增强；一些政府部门和工作人员存在为官不为、不敢担当现象，法定职责必须为贯彻得不够好，政府部门执行力和工作效能需要进一步提升。针对这些问题，我们将采取有力措施，切实加以解决。

2015年主要任务

今年是全面完成"十二五"规划的收官之年、全面深化改革的关键之年和全面推进依法治国的开局之年，也是我区实施"全面深度转型、高端绿色发展"战略的突破之年。做好今年工作，意义重大，影响深远。中央经济工作会议，科学判断了经济发展新常态下的阶段性特征，明确了经济社会发展总体思路和调控策略。市委围绕首都功能定位和发展目标提出了一系列重要举措，开启了首都发展新篇章。区委十一届十次全会，全面分析了我区推进"全面深度转型、高端绿色发展"重点突破阶段的形势任务，认为我区经济发展正处于主导产业高端发展、支撑作用不断增强的稳定增长期，城市建设正处于基础设施建设加快、承载能力稳步提高的系统提升期，社会治理正处于公共服务更加完善、依法治理深入推进的改革创新期，提出了推进党建统领的新常态、高端绿色发展的新常态、全面深化改革的新常态、依法治区的新常态、民生家园建设的新常态的主要任务。我们要按照市委、市政府要求，全面落实区委决策部署，主动适应新常态、创造新优势、做出新贡献，加快推进"全面深度转型、高端绿色发展"战略，着力构建"八个高端体系"，高质量完成全年各项目标任务。

今年政府工作的总体思路是：全面贯彻党的十八大，十八届三中、四中全会和中央经济工作会议精神，高举中国特色社会主义伟大旗帜，以邓小平理论、"三个代表"重要思想、科学发展观为指导，深入贯彻落实习近平总书记系列重要讲话特别是视察北京重要讲话精神，坚持稳中求进工作总基调，以党建统领为法宝，以高端绿色发展为战略，以改革创新为动力，以依法治区为保障，以建设民生家园为目的，加快构建"八个高端体系"，促进经济持续健康发展、社会和谐稳定。

经济社会发展的主要预期目标是：地区生产总值增长7%左右，一般公共预算收入增长14%，社会消费品零售额

增长10%,全社会固定资产投资增长9%,居民人均可支配收入增长8%以上,城镇登记失业率控制在2.5%以内。在国内经济进入新常态、经济下行压力仍然较大的情况下,完成这些预期指标有相当的难度和较大的压力,我们将全力而为、努力完成。

围绕实现今年经济社会发展目标,我们将重点抓好五个方面的工作:

一、坚持高端引领,加快构建“高精尖”经济结构

按照首都发展定位,市委、市政府进一步明确了构建“高精尖”经济结构的总体思路和布局。我们要抓住机遇乘势而上,打造高端的服务业为主导的产业体系、高端的科技与文化融合的驱动体系,形成高端引领、创新驱动、技术密集、业态融合的经济结构,着力推进高端绿色发展的新常态。

推动主导产业高端发展。深化创新驱动发展战略,构建创新驱动体系,搭建创新平台,提升区域创新发展能力。用足用好国家服务业综合改革试点区系列支持政策,突出高端化、服务化、集聚化、融合化、低碳化,促进产业发展水平整体提升。完善“长安金轴”发展布局,推动现代金融产业创新发展。加快推进互联网金融产业基地建设,支持第三方支付、网络融资、大数据金融等新兴产业发展。大力引进各类金融创新业态,鼓励传统金融企业创新商业模式。加快文化创意和高新技术产业融合发展,巩固数字娱乐和影视传媒优势,推动文化创意产业功能区建设。依托战略性新兴产业科技成果转化基地,大力发展节能环保产业,推进云计算、物联网等信息产业发展,提升绿色产业发展水平。深化商业保理试点,扩大电子商务规模,加快高端商务服务产业发展。打造特色旅游文化,实施莲石湖二期旅游项目,推进世界旅游城市总部基地建设,夯实旅游业发展基础。制定并落实我区禁止和限制产业目录,培育符合区域定位的高端产业,清退低端落后产业。出台提高生活性服务业品质的政策措施,发展壮大健康服务业和养老服务业。

加快推进产业功能区建设。全面聚焦和全力推进北京保险产业园建设,汇聚保险产业创新要素,吸引新型保险机构入驻,高标准加快推进配套基础设施建设,以保险业为龙头,建设国家级金融创新示范区。充分发挥中关村石景山园主战场作用,完善大园区管理运行机制,加强知识产权保护,发挥专项资金作用,建设“国家专利产业化试点基地”,推动科技成果转化应用。加快新首钢高端产业综合服务区建设,深入落实《关于推进首钢老工业区改造调整和建设发展的意见》,深化与首钢的战略合作,加大协调力度,实施二型材厂厂房改造、首钢广场综合体等项目,建设水池东路等市政道路,完善水电气热等配套设施。发挥首钢示范带头作用,主动融入和推动京津冀协同发展。

坚持不懈强化招商引资。认真落实国家清理规范优惠政策工作,积极应对政策变化影响,深入研究、整合和用好“四区”独特优势,形成符合法律法规、体现市场经济规律、适应企业发展需求的规范政策体系。牢固确立“环境树形象、服务促发展”理念,深化“石景山服务”品牌建设,营造安商稳商、富商强商的良好发展环境。坚持“招大引强”,完善产业链招商工作机制,促进“以商引商”,提升专业化招商水平。注重以项目招商,开展产业载体联合招商,着力引进一批符合发展定位的大型成熟企业,提高载体资源贡献率。

二、坚持一流标准,打造城市建设精品力作

按照“五个典范”要求,构建高端的城市规划、建设和运行体系,以创造历史、追求艺术的高度负责精神,科学设计、精心施工,打造更多的城市精品力作。

高水平编制“十三五”规划。准确把握北京市总体规划修改的新变化,准确把握我区“全面深度转型、高端绿色发展”战略的推进步骤和目标任务,以人口资源环境承载能力为底线,立足完善城市发展格局、人口调控、空间优化、环境改善、质量提升等重点,科学编制我区经济社会“十三五”规划和各类专项规划,实现国民经济和社会发展规划、城市规划、土地利用总体规划“三规合一”,促进“多规合一”。全面落实规划纲要与重点专项规划目标任务,努力实现城市发展“一张蓝图”,引领区域高端绿色发展。

高标准推进重大项目建设。统筹谋划重大项目建设布局,全年力争实现投资190亿元,实施74个重大项目。加快推进轨道交通S1、M6线等市级重点项目,开工建设首特绿能港科技研发中心等十项重点工程,启动雕塑园地下文化娱乐中心建设,抓好银河商务区K地块商业金融项目等续建工程。加大棚户区改造力度,推进西黄村、西井房屋征收和北辛安非住宅拆迁腾退,做好梁公庵和南山1、2号院项目前期工作,提升城乡结合部和城中村整体发展水平。扎实做好土地储备工作,年内实现老古城综合改造G地块、东下庄土地一级开发等5个项目上市,保障土地供应健康有序。加强协调调度,强化督促检查和绩效考核,确保重大项目按期推进。

高质量建设城市基础设施。开工建设永引渠南路、北重北路等城市道路,推进长安街西延、北辛安路北段建设,加快杨庄大街二期、锅炉厂南路、古城大街南延等城市主干路前期工作,完成25项道路大中修工程。做好石景山水厂、首钢水厂前期工作,推进污水治理和再生水利用设施建设。深入落实电力设施建设三年行动计划,完成石莲110kV输变电工程和首钢110kV、石龙110kV开闭站工程,建设石景山220kV、刘娘府110kV输变电工程。

三、坚持生态立区,推进城市可持续发展

建设提供硬环境,管理增强软实力。围绕预防和治理“城市病”,多措并举破解人口资源环境难题,提升城市治理科学化水平,加快构建高端的生态文明体系。

严格控制人口规模。强化责任分工,认真落实人口调控工作方案,建立“纵到底、横到边”的调控工作网络。综合运用法律、经济、行政等多种手段,抓好以房管人、拆违打非、以业控人、教育入学管理等工作重点,压减低端产业空间,缓解人口压力。细化落实居住证制度,持续推进群租房、地下空间治理,做好流动人口服务管理。加强人口数据动态监测，严格督查考核，以硬措施确保完成人口调控这项硬任务。

全力打造生态宜居环境。深入落实清洁空气行动计划，完成76项重点任务。抓好环保十件实事，扎实推进“无煤区”建设，加快实施“煤改电”工程，削减燃煤300万吨，力争实现全区无燃煤锅炉目标。坚持源头严防、过程严管、后果严惩，加大环境监察力度，加强渣土运输、道路遗撒、工地扬尘、非法砂石厂综合治理，力争空气中主要污染物浓度同比下降5%。保持打击违法用地、违法建设高压态势，确保新生违法建设“零增长”，拆除存量违法建设20万平方米。开展绿地系统规划修编工作，着力构建“一山一河一轴、两心六廊、多点成网”的绿地空间格局，在长安街西延等主干道路和重点区域打造绿色景观建筑群。制定全区老旧小区绿化提升改造计划，按照新建小区绿化标准，完成老山东里等7个老旧小区绿化改造任务。加强边角地、代征绿地、小微绿地建设，消除绿化死角，做到能绿尽绿，使全区人民更多地拥有绿色、享受绿色。

着力提升西部发展水平。加强西部地区生态环境建设，严格控制住宅规模，发展绿色产业。推进教育、医疗、环卫等基础设施建设，完成五里坨水厂工程，启动石府路等道路建设，实施高井沟、黑石头沟、八引渠中小河道治理工程，提高公共服务能力。落实浅山地区规划设计，加强水源保护，推进生态绿化，提升环境容量，把西部地区打造成我区的绿色生态屏障。

四、坚持以人为本，建设民生家园

改善民生没有终点，只有更高的起点。我们要像抓经济建设一样抓民生保障，像落实发展指标一样落实民生任务，围绕构建高端的民生保障体系、高端普惠的文化生活体系，持续加大民生投入，推进民生家园建设的新常态，让高端绿色发展成果更好地惠及全区人民。

统筹做好民生保障。完善区域性就业政策保障体系，加大对毕业生等多种群体就业创业的帮扶力度，实现新增就业1万人。严格落实社会保险扩面征缴工作，保持社会保险基金安全平稳运行，基金收缴率达到98%以上。创新运用各类保险机制，服务保障民生，探索公众责任保险试点实施，有效维护社会公众利益。加强“六型社区”和“一刻钟社区服务圈”建设，深入落实“三网融合”，做好社区居委会换届选举工作，提升社区治理能力。加大教育基础设施建设力度，实施金顶街、二管厂幼儿园建设工程，组建京源、苹中教育集团，促进优质资源均衡发展，办好老百姓家门口每一所学校。抓好全国健康促进试点区建设，完善医疗联合体，推进区中医院改扩建工程，开展以中医药为特色的健康管理社区试点，进一步健全医疗服务体系。打造“国家自行车大众健身产业基地”，推进奥林匹克体育生活化社区升级，广泛开展全民健身活动，提高人民群众健康水平。

努力办好惠民实事。群众身边事就是民生头等大事。我们要高度重视和切实解决人民群众日常需求，把服务群众的工作做实做细。着力改善群众出行条件，推进东下庄北路等19个微循环项目，调整优化5条公交线路。加强社区商业便民体系建设，实现7项商业便民基本服务功能全覆盖。加快绍家坡2号地公租房、首钢铸造厂南区限价房等3个保障性住房项目建设，积极推进老旧小区综合整治，实施139项便民工程和71项济困工程。全面落实“门前三包”责任，着力清理老旧小区、胡同街巷、校园和旅游景区周边环境脏乱点，在14个居住小区开展垃圾分类工作。改革公共服务提供方式，加大向社会力量购买公共服务力度。加快完善养老服务体系，推动街道养老照料中心建设，支持社会力量参与养老服务。

增强区域文化软实力。把文化作为高端民生需求，围绕创建国家公共文化服务体系示范区目标，大力实施“文化兴区”战略，推动文化繁荣发展。深入开展精神文明创建活动，培育和践行社会主义核心价值观，做好迎接首都文明区县评选复查工作。加快区文化中心建设，年内实现主体结构封顶，完成西山八大处文化景区道路及配套设施一期工程，实施区广播电视中心高清网络化建设项目。加大文物保护力度，构建“一刻钟公共文化服务圈”，继续办好“北京西山八大处文化节”“石景山游乐园洋庙会”“古城之春艺术节”等特色文化活动，满足群众多层次文化需求。

深入推行信访代理制。信访问题直接关系群众切身利益，是最迫切的民生问题。要进一步确立“构建一个新体系、建设六个之家”的工作目标，坚持预防为主、依法合理、谁主管谁负责、职权与事权相当、综合服务原则，加大区领导信访接待制度改革力度，加强信访积案化解，严格督促检查，确保信访代理工作落到实处。积极推进街道联合接访平台建设，对涉及多个部门的疑难复杂信访问题，街道负责统一协调、督促落实，推动矛盾纠纷及时妥善解决。

切实维护社会和谐稳定。牢固树立安全发展理念，把公共安全摆在更加重要位置，坚持“管行业必须管安全、管业务必须管安全、管生产经营必须管安全”，全面落实“一岗双责、党政同责”的安全生产责任制。充分发挥综合执法指挥平台作用，开展公共安全综合执法“亮剑行动”，强化安全生产监管，做好消防、交通、施工、防汛等领域安全隐患排查治理。深化“平安石景山”建设，提升各类不稳定因素的预警、化解和处置能力。加强社会治安综合治理，严密防范和惩治各类违法犯罪活动。提高食品药品安全监管水平，切实保障群众“舌尖上的安全”。

五、坚持改革创新，激发区域发展活力

进一步解放思想，认真研究、系统筹划各项改革，加快落实改革任务，深化改革事项，打造高端的社会治理体系，推动经济社会更有效率、更加公平、更可持续发展，推进全面深化改革的新常态。

坚定不移推进城市管理体制改革。完善城市管理系统归口管理机制，科学界定条块管理权限和责任边界，形成权责分明、上下联动、协调有力、执法到位、运转高效的城市综合管理体系。深入推进综合执法改革，推动行政执法和刑事司法相衔接，依法公开行政执法的依据、内容、标准、程序和结果。落实城市管理系统考核方案，切实发挥街道属地管理职能，统筹辖区综合执法工作，提升综合执法效能，为全市城市管理体制改革做出示范。

加快推进行政审批制度改革。做好市级下放行政审批事项的承接和对应调整，编制行政审批目录及管理办法，优化审批流程，提高行政审批科学化、标准化、规范化水平。推动工商登记制度改革，探索营业执照、组织机构代码证、税务登记证"三证合一"审批机制。稳步推进"营改增"，实施税源户"三核实"，为各类市场主体创造良好发展环境。加快事业单位分类改革。积极稳妥推进公务用车制度改革。

不断深化经济体制改革。抓好财税体制改革，实行全面规范、公开透明的预决算制度，将政府性收入纳入预算，实现全口径预算管理，打造阳光财政。创新投融资体制，落实中央、北京市鼓励社会投资相关政策，引导社会资本进入基础设施、医疗、养老等领域。深化国有企业改革，探索国有企业分类管理。以管资本为主加强国资监管，健全国有企业负责人长效激励和约束机制。支持非公有制经济和中小微企业健康发展，推动驻区各类企业之间优势互补、融合发展。深入研究农转居后续工作，启动集体资产产权制度改革，加大低端业态淘汰力度，集约高效利用集体土地，推动集体经济改革取得新突破。

建设法治政府

深入落实十八届四中全会精神，加强制度建设，建立权责统一、权威高效的依法行政体制，加快建设职能科学、权责法定、执法严明、公开公正、廉洁高效、守法诚信的法治政府，着力推进依法治区的新常态。

切实做到法定职责必须为。政府的一切权力来自人民、源自法授，政府各部门及工作人员要忠实遵守宪法和法律，所有行政行为都要于法有据、程序正当，法定职责必须为，法无授权不可为。依法明确政府各层级、各部门职能配置和关系，完善政府职权目录，推动政府事权规范化，机构、职能、权限、程序、责任法定化。高质量办好人大建议和政协提案。全面推进政府权力清单制度，实施区级审批事项清单、投资项目审批清单和行政处罚权力清单，把政府该管的事管好，该放的权放到位。

切实做到依法科学民主决策。健全决策机制和程序，把公众参与、专家论证、风险评估、合法性审查、集体讨论决定作为重大行政决策法定程序，邀请更多的人大代表、政协委员列席政府常务会，参与政府决策。健全政府部门法律顾问制度，完善决策反馈和评估机制，保障决策更加科学合理、切合实际。建立重大决策终身责任追究制度及责任倒查机制，对实施情况进行跟踪反馈和监督检查，强化决策主体责任。

切实做到积极公正文明执法。牢固树立"以充分履职为荣、以避事推诿为耻"理念，坚持全面充分履行职责，强化主动作为、积极作为，加强对不作为、乱作为、选择性执法行为的行政监察和责任追究。全面落实行政执法责任制，严格实行执法人员持证上岗和资格管理制度，建立健全行政裁量权基准制度，依法惩处各类违法行为，加大关系群众切身利益的重点领域执法力度，维护群众合法权益。落实普法责任制，深入开展法治宣传教育，引导全区人民自觉守法、遇事找法、解决问题靠法，增强全民法治观念。

切实做到严格制约和监督权力。按照法定权限和程序行使权力、履行职责，坚决执行区人大及其常委会的决议和决定，坚持重大事项报告制度，自觉接受人大工作监督、法律监督和政协民主监督，认真听取各民主党派、工商联、无党派人士和人民团体的意见建议，自觉接受人民群众和新闻舆论监督。加大政府信息公开力度，深入推进财政预算、重大建设项目批准和实施、社会公益事业建设等领域信息公开。认真做好行政复议和行政应诉工作。

切实做到为民务实清廉。坚持党要管党、从严治党，抓好政府系统党的建设。切实履行政府党组管党治党责任，把党建工作、党风廉政建设与政府工作一同谋划部署，推进党建统领的新常态。巩固和拓展党的群众路线教育实践活动成果，加强精神家园建设，严格履行"一岗三责"，凝聚起推动高端绿色发展的强大正能量。加大整改落实力度，将20项中长期整改任务纳入工作安排，按计划加快推进，全面兑现我们向人民群众做出的庄严承诺。认真落实党风廉政建设责任制，深入贯彻落实中央"八项规定"精神，坚持勤俭办一切事业，确保"三公"经费只减不增。

作风建设永远在路上，政风建设只有进行时没有完成时。我们要按照从严治党的要求从严治政，着力整治"庸懒散慢奢"等不良风气，坚决杜绝"门难进、脸难看、事难办"现象，切实把作风建设抓常、抓细、抓长。加大目标任务督查力度，强化过程监督和绩效管理，切实提高工作效能，把干劲提起来、把责任担当起来，求真务实、奋发有为地做好各项工作，更好地服务全区人民。

各位代表！新常态带来新机遇，高端绿色引领新发展。让我们更加紧密地团结在以习近平同志为总书记的党中央周围，在市委、市政府和区委的坚强领导下，团结依靠全区人民，统一思想、凝聚力量，励精图治、敢于担当，为建设国家级绿色转型发展示范区而努力奋斗！

北京市石景山区人民代表大会常务委员会工作报告

——在北京市石景山区第十五届人民代表大会第五次会议上

（2015年1月14日）

北京市石景山区人大常委会主任　赵玉民

各位代表：

我受区第十五届人民代表大会常务委员会的委托，向大会报告工作，请予审议。

过去一年的主要工作

2014年，常委会认真学习贯彻党的十八大，十八届三中、四中全会和习近平总书记的系列重要讲话精神，以邓小平理论、“三个代表”重要思想、科学发展观为指导，坚持党的领导、人民当家作主、依法治国有机统一，全面落实区委十一届八次全会精神，认真执行区第十五届人大四次会议决议，以群众路线教育实践活动为抓手，认真行使宪法和法律赋予的职权，监督工作更加规范，代表作用更加突出，履职能力进一步提升，人大工作迈出新步伐，为促进我区民主法治和国家级绿色转型发展示范区建设做出了积极贡献。

一、认真开展党的群众路线教育实践活动，推动人大工作与时俱进

去年以来，按照区委统一部署，常委会紧紧围绕“四大一满意”目标要求，认真开展以为民务实清廉为主题的群众路线教育实践活动，将改进作风与推动工作结合起来，着力解决“四风”突出问题，着力提升工作能力和水平，取得了丰富的认识成果、实践成果和制度成果，以更高标准推动了各项工作的落实。

加强思想政治建设，始终坚持正确政治方向。常委会深入学习领会习近平总书记在庆祝全国人民代表大会成立60周年大会上的讲话精神，充分认识加强党的领导同发挥国家权力机关作用的一致性，把坚持正确政治方向贯穿于依法履职的全过程，牢固树立党的观念、大局观念、群众观念和法治观念，紧紧围绕全区工作大局来谋划和推动各项工作。在讨论决定重大事项工作中，自觉坚持党的领导，确保区委的决策部署经过法定程序成为全区人民的共同意愿和行动。在监督工作中，把推动区委决策部署的贯彻落实作为重中之重，监督议题紧扣区委中心工作，紧贴人民群众呼声。认真遵循民主集中制原则，严格依法按程序履行职权，与代表和人民群众保持密切联系，使人大工作充分体现民主政治建设的本质要求。

发挥人大职能作用，保障区委决策贯彻执行。区委十一届八次全会作出了高端绿色发展的战略部署，提出了构建“八个高端体系”的战略任务。常委会贯彻全会精神，成功召集区第十五届人大四次会议，审议通过各项工作报告及决议，经过法定程序，使区委的决策部署成为我区各国家机关的共同行动，成为全区人民的共同遵循。常委会把监督重点放在推进“八个高端体系”建设上，召开8次常委会会议，听取和审议“一府两院”13个工作报告，作出9项决议决定和审议意见，推动了相关工作的开展。常委会通过召开工作研讨会、发动代表联系选民、提出意见和建议，发挥代表在民主政治建设中的主力军作用，在推进“八个高端体系”建设上汇集民意、凝聚民智，使人民群众的意见建议，有序纳入到“八个高端体系”建设的规划设计中，进一步深化了发展共识，凝聚了发展力量。

不断改进完善工作，提升依法履职能力水平。加强作风建设，从改进调查研究、精简会议活动等六个方面作出16条具体规定，采取蹲点走访、暗访问卷等方式，使监督调研、联系代表和群众工作更加深入。坚持破立并举，针对会议组织、调研安排、建议办理、服务代表等工作中存在的问题，制定制度建设计划，对常委会及人大机关现有的25项制度进行了认真梳理，决定废止2项，修改完善14项，新建1项，以制度固化作风建设的成果。改进工作方式，着力提高审议质量，增强审议意见书的针对性、操作性和可监督性，建立重要审议意见向区委报告制度；完善预决算审查监督，加强初审前培训，邀请代表、聘请顾问参与预算初审工作；成立城建环保专业代表小组，相关领域的监督调研更专业、更深入。加强机关队伍建设，引导党员干部坚定理想信念、传承红色基因、践行“三严三实”、修养官德人品、扫除“四风”问题，自觉树立政治坚定、业务精通、作风优良、团结进取的人大机关形象，为常委会履职服务的水平明显提高。

二、着力推进高端绿色发展战略，监督工作取得新成效

常委会把群众路线的本质要求贯穿于监督工作之中，突出“八个高端体系”建设重点，支持和促进“一府两院”把全面深化改革、高端绿色发展的目标任务落到实处，把保障区委决策的贯彻落实和人民意愿有机统一起来，推进依法行政、公正司法。

聚焦高端服务业发展，加强经济工作监督。对我区加快推进国家服务业综合改革试点区建设、加快旅游业及楼宇经济发展情况进行了专题调研，建议区政府要把握区域发展的优势和特点，积极落实国家及北京市促进服务业发展的各项政策措施，构建以高端服务业为主导的产业体系，优化服务业发展环境，加快产业载体建设，增进产业融合发展，构筑区域经济全面转型发展的新常态。经过持续不断的努力，我区服务业呈现良好发展态势，重大政策取得新突破，重点功能区建设取得新进展，服务业成为经济发展的主要支撑力量。

关注中关村国家自主创新示范区建设，加强科技创新工作监督。围绕加快科技体制改革、服务科技企业创新发展，对中关村石景山园扩园及创新平台建设、高端科技创新人才培养等工作进行了跟踪检查，组织代表走进华录和丽贝亚集团，调研文化传媒和设计产业先导基地建设情况，对培养科技创新人才工作提出了有针对性的意见和建议，力促我区构建高端的科技创新驱动体系，进一步提升科技支撑经济社会发展的能力。

着眼城市规划建设和运行，加强城市综合管理工作监督。围绕城市管理体制改革试点工作，结合代表议案办理，听取和审议了区政府关于居民区环境卫生管理、加快西部地区棚户区改造情况的报告，视察了首钢西十筒仓、五里坨水厂等重点工程，跟踪检查了区政府落实人大审议意见、改善交通环境的工作情况。强调面对首都城市战略定位和“城市病”治理任务，区政府要牢牢把握“法定职责必须为”，按照高端绿色和一流标准要求，推进城市精细化服务管理，在重点工程建设中瞄准高端，在棚户区改造、居民区环境卫生管理中治理低端，进一步改善交通环境，提升城市综合运行水平。

力促美丽石景山建设，加强生态环境建设工作监督。重点检查区政府落实人大审议意见、促进园林绿化可持续发展工作情况，视察了阜石路带状绿地、五里坨京门新线绿化工程、融科广场绿地建设情况，针对我区改善生态环境、推进城市绿地和公园建设，提出了改进工作的意见和建议。区政府加大依法治绿和生态环境建设管理力度，统筹利用环境资源，完善综合服务设施，在老旧小区、城市边角地、莲石湖和半月园等城市公园的绿地建设、景观提升上，加大了投入和改造力度，我区生态环境品质得到改善。

着力提升高品质文化生活服务水平，加强公共文化工作监督。围绕实施文化兴区战略、推进文化惠民工程，对区文化中心、基层公共文化服务设施建设情况进行了跟踪，推动区政府进一步加大力度，不断完善全覆盖、便捷高效的公共文化服务体系，提升文化服务水平。组织代表调研我区贯彻实施非物质文化遗产法情况，视察了“燕京八绝”艺术馆和京西五里坨民俗陈列馆建设情况，促进我区不断加强独特文化遗产资源的挖掘、保护和利用，为人民群众提供高端普惠的公共文化服务。

注重提高保障水平，加强民生工作监督。围绕教育、卫生、食品安全和住房保障等民生基本需求，结合代表议案办理，听取和审议了区政府关于深化医药卫生体制改革情况的报告，专题调研了绿色教育发展实验区建设情况，跟踪检查了区政府落实人大审议意见、推进校长队伍建设和食品安全监管情况。在听取审议专项工作报告和视察调研时，针对构建有区域特色的医疗卫生服务体系、扩大优质教育服务面等工作提出了意见和建议。我区在高端的民生保障体系建设中，坚持以人为本，以民生需求为导向，加大了投入和保障的力度。常委会还组织代表视察了东下庄定向安置房、南宫住宅小区等保障性住房的建设管理情况。

围绕司法权力运行，加强社会治理工作监督。以促进修改后的刑法和刑诉法实施为重点，听取和审议了区法院关于刑事审判工作、检察院关于监所检察工作情况的报告。强调法院要充分发挥刑事审判职能，强化刑事审判管理，进一步提高审判质效和司法能力水平，为依法惩治犯罪、尊重和保障人权、促进高端绿色发展提供司法保障。检察院要积极推进监所检察向刑事执行检察的转变与提升，进一步提高法律监督的能力和水平，确保刑事执行法律正确实施。常委会还跟踪检查了“两院”落实人大审议意见，区法院加强商事审判、检察院加强未成年人刑事检察和司法保护工作情况。法院商事审判服判息诉率升至全市第一；检察院协同相关单位，建立本市首家涉诉未成年人考察帮教基地，推进了相关工作的开展。

加强计划和预决算审查监督。听取和审议了区政府关于2013年预算执行及其他财政收支的审计工作报告，审查批准了年度决算。听取和审议了2014年上半年预算执行、国民经济和社会发展计划执行情况的报告，提出审议意见，要求政府认真执行人代会决议，通过强化重大项目推进、优化服务环境等各项措施，使区域经济保持平稳较快增长，社会事业保持良好发展势头。强调加快建立全口径预算管理体系，增强政府统筹配置资源能力，使财政资金有效整合用于保障高端绿色发展战略的顺利实施，保证预算任务的圆满完成。常委会还听取和审议了区政府关于2014年预算支出变动情况的报告，初步审查了2015年计划和预算草案。区政府依照预算法，首次编制了全口径预算，将国有资本经营预算、社会保险基金预算情况，与一般公共预算、政府性基金预算一并提交本次大会审查。

三、服务代表发挥主体作用，代表工作迈出新步伐

尊重代表主体地位，提高代表履职能力，发挥代表作用，是做好人大工作的基础。常委会自觉坚持群众路线，切实加强和完善代表履职服务工作，代表参与管理国家和社会事务的作用得到进一步发挥。

丰富了代表履职学习内容。常委会先后就人民代表大会制度、代表法、市人大代表建议办理条例及区域发展战略等，组织专题讲座。围绕依法履职促进“八个高端体系”建设、人民代表大会制度在区县的实践等课题，组织学习研讨。针对加强预算监督、提升预算审查能力，组织预算审查、预算法学习培训。人大各街工委根据代表知情知政和

履职需要，组织开展了丰富多样的学习活动。代表们自觉把履职行为与人大及其常委会的工作有机结合起来，全年共有600余人次代表参加学习培训、视察调研、旁听庭审、列席常委会会议等履职活动，进一步增强了责任意识，提升了能力水平，呈现了履职主动、建言活跃、为民办事的良好态势。

创新了代表联系群众机制。“人大代表之家”“人大代表联络站”是我区服务代表履职的创新举措，使代表联系选民常态化。常委会积极争取财政投入，使“家站”经费纳入预算，并指导人大各街工委，突出履职为民主题，按照联系选民、知情知政、调查研究等代表履职需要，强化“人大代表之家”接待室、资料室、档案室和研究室的功能设计，完善“家”中硬件设施，发挥“家”的职能作用。人大各街工委按照常委会的工作安排，创造性地推进了“家站”建设，有序开展代表履职服务工作，普遍以“知民情、表民意、顺民心”为主题，组织代表进“家”集中活动、进“站”联系选民，邀请代表参与地区社会治理，发挥了代表联系群众、汇集和表达民意的主渠道作用。常委会还强化市、区两级代表联系机制，服务市人大石景山团代表视察调研、联系群众、听取意见，围绕首都及区域发展提出议案和建议，较好地发挥了市人大代表作用。

加强了代表建议办理工作。按照区委深入推进民主政治建设、进一步加强人大建议办理工作的意见要求，常委会抓住制度保障、主体责任、落实反馈等重要环节，对建议办理工作实行闭环式管理，全面修订了区人大代表建议办理办法，为代表建议的提出、交办、办理和监督全过程提供了制度保障。进一步强化主体责任，在督办工作中加强统筹，主任会议专题研究办理工作，提出重点督办和分类督办意见，并向区委写出专题报告。主任、副主任牵头重点督办，各工作委员会负责分类督办，代表联络机构负责协调跟踪督办，促进了重点难点和社会广泛关注问题的解决。“一府两院”在办理工作中加强领导，政府专题会议进行研究，分管副区长全程负责，对重点督办和分类督办的代表建议，带队查看办理情况，带队向代表进行集中答复。各承办单位加强沟通，注重听取代表的意见和建议，努力使办理结果贴近人民群众的意愿。经各方努力，代表建议办理工作开创了新局面，提升了新水平，取得了新成效，办成率上升了5个百分点，达到41%，代表满意率100%。

一年来，常委会还依法完成了人事任免和补选代表工作。共任免国家机关工作人员53人次，接受了刘亚泉副区长、王忠华院长的辞职请求，决定高虹为区人民法院代理院长，任命了186名人民陪审员，补选了5名区第十五届人民代表大会代表，保障了国家机关工作的正常运行。

各位代表，过去的一年，常委会认真执行区第十五届人大四次会议决议，围绕高端绿色发展战略，依法履职取得了一定成效。成绩的取得，是区委正确领导，区人大代表和常委会组成人员共同努力，“一府两院”和全区人民大力配合支持的结果。在此，我代表人大常委会，向各位人大代表，向所有关心、支持、帮助人大工作的同志们、朋友们，表示崇高的敬意和衷心的感谢！

在总结成绩的同时，我们也清醒地认识到，常委会的工作，按照依法治国和人民代表大会制度与时俱进的实践要求，还有需要改进的地方。比如，围绕“八个高端体系”建设监督工作的实效性还不够，需要进一步改进方式方法；预算监督工作还有待完善，需要依法推进全口径预算监督；代表主体作用的发挥以及为代表履职服务的实效性还有待增强；常委会依法履职的能力和水平还有待提高。这些不足要在今后的工作中认真加以改进。

2015年的主要任务

今年是深入贯彻党的十八届四中全会精神的第一年。常委会要牢牢把握在推进依法治区进程中的使命责任，积极推动宪法和法律的贯彻实施，进一步增强法治观念，坚持党的领导、人民当家作主、依法治国有机统一，全面落实区委十一届十次全会精神，围绕推进“五个新常态”的工作部署，依法监督“一府两院”依法行政、公正司法，在民主政治建设中充分发挥好主力军的作用，为促进国家级绿色转型发展示范区建设做出应有的贡献。

一、全面贯彻落实市委人大工作会议精神

刚刚召开的市委第四次人大工作会议，为新形势下的全市人大工作指明了方向，提出了新要求。常委会要深刻认识这次会议对推动全市人大工作与时俱进的重大意义和重要作用，切实把思想和行动统一到会议精神上来。

加强学习提高认识。市委第四次人大工作会议，全面贯彻了党的十八届四中全会和习近平总书记系列重要讲话精神，明确了人民代表大会制度在我市全面推进依法治国、建设法治中国首善之区中的优势和作用。常委会要结合党的十八届四中全会精神组织好学习贯彻工作，深刻领会精神实质，充分认识全面推进依法治国在国家治理体系框架中的重大意义、人民代表大会制度在全面推进依法治国工作中的重要作用，牢牢把握人大及其常委会在其中所担负的使命，以推进民主政治建设为己任，毫不动摇地坚持党的领导，毫不动摇地保证和发展人民当家作主，不断强化法治思维和改革精神，紧紧围绕首都和石景山区发展的战略任务，围绕促进“一府两院”依法行政、公正司法履行职责，把贯彻落实中央全会、习近平总书记重要讲话及市委第四次人大工作会议精神，体现在进一步加强和改进人大工作的各项实践中。

全面贯彻会议部署。在区委的领导下，充分发挥常委会党组在人大工作中的领导核心作用，保证党的主张通过法定程序成为国家意志，保证党组织推荐的人选通过法定程序成为国家政权机关的领导人员，保证人大及其常委会依法有效履行职权，保证人民通过人民代表大会行使国家权力。稳步推进人大及其常委会讨论决定重大事项工作，提高人民代表大会审查和批准各项报告的效能，加强大会

各项决议决定的落实。建立常委会讨论决定重大事项年度计划机制，完善讨论决定的工作程序，规范区政府重大决策出台前向人大报告制度。按照区委要求，做好我区第四次人大工作会议有关筹备工作，研究提出常委会党组关于进一步加强和改进人大工作的若干意见，在行使职权、代表工作、自身建设、坚持党的领导等方面制定具体措施。

二、进一步加大监督工作力度

要围绕推进我区法治政府、法治社会建设，汇集民智、体现民意，综合运用多种监督方式，开展行之有效的监督工作，推进“一府两院”依法行政、公正司法，为我区“八个高端体系”建设提供良好的法治环境。

在经济工作监督方面。围绕首都城市战略定位和区域高端绿色发展大局，坚持科技创新驱动，进一步推进国家服务业综合改革试点区建设，关注我区加快产业功能区建设、科技创新能力提升和科技成果转化应用情况，跟踪楼宇经济、“石景山服务”品牌和科技创新平台载体建设情况，促进我区努力构建“高精尖”经济结构，不断适应首都经济新常态。

在城建工作监督方面。关注高端的城市规划建设和运行体系、高端的生态文明体系构建工作，对我区城市管理体制改革试点、老旧小区管理等加大监督工作力度，视察重点工程建设情况，跟踪区政府落实人大审议意见，加强居民区环境卫生管理、棚户区改造、生态环境改善及园林绿化可持续发展情况，督促政府加大环境综合整治力度，提升治理能力和水平，依法依规加强城市建设与管理。

在民生工作监督方面。继续关注教育、文化、卫生、食品药品安全等民生重点，对我区教育均衡优质特色发展、创建国家公共文化服务体系示范区（项目）推进情况开展监督，检查区政府落实人大审议意见、深化医药卫生体制改革推进工作情况，开展食品安全法执法检查，视察保障性住房建设管理情况，促进我区加快推进社会治理体系创新，加快保障和改善民生。

在法治工作监督方面。着眼于规范司法行为，监督区法院民事审判、区检察院民事诉讼监督工作，跟踪检查法院刑事审判、检察院监所检察工作情况，推动提高公正司法水平，提高司法公信力。继续开展代表旁听法院公开审理案件活动。检查“六五”普法落实情况，促进我区加大宪法和法律学习宣传力度，加强全民普法和守法教育，推进法治社会建设。

在计划预算监督方面。把年度国民经济和社会发展计划执行监督与“十三五”规划编制调研结合起来，确保计划任务圆满完成，促进科学有效编制“十三五”规划。落实新修订的预算法，开展全口径预算监督，加强预决算审查，促进我区完善公共财政预算制度，不断增强预算的刚性约束力。

三、进一步发挥代表主体作用

要坚持人民主体地位，服务代表依法履职、发挥作用，使常委会依法行使职权的各项工作更加顺应民心、集中民智、维护民利。

强化代表履职学习。根据代表履职需要，围绕“八个高端体系”建设，为代表了解市情、区情、民情提供服务。组织代表专题学习培训，向代表通报区经济社会发展情况，邀请代表列席常委会会议，组织代表围绕“八个高端体系”建设开展视察调研，提出意见和建议。人大各街工委发挥“人大代表之家”的职能作用，因地制宜开展代表履职学习活动。开发应用网络系统，提升代表履职学习、服务管理工作的信息化和规范化水平。

深化代表联系选民。重点发挥好“人大代表之家”“人大代表联络站”的平台载体作用，精心安排活动内容，不断创新活动方式，充分调动代表联系选民、宣传执行人代会决议、推动区域发展的积极性和主动性。继续开展代表“三进家”和“三进站”活动，进一步规范代表联系选民、向选民述职活动，完善选民意见处理机制。抓好会前代表联组活动，组织代表深入选区，广泛听取意见，开展调查研究，为提出高质量的议案和建议，审议各项报告打下民意基础，服务代表为民代言、积极履职。

优化建议办理工作。遵循闭环式管理原则，加强建议办理统筹，完善重点督办和分类督办机制，推动“一府两院”将建议办理工作与依法履职结合起来。抓好建议综合分析、分类处理，常委会各工作机构加强与承办单位的联系，共同促进建议分类办理，推动相关部门改进工作。完善建议办理评价机制，科学合理评价建议办成率，建立建议办理进度台帐，跟踪检查建议落实情况，提升建议办理成效，促使群众意愿有序进入国家机关的决策和工作当中。

四、进一步提高履职的能力和水平

要巩固群众路线教育实践活动成果，落实整改任务，强化自身建设，切实增强代表人民行使国家权力的政治责任感，提高法治思维和依法办事能力。

在思想政治建设方面。坚持正确的政治方向，不断强化理论武装，加强党性修养，坚定理想信念，增强人民代表大会制度自信和制度自觉。坚持党对人大工作的领导，健全常委会党组对区委负责制度，坚持请示报告制度。发挥常委会党组的领导核心作用，保证区委的决策部署得到正确贯彻执行。

在作风建设方面。践行群众路线，严格遵守中央八项规定和市委、区委实施意见，健全改进作风、厉行节约常态化制度，严格执行人大机关“三公经费”管理办法。坚持深入基层、深入实际，开展调查研究，把作风建设的成效体现在监督调研上，体现在与代表和群众的密切联系中。

在制度建设方面。落实民主集中制的各项制度，认真执行、坚决维护制度的严肃性和权威性。修订完善区人民代表大会议事规则、区人大常委会加强同区人大代表联系的暂行办法等6项工作制度，以制度建设为抓手，不断提升常委会及机关的工作水平。

在队伍建设方面。着力加强能力建设，采取多种形式开展学习培训、交流锻炼，提升干部的专业素质。健全组织机构，适时设立预算审查的专门工作机构，建立预算顾问制度，增设专业代表小组，进一步激发常委会及机关的工作活力。

各位代表，新的一年，人大工作面临新形势和新任务，责任重大，使命光荣。让我们在区委的正确领导下，解放思想，实干进取，不断推进人民代表大会制度在我区的实践与创新，为把石景山区早日建成国家级绿色转型发展示范区而努力奋斗！

中国人民政治协商会议 北京市石景山区第九届委员会常务委员会工作报告

——在政协北京市石景山区第九届委员会第四次会议上

(2015 年 1 月 12 日)

岳德顺

各位委员、同志们：

我受政协北京市石景山区第九届委员会常务委员会委托，向大会报告工作，请予审议，并请列席会议的同志提出意见。

2014 年工作回顾

2014 年是深入贯彻落实中共十八大、十八届三中、四中全会精神的重要之年，是我区全面深度转型、高端绿色发展和深化改革的起步之年，也是九届政协工作深入推进之年。一年来，区政协以邓小平理论、“三个代表”重要思想、科学发展观为指导，认真学习贯彻中共十八大、十八届三中、四中全会和习近平总书记系列重要讲话精神，在中共石景山区委的领导下，紧紧围绕中心，密切服务大局，认真履行职能，积极探索创新，实现了区政协工作的深入发展并取得实际成效。一年来，共召开政协常委会议 6 次，主席会议 7 次，协商议政会 58 次，形成常委会、主席会议建议案 7 个，提出提案并立案 172 件，组织各类委员活动 161 次，参加活动的委员达 1200 余人次。委员们以高度的政治责任感和饱满的履职热情，建真言、献良策，为推动区域经济社会发展作出了突出贡献。

一、坚持把握重点、破解新题，联合调研工作取得新成果

中共石景山区委十一届八次全会提出了全面深度转型、高端绿色发展战略和建设国家级绿色转型发展示范区的目标。为实现这一战略目标，区委提出了要着力构建“八个高端体系”。政协认为，这符合习近平总书记在北京调研时的重要讲话精神，符合我区转型发展胜利走出低谷后向高层次发展的实际，符合石景山人民群众的愿望和要求。作为区委、区政府的重点工作和新课题，区政协理应走在前列，发挥优势，先行一步，举全体之力，开展了“八个高端体系”建设联合调研。

联合调研推动了政协工作创新。采取联合调研的形式，在区政协工作中还是第一次。我们按照把握关键点、抓住切入点、找准发力点的工作思路，采取统分结合的形式，将“八个高端体系”建设分成 8 个子课题，由各专委会和研究室分别承担一个或两个子课题的调查研究，在此基础上，由区政协统筹各子课题成果，形成了关于推进“八个高端体系”建设的联合调研报告和政协常委会建议案，八个方面共提出 40 条建议，报送区委、区政府作为决策参考。

联合调研提高了政协组织协调能力。联合调研既是一项重要工作任务，也是对区政协调研能力、组织能力和协调能力的一次全面检验。在联合调研中我们坚持了结合实际、突出实用，以我为主、专家为辅，上下联动、协调配合的三条原则，主席会议成员以身作则、带头抓，各委室通力合作、共同抓，政协委员积极行动、主动抓，政府部门大力支持、配合抓，形成了上下联动、左右配合、齐抓共管的工作格局，圆满完成了调研任务。

联合调研成果为区委、区政府深度研究提供了参考。联合调研成果有的被吸收到区领导牵头负责的“八个高端体系”研究中，有的被吸收到“十三五”规划之中。联合调研成果得到区委主要领导同志的充分肯定，在政协常委会建议案上作出重要批示，并主持召开了促进“八个高端体系”建设协商座谈会，进一步听取了各民主党派主委、区工商联负责人和区政协各委室主任关于构建“八个高端体系”建设的意见和建议。四套班子联席会专题听取区委、区政府领导关于“八个高端体系”建设进展情况汇报，使得“八个高端体系”建设研究工作取得了重要阶段性成果。

二、坚持围绕中心、促进发展，调研视察和社情民意工作富有成效

区政协坚持把促进经济社会发展作为履行职能的第一要务，倾听民声民意，关注热点难点，积极建言献策，实现履

职有作为、有重点、有实效。

在推动旅游产业发展上用力。针对我区旅游资源丰富，而旅游产业在五大产业中相对较弱的现实，2014年，区政协把促进旅游产业发展作为常委会一年一个主题研讨的内容，组织政协常委深入开展调研，形成了28篇调研报告，在第23次政协工作理论研讨会上有16位委员发言，从我区旅游产业转型升级、模式创新、品牌建设以及基础设施建设等方面，提出31条意见建议，以区政协主席会议建议案形式报区委、区政府作为决策参考。

在推动重点工程和民生工程建设上发力。重点工程关系可持续发展，民生工程关系社会和谐稳定。区政协主席、副主席通过列席区委常委会、区政府常务会，参加四套班子联席会等机会，对全区的重点工程和民生工程提出意见和建议。到八角北里社区、永乐小区及区内相关单位，围绕电力改造、老旧小区改造、食品药品安全等重点工程和民生工程开展常委会、主席会议视察。各专委会组织委员围绕促进以高端服务业为主导产业体系建设、完善社会治安综合治理体系建设、老旧小区改造、解决学前儿童入园难问题、提高提案办理效果与质量、促进我区文化创意产业发展等方面开展调查研究，形成一个常委会建议案和四个主席会议建议案，作为区委、区政府的决策参考。

在招商引资促发展上出力。自觉把招商引资作为区政协围绕中心、服务大局的一项重要履职任务，充分调动委员的积极性，发挥委员信息渠道多、联系广泛等优势，主动服务招商、积极参与招商、全力支持招商，招商引资工作成效显著。2014年度，区政协共引进企业38家，注册资金超过8亿元。

在反映社情民意信息上着力。社情民意信息具有“短平快”“直通车”的作用，是区政协委员作为民意传话人的一个重要渠道和平台。我们建立健全了社情民意信息提出、上报、批示、落实、反馈、跟踪一整套工作机制。全年收集社情民意信息274条，向市政协编发报送社情民意信息60期，向区委、区政府编发报送社情民意信息23期，区领导批示71期次，促进了一批群众关心的热点、难点问题的解决。

三、坚持制度建设、合力互动，提案办理协商机制进一步完善

提案办理协商是社会主义协商民主制度的重要方面。区政协坚持把提案办理协商贯穿于提案工作的全过程，使提案线索在协商中提出、提案在调研中形成、提案办理在协商中完成，使区委、区政府的决策和工作更好地顺乎民意、合乎实际。

注重提案选题协商。提案只有提得好，提到点子上，才有可能办得好。区政协在石景山报和政协网站上发布公告，面向社会各界广泛征集提案线索，并召开了民生工作提案线索协商会，共收集提案线索38条，使用率达92%。开展了党派及界别提案的征集协商，全年提出了15件党派提案和9件界别提案，提案质量进一步提升。积极探索闭会期间平日提案征集协商工作，共征集平日提案10件，促进了政协提案工作常态化建设。

深化提案办理协商。认真落实区委《关于深入推进民主政治建设，进一步加强人大建议和政协提案办理工作的意见》，加强提案承办单位、提案者、政协组织三方的协调机制建设，建立健全提案办理的沟通调研、协商反馈、跟踪回访制度，实现有效对接，既确保提案工作的连贯性，又推动提案成果转化为实际效果。区委、区政府高度重视提案办理工作，建立了办理责任制，实行“闭环式”管理，5位主管副区长分别参加提案办理集中答复会，采取“面对面”协商讨论的形式，促进了提案的办理，提高了办理效率和质量，委员满意度大幅提升。

加强提案督办协商。强化督办协商，采取政协领导领衔督办、专委会专题督办、提案集中督办、提案追踪督办等形式，使提案在督办中协商、在协商中督办，形成了多形式、多层次的督办协商机制，切实加大了协商力度，提高了提案办理实效。

四、坚持弘扬主题、广泛交流，爱国统一战线进一步巩固

区政协紧紧围绕团结和民主两大主题，认真做好团结各方、凝聚人心、协调关系、汇集力量的工作，政协整体优势得到较好发挥。

推动协商民主制度建设多层开展。按照中共十八大、十八届三中、四中全会精神，结合实际，勇于实践，本着选题在协商中确立、调研在协商中开展、成果在协商中转化的工作思路，全年开展各类协商活动58次，形成协商纪要21件。围绕停车场建设与管理、医联体工作进展情况开展了专题协商；围绕我区城市管理体系建设、筹备“西山八大处文化节”等开展了对口协商；围绕打造国家级C40城市综合体、打造“石景山服务”品牌等开展了界别协商；围绕养老事业发展、校园安全防范体系建设等开展了提案办理协商，解决了一批涉及经济和社会发展的问题。加强协商民主理论研究，区政协和各专委会认真撰写论文，积极参加全国政协和市政协协商民主理论研讨会，相关论文在市政协《政协研究》等刊物上发表。

推动民主政治建设深入开展。扩大和完善基层民主，是发展社会主义民主的基础。政协常委会专门听取了区纪委关于党风廉政建设等情况通报，提出协商意见和建议。充分发挥区政协财政预算、社会管理综合治理、城市管理三个民主监督小组的作用，组织开展协商视察活动，提出民主监督意见和建议。坚持尊重和保障各民主党派、工商联和无党派人士的民主权利，建立工作联系制度，通过组织学习、走访座谈等多种形式，认真听取他们的意见，沟通情况，改进工作。一年来，各民主党派、工商联和无党派人士反映社情民意160余篇，提交各类会议发言48篇，为促进区域经济社会发展献计出力。

推动团结联谊工作广泛开展。坚持把委员当亲人，与委员广交朋友、深交朋友。组织委员深入到企业、学校、医院、社区和政府部门走访调研，进一步加强了委员之间、委

员与基层之间的了解与互动。利用春节等节日走访天主教、基督教、伊斯兰教等宗教场所，看望民族宗教委员，助力举办“西山八大处文化旅游节”，协助灵光寺举办中秋慈善晚会。积极走访小微企业、医疗界和各界委员，开展了“三·八”妇女节慰问女委员活动，为每名政协委员送上生日祝福，进一步增强了政协的感染力和凝聚力。出版了《石景山区工业遗产》（首钢卷）和《舒乙与石景山》两本书，充分发挥文史资料“存史、资政、团结、育人”的作用。

五、坚持结合实际、探索创新，工作活力与实效进一步增强

创新是保证政协工作常做常新、不断前进的源头活水。区政协进一步强化创新意识，深化创新实践，不断开创政协工作的新局面。

建立委员“三级联系”制度，引导委员接地气、聚人气、顺心气。区政协结合开展群众路线教育实践活动，把密切联系群众的要求做实，探索建立了委员“三级联系”制度，由主席会议成员联系常委，常委会议成员联系委员，193名委员分别联系143个社区，在各街道建立“委员之家”，在各社区建立“委员工作室”，在6个委办局建立“委员联系点”，“一家一室一点”的建立，让委员接了“地气”、有了“责任田”，可以面对面、心贴心地与群众沟通交流。委员们以反映社情民意、解决难题、扶贫帮困、开展义诊活动等形式，协助解决了社区树木养护、安全探头安装、社区内排水、困难户救助、健康知识普及等与群众生活息息相关的问题46件，有的社区群众还给区政协赠送了锦旗。通过“三级联系”制度的探索实践，委员的群众观增强了，知情明政的渠道拓展了，为群众办的实事增多了，履职的成效更为突出了。

持续开展“我是委员我承诺”主题实践活动，激励委员主动作为，克服不作为，避免乱作为。政协的主体在委员、活力在委员、潜力也在委员。区政协着眼于激发委员履职活力，增强委员的担责之心，提升委员的履职之能，落实委员的尽责之行，连续三年开展了“我是委员我承诺，我为发展做贡献”主题实践活动。2014年，193名委员共提出966条承诺，其中：应该做到的承诺541条，重点选择的承诺425条。委员们认真履行承诺，取信于民。通过深入开展承诺活动，凝聚了委员、锻炼了委员、激励了委员，委员的责任意识不断增强，积极性、主动性不断增强，政协组织的独特作用和委员的主体作用得到了充分发挥。

注重开展界别活动，密切联系界别群众，有效发挥界别作用。界别是政协组织的构成形式，是做好政协工作的重要基础和途径。区政协加强对界别活动的组织协调，形成主席会议统一领导、专委会协调落实、界别活动小组召集人负责、界别委员广泛参与的工作机制。以界别活动小组每年至少组织一次学习、撰写一件提案、反映一件社情民意信息、开展一次界别协商等“四个一”活动为抓手，全年开展界别调研视察协商等活动19次，提交界别提案9件，把委员的个体优势转化为群体优势，把界别的潜在优势转化为现实优势。

推动政协组织形式创新，切实发挥聘任特邀委员的作用。我们根据政协组织特点，2013年9月聘任了12名特邀委员。2014年，我们注重发挥聘任委员的特长和优势，围绕助推高端绿色发展战略、国家服务业综合改革试点区建设和城市规划建设管理等工作，深入开展调查研究，提出意见和建议，充分发挥了聘任特邀委员的参谋作用、研究作用和助推作用。

六、坚持改进作风、提高效率，自身建设进一步加强

在过去的一年里，区政协以开展群众路线教育实践活动为抓手，以建设“五个好”政协组织为目标，切实加强自身建设，激发内在活力，政协组织的凝聚力、战斗力进一步增强。

一是学习的好习惯基本形成。我们把学习作为永恒的主题，结合开展教育实践活动，把每周五下午半天组织机关干部集中学习固化下来，坚持每季度组织一次委员集中学习制度和常委会、主席会学习培训制度，学习中共十八大、十八届三、四中全会精神，学习习近平总书记系列重要讲话精神，开展区情通报活动，自觉学习的风气逐步形成，委员建言献策的针对性和实效性进一步提高。

二是党和政府的好声音得到了传递。委员们履行宣传群众的职责，在视察调研、走访慰问、联系社区中，向群众宣传中共十八大和十八届三中、四中全会精神，宣传我区改革发展的成果，传递好声音，传递正能量，政协凝聚人心、汇聚力量的作用进一步发挥。

三是委员的好形象得到了树立。委员们做到爱岗敬业、珍惜荣誉，带头在本职工作岗位上建功立业。委员们情系群众，心贴群众，深入基层，深入群众，查实情、建实言、办实事，委员的作用得到了群众的认可，由“神秘”走向了“公开”。

四是委员的好行动见到了实效。委员们紧盯区委、区政府工作重点，突出“八个高端体系”建设，认真开展调研视察协商活动，积极建言献策，做到了资政有力，建言有为。

五是委员中涌现出一批好典型。通过开展委员履职和承诺活动，委员队伍中涌现了一批履职好和爱岗敬业、扶贫帮困、为民办事、招商引资的优秀典型。他们没有做什么惊天动地的事情，所做的都是民有所求的普通事。就是一件一件的小事、普通事，凝聚了人心，汇聚了“正能量”。这次全会上，将要表彰20件优秀提案、25条优秀社情民意信息、31名承诺活动先进个人、7名招商引资先进个人、23篇优秀调研报告。我们注重广泛宣传委员的典型事迹，宣传政协的工作成效，在市、区有关媒体上宣传报道近200篇次，进一步激励委员喜欢做、愿意做、创新做好政协事业，扩大了政协的影响力。

2014年，政协机关按照中共中央和中共北京市委、石景山区委的部署，以为民务实清廉为主题，认真贯彻“照镜子、正衣冠、洗洗澡、治治病”的总要求，深入开展了群众路线教育实践活动。活动中组织集中学习25次，局处级干部

参加全区集中学习 13 次；组织召开征求意见座谈会 5 次，发放调查问卷 97 份，征求到意见建议 190 条；分别召开了局处两级专题民主生活会，认真开展了批评与自我批评，政协党组成员接受批评意见 84 条，政协处级干部接受批评意见 134 条，同时召开了机关党员组织生活会，也开展了批评与自我批评；查摆出了党组班子存在的“四风”突出问题 16 个；制定了党组班子 15 项 33 条整改措施，做到了真重视、真学习、真思考、真触动、真提高。

区政协教育实践活动，经过政协党组、机关党员干部的共同努力和全体政协委员的积极参与，取得了明显成效。党员干部的思想觉悟有了新的提高，建设精神家园的自觉性明显增强；“四风”问题得到有力整治，反映的突出问题得到有效解决；恢复和发扬了批评与自我批评优良传统，经受了一次严格的党内政治生活锻炼；制度建设体系进一步完善，执行制度的自觉性明显增强；实现了“两手抓、两不误、双促进”的要求，促进发展的能力明显提高，实现了“四大一满意”的工作目标。教育实践活动，不仅取得了丰硕的实践成果，也得到了许多经验和启示：坚定理想信念是站稳政治立场、抵抗各种诱惑的决定因素；牢固树立为民务实清廉的思想是党员干部的立身之本；开展正确的批评与自我批评是增进党内团结的重要法宝；扫除“四风”问题是加强作风建设的内在要求；坚持“两手抓、双促进”是政协开展工作的有效方法。

虽然教育实践活动在改进作风上有了进步，但这只是初步的，作风建设任重道远，整改是一项长期的任务，需要我们继续紧盯死守，下真功夫、花大力气。特别是要把从严治党的要求落到实处，切实增强从严治党的责任，真正把从严治党的责任担起来、落实好；要把思想建党与制度治党紧密结合，形成刚柔并济的良好局面，进一步严肃党内政治生活，巩固良好的政治生态；要按照“三严三实”的要求，抓好班子、带好队伍；要持续深入转变作风，以良好的作风推动政协事业深入发展。

各位委员，回顾过去一年的工作，我们取得的每一项成绩，都是中共石景山区委正确领导、市政协有力指导、区政府和社会各界大力支持的结果，是参加区政协的各党派团体、各界委员携手奋进、扎实工作的结果。在此，我代表区政协常委会，向为政协事业发展付出智慧和心血、做出贡献的各界委员，向所有关心、支持政协工作的各级领导、各界人士，表示崇高的敬意和衷心的感谢！

在总结成绩的同时，我们也清醒地看到，工作中还有一些需要不断加强和改进的地方，主要表现在：在促进广泛多层协商民主制度建设上还需要进一步探索和完善；在界别建设和作用发挥上还需要进一步加强；在民主监督制度的落实上还需要进一步加强；在提高提案工作质量上还需要进一步加强；在积极主动为委员知情明政服务上还需要进一步加强；在建设政协委员和机关干部两支队伍上还需进一步加强。针对存在的薄弱环节，我们要认真研究，并在今后工作中切实加以改进。

2015 年工作意见

2015 年是全面完成“十二五”规划的收官之年、全面深化改革的关键之年和全面推进依法治国的开局之年，是我区实施全面深度转型、高端绿色发展战略的突破之年，也是九届政协工作重点推进之年。2015 年区政协工作的总体要求是：高举中国特色社会主义伟大旗帜，坚持以邓小平理论、“三个代表”重要思想、科学发展观为指导，认真学习贯彻中共十八大、十八届三中、四中全会和习近平总书记系列重要讲话精神，在中共石景山区委的领导下，牢牢把握政协“促发展、促民生、促改革、促稳定”的工作总要求，巩固群众路线教育实践活动成果，紧紧围绕高端绿色发展战略，认真履行政治协商、民主监督、参政议政职能，切实发挥协调关系、汇聚力量、建言献策、服务大局及推动基层民主政治建设的作用，为推动我区全面深度转型、高端绿色发展做出新的贡献。

新的一年，推动石景山区全面深度转型、高端绿色发展，加快转变经济发展方式，破解城市病难题，实现可持续发展，更好地惠及民生，更好地维护社会和谐稳定，形势紧迫，任务艰巨，重视程度高。越是在这样的关键历史时期，越是在改革发展稳定的重要时刻，越要充分发挥社会主义协商民主的独特优势，越要发展和壮大更加巩固的爱国统一战线。面对新的形势、新的任务、新的要求，要更高地举起爱国主义、社会主义两面旗帜，以强烈的进取意识、机遇意识、责任意识，同心同德、凝心聚力、团结奋进，切实为我区全面深化改革和科学发展献计出力。

一要坚持正确方向，增强政治定力。要着力在精神家园建设上下功夫，培养忠诚于党的政治品格。对党忠诚是政协工作的生命线，是做好政协工作的基本点。要把牢政治方向，严守政治纪律，坚决贯彻中央指示精神，在思想上、政治上、行动上与党中央保持一致，保证中央、市委、区委的意图在政协工作中得以实现。

二要坚持围绕中心，主动服务大局。紧紧围绕我区推进高端绿色发展的重大问题和群众关心的热点难点问题下功夫，坚持高标准、大尺度、深层次，以突破难题为导向，建睿智之言、献务实之策，为党委政府科学决策服务，为实现、维护和发展好人民群众的根本利益服务。

三要坚持团结民主，增进最大共识。把团结各界、凝聚人心作为一项重要任务，更好地发挥政协组织联系广泛、渠道畅通的优势，更加充分地发扬民主，更加有效地发挥委员的聪明才智，协调关系、化解矛盾，汇聚方方面面的正能量，全力支持、积极推动高端绿色发展。

四要坚持求真务实，不断开拓进取。注重把握好发挥政协优势与服务党政中心工作的结合点，注重更好地发挥人民政协作为协商民主重要渠道作用，努力探索协商民主建设的有效途径，为推进协商民主广泛多层制度化发展，拓宽渠道、充实内容、积累经验。不断完善政协工作的体制机制，进一步强化创新意识，深化创新实践，在新的起点上实现新发展。

五要坚持转变作风，狠抓工作落实。把握统筹兼顾、突出重点、科学有序的工作方法，充分调动政协委员和机关干部两支队伍的积极性、主动性、创造性，始终保持昂扬向上的精神状态，脚踏实地、善作善成，不断提高履职的水平和实效。

2015年，要着力抓好以下八个方面的重点工作。

一、着力抓好夯实共同的思想政治基础工作

加强学习是巩固思想政治基础、增进团结的重要保证。要坚持把思想理论建设放在首位，坚持每周组织一次机关干部集中学习，每季度组织一次委员集中学习，在常委会、主席会上组织学习，利用区情通报会、微信平台、政协信息等形式，为委员提供多种学习途径。要认真学习贯彻中共十八大和十八届三中、四中全会精神，认真学习贯彻习近平总书记系列重要讲话精神，统一思想，统一行动，不断增强建设精神家园的自觉性。要深入系统学习人民政协理论，更加准确地把握政协工作的特点和规律，充分运用人民政协理论指导政协工作实践，激发责任感和履职自觉性，创新政协事业。要深入学习中共中央、北京市委、石景山区委重要文件精神，深刻领会和把握政策，把握国情、市情、区情，增强履职的针对性和实效性。通过学习，切实提高服务大局、把握大局的能力，切实增强进取意识、责任意识，为推动石景山区全面深化改革贡献力量。

二、着力抓好以促进民生家园建设为主题的联合调研工作

民生关系到百姓的生活质量，关系到政府的形象，关系到社会和谐稳定。2015年，区政协把联合调研的聚焦点集中在促进民生家园建设上，采取统分结合的形式，围绕促进民生家园建设开展联合调研，各专委会围绕“科技服务惠及民生”“实施信访代理制”“加快我区棚户区改造”“深入推进我区养老事业发展”“提高我区全民健身水平”“我区历史文化保护与利用”六个方面分别开展调研，在形成各专题报告的基础上，形成联合调研报告和政协常委会建议案。

三、着力抓好破解城市病、实现可持续发展的建言工作

准确把握我区的城市功能定位，围绕制约可持续发展的生态环境、人口密集、交通拥堵、环境脏乱等城市病开展各种形式的履职活动，为破解城市病建实言、出良策。积极助力区内高端规划工作，主要是围绕高端规划的制定和生态红线的划定建言献策；积极助力节能减排、大气污染防治、水资源保护、交通拥堵治理、打击违法建设等工作。通过开展调研、视察，同心协力打好治理“城市病”的攻坚战、持久战。

四、着力抓好促进经济社会发展的建言工作

发展是永恒的主题，服务发展是政协履行职能的第一要务。要围绕国家服务业综合改革试点区建设、北京保险产业园建设等发展中的重点难点问题，广泛开展调查研究、视察协商等活动，为促进区域经济持续健康发展建言献策。以促进现代金融产业发展为主题，组织政协常委开展调研，在深入调研的基础上，召开第二十四次政协工作理论研讨会，为促进现代金融产业发展建言献策。助力做好“十二五”规划完成情况评估和“十三五”规划的制定工作。继续抓好招商引资工作，做好服务企业发展工作，支持中小微企业提升发展水平。

五、着力抓好依法治区的建言工作

依法治区是落实中共十八届四中全会精神的重要方面，是我区实现“全面深度转型、高端绿色发展”战略的重要保障。要学会运用法治思维和法治方式履行职能，自觉成为依法治区的推动者和实践者。要发挥政协优势和作用，围绕推进科学立法、严格执法、公正司法、全民守法，积极开展调研和建言献策活动。要围绕社会治理综合执法和“亮剑”行动等依法治区中的重大活动开展调研视察，为推进依法治区献计出力。全体政协委员要弘扬法治精神，增强法治信仰，争做社会主义法治的模范践行者，自觉学法、尊法、信法、守法、用法、护法。

六、着力抓好团结各界、汇聚力量的统战工作

巩固和扩大爱国统一战线，充分激发各个方面的创造热情，是新时期新任务对人民政协提出的新要求。要按照大团结、大联合的要求，不断巩固和发展最广泛的爱国统一战线，广泛凝聚起各方面智慧和力量，共同为推进高端绿色发展战略而努力奋斗。要积极开展走访慰问活动，加强与各民主党派、工商联、人民团体、无党派人士的联系与沟通，在政治上真诚合作，通过大会发言、提案办理、联合调研等多种形式，积极搭建履职平台，努力营造“知无不言、言无不尽”的民主氛围。继续落实委员“三级联系”制度，在各街道建好“委员之家”，在各社区建好“委员工作室”，在部分委办局建好“委员联系点”。要把“一家一室一点”，建成党的路线方针政策的“宣传站”、社情民意的“收集点”、扶危济困的“服务社”、委员风采的“展示台”、联系群众的“连心桥”，形成协商民主制度在基层开展，重点难点问题在基层破题，委员作用在基层发挥，委员风采在基层展现的良好局面。

七、着力抓好协商民主制度建设工作

人民政协是协商民主的重要渠道。区政协要发挥政协人才荟萃、智力密集的优势，组织委员积极开展专题协商、对口协商、界别协商和提案办理协商，助力区域社会经济发展。一是聚焦重点，着力推进专题协商。积极开展政协全会协商、常委会协商、主席会协商和党派协商，抓住党政所需、群众所盼、政协所能的一些重点问题，积极开展协商活动。二是增进互动，着力推进对口协商。要健全工作制度，搭建协商平台，增强政协各专委会与区委、区政府各部门之间的工作协商，与人民群众之间的议事协商，拓展政协委员参政议政的空间。三是发挥优势，着力推进界别协商。建立和完善界别协商机制，增强委员界别意识，引导界别发挥优势开展协商活动。把委员的个体优势转化为群体优势，把界别的潜在优势转化为界别协商的现实优势。四是形成合力，着力推进提案办理协商。按照提案选题协商、集中办

理协商、重点督办协商三步走方式,不断完善提案工作机制。加强与承办单位的协商沟通,不断提高提案服务质量和委员的满意率。

八、着力抓好创新和提高质量与水平工作

创新是保持政协工作活力的源泉,争创一流是提高政协工作质量与水平的必由之路。要坚持创一流的工作标准、打造一流的工作品牌、保持一流的工作精神,让政协的"好声音"在党委政府决策中更有份量。一是切实加强民主监督工作。充分发挥财政预算、社会管理综合治理、城市管理三个民主监督小组的作用,组织开展督查和视察活动,提出民主监督意见和建议,努力提高政协民主监督实效。二是切实加强提案工作。组织开展提案工作培训,抓好提案督办和反馈工作,加大对党派、团体、界别和重点提案的督办力度,继续推进提案工作常态化,促进提案的落实和成果转化。做好市政协提案工作经验交流会的服务保障工作。三是切实发挥界别和界别活动小组作用。扎实开展界别活动小组"四个一"活动,即:各界别和界别活动小组每年至少开展一次学习活动,至少提出一件界别提案,至少反映一条代表界别群众的社情民意信息,至少开展一次协商活动,充分发挥界别优势,集中界别智慧,汇聚界别力量。四是继续深化"我是委员我承诺"主题实践活动。区政协主席会议成员要充分发挥带头引领作用,团结带领全体政协委员积极开展承诺活动;各位委员要充分发挥主体作用,认真提出承诺,积极履行承诺;各专委会要充分发挥组织协调作用,认真做好承诺活动的协调和督促等工作,把用事业凝聚委员、用实践锻炼委员、用关怀激励委员、用活动引领委员的要求落实好。五是继续做好文史资料的征集整理工作。做好《石景山区工业遗产》(下卷)、《纪念抗战胜利70周年石景山专辑》的编辑出版工作。六是积极推进社情民意信息制度化建设。充分发挥各专委会、委员和各民主党派、工商联和人民团体的作用,围绕区委、区政府中心工作和人民群众关注的热点、难点问题,充分运用调研、视察、走访等多种形式,了解和反映社情民意信息,当好民意的传话人。加强社情民意信息调研、反映、批示、办理、反馈一整套工作机制建设,充分发挥"短平快、直通车"的作用,协助党委政府做好协调关系、争取人心、凝聚力量的工作。七是切实加强信息宣传工作。完善政协信息平台和微信平台建设,增强服务手段。规范信息收集、报送、反馈机制,及时宣传委员履职情况,营造良好的履职氛围。八是切实加强政协委员和机关干部两支队伍建设。认真落实"五个好"的目标要求,自觉培养好习惯、主动传递好声音、切实树立好形象、积极落实好行动、大力宣传好典型,真正发挥政协委员和机关干部在本职工作中的带头作用,在群众中的代表作用,进一步树立和展示政协委员和机关干部的良好形象。

各位委员,各位同志,政协工作使命光荣,责任重大。让我们在中共石景山区委的领导下,高举中国特色社会主义伟大旗帜,紧密团结在以习近平同志为总书记的中共中央周围,深入贯彻落实中共十八大、十八届三中、四中全会精神,同心同德、群策群力、求真务实、锐意进取、争创一流,不断开创政协工作新局面,为推进我区全面深度转型、高端绿色发展做出新的更大的贡献。

党的群众路线教育实践活动总结报告

中共北京市石景山区委员会

今年2月以来,石景山区严格按照中央、市委部署,在市委常委、宣传部部长李伟同志和市委活动办、市委第六督导组的精心督导和悉心指导帮助下,以区处两级领导班子和党员领导干部为重点,组织全区各级党组织和广大共产党员深入扎实地开展了党的群众路线教育实践活动。现总结报告如下。

一、基本情况

石景山区委把党的群众路线教育实践活动作为头等政治任务和难得发展机遇,不折不扣落实中央市委部署,坚持方向、坚定态度、坚守标准,紧扣为民务实清廉的主题,贯彻"照镜子、正衣冠、洗洗澡、治治病"的总要求,聚焦"四风"突出问题,坚持"三严三实"标尺,与"全面深度转型,高端绿色发展"的区情实际相结合,紧紧锁定"着眼精神家园建设,使党的思想政治建设水平有一个大提升;着眼整改突出问题,对脱离群众路线的'四风'问题做一次大扫除;着眼完善制度机制,使党要管党、从严治党的能力有一个大进步;着眼区域转型发展,对'全面深度转型、高端绿色发展'来一个大促进;最终达到人民群众满意"的"四大一满意"目标,把推进"学习教育,听取意见""查摆问题,开展批评""整改落实,建章立制"三个环节的工作与"四大一满意"目标紧密融合,做到聚焦重点、把握关键、无缝衔接、顺畅压茬。在第一环节,坚持以"精神家园建设"为关键词,重点突出思想政治建设,夯实了思想认识基础;在第二环节,坚持以"闻过则喜、改过则喜"为关键词,重点突出查摆和剖析"四风"问题,营造了良好政治生态;在第三环节,坚持以"言必信,行必果"为关键词,重点突出提升管党治党能力,确保活动取信于民、取得实效;同时,把推进经济社会发展融入活动全过程,坚持立行立改、边学边改,以实际成效达成人民满意的效果。在这一深刻教育、生动实践中，区委、区人大、区政府、区政协四套班子和85个处级班子、577名区处两级党员干部全面经历了严肃认真的政治洗礼、思想锤炼和党性锻炼，全区1762个基层党组织、47425名共产党员普遍经受了马克思主义群众观点和党的群众路线再教育，达到了预期目标，取得了明显成效。

二、主要做法

在开展教育实践活动的过程中，区委坚决落实中央、市委部署，突出了“六个贯穿始终”，即：把思想政治建设贯穿始终、把领导带头贯穿始终、把整风精神贯穿始终、把问题导向贯穿始终、把开门搞活动贯穿始终、把强化组织贯穿始终，这就使全区教育实践活动始终按照中央、市委部署，顺应人民群众期盼这一核心命题，因应经济社会发展大局，紧扣“管党治党”重大任务，一步一个脚印得到了稳步扎实推进。

（一）把思想政治建设贯穿始终

把思想政治建设作为搞好教育实践活动的首要前提，把思想政治建设能力作为第一领导力，始终加强学习教育，强化理论武装，始终加强思想引领，凝聚广泛共识，始终加强管党治党，确保从严从实，为教育实践活动顺利推进奠定了坚实基础。一是学习教育入脑入心。用精神家园建设来统领学习教育工作，真正触及思想灵魂去抓学习，提升了学习教育的实效。区委严格按照中央、市委要求，专门制定了学习教育方案、明确了学习教育要求。在完成规定学习书目、规定学习形式、规定学习时间的基础上，创设了党员领导干部层层讲党课和官德人品大讨论活动两个务实管用的实践载体，全区35名区级党员领导干部、130名正处实职党员领导干部和各基层党组织书记以自己的语言、自己的观点，融入自身思考、自身感悟讲专题党课，广大党员干部围绕如何“面对时代、面对权力、面对利益、面对群众、面对诱惑、面对法纪、面对人生、面对监督”的核心内容，通过撰写征文、座谈研讨等形式开展大讨论，切实强化了党性教育，夯实了道德基础，提升党员干部的思想境界和精神追求。二是思想引领触动灵魂。伴随着活动推进，在每一个环节、每一项重点任务中区委活动办都及时刊发评论员文章，结合区情实际，解析活动要求，细化工作举措，使广大党员干部对中央、市委部署入脑入心。尤其是，在专题民主生活会前，区四套班子主要领导在区内媒体联合署名刊发《闻过则喜、改过则喜——高标准高质量开好专题民主生活会》《君子坦荡荡，良师益友互相帮——切实用好批评与自我批评的锐利武器》两篇文章，在整改落实阶段，又刊发《言必信、行必果——聚精会神抓好整改落实》，消除思想顾虑、明确工作要求、强化思想引领、凝聚广泛共识，确保了中央、市委有什么样的部署，领导联系点有什么样的标准，全区上下就有什么样的行动。三是管党治党落实到位。区委始终坚持高标准、严要求，把“三严三实”的要求、“严是爱、宽是害”的原则、讲认真的根本态度、争创一流的标准全面贯穿到组织过程之中，确保了政令畅通、令行禁止，灵活采取集体谈心、组织约谈、函询问责、调研指导等方式严肃认真落实各项任务，坚定不移地坚持活动标准，强化了管党治党责任。

（二）把领导带头贯穿始终

把领导带头作为教育实践活动取得实效的关键，准确把握区处两级领导班子和领导干部这个重点，带头改进作风，带头加强自身建设，带头提高工作水平，一层抓一层，层层抓落实，为广大党员、干部提供最好的行为示范，有力有效推动了作风转变。一是带头履职尽责。区委切实履行管党治党的主体责任，在活动全过程中认真谋划、统筹协调、严督实导，不仅确立了“四大一满意”总体目标，而且围绕目标落实，又明确了一系列具体要求，比如“围绕坚定理想信念、传承红色基因、修养官德人品、扫除‘四风’问题、践行‘三严三实’五个要素加强精神家园建设”“以精神家园建设促进民生家园建设，以民生家园建设检验精神家园建设”“开展批评与自我批评要做到闻过则喜、改过则喜”“加强整改落实要做到言必信、行必果”等，从而使总体目标转化为广大党员干部的实际行动，实现了落地生根、见到实效。区委书记牛青山同志自觉履行第一责任人职责，通过召集会议、签发文件、主持起草重要材料、带头蹲点调研、定期听取汇报、刊发文章、书面批示等多种形式把责任牢牢扛在肩上、把主动权牢牢抓在手上，区四套班子主要领导一起上手并分别承担本班子第一责任人职责，全体区领导以身作则、率先垂范，全面建立活动联系点，并带头开展活动，切实加大了活动统筹力度、发挥了引领示范作用。二是带头树立标杆。在做好组织推进工作的同时，各级领导干部都把自己以一个普通党员身份摆进活动中去，在每个环节、每个方面都示范到位。在学习教育阶段，区四套班子组织集中学习118次、学习天数累计达到59天，集体研讨交流9次，远远超出规定时间和次数。在查摆问题阶段，特别是在撰写对照检查材料的过程中，各级党员领导干部尤其是主要领导自觉担当、敢于负责、亲自上手、深刻查摆，区、处两级领导班子材料均反复修改、精益求精，有的领导干部材料修改达20余次，区委书记牛青山同志和区委副书记、区长夏林茂同志还将个人对照检查材料向全区印发，加强引领示范。三是带头开好民主生活会。区委常委班子率先垂范，于7月3日召开了历时1天3个阶段10个小时的专题民主生活会，区委书记牛青山同志在会上明确提出“自我批评向我看齐，开展批评向我开炮”，全体班子成员本着对党高度忠诚、对同志高度负责的态度开展了严肃认真的批评与自我批评，市委常委、宣传部长李伟同志全程参加并指导这次专题民主生活会，给予高度评价：“石景山区委常委班子专题民主生活会严格按照中央、市委要求，开出了高质量，体现了‘会前准备充分、查摆问题到位、剖析检查深刻、敢于承担责任’四个鲜明特点，班子成员思想上有触动、党性上有升华，过了一次严格规范的党内组织生活。”7月9日、10日，区人大、区政府、区政协班子也分别召开了高质量专题民主生活会，市委第六督导组均给予了“标准高、要求严、效果好”的充分肯定。区四套班子专题民主生活会上，班子成员共提出相互批评意见404条，查摆班子"四风"问题68条，党员区领导人均查摆"四风"问题15条，切实摒弃了无原则"一团和气"的庸俗之风，体现了政治素养、改进了政治生态，为全区各单位提供了示范、树立了标杆。四是带头服务群众。区处两级领导班子和领导干部把主动联系服务群众、化解突出问题、多办实事好事作为践行群众路线，切实转变作风的具体体现。区四套班子成员集中开展了深入社区蹲点调研活动，在集中蹲点过程中，集中掌握到5类160多个问题，对其中的100个进行了现场解决，其余60多个进行了分别研究、分类负责、分片包干、分阶段解决。区处两级班子还建立了领导干部与困难家庭和群体结对帮扶制度，并结合在职党员到社区报到工作，积极深入群众、倾听民意，把群众反映强烈的突出问题列入整改，加强督办，化解了一批重点难点问题，赢得了群众广泛好评。

（三）把整风精神贯穿始终

把解决"四风"问题作为核心任务贯穿教育实践活动始终，结合工作实际，找准突出问题，深刻剖析根源，从严要求、严格管理、严明纪律、赏罚分明，开展了积极健康的思想斗争，用好了批评和自我批评武器，敢于揭短亮丑，做到了触及灵魂、促进团结。一是从严从实对照检查剖析。把查摆和剖析"四风"突出问题作为重要基础，以扫除"四风"、树立新风作为着眼点，对照高标准、体现严要求。把焦裕禄精神、"三严三实"要求、中央政治局常委同志联系点的经验作为检视标准，组织区、处两级班子和广大党员干部加强全面对照、深刻反思，切实增强"政治意识、标杆意识、对照意识、典范意识、对党忠诚意识"，对查摆出的"四风"问题不捂不盖、不遮不掩，切实做到了把问题查找准确、分析透彻。严格按照程序要求，切实做到有话讲在前面、功夫下在会前，全面开展了反复深入的谈心交心工作，区四套班子主要领导与班子成员、班子成员之间普遍开展了5轮正式谈心，区委书记还与班子成员开展了2次集体谈心，各处级班子普遍开展了4轮以上谈心交心，切实谈开了心结、谈准了问题、谈通了思想、谈出了信任。把高质量材料作为召开高质量专题民主（组织）生活会的先决条件，强化了前期设计和指导把关。对关键环节明确了具体标准，比如，对会前材料明确了"总—分—总"的要求，即"班子对照检查材料作为总纲，个人对照检查材料要对班子问题进行认领和分工，会上相互批评意见再对问题进行统揽和汇总"，再比如，对会上相互批评意见明确了"六有"标准，即"有基础、有高度、有事例、有重点、有辣味、有大局"。在加强设计指导的同时，强化了督促把关，区委先后召开5次常委会对班子对照检查材料进行集中研究，区、处两级领导班子材料均反复修改、精益求精。区委活动办、督导组坚持不开口子、不讲情面，连续加班加点，对每个班子、每名干部的对照检查材料和会上批评意见反复审阅3轮以上，提出修改意见上万条。二是严肃认真开展批评和自我批评。在区四套班子召开高质量专题民主生活会的基础上，区委坚持对处级班子专题民主生活会和基层组织生活会进行总体把握、掌控节奏，强化"绝不降低标准、绝不降格以求"和"标准不降、力度不减、目标不变、不搞彩排"的要求。对全区85个处级班子中的重点班子、重点人员采取集体谈心、约谈主要领导、当面指出问题、辅导材料等方式确保每个单位和每名干部提高认识、聚焦问题。从7月22日到8月11日，全区85个参加活动单位全部召开了专题民主生活会，区领导全程参与指导了39个处级单位的专题民主生活会，占到总数的45.9%，区委活动办、督导组派员参加了全部85个单位的专题民主生活会，确保各单位普遍实现了高标准、高质量、高水平。从7月28日到9月1日，全区1461个基层党支部（不含已参加第一批活动和召开专题民主生活会的党组织）全部召开专题组织生活会并开展了民主评议党员工作，24784名党员参加组织生活会，达到了中央、市委提出的覆盖率要求。8月22日，中央巡回督导组派员参加我区金顶街街道西福村社区党委专题组织生活会及第四党支部民主评议党员工作，给出了"完全符合中央要求，切实用好了批评与自我批评这个法宝，严肃了党内政治生活"的高度评价。9月1日，中央第二巡回督导组副组长王庭大到我区调研时指出"石景山区第二环节工作严格落实了中央、市委部署，各级专题民主生活会和组织生活会开得好、质量高"。三是动真碰硬抓好正风肃纪。在推进活动的过程中，始终注重严明纪律，切实维护制度的权威性和严肃性，不断加大执纪力度，划出"红线"，标出"雷区"，架起"高压线"，坚决纠正有令不行、有禁不止、制度形同虚设等问题，编印了《石景山区贯彻中央八项规定加强作风建设学习手册》，以图释的方式汇编了中央八项规定和房、车、餐、会等具体规定，更加便于党员干部理解掌握。坚持严字当头，对在教育实践活动中发现的不正之风和违法违纪问题"零容忍"，发现一起、查处一起，绝不姑息迁就。截至目前，已查处公款旅游、违规发放福利、超标购车等问题8起，对11人进行了党纪处理和责任追究，包括处级8人、科级3人，并对一个处级领导班子进行了全区通报批评。

（四）把问题导向贯穿始终

把发现并解决问题作为教育实践活动取得实效的重中之重，发扬钉钉子的精神，从一开始就改起来，即知即改、立行立改，善始善终、善做善成，努力达到让群众受益、让群众满意的最终目的。一是强化改革创新。把教育实践活动作为深化全面改革的重要契机和有效抓手，顺应群众期盼、因应发展需要，把三项重点领域改革与教育实践活动同步推进，强化对改革的作风保证和组织保证。深入推进了城市综合管理体系建设，成立区委城市综合管理工作委员会，建立三级管理网络，在各街道设立社会治理综合执法指挥中心，推动管理重心和专业职能下沉街道，城市治理水平进一步提升。深入推行了信访代理制，构建"三级代理"工作格局，实行"五个一"包案制度，截至9月底，区级层面完成信访代理82件，处级层面完成636件，群众满意率达90%，信访诉求解决时间平均缩短20%。加强了人大建议和政协提案办理工作，建立健全区领导责任制，实行全过程闭环式管理，强化督查考核，建议、提案办理水平有效提升。二是强化专项整治。坚持把“四风”问题专项整治作为整改落实的第一仗，在区级层面确定专项整治任务27项，各处级单位确定专项整治任务694项，在9月份利用一个月时间进行了集中力量限时整治。截至9月底，与活动前同期相比，区、处两级单位已经压缩会议932个，下降35.7%；压缩文件1579份，下降32.5%；压缩评比达标表彰活动84项，下降62.2%；减少各类领导小组和议事协调机构147个，下降35%；减少“一票否决”事项4项，下降19%；下放行政审批事项28项，下降9.6%；调整清理办公用房5561.2平方米，完成进度100%；压缩“三公”经费350万，下降6.4%；全区在街道层面建立健全便民服务中心21个，在社区层面建立健全便民服务中心188个；全区已公开和简化办事程序的处级单位51个，占单位总数的60%。同时，通过采取明察暗访、问责函询等一系列办法，“门难进、脸难看、事难办”等问题也得到了有效解决。三是强化整改落实。把扎实推进整改落实作为决定性环节，强化了“统一思想、扭住关键、分层分类、破立并举、强化领导、加强督导、敞开大门、务求实效”八项整改要求，区、处两级单位严格按照“四个回应”，认真制定了班子整改方案、个人整改措施、班子整改清单、个人整改清单、专项整治方案、制度建设计划，基层单位和主要负责人列出了整改措施。区委在对材料进行认真审核把关的同时，明确提出了“拉单子、分类别、定责任、定标准、定时限”的要求，区四套班子共明确整改任务82项，其中立行立改任务25项、近期任务22项、中长期任务35项，处级单位列出整改任务1322项，实现了可操作、可落实、可检查，目前，已整改完成545项，777项正在扎实推进，真正做到了小有小改、大有大改，承诺一项、兑现一项。同时，把制度和机制建设作为治本之策，坚持破立并举、敢破敢立，在区级层面确定了5大类43项制度建设计划，处级单位层面确定制度建设计划1849项，并建立了项目管理和挂账督办制度。截至目前，区级层面已完成制度11项，起草完毕4项，其余也都在顺畅推进；处级已完成制度692项，待修订728项、待新建429项，全区上下基本形成了科学有效、务实管用的制度体系。

（五）把开门搞活动贯穿始终

把发挥群众积极性、坚持开门搞活动作为确保教育实践活动取得实效的重要方法，注重在各环节组织群众有序参与，及时做好公开工作，请群众监督和评议，做到活动全过程发动群众参与、置于群众监督之下，以群众是否满意作为评判活动的最终标准。一是开门征求意见。把广泛听取意见建议作为重要路径，全面聚焦“四风”突出问题，把门大大地敞开听意见。面向离退休老干部、民主党派、居民群众代表等五大类群体征求意见，区四套班子集中召开近20个座谈会。同时，区四套班子还通过领导到联系点调研、委托区委督导组面向活动单位发放征求意见表、委托区统计局调查队面向社会开展问卷调查、设立网上网下征求意见箱等方式广泛征求意见，处级单位也通过调研座谈、听取服务对象意见、深入领导干部联系点、深入结对帮扶社区等形式广泛听取意见建议，确保了将方方面面意见听真、听实、听全。针对征求到的意见建议，区、处两级领导班子进行全面梳理汇总，聚焦“四风”问题进行了集中分析，区四套班子征求意见371条，梳理出“四风”问题238条，区级党员领导干部征求意见813条，梳理出“四风”问题539条，85个处级单位梳理出“四风”问题2000余条，处级党员干部梳理出“四风”问题5400余条，查摆、分析、解决这些问题成为了推动活动不断向纵深发展的引线。二是开门查摆问题。在全面梳理分析的基础上，区委组织区、处两级领导班子和党员干部，在加强与督导组反馈材料进行对照剖析的基础上，对意见建议尤其是从中分析出的“四风”问题进行了集中“会诊”和分头认领，实现了全部问题有人认领、积极回应。在查摆问题的过程中，同样将大门大大敞开，区处两级班子对照检查材料在规定范围内全面公示，区四套专题民主生活会情况通过情况通报会、信息简报、媒体报道等形式向全区进行了通报，处级单位专题民主生活会情况也在规定范围内进行了通报。三是开门整改落实。把开门整改、接受监督作为党员干部最大的保护伞，作为整改落实取信于民的最佳途径，区四套班子整改方案在区内媒体上进行了全文公开，各级班子和党员干部的整改方案、措施、清单也分别在相应范围内进行了公开公示，切实把整改全过程置于了群众监督之下，杜绝了闭门造车、体内循环，确保了整改落实不走形式，赢得了群众的认可和拥护。

（六）把强化组织贯穿始终

把强化组织领导作为扎实推进教育实践活动的基本保障，深刻领会中央、市委精神，牢牢立足区情实际，紧紧锁定“四大一满意”的总体目标，全面谋划、精心设计、层层铺垫、稳步推进。一是始终坚持方向，不折不扣落实中央、市委部署。坚持以中央要求为根本方向，特别强化政治意识，确保思想上、政治上、行动上始终与中央、市委保持高度一致。不断用习近平总书记系列重要讲话精神统一思想和行动，先后安排区四套班子专题、处级干部专题轮训班，系统开展习近平总书记系列重要讲话精神、视察北京时的重要讲话精神、参加河北省委和兰考县委专题民主生活会时的重要讲话精神、“三严三实”要求等专题学习和培训，确保了全区教育实践活动始终沿着中央、市委指明的方向稳步前行。同时，全面向中央、市委领导联系点对标看齐，每次习近平总书记等政治局常委同志到各自联系点调研指导后，都及时学习贯彻领导讲话精神，对照领导联系点的标准，不断校正活动方向、强化工作要求。活动过程中，中央巡回督导组、市委活动办，尤其是市委第六督导组对我区给予了精心指导和重要帮助，中央巡回督导组到区内调研指导3次，市委常委、宣传部长李伟同志到区内调研指导6次并全程参加区委常委班子专题民主生活会、街道联系点专题民主生活会，市委第六督导组调研指导5次并全程参加区四套班子专题民主生活会、11个处级单位专题民主生活会、11个基层党组织组织生活会，帮助全区教育实践活动始终在正

确轨道上不断向纵深发展。二是始终坚定态度，优化活动总体思路和整体布局。坚持立足区情实际，既严格贯彻落实中央、市委决策部署，又充分体现我区实践特色，进行深入思考、系统谋划，使活动做到了基础扎实、思路清楚。从2013年开始，区委就对教育实践活动进行前期筹备，尤其是2013年下半年，区委深入贯彻中央关于“省以下单位不要等待观望”的要求，集中开展了“转作风、促发展、惠民生”主题活动，为教育实践活动奠定了坚实基础。教育实践活动启动后，区委注重加强高位统揽，把区委十一届八次全会精神融入活动之中，经过反复研究、集体讨论，锁定了“四大一满意”的活动总体目标，为使活动脉络清晰明了，区委还设计了“三学三议三改三评”的自选动作，编制了活动流程图，每个环节均细化时间表、任务书，确保了活动节奏顺畅、运转协调。三是始终坚守标准，形成全区一盘棋的良好局面。区委成立以区委书记牛青山同志为组长的领导小组，区长、区人大常委会主任、区政协主席及相关区委常委同志任副组长，形成了领导合力。活动开展过程中，区委常委会专门研究教育实践活动议题5个，区委教育实践活动领导小组召开会议7次、研究议题16个，召开动员大会、工作推进会、督导工作会等22个，制发文件33个，区领导到基层联系点调研指导109次、参加专题民主（组织）生活会39个。区四套班子主要领导和相关区委常委同志担任区委十个督导组组长，采取定期听取汇报、实地调研指导、审核把关材料等方式，把严督实导贯穿活动全过程。同时，注重广泛宣传发动，在区政务办公平台开设教育实践活动专栏，及时传达精神、发布文件、共享信息，区委活动办制发简报93期，在市级以上主流媒体刊登宣传稿件43篇，区内媒体开设专栏专版15个，刊发宣传稿件250余篇，为活动开展营造了良好舆论氛围，形成了全区上下高度重视活动、普遍关注活动、积极参与活动的良好局面。

三、取得成效

教育实践活动的开展过程，是一次对广大党员干部的政治洗礼、政治补课、政治加油和政治锻炼，是一次贯彻“党要管党、从严治党”方针的集中检视，是一次全面服务群众、取信于民的生动实践，是一次对经济社会高端绿色发展的全面助推，全区上下在“四大一满意”的总体目标指引下，取得了六个方面的重要成效。

（一）思想政治建设水平得到明显提升

通过开展教育实践活动，尤其是通过围绕“坚定理想信念、传承红色基因、修炼官德人品、扫除‘四风’问题、践行‘三严三实’”五个要素聚焦精神家园建设、推进思想政治建设，广大党员干部进一步增强了政治意识、党性意识、宗旨意识，拧紧了世界观、人生观、价值观这个“总开关”，坚定了对中国特色社会主义的道路自信、理论自信、制度自信。在坚定理想信念上，广大党员干部有个最基本的收获，就是取得了三点共识，大家深刻认识到：“社会主义从无到有，历经500年，从胜利走向了新的胜利；上世纪80年代末90年代初，东欧剧变，苏联解体，社会主义遭到了严重挫败；现在，社会主义仍然兴旺发达，人口占全世界1/5的国家仍然坚持社会主义道路，而且‘风景这边独好’，我们不仅在经济上取得了巨大成就，而且在民主政治上也取得了巨大成就”；在传承红色基因上，普遍认识到“不改革开放，死路一条，不传承红色基因，同样死路一条，而且天理不容”；在修炼官德人品上，普遍认识到“要处理好‘八个面对’，把道德品行这个基础夯实”；在扫除“四风”问题上，认识到“我们绝不允许出现先辈艰苦创业、子孙疯狂败家的情况”；在践行“三严三实”上，大家把“三严三实”作为共同的座右铭。这些认识，是我们精神家园建设成果的具体体现，是全区思想政治建设的重要收获，广大党员干部以此提升了思想境界、强化了党性。

（二）“四风”突出问题得到有效遏制

我们始终严格按照中央、市委部署，把重点放在区处两级领导机关、领导班子和领导干部上，始终聚焦在“四风”突出问题上，强化专项整治、正风肃纪，以此为杠杆撬动作风建设，集中精力对“四风”问题进行了大检视、大排查、大扫除，狠刹了“四风”的蔓延势头。在教育实践活动过程中，对文风会风、考核评比、调查研究、联系群众、办公用房、公务用车等共性问题全部采取了有针对性的措施，对楼堂馆所建设、奢华场所建设、“裸官”、超职数配备干部、软弱涣散党组织、吃拿卡要、“门难进、脸难看、事难办”等群众反映强烈的突出问题进行了集中整治，对“八项规定”落实、“三公”经费支出、“三重一大”制度执行、审批事项和流程等制度机制进行了明确规范，广大党员干部还针对不出入私人会所、不接受会员卡、杜绝“为官不为”等事项做出了公开承诺。这些上下贯通、从严落实的整治措施，不仅有效禁绝了“会所中的歪风”“车轮上的腐败”“舌尖上的浪费”等不良现象，而且成为扫除“四风”突出问题重要切入点和突破口，有力推动了形式主义、官僚主义、享乐主义和奢靡之风的解决，从而在党员干部面前树起了戒尺，教育了干部、也挽救了干部，在广大群众面前树立了形象，服务了群众、也赢得了群众。

（三）党内政治生态得到重要改善

通过召开高质量的专题民主（组织）生活会，各级党员干部开展了严肃认真的批评与自我批评，经受了严格的党内生活锻炼，使我们重拾了批评与自我批评这个法宝、利器，进一步增强了党内政治生活的政治性、原则性和战斗性，也进一步摒弃了无原则“一团和气”的庸俗之风，营造了良好从政环境和政治生态。在审阅修改对照检查材料的过程中，很多党员干部反映“每一次材料的修改，都是一次思想的洗礼、境界的升华、政治的锤炼、党性的拷问”；在召开专题民主生活会的过程中，大家普遍反映，思想上实现了“五个转变”，即：从自我感觉良好到深知问题不少，从不适应到逐步适应，从不愿面对到敢于面对、乐于面对，从浅层次认识到深层次剖析，从避重就轻到举重深思；在召开专题民主（组织）生活会后，广大党员干部也有一个共识，那就是“这种严肃认真的党内政治生活确实多年未见，大家再次擦亮了批评与自我批评的锐利武器，重拾了党的法宝，经历了严肃的思想洗礼、政治锻炼和党性锤炼，确实醒了脑、提了神，红了脸、出了汗，加了油、鼓了劲”。这些心路历程说明，召开高质量的专题民主(组织)生活会的过程，切实促进了广大党员干部思想上的成熟、政治上的坚定、行动上的自觉，坚定的理想信念、严格的党内生活和良好的政治生态也必将从根本上消除“四风”问题产生的土壤。

(四)管党治党能力得到显著增强

在教育实践活动过程中，区委围绕贯彻“党要管党、从严治党”方针，把思想政治建设作为首要前提，把干部队伍建设作为决定性环节，把党风廉政建设作为党的建设和党员干部的生命线，把基层党组织建设作为重要基础，全面强化了党的思想、组织、作风、反腐倡廉和制度建设。特别是区委把对干部的思想政治素质定性评价融入了具体工作之中，对处级干部形成“思想政治和作风建设情况评价材料”，对各处级班子和领导干部有了深入的掌握和估价，形成了检验和识别干部思想政治素质的重要参考和基本依据。当前，结合建章立制工作，区委正在制定《加强思想政治建设的意见》《加强领导班子和干部队伍思想政治建设的实施办法》和《进一步加强和改进新时期干部工作的意见》，正在建立定量评价与定性评价相结合的考核办法和“领导干部承担急难险重任务实绩档案”，正在制定相关文件进一步强化党委抓党风廉政建设的主体责任和纪委的监督责任，正在健全党员领导干部“一岗三责”(管思想、管工作、管作风)的工作机制，这些都将进一步为增强区委管党治党能力探索路径。

(五)高端绿色发展得到全面助推

通过教育实践活动，全区各级领导班子和党员干部的发展观、群众观、政绩观得到校正，紧迫感、使命感、责任感得到增强，为民务实清廉成为座右铭和承诺书，绝不再走“先发展、后污染、再治理”的老路已经成为全区上下的基本共识，勇于担当、争创一流、汇聚正能量、创造新业绩也已经成为价值取向和标准追求，各领域推动科学发展的认识更加统一、思路更加清晰、举措更加有力。以教育实践活动为有利契机，全区各级领导班子和广大党员干部自觉站在贯彻落实习近平总书记重要讲话精神、着眼“京津冀”协同发展、推动石景山区“全面深度转型、高端绿色发展”战略的高度来反思工作、检视问题、剖析原因，注重算好土地、规划、项目、投资“四本账”，着力破解“八个高端体系建设”这一核心命题，扎实推进城市综合管理体系改革、推广信访代理制、人大建议和政协提案办理工作三项重点改革，推进城市综合管理体制改革、破解“城市病”治理的模式已经取得阶段性成效并产生了良好反响，我区被确定为全市城市治理改革创新的唯一试点区。作风建设的持续推进对全区经济社会健康发展产生了重要推动作用，今年前三个季度全区经济社会发展基本面不断向好，经济发展各项主要指标均增速位居全市前列，经济社会各项事业实现了蓬勃发展。

(六)人民群众满意度得到大幅提高

在开展活动过程中，全区上下始终把群众需求作为工作的风向标，坚持从群众最切身的利益入手，从群众最反感的问题改起，从群众最期盼的事情做起，做到即知即改、立行立改、能改快改。把化解信访案件作为最迫切的民生问题，全面推行了信访代理制，一批信访积案正在得到化解。把蹲点调研作为最直接的群众工作方法，建立了区领导蹲点调研、区处两级干部与困难家庭和群体结对帮扶等制度。把基层组织建设作为最重要的阵地，特别强化基层服务型党组织建设，严肃认真地开展了在职党员进社区、基层服务型党组织建设试点、软弱涣散党组织整顿等工作，并开展了基层服务型党组织建设途径研究调研课题，正在制定加强基层服务型党组织建设的实施意见。把多办好事实事作为最有效的服务途径，组织实施了一大批便民、济民工程，扎实解决就学就医就业、社区养老、老旧小区改造、食品安全监管等群众切身利益问题，并开展审批流程压缩、便民服务进社区、改善公共交通微循环等工作，着力打通服务群众的“最后一公里”。这些务实举措，切实让广大党员群众得到了实惠、看到了变化，也使教育实践活动做到了取信于民、群众认可。

四、经验体会

全区教育实践活动始终按照中央、市委的部署，不偏不倚、顺畅前行，不仅取得了丰硕的实践成果，也收获了深刻的经验体会，核心认识就是：教育实践活动进一步深化了对“党要管党、从严治党”这一马克思主义建党学说的认识，进一步深化了人民群众是社会历史的创造者这一马克思主义历史观和党的群众路线最核心本质的认识，进一步揭示了党内重大政治活动必须始终因应经济社会发展现状、始终站在经济社会发展最前沿统揽全局引领方向这一治国理政的基本规律。

(一)坚持党的领导、强化管党治党，是推进事业发展、做好一切工作的首要前提

历史和实践一再证明，“办好中国的事情，关键在党”。党的领导是我们一切事业沿着正确方向前行的首要前提和根本保证，按民主集中制原则组织起来实行严格的组织和制度是马克思主义建党学说的重要内容，从严管党治党是我们党的一条重要经验，习近平总书记指出：“如果管党不力、治党不严，人民群众反映强烈的党内突出问题得不到解决，那我们党迟早会失去执政资格，不可避免被历史淘汰。这绝不是危言耸听”。这次教育实践活动，始终扭住“党要管党、从严治党”，始终聚焦“四风”问题，强化党的纪律，用践行“打铁还需自身硬”的生动实践，增强了党内生活的政治性、原则性和战斗性。从我区的实践来看，在整个活动过程中始终用习近平总书记系列重要讲话和中央、市委各项决策部署来统一思想，用“三严三实”的标尺、争创一流的标准来统一行动，不仅坚持“一把手抓、抓一把手”，而且四套班子主要领导一起上手，担任领导小组领导职务和督导组组长，全体党员干部认真履行党建责任，切实强化了广大党员干部的政治立场、政治本色、政治纪律、政治担当，确保了

方向正确、目标清晰，确保了步伐坚定、节奏顺畅，确保了上下贯通、令行禁止，这是教育实践活动圆满成功的一条基本经验。不断强化党的领导、提升管党治党能力，也必须成为全区经济社会发展的核心命题，成为我们推进事业发展、做好一切工作的首要前提和基本遵循。

（二）坚持群众路线、践行根本宗旨，是推进事业发展、做好一切工作的出发点和落脚点

“人民是创造世界历史的真正动力”是马克思主义群众观点的核心，是党的群众路线的哲学基础，习近平总书记反复强调“人民对美好生活的向往，就是我们的奋斗目标”“让老百姓过上好日子是我们一切工作的出发点和落脚点”。通过开展教育实践活动，再次强化了全心全意为人民服务的根本宗旨，再次强化了群众路线这一生命线和根本路线，也使广大党员干部更加深刻地认识到“人心向背决定生死存亡”、密切联系群众是作风建设的核心、群众路线决定党的执政基础和群众基础。我们在推进全区教育实践活动的过程中，始终坚持把门大大地打开，吸纳群众参与、征求群众意见、欢迎群众监督，并坚持“用精神家园建设促进民生家园建设，用民生家园建设检验精神家园建设”，切实尊重了群众意愿、解决了群众困难、维护了群众利益，摒弃了群众反映强烈的“四风”突出问题，赢得了群众认可，取得了群众满意的效果。这也再次告诉我们，不管在什么时候、做什么工作，都要把群众满意作为根本标准，切实摒弃、坚决反对、不断扫除“四风”问题，用好的作风服务人民群众、增进人民福祉、让群众真正得到实惠，用为民务实清廉的实际行动服务群众、取信于民。

（三）坚持思想先行、不断改革创新，是推进事业发展、做好一切工作的基本原则

先进性是马克思主义政党的根本特征，不断解放思想、不断改革创新、因应经济社会发展规律、走在时代前沿是我们党的使命必然。这次教育实践活动，中央、市委始终坚持思想先行、高位统揽、揭示规律、把握大势，牢牢掌握主动权，使活动始终在正确的轨道上不断向纵深发展，取得了重要的实践成果、制度成果、理论成果。我区教育实践活动也是如此，区委严格落实中央、市委部署，紧密结合全区发展实际，加强思想引领，进行高位谋划，以“四大一满意”目标促进了教育实践活动与全区各项事业发展的全面融合，以精神家园等关键词引领各个环节的工作，全区上下出现了新气象、带来了新变化、营造了新环境、焕发了新动力。这个实践过程也再次证明，“思想引领实践，思路决定出路”，我们开展一切工作，都要把思想认识、立场观点作为基点，把理性思考、精心谋划作为起点，想清楚目标是什么、方向在哪里、路径怎么样，只有这样，才能避免南辕北辙，才能做到事半功倍。

（四）坚持实事求是、始终求真务实，是推进事业发展、做好一切工作的根本方法

“一切从实际出发，理论联系实际，实事求是，在实践中检验和发展真理”是我们党的思想路线，具体问题具体分析是马克思主义科学的方法论。这次教育实践活动，紧密结合新时期的世情、国情、党情，与全面深化改革紧密融合，创造性地运用领导带头以上率下、问题导向聚焦“四风”、上下联动不搞转段等方式方法，直击本源、把握重点、扭住关键，以作风建设推动事业发展、以事业发展检视作风建设，取得了突出成效。我区在教育实践活动过程中，始终坚持改进作风、取信于民、凝聚群众、推动发展，杜绝“两张皮”、强化“两手抓”，把教育实践活动与高端绿色发展紧密结合，与三项综合改革紧密结合，与解决民生问题紧密结合，切实以作风建设新成效凝聚了强大正能量，以事业发展检验了作风、识别了干部，为“全面深度转型、高端绿色发展”树立了导向、开拓了思路、破解了难题、凝聚了力量，成为一次“双丰收”的有益实践。今后，我们要继续坚持实事求是、务真求实，着眼大局、把握规律，按照习近平总书记的要求，提高战略思维、历史思维、辩证思维、创新思维、底线思维能力，运用这些方法观察事物、分析问题，不断增强工作的科学性、预见性、主动性和创造性。

五、下一步工作安排

全面回顾石景山区教育实践活动，确实取得了丰富的实践成果、制度成果、认识成果。但是，我们也要清醒地看到，“四风”问题的解决还是处在“树倒根存”的基本状态，全区作风建设与习近平总书记所要求的还有很大差距：一是活动开展不够均衡，单位之间、部门之间、地域之间、行业之间认识有高有低、行动有快有慢、要求有紧有松，一些部门单位还需要继续补课；二是作风建设任重道远，一些“四风”问题还没有彻底扫除，有的还没有纳入制度建设范畴，还要防止改头换面重新出现，防止“反弹”“回潮”；三是整改任务依然艰巨，立行立改的任务见到了阶段性成效，但中长期任务包括一部分近期任务还没有落实，需要我们继续紧盯死守，见到真功夫、真动作。对这些问题，全区上下绝不能掉以轻心，更不可滋长活动总结后就“万事大吉”“刀枪入库、马放南山”的错误心态，要坚决按照“作风建设永远在路上”的要求，认真梳理总结教育实践活动的成功做法，转化成果、固化经验，用改革的精神、改革的思想、改革的办法，坚持不懈地破除旧习、树立新风，坚持不懈地作风建设抓常、抓细、抓长，确保教育实践活动的总结不是一个结束，而是一个更高起点的开始。

（一）持之以恒提升党要管党、从严治党能力水平

认真贯彻落实习近平总书记在教育实践活动总结大会上的重要讲话，按照八个方面的要求，坚决把从严治党作为核心任务，在作风建设的新起点上继续探索、不断前进，做到真管真严、敢管敢严、长管长严，切实增强党的执政能力、夯实党的执政基础。一是全面强化从严治党责任，坚决做到守土有责。把落实从严治党责任作为党建工作的重要前提，不断强化党委（党组）管党治党的主体责任，坚持党建工作和中心工作一起谋划、一起部署、一起考核，在全区形成“一心一意谋发展、聚精会神抓党建”的良好氛围。各级各类党组织必须树立正确政绩观，坚持从巩固党的执政地位

的大局看问题，把抓好党建作为最大的政绩，“一把手”要切实肩负起党建第一责任人职责，班子成员要积极承担分管领域的党建责任。健全完善考核评价制度，把党建工作和作风建设情况作为考核评价领导班子和领导干部的首要标准纳入考评体系，并强化责任追究，对党建工作不力甚至失职、渎职的加大问责力度。二是把思想建党与制度治党紧密结合，巩固良好政治生态。把思想政治建设作为党建工作的灵魂，制定我区《关于加强思想政治建设的意见》，持续聚焦精神家园建设，围绕五个要素经常性地开展党性和道德教育，不断坚定理想信念，坚守共产党人精神追求。把思想政治建设与落实制度规定紧密结合，建立系统完善、简明有效的制度体系，做到用制度管权管事管人。用严格的制度和纪律进一步规范党内政治生活，坚决贯彻落实民主集中制，切实用好批评和自我批评有力武器，坚决摒弃不讲原则、丧失党性的“一团和气”，不断增强党内生活的政治性、原则性、战斗性，巩固教育实践活动中形成的良好政治生态。三是坚持从严管理干部，持续深入地改进作风。把干部队伍建设为党建工作的决定性环节，坚持以严的标准要求干部、以严的措施管理干部、以严的纪律约束干部。改革完善干部考核评价体系，建立“领导干部承担急难险重任务实绩档案”，建立定量评价与定性评价相结合的考核办法，把“好干部”选出来、用起来，坚决杜绝“为官不易”“为官不为”现象，营造干事创业的良好环境。要努力改进干部的思想作风、工作作风、领导作风、生活作风，努力改进学风、文风、会风，以严格的干部管理使党的作风全面纯洁起来。四是严明党的纪律，全面加强党风廉政建设。把党风廉政建设作为党建工作的生命线，进一步强化区委和各级党组织的主体责任，研究制定强化党委主体责任具体实施意见，切实把党风廉政建设和反腐败工作当作各级党委的分内之事、应尽之责，真正把担子担起来、把职责履行好。狠抓纪律建设，对违纪行为露头就打，越抓越严、越抓越实，执纪必严、违纪必究，不让纪律成为一纸空文。全面加强惩治和预防腐败体系建设，加强对权力运行的制约和监督，形成不敢腐的惩戒机制、不能腐的防范机制、不易腐的保障机制。五是强化基层党组织建设，进一步密切党群干群关系。把基层党组织建设作为党建工作的基础，研究制定《加强基层服务型党组织建设的实施意见》，使服务成为基层党组织的鲜明特征和工作主题。切实加强基层党组织书记队伍建设，结合明年社区“两委”换届，选好配好社区带头人。加强党员队伍建设，不断创新和深化民主评议党员、党性定期分析等有效做法，积极探索不合格党员处置机制，维护党员队伍纯洁性。全面畅通人民建言献策和批评监督两个渠道，各级党组织和党员、干部的表现都要交给群众评判。全面强化基层党组织保障机制，加大投入力度，做到钱往基层投、人往基层走、资源向基层集中、政策向基层倾斜。

（二）善做善成抓好整改落实和建章立制工作

整改落实、建章立制既是教育实践活动的决定性环节，又是我们向人民群众做出的庄严承诺，绝对不能因为活动告一段落而置之不理、束之高阁，必须按照既定方案和计划，一条一条狠抓落实。一是要瞄准突出问题抓整改。对未完成的整改事项进行认真梳理，明确整改责任人、路线图、时间表，继续坚定态度、坚持标准、动真碰硬，把功夫下在攻坚克难、解决突出问题上，推动现实问题和历史遗留问题一起解决，共性问题和个性问题一起解决，重点单位、重点人头的问题和面上的问题一起解决，班子的问题和班子成员个人的问题一起解决，作风问题和党性问题一起解决，梳辫子、拉单子、建台账，逐一整改、达标销号，不达目的不罢休。二是要立足巩固成果建制度。把扎实推进教育实践活动、狠抓作风建设的成熟经验上升为制度，依靠制度建设巩固和扩大教育实践活动成果。把中央要求、群众期盼、实际需要、新鲜经验结合起来，注重从改革入手，从根本上解决问题，以制度创新推动重点领域和关键环节的改革，推动高端绿色发展。进一步强化制度执行，建立完善落实制度的监督奖惩机制，以铁的纪律抓好制度贯彻落实，对违反制度规定的零容忍，发现一起坚决查处一起，确保制度出台一个就执行落实好一个。三是要坚持从严从实抓监督。坚持机构不撤、人员不变、力度不减、标准不降，区委督导组持续工作到年底，继续紧盯整改落实，通过实地调研、听取汇报、谈心谈话等形式掌握情况、加强督导，确保每项整改任务落到实处，兼任区委督导组组长的区领导至少实地督导两个单位的整改落实工作。继续实行挂账销号制度，对于整改任务推进不力、进展缓慢的班子和干部实行组织约谈、函询问责直至进行组织处理。督导组撤消后，在区纪委成立专门机构、设立专门编制，强化作风监督，为推动作风建设长效化提供组织保证。

（三）坚定不移全面深化改革，推进高端绿色发展

把教育实践活动成果转化为推动全面深化改革的强大力量，进一步充分发挥各级党组织的领导核心和战斗堡垒作用，攻克体制机制的痼疾，突破利益固化的藩篱，把全面深化改革各项举措落到实处。一是用作风建设的新成效凝聚全面深化改革的正能量。切实加强党对全面深化改革的领导，各党委（党组）要履行对改革的领导责任，不断提高领导班子和领导干部推动改革的能力。要坚持不懈地开展作风教育，推动各项改革工作都要落实作风建设的具体要求，形成抓作风促工作、抓工作强作风的良性循环。要坚持不懈地开展群众路线教育，建立社会参与机制，聆听群众心声，汲取群众意见，提高决策科学性，最大限度求共识，使改革的思路、决策、措施都更好地体现群众诉求、实现百姓利益。要坚持不懈地强化党的政治纪律，牢固树立大局观念、全局意识，维护团结统一的良好局面，确保全区上下统一意志、统一行动、步调一致向前进。二是用八个高端体系建设引领全面深化改革的目标方向。坚定不移地贯彻落实习近平总书记视察北京时的重要讲话精神和市委提出的十个方面新要求，站在首都全局的高度，以更高标准、更大尺度，在更深层次上思考谋划我区“全面深度转型、高端绿色发展”战略，进一步细化重点任务、工作标准和办法举措，尽快形

成“八个高端体系”的总体框架和建设标准，全面推进国家级绿色转型发展示范区建设。坚定不移地瞄准高端化目标，通过对深化“八个高端体系”的研究，进一步找准我区全面深化改革的定位和思路，更好地抢抓机遇、乘势而上，不断激发广大干部群众争创一流的内生动力。三是用重点领域改革创新带动全面深化改革任务的落实。持之以恒地抓好三项综合改革的落实，即城市管理综合体系、信访代理制、人大建议和政协提案办理工作，边推进、边梳理、边创新、边总结，创造出深化改革的典型案例和成功经验，引领全区乃至全市各领域改革工作。持之以恒推进各领域全面深化改革，站在全局高度，深入领会全面深化改革的指导思想、目标任务、重大原则，正确把握下一步改革的战略重点、优先顺序、主攻方向、工作机制、推进方式，下定更大决心敢作敢为、敢为人先，冲破思想障碍、突破利益藩篱，以争创一流、志在必得的勇气，有序推进行政管理体制改革、经济体制改革等各领域改革工作。

（四）责无旁贷联系服务群众，建设好民生家园

把始终坚持服务群众、不断加强党同人民的血肉联系、不断夯实党的执政基础作为巩固和扩大教育实践活动成果的核心任务，准确把握民生脉动，不断解决好民生问题，不断实现好、维护好、发展好最广大人民根本利益，让老百姓得到更多好处。一是建立领导干部联系服务群众长效机制。全面落实《关于推进民生家园建设，建立区级领导蹲点办公制度的意见》，不断完善区领导定期到街道社区蹲点调研、到联系点联系群众制度，把密切联系群众作为最大的政治本色，用心、用情、用行动与群众零距离交流和互动。深化领导干部与困难群众“结对帮扶交友”工作，做到长期帮、经常帮、真心帮、从根本上帮，形成长效机制。二是打好各项重点难点问题攻坚战。持续推进拆除违法建设、城市环境治理、城中村和棚户区改造、处理信访积案等“四个攻坚战”，以实际成效造福于民、取信于民。继续完善西部地区基础设施建设，尽快还清“历史欠账”，扎实推进西部地区开发建设。发动基层党组织和广大党员深入社区、楼门，认真解决群众身边的难事，多办实事好事。三是全面推进各项社会事业发展。用实际行动打通“服务群众最后一公里”，不断健全社会保障体系，继续深入推进“济困工程”和“便民工程”建设，积极推进教育、医疗、就业、社保等社会事业发展，尽最大努力满足群众现实需求。不断加强社区规范化建设，积极推进“一刻钟社区服务圈”建设，广泛动员社会组织参与社会治理创新，努力提高社会治理水平，使广大群众共享改革发展成果，真正让人民群众满意。

专文

全面深度转型 高端绿色发展
石景山建设国家级绿色转型发展示范区战略研究

前 言

经过多年艰苦努力，石景山区全面转型胜利走出低谷，进入了新的历史发展阶段。区委十一届八次全会明确了“建设国家级绿色转型发展示范区”的发展目标和“全面深度转型、高端绿色发展”的发展战略，确立了构建“八个高端体系”的实现路径，这是深入贯彻党中央推进全面建成小康社会、全面深化改革、全面依法治国、全面从严治党战略布局的具体体现；是全面落实习近平总书记视察北京重要讲话精神，按照政治中心、文化中心、国际交往中心、科技创新中心的功能定位，努力建设国际一流和谐宜居之都的生动实践；是把首都“西大门”建设得更敞亮的重大举措；也是推进我区全面深度转型的必由之路。

第一章 形势剖析

一、高端绿色发展是顺应历史发展规律的必然选择

(一)高端绿色发展的历史渊源

人类文明总体上已经走过原始文明、农业文明和工业文明阶段，正朝着生态文明的方向迈进。这一历史脉络暗含着两条主线：追求“高端化”和回归“生态化”。石景山区按照首都“四个中心、一个定位”的要求，既要靠高端的服务业做支撑，也离不开绿色、低碳发展的引领，在实现高端发展、普惠民生的同时，有效规避“大城市病”困扰，实现可持续发展。

(二)高端绿色发展的中外共识

放眼世界，全球转型正如火如荼地进行。中国作为全球制造业“第一大国”，长期以来处在全球价值链低端。要摆脱“低端锁定”困境，必须向全球价值链高端跃升，走高端绿色发展之路。基于这一共识，石景山区把高端绿色作为奋斗目标和发展模式是明智之举，更是现实选择。

(三)高端绿色发展的经验启示

以高端产业链引领城市经济发展，积极发展现代服务业。以功能提升强化城市发展活力。以空间紧凑与混合实现精明增长。以制度创新促进资源的合理配置，有效整合政府与市场机制。

二、高端绿色发展是实现“中国梦”的内在要求

(一)转变经济发展方式要求坚持高端绿色发展

推进高端绿色发展，有利于拓展新兴产业的成长空间、经济社会发展的承载空间、城市治理结构的融合空间；有利于保护生态环境、节约集约利用资源、建立人与自然的和谐相处关系；有利于提高经济社会发展水平，提升人民群众生活质量，实现经济政治文化权益与生态权益的有机统一。

(二)创新社会治理模式要求坚持高端绿色发展

十八届三中全会首次提出要“推进国家治理体系和治理能力现代化”。社会治理理念实现的重要前提是要有具备一定高端素质、具有公共参与意识、认同社会主义核心价值观理念的个人或团体。用高端、绿色理念塑造和教育人，才能营造良好的社会氛围，奠定社会治理创新的现实基础。

(三)建设生态文明体系要求坚持高端绿色发展

石景山区作为全国120个老工业基地之一和北京市重要的功能拓展区，若能够通过高端绿色发展，实现“再城市化”，建成国家级绿色转型发展示范区，实现由工业城区向高端绿色新城区的嬗变，将为绿色转型发展提供更具代表性和典型性的样本。

三、高端绿色发展是首都城市战略定位的应有之义

(一)京津冀协同发展要求走高端绿色发展之路

习近平总书记强调，要优势互补、互利共赢，努力实现京津冀一体化发展。石景山区明确高端绿色的发展理念，与三地协同发展的总要求高度一致，与国家对北京市的总体定位异曲同工。

(二)“四个中心”定位要求走高端绿色发展之路

“四个中心”与高端绿色发展的总体目标本质上是相通的。作为首都功能重要拓展区，石景山区在推进自身发展中应超前谋划，立足绿色、高端，加快转型发展步伐，在产业升级、要素集聚、城市转型、生态建设、民生服务和社会管理等方面再上一个新台阶。

(三)“建首善，创一流”要求走高端绿色发展之路

建设国际一流的和谐宜居之都是首都的奋斗目标，石景山区的高端绿色发展战略，将民生保障、文化生活和社会治理提升到了一个新的高度，体现了“建首善，创一流”的要求，有助于把石景山打造成社会主义核心价值观高地，率先建成和谐宜居首善之区。

四、高端绿色发展是石景山区主动求变的现实路径

(一)石景山区进入高端绿色发展的新时期

石景山区转型发展正呈现出外部环境良好、政策环境有利，发展基础渐稳、蓄势而发的良好势头，已经站在了新的历史起点上。这些成就来之不易，在为全面深度转型打下坚实基础的同时，也为继续实现高端绿色发展提出了新

的要求。

(二)石景山区迎来高端绿色发展的新机遇

要顺应时代机遇。石景山区的转型调整正好处在国际国内新一轮发展结构调整期,特别是党的十八届三中全会作出了全面深化改革的战略新部署,进一步加快了我国"转方式、调结构"的步伐,为高端绿色发展提供了重要条件。要立足空间机遇。首钢搬迁调整后,具有难以复制的空间资源。当前区内绿化覆盖率已达50.29%,居城六区首位,具备"见山、临水、近绿"的生态环境。要用活政策机遇。相继获批国家服务业综合改革试点区、国家可持续发展实验区、新首钢高端产业综合服务区、中关村石景山特色园区,北京市还专门出台了《关于加快推进石景山区国家服务业综合改革试点区发展的意见》。要用好项目机遇。未来一段时期,北京市将加大主城区非核心功能转移力度,更加关注西部发展。

(三)石景山区肩负着高端绿色发展的新使命

石景山区仍处在大有可为的战略机遇期,正进入产业结构高端化、集约化的升级期;城市建设管理"城市病"的根治期,城乡结合部"棚户区"改造攻坚期和社会建设的创新期。应树立使命意识,积极主动求变,精心谋划新阶段的发展定位,走出一条"全面深度转型,高端绿色发展"的新路。

第二章 现实基础

一、新成就夯实转型发展基石

(一)主导产业引领经济转型发展

通过主导产业培育发展战略,成功实现了以现代服务业为主的绿色生态新区的转向。第三产业占比已经由2004年的29%升至为2013年64%。生产性服务业保持良好的发展态势,消费性服务业与公共性服务业保持平稳增长。分行业看:金融产业核心地位凸显,文创产业发展进入品质提升期,高新技术产业不断融合发展,商务服务产业实现集聚发展,旅游休闲产业品质逐年提升。

(二)区域创新创业能力有所增强

区域科技创新能力日益提升,创新体系不断完善。以中关村石景山特色园区为载体,文化与科技融合驱动体系加速形成,石景山园成为中关村第6个千亿级产业园区。

(三)城市规划建设运行步入正轨

七年多来,"一轴、一园、一核、一带、多支点"的空间发展格局基本成型,城市基础设施建设日趋完善,"智慧城市"助力城市平稳运行。

(四)绿色生态环境优势逐渐显现

城市环境整体水平显著提升,清洁空气行动计划全面落实,城市环境综合整治加快开展,环保能力与工作机制健全提升。

(五)公共文化体系打造基本成型

全区街道社区各级文化设施近300个,初步形成了布局合理、功能齐全、方便群众的文化设施网络。

(六)民生保障支撑作用继续巩固

居民生活水平显著提高,社会保障基础扎实稳固,社会公共事业蓬勃发展。

(七)社会治理创新工作扎实推进

社会治理创新体系健全,"法治石景山"建设成效显著,形成社会治理的城市品牌。

(八)人才强区战略实施卓有成效

成立区人才工作领导小组,形成了"1+5"人才工作运行新模式,正在朝着"人才强区"的方向迈进。

二、新挑战制约高端绿色实现

(一)产业发展与高端绿色要求差距需要补齐

石景山区单位GDP产出在全市仍不占优,各主导产业总量在全市的比重依然较低,原有的"带土移植"模式面临的政策风险日益增大,集群化发展程度依然不高,面临着产业高端化的重重挑战。

(二)高端要素集聚与创新创业能力需要升级

要素资源缺乏整体优势,高端要素集聚不足,创新创业能力还不高,总体规模小。

(三)城市规划建设和运营改进空间需要拓展

人口总量及结构问题开始凸显,城市规划建设缺乏整体性、预见性。

(四)生态环境治理和生态文明建设需要攻坚

污染治理任务繁重,环保投入仍需加强,绿色建筑推广力度不足。

(五)公共文化服务能力和基础设施需要增强

区公共文化财政基数小、底子薄,增长也主要依靠申请市级专项资金方式,相关经费投入较各城区仍处于落后地位。文化基础设施改善空间还很大,远不能满足群众文化需求。

(六)民生保障体系建设和保障能力需要提高

总体表现为居民收入增幅趋缓,城镇居民人均可支配收入与全市的平均水平差距绝对值还在不断拉大。以现有增速,要实现2020年收入"倍增"的难度陡然增大。增速放缓对就业带来新压力,社会保障面临可持续难题,医疗卫生服务资源分配有缺口,各项便民服务设施仍需健全,人口老龄化挑战日益严峻。

(七)社会治理体系和新型治理模式需要探索

社会管理运行体系尚不顺畅,社区服务管理水平有待提升,平安石景山建设面临新的压力。

(八)推动高端绿色发展的人才体系需要健全

人才学历层次普遍不高,高层次人才总量不足,不能满足区域绿色、高端发展要求,人才工作的协调运行机制还需进一步完善。

第三章 总体思路

一、指导思想

全面贯彻落实党的十八大、十八届三中、四中全会精

神，坚持以邓小平理论、“三个代表”重要思想、科学发展观为指导，深入学习贯彻习近平总书记系列重要讲话特别是视察北京重要讲话精神，紧紧围绕城市功能定位，以党建统领为法宝，以构建“八个高端体系”为路径，以争创一流为标准，以改革开放为动力，以依法治区为保障，励精图治、开拓进取，全面推动区域高端绿色发展，建设国家级绿色转型发展示范区。

二、基本原则

（一）坚持一流标准

按照“世界眼光、首都标准、区域特色”的要求，把一流标准融入到经济建设、政治建设、文化建设、社会建设、生态文明建设各个领域和各个阶段，全面推进经济社会高端绿色发展。

（二）坚持问题导向

紧紧围绕经济社会发展的最现实、最迫切、最突出的问题，从影响发展大局的薄弱环节着眼，从制约经济社会发展的瓶颈入手，从群众反映强烈的突出问题抓起，在发现、正视和解决问题中推动高端绿色发展。

（三）坚持统筹推进

树立全局观念，增强战略定力，加强顶层设计，稳扎稳打地推动各领域战略任务同步实施、协调发展。突出战略重点，在重点领域和关键环节集中力量、全力攻坚，不断取得新突破，一步一步勇攀登。

（四）坚持以人为本

始终把实现好、维护好最广大人民根本利益作为一切工作的出发点和落脚点，把不断改善民生作为发展的根本目的，最大限度地调动人民群众的积极性、主动性和创造性，形成推动高端绿色发展的强大合力。

（五）坚持改革创新

用改革创新的办法攻坚克难，为高端绿色发展探新路、破难题、出成果、创特色；以改革开放的思维推动发展，主动融入京津冀协同发展大局；全方位、深层次、多领域扩大开放合作，赢得主动、赢得优势、赢得未来。

三、发展目标

实施全面深度转型、高端绿色发展战略所要达成的目标是：经过十年的努力，把我区打造成为高端要素聚集、城市品质高端、环境绿色生态、社会功能完善、文化特色彰显的国际一流的国家级绿色转型发展示范区。

四、发展路径

实施全面深度转型、高端绿色发展战略的路径是构建“八个高端体系”，即：高端的服务业为主导的产业体系，高端的科技创新驱动体系，高端的城市规划、建设和运行体系，高端的生态文明体系，高端普惠的文化生活体系，高端的民生保障体系，高端的社会治理体系，高端的人才管理体系。

五、实施步骤

（一）第一阶段：重点突破，梯次推进（2015～2017年）

该阶段是“八个高端体系”形成基本雏形、重点领域建设取得重要突破、高端绿色发展初见成效的重要时期。这个阶段的目标任务是：按照“增量高端、存量升级、集中治乱”的思路，推进重点领域建设取得明显成效。聚焦国家服务业综合改革试点区、北京保险产业园、新首钢高端产业综合服务区建设，把中关村石景山园作为主战场，促进五大主导产业高端、融合、特色、集聚发展，“高精尖”经济结构构建取得新进展。深入研究农转居后续问题，集体经济体制改革取得新突破。完善城市规划空间布局，确立城市建筑标准，打造以京西金融创新服务港（京西商务中心）为标杆的城市精品力作，城市建设品质有新提升。深入推进城市综合管理体制改革，构建起相互衔接、互为支撑的综合管理体系，城市综合管理水平明显提高。坚持拆违、治乱、创一流，加大棚户区改造力度，城市环境面貌明显改观。建成“无煤区”，改善大气质量，构建“一山一河一轴、两心六廊、多点成网”的绿地空间格局，绿色生态优势显现。加大民生投入，推进基本公共服务由制度覆盖向人群覆盖过渡，提升教育、医疗、公共文化体育设施建设及服务的总体水平，民生家园建设取得新成效。

（二）第二阶段：形成格局，特色彰显（2018～2020年）

该阶段是“八个高端体系”全面推进、各领域建设成效显著、区域发展特色彰显的重要时期。这个阶段的目标任务是：巩固既有优势，全面推进经济社会发展提质增效，在各领域形成若干个具有高端特质和典型示范作用的模式。聚焦主导产业，打造3－5个高端化、集群化、在全国有影响力的产业及产业集群。城市棚户区改造任务基本完成，建成更多的城市精品力作。人口调控体系基本成型，城市管理体系成熟运行，城市形象显著改观。城市绿化美化成效明显，环境更加宜居。社会事业全面进步，教育、医疗和公共文化领域，形成具有区域特色的高端品牌，社会治理体系基本完善，人民群众得到更多实惠，小康社会全面建成。

（三）第三阶段：深化提升，形成示范（2021～2025年）

该阶段是“八个高端体系”建设取得重要成果、区域发展水平全面提升、国家级绿色转型发展示范区全面建成的重要时期。这个阶段的目标任务是：巩固成果，总结经验，持续深入推进“八个高端体系”建设，“高精尖”经济结构全面形成、城市面貌靓丽崭新、基础设施配套完备、绿色生态优势明显、公共服务功能完善、社会保持和谐稳定，人民群众的幸福指数明显提升，高端绿色发展更具活力、更加持续、更富成效，成为绿色转型发展的典范。

第四章 发展格局

一、空间结构

总体上将石景山区划分为三大主体功能区：

（一）东部内涵发展提升区

东部内涵发展提升区由八宝山、老山街道和鲁谷社区组成，基本属于建成区，是中心城通往西部的重要门户。未来主要以内涵提升为重点，深入挖潜存量用地资源，细化完善城市功能；以银河商务区为核心，发展成为集文化娱乐设施和高端酒店、商务办公为一体的高端商业服务区。

（二）中部高端转型核心区

中部高端转型核心区由八角、古城、苹果园、金顶街街道组成，涵盖了新首钢高端产业综合服务区和中关村石景山园区，是石景山高端绿色发展的核心区。重点要强化空间资源的整合利用。着眼高端发展，重点发展北京保险产业园、苹果园交通枢纽和京西金融创新服务港（京西商务中心），大力推动新首钢高端产业综合服务区建设；改善城市低端面貌，着力整治北辛安、西黄村棚户区，规划建设和谐宜居环境；瞄准现代金融、高新技术、文化创意等重点产业，提升创新创意能力，发挥集成集聚效应，做好各项配套服务，力争将这一区域纳入北京市调整改造的战略支点，打造成北京市高端绿色转型发展的先行示范区。

（三）西部绿色生态引领区

西部绿色生态引领区由五里坨、广宁街道组成，是全区生态文明建设的主战场，也是我区未来经济发展的增长极。要在做好生态涵养的基础上，实行适度渐进式的保护性开发，提供远期辐射发展空间。进一步抓住永定河生态发展带规划契机，挖掘五里坨地区浅山滨河优势，强化天泰山、八大处的旅游资源作用，重点发展生态休闲与文化教育产业，并结合西部地区产业定位，加快推进棚户区改造项目，引导发展好集体经济，不断完善配套基础设施，推动城市建设面向生态绿色转型，把西部建设成为我区绿色生态屏障。

二、功能布局

在继承和发展的基础上，系统优化区域发展格局，构建“一轴、两带、三区、多支点”的功能布局，为全面深度转型，高端绿色发展提供空间支撑。

（一）一轴：即长安金轴。西起玉泉路的长安街西延线，重点打造以创新金融为核心，集现代金融、高端商务、企业总部为一体的综合发展轴。

（二）两带：即永定河绿色生态发展带和八大处－天泰山文化旅游发展带。突出生态优势和深厚文化底蕴，打造山水交融、绿色生态、旅游休闲的生态文化发展带。

1. 永定河绿色生态发展带，全长13.8公里，已建成一湖（莲石湖）、两湿地（麻峪、南大荒）。下一步，在严格划定生态环境“红线”基础上，加快莲石湖项目建设，形成具有石景山特色的生态自然景观、城市景观、田园景观，将其建设成为有水有绿、生态良好的北京西南生态屏障。

2. 八大处－天泰山文化旅游发展带，依托西山地区优越的自然、地理环境，综合开发利用八大处、法海寺、天泰山、田义墓、模式口驼铃古道、第四纪冰川馆等历史文化资源，加快建设天泰山旅游休闲区和西山八大处文化景区，规划建设模式口驼铃古道，大力发展文化旅游、健康服务、教育培训、高端商务、现代商贸等产业，促进生态文化与历史文化旅游融合互动，打造首都特色文化旅游发展带。

（三）三区：即新首钢高端产业综合服务区、中关村石景山园区和西部绿色生态引领区。这是石景山区高端绿色发展的战略支撑区域，也是北京市西部转型发展的重要战略支点。

1. 中关村科技园石景山园。按照基础先行、高端发展的思路，坚持建设、发展、运营同步推进，打造国家自主创新示范区特色园区。

2. 新首钢高端产业综合服务区。通过市区联动，落实国家和市委、市政府关于促进老工业基地改造的有关政策，发挥首钢示范带头作用，主动融入京津冀协同发展大局。加强政企合作，建设生命共同体。落实首钢主厂区控制性详细规划，带动和辐射西部地区转型发展，把首钢主厂区打造成为高端绿色发展的典范。

3. 西部绿色生态引领区。深化落实西部地区用地规划，优化产业用地结构，减少居住用地比例，大力发展绿色产业，加快交通、教育、医疗、环卫等基础设施建设，加强河道治理，保护和改造现存古村落，将西部建设成为见山临水、乡愁浓郁的生态宜居地区。

（四）多支点：即若干重要功能区。包括北京保险产业园、银河商务区、苹果园交通枢纽综合商务区、京西金融创新服务港（京西商务中心）、国际雕塑园地下文化娱乐中心、西五环现代娱乐休闲区、模式口民俗文化特色街区、衙门口生态宜居新城、八宝山红色文化传承基地等。

1. 北京保险产业园。北京保险产业园规划总用地面积65公顷，总建筑规模56万平方米，是深化金融改革创新的重要项目。现已顺利完成城市设计方案招标、设计、评审等工作，基本完成一级开发的拆迁腾退工作。下一步，产业园将推行责任规划师、责任建筑师制度，全程指导建筑设计和景观设计，以基础设施先行的实施思路，促进项目实施与落地。同时，围绕保险产业平台，建设保险博物馆、保险交易所等标志性建筑，突出地缘文化。

2. 银河商务区。银河商务区规划总用地面积18.8公顷，总建筑规模约90万平方米，重点发展商务服务、现代金融等生产性服务业。目前，银河商务区已建成与在建的商务办公总建筑面积约82万平方米。未来将进行L地块的开发建设，预计总用地面积约1.95公顷，建筑规模8.78万平方米。

3. 苹果园交通枢纽综合商务区。项目规划总用地面积约52.7公顷，总建筑规模约55万平方米。苹果园交通枢纽核心区用地面积13.66公顷，建筑规模约29万平方米，未来将建成含立体步行系统及多种交通方式于一体的综合客运枢纽。苹果园交通枢纽综合商务区将成为地上地下互通、大量人流集散、商业设施完备的大型商务区。

4. 京西金融创新服务港（京西商务中心）。项目规划总用地面积8.57公顷，总建筑规模约60万平方米。在充分借鉴国际上先进的商务中心项目成功经验的基础上，以绿色建筑三星级为标准，打造高端、绿色、具有国际水平和典范意义的城市新地标。

5. 国际雕塑园地下文化娱乐中心。国际雕塑园地下文化娱乐中心规划总用地面积约2.85公顷，建筑规模约8

万平方米。规划建成独具艺术特色、多元化、综合的集文化娱乐、休闲健身于一体的商务休闲场所。

6. 西五环现代娱乐休闲区。转变经营方式，引入先进理念，推进石景山游乐园改造升级。挖掘奥运场馆资源，加大宣传力度，大力发展体育休闲产业。加快世界旅游城市总部基地建设，提升我区旅游休闲产业的影响力。形成娱乐、体育、休闲、餐饮、购物等产业联动发展格局，成为北京西部现代娱乐休闲核心生态圈。

7. 模式口民俗文化特色街区。保护历史文物、传承文化传统，修缮整合模式口地区自清代以来的建筑、饮食、服装等丰厚的文化资源，打造集民间演艺观赏、精美壁画赏析、特色购物、传统餐饮和影视拍摄基地为一体的模式口民俗文化特色街区，成为京西民俗文化集中展示的窗口。

8. 衙门口生态宜居新城。通过研究创新办法，借鉴成功经验，着力解决衙门口地区的搬迁改造难题，改变设施落后、产业低端的现状，严守绿地规划，发展绿色建筑，建设生态宜居的绿色新城。

9. 八宝山红色文化传承基地。北京市八宝山革命公墓是中国声名最著，影响最广的公墓，无数为中国人民奉献青春与生命的仁人志士在此安眠。我们要高度重视红色文化建设，让红色文化与城市血脉有机融合，让红色基因代代相传，努力打造全国独具特色的革命传统教育基地、国家重要的公祭场所。

第五章 重点任务

一、构建高端的服务业为主导的产业体系

（一）目标思路

以高科技含量、高资本聚集、高效益和低劳动密集、低能耗污染为标准，以扩大高端产业、升级传统产业、消减低端业态为基本路径，以“轴核园”产业空间布局为载体，以招商引资和“石景山服务”品牌为抓手，构建高端的服务业为主导的产业体系，打造“高精尖”经济结构。

（二）重点任务

1. 构建“5+1”高精尖产业体系

——优先发展现代金融业，打造京西金融创新中心。大力引进各类金融企业总部和创新业态，加快推进互联网金融产业基地建设，支持第三方支付、网络融资、大数据金融等新兴产业发展。推动现代金融产业创新发展。重点发展保险产业，稳步推进保险交易所试点建设，把北京保险产业园建设成为全国保险创新试验区、保险产业聚集区和保险文化引领区。

——聚焦四大产业集群，巩固文化创意产业发展优势。聚焦网络动漫游戏、数字媒体、影视制作与设计四大集群，牢牢握住文化创意产业发展优势，依托国内顶尖设计机构，积极引进国内外知名建筑及环境设计公司、设计机构，提升城市规划和公共建筑设计水平。聚集一批国内外知名企业和机构，加速构建完整的数字娱乐产业链，打造首都数字娱乐中心和国家网络游戏产业基地。

——突出战略性新兴产业，加快高新技术产业高端融合发展。以“第三次工业革命”为导向，突出战略性新兴产业，重点发展节能环保、大数据、物联网、车联网产业以及环保服务行业等。

——把握电子商务等新业态，实现商务服务业向高端迈进。发展总部经济，打造北京商务服务总部基地。深入推进电子商务主题楼宇发展，创建电子商务联盟，整合瑞达大厦、盛景国际大厦、银河商务区等优质载体与配套资源，创建“北京电子商务集聚区”，争创全国电子商务示范基地。推进北京市商业保理试点工作。

——突出文化核心引领作用，差异化整合文化旅游资源。完善“大旅游”产业链体系，强化旅游与文化融合，大力发展文化旅游产业，加快建设石景山西山八大处文化景区、石景山数字娱乐区等市级旅游功能区。出台《石景山区旅游业发展行动计划》，推进世界旅游城市联合会总部基地及体验中心等区域重大旅游项目，开发首钢工业遗址资源，协调推进工业文化旅游区建设。

——大力发展公共服务产业，助力“民生家园”建设。利用石景山区“山水林城”的优势，大力发展健康、养老服务产业，推广社区商业 O2O 等新模式；将信息产业优势向医疗健康服务行业延伸；推进产业集聚区配套公共服务平台建设；吸引社会资本，加强与国内外优质机构合作，促进公共服务产业向高端化、规范化、连锁化、规模化、现代化转型。

2. 优化“轴核园”为支撑的产业空间布局

——规划建设“一轴两翼”金融发展格局。在长安街西延线构建以玉泉路为起点，大力引进新型金融机构，形成金融服务中心、股权基金中心和产业培育中心三大服务平台，打造京津冀乃至全国具有重要影响力的创新示范区。

——打造新首钢产业发展内核。以打造总部办公功能为核心，重点发展现代金融、商务服务、文化创意、高端商业等产业，努力建成总部特征明显、高端要素聚集、创新创意活跃、生态环境优美的新首钢高端产业综合服务区。

——建设八大“主题产业园”。以北京保险产业园、银河商务区、国际雕塑园世界旅游城市体验中心、京西金融创新服务港（京西商务中心）、西五环现代娱乐休闲区、高井节能环保产业园区、衙门口生态宜居新城、苹果园交通枢纽综合商务区为载体，形成高端要素集聚、高端资源汇聚，特色鲜明的产业发展集群。

3. 加快主导产业结构优化升级

——推动主导产业高端化迈进。坚持五大主产业发展方向，优化调整内部结构，引进和完善产业高端环节，推动五大主导产业高端融合发展，形成与国家级绿色转型发展示范区相适应的产业形态。

——提升传统产业和淘汰低端产业。对传统产业进行提升改造，提质增效促升级。加快淘汰高污染、高耗能、高排放等第二产业中的低端环节。

——构建"总部基地＋创业中心"的载体形态。结合新首钢和中关村石景山园北区刘娘府总部基地建设，建立高端制造业总部基地。同时推进北京保险产业园、"新媒体基地"和"文化创意产业基地"等创业中心的建设。

——用好"四区建设"政策优势。充分挖掘和利用"四区"政策优势，优先争取市财政转移支付和市政府固定资产投资等资金支持，积极争取国家级项目落户和资金支持。创新土地开发模式，围绕土地收益使用、投融资、产业招商等方面争取政策支持。积极推进营改增等各项改革，最大限度地用好服务业发展的政策叠加优势。

——实施产业"负面清单＋鼓励指导目录"同步推进策略。采取约束与激励的双重调节机制。制定《石景山区禁止和限制新增产业的目录》，实行负面清单管理，坚持非禁即入原则，严格划定"生态红线"，对负面清单中涉及的产业要严令禁止。制定《石景山区鼓励类服务业指导目录》，通过设定鼓励指导目录促进主导产业高端发展。

——强化招商引资工作。完善产业链招商机制，促进"以商引商""招大引强"。注重以项目招商，开展产业载体联合招商，以增量引入和服务创新带动存量发展。

——深化"石景山服务"品牌建设。牢固确立"环境树形象、服务促发展"理念，深化"石景山服务"品牌建设，营造安商稳商、富商强商的良好发展环境。

二、构建高端的科技创新驱动体系

（一）目标思路

以提高科技创新能力和科技成果转化应用水平为主线，以促进科技与经济社会紧密结合为重点，以深化改革和扩大开放为动力，以体制机制创新为突破口，以博采天下的宽广视野，汇聚创新资源，整合创新要素，激发创新活力，提高自主创新能力，增强科技创新的融合驱动功能，建设科技成果转化运用、集成应用强区。

（二）重点任务

1. 打造"四个中心"

——以国家级科技文化示范基地、科技金融创新基地、战略性新兴成果转化基地为重点，建设科技成果转化中心。

——以"石景山服务"品牌为支撑，完善跨层级、跨部门的协同创新工作机制，建设科技创新服务中心。

——以构建多功能的创新服务平台为重点，完善政府引导、市场化运作的科技文化金融服务，建设科技文化金融创新中心。

——以中关村文化创意产业高端人才创业基地、中关村雏鹰人才创业基地和北京市博士后（青年英才）创新实践基地为依托，引进和聚集一批创新创业领军人才，建设高端人才创业中心。

2. 开辟科技文化融合新路径

——强化技术融合。加快科技与金融的融合。以北京保险产业园、互联网金融产业基地为重点，大力推动科技金融发展。推动科技与文化的融合。以"国家级文化和科技融合示范基地"建设为契机，聚焦数字文化产业，大力发展"眼球文化"，推进高新科技在公共文化服务中的运用。推动科技文化金融产业深度融合。培育新业态，发展跨平台游戏引擎、"跨境结算支付平台""金融超市"等。实现科技文化旅游商务产业的融合。加快新一代信息技术在商务服务业的应用，推动智慧景区、智慧旅游建设。利用数字技术改造提升传统产业。

——推进产品融合。以科技需求和文化需求为导向，加强科技创新驱动文化创新，鼓励企业开发及文化特质、人文气质于一体的科技型新产品，以适应产业融合发展的新趋势。利用石景山传统文化资源，丰富和扩展文化旅游产业的发展内涵。

——加快人才融合。以"政府＋公益＋市场"的模式，构建创业公共服务平台，培养创新型复合人才。

3. 建设区域自主创新体系

——发挥园区主战场作用。按照产业高端、布局合理、竞争有序的原则，编制园区空间布局总体规划。强化园区建设领导小组协调职能，统筹领导园区开发建设，重大项目布局，加大政策资金、人力、土地等资源的统筹力度，集聚资源加快建设园区。以"国家知识产权试点城市"建设为契机，推进知识产权"领航工程"，加快石景山区知识产权体系建设，实现全区专利申请量和授权量年均同比增长15%以上。

——增强企业创新主体功能。引进一批产出效益高、辐射带动能力强、发展前景好的创新型龙头企业，吸引国内外大型企业在我区设立研发管理总部，力争到2017年，国家高新技术企业突破350家，市高新技术企业突破2300家。鼓励企业自建研发中心。引导企业与国内外高水平科研机构建立战略合作，共建技术研发平台和技术创新战略联盟，开展重大课题攻关和科技成果转化。力争到2017年，各类研发和技术中心突破50个，各类产业技术联盟达到10家。

——促进科技成果转化应用。依托"国际科技合作基地"，建立一批新型孵化和转化平台，打造一批行业交流平台，建设一批公共技术平台。引进一批具有国际领先水平、产业引领作用和规模化前景的成果转化和产业化项目。力争到2017年，企业技术交易额突破50亿元。坚持"科技改变生活，科普服务民生"的理念，广泛开展科普活动，加强对新技术新产品的应用推广，支持科技成果转化的新技术新产品在城市建设、智能交通、健康养老、文化惠民、城市运行和应急救援等领域的推广应用。实现科技生活化、生活科技化，让科技改变和提高人民生活质量。

三、构建高端的城市规划、建设和运行体系

（一）目标思路

文化是城市的灵魂，城市是文化的载体。坚持以"一体化、高端化、精细化"为基本内涵，以体现21世纪先进文明水平为基本标准，以创造历史、追求艺术为基本要求，以构建生产空间、生活空间、生态空间协调一体为基本任务，全程立体规划建设，打造城市精品力作，把我区建设成为高端

产业的典范、生态文明的典范、智能化管理的典范、规划建筑艺术的典范、高端文化的典范。

（二）重点任务

1. 发挥规划引领作用

根据石景山“一区三中心”的功能定位，按照“规划布局超前、土地利用高效、居住水准优越、基础设施齐备、服务管理先进”的要求，坚持生态为本、环境优先，统筹人口资源环境，结合历史文化与现代化建设，推动多规合一，形成地上地下一体、产业生活配套、文化生态相融、历史现代相通的高端规划体系。

（1）科学规划城市

多规合一，统筹发展。加强部门协调和机制创新，实现各部门规划建设管理程序无缝对接。风貌控制，精细管理。努力提升规划管理工作的服务性、合理性、科学性，加强城市精细化管理。绿色低碳，划定标准。强化绿色功能区和绿色建筑的规划设计指标，推动中关村科技园南区绿色生态专项规划工作，完善棚户区规划方案研究。

（2）加强人口调控

净增长量控制在1.2万人以内，总量控制在65.6万人，流动人口减量1万人，总量控制在20.4万人。至2030年，全区常住人口总数控制在80万人上下。

（3）集约高效利用土地

审慎制定城乡建设用地规划，确定总量标准，划定生态红线，控制建设空间，集约节约用地。到2020年居住用地合理调控，用地规模比现状减少约86公顷；工业用地逐步压减，用地规模比现状减少约70公顷；严格保护绿地，用地规模增加约41公顷。

2. 打造城市建设精品力作

对标国际一流，加强城市建设特别是基础设施建设质量，形成适度超前、相互衔接、满足未来需求的功能体系。重点突出建筑艺术特色，建设世界一流的城市功能综合体，打造城市建设精品力作。

——强化重大项目建设。一是围绕新首钢高端产业综合服务区、北京保险产业园、京西金融创新服务港等重大项目，建设具有世界一流水平的高端绿色城市功能综合体，形成标志性建筑。加快推进长安街西延、永引渠南路等一批承载性强的基础设施项目，重点实施一批带动性强的产业发展项目、抓紧完成区文化中心、老旧小区停车位改造增加等一批功能性强的民生事业项目。做好万达广场、鼎城等城市综合体内涵提升，带动城市功能整体提升。二是高标准规划建设苹果园交通枢纽工程，积极推进M6线西延、S1、M11、L6线等轨道交通建设。2017年前完成11个棚户区改造项目，总占地面积共340公顷。三是综合利用城市地下空间。

——提升城市建设质量。实现增量高端，以一流标准规划建设新的高端建筑，以住宅建筑二星级、商业建筑三星级为标准，以京西商务中心为标杆，建设一批具有世界一流水准、彰显高端绿色特征的标志性建筑，打造城市建设的精品力作。推动存量升级，对存量建筑进行改造升级，加强老旧小区管理改造和综合治理，结合产业转型升级因地制宜地进行存量用地改造。开展集中治乱，对低端建筑进行优化替代，淘汰低端产业载体，加快棚户区改造，严厉打击违法建设，实现违法建设“零增长”。

3. 加快构建综合交通网络

加快形成以“两高两快六主”10条放射状城市主干道构成骨架路网、“五横五纵加半环”的中心地区路网和“三横三纵加联络线”的西部地区路网。到2020年，全区规划道路建设实现率达到95%以上，道路网密度为6.09公里/平方公里，人均道路面积达到10平方米/人以上，道路综合完好率达到96%以上。

4. 优化市政基础设施系统

（1）提高城市水务保障能力。加快完成五里坨水厂建设工程，着力推进石景山水厂、首钢水厂建设工程。到2020年，形成完备的城市供水管网，自来水用水占有率达到100%，城市供水水质要达到建设部颁布实施的《城市供水水质标准》，完善全区雨水管道系统，使雨水管道覆盖率达到90%以上，污水管道覆盖率和污水处理率达到90%以上。

（2）加强供电设施建设

2017年，建设完成石莲站、刘娘府站、苹果园站及石景山220KV变电站等项目。2030年，建设完成220KV变电站6座和110KV变电站21座，对现状变电站进行增容扩建工程，变电容量达到4300兆伏安。

（3）增强供热、燃气保障能力

根据《北京城市总体规划2004～2020年》，加快推进“无煤区”建设，到2017年石景山区不再使用燃煤设施。到2020年，建设完成燃气场站9座，全区天然气覆盖率95%以上。

5. 深化城市综合管理体系建设

深入推进《关于建立城市综合管理体系提升社会治理水平的意见》，着力构建党建统领、行政综合、法治综合、上下综合、社会综合的城市综合管理体系。完善城市管理机制，推动管理重心下移和专业职能下沉，强化属地职能，发挥整体合力，形成权责分明、上下联动、协调有力、执法到位、运转高效的城市管理格局。深入推进综合执法改革，推动行政执法和刑事司法相衔接，依法公开行政执法的依据、内容、标准、程序和结果。落实城市管理系统考核方案，切实发挥街道属地管理职能，提升综合执法效能。加快“智慧石景山”建设，深化物联网在城市管理等方面的示范应用。打造统一的城市综合管理平台，提升城市管理科学化、现代化、精细化水平。

四、构建高端的生态文明体系

（一）目标思路

坚持把生态文明作为石景山区的重要特色和重大优势，把生态文明建设作为建设和谐宜居之都的根本出路和根本保障，融入经济建设、政治建设、文化建设、社会建设的全过程，以建设国际一流和谐宜居之都为目标，以构建形成资源节约和环境友好的空间格局、产业结构、生产方式、生活方式为根本，以合理控制人口规模、合理控制开发强度为前提，以优化空间资源开发、资源节约、环境保护、生态修复和生态文明制度建设为重点，大力推进绿色发展、循环发展、低碳发展，建设人与自然和谐共处的绿色低碳花园城区。

（二）重点任务

1. 划定生态保护线

制定最严密的生态保护规划，划定最严格的生态保护红线，执行最严格的生态保护制度，合理规划水源、噪声、绿地等生态指标，加强对城市“绿线”“蓝线”“紫线”和“黄线”的统筹规划、管理和保护。制定区域生态功能区划，重点推进西部浅山区生态保护型开发，形成城郊森林系统与城市绿地、主题公园、水域相连接的绿色生态格局。

2. 编制绿地系统规划

编制石景山区绿地系统规划，确定目标、策略及空间结构，加强园林绿化建设，形成“一山一河一轴、两心六廊、多点成网”的绿地空间格局。

3. 提升园林绿化水平

继续推进西部地区植树造林工程，以新建道路和沟渠为重点，形成带状、特色绿化系统，逐步巩固扩大西部生态屏障。实施“西绿东引”工程，推进多点分布的城市绿地建设。加强生态公园规划建设，打造特色鲜明的植被层次和绿色创意景观。制定老旧小区绿化改造计划，把全区的社区建设成为花园式社区。

4. 加强大气污染防治

落实《石景山区 2013 ~ 2017 年清洁空气行动计划》，改善能源利用结构，加快建设西北热电中心及配套工程，在全区实现清洁能源发电。关停区域全部大型燃煤设施，建设首都第三个无煤区及高污染燃料禁燃区。完善变电站等电力设施，加快重点枢纽、新建园区及老旧小区 110 千伏和 220 千伏变电站建设。大力推进天然气等优质清洁能源覆盖应用，逐步提高新能源和可再生能源在全区能源结构中的比例。进一步加快机动车、扬尘等治理力度，积极开展生产废气防治工作，持续改善空气质量。

5. 加强生态保护

加强水资源保护及高效利用，加强节水管理，建成石景山区再生水循环体系。加强生态修复治理，推进首钢厂区、热电厂等传统工业腾退土地的土壤生态修复工作，强化黑石头非正规垃圾填埋场及周边区域的深化治理及生态恢复建设。提升固体废物综合利用水平，保障新建建筑 100% 达到建筑节能设计标准，持续实施大型公共建筑、老旧小区等节能改造。

6. 动员社会广泛参与

动员全社会参与生态文明建设，实现对城市环境的精细化管护。实行企业环境信用评价制度，鼓励企业清洁生产和提供绿色产品服务。倡导绿色生态消费风尚，全方位推进绿色消费示范区建设。加强全民生态文明宣传教育，进一步营造浓郁的社会舆论氛围。

五、构建高端普惠的文化生活体系

（一）目标思路

坚持把文化作为城市的灵魂和最大特色，作为民生的高端形态，以争创国家公共文化服务体系示范区为目标，以网络健全、结构合理、发展均衡、运行有效为原则，以公共文化服务制度建设为核心，以设施网络建设为基础，以打造高端文化品牌项目为重点，以文化服务项目为抓手，以人才队伍、资金技术保障措施和绩效评估为保障，引导和鼓励全社会积极参与，大力实施“文化强区”战略和文化惠民工程，构建品牌高端、体系完善、设施便利、惠民公益的文化生活体系，使社会主义先进文化成为全区人民共有的精神家园，使石景山区成为首都文化中心功能的重要承载区。

（二）重点任务

1. 推进区域文化品牌建设

一是提升城市文化形象。打造城市文化标识系统，加强城市硬件设施的文化形象管理；制定城市品牌战略，提升石景山区知名度和美誉度。二是推进特色文化主题载体建设。推进传统工业文化、新型服务文化、西山自然文化深度融合。建设八宝山红色文化园区、八大处佛教文化园区、首钢工业文化园区、国际雕塑园文化会展园区、北京保险产业园现代金融文化园区、模式口民俗文化园区等特色主题园区。建设国家保险博物馆、中国钢铁博物馆、佛教文化博物馆、京西民俗博物馆、高端影剧院等文化载体。三是打造文化活动品牌。打造以“古城之春”艺术节为代表的群众文化活动品牌；以清明诗会、北京诗歌朗诵大赛为代表的系列诗歌诵读活动品牌；以游乐园新春洋庙会、八大处文化节为代表的区域节庆文化活动。

2. 完善区域文化设施

实施图书馆、体育场馆、街道文化中心、社区文化室、文化广场更新改造工程。2016 年，街道文化中心、社区文化室覆盖率、达标率达到 100%。区文化馆在 2020 年评估中达到国家一级馆。2020 年底实现街道文化中心、社区文化室服务项目标准化建设。整合社会资源，建设影剧院等文化场所，科学布局文化产品销售网点。提升电视技术设备水平，建成高清网络化有线电视制播体系。加强对文化遗产的保护开发利用，继续实施文物修缮工程，到 2020 年完成重点项目的修缮。

3. 创新公共文化服务体系

区级层面启动创建国家公共文化服务体系示范区工作；街道层面开展文化站评估定级工作；社区层面推进“五达标”评选，提升惠民服务能力。积极培育“一街道一品牌、一社区一特色”的地区文化活动，推动以中医药为特色的健康管理社区、奥林匹克体育文化社区建设。深入推进文化馆、图书馆、博物馆和文化站的免费服务，享受免费服务人数年增长率达到 5%。继续推进“一刻钟文化服务圈”建设。深化公共文化“菜单式服务”，创编一系列反映石景山

高端绿色发展的精品剧目。

4. 促进文化事业和产业协调发展

举办各类文化演出和文化消费活动，推动文化消费的持续增长。促进群众文化活动与光影文化季、京西消费节、文化庙会等产业项目有机结合，利用文化企业的科技创新和技术能力，提升基层文化设施的科技水平，建设石景山区数字文化服务网络平台。

六、构建高端的民生保障体系

(一)目标思路

把民生作为检验一切工作成效的根本标准，作为为之奋斗的根本目的。以提升基本公共服务水平为重点，以推进民生家园建设为根本任务，不断加大民生投入，完善公共服务运行机制，织好民生保障安全网，增强社会保障可持续能力，构建均衡均等、统筹有力、制度完善、服务高效的民生保障体系，确保到2020年全面建成小康社会，人民群众的幸福指数全面提高。

(二)重点任务

1. 着力抓好信访这一最迫切的民生问题

深入落实《关于深入开展信访代理制的工作意见》，坚持预防为主、依法合理、谁主管谁负责、职权与事权相当、综合服务原则，健全"谁主管谁负责、谁主管谁代理、谁主管谁协调、谁主管谁解决"的制度，加大信访接待制度改革，加强信访积案化解，严格督促检查。积极推进街道联合接访平台建设，推动矛盾纠纷及时妥善解决。健全大调解工作格局，提高协调化解社会矛盾的能力。构建形成渠道畅通、资源优化、便捷高效的信访工作体系，统一标准、互联互通、分级负责的网上信访体系，制度完备、程序规范、公平正义的法治信访体系。

2. 着力抓好劳动就业和社会保障这一最根本的民生问题

围绕重点产业培育和经济社会发展，明确就业增长空间规划。开展全职业生涯技能培训，全面提升劳动者素质。不断完善就业服务和政策保障体系，加强引导、鼓励创业，推动实现更高质量的就业。加大劳动维权力度，构建和谐劳动关系。在社会保障上，健全制度间的有效衔接，编织社会保障安全网，建设更加公平的社会保障体系。加强部门协作，拓展扩面征缴空间，扩大社会保险覆盖面。打造高端服务品牌，落实"职工+居民"的社会保障政策，推动社会保险和商业保险的互补互惠，加强社会救助机制建设，构建完善的保障体系。

3. 着力抓好住房和生活环境等最突出的民生问题

努力改善居住条件。调整住房和产业地产的建设时序，同一区域内的产业地产建设优先于住房建设，推动我区住房建设向产业化、高端化、配套齐全化方向发展。在坚持集约用地的基础上，增加和扩容配套设施的规模，同时确保配套设施与住宅同步设计、同步建设、同步交付使用。增强我区保障性住房建设能力，增加保障性住房的供给，并优先向棚户区改造居民倾斜，以利于加快推进我区棚户区改造工作，促进人口置换。全面改善生活环境。加强便民工程建设，满足公共服务需要，努力解决交通拥堵、停车难、社区配套设施落后和物业管理不到位等突出问题；深入落实好区领导蹲点办公、区处两级干部与困难家庭结对帮扶等制度，帮助群众解决实际困难。到2020年，进行城市公共服务设施的配置达到962公顷。

4. 着力抓好教育、医疗卫生等最普遍的民生问题

(1)办好人民满意教育。全面推进4个学区横向交接、8个集团纵向引领的集群化综合改革，严格落实《北京市石景山区基础教育设施专项规划》(2012~2020年)，构建资源优化、结构合理、公平均衡的教育空间布局体系。学前教育普惠优质发展，义务教育高位均衡发展，高中教育特色多样化发展，职业教育实现与区域转型互动发展，构建各级各类纵向衔接、横向沟通、协同发展的教育公共服务体系。

(2)提高人民健康水平。做好医疗资源的统筹规划，建设覆盖全区的3个医疗联合体，构建层次分明、功能互补、布局合理、规模适当的分级医疗服务体系。为所有社区卫生服务机构配备全科医生，居民健康档案建档率达到100%，推进全国健康促进试点区建设工作，开展以中医药为特色的健康管理社区建设。加强中医药文化建设，构建满足公众饮食用药多元化、高层次需求的食品药品安全保障体系。健全突发公共卫生事件应急机制，加强疾病预防控制，推进区域卫生信息平台建设。广泛开展全民健身活动，全面实现奥林匹克体育生活化社区升级，提高人民群众健康水平。

(3)大力发展养老事业。坚持政府主导、政策扶持、多方参与、统筹规划，建立起与人口老龄化进程相适应、与经济社会发展水平相协调，以居家为基础、社区为依托、机构为支撑的社会养老服务体系。改善居家养老环境，以社区日间照料中心和专业化养老机构为重点，通过新建、改扩建和购置，提升社会养老服务设施水平，健全居家养老服务支持体系。

七、构建高端的社会治理体系

(一)目标思路

把高端的社会治理体系作为其他体系的保障，作为社会稳定和谐、人民安居乐业的保障，作为地区文明进步的重要标志，作为深化改革的重要领域。要以党建为统领，以政府依法行政为基本方式，以社会共治为基本格局，以人为核心，以服务为宗旨，以群众期盼为导向，以一流为标准，以体制机制为保障，要健全城市综合管理体系，创新社会治理方式，完善社会治理格局，"法治石景山"和"平安石景山"协同推进，深入开展安全稳定、和谐宜居的民生家园建设，构建三级联动、多方参与、法治保障、共建共享的社会治理体系。

(二)重点任务

1. 完善社会治理的格局

建立起"党委领导、政府负责、社会协同、公众参与"的社会治理新格局。充分发挥党委在加强和创新社会治理中总揽全局、协调各方的领导核心作用，科学界定街道和职能

部门在社会管理和公共服务中的职责任务，调动和发挥好工青妇等群众组织、基层群众自治组织、各类社会组织、企事业单位的协同作用，努力形成社会治理人人参与、和谐社会人人共享的良好局面。

2. 创新社会治理的体制机制

积极推进社会治理体制机制制度创新，实现社会公共事务治理的制度化、法治化和规范化。建立社会组织管理和诚信体系，完善虚拟社会管理，健全维护群众利益机制、社会化动员机制、市场化服务机制、“重心下移、职能下沉”的管理机制和科学的考评机制。

3. 全面推进“法治石景山”建设

制定全面推进依法治区实施意见，把十八届四中全会精神和依法治国各项决策部署落实到推动我区高端绿色发展的生动实践中，推进法治政府建设，维护社会公平正义，推进法治社会建设，不断提高依法治区水平。

4. 着力打造“平安石景山”

把“平安石景山”建设置于高端绿色发展全局中来谋划，努力解决深层次问题，建立公共安全体系，落实安全生产责任，加强群众利益维护，夯实平安创建基础。

5. 大力加强民主政治建设

巩固和发展民主团结、生动活泼、安定和谐的政治局面。发挥人民代表大会制度优势和作用，加强协商民主建设，运用好统一战线这一重要法宝，发挥群团等组织的共治作用，推行社区民主自治模式。

八、构建高端的人才管理体系

(一)目标思路

牢固树立“人才是各项事业振兴发展的第一要素”的理念，坚持党管人才、立足高端、突出重点、统筹兼顾的原则，围绕高端人才的“引、用、育、留”关键环节，以发展需求为导向，以用人单位为主体，以目标任务和指标体系为依据，以政策集成和机制创新为突破，以强化平台与载体建设为方式，着力建设一套一体化管理的目标体系、政策体系、服务体系和保障体系，培养和造就一支数量充足、结构合理、素质优良、效能显著的高端人才队伍，为区域高端绿色发展提供人才保障。

(二)重点任务

构建以“五大工程”和“六个重点项目”为支撑的任务实施体系。

1. 实施体系顶层设计工程

创新和完善人才工作体制机制，形成人才工作整体合力。编制全区高端人才资源规划，为促进高端人才发展提供方向性、战略性、指导性的目标任务、实施路径和重要举措。

2. 实施高端人才聚集工程

实施“百千人才”引育计划，到2020年引进和培养100名高端人才、1000名储备高端人才。畅通人才国际化渠道，推动实施“蒲公英”计划，开辟留学人员归国第一站。建立高端人才引进绿色通道，建立“产业人才需求台账”，制定紧缺人才目录。加快高端人才载体建设，推进人才工作与经济社会发展的紧密度。

3. 实施高端资源统筹工程

统筹政策资源，用足用好用活并积极探索高端人才“引、用、育、留”的新办法、新举措。统筹科研资源，促进产学研一体化发展，鼓励重点实验室或创意工作室申报国家级和市级技术中心、中关村开放实验室。统筹项目资源，举办项目推介会、项目成果交易会，开展京津冀人才合作项目，实现人才资源共享。统筹创业资源，建立政府引导，市场运营，企业、高校和人才主体三方共同参与的人才创新创业平台。统筹资金资源，加强全区人才工作资金统筹管理，提高资金使用效益。

4. 实施高端人才培育工程

健全培养机制，探索“人才订单”式的校企联动的新型人才培养模式。实施培养计划，加强人才培育工作资源整合。建立培养基地，着力培育一批视野开阔、素质优秀的复合型领军人才。

5. 实施人才激励服务工程

创新人才激励办法，建立充满活力的激励机制。开展人才专项活动，组织建立高端人才俱乐部。支持人才服务业发展，聚集一批由高端人才领衔的人力资源中介服务团队。实施人才安心计划，在高端人才住房、子女入托入学、医疗服务等方面提供服务和保障。

6. 实施六个重点项目

编制《石景山区高端人才分类目录》，构建高端人才发展促进中心，建立以“高端人才数据库”和“石景山人才网”为核心的网络公共服务平台，形成一整套相互衔接配套和彰显区域特色的促进高端人才发展的政策体系，设立“石景山区人才发展专项资金”，建立人才创业引导基金和人才发展服务基金。

第六章　保障措施

一、强化党建统领、加强组织领导

始终把党的建设作为推进高端绿色发展的根本保证。区委、区政府成立领导小组和工作协调机构，统筹推进“八个高端体系”建设。各级党组织要加强对推进高端绿色发展战略工作的领导，全面加强党的建设，形成党建统领“八个高端体系”建设的工作格局。全区各单位、各部门要通过精神家园建设，把高端绿色作为共同标准、共同目标、思维方式和工作追求。各级领导干部要按照“四有”和“三严三实”要求，励精图治、敢于担当，成为高端绿色发展战略的坚定组织者、推动者、实践者。

二、强化责任担当，狠抓任务落实

建立领导责任制，明确推进高端绿色发展战略的牵头领导、牵头部门、责任部门和重点任务、完成时限、工作标准。细化任务分工，层层传导压力，层层分解落实。按照总体方案和“八个高端体系”建设任务，分别制定各阶段工作

计划和年度任务清单,把目标任务细化、量化、具体化,形成"目标、任务、时间、步骤、责任"一体落实的"路线图",做到"八个高端体系"建设3个阶段和年度工作有目标、有计划、有时限、有标准、有人抓、有人管、出成果。

三、强化力量整合,形成整体合力

举全区之力,聚万众之智,共同推进"八个高端体系"建设。坚持区委、区人大、区政府、区政协"四套班子一起上、四个轮子一起转"。充分发挥人大和政协等民主政治建设的主力军、主渠道作用,支持人大依法有效地行使决定权、积极有效地行使监督权,支持政协进一步完善协商民主制度和工作机制,深入推进协商民主广泛多层制度化发展。充分发挥统一战线在协商民主中的重要作用和工会、共青团、妇联等人民团体的桥梁纽带作用,广泛团结和凝聚社会各界的力量和智慧,齐心协力推动"八个高端体系"建设。

四、强化督查考核,确保取得实效

把"八个高端体系"建设情况列入区委、区政府重要研究议题,定期听取汇报、督促推进落实。把"八个高端体系"建设推进情况列入年度目标任务督查考核,根据年度工作目标,确定考核重点内容和考核权重,以考核推进任务落实。加强过程监督和绩效管理,按照分解任务、完成时限,建立工作台帐,进行动态管理、实时督查。区委督查室、区政府督查室和区监察局要加强日常考核,确保各项任务落到实处,取得实效。

课题组组长:牛青山

副 组 长:夏林茂 文 献 种 磊

责 任 单 位:区委区政府研究室

课题主要成员单位:区委组织部、区委宣传部、区发展改革委、区科委(园区)、区社工委(区社会办)、区规划分局、区人力社保局

破解人口资源与环境问题
推动石景山区高端绿色发展研究报告

一、前言

2014年2月26日,习近平总书记在北京市考察工作时指出:首都工作务必坚持以人为本,坚持可持续发展,坚持一切从实际出发,贯通历史现状未来,统筹人口资源环境,让历史文化与自然生态永续利用、与现代化建设交相辉映。这一重要指示,是在北京人口增长速度过快,资源环境压力加大的背景下做出的,直接指向北京的"城市病",同样也适用于石景山区发展转型中的人口资源环境问题,对于指导石景山区可持续发展具有重大而深远的意义。课题组从历史现状视角出发,统筹考虑当前石景山区人口资源环境情况,将研究目标聚焦到核心问题上:石景山区人口资源环境的现实矛盾主要体现在哪几个方面?造成这些问题的深层次原因又是什么?怎么全面、系统、有效地解决这些问题?如何实现人口资源环境的协调发展?如何保持石景山区可持续发展与高端绿色发展的同步?这些都是本课题所着力研究与解决的。

二、石景山区流动人口发展与治理

(一)石景山区流动人口发展现状与问题

1. 横向角度

将石景山区流动人口发展情况置于北京城六区中进行对比(注:流动人口指的是离开户籍所在地到其他地方居住的人口,由常住外来人口与暂住人口组成。而暂住人口所占比例有限,故本文中的流动人口指的是常住外来人口,指不具有本市户籍户口,来自北京市行政区划以外地区,且在京居住半年以上的人口)。表1给出的是2012年与2013年北京城六区的流动人口发展情况对比情况。

表1 2012~2013年北京城六区流动人口发展

地 区	2012年常住人口总数(万人)	2012年常住外来人口(万人)	2013年常住人口总数(万人)	2013年常住外来人口(万人)	2013年常住外来人口比例(%)	辖区面积平方公里	2013年常住外来人口密度每万人平方公里
东城区	90.80	21.20	90.90	21.00	23.10	41.84	0.5019
西城区	128.70	33.30	130.30	34.40	26.40	50.70	0.6785
朝阳区	374.50	169.50	384.10	176.10	45.85	470.80	0.3740
丰台区	221.40	83.70	226.10	85.00	37.59	304.00	0.2796
石景山区	63.90	21.40	64.40	21.40	33.23	86.00	0.2488
海淀区	348.40	138.40	350.10	141.20	40.33	426.00	0.3315

资料来源:北京市统计局。表中的外来人口指的是常住外来人口。在现有统计口径中,流动人口和非本地户籍常住人口合称外来人口,流动人口占常住外来人口的绝大部分。

石景山区是唯一一个保持常住外来人口总量零增长的区县。2013年北京市常住外来人口总数为802.7万人，同比增长3.7%。在这样的大环境下，城六区的常住外来人口总量同比增长5.6%，但东城区和石景山区却实现了常住外来人口的负增长和零增长。

从北京城六区角度来看，石景山区的流动人口发展处在一个较为合理与稳定的阶段。

2. 纵向角度

2008年，石景山区流动人口总量达到历史高峰。随着后奥运时代的经济转型步伐加快，石景山区经济发展方式发生了明显改变，流动人口总量增速明显放缓。从2009年开始，全区流动人口总体上保持平稳，并出现了小幅下降态势。近两年，随着石景山区产业布局的调整和流动人口管控力度的加大，全区流动人口规模基本保持零增长的态势。截至2013年末，全区常住人口总量64.4万人，其中常住外来人口21.4万人，与2012年水平持平。从历史发展角度来看，石景山区流动人口发展保持平稳且总量增速逐步降低的态势。

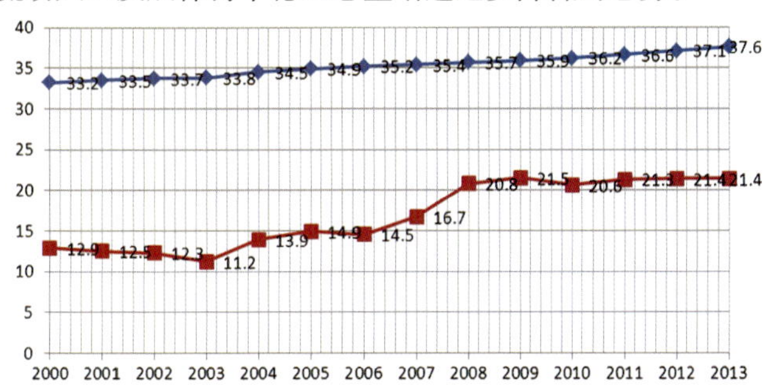

图1　2000～2013年石景山区常住户籍人口与常住外来人口变动情况
数据来源：石景山区统计局

3. 结构角度

从空间分布结构来看，石景山区流动人口分布非常不均衡。根据数据显示，全区流动人口主要集中在中东部地区，西部地区相对较少。全区下辖9个街道，其中东南部和中部的鲁谷社区、苹果园街道、八角街道、古城街道、八宝山街道5个街道集中了全区77.6%的流动人口，其中东南部的八宝山街道、老山街道和鲁谷社区集中了全区47%的流动人口。在全区9个街道中，鲁谷社区流动人口规模最大，为42539人，是全区流动人口最多的街道。与流动人口规模最小的广宁街道相比，鲁谷社区的流动人口规模是广宁街道的4.5倍。

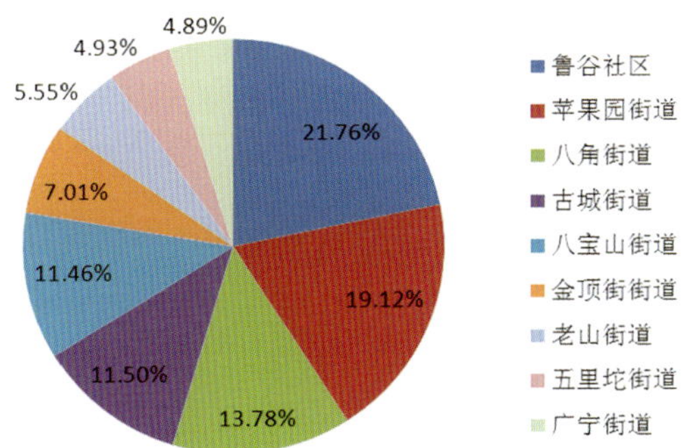

图2　石景山区各街道社区流动人口占比
数据来源：石景山区流管办

在上述流动人口规模较大的街道和社区，出现了流动人口过度集聚的问题，部分区域流动人口规模超出常住户籍人口规模的2～3倍，人口倒挂现象严重，如衙门口南社区、边府社区、老古城社区等(如图3所示)。

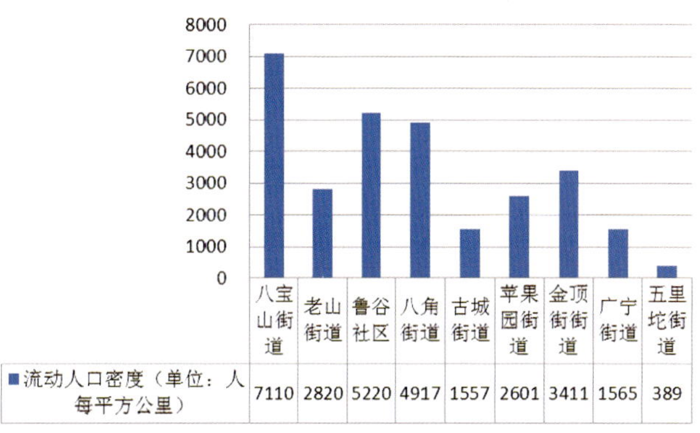

图3　石景山区街道社区流动人口密度
数据来源：石景山区流管办

从流动人口的自身结构来看，石景山区流动人口的主力军还是17～50岁年龄段的初级劳动力为主。据表2、3显示，流动人口中17～50岁的青壮年人口比例为81.46%，特别是17～35岁的青年人口占比接近一半。从教育层度来看，流动人口受教育程度近年有较大幅度提高，但仍主要为初高中文化水平，共有151043人、占到流动人口总数的71.25%，其中初中以下学历水平的比例为62%。

表2　流动人口年龄结构分布

年龄	0—6岁	7—16岁	17—35岁	36—50岁	51—59岁	60岁以上
人数(人)	2441	5181	97404	61878	14531	18104
百分比(%)	1.25	2.65	49.81	31.65	7.43	7.21

数据来源：石景山区流管办

表3　流动人口教育程度情况

教育程度	小学	初中	高中	专科	本科	其他
人数(人)	8764	112471	38572	15565	13992	6166
百分比(%)	4.48	57.52	19.73	7.96	7.16	3.15

数据来源：石景山区流管办

从数据上来看，石景山区流动人口中存在着大量的非正规就业。数据显示，全区流动就业人口中已签订劳动合同的41116人，未签订劳动合同的77004人，非正规就业比例高达65.19%。由于大部分非正规就业人员主要依靠体力，从事简单的生产和服务，劳动报酬低。工作的内容和性质又决定了从业者很难在工作过程中获得提高自己劳动技能的机会，难以享受有效的法律保护，也缺乏足够的法律监督，并且无法摆脱"低技能、低收入"的陷阱。不仅如此，非正规就业带有普遍的临时性和季节性，这样导致流动人口的流动性更加增强，给流动人口管理带来了更多的问题。

从以上分析可以得到如下结论：石景山区流动人口发展处于总体平稳、增长平缓的阶段，局部地区流动人口问题

较为突出,流动人口内部结构中一些矛盾较为明显,尤其是局部街道和社区流动人口过度集聚问题,已经成为当前石景山区流动人口发展中一个突出的矛盾。这些问题与矛盾通过各种机制扩散、放大,成为制约石景山区经济社会发展的阻碍因素 。

(二)部分地区流动人口过度集聚的原因分析

1. 宏观因素

第一,北京社会经济发展对外来劳动力的需求长期存在。从表4可以看出,北京市本地居民的从业状况表现为"三多""三少":脑力劳动者多、体力劳动者少;第三产业从业人员多、基础服务业从业人员少;"国有经济""集体经济"从业者多,"私营、个体"从业者少①。而在京外来人口的就业状况可以概括为"六多":体力劳动者多、基础服务业中的就业者多、低工资就业者多、"拾遗补缺"性就业者多、周期性和季节性就业者多、"脏、累、差、险"工种的就业者多。

表4 北京户籍人口与常住外来人口的从业分布

按行业分	北京户籍人口从业分布	北京常住外来人口从业分布	从业人口总量	外来人口所占比例(%)
农、林、牧、渔业	3.00	11.8	14.8	79.69
采矿业	6.80	1.7	8.5	19.53
制造业	138.60	69.0	207.6	33.24
电力、燃气及水的生产和供应业	9.30	3.9	13.2	29.76
建筑业	58.70	50.4	109.1	46.21
交通运输、仓储和邮政业	63.30	15.3	78.6	19.48
信息传输、计算机服务和软件业	66.70	20.5	87.2	23.49
批发与零售业	113.50	84.9	198.4	42.79
住宿和餐饮业	44.70	64.0	108.7	58.88
金融业	33.40	4.8	38.2	12.61
房地产业	46.40	8.7	55.1	15.74
租赁和商务服务业	95.90	22.2	118.1	18.81
科学研究、技术服务与地质	67.90	5.1	73.0	6.92
水利、环境和公共设施管理业	10.20	1.7	11.9	14.00
居民服务和其他服务业	15.70	47.8	63.5	75.28
教育	46.90	6.5	53.4	12.09
卫生、社会保障和社会福利业	23.90	2.5	26.4	9.57
文化、体育与娱乐业	19.70	11.8	31.5	37.48
公共管理与社会组织	43.10	7.1	50.2	14.18
国际组织	—	—	—	—

数据来源:《北京统计年鉴2013》和北京市公安局资料

注:国际组织从业人员情况暂缺

第二,石景山区城市功能集中带来明显的人口集聚效应。根据数据显示,北京城六区中相关事业的劳动力占比仅为7.65%,但从部门的就业带动效应来看,其带动的上下游产业就业数量就显得十分可观。从现实情况来看,石景山区集聚了一批中央行政单位、军队机关、国家体育运动组织和高科技研发机构,虽然这些单位的就业人数总量有限,但为这些就业岗位生产生活服务的劳动力主要是流动人口,经过就业乘数的放大,总体规模较大。由此可见,第三产业的就业带来的引致就业不容忽视。

2. 微观因素

第一,产业布局调整。石景山区经济的快速发展带来了产业结构和城市支柱产业的变化,二三一式的工业经济时代的产业结构逐渐被三二一式的知识经济、信息经济社会的产业结构所取代。在产业结构调整中带动了生产要素的转移,给远郊区带去先进的技术和急需的资金,带动地区产业结构升级,引起就业结构变化。产业结构变迁必然导致产业区位变迁,产业结构的升级和功能转换直接推动石景山区经济的发展,从而促进了石景山区流动人口集聚。

① 需要注意的是,北京农业外来劳动力比例较大,主要原因是北京社会保障水平较高,本地农业人口从事农业活动的意愿不高,而是通过各种形式将经营活动转租出去。

第二，区位环境因素。石景山区具有首都城市拓展区中独特的区位优势，可开发利用的土地资源较多。石景山区处在长安街的西向延长线上距市中心仅 14 千米，区位优势明显。石景山区位优势的另一大体现就是处于北京城六区的就业次中心辐射范围内。这对于本市就业人口的居住有着较大的吸引力，同时也对流动人口具有很大的吸引力（如图 4、5 所示）。

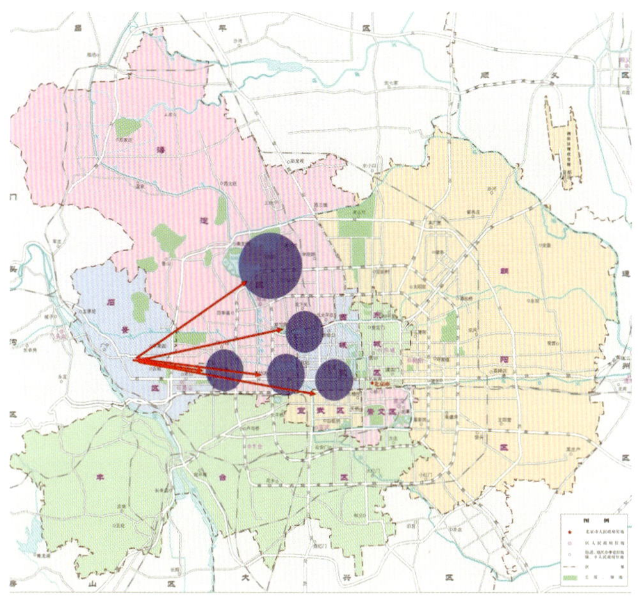

图 4　石景山区与西部就业次中心的空间距离

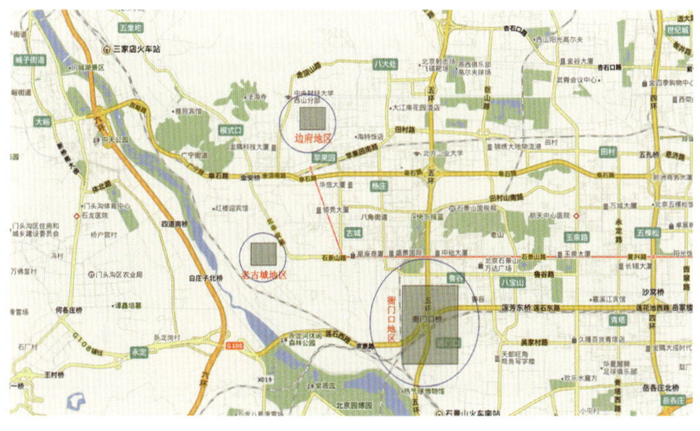

图 5　石景山区典型的流动人口集聚区与十五分钟步行圈

第三，居住成本因素。流动人口的居住地决策与选择中一个很重要的因素是成本因素。根据流管办的数据，在流动人口的各种外出原因中，务工经商是首要动因，占到 61.8%；从过去 10 年的情况来看，流动原因变动最大的是“务工经商”，由 28.9%上升为 61.8%；减幅最大的是“拆迁搬家”，从 28.8%降到 1.2%；此外，“工作调动”增多而“学习培训”减少。可以看出，流动人口仍然以获取较高的经济收入作为流入石景山区的主要考虑因素。

（三）石景山区流动人口发展的总体思路与对策建议

1. 总体思路

从首都发展的战略高度去审视流动人口发展。在具体实践中，石景山区流动人口工作本着“用好存量、控制增量，分布优化、服务到位”的思路发展。

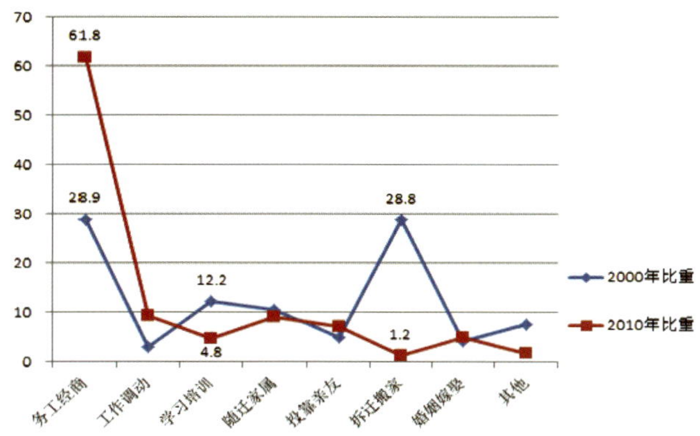

图 6　2000 年和 2010 年流动人口流动原因构成比较
数据来源：石景山区流管办

2. 对策建议

（1）加强“以业控人”力度

首先，提高新增产业项目准入门槛。构建以高端服务业为主导的产业体系，使经济发展更好地服务于城市战略定位。根据《石景山区鼓励类服务业指导目录》，提高招商引资门槛，严把产业准入关。其次，加快调整退出不符合功能定位的产业。根据我区低端产业调整退出方案，对不符合首都和我区功能定位的存量产业，通过技术改造升级一批，通过市场化的手段转移退出一批，对难以符合标准的产业加快淘汰一批。规范异地经营行为，对在我区办公的非本区纳税企业进行清理整顿。第三，加快服务业的调整升级，重点发展对石景山经济增长贡献较大，同时对外来就业人口需求较低的行业。重点扶持现代服务业，依托信息化和规模化经营，提高劳动生产效率，降低第三产业发展对劳动力的吸纳。第四，制定并细化生活服务业各行业的准入标准，以规范、标准、品牌化为方向，提高准入门槛。将生活服务领域经营准入管理与房屋管理结合起来，通过严厉打击违法建设、违法经营，遏制生活服务业的小、散、乱现象蔓延。

（2）提高流动人口集聚成本

第一，加快现有城中村改造力度。石景山区的城中村改造工作进入了攻坚阶段，要通过规划带动，通过高水平规划，高标准设计，确保通过改造形成一个现代化的生活片区，做好产业接续工作；要加快拆除存量违法建设，把拆除存量违法建设作为主要抓手，重点加强对流动人口聚居大杂院、废品回收大院等违法建设的查处。

第二，从严治理无证无照经营行为。严格查处、取缔无证无照违法经营行为是打破次生经济圈链条的有力手段。坚决打击各类黑中介、小广告等行为，坚决清理整顿小歌厅、小网吧、小洗浴、小旅馆、小市场、小餐饮和“小作坊”式生产加工企业等“七小”场所，坚决停业整顿生产经营、仓储、人员居住为一体的“多合一”场所。加强各类市场的规范化管理，严格查处超审批面积经营行为。规范再生资源回收利用，全面取缔无证无照再生资源回收站点。探索由

街道整合辖区各类监管和协管力量，强化工商、城管、卫生、环保、食品药品监督、公安、消防等相关部门执法联动机制，加强源头治理。

第三，加强房屋出租管理。现在石景山区还有近12万平方米的出租屋。健全投诉服务机制，切实加大对不按规定登记、存在安全隐患、利用出租房屋从事非法或违法行为等执法力度，规范房屋租赁市场秩序。加大对房屋业主主体责任的监管和约束，对业主违反规定改变房屋使用性质、改变房屋主体结构等违法行为依法查处。加大对房地产经纪机构非法经营行为整治力度，坚决遏制违反出租房屋人均居住面积标准(5平方米/人)的“群租”行为。严格执行《北京市人民防空工程和普通地下室安全使用管理办法》，加大对地下空间的整治力度。探索余量定向安置房趸租模式，引导安置房批量、规范出租，提高出租房屋规范化管理水平。

(3)加强城中村改造中流动人口管理工作

第一，积极引导城中村改造中流动人口的流动，建立适应石景山区实际情况的人口流动引导体制机制，实现城中村改造进程中流动人口有效安置与有序流动。城中村改造并不是简单地“挤出”流动人口将其推向社会，而是通过政府引导使其有序安置，通过市场选择使其有效流动。

第二，积极发展城中村流动人口自组织，逐步建立并完善流动人口参与式管理机制，坚持政府职能部门在流动人口管理与服务中的主导作用同时，利用流动人口自组织的自我管理、自我教育、自我服务，有效弥补政府单一式管理的不足。

第三，切实保障城中村改造中流动人口合法权益，在充分考虑首都经济社会发展状况和城市的综合承载能力的基础上，妥善解决城中村改造进程中流动人口的社会保障、子女就学、社会融入等问题。

(4)相关配套措施及时跟进

第一，发挥居住证的管理作用。加快研究与居住证制度实施相配套的各项政策措施，强化外来务工人员自觉履行居住登记的意识，切实发挥居住证在人口管理中的作用。

第二，加强外来人口用工管理。规范用人单位用工行为，实行单位法人负责制，加强对用人单位行为的日常监督，对使用外地务工人员特别是外地农民工的单位定期进行执法大检查。鼓励用人单位招用本区劳动者，完善优惠政策，促进本区劳动力自谋职业、自主创业、灵活就业。

第三，加强适龄儿童入学管理。坚持以公办学校接收为主，将常住人口纳入区域教育发展规划，提高非本市户籍适龄儿童、少年义务教育管理水平，做好义务教育“五证”证明材料审核工作，严把非本区户籍学生入学关。坚持“扶持一批、审批一批、取缔一批”的工作思路，加强对自办学校和幼儿园的管理。

三、以集体土地高效利用控制低端流动人口的聚居

(一)石景山区流动人口聚居区的现状特征

1. 人员构成

石景山的流动人口聚居区多数属于混居型聚居区。这类聚居区主要成形于进城农民基于谋生营利目的而做出的共同区位选择。尽管在局部区域内某些居民可能仍会因为传统乡土观念的影响而形成小规模的缘聚型群体组织。

2. 就业结构

需要自己解决住宿问题的个体工商户、私人老板及其雇工，还有不少散工(也包括部分中高收入的蓝领和白领成员)选择自发聚居的方式，这就使聚居区居民在总体结构上呈现出了以第三产业从业人员为主、第二产业从业人员为辅的就业特征；而且从就业场所来看，这些从业人员基本上都流向了体制外的非正式部门(如私营、个体和集体企业)。

3. 土地使用

居民的生产经济活动和日常生活起居在空间上往往都是相互渗透和难分彼此的，这就使聚居区在土地使用上更多的呈现出了一种产业化和复合化的特性：以居住用地为主，同时交织混杂了相当规模的工业用地、商业用地或是服务用地。

4. 空间布局

石景山的农村社区(流动人口聚居区)有许多都是在内外因素的交互影响下自然生长起来的，并在长期的积淀和演化过程中逐步形成了自己富于特色和生机的空间布局。然而随着大量外来人口的涌入和聚居，村落的传统格局开始受到不同程度的冲击和影响，应因此形成了一批在空间布局上已有所异化的流动人口聚居区。空间布局的形成又与所在村落的房源供应情况密切相关。

表5 流动人口聚居区空间布局的四类原型分析

空间布局	出租房源供应	主要特征	与流入社区原有格局的关系
类型Ⅰ	当地居民压缩自己生活空间而腾出来的原建房	与流入社区原有的空间布局特征基本上保持一致	在很大程度上维系了原有的空间特征和布局现状
类型Ⅱ	当地居民为出租谋利而新建、扩建或改建的房屋	建设布局随意无序，空间组织零散混乱，缺乏整体的秩序和有机的机构	会给社区的现有布局、空间景观及交通环境带来严重损害
类型Ⅲ	村委会(或权力方)出面统一建设的对外出租房(或公寓)	一般采用联排式布局，建筑之间缺少空间围合，组织简单明了，有方向性	未给社区的原有格局造成太大的反差和破坏
类型Ⅳ	由外来人口参与投资建造、并实行自我管理和服务的新租区	道路结构整齐划一、建筑多采用联排式和行列式相结合的兵营式布局，建筑形象缺乏识别性	独立于社区原有格局之外的自成体系的集中式布局

石景山流动人口聚居空间分布多属于类型Ⅱ。当外来人口租赁的是当地村民专为出租谋利而新建、扩建或改建的房屋时,形成的多是一种缺少规划控制的无序化空间布局。

5. 居住环境

流动人口在居住空间上化为了与当地社区彼此混杂而又不可分离的一部分,这使有限的空间和土地负载了过多的外来人口,不可避免地导致了聚集区居住环境的大面积恶化,主要表现为几个方面:一是严重的超标违章建设行为,居民们为了扩容有限的空间并从房屋出租甚至拆迁中谋利,在压缩自己生活空间的同时,新建、扩建或改建私宅以供出租;二是建筑质量较差,多数违建质量低劣、材料简易,在隔热、防火、通风等方面均存在明显缺陷,不但挤占了有限的绿地、院落和道路,还严重地破坏了社区的空间布局和景观环境;三是居住空间的超负荷使用。除了沉重的居住压力外,居民们缺少长期居住的打算和降低居住成本的考虑,也是两个重要原因。

(二)石景山区流动人口聚居区形成的原因分析

1. 经济价值原因——改造开发的视角

流动人口聚居(城中村)的形成和问题的凸显,是一个发展的过程。只有改造的收益明显大于改造成本时,改造主体(政府或开发商)才会着手进行改造。以时间为自变量(x),以改造成本和改造收益分别做因变量(y),则可以构建两个函数:

成本函数:$y_1 = f_1(x)$

收益函数:$y_2 = f_2(x)$

首先是成本函数的截距大于收益函数的截距,即在流动人口聚居区的初级发展阶段,改造的成本明显高于改造的收益。其次是这两个函数都是上凹的曲线,即随时间推移,成本和收益都呈加速增长的态势。但两条曲线相比较,在同一时点,收益函数的导数应大于成本函数的导数。其内涵式收益的增长速度要快于成本的增长速度。这样,两条曲线就会在某一点交叉,其内涵就是此点后,收益就超过成本,于是改造提上日程,流动人口聚居区的发展开始得到遏制。

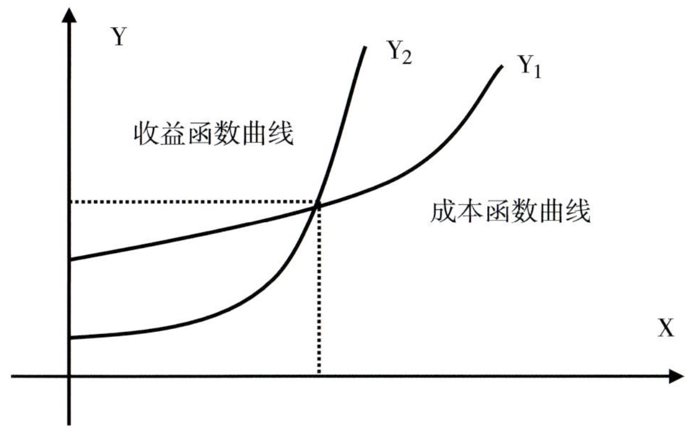

图7　改造成本收益的动态变化

2. 制度原因——二元土地制度

二元的土地制度,即农村土地集体所有制和城市土地国家所有制,是产生流动人口聚居区的核心原因。尽管是在城市,但却形成了国有土地所有权和集体土地所有权两种差异明显的城市内部土地使用的二元结构,国家可以征用作为农民生产资料的农用地,但难以征用作为农民生活资料的宅基地。政府由于无法在短期内承担转换城乡分割的二元管理体制所带来的成本,如高额的土地和房屋拆迁补偿,农转居后居民的城市社会保障以及失地村民的就业安置等问题,导致在城市建成区向外扩展时,城市化建设采取了“绕道”的形式,避开农民的居住点。

3. 现实原因——转居不征地的矛盾与问题

“转居不征地”导致一系列现实矛盾和问题。“先转居后征地”是石景山区整建制农转居的创新之举,正是由于先期绕开了土地问题,才使得石景山农转居工作全面铺开。但是,由此也引发一系列矛盾和问题,主要体现在几方面:一是集体土地不能全部变性为国有,加大了土地利用的审批难度。市国土局也已于2005年正式向市政府提出请示,建议将石景山区的集体土地全部变更为国有土地,土地类别和用途不变,土地的使用权和收益权仍归属原集体经济组织,但是市政府一直没有批复。二是集体土地的开发利用缺乏总体规划,进展缓慢。“整地零用、贵地贱用、公地私用”现象仍然存在;已开发利用的土地,土地产出效益低,可持续利用程度不高;土地管理的主体缺位,有的还存在三级管理方式(如黑石头地区),这给集体土地的利用和流转造成很大障碍。三是土地资产难以量化,不利于资产处置。按照现有的资产处置办法,土地价值的量化只能在土地被征用获得补偿以后才能实现。如果土地不能确权和量化,农转居人员“资产变股权”就不可能真正实现。

(三)石景山区集体土地分布特点

石景山全区面积84.32平方千米,集体土地1571公顷(其中农用地759公顷,建设用地783公顷,未利用地29公顷),占全区总面积的18.63%。在北京市总体规划(2004～2020)中,全部规划为城区。2003年石景山区1.56万名农民一次性转为城市居民,成为北京市第五个没有农民的城区,但这仅仅是“户口翻篇”,农民集体经济组织还存在,集体土地的管理仍然沿用旧有的模式。

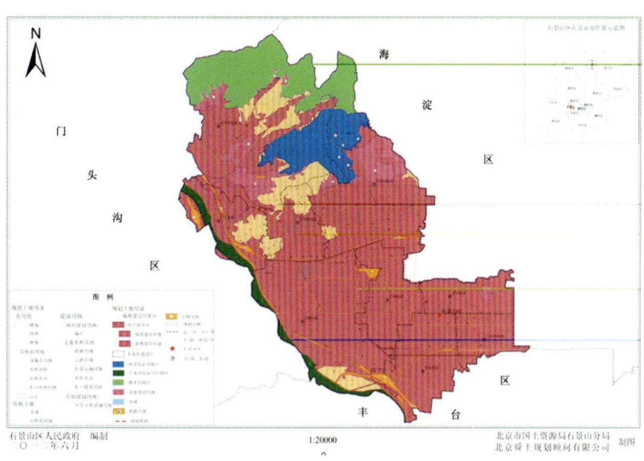

图8　石景山区土地利用总体规划图

1. 集体土地所占比例不高，但类别齐全

由于城市建设需求，规划集体土地所占比例不高，但土地类别却很齐全，占全区总面积18.63%的1571公顷集体土地中，农用地、建设用地、未利用地分布齐全，耕地、园地、林地、坑塘水面、荒草地等各三级类土地也很丰富。

2. 集体土地分布零散

在以往城市建设过程中，土地的开发主要是单体项目的零散开发，集体土地被无序分割，宗地面积小，农用地尤其明显。在靠近城中心的地区，还出现不少面积只有几十平米的边角地。石景山区1571公顷的集体土地分散于全区12个农工商公司，且每个农工商公司都分布有农用地（其中10个农工商公司有耕地），只是相对靠近城中心、经济发展快的农工商公司，集体土地少，农用地也少，且农用地宗地面积小，呈零星分布状态，相对宗地面积较大的集体土地是原农民居住的村落。

（四）北京市流动人口聚集区开发改造模式及经验借鉴

1. 朝阳区南磨房乡产业升级

朝阳区南磨房乡采用房地产开发和产业经营“两手抓”的对策，实现了乡集体经济强劲和可持续发展的阶段性目标。南磨房乡由原自主经营、厂房出租的低端瓦片模式，转为成立乡属华瀚投资集团、统一管理集体产业用地的所有产业项目的高端瓦片模式，采用商业化管理，保障了产业项目的专业化、规范化运作，取得了突出成效。

2. 海淀区东升乡利用集体自有地建设高科技产业园区

2009年初，海淀区和东升乡政府对该地区进行重新定位，实施“退二进三”战略，通过“关停并转”等方式对中小型乡办、村办企业进行搬迁，依托区域科技资源优势，主动重组、淘汰落后的乡镇企业，腾退、整合土地资源等方式整合出产业用地120多亩，再利用该地规划建设高科技产业园。同时，对于农民利益保障方面，随着农村集体经济股份制改造的完成，将集体资产以股份形式量化到个人，使农民真正成为园区的股东，保障了农民的利益，为乡镇产业用地和城乡一体化建设探索了一条新途径。

3. 经验借鉴

一是利用区位优势进行产业结构调整。流动人口聚集区的区位优势明显，因此，利用得天独厚的区位优势，因地制宜进行合理的产业定位，需要认真研究和调研。二是自主投资、自主开发建设、自主运营管理，成立公司，实行政府引导，公司化运作。三是设立企业入住门槛，对入住企业进行审核，保证企业质量，形成产业集群效应。四是由区政府统筹解决各集体利益分配问题。

（五）石景山区以集体土地合理利用管理管控流动人口的五大措施

1. 措施一：通过集体土地国有化改制对聚居区进行统一规划、管理和建设

（1）土地国有化改制的内容

集体土地国有化改制是指集体经济比较发达、整体建设水平比较高的城市周边地区或城市内部的村镇在城市化过程中，以农村集体经济组织成员全部由农民转为市民并实现村镇建制的过渡为前提，通过行政命令的方式将原属农村集体所有的土地整体性、一次性转为国有，并基本不改变土地用途和使用权归属。

（2）集体土地国有化改制的法律依据

1998年国家修订了《土地管理法》，随后国务院根究修订的《土地管理法》制定了《土地管理法实施条例》。《条例》第2条第5项明确规定：农村集体经济组织全部成员转为城镇居民的，原属于其成员集体所有的土地属于全民即国家所有。这一条款应当说是城中村集体土地国有化改制的最重要的法律依据。

（3）集体土地国有化改制的特点

改制具有整体性、一次性特点。与土地征用不同，不是以进行特定开发建设为目的，而是在满足了一定条件后，通过政府命令方式一次性的完成一个或多个农村行政区所属的土地改制。改制后，土地用途不变、原土地使用者在实体上亦不发生改变。在撤销村建制同时，原集体经济的土地使用权由改制后的股份公司享有。补偿方式灵活。改制实现后，国家对农村集体经济的补偿是以多种非有形方式实现的，也可能不是一次性的补偿。首先，原土地使用者保留使用权，继续按原有方式生产经营；其次，通过土地房屋的国有化，在集体房地产和国有房地产价差明显的情况下，村民房屋得到飞跃式升值；并且原集体房产实现了自由交易流转，有效盘活了资产，显化了房地产的市场价值，村民房屋的市场价值实现第二次飞跃式激增；再次，国有化的房地产在拆迁时将按城市房屋拆迁补偿标准进行。

（4）集体土地国有化改制的主要路径

实现土地国有化改制主要经过完成以下三个转变：一是户籍转变，目前石景山区已经完成“农转居”；二是经济实体转变，即原来由村委会管理的集体经济实体改为由集体法人股东和个人股东持股的股份制公司；三是村委建制转变，撤销原村委会建制，以居民委员会代之。在实现上述三个转变之后，应将集体土地实现国有化，将原有村民私产统一改制为城镇房产，纳入城镇统一的房屋管理体制中。政府对改制后的土地使用权人核发国有土地使用权证，如该土地房产进入市场、改变用途或改建扩建时，使用权人应按规定补交出让金及有关税费。

（5）石景山区土地国有化改制的实际情况

北京市国土局和规划委认定石景山地区的实际情况是，“按照2005年3月4日国务院法制办、国土资源部关于对《中华人民共和国土地管理法实施条例》第2条第5项的解释意见，石景山区在整建制转居后剩余集体土地仍为集体经济组织所有并按原用途使用，一次性转为国有不符合该解释意见。如需建设，应在取得发改、规划等部门相关审批文件后，依据土地利用总体规划、城市规划、土地利用年度计划按程序办理农用地转用及集体土地征收、占用手续。”

2. 措施二：引入以政府为主导的土地储备机制统筹安排聚居区的改造

政府通过土地储备，统筹安排转居农民的生产生活问题，顺利完成从以地为生的农民到城市居民角色转换的平稳过渡，对"城中村"及周边集体土地进行一级开发，牢牢地垄断土地一级市场，可充分发挥宏观调控作用，用供给引导需求，实现土地资源的合理利用和优化配置，引导城市的有序发展和经济的有效增长。

根据区域经济发展规划，政府对全区"城中村"统一制定改造计划、规划、税费减费和拆迁补偿等政策，通过土地供应、规划、税费政策和搞好基础设施建设来支持改造。并配合经济发展速度，可按优先考虑中心区和风景旅游区等特殊区域的顺序，按改造计划稳步推进。充分利用土地储备机制，搭建"城中村"改造的投资平台，严格按城市规划和改造计划，吸引外来投资参与"城中村"的改造，也可以支持当地村集体经济组织参与其中，以加快改造进程。

3. 措施三：探索"征转分离"的制度创新路径化解集体土地开发利用中的难题

(1)"征转分离"的实施背景

在现行的"征转同步、先转后征"的土地审批制度中，土地征收和转用的审批环节比较复杂且行政效率低下。具体来看，一个新增建设用地项目，需要经过用地预审、农地转用、土地征收、供地等多个环节，才能取得对土地的使用权，并且通过自下而上的层层申报，要完成整个审批程序需要时间较长。针对上述问题，"征转分离"作为对现有制度的改革创新应运而生。

(2) "征转分离"的制度创新优势

第一，土地"征转分离"最大的特点是整体征收，分批转用。征收与转用相分离，这就优化了土地审批程序，减少了不必要的环节和材料要求，从而使得审批时间大大缩短，一定程度上提高了农用地转用效率，扩大了土地供应量。同时，保证了重大项目建设的顺利开工，提高了政府的行政效率。

第二，加快了资金周转，拓宽了融资渠道。在"征转分离"制度下，对土地先行征收，在完成农用地转用审批后，为了盘活土地资源，可将土地用于各种融资活动，从而加快资金周转、提高资金的使用效率。

第三，降低征地成本，化解征地双方矛盾。实施先征后转、成片征拆、征地补偿安置资金前置制度，可有效的降低征地成本和相关费用，缓解征地矛盾。具体来收，通过对农村集体土地先统一征收、拨付补偿款，然后统一将其转为建设用地，为失地农民提供了定心丸。这些都在很大程度地缓解了征地、拆迁安置的矛盾。

第四，在"征转分离"制度下，对农用地、未利用地先进行统一征收、再适时转用，这有利于防止耕地的大量流失。具体来看，在农地、未利用地转用前，土地管理部门将征收的土地统一分配给农民耕种，这不仅仅避免了土地的闲置，提高了耕地利用率。同时，还能充分利用土地集约化方式，实现传统农业分散经营向现代农业规模化经营的转变，提高了农业的产出效率。

4. 措施四：引导集体经济组织的资产管理公司与政府合作参与开发

从利益相关者角度看，目前各农工商和农转居民对土地依赖性强，在就业方面，缺乏适应性而变得急功近利，在收入方面，对补偿期望高，攀比心理及行动盲从性大，情绪容易被煽动。各集体经济组织虽然身处竞争激烈的市场经济前沿，但仍然缺乏开拓进取的自主精神，创业冲动和风险承受力相当弱，依赖保守的心态还根深蒂固地留存于他们的意识深处，且内部组织复杂，封闭狭隘的小农意识痕迹明显，利益协调工作较复杂。

要积极引导集体经济组织的资产管理公司与政府合作，以多种方式参与土地一级、二级用发，通过各种渠道实现保留部分所有权或参与开发分享增值收益的意愿。主要有以下几种方式：

(1)部分占股合作投资方式

指政府委托的实施主体区城投公司与集体经济组织股份制改造后的资产管理公司合作成立一个新的一级开发公司，作为一级用发的实施主体。区城投公司进行控股，集体经济组织以征地补偿费用作价入股，按照市场化运作完成土地一级用发所有事项。这种方式降低了资金筹措难度，与集体经济组织分享了土地一级用发利润，提高集体经济组织积极性，弥补了集体经济组织开发经验的不足，有利于推进一级用发的速度。

(2)全部股权投资方式

指政府委托集体经济组织股份制改造后的资产管理公司为一级开发的实施主体。按照市场化运作完成土地一级开发所有事项。这种方式减少了项目启动成本、盘活了集体经济组织闲置资金，分享土地一级开发利润，有利于推进一级开发的征地拆迁速度，提高集体经济组织积极性。

(3)投资方式

指集体经济组织股份制改造后的资产管理公司以债的方式参与一级开发，用富余资金以及征地补偿费用借款给土地一级开发实施主体，从而以间接的方式快速稳定实现低风险的高收益。这种方式既部分分享土地一级用发利润，也实现了征地拆迁补偿资金的保值增值。有利于减少集体经济组织经营风险，提高其积极性。

5. 措施五：加强流动人口聚居区集体土地住宅建设规划管理

(1)规划编制上：统一流动人口聚居区规划管理，深化规划编制

城中村规划是城中村管理的重要依据，理顺城中村规划管理体制、编制科学合理的村庄规划是实施城中村管理的首要前提。根据《城乡规划法》城乡一体化的规划管理精神，建议借鉴北京其他区县的做法，明确对城中村规划采取修建性详细规划管理模式，由城市规划行政主管部门按城市规划进行统一管理，建立"责权明晰"的城中村规划管理体制，强化对城中村的规划管理。同时，在实施层面深化村庄规划编制内容，除传统编制内容外，村庄规划还应包含建设方式、用地整理方案、安置居住村民的户数及人数、拆迁

补偿情况、分期建设计划、资金来源等内容,并注重城中村规划动态弹性及可操作性,加强村庄规划前期沟通,与城市规划相衔接,以有效指导城中村管理。

(2)政策设计上:“堵”“疏”结合,分类弹性控制与引导

实行分类控制引导。根据城中村规划类型,将城中村划分为规划保留村庄、规划拆迁村庄两种类型,对应城市建设发展弹性变化要求,规划拆迁村庄又分为规划近期拆迁村庄及规划远期拆迁村庄。针对不同类型村庄,应采取不同的改造模式和安置方式。一是针对城市周边建设较成熟的村庄,在保证村民“土地发展权”收益的前提下,进行就地城市化改造,对无房户、拆迁户进行就地安置;二是针对城市周边建设尚未成熟的村庄,考虑到村民“土地发展权”收益难以保证,进行就地城市化改造,对无房户、拆迁户进行异地安置。适度放宽私有住宅建设严控政策。在控制城中村私有住宅建设原则的基础上,适度放宽对规划保留村庄及规划远期拆迁村庄私有住宅建设要求,防止采取“一刀切”政策。规划近期拆迁村庄停止一切私有住宅建设审批,避免增加城市改造成本。完善配套“疏导”政策。在对城中村集体土地私有住宅建设进行政策控制的同时,有必要将拆迁安置与补偿政策等纳入城中村管理政策内容中,为私有住宅建设提供“疏导”途径,保证城中村管理政策的公正性。在保障城中村居民“土地发展权”的前提下,制定适宜的拆迁安置及补偿标准,一并解决城中村村民的住房需求及就业收入问题。

(3)管理体制上:规划管理一体化,管理过程全程监督

传统城乡二元规划管理体制是造成城中村建设规划管理“真空”的根源,在《城乡规划法》对城中村建设管理体制进行原则性规定的前提下,有必要结合城中村管理制度建设进行细化和明晰化,从而为城中村管理提供具有可操作性的法理依据,强化城中村管理。按照城乡管理一体化思路,理顺城中村管理部门体系,规范城中村管理体制,将城中村管理纳入城市统一管理,实行城市规划行政主管部门“乡村规划建设许可证”制度;引入规划核实制度,强化批后管理,在建设竣工后,城市规划行政主管部门应对其进行规划核实,对符合规划条件的项目核发“规划核实意见”,从而实现管理过程的全程监督。

(4)实施措施上:动态更新与维护,完善相关支撑体系建设

实践表明,“静态”的城中村政策控制与城市发展现实严重脱节,应对城市规划实施动态更新调整机制,针对城中村管理建立连续的动态调整与维护系统。根据城市规划及实际建设项目的动态调整,对城市规划建设用地范围、村庄规划类型进行及时更新,使城中村管理制度从“静态”的刚性规定向“动态”的过程维护转化,实现规划管理和编制与项目建设的有效衔接。

四、化解水资源矛盾,提高人口承载力

(一)石景山区水资源现状

1. 水资源分布情况

石景山区位于北京市西部地区,历史上曾经是一个水资源比较丰富的地区。地表水总面积 260.59 公顷,其中河流水面 211.17 公顷,占水面总面积的 81.0%;水库水面 2.86 公顷,占水面总面积的 1.1%;坑塘水面 46.56 公顷,占水面总面积的 17.9%。永定河是本区唯一的一条过境河流,区内河段长 11.60 千米,宽 100 ~ 1500 米。西部为强富水区,东部为富水区,但由于连年干旱和过量开采,地下水位明显下降,在古城、八角地区形成地下水漏斗区,地下水埋藏深度为 30 ~ 35 米。泉水主要分布在东部丘陵、北部西山八大处的山坳和西部翠微山一带,但由于地下水位下降,许多泉流量已经人为减少,有的已干涸。水资源形成过程见图 9。

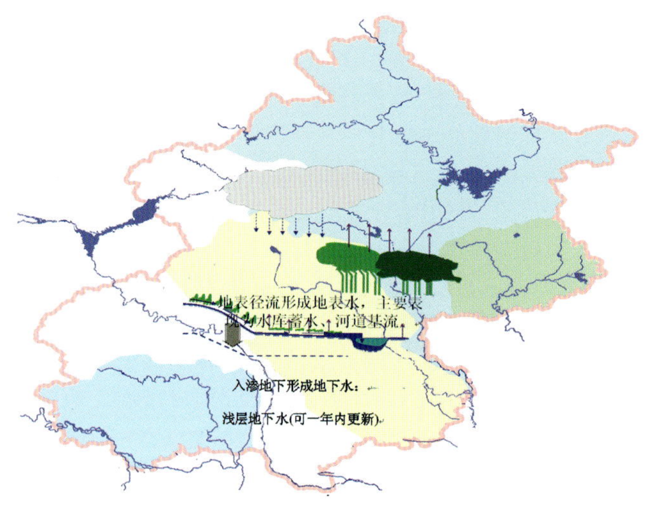

图 9 水资源形成过程

2. 水资源供给总量和结构

石景山区现状为多头分散供水,除工业用水外,主要有区自来水公司、首钢、自备井、市自来水集团、部队供水,日供水量 18.4 万立方米,年供水总量约 6700 万立方米,用水人口 67.6 万人。其中,区自来水公司日供水量 8.6 万立方米,用水人口 41.2 万人;市自来水集团日供水量 3.5 万立方米,用水人口 10.4 万人;首钢日供水量 2.8 万立方米,用水人口 11 万人;部队日供水量 2 万立方米;生活饮用自备井日供水量 1.5 万立方米,用水人口 5 万人(详见表 6)。

表 6 石景山区供水基本情况表

	供水单位	水源	高日供水量(万立方米)	占总供量(%)	水质情况	供水人口(万人)
市政供水	区自来水公司	地下	8.6	46.7	达标	41.2
	市集团	地表	3.5	19.0	达标	10.4
自备井供水	首钢	地下	2.8	15.2	基本不达标	11
	其他自备井	地下	1.5	8.2	基本不达标	5
	部队	地下	2	10.9	基本达标	不详
合 计		18.4			67.6	

3. 供水管网现状

区自来水公司供水管网404千米，包括塑料管、铸铁管、钢管。其中，以塑料管为主，占49%，铸铁管占35%，钢管占16%。管径以DN100、DN150、DN200、DN300为主，分别占管线总长的25%、25%、22%、17%。404千米管网中，以2001～2005年建设最多，占32%；2006前至2011年共建管网66千米。首钢与自备井供水管网多在1990年以前建成，主要管材为钢管和铸铁管，建设标准不高、设施设备落后。

4. 区自来水公司供水情况

区自来水公司现有集中式供水厂一座，位于石景山区杨庄地区，现状供水能力9万立方米/日，主要负责石景山区东部平原地区的供水任务。区自来水公司现有水源井42眼，水源多取自地底1400米以下的岩溶裂隙水，取水层为奥陶系。奥陶系是产生于储存于距今4至5亿年前的海洋沉积灰岩。该层地下水厚度逾千米，储水条件和富水性均极好。硬度适中、水源充足，水质持久优良。与现称天下第一泉的玉泉山泉水，同属埋藏型基岩岩溶裂隙水。

(二)石景山水资源承载力分析

石景山区面积为84.32平方千米，仅占全市土地面积的0.51%，但石景山区却承载了北京市3.09%的常住人口。2012年，石景山区人口密度为7578人/平方千米，是全市人口密度的6倍。但从人口增长来看，2013年北京市常住人口比上年增长45.5万人，但石景山区常住人口仅比上年增长0.5万人，常住人口增加数仅为全市的1.1%。

三年来，石景山区常住人口在全市人口中的比重逐年下降，预计到2020年，石景山区常住人口在全市人口中的比重将下降到2.9%以下。如果2020年全市水资源人口承载力为2402万人，那么相应地石景山区的水资源人口承载力应该为不超过69.658万人。也就是说，从2013年开始，石景山区每年平均增加的常住人口数不得超过0.75万人。考虑到2013年石景山区供水总量仅为0.67亿立方米，占全市供水总量的比重仅为1.84%，远远小于常住人口在全市的比重，因此，石景山区人口与水资源之间的矛盾比全市更加突出。

(三)石景山区水资源供需矛盾

1. 自来水水源供给严重不足

石景山区现有常住人口67.6万人，依据《十二五规划》指标，预测2015年石景山区常住人口规模为73万人，2020年将达到83万人。石景山区近年来建设开发项目也不断增加，总的开发建设面积约达954万平方米。而石景山区现状水资源量只有4380万立方米/年，可供承载的人口数量仅为69万人，远远小于规划预测的人口数量。可见，现状供水能力不能满足开发建设和常住人口的用水需求，供水能力面临严重考验。

2. 自来水管线老化严重，水资源浪费严重

石景山区除东部市集团铺设的管线较新外，均存在大量老旧管线。在石景山自来水公司供水辖区内，共有404千米供水管网。其中，49.3千米管线使用时间超过20年，11.6千米管网使用时间超过30年，甚至一些管网的使用时间已达40年。首钢和自备井管线均在30年以上。石景山区老旧管线主要管材为钢管和铸铁管，管线内、外壁锈蚀、结垢严重，暗漏较多，使供水时“水头”损失加大，除导致高峰用水时段供水压力不足外，还造成大量水资源流失。

3. 地下水超采严重

石景山区水资源的供给尽管实现了平衡，但这种平衡是一种紧平衡，是以超采地下水、牺牲环境用水和动用水库多年库存为代价实现的。由此引发的问题主要表现为：(1)地下水埋深持续下降：石景山区地下水平均埋深已由2006年底的39.03米下降到2013年的接近42米；(2)永定河水质恶化，部分河道遭受污染，部分河道干涸，有待治理；(3)地下水降落漏斗扩大，地面沉降等地质问题初步显现。

4. 普通居民开采地下水水质难以保障

目前，石景山区生活饮用自备井日供水量1.5万立方米，用水人口5万人。自备井供水缺乏专业化管理，其技术和管理水平落后。由表6可见，水质不合格部分全部来自自备井，不合格项目既有原水水质问题，也有因缺乏必要的水处理手段而使原水水质得不到有效改善的问题，同时也有因管理不善，供水设施、管线年久失修等原因造成的二次污染问题。此外，自备井多为单井直供，因此供水的安全性、稳定性低。随着人们生活水平的不断提升和新国标的实施，自备井供水的各种问题也愈发凸显。

(四)石景山区水资源矛盾的深层次原因

1. 流动人口聚集

21.4万流动人口的聚集不仅给石景山区教育、医疗等公共服务带来压力，更重要的是，给石景山区水资源的供给带来了巨大挑战。80%的常住人口集中在东、中部地区。常住人口密度最高的八角街道每平方公里超过2万人，人口分布最稀疏的五里坨街道不足1300人/平方公里，突显了区域人口分布的不均衡性。人口分布的不均衡导致一些人口密集的街道居民在水资源供给不足的情况下过量开采地下水资源，造成地下水位埋深逐年下降。

2. 用水结构不尽合理，效率偏低

从用水结构来看，2013年，石景山区地下水供水量占全部供水总量的比重高达81%，远远超过全市49%的平均水平。供水方面过分依赖地下水，使得地下水位埋深逐年下降，容易形成地下漏斗和巨大的生态地质灾难。

从用水效率来看，石景山区用水效率偏低。石景山区万元GDP用水量虽然低于全市平均值，但与日本、英国等发达国家相比仍有较大差距，甚至单位GDP耗水量还高于日本、英国上世纪90年代初的水平(见表7)。

(五)石景山区水资源矛盾化解的政策建议

(1)减少用水需求，全面推进节约用水

第一，调整用水结构

发展节水型农业是提高水资源利用效率的重要环节。应大力培育耐旱优良品种，推广种植具有较高经济效益和较强抗旱能力的农作物；加强养殖节水管理，推广规模养殖

及节水技术;加快科技研发,推广应用农业节水灌溉技术、农艺节水技术、农业节水设备。建立农业节水监测评价系统,用科学技术引导节水型农业的发展,提高水资源利用效率。力争"十二五"时期农业用水负增长,工业用水零增长,生活用水及环境用水适当增长。到2020年,基本建立节水体系,全区全面建成节水型社会。

表7 石景山区与全市及发达国家用水效率比较

国家/地区	年 份	万元GDP用水量(立方米/万元)
石景山区	2013	18.3
北京	2013	18.7
日本	1992	10
英国	1995	15

第二,提升和优化产业结构

当前,北京供水(用水)按用途划分,生活用水占43%,农业用水占30%,工业用水占14%,环境用水占13%。因此,未来第三产业的发展重点不是生活性服务,而是生产性服务业,即将金融服务、科技服务、信息服务、商务服务和流通服务作为发展重点,同时依靠科技进步,提高生活性服务业的科技含量,减少资源消耗。严格洗车行业用水管理,强化洗车场所使用再生水和循环水设施。这无论对于水资源的高效利用,还是其它自然资源的高效利用,都具有重要意义。

第三,适当降低GDP增长预期

通过前面的水资源承载力模型可以看出,经济的过快增长也会带来用水量的快速增长。石景山区属于北京的城市功能拓展区,属于中心六城区之一,是北京经济增长的重要区域所在。但是石景山区尤为突出的水资源矛盾不仅制约了常住人口数量的增长,而且对经济增长速度也有所约束。石景山区在这种水资源的紧约束条件下,要建设和谐宜居城区,必须主动降低经济增长的预期,缓解水资源紧缺的矛盾。

第四,做好计划用水管理

结合实际,科学合理地制定区管用水单位的计划用水指标,加强日常用水管理,对用水情况进行全程跟踪和实时监督,并对各单位用水指标执行情况进行考核。加强对新增用水户的监管,及时纳入计划用水管理,从严核定用水计划指标。五年来,我区实际用水量均控制在计划用水指标范围内,用水总量实现逐年递减,万元地区生产总值水耗逐年降低。

第五,加强节水依法管理

定期开展节水联合执法检查,加强对特殊用水行业的监管,进一步规范用水秩序。加强"新、改、扩"建设项目的节水"三同时"管理,进一步规范程序,严格按照相关法律法规办理行政许可事项。五年来,共办理临时用水指标审批事项33个,办理建设项目配套节水设施竣工验收事项6个。

第六,推进节水科技项目

积极建设老山城市休闲公园透水砖铺设及雨水利用工程、五芳园北区透水砖铺设及雨水利用工程,年雨水收集量2万立方米,收集雨水用于绿化。进一步推进节水器具换装,五年共更换节水器具15000套。积极研发供节水信息管理系统,自2010年起,累计投入资金1380万元,分三期建设供节水管理信息平台,完成了5700套智能水表的换装,有效提高用水效率,提升节水管理水平。

第七,深入推进节水创建

强化监督指导,积极引导企业、社会单位、街道社区共同参与,开展节水创建工作。不断扩大创建范围,将更多的企业、单位、小区纳入到节水创建工作中来,共同建设节水型社会。五年来,共完成创建节水型单位88个,节水型小区9个。

(2)多方引进水资源,千方百计扩大用水供给

第一,加快建设自来水厂

①杨庄水厂:近几年,区自来水公司于2011年提前达到供水量由5万立方米/日提高到9万立方米/日的目标,为石景山区中心城区的建设发展提供强有力的供水保障。然而随着石景山区的建设和发展,用水需求日益增长,去年最高日供水已达8.2万立方米。2015年杨庄水厂的高日供水量将接近9万立方米/日的供水极限值。因此继续扩大杨庄水厂的供水能力已成为当务之急,与之相应的还要有供水管线建设。

②五里坨水厂:目前,西部地区安置房建设已基本完成,其他建设项目正在筹建当中。西部现有的供水系统与供水能力已不能满足该地区开发建设的需要。五里坨水厂规划规模为3万立方米/日的供水能力,建设地点为五里坨路东侧,工程总投资约为1.94亿元,目前前期手续已办理完毕,将于6月开工建设,预计2015年底竣工。

③石景山水厂:规划规模为20万立方米/日的供水能力,占地6千米,是南水北调工程中9座新建水厂之一,纳入市政府督办项目,并已明确由市自来水集团建设、运营。建议尽快进行控规调整,完成水厂选址,争取尽早展开工程建设的前期工作。

④首钢水厂:规划规模为12万立方米/日,建设地点位于现首钢厂区内,总投资量约4亿元,建设主体已明确为首钢。建议政府督促首钢完成规划任务,以支持首钢地区的开发建设及区域产业结构调整。

第二,改造老旧管线

针对老旧管线的现状,由供水主管部门牵头,由供水企业配合实施,对供水管网整体运行情况进行评估,明确使用状况。对供水管网整体运行情况(压力、水量、水质等)进行评估,明确现状管道运行情况(腐蚀、破裂、沉降等),识别出管道运行不正常区域并分析原因,从而确定重点改造区域和改造重点,为制定改造方案提供依据。同时结合重点功能区、新建小区以及新建道路情况,明确改造顺序。编制老旧供水管道改造规划,并以此为依据制定年度实施计划,使

老旧管网改造与城市建设时序协调，节约资源。

第三，合理利用外调水源

南水北调已为石景山区分配了10万立方米/日的水源，相当于水资源量约2920万立方米/年。届时，石景山区将由本地地下水和南水北调水源进行双水源供水。预计南水北调引水入京后，石景山区本地可开采水资源量可保持在4200万立方米/年左右。另外，中心城供水管网及城子水厂可向石景山区年供水1460～1752万立方米。2020年后首钢水厂供水能力达12万立方米/日、五里坨水厂供水能力达3万立方米/日。南水北调的引入，供水能力极大地提高，将缓解我区地下水资源量不足的状况。

第四，增加利用再生水

目前北京年再生水使用量仅为2.6亿立方米，仅占污水排放13亿立方米的20%。加快再生水输配水设施建设，为工业、农业、市政杂用和生态环境提供水源，扩大使用范围。增加再生水利用不仅潜力很大，而且可以置换清洁水源。建议从两方面入手：一是发展再生水集中使用大户，置换清洁水源。对石景山污水处理厂进行改造，提高再生水生产能力和品质。二是利用石景山地区特殊地质构造，每年回灌达标中水，提升地下水位，增加可用水资源量。

第五，污水资源化

污水资源化是缓解城市水资源紧缺的重要有效途径，优水优用，一水多用，体现了水资源可持续利用和合理配置的重要战略意义。每年还要建设一定数量的中水项目，同时对已建成的中水设施抓紧验收，确保运行。

第六，把海水淡化技术研究作为战略重点

北京周边最大的水资源是海水，海水得不到利用，是水资源高效利用的最大缺憾。从长远看，海水淡化不仅是解决北京水资源短缺的根本途径，也是解决石景山区水资源短缺的重要渠道。当前，国际上对海水淡化技术的研究已经取得很大进展，据其水利委员会发布的水资源供需预测，到2020年，海水淡化量将比1998年增加20倍，达到年产淡水2亿吨的水平。鉴于石景山区水资源严峻形势和未来几年来水的不确定性，同时考虑到建设和谐宜居城区多水源保障格局的重要性，海水淡化可以作为石景山区水资源的重要战略储备，建议加快前期研究，做好技术储备。

(3)加强水务管理，做好各项应急保障措施

第一，完善市场经济条件下的行政管理体制

提高水资源利用效率，对现有的水务管理体制进行改革，改变政府大包大揽的做法。政府应把主要精力集中在水务规划、法规、政策的制定和执行的监管上，由政府投资的项目，从论证到完成以及日常的管理可交由国有企业执行，政府以出资人的身份对国有企业进行监管。应允许民营资本投资水务项目，允许他们参与最终产品的定价。

第二，加强对水资源利用效率的管理

进一步加强对水资源利用效率的管理，通过制度创新、办法创新推动管理工作的规范化。当前，主要是要加快建立合理的水价体系，建立水务多元化投资和特许经营平台；加快制定水量分配办法，明确各种水资源条件下的地区水资源分配原则及其水量；加快制定用水管理办法，规定用水定额修订程序和各行业用水定额标准；加快制定用水计划指标交易管理办法和价格指导意见；加快制定雨水、洪水、再生水开发利用标准和规程；加快制定用水计量管理和统计制度；加快制定水资源节约保护的奖励办法和浪费、污染的处罚办法；加快制定用水器具市场准入制度等。

第三，提升水务管理的能力

首先从实现水务决策社会化入手，建立以专家为主、公众参与、公正公开的水务决策机制，重大水务项目的决策，开展专家咨询，广泛征求社会各界的意见，聚大众之力管理水务；同时提高管理队伍的素质，通过建立激励机制，加快培养人才的步伐，全面提高管理人员的职业道德、敬业精神和业务水平；建立科学的考评制度，开展对水务决策的评估和对水务机构日常管理工作的评估，通过评估实行奖罚，不断提高决策效率和日常管理效率。

第四，做好各项应急保障措施

近期，随着规划中3个新水厂的建成，应当逐步以市政供水取代出水量小、水质不合格的工业、生活自备井，提高用水保证率，合理调配水资源，替换下来的可用自备井作为市政供水管网的调节补压井、应急备用井、水源调节井。

2020年，除不具备市政供水替代自备井供水条件的单位自备井考虑保留外，其余全部关闭并转为备用水应急水源。

课题组组长：夏林茂
副 组 长：文 献
责任单位：区政府办公室 区委区政府研究室
课题成员单位：区发展改革委、区城管委、区卫计委、区城管执法局、区环保局、区规划分局、区集体经济办、区流管办

主 要 景 点 景 区

八大处公园

八大处公园是国家AAAA级景区,北京市首批重点文物保护单位。位于石景山区东北部,为太行余脉翠微山、平坡山、卢师山所环抱,面积332公顷,最高峰海拔464米。因有长安寺、灵光寺、三山庵、大悲寺、龙泉庵、香界寺、宝珠洞、证果寺八座古刹而得名。是一座历史悠久、文脉丰厚的佛教寺庙园林。又以"春山杏林、烟雨鹃声、深秋红叶、层峦晴雪"等自然天成的十二美景闻名遐迩,是北京距市中心最近的现代都市山林。

八大处公园得益于特有的小气候,冬季山暖风和,夏季凉爽宜人。土质肥沃,植被丰富,森林覆盖率达97.4%,是座天然大氧吧。每当春夏,山林间繁华似锦,鸟啼莺啭;阴雨则烟岚云霞,流泉飞瀑;进入深秋,则天高气爽,红叶如丹;寒冬又积雪凝素,冰清玉洁。四时景色分外绮丽迷人。景区中的摩崖石刻、中华精印谷、中华第一砚、有氧健步道等新景区的建设和频繁举行的宗教文化活动更是使这里成为游人休闲健身、礼佛游览、陶冶身心的首选之地。景区内布局合理、服务优质的餐厅、商店、茶社、宾馆能够满足不同层次游客的餐饮、购物、住宿等各种需求。

八大处公园是一个集文化、休闲、健身、娱乐于一身的旅游景区。每年春季举办的"八大处中国园林茶文化节"和秋季举办的"八大处重阳游山会"两大主题文化活动目前已成为京城旅游的黄金品牌。

地　　址:北京市八大处公园管理处

联系电话:88964661　88960606

开放时间:6:00—19:00(4月16日—8月31日)
　　　　6:00—18:30(9月11日—11月15日)
　　　　6:00—18:00(11月16日—4月15日)

门票价格:全价票10元;半价票5元

乘车路线:乘347、389、489、598、958、972路公共汽车在八大处公园站下车。

自驾车线路:五环八大处出口出,按路牌指示行驶即到。

语言服务:中、英文

网　　址:www.badachu.com.cn

法 海 寺

法海寺是全国重点文物保护单位。位于京西翠微山南麓、驼铃古道首驿模式口村北。东靠馒头山,西依蟠龙山,北连福寿岭,群山环抱,景色宜人。

法海寺院落占地1.4公顷,始建于明正统四年(1439年)。由明英宗宠侍御用监太监李童集资、宫廷工部营缮所修建。明英宗钦赐额曰"法海禅寺",距今已有570年的历史。法海寺四进院落,中轴线上依次有山门殿、天王殿、大雄宝殿、药师殿、藏经阁,整座寺庙依山势层叠而上,布局严谨、气势宏大、楼阁掩映、金碧辉煌。殿堂形制布局是汉藏两族僧俗官员共同设计,这在北京寺院建筑史上是独一无二的。

法海寺以大雄宝殿内保存完整的十铺明代壁画而闻名中外。壁画共十铺,面积236.7平方米,由15位宫廷画师绘制。现存壁画所绘内容是佛教景物,有佛众菩萨、飞天仙女、山水祥云、动物花卉等。法海寺壁画在绘制技术上已达到了精细完美的程度,它融汇了我国历代壁画的多种绘制技法,刻画各类人物的形象神态、服饰衣冠,描绘多种动物的立卧姿势、肢体毛发,无不精细入微,惟妙惟肖。法海寺壁画其独到之处在于它继承了传统的模式,又创造了时代的风格。壁画基本上是按唐代的风格绘制的,但又表现了明代人物的气质与内涵。

壁画构图严谨,笔法细腻,技巧纯熟,用色考究,堪称典范。经专家论证,堪称我国明代壁画之最,是元明清以来现存少有的由宫廷画士官所绘的精美作品,与敦煌、永乐宫壁画相比各有千秋,并可与欧洲文艺复兴时期的壁画相媲美。它是古都北京在壁画方面的杰出代表和艺术史上一颗璀璨的明珠。

(下转200页)

北京 石景山年鉴

2015 BEIJING SHIJINGSHAN NIANJIAN

大事记

2014年石景山区大事记

1月

14日 军地领导分四组走访慰问8户伤残军人、军烈属等优抚对象。

※ 区领导与北京军区空军领导座谈。

※ 区四套班子领导走访慰问武警石景山支队、预备役高炮四团、消防支队、区武装部等基层部队。

15日 区政府与北京住总集团签订战略合作协议。

16～22日 市人大石景山团代表出席市十四届人大二次会议。提出代表议案6件、代表建议82件,其中安丽娟等代表联名提出的4件议案被大会确定为正式议案。

24日 区领导与北京军区常委班子举行2014年军政座谈会。

27日 副市长张延昆带队到区检查春节庙会和烟花爆竹监管工作。

31日至2月14日 首届新春祈福庙会在八大处公园举办。

2月

8日 区领导分别与市第一中级人民法院、市检察院第一分院、中国国际广播电台领导座谈。

12日 区四套班子领导与市委党的群众路线教育实践活动第六督导组举行工作对接会。

14日 召开党的群众路线教育实践活动动员大会。

19日 区领导分别与台湾功文文教基金会负责人,华润集团、华夏幸福基业集团领导座谈。

20日 区政府分别与北京师范大学、首都师范大学,区教委分别与北师大附中、清华附小签署合作协议,结成战略伙伴关系。

25日 市委常委、宣传部部长、市委第六督导组组长李伟到区进行专题调研。

3月

4日 区“爱家”服务中心启动。

5日 “2013感动石景山年度人物”颁奖仪式在区广电中心举行。

※ 区领导分别与北京恒元鼎盛投资有限公司、中国兵器工业集团公司领导座谈。

13日 李伟到八角街道调研党的群众路线教育实践活动开展情况。

20日 区域医疗联合体系建设启动。

27日 牛青山与市检察院检察长池强座谈。

28日 最高人民检察院党组副书记、常务副检察长胡泽君,副检察长张常韧、柯汉民到区视察人民群众控告申诉举报来访接待用房改扩建项目。

4月

1日 中国人民银行副行长李东荣到区调研互联网金融产业发展情况。并与市、区相关领导和驻区金融企业进行座谈。

※ 市委常委、市委秘书长、市委政法委书记赵凤桐到区调研基层政法工作。

2日 “梨花风起正清明”——第七届北京清明诗会主会场演出在北方工业大学图书信息楼报告厅举行。

5日 副市长戴均良到八宝山革命公墓检查清明节群众扫墓服务保障工作。

8日 北京保险产业园创新发展座谈会召开。中国保监会主席项俊波,全国政协常委李克穆,市委副书记、市长王安顺,市委常委、常务副市长李士祥,市政府秘书长李伟等参加。

9日 区四套班子领导与首钢总公司领导进行交流座谈。

15日 区政府与中国车联网产业技术创新战略联盟签署战略合作协议。

17日 区领导与安邦保险集团相关负责人座谈。

18日 市政协主席吉林到区调研。市政协秘书长周毓秋陪同调研。

21日 区领导与华融融德资产管理有限公司、江苏银行领导举行座谈。

23日 区领导与中国人民保险集团领导座谈。

24日 区政府与国网北京电力公司签署电力设施建设合作协议。

28日至5月6日 第十三届园林茶文化节在八大处公园举办。

5月

5日 复星集团领导到北京保险产业园考察合作事宜。

12日 区政府与门头沟区就加强两区交界地区城市管理、城市建设等相关事宜进行工作商讨并达成一致意见。

※ 区政府与中国保监会建立北京保险产业园沟通对接机制。

13～16日 石景山区代表团赴湖北省竹山县实地调研南水北调对口协作工作。与竹山县政府签署缔结友好合作关系的框架协议。

17日 第31届“古城之春”艺术节开幕式在海特文化广场举行。艺术节活动持续到7月上旬。

23日 市委常委、副市长苟仲文一行到北京军区就教育改革涉及的军人子女入学问题进行现场办公。

27日 区四套班子领导走访慰问部分幼儿园及学校。

28日 中央党的群众路线教育实践活动第二巡回督导组组长杨衍银、副组长王庭大一行到区调研督导。

31日 戴均良一行到八宝山街道参加远洋山水·社区青年汇“六一”儿童节“社区里的游园会”活动。

6月

7日 华侨代表团分别与区政府、首钢总公司领导进行座谈,并参观首钢厂区。

12日 《人民日报》、中央电视台、中国新闻社、《经济日报》《参考消息》、人民网等20家主流媒体就区“城市综合管理体系”相关情况进行集体采访。

16～30日 区四套班子领导分别走访慰问部分优秀党员、建国前入党老党员和生活困难党员。

19日 国务院副秘书长、国家信

访局局长舒晓琴率国务院《信访条例》执法检查组到区检查指导工作。

20日　区城市综合管理体制改革推进大会召开，部署城市综合管理体系建设相关工作。

23日　“放飞梦想”——第二届北京诗歌朗诵大赛决赛在区广电中心举行。

25日　区政府分别与印尼力宝集团、渤海产业投资基金管理有限公司等企业签署战略合作框架协议。

26日　市委常委、组织部长姜志刚先后到老山街道和八角街道，看望优秀党员和志愿者代表。

7月

3日　区委常委班子召开党的群众路线教育实践活动专题民主生活会。李伟全程参加并指导。

4日　国务院第六督导组副组长、民政部副部长窦玉沛一行5人，到京原家园公租房项目进行督导检查。

23日　大唐国际高井热电厂燃煤机组全部关停。

24日　北京军区首长与区四套班子领导举行见面会。召开庆“八一”军政座谈会暨第32次区长进军营现场办公会。

25日　北京军区领导、区领导分四路对7户优抚对象，消防支队、武警十四支队、预备役高炮四团、区武装部等基层部队走访慰问。

28日　老挝人民革命党总书记、国家主席朱马里一行到区参观考察。中联部副部长陈凤翔陪同考察。

8月

11日　牛青山出席新华社“提升区域治理体系和能力现代化”相关问题专题采访调研会。

16日　西北热电中心项目配套热力管线穿山段主管道正式贯通，标志工程整体取得阶段性进展。

20～21日　区促进“八个高端体系”建设协商工作座谈会和征求意见座谈会召开。

21日　张延昆实地考察老山街道社会治理综合执法指挥中心，调研城市综合管理体系建设工作。

※　西北热电中心京能热电项目“二拖一”机组正式投产。

24日　区体校培养输送的射箭运动员李佳蔓在南京青奥会射箭比赛中，和菲律宾运动员路易斯·加夫列尔·莫雷诺搭档，以中菲组合赢得射箭混合团体金牌。

25日　市纪委书记叶青纯到区调研纪检监察工作。

※　在青奥会射箭女子反曲弓个人决赛中，李佳蔓以6比5战胜法国选手梅拉妮·戈比，再次获得金牌，为中国队争光。

28日　纪念抗战胜利69周年夏日文化广场演出在北京国际雕塑公园举行。

29日　坐落在北京国际雕塑公园的世界旅游城市体验中心正式对外开放。

9月

1日　中央第二巡回督导组副组长王庭大带队到区调研指导教育实践活动，并视察世界旅游城市体验中心。

11日　门头沟区领导到区调研城市管理综合试点工作情况。

15～29日　区四套班子领导带队开展国庆节安全生产大检查。

16日　中央政治局委员、市委书记郭金龙围绕“深入贯彻落实习近平总书记视察北京重要讲话精神，加强城市建设与管理创新”主题到区调研。市领导王安顺、张延昆等参加调研。

20日　台湾海基会副董事长施惠芬一行到八大处参观考察。

22～25日　石景山区党政代表团分赴和田、玉树地区慰问调研对口支援工作，看望慰问外援干部。

23日　第二十九届石景山区金秋体育盛会开幕式暨民族体育项目展示在北京国际雕塑公园举行，活动历时两个月。

26日　中关村发展集团与区政府对接工作会召开。

29日至10月19日　西山八大处文化节举办。

30日　以“继承烈士遗志，实现伟大复兴”为主题的烈士纪念日公祭烈士仪式在八宝山革命公墓烈士骨灰堂举行。

10月

11日　北京市党的群众路线教育实践活动总结大会召开。在区机关及各街道（鲁谷社区）设立分会场，全体区领导、各单位负责人参加会议。

13日　区委召开党的群众路线教育实践活动总结大会。

15日　区政府召开构建“八个高端体系”工作推进会。

17日　“2014年国家服务业综合改革试点工作座谈会”在石景山区举行，全国16个试点区派代表参会。

20日　首届中国八大处佛牙舍利文化节（四国祈祷世界和平大法会）在北京灵光寺举行。

21日　社会环境秩序综合治理“亮剑行动”誓师动员大会召开，部署行动方案。

24日　区“最美家庭”命名活动在区文化馆百姓剧场举行。

25日　“欢乐莲石湖健康生态游”旅游项目启动。

29日　市政府“稳增长、促改革、构建高精尖经济结构”第七督导组到区检查工作。

11月

1日　零时许，石景山区社会环境秩序综合治理“亮剑行动”全面展开。

2日　牛青山受邀参加新华社“首都民生对话”访谈栏目录制，介绍党的群众路线教育实践活动、城市管理体制改革试点、信访代理制等工作开展情况。

3～12日　全区各级党政机关和区属企事业单位机动车全天停驶70%。

5日　北京西北热电中心正式建成投产。

5～6日　召开本年度第二次区四套班子联席会，专题研讨“八个高端体系”建设。

9日　法海寺壁画首次出外展

出，在台湾举办“重彩流金六百年——法海寺壁画故事”特展。

14日 郭金龙到区调研压减燃煤情况，王安顺、张工、张延昆等陪同调研。

※ 区“十三五”规划编制工作启动。

※ 至11月5日 全区85家处级单位陆续召开党的群众路线教育实践活动总结大会。区四套班子主要领导和区委常委分别到联系点或所督导单位参加教育实践活动总结大会并讲话。

17日 市政府侨办、首钢总公司与区政府共同签署《加快西部地区转型发展，推进“世界侨商中心”建设》战略合作协议。国务院侨务办主任裘援平，副主任庄荣文，市委常委、统战部部长牛有成，副市长程红参加签约仪式。

※ 市人大常委会主任杜德印到区调研保障性住房工作。副市长陈刚陪同调研。

25日 石景山区与江西省赣州市缔结友好市区签约仪式在南昌滨江宾馆举行。江西省委书记强卫出席签约仪式。

12月

2日 “弘扬宪法精神 建设法治石景山区”“12·4”国家宪法日暨全国法制宣传日活动在北方工业大学举行。

9日 有关选区投票补选种磊等5人为区第十五届人大代表。

※ 全国党建网总编辑高铭铎一行到区调研传承红色基因建设服务型党组织情况。

10日 拉萨市委常委、常务副市长洪家志率拉萨市教育考察组到区考察交流联合办学事宜。

11～14日 10家有代表性的文化创意企业参加第九届中国北京国际文化创意产业博览会。

17日 市党风廉政建设责任制第八检查组到区就党风廉政建设责任制工作进行考核。

29日 市委副书记吕锡文、副市长张建东带队对本区党风廉政建设责任制落实情况进行督查。

中共石景山区委员会

中共北京市石景山区委员会(简称区委)是中国共产党在石景山区的领导机关。本届(第十一届)区委是在2011年12月8日召开的中共北京市石景山区第十一次代表大会产生的。区委设办公室、纪律检查委员会、组织部、宣传部、统一战线工作部、政法委员会、研究室、机构编制委员会办公室、直属机关工作委员会、社会工作委员会10个工作机构;另设老干部局、保密委员会办公室2个部门管理机构。年内,区委在市委坚强领导下,全面贯彻落实党的十八大,十八届三中、四中全会和习近平总书记系列重要讲话精神,坚持稳中求进工作总基调,围绕高端绿色发展战略,充分发挥总揽全局、协调各方的领导核心作用,团结带领全区人民励精图治,艰苦奋斗,各项事业取得新的重要成绩。全区各界经过艰苦努力,五大主导产业支撑作用不断增强,城市建设从传统发展模式向高端绿色发展模式不断转变,社会服务管理体制机制不断健全,民生家园建设不断提速,区域转型发展已经胜利走出低谷,基本形成以现代服务业为主体的经济结构。区委认真贯彻落实中央、市委各项决策部署,紧密结合高端绿色发展的区情实际,坚强领导、坚定态度、坚持标准,带领全区上下深入扎实地开展党的群众路线教育实践活动,取得丰富的认识成果、实践成果、制度成果,区委把握规律、高位谋划,先后明确"四大一满意"目标、精神家园建设、党建统领新常态等一系列新部署,推动地区党的建设取得重要成果:思想政治建设水平得到明显提升、"四风"突出问题得到明显遏制、党内政治生态得到明显改善、管党治党能力得到明显增强、高端绿色发展得到明显促进、人民群众满意度得到明显提高。为建设国家级绿色转型发展示范区提供坚强保证。

(孙冠军)

区委重要会议

概　述

区委重要会议包括党的代表大会及由此选举产生的区委全体委员会,以及全委会选举产生的常委委员会所召开的会议。还包括区委专题会、专题民主生活会、四套班子联席会议和领导干部会议等。这些会议所作出的决定,对贯彻执行中央、市委的方针政策,推动整体工作部署,推进实施"全面深度转型　高端绿色发展"战略提供坚强保证。

(赵　枫　孙冠军)

【领导干部会议】 1月26日,召开领导干部会议,传达习近平总书记对北京工作的重要批示、市委常委(扩大)会精神,并对春节及"两会"期间维护稳定、城市运行保障等有关工作进行安排部署。3月2日,召开领导干部会议,传达学习贯彻习近平总书记视察北京重要讲话精神和市委十一届五次全会精神。9月10日,召开领导干部电视电话会议,传达北京市国庆65周年庆祝活动筹备工作领导小组会议精神,并对本区有关工作进行部署。同月18日,召开领导干部电视电话会议,传达中共中央政治局委员、市委书记郭金龙,市长王安顺到区调研时的讲话精神,并对做好国庆65周年庆祝活动和APEC会议期间服务保障工作进行部署。

(赵　枫　孙冠军)

【群众路线教育动员大会】 2月14日,石景山区深入开展党的群众路线教育实践活动动员大会在区机关北楼102会议室召开。会议全面贯彻中央、市委关于开展第二批党的群众路线教育实践活动的精神,进行动员部署,标志着石景山区群众路线教育实践活动全面启动。会上,区委党的群众路线教育实践活动领导小组组长牛青山作动员讲话,把全区开展群众路线教育实践活动的目标锁定为"四大一满意",即:着眼建设精神家园,使党的思想政治建设水平有一个大提升;着眼整改突出问题,对脱离群众路线的"四风"问题做一次大扫除;着眼完善制度机制,使党要管党、从严治党的能力有一个大进步;着眼区域转型发展,对全面深度转型、高端绿色发展来一个大促进;最终取得让人民群众满意的实效。市委第六督导组第一副组长张文华对教育实践活动提出明确要求,区委教育实践活动领导小组副组长夏林茂主持会议。区委委员、候补委员、不是委员的区领导、区纪委常委,正局级老同志和近三年退休的副局级老同志、全区正处职领导干部、市第十一次党代会部分代表以及各民主党派主委、市属驻区单位代表参加大会,区委教育实践活动领导小组办公室和区委督导组人员列席会议。按照市委统一部署,负责联系石景山区的市委教育实践活动第六督导组入驻石景山区,并出席动员大会。全区85个处级单位、333个基层单位、47425名党员参加党的群众路线教育实践活动。37名区级领导干部、130名正处级干部结合分管工作上讲台,讲党课。各督导组对全区587名处级以上领导干部和872名科级以下干部进行个别谈话。聚焦"四风"问题,全面开展听取意见,形成共建帮扶结对子等一批党员干部作风建设常态化机制和活动载体,400余名处级干部全部建立联系点。

(赵　枫　孙冠军)

【区四套班子联席会】 全年召开2次。第一次四套班子联席会于5月5日召开,区委副书记吴克瑞、常务副区长文献、付生柱、刘国庆分别代表区委、区政府、区人大、区政协作第一季度以来工作情况和下一阶段工作设想的汇报。与会区领导针对报告内容进行发言讨论。区委书记牛青山、区委副书记、区长夏林茂、区人大常委会主任赵玉民、区政协主席岳德顺等区四套班子领导,区法、检两长以及有关单位领导参加会议。第二次四套班子联席会于11月5日召开,利用两天时间专题研讨八个高端体系建设。庞微、李文起、文献、富大鹏、司马红、杨东起、刘亚泉分别就《关于高端的人才管理体系建设》《关于高端的社会治理体系建设》《关于高端服务业为主导的产业体系建设》《关于高端的生态文明体系建设》《关于高端的城市规划、建设和运行体系建设》《关于高端的科技创新驱动体系建设》《关于高端普惠的文化生活体系建设》《关于高端的民生保障体系建设》的进展情况进行汇报。与会区领导及相关单位负责同志对汇报内容进行充分研讨。区四套班子领导，区法、检两长，享受副区级待遇的领导，区有关部门主要负责人以及各课题相关单位领导参加会议。会议由牛青山主持。

（赵　枫　孙冠军）

【区委专题民主生活会】 7月3日，区委常委班子利用上午、下午、晚上3个时段，召开党的群众路线教育实践活动专题民主生活会，会议总时长为10小时。市委常委、宣传部部长、市委第六督导组组长李伟全程参加并指导专题民主生活会。牛青山、夏林茂、吴克瑞、庞微、高道忠、李文起、王文光、文献、田利跃、陈强、种磊等区委常委班子成员分别作对照检查发言，每名常委发言后，其他常委对其提出批评意见，整个专题民主生活会的批评意见总条数达到202条，平均每人接受批评意见18.4条。市纪委常委张才雄，市委组织部部务委员张彤军，市委督导组第一副组长张文华、副组长吴学文及督导组全体成员，市委活动办相关人员全程参加专题民主生活会。赵玉民、岳德顺列席会议。会议围绕保持党的先进性和纯洁性，按照“照镜子、正衣冠、洗洗澡、治治病”的总要求，以为民务实清廉为主题，以“反对‘四风’、服务群众”为重点，以整风精神开展批评与自我批评。李伟对区委常委班子专题民主生活会情况进行点评，评价区委班子专题民主生活会体现出“会前准备充分、查摆问题到位、剖析检查深刻、敢于承担责任”4个鲜明特点。根据中央和市委的部署要求，区委始终坚定态度、坚持标准，扎扎实实开展好各阶段工作，反复深入学习中央、市委精神，始终聚焦精神家园建设，扎实完成征求意见、查摆问题、谈心交心、撰写对照检查材料等各项工作，为专题民主生活会奠定思想基础、组织基础、群众基础，专题民主生活会严肃认真、实事求是，常委班子成员以整风精神开展批评和自我批评，取得良好成效。区委常委班子在认真检查严格遵守党的政治纪律、严格贯彻落实中央八项规定和市委实施意见的基础上，对照“四面镜子”，全面梳理和深刻剖析，查摆存在的“四风”突出问题23个。从理想信念、群众观点、科学发展、管党治党、作风建设、执行纪律6个方面深挖产生这些问题的根源。坚持以习近平总书记系列重要讲话精神为指导，以“三严三实”的要求，明确4个方面19项整改措施，并制定具体的任务书和时间表，建立工作台账，加强督促检查，确保各项整改措施落到实处。会议摒弃一团和气的庸俗之风，推动良好政治生态建设，是全区作风建设的新起点，是区委向党的93岁生日的献礼。同月8日，区委召开区委常委班子专题民主生活会情况通报会。牛青山主持会议并讲话，夏林茂作情况通报。全体区领导、局级离退休老同志代表、全区正处职领导干部、区纪委常委、“两代表一委员”代表、先进模范人物代表、社区干部群众代表、区委活动办督导联络组和10个督导组全体成员共270人参加会议。

（赵　枫　孙冠军）

【区委十一届九次全体（扩大）会议】 7月31日召开。牛青山讲话。夏林茂作全区经济社会发展工作报告，吴克瑞传达全市上半年经济形势分析会精神。会议全面总结上半年全区经济社会发展工作情况，并对下半年全区重点工作进行部署。区四套班子领导，区委委员，区委候补委员，区纪委委员，非两委委员的区领导，各单位党政正职领导，部分市、区党代会代表和各民主党派主委、工商联主席参加会议。

（赵　枫　孙冠军）

【群众路线教育总结大会】 10月13日，石景山区深入开展党的群众路线教育实践活动总结大会在区机关北楼102会议室召开。李伟出席大会并讲话，对石景山区教育实践活动予以高度评价。李伟指出，区委从一开始就把教育实践活动作为头等政治任务，始终不折不扣落实中央、市委部署，紧密结合区情特点，总体上有思路，环节上有聚焦，组织上有节奏，载体上有特色，使全区教育实践活动做到方向正确、思路清楚、脉络清晰、效果明显，充分体现“强化统筹领导，领导带头、以上率下；把握核心关键，聚焦重点、从严从实；创新自选动作，针对性强、实效性强；进行统筹兼顾，助推发展、服务民生”4个突出特点。要以习近平总书记重要讲话精神为指导，严格按照中央、市委部署提升从严治党水平。要全面落实管党治党责任，各级党组织必须把党建作为主业、作为硬任务，各级党组织负责人必须担负起党建第一责任人职责，各级党员干部必须带头抓党建、主动抓党建、亲手抓党建，把抓好党建作为最大的政绩；要坚定理想信念，不断强化理论武装，坚定政治立场、坚定理想信念、坚定精神追求，把思想建党与制度治党紧密结合起来，使加强制度治党的过程成为加强思想建党的过程，也要使加强思想建党的过程成为加强制度治党的过程；要从严管理干部队伍，把从严要求贯彻落实到干部队伍建设全过程，以严的标准要求干部，以严的措施管理干部，以严的纪律约束干部；要坚持推动作风建设常态化长效化，对教育实践活动进行深刻思考、细致谋划，总结经验、研究规律，从加强制度建设入手，深入探索建立结构合理、设置科学、程序严密、制约有效的长效机制。李伟强调，要牢牢立足区情实际，着眼大势、胸怀大局，在首都全局的大视野中谋划石景山区各项事业发展；要敢于担当、攻坚克难，推动全面深化改革不断向纵深发展；要践行宗旨、服务群众，为全区各项事业发展凝聚强大正能量，以教育实践活动带来的全新的好作风推动全区各项事业发展。牛青山全面总结全区教育实践活动开展情况并部署下一阶段从严治党的工作，会议由夏林茂主持。张文华、吴学文及市委督导组全体成员，区委教育实践活动领导小组副组长赵玉民、岳德顺、吴克瑞、庞微、李文起、种磊等其他区领导，部分局级老同志，全区正处职领导干部，区纪委常委，市第十一次党代会代表，区委活动办、区委督导组全体人员，各民主党派主委、驻区单位代

表、“两代表一委员”和党员群众代表共260多人在主会场参加会议。全区41个处级单位设立电视电话会议分会场。

（赵 枫 孙冠军）

【区委十一届十次全体(扩大)会议】 12月31日召开。牛青山受区委常委会委托作工作报告并讲话。夏林茂作全区经济社会发展工作报告。大会表决通过《中共北京市石景山区第十一届委员会第十次全体会议决议》(草案)。区四套班子领导,区委委员、候补委员,区纪委委员,各单位党政正职领导,各民主党派主委、工商联主席和部分市、区党代会代表参加会议。

（赵 枫 孙冠军）

【区委常委会】 年内,区委着眼于抓大事、议大事、定大事,坚持科学决策、民主决策,统筹协调兼顾、分清轻重缓急、合理组织安排,全年共召开35次区委常委会,围绕经济建设、政治建设、文化建设、社会建设、生态文明建设和党的建设中的重大事项审议议题167个。

表1 区委常委会会议一览表

会议日期	序号	单 位	议 题 题 目
1月3日 第1次 (十一届60次)	1	集体经济办	关于农转居后续工作推进情况的汇报
	2	园林绿化局	关于绿化美化工作计划的汇报
	3	民政局	关于《石景山区2014年双拥工作要点》的汇报
	4	老干部局	关于老干部工作情况的汇报
	5	纪 委	关于给予某干部党纪处分的请示
1月13日 第2次 (十一届61次)	6	区委办	传达市委十一届四次全会精神
1月21日 第3次 (十一届62次)	7	区委办	传达中央党的群众路线教育实践活动第一批总结暨第二批部署会议精神
	8	组织部	关于上年度区、处级干部年度考核工作方案的汇报
	9	组织部	干部任免及相关工作
	10	人 大	关于召开区第十五届人大常委会第十六次会议的请示
1月27日 第4次 (十一届63次)	11	区委办	传达第84次市委常委(扩大)会议精神
	12	政府办	传达副市长张工在石景山区调研会上的讲话精神
	13	区委办	关于区委常委会2014年议题计划的汇报
	14	宣传部	关于宣传思想文化工作要点的汇报
	15	纪 委	关于纪检监察工作要点的汇报
	16	社会工委	关于社会建设工作要点的汇报
	17	研究室	关于调研工作要点及重点协作调研课题计划的汇报
2月7日 第5次 (十一届64次)	18	政府办	关于春节期间值守应急、城市运行、安全生产及旅游工作的汇报
	19	研究室	关于《关于成立区委全面深化改革领导小组的通知》的汇报
	20	组织部	关于《石景山区深入开展党的群众路线教育实践活动实施方案》的汇报
	21	政 协	关于区政协常委会当年工作要点的汇报
	22	政法委	关于政法工作要点的汇报
	23	发改委	关于西北热电中心热力输出工程爆破施工相关情况的汇报
2月17日 第6次 (十一届65次)	24	人 大	关于人大常委会当年工作要点的汇报
	25	组织部	关于组织工作要点的汇报
	26	统战部	关于统战工作要点的汇报
	27	宣传部	关于《关于进一步加强领导干部理论学习的意见》和《2014年区处两级中心组学习计划》的汇报
3月10日 第7次 (十一届66次)	28	综治办	关于综治工作要点的汇报
	29	人 大	关于召开区第十五届人大常委会第十七次会议的请示
	30	区委办	关于区委八次全会、人大四次会议、政协三次会议讨论意见汇总情况、《关于进一步做好人大代表建议政协委员提案办理工作的通知》的汇报

续表

会议日期	序号	单位	议题题目
3月10日 第7次 （十一届66次）	31	区委办	关于调整区委常委分工的汇报
	32	政府办	关于调整区政府领导分工的汇报
	33	纪委	关于《石景山区2014年党风廉政建设宣传教育月活动计划》的汇报
	34	纪委	关于区委与各工委、党委（党组）、党总支签订党风廉政建设责任书相关情况的汇报
	35	纪委	关于给予某干部党纪处分的请示
	36	组织部	干部任免
3月24日 第8次 （十一届67次）	37	人大	关于召开区第十五届人大常委会第十八次会议的请示
	38	研究室	关于《实施全面深度转型、高端绿色发展战略建设国家级绿色转型发展示范区研究》重点调研课题工作实施方案的汇报
	39	人力社保局	关于上年度目标督查考核工作情况的汇报
	40	总工会	关于推荐评选当年全国五一劳动奖状、奖章和全国工人先锋号工作情况的汇报
4月14日 第9次 （十一届68次）	41	区委办	传达郭金龙、徐光春同志在中央第二巡视组巡视北京市工作动员会上的讲话精神
	42	信访办	关于《关于深入开展信访代理制的工作意见》的汇报
	43	研究室	关于《关于实施“大城管”体制提升社会综合治理水平的意见》的汇报
	44	外事办	关于当年因公临时出国（境）工作的汇报
	45	组织部	关于上年度区、处级干部考核奖励情况的汇报
	46	组织部	干部任免
4月28日 第10次 （十一届69次）	47	区委办	传达区县委办公室主任会议精神
	48	发改委	关于一季度经济社会发展情况的汇报
	49	区委办	关于第一次四套班子联席会筹备工作的汇报
5月12日 第11次 （十一届70次）	50	区委办	传达学习郭金龙在北京市工会工作会议上的讲话精神
	51	人大	关于召开区第十五届人大常委会第十九次会议的请示
	52	人大	关于《北京市石景山区人民代表大会代表建议、批评和意见办理办法（修订草案）》的汇报
	53	区委办	关于对区委“三重一大”决策制度有关内容进行修订的汇报
	54	组织部	干部任免相关事项
5月19日 第12次 （十一届71次）	55	研究室	关于区委班子党的群众路线教育实践活动对照检查材料的汇报
6月4日 第13次 （十一届72次）	56	区委办	传达学习习近平总书记在参加兰考县委常委班子专题民主生活会时的讲话精神
	57	组织部	传达学习北京市党的群众路线教育实践活动领导小组办公室相关会议精神
	58	研究室	关于区委班子党的群众路线教育实践活动对照检查材料修改说明的汇报
	59	市政市容委	关于环境建设市级重点任务的汇报
6月9日 第14次 （十一届73次）	60	区委办	关于区委常委班子党的群众路线教育实践活动对照检查材料的汇报
	61	区委办	关于区委区政府领导到街道和社区蹲点调研工作安排的汇报
	62	信访办	关于《石景山区信访代理工作考核暂行办法》的汇报
	63	组织部	干部任免
6月16日 第15次 （十一届74次）	64	区委办	关于区委常委班子党的群众路线教育实践活动对照检查材料修改情况的汇报
	65	市政市容委	关于城市管理体制改革城管执法有关工作的汇报
	66	组织部	关于做好纪念中国共产党成立93周年有关工作的汇报
	67	组织部	关于区委常委班子专题民主生活会相关工作情况的汇报

续表

会议日期	序号	单 位	议 题 题 目
6月30日 第16次 （十一届75次）	68	文明办	关于开展精神文明创建工作的汇报
	69	纪 委	关于石景山区纪委机关、监察局内设机构和职责调整方案的汇报
	70	区委办	关于进一步规范和严格执行领导干部请销假制度的管理办法
	71	区委办	关于区委常委班子党的群众路线教育实践活动对照检查材料修改情况的汇报
	72	组织部	关于区委常委班子在专题民主生活会上拟开展批评内容的汇报
7月2日 第17次 （十一届76次）	73	行政处	关于机关办公用房清理工作和整改方案的汇报
	74	组织部	关于区委常委班子专题民主生活会相关工作情况的汇报
7月14日 第18次 （十一届77次）	75	人 大	关于召开区第十五届人大常委会第二十次会议的请示
	76	发改委	关于上半年经济社会发展情况的汇报
	77	安监局	关于上半年安全生产工作情况和下半年重点工作安排的汇报
	78	民政局	关于开展“八一”期间双拥月活动相关情况的汇报
7月28日 第19次 （十一届78次）	79	投促局	关于现代金融产业服务平台中保信项目建设进展情况的汇报
	80	区委办	关于区委十一届九次全体(扩大)会议筹备工作的汇报
	81	研究室	关于《区长夏林茂在区委十一届九次全体(扩大)会议上作经济社会发展工作报告》的汇报
	82	区委办	关于《区委书记牛青山在区委十一届九次全体(扩大)会议上的讲话》的汇报
	83	组织部	关于传达“严格落实组织工作重要事项请示报告制度”要求的汇报
8月4日 第20次 （十一届79次）	84	组织部	关于传达市委教育实践活动领导小组第十二次(扩大)会议主要精神和教育实践活动下一步主要安排建议的汇报
	85	区委办	关于《区委区政府领导到街道和社区开展蹲点调研工作情况的报告》和《关于建立区级领导干部蹲点调研制度的意见》的汇报
	86	政 协	关于《关于提高提案办理效果与质量的调研报告》和《关于提高提案办理效果与质量的建议案》的汇报
	87	信访办	关于上半年信访工作情况和下半年重点工作安排的汇报
	88	公安分局	关于反恐工作开展情况及下一步工作安排的汇报
8月18日 第21次 （十一届80次）	89	发改委	关于严格控制人口规模工作方案的汇报
	90	文化委	关于公共文化事业发展情况的汇报
	91	八大处景区管委会	关于首届中国八大处佛牙舍利文化节筹备工作情况的汇报
	92	金融办	关于北京保险产业园工作进展情况及下一步重点工作的汇报
	93	纪 委	关于编印《石景山区廉政新规学习图解》相关情况的汇报
8月28日 第22次 （十一届81次）	94	政 协	区政协关于八个高端体系建设的意见和建议
	95	人 大	区人大关于八个高端体系建设的意见和建议
	96	政府办	关于高端服务业为主导的产业体系建设进展情况及下一步工作计划的汇报
	97	政府办	关于高端的科技与文化融合驱动体系建设进展情况及下一步工作计划的汇报
	98	政府办	关于高端的城市规划、建设和运行体系建设进展情况及下一步工作计划的汇报
	99	政府办	关于高端的生态文明体系建设进展情况及下一步工作计划的汇报
	100	宣传部	关于高端普惠的文化生活体系建设进展情况及下一步工作计划的汇报
	101	政府办	关于高端的民生保障体系建设进展情况及下一步工作计划的汇报
	102	社会工委	关于高端的社会治理体系建设进展情况及下一步工作计划的汇报
	103	组织部	关于高端的人才资源管理体系建设进展情况及下一步工作计划的汇报

续表

会议日期	序号	单 位	议 题 题 目
9月2日 第23次 （十一届82次）	104	组织部	关于区委常委班子整改方案的汇报
	105	研究室	关于《石景山区改进作风制度建设计划》相关情况的汇报
	106	纪 委	关于《石景山区建立健全惩治和预防腐败体系2014－2017年实施细则》及分工方案的汇报
	107	教 委	关于黄庄职业高中改扩建工程的情况汇报
	108	组织部	干部任免
9月10日 第24次 （十一届83次）	109	区委办	传达北京市关于新中国成立65周年庆祝活动北京市筹备工作领导小组会议精神
	110	政府办	传达市政府关于筹备新中国成立65周年庆祝活动环境布置工作会相关精神
	111	政府办	关于本区服务保障新中国成立65周年庆祝活动工作方案的汇报
9月15日 第25次 （十一届84次）	112	人 大	关于召开区第十五届人大常委会第二十一次会议的请示
	113	卫生局	关于深化医药卫生体制改革工作情况的汇报
	114	食药监局	关于食品药品安全工作情况的汇报
	115	统战部	关于对台工作相关情况的汇报
9月30日 第26次 （十一届85次）	116	区委办	传达中央民族工作会议暨国务院第六次全国民族团结进步表彰大会精神
	117		传达建国65周年庆祝活动北京市筹备工作领导小组第三次会议（扩大）暨区县委书记会议精神
	118		传达市委第一巡视组对接工作会议精神
	119		关于《中共北京市石景山区第十一届委员会常务委员会工作规则》的汇报
	120	纪 委	关于《中共北京市石景山区委关于落实党风廉政建设党委主体责任和纪委监督责任的实施意见》的汇报
	121	组织部	干部任免
10月10日 第27次 （十一届86次）	122	区委办	关于国庆节期间值守应急、城市运行、安全生产及旅游工作的汇报
	123	市政市容委	关于中小河道治理情况的汇报
	124	城管执法局	关于社会环境秩序综合治理“亮剑行动”工作方案的汇报
	125	规划分局	关于京西商务中心项目方案的汇报
	126	纪 委	关于给予某干部党纪处分的请示
10月20日 第28次 （十一届87次）	127	文明办	关于推荐评选2012－2014年度“文明单位、文明社区”情况的汇报
	128	人 大	关于召开区第十五届人大常委会第二十二次会议的请示
	129	发改委	关于三季度经济社会发展情况的汇报
	130	住建委	关于棚户区改造和环境整治工作情况的汇报
	131	组织部	关于做好与市委巡视组对接和筹备情况的汇报
11月3日 第29次 （十一届88次）	132	发改委	关于《北京市石景山区国民经济和社会发展第十三个五年规划研究编制工作方案》的汇报
	133	区委办	关于区级领导上半年蹲点办公落实情况和下半年蹲点办公安排的汇报
	134	组织部	关于全市基层党建工作推进会精神及我区相关工作安排建议的汇报
	135		学习十八届四中全会《决定》精神
11月17日 第30次 （十一届89次）	136	人 大	关于召开第十五届人民代表大会第五次会议的请示
	137	政 协	关于召开区政协第九届委员会第四次会议的请示
	138	人力社保局	关于当年计划分配军转干部安置工作方案的汇报
	139		传达习近平总书记在党的十八届四中全会第二次全体会议上的讲话精神和中发电（2014）6号文件精神

续表

会议日期	序号	单　位	议　题　题　目
12月1日 第31次 （十一届90次）	140	人　大	关于补选石景山区第十五届人民代表大会代表的请示
	141	发改委	关于《2014年国民经济和社会发展计划执行情况与2015年国民经济和社会发展计划草案的报告》的汇报
	142	发改委	关于当年固定资产投资和争取资金完成情况及下年计划安排的汇报
	143	财政局	关于当年预算执行情况和下年预算草案的汇报
	144	城管委	关于我区城市管理体制改革试点工作情况的汇报
	145	纪　委	关于落实党风廉政建设责任检查考核工作的汇报
	146		传达学习《中共北京市委关于落实党风廉政建设责任制党委主体责任和纪委监督责任的意见》的精神
12月4日 第32次 （十一届91次）	147	城管委	关于广宁地区供热情况的汇报
	148	人　大	关于召开区第十五届人大常委会第二十三次会议的请示
	149	组织部	干部任免
12月8日 第33次 （十一届92次）	150	住建委	关于当年重点工程完成情况和下年计划安排的汇报
	151	国土分局	关于当年土地储备项目进展情况和下年计划安排的汇报
	152	区委办	关于区人大建议案、政协提案办理情况的汇报
	153	人　大	关于区人大常委会工作报告的汇报
	154	政　协	关于区政协常委会工作报告的汇报
	155	法　院	关于区人民法院工作报告的汇报
	156	检察院	关于区人民检察院工作报告的汇报
12月15日 第34次 （十一届93次）	157	人　大	关于区第十五届人民代表大会第五次会议主席团和秘书长等建议名单的汇报
	158	区委办	关于《石景山区区级领导公务活动礼品管理暂行规定》的汇报
	159	园林绿化局	关于绿地系统规划修编及下年绿化美化工作任务的汇报
	160	人力社保局	关于《石景山区机关事业单位实施工作目标督查考核暂行办法》的汇报
	161	组织部	干部任免
12月26日 第35次 （十一届94次）	162	区委办	传达市委十一届六次全会精神
	163		传达区县委书记抓基层党建工作述职评议考核会精神
	164		关于区委十一届十次全体(扩大)会议筹备工作的汇报
	165	研究室	关于区委常委会工作报告和区委十一届十次全体会议决议(草案)的汇报
	166	研究室	关于区政府工作报告的汇报
	167	组织部	干部任免

（王　君　刘　彦）

主要工作和重大活动

概　　述

年内，区委坚持以邓小平理论、“三个代表”重要思想和科学发展观为指导，认真贯彻落实党的十八大，十八届三中、四中全会，习近平系列重要讲话精神和市委市政府一系列重大决策部署，紧抓作为全市唯一城市管理体制改革试点的重大机遇，坚持“全面深度转型　高端绿色发展”战略，切实强化党建统领作用，构建“八个高端体系”，以争创一流为标准，以全面深化改革为动力，抓住机遇，真抓实干，不断开创高端绿色发展的新局面。

（赵　枫　孙冠军）

【八个高端体系建设】　上年12月31日召开的区委十一届八次全体(扩大)会议，立足区域经济社会发展阶段性特征，审时度势，谋篇布局，按照“世界眼光、首都标准、本土优势”的要求，秉承绿色发展理念，确立高端发展目标，明确提出“全面深度转型　高端绿色发展”和“建设国家级绿色转型发展示范区”的奋斗目标，以及实现这个目标要建设的“八个高端体系”。即：高端服务业为主导的产业体系；高端的科技与文化融合驱动体系；高端的城市规划、建设和运行体系；高端的生态文明体系；高端普惠的文化生活体系；高端的民生保障体系；高端的社会治理体系；高端的人才资源管理体系。这八个“高端”体现出系统性、整体性、协同性的发展布局，是地区转型发展的进一步深化,代表今后一段时期的发展方向。年内,举全区之力,聚焦“八个高端体系”,围绕现代服务、双轮驱动、城市建设、生态文明、文化生活、民生保障、社会治理、人才资源,全力推动体系框架构建。经过一年的研讨和探索,集思广益,形成共识,“八个高端体系”建设思路越来越清晰,发展路径越来越明确,转型战略实践全面启动,高端绿色发展迈出新步伐。

(赵　枫　孙冠军)

【走访慰问活动】 1月14日,区四套班子领导分别带队到武警石景山支队、预备役高炮四团、消防支队、区武装部等基层部队走访慰问,为部队官兵送去全区64万人民的亲切问候和新年祝福。同月23日,牛青山走访慰问生活困难党员、优秀党员、劳动模范和优抚对象。七一前夕,牛青山、夏林茂、赵玉民、岳德顺分别带队对部分优秀党员、生活困难党员和建国前入党的老党员进行走访慰问,将党组织的关心和爱护带到广大党员身边。

(赵　枫　孙冠军)

【军地领导座谈】 1月14日,牛青山一行来到北京军区空军驻区部队,与部队领导进行座谈,并送去慰问金和新春祝福。北京军区副政委兼北空政委刘绍亮中将、军区副参谋长兼北空参谋长许志良少将、北空政治部副主任武鹏少将参加座谈。同月24日,区四套班子领导与北京军区班子集体座谈,互贺新春、共商发展。北京军区司令员张仕波上将,政委刘福连上将及司、政、联、装四大部领导参加。座谈会上,牛青山向军区首长和广大官兵致以崇高敬意和节日祝福。张仕波对区委区政府为北京军区建设所提供的支持表示感谢,强调将继续确保百姓安全、国家安定,与石景山区携手努力,共同争创全国双拥模范城,力争实现“七连冠”。7月25日,牛青山、夏林茂等区领导与北京军区首长举行见面会。张仕波、刘福连及司、政、联、装四大部领导参加。

(赵　枫　孙冠军)

【区企领导座谈】 1月15日,牛青山等区领导与北京住总集团领导张贵林座谈,夏林茂与王宝申分别代表双方签订战略合作协议书。2月19日,牛青山、夏林茂等区领导与华润集团、华夏幸福基业集团领导何洋、董军等座谈。双方表示要加强沟通与合作,推进实质性高端合作,共谋发展,实现共赢。4月9日,区四套班子领导到首钢与靳伟、姜兴宏、许建国等首钢总公司领导交流座谈。双方共同经历首钢搬迁调整历史性转折,首钢的转型就是石景山区的战略转型,按照“生命共同体”的理念,为实现国家和市委市政府绿色转型发展的目标共同奋斗。6月25日,牛青山、夏林茂等与印尼力宝集团等企业负责人李文正、郑龙签署战略合作框架协议。

(赵　枫　孙冠军)

【全面深化改革】 2月8日,区委下发通知(京石发〔2014〕1号),成立区委全面深化改革领导小组。牛青山任组长,夏林茂为常务副组长,赵玉民、岳德顺、吴克瑞、文献为副组长。领导小组在区委常委会领导下,负责本区改革的总体方案设计、统筹协调、整体推进、督促落实,主要职责是:研究确定本区经济体制、政治体制、文化体制、社会体制、生态文明体制和党的建设制度等方面改革的重大原则、方针政策;统一部署全区性重大改革;统筹协调处理整体性、长远性、跨部门的重大改革问题;指导、推动、督促本区有关重大改革政策措施的组织落实。领导小组下设办公室(简称区委改革办),设在区委区政府研究室,一个机构、两块牌子,内设若干科,负责督促落实各项具体工作,吴克瑞兼任区委改革办主任。3月31日,召开区委全面深化改革领导小组第一次会议。区发改委、区城管委、区住建委等30家单位参加,牛青山、夏林茂、赵玉民、岳德顺等15名区领导出席会议。会议由牛青山主持。分别就区委全面深化改革领导小组工作规则相关文件、推进“综合城市管理体系”模式体制改革意见、深入推广信访代理制的工作意见三个议题进行研究。年内,围绕城市治理现代化,全力推进以构建城市综合管理体系为重点的城市管理体制改革;围绕最迫切的民生问题,开展以“信访代理制”为重点的社会治理体制改革;围绕加强民主政治建设,探索以强化人大建议、政协提案办理为重点的民主政治建设改革;围绕体制机制建设,推进考核机制改革。

(赵秀华)

【与有关单位领导座谈】 2月8日,牛青山与市第一中级人民法院院长吉罗洪、市人民检察院第一分院检察长高保京等领导座谈。3月14日,牛青山、夏林茂等与文化部原副部长、中国艺术研究院院长、中国非物质文化遗产保护中心主任王文章座谈,文化部非遗司司长马文辉、永新华控股有限公司董事长李永军参加。5月26日,牛青山等与新华社北京分社领导座谈。

(赵　枫　孙冠军)

【市委领导调研】 2月20日,市委常委、市委教工委书记苟仲文参加石景山区教育战略合作签约仪式。4月1日,市委常委、市委秘书长、市委政法委书记赵凤桐到区调研基层政法工作。5月23日,苟仲文一行到北京军区就教育改革涉及的军人子女入学问题进行现场办公。6月26日,市委常委、组织部长姜志刚先后到老山街道和八角街道,看望优秀党员和志愿者代表。8月25日,市纪委书记叶青纯到区调研纪检监察工作。12月29日,市委副书记吕锡文带队督查区党风廉政建设责任制落实情况,对进一步加强“两个责任”的落实提出要求。

(赵　枫　孙冠军)

【群众路线教育实践活动】 2月,石景山区全面启动党的群众路线教育实践活动。区委不折不扣落实中央和市委部署,坚持方向、坚定态度、坚守标准,紧扣为民务实清廉的主题,贯彻“照镜子、正衣冠、洗洗澡、治治病”的总要求,聚焦“四风”突出问题,坚持“三严三实”标尺,与“全面深度转型　高端绿色发展”的区情实际相结合,紧紧锁定“着眼精神家园建设,使党的思想政治建设水平有一个大提升;着眼整改突出问题,对脱离群众路线的‘四风’问题做一次大扫除;着眼完善制度机制,使党要管党、从严治党的能力有一

3月8日,区级领导集中学习 (区委宣传部供稿)

个大进步;着眼区域转型发展,对'全面深度转型 高端绿色发展'来一个大促进;最终达到人民群众满意"的"四大一满意"目标。区委坚持把推进"学习教育,听取意见""查摆问题,开展批评""整改落实,建章立制"三个环节的工作与"四大一满意"目标紧密融合,做到聚焦重点、把握关键、无缝衔接、顺畅压茬。在第一环节,坚持以"精神家园建设"为关键词,重点突出思想政治建设,夯实思想认识基础;在第二环节,坚持以"闻过则喜、改过则喜"为关键词,重点突出查摆和剖析"四风"问题,营造良好政治生态;在第三环节,坚持以"言必信,行必果"为关键词,重点突出提升管党治党能力,确保活动取信于民、取得实效;同时,把推进经济社会发展融入活动全过程,坚持立行立改、边学边改,以实际成效达成人民满意的效果。在这一深刻教育、生动实践中,区四套班子和85个处级班子、577名区处两级党员干部全面经历严肃认真的政治洗礼、思想锤炼和党性锻炼,全区1762个基层党组织、47425名共产党员普遍经受马克思主义群众观点和党的群众路线再教育,达到预期目标,取得明显成效。

(郑一 谢葵 朱梅 马云尧)

【群众路线专题调研】 3月13日,李伟到八角街道调研。在参观街道文化广场"百姓大舞台"、观看社区文化节目表演,听取汇报后指出:八角街道群众路线教育实践活动基础扎实,工作思路明确,认识到位,感情真实,部署清晰,措施实在。5月28日,中央党的群众路线教育实践活动第二巡回督导组组长杨衍银到区调研督导。杨衍银一行实地走访并听取区委区政府、市委督导组及区人力社保局、八角街道相关工作汇报,强调要坚持向中央政治局常委同志的联系点对准看齐、学深吃透,深入开展谈心谈话,把问题谈深谈透、谈开谈通;专题民主生活会要开门见山,直奔主题,聚焦"四风",剖析原因;开展批评和自我批评,要"点准穴位,辣味够浓"。7月23日,李伟出席八角街道党的群众路线教育实践活动专题民主生活会。指出八角街道班子专题民主生活会对照检查和开展批评具体、实在,自我批评坦诚,不遮掩、不护短、不推诿,相互批评真诚,不客套、不拐弯、不狭隘,开出高质量,达到中央和市委的要求。9月1日,中央第二巡回督导组副组长王庭大带队到区调研指导党的群众路线教育实践活动。在参观世界旅游城市体验中心、听取区委及4个街道党工委书记汇报后指出:石景山区各级党员领导干部实现"五个转变",很真实、很具体。就开展好下一步群众路线教育实践活动提出5点要求:要善始善终、善做善成;要高度重视整改落实特别是专项整治;要在建章立制中强化党的制度建设;要高度重视基层组织建设;要在总结上下功夫。

(赵枫 孙冠军)

【国家部委领导调研】 3月28日,最高人民检察院(简称最高检)党组副书记、常务副检察长胡泽君,最高检党组成员、副检察长张常韧、柯汉民到区视察。感谢区委区政府对最高检人民群众控告申诉举报来访接待用房改扩建项目的支持和帮助。6月19日,国务院副秘书长、国家信访局局长舒晓琴率国务院《信访条例》执法检查组到区检查指导工作,指出石景山区各级领导干部高度重视信访工作,做信访工作带着感情,带着责任,对信访工作充满热情和激情。7月4日,国务院第六督导组副组长兼民生组组长、民政部副部长窦玉沛一行5人,对京原家园公租房项目进行督导检查。到公租房承租家庭中进行走访,询问居住及日常生活情况并听取相关情况汇报。副市长戴均良,区领导夏林茂、田利跃陪同检查。

(赵枫 孙冠军)

【保险产业园创新发展】 4月8日,召开北京保险产业园创新发展座谈会。市长王安顺在座谈会上强调:要深入学习贯彻习近平总书记视察北京重要讲话精神,发挥好金融业在构建"高、精、尖"经济结构中的作用。金融业是北京市的优势突出产业,建设国家金融管理中心,就是服务于金融改革创新,是北京作为首都必须履行好的责任。在保监会支持下,将北京保险产业园打造成一流的、新型的专业化园区,为全国保险业改革积累更多的创新经验。通过政策先行先试,探索创新体制机制,发挥保险产业园改革试验田的示范引领作用,为保险业全面深化改革打好前哨战,打造以保险产业为龙头的国家级金融创新示范区。石景山区要紧抓保险业全面深化改革战略机遇、推动首都金融业新一轮创新发展。发挥保险改革"试验田"作用,推动金融业更好地服务首都核心功能定位,进一步优化三次产业结构,突出高端化、服务化、集聚化、融合化、低碳化，为把北京建设成为国际一流的和谐宜居之都发挥作用。中国保监会主席项俊波对北京保险产业园的成立表示热烈祝贺，对北京市和石景山区提供的全方位支持表示感谢，并指出：建设北京保险产业园是促进保险深化改革和转型升级的重要举措，保监会已经成立北京保险产业园创新发展工作小组，推动保险产业园发展，相信北京保险产业园发展将取得丰硕成果。全国政协常委李克穆，中国保监会副主席王祖继，中国保险行业协会会长朱进元，市委常委、常务副市长李士祥，市政府秘书长李伟，市发改委、财政局、国土局、规划委、金融局领导，牛青山、夏林茂等区领导一同参加。

（赵　枫　孙冠军）

【市人大政协领导调研】　4月18日，市政协主席吉林到区调研。强调要进一步加强研究，做好因产业转型所带来的深层次社会转型相关工作；要进一步加强城市管理和社会治理综合执法，提升城市综合治理水平，努力破解“城市病”难题。市政协秘书长周毓秋陪同调研。5月20日，市人大常委会主任杜德印到区调研食品药品安全行政执法情况。杜德印一行参观食品安全移动实验室、食品安全应急检测车、药品检测车和快速检测设备展示及市食品安全监控和风险评估中心实验室区域，并举行座谈会。11月17日，杜德印到区调研保障性住房工作。先后来到南宫合作型保障房试点项目、燕保京原家园公租房项目，详细听取项目建设情况汇报，并实地入户查看户型结构。在听取市保障性住房建设投资中心对北京市承担的基本住房保障工作开展情况及市住建委对保障房工作和合作型保障房试点工作情况的汇报后，指出要进一步深化住房保障制度，明确相关概念，为日后立法及基本住房发展奠定基础。市政府在办理保障性住房工作方面的建议案取得重大进展，下一步要尽快制定明年保障性住房建设及分配的计划，确保将现有保障性住房建设好、配置好、管理好，确实解决百姓居住的实际困难。区领导牛青山、夏林茂等陪同参加上述调研。

（赵　枫　孙冠军）

【构建城市综合管理体系】　5月，区委印发《关于建立城市综合管理体系提升社会治理水平的意见》。作为全市唯一的城市管理体制改革试点区，《意见》确定整合基层执法力量，实施“大城管”体制，提高基层综合执法效能。“大城管”模式实行“区委区政府统一领导，区社会治理综合执法委员会统筹协调，街道组织落实”的三级组织体系，形成“区负总责，街道总抓”的综合联动执法运行机制。在区级层面，设立区社会治理综合执法委员会，区长挂帅，33家职能部门、9个街道一把手纳入成员名单。在街道层面，全区9个街道办事处设立社会治理综合执法指挥中心，按照属地管理全权、全时、全管、全责的要求，牵头公安分局、区食药监局、区安监局、区环保局、工商分局、交通支队、消防支队7家常驻单位和区住建委、区司法局等10余家挂牌部门，形成综合联动执法力量，对辖区内违法行为进行综合执法。将各城管执法分队整建制下沉到属地街道，公安等执法部门派专人在执法站常驻，形成常态化日常巡查机制，防止乱象反弹，着力解决城市管理中的“九龙治水”的困局。遇到大型整治活动，区住建委、区司法局等挂牌部门也随时待命，真正让“管得着的看得见，看得见的管得好”。同时，街道社会治理综合执法指挥中心实行统一办公、统一管理、统一装备、统一考核，使“条块结合、以块为主、属地管理”要求落到实处。探索执法文书互通机制，形成资源共享、协调互动、有机融合的执法体系。截至年底，由街道牵头的“下沉式”综合执法取得实效。

（赵　枫　孙冠军）

【高端体系建设听取意见】　8月20～21日，分别召开协商工作座谈会和人大代表座谈会，听取市、区人大代表和各民主党派、政协机关有关委室负责人对于促进八个高端体系建设的意见建议。牛青山充分肯定大家提出的意见建议的价值，表示将认真研究梳理、积极吸纳。他强调，促进八个高端体系建设，一要锁定高端，务求突破。石景山区正处在谋高端、站高端的重大历史机遇期，坚持高端绿色发展战略，构建八个高端体系，是立区之本，是深入贯彻落实习近平总书记在北京考察时的重要讲话精神，结合地区实际作出的必然、唯一选择，构建八个高端体系，要坚持规划引领发展的理念，锲而不舍地务求突破。二要着力加强顶层设计。建设八个高端体系依托6个要件，即空间要落实、标准要落实、步骤要落实、政策要落实、改革要落实、责任要落实。三要求真务实，注重边研究边实践、注重典型引入、注重加强宣传。在人大代表座谈会上，赵玉民提出6项建议，一是八个高端体系建设深入人心，得到普遍认同，应尽早出台各体系的基本框架，以指导工作开展。二是八个高端体系建设属于石景山区未来发展蓝图的顶层设计，一定要设计科学。三是构建八个高端体系要落实好习近平总书记在北京考察时的重要讲话精神。四是八个高端体系的设计要起点高、目光远。五是高端中要体现特色、特点和整体协调。六是八个高端应打造各个体系的样板之作，以推动整个系统的开展。在协商工作座谈会上，岳德顺表示，区委区政府高度重视推进基层民主政治建设，此次协商座谈会，是发挥人民政协作用的有益尝试，也是人民政协开展协商民主新定位的有益探索和实践，也是推进协商民主制度建设的新开端。岳德顺提出建议，一是开展促进八个高端体系建设的大讨论，通过讨论进一步解放思想、统一思想、凝聚共识，推动石景山高端绿色发展。二是狠抓落实，全区上下要按照区委部署和要求，聚精会神地抓好落实，用更好的成绩造福石景山人民。

（赵　枫　孙冠军）

【高端体系建设专题研讨】　8月28日，区委召开第81次常委（扩大）会，专题研讨八个高端体系建设。会议由牛青山主持。付生柱、刘国庆代表区人大、区政协汇报关于八个高端体系建设的意见和建议。庞微、李文起、王文光、田利跃、富大鹏、杨东起分别就

八个高端体系建设的进展情况进行汇报。牛青山在讲话中指出，此次专题研讨八个高端体系建设，是对前一段相关工作的阶段性检阅，也是一次深入研讨，是一次集体学习，更是对构建八个高端体系的一次再动员。牛青山提出3点要求：一是把握本质，二是把握路径，三是把握决定性环节，同时，要在工作中落实责任制，坚持谁主管、谁破题，谁主管、谁制订措施，谁主管、谁抓落实。夏林茂对构建八个高端体系建设提出7点意见，赵玉民、岳德顺、吴克瑞、陈强、付生柱、李艳、刘建国也分别就构建八个高端体系提出自己的意见和建议。区四套班子领导及有关委、办、局、街道主要负责人参加会议。

（赵　枫　孙冠军）

【市委书记调研】 9月16日，郭金龙围绕"深入贯彻落实习近平总书记视察北京重要讲话精神，加强城市建设与管理创新"主题到区调研。市领导王安顺、张延昆等一同调研。郭金龙、王安顺一行视察老山街道社会治理综合执法指挥中心、苹果园街道东下庄和鲁谷社区衙门口村，实地察看棚户区改造和重点村整治等情况。座谈会上，郭金龙指出：北京城市建设和管理水平关乎首都核心功能的发挥，必须真正放在心上、抓在手上。要坚持问题导向，切实按照发展质量要提高、人口规模要控制、管理水平要精细、城市环境要最好的目标，破解发展难题；要坚持改革创新，因地制宜地开展好城市管理体制改革试点，提高农转居后集体建设用地的使用效益，大力推动城市化进程。同时要统筹好石景山区的发展与首钢原厂区的规划建设，不断完善转型发展的体制机制，最大限度地释放改革红利。他希望石景山区更加重视城市建设管理，围绕建设国际一流和谐宜居之都的目标，牢牢把握城乡结合部整治和棚户区改造两个重点，以更大的担当精神，探索实践，为全市作出示范。王安顺要求：一要在创新体制上下功夫，依靠制度建设把力量联合起来、把人员调动起来、把工作落实下去；二是在健全机制上下功夫，不断完善统筹协调、双重管理、绩效考核、干部激励四方面机制；三是在依法行政上下功夫，切实加强法治宣传，规范执法行为；四是在共同治理上下功夫，发挥好群众自治组织、社会单位和市民作用；五是在提高执法队伍素质上下功夫，把骨干力量配置到基层一线；六是在科学管理上下功夫，努力构建科学管理体系。11月14日，郭金龙到区调研压减燃煤情况。王安顺、张工、张延昆陪同调研。郭金龙首先实地察看西北热电中心京能燃气热电项目中心控制室及主机房，随后到广宁街道麻峪北社区，深入两户居民家中了解居民冬季取暖情况。在听取北京市四大热电中心建设情况及西北热电中心投运情况汇报后，指出：西北热电中心的投产对调整能源结构、防治大气污染、加强生态文明建设，加快迈向国际一流和谐宜居之都目标意义重大。热电中心要坚持安全第一，在供暖和节能方面取得最佳效益。在供暖季到来之际，要扎实做好各项供热调试、运行维护准备工作，全力保障冬季供暖。

（赵　枫　孙冠军）

【启动"亮剑行动"】 10月21日，召开社会环境秩序综合治理"亮剑行动"誓师动员大会。夏林茂主持，吴克瑞部署社会环境秩序综合治理"亮剑行动"工作方案，牛青山提出要求。区委区政府紧抓作为全市唯一城市管理体制改革试点的重大机遇，切实强化党建统领作用，通过完善城市管理体制、机制，构建起"区级指挥、部门共治、街道统筹"的三级响应体系，调动全区一切力量、整合全区一切执法和管理资源，大力整治环境秩序痼疾顽症，破解"城市病"难题。截至年底，各部门、各街道向15处市、区级挂账乱点、16处违法建设点位，25处环境秩序重点区域，120处校园周边，露天烧烤、非法小广告重点点位存在的环境秩序乱象强力宣战，彻底根治一批长期影响地区城市环境秩序的痼疾顽症。

（赵　枫　孙冠军）

【接受市委巡视】 10月22日，召开市委巡视工作动员会。市委第一巡视组组长张同生、副组长张鸿果等，区四套班子领导参加。会上，张同生明确此次巡视工作的重要意义，通报重点任务、工作方法和总体安排。巡视期间，巡视组将围绕党风廉政建设和反腐败工作这个中心，通过个别谈话，受理来信、来电、来访，调阅、复制有关文件资料，听取工作汇报，列席有关会议等方式，监督检查区级领导班子及其成员在党风廉政建设和个人廉洁自律方面的情况，落实中央八项规定精神和市委实施意见加强作风建设的情况，执行党的政治纪律、落实主体责任和监督责任的情况，执行组织纪律、民主集中制和干部选拔任用工作等情况。会上还向全区发布《巡视预告》，要求全区各单位和广大干部群众，支持巡视组工作，配合巡视组圆满完成各项任务。

（赵　枫　孙冠军）

【"首都民生对话"聚焦石景山】 11月2日，牛青山受邀参加新华社"首都民生对话"访谈栏目录制，介绍石景山区教育实践活动、城市管理体制改革试点、信访代理制等工作开展情况。访谈中，牛青山首先介绍在党的群众路线教育实践活动中取得的丰富成果。一是思想政治水平得到明显提高。区委在教育实践活动中以精神家园建设为前提并贯穿始终，通过坚定理想信念、传承红色基因、修养官德人品、扫除"四风"危害、践行"三严三实"，为教育实践活动奠定坚实思想基础。二是"四风"问题得到明显遏制。会议、文件、迎来送往少了，享乐主义、奢靡之风得到扫荡，反过来，领导干部到基层调研办实事的多了，直接面对群众听取意见建议的多了，和群众结对子交朋友的多了，作风为之一新。三是政治生态建设得到明显改善。活动中，擦亮批评与自我批评的武器，使广大党员干部接受一次思想洗礼、灵魂洗礼、政治洗礼，为石景山区励精图治，开创新局面，打下良好基础。四是管党治党能力得到明显提升。区委把思想政治建设作为一切工作的前提，把组织建设、干部队伍作为党的建设的决定性环节，把党建作为考核各级班子、领导干部的第一位的标准，鼓励干部敢于担当，敢于开创新局面，励精图治。五是高端绿色发展得到明显促进。通过教育实践活动，全区各级领导班子和党员干部的发展观、群众观、政绩观得到进一步校正，绝不再走“先发展、后污染、再治理”的老路已经成为基本共识。区委提出高端绿色发展战略，开启传统重工业区全面深度转型的历史征程，进入新的历史阶段。六是人民群众满意度得到明显提高。当前最重要的任务就是贯彻落实习近平总书记重要讲话精神和市委的工作部署，在新的起点上全面开创党要管党、从严治党的新局面；最突出的危险就是总结过后完事大吉、“四风”回潮，涛声依旧；最迫切的工作就是要把这次群众路线教育实践活动中的好做法和成功经验长效化，继续聚精会神抓好党建；最重要的共识就是“教育活动有时限，作风建设无穷期”。在介绍城市管理体制改革试点工作时，牛青山表示，人口资源环境矛盾突出、城市环境脏乱差等问题已经成为让社会各界揪心的城市顽疾，城市病长期存在的根源是体制机制问题，必须深化改革。石景山区作为全市唯一的城市管理体制改革试点区，从加强党建统领，加强行政综合、法制综合等方面入手，打破长期存在的条块分割，头重脚轻，执法力量配置不合理等问题，使“条块结合、以块为主、属地管理”要求落到实处，实现城市管理重心下移，让街道有责有权，既看得见、也管得了。工作启动半年以来，取得初步成效，整治一批长期以来的乱点。最近，积极贯彻党的十八届四中全会精神，又针对社会环境秩序综合治理在全区集中开展“亮剑行动”，以全面提升社会稳定管理水平、城市环境管控能力和市容卫生保洁质量为重点，扎实推进查违治乱工作。在介绍信访代理制时，牛青山提到，区委在教育实践活动中认识到，信访问题是最迫切的民生问题，信访代理，就是党政干部作为责任主体，从受理登记、调查了解、提出措施，到组织协调、解决问题、反馈结果，全过程代表人民群众的利益，正确解决诉求，维护公平正义的制度。实行信访代理制，变群众诉求为党政干部的责任，变群众着急为党政干部着急，变群众跑腿为党政干部跑腿，按照“谁主管谁负责、谁主管谁代理、谁主管谁协调解决”的原则，由各级党政一把手代表群众出面“跑腿”，把各级党委、政府及其各部门建设成为“代理人民诉求之家、为民排忧解难之家、维护公平正义之家、法制宣传教育之家、征集人民建议之家和人民群众满意之家”，促使群众合法合理诉求能够及时、妥善地得到解决。信访代理制启动以来，全区信访量下降30%，群众满意度明显提升。牛青山还与新华社北京分社社长陈新洲，副社长任卫东，党组成员、办公室主任李煦，常务副总编肖春飞等进行座谈。

（赵　枫　孙冠军）

【“法定职责必须为”专题学习讨论】 11～12月，按照区委部署要求，在全区范围学习贯彻党的十八届四中全会精神，开展以“法定职责必须为”为主题的学习讨论活动。各单位学习《中共中央关于全面推进依法治国若干重大问题的决定》和习近平总书记在十八届四中全会上的讲话精神，观看教育片，并结合各自工作实践，围绕如何实现廉政勤政、履职尽责和推进“八个高端体系”建设进行深入研讨。通过学习讨论，解决好当前存在履职尽责不认真、不到位和懒政、庸政等为官不为的问题，解决好不想干、不会干、不敢干的问题，强化想为的责任、提高会为的本领、增强敢为的魄力，进一步明确职责，努力提高法治思维和依法办事能力。

（赵　枫　孙冠军）

【迈入党建统领新常态】 年内，区委认真贯彻落实习近平总书记系列重要讲话精神和中央、市委各项决策部署，全区党的建设迈入党建统领新常态的新阶段。一是以深入开展党的群众路线教育实践活动为重点，党的作风建设迈入新常态。区委在教育实践活动中牢牢锁定“四大一满意”目标，坚持“三严三实”、以上率下、开门整风，推动活动取得重要成果。活动结束后，坚持紧盯整改不放松，区处两级1404项整改任务已经完成1200余项，作风建设取得明显成效。二是以强化精神家园建设为重点，思想政治建设迈入新常态。区委把加强思想政治建设作为从严治党的首要前提，紧紧围绕“五个要素”（即坚定理想信念、传承红色基因、修养官德人品、扫除“四风”问题、践行“三严三实”）建设精神家园，广大党员干部群众进一步坚定立场、触动灵魂、增强担当，对“八个面对”有了更加深刻的理解，增强“三个自信”，形成强大的正能量。三是以树立良好选人用人导向为重点，干部队伍建设

7月11日，区处两级中心组学习　（区委宣传部供稿）

迈入新常态。区委把干部队伍建设作为从严治党的决定性环节，严格执行《党政领导干部选拔任用工作条例》，全面落实好干部“五条标准”，坚决破除“四唯”，以实绩论英雄，“决不让好干部吃亏”的导向更加清晰。四是以加强服务型党组织建设为重点，基层党组织建设迈入新常态。区委把强化基层党组织建设作为从严治党的重要基础，坚持一手抓政治属性、一手抓服务功能，持续推进“我是党员我承诺”主题实践活动，从严落实基层党建工作责任，加强对基层的服务保障，形成重抓基层的鲜明导向。五是以落实“两个责任”（党委主体责任，纪委监督责任）为重点，党风廉政建设迈入新常态。区委把党风廉政建设作为从严治党的生命线，扎实推进惩治和预防腐败体系建设，同时，坚持惩防并举，对违反中央“八项规定”的12起案件、18人进行从严查处，严明党的纪律。

（赵　枫　孙冠军）

【开展专题调研】 年内，牛青山围绕经济建设、政治建设、文化建设、社会建设、生态文明建设和党的建设等开展专题调研。

表2　区委书记主要调研情况一览表

类型	时　间	地　点	内　容	承办单位
党的群众路线教育实践活动	2月25日	八角街道三层会议室	八角街道工作开展情况、党的群众路线教育实践活动准备情况	八角街道
	3月5日	鲁谷社区二楼会议室	鲁谷社区工作开展情况、党的群众路线教育实践活动开展情况	鲁谷社区
	3月11日	金顶街街道五层第2会议室	金顶街街道工作开展情况、党的群众路线教育实践活动开展情况	金顶街街道
	3月12日	老山街道329会议室	老山街道工作开展情况、党的群众路线教育实践活动开展情况	老山街道
	3月13日	广宁街道三楼会议室	广宁街道工作开展情况、党的群众路线教育实践活动开展情况	广宁街道
	3月14日	八宝山街道415会议室	八宝山街道工作开展情况、党的群众路线教育实践活动开展情况	八宝山街道
	3月17日	古城街道三层会议室	古城街道工作开展情况、党的群众路线教育实践活动开展情况	古城街道
	3月18日	苹果园街道三层会议室	苹果园街道工作开展情况、党的群众路线教育实践活动开展情况	苹果园街道
经济建设	4月3日	集体经济办二层会议室	全区集体经济发展情况、党的群众路线教育实践活动开展情况	集体经济办
	5月7日	财政局八楼会议室	全区财政、审计工作开展情况	财政局　审计局
	8月7日	中铁建设大厦405会议室	与中铁建设集团进行工作交流	区委办
	8月12日	光大银行信用卡中心1808会议室	光大银行信用卡中心发展情况	区委办
生态文明建设	2月20日	五里坨街道二楼第4会议室	五里坨街道工作开展情况、西部规划建设工作情况	五里坨街道 西建办
	2月19日	规划分局二层会议室	区文化中心和京西商务中心规划设计汇报、全区规划建设工作情况调研	规划分局
	3月20日	园林绿化局第二会议室	全区园林绿化工作开展情况、党的群众路线教育实践活动情况	园林绿化局
	3月25日	城管执法监察局第一会议室	全区城市管理行政执法工作开展情况、党的群众路线教育实践活动开展情况	城管执法局
	3月26日	环境保护局二楼会议室	全区环境保护工作开展情况、党的群众路线教育实践活动开展情况	环境保护局
	4月2日	国土分局11层会议室	全区国土资源管理工作情况	国土分局

续表

类型	时 间	地 点	内 容	承办单位
生态文明建设	4月5日	莲石湖公园	莲石湖公园生态建设情况	市政市容委园林绿化局
	9月17日	五里坨建设组团石府地块(5号地) 南马场水库 天泰山旅游A地块 西建办	西部开发建设情况	西建办
社会建设	1月2日	社会福利院 寿山福海养老院	走访慰问福利院老人	民政局
	6月18日	军休所、走访、实地、杨南社区会议室	区委区政府领导下街道、进社区、走访群众,集中蹲点调研活动	八角街道
	8月7日	活动中心二层荣誉室	全区老干部工作开展情况	老干部局
	8月14日	鲁谷半月园公园周边、五里坨水厂、五里坨规模学校、五里坨南宫保障房	城市社会综合治理情况、西部开发建设情况	西建办
	8月26日	石景山医院 鲁谷社区卫生服务中心卫生局	卫生医疗工作情况	卫生局
	11月18日	南三楼第一会议室	“亮剑行动”工作进展情况	城管执法局
	11月19日	八角北里社区、杨南社区、特钢社区	区级领导蹲点办公活动	八角街道
	12月10日	人力社保局1214会议室	人力社保局工作开展情况	人力社保局
	12月10日	南楼230会议室	法制相关工作	法制办
	12月11日	行政服务中心307会议室	行政服务中心工作开展情况	行政服务中心
	12月11日	交通支队3层会议室	交通支队工作开展情况	交通支队
	12月17日	司法局308会议室	司法局工作情况	司法局
文化建设	8月15日	承恩寺、法海寺	文化发展情况	文 委
	10月13日	图片展、佛像展、六处	八大处文化品牌研究	八大处
	10月22日	京西五里坨民俗陈列馆	西部拆迁地区民间文物文化保护情况	五里坨
	10月23日	南楼327会议室	文化工作情况	文 委
公检法工作	1月30日	公安分局	慰问公安分局、交通支队相关工作开展情况调研	公安分局
	5月30日	实地、621会议室座谈	全区反恐维稳工作开展情况	公安分局
八个高端系列调研	4月10日	区发改委401会议室	构建高端服务业为主导的产业体系相关情况	区发改委
	4月17日	石景山创新平台	构建高端的科技与文化融合驱动体系相关情况	科委园区
	4月22日	北京国际雕塑公园、区政府南楼327会议室	构建高端的旅游产业相关情况	旅游委
	4月25日	北京九中教学楼二层东会议室	教育工作相关情况	教 委
	5月9日	区市政市容委B座二层第四会议室	构建高端的城市管理体系相关情况	市政市容委
	8月19日	八宝山街道、老山街道	构建高端的社会治理体系相关情况	社会工委

(邢 拓 龙慎山)

区委日常事务

概 述

区委办公室作为区委的综合办事机构和参谋服务机构，是区委系统的中枢环节，是区委工作运转的重要依托，是区委对外形象的直接载体。下设4个科、1个室、1个局，分别为综合科、秘书科、信息科、会议科、督查室和机要局（挂密码管理局牌子）。现有工作人员23名，全部具有大学本科以上学历。年内，紧紧围绕区委中心工作，充分发挥职能作用，全力服务发展大局，不断增强政治意识、大局意识、创新意识、责任意识和卓越意识，圆满完成各项工作任务。

地址：石景山区石景山路18号

电话：88699711　88699771

邮编：100043

（赵　枫　孙冠军）

【信息编报】 年内，区委办贯彻落实中央八项规定，精简刊物数量，提高信息质量，全方位、多角度提供信息服务，围绕全区中心工作，编发各类信息刊物673期，全面反映全区重点工作。其中，普刊85期，增刊110期，报送市委专报478期，市委采用76篇。

（翟菁华）

【文秘工作】 年内，区委办围绕中心工作，深入基层、深入群众，掌握了解实际情况，注重文字服务的针对性和可操作性，起草、修改、整理区委主要讲话和相关文字材料60余篇，共计40余万字。严把文件"入口""出口"关，加强制发文的数量和流程控制，制发红头文件7类128件，以区委（区委办）名义发文数量同比下降6.6%。按照"有件必备、有备必查、有错必纠"原则，认真审查、起草备案报告和制定说明相关内容，并进行统一登记、统一编号和存档，共上报16份备案审查报告。

（赵　枫　孙冠军）

【综合协调】 区委办全年完成各类接待活动63项，其中接待副部级以上领导和外省市领导调研、检查9次，100余人次；完成市纪委党风廉政建设检查，做好中央督导组、市委巡视组到区督导检查的后勤保障工作。严格执行节假日领导带班制度，配合有关部门，保障区委各项工作正常运行。

（薛　雷）

【会议服务】 年内，区委办组织筹备区委常委会35次，区委全会2次，区委专题会5次，区四套班子联席会2次，全区领导干部会议4次，区委常委务虚会1次，电视电话会议11次。围绕全年工作，做到统筹兼顾、分清轻重缓急、合理组织安排，保证区委重要会议顺利进行。

（王　君　刘　彦）

【强化督查】 年内，区委办强化督查工作创新，注重督查工作实效，狠抓督办落实，在推动地区科学发展，加快区域经济转型，促进社会和谐等重要工作中发挥积极作用。全年完成区委主要领导书面和口头批示督办件400余件，涉及党建、经济、教育、拆迁、城市运行管理等重要内容，并按照区委领导要求进行跟踪，书面反馈落实情况。完成人大议案、政协提案督办31件，办结率和满意率均达到100%。以密切联系群众、服务群众为宗旨，督办和处理群众信访近200件。

（邢　拓　龙慎山）

【机要密码】 年内，区委机要局探索新形势下机要通信、机要文件、批办件办理、党委信息化等工作。注重从日常工作入手，制订并完善规章制度，规范工作流程，改善服务态度，转变工作作风，各项工作水平得到较大提升。全年收发各类文件、电报8000余份，整理文书档案200余件，实现无延误、零差错、零失密的目标。

（李红霞）

组织建设

概 述

中共北京市石景山区委组织部（简称区委组织部）是区委重要职能部门。设办公室、研究室、综合干部科、人才工作科、干部科、干部监督科、组织科、党员教育管理科和组织指导科，行政编制36人；下辖区党员电化教育中心（事业编制3人）。年内，区委组织部认真贯彻落实党的十八大、十八届三中、四中全会和习近平总书记系列重要讲话精神，以服务"全面深度转型　高端绿色发展"战略和"八个高端体系"建设为核心，以深入组织开展党的群众路线教育实践活动为重点，坚持围绕中心、着眼长远，坚持党要管党、从严治党，坚持顶层设计、宏观统筹，全面推进领导班子和干部队伍建设、基层党组织和党员队伍建设、人才队伍建设和组织部门自身建设，为全面深化改革、推动区域经济社会持续健康发展提供坚强有力的组织保证。全年编发《石景山组工信息》25期，其中正刊21期、业务通讯4期，各类言论文章、工作动态、经验总结、简讯传真94篇次，中组部《组工信息》采稿2篇，市委组织部《组工动态》采稿15篇。围绕组织工作重点、热点、难点开展调查研究，形成《基层服务型党组织建设途径研究》《建立更加科学有效简便易行的干部选拔任用机制的思考》《关于在干部教育培训中加强党员干部理想信念教育的途径研究》等调研成果。

地址：石景山区石景山路18号

电话：88699810

邮编：100043

（战　菲）

基层组织和党员队伍建设

【概况】 截至年底，全区共有各级党组织1808个，其中，区委直属党工委16个、区委直属党委19个，区委直属党总支3个。从基层组织覆盖领域来分，全区有机关党组织291个，事业单位党组织195个，企业党组织471个，社区党组织、社会团体党组织、民办非企业党组织、人才交流中心党组织、离退休党组织和中介组织党组织851个。全区党员总数为48716名，其中预备党员317名；社区党员34835名，占党员总数的71.51%；党政机关党员数3896名，占党员总数的8%；女党员19384名，占党员总数的39.79%；少数民族党员1343名，占党员总数的2.76%。全年新发展党员260名。从年龄结构上看，全区60岁以上党员22818名，占全区党员总数的46.84%；全区35岁以下年轻党员5096名，占全部党员总数的10.46%。从文化结构看，研究生以上学历2050人，占全区党员总数的4.21%；大学本、专科学历党员19115名，占全区党员总数的39.24%；高中及中专学历党员13901名，占全区党员总数的28.53%；初中及以下学历党员13650名，占全区党员总数的28.02%。从职业结构看，公有制单位在职党员8903名，占党员总数的18.28%；非公有制单位在职党员2518名，占党员总数的5.17%；学生党员9名，占党员总数的0.02%；离退休党员31283名，占党员总数的64.22%；其他党员6003名，占党员总数的12.32%。年内，区委围绕思想政治建设核心，采取提高思想认识、修炼官德人品和树立检验标准3项措施，开展“十百千”名干部讲党课；扭住“总开关”不放松；坚持“讲认真”态度抓到底，确保实现思想政治建设大提升，建设新时期党员干部的精神家园。区委把强化基层党组织建设作为从严治党的重要基础，坚持一手抓政治属性、一手抓服务功能，持续推进“我是党员我承诺”主题实践活动，从严落实基层党建工作责任，加强对基层的服务保障，形成重抓基层的鲜明导向。

（朱　梅）

【党员干部讲党课】 3月15日至4月15日，在全区全面开展“十百千”名干部讲党课活动，把党员领导干部带头作为关键贯穿活动始终，推动讲党课活动层层开展。区四套班子主要领导、区委常委、党员区领导、“法检”两长、区级待遇党员领导干部围绕优良传统和红色基因带头讲党课，解决好发扬和传承的问题。130名正处职干部结合地区实际、谋划工作开展，解决好活动开展和工作结合的问题讲党课。同时向1700名基层党组织书记延伸，围绕基层服务型党组织创建，解决好服务党员群众、推动地区发展的问题。讲党课时，区委要求各级党员干部结合工作实际，自己动手撰写讲党课内容，用自己的语言、自己的观点，体现自己的思想，一级做给一级看，一级带着一级学，既推动党员领导干部加强学习、深入思考，又要让广大党员干部切实受到教育。

（刘吉新　郑　一）

【在职党员进社区】 3月21日，区委组织部印发《关于进一步强化在职党员进社区工作的通知》（京石组发〔2014〕6号），对参加范围、工作职责、活动方式、组织领导等方面进行明确和细化，为全区8000余名在职党员制作《在职党员进社区活动证》，标明在职党员的住址、职务、联系方式、技能特长和服务意向，在职党员持证报到，将报到情况、参加活动情况详细记录在活动证上，作为在职党员在社区发挥作用的凭证，单位党组织也依据活动证对在职党员的工作进行评价。全年，全区有7100余名在职党员完成报到，开展服务5000余人次，特别是结合“六四”维稳安排，很多社区组织在职党员集中到社区参加巡逻维稳，收到较好成效，切实增强党员干部的宗旨意识和群众观点，营造和谐稳定的社会环境。

（张　申）

【官德人品大讨论】 3～4月，区委抓住党员领导干部世界观、人生观、价值观这个“总开关”不放松，开展官德人品大讨论。一是目标明确。通过开展大讨论，党员领导干部要“问题清清楚楚、作风清清爽爽、做人坦坦荡荡、为官清清白白”，广大党员干部要政治坚定、作风优良，为助推全面深度转型、高端绿色发展战略，建设国家级绿色转型发展示范区凝聚力量。二是重点突出。按照党员干部“三严三实”要求，围绕“面对时代、面对权力、面对利益、面对群众、面对诱惑、面对法纪、面对人生、面对监督”8个方面开展大讨论，加强党性锤炼，夯实道德基础。三是形式多样。倡导加强思想理论学习，开展个人思考剖析，组织专题征文活动，召开专题座谈会，畅谈体会、交流认识、分享经验；鼓励创新活动载体，结合活动各环节具体内容，把开展大讨论活动贯彻教育实践活动全过程。全区通过开展官德人品大讨论，要求党员领导干部发挥表率带头作用，积极参与讨论，广泛交流思想，提升党员干部为官做人的思想境界和精神追求，丰富党员干部的精神家园。

（刘吉新　郑　一）

【发展党员工作】 4月9日，区委组织部召开全区发展党员工作会。按照市委组织部统一部署，将当年全区发展党员数量从280名降低至260名。对各党工委指标进行细化，明确工作要求，确保完成规定任务。10月，对中央修订的《中国共产党发展党员工作细则》进行培训，传达部署中央新的指示精神。在此基础上，全年坚持严格落实发展指标较上年降低12%的总体工作要求，从严把关、严格程序，积极指导各单位做好发展党员工作。代表区委审批新发展党员2名，审批预备党员转正2名。

（刘　远）

【党员承诺活动】 4月，区委组织部印发开展“我是党员我承诺，扫除‘四风’作表率”主题实践活动的通知（京石组发〔2014〕8号）。全区各级党组织和广大党员干部从带头加强学习、带头查摆“四风”、带头整改落实、带头服务群众、带头履职尽责5个方面承诺、履诺、践诺，在实践中锤炼党性、扫除“四风”、践行宗旨、服务群众。截至年底，全区4万余名党员作出承诺5万余条，承诺率达到80%以上。

（谢　葵）

【纪念建党93周年】 6～7月，区委组织部组织开展纪念建党九十三周年系列活动。按照市委统一部署，制发做好纪念中国共产党成立93周年有关工作的通知，主要开展3项工作。一是6月27日召开庆祝中国共产党成立93周年暨“扫除‘四风’突出问题，提升管党治党能力”主题座谈会。老党员、基层党组织书记、年轻党员等5名党员代表在会上作交流发言，牛青山提出工作要求，夏林茂主持会议。各工委，区委直属党委、党总支书记和基层党组织、党员代表共60人参加会议。二是开展先进典型宣传活动。以

群众路线教育实践活动、先进基层党组织、优秀共产党员事迹为主题，整理先进事迹、编写拍摄脚本、录制《让生命线焕发勃勃生机》《党的力量在于组织》《唱响为民服务的最美和声》3期专题片，“七一”前集中在区有线电视进行播放，并在《石景山报》等媒体宣传先进典型事迹，营造良好学习宣传氛围。三是开展“共产党员献爱心”捐献活动。加大前期宣传力度，制作专题宣传片、宣传画，动员和引导全区党员踊跃捐献。6月下旬，区直机关集中开展捐献活动，正式启动全区“共产党员献爱心”活动。截至7月28日，共有近24000名党员和1900余名爱心人士捐赠善款1182901.95元，这也是全区“共产党员献爱心”捐献活动首次突破百万数额。

（朱梅 谢葵 刘远 王佳）

【服务型党组织建设】 年内，区委组织部开展基层服务型党组织试点工作。建立2个市级试点单位和13个区级试点单位。市级试点分别是八角街道北路特钢社区和老山街道老山东里南社区。特钢社区着眼志愿服务，通过对社区党建品牌“金色亲情”党员志愿服务进行探索完善，努力形成一套由社区党组织统领的志愿者队伍综合管理机制；老山东里南社区选择运行机制，通过推行“五步惠民工作法”，努力形成一套社区组织规范化运行的工作机制。在做好市级试点的同时，将试点工作在全区推开，在街道社区、非公企业、事业单位、国有企业、党政机关等不同领域建立13个区级层面试点，探索不同类型基层党组织建设服务型的经验做法。推进《基层服务型党组织建设途径研究》为题的重点调研课题，并被确定为市委组织部重点关注课题和市委党建研究会重点指导课题，探索形成“用理念引领实践，用服务对接需求，用载体支持行动，用制度保障效果”的基本思路。

（郑一）

【社区党组织整顿】 年内，区委组织部按照市委统一部署扎实推进软弱涣散社区党组织集中整顿工作，确定9个社区作为整顿对象。各街道组建整顿软弱涣散党组织工作小组，采取“一社区一政策”“一社区一方案”的形式制定整顿工作计划进度表，主要从以下3个方面加以整改，保证整顿工作有效开展。一是配强班子，优化设置。对党组织书记缺位、党组织班子不健全的，抓紧配齐，对确实不胜任现职的坚决调整。二是加大投入，完善设施。由区财政下拨资金加大支持力度，共投入资金500余万元，改扩建场地2000余平方米，存在场地设施问题的4个社区全部得到整改。三是创新载体，加强服务。在建设基层服务型党组织上加大力度，摸清需求、提供服务，赢得居民群众的满意。

（张申）

【基层教育培训】 年内，区委组织部切实贯彻中央关于“增强党性、牢记宗旨”的培训要求，突出培训重点，进一步抓好党员业务素质提升和作风养成，制发年度党员教育培训工作计划，共举办8个培训班次，培训党员2300余人次，重点举办党的群众路线教育专题培训、入党积极分子、新党员及青年党员培训，党员干部现代远程教育培训等常规培训，学习贯彻《中国共产党发展党员工作细则》业务培训和“一月一主题”创新培训等多个培训项目，有效提升全区党员教育培训工作水平和基层党员综合素质。

（刘远）

【开展党内帮扶】 年内，区委组织部按照党内帮扶工作要求，分类做好全区困难党员、老党员的帮扶走访工作。一是进一步将教育实践活动落在实处，开展区委常委结对帮扶工作，安排每位常委与一名困难党员结对，长期开展帮扶活动。区领导深入困难党员家中，关心党员身体健康和家庭生活状况，切实为困难党员解决就医、看病、低保、子女入学、家庭成员就业等实际困难，从人、财、物等方面加大对党员所在社区的投入。二是在机关系统持续开展“共建帮扶”爱心行动。发挥机关系统各基层党组织自身优势，结合实际配套相应资源，深入社区、学校，与困难党员、群众、贫困学生开展结对定向帮扶工作。三是元旦春节及“七一”期间，共对44名市级困难党员、137名区级困难党员、1343名一般困难党员进行慰问，对16名建国前入党老党员按时下发生活补贴，共拨付困难党员帮扶资金148.32万元，并安排区四套班子主要领导和其他常委走访慰问优秀党员、老党员、困难党员19人次。四是按照市委组织部要求，组织全区各单位在国庆节前广泛开展走访慰问老干部、老党员活动，对15名建国前入党未享受离退休待遇老党员每人给予一次性补助1000元，并安排领导走访老党员3人次，使老干部、老党员真正感受到党组织的关怀和温暖。

（刘远）

【党建研究会】 年内，区委组织部召开区党建研究会一届四次理事会议，总结回顾上年工作、通报表彰优秀课题成果、部署当年工作任务。加强理论研究和理论宣传工作，指导会员单位认真做好31个区党建研究会年度重点课题的立项、推进和结题工作。扎实推进市党建研究会年度立项课题《基层服务型党组织建设途径研究》的研究，课题成果获市党建研究会优秀党建调研课题三等奖和1万元资金支持。推荐会员单位优秀研究成果参与市党建研究会课题评比，区委党校《石景山区党员干部精神家园建设创新研究报告》获市党建研究会年度自选课题优秀成果一等奖，金顶街街道《关于加强“隐形党员”管理服务工作的调查报告》获市党建研究会年度自选课题优秀成果二等奖。

（宋薇）

领导班子和干部队伍建设

【概况】 截至年底，全区共有处级干部550人。其中，处级领导干部438人（正处143人，副处295人）。女干部168人，占总数的30.5%；少数民族干部24人，占总数的4.4%；党外干部20人，占总数的3.6%。研究生及以上253人，占46.0%；大学本科280人，占50.9%；大学专科17人，占3.1%。35岁以下28人，占5.1%；36～45岁134人，占24.4%；46～54岁284人，占51.6%；

55岁及以上104人，占18.9%。年内，区委把干部队伍建设作为从严治党的决定性环节，严格执行《党政领导干部选拔任用工作条例》，全面落实好干部“五条标准”，坚决破除“四唯”，以实绩论英雄，“决不让好干部吃亏”的导向更加清晰。

（崔　乐）

【领导班子建设】　年内，区委组织部牢牢扭住思想教育这条生命线，以群众路线教育实践活动为契机，扎实做好领导班子思想政治工作，确保全区上下思想统一、步调一致、同心同德、纪律严明。以落实民主集中制为重点，指导处级领导班子科学运行，不断健全议事决策规则，特别是明确“一把手”的职责权限，加强对“一把手”权力运行的监督管理，切实提升科学、民主、依法决策水平。通盘考虑全区处级领导班子特点，按照梯次合理、专业配套、能力互补、气质相容的目标要求，加大调整交流力度，优化班子结构，增强整体功能。特别是在城市综合管理体制改革和园区建设工作中，将选优配强领导班子放在优先位置，打造团结向上、奋发进取的坚强领导集体，整合力量，拓展职能，努力构建“大城管”“大园区”的工作格局。

（崔　乐）

【干部选拔任用】　年内，区委组织部将《党政领导干部选拔任用工作条例》作为基本遵循，不断规范干部选拔任用程序，坚决破除“四唯”，及时废止男58岁、女53岁退居“二线”的干部任职年龄界限“一刀切”政策，统筹用好各年龄段干部。全年区委常委会共讨论决定处级干部任免9批154人次。其中，提拔处级干部31人，包括正处级干部11人，副处级干部20人；非领导职务转任领导职务3人，包括正处级干部1人，副处级干部2人；交流任职30人，包括正处级干部7人，副处级干部23人。全区处级干部队伍年龄结构不断优化，全年提拔的处级干部中，45岁以下21人，占67.7%；知识层次进一步提高，全年提拔的处级领导干部全部为大学以上文化程度，其中研究生以上文化程度19人，占61.3%。

（崔　乐）

2月26日，召开组织工作会　（区委宣传部供稿）

【从严管理干部】　年内，区委组织部坚持“严”字当头，不断强化干部选拔任用全过程监督。严格落实“四项监督制度”，即中央办公厅在2010年4月颁布实施的《党政领导干部选拔任用工作责任追究办法（试行）》以及中组部同步印发的《党政领导干部选拔任用工作有关事项报告办法（试行）》《地方党委常委会向全委会报告干部选拔任用工作并接受民主评议办法（试行）》《市县党委书记履行干部选拔任用工作职责离任检查办法》4项干部选拔任用工作方面的监督制度。依托干部选拔任用记实系统，突出对动议、民主推荐、考察、讨论决定、公示等关键环节的监督，实时监测，环环把关，做到过程可追溯、依据可查询。根据中央、市委从严选拔干部的新要求，对拟提拔任职和转任重要领导岗位的干部，进行个人有关事项报告的查核，坚决防止“带病提拔”“带病上岗”。着力抓好干部选拔任用专项整治工作，突出抓好超职数配备干部、党政领导干部在企业兼职（任职）等清理整顿工作，做好配偶已移居国（境）外的国家工作人员任职岗位管理工作，认真核查涉及选人用人问题的举报线索，严肃调查，妥善处理，进一步匡正选人用人风气。

（王国庆）

【干部挂职锻炼】　年内，区委组织部做好全市干部交流任职和挂职锻炼“三个一百”（每年选拔发展潜力大的后备干部和优秀年轻干部，以任职、挂职或轮岗3种方式进行各约100人交流）工程，接收中央、市级机关单位来区挂职7批12人。做好外省、市、区干部到区挂职工作，共接收新疆、内蒙古、宁夏等地挂职干部4批15人。按照全市统一部署，精心选派干部赴外地挂职工作，共选派4批6人赴新疆、西藏、宁夏、湖北挂职。从事业长远发展的角度出发，加强年轻干部培养锻炼，把基层一线作为主阵地，把改革发展前沿作为主战场，选派37名年轻科级及以下干部到社区挂职，抽调68名年轻干部参加环境整治“亮剑行动”等重点工作，让年轻干部“接地气”“长本事”，在实践中健康成长。

（陈　鹏）

【军转干部安置】　年内，区委组织部创新安置理念，改进安置方法，积极稳妥地推进军转安置工作。全年安置团级军转干部14人，其中男13人，女1人；正团职5人，副团职9人；年龄最大的49岁，最小的40岁，平均年龄43.6岁；研究生学历1人，大学学历13人；安排副处级职务4人，正科级职务7人，副科级职务3人。

（张战超）

【个人事项报告】　年内，区委组织部

严格贯彻落实中央和市委关于领导干部报告个人有关事项工作的新精神、新要求，将报告工作作为从严管理干部的一项重要举措，坚持从严治党、从严治吏，精心部署、规范实施，切实增强报告制度的执行力和约束力。年初，下发通知，组织全区处级干部严格按照首次填报的要求填报个人事项信息，加强对报告材料的审核力度，确保报告信息的完整性和规范性。集中利用两个多月的时间，将全区558名处级干部的个人事项信息录入专用系统，对录入数据进行反复核对，发现异常及时反查，在认真统计汇总、对比分析的基础上，形成综合汇总报告。根据抽查核实的有关要求，按照3%的比例随机抽取部分处级干部进行个人事项报告对比核实，对核查发现没有如实报告的，将相关情况向本人所在单位党组织通报，对其进行严肃批评教育，并补报相关内容。针对抽查核实中发现的问题，区委组织部采取有力措施，强化对相关政策规定的宣传教育，引导干部从讲政治和对党忠诚的高度认识这项工作。在干部选拔任用中，如再发现不如实填报或隐瞒不报的，一律不提拔使用、不列入后备干部名单。

（杨昆仑　张　羽）

【超职数配备治理】　年内，区委组织部紧抓全市干部监督工作重点，认真开展超职数配备干部专项治理工作。制定实施方案，加强组织领导，注重协调配合，建立由区委组织部牵头，区编办和区人力社保局分工配合的工作协调机制。通过召开协调会等形式，把握工作要求，明确责任分工。以区编办提供的“三定”方案以及中央、北京市下发的相关文件为依据，认真梳理处、科级领导和非领导职数核定情况和实际配备情况，完成对全区105个处级单位和210个科级单位的超职数配备情况的梳理统计工作。根据检查情况，对存在的超职数配备问题，及时制定整改计划，积极消化存量，严格控制增量，确保专项治理工作落到实处。

（杨昆仑　张　羽）

【干部监督管理】　年内，根据市委组织部关于配偶已移居国（境）外的国家工作人员任职岗位管理工作的相关要求，区委组织部扎实开展调查摸底和核实汇总工作，对“裸官”实行职位限入和提拔限制，逐步完善从严管理干部队伍制度体系。严格贯彻落实组织工作重要事项请示报告制度，向全区各单位下发通知，就严格落实重要事项请示报告工作提出明确要求。各单位认真组织学习，提高思想认识，明确分管领导、负责科室和具体责任人，牢固树立责任意识，畅通信息渠道，严格执行规定，明确报告要求，强化组织纪律观念。

（张　羽）

【科级干部选任】　年内，区委组织部扎实做好年度科级干部选拔任用“一报告两评议”（指党委［党组］主要领导对本单位科级干部选拔任用工作在全体干部职工和基层单位负责人参加的评议会上进行报告，并组织干部群众对科级干部选拔任用工作进行评议，对新选拔任用的科级领导干部履行岗位职责情况进行评议）工作。组织对44家处级单位干部选拔任用工作和238名新选拔任用的科级干部进行民主评议，不断加强科级干部选拔任用监督工作力度。

（张　羽）

【经济责任审计】　年内，区委组织部认真履行监督工作职能，对4名领导干部开展经济责任审计，对5名领导干部进行经济事项交接，进一步扩大对“一把手”的监督力度，不断强化监督工作效果。

（张　羽）

【公务员统计】　截至年底，全区各党政机关共有公务员2740人。其中，女性1197人，占总数的43.7%。少数民族128人，占总数的4.7%。中共党员2302人，占总数的84%。具有研究生学历的733人，占总人数的26.8%；具有大学学历的1782人，占总人数的65%；具有大专学历的208人，占总人数的7.6%；具有中专、高中及以下学历的17人，占总人数的0.6%。35岁及以下的1000人，占总人数的36.5%；36～40岁的303人，占总人数的11.1%；41～45岁的413人，占总人数的15%；46～50岁的455人，占总人数的16.6%；51～54岁的378人，占总人数的13.8%；55岁及以上的191人，占总人数的7%。公务员统计工作连续十年获得市委组织部颁发全优秀统计单位荣誉。

（刘明君）

干部教育培训和人才管理

【概况】　年内，区委组织部举办2期处级干部进修班，1期副处级干部初任培训班，培训处级干部86人；举办1期中青年干部培训班，培训后备干部37人；选派4名优秀副处职干部参加北京大学公共管理高级研修班的学习；举办第二期“技能人才创新能力培训班”，共培训来自首钢、集体经济办、国资委等单位的技能人才30人。在各个班次的课程设置上，做到紧密围绕区委区政府“全面深度转型　高端绿色发展”，建设国家级绿色转型发展示范区的工作目标，重点加强区域经济转型发展、文化产业、城市规划、社会管理、生态文明等方面的培训，着力更新、强化学员在政治基础理论、经济发展与社会创新建设、依法行政与突发事件应对解决等方面的知识储备。在师资安排上，既聘请知名专家讲授，又安排区委党校讲师、区内领导干部上讲台授课，保证课程内容贴近实际。年内，区委组织部召开申报政工师专业职务人员的答辩会，以及中级政工专业职务任职资格评审会，确认2人取得政工师任职资格。

（赵立辉　刘明君　顾爱华）

【处级干部专题轮训】　年内，区委组织部研究制定对全区处级干部进行十八届三中全会和习近平总书记系列讲话精神轮训的方案，联合区委宣传部和党校开展4期针对全区处级干部和国有企业领导班子成员的集中专题轮训工作，共培训领导干部600余人。专题培训班结合当前热点精心设计教学形式和教学内容，设置专题讲座、自学研读、分组讨论、学员论坛4种教学形式，为学员配发《中共中央关于全面深化改革若干重大问题的决定》和《习近平总书记重要讲话摘编》,设计讨论题供学员交流研讨,并撰写学习总结。在专题教学方面,设计收入分配改革与社会事业改革创新、处理好政府与市场关系、学习贯彻习总书记系列讲话体会、十八届三中全会和习近平总书记系列讲话精神的实践认知以及开展群众路线教育实践活动等方面的内容。在分组讨论中,密切结合第二批群众路线教育实践活动,开展"官德人品"大讨论,并将有关文章在《石景山报》刊登。通过培训学习和研讨交流,帮助和引导全区干部自觉贯彻落实中央、市委和区委要求,坚定理想信念、推动改革创新、促进转型发展。举办2期学习贯彻十八届四中全会精神网络专题培训班,培训处级干部118人。培训采取集中观看网络视频课程、专题面授、集中讨论、集中考试的形式进行。通过培训加强领导干部的法治意识,提高领导干部法治思维和依法办事能力。

(赵立辉　刘明君)

【干部培训五年规划】 年内,区委组织部根据《北京市贯彻落实 < 2013－2017年全国干部教育培训规划 > 的实施意见》,研究制定贯彻落实方案,并下发全区各单位。方案从干部教育培训的重点内容、统筹推进干部分级分类培训、深入推进干部培训改革创新和加强组织领导4个方面对新一轮大规模培训干部工作进行顶层设计。方案明确各类干部培训任务指标,明晰各单位培训工作职责,对培训内容、培训方式、培训项目、经费管理和培训档案留存等相关内容作出具体要求。

(赵立辉　刘明君)

【干教网分中心建立】 年内,区委组织部突出地区特点、贴近干部培训需求,建设北京干部教育网石景山区分中心。制定分中心建设方案,明确分中心建设目标、实施步骤和运维管理机制。通过分解工作任务,明确完成时限,实现工作量化,确保工作按时保质完成,得到市委组织部高度评价。分中心上线后,结合地区发展实际,主动挖掘特色教育资源、总结发展经验,组织力量制作牛青山《坚持"三严三实"修养官德人品　建设新时期党员干部的精神家园》、夏林茂《守住生命线,用好传家宝,汇聚全面深度转型高端绿色发展正能量》、北方工业大学党委副书记郭玉良《支点——创建基层服务型党组织的三个基本问题》3门课程,推荐16门在线学习课程,并完成上线工作。同时,明确分中心在线学习任务,丰富分中心门户内容,做好干教资讯、通知公告、推荐课程等栏目的更新工作,鼓励学员充分利用干教网的互动功能进行交流讨论,发布展示基层干部培训经验和特色做法,促进工作交流。

(赵立辉　刘明君)

【年轻干部基层锻炼】 年内,区委组织部联合区人力社保局制定开展对年轻干部到基层挂职锻炼工作情况调研的方案,对上年下派干部到社区挂职情况进行走访调研。根据调研结果做好第一批挂职干部阶段性工作总结,并启动第二批年轻干部到社区挂职锻炼工作,安排40名机关年轻干部到八宝山、古城、金顶街和五里坨4个街道的基层社区开展挂职锻炼。与区人力社保局、选派单位、接收单位沟通协调,加强锻炼干部日常管理,建立科学有效的考核、监督与评价机制。10月,配合区社会治理综合执法委员会在全区范围内开展的"亮剑行动",共抽调60名机关干部充实到攻坚一线工作半年。

(赵立辉)

【高端人才体系研究】 年内,区委组织部开展高端的人才管理体系课题研究,形成《构建高端的人才管理体系研究报告》。制定《高端的人才管理体系实施方案》《高端的人才管理体系建设指标体系》《高端人才分类目录》等,为开展高端的人才管理体系建设明确目标任务和实施路径。

(顾爱华)

【接收博士、青年干部挂职】 年内,区委组织部接收中国科学院大学研究生院博士1名到科技园区挂职半年,接收河北省武清市青年干部1名到区统计局挂职半年,接收北京大学8名博士生(后)分别到区委组织部、区委宣传部、区纪委、区发改委、团区委、科技园区、区西建设办和区统计局挂职半年。

(顾爱华)

【优秀人才培养资助】 年内,区委组织部开展年度北京市优秀人才培养资助工作。北京囡宝科技有限公司张兆龙申报的"基于wifi的近场认证技术的进一步研究"获年度北京市优秀人才培养资助青年骨干个人项目资助,资助款为4万元;本区申报的"石景山区现代金融产业高端人才发展工程"获得集体项目资助,资助款为30万元。

(顾爱华)

【基层电教站点】 年内,区委组织部对全区各街道社区电教设备配置情况进行重新摸底,依据摸底统计结果,制定需走访社区明细表,对新建社区、回迁社区、搬家社区等站点逐一进行实地查看,为45个社区配置电教设备。通过增添设备、优化网络等方式强化硬件技术参数水平,加强网络带宽建设,挖掘资源潜力,构建便于基层党员干部远程教育工作的网络格局,为党员更新知识结构、理论实践和创新活动形式提供支持。

(张晓东)

【学用情况检查】 年内,区委组织部按照市委组织部《关于开展党员干部现代远程教育终端站点学用情况调查的通知》要求,对街道、社区层面的硬件建设维护、组织管理、学用转化等情况进行检查。组织各基层单位按要求填写党员干部现代远程教育终端站点工作手册,制定学习制度,规定学习时长,逐步引导基层单位从规定学变为自主学、主动学,在市委组织部检查中,得到肯定和好评。

(张晓东)

【电教片观摩交流】 年内,区委组织部制定下发组织开展全区党员教育电视片观摩交流活动的通知。规定报送细则,共收集报送作品10部,集中展现全区基层党组织战斗堡垒作用和优秀共产党员先锋模范作用,通过身边人、身边事引导教育身边人,所报送作品全部入选市级教学资源库。加强与

中央组织部党建读物出版社的联系，积极报送优秀电教作品，面向全国发行的《社区党建》音像刊物采纳本区报送的作品2部。

（张晓东）

宣传教育

概　　述

中共石景山区委宣传部（简称区委宣传部）是负责全区宣传思想文化工作的职能部门。下设办公室、理论科、新闻科、宣传科，主管《石景山报》编辑部（含石景山新闻网、舆情组和报社电台记者站）、《石景山工作》编辑部（含区思想文化建设研究会和区委讲师团秘书处）、文化创意产业促进中心。年内，全区宣传思想文化战线以深入学习贯彻党的十八大和十八届三中、四中全会精神，宣传贯彻习近平总书记系列重要讲话精神为主线，坚持围绕中心、服务大局，坚持稳中有为、争创一流，坚持三贴近，深入开展党的群众路线教育实践活动，建设党员干部的精神家园；积极实施思想道德引领战略和文化兴区战略，为推进全面深度转型，实现高端绿色发展，加快建设国家级绿色转型发展示范区提供思想保证、精神动力、舆论支持和文化条件。主要开展4项工作：深入开展理论学习教育，扎实推进思想政治建设；深入开展社会宣传文化活动，大力培育和践行社会主义核心价值观；坚持正确舆论导向，为新城区建设营造浓厚氛围；深入推进文化兴区战略，促进文化事业和文化产业协调发展。

地址：石景山区石景山路18号

电话：88699827

邮编：100043

（赵　亮）

【“两会”宣传报道】 1～3月，全国和市、区“两会”期间，区委宣传部围绕区委区政府的中心工作，突出“全面深度转型　高端绿色发展”特色，加大转型发展建设成果的宣传推介力度，紧抓主流媒体，形成宣传声势。全国“两会”期间，组织策划前线杂志社对牛青山的专访和月讯杂志社对夏林茂的专访。在北京市“两会”期间，广泛邀请媒体记者到石景山区代表团采访，并组织记者专访夏林茂。会议期间，在3月7日的《北京日报》上刊发专版，集中介绍建设国家级绿色转型发展示范区的新成就。区“两会”期间，分别召开区长媒体见面会和国家服务业综合改革试点区三年行动计划专题发布会，并邀请中央和市属媒体记者到场采访，会议期间共发稿30多篇。

（赵　亮）

【石景山手机报开通】 3月24日，区委办、区政府办、区委宣传部联合创办开通《石景山手机报》，为700多名处级以上领导干部及时学习领会中央精神，了解市情、区情提供渠道。《石景山手机报》每周两期，以手机彩信形式发放。内容以中央、市、区最新动态为主，精选新闻资讯为补充，辅以理论园地、媒体聚焦等内容，利用手机移动阅读特性，整合碎片时间，让区领导及时掌握相关信息。全年发送手机报55期，并利用手机短信平台发送各类通知、提示、活动预告等短信11次，约30余万条，并首次利用短信平台对重度雾霾天气进行预警。

（赵　亮）

【第七届北京清明诗会】 4月2日晚，由首都文明办、区委、区政府联合主办，区委宣传部、北方工业大学、《中国广播报》、区文明办、区文化委、区广电中心承办的“梨花风起正清明”——第七届北京清明诗会主会场演出在北方工业大学图书信息楼报告厅举行。诗会以“纪念先烈、报效祖国、圆梦中华”为主题，分为《游春》《怀远》《热血》《追梦》4个篇章，展现热爱自然、追忆先贤、缅怀先烈、报效祖国、圆梦中华的清明节文化内涵。市委宣传部、首都文明办、区领导同驻区部队官兵、大学生及各条战线市民群众1000余人观看演出。设4个分会场：社区分会场于3月28日下午在八角街道文化广场举办，以社区百姓为主体，突出讲道德树新风、共建和谐家园的主题；军营分会场于同月29日下午在66469部队举办，以部队战士为主体，突出献身革命、报效祖国的主题；公园分会场于30日下午在北京国际雕塑公园举办，以社区居民和游园群众为主体，突出热爱春天、赞美自然的主题；公墓分会场于4月3日上午在八宝山革命公墓任弼时广场举办，以青少年学生和志愿者代表为主体，突出缅怀先烈、圆梦中华的主题。活动走进社区、军营、公园、基层，形成全区上下点面结合、统一联动、共办活动的良好格局。各项活动参与演出人数达700余人次，直接参加活动人数近5000人次。

（赵　亮）

3月29日，清明诗会军营分会场演出　（区委宣传部供稿）

【首家文创专营银行成立】 5月9日，

北京市首家文化创意专营银行——杭州银行股份有限公司北京石景山文创支行正式成立。该行探索版权质押贷款、股权质押贷款、应收账款质押贷款、订单贷等创新融资产品，利用“投融一站通”等创新金融模式和产品解决文化创意企业融资难问题。截至年底，该行信贷授信总额2.1亿元，放款总额为1.1亿元，为多家文创企业提供融资服务。

（赵　亮）

【“最美石景山人”演讲比赛】　5月，区委宣传部制定下发相关方案，指导各单位广泛开展基层选拔和初赛工作，对基层榜样人物事迹进行深入挖掘。经过两场全区复赛，11名选手从来自全区20多个系统和单位报送的38名复赛选手中胜出，进入决赛。6月30日下午，“最美石景山人”故事演讲比赛决赛作为党的生日献礼，在中国电子竞技馆举办。来自全区各单位、各系统的200多名观众欣赏选手们精彩演讲。同时，组织同名征文活动，征集各类榜样人物的故事，收到参赛文稿133篇，从中评出10篇“最佳文稿奖”。

（赵　亮）

【改革试点宣传报道】　6月12日、10月21日，两次组织媒体集体采访活动，邀请主要领导和基层执法队员介绍本区作为北京市城市管理体制改革试点，建立城市综合管理体系和社会治理综合执法体系，开展“亮剑行动”的创新举措，并组织记者现场参观治理情况和效果，在中央、市属主流媒体共刊播有关报道40篇，并在人民网、千龙网、首都之窗等各大门户网站转载。其中《新京报》在6月13日以专版形式进行报道，7月25日《人民日报》以“联合执法成常态 城管难题得破解”为题进行报道，9月17日《北京日报》1版以“坚持深化改革努力为首都城市治理创造新经验”为题报道郭金龙到区调研城市管理体制改革，11月13日，牛青山做客新华网，以“变九龙治水为执法合力”为题谈城市管理。

（赵　亮）

【出版学习体会选编】　7月下旬，出版《建设精神家园——石景山区党的群众路线教育实践活动学习体会选编》。文集分为“坚定理想信念”“传承红色基因”“践行群众路线”“修养官德人品”“高端绿色发展”5部分，收录从领导到普通党员干部在群众路线教育实践活动中的体会文章130余篇，是教育实践活动学习教育阶段成果的重要体现。

（赵　亮）

【政务微博互动功能】　8月20日，“北京市石景山”政务官方微博在腾讯微博、人民网微博正式上线。年内，协助区园林绿化局、公园管理中心、区文化委、消防支队、八宝山人民公墓等近十家区内相关单位开设政务微博，使已开通政务微博的职能部门增至27家。区政务微博平台全年发布微博9000余条，相关话题40余个，重点开设群众路线教育和党建声音等5个微博话题，粉丝总数突破67万。处理网友反映问题350余条，共监测到互联网舆情信息近1600条。

（赵　亮）

【抗战胜利69周年系列活动】　8～9月，区委宣传部统筹全区各单位，做好纪念抗战胜利69周年群众性主题活动。以抗战题材为主要内容，在社区层面举办“勿忘国耻 勿忘先烈 勿忘使命——八角街道纪念抗日战争胜利69周年群众歌曲演唱会”和纪念抗日战争胜利69周年群众大合唱展演活动。组织青联委员、共青团员、少先队员80余人在八宝山革命公墓任弼时广场，举办“继承先辈遗志 奉献火红青春——纪念中国人民抗日战争69周年祭扫活动”。在区图书馆举办“纪念抗战胜利69周年”图书馆系列活动，内容包括：邀请红色后代和专家举办抗战历史讲座、“纪念抗战胜利69周年”展板宣传、灯谜有奖竞猜、楹联展等。在部队军营举办纪念抗日战争胜利69周年综合演出。

（赵　亮）

【65周年国庆系列活动】　9月12日，区委宣传部召开部署会，下发庆祝建国65周年文化庆祝活动总体方案，纪念活动全面展开，至10月下旬结束。主要内容包括开展群众性文化活动：“敬老助老 报效祖国”2014年重阳诗歌会、“祝福祖国 喜迎国庆”专场文艺演出、“美丽石景山”书画展；基层系列活动“我的中国梦 欢乐石景山”夏日文化广场活动、周末剧场系列演出、纪念新中国成立65周年老干部书画展和爱国影片展映等。开展群众性体育活动：北京市第五届登山大会暨石景山区第二十九届金秋体育盛会登山活动、第二十九届金秋体育盛会莲石湖公园百姓自行车骑游活动。开展文化游园及旅游活动：第三届光影文化季暨首钢影视基地落地、世界旅游城市体验中心运行加拿大城市推介月、第二届北京惠民消费节、“欢度国庆重阳敬老”系列文化活动、迎国庆欢乐金秋游园会暨“京闽台文化周”活动和北京西山八大处文化节。

（赵　亮）

【石景山新闻网改版】　9月25日，由区委宣传部主办的石景山新闻网改版全新上线运行。改版后的石景山新闻网大力弘扬主旋律，传播正能量，与传统媒体优势互补、一体发展为特色，打造整合传播的新闻网站。网站下设8个栏目：“时政直通车”“新闻全搜索”“社会同期声”“专题新视野”“视频石景山”“人文石景山”“话说石景山”和“为您服务”。改版后呈3个特点：一是利用新媒体，新闻资源整合传播；二是运用新技术，突出新媒体特色；三是运用“互联网思维”，建立“用户核心”的服务意识，加强数据采集。

（赵　亮）

【重阳诗歌会】　9月29日，由区委宣传部、区文明办、区文化委、区委社会工委、区民政局和公园管理中心共同举办的“敬老助老 报效祖国”——石景山区2014年重阳诗歌会在北京国际雕塑公园蝶形厅广场举行。诗歌会结合庆祝新中国成立65周年的时代主旋律，分为“重阳”“秋天的爱意”“我的祖国”3部分，以诗歌诵读、歌舞、小品等艺术形式，展现重阳传统文化内涵，向观众呈现一台敬老孝亲，弘扬社会正能量的艺术盛会。曹灿、陈铎、海霞、纳森、徐松子等艺术家和演艺明星欢聚一堂，共度佳节。区有关领导同

社区居民近千人一同观看演出。

（赵　亮）

【烈士纪念日公祭活动】 9月30日上午11时，以“继承烈士遗志，实现伟大复兴”为主题的烈士纪念日公祭烈士仪式在八宝山革命公墓烈士骨灰堂庄严举行。烈士骨灰堂共安放671位烈士骨灰。老战士、烈属、机关干部、部队官兵、少先队员等社会各界群众代表300余名隆重集会，共同祭奠在中国革命、建设、改革各个历史时期，涌现出的为民族独立、人民解放和国家富强、人民幸福矢志奋斗、无私奉献、英勇牺牲的烈士。夏林茂主持，牛青山宣读祭文，强调传承红色基因，将烈士精神发扬光大，转化为实现中国梦的强大精神力量。随后百名少先队员齐声献唱《我们是共产主义接班人》，驻京部队、市民政局、区四套班子领导与各界群众代表一起向烈士敬献花篮。全体人员三鞠躬，并瞻仰烈士骨灰堂，献上手中鲜花，表达对革命烈士的深切哀思和崇高的敬意。当天八宝山革命公墓干部职工和各界群众，还向瞿秋白烈士墓、无名烈士墓碑等敬献花篮。当年，十二届全国人大常委会第十次会议通过《关于烈士纪念日的决定（草案）》设立烈士纪念日的决定，将9月30日设立为中国烈士纪念日，并规定每年9月30日国家举行纪念烈士活动，在八宝山烈士骨灰堂举行的公祭活动是全市系列纪念活动之一。

（赵　亮）

【核心价值观环境布置】 9～11月，区委宣传部加强社会主义核心价值观宣传，为APEC会议和国庆65周年营造良好社会文化环境。在区内主要干道立交桥、过街天桥和隔离围栏制作安装52条硬质标语横幅；铺设平面公益广告15000余平方米。年内，利用有线电视平台播放社会主义核心价值观公益广告，在《石景山报》、石景山宣传网、政务微博等区属媒体开辟专栏，发布社会主义核心价值观标语口号和平面公益广告。重点选取台湾街、万达广场、盛景国际等人流集中的商业区域6块大型显示屏，滚动播出社会主义核心价值观宣传标语、主题平面公益广告和视频公益广告。建成鲁谷路、八角街道社会主义核心价值观主题宣传一条街。制作发放印有社会主义核心价值观的购物袋、扇子2万件。向全区各街道、各机关企事业单位下发社会主义核心价值观宣传画1500套（6000张）及“图说我们的价值观”系列宣传海报1250套（6250张）。

（赵　亮）

【区处理论中心组学习】 年内，以区委文件形式下发《关于进一步加强领导干部理论学习的意见》，制定区处两级中心组学习计划。把“单元式”专题学习研讨作为中心组理论学习的主要形式。全年分中国特色社会主义理论、党风廉政建设、改革和发展、社会建设4个单元专题进行学习，全年组织区处两级中心组集中学习42次，学习交流9次。首都主流媒体3次对区中心组学习进行专题报道。八角街道党工委在全市中心组学习经验交流会上发言，并被命名为“北京市建设学习型党组织示范点”。

（赵　亮）

【群众路线教育活动宣传】 年内，区委宣传部统筹做好全区党的群众路线教育实践活动的宣传工作。创设党员领导干部层层讲党课和官德人品大讨论活动等务实管用的实践载体，注重解决坚定理想信念问题，解决发扬党的光荣传统和传承红色基因的问题，解决群众路线的践行问题，解决党员干部官德人品问题。《石景山报》开设理论版，《石景山工作》设立专栏，刊发区四套班子一把手联合署名文章3篇，各级党员干部学习体会文章100余篇。编印《党的群众路线教育实践活动学习材料》800册，下发全区处级干部。群众路线教育实践活动成果两次被新华社撰写为内参抄送件，上报中央、市有关领导，并以“新华社通稿”“新华每日电讯”、新华网等多种形式进行宣传报道。组织主流媒体对牛青山上党课和区四套班子领导“三严三实”精神学习交流会、赵玉民谈学习焦裕禄事迹感想等进行采访报道，多次在《北京日报》一版、北京电视台《北京新闻》、北京广播电台《早新闻》节目中刊播。

（赵　亮）

【“最美石景山人”百姓宣讲】 年内，区委宣传部全面推进百姓宣讲工作常态化，发动全区各行各业干部群众寻找身边的“最美石景山人”，吸引干部群众参与到百姓宣讲活动中来。讲好北京故事，开展好“最美石景山人”宣讲活动，让有道德的人讲道德，让践行核心价值观的人传播核心价值观，宣讲全区志愿服务、孝老爱亲、诚实守信、勤劳节俭、爱岗敬业等方面的生动故事。完善三级宣讲体系，合理统筹，完善区百姓宣讲信息库，登记在册百姓宣讲员821名，新增以“最美石景山人”为主题的百姓宣讲员317人，包括7支区级团、9支街道团、148个社区团、27支工委级宣讲团、10支特色团等201支宣讲团。全年共开展宣讲活动205场。组织参加全市的汇讲、调讲、巡讲活动，被市委宣传部评为“北京市‘最美北京人’百姓宣讲活动先进单位”。

（赵　亮）

【做好新闻应急处置】 年内，区委宣传部配合区相关部门做好“媒体误读我区街道干部工资”等新闻和公共突发事件的应急处置工作。第一时间发布官方口径，澄清信息，引导舆论走向，抢占宣传主阵地，争取话语权，在新闻监督中树立政府良好公众形象。

（赵　亮）

【文化创意企业发展】 年内，畅游时代被评为“全国文化企业30强”，畅游时代、华录百纳、精彩投资、暴风网际4家企业被评选为“首都文化企业30强（佳）”。蓝港在线、飞扬天下两家企业上市，全区文创上市企业达12家。华录百纳以25亿元收购电视栏目品牌内容营销领域的领先企业“蓝色火焰”100%股份，成为传媒行业最大的并购案，也是创业板最大的并购案。

（赵　亮）

【争取资金支持】 年内，市文资办、区委区政府联合制定《关于支持石景山区国家服务业综合改革试点区发展文化创意产业的意见》。全区共有16个项目获市级专项资金支持，金额2516万元。丽贝亚、畅游天下、趣游集团、夏岩集团和光影梦幻5家获批2014北京市设计创新中心。截至年底，本区有北京市设计创新中心7家，涵盖动漫游戏设计、工业工程设计和建筑规划设计等优势领域。

（赵　亮）

【完善舆情研判】 区委宣传部全年撰写《互联网舆情报告》52期，专报1期，受到区领导批示208次。实现周报与专报的格式统一，同时增加对宣传工作的概述和数据汇总。通过舆情报告可以关注本区网络舆情及宣传要点，精简文件种类、提高阅读效率。

（赵　亮）

精神文明建设

概　　述

北京市石景山区精神文明建设委员办公室（简称区文明办）是区精神文明建设委员会的办事机构，负责全区精神文明建设日常工作。年内，区文明办深入贯彻落实党的十八大、十八届三中全会和习近平总书记系列讲话精神及全国、全市宣传思想工作会议精神，紧密结合党的群众路线教育实践活动，以培育和践行社会主义核心价值观为根本，以深化精神文明创建活动为主线，以提高公民道德素质和区域文明程度为目标，紧紧围绕全区中心工作大局，全面实施思想道德引领战略，为全面推进“全面深度转型　高端绿色发展”战略，加快建设“国家级绿色转型发展示范区”提供强大的精神力量、道德支撑和文明保障。

地址：石景山区石景山路18号
电话：88699862
邮编：100043

（高　鹏）

【“感动石景山人物”评选】 3月5日毛泽东同志“向雷锋同志学习”题词51周年之际，“2013感动石景山年度人物”颁奖典礼在区广电中心举行。对刘洪坤等10名“2013感动石景山年度人物”和申世奇等10名“2013感动石景山年度人物”提名奖获得者进行表彰奖励。区文明委委员、获奖人物单位代表、往届先进模范人物代表、社会各界群众代表等参加。会前，首都文明办主任滕盛萍，区领导牛青山、王文光、付生柱等与获奖人员亲切座谈。年内，区文明办在全区组织举办首届“感动石景山年度人物”评选活动，成立专门的宣传工作领导小组，通过新闻宣传、社会宣传、网络宣传3个方面，将学习先进、崇尚文明、弘扬正气的社会风尚融入到全区干部群众生活的方方面面。活动评委会共收到推荐材料104份。经基层推荐、评委会投票和领导小组审定，共评选出10位“感动石景山年度人物”正式人选和10位“感动石景山年度人物”提名奖人选，在区有线电视台开展“感动石景山人物”先进事迹展播。制作《对话我身边的感动人物》专题片，分10期播出；同时在《石景山新闻》栏目中定期播出社会各界的认识和评论，以及学习宣传活动开展情况。在《石景山报》开设《感动石景山人物风采》专版，刊登感动人物和提名奖获得者的采访实录和详细事迹。制作“2013感动石景山年度人物”事迹宣传海报，发放全区各单位，张贴1800余张，利用公共文明宣传橱窗、宣传栏等开展户外宣传活动；制作“2013感动石景山年度人物颁奖典礼”学习光盘，发放500张，充实道德讲堂和市民学校授课内容；编写《精神的力量—2013感动石景山年度人物事迹纪实》，邀请报告文学作家进行编著创作。利用文明石景山新浪微博、网络文明传播志愿者QQ工作群等网络平台，发布评选活动信息、颁奖活动照片及视频短片，设立《我看、我学感动人物》网络讨论专题，增强舆论声势。6～10月，区文明办组织开展“2014感动石景山人物”活动，以月为单位共评选出月度人物50名，作为“年度人物”的候选人。

（高　鹏）

【北京榜样推优宣传】 5～9月，区文明办结合“2014感动石景山人物”主题活动，做好“北京榜样”和“中国好人榜”推荐工作。以广泛发动、层层选树、层层举荐、层层张榜的活动要求，择优向中央文明办、首都文明办推荐候选人110名，其中，王小谟、任全来、杨红、钟青林、高玉汉、关涛先后登上“中国好人榜”和“北京榜样”。6～10月，区文明办开展“北京榜样”的评选张榜活动，有人物、有照片、有事迹地张榜宣传身边的“北京榜样”。张贴月度举荐榜海报数量共4000余张。

（高　鹏）

【教育实践活动】 六一期间，区文明办组织开展“弘扬传统文化、争做美德少年”红领巾讲故事、“携手儿童学艺术、巧手剪出七彩梦”“美丽绽放——玫瑰课堂”“我和北京在一起”城市体验等一系列内容丰富多彩、形式多种多样的庆祝活动。以庆祝中国共产党成立93周年为契机，开展“童心向党、歌唱祖国”大型演出活动，通过组织未成年人传唱歌颂党、歌颂伟大祖国、歌颂中国特色社会主义的优秀歌曲，引导广大未成年人培育和践行社会主义核心价值观，培养心向党、跟党走的情感信念。开展“学习和争做美德少年”活动。围绕孝老爱亲、诚实守信、友善互助、勤俭节约、励志责任、文明公德等方面，推选出10名“美德少年”。开展争做“社区文明小使者”活动，结合“六小”实践活动，利用社区资源，在全区中小学生中开展文明小使者“认星创优”主题实践活动，引导中小学生参与社区建设，做社区的小主人。暑期，全区共组织开展“六小活动”250余次，参加活动的中小学生达到6000余人次。经社区、街道层层推荐评定，共推选出257名三星级及以上文明小使者。

（高　鹏）

【公益广告宣传】 年内，区文明办按照“讲文明，树新风”公益广告宣传工作部署，配合协调区委宣传部、区市政市容委等单位，发挥公益广告宣传效应，运用社会资源，宣传中国梦、宣传爱党爱国、宣传传统美德、宣传生态文明、宣传中华礼仪。制作安装全区各主要大街、道路的立交桥、过街天桥和石景山路隔离围栏49条硬质标语横幅，在全区13处建筑工地、储备土地和其

他重点区域围挡、围墙设置6000余平方米社会主义核心价值观主题标语、广告，并运用区属媒体、户外LED宣传栏广告牌宣传社会主义核心价值观。

（高　鹏）

【道德讲堂、市民学校建设】 年内，道德讲堂、市民学校在全区各级文明单位实现全覆盖。区文明办按照“统一名称、统一流程、统一内容、统一环境、统一反馈途径”五统一的模式，重点加强道德讲堂、市民学校的规范性建设，并发挥道德讲堂、市民学校的前沿阵地作用，依托其载体功能，通过“身边人讲身边事，身边事教身边人”的生动形式，开展讲身边人、说身边事、教育身边人系列活动，增强道德讲堂、市民学校的亲和力、感染力、影响力，把社会主义核心价值观融入到国民教育的全过程，使市民群众更深刻地领悟到社会主义核心价值观的内涵和精神实质，转化为人民的自觉遵循，真正实现让社会主义核心价值观得到市民群众的普遍认可、接纳和践行。

（高　鹏）

【道德领域专项教育治理】 年内，区文明办围绕群众关心、社会关注的食品药品安全、社会服务、公共秩序3个重点领域，普及社会主义核心价值理念。运用宣传教育、自查自纠、道德评议、市民监督和综合治理等多种手段，深入开展道德领域突出问题专项教育和治理活动，解决诚信缺失和公德失范问题，深化诚信示范市场秩序建设工作，有效推动政府职能部门把征信建设作为创新社会管理的重要内容，在全区各党政机关、各企事业单位、中小学校、各街道、社区营造“讲道德、守诚信、做好人、树新风”浓厚氛围的同时，实现全区各单位、各行业服务水平、文明素质、群众满意率的“三提升”。

（高　鹏）

【网络文明传播活动】 年内，区文明办贯彻落实中央文明办、首都文明办“让网络空间清朗起来”的工作要求，加强网络文明建设，打造持续传递正能量的网络环境。开展网络文明志愿服务活动，运用微博、博客、社交网站、论坛、QQ群等多种网络平台，通过转发、推荐、评论等多种形式，围绕社会热点问题进行文明引导，弘扬主弦律，传递正能量，用正面声音和先进文化占领网络阵地，真正把社会主义核心价值观体现到网络宣传、网络文化、网络教育和网络服务中，解决市民群众对于社会主义核心价值观的认知、认同的问题，为全区广大市民群众树立共同理想、提升道德涵养、培育和践行社会主义核心价值观开辟新的宣传阵地。

（高　鹏）

【学雷锋志愿服务活动】 年内，区文明办推进学雷锋志愿服务活动的制度化、常态化建设，将学雷锋志愿服务活动作为党的群众路线教育实践活动有效落地的重要载体，把加强服务群众的针对性、拓展群众参与的广泛性，作为开展活动的重中之重。组织开展以“凝聚道德力量、弘扬雷锋精神”为主题的预防雾霾措施介绍，文明出行、低碳生活、征集义卖、普法维权宣传系列活动，走进基层、走进街道、社区、走进百姓家庭，在全区掀起“弘扬雷锋精神、为民服务、帮贫助困”的志愿服务热潮，使广大市民群众在实践中体验雷锋精神，营造全区人人参与学习雷锋志愿服务良好氛围。年内，首都文明办在本区命名学雷锋志愿服务示范站1个，学雷锋志愿服务示范岗4个，学雷锋志愿服务站48个，学雷锋志愿服务岗37个。全区共建立学雷锋志愿服务队500余支，涉及文化、生活、科教、环保等诸多领域，志愿者人数已达6万余人，固定服务项共19个。

（高　鹏）

【“我们的节日”主题活动】 年内，区文明办借助传统节日融入市民群众日常生活和精神世界的特点，通过丰富多彩的节日活动，把传统节日蕴含的中华民族传统美德、价值判断、精神追求更好地送到广大市民群众的身边，使广大市民群众在耳濡目染中感受“我们的节日”的文化内涵和人文关怀，在全区营造欢乐喜庆、文明祥和的节日氛围。春节前夕，开展楹联征集活动，共收到春联作品557副，参与人数近千人。从征集到的春联作品中精选并设计制作2万余份“春联大礼包”，惠及全区2万余个家庭。清明节期间，继续开展具有石景山品牌特色的北京清明诗会和八宝山革命公墓“红色祭扫”，并结合踏青季暨第十一届玉兰文化节、清明风俗展览、网上祭奠、清明主题灯谜会、清明文化讲座等一系列主题活动，引导市民群众缅怀先烈、传承传统文化。组织开展“网上祭英烈”活动，通过网上祭典、签名寄语、发表祭典感言、主题征言、征文等形式，引导在校学生及市民群众通过网络表达对先烈、先贤、先人的感恩和敬仰，在全区上下营造发扬革命传统、热爱传统节日的良好文化氛围。

（高　鹏）

【公共文明引导行动】 年内，区文明办固化公交站台文明引导成果，深化公共秩序文明引导行动，加强公共文明引导队伍的规范化建设，建立完备的引导队伍监督考核机制。深化公共文明引导的服务内涵，引导内容由文明规劝向文明服务转变。拓展公共文明引导的服务领域，引导场所由公交站台拓展到轨道交通、旅游景点、文博馆所。以每月文明引导日、各法定节假日以及APEC会议等重要活动日为契机，深化“讲文明、树新风”活动，开展公共文明宣传活动，深入推进全区公共文明引导行动的常态化、长期化建设，培养广大市民群众的文明尊礼意识，全面推动全区行车、停车、乘车、观赛、网络等公共文明秩序的有效提升。

（高　鹏）

【首都文明区县创建】 年内，区文明办发挥统筹协调的作用，加强对文明区县创建工作的研究谋划、综合协调和指导督导，调动各单位参与创建的积极性，并高质量完成创建工作中所承担的工作任务。印发《关于迎接首都文明区县评选复查的实施方案》和《首都文明区县测评体系（2014年版）任务分解表》，对文明区县创建工作的指导思想、主要任务、具体要求进行明确。组织召开全区文明区县创建工作动员会，成立迎接首都文明区县创建领导小组，对照217项测评重点，对各项创建工作任务进行细致部署，并逐一明确主责领导和主责单位。首都文明区县创建工作以实施“行政效能工程”“法制推进工程”“市场优化工程”“平安守护工程”“文化兴区工程”和“绿色生态工程”6项工程为重点，举全区之力，汇全区之智，以上下联动、合力推进的工作格局，持续打造“廉洁高效的政务环境”“民主公正的法制环境”“公平有序的市场环境”“舒适宜居的生活环境”“健康向上的文化环境”和“可持续发展的生态环境”，为全面构建“八个高端体系”，提升全区科学发展水平，提高市民文明素质和社会文明程度和争创全国文明城区提供强大的动力和坚强的支撑。

（高　鹏）

【文明单位创建】 年内，文明单位采取市、区两级联创的工作模式，按照制定计划、自愿申报、征求意见、动员部署、平台申报、材料考评、实地考察、考评汇总、综合推荐和公示上报等阶段分步开展。区文明办制定并印发创建文明单位工作实施方案及测评体系，组织召开文明单位创建工作动员培训会，并开展宣传工作，掀起创建申报热潮。各党政机关、事业单位、驻区企业、街道、社区、各中小学校及两新组织，共计270家单位和134个社区进行创建申报。为做好培训、答疑工作，及时、快速处理申报过程中出现的各类问题，确保材料申报工作的科学性和规范性，区文明办先后开通短信通知平台和创建申报服务热线，建立石景山信息网“石景山区精神文明创建”工作专栏和QQ网络平台问答专区，到区教工委等基层系统单位进行现场培训，并邀请首都文明办创建处的工作人员为申报单位进行现场培训指导。首都级、区级文明单位评选工作中，均统一使用首都文明办制订的创建标准，并结合党的群众路线教育实践活动，成立以区委群众路线教育实践活动督导组为依托的审核考评组，具体负责本次文明单位的评选审核和择优推荐工作，确保考核测评工作的公正、公平、公开。经过筛选，向首都文明办推荐宣传部等18家单位为首都文明单位标兵，区委办等62家单位为首都文明单位，八大处公园管理处等4家单位为首都文明风景旅游区，区委政法委等86家单位命名为区级文明单位。

（高　鹏）

【文明社区创建】 年内，文明社区创建工作兼顾全区各街道、社区的地域、经济、文化差异，发挥各街道办事处（鲁谷社区）的属地管理职能，区文明办将文明社区推荐指标分配给各街道（鲁谷社区），并发挥指导、监督职能，组织协调各街道（鲁谷社区）按照印发的《关于创建文明社区工作实施方案》要求，通过“材料审核、实地考察、问卷调查”等方式，对所辖社区进行综合测评。最终向首都文明办推荐四季园社区等66个社区为首都文明社区。电科院社区等67个社区命名为区级文明社区。

（高　鹏）

【理顺创建工作机制】 年内，区文明办以创建工作为契机，健全完善精神文明创建社会动员机制，督查考评机制和投入保障机制，建立“党委统一领导、党政群齐抓共管、文明委组织协调、有关部门各负其责、全社会积极参与”的创建工作领导机制，并将精神文明创建工作任务完成情况纳入干部政绩考核之中，增强创建工作实效。按照各项创建工作实行届期制管理的要求，在全面推进首都级文明单位、文明社区创建工作的同时，理顺区级文明单位、文明社区创建管理机制，形成首都级、区级文明单位统一部署、统一考核、统一创建的创建机制。

（高　鹏）

【未成年人思想道德建设】 年内，区文明办根据中央《中共中央国务院关于进一步加强和改进未成年人思想道德建设的若干意见》的精神，依托全国未成年人思想道德工作测评体系的导向作用，在发挥学校主阵地作用的同时，构建学校、家庭、社会深度结合的教育网络，推进学校与家庭、社区之间有机互动。将未成年人思想道德建设工作作为创建文明单位的先决条件和重要标准，全面执行未成年人思想道德建设工作一票否决制，督促和推进全区各单位、各行业负起责任，高度重视未成年人思想道德建设工作。

（高　鹏）

【保护未成年人系列活动】 年内，区文明办注重未成年人保护社会志愿服务队伍的建设，深化“护花服务队”“红蜡烛”“首钢周末家庭关爱”“春苗成长工程”等未成年人保护社会志愿服务队伍的建设。构建条块结合、以块为主、职责明确、运转高效、协调有力的组织协调体系，加强公安、文化、工商等相关部门的联合执法，建立起从家庭、学校、社区到职能部门和行业协会的联动管理机制，利用教育、行政、法律手段，通过行业自律、群众参与，实现纵向到底、横向到边的无缝衔接。

（高　鹏）

统一战线

概　述

中共北京市石景山区委统一战线工作部（简称区委统战部），是区委主管统一战线工作的职能部门，与区台办合署办公，行政编制11人。年内，区委统战部在区委领导下，紧紧围绕中心、服务大局，团结引领统一战线各界人士，奋力拼搏、开拓创新，为推进“全面深度转型　高端绿色发展”战略实施贡献力量。区委统战部在全市各区县统战部年度综合考评中名列第一，获评年度北京市统一战线理论研究与调查研究优秀组织单位、统战系统信息工作优秀单位，被评为“2012－2014年首都文明单位”。

地址：石景山区石景山路18号
电话：88699232
邮编：100043

（杨海锋）

【学习实践活动】 年内，区委统战部制定并实施统战系统坚持和发展中国特色社会主义学习实践活动方案，召开各民主党派主委座谈会、各党派区工委联络员研讨会，扎实推进学习实践活动深入开展。各民主党派把开展学习实践活动作为工作的重中之重，

坚持继承和发扬优良传统，坚持学习实践活动与自身建设、参政议政、社会服务工作“一盘棋”的思路，通过深入调查研究、组织多种活动、加强载体建设、加大宣传力度等举措，推动各项工作水平的提升。坚定统一战线广大成员的思想导向、价值取向和行动方向。坚持和发展中国特色社会主义学习实践活动，是由各民主党派中央、全国工商联和无党派代表人士提议，经中共中央批准的一项重要政治活动，是深化新一轮政治交接的内在要求，是增进政治共识的核心内容，是当前和今后一个时期各民主党派开展各项工作的有力牵引。

（秦　岭）

【推进协商民主】　年内，区委统战部发挥统一战线在协商民主中的重要作用，抓好协商程序的规范性，制定民主协商工作流程，建立年度民主协商计划制度，明确协商准备和开展协商各环节相关单位的具体工作内容及职责。探索建立横向整合统战资源、横向拓展协商渠道、横向深化沟通交流、纵向强化素质能力、纵向整合协商人才资源的“三横两纵”工作模式。

（贾晓智）

【党外代表人士】　年内，区委统战部贯彻落实中央4号文件精神，抓好党外代表人士发现、培养、储备、使用4个环节。制定统一战线教育培训规划，与区委组织部就党外干部安排使用和实践锻炼工作进行专题研究，举办统战成员培训班，召开党外处级干部座谈会，总结党外干部在领导班子中作用发挥情况。做好区党外知识分子联谊会成立筹备工作。协助各党派组织开展届中民主评议工作，85名党派班子成员全部参加现场述职、书面述职，160名党派成员参与评议工作，增进各党派领导班子的凝聚力。

（贾晓智）

【建言献策活动】　年内，区委统战部在全区统一战线中组织开展“服务全面深度转型，建言高端绿色发展，争创一流工作”主题建言活动，助推区域高端绿色发展。收到建言信息近300条，促进所提问题的落实，为区委、区政府科学决策提供有益参考。围绕区委、区政府重点工作，编报信息186条，其中市区部门采用60条，市领导批示1条，中央统战部重要刊物采用1条。

（秦　岭）

【社会领域统战】　年内，区委统战部推进“双融入双服务”工作理念落实，将统战工作网络向街道社区纵向延伸，向“两新”组织横向拓展，建立工作平台载体，开展双向活动，推进典型示范引路，不断推进统战工作社会化。组织基层统战干部培训班，强化基层统战工作服务指导，发现培养一批社会领域统战工作新典型。推进非公经济企业与公益项目的深度合作，非公企业提供帮扶资金35万元。学习宣传中央民族工作会议精神，制定宣传方案，举办户外宣传等活动。按照区委“把新疆内高班办成民族团结的典范”要求，开展民族团结进步工作示范点创建活动。落实市、区有关进一步加强宗教界代表人士队伍建设的文件精神，启动宗教领域代表人士培养工程。落实市委《关于加强和改进新形势下侨联工作的实施意见》，指导侨联工作。牵头做好专项治理工作。

（王　佳）

【经济领域统战】　年内，区委统战部发挥非公经济服务和管理协调领导小组作用，统筹成员单位资源，协调解决非公企业遇到的实际困难、落实提出的意见建议。开展以“四信”为主要内容的非公经济代表人士理想信念教育实践活动，促进非公经济“两个健康”发展。综合运用第三次经济普查数据，就非公企业发展环境开展专项调研，提出促进非公经济发展的“五大提升工程”建议。组织开展“企业服务季”，开展金融、政策、法律、人才和招商引资等服务，先后开展37场专场服务、座谈及培训活动，受惠企业500余家。

（刘景柱）

【海联会组织建设】　年内，区委统战部开展海联会社会组织评估工作，按照社会团体组织评价标准对海联会基础条件、内部治理、工作绩效和社会评价等内容进行评估，区海联会获评4A级社会组织。

（刘景柱）

【调研和宣传】　年内，区委统战部与区委区政府研究室联合召开民主党派工商联调研课题选题推荐会。会上，区委区政府研究室向民主党派主委及工商联负责人介绍年度重点课题总体情况，推荐58个调研课题。加强统战理论研究，开展统战部机关干部“全员大调研”活动，完成统战调研课题7个，2篇调研报告分获年度市统一战线理论研究与调查研究优秀成果二等奖、三等奖，3篇调研报告获区委、区政府年度优秀调研成果三等奖。组织全区统战系统22个单位共同开展“同心共筑中国梦”统战宣传活动，挖掘统战各领域的典型事例和先进事迹，汇编出版《同心共筑中国梦—石景山区统战工作案例选》。在《中国统一战线》《团结报》《首都统战之窗》等国家级、市级媒体发表文章20余篇。

（王　佳　赵秀华）

【为党外人士办实事】　年内，区委统战部扎实开展群众路线教育实践活动，从严从实抓好活动每一个环节，持续加强和改进作风建设，为党外人士办实事。落实对生病住院的统战人士走访慰问10次。协调相关部门，启动党派楼会议室视频设备安装工作，解决党派办公设备添置、区伊协办公条件改善、党派楼老旧设施维护等多件实际问题，细化党派楼物业管理要求，提升运营管理水平。

（于　娟）

对台事务

概　述

中共北京市石景山区委台湾工作办公室、北京市石景山区人民政府台湾事务办公室（简称区台办）是区委区政府主管对台工作的职能部门，与区委统战部合署办公，承担全区涉台工作的组织、指导、管理、协调职能。年内，在区委区政府的领导和市台办的指导下，深入贯彻党的十八大、十八届三中全会和习总书记系列重要讲话精神，紧紧围绕市委做好新形势下首都对台工作的部署，牢牢把握群众路线教育实践活动转变作风的要求，继续为中央、北京市对台总体战略布局和区域经济社会发展服务，在推动两岸基层民众交流、优化涉台发展环境、解决服务台胞台商“最后一公里”问题等方面取得成效。

地址：石景山区石景山路18号
电话：88699219
邮编：100043

（李　凯）

【走访北京台湾街】 1月22日，区委常委、纪委书记、统战部部长李文起到北京台湾街走访慰问，代表区委、区政府向台商致以新春的问候。李文起听取台湾街管理中心负责人对北京台湾街、林献堂抗日事迹陈列馆经营发展情况的介绍，鼓励大家顺应十八届三中全会后经济全面深化改革的形势，带领企业调整转型，继续保持台湾特色和市场竞争力，扩大在两岸四地的影响。区台办先后邀请接待国台办经济局、市台办领导调研指导工作，在台湾街招商引资、宣传推介等方面给予大力支持。年内，共邀请相关领导到台湾街开展专题调研3次，邀请台商考察台湾街投资项目5次。

（李　凯）

【区领导会见功文文教基金会】 2月19日，牛青山，市人大常委、原区委书记荣华，李文起，会见台湾功文文教基金会董事长赵文瑜一行，双方就继续加强往来，深化交流合作达成协议。功文文教基金会是台湾从事亲职教育研究、宣传与推广的社会团体，多年来与大陆保持良好合作关系。2007年起与本区建立交流交往，先后4次来访，区相关部门也曾派团回访。

（李　凯）

【台湾书法家作品展】 6月6日，由区台办和区文联主办，北京五桂楼文化传播有限公司承办的台湾书法家陈志声作品展在北京台湾街五桂楼举办，展出陈志声50余件书法艺术精品。台湾亲民党主席宋楚瑜亲笔为展览题名“同根同源”，市台联党组书记王兰栋，市台办副主任高振生，岳德顺，区有关部门领导以及区书法家协会会员共计60余人出席活动开幕仪式。开幕式后，两岸书法家举行笔会，写下“同根同源”“血脉相连”等书法作品。

（李　凯）

10月17日，台湾宜兰到区交流　　（区委宣传部供稿）

【基层社区文化交流】 7月22日，由区台办、区委社会工委、老山街道主办，高能所社区、北京鸿源新月文化传媒有限公司承办的“社区手拉手，同胞心连心”——台湾南澳乡·高能所社区两岸基层文化交流活动在高能所社区举办。台湾南澳乡晨曦文化艺术协会15名台胞与高能所社区居民进行交流互动，共同探讨社区文化艺术。

（李　凯）

【台资企业培训】 9月2日，区台办举办《加快台资企业转型发展》专题培训，向台商介绍十八届三中全会以来全国、北京市和石景山区的经济发展形势，作《石景山区高端驱动体系建设与企业发展机遇》辅导报告，助力台资企业转型升级。

（李　凯）

【接待台湾团体参访】 9月20日，区台办接待台湾海基会副董事长施惠芬一行到区参访，陪同考察八大处的园林景观和佛教文化，参拜释迦牟尼佛牙舍利，并与灵光寺方丈座谈交流。10月18日，邀请台湾佛光大学教授、兰地文化教育协会理事长庄文生一行到区法海寺参观考察。年内，区台办共接待台湾团体、企业到区参访考察58人次，宣传投资环境和文化特色。

（李　凯）

【领导小组调整】 9月，经区委常委会审议通过，调整区委对台工作领导小组和区台胞权益保障协调小组。领导小组由牛青山任组长，李文起、司马红、刘亚泉任副组长，由23个职能部门组成。协调小组由25个职能部门组成。

（李　凯）

【推动基层社区交流合作】 10月17日，由区台办、区文明办、区老年人协会指导，老山街道、北京鸿源新月文化传媒有限公司承办的“健康乐活夕阳红”——石景山·宜兰两岸情社区交流活动在老山街道文化活动中心举办。邀请台湾宜兰县东岳、贤文两个社区及有关社会团体负责人一行16人来到老山街道考察社区建设情况，就两岸社区社会化管理和精细化服务进行座谈研讨，并开展文化交流演出。

（李　凯）

【法海寺壁画在台首展】 11月9日，区法海寺文物保管所、首都博物馆、台湾世界宗教博物馆合作举办的“重彩流金六百年—法海寺壁画故事”特展在台湾开幕。活动通过多媒体技术和临摹作品展示等多元手法，向岛内同胞全方位展示法海寺壁画，普及壁画

艺术及传统制作工艺。来自中英日韩的70多家新闻媒体对特展进行报道。

（李　凯）

【黄职挂牌市级涉台教育基地】 在11月14日召开的北京市青少年涉台教育工作总结会上，黄庄职业高中被授予"北京市青少年涉台教育基地"称号，成为全市唯一一所挂牌市级涉台教育基地的中职学校。

（李　凯）

【台海形势报告会】 12月3日，石景山区举办台海形势报告会，邀请台湾研究会副会长、原国台办副主任王在希作《当前台海形势与发展趋势》专题报告，解读中央对台工作精神，分析"九合一"选举后台湾政治局势及未来发展趋势。牛青山、赵玉民等区、处两级理论中心组成员共计400余人参加学习。

（李　凯）

【在全市介绍对台工作经验】 12月15日，受市台办、市社工委的邀请，老山街道党工委书记孙钢作为全市开展基层对台工作典型参加2014年京台社区发展论坛并做大会发言。孙钢向参会的180余位两岸社区工作者介绍街道引导台胞台属参与社区建设、丰富涉台宣传教育载体以及推进两岸基层社区交流合作的经验。

（李　凯）

【赴台交流】 12月16～22日，区台办组织区住建委、区民政局、街道、企业相关负责同志一行10人，赴台参加"第十七届京台科技论坛智慧养老地产分论坛"，就企业社区建设和管理、老年安养等进行交流。活动期间，拜会台湾部分社区及相关组织，考察台湾社区治理及养老产业发展经验，为高端的社会治理体系建设提供参考。年内，共办理26个赴台项目，协助区相关部门和企业53人次赴台开展商务、文化、教育等领域的交流合作。

（李　凯）

【涉台宣传】 年内，区台办以涉台宣传见网、见刊、见报为目标，以对台工作经验、涉台活动为重点，宣传对台工作成果和发展环境。年内，在《中国台湾网》《台湾工作通讯》《北京对台工作》等国家、北京市专业期刊和网络媒体发表工作动态、活动报道36条，专题文章5篇。

（李　凯）

决策研究

概　　述

中共石景山区委、石景山区人民政府研究室（简称区委区政府研究室）是负责全区综合性政策研究，为区委、区政府科学决策服务的区委工作部门。年内，奋发有为，扎实工作，圆满完成全年任务。加强对事关地区发展重大问题的调查研究并取得一批新成果。全区共完成调研报告796篇，其中区领导牵头的重点协作课题21个，处级党政正职领导完成调研报告109篇。编印《石景山区2013年度优秀调研报告文集》，编发《决策参考》6期。高质量地完成一批重要文稿的起草任务。全年共起草各类报告、讲话等综合文稿30余篇40余万字。

地址：石景山区石景山路18号
电话：88699721
邮编：100043

（赵秀华）

【区重点协作课题】 年初，区委区政府研究室贯彻落实党的十八届三中全会精神，区委十一届八次全会和区"两会"精神，落实"十二五"规划，制定年度全区重点协作调研课题21个。即区委常委会统筹调研课题：1. 关于实施"全面深度转型　高端绿色发展"战略，建设国家级绿色转型发展示范区的研究；2. 关于如何破解人口资源环境难题，推动石景山区高端绿色发展的研究。重点协作调研课题：1. 关于居民区环境卫生管理工作情况的调研；2. 关于促进我区旅游产业发展的调研；3. 关于新时期加强政法队伍作风建设的几点意见；4. 关于服务型基层党组织建设的途径研究；5. 关于权利科学配置的研究与思考；6. 关于推动我区文化建设的调研与思考；7. 关于石景山区深度转型发展的战略思考——"高端、融合、绿色"发展战略研究；8. 关于加快我区棚户区改造和环境整治工作的对策及建议；9. 关于石景山区流动人口出租大院社会治安管理现状的调研；10. 关于我区深化医药卫生体制改革工作情况的调研；11. 关于加快西部地区棚户区改造工作情况的调研；12. 关于我区楼宇经济发展现状的调研；13. 关于强化代表建议督办工作格局，提高建议办理成效的调查与思考；14. 关于稳步推进商业保理工作，引导行业健康发展的研究；15. 关于健全民间体育组织建设，推进全民健身事业常态化发展的研究；16. 关于进一步落实安全生产主体责任的思考；17. 关于我区老旧小区改造工作的调研；18. 关于促进我区文化创意产业发展的调研；19. 关于提升我区社会治安社会管理水平的调研。

（赵秀华）

【完成综合文稿】 区委区政府研究室全年起草各类报告、讲话等综合文稿30余篇40多万字。重点包括：一是服务区委、区政府重要会议，完成牛青山在区委十一届十次全会上的报告、政府工作报告、夏林茂关于全区经济社会发展工作的报告、区委主要领导在区委十一届九次全体（扩大）会议上的讲话和报告、夏林茂在政府工作会议讲话等文稿。二是服务区域经济社会建设，起草迎接国家信访局检查时的汇报材料、市委巡视组到区巡视的工作汇报、石景山区关于贯彻落实习近平总书记视察北京重要讲话精神的情况汇报等材料。三是服务区域宣传工作，在《前线》《北京工作》刊登《牢牢把握科学发展主动权，深入推进区域经济全面转型》《永远和人民在一起》《在更高水平上谋求发展》等多篇理论文章。

（赵秀华）

【市重点关注课题】 "关于实施'全面深度转型　高端绿色发展'战略，建设国家级绿色转型发展示范区的研究"和"关于如何破解人口资源环境难题，推动石景山区高端绿色发展的研究"是市重点关注调研课题。前者由牛青山任组长，夏林茂、文献、种磊任副组长，区委区政府研究室、区委组织部、区委宣传部、区发改委、区科委（园区）、区社会工委（区社会办）、规划分局、区人力社保局等部门共同参与，制定具体的课题实施方案，明确各部门的职责和任务。该课题经过4～10月调研，形成1个总报告，11个分报告共计15万余字的调研成果。后者由夏林茂任组长，文献任副组长，区委区政府研究室、区发改委、区城管委、区卫计委、区城管执法局、区环保局、规划分局、区集体经济办、区流管办等单位共同参与的课题组，制定具体的课题实施方案，明确各部门的职责和任务。该课题经过4～10月调研，完成1个总报告、8个分报告，共计12万余字的研究成果。

（赵秀华）

【优秀调研文集】 年内，区委区政府研究室完成上年度《石景山区优秀调研报告文集》编辑、印发工作。收录优秀调研报告80篇（其中一等奖10篇、二等奖20篇、三等奖50篇），同时还收录区领导主持的区重点协作调研课题22篇以及当年部分重要文件。

（赵秀华）

机构编制管理

概　　述

北京市石景山区机构编制委员会办公室（简称区编办）是区机构编制委员会（简称区编委）的常设办事机构，在区编委的领导下，负责本区行政管理体制和机构改革以及机构编制管理的日常工作，既是区委工作机构，又是区政府工作机构，列入区委机构序列。年内，区编办牢牢把握行政体制改革的目标方向，紧密围绕区委区政府中心工作，深入开展党的群众路线教育实践活动，统筹推进政府机构改革、行政审批制度改革和事业单位法人年检制度改革等各项改革任务，探索管理创新，为构建“八个高端体系”建设，实现区域全面深度转型、高端绿色发展提供坚实的体制机制和机构编制服务保障。

地址：石景山区石景山路18号
电话：88699276
邮编：100043

（董姗姗）

【机构编制监督检查】 本区作为北京市机构和人员编制核查工作试点区，建立由机构编制、组织、人事、财政等部门组成的核查工作部门联席会议制度，发挥先行先试作用，梳理形成30余个共性问题并及时与市编办进行沟通反馈。7月10日，召开机构和人员编制核查动员部署暨学习培训会，完成全区369家行政和事业单位核查信息采集、公示监督、实地核查等工作任务，实现机构清、编制清、领导职数清、实有人员清的“四清”工作目标。组织开展全区“吃空饷”和在编不在岗专项整治工作，成立区专项整治工作领导小组，指导区属各单位开展自查自纠及公告等工作，对于发现的问题及时督促整改落实。加强对事业单位的监管力度，推动登记管理工作重心从登记向监管转变，着重加强对社会力量举办事业单位办学资质、业务开展等情况的监督，探索加强对事业单位事中事后监管的办法措施。

（董姗姗）

【行政审批制度改革】 根据市政府办公厅《关于本市行政审批制度改革有关事项的通知》精神（京政办函〔2013〕75号），7月，经区政府批准，行政审批制度改革工作牵头部门由区监察局调整到区编办，区政府审改办设在区编办，承担统筹协调和推进全区行政审批制度改革的职责。建立包括区委区政府研究室、区监察局、区法制办等9个部门在内的全区行政审批制度改革工作部门联席会议制度，召开部门联席会议2次。全面清理行政审批事项，对照本市取消、下放行政审批事项，分两批取消36项审批事项并向社会公布。完成本市下放给区县政府工作部门共51项行政审批事项的承接工作。审核全区26个部门上报的300余项拟保留行政审批事项，形成《石景山区政府各部门行政审批事项汇总清单》（2014年版），并经区长办公会议审议通过后向社会公开，保留行政审批事项276项。

（董姗姗）

【机构改革和职能调整】 年内，区编委组织召开会议4次，讨论研究涉及27个单位的机构编制事项，形成各类文件47份。将原区人口计生委的计划生育管理职责与原区卫生局的职责整合，组建区卫生和计划生育委员会（挂区动物卫生监督管理局牌子）；将区人口计生委的研究拟订人口发展规划、综合协调人口工作的职责划入区发展改革委，并相应划转编制；完成区卫生和计划生育委员会、动物卫生监督所“三定”规定核定印发工作。将由区商务委承担的生猪定点屠宰监督管理职责划入区卫计委（挂区动物卫生监督管理局牌子）；将由原区卫生局承

11月4日，接受中央编办和北京市联合审核　　（区编办供稿）

担的职业卫生监督管理相关职责划入区安全生产监管局。调整规范区纪委机关内设机构设置,加强反腐败工作制度保障和体制机制创新。为统筹做好全面深化改革的各项工作任务,设立区委改革办,承办区委全面深化改革领导小组的日常事务。开展全区城市管理体制改革试点工作中机构编制服务保障工作,设立区委城管工委、组建区城管委,核定印发其"三定"规定(试行);将区城管执法局的热线受理中心与区城管监督指挥中心指挥平台进行整合,修订区城管监督指挥中心"三定"规定(试行);加强街道层面相关机构建设,在各街道城市建设管理科加挂社会治理综合执法指挥中心办公室牌子。

(董姗姗)

【机构编制调整】 年内,区编办围绕转型发展大局和各项中心工作,全力做好机构编制服务保障工作。为区发改委增设国家服务业综合改革试点区发展建设办公室,为构建高端服务业为主导的产业体系提供支持保障。支持教育事业,新设两所学校和幼儿园;为区发改委增设压减燃煤科并核增行政编制。加强机构规范化建设,将安全生产执法监察机构名称进行统一规范,并充实工作力量。加强婚姻登记管理服务力量,设立区民政局婚姻登记服务中心。设立区人事劳动争议仲裁院,受理并承办辖区内劳动人事争议案件的调解和仲裁等工作。为区房屋征收事务中心核增事业编制,为实现平稳、快速促迁提供机构编制保障。为区检察院、区法院核增编制,并相应调整内设机构编制和领导职数。为区委巡视组核增行政编制,加强领导干部管理监督工作力量。完善中小企业服务机构设置,加强中小企业服务力量。设立商业保理试点工作专门机构,加强商业保理试点工作统筹协调力度。为区信息网络中心增加事业编制及领导职数,提高对全区党委系统信息化工作的支持保障水平。

(董姗姗)

【机构编制管理】 年内,区编办落实中央、北京市关于严格控制机构编制的有关精神,结合工作实际,研究制定控编减编工作方案。通过推进改革、从严管理、加强统筹、强化监督等多项措施,最大限度控制和减少编制增量,确保全区编制数量不突破核定总量。加强和创新日常管理,严格在核定的行政机构限额和编制总额内设置机构、审核编制。全区事业编制数额严格实行总量控制;加强领导职数管理;探索机构编制动态管理。依托机构编制与人事工资电子信息平台,落实实有人员信息季度核对制度。完善多部门间的综合约束机制,实现对全区机构、编制、实有人员变化情况的动态监测与管理。

(董姗姗)

【事业单位法人年检制度】 年内,区编办推进事业单位法人年检制度改革。全面取消事业单位法人年检,实行事业单位法人年度报告公示制度。组织召开全区事业单位法人年检制度改革工作会,开展网上登记系统操作培训,完成全区298家事业单位法人年度报告公示工作。全年共完成89家事业单位法人设立、变更、注销登记工作。

(董姗姗)

老干部管理

概　　述

中共石景山区委老干部局(简称区委老干部局)是区委区政府服务管理离休和处以上退休干部的工作部门。截至年底,归属老干部局服务管理的离退休干部共计770人,其中有离休干部170人、易地安置离休干部8人,按参加革命时期划分:抗日战争时期的43人、解放战争时期的127人,平均年龄85.3岁。副处级以上退休干部592人,平均年龄68.1岁。按离退休人员所在单位性质划分:党政机关582人、事业单位129人、企业单位59人。其中区职离退休干部32人。全年离退休干部去世15人。年内,全区各单位认真贯彻落实市、区老干部工作会议精神,围绕中心、服务大局,以落实老干部政治、生活待遇为重点,以争创一流为标准、打造老干部信赖的温暖之家为目标,以"与党同心、与祖国同行——同心共筑中国梦"为主题,组织开展学习宣传、教育培训、文化体育、走访慰问和健康体检等系列活动,不断加强离退休干部的组织建设和思想政治建设,引导全体离退休干部为党和人民的事业增添正能量,为"全面深度转型　高端绿色发展"做出应有贡献。结合教育实践活动不断加强和完善制度建设,废止制度1项,修订制度11项,新建立制度9项。收到老干部表扬信感谢信6封。《关于新时期老干部高龄养老服务工作新探究》的调研报告,获市老干部工作部门优秀调研成果一等奖。区委老干部局年度考核为优秀。

地址:石景山区古城东街113号
电话:68845174
邮编:100043
网址:www.sjslgb.cn

(汪国成　王　欣)

【走访慰问】 元旦、春节期间走访慰问全区离退休干部,区四套班子领导对33名14级以上离休干部和区职退休干部进行走访慰问。年内,对97名企、事业单位的处级退休干部、12名易地安置离休干部、8名因患重大疾病造成生活困难的离退休干部分别给予补助,看望慰问生病住院离退休干部400余人次;4~9月,开展"进百家门、认百家人、知百家情、暖百家心"活动,走访范围包括离休干部以及83岁以上的退休干部;"七一"前夕,慰问困难老党员18名;建国65周年之际,慰问170名老干部、老党员,全年入户走访500余名老干部;全年送别15位离退休干部并慰问家属。

(范曙峤)

【健全完善工作机制】 年初,区委老干部局调整老干部工作领导小组组成人员,召开领导小组会议研究当年全区老干部重点工作和为老干部办实事项目。1月15日,召开全区老干部工作会,传达市老干部工作会精神、部署全年工作。原"老干部工作座谈会"更名为"老干部工作会",贯彻落实老干部工作领导责任制，加大工作力度。9月，召开“新老四套班子领导中秋座谈会”，区四套班子领导与原区职老领导30余人一起座谈交流，通报本区党的群众路线教育实践活动情况和区域经济社会发展情况，听取老同志对教育实践活动等工作的意见建议。结合会议精神，区委区政府两办督查室会同区委老干部局联合制定和下发《关于加强区级离退休老干部反映意见建议专项督办的通知》，畅通老干部反映问题的渠道，解决老干部进出区机关大门和改善社区环境、清理占道经营等问题。年底，对全区各单位落实《老干部工作责任制》情况进行督促检查，针对老干部工作转型发展时期新特点，对全区150余名老干部工作者进行业务培训，同时编制印发《石景山区老干部工作手册》，指导全区老干部工作的规范开展。

（郭宝书）

【文化阵地建设】 1月15日，区老干部春节团拜会举办，500余人参加，牛青山代表区四套班子领导向全区老同志致以新春问候，老干部欣苑艺术团自编自演进行文艺汇演。9月下旬，老干部各自管组织开展为期3天共11项的自赛活动，300余人次参加，并在老干部局活动中心举行颁奖仪式；同月，开办养生瑜伽、太极拳、手工编织和旅游英语班，对参加区老年大学课程学习的离退休干部给予补贴；欣苑模特队参加第31届“古城之春”比赛、中老年健身项目表演赛获得优秀奖。国庆节前，组织全区离退休干部观看相声专场演出。“重阳节”前夕，评选表彰离退休干部訾俊、齐玉甲等10名“2014年度十佳健康老人”。

（张玉敏）

【完善服务机制】 区委老干部局针对离休干部高龄养老问题建立“四位一体”全网服务体系，年初制定工作人员与离休干部“一对一帮扶”长效联系机制；同时推进“家庭医生式服务”，23名老干部与区卫生服务中心签署协议，享受家庭医生式服务。3月，组织全区700余名离退休干部进行健康体检。4月，“石景山区老干部局信访代理室”

6月27日，离退休干部庆“七一”主题活动　　（区委老干部局供稿）

正式挂牌，通过主动代理和指定代理的形式，全年为5名老干部解决实际问题，接待老干部政策咨询200余人次。与区卫计委老医药工作者协会联合组织“九九重阳专家义诊活动”，为老干部及家属提供现场咨询、检查、诊疗。为老同志举办健康知识讲座活动，开展日常健康检查、健康咨询服务和义务理发2000余人次。

（范曙峤）

【开展主题教育活动】 “七一”前夕，以“与党同心——同心共筑中国梦”为主题，以“重温入党誓词、颂歌献给党”的形式，举办全区离退休干部纪念建党93周年庆祝活动；组织召开离退休干部党支部书记“七一”座谈会、老干部理论组“七一座谈会”。国庆节前，开展“与祖国同行——同心共筑中国梦”庆“十一”系列主题活动，老干部书画研究会举办“老骥雄风中国梦”主题书画展，并深入社区、老干部活动中心开展为老干部送祝福和送春联等活动。老干部摄影队举办2期主题摄影展，展出作品100余幅。

（余　萍　张玉敏）

【引导老干部发挥作用】 8月，开展北京市离退休干部先进集体和先进个人推荐评比工作，区政协、区教委离休干部党支部和八角街道红色短信创作班被评为“北京市离退休干部先进集体”，张俊山等5名同志被评为“北京市离退休干部先进个人”。老干部宣讲团成员分别走进老干部党校、机关、学校，从共产党员坚决反腐败、人生道路和国家道路以及党的群众路线教育实践活动的理解和感悟、发挥余热方面进行宣讲；发挥老干部网络文明宣传员、网络文明监督员、红色短信创作班在网上阵地的作用，为净化网络空间作出贡献；建立老党员先锋队和先锋岗，由34名离退休干部组成的“红色短信创作班”受到中组部肯定。

（余　萍）

【组织建设】 区委老干部局完善老干部局党总支组织建设，补选王宏芬为党总支书记，李纪文为党总支副书记，侯世玺为党总支宣传委员，张昌杰为党总支纪检委员。年内，结合离退休党支部实际情况，灵活配置离退休党支部书记，选派在职干部担任离休干部党支部副书记、联络员，解决离休干部党支部学习不便的问题；加强老干部自管组织建设，将老干部自管组织负责人列为重点培养对象，鼓励各自管组织开展丰富多彩的文娱活动，把老干部自管组织打造成为带动老年群体增添正能量的“放大器”；加强社区课堂指导员队伍建设和非公党建指导员队伍建设，新增4位老同志充实到9个老干部党校社区课堂；完善《中心组学习制度》、领导干部联系离退休干部党支部机制，定期召开老干部党支部书

记例会，通报情况、征求意见10余次。

（余　萍）

【思想政治建设】　区委老干部局发挥老干部党校、老干部党校社区课堂和活动中心的阵地作用，以“与党同心、与祖国同行——同心共筑中国梦”为主题，分别举办离退休干部党支部书记培训班、区职离退休干部培训班以及处级退休干部培训班，全年共举办老干部党校学习班14期，有360余名老干部参加学习；组织贯彻学习“十八届四中全会精神”等各类专题报告会6场次；组织老干部观看主旋律电影13场次；按照《2014年老干部理论小组学习计划》，每月组织理论组学习活动一次，发挥理论学习引领作用，有3篇文章在《北京老干部》上进行刊登，3幅老干部字画被《晚晴》杂志刊登；在党的群众路线教育实践活动中，老干部在《石景山报》上刊登文章4篇；在老干部中开展官德人品征文活动；《石景山报》以“真情献给党，夕阳晚来红”和“莫道桑榆晚，真情献祖国”为主题，出版两期老干部工作专版，宣传老干部在发扬优良传统、思想引领方面的作用。扩大老干部刊物《欣苑》的发行量，将其发放到所有离退休干部。

（余　萍）

【落实政策办实事】　年内，区委老干部局为全区170名离休干部调整护理费标准，为17名去世离休干部无工作配偶调整生活困难补助费标准至690元，为全区170名离休干部每人发放120元小帮手服务费和800元健康疗养补助；为127名离休干部办理优诊卡，实现离休干部全部享受北京市优诊待遇；建立完善解困救急帮扶机制，设立每年30万元专项资金，用于开展困难老干部的帮扶，全年共为192名困难老干部发放困难补助；活动中心完成部分改造及活动设备更新，购置台球桌、按摩椅等，更换旧空调，安装无障碍设施，对卫生间、钓鱼池、供暖、污水等设施进行改造。建立《老干部阅文制度》《情况通报制度》、固定电影放映时间等长效机制；建立《老干部建言献策直通车》，畅通意见建议渠道。

（范曙峤　王　欣）

保　密

概　述

区委保密委员会办公室（简称区委保密办），是区委保密委员会的办事机构。区委保密办和区国家保密局，是一个机构，两块牌子，既是区委保密委员会的办事机构，又是区政府管理保密工作的职能部门，由区委办公室管理。年内，在上级保密部门指导下，全面贯彻党的十八大、十八届三中全会精神，认真落实“十二五”保密事业发展规划、“六五”普法规划工作目标任务，按照区委、区政府各项工作部署及区委保密委的工作要点，围绕全区中心工作，认真开展党的群众路线教育活动，严格履行保密工作各项职责，坚持两不误两促进，确保本区国家秘密安全，为区域经济和各项事业健康发展提供服务保障。

地址：石景山区石景山路18号

电话：88699872

邮编：100043

邮箱：baomiju@bjsjs.gov.cn

（王志坚）

【“两会”保密工作】　1～3月，确保全国、市、区“两会”期间国家秘密安全，杜绝失泄密事件的发生。加强“两会”期间保密工作。对涉及两会的有关部门工作人员进行保密教育，对涉密文件保密管理、汇编文件等提出明确要求。严格按照有关保密规定，强化对涉密文件、涉密计算机、涉密移动存储介质的管理。加强对单位门户网站、办公用自动化设备的检查和管理，严格执行政府信息公开保密审查规定和上网信息保密审查制度，开展保密技术检查，防范黑客入侵、木马窃密行为的发生。

（王志坚）

【健全完善保密组织】　年初，调整充实新一届区委保密委员会成员，区委保密委委员由各有关部门一把手组成。各级保密组织按照区委保密委的工作部署和要求，调整和完善保密领导小组成员。形成区委保密委、区委保密办、各单位保密领导小组和保密协作组立体交叉的保密领导网络。发挥保密领导小组组长和协作组组长的领导、协调和督查作用，强化保密管理力度，确保全区保密工作管理不出现死角。

（王志坚）

【宣传教育】　4月22日，组织开展《保密法实施条例》专题讲座，全区各党政机关、企事业单位保密办主任、保密干部120余人参加讲座。市保密局宣传法规处郑任力就《保密法实施条例》有关内容进行讲解。年内，区委保密办以实施“六五”保密法制宣传教育规划

5月25日，保密知识进家庭活动　（区委保密局供稿）

为主线，以各级领导干部、涉密人员和保密干部为重点，针对不同的教育对象，采取灵活多样的方式，开展《保密法》《保密法实施条例》和相关保密制度的宣传普及和教育工作，提高保守国家秘密的政治意识和责任意识，强化保密观念、法制观念。区委保密办到全区基层单位开展保密讲座7次，听课人数400余人；在全区领导干部培训班、新任科级干部培训班、初任公务员培训班、军转干部培训班等设立保密培训课程，对260余人进行保密教育培训。

（王志坚）

【定密授权】 4月，区国家保密局根据市局要求，加强定密工作的科学化管理，重新明确定密权和定密授权、定密责任人、定密程序、国家秘密的变更和解除、定密监督和法律责任等问题。全区各党政机关，企事业单位，社会团体都确定单位正职领导为定密责任人。并按上级要求开展定密责任人授权工作。

（王志坚）

【信息安全保密培训】 5月27日，区国家保密局联合区经信委、公安分局网安大队举办信息安全保密培训班，全区95个单位的保密办主任、保密员、网管员共计130人参加培训。市国家保密局副局长许新文就当前保密工作形势和如何做好保密工作授课。此次培训涵盖保密业务、信息系统等级保护、信息安全形势及安全防护、信息安全检查工作部署等内容，培训后针对授课内容进行考试，考试优秀率达98%。

（王志坚）

【保密普查】 区国家保密局根据市局统一部署，在全区范围内开展保密普查工作。10月15日完成，统计、核查、汇总全区89个涉密单位的涉密数据共192个项目，做到数据详细、真实可靠。

（王志坚）

【平台建设】 区委保密办根据区保密事业发展"十二五"规划，10月底，完成区保密技术监控和教育培训中心二期建设，完成涉密计算机、涉密移动存储介质违规连接互联网集中监控报警平台升级为"三合一"报警平台；全区党政机关门户网站保密检查平台和保密设备展示模块的建设，并投入使用且运行正常，监控效果良好。

（王志坚）

【试卷监管】 年内，区委保密办开展对包括高考、中考、自考和成考在内的国家教育考试试卷保管使用情况的监管力度，做到保证在考试期间每天检查保密室不少于两次，试卷运送过程中全程押运，试卷交接过程中履行手续，确保各类考试试卷的保密安全。

（王志坚）

【涉密企业监督和指导】 年内，对区内复制国家秘密载体定点企业、军工保密认证企业开展保密执法检查，排查泄密隐患；加强业务指导，完善保密措施。

（王志坚）

【保密审查】 年内，依据区政府信息公开保密审查办法和区国家保密局政府信息公开保密审查办法实施细则，开展政府信息公开保密审查工作的检查，发现个别单位在保密审查工作中还存在程序不完善、手续不齐全、责任不明确等问题，及时规范保密审查工作的标准和流程。

（王志坚）

【保密检查】 年内，区委保密办对全区31家一、二级单位和3家三级涉密单位进行检查。进行网络保密管理专项检查：检查非涉密网络22个，涉密网络1个。对1家具有涉密资质单位进行涉密系统集成资质专项检查。联合区机要局对16家单位中央文件管理情况进行专项检查。对6家有涉密科研项目军工单位进行涉密科研项目专项检查。对各单位保密要害部门部位保密管理，涉密载体管理，政府信息公开审查，保密宣传教育落实等情况进行检查。

（王志坚）

【警示教育】 年内，区委保密办将保密技术监控和教育培训中心作为领导干部、涉密人员、保密干部和公务员保密教育的重要阵地。组织保密委全体委员参观区保密警示教育中心，得到委员们的一致肯定；利用保密技术监控和教育培训中心对部分一、二级涉密单位领导干部、涉密人员、保密干部进行分批培训，讲解和演示保密技术监控中心各种功能，通过技术窃密的切身互动体验，收到良好的培训效果。

（王志坚）

【督查考核】 年内，区国家保密局坚持落实目标督查考核制度，把103个单位的保密工作列入年终目标督查考核之中，在8个保密协作组开展目标督查考核。考核重点：涉密人员教育、管理制度及其落实情况；要害部门、部位保密管理制度及其落实情况；涉密载体保密管理制度及其落实情况；涉密计算机及其网络管理制度及其落实情况；《保密工作档案》建立情况等。目标考核覆盖面达到100%。

（王志坚）

【涉密载体管理】 区国家保密局加强移动存储介质和内部文件资料保密管理，建立健全涉密载体台账制度和涉密设备档案制度，确保涉密载体全程管理。实行涉密载体集中销毁工作，全年集中销毁涉密载体11次，销毁硬盘45块，U盘22个，光盘500余张，纸介质文件资料近50吨，区国家保密局全程监销，杜绝销毁环节失泄密问题。

（王志坚）

【在线学习】 区委保密办开通保密在线学习平台，以《保密法》《保密法实施条例》《国家秘密定密管理暂行规定》为主要内容，进行在线培训。截至年底，全区103个单位900余名领导干部、保密干部及涉密人员完成注册并取得学分。

（王志坚）

直属机关党建

概　　述

中共石景山区委直属机关工作委员会（简称区直机关工委），是区委工作部门。编制数9人，实有9人。负责领导和管理区直属党、政、群机关基层党组织。截至年底，区直机关有55个基层党组织，其中：党委4个，党总支7个，党支部44个，党员1805人；区

6月20日，献爱心捐款活动　　（区直机关工委供稿）

直机关工会分会60个，有会员2486人；机关团工委团支部8个，有团员101人。年内，认真贯彻落实党的十八大、十八届三中全会精神，以党员队伍建设为主线，以开展党的群众路线教育实践活动为重点，着力建设学习型、服务型、创新型党组织，在党员教育管理、基层组织建设、机关作风建设、党风廉政建设等方面取得明显的进步，为地区高端绿色发展、"八个高端体系"建设提供坚强的组织保证。全年，区机关干部职工累计捐款人数达1886人(次)，筹集善款近11万元，捐赠棉衣517件、棉被34件、单衣106件。

地址：石景山区石景山路18号

电话：88699175

邮编：100043

（张俊帮）

【发挥群团作用】 年内，区直机关工委先后组织机关大楼全体干部职工春节团拜活动、区机关"五一""十一"主题升旗活动；为丰富机关干部职工文化体育生活，增强体质，举办"健步走""金秋登山"等健身活动，参加人员1600余人(次)；发挥区直机关乒乓球、足球、篮球等兴趣小组作用，开展健身活动；为656名科级及以下干部职工进行体检；先后举办网球培训班、瑜伽练习班、游泳班、八段锦培训班等共6期次，培训人员近200人次；为推动全社会对职场备孕期、怀孕期和哺乳期的女性给予呵护关心，完成区机关"妈咪屋"建设并投入使用。

（张俊帮）

【机关党组织建设】 年内，区直机关工委完善基层党建考评工作，制定《区直机关基层党务工作考核评价实施办法(试行)》，建立责任明确、标准清晰、考核规范、奖惩分明的基层党建工作考评体系。抓好建言献策活动，结合开展党的群众路线教育实践活动，共收集有关意见建议3项，结合现状整改落实2项。做好新增补委员业务指导及新党员培训工作。全年发展党员20名，预备党员转正22名，转出组织关系71名，转入组织关系69名，因公出境审批10名、因私出境审批24名，培训入党积极分子35名。"七一"前夕，重点开展上一节党课、组织一次共产党员献爱心捐款、召开一次座谈会、搞一次警示教育、走访慰问一次特困党员、重温一次入党誓词活动。参加活动人员累计达1300人次，收到区机关党员捐款近7万元，各党组织累计投入资金2.8万元，走访慰问特困党员62户(人)。落实"一月一书、一季一课、一年一评"活动要求，举办党员教育大课堂，邀请获推年度"最美北京人"宣讲活动的优秀代表人物王波为区直机关党员干部作《山横水走莲石口——石景山与京西文化》专题讲座。

（张俊帮）

【"共建"活动】 年内，区直机关工委开展共建双承诺和共建帮扶活动。各机关基层党组织累计开展活动150次，参加活动人数906人，投入资金近10万元，捐赠物品320件，走访慰问190人次，为社区解决实际问题50件，社区为机关提供各类服务70项。通过开展"共建"活动，机关党员干部服务基层、服务群众的意识和能力得到提高，推进机关服务型党组织建设。

（张俊帮）

【机关廉政建设】 年内，区直机关工委以专题培训、主题教育、典型示范为手段，以学习党章内容为重点，加强机关廉政建设。强化廉政教育。相继开展读廉政书、讲廉政课、办培训班、观廉政展等活动。为系统55个党组织130个党支部购买警示教育丛书《高官反腐录》，组织基层党组织负责人及纪检干部100余人参观廉政教育基地——十三陵明代反腐尚廉历史文化展。全年在政务网纪检刊物刊登信息8篇，完成机关家园党风廉政宣传月专版1期。坚持群众来信、来访、电话举报月报告制度以及落实中央八项规定精神情况月统计报告。在查办案件工作中，严格执行党内审查审批程序，依纪依法办案，年初，协助区纪委办理西建办一名党员违纪案件，并给予党内严重警告处分。加强违纪违法典型案件报道，及时曝光违反中央八项规定精神的问题和违纪违法典型案例，发挥警示作用，提高震慑力。全年，区直机关未发现违反中央八项规定行为。

（张俊帮）

党　　校

概　　述

中共北京市石景山区委党校(简称区委党校)是在区委直接领导下培养党员领导干部和理论干部的学校，是培训轮训党员领导干部的主渠道。区委党校实行"一个机构、三块牌子"的办学体制，即区委党校、区行政学院、区社会主义学院，负责全区党员领导干部、国家公务员、民主党派及无党派人士培训等。区委党校实行校务委员会领导体制，校长由区委常委、组织部长兼任，日常工作由常务副校长主持。下设7个处室，分别是机关党委、办公室、培训处、教务处、教研室、科研处、电教信息中心。现有教职工34人，其中，参照公务员管理26人，事业编制8人。专职教师5人，其中，副教授2人，讲师1人，助教2人。年内，按照“大规模培训干部，大幅度提高干部素质”的要求，共举办各类培训班次57期，培训人员6493人，培训班次和培训人数均创历年新高。全年引入新师资64名，挖掘备选师资300余人。新开辟现场教学基地11处，开展“模拟新闻发布会”等现场教学16次。开办“党的群众路线”“京津冀协同发展”“街道机关干部提升能力”等特色专题培训班12期，开办处级干部“学习十八届三中全会和习近平总书记系列讲话精神”专题轮训班4期，举办专题报告20余场，培训处级干部550人，覆盖全区处级干部总人数的96%以上。1994年以来，连续21年被评为“首都文明单位”。

地址:石景山区八角北路9号
电话:68870925
邮编:100043
传真:68870931

（徐磊祥）

【政协委员培训班】 2月27日、6月20日、9月16日，区社会主义学院与区委统战部联合举办三期政协委员培训班，领会把握十八届三中全会和习近平总书记系列重要讲话精神，了解国际形势和区域经济发展状况，丰富和巩固政协理论知识，提高参政议政能力。培训专题主要包括培育和践行社会主义核心价值观，全区政协委员和部分宣传干部参加培训，听课达380人次。

（徐磊祥）

【处级干部轮训班】 3月10～14日、3月24～28日、4月14～18日，区委党校与区委组织部联合举办三期处级干部学习十八届三中全会和习近平总书记系列讲话精神轮训班，受训干部420人。培训专题主要包括：中国新阶段全面改革的战略问题、学习贯彻习近平总书记系列讲话、十八届三中全会和习总书记系列讲话精神的实践认知、收入分配改革与社会事业改革创新、新时期行政体制改革的基本特点和从三中全会看中国走势等。同时按照“三严三实”要求，对加强官德人品修养，锤炼风清气正作风进行交流。区委常委、组织部部长、党校校长庞微出席开班仪式并作动员，区委常委、宣传部部长王文光出席结业式并讲话。

（徐磊祥）

【公务员初任培训班】 3月21日至4月4日、11月15～28日，区行政学院与区人力社保局联合举办公务员初任培训班两期，受训公务员125名。培训分为拓展训练、专题讲座（含现场教学）、研讨交流与自学读书、初任公务员宣誓和结业考试5个模块。培训专题主要包括：机关公文写作、十八届三中全会精神解读、公务员职位分析与素质要求、工作礼仪、当代社会突发事件的处置应对、公务员的职业精神和服务能力、心理调适与健康、廉政教育等。

（徐磊祥）

【八角街道机关干部班】 4月8～12日、9月23～27日，区委党校联合八角街道举办“八角街道机关干部提升群众工作能力培训班”两期，受训干部91人。主要培训内容包括：十八届三中全会和群众路线等重要理论、群体性事件及其治理、区域经济发展、危机应对管理、沟通技巧等。

（徐磊祥）

【副处级干部任职培训班】 4月14～22日，区委党校与区委组织部联合举办副处级干部任职培训班，受训干部51人。培训主要包括专题讲座、分组讨论、自学研读和现场教学等模块。专题讲座主要有：新一届中央领导治国理政新思路、深刻认识三中全会精髓及影响做好全面深化改革工作、十八届三中全会和习近平总书记系列讲话精神的实践认知、廉政建设与预防腐败、世界社会主义五百年、突发事件应急处置等。

（徐磊祥）

【中青年干部培训班】 4月21日至7月11日，区委党校与区委组织部联合举办第20期中青年干部培训班，受训学员37名。培训分为拓展军训、核心课程、“对话党政一把手”等模块。核心课程模块主要包括：社会学视野中的群众路线、世界格局变化中的中国软实力建设、当前中国政治与行政体制改革的几个问题、关于我区全面深度转型高端绿色发展若干思考、中国群体性事件及其治理、领导干部的法律理念与法律意识、沟通与化解矛盾的艺术、国学与为政之道、领导人才成长战略、开展群众路线教育、探索近三十年党群之路、系统思维与创新能力、文化创新与产业转型、曾国藩的领导艺术与修养方略、当前人口工作的新形势、新挑战与新思路、重大公共项目的决策管理等。

（徐磊祥）

【团校专题培训班】 5月14～16日、11月17～21日，区委党校与团区委共同举办第九期、第十期青年骨干培训班，受训干部92人。设置专题讲座、拓展训练、“我为高端绿色发展献力量”演讲比赛、小组交流等模块。专题讲座主要包括：“全面深度转型　高端绿色发展”战略解读、社会主义核心价值观解读、红色基因教育、中国传统文化赏析、共青团工作创新等。

（徐磊祥）

【科级干部任职培训班】 6月6～20日、10月11～24日，区行政学院与区人力社保局联合举办两期科级干部任职培训班，受训干部90人。设置专题讲座、研讨交流、拓展训练和素质答辩等模块。主要专题包括：完整准确地理解中国梦、关于我区全面深度转型高端绿色发展若干思考、贯彻十八届三中全会精神推动经济可持续发展、依法行政的几个重要问题、党的群众路线实践活动解读、公务员职业道德、廉政教育、机关公文处理、对突发事件的应对与管理、中层干部执行力的提升、曾国藩的领导艺术与修养方略、科级公务员职位分析与素质要求等。

（徐磊祥）

【处级干部进修班】 9月1～30日、10月13日至11月12日，区委党校与区委组织部联合举办两期处级干部进修班,受训干部83人。进修班安排专题讲座、党性锻炼、自学读书、现场教学4个模块。专题讲座主要包括:十八大后中国宏观经济走势及“习李新政”、创新社会管理、新形势下的党群关系、培育和践行社会主义核心价值观、曾国藩的领导艺术与修养方略、京津冀协同发展、中关村产业升级与创新驱动、新媒体应用、以国际视野看我国金融安全战略、大数据时代、北京精神与北京历史传统、世界格局与中国外交、转型时期的领导力建设、文化的传承与转换、学习型党组织的核心目标与修养方略、生态文明、处级干部媒体应对与应变能力、提高用法治思维和法治方式处理问题的能力、党的群众路线和新形势下的群众工作、领导者的心理调适、群体性事件的应对与治理、学习贯彻党的十八届三中全会精神推进国家治理体系与治理能力现代化等。

(徐磊祥)

【四中全会精神培训班】 12月1~5日、12月8~12日,区委党校与区委组织部联合举办两期处级干部学习贯彻党的十八届四中全会精神培训班,受训干部118名。专题讲座主要包括:全面推进依法治国为建设法治中国而奋斗、让法治精神成为治国理政之魂——十八届四中全会精神解读、法治中国、弘扬社会主义法治精神全面推进依法治国、中国特色社会主义法律体系、依法行政案例解析、我国宪法基本精神与宪法权威等。

(徐磊祥)

【“红色基因”精品课程】 年内,区委党校紧扣党的群众路线教育实践活动内涵,以重温党的光辉历史、弘扬党的优良传统为主旨,系统打造《井冈山斗争与井冈山精神》《延安精神及其时代价值》《继承和发扬西柏坡精神》《沂蒙精神及其时代价值》4个“红色基因”课程,并在全校公开试讲。试讲邀请市委党校、市委统战部及首钢党校的专家教授进行评议,要求教研室老师以每人一讲的方式,分别对党的井冈山精神、延安精神、西柏坡精神和沂蒙精神进行讲解,对党在不同时期的历史加以回顾。年末,“红色基因”系列精品课程公开试讲全部结束,并结合专家意见进行修改完善,计划下年逐步进入党校主体班次。近年来,党校始终牢固树立“党校姓党”意识,通过公开试讲、全员科研、教师轮岗等举措,着力推进“党校姓党”具体化,切实提高教师教学科研能力和干部教育培训质量,以期为提升全区干部队伍思想理论水平,为推进“全面深度转型 高端绿色发展”注入强大精神动力,以实际行动促进“红色基因”传承。

(徐磊祥)

【学历教育】 年内,区委党校举办中央党校在职研究生班,在校生89人,包括2013级思想政治专业58人、2014级社会学专业31人。

(徐磊祥)

【科研工作】 年内,区委党校共申报课题28项,其中市级课题5项,区级课题8项,校级课题15项。全校共撰写各类征文46篇,在区以上报刊发表论文或调研报告18篇。其中国家级刊物发表2篇,省级报刊发表10篇,区级报刊发表6篇。编发《干训专报》7期,刊登校内教师撰写文章信息78篇。指导学员在《石景山工作》和《石景山报》发表论文30余篇。完成处级干部“学习十八届三中全会和习近平总书记系列讲话精神”专题轮训班和新任副处级干部培训班450余篇,研修论文的指导、修改工作,并向区委宣传部推荐优秀论文150余篇。

(徐磊祥)

9月11日,参观反腐倡廉教育基地 (区委党校供稿)

党史资料征集

概 述

中共石景山区委党史办公室(简称区委党史办)是区委主管的职能部门。年内,充分利用“一刊一网(《见证石景山》刊物和党史网页)”宣传平台,开展党史党建宣传,《见证石景山》办刊工作进一步规范,党史网页适时更新;加强党史资料征集编研,面向社会征集史料,形成约40万字的文字材料,并适时加以利用,实现编研成果的转化;搞好党史联络员培训,发挥联络员作用,党史工作面不断拓宽延伸;坚持正确的用人导向,扎实有序推进党史工作队伍建设。

地址:石景山区石景山路18号

电话:88699320

邮编:100043

(高 姗)

【发挥联络员作用】 区委党史办以庆祝“七·一”建党节为契机,开展“党史宣传周”活动。组织基层党史工作联络员到“北京市党员教育示范基地”参观学习,邀请现年84岁的全国第一支青年垦荒队的发起人杨华一同前往，开展党史工作交流，学习党史知识，提高党史素养。此外，《见证石景山》开辟“学习交流”专栏，刊登联络员报送稿件8篇。

（高　姗）

【党史党建宣传】 年内，区委党史办将《见证石景山》栏目固定为“权威发布、本刊特稿、首钢春秋”等10个栏目，转化党史征编成果。加强与市委党研室、首钢集团、全区140余个社区及各区县兄弟单位的交流合作，实现资源共享。同时邀请全国各地原籍石景山的和有此地工作经历的知名人士、专家学者投稿，提高稿件质量。《见证石景山》全年共发行4期，约20万字。“石景山党史网”建立网页内容编辑工作机制，专人负责、适时更新、丰富内容、提高时效，网站管理规范化。做好与市委党研室门户网站的链接工作，党史网页点击率创新高。面向社会各届征集各类稿件，增强网页内容的丰富性、趣味性，提高石景山党史网宣传质量。

（高　姗）

【党史资料征编】 年内，区委党史办结合党史征编特点，加强纵向联系和横向合作，与老干部沟通，调动参与党史征编的积极性。以区委第十次党代会和十届区委全会的文献资料为重点，做好文件资料汇编工作，《中共北京市石景山区第十次代表大会暨第十届委员会全体会议文件汇编（2006—2011）》内部发行。按照全市统一部署，开展《中共石景山区历史大事记（2001—2013）》编纂工作，完成大事记资料的筛选、整理、初稿工作。重点采访乔广清、张怀志、宋文发等老同志，做好口述史资料发掘、抢救和利用工作，形成约10万字的文字材料，刊登于《见证石景山》。

（高　姗）

中共北京市石景山区第十一届委员会

书　　记　牛青山

副 书 记　夏林茂　吴克瑞

常　　委　牛青山　夏林茂　吴克瑞
庞　微（女，11月免）　高道忠　李文起
王文光　文　献　田利跃　陈　强
富大鹏（达斡尔族，1月免）　种　磊（3月任）
晋秋红（女，11月任）

委　　员　（按姓氏笔画为序排列）

王文光　王军辉　王宏芬（女）
王忠华　王金龙　王春风
牛青山　文　献　田利跃
邢俊毅　吕秀艳（女）　刘亚泉
齐　兵　孙　钢　李　艳（女）
李元涛　李文起　李桂珍（女）
杨东起　肖　平　吴克瑞
张　帆（女）　陈　强　岳德顺
庞　微（女，11月免）　赵玉民
种　磊　侯宝华　夏林茂
高洪雁（女）　高道忠　郭景明
晋秋红（女，11月任）　崔恩平
崔章程　梁建新　韩　冰（女）
富大鹏（达斡尔族）

候补委员　（按得票多少为序排列）

杨贵宝　宋　平（女）　陈　伟
岳林华　宋世媛（女）　李金柱
王亚兰（女）

石景山区委工作机构主要负责人

区委办主任　富大鹏（达斡尔族，1月免）
种　磊（3月任）

区委办常务副主任　姚茂文（土家族）

组织部部长　庞　微（女，11月免）
晋秋红（女，11月任）

组织部常务副部长　郭绍华

宣传部部长　王文光

宣传部常务副部长　王铁峰

统战部部长　李文起（兼）

政法委书记　吴克瑞

政法委常务副书记　朱钢银

政法委副书记　陈　强（兼）
刘亚泉（兼，12月免）
刘道东（兼）

综治办主任　刘道东

研究室主任　赵恩国（苗族）

区直机关工委书记　郭　婧（女）

编办主任　徐亚玲（女）

社会工委书记　沈代平（副区级）

保密办主任　王雪颖（女）

老干部局局长　王宏芬（女）

文明办主任　石显富

610办主任　张德玉（3月免）
朱继忠（3月任）

党校（行政学院）校（院）长　庞　微（女，兼，12月免）
晋秋红（女，兼，12月任）

党校（行政学院）常务副校（院）长　侯宝华（副区级）

党史办主任　程伯静（女）

教工委书记　叶向红（女）

农工委书记　李金柱

中关村科技园区石景山园工委书记　文　献(兼,8月任)

西山八大处文化景区工委书记　司尚国

石景山区政府、人民团体、党政分设工作机构党委(党组)书记

法院党组书记	王忠华(12月免)
	高　虹(女,12月任)
检察院党组书记	王春风
发改委党组书记	王书重(3月免)
	唐　铭(女,3月任)
科委党组书记	柴亚洲(9月免)
	房之炜(9月任)
经信委党组书记	李元涛
民政局党组书记	李凤莲(女)
司法局党组书记	邢俊毅(副区级)
财政局党组书记	陈　伟
人力社保局党委书记	刘志明
环保局党组书记	张瑞龙(副区级,4月免)
环保局党委书记	张瑞龙(副区级,4月任)
住建委党委书记	姚尚志
市政市容委党委书记	裴士信(4月免)
商务委党组书记	宋世媛(女)
文化委党委书记	翟培新
卫生局党委书记	李俊岭(副区级,12月免)
卫计委党委书记	张　帆(女,12月任)
审计局党组书记	严　光(副区级)
国资委党委书记	王金龙
安全监督局党组书记	杨文明(12月免)
体育局党总支书记	徐春生
统计局党组书记	李路海
园林绿化局党组书记	付建国(3月免)
西建办党组书记	顾京生(副区级)
城市综合管理工作委员会书记	富大鹏(4月任)
城市综合管理工作委员会常务副书记	王志信(副区级,9月任)
城市管理综合行政执法监察局党委书记、政委	王志信(副区级,9月免)
	张玉起(9月任)
档案局党组书记	任连田
环卫中心党委书记	郭毅深
公园管理中心党总支书记	王金兰(女)
八大处公园管理处党总支书记	刘云清
石景山医院党委书记	苏砚军
总工会党组书记	李桂珍(女,副区级)
妇联党组书记	刘　红(女)
工商联党组书记	丁仁猛
规划分局党组书记	王亦兵
工商分局党组书记	李广隆
国土分局党组书记	霍　丽(女)
国税局党组书记	李卫平
地税局党组书记	张兴明
食药监局党组书记	张桂敏(女)

石景山区人民代表大会

石景山区人民代表大会是石景山区地方国家权力机关。区人民代表大会常务委员会(简称区人大常委会)是本区人民代表大会的常设机关,由区人民代表大会选举产生。在区人民代表大会闭会期间,依法行使地方国家权力机关的职权,对区人民代表大会负责并报告工作。区十五届人大常委会组成人员27人,其中主任1人、副主任5人、委员21人,设财政经济工作委员会、城建环保工作委员会、教科文卫工作委员会、内务司法工作委员会和维护妇女、儿童、老年人权益小组5个工作机构。区人大常委会机关设办公室(信访办公室)、代表联络室(市人大代表联络处)、财政经济工作委员会、内务司法工作委员会、教科文卫工作委员会、城建环保工作委员会、研究室7个办事机构,行政编制30人。年内,区人大常委会认真学习贯彻党的十八大,十八届三中、四中全会和习近平总书记的系列重要讲话精神,以邓小平理论、"三个代表"重要思想、科学发展观为指导,坚持党的领导、人民当家作主、依法治国有机统一,全面落实区委十一届八次全会精神,认真执行区第十五届人大四次会议决议,以群众路线教育实践活动为抓手,认真行使宪法和法律赋予的职权,圆满完成区十五届人大四次会议确定的各项任务,为促进本区民主法治和国家级绿色转型发展示范区建设做出贡献。全年共召开8次常委会会议,审议41个议题。其中听取和审议"一府两院"工作报告13个,作出决议、决定和审议意见9项,开展3项视察和执法检查,依法任免国家机关工作人员53人次,受理人民群众来信来访52件次。

地址:石景山区石景山路18号
电话:88699578
邮编:100043

(包和平)

重要会议

概　　述

区人大常委会,依据宪法和法律赋予的职权,紧紧围绕全区工作大局,依法履行职能,发挥人民代表大会的制度优势和代表主体作用,以会议形式行使人大职权。包括区人民代表大会、区人大常委会和主任会议。在区十五届人大四次会闭会期间,共召开8次常委会会议,20次主任会议,审议议题41个。其中听取和审议"一府两院"工作报告13个,作出决议、决定和审议意见9项,开展3项视察和执法检查,依法任免国家机关工作人员53人次,受理人民群众来信来访52件次。

(包和平)

1月7日,区人大十五届四次会议举手表决　　(区委宣传部供稿)

【区十五届人大四次会议】 1月7~10日,区第十五届人民代表大会第四次会议在万商花园酒店举行。会议听取和审议区人民政府工作报告;审议区上年国民经济和社会发展计划执行情况与当年国民经济和社会发展计划草案的书面报告,审查和批准区上年国民经济和社会发展计划执行情况的报告与当年国民经济和社会发展计划;审议区上年预算执行情况和当年预算草案的书面报告,审查和批准区上年预算执行情况的报告和当年预算;听取和审议区人大常委会工作报告;听取和审议区法院工作报告;听取和审议区检察院工作报告;选举事项:补选李艳、高洪雁为区第十五届人大常委会副主任;补选刘红为区第十五届人大常委会委员。大会出席情况:预备会有159名区人大代表出席;第一次全体会议有170名区人大代表出席;第二次全体会议有164名区人大代表出席;第三次全体会议有174名区人大代表出席;第四次全体会议有174名区人大代表出席。

(包和平)

【区人大常委会第十六次会议】 1月26日,区第十五届人大常委会召开第十六次会议。会议议程:会议以无记名投票的方式,通过夏林茂提请的人事任免名单。会议由赵玉民主持,付生柱、石玉贵、李艳、高洪雁、马丽萍等常委会组成人员共22人出席会议。文献、王忠华等列席会议。

(包和平)

【区人大常委会第十七次会议】 3月11日,区第十五届人大常委会召开第十七次会议。会议审议通过区人大常委会当年工作要点。会议审议通过《关于石景山区第十五届人民代表大会常务委员会代表资格审查委员会主任委员的调整意见》。会议审议通过《关于石景山区第十五届人民代表大会常务委员会有关工作机构组成人员的调整意见》。会议以无记名投票的方式,通过区法院院长王忠华、区检察院检察长王春风提请的人事任免名单。会议由赵玉民主持,常委会组成人员共24人出席会议。副区长高重瞳等“一府两院”负责人列席会议。

（包和平）

【区人大常委会第十八次会议】 4月1日，区第十五届人大常委会召开第十八次会议。会议以无记名投票的方式，通过夏林茂提请的人事任免名单。会议由赵玉民主持，25名常委会组成人员出席会议。副区长田利跃等“一府两院”负责人列席会议。

（包和平）

【区人大常委会第十九次会议】 5月29日，区第十五届人大常委会召开第十九次会议。会议审议通过《北京市石景山区人民代表大会代表建议、批评和意见办理办法（修订草案）》。会议听取和审议王忠华所作的关于刑事审判工作情况的报告。会议听取区人大常委会内务司法工作委员会所作的关于区人民法院刑事审判工作的调查报告。会议对报告的审议意见，由人大常委会内务司法工作委员会在会议结束后整理，经主任会议讨论通过后，形成审议意见书，由人大办交区法院研究处理。会议决定人事任免事项：一是以无记名投票的方式，通过夏林茂提请的人事任免名单；二是以举手表决的方式，通过王忠华提请的关于任命人民陪审员的建议，决定任命陈永强等186名人民陪审员。会后，常委会邀请区委区政府研究室围绕推进建设国家级绿色转型发展示范区、构建“八个高端体系”进行专题讲座。会议由赵玉民主持，25名常委会组成人员出席会议。文献等“一府两院”负责人列席会议。部分区人大代表列席会议。

（包和平）

【区人大常委会第二十次会议】 7月24日，区第十五届人大常委会召开第二十次会议。会议听取和审议区财政局代表区政府所作的关于上年财政决算草案情况的报告。会议听取和审议区审计局代表区政府所作的关于上年度预算执行和其他财政收支的审计工作报告。会议听取区人大常委会财政经济工作委员会所作的关于上年财政决算草案情况报告的初步审查意见。会议听取和审议区财政局代表区政府所作的关于当年上半年财政预算执行情况的报告。会议听取和审议区发改委代表区政府所作的关于当年上半年国民经济和社会发展计划执行情况的报告。会议听取区人大常委会财政经济工作委员会所作的关于当年上半年国民经济和社会发展计划及预算执行情况的初步审查意见。会议结合审议审计工作报告，对上年区级决算草案和区级决算的报告进行审查，同意区人大常委会财政经济工作委员会提出的“关于区上年财政决算草案情况报告的初步审查意见”，决定批准区上年财政决算。会议对区人民政府“关于上年财政决算草案情况的报告”“关于上年度预算执行和其他财政收支的审计工作报告”“关于当年上半年国民经济和社会发展计划执行情况的报告”和“关于当年上半年财政预算执行情况的报告”4项报告的审议意见，由人大常委会财政经济工作委员会在会议结束后整理，经主任会议研究确定后，形成审议意见书，由人大办交区政府研究处理。会议以无记名投票的方式，通过王忠华提请的人事任免名单。会议由赵玉民主持，23名常委会组成人员出席会议。副区长杨东起等“一府两院”负责人列席会议。部分区人大代表列席会议。

（包和平）

【区人大常委会第二十一次会议】 9月18日，区第十五届人大常委会召开第二十一次会议。会议听取和审议区卫计委代表区人民政府所作的关于深化医药卫生体制改革工作的报告。会议听取区人大常委会教科文卫工作委员会所作的关于区人民政府深化医药卫生体制改革情况的调查报告。会议对报告的审议意见，由人大常委会教科文卫工作委员会在会议结束后整理，经主任会议讨论通过后，形成审议意见书，由人大办交区政府研究处理。会议听取和审议王春风所作的关于监所检察工作情况的报告。会议听取区人大常委会内务司法工作委员会所作的关于区人民检察院监所检察工作的调查报告。会议对报告的审议意见，由人大常委会内务司法工作委员会在会议结束后整理，经主任会议讨论通过后，形成审议意见书，由人大办交区检察院研究处理。会议以无记名投票的方式，通过夏林茂、王忠华、王春风提请的人事任免名单。会后，常委会集中学习习近平总书记在庆祝全国人民代表大会成立60周年纪念大会上的重要讲话。会议由赵玉民主持，26名常委会组成人员出席会议。杨东起等“一府两院”负责人列席会议。部分区人大代表列席会议。

（包和平）

【区人大常委会第二十二次会议】 11月20日，区第十五届人大常委会召开第二十二次会议。会议听取和审议区人大联络室所作的关于区第十五届人大第四次会议代表建议、批评和意见办理工作情况的报告，以及区政府办代表区政府所作的关于办理区第十五届人大第四次会议代表建议、批评和意见工作情况的报告。会议听取和审议区市政市容委代表区政府所作的关于加强居民区环境卫生管理工作情况的报告。会议听取区人大常委会城建环保工作委员会所作的关于加强居民区环境卫生管理工作的调查报告。会议对报告的审议意见，由人大常委会城建环保工作委员会在会议结束后整理，经主任会议讨论通过后，形成审议意见书，由人大办交区政府研究处理。会议听取和审议区住建委代表区政府所作的关于加快西部地区棚户区改造情况的报告。会议听取区人大常委会城建环保工作委员会所作的关于加快推进西部棚户区改造进程的调查报告。会议对报告的审议意见，由人大常委会城建环保工作委员会在会议结束后整理，经主任会议讨论通过后，形成审议意见书，由人大办交区政府研究处理。会议审议通过《北京市石景山区第十五届人大常委会代表资格审查委员会关于代表资格的审查报告》。代表资格审查情况将在区第十五届人大第五次会议预备会上向全体人大代表通报。会议审议通过《关于补选石景山区第十五届人民代表大会代表的决定》。会议决定，区第十五届人代会第五次会议于2015年1月13日召开。

会议听取区财政局代表区政府所作的关于当年财政支出预算变动情况的报告。会议由赵玉民主持，25 名常委会组成人员出席会议。文献等“一府两院”负责人以及部分区人大代表列席会议。

（包和平）

【区人大常委会第二十三次会议】 12 月 18 日，区第十五届人大常委会召开第二十三次会议。会议听取和审议区发改委代表区政府所作的关于本区当年国民经济和社会发展计划执行情况与下年国民经济和社会发展计划草案的报告（审议稿）。会议听取和审议区财政局代表区政府所作的关于当年预算执行情况和下年预算草案的报告（审议稿）。会议听取区人大财政经济工作委员会所作的关于对下年国民经济和社会发展计划与财政收支预算初步安排意见报告的初步审查意见。会议原则同意区政府关于下年国民经济计划草案和预算草案的报告，下年国民经济计划草案和财政预算草案提交区第十五届人大第五次会议审查、批准。会议讨论区人大常委会向区第十五届人代会第五次会议所作的工作报告（讨论稿）。会议审议通过《北京市石景山区第十五届人大常委会代表资格审查委员会关于代表资格的审查报告》，代表资格审查情况将在区第十五届人大第五次会议预备会上向全体人大代表通报。会议审议通过《北京市石景山区第十五届人民代表大会第五次会议议程（草案）》，议程（草案）将交各代表联组讨论，在五次人代会预备会上交代表表决通过。会议审议通过《北京市石景山区第十五届人民代表大会第五次会议主席团和秘书长等名单（草案）》，名单（草案）将交各代表联组讨论，在五次人代会预备会上交代表表决通过。会议决定《北京市石景山区第十五届人民代表大会第五次会议列席人员名单》。会议决定人事任免事项。以无记名表决的方式，通过夏林茂、王忠华提请的人事任免名单；以举手表决的方式，决定接受刘亚泉辞去副区长职务的请求、接受王忠华辞去区法院院长职务的请求；审议通过区人大常委会主任会议提请的人事任免名单，以无记名表决的方式，任命：高虹为区法院副院长；以举手表决的方式，决定：高虹为区法院代理院长。会议由赵玉民主持，25 名常委会组成人员出席会议。田利跃等“一府两院”负责人以及部分区人大代表列席会议。

（包和平）

【人大工作研讨会】 9 月 19 日，区人大召开工作研讨会。会议以习近平在全国人民代表大会成立 60 周年纪念大会等重要讲话精神为指导，结合人大制度在首都实践与时俱进的现实需要，围绕“八个高端体系”建设、改进人大工作和提升履职能力进行研讨。牛青山、赵玉民讲话。区四套班子领导出席会议，区人大常委会组成人员、人大各街工委主任、首钢代表联组负责人等 50 余人参加会议。

（包和平）

9 月 19 日，区人大工作研讨 （区人大供稿）

【人大常委会主任会议】 年内，区人大常委会共召开 20 次主任会议，研究处理人大常委会的重要日常工作，指导和协调人大常委会工作机构开展工作。研究确定 8 次人大常委会会议召开的时间和日程安排，提出各次会议议程草案；研究讨论人大常委会年度工作要点草案及主要工作安排；研究讨论召开区第十五届人代会第四次会议和第五次会议筹备工作方案、议程及有关名单草案、人大工作报告讨论稿；研究讨论人事任免事项 53 人次；研究讨论召开人大工作研讨会。

（包和平）

重要活动

概　述

区人大常委会依据宪法和法律赋予的职权，紧紧围绕全区工作大局，依法履行职能，发挥人民代表大会的制度优势和代表主体作用，以执法检查和视察等活动形式，积极有效地对“一府两院”监督。推动全区经济社会发展，促进民生改善和社会和谐。内容涉及法律监督和工作监督、重大事项决定和国家工作人员任免。具体包括：听取和审议有关工作报告、审查批准有关议案、执法检查和视察、工作评议、任免国家工作人员、质询和询问等。

（包和平）

【围绕经济发展履行职责】 年内，区人大常委会依法行使职权，对加快推进国家服务业综合改革试点区建设、加快旅游业及楼宇经济发展情况进行专题调研，建议区政府要把握区域发展的优势和特点，落实国家及北京市促进服务业发展的各项政策措施，构建以高端服务业为主导的产业体系，优化服务业发展环境，加快产业载体建设，增进产业融合发展，构筑区域经济全面转型发展的新常态。本区服务业呈现良好发展态势，重大政策取得新突破，重点功能区建设取得新进展，服务业成为经济发展的主要支撑力量。

（包和平）

【围绕科技创新履行职责】 年内，区人大常委会围绕加快科技体制改革、服务科技企业创新发展，对中关村石景山园扩园及创新平台建设、高端科技创新人才培养等工作进行跟踪检查，组织代表走进华录和丽贝亚集团，调研文化传媒和设计产业先导基地建设情况，对培养科技创新人才工作提出有针对性的意见和建议，力促构建高端的科技创新驱动体系，提升科技支撑经济社会发展的能力。

（包和平）

【围绕城市建管履行职责】 年内，区人大常委会围绕国家级绿色转型发展示范区建设和城市管理体制改革试点工作，结合代表议案办理，听取和审议区政府关于居民区环境卫生管理、加快西部地区棚户区改造情况的报告，视察首钢西十筒仓、五里坨水厂等重点工程，跟踪检查区政府落实人大审议意见、改善交通环境的工作情况。强调面对首都城市战略定位和“城市病”治理任务，区政府要牢牢把握“法定职责必须为”，按照高端绿色和一流标准要求，推进城市精细化服务管理，在重点工程建设中瞄准高端，在棚户区改造、居民区环境卫生管理中治理低端，改善交通环境，提升城市综合运行水平。

（包和平）

【围绕司法监督履行职责】 年内，区人大常委会为促进修改后的刑法和刑诉法实施，听取和审议区法院关于刑事审判工作、检察院关于监所检察工作情况的报告。强调法院要发挥刑事审判职能，强化刑事审判管理，提高审判质效和司法能力水平，为依法惩治犯罪、尊重和保障人权、促进高端绿色发展提供司法保障。检察院要推进监所检察向刑事执行检察的转变与提升，提高法律监督的能力和水平，确保刑事执行法律正确实施。常委会还跟踪检查“两院”落实人大审议意见，区法院加强商事审判、检察院加强未成年人刑事检察和司法保护工作情况。法院商事审判服判息诉率升至全市第一；检察院协同相关单位，建立本市首家涉诉未成年人考察帮教基地，推进相关工作的开展。

（包和平）

【执法检查、视察活动】 年内，区人大常委会围绕教育、卫生、食品安全和住房保障等民生基本需求，结合代表议案办理，听取和审议区政府关于深化医药卫生体制改革情况的报告，专题调研绿色教育发展实验区建设情况，跟踪检查区政府落实人大审议意见、推进校长队伍建设和食品安全监管情况。在听取审议专项工作报告和视察调研时，针对构建有区域特色的医疗卫生服务体系、扩大优质教育服务面等工作提出意见和建议。组织代表视察东下庄定向安置房、南宫住宅小区等保障性住房的建设管理情况。围绕实施文化兴区战略、推进文化惠民工程，对区文化中心、基层公共文化服务设施建设情况进行跟踪，推动区政府加大力度，不断完善全覆盖、便捷高效的公共文化服务体系，提升文化服务水平。组织代表调研本区贯彻实施非物质文化遗产法情况，视察“燕京八绝”艺术馆和京西五里坨民俗陈列馆建设情况，重点检查区政府落实人大审议意见、促进园林绿化可持续发展工作情况，视察阜石路带状绿地、五里坨京门新线绿化工程、融科广场绿地建设情况，针对改善生态环境、推进城市绿地和公园建设，提出改进工作的意见和建议。

（包和平）

【代表建议办理工作】 年内，区人大常委会按照区委深入推进民主政治建设、加强人大建议办理工作的意见要求，抓住制度保障、主体责任、落实反馈等重要环节，对建议办理工作实行闭环式管理，全面修订区人大代表建议办理办法，为代表建议的提出、交办、办理和监督全过程提供制度保障。强化主体责任，在督办工作中加强统筹，第48次主任会议专题研究办理工作，提出重点督办和分类督办意见，并向区委写出专题报告。确定“关于推进我区城市公园建设与发展的议案”“关于治理苹果园路口南侧、铁道西侧卫生环境的建议”等8件建议作为区人大常委会主任、副主任牵头重点督办的建议。分类督办工作在区人大常委会分管主任领导下，由人大各工作委员会负责组织实施，其中：城建环保类51件，内务司法类30件，教科文卫体类11件，财政经济类8件。代表建议办理时限确定为2月15日至5月15日，督办工作于3～5月集中开展。人大相关工作委、室于6月20日前撰写完成督办工作情况报告，代表联络室将整体情况进行汇总，7月上旬向人大常委会主任会议汇报。“一府两院”在办理工作中加强领导，政府专题会议进行研究，分管副区长全程负责，对重点督办和分类督办的代表建议，带队查看办理情况，带队向代表进行集中答复。各承办单位加强沟通，注重听取代表的意见和建议，努力使办理结果贴近人民群众的意愿。区第十五届人大第四次会议期间共收到代表建议90件，议案转建议10件，两项合并共计100件，办成率上升5个百分点，达到41%，代表满意率100%。

（包和平）

【代表旁听法院庭审】 年内，区人大常委会先后三次组织52名人大代表旁听区法院对民事、行政和商事案件的公开审理。庭审后，人大代表与庭审法官、公诉人员、政府机关应诉人员进行座谈，询问有关法律问题，填写《石景山区人大代表旁听审理案件意见表》，对庭审法官、公诉人员和行政机关应诉人员在依法审理、执行诉讼程序、公诉能力、应诉水平、举证能力、质证辩证能力、法律知识水平、仪表形象等方面提出意见和建议，经人大常委会内务司法工作委员会统一整理后，反馈给“一府两院”。

（包和平）

【区人大代表集中活动】 年内，根据区人大常委会工作安排，人大各街工委、

代表联组每季度组织一次人大代表联组活动，通报全区或本地区重要工作进展情况、征求意见和建议、组织代表视察和调研活动。6月10～11日，赵玉民、付生柱、石玉贵、李艳、高洪雁分别深入社区，开展代表联系选民活动，征求选民对地区经济和社会发展的建议和意见。此次活动采用视察与座谈，邀请政府有关部门参加等形式进行，共有百余名选民参加，收集意见和建议32条。其中，古城环铁社区选民提出的关于孩子入学划片问题、海特一社区选民提出的海特广场环境卫生差等5条意见由常委会领导协调解决；西井三区1、2号楼院内污水管线堵塞问题，由代表以闭会建议的形式提出，交区政府解决；其余26条交街道处理。6月下旬至7月上旬，十个人大街工委和代表联组分别开展代表联系选民活动。127名人大代表与1438名选民进行联系沟通，共收集选民提出的意见和建议441件，由街道协调解决的428件，形成闭会建议的13件。12月23～25日，各人大代表联组开展会前集中活动，为召开区人民代表大会做准备。活动的主要内容：推选本代表团团长、副团长；学习有关法律法规；讨论大会议程草案；讨论区第十五届人大第五次会议主席团和秘书长名单草案；讨论区第十五届人大第五次会议国民经济、财政预算审查委员会主任委员、副主任委员、委员名单草案；讨论区第十五届人大第五次会议议案审查委员会主任委员、副主任委员、委员名单草案；讨论人大选举办法草案；讨论区人大、政府、法院、检察院工作报告；准备议案（学习提出议案、建议有关事项的说明）。

（包和平）

【市人大代表集中活动】 8月7日，市第十四届人大代表（石景山团）开展年中集中活动，夏林茂、赵玉民、付生柱等19位代表参加活动，夏林茂向与会代表通报石景山区上半年经济社会发展情况。代表们就本市上半年经济社会发展情况及《北京市城镇基本住房保障条例（草案）》《北京市居家养老服务条例（草案）》进行讨论。

（包和平）

【补选代表工作】 10月下旬至12月中旬，开展区第十五届人大代表补选工作。12月9日，投票补选种磊等5人为区第十五届人大代表。

（包和平）

石景山区第十五届人大常委会主任、副主任、委员

主　任　赵玉民

副主任　付生柱　石玉贵　李　艳（女）　高洪雁（女）　马丽萍（女，回族）　张文华（女，3月免）　范北燕（3月免）

委　员　（21人，按姓氏笔画排列）

马振才　王宏芬（女）　田景安　白宏宽　吕　军　安宝喜　许保国　孙金城　杨文钢　李　敏（女）　李希英　肖　红（满族）　何云飞　张　清（女）　陈　新　岳　强　郑章石　赵美云（女）　夏　阳　龚志彪　梁正刚

石景山区第十五届人大常委会工作机构负责人

财政经济工作委员会主任委员　安宝喜

内务司法工作委员会主任委员　吕　军

维护妇女、儿童、老年人权益小组组长　吕　军

教科文卫工作委员会主任委员　杨文钢

城建环保工作委员会主任委员　田景安

石景山区人大常委会办事机构负责人

办公室主任　龚志彪

研究室主任　张　清（女）

代表联络室、市人大代表联络处主任　赵美云（女）

财政经济工作委员会主任　安宝喜

内务司法工作委员会主任　吕　军

教科文卫工作委员会主任　杨文钢

城建环保工作委员会主任　田景安

石景山区人民政府

北京市石景山区人民政府(简称区政府)是北京市石景山区人民代表大会的执行机关,是石景山区国家行政机关,对本级人民代表大会及其常务委员会和上一级国家行政机关负责并报告工作。设置政府工作部门29个、部门管理机构1个。本届区政府由石景山区第十五届人民代表大会第一次会议于2011年12月24日选举产生。年内,区政府深入学习贯彻习近平总书记系列重要讲话特别是视察北京重要讲话精神,在市委、市政府和区委领导下,在区人大、区政协监督支持下,团结和依靠全区人民,紧紧围绕建设国家级绿色转型发展示范区这一目标,以深入开展党的群众路线教育实践活动为动力,全力推动"全面深度转型　高端绿色发展"战略,统筹谋划和推进"八个高端体系"建设,加快培育主导产业新优势,不断提升城市规划建设管理水平,着力保障和改善民生,各项工作取得新的重要成绩。地区生产总值预计完成390亿元,同比增长7.5%;一般公共预算收入完成37.97亿元,同比增长24.1%;社会消费品零售额预计完成227亿元,同比增长10%;全社会固定资产投资预计完成176亿元,同比增长10%;居民人均可支配收入预计达到41940元,同比增长8.5%;城镇登记失业率为2.35%。主要经济指标全年始终保持快速增长势头,一般公共预算收入、社会消费品零售额增速居全市前列。

(闵俊华)

主要工作和重大活动

概　　述

2014年是贯彻落实党的十八大和十八届三中、四中全会精神的重要一年。区政府根据区委决策部署和区人大决定事项,全面落实稳增长、促改革、调结构、惠民生政策措施,坚定不移推进结构调整,经济发展优质高效;全力以赴推动重大项目建设,城市发展载体更加坚实;加大重点领域改革攻坚力度,社会治理能力不断增强;着力破解人口资源环境难题,生态文明建设成效明显;统筹推进社会服务管理创新,民生保障持续改善。经济社会发展呈现出稳中有进、稳中有为的良好态势。一是经济社会发展"态势好";二是深化改革创新"动作快";三是城市病治理"力度大";四是重大项目和民生工程"抓得紧";五是教育实践活动"搞得实"。政府各单位、各部门共查找问题2000余个、征求意见建议5400余条。坚持立行立改,积极主动回应群众呼声和需求,对群众反映强烈的社区物业管理、公共服务设施、环境卫生、违法建设、停车秩序和消防安全等方面存在的问题进行专项整治,建立健全209个便民服务中心,让百姓感受到更多看得见、摸得着的实惠。取消36项审批事项,办结行政许可服务事项近6万件。区政府会议数量压缩20%,会议时间缩短25%,发文数量减少32.5%。坚持勤俭办一切事业,"三公"经费支出同比下降23.4%。

(闵俊华)

【政府常务会】 全年召开政府常务会12次(见下表)。

表3　　政府常务会一览表

会议时间	会议名称	会议议题
1月24日	第1次	关于落实张工到区调研讲话精神的汇报; 传达习近平总书记在山东青岛考察黄潍输油管线事故抢险工作时的讲话精神。
3月12日	第2次	学习《北京市大气污染防治条例》; 关于报审《北京市石景山区2013－2017年清洁空气行动计划重点任务分解2014年工作措施》的请示; 关于报审《石景山区鼓励类服务业指导目录》的请示。
4月14日	第3次	关于报审《2014年区政府联络区人大、区政协工作安排》的请示; 关于一季度经济社会发展情况的汇报; 关于报审《石景山区旅游业发展行动计划(2014－2015年)》的请示。
5月14日	第4次	学习《社会救助暂行办法》; 关于保障性住房建设任务及工作安排的汇报; 关于上年财政决算草案情况的汇报。
6月18日	第5次	关于《2013年度预算执行和其他财政收支的审计工作报告》的汇报。
7月9日	第6次	关于上半年经济社会发展情况的汇报; 关于上半年财政预算执行情况的汇报。
7月17日	第7次	关于上半年固定资产投资和争取资金完成情况及下半年计划安排的汇报; 关于上半年重点工程进展情况的汇报。
8月7日	第8次	关于市政府绩效管理考评任务的汇报; 关于人口调控工作方案的汇报; 关于上半年环境保护工作进展情况和下半年工作要点的汇报; 关于上半年食品药品安全监管工作情况的汇报; 关于公共文化事业发展情况的汇报。

续表

会议时间	会议名称	会　议　议　题
10月11日	第9次	学习新华社内参抄送件《北京石景山以三大制度措施切实改进作风》； 关于《北京市石景山区"十三五"规划研究编制工作方案》的汇报； 关于三季度经济社会发展情况的汇报； 关于加强居住区环境卫生管理工作情况的汇报； 关于加快西部棚户区改造工作情况的汇报； 关于三季度安全生产工作情况的汇报； 关于办理区第十五届人大第四次会议代表建议、批评和意见工作情况的汇报。
11月2日	第10次	学习《北京市政府信息公开规定》； 关于财政支出预算变动情况的汇报； 关于报审《石景山区中小学(幼儿园)校长队伍建设中长期发展规划》的请示。
11月24日	第11次	关于报审《2014年国民经济和社会发展计划执行情况与2015年国民经济和社会发展计划草案的报告》的请示； 关于当年固定资产投资和争取资金完成情况及下年计划安排的汇报； 关于当年重点工程完成情况和下年计划安排的汇报； 关于当年土地储备项目进展情况和下年计划安排的汇报； 关于当年街道便民工程实施情况和下年工作思路的汇报； 关于报审《2014年预算执行情况和2015年预算草案的报告》的请示； 关于当年济困工程实施情况和下年计划安排的汇报。
12月21日	第12次	关于报审《2015年政府工作报告》的请示； 招商引资工作情况汇报。

（闵俊华）

【区长办公会】 全年召开区长办公会22次(见下表)。

表4　　区长办公会一览表

会议时间	会议名称	会　议　议　题
1月9日	第1次	人事任免有关事项。
1月24日	第2次	人事任免有关事项； 关于报审《加快推进石景山区电力设施建设三年行动计划(2013—2015年)》的请示； 关于报审《石景山区政府投资重点建设项目审计监督办法》的请示； 关于给予干部行政处分的请示； 关于上年区政府常务会议和区长办公会议议题计划落实情况及当年议题计划制定情况的汇报。
2月13日	第3次	关于报审《石景山区人民政府二〇一四年折子工程》的请示； 关于报审《2014年石景山区十件环保实事》的请示。
2月18日	第4次	《区政府领导分工方案》
3月12日	第5次	关于报审《2014年消夏露天餐饮经营管理和整治工作实施方案》的请示； 关于轨道交通建设有关问题的请示； 关于上年度目标督查考核工作情况的汇报。
3月19日	第6次	人事任免有关事项； 关于上年度区文化创意产业发展专项资金使用情况的汇报； 关于报审再生资源回收体系建设实施方案的请示； 关于老旧小区综合整治工作安排的汇报； 关于上年立项效能监察情况和当年工作安排的汇报。
4月3日	第7次	关于区国资公司与融科景元、融科新地标共同设立创业投资公司的请示
4月14日	第8次	关于报审《石景山区设立商业保理公司试行办法》的请示； 关于报审《石景山区事业单位国有资产管理暂行办法》的请示； 关于报审《石景山区行政事业单位财政性结余资金管理办法》的请示。
4月23日	第9次	关于报审《石景山区早餐示范工程建设试点工作方案》的请示； 关于拨付CRD休闲广场及地下停车场项目前期工程费用的请示； 关于一季度安全生产工作情况的汇报； 关于信息化工作要点和投资计划安排情况的汇报； 关于进一步完善事业单位绩效工资政策实施方案的请示； 关于报审《石景山区便民服务和应急抢险电话管理办法》的请示。

续表

会议时间	会议名称	会议议题
5月14日	第10次	关于报审《石景山区2014年防汛工作方案》的请示； 关于本区中小河道治理情况的汇报； 关于北京鋆金置业有限责任公司股权转让的请示； 人事任免有关事项。
月28日	第11次	关于实施“减煤换煤、清洁空气”工程的请示； 关于环境建设市级重点任务的汇报； 关于生活垃圾分类工作计划的汇报； 关于报审《关于大力发展商标战略助推区域经济发展的实施意见》的请示； 关于申请辅警人员经费预算的请示。
6月12日	第12次	关于我区城市管理体制改革城管执法有关工作的汇报； 关于上年度环境卫生考评情况的汇报； 关于棚户区改造和环境整治工作进展的汇报； 关于环卫设施设备更新改造计划与所需资金的请示； 关于第三次全国经济普查工作情况的汇报； 人事任免有关事项。
6月18日	第13次	关于申请莲石湖公园基础设施改造及运行经费的请示。
7月2日	第14次	关于北京市加快构建“高精尖”经济结构相关文件解读及对我区发展影响分析的汇报； 关于北京保险产业园有关工作情况的请示； 关于报审《石景山区防震减灾专项规划(2013－2020)》编制成果的请示。
7月9日	第15次	关于西部五里坨地区引进优质民办教育资源的汇报； 关于北京宏润投资经营公司投资嘉事堂药业京西物流的请示； 关于备战第十四届市运会情况的汇报； 关于上半年安全生产工作情况的汇报。
7月17日	第16次	关于本区十件教育实事的请示； 关于申请院区整治工程资金的请示； 关于现代金融产业服务平台中保信项目建设进展情况的汇报； 关于上半年信访工作情况的汇报。
8月7日	第17次	关于举办“首届中国八大处佛牙舍利文化节”工作情况的汇报； 关于华夏银行信用卡中心入驻有关情况的汇报； 关于北京市工资工作会议精神的汇报。
9月12日	第18次	关于报审《石景山区促进中小微企业发展的办法》和《石景山区中小企业发展专项资金管理办法》的请示； 关于上年度石景山区科学技术奖励工作情况的汇报； 关于深化医药卫生体制改革工作情况的汇报； 关于《提升石景山建成区道路街巷环境卫生水平工作》的请示； 人事任免有关事项； 关于报审“2013京西消费节”及“第四届北京台湾美食文化节”活动方案的请示； 关于解决我区部分地区公交出行问题的请示。
10月10日	第19次	关于边角地、小微绿地、老旧小区等绿化资金的请示； 关于京西商务中心项目方案的汇报； 关于旅游休闲产业发展情况的汇报； 关于行政审批制度改革和第一批拟取消行政审批事项有关情况的汇报； 关于报审石景山区国有资本经营预算两个办法的请示； 关于北京市工资工作会议精神的汇报； 人事任免有关事项。
11月2日	第20次	关于上年度园区相关政策兑现工作的请示； 关于医院综合治理工程有关事项的请示； 关于报审《石景山区2013年度西藏退役士兵安置工作方案》的请示； 关于报审《石景山区2014年计划分配军转干部安置工作方案》的请示。

续表

会议时间	会议名称	会 议 议 题
12月11日	第21次	关于高清网络化建设项目有关事项的请示； 关于申请追加零差率药品销售补贴的请示； 关于申请追加石景山土地储备分中心开办资金的请示； 关于我区绿地系统规划编制进展情况及2015年绿化美化工作的汇报； 关于报审园区人才公租房管理办法的请示； 关于京石科园置业公司运营融景城人才公租房项目有关事项的请示； 关于报审《石景山区机关事业单位实施工作目标督查考核暂行办法》的请示； 人事任免有关事项。
12月21日	第22次	关于报审下年市政道路建设及大中修计划的请示； 社会保险工作汇报； 就业、再就业工作汇报； 关于报审石景山区拟保留行政审批事项清单和第二批拟取消行政审批事项清单的请示； 人事任免有关事项。

（闵俊华）

【与住总集团签订合作协议】 1月15日，夏林茂与北京住总集团总经理王宝申分别代表双方签订战略合作协议书。住总集团党委书记、董事长张贵林，副总经理潘伟，区领导牛青山、夏林茂、田利跃、富大鹏出席签约仪式。牛青山在讲话中指出：石景山区被国家发改委认定为首批国家服务业综合改革试点区。经过多年艰苦奋斗，全面转型和科学发展取得历史性重要成绩，已经胜利走出低谷，并提出全面深度转型、高端绿色发展战略。实施棚户区改造和环境整治，将成为地区政企合作开发建设、拆旧建新的典范，将有效改善地区居民生活条件，进一步提升区域品质，对人口、资源、环境建设有着深远影响。张贵林表示，北京住总集团是一个具有社会责任感的企业，有信心、有决心、有实力、有能力为石景山区经济发展作贡献。年内，委托住总金第公司作为南山1、2号院环境整治与梁公庵棚户区改造捆绑项目实施主体，这是住总集团首个确定的棚户区开发项目。

（闵俊华）

【中国非遗年俗文化展示周】 1月19～26日，由文化部主办，中国非物质文化遗产保护中心、区委区政府联合承办的中国非物质文化遗产年俗文化展示周在石景山体育馆举行。活动旨在加强传统节日的保护与传承，弘扬中华民族优秀传统文化，营造欢乐祥和的节日氛围，丰富节日期间市民的文化生活。邀请来自全国30个省市自治区的77个国家级、省（市、自治区）级非物质文化遗产项目参加。展览由“序”厅和“笔墨绘春”“张灯结彩”“舞动春风”“雕福塑瑞”“锦绣前程”“点石化金”“品味醇美”8个单元构成，主要展示与年节文化密切相关的剪纸、年画、灯彩、风筝、面人、泥塑、香包、织锦、陶瓷、漆器、茶叶制作等近80个传统美术和传统技艺类非物质文化遗产项目，并邀请80多名代表性传承人现场演示精湛技艺，制作、展销其作品。展览面积共2000多平方米。

（闵俊华）

【市政府领导到区调研】 1月27日，副市长张延昆带队到区检查八大处公园春节庙会安全保障工作，抽查对八大处路熊猫烟花第二烟花爆竹零售点。4月5日，副市长戴均良到八宝山革命公墓检查清明节群众扫墓各项安全及服务保障措施的落实情况。5月31日，戴均良到八宝山街道参加远洋山水·社区青年汇“六一”儿童节“社区里的游园会”活动。8月21日，张延昆考察老山街道社会治理综合执法指挥中心。希望抓住试点机遇，加大工作力度。处理好末端执法与源头管理、行政管理与行政许可、行政管理与效能监察、综合执法与专业执法、市级行

2月20日，石景山区教育战略合作签约仪式 （区教委供稿）

政许可与区街管理的关系，着力加强法律法规体系和社会诚信体系建设，为全市城市管理体制改革提供有益借鉴。区领导牛青山、吴克瑞等，市政府办公厅、市政府研究室等相关部门负责人陪同调研。

（闵俊华）

【与保险协会领导座谈】 2月13日，夏林茂与中国保险行业协会会长朱进元座谈。会上，朱进元介绍中国保险行业协会的定位及发展前景，表示将依托专业优势，协助石景山区共同推动国家保险产业园创新发展，加速高端领军人才集聚，号召新兴业态与增量机构入驻。夏林茂介绍国家保险产业园前期工作进展情况，肯定中国保险行业协会在社会管理中的基础性作用及行业影响力，并指出：国家保险产业园是中国保监会和北京市共建的保险创新示范区。石景山区欢迎中国保险行业协会入驻国家保险产业园，并将全力支持，开展各项合作，以产业发展和创新驱动为第一要务，携手将国家保险产业园做大做强，为首都经济转型、全国保险改革作出贡献。

（闵俊华）

【与华润集团、华夏幸福基业座谈】 2月19日，牛青山、夏林茂、田利跃与集团领导何洋、董军、王文学座谈。会上，牛青山对华润集团、华夏幸福基业领导的来访表示欢迎，强调石景山区已经胜利走出由于首钢搬迁对经济社会发展影响的低谷，进入到全面深度转型、高端绿色发展的新阶段，拥有巨大的发展空间和强劲的后发优势。石景山区锁定高端发展，构建"八个高端体系"，坚决不走"先发展、后污染、再治理"的老路，建设国家级绿色转型发展示范区，努力打造首都新的战略增长极。双方要加强沟通，就区域整体规划进行深入交流，合力推动构建"八个高端体系"，推进实质性高端合作。夏林茂认为，双方选择合作企业的标准十分吻合，合作领域广阔，合作前景良好，希望双方共谋发展，实现共赢。

（闵俊华）

【教育战略合作签约】 2月20日，石景山区教育战略合作签约仪式在区政府举行。区政府分别与北京师范大学、首都师范大学，区教委分别与北京师范大学附属中学、清华大学附属小学签署合作协议，结成战略伙伴关系，共同促进区域教育高端绿色发展。其中，区政府与北京师范大学合作，在五里坨地区引进北师大附中优质教育资源，共建北京师范大学附属中学京西校区。学校规模为72个班，为公办六年制完全中学（含部分寄宿制），当年开始招生；与首都师范大学合作共建"首都师范大学附属苹果园中学"。金顶街第二小学作为"清华大学附属小学协作校"，由区教委与清华附小共同建设。中央音乐学院专业团队继续与区内爱乐实验小学、银河小学、京源学校等校的深度合作，同时增加同文中学、八角北路小学作为音乐教育实验合作校，推进音乐教育实验项目。市教委主任线联平，市委教工委常务副书记刘建，市政府教育督导室主任唐立军，清华大学、北京师范大学、中央音乐学院、首都师范大学相关领导，区领导牛青山、田利跃、杨东起，相关委办局主要领导，项目合作校代表，部分人大代表及政协委员出席签约仪式。

（闵俊华）

【政府全体会议】 3月5日召开。会议的主要任务是：深入学习习近平总书记视察北京时的重要讲话精神，认清形势，统一思想，全面部署当年区政府各项工作，以实际行动贯彻落实总书记重要讲话精神。会上，区发改委、区国资委、区金融办、国土分局等部门代表与区政府签订年度政府绩效管理任务责任书。夏林茂对区政府工作进行全面部署。会议由文献主持，田利跃、富大鹏、司马红、杨东起、刘亚泉、高重疃出席会议。区长助理、各委、办、局、处，垂直管理机构领导，各街道办事处书记、主任；区属国有企事业负责人、各农工商公司经理、各行政执法单位科、队、站、所有关负责人参加会议。会议还特邀部分人大代表、政协委员，各民主党派主委、工商联主席，各社会团体负责人和区法院、区检察院、区武装部有关负责人参加会议。

（闵俊华）

【与中兵投资公司座谈】 3月5日，夏林茂会见中兵投资公司董事长唐斌。唐斌希望将公司落户石景山并开展进一步合作，作为大型国有创新型现代金融企业，将通过股权投资、证券投资、资产管理等平台，促进国有资产保值增值，同时，公司将发挥行业优势，推动我国军工行业及重大科技领域研究成果孵化，实现军民融合发展。夏林茂对中兵投资公司的信任表示感谢，并指出：石景山区已经进入"全面深度转型　高端绿色发展"、建设国家级绿色转型发展示范区新的历史阶段，鼓励并支持现代金融创新要素集聚。国家服务业综合改革试点区互联网金融产业基地、北京保险产业园相继落地，为建设首都"长安金轴"打下坚实基础。区政府将以争创一流的标准，真抓实干，一如既往为入驻金融机构提供高标准、高水平的"石景山服务"，实现双方共赢发展。

（闵俊华）

【医疗联合体系建设启动】 3月20日，召开区域医疗联合体系（简称医联体）建设工作启动会。会议部署《石景山区区域医疗联合体系建设工作方案》，根据地区医疗机构设置规划、区域医疗资源状况、人口数量和就医需求，在全区设立3个医疗联合体。石景山医院和北京大学首钢医院、首都医科大学附属北京朝阳医院西院分别作为医联体的核心医院，北京工人疗养院作为3个医联体的合作医院，其他有关医院和社区卫生服务机构分别作为不同医联体的合作机构。医联体按照统一管理、独立运营、综合考评的方法进行管理。本区医联体建设在方案制定中抓住一个"全"字，一是设置主体全，纳入体系建设的医疗机构既有政府举办的医院，也有社会资本举办的医院，一视同仁，敞开大门；二是覆盖范围全，启动3个医联体建设，覆盖全区9个街道；三是机构类别全，联合体内既有综合医院，也有专科医院；四是机构层级全，自三级医院到社区卫生服务中心、社区卫生服务站，提供分级诊疗。核心医院将强化龙头作用,发挥管理和技术优势,指导合作机构工作,将优质医疗卫生资源下沉到基层,结合区域特色,突出专业特色,推动分级诊疗格局的形成。建立集预防、治疗、护理、康复为一体的全程服务链。医联体建设已经列入当年区政府的折子工程。3个区域医联体建设启动,是贯彻落实党的十八届三中全会关于“促进优质医疗资源纵向流动”“完善合理分级诊疗模式”的重大部署,是深化医药卫生体制改革的重大创新举措,在推进公立医院改革方面迈出重要一步。

（闵俊华）

【央行领导到区调研】 4月1日,中国人民银行副行长李东荣到区调研互联网金融产业发展情况。李东荣一行到西山汇、北Ⅰ区保险产业园、首钢二型材厂互联网金融产业基地进行实地察看,并与市、区领导和驻区金融企业进行座谈。夏林茂从区情、互联网金融产业发展情况及下一步工作思路3方面,介绍互联网金融产业发展情况及成效。市政府副秘书长徐熙肯定石景山区为金融产业发展提供的政策支持和优质服务。李东荣高度评价石景山区在经济转型中取得的成绩,指出:石景山区转型发展定位与当前金融产业在首都的发展需求相契合,科技与金融融合发展的定位符合金融产业发展趋势,符合北京市“高精尖”产业发展的功能定位。产业结构调整方向明确、敏锐务实,推进金融产业发展措施有力、效果明显。在发展互联网金融中将风险防控放在首位,符合人民银行对金融创新和安全风险防范的要求。中国人民银行将与市金融局、石景山区在金融基础设施建设、科技创新等方面进一步加强沟通,加大合作力度。中国人民银行人事司巡视员杨伟中、科技司司长王永红、参事室主任刘萍、金融信息中心主任李文辉、营业管理部副主任贺同宝、中国金融电子化公司副总经理张永福,市金融工作局局长王红,区领导文献、司马红陪同调研。

（闵俊华）

【环境保护工作大会】 4月3日召开。会议从污染减排、环境监管、保障民生等方面全面总结上年全区环保工作,并按照“一四六一”的工作思路对当年环保工作安排进行部署。夏林茂就全区环保工作强调:1. 治理污染、改善环境,是广大人民群众的迫切要求,要善于从群众呼声中把握工作关键点,以环境质量不断改善检验群众路线教育实践活动的实际成效。2. 正确把握发展与保护的关系、当前与长远的关系、局部与全局的关系,创新方法重落实,增强合力重协作,强化责任重自律,拿出敢于碰硬的闯劲、脚踏实地的干劲、久久为功的韧劲,按照计划步骤,一步一步抓好落实,最终实现建设国家级绿色转型发展示范区的目标。会上,区发改委、五里坨街道和北京巴威公司负责人作典型发言,区城管执法局和古城街道作为代表与夏林茂签订环保责任书。市环保局副局长姚辉,区有关领导参加会议。

（闵俊华）

4月1日,央行领导就互联网金融产业实地调研　（区政府办供稿）

【保险产业园建设】 4月8日,召开保险产业园创新发展座谈会。夏林茂向中国保监会、市政府等与会领导汇报北京保险产业园总体情况及下一步工作思路,并代表区政府与中国保险信息技术管理有限公司签署合作协议。北京保险产业园位于中关村科技园区石景山园北Ⅰ区、南区和新首钢高端产业综合服务区,总建筑用地约100公顷,建筑规模200~300万平方米。北京保险产业园建设是贯彻落实习近平总书记来京考察重要讲话精神的重要举措,是国家部委与区县合作的重要典范,是实现地区高端绿色发展战略、构建“八个高端体系”的重要成果。6月17日,召开北京保险产业园规划设计研讨会。夏林茂、文献与中国保险信息技术管理有限责任公司总裁吴晓军、复星集团副董事长兼首席执行官梁信军进行交流与讨论。

（闵俊华）

【与首钢领导座谈】 4月9日,牛青山、夏林茂等区领导在首钢总公司董事长靳伟陪同下,参观首钢未来规划沙盘及厂史展览、西十筒仓项目、五高炉露天文化广场、一高炉《铁血记忆》实景剧剧场选址现场、群明湖创意产业园区,随后双方进行交流座谈。会上,靳伟代表首钢总公司真诚感谢区四套班子及各部门多年来对首钢工作的大力支持和帮助,并从首钢集团现状及未来战略定位的思考、关于首钢转型发展的初步想法、关于破解首钢转型发展掣肘问题的路径、需要石景山区帮助解决的事项等方面介绍情况。夏林茂介绍相关工作情况。牛青山指出:首钢的历史是新中国历史的缩影,是中国从农业文明发展为工业大国、实现工业文明的缩影。首钢搬迁

4月9日，区四套班子到首钢交流座谈　　（区委宣传部供稿）

调整的壮美之举已成为北京推动绿色发展的典范，石景山区与首钢共同经历这个历史性转折，首钢的转型就是石景山区的战略转型。石景山区与首钢应按照“生命共同体”的理念，为实现国家和市委市政府绿色转型发展的目标共同奋斗。

（闵俊华）

【市发改委领导调研】　4月10日，市发改委党组书记、主任张建就地区经济建设进行调研。张建东一行首先来到西北热电中心项目现场进行实地考察，并就项目进度以及遇到的问题与相关部门进行详细交流。考察结束后，调研组就地区经济建设与区领导和有关部门负责人进行座谈。牛青山表示，石景山近年来的长足发展离不开市发改委的大力支持，在新机遇面前，石景山区还有更广泛的发展前景，希望市发改委能继续给予支持和帮助。市发改委领导刘印春、洪继元，区领导夏林茂等参加活动。

（闵俊华）

【车联网产业园区落户】　4月15日，区政府与中国车联网产业技术创新战略联盟签署《战略合作协议》。标志着政企双方将在打造车联网产业园区等多项内容上形成紧密合作，积极探索车联网产业创新发展模式，打造以车联网为核心的尖端科技产业集群。中关村科技园区管委会副主任宣鸿，北京邮电大学副校长、车联网联盟理事长杨放春，国机汽车股份有限公司总经理伍刚，国机汽车股份有限公司副总经理、车联网联盟秘书长方竹，德国电信全球副总裁兼大中华区总裁赵楚泓，腾讯副总裁马斌，沃尔沃集团车载信息化（中国区）总经理王天华，区领导夏林茂、司马红出席签约仪式。夏林茂指出，石景山区正在全面推进“四区”建设，有着极好的政策优势、环境优势、服务优势以及美好发展前景和广阔发展空间，欢迎车联网联盟的会员朋友们到石景山投资兴业，将竭尽所能为大家提供优质服务。杨放春表示，下一步将要开展深入合作，将更多车联网优秀企业引入石景山，形成健康、良性的车联网产业集群，推进车联网产业园区建设，为石景山区实现全面深度转型、高端绿色发展作出应有贡献。

（闵俊华）

【与安邦负责人座谈】　4月17日，文献与安邦保险集团领导进行交谈。安邦保险集团物业总监赵泽辉表达引导保险资金服务石景山区开发建设的希望，提出拟设立电子商务公司等新兴业态。文献表示：石景山区是推动北京市下一步经济发展的主干力量，具有广阔的发展前景。保监会、北京市与石景山区将构建部、市、区三级合作机制，推动北京保险产业园创新发展，打造一流的、新型的专业化产业园区。石景山区将启动高水平、高标准的城市设计，打造保险行业精品力作，为入驻机构提供全方位服务，实现政企共赢发展。

（闵俊华）

【与中国人保领导座谈】　4月23日，夏林茂与中国人民保险集团（简称“中国人保”）副总裁周立群座谈。中国人保首席投资执行官张树中、中国人保投资控股公司总裁刘红参加。周立群对北京保险产业园予以高度关注及肯定，表达与石景山区进行深入合作的意向。夏林茂介绍北京保险产业园发展情况。

（闵俊华）

【与国网北京电力签约】　4月24日，牛青山、夏林茂与国网北京电力公司总经理尹昌新进行座谈，双方听取地区供电总体情况介绍，就首钢电网建设、西北热电中心建设、煤改电等情况进行交流，重点对煤改电地区的范围、流程及困难等进行深入探讨，并签署电力设施建设合作协议。未来三至五年，地区将新增变电站9座，辅以配网建设工程逐步提升地区电网可靠性。从地区电网现状看，电网电能供给基本满足用电需求，但仍普遍存在着结构不合理、转供能力差、电源分布不均等现象。对比巴黎、东京、纽约等城市，北京户均停电时间约为131分钟，而上述国际城市都在10分钟以内。为保证石景山区“高端绿色发展”定位，进一步提升用户用电质量，国网北京石景山供电公司明确“强—简—强”的电网规划思路，做强220千伏及以上电网和10千伏配电网，简化110千伏接线方式，增加变电站布点和出线能力，提高10千伏电缆环网比例和架空线路互联水平。

（闵俊华）

【城市综合管理体制改革】　4月，区社会治理综合执法委员会办公室挂牌成立，内设协调办、环境办和调研室3个职能科室，明确职责分工，各项工作逐步展开。推进筹组各街道办事处（鲁谷社区）社会治理综合执法指挥中心。5月16日，召开推进城市综合管理体系建设工作专题会议。6月20日，召开城市综合管理体制改革推进大会，牛青山、夏林茂、赵玉民、岳德顺、吴克瑞等区四套班子领导出席。会议印发《关于建立城市综合管理体系提升社会治理水平的意见》。以提高城市治理能力为出发点，把城市环境、城管执法、交通等作为重点领域，把明确界定职责定位、力求权责匹配一致，减少部门职责交叉、理顺层级条块体系，推进人员力量下沉、强化基层管理执法，妥善处理管理与执法、综合执法与专业执法关系作为重点内容，把推进管理职责、机构人员、执法力量3个方面的调整整合，完善统筹协调、双重管理、绩效考核、干部激励4个方面的机制，实现指挥管理、人员力量、执法标准、信息化平台、监督考核5个方面的统一作为重点任务，通过改革建立主体清晰、权责明确、上下联动、协调有力、执法到位、运转高效的城市管理格局。吴克瑞主持会议。会议向区委城管工委、区社会治理综合执法委员会办公室以及各街道(鲁谷社区)社会治理综合执法指挥中心授牌。会后，针对“城市病”难题，推进管理重心下移、职能下沉，发挥街道办事处“属地”主体作用，在街道层面综合城管、公安分局、区食药监局、区安监局、区环保局、工商分局、交通支队、消防支队等常驻单位的执法力量，让街道有责有权，做到全权、全时、全管、全责，实现地区城市管理水平的全面提升。

(闵俊华)

【与门头沟区进行工作商讨】 5月12日，石景山区与门头沟区就集中解决两区居民群众关心关注的问题和诉求，加强两区交界地区城市管理、城市建设工作进行座谈。区领导田利跃、富大鹏和门头沟区副区长张永、陈卫东到麻峪农工商公司，实地查看公司施工现场及门头沟区气象观测场站建设，随后在门头沟区政府召开座谈会。会议分别就麻峪集体产业项目建设与门头沟区气象观测站建设关系、麻峪地区环境整治、三家店铁路职工与五里坨农工商公司纠纷、消纳门头沟型煤等工作进行商讨并达成一致意见。

(闵俊华)

【与保监会沟通对接】 5月12日，文献带队前往中国保监会，与保监会发改部就如何推动北京保险产业园相关事项进行座谈。同月24日，区领导与中国保监会发展改革部负责人座谈，双方就推动北京保险产业园创新发展的具体办法、创新型保险机构引进等事项进行深入的交流和讨论。

(闵俊华)

【加强南水北调对口协作】 5月13～16日，贯彻落实《北京市南水北调对口协作工作实施方案》《北京市南水北调对口协作规划》相关要求，文献带队赴湖北省竹山县开展实地调研。调研期间，石景山代表团在竹山县委书记佘立柱、县长龚举海陪同下，参观竹山县多个工业园区、旅游产业、美丽乡村建设、医院、学校等，区政府办、区发改委、区教委、区卫计委、科委园区负责人分别在各自领域与竹山县有关部门进行深入交流对接，为确定“1+4”结对单位及后续对口协作全面展开打下良好基础。文献代表区政府与竹山县政府签署《关于缔结友好合作关系的框架协议》。双方围绕建立信息互动平台、建立互访交流机制、开展课题调研活动、推进企业交流、扩大民间交流、加强优势资源合作、开展经济贸易往来等方面制定协作规划。7月22～23日，竹山县党政代表团一行13人到区，开展对口协作交流活动。9月12日，南水北调水源区湖北竹山珍品汇暨湖北竹山与北京石景山对口协作签约仪式在永辉超市鲁谷店广场举行。

(闵俊华)

【走访慰问幼儿园及学校】 5月27日，区四套班子领导分两路先后走访慰问北京师范大学石景山附属幼儿园、师范附属幼儿园、西黄村小学、爱乐实验小学，观摩特色课程展示及学生社团活动，并给小朋友们带去节日礼物。牛青山代表区委区政府向少年儿童致以节日的祝贺，向教师们表示衷心感谢，指出要以遵循学生的身心成长规律和教育规律为准则，站在更高层次上实现学生的德智体美劳全面发展。要更加关注学生的身心健康，注重激发学生的潜能和创造力，努力培养出德才兼备、身心健康的优秀学生。

(闵俊华)

【华侨代表团到区考察】 6月7日，印尼金峰集团董事长林文光及夫人、泰国亿金证券董事长郑芷荪及夫人、澳大利亚龙旺集团董事长薛水和、新加坡天府会会长林志强等一行9人到区参观考察。华侨代表团首先与区领导进行座谈，随后到首钢厂区进行参观，并与首钢总公司董事长靳伟进行座谈，副总经理孙永刚就新首钢高端产业综合服务区的产业发展规划和开发进展情况作详细介绍。市侨办主任刘春锋，区领导夏林茂、司马红参加考察活动。

(闵俊华)

【与力宝签署合作协议】 6月25日，区政府分别与印尼力宝集团，渤海产业投资基金管理有限公司和金台文院签署战略合作协议。牛青山表示，石景山区确立高端绿色发展战略，实现这个战略需要与国际一流企业合作。下一步将以签署框架协议为契机，找准定位突破口，求真务实、抓紧推进相互合作，与力宝集团等企业一道创造新辉煌。力宝集团主席李文正简要介绍力宝有关情况，并表示将尽全力做好工作，支持石景山区各方面发展。夏林茂简要介绍地区基本情况。渤海产业董事郑龙，渤海基金总裁李祥生，渤海基金副总裁卢自本，金台文院院长蔡传庆参加协议签署仪式。力宝集团是印尼最大的综合金融财团；渤海产业投资基金管理有限公司成立于2006年12月28日，注册资本金为2亿元人民币；金台文院是2013年经民政部批准成立的全国第一家部直属民办非企业单位，是以传承和弘扬中国优秀传统文化为宗旨的综合性文化机构。

(闵俊华)

【国务院督导组视察】 7月4日，国务院第六督导组副组长兼民生组组长、民政部副部长窦玉沛率国务院督导组一行5人，到京原家园公租房项目进行督导检查。窦玉沛等到公租房承租家庭中进行走访，询问居住及日常生

活情况并听取相关情况汇报。对石景山区及北京市保障性住房建设投资中心在公租房项目管理工作中所做的工作给予充分肯定。副市长戴均良，区领导夏林茂等陪同检查。

（闵俊华）

【做好人口规模调控】 7月15日，区政府召开人口调控专题会。听取区发改委《石景山区严格控制人口规模工作方案》专题汇报，各委办局、街道（鲁谷社区）主要领导结合自身职责分别发表意见。夏林茂就人口调控工作提出要求。10月14日，召开人口调控工作推进会，夏林茂与区国资委、鲁谷社区等单位签订责任书。年内，区政府深入贯彻落实中央关于“严格控制特大城市人口规模”的要求，结合区域特色，全力推进人口调控工作，破解人口资源环境矛盾。全区各相关部门采取措施，将市政府要求的人口规模调控工作落到实处。区城管执法局将打击违法用地违法建设专项行动与优化城市环境、调控人口总量、淘汰低端产业、消除安全隐患、维护社会稳定等工作有机结合，全年拆除流动人口大杂院3处、废品回收大院1处，总面积3万余平方米，疏散流动人口1200余人；重点整治模式口地区游商，无照经营行为日均减少100余起，周边环境秩序类举报同比下降45%。区民防局加强地下空间管控。通过关停、拆除同步进行，已关停整治人防工程2095平方米，清退工程内居住人员217人，并确保防止反弹。区综治办开展群租房摸底排查和集中整治，全年拆除群租房70户、隔断间217间；停租群租房66户、312间；劝退居住流动人口710人。区人口计生委推动流动人口公共服务均等化，加快流动人口服务站建设，在全区4个社区建立流动人口服务站，统一配置图书角和健康屋；举办流动人口健康教育大讲堂15期，为500名流动妇女提供两癌筛查，为全区4所打工子弟学校一、二年级1000余名学生提供免费健康检查。合理保证人口调控成果。重视清理整治后土地的开发利用。出租大院、腾退厂房、回收市场、地下空间等清空后的开发利用是根治瓦片经济和低端人口聚集的重要手段，是现阶段人口调控的难点和重点问题，相关部门研究配套政策，探索疏租、还绿、停车、社区服务、休闲健身及引进绿色高端服务业等转化模式，因地制宜，突破难点，打造亮点。继续加大清理整治工作力度。开展外来人口清理整治专项行动，以违法建设、出租大院清理整治、地下空间治理为抓手，防止春节后外来人口大量涌入。加强地铁沿线周边地区管理，结合苹果园交通枢纽建设、地铁沿线周边地区环境整治及棚户区改造工程，研究制定人口疏解专项工作方案。

（闵俊华）

【高井燃煤机组全关停】 7月23日，大唐国际高井热电厂举办燃煤机组关停仪式。市领导王安顺、张工、李伟，大唐集团董事长陈进行、总经理王野平，市、区相关部门负责人，区领导牛青山、夏林茂等参加活动。随着3号机组正式与电网解列，该厂6台燃煤机组在运行55年之后全部关停。其发电和供热保障将被西北热电中心大唐高井燃气热电项目取代，项目已进入并网调试阶段，供暖季前实现投产运行。高井热电厂始建于1959年，是国家“一五”时期的重点建设项目之一，总装机容量60万千瓦，该厂安装我国国产第一台高温高压10万千瓦汽轮发电机组，是全国最早按照扩大单元集中控制组织生产的大型电厂，曾被李鹏誉为“电力工业战线上的一面旗帜”。建厂55年来，该厂累计完成发电量1996.9亿千瓦时、供热量5642万吉焦，为首都经济社会发展和民生保障作出了历史性的贡献。该厂一直坚持走内涵发展、节约发展之路，把“为首都奉献光和热”的企业使命以及“务实，奉献，创新，奋进”的大唐精神落实到行动上，为北京奥运会、建国60周年、党的十八大等国家重大活动提供安全可靠的热力电力保障。6台机组关停后，每年可消减燃煤230万吨，消减二氧化硫、氮氧化物和烟尘量分别为664.09吨、590.29吨和188.3吨，为首都碧水蓝天作出突出贡献。

（闵俊华）

【老挝领导人参观考察】 7月28日，老挝人民革命党总书记、国家主席朱马里一行到区参观考察。代表团一行32人，考察八角街道基层党建及社区建设情况，参观八角街道居民事务服务大厅、八角街道党群连心服务港、八角街道文化广场、八角北路特钢社区“爱心小屋”和信访代理站。中联部副部长陈凤翔，市委副秘书长刘宇辉陪同参观。

（闵俊华）

【中央督导组调研指导】 9月1日，中央第二巡回督导组副组长王庭大带队到区调研指导教育实践活动，并视察世界旅游城市体验中心。座谈会上，牛青山代表区委向中央第二巡回督导组汇报全区教育实践活动情况。

（闵俊华）

【“十三五”规划编制】 9月28日，区政府组织召开“十三五”规划研究编制工作专题会。在听取区发改委关于国民经济和社会发展第十三个五年规划研究编制工作方案的专题汇报后，各委办局结合自身职责分别发表意见。会议指出，“十三五”规划工作方案在继承“十二五”工作的基础上，充分结合区委十一届八次全会精神，前期研究课题及重点专项规划均着重突出“八个高端体系”建设。下一步，各委办局主要领导要再次认真研究并及时提出意见，区发改委对所提意见建议要积极采纳落实，进一步完善“十三五”规划研究编制工作方案。

（闵俊华）

【新首钢建设稳步推进】 9月，市政府出台《关于推进首钢老工业区改造调整和建设发展的意见》和《关于推进首钢老工业区和周边地区建设发展的实施计划》两个政策文件，标志着首钢老工业区调整转型的重点政策难题基本破解，首钢老工业区将从单一主体、钢铁冶炼、封闭空间，向多元主体、现代服务、开放融合全面调整转型，通过转型，努力将首钢老工业区打造成为落实首都战略定位的践行区、全国乃至国际有影响力的传统工业转型升级示范区和国家绿色低碳示范园区。按照规划，长安街将穿过首钢主厂区向西，从石景山延长至门头沟，延长线两侧建筑物的拆除工作从两个区县向首钢主厂区内汇聚，至年底，包括首钢在内的所有红线两侧的建构筑物均已拆除完成，其中，在首钢主厂区内保护性拆除设备4737吨，拆除建构筑物6.56万平方米，回收废钢3.49万吨，回收线缆约80万米。配合市公联公司实现长安街西延项目首钢园区内的进场施工。12月22日，北京首钢基金有限公司正式成立，管理北京首钢京冀协同发展产业投资基金。市财政局、发改委、经信委、国资委、金融局等政府部门代表组成战略指导委员会，作为基金运营的政策和战略指导决策机构，对公司运营进行战略性和政策性指导。母基金规模200亿元人民币，分五年时间，通过直接投资和设立子基金的方式进行投资。母基金作为引桥，发挥资本杠杆作用，形成千亿元以上的基金规模。在此基础上，区政府就首钢的重大功能性基础设施投资主体划分原则、供地模式、资金支持等方面与首钢公司进行对接；并就并联审批机制、评价审查统一论证、简化审批事项、压缩审批时限等方面进行沟通和商讨。同时，启动研究落实土地供应政策，采取自主开发建设、产业定向开发和土地开发上市相结合的方式，加快推进首钢老工业区土地开发再利用，主要从工业资源改造项目供地模式和新建项目供地模式上进行探索。政策的引导和助推作用已经显现，除长安街西延项目外，新首钢高端产业服务区内的多个重点项目均在稳步推进。

（闵俊华）

【推动高端体系建设】 10月15日，区政府召开构建“八个高端体系”工作推进会。会上，区发改委、规划分局分别就构建高端服务业为主导的产业体系和高端的城市规划、建设和运行体系进行汇报，与会领导和部门围绕汇报内容进行充分讨论。夏林茂对相关部门的前期准备和研究工作给予充分肯定，对各单位能够充分讨论、站在全区的高度深入思考问题表示赞许，并就建设“八个高端体系”提出具体要求。

（闵俊华）

【“亮剑行动”全面启动】 10月21日，召开社会环境秩序综合治理“亮剑行动”誓师动员大会。夏林茂主持会议。吴克瑞部署“亮剑行动”工作方案。牛青山要求各街道发动社会单位、驻区单位，共建、共治、共享，通过全区共同奋斗，消除一批违法乱象，实现城市环境的明显改观。11月1日零时许，“亮剑行动”全面展开，区城管、公安、交通、消防、卫生、工商、安监、食药监以及各街道（鲁谷社区）等部门共110人组成综合执法队伍，在鲁谷两处出租大杂院中一举查扣5辆从事无照经营的农用机动车，暂扣经营工具45件、经营物品700余公斤，全程用时27分钟。本次大规模集中行动，全区统筹部署周密，方案计划完备，在前期充分取证基础上，将执法力量充分整合，设立两个指挥部、5个执法组，在同一时间统一开展执法行动，每个小组各司其职相互配合，在现场布控与文书制作、查扣与清运车辆、现场取证、突发事件应急处理上具体到人，保证执法效果，同时最大程度上降低街面执法风险，确保“亮剑行动”首战成功。石景山区作为全市唯一的城市管理体制改革试点区，积极探索一条管理与执法、综合执法与专业执法相融合的创新之路。在本次行动中，各个执法部门打破执法壁垒，基层一线力量全面整合，迈出坚实一步。在前期摸排调查阶段，执法人员深入农用机动车无照经营高发点位，通过充分全面的摄像拍照、走访周边居民等取证方法，固化违法事实证据，摸清违法人员聚集点，开展非现场执法，有效避免职责交叉、协调周期长、统筹行动慢等以往存在的问题，提高执法效率和效果。本次全区“亮剑行动”共列入176处重点部位，分“宣传告知 引导规范、集中整治 全面治理、成果固化 群防群控”三个阶段持续至年底，重点开展“十大行动”：街面秩序净化行动，破解城市环境治理难题；违法建设查处行动，消除违法建设安全隐患；经营行业规范行动，维护群众公共环境利益；视觉景观提升行动，美化群众生活出行环境；生态环境治理行动，维护群众生活环境利益；校园周边治理行动，营造安宁和谐学习环境；出租大院清理行动，要求承租人停止各类违法行为；交通秩序治理行动，营造群众安全出行环境；疏堵结合规范行动，满足群众生活消费需求；社会秩序管控行动，发动群众参与城市管理等。

（闵俊华）

【市督导组督导检查】 10月29日，市政府“稳增长、促改革、构建高精尖经济结构”第七督导组到区检查工作。会上，第七督导组组长、市政府副秘书长马林介绍本次督导工作的主要目的、内容、方式，文献就石景山区总体工作落实情况进行汇报，参加座谈的市、区有关部门就相关工作情况进行充分交流、讨论。马林对石景山区总体工作情况给予充分肯定，表示石景山区制定的“全面深度转型　高端绿色发展”战略完全符合习近平总书记视察北京重要讲话精神，完全符合市委市政府的战略部署以及石景山区的战略定位，石景山区在稳增长、调结构方面取得很好进展和成效。下一阶段，第七督导组将安排相关部门对石景山区总体工作情况进行实地考察，希望石景山区做好协调配合，第七督导组各成员单位要本着高度负责的精神，与石景山区一起做好北京市城市综合管理体制改革试点区建设工作，力争以“督”促“进”，推进相关工作更加高效、高质开展。

（闵俊华）

【西北热电中心建成投产】 11月5日，位于高井的北京西北热电中心正式建成投产。西北热电中心是全市规模最大、投资最大的热电中心，也是本市供热发电的重要源点。于2012年6月开工，历经28个月，按期完工，其主体工程和配套工程的总投资合计180亿元。新建6台35万千瓦级燃气热电机组，配套工程燃气管线16千米，热力管线10千米，电力线路106千米，220千伏变电站3座。该中心由6台35万千瓦级燃气热电机组组成，新增清洁发电能力269万千瓦，年发电量达120亿度，占本市用电量的八分之一。新增供热能力约3600万平方米，

将全面替代高井、石景山燃煤热电厂，为石景山区、海淀区和西城区沿阜石路的40万居民用户供热。建成后消减燃煤550万吨，占全市5年1300万吨压煤总任务的42%。相比现有的燃煤机组污染物排放，每年可净减少二氧化硫排放3750吨，净减少氮氧化物排放7125吨，净减少粉尘排放1125吨，氮氧化物排放控制在每立方米10毫克以内。此外，在噪音控制及效能利用方面，为北京的蓝天作出重要贡献。

（闫俊华）

【做好压减燃煤工作】 11月14日，郭金龙到区调研压减燃煤情况，要求继续做好"减煤换煤、清洁空气"相关工作，调整能源结构、防治大气污染、加强生态文明建设，持续改善空气质量。区政府按照郭金龙指示精神，积极抓好落实，做好西北热电中心项目运行投产保障工作，加快燃煤电厂关停。落实西北热电中心项目周边环境整治工作，对项目周边及配套工程安全范围内的居民实施搬离，通过征地拆迁，打通项目周边路网及市政管线走廊，为项目后期安全运行提供保障；做好燃煤电厂相关社会事务对接收尾工作，加快燃煤电厂关停。加快燃煤锅炉房清洁能源改造工程进度。巩固前期燃煤锅炉房清洁能源改造工作成果的同时，对区内剩余的20蒸吨以下燃煤锅炉房实施清洁能源改造，改造燃煤锅炉房累计29蒸吨。截至年底，所有计划改造的燃煤锅炉房已全部关停。推进平房区煤改电工程。扎实推进本年度煤改电工程计划，确保供暖季前完成改造，跟进电采暖设备后期维护，并争取进一步电价补贴政策；同时提早开展下年度煤改电工程调研，结合现有工作经验制定2015年度煤改电工程实施方案。加快推进减煤换煤工作，结合工作进展完善体制机制及实施方案，加强宣传力度，扩大减煤换煤工作认知度，并做好优质煤质量监督及全程监管工作，确保优质型煤替代工作取得实效。

（闫俊华）

【与市侨办、首钢签署合作协议】 11月17日，区政府与市政府侨办、首钢总公司共同签署《加快西部地区转型发展推进"世界侨商创新中心"建设》战略合作协议。国务院侨办主任裘援平出席签约仪式。国务院侨办副主任庄荣文，市委常委、统战部部长牛有成讲话。副市长程红主持签约仪式。夏林茂与刘春锋、靳伟签署战略合作协议；区政府和首钢总公司分别进行推介。国务院侨办相关司局与北京市有关部门领导参加签约活动。中国侨商会邀请来自11个国家和地区的44位海内外知名侨商代表出席签约活动，并考察新首钢高端产业综合服务区。"世界侨商创新中心"是市政府侨办、区政府和首钢总公司为深入贯彻京津冀协同发展国家战略，落实市委市政府"加快西部地区转型发展"工作部署，充分调动海外侨务资源服务首都经济社会发展，而共同推动的重点项目。旨在以"世界侨商创新中心"建设为引领，发挥聚焦效应，促进更多优质侨务资源聚集"新首钢高端产业综合服务区"，并积极带动辖区范围内西长安街沿线发展布局，加快北京西部地区转型发展进程。"世界侨商创新中心"的建设，将进一步推动海外有实力的华侨华人企业分享首都北京发展机遇，为北京汇集更多的国际性发展要素贡献力量，并带动更多的海外华侨华人把自身事业发展与祖（籍）国的发展联系在一起。

（闫俊华）

【与赣州市缔结友好市区】 11月25日，石景山区与江西省赣州市缔结友好市区签约仪式在南昌市滨江宾馆举行。江西省委书记强卫出席签约仪式。牛青山与省委常委、赣州市委书记史文清出席并讲话。省委常委、省委秘书长龚建华，区领导赵玉民、岳德顺等出席。赣州市委副书记、市长冷新生致欢迎辞。

（闫俊华）

【实施"单独两孩"政策】 年内，区政府落实国家"单独两孩"政策。主要采取以下措施：一是专题培训，吃透精神。召开"单独两孩"政策落实专题培训会，针对基层一线在落实政策过程中遇到的新情况、新疑惑进行分类汇总、逐一讲解，确保全区计生干部吃透精神、落实好政策。二是广泛宣传，便民利民。深入街道社区开展新政策解读、答疑巡回宣传活动，下发1万余册办理《生育服务证》《独生子女光荣册》流程知识读本。在区有线电视台制作专题访谈节目，在《石景山报》制作宣传专版，切实让"单独两孩"政策家喻户晓。三是规范审批，及时发证。严格按照相关规定，本着"即来即审"原则，对符合申报条件且资料齐全申请再生育的"单独"家庭给予及时办理。

（闫俊华）

政府日常政务

概　　述

石景山区人民政府办公室（简称区政府办）是区政府的综合协调部门和办事机构，设有综合科、秘书科（会议科）、联络科、信息科、信息公开科、机要档案科、督查室、绩效管理科、应急办9个科室。年内，围绕区委区政府中心工作，锐意进取，团结拼搏，圆满完成各项工作任务，确保全年各项工作顺利开展。

地址：石景山区石景山路18号
电话：88699600
邮编：100043
传真：88699611
办公时间：9:00－17:30
值班电话：88699600

（闫俊华）

【文稿起草】 年内，区政府办本着"吃透上情、把握下情"的服务原则，紧扣政府中心工作，改进文风，完成各类综合文稿140余篇，共计45余万字，使领导满意度和基层认同感不断提高。

（闫俊华）

【信息编报】 年内，区政府办编发《石景山政务》等刊物172期，向市政府报送信息1000余条、被采用183条，获市区领导批示51条。

（闫俊华）

【公文档案】 年内，区政府办制发各类公文355件，办理请示报告3019件，转办文件6100余件,归档文件623件,实现“无差错”目标。

(闵俊华)

【会议组织】 年内,区政府办严格审核会议材料,精简压缩会议,多次将不同部门不同业务的全区性大会合并召开,精简压缩常务会、办公会议题,全年共召开34次,研究议题122个,同比减少22.7%、15.8%。

(闵俊华)

【服务保障】 年内,区政府办转接市区各类会议658次,圆满完成郭金龙、王安顺、杜德印等市领导、市级部门负责人到区调研经济社会服务保障工作,安排区长调研活动22次,承接市电视电话会、应急视频会议共计62次。

(闵俊华)

【应急管理】 年内,区政府办圆满完成重点时段的值守应急工作,全年累计加强值守70天。有效应对马航失联、景阳市场仓库火灾、子女就学问题引发家长聚集等突发事件,及时化解各类风险隐患,协调处置210件突发事件。

(闵俊华)

【督查落实】 年内,区政府办对折子工程、重点工程等区政府重点工作倒排工期;将一揽子汇编成册,在政府全体会上统一布置,并制定督查考核暂行办法。全年督促办理市政府折子工程和为民实事45项、区折子工程92项,协调推进区十项重点工程等12项,督促落实市区领导批示事项272件,统筹协调31项市政府绩效管理考核任务。

(闵俊华)

【联络服务】 年内,区政府办协调办理市“两会”建议提案20件,办理区人大议案16件4项,人大代表建议89件、政协委员提案130件,办复率达到100%。受理各类问题19961件,其中受理市中心交办件18761件,处理居民电话1200个,办复率达到98%以上。

(闵俊华)

【信息公开】 区政府办全年办理各类信息公开咨询12962人次,其中接受现场咨询4621人次,受理电话咨询7805人次,解答网上咨询536条。全区共受理信息公开申请249件,协助区政府各委办局处办理政府信息公开申请171件。

(闵俊华)

政府法制建设

概　　述

北京市石景山区人民政府法制办公室(简称区法制办)是区政府主管法制工作的办事机构,对区政府法制工作负有指导、协调、组织和监督责任。年内,全区依法行政工作在区委、区政府的正确领导下,在区推进依法行政工作领导小组的指导下,认真贯彻落实党的十八届三中、四中全会精神,紧紧围绕区中心工作,以全面推进依法行政,加快建设法治政府为目标,认真履行政府职责,各项工作稳步推进,加强推进依法行政工作的组织领导,推进政府信息公开,探索行政执法体制创新,为促进区域经济社会发展发挥较好的法治保障作用。

地址:石景山区石景山路18号
电话:68607189
邮编:100043

(张晓云)

【开展法制宣传】 2月,区法制办制定深入学习宣传《北京市大气污染防治条例》加强环境保护工作方案,提高市民环保意识和法治意识。与驻军某部联合开展以“控制PM2.5污染建设绿色军营”为主题的环保宣传活动;开展“做讲法制守秩序的好市民”等主题宣传活动;组织开展“做讲法制守秩序的好市民”“学法律、创和谐”老年人用法自护活动,增强老年人学法、用法、守法自觉性,创造有利于老年人健康合理维权的良好环境;开展“共建文明生态,建设美丽石景山”主题宣传活动;“做讲法制守秩序的好市民”网络法律知识有奖竞答活动。在古城公园,因地制宜地增建一个“园中之园”——法律文化主题景园。开展“法治八角”和“法治老山”建设,下发实施意见,投资建设八角黄南苑法治家园和金顶街模式口西里北社区法治文化苑。截至年底,建成黄南苑法治家园。以“法律六进”为载体,加强普法重点对象宣传教育,开展流动人口专项宣传,启动少年新居民法制宣传年,向300名青少年学生颁发普法宣传员聘书,向树仁学校赠送法制图书,授予树仁学校“法律进校园示范点”称号等。

(张晓云)

【领导干部学法】 年初,区法制办制定依法行政学习培训计划,并针对领导干部依法行政培训制定专项规划,联合区委组织部、区政府办和区司法局共同落实。10月,制定行政机关领导干部学法工作意见,规范学法形式、落实工作责任。在区政府常务会会前学法时,重点突出新法学习,邀请高校专家学者、市政府法制办从事立法工作的领导讲解《北京市大气污染防治条例》《社会救助暂行办法》《北京市政府信息公开规定》《中华人民共和国安全生产法》等法律法规。相关职能部门一把手全程列席学法活动,学法结束后,区领导结合新法规定的政府职责,进行任务部署,明确责任单位,督建工作机制,确实将学法效果落到实处。以行政学院为依托,与区委组织部共同举办依法行政专题研讨班2期,处级以上领导干部90余人参加。研讨班采取专家授课、法院旁听、案例分析等方式,就“提高运用法治思维和法治方式处理问题的能力”“群体性事件的应对”“预防职务犯罪”等内容,结合区情和工作实际,进行专题研讨。

(张晓云)

【依法行政培训】 年内,成立区公务员法制宣传教育领导小组,由区司法局、区法制办和区人力社保局负责全区“六五”普法宣传教育、依法行政等相关工作,制定依法行政培训年度工作计划。强化监督和考核,将公务员法律法规培训学时记入个人培训档案,对全区51个行政机关的公务员依法行政培训工作进行考核检查,考核结果计入区政府工作目标督查考核成绩。针对依法行政各项工作中存在的薄弱环节,举办“政府信息公开工作”

“行政执法与刑事司法衔接工作”培训会；联合区司法局、区人力社保局邀请市高院行政审判庭副庭长结合具体案例，剖析行政执法中存在的主要问题；组织法制干部参加行政诉讼庭审旁听活动，通过以案说法增强其程序意识、证据意识和诉讼意识。与区委组织部共同举办2期处级干部专题培训班，采取集中在线学习方式学习十八届四中全会精神、宪法基本精神与宪法权威等依法行政理论知识，邀请市政府法制办复议处结合典型案例剖析如何运用法治思维和法治方式解决工作中的实际问题，并就当前依法行政所面临的挑战和对策进行专题研讨。

（张晓云）

【完善行政执法】 年内，区法制办加强和改善行政执法行为，通过梳理职权、明确主体，案卷评查、规范执法，动态监管、加强监督，专项治理、严格整治，认真调研，探索创新，提升基层综合执法效能。开展处罚职权清理，制定政府权力清单。根据市委全面深化改革领导小组转变政府职能改革专项小组《关于梳理行政权力事项编制行政处罚权力清单有关事宜的通知》要求，对全部具有行政处罚权的区属执法单位开展处罚权梳理工作。经梳理，区属行政处罚主体共42个，处罚权4725项。通过梳理执法职权，明确各执法部门间的职能范围，理清行政权力与社会、市场、个人权利的边界，确保政府和各执法部门在履职过程中既不“缺位”，也不“越位”。

（张晓云）

【行政处罚案卷评查】 年内，区法制办首次采取封闭集中评查与两轮评查相结合方式，查阅19个行政执法部门57本行政处罚案卷，发现执法问题79种，向各执法部门提出整改意见258条。评查期间，邀请市政府法制办执法监督指导处进行现场指导，明确执法文书制作要求，统一评查标准，规范执法程序，提高执法人员解决实际问题的能力。

（张晓云）

【规范性文件清理】 年内，区法制办开展在市场经济活动中实行地区封锁规范性文件专项清理工作。以区政府名义制发的现行有效规范性文件98件，以区政府办名义制发的现行有效规范性文件99件。经初步甄别，纳入清理范围以区政府名义制发的规范性文件29件，以区政府办名义制发的规范性文件6件，涉及区发改委、区科委、区金融办、区商务委、区经信委、区旅游委、区投促局、工商分局、区地税局、国土分局10个部门，废止规范性文件4件，规范性文件中不存在涉及地区封锁的规范性文件，清理结果报送市政府。

（张晓云）

7月14～18日，开展案卷集中评查 （区法制办供稿）

【规范行政复议】 年内，区法制办建立完善行政复议案前和解制度，规范行政复议案前和解的流程和调解方式。修订区政府法律顾问制度，明确法律顾问聘任方式和条件，完善法律顾问共享规则，深化专家、律师等外部力量参与案件审理的途径。下发进一步贯彻落实北京市行政复议意见书、行政复议建议书制度规定的通知，明确意见书和建议书的适用范围、办理时限和答复要求，推进复议规范化建设。年内共接待行政复议申请71人次，案前和解25件，受理行政复议申请46件，截至年底，审结41件，其中驳回4件、撤销1件、终止14件、维持20件、不予受理2件。

（张晓云）

【重视行政应诉】 年内，各行政机关主要负责人出庭应诉4件，区政府及所属部门行政诉讼案件出庭应诉率达到100%。区政府制发《区政府行政诉讼应诉制度》，明确行政机关出庭应诉规范，强化领导干部出庭应诉要求。

（张晓云）

【加强行政调解】 年内，区法制办在行政管理中增加“约谈”程序。按规定的时间进行谈话、调解，宣传相关法律、法规及政策，解决行政纠纷，减少诉讼、复议数量。开展勘验调查。对于争议较大的违法建设拆除、交通事故损害争议，深入现场开展调查，找出矛盾焦点，在了解事实及各方当事人意愿前提下，有针对性开展调解工作。加强部门间协作配合。对于环境、土地、食品卫生等矛盾争议，牵涉部门较多，区法制办作为行政调解工作领导小组办公室，发挥协调作用，紧密依靠有关职能部门和街道力量，联合执法，现场调解，解决国有土地违法占地、公共道路违法建房、工地扬尘、道路遗撒、餐饮业油烟噪声等违法行为，降低重复访和群体访的发生。

（张晓云）

【行政文件管理】 区法制办全年完成规范性文件合法性审查33件，出具合法性审查意见20件，为制定中小企业投资引导基金政策、招商引资政策提供重要的法律意见。所有以区政府名

6月10日，第六届民族健身操舞大赛　　（区民宗侨办供稿）

义制发的规范性文件均按规定报市政府备案，报备率、及时率、规范率实现100%。借助专家学者专业法律优势，提高文审质量，审查区政府及相关部门签订合同12件，主要包括《中国保险信息技术管理有限责任公司战略合作框架协议》《融科汇智创业投资公司战略合作框架协议》《广博投资控股有限公司合作协议书》《中国新兴建设开发总公司施工合同》《北京日日豪工程建设监理有限责任公司监理合同》等，总标的额过亿元。办理法规规章征求意见稿9件，涉及残疾人保障、中关村自主创新示范区、行政问责、价格监测、自然科学基金、工伤保险、森林防火、审计制度等多个方面。累计向28家单位征求意见49次，收集意见54条，经整理后按时向市政府报送。

（张晓云）

民族·宗教·侨务

概　　述

北京市石景山区人民政府民族宗教侨务办公室（简称区民宗侨办）是区政府主管民族宗教侨务工作的职能部门，行政编制7人，实际在岗人数7人。截至年底，全区有46个民族，少数民族人口21070人，街道属民族幼儿园1所，民族团结教育试点校1所，民族养老院1所。有伊斯兰教、基督教、天主教、佛教4种宗教，信教公民约2万余人，其中天主教信徒2000余人，基督教信徒3000余人，全民族信仰伊斯兰教的回族、维吾尔族群众6000余人，进寺礼拜400余人，佛教信徒9000余人。辖区内有宗教活动场所6处，即八大处北京灵光寺、八大处北京大悲寺、北京双泉寺、模式口南里石景山清真寺、老山地区天主教弥撒点和古城地区基督教聚会点。区属归侨12人，侨眷68人，全国社区侨务工作明星社区1个，北京市社区侨务工作示范单位1个。年内，区民宗侨办继续牢固树立“保护、管理、引导、服务”的宗教工作理念，坚持为侨服务，按照全面深度转型、高端绿色发展的战略思路，努力维护民族团结、宗教和睦、侨心凝聚的良好局面。

地址：石景山区石景山路18号
电话：88699260
邮编：100043

（路　卿）

【公益慈善】　1月16日，区民宗侨办在老山街道社区服务中心举行“我们和你在一起”爱心帮扶活动。连续七年与区佛教协会联合举办，帮助生活困难的少数民族、归侨侨眷和特困家庭。本次活动为辖区内80户特困家庭发放慰问品和慰问金。9月7日，在西山八大处举行区佛教界第六届“慈悲情怀 利乐众生”中秋慈善活动。自区佛教协会成立以来，募集善款超过百万元，向需要帮助的人伸出援手，多方资助贫困学生、孤寡老人和残障困难家庭。

（路　卿）

【宗教节日】　5月6日（农历四月初八）是佛教的浴佛节，区佛教协会在灵光寺、大悲寺和双泉寺分别举行宗教活动，2万多名信徒云集寺内，参加浴佛仪式。7月29日是穆斯林的传统节日“开斋节”，石景山清真寺举行开斋节庆典活动，1100余名穆斯林参加。10月5日是伊斯兰教的古尔邦节，有500余名各族穆斯林群众参加本次活动，其中维吾尔族群众近300人。12月24日平安夜，天主教老山弥撒点和基督教古城聚会点分别举行宗教庆祝活动，600余名天主教信徒和400余名基督教信徒分别参加活动。同月25日圣诞节，天主教老山弥撒点举行“天明弥撒”，200余名天主教信徒参加；基督教古城聚会点组织文艺表演，250余名基督教信徒参加。区委统战部、区民宗侨办、公安分局国保支队、消防支队、交通支队、相关派出所、属地街道和城管分队均派人在活动现场值守，各宗教活动场所秩序良好，平稳有序，未发生意外事故。

（路　卿）

【民族文体活动】　6月10日，在苹果园中学举行区第六届民族健身操舞大赛。来自全区街道系统、教育系统、机关系统的26支队伍600余名健身操舞爱好者参赛。北京九中新疆班舞蹈队《西域欢歌》和区文化馆金枫舞蹈队《八郎仔》获并列一等奖。市民委副主任牛颂、市民族文化交流中心副主任王薇，区相关领导出席活动并为获奖队伍颁奖。大赛已连续举办6年，以其特有的民族特色、较高的观赏性赢得群众喜爱，成为地区优秀群众文化活动品牌，其规模覆盖到街道、机关、学校、部队。8月19～24日，选派266名运动员参加市第九届民族传统体育运动会，在所参加的13个竞赛项目和4个表演项目中，获一等奖4项，二等奖16项，三等奖28项，被大赛组委会授予“优秀组织奖”及“体育道德风尚奖”。

（路　卿）

【活动场所检查】 9月22日，区民宗侨办对宗教活动场所进行国庆节前专项检查。对场所安全工作提出明确要求：开展自查自纠，高度重视消防安全，保证用火用电安全；严格执行安全管理制度，加强安保队伍建设，完善相关应急预案；做好国庆期间应急值守工作，遇重要宗教活动加大安全巡视力度，确保国庆期间宗教活动场所安全。同日，区民宗侨办对部分清真网点的生产加工情况、清真食品进货渠道和生产加工人员进行检查，检查中未发现违反清真食品生产加工规范的情况。

（路 卿）

【宗教领域稳定】 10月20日，区民宗侨办联合区委统战部召开专题会议，传达学习市相关会议和文件精神，制定多项具体措施，确保在十八届四中全会和APEC会议期间民族宗教领域和谐稳定。一是注重宣传引导，营造良好舆论氛围；二是注重制度保障，强化安全防范措施；三是注重部门协作，全力排查整治隐患；四是注重责任落实，畅通信息反馈渠道。11月28日，在石景山万达广场举办"学习贯彻中央民族工作会议精神"主题宣传活动。活动现场为18名民族政策监督员发放聘书，向与会群众发放2000余份宣传物品。

（路 卿）

行政服务

概 述

北京市石景山区行政服务中心（简称中心）是政府统一、集中、联合办理行政许可和行政审批事项工作的组织、协调、指导、监督机构。内设办公室，协调管理科；下设服务保障部为全额拨款科级事业单位。年内，行政服务中心以党的群众路线教育实践活动为动力，落实折子工程要求，优化政务服务方式，推动行政审批工作在行为规范、运转协调、廉洁高效的轨道上运行。本年度共22家具有行政审批职能的政府部门60人进驻办事大厅，进厅行政事项295项，其中即时办理29项，限时办理266项；行政许可类事项209项，审批类事项64项，服务类事项22项。驻厅单位全年接待办理行政审批服务事项167878人次，办理咨询事项95051件，受理行政许可服务申请72827件，审定行政许可服务事项72827件，送达行政许可服务决定72814件，行政收费1397008元，接受感谢信8封，接受锦旗6面，有效行政投诉率为0；群众参与满意度测评满意率100%。

地址：石景山区八角西街16号
电话：68862780
邮编：100043

（段 娜）

【重点企业服务】 年内，中心按照"保障一般，优待重点"原则及重点项目服务规则，采取重大项目联合办理和绿色通道做法，为畅游时空软件有限公司、暴风科技股份有限公司、完美时空游戏软件有限公司、趣游科技有限公司、沃尔玛等330家重点企业，办理1123项行政许可审批业务。其中：区住建委窗口40项次，区文化委窗口7项次，区人力社保局窗口780项次，区市政市容委窗口10项次，区质监局窗口140项次，公安分局窗口136项次，区环保局10项次。

（段 娜）

【街道居民事务大厅】 年内，中心贯彻街道居民事务大厅建设规范。年初组织召开街道居民事务大厅工作规范化建设部署会，年中听取各街道大厅群众路线教育和治理"庸懒散"活动中发现问题及整改情况汇报。采取街道居民事务大厅办事目录表综合分析、查询法规资料、咨询相关主管部门等途径，编纂街道居民事务大厅办事目录范本。年底对各街道大厅年度规范化建设工作分析，整理经验。

（段 娜）

【压缩审批时限】 年内，中心通过逐一对全部驻厅事项操作规程进行核定，根据实际情况，压缩审批时限。区商务委外商投资企业新设、变更、备案等审批事项由法定的30个工作日压缩到9个工作日和对外贸易经营者备案由法定的4个工作日缩短为即时办理；消防支队建设工程消防设计审核、备案、验收及验收备案由法定的96个工作日压缩到36个工作日，公众聚集场所投入使用、营业前安全检查由法定的10个工作日压缩到5个工作日，300平方米（含）以下的公众聚集场所投入使用营业前安全检查由法定的5个工作日压缩到3个工作日；区食药监局药品批发企业GSP认证由法定的65个工作日压缩到63个工作日，《医疗机构制剂许可证》换证（初审）由法定的90个工作日压缩到85个工作日，药品经营企业从事第二类精神药品批发业务的批准由法定的40个工作日压缩到36个工作日，蛋白同化制剂、肽类激素批发企业设立审批由法定的20个工作日压缩到18个工作日。

（段 娜）

【精简审批环节】 年内，区质监局优化组织机构代码办理程序，简化组织机构代码证书年度验证制度，实行组织机构代码信息验证替代代码证书年度验证，办事单位无需到组织机构代码行政服务窗口申请办理代码证书年度验证手续，代码证书不再加贴年度验证标签。

（段 娜）

【优化服务方式】 年内，区民政局窗口使用电话提醒及QQ传送材料方式，通过远程审核无误后，再通知申办人打印、签字、盖章，提高办事效率；区食药监局针对药品批发、医疗器械生产等大型企业，提供预约受理服务，企业提前通过电话或邮件进行预约，在预约时告之所需材料，减少申办人扎堆排队时间；区质监局重新设计填写样表，增加本区全部邮政编码信息，并将每月到期未换证单位名单通过网站对外发布，提示代码证到期单位及时换证。

（段 娜）

【政府信息公开】 年内，中心修订《政府信息公开目录》和《政府信息公开指南》。通过政府信息公开专栏主动公开政府信息18条，全文电子化率达100%；接收全区25个委、办、局及街道办事处提供的主动公开文件及国务院公报、政府公报共 1026 份，整理成册，供办事人员查阅。

（段　娜）

【完善制度建设】　年内，中心对现行内务类工作制度进行全面梳理，新制定制度 13 项，修订 12 项，编纂中心内务制度汇编。对涉权事项工作制度进行新一轮补充完善，形成行政服务中心涉权事项工作手册。

（段　娜）

【管理系统升级】　年内，中心将对外网站和内部管理系统升级改造纳入区电子政务监管系统。新版系统升级改造后可通过首页、工作规范、业务数据、组织建设 4 个板块 17 个栏目，实现行政审批工作权力清单、操作规范、组织协调、办理状况信息的收集、公示和监控。工作规范、组织建设两个板块和业务数据模块中办事结果栏与中心网站信息对接，提高行政审批信息内外一致的透明度。规范模块的各栏目可直接跳转，提高查询的便捷性。各项审批工作环节工作状况，通过业务数据业务登记栏即时接受申办人满意度测评。

（段　娜）

信　访

概　述

中共北京市石景山区委、石景山区人民政府信访办公室（简称区信访办）是区委、区政府负责组织协调信访工作、处理信访问题、人民内部矛盾纠纷排查调处和人民意见征集的职能部门。内设机构 5 个：综合办公室、来信办理科、来访接待科、督查督办科及监察科。人员编制为 15 名，实有人数 14 人，其中主任 1 名，副主任 2 名；科级领导职数 5 正 1 副。年内，区信访办共受理群众信访 2707 件 22702 人次，同比件次下降 34%，人次下降 2%。其中，受理群众来信 1036 件 5288 人次；接待群众来访 1671 批 17414 人次（集体访 443 批 15735 人次）。区级领导阅批信访 405 件，占信访总量的 15%。全区信访形势总体平稳可控，信访总量呈现逐月稳中下降态势。区级领导 12 人 45 人次到信访办接待上访群众 113 批 2972 人次；阅批群众来信 292 件次，加大群众来信来访区级领导批示件督查督办工作力度。区信访办通过窗口接待、召开协调会（39 次）、约访（92 次）、下访（22 次）、集体会商（23 次）等形式，化解矛盾 2270 件。通过人民调解组织调解矛盾纠纷 5243 件，调解成功 4959 件，成功率 95%。区信访办被市联席办、市信访办评为年度“信访工作考核优秀单位”。

地址：石景山区石景山路 18 号
电话：68607139
邮编：100043

（戈　奇）

【开展信访代理制】　年初，区委区政府主要领导调整分工，牛青山、夏林茂分管信访工作，在全市率先建立“一把手”直接分管信访工作的领导体制。区信访办起草《关于深入开展信访代理制工作的意见》，经区委十一届第 68 次常委会审议通过，以区委区政府名义印发全区贯彻执行。4 月 28 日，在区政府北楼 102 会议室召开信访工作会暨信访代理制工作培训会，市政府副秘书长、市信访办主任薄钢参加会议。吴克瑞作大会工作报告。夏林茂宣读区委区政府《关于深入开展信访代理制工作的意见》。牛青山从深刻认识做好当前信访工作的重要意义、深入推进信访工作的制度改革、强化对信访工作的组织领导 3 个方面，对深入开展信访代理工作提出具体而明确的工作要求。他强调，信访代理制源于石景山区，要在原有工作基础上把这项工作贯彻落实得更好。信访代理是红色基因精神中应有的内容，党政主要领导要亲自抓信访工作，把信访工作建设成为“一把手”工程，把信访代理制工作的成效作为衡量和评价各级党政干部官德人品的主要标准之一，坚决落实信访代理制工作“一票否决”制度。大会举行授牌仪式，国土分局、区城管执法监察局、八角街道、苹果园街道、八宝山街道四季园社区、古城街道南路西社区代表接受信访代理室和信访代理站授牌。会后，原崇文区信访办主任王新民结合典型案例进行信访代理制工作培训。全区各单位党政正职、分管领导、信访干部和社区居委会负责人 300 余人参加会议。年内，区联席会议办公室出台信访代理工作考核暂行办法。区信访办制发信访代理工作手册，出版《信访代理宣传手册》《信访代理》（信访代理工作经验做法及典型案例）两本书籍。在各街道（鲁谷社区）、主要委办局统一设立信访代理室，配备信访代理员，处级领导每周一次到信访代理室接待来访群众；社区居委会设立信访代理站，第一时间处理群众反映的问题。区信访联席会议 27 家成员单位共代理群众诉

6 月 19 日，调研信访条例落实情况　　（区信访办供稿）

求1653件,办结1603件,办结率97%;群众满意率93%。区信访办发放指定代理单104件,办结102件,到期办结率98%。

(戈　奇)

【经验交流】 5月6日,河南省政府副秘书长、省信访局局长、党组书记蒋美兰率信访工作考察团一行12人,到区考察交流信访代理制工作开展情况。市信访办主任薄钢参加座谈,吴克瑞主持会议。蒋美兰介绍河南省信访形势和工作情况。区信访办通报全区信访工作和信访代理制开展情况。本区在开展信访代理制工作过程中进行创新:基层党组织代理群众诉求,强化基层党组织作用,夯实基层基础;把信访评估、矛盾纠纷排查等工作中发现的问题纳入到信访代理范围,从源头上预防和化解矛盾;在实施信访代理过程中,逐级进行代理,切实落实责任。由区领导或信访部门指定信访诉求代理单位,明确责任归属;把信访代理工作成效作为衡量和评价领导班子、领导干部工作业绩、官德人品的主要标准之一,有力保障信访代理制实施。

(戈　奇)

【领导调研】 6月19日,国务院副秘书长、国家信访局局长舒晓琴率国务院《信访条例》执法检查组到区检查指导工作。舒晓琴认为,党政"一把手"亲自主管信访工作的做法非常好;深入开展信访代理制工作推进"事要解决"的做法非常好;把信访工作纳入党政干部工作绩效和官德人品考核的做法非常好。区委区政府、街道和社区三级深入开展信访代理制工作,工作规范、水平高,可以做成品牌推到北京市乃至全国。

(戈　奇)

【市委巡视对接】 市委巡视组自10月22日进驻石景山区开展工作,到12月19日结束。期间交办群众来信4批47件次,区信访维稳工作组接待群众来访10批95人次,区信访办召开协调会26次,集体会商12次、约访14次,信访对接工作得到上级好评。

(戈　奇)

【排查调处】 年内,区信访办落实四级网络排查机制,加强对重点时段、重点群体、重点地区和重点问题的排查,对排查出的重点矛盾纠纷,按照"责任不落实不放过,工作不到位不放过,隐患不排除不放过"的原则,建立工作台账,逐一分析研究,明确化解责任,落实领导包案,明确化解时限和工作进度。全年区级层面共进行9次矛盾纠纷排查工作,排查出各类矛盾纠纷116件,已化解104件,化解率90%。

(戈　奇)

【复查复核】 年内,受理复查复核案件9件,其中撤销、变更原答复意见或要求办理机关重新答复的共2件,占总受理量的22%;维持办理机关答复意见的共7件;经复查机关协调处理,主动申请撤回的信访复查申请3件。到市信访办申请复核的案件4件,全部予以维持。受理的复查案件主要集中在拆迁补偿、小区物业服务与管理、子女入学问题、集体经济组织成员资格问题、社会保障人员养老退休待遇等方面。

(戈　奇)

【宣传培训】 年内,区信访办对全区各街道(鲁谷社区)、委办局党政主要领导、主管领导和信访干部及社区居委会干部进行10期专题培训,1200余人次参加培训。牵头为区联席会议各成员单位、社区居委会的信访代理室、信访代理站和"六个之家"宣传牌进行统一设计、制作和安装,共计365块。对信访接待场所宣传方案进行设计,设立信访代理宣传长廊、更换增添宣传展板、制作信访代理联系卡。各街道(鲁谷社区)结合各自的特点,制作宣传手册、折页等宣传材料,方便群众了解代理过程、反映问题。开展"走进一个社区、联系一名群众、代理一个信访诉求、解决一个难题、留下一张名片"的服务活动。集中力量打好信访积案攻坚战,对信访积案逐一明确指定代理,明确主责单位、协办单位、化解方案和化解时限,把信访代理工作有效做法、成功经验制度化,把信访代理工作引向深入。组织召开5次专题座谈会,了解各单位落实信访代理工作的基本情况,提高信访代理工作指导的针对性、有效性,围绕落实信访代理工作的具体做法、典型经验和存在的主要问题等座谈交流。

(戈　奇)

档　　案

概　　述

北京市石景山区档案局、档案馆(简称区档案局馆),是区委区政府负责档案工作的主管部门,与区地方志办公室合署办公。年内,区档案局馆围绕档案"服务大局、服务社会、服务民生"的宗旨,认真开展党的群众路线教育实践活动,以强化基础工作、打造文化和档案服务品牌为抓手,扎实推进档案资源、服务、安全三大体系建设,进一步增强大局意识和担当精神,主动将档案融入地区"八个高端体系"发展战略,严格落实"一岗三责",以从严治党的要求抓好队伍建设和业务工作,以争创一流的标准推进档案工作开展。进一步树立和增强法治思维,在实际工作中严格落实"法无授权不可为"的原则,严格依法依规办事,规范档案业务指导和行政执法行为。进一步强化为民服务,通过延伸涉民档案收集范围、优先开展民生档案数字化工作、编制民生档案服务指南等多种途径积极开展便民利民服务,发挥档案在保障民生方面的积极作用。完成2011~2014年56项重点工程进度和档案收集情况统计。全年区档案馆接待档案利用者1859人次,提供档案1966卷次,出具证明1548份,复印档案7029页。接收政府公开信息文本565件,接待利用者12人次,查阅文件13份。

地址:石景山区杨庄东路69号
电话:68833005
邮编:100043

(刘爱君)

【档案进社区巡讲】 5~8月,区档案局馆围绕档案知识、民生档案服务、档案利用方法和手续等贴近百姓实际需求的内容,利用"兰台大课堂"开展档案法制社区巡讲活动,并通过咨询答疑、现场互动等形式提高宣传的趣味性和有效性。活动历时4个月,串联9站,覆盖全区9个街道(鲁谷社区),累计培训居民800余人。

(刘爱君)

【"档案馆日"活动】 6月9日,以"走进档案"为主题的区第六届"档案馆日"活动在区档案馆举行。活动推出"档案走进百姓家"《故宫内阁大库档案探秘》档案文化知识讲座、《传承"非遗"成果 繁荣档案文化》展览、"我与档案零距离"系列互动体验、邀请居民参观档案库房、体验档案查询服务和档案捐赠等十余个版块。同时在国际雕塑园、石景山游乐园、八大处公园、古城公园设立分会场,以"档案就在你身边"为主题推出民生档案展览,五地同步开展档案服务体验和档案文化宣传,并通过档案局网站、"石景山档案"官方微博、QQ等新媒体,第一时间传播活动现场的精彩瞬间,活动得到4000余名社会各界观众参与和好评。区检察院配合"档案馆日"宣传活动,举行档案法治宣传图片展览,提高检察干警对日常归档行为的认知与重视,增强档案保护意识。

(刘爱君 马晓霞)

【执法检查】 7月,区档案局馆在全区各立档单位自查基础上,对区住建委、疾控中心等12家重点单位的档案管理情况进行抽查,对存在问题单位,提出限期改正时间,并进行复查。11月,首次采取分组互查形式,对全区25家立档单位进行综合执法检查,重点检查各单位重大活动档案、重点工程档案、城市面貌记录档案等情况,均达到两年检查率100%。

(刘爱君)

【机关测评】 年内,区档案局馆提升基层立档单位档案规范化管理水平,开展机关档案测评工作。对4家申报测评单位进行专题部署,制定测评计划,定期进行一对一、手把手培训指导。全年累计分层分类培训基层档案人员500余人次,一对一指导服务60余人次。

(刘爱君)

【档案接收】 年内,区档案局馆强化档案接收,严格执行培训、指导、鉴定等工作程序。通过动员部署、专题培训和上门指导等形式,完成区属20个立档单位2002~2004年形成的文书、声像、实物、会计等门类、载体档案接收任务,鉴定文书档案17582卷(件),剔除2452卷(件),累计接收进馆档案22974卷(件),馆藏档案结构得到优化。

(刘爱君)

【档案征集】 年内,区档案局馆制定"口述历史"档案资料征集三年规划,与区相关部门及通晓本区文史方志的老同志建立起联系和工作网络,并在馆藏档案中查找"口述历史"相关资料,协助老同志撰写口述历史稿件,使口述档案征集工作很快走向正规化、系统化和常态化。先后完成"石景山办事处""北京九中校史""石景山区教育发展简况"等口述历史资料征集工作。加强"非遗"项目档案征集,将秉心圣会、永定河传说等"非遗"项目视频光盘7张约9小时、照片500余张及《张氏查拳大师——张其维》一书手稿和书籍征集进馆。同时开展馆际交流,将市档案馆100余件、1000余页有关石景山钢铁厂、石景山办事处、石景山发电厂等方面的档案资料复制进馆,充实馆藏资源。主动拍摄记录,全年牵头组织5次集中拍摄,完成39项拍摄任务,分类整理照片2211张,并梳理零散照片11364张,整理西黄村影像资料9段约10分钟,真实完整地记录地区历史变迁和社会经济的发展变化。

(刘爱君)

【信息化建设】 年内,区档案局馆利用网站、微博等新媒体资源开展档案信息宣传,主动融入区政府官方微博群,参与每天转发"党建声音"话题微博活动。完成21000余卷(件)档案扫描工作,生成目录近38000条,扫描28万余页。对第二批284万余页馆藏重要档案信息数据完成异地备份。

(刘爱君)

【重点工程档案管理】 年内,区档案局馆确保全区重点工程档案的完整、准确、系统与安全,发挥工程档案资料服务"八个高端"建设的作用。对全区2011~2014年56项重点工程档案管理情况进行调查摸底,其中属于市属或社会投资项目的22项,已竣工项目档案收集整理完毕的共4项;与区发改委、区住建委等部门沟通联系,指导八大处、区老旧办、区教委等报送4个项目的重大投资项目档案登记表;对老旧小区改造工程、莲石湖工程等进行现场指导,截至年底,莲石湖改造工程档案300余盒全部整理完毕移交区市政市容委档案室。

(刘爱君)

【民生档案利用】 年内,区档案局馆推出"三举措",做好民生档案工作,解决服务群众"最后一公里"问题。加强信息公开,增加开放档案通告的宣传渠道,提高社会公众档案意识;探索馆藏民生档案数字化副本电子文件的开放工作,提高馆藏民生档案开放程度;针对利用者需求,做好民生档案编研工作。提高民生档案利用率,给公众提供更加便捷的查询服务。增加民生档案进馆数量,制作全区民生档案便民服务指南,实现民生档案的计算机检索,方便群众利用民生档案;在保证档案信息安全情况下,尽量简化手续,让查档群众少跑腿、不跑腿。进一步强化档案服务利用窗口建设。取消查档利用收费,编制民生档案便民服务指南。开展服务承诺活动,熟练业务工作,提高档案查准率和查全率;推行午间查档制度、双休日预约查档等制度;制作"文明用语,微笑服务"提示卡,设立便民服务角,为利用者提供亲情化服务。并坚持开设"绿色窗口",优先为弱势群体提供档案利用服务。民生档案利用数量占全年利用总量的70%,提供证明同比增长近45%。民生档案利用以婚姻档案、土地规划许可证档案为主,主要用于房屋买卖、遗嘱公证与财产继承等涉及大笔财产的转移、继承等事项,为百姓解决切身利益问题提供有力支持和凭证。

(刘爱君)

【传播档案文化】 年内,《石景山区"档案馆日"活动集粹(2009~2013)》画册编印出版。画册收录照片180余张，以图文并茂的形式，记录、展示历届“档案馆日”的活动特色和精彩瞬间。制作民生档案便民服务指南宣传彩页8000张、档案工作实用手册500册，丰富宣传手段，服务档案利用。举办《北京市城乡变迁图片展》，在全区各街道（社区）巡回展出，参观人数达2700余人。国庆节期间，反映石景山变迁的图片在北京电视台播出。为配合邓小平同志诞辰110周年，在局馆网站举办《邓小平与石景山》展览。

（刘爱君）

【重要数据异地备份】 年内，区档案局馆完成第二批重要档案数据异地备份工作。贯彻落实国家档案局“实施重要档案异地备份制度”的要求，为档案数据安全系上“双保险”。在市档案馆统一部署下，区档案局对馆藏重要档案信息数据进行第二批导出备份。此次备份存储方式依旧采用移动硬盘存储，数据共有2TB，内容包括全部档案电子目录数据、馆藏文书档案、婚姻档案、知情档案等，全文扫描文件284万多页，相比较第一批1.5TB的数据，新增加2012、2013年两年的档案电子目录及扫描文件档案。备份数据一式两份，按要求移送至市档案局，交由市档案馆留存一份，存往外省容灾备份中心一份，以有效应对各种突发事件和重大自然灾害的发生。

（刘爱君）

地方志

概　　述

北京市石景山区地方志办公室（简称区志办）为区政府直属全额拨款参照公务员管理事业单位，与区档案局馆合署办公。年内，区志办认真贯彻落实党的十八大精神，以习近平总书记提出的“高度重视修史修志”“把历史智慧告诉人们”为第一要务，以地区“全面深化转型　高端绿色发展”的总体战略为中心，积极开展地方志编修和年鉴编纂，为弘扬优秀传统文化，彰显区域历史文化风采，服务地区文化繁荣发展发挥重要作用。二轮修志工作稳步推进，基本完成初审后续修改任务；《北京石景山年鉴》（2014卷）如期出版发行，《北京石景山年鉴》（2013卷）在市年鉴综合质量评比中获一等奖。

地址：石景山区八角西街27号
电话：68880579
邮编：100043

（杜京珊）

【2014鉴出版发行】 《北京石景山年鉴》（2014卷）编纂工作按照年初计划有序推进，历经9个月，完成最终修订、印制，由中华书局出版发行。全书共设栏目31个，分目133个，次分目188个，条目1975个，彩页60幅，图片167张，图表13个，总计129万字。自2月征集资料始，陆续收到全区156家供稿单位共80万余字的初稿（为全书条目体部分）、74家供稿单位报送照片581张，区委宣传部《石景山报》提供照片4000余张。同时，有针对性地收集地区摄影爱好者照片100余张。自4月初开始分纂、总纂，形成90余万字的征求意见稿，其中条目体部分为70余万字。7月，向各供稿单位征求意见，共收到条目、语句、语法、标点等反馈意见数千条。8月完成送审稿，交付中华书局审阅；10月定稿，交付印刷。年鉴编辑部在采取软件校对和人工校对程序基础上，增加校对次数至5次。12月24日，向全区各单位发放1500本。区志办吸收群众路线教育实践活动时征求到的意见，增印500册，区人大代表和区政协委员人手一册。同时，增加年鉴交流范围，与全国30余家优秀、特色年鉴建立联系，并达到全市16区县全覆盖。该年鉴被市地方志办公室推荐参加全国方志系统第三届年鉴质量评比。

（杜京珊）

【2013鉴获市级奖】 10月16日，首届北京市年鉴综合质量评比颁奖会在北京市方志馆一层多功能厅召开，《北京石景山年鉴》（2013卷）在本次评比中荣获一等奖。本次年鉴综合质量评比活动由北京市地方志编纂委员会办公室和北京地方志学会年鉴工作委员会主办，自3月启动，经参评单位申报、自查、自评、评委初评、复审、审定等评比工作程序，于9月确定各项评审结果。

（杜京珊）

【年鉴业务交流】 10月21日，受市志办邀请，区志办在区县年鉴业务经验交流会上介绍编鉴经验。围绕近年来的创新思路，系统详细介绍《北京石景山年鉴》升级改版的具体做法。来自13个区县志办年鉴工作主管领导、编辑及市地方志办年鉴指导处、北京年鉴社工作人员共31人参加。与会人员结合年鉴工作交流各自体会及提高年鉴质量的设想，并就年鉴编纂工作中遇到的共性和个性问题展开讨论。

12月12日，东城区志办到区交流年鉴改版　　（区志办供稿）

12月12日,《北京东城年鉴》编辑部一行9人到区进行年鉴改版交流学习。区志办介绍《北京石景山年鉴》创刊以来的基本情况、改版前期调研及具体改版计划,就改版的主要做法、改版中遇到的问题作详细说明。

（杜京珊）

【修改志书初稿】 区志办在上年志稿汇总初审意见的基础上,编辑部举一反三,完善修改志稿。修改按照面、线、点的编纂顺序,从优化篇目框架,到各章、节、目内容调整,再到资料删繁补要、精简文字量。统稿则采取自下而上归拢捋顺,在微观记述重点,补充统计资料,查找交叉重复内容,章节题目重组,对应志体修改大事记等环节层层推进,共修改志稿内容近4000余处。其中,修改专家意见608条,基层单位意见126条,区内老领导意见16条,自行查找修改内容3000多条。修改中,基本推倒重来篇目2编,进行“大手术”篇目6编,增写篇目1编,升格至编的篇目2编。篇目由31编调整为34编。志稿文字从150万字,压减至85万字。比例由政治占37%、经济占24%、政法文化占23%、社会综合占12%,调整为政治占25%、经济占30%、政法文化占25%、社会综合占16%的合理比例。

（杜京珊）

集体经济

概　述

北京市石景山区集体经济办公室(简称区集体经济办)负责统筹协调本区集体经济发展的区政府工作部门。区集体经济系统共有13个单位(1个农工商总公司和12个下属农工商公司)。集体经济组织大部分保持经济发展、社会稳定、集体资产保值、增值的良性循环。年内,认真贯彻落实市、区工作部署,以壮大集体经济发展实力为根本,努力推进集体经济产权制度改革。重点扶持符合区域功能定位的龙头企业,如特色种植型、便民惠民型等企业,带动涉农经济快速发展,有效缓解农转居就业压力。积极扶持节能减排、绿色环保型涉农项目的建设发展,形成“以企业、社会投入为主,财政投入为辅”的涉农资金投资良好格局。推行信访代理机制,积极做好信访维稳工作,着力改善和提高农转居人员生活水平,推动集体经济系统各项事业取得新进步。全系统总收入完成102997.9万元,同比增长10.7%;全年实现增加值50281.5万元,同比增长10.3%;利润总额5113.8万元,与上年基本持平;全年应上交税金7843.2万元,同比增长8.7%。中共北京市石景山区委农村工作委员会(简称区委农工委)是负责全区农村系统党的建设、思想政治工作和干部管理工作的区委派出机构,与区集体经济办合署办公。内设党委办公室、组宣部、群团工作部(含武装部)、纪检监察机构。整建制一次性农转居后,为维护和保持农转居地区的社会稳定,区集体经济系统管理体制依然保留,农转居地区党的建设仍由农工委负责。截至年底,全系统有党总支13个、党支部46个,党员491人。年内,加强党组织建设和党员教育管理,全面加强领导班子和干部队伍建设,加强后备干部考核工作。在全系统内深入开展党的群众路线教育实践活动。认真落实党风廉政建设责任制和廉政风险点的防控,大力加强理论学习,进一步理清工作思路、明确发展方向,关心群众利益,提高政务能力,保持农转居地区稳定。

地址:石景山区杨庄西口

电话:68861910

邮编:100043

（高艳春）

【再生资源治理】 年内,区集体经济办采取有力措施,开展再生资源专项治理工作。结合集体经济系统实际,选择衙门口和向阳农工商公司作为试点单位,对上账回收市场进行集中整治。各集体经济组织按计划于11月底完成自行清理整治。集体经济办督促土地权属企业解除租赁合同,清理场地,并对前期上报数据再次核实,杜绝虚假信息。对各集体经济组织再生资源回收市场加大检查力度,随时掌握清理整治进程,及时发现问题,协调相关部门解决引发的各种矛盾。将再生资源专项治理工作纳入全系统的年终考核,并对专项治理工作进行细化,确定目标和任务,建立奖惩机制。

（高艳春）

【产权制度改革】 年内,农工商总公司产权制度改革面临家底薄,人员多、情况复杂等诸多实际困难,同时还面临着企业职工高涨的要求尽快进行资产处置的迫切愿望。在前期对总公司人员、资产进行初步摸底调查的基础上,上半年将《关于启动农工商总公司产权制度改革基准日的报告》上报区

9月18日,执法检查　（区集体经济办供稿）

政府，并获同意。自第四季度起，开展学习、调研、基本情况摸底核实、专家论证座谈等相关的准备工作，制定《农工商总公司产权制度改革前期工作实施方案》，12月4日，召开改制工作成员单位领导小组第一次会议，正式启动总公司产权制度改革。截至年底，已完成除八大处农工商公司和区农工商总公司以外的11各村级集体的改制工作。改制后的集体经济组织大部分保持经济发展、社会稳定、集体资产保值、增值的良性循环，但是个别改制后的集体经济组织在发展上存在着较大的困难，特别是衙门口村，在组织上和经济发展上都存在较大问题。截至上年底，改制村集体基本情况如下：

指标名称	数量	单位
1、累计完成产权制度改革的村数	11	个
其中：工商登记的村数	11	个
2、当年实现现金分红的村数	6	个
3、量化资产总额	96324	万元
4、股东总数	8777	人
其中：①集体股东	10	人
②社员个人股东	8767	人
5、股本总额	96302	万元
其中：①集体股东股本	7861	万元
②社员个人股东股本	88441	万元
6、2012年股金分红总额	3034	万元
其中：①集体股东分红金额	0	万元
②社会个人股东分红金额	3034	万元
7、累计股金分红总额	11253	万元
其中：①集体股东分红金额	0	万元
②社会个人股东分红金额	11253	万元
8、正在组织实施的村数	1	个

在11个已改制村集体中，除华美宏信(原八角农工商公司)外，其他各集体经济组织均按照10%左右的净资产比例设有集体股，总股本近八千万元。近十年来，改制企业均按照一定的比例进行年红利的分配。其中部分企业是采取年终分配形式，另有部分企业采取月工资增加或福利形式进行。但在对股东的说明当中均明确为红利。按照股份合作制企业要求，改制公司“股东大会、董事会、监事会”设置完全，大部分企业完全按照企业章程开展并完成了换届选举工作，并每年按照1～2次召开股东代表大会，对重大事项进行决策。各企业内部管理制度和档案管理制度基本完善。

(高艳春)

【经济效益情况】 年内，全系统总收入完成102997.9万元，同比增长10.7%；全年实现增加值50281.5万元，同比增长10.3%；利润总额5113.8万元，与上年基本持平；全年应上交税金7843.2万元，同比增长8.7%。

(高艳春)

【产业项目建设】 年内，古城创业大厦项目列入年度区重点工程续建项目和“石景山区国家服务业综合改革试点区发展三年行动计划”建设任务。年内原则通过市发改委的立项认可，并申请办理立项和审批等相关手续。项目实施槽底工程，实际发生投资5000万元。另外，签订20余份合同，协议金额达到1.5亿元。嘉事堂医药物流基地项目占地30亩，总建筑面积4万平方米(医药仓库、综合办公楼各2万平方米)，预计总投资1.4亿元。该项目规划意见报市规委，主体工程基本完工。景阳返还公建项目建筑面积2.3万平方米，采用整体出租形式对外招商。

(高艳春)

【引进企业31家】 年内，区集体经济办采取实效举措破解招商困境，集体经济系统新引进企业31家，注册资金约7300万元。通过组建专门的招商团队，加强宣传力度，扩大招商影响力，推进重点项目招商，协助引进企业办理工商注册、税务登记、消防审批等相关手续。

(高艳春)

【加强资产管理】 年内，区集体经济办加强对新型集体经济组织的审计工作。完成与12家集体经济组织的在线审计建设工作，健全合同的审查、批复、归档、监督制度。全年累计审计总金额60.49亿元，查出问题4项，提出审计建议5条。完善企业经济合同实施、收益情况的管理制度，做好集体建设用地使用权的宗地确认工作，总公司所属20宗土地均上报使用权并完成相关测绘。

(高艳春)

【八大处农工商改制】 年内，八大处农工商公司改制工作按照既定程序稳步推进。召开公司第二次股东代表大会，通过资产处置方案；进行劳龄登记、张榜公布和劳龄值兑现工作，兑现金额约3.7亿元。截至年底，公司新企业入股人员初步确认为567人，改制工作进入组建新公司阶段。

(高艳春)

【生活水平提高】 年内，区集体经济办稳步提高转居群体生活水平。截至年底，全系统劳动力总数4720人，其中：在岗劳动力4410人，就业率为93.4%。完成集体经济系统1264名农转居“老人老办法”人员大病医疗保险的统计核实工作，区民政局根据核实情况，将37.92万元资金下发到位。为所属7个公司及原社办企业1237名原集体经济组织成员发放生活及医疗补助5935988元，发放区政府10%医疗补助费492825元。

(高艳春)

【生态文明建设】 年内，区集体经济办严格集体土地的管理。由处级领导带队，分组对各公司逐个进行清理整治，督导强化土地权属单位的管控职责和守土意识，实现违法建设零增长。提高基层单位依法用地重要性和违法建设危害性的认识，自觉参与违法建设治理和政府“亮剑行动”。在依法取缔无照幼儿园治理、关闭废品收购站点等方面取得明显成效。保质保量完成专项环境整治、清洁空气行动计划等环境治理保障任务，切实提升集体经济系统生态文明建设和环境管理水平。

(高艳春)

【安全生产管理】 年内，区集体经济办通过落实安全管理机制，强化安全管理责任，严格落实“一岗双责”，把管理细化到点、落实到人；深化法规宣传与安全生产检查和治理行动，创造严格良好的安全生产氛围；做好监督检查工作，及时排查和消除各种安全隐患，加强监督，严格责任追究；推进安全生产标准化工作，顺利完成节假日和重点时期的防火、预防煤气中毒等安全生产检查工作。

（高艳春）

【行政执法监督】 年内，区集体经济办开展农产品、转基因食用油、农药、种子质量安全监督检查工作，建设农业机械检验硬件设施。开展农药反恐防范工作，制定农药防恐预案，建立系统防范领导小组，协调好各方保障力量实施救援，提高保障公共安全和处置突发事件的能力。开展渔政监督管理，对在水库、河湖等自然水域中使用违规渔具进行专项整治。全年检查种子市场125个次，出动执法人员107人次；检查农药市场134个次，出动执法人员125人次；检查农机市场12个次，出动执法人员25人次。

（高艳春）

【重视信访维稳】 年内，区集体经济办推行信访代理工作。全年接待群众来访129批、738人次，其中集体访23批、607人次；代理群众信访案件11件，全部办结。

（高艳春）

外　事

概　述

北京市石景山区人民政府外事办公室（简称区政府外办）是负责本区外事和港澳事务的区政府工作部门。年内，区政府外办深入贯彻落实党的十八届三中、四中全会和习近平总书记系列讲话精神，在区委、区政府领导下，在市政府外办指导下，坚持以服务首都国际交往中心建设为目标，围绕区域“全面深度转型　高端绿色发展”战略，不断提升外事管理与服务水平，拓宽对外交流与合作的广度和深度，加快推进区域国际化进程。区政府外办配合外交部、中联部及市政府外办、市友协等接待10个国家的10批来访团组共156人次，安排来宾到区属重点对外参观单位考察10场次，为35批77人次出访提供服务，同比分别下降20%和43.38%，为地区经济社会向更高水平和更深层次迈进作出新贡献。区政府外办获“2012－2013年度北京市因公出入境工作成绩突出单位”。11月，市政府外办发来感谢信，感谢区政府外办在APEC会议期间对市政府外办给予的支持和帮助。

地址：石景山区石景山路18号
电话：88699516
邮编：100043

（王寅冬）

【涉外服务保障】 1月，接待奥地利保时捷投资公司中国CEO一行，协调有关部门解决保时捷公司与上海德茂工程建设有限公司装修款争议事宜，并最终促成双方达成一致意见。2月26日，做好全国人大常委会审议“确定中国人民抗日战争胜利纪念日”和“设立南京大屠杀死难者国家公祭日”（草案）消息公布后的涉外服务保障工作。4月，帮助本区可儿幼儿园及新世纪幼儿园通过外国专家申请。同月，妥善处理八大处茶文化节期间缅甸使馆工作人员与八大处公园工作人员间工作不协调相关事宜，与八大处公园管理处协商“外国人未经允许不得超越”标牌相关涉外服务工作。5月29日，马航失联客机家属到八大处举行祈福活动，做好涉外服务保障工作。8月，参与本区埃博拉出血热防治工作，主要负责应急处理相关涉外工作、参加涉外活动政府工作人员的管理、配合宣传部门做好向外籍人士的政策宣传。9月16日，参加苹果园交通枢纽I地块项目纠纷应急处置，负责做好涉外事件应对工作。11月6日，处理俄罗斯餐厅的俄罗斯籍员工到衙门口拍照相关事宜。同月18日，配合区法院有关部门处理涉及区住建委信息公开相关涉外服务工作。

（王寅冬）

【开展友好交流】 年内，区政府外办组织相关学校与13个国家和地区的32所学校开展友好交流，2所民办教育机构取得聘请外籍教师资质，为45名教师、104名学生赴境外培训或开展国际交流提供规范有序的因公出国（境）和外事服务。先后接待联合国可持续发展教育项目（ESD）督导专家组、2014北京国际学生夏令营、新加坡南洋理工学院师生代表团等19个团组194人次来访本区8所学校。全年向30余位企业管理人员和60余位商务楼宇站长宣讲APEC商旅卡相关知识，并发放《APEC商务旅行卡知识手册》300余本，共受理12家企业26人的办卡申请，其中24人获得APEC商务旅行卡。1月，帮助北京瑞蒙环球国际体育文化有限公司办理邀请外国人来华事宜。2月12日，接待以布达佩斯工商会副主席奇石·若尔丹博士为团长的匈牙利布达佩斯工商会代表团来区与市、区工商联就各自情况、项目对接及签署框架协议等议题进行深入交流。3月，美国巴尔的摩市罗兰德帕克国家学校（Roland Park County School）师生一行3人，到九中进行友好访问。5月，“2014北京京西科技企业融资项目洽谈会暨中－意企业项目推介会”召开，中国和意大利共计8家企业代表分别进行项目路演和B2B企业交流，本区共计140家企业参会。7月28日，老挝人民革命党总书记、国家主席朱马里率代表团一行32人，考察八角街道基层党建及社区建设情况。同月，来自西班牙、加拿大、哈萨克斯坦、葡萄牙、泰国以及北京市平谷中学的“2014国际学生北京夏令营”师生共133人到古城中学进行交流访问。8月，9位校级领导和15位市、区级骨干教师组成的培训团一行24人，赴美国加州州立大学长滩分校开展“基础教育骨干教师可持续教学模式创新能力提升培训”。9月，北京师范大学励耘实验学校2名教师和22名学生组成代表团，赴韩国釜山与韩国青少年举行手球友谊赛并开展文化交流活动。

（王寅冬）

【友好城市交往】 年内，区政府外办挖掘潜力，推动经济、科技、文化、教育等领域的友城交流与合作，巩固和发展与原有12个友城的友好交流与合作关系。1月，派遣区青少年代表团赴

7月28日，老挝国家主席到区参观考察　　（区政府外办供稿）

日本参加北京市青少年动漫交流代表团活动，受到东京都墨田区区长的接见。9月24日，以麻浦区生活体育会会长金熙泰为团长的韩国首尔特别市麻浦区少年足球代表团一行27人来区访问，分别与京源学校（小学部）青少年足球队以及第二实验小学足球队举行足球友谊赛。该代表团是自2005年以来麻浦区派遣的第十个少年足球代表团。12月，派遣议会和教育交流团赴俄罗斯赤塔市和韩国首尔麻浦区促进友城间议会、教育、文化艺术和体育领域交流与合作，区人大常委会与俄罗斯联邦后贝加尔边疆区赤塔市杜马签署开展友好交流与合作备忘录，古城第二小学与赤塔市第四中学签署开展友好交流与合作备忘录。派遣以实验第二小学师生组成的青少年足球代表团，第五次赴韩国首尔特别市麻浦区开展青少年足球交流并进行友谊赛和教育、文化交流。

（王寅冬）

【“挑战杯”全球创业赛】 2月，1776“挑战杯”全球创业大赛北京分赛在石景山区举行。活动由美国1776孵化器主办、驻区企业蒲公英国际青年创业驿站和区政府外办等有关单位协办。比赛以全英文陈述及答辩的形式呈现，20多家来自教育、医疗卫生、能源、智能城市领域的北京企业参赛。比赛通过“1分钟陈述”及“5分钟陈述3分钟答辩”两个环节进行比拼。现场评委通过对企业解决方案、市场牵引力水平、产品服务扩展能力及对行业影响力的综合考量，最终评选出iMedia、卡尤迪生物、Scan Trust、景丰鸿泰4家企业，代表中国及亚太地区参加于5月11日在华盛顿举行的全球总决赛。1776孵化器是上年1月成立于美国华盛顿的创新型孵化器。“挑战杯”是由1776孵化器发起的全球性创业大赛，此次大赛于上年10月启动，时间跨度长达8个月，共涉及美、欧、亚、非四大洲的16个城市及地区，面向教育、卫生、能源及智能城市4个领域内的创新型企业，奖金总计达65万美元。北京作为本次“挑战杯”全球创业大赛在亚太地区唯一的主办城市，竞争尤其激烈。此次分赛的举办，旨在为中国及整个亚太地区的创新型企业争取与国际同行业者交流切磋的机会，构成企业之间的相互交流，促进技术及理念的对接和碰撞，参赛企业可以学习借鉴到国外创新孵化器的先进理念及运营模式，从而提升国内孵化服务水平。

（王寅冬）

【石景山中学参加国际赛事】 4月3～7日，由石景山中学师生组成的代表队应机器人世界杯足球锦标赛（Robocup）青少年世界杯中国组委会和澳门科技创新教育学会邀请，参加在澳门举行的Robocup青少年世界杯中国赛区选拔赛，获“太空机器人”组别亚军。

（王寅冬）

【完成重点外事任务】 年内，区政府外办共配合外交部、中联部及市政府外办、市友协等接待10个国家的10批来访团组共156人次，安排来宾到区属重点对外参观单位考察10场次。4月8日，纳米比亚贸易和工业部常务副部长丹尼尔率部分企业家组成商务代表团到区，参观石景山创新服务平台和中关村雏鹰人才创业基地石景山园，并就相关问题与石景山区相关部门负责人和雏鹰基地负责人进行深入的交流和探讨。中国驻纳米比亚大使馆、市、区政府外办有关负责人陪同参观。5月8日，以老挝中国合作委员会办公厅副主任、老中友协秘书长西昆·本维莱为团长的老中友协代表团一行到区进行友好访问。前往八大处公园，听取灵光寺佛牙舍利简要情况介绍，瞻仰佛牙舍利，参观金鱼池及辽代“招仙塔”塔基，并就双方多领域合作进行座谈交流。同月17～20日，中国可持续发展教育全国工作委员会秘书处、北京教育科学研究院以及来自美国、加拿大、英国、德国、澳大利亚、瑞典、秘鲁、日本、韩国、蒙古等国家的专家组一行25人到区，对推进“可持续发展教育国家实验区”建设情况进行专项督导评估。8月18日，土耳其环境与城市规划部副部长穆哈迈特·巴勒塔一行15人参观石景山保障性住房小区项目。9月4日，应北京灵光寺邀请，斯里兰卡驻华大使兰杰特·乌杨高达到区访问，就加强佛教、民间交往、推进石景山区与斯里兰卡康提市建立友好交流城市关系等方面进行座谈交流。10月19日，以东京都友协会长宇都宫德一郎为团长的日本东京都友协市民交流团一行21人来区访问。参观区图书馆，了解图书馆运营模式、工作职能以及服务内容，欣赏全区人文风光摄影图片，并与本区艺术家及市民进行书法、绘画、手工编织等市民间文化艺术交流。

（王寅冬）

【国际语言环境建设】 区政府外办全

年举办窗口行业外语培训活动3次，500余人次参加。发放《北京市民日常英语宝典》1000余册、《APEC实用英语手册》300册。做好"第十六届国际机器人奥林匹克竞赛"、北京保险产业园、中关村科技园石景山园西山汇商务楼宇、"首届中国八大处佛牙舍利文化节祈祷世界和平大法会"、慈善寺等外语标识标语的前期审核工作，以旅游、商业服务设施等为重点，对不符合规定的标识进行修正和规范。有7家单位更新英语标识牌120余块；10余家单位完成英文菜单自查整改工作，发现不规范外语标识牌40余处，8家单位新增英文菜单；答复各单位组织机构和职务职称译法问题40余次。5月，开展外语人才统计工作，将343名英语人才和18名其他语种人才纳入本区外语人才库。同月，举办2市民讲外语活动周启动仪式暨"讲身边人学外语故事"演讲比赛。10月，举办"APEC实用英语"公益大讲堂，全区40名英语骨干学员参加培训。

（王寅冬）

【因公出国（境）管理】 年内，区政府外办为35批77人次的顺利出访提供服务。出台并落实进一步规范局级以下国家工作人员因公临时出国（境）的实施办法，严格把好"七关"。由区政府外办统筹确定本区对外交流与合作任务事项，再根据工作需要和人员分工提出因公临时出国（境）计划与人选建议，报区委外事工作领导小组审核把关，研究确定因公临时出国（境）计划与出访人员。严格审核因公临时出国（境）团组任务的必要性、人员构成与行程安排的合理性，对不符合外事管理规定的团组明确提出调整或取消出访的要求。明确区主要领导是本区因公临时出国（境）管理工作的第一责任人，各单位主要领导是本单位因公临时出国（境）管理工作的第一责任人。要求组团单位和派出单位事先通过内部局域网、公开栏等便于本单位或本系统人员知晓的方式如实公示有关团组和人员信息。出访团组回国后，要在单位内部公布上述公示内容的实际执行情况和出访报告等。会同纪检监察机关和组织人事、财政、审计等部门对各单位因公临时出国（境）情况进行检查。要求各单位建立相应工作机制，每半年将检查情况报区政府外办，对检查中发现的重大违纪违法案件进行严肃查处，并追究有关人员责任。要求每一个出访团组回国后必须结合本区实际进行认真总结，撰写出访报告，提升出访质量。完善因公护照、港澳通行证的集中规范管理，实现全年护照收缴率和按期注销率两个100%的目标。

（王寅冬）

石景山区人民政府区长、副区长

区　长　夏林茂

副区长　文　献　田利跃　司马红（女）　杨东起　刘亚泉（12月请辞）

石景山区人民政府工作机构主要负责人

政府办主任	种　磊（3月免）
	高殿亮（3月任）
发改委主任	岳林华
教委主任	郝显军（蒙古族）
教育督导室主任	李秀兰（女，3月任）
科委主任	王亚迅（9月免）
	房之炜（9月任）
知识产权局局长	王亚迅（兼，9月免）
	房之炜（9月任）
经信委主任	李元涛
监察局局长	许景山（兼）
行政投诉中心主任	许景山（兼）
民政局局长	王军辉
财政局局长	陈　伟
人力社保局局长	梁建新
环保局局长	李元员（女）
住建委主任	肖　平
市政市容委主任	高殿亮（3月免）
	付建国（3月任）
水务局、地震局局长	高殿亮（兼，3月免）
	付建国（兼，3月任）
商务委主任	宋世媛（女）
文化委主任	王亚迅（9月任）
卫生局局长	葛　强（12月免）
卫计委主任	葛　强（12月任）
动物卫生监督管理局局长	葛 强（兼）
人口计生委主任	张　帆（女，12月免）
审计局局长	王亚兰（女）
社会办主任	沈代平（副区级）
国资委主任	杨贵宝
监事会主席	高　竹（女）
安监局局长	韩从笔
体育局局长	李劲挺
统计局局长	李路海
园林绿化局局长	吴　燕（女）
旅游委主任	宋　平（女）
民防局局长	崔　泽
集体经济办主任	孙金生（3月免）

蔡利全(9月任)
民宗侨办主任　高国强
外事办主任　斯琴格日勒(女,蒙古族)
法制办主任　张培莉(女)
信访办主任　杜　涛
金融办主任　杨京春(女)
研究室主任　赵恩国(苗族)
城市管理监督指挥中心主任　田利跃(兼,9月免)
冯重北(兼,9月任)
中关村科技园区石景山园管理委员会主任
张晋福(9月免)
司马红(女,9月任)
行政服务中心主任　李景利
西部建设办主任　田利跃(兼)
城管监察大队大队长　冯重北(3月免)
城管执法局局长　冯重北(3月任)
社会治理综合执法委员会办公室主任
冯重北(兼,9月任)
档案局(馆)局(馆)长　张相明
区志办主任　张相明(兼)

投促局局长　徐　涛
机关行政事务管理处处长　张建刚
环卫中心主任　梁锁生
广电中心主任　魏志安(3月免)
王国强(3月任)
公园管理中心主任　王金兰(女)
西山八大处文化景区管委会主任　司尚国(兼)
八大处公园管理处主任　刘云清
石景山医院院长　刘　鹏(1月任)
房屋征收事务中心主任　傅庆华
流管办主任　刘道东(兼)
维稳办主任　朱钢银(兼)
规划分局局长　王亦兵
工商分局局长　李广隆
国土分局局长　左小兵
地税局局长　张兴明(5月免)
王宝明(5月任)
国税局局长　李卫平
气象局局长　赵焕勇(7月免)
食药监局局长　高德友

石景山年鉴
北京
2015 BEIJING SHIJINGSHAN NIANJIAN

政治协商会议石景山区委员会

中国人民政治协商会议北京市石景山区委员会(简称区政协),是中国人民政治协商会议北京市石景山区地方组织。区第九届政协常委会组成人员33人,其中主席1人、副主席6人、秘书长1人、常委25人。下设办公室、研究室、专委会工作一室、专委会工作二室、专委会工作三室、专委会工作四室、专委会工作五室、专委会工作六室8个办事机构。年内,在区委领导和市政协指导下,在区政府和社会各界大力支持下,区政协常委会深入贯彻落实党的十八大、十八届三中、四中全会和习近平总书记系列重要讲话精神,牢牢把握团结和民主两大主题,充分依靠各界委员,紧紧围绕全区中心任务,认真履行各项职能,圆满完成九届三次会议部署的各项任务,为促进本区经济社会改革发展作出积极贡献。全年召开全体会议1次,常委会会议6次、主席会议8次,九届三次全会以来共收到提案183件,经审查立案172件,全年收集信息274条,向市政协编发报送社情民意信息60期,向区委、区政府编发报送社情民意信息23期,得到区领导批示71期次,促进一批群众关心的热点、难点问题的解决。

地址:石景山区石景山路18号
电话:88699212
邮编:100043

(樊　华)

7月9日,第二十三次理论研究讨会　(区政协供稿)

重要会议

概　述

区政协的重要会议包括全体会议、常务委员会会议、主席会议。年内,区政协共召开政协全会1次,常委会会议6次,主席会议8次,组织各类委员活动161次,参加活动的委员达1200余人次。

(樊　华)

【区政协九届三次会议】 1月6~8日召开。会议审议并通过岳德顺代表区政协九届常委会所作的工作报告和刘建国代表区政协九届常委会所作的提案工作报告。部分委员列席区第十五届人民代表大会第四次会议,听取并讨论夏林茂所作的政府工作报告,讨论其他专项报告;审议并通过九届区政协第三次会议期间提案审查情况报告;审议并通过九届区政协第三次会议决议。市政协副主席赵文芝、区领导牛青山、夏林茂、赵玉民、吴克瑞以及区四套班子其他领导参加会议。

(樊　华)

【常务委员会会议】 年内,共召开6次常务委员会会议。1月8日,赵继新主持召开区政协九届十四次常委会。会议审议通过区政协2014年常委会工作要点(草案)。4月24日,高杰主持召开区政协九届十五次常委会。会议听取区纪委关于党风廉政建设情况的通报;听取区政府一季度经济社会发展情况的通报;听取区政协“三级联系”制度和委员承诺进展情况的汇报;听取区政协教育实践活动进展情况的汇报;学习《习近平同志在北京考察工作结束时的重要讲话》精神。7月9日,于秀云主持召开区政协九届十六次常委会。会议审议《关于促进我区文化创意产业发展、提升石景山软实力的调研报告和建议案》(草案)和《关于构建八个高端体系的联合调研报告和建议案》(草案)。9月28日,岳德顺主持召开区政协九届十七次常委会。会议学习习近平总书记在庆祝中国人民政治协商会议成立65周年大会上的讲话精神;审议人事任免事项。11月4日,刘国庆主持召开区政协九届十八次常委会。会议听取2014年区政协常委会建议案办理情况报告;关于推进“八个高端体系”建设的建议案办理情况报告;关于促进文化创意产业发展提升石景山软实力的建议案办理情况报告;传达中共十八届四中全会主要精神;就学习中共十八届四中全会精神、习近平总书记在庆祝中国人民政治协商会议成立65周年大会上讲话精神开展座谈讨论。12月11日,司尚国主持召开区政协九届十九次常委会。会议审议政协石景山区第九届委员会常务委员会工作报告(审议稿);审议政协石景山区第九届委员会常务委员会提案工作报告(审议稿);审议政协石景山区第九届委员会第四次会议文件:1. 会议议程(草案);2. 会议日程(草案);3. 会议秘书处秘书长、副秘书长建议名单(草案);4. 会议小组召集人建议名单(草案);审议区政协关于表彰2014年招商引资先进个人、优秀提案、优秀调研报告、优秀社情民意和委员承诺活动先进个人的决定及名单(草案);审议调整、增补委员有关事项。

(樊　华)

【主席会议】 年内,共召开8次主席会议。2月19日，岳德顺主持九届十九次主席会议。会议主要讨论《关于开展“八个高端”联合调研的方案》；审议并通过《区政协关于开展“三级联系”的意见》。3月5日，岳德顺主持九届二十次主席会议。会议听取区政协九届三次会议提案情况分析报告及各专委会2014年工作计划（草案）；审议并通过区政协2014年主席会议成员督办重点提案。4月11日，岳德顺主持九届二十一次主席会议。会议视察八角北里老旧小区改造及环境建设情况；视察永乐小区电力改造情况；听取区政府相关部门关于老旧小区及电力改造情况汇报；进行工作协商讨论；会议审议并通过九届十五次常委会议议程（草案）。6月23日，岳德顺主持九届二十二次主席会议。会议审议区政协2014年各专委会调研报告和建议案（草案）；审议区政协关于构建八个高端体系联合调研报告和建议案（草案）；审议区政协第二十三次理论工作研讨会方案（草案）；审议区政协九届十六次常委会议程（草案）。10月31日，岳德顺主持九届二十三次主席会议。会议听取区政协2014年主席会建议案办理情况报告，包括关于本区旅游业创新发展建议案的办理报告；关于进一步完善社会治安综合治理体系加强群防群治队伍建设建议案的办理报告；关于本区老旧小区改造工作建议案的办理报告；关于本区学前儿童入园情况建议案的办理报告；关于提高提案办理效果与质量建议案的办理报告；审议区政协九届十八次常委会议程（草案）。区领导刘亚泉应邀出席会议。11月14日，岳德顺主持九届二十四次主席会议。会议审议区政协各专委会2014年工作总结和2015年工作计划（草案）。12月3日，岳德顺主持九届二十五次主席会议。会议审议区政协2014年常委会工作报告（草案）；审议区政协2014年常委会提案工作情况报告（草案）；审议区政协关于表彰2014年招商引资先进个人、优秀提案、优秀调研报告、优秀社情民意和委员承诺活动先进个人的决定及名单（草案）；审议区九届政协委员资格事项。12月9日，岳德顺主持九届二十六次主席会议。会议审议政协石景山区第九届委员会第四次会议文件，包括全会筹备方案（草案）、会议议程（草案）、会议日程（草案）、会议秘书处秘书长、副秘书长建议名单（草案）、会议秘书处各组组长、副组长建议名单（草案）、会议小组召集人建议名单（草案）、会议列席单位建议名单（草案）、会议委员、列席单位分组建议名单（草案）；审议区政协2015年常委会工作要点（草案）；审议区政协九届第十九次常委会议程（草案）。

（樊　华）

7月25日，到军区联勤部慰问　　（区政协供稿）

【高端体系调研通报会】 3月27日，区政协召开“八个高端体系”建设联合调研情况通报会。会议邀请区委“八个高端”研究的牵头单位主要领导参会，汇报关于“八个高端体系”的现状、存在主要问题以及构建“八个高端体系”的基本工作思路。岳德顺强调，调研要围绕转型发展实际，把握转型发展胜利走出低谷这个科学判断，紧扣全面深度转型、高端绿色发展这个战略目标。首先要把握好当前形势，研究区委八次会议的战略目标，建设国家级绿色转型发展示范区；其次要把握好建设八个高端体系的主方向，研究习近平总书记在北京调研时的讲话精神，打造高端长安金轴、永定河绿色生态发展带、保险产业园，发展西部山区高端生态文明；发展新兴服务业，服务高端人才，建立社会公共服务体系，推动科技文化体系建设，加大社会综合治理；最后要把握好建设八个高端体系的原则和方法，全面协调，上下联动，把石景山建设成符合中央精神、适合区情实际的高端绿色转型发展示范区。提出实际实用的意见和建议。要求政协机关各委室和政协委员坚持结合实际，突出实用；坚持以我为主，专家为辅；坚持上下联动，协调配合；坚持区政协主席会议成员以身作则、带头抓，各委室通力合作，齐抓共促，合力完成调研任务。年内，按照区委要求，区政协发挥优势，先行一步，举全体之力，开展“八个高端体系”建设联合调研，采取统分结合的形式，将“八个高端体系”建设分成8个子课题，深入开展调研。在此基础上，形成关于推进“八个高端体系”建设的联合调研报告。

（樊　华）

【理论研讨会】 7月9日，区政协召开第二十三次理论工作研讨会。会上，区政协常委围绕“促进旅游产业发展”的主题，就如何发挥旅游产业在推动本区全面深度转型、高端绿色发展中的引擎作用进行研讨发言。岳德顺总结上半年政协工作，就下半年政协工作作安排部署。牛青山到会讲话。

（樊　华）

专门委员会

概　　述

根据政协章程规定和区政协工作实际，九届区政协共设有经济科技委员会、社会法制和民族宗教委员会、城建环保委员会、教文卫体委员会、提案委员会、学习与文史委员会6个专门委员会。专门委员会工作是政协工作的重要基础，是政协履行职能的重要方式。专门委员会根据中国人民政治协商会议章程的要求，从实际出发开展工作。年内，各专委会组织委员认真学习、宣传国家的方针政策和法律；就本区政治、经济、文化和社会生活中的重要问题，人民群众普遍关心的问题，选择其中具有综合性、全局性、前瞻性的课题，深入开展调查研究，提出意见、建议和提案；团结和联系委员及各族各界人士，反映社情民意；组织各种活动，积极为委员知情出力、履行职责创造条件。

（樊　华）

【经济科技委员会】 年内，经济科技委员会贯彻落实区政协承诺活动的精神，经科委41名委员共做出基本承诺101条，重点承诺61条，共162条承诺，完成承诺158条。开展“关于构建以高端服务业为主导的产业体系建设”和加快旅游产业发展的专题调研。落实“三级联系制度”，号召委员走进社区。开展协商议政活动，同首钢总公司就共同打造“国家级C40城市综合体”交换意见。同北京银行石景山支行就增加服务网点，提升服务能力开展交流。同中关村科技园区石景山园开展2次协商活动。同区教委开展就将本区中小学教育打造成高端智慧教育示范区的专题协商。经科委促成华夏银行信用卡中心的设立，引入德汇融通经济信息咨询股份有限公司等7家企业，注册资金超过2.44亿元。短信平台发送工作信息130余条，委员生日祝福、友情提示60余条，走访委员35次，提交提案55件，社情民意100余条，《石景山报》刊登7条。

（樊　华）

【社会法制与民族宗教委员会】 年内，社会法制与民族宗教委员会组织活动共计30次，委员出席活动204人次，其中调研、视察12次，走访委员3次，参加座谈9次，其他活动6次。完成《关于我区高端社会治理体系建设》的调研课题。做好《关于进一步完善社会治安综合治理体系、加强群防群治队伍建设》的调研课题。落实“三级联系”制度，并在此基础上搞好委员“一家一室一点”工作的推广。深入基层、开展视察、协商活动3次。九届三次会议提案交由社会法制与民族宗教委员会分析的会议提案33件，占提案总数的（172件）的19%。并完成《关于加快发展我区集中养老事业的建议》和《关于加强未成年人司法保护体系建设的建议》两件重点提案督办工作，及《关于石景山区网格化社会管理》建议案的专委会督办工作。对苹果园街道等重点街道、社区视察、讨论和座谈，了解综治工作的现状，公益反哺活动的开展等情况。对《关于加强我区网络游戏产业知识产权保护》调研建议案的落实情况，进行追踪视察和座谈。

（樊　华）

【城建环保委员会】 年内，城建环保委员会在九届三次会议上提出提案68件，平类提案3件，共计71件，立案68件，占全部立案提案的37%。开展《关于构建高端的生态文明体系的调研》和《关于老旧小区改造的调研》。发起以“加强停车场建设与管理，推进我区城市综合治理”为主题的调研与协商。视察《北京市大气污染防治条例》贯彻情况。城建环保委落实三级联系制度，负责联系33个社区。委员联系社区主要采取树立样板、结成小组、写好信息、解决问题、宣传政策的形式。38名政协委员做出基本承诺98条，重点承诺81条。围绕大气污染治理、老旧小区改造工作情况组织视察2次，并配合提案委视察城建类重点提案3次。全年组织相关学习活动17次，参与委员81人次。

（樊　华）

【教文卫体委员会】 年内，教文卫体委员会组织各种活动30余次，参与相关部门活动3次，委员参加活动200余人次。报送信息29条。围绕“关于我区适龄儿童入托入学情况”和“关于高端的人才资源管理体系”的分课题开展调研。对五里坨街道社区文体工作开展情况进行视察。参观王家大院，听取五里坨地区的民俗文化讲解，到隆恩颐园社区考察小区体育设施配备。落实区政协“三级联系”制度，到苹果园街道进行工作对接，送去《石景山村落》《石景山东部》等文史资料书籍100余册。委员撰写提案26件和社

4月11日，调研老旧小区改造情况　　（区政协供稿）

情民意26条。教文卫体委与提案委对《关于提高我区青少年体质健康水平的建议》进行重点督办。开展与委员所在单位的交流沟通活动2次。岳德顺带队到首钢医院和清华大学玉泉医院调研并走访委员。委员参加学习培训39人次。参与策划和组织“七一”党的生日寿山福海敬老院慰问活动，组织专委会委员到莲石湖开展体育健身活动。

（樊　华）

【提案委员会】 年内，提案委员会组织活动38次，委员出席206人次，其中专题调研协商8次，提案督办15次，界别协商3次，走访委员6人，报告会等其他活动6次。区政协九届三次会议以来共收到提案183件，其中会议提案173件，平日提案10件。共立案172件，占提案总数的94%。其中，委员提案145件，民主党派提案15件，界别提案9件，专委会提案3件。在立案的提案中，经济建设类32件，城建城管类66件，教文卫体宣类42件，社会法制类32件，分别占提案总数的18.6%、38.4%、24.4%和18.6%。未予立案的提案11件。共有158名委员以个人或联名方式提交提案，占委员总数的81.7%。全会前共收集提案线索25条，提供给相关专委会参考23条，使用率达92%。由驻区市政协委员带到市政协会议提交提案19件。与区委督查室和区政府联络室召开3次三方联席会议。召开政府相关12个部门参加的民生工作提案线索协商会，提出提案线索29余条。年内，经主席会议审定将《关于进一步加大石景山区品牌宣传的建议》等8件提案作为重点提案。开展《关于构建石景山区高端民生保障体系》和《提高提案办理效果与质量》的调研，形成《关于提高提案办理效果与质量的调研报告》和主席会议建议案。开展“我是委员我承诺，我为发展做贡献”主题实践活动，提交提案42件，反映社情民意19条。召开政协委员联系社区对接大会，与11个社区居委会建立联系制度。

（樊　华）

11月4日，九届政协第十八次常委会召开　（区政协供稿）

【学习与文史委员会】 年内，学习与文史委员会共组织活动32次。其中，调研考察6次、调研组会5次、培训讲座4次、专委会主任扩大会3次、全体委员会4次、视察工作2次、文史工作会5次，社区活动3次，委员参加各种活动235人次，出勤率70%以上。合作举办政协委员学习培训班。开展《关于促进我区文化创意产业发展，提升石景山软实力》和八个高端体系分课题的调研，完成《关于着眼文化兴区，努力构建高端普惠的文化生活体系》的调研报告及主席会建议案，报区委区政府研究参考。配合区委开展《关于永定河流域（石景山段）文化保护和利用的调研与思考》课题的调研工作。学习与文史委到“世界旅游体验中心”进行实地考察，视察华录集团、北京漫游谷信息技术有限公司、北京标派科技有限公司等单位，参观显应寺（皇姑寺）。全年共提交提案32件，其中向政协三次全会提交提案30件，提交平日提案2件。反映社情民意34条，其中区领导批示7条。对“关于推进三维仿真等新一代信息技术在我区文化创意产业中深度应用的建议”的提案进行督办。组织文化艺术界别委员配合区文联举办“美丽石景山”书法美术作品展。特邀界别小组开展对莲石湖及周边环境的考察视察活动，并形成界别提案。深入开展委员承诺活动。本年度委员基本承诺102条，重点承诺30条。学习与文史委员会为148个社区居委会发放文史资料，总计800多本。全年举办科普讲座20余场、科普主题活动4场，受众达8000余人次。新聘请13位特约文史委员。制定区政协三年文史资料征集、编辑工作规划。完成《石景山工业文化遗产》（首钢卷）、《舒乙与石景山》编辑、出版和《抗日战争胜利70周年石景山专辑》征集编辑工作。

（樊　华）

中国人民政治协商会议北京市石景山区第九届委员会

主　　席　岳德顺
常务副主席　刘国庆
副 主 席　司尚国　刘建国　赵继新　高　杰　于秀云（女）
秘 书 长　刘福利
常务委员　王　强　王亚迅　王明生

王泽群　毛　轩　左小兵　张　文　张　杰　张军柱
白德骏(回族)　刘志成　魏志强　张春禄　陈文彰　赵　红(女)
王智勇　刘东晖(满族)　杨学兵　赵建平　释常藏　秦玉山
苏文颖　李凤芹(女)　汪礼俊　郭绍华

石景山区政协专门委员会负责人

经济科技委员会主任　刘卫东
社会法制与民族宗教委员会主任　刘丙杰
城建环保委员会主任　王智勇
教文卫体委员会主任　杨玉玲(女)
提案委员会主任　于惠兰(女)
学习与文史委员会主任　蒙树红(女)

石景山区政协工作机构负责人

办公室主任　王彦明
研究室主任　刘　威
专委会工作一室主任　刘卫东
专委会工作二室主任　刘丙杰
专委会工作三室主任　王智勇
专委会工作四室主任　杨玉玲(女)
专委会工作五室主任　于惠兰(女)
专委会工作六室主任　蒙树红(女)

纪检·监察

中共石景山区纪律检查委员会机关(简称区纪委)和北京市石景山区监察局(简称区监察局)合署办公,在区委区政府和市纪委监察局双重领导下开展工作。7月,党风政风监督室、执法监察室、预防腐败室整合为党风政风监督室,加挂预防腐败室、区纠正行业不正之风办公室牌子;区行政投诉中心与信访室合署办公;撤销干部室,设立组织部;撤销宣传教育室,设立宣传部;撤销案件检查室,设立第一纪检监察室、第二纪检监察室、第三纪检监察室;设立案件监督管理室。调整后,区纪委机关设办公室、组织部、宣传部、研究室、党风政风监督室(预防腐败室、区纠正行业不正之风办公室)、案件监督管理室、第一纪检监察室、第二纪检监察室、第三纪检监察室、案件审理室和信访室(与区行政投诉中心实行合署办公)。全区有59个单位设置纪检监察机构,其中有10个纪委、15个纪工委、9个纪检组、25个监察科。区纪委有委员29人。年内,围绕区委中心工作,坚持党要管党、从严治党方针,切实履行《党章》赋予的职责,努力构建惩治与预防腐败体系,深入推进党风廉政建设和反腐败斗争。研究制定《石景山区建立健全惩治和预防腐败体系2014－2017年实施细则》和《石景山区委关于落实党风廉政建设党委主体责任和纪委监督责任的实施意见》。年初,召开党风廉政建设大会,对全年党风廉政建设工作进行全面部署。通过责任制"签字背书""党委书记、纪委书记谈责任"征文等活动,促使全区各级党委、纪委真正把"两个责任"放在心上、扛在肩上。制订党风廉政建设责任制检查百分量化考核标准,成立10个检查组,对全区各单位落实党风廉政建设责任制情况进行普遍实地检查。建立责任追究情况报告制度和典型案件通报曝光制度,2014年通过党内处分、通报批评、诫勉谈话等形式,共追究7人、1个领导班子的党风廉政建设的失职责任。严格贯彻落实中央八项规定精神和市委、区委有关规定。抓住元旦、春节、中秋等重要时间节点,印发加强廉洁自律的相关工作通知,面向全区618名区、处两级领导干部发送廉政提醒短信6000余条次,编印并向全区下发贯彻中央八项规定加强作风建设学习手册(蓝皮书)和学习廉政新规图解手册(红皮书),划出"红线"、标出"雷区"、架起"高压线",督促领导干部进一步做好廉洁自律工作,强化正风肃纪。同时加大对违反八项规定精神情况案件的调查和处理力度,共查处违反八项规定案件11件。畅通来信、来电、来访、网络四位一体的信访举报渠道,全年受理信访举报270件次,初核违纪线索111件,同比增长152%,立案26件,其中新立案16件,同比增长14%;结案19件,给予党纪政纪处分共19人(其中处级干部7人),5人受到党纪政纪双重处分,4人因涉嫌犯罪问题移交司法机关处理。开展集体约谈5次、个别约谈10余次,对一般性、苗头性问题及时教育提醒。重点对清洁空气行动计划、打击违法用地违法建设、行政审批制度改革开展统一立项监察。下发年度廉政风险防控管理工作要点,加强对权力运行的制约和监督。加强对处级主要领导的监督,实行主要领导不直接分管人财物制度。开展以"纠四风、倡廉洁、促发展"为主题,以"读廉政书、讲修养课、观廉政展、签责任状"为主要内容的党风廉政建设宣传教育月活动。组织案件高发系统党员领导和干部群众120余人次到法院旁听案件庭审,警醒党员领导干部,敲响警示钟。利用北京市领导干部任职前廉政法规测试系统,组织初任公务员进行廉政法规知识测试,实现以考促学、以考促廉。开通纪检监察网,将其打造成为纪委信息公开、监督举报、宣传教育、舆论引导、互动交流和政策咨询的综合性工作平台。推进"三转",对参与的议事协调机构进行调整,退出或不再参与60个,保留或继续参与16个,清理比例达79%。优化职能设置,突出办案主业,纪检监察室由原来的1个增至3个,监督执纪部门达到7个,占到机构总数的72%,办案人员占到总编制的60%。以深入开展群众路线教育实践活动为抓手,扎实推进队伍建设。落实派驻监察科长选任暂行办法,严格机关纪检监察干部准入机制,严把干部入口关。坚持每月业务交流学习制度,组织全区纪检监察干部集中培训。加强对纪检监察干部的教育管理,完善内部监督机制,有效防止泄露秘密、以案谋私等违纪违法行为,打造一支纪律严明、素质过硬的执纪"铁军"。

地址:石景山区石景山路18号
电话:88699315
邮编:100043

(王剑飞)

【区纪委五次全会】 1月27日,召开第十一届纪律检查委员会第五次全体会议暨石景山区党风廉政建设和反腐败工作会议。会议由夏林茂主持,李文起作题为《突出中心任务明确监督职能扎实推进石景山区党风廉政建设和反腐败工作》的工作报告,回顾总结上年党风廉政建设工作并对当年工作进行部署。牛青山做重要讲话,对本区反腐倡廉建设提出3点要求:加强廉政思想文化建设,切实增强反腐倡廉的思想自觉和行动自觉;坚持严字当头,重拳出击,旗帜鲜明地与"四风"和腐败问题作坚决斗争;加强领导,争做表率,为深入推进党风廉政建设和反腐败斗争提供有力保证。区四套班子领导、区纪委委员、处级单位党政正职、纪检监察干部等200余人参加会议。

(李　颖)

【行政监察工作】 2月,区纪委、区委组织部和区监察局联合印发《关于严明党纪政纪保障违法建设整治和房屋征收拆迁工作顺利推进的通知》,开展专项督查,推进违法建设整治和房屋征收拆迁工作。对人大代表反映衙门口地区存在党员干部参与违法建设、工作人员利用拆迁项目非法牟利、新生违法建设未及时拆除等问题,通过监督检查,向相关单位提出口头工作建议7次、发出《工作建议书》3份、《监察建议书》1份,解决相关问题。对清洁空气行动计划重点任务、行政审批制度改革和打击违法用地、违法建设3项工作开展立项效能监察,推进各项重点工作有序开展。年内,在全区80余个直接面向群众服务的科队站所和便民服务大厅及各受理窗口开展"两规范一提高"(规范执法行为、规范政务服务、提高执法能力和服务水平)工作。期间,发放1300余份具体意见建议问卷,征集群众意见建议,监督落实整改。

(穆志斌)

【廉政风险防控管理】 3月,下发年度廉政风险防控管理工作要点,重点加强对权力运行的制约和监督。要求全区各处级单位逐步完善涉权事项目录,推进单位权力清单制度的建立。全区各单位在清理确认涉权事项10505项,集体决策事项1048项的基础上,结合党的群众路线教育实践活动的建章立制环节,完善各项规章制度,完成本单位涉权事项手册。区教委和区国资委还将廉政风险防控管理工作向中小学校和区属国有企业延伸。

(穆志斌)

【教育月活动】 3~4月,开展党风廉政建设宣传教育月活动。教育月活动以“纠四风、倡廉洁、促发展”为主题,以“读廉政书、讲修养课、观廉政展、签责任状”为主要内容。紧密衔接正在开展的党的群众路线教育实践活动,聚焦“四风”问题,以处级领导干部为重点,以全区党员干部为主体,开展红色基因教育、理想信念教育、宗旨作风教育和廉政法规教育。活动内容包括:“读廉政书”——汇编印发《石景山区贯彻中央八项规定加强作风建设学习手册》,就培训费、会议费、差旅费、办公用房、公务用车、国内公务接待、临时出国等具体事项的执行标准,简化提炼成系列“学习短信”发送给全区区、处两级领导干部;“讲修养课”——3月12日,牛青山以“坚持‘三严三实’,修养官德人品,建设新时期党员干部的精神家园”为题为全体区领导、全区正处级领导干部及区属各单位纪(工)委书记、纪检组长等300余名党员讲党课,其它区领导也按要求讲党课,全区各单位一把手从本单位本系统实际情况出发对本单位党员干部进行党课教育;“观廉政展”——教育月期间,区四套班子领导、全区各单位分别组织参观多处反腐倡廉警示教育基地;“签责任状”——全区各单位均与区委签订落实主体责任书,全区纪检监察组织均签订落实监督责任承诺书。

(王苏楠)

【电子监察平台】 完善电子监察平台二期建设。4月底完成行政服务中心网站的建设,6月底完成行政审批系统的建设,并于8月正式上线运行;8月底,在全市首先实现市区两级行政投诉模块数据对接,实现行政投诉件办理市、区、委办局三级联动。9月底为推广行政投诉手机客户端,为各办事大厅发放展板16块,宣传卡片3200张。

(王 星)

【清理议事协调机构】 5月,区纪委监察局明确定位,突出主业,按照中央纪委监察部和市纪委监察局的统一部署,对原牵头或参与的议事协调机构进行规范清理。清理出相关议事协调机构76个。经区纪委常委会研究,并报区委、区政府主要领导同意,保留或继续参与的16个,取消或不再参与的60个,并将清理调整情况通知全区贯彻执行。规范调整后,区纪委监察局负责与取消或退出的议事协调机构的相关责任单位做好沟通协调和解释说明工作。

(李 颖)

【落实党风廉政建设责任制】 研究制定《石景山区委关于落实党风廉政建设党委主体责任和纪委监督责任的实施意见》。上半年,区委与直属党组织签订党风廉政建设责任书49份、区纪委与纪检监察干部签订党风廉政建设监督工作承诺书62份,通过“签字背书”使工作压力逐级传递,实现一级抓一级,层层抓落实的格局。抓住检查考核不放松,年底成立10个检查组,对全区各单位落实党风廉政建设责任制情况进行普遍实地检查,其中16家单位由区领导带队进行重点检查,有下属单位的部门还做好对下属单位的检查考核,切实做到“全覆盖”。制订党风廉政建设责任制检查百分量化考核标准,按照自查自评占10%、满意度测评占20%、日常评估和实地检查占70%的比例进行综合评分。将检查考核结果向区委进行专题汇报,对检查考核排名靠后的单位,由区委或纪委主要领导对其进行约谈。加大责任追究力度,建立责任追究案件情况报告制度和典型案件通报曝光制度,年内通过党内处分、通报批评、诫勉谈话等形式,追究1个领导班子和7人党风廉政建设失职责任,开展集体约谈5次、个别约谈10余次,强化领导干部抓好党风廉政建设的意识。12月29日,市委副书记吕锡文、副市长张建东带领市党风廉政建设责任制第八检查组成员,对本区党风廉政建设责任制落实情况进行检查。

(张丹萍)

【节前廉政教育】 8月,区纪委开展中秋廉政教育。节前宣传,严防“节日病”。节前开展向全区科级以上干部发送廉政短信、家庭助廉活动等,严防“节

3月27日,区领导参观廉政教育基地　　(区委宣传部供稿)

日病”发生；利用卫生局、住建委、交管局、行政审批服务大厅等人流密集场所的党务公开专栏或电子显示屏，滚动播放廉政警示语和信访举报电话；在辖区主要街道建立固定的廉政文化宣传橱窗，要求全区各单位利用宣传栏、板报栏展示《石景山区纪检监察信息》节日反腐倡廉专刊。节前教育，筑牢“思想坝”。注重把日常教育与节前专题教育相结合。以开展党的群众路线教育实践活动为契机，举办各单位主要领导讲廉政文化课活动，通过召开节前座谈会等方式抓好党员干部党性、党风、党纪教育。节前督查，编制“廉洁网”。开展督查活动，设置4个督查组，在节日深入到学校、娱乐场所、大型商场、酒店、宾馆等开展明察暗访，坚决遏制党员领导干部公车私用、公款吃喝、公款旅游、公款送礼和违反工作纪律等“节日病”。同时开通党员干部不廉洁行为举报电话，动员群众力量。

（王苏楠）

【落实中央八项规定】 区纪委编印并向全区下发《石景山区贯彻中央八项规定加强作风建设学习手册》（蓝皮书）和《石景山区学习廉政新规图解手册》（红皮书），以图文并茂的形式划出“红线”、标出“雷区”、架起“高压线”。建立《石景山区落实中央八项规定精神情况月报制度》，对违规问题，发现一起、查处一起，绝不姑息迁就。全年调查公款旅游、违规发放福利、超标购车等违反八项规定的问题11起，涉及处级干部11人，科级6人。其中通报批评4件7人，诫勉谈话4件4人，立案4件4人，发出纪律检查建议、监察建议书4件。

（张丹萍）

【信访举报】 区纪委畅通信访渠道，建立来信、来电、来访、网络四位一体的信访举报渠道，实行信访举报月报告制度，避免案件线索瞒报、漏报现象的发生。加强与派驻机构、联合纪检组、区委巡视组、教育实践活动督导组及组织、人事、信访等部门之间的沟通联络，主动出击，获取和排查各类案件线索信息。建立信访线索台账制度，加强对信访举报线索的科学化管理，防止线索信息泄露。全年受理信访举报270件次（含重信重访140件次），同比上升152%。全年直查信访件16件，下达信访通知书10份，交办信访件65件次。加大对基层纪委办信的指导与监督，提高办信质量，对基层的交办要结果件，转前及时沟通，指出查办重点，明确程序办法，查办过程中及时给与具体指导。

（董　影）

【案件查办】 区纪委聚焦中心任务，强化办案工作，加大对各类线索的核查力度，以零容忍态度惩治腐败。全年初核案件线索111件，同比增长152%。立案26件，其中新立案16件，同比增长14%。新立案中：违反廉洁自律规定的2人，违反财经纪律的5人，贪污贿赂的6人，妨害社会管理秩序的3人。实行查办案件责任制，改进工作方法，提高办案效率，严格时限要求，缩短办案周期。除案情复杂的案件外，对于线索清楚、在短时间可以查结的一般违纪案件，做到及时调查、及时报结果、及时处理。在办案力量有限的情况下，优先保障办案，内部资源向办案倾斜，确保案件的快查快结。

（王起顺）

【案件审理】 区纪委全年受理案件20件，审结案件19件，19人受到党纪政纪处分（5人受到刑事追究，2人移送司法机关）。其中17人受到党纪处分，6人受到政纪处分，4人受到党纪政纪双重处分。从受处分人员情况看，处级及相当处级处分7人，科级及相当科级6人，科级以下6人。党纪处分：警告处分5人，严重警告处分2人，留党察看1人，开除党籍9人。政纪处分：开除公职2人，行政撤职1人，行政记过处分3人。从受党纪处分人员违纪行为看：贪污受贿6人，违反财经纪律3人，违反社会道德1人，嫖娼2人，公款旅游2人，其他违纪行为3人。在审理案件中，坚持“事实清楚、证据确凿、定性准确、处理恰当、手续完备、程序合法”二十四字办案基本要求，牢固树立以人为本的理念，严格依纪依法办案。坚持严肃惩治腐败与教育保护干部的辩证统一，发挥纪委的教育、监督、保护、惩处职能。

（范景兰）

【政风行风热线】 年内，将人民群众反映强烈的突出问题作为办理热线的重点，全年受理“政风行风热线”945件，其中市政风行风热线271件，已办结231件，正在处理的40件，其中业务投诉类199件，咨询类48件，建议类16件，政风投诉类8件；区政民互动674件，已办结488件，正在处理的186件。其中公共管理类信件占总体的47.95%，群众事务类信件占总体的39.42%，公共服务类信件占总体的6.2%，政风行风类信件占总体的6.43%。为方便对各类问题进行统计分析，10月初建立数据完善的信件转办数据库，实现对市政风行风热线系统信件办理的无纸化办公。

（王　星）

【行政投诉受理】 区行政投诉中心全年接到群众投诉34件，其中市级平台11件，群众来访3件，投诉电话16件，领导批办2件，群众来信2件。属于受理范围的30件，直查9件，转相关部门调查处理21件，截至年底全部办结。案件总数和受理件数同比均有所下降，其中，受理件降幅为40%。案件性质类别为不履行职责、推诿扯皮、态度恶劣和其他违法4大类，行政投诉涉及部门8个。

（王　雪）

中共北京市石景山区第十一届纪律检查委员会

书　记　李文起

副书记　许景山　仲长军（女）　韩孟荣

常　委　张新东　高维华　王　朴（女）　杨春华　田成立

民主党派·工商联

石景山区有中国国民党革命委员会、中国民主同盟、中国民主建国会、中国民主促进会、中国农工民主党、中国致公党、九三学社7个民主党派的区工作委员会(简称区工委),为各党派北京市委的派出机构。接受党派市委领导,行使党派地方工作委员会职责。各民主党派区工委共有支部38个,民主党派成员1151人,同比增长6.97%。年内,各民主党派在党派市委和中共石景山区委领导下,在区属各有关部门关心支持下,认真学习贯彻中共十八大、十八届三中、四中全会和习近平总书记系列重要讲话精神,围绕区中心工作和重点任务,认真履行中国特色社会主义参政党职能,为推动地区高端绿色发展作出积极贡献。

各党派区工委始终把促进区域经济社会发展作为参政议政的第一要务,紧紧围绕"全面深度转型 高端绿色发展"战略的实施及"八个高端体系"建设,建章立制、整合资源、深入调研、献计出力,为区委、区政府科学决策提供重要参考。各党派区工委积极响应号召,落实招商引资责任,宣传区域经济发展政策,充分发挥与社会各界联系广泛、人才荟萃的优势和特点,调动一切积极因素,招商引资工作稳中有进、实效明显。社会服务工作是各民主党派履行参政议政职能的实践阵地,各党派区工委坚持"服务社会、讲求实效"的宗旨,发挥成员专业优势和资源优势,深入街道、社区和学校,开展文化、医疗、法律援助、扶贫助学等社会公益活动,为和谐社区建设作出贡献,得到社会各界广泛好评和赞誉。各党派区工委以思想建设为核心、以组织建设为重点、以制度建设为保障,进一步加强自身建设,党派成员理论学习能力、政治把握能力、参政议政能力、合作共事能力以及调查研究能力得到全面提升,进一步坚定党派成员中国特色社会主义的道路自信、理论自信、制度自信。

(秦 岭)

中国国民党革命委员会石景山区工作委员会

概 述

中国国民党革命委员会北京市委员会石景山区工作委员会(简称民革区工委)是民革北京市委的派出机构。有5个支部,民革党员128人。年内发展党员13人。党员中有市人大代表1人,市政协委员2人,区人大常委会副主任1人,区人大常委1人,区政协常委2人,区政协委员9人。年内,民革区工委加强自身建设,提高党员素质,积极报送信息,反映社情民意,与市政协、民革市委、区政协等单位开展联合调研。加强党员政治把握能力、参政议政能力、民主监督能力和合作共事能力,增强接受中国共产党领导的坚定性和自觉性。

地址:石景山区八角北路民主党派办公楼一层
电话:88927998
邮编:100043

(张 旭)

【社会服务】 3月17日是中国国医日,三支部和四支部党员到西山枫林社区开展医疗、救援、法律咨询服务活动。三支部宁煜对中老年人易患的中风、高血压、高血脂、颈椎病、便秘等疾病进行重点讲解,对预防、养生保健、合理膳食作详细解说,教授保健运动和自我保健按摩。4月21日,民革广州市委"政府购买医疗卫生服务机制"调研课题组到区调研,民革区工委安排课题组实地参观考察金顶街社区卫生服务中心,并与区社区卫生服务管理中心和金顶街、苹果园、五里坨、鲁谷等社区卫生服务中心负责人进行交流。同月23日,第四支部会同驻区医院和民间救助组织,与西山枫林社区联合举办健康和法律公益活动。12月6~7日,二支部党员王燕丰、王卫、傅玉鹏、湛晓学等赴河北蠡县与当地书画家开展书画、书法作品交流活动,并就互联网金融发展情况进行调研。

(张 旭)

【理论学习】 3月24日,民革区工委召开传达全国"两会"精神暨年度工作布置会。主委李凤芹传达民革市委十四届十次常委扩大会议精神及习近平总书记在北京考察时提出的新要求,全国政协委员、民革市委副主委荣洋参会。4月26日,举办新党员培训班,请区投促局介绍地区总体情况以及近年发展成果,着重介绍投资环境方面所具备的优势;向新党员就如何发挥支部活动作用以及协调本职工作与党派活动之间的关系等问题作介绍。5月5日,9名党员参加民革市委第一期后备干部培训班,分别就推动京津冀协同发展、推动首都城市战略定位落实和推动京台两地经济文化合作交流参加小组讨论。8月29~30日,举办暑期学习班,民革市委调研处干部就民革市委基本情况、如何提升参政议政能力与水平、调研工作技巧等3个方面进行辅导。4个支部主委对上半年支部活动和调研情况作汇报,对下半年工作进行布置。李凤芹对区"八个高端体系"建设协商座谈会精神作传达和说明。11月30日,在京燕饭店召开学习贯彻中共十八届四中全会精神座谈会。民革区工委党员、市第一中级人民法院法官张永钢结合本职工作对十八届四中全会精神进行全面阐述,李凤芹以及党员吕大为交流个人学习体会。

(张 旭)

【残疾人救助】 5月17日,民革区工委召开牵手帮扶残疾学生家庭座谈会,全国政协常委、民革中央副主席、市政协副主席、民革市委主委傅惠民参加座谈会。4个支部的主委分别向4个对口家庭进行捐助,随后与会人员与4个残疾学生家庭就学习、生活、就业等方面进行交流,肢体残疾学生何欣、何悦兄弟朗读抒情诗表示感谢。《团结报》5月20日第一版对活动进行报道。7月10日,民革市委企业家联谊会副会长、北京约基工业股份有限公司董事长、总经理马立民聘用何欣为企业员工,解决其就业问题。

(张 旭)

【党派调研】 年内,按照民革区工委统一安排,4个支部分别根据区委调研目录选择调研课题,确立执笔人并上报工委。民革区工委利用暑期班对调研情况进行督导,听取各支部汇报。6月31日、7月24日,李凤芹和肖红分别带队到区民政局和区文化委就《关于加强石景山区基层老龄工作的建议》《关于强化石景山区文物古迹保护与利用促进旅游产业发展的建议》两个党派提案落实情况进行调研。《关于加强石景山区基层老龄工作的建议》被评为区政协年度优秀提案,《关于进一步推进养老医疗工作的调研报告》等4篇调研报告获区政协年度优秀调研报告表彰;徐远平、陈光、杨淑红和李凤芹分别获优秀提案、优秀社情民意信息及委员承诺活动的表彰。

(张　旭)

4月21日,民革广州市委考察社区卫生服务中心　(民革区工委供稿)

【届中民主评议】 7月5日,民革区工委召开届中民主评议会,区工委委员、支部班子成员、现任人大代表、政协委员以及区委统战部负责人参加会议。重点评议领导班子的思想建设、组织建设、制度建设和作风建设情况,以及领导班子的工作思路、工作措施和取得的实效,和区工委主委、副主委及区工委委员和支部主委履行职责、发挥作用的情况。李凤芹代表班子对换届后工委工作进行述职,副主委马丽萍、肖红、杨学兵、李智勇分别对换届以后工作进行述职。委员和支部主委进行书面述职。与会人员填写民主测评表,对全体委员和支部主委进行民主评议。

(张　旭)

【第五支部成立】 11月30日,民革区工委召开第五支部成立大会。该支部以门头沟区党员为主体。会议以不记名等额选举方式选出第五支部支委成员,张水宁当选第五支部主委。李凤芹要求第五支部党员积极参政议政,在做好本职工作的基础上参加支部活动,把第五支部建设成为一支优秀的支部。随后召开第一次支部会,对班子成员分管工作进行沟通和协调。

(张　旭)

【信息报送】 年内,民革区工委党员共报送150余条信息。截至年底,被民革市委采用44条,被区委统战部采用50条,其中《建议加强戒毒药物治疗门诊建设》等6条信息被市委统战部采用。《关于京津冀协同发展的意见建议》两条信息被市政协采用,《国家应高度重视外资进入我国公用服务事业的问题》被民革中央采用。陈光等多位党员获得民革市委、区委统战部及区政协的优秀社情民意信息表彰。

(张　旭)

中国民主同盟石景山区工作委员会

概　述

中国民主同盟石景山区工作委员会(简称民盟区工委)是民盟北京市委的派出机构,共有8个支部,盟员276人,其中女盟员127人。在职盟员183人,占66.3%;离退休盟员93人,占33.7%,平均年龄52.8岁。高教界盟员95人,占34.4%;普教界46人,占16.7%;科技界25人,占9.1%;医卫界23人,占8.3%;文化艺术7人,占2.5%;新闻出版6人,占2.2%;公有制经济36人,占13%;机关团体10人,占3.6%;新社会阶层27人,占9.8%;其他1人,占0.4%。高级职称(正高和副高)118人,占42.8%;中级职称99人,占35.9%。盟员中有现任市人大代表1人,市政协委员1人,区人大常委1人,区政协副主席1人,区政协常委1人,区政协委员6人。年内,民盟区工委学习贯彻中共十八大,十八届三中、四中全会和习近平总书记系列重要讲话精神,在民盟市委领导下,在区委统战部指导和帮助下,带领和团结广大盟员,凝心聚力,围绕中心,服务大局,切实加强自身建设,努力提升履职能力和水平,为地区经济社会发展发挥作用、贡献力量。

地址:石景山区八角北路民主党派人民团体办公楼
电话:88924684
邮编:100043

(李　莉)

【总结表彰】 2月1日,民盟区工委召开六届十七次工委(扩大)会议。民盟市委常务副主委刘玉芳和区有关领导参加。主委赵继新从加强学习、加强自身建设、履行参政党职能、获奖情况4个方面对区工委工作进行总结,并简述工作思路。会议还对区工委年度先进支部、进步支部、优秀盟员、优秀信息员、优秀信息进行表彰。民盟市委组织部部长严为宣布人事任免事项,150余位盟员参加会议。

(李　莉)

【理论研究】 民盟区工委于年初召开统战理论研究工作会,组织盟员参与课题认领,参加盟市委研究会年会。年内,完成统战理论研究文章4篇,分

别是杨卫东《首都高校统战工作的现状与发展策略研究》(盟市委理论研究课题)、《推进基层协商民主,有效化解社会矛盾》,陈家葆、胡燕《民主党派成员社会主义核心价值观研究》,孙莹《基层工作是党派凝聚力的抓手——从实践谈如何开展基层组织活动》。

(李　莉)

【思想宣传】 年内,民盟区工委组织盟员参加民盟市委、区政协、区委统战部举办的各类报告会和学习班。组织盟员观看电影《建国大业》,组织女盟员参观爱国主义教育基地。举办"学习中共十八届四中全会精神"报告会,向盟员下发《中共中央关于全面推进依法治国若干重大问题的决定》,为盟员建言献策提供理论参考。区工委和各支部重视宣传工作,全年向民盟市委网站上传稿件73篇,《北京盟讯》1~10期采用工作动态类稿件34篇。参与区统战系统"同心共筑中国梦"宣传活动,《人物风采:踏实做人 专业做事——记民盟区工委主委赵继新》和《阵地建设:找准"三个定位",推进调研工作"三高"开展》被采纳。《石景山报》、区有线电视台多次报道民盟区工委的活动,增强民盟区工委在市民盟组织和区内影响力及美誉度。

(李　莉)

【自身建设】 年内,民盟区工委班子成员在各项盟务工作中以身作则,率先垂范,为广大盟员树立榜样。区工委全年报送信息188篇,其中工委委员报送68篇,占总数的36%,被区委统战部采用信息53篇,其中区工委委员报送29篇,占55%。发展的14位新盟员中,由区工委委员担任介绍人的有11人,占发展总数的79%,区工委完成的5篇调研报告,均由区工委委员牵头负责,其中3篇调研报告的执笔人是区工委委员。

(李　莉)

【组织发展】 年内,民盟区工委完善组织发展工作程序,做好新盟员发展与培养,推动组织发展工作的进一步制度化、规范化。在发展新社会阶层人士方面,争取区委统战部支持,把好"入口关"。坚持发展盟员从支部开始的原则,举办入盟前的座谈会,由区工委领导向入盟积极分子介绍民盟历史、民盟性质地位作用等"入盟常识"。严格履行申请、外调、审核及报批等工作程序,确保发展质量。全年发展盟员14人,发展率为5.3%,新发展盟员中,大学以上文化程度13人(其中硕士以上4人),占92.9%,女盟员6人,占43%,平均年龄40.7岁。截至年底,区工委共有8个支部,盟员276人,平均年龄53.8岁。

(李　莉)

【开展调研】 年内,民盟区工委参与区各类民主协商会,在事关经济和社会发展的大事要情上建真言、献实策。就构建"八个高端体系"、破解人口资源难题、改善和保障民生等重点工作,对中共区委十一届十次全会报告和《政府工作报告》提出意见和建议。区工委将开展调研作为参政议政能力建设的重要抓手,工委领导起模范带头作用,亲自负责调研课题,并鼓励和指导支部开展调研工作,形成上下联动、齐抓共管的工作局面。围绕市、区经济社会发展的重点难点热点问题,共完成5篇调研报告。区工委主委赵继新在盟市委担任社会工作委员会主任,主持并执笔完成调研报告《北京民营机构养老存在的问题及政策建议》,北方工业大学支部发挥盟员专业特长优势,完成调研报告《北京市电动汽车充电基础设施发展调研与政策建议》(执笔人:纪雪洪),首钢工学院和工业支部联合开展调研,到首钢鲁家山垃圾发电项目、大兴区南宫垃圾堆肥厂等多家单位进行调研,对垃圾发电、循环经济、清洁生产等进行深入了解,掌握大量一手资料,完成调研报告《关于北京城市生活垃圾分类处理现状的调查与建议》(执笔人:徐励),北京工业职业技术学院支部集中人才优势,成立以支部主委为核心的调研课题组,完成调研报告《石景山区现代金融业的发展现状及对策》(执笔人:许保国),民盟石景山科技支部到石景山区八角街道古城南里等多个社区进行调研,完成调研报告《关于我区推进居家养老的调研报告》(执笔人:史明霞)。为深入探讨京津冀一体化协同发展的重大国家战略,由工业支部发起,区工委组织盟员到位于河北唐山曹妃甸的首钢京唐公司进行调研,盟员深入厂区参观,并与京唐公司领导进行深层次交流和研讨,内容涉及首钢在京津冀协同发展大格局下如何作为,首钢公司与曹妃甸地方园区管理之间如何协调等重大问题。

(李　莉)

【信息报送】 年内,民盟区工委对信息工作非常重视,坚持把信息工作作为参政议政一项重要工作进行研究和部署。班子成员带头参与,保证信息质量,同时注意调动广大盟员积极性,发挥盟员主体作用,全面动员、加强培训、培养队伍、健全机制,"积极参与"的理念已在盟员中广泛树立,信息的专业性、针对性、可行性明显增强,形成"盟员参与面广,信息采用率高"的良好工作局面。全年共报送信息数量188条,其中社情民意128篇,工作动态60篇,被区委统战部采用信息53篇,参与信息工作盟员43人,占全体盟员的16%,占在职盟员的24%。在区统战系统信息工作量化评比中名列前茅,盟员吴述《建议设立失散人员DNA数据库》的信息被中央统战部、中共北京市委采用。

(李　莉)

【社会服务】 社会服务是民主党派的重要职能之一,年内,民盟区工委从实际出发,围绕地区经济社会发展和民生需要,发挥盟员的界别、职业优势,整合盟内资源,开展形式多样的社会服务活动,不断提高社会服务成效。综合支部坚持到小飞象特殊教育中心看望慰问师生,关注特殊教育,奉献爱心。科技支部联合医务支部,先后到八大处、古城南里社区开展义诊活动。综合支部盟员任燕扉热心社会公益事业,全资援建河北省张家口市怀来县的"恒扉爱心慈善学校",组建"恒扉应急救援队",参与多项应急志愿服务工作。发掘盟内书画界人才资源,组织多位盟员参加盟市委书画家联谊会。

(李　莉)

【工委活动】 年内,民盟区工委坚持以活动为载体，凝聚人心，增强盟员对组织的凝聚力和向心力。一方面组织盟员参加盟市委、区政协、区委统战部的学习班、报告会等活动，盟员积极性高，参与面广；另一方面，组织好各种“常规固定”活动：春节前看望和慰问老盟员，妇女节组织女盟员参观，教师节组织教师盟员座谈会，重阳节为老盟员举办健康讲座等。通过活动增进交流，加深友谊，营造“盟员之家”良好氛围。同时加强横向联谊，区工委应邀到门头沟就区域经济进行调研，邀请门头沟区工委、支部两级班子成员来区参加中共十八届四中全会专题报告会，并就开展活动、组织发展、参政议政和社会服务等各项工作进行广泛交流，互相学习，资源共享，共同进步。

（李　莉）

【支部活动】 年内，民盟区工委8个支部广泛征求盟员意见和建议，拓宽思路，创新形式，普遍做到“年初有计划，年中有落实，年末有总结”，支部活动质量逐步提高。北方工业大学支部坚持主题学习活动，学习习近平总书记系列重要讲话精神，提高盟员的理论水平；首钢工学院支部紧跟形势，在中共十八届四中全会结束后的第一时间就组织盟员进行专题学习和讨论；工业支部关心老盟员，班子成员看望慰问生病的老盟员，告别去世的盟员，营造支部的“盟员小家”；中学支部发挥盟员特长，举办手机摄影系列专题讲座，帮助盟员提高艺术修养；医务支部克服职业特点带来的困难，盟员“化整为零”参加义诊等社会服务，支部活力明显增强；综合支部年轻盟员多，气氛活跃，在各支部间“穿针引线”，成为支部联合活动的“带头人”；科技支部坚持“非常六加一”的工作模式，在调研、社会服务方面成果显著。

（李　莉）

【获奖情况】 年内，北方工业大学支部被民盟中央授予“先进基层组织”荣誉称号；综合支部被民盟市委授予“先进基层组织”荣誉称号；盟员王丽新、郝德玲、孙莹、吴述、鲁翠被民盟市委评为“先进盟务工作者”；祝智军被民盟市委评为“社会服务工作先进个人”。获中共区委、区政府表彰情况：区工委主委赵继新、委员孙道银执笔的《关于发挥“国家综合服务业改革试点区”政策优势 促进石景山产业升级的研究》获区优秀调研报告一等奖，是10篇一等奖中唯一出自民主党派的调研报告。获区政协表彰情况：科技支部组织委员吴玉兰被评为“招商引资先进个人”，区工委副主委杨卫东被评为“委员承诺活动先进个人”。区工委党派提案《关于盘活存量资源，壮大区域经济实力的对策建议》和赵继新个人提案《关于对我区CRD五大主导产业进行发展质量运营监测体系建立的建议》被评为“优秀提案”。《石景山区“国家服务业综合改革试点区”建设中的问题及解决策略》《关于发挥“国家服务业综合改革试点区”政策优势，促进石景山区产业升级的调研报告》被评为优秀调研报告。报送的社情民意中，有10篇被评为优秀社情民意，占优秀社情民意总数（42篇）的24%。获区委统战部表彰情况：获区统战系统信息工作先进单位特等奖，自2006年起连续8年获“调研工作优秀组织奖”（唯一获奖单位），调研报告获一等奖1篇，三等奖3篇，赵继新、杨卫东、祝智军、孙莹等5位盟员被评为优秀信息员，盟员吴述编写的信息等4篇信息被评为优秀信息。

（李　莉）

中国民主建国会石景山区工作委员会

概　　述

中国民主建国会北京市委员会石景山区工作委员会（简称民建区工委）是民建市委的派出机构。现有基层支部7个，会员227人，平均年龄53岁。其中男性会员139人，女性会员88人；大学本科以上学历113人，硕士研究生31人，博士研究生7人；中高级职称99人。民建市委委员2人，其中常委1人；市政协委员1人；区人大代表3人，其中常委1人；区政协委员15人，其中常委2人。年内，民建区工委围绕经济建设，履行参政党职能，参加政治协商、民主监督和参政议政，开展社会公益活动；加强自身建设，提高会员素质；针对区中心工作开展调查研究，建言献策，反映社情民意等。刘东晖被评为北京市民主党派年度人物。

地址：石景山区八角北路民主党派人民团体办公楼

电话：68822161

邮编：100043

邮箱：mjsjsgw@163.com

（李　蕾）

【组织发展】 民建区工委全年发展会员14名，其中男会员7人，女会员7人。平均年龄36岁，其中40岁以下的7人。8月23～24日，举办会员培训班，40余名会员会友参加培训，增强会员对多党合作政治制度的认识和党派成员意识。区工委企业委员会进行届中增补，吸收14名会员加入，并增设2名秘书长。理论宣传委员会组建《石景山民建》编辑小组，让有专长的会员参与宣传工作。区工委组织年度总结会、春季运动会、会员企业参观活动等全体会员活动。各支部结合自身特色开展多样活动。工商支部调动会员积极性，融学习性和娱乐性于一体；经法支部坚持以社会服务为特色，探索社会服务项目；直属支部新会员特点，以会员企业走访为主要内容，走访会员企业3家，还组织部分新会员和会友赴重庆开展“寻根之旅”；退休支部全年组织6次学习活动；科教支部组织文化特色参观活动；综合支部借力发展，与工商支部联合开展活动。

（李　蕾）

【理论学习】 年内，民建区工委组织学习习近平总书记系列讲话精神、十八届四中全会精神、陈昌智主席在民建全国市级组织建设研讨会上的讲话、民建基层组织先进经验等，传达民建市委工作要点和市民建十届三次会议精神。全年形成《立会为公、参政为民、建设有作为有担当的新时期参政党》等理论文章十余篇，其中多篇被《北京民建》、民建市委网站和市级相关理论研讨会采用。区工委办公室先后转发中共十八届四中全会《决定》全文及多篇解读文章。直属支部组织新会员进行网上自学，撰写《我为什么加入民建》心得体会，其中2篇被《北京民建》采用，1篇被《石景山民建》采用。以区工委季报《石景山民建》、微信、微博、QQ群为平台，向会员宣传工作成果。对《石景山民建》进行扩版，邀请书法家会员题写报头，由之前的A4版面4版扩充为8版。向民建中央网站、《北京民建》和市委网站推荐优秀稿件，全年被民建中央网站采用12篇，《北京民建》采用10篇，市委网站采用46篇。

（李　蕾）

【参政议政】 年内，民建区工委及时传达各级"两会"、市委、区委阶段信息报送要点、热点，组织信息骨干会员、新会员参加信息培训讲座。通过微信群随时发布最新时事解读，了解主流观点，加强对会员思想意识的正确引导。全年征集信息82篇，其中社情民意35篇，会务信息47篇。《建议进一步发挥基层政协的民主监督作用》等4篇信息被区委统战部评为优秀信息。结合区重点工作，围绕"八个高端体系"建设，组织选题、调研、撰写、讨论、修改。向政协全会提交党派提案《综合运用金融手段 促进我区旅游服务产业发展》，在区政协理论研讨会上递交理论成果《从细微处入手，切实改善石景山旅游生态环境》。完成政协全会党派发言《关于加强我区开发建设中历史风貌保护的建议》。形成《关于石景山区旅游生态环境的调研报告》《全球智慧城市建设调研报告——国内智慧城市建设的问题及建议》。全年多次参与各系统组织的调研、学习活动，关注热点问题，履职尽责，建言献策，在年初的政协会上提交个人提案十余篇，在区政协优秀提案评比中获第一名，优秀调研报告评比获第二名。

（李　蕾）

【社服联络】 年内，民建区工委成立社会服务工作小组，协助开展各项社服活动。坚持充实"爱心池"，共募集款项48830元。帮扶3所打工子弟学校，全年资助300名贫困学生，共计6万元。关注外省，开展第四届"爱心照亮希望活动"——河北省唐山市新寨村中心小学开展助学活动，"爱心池"捐款8000元，向社会爱心人士募集善款共计款项55000元，购买400余套学习用品。通过向社会和会员募集，社会服务工作小组向四川省凉山州甘洛县吉米镇中心学校捐赠1000余件夏季衣物。到河北省赤城县万泉寺小学开展帮扶，民建区工委出资6000余元为学校购买电茶炉、暖瓶、保温杯等；20多名会员捐款7200元为贫困学生购买学习用品。工商支部到河北省滦平第二中学，送去15000元助学款。组织会员参加市委的"为爱而走"活动并捐款。5月，组织会员到大兴SOS儿童村实地考察，了解村中妈妈和孩子需求。选定区民族养老院为爱老敬老活动基地，与海淀区会员联合打造"关心长者春风行动"，每月末组织会员和志愿者前往养老院，教老人折纸、简笔画，还为老人们送去两场精彩演出。新会员社会服务意识提高，2名新会员主动参与帮扶打工子弟学校，发动本单位员工或在自己孩子所在班级进行宣传，分别对华奥学校和台京学校进行定点帮扶。扩大联络工作，组织会员参加海淀区科三支部举办的"自然地质灾害的形成与自救"知识讲座；协助安排民建市委机关干部参观本区会员企业；民建区工委企业委员会与门头沟企业家会员以"理想、信念、责任"为主题进行座谈。

（李　蕾）

中国民主促进会石景山区工作委员会

概　述

中国民主促进会北京市委员会石景山区工作委员会（简称民进区工委）是民进北京市委派出机构。截至年底，有会员182名，支部7个，分别是北京九中支部、教育分院支部、金苹古西支部、古东永乐联合支部、经济支部、退休支部和北方之星青年支部。工作委员会由主委1名、副主委3名，委员8名组成。会员中有民进市委常委1名、市委委员1名、市政协委员1名、区人大常委1名，区政协委员11名（其中副主席1名，常委2名）。第四届区青联委员2名，区特邀监察员1名，区政协特约文史委员1名。年内，以加强学习，深化认识，开拓创新，认真履职为主要内容，在加强党派自身建设，履行参政党职能，发挥党派人才和智力优势，开展调查研究，撰写社情民意、各支部开展丰富多彩活动及社会服务等方面取得很大的进步。

地址：石景山区八角北路民主党派人民团体办公楼
电话：88924685
邮编：100043
邮箱：mjsjsgw@126.com

（杨朝红）

【参政议政】 在1月召开的区政协九届三次会议上，民进界别政协委员积极建言献策，提交集体提案2件，其中大会发言材料1篇；委员提交个人提案11件。在分组讨论及专题协商会上，民进界别委员踊跃发言、献计献策。区工委提案《关于开发利用永定河莲石湖的思考与建议》获优秀提案奖。区工委多次召开调研课题研讨会、参政议政研究会。上半年，制定调研工作计划，初步拟定调研题目，确保调研课题有针对性、可操作性、有价值。下半年带领工委调研小组到区住建委调研老旧小区改造情况，撰写《关于加强老旧小区改造，推动石景山区高端绿色发展的思考和建议》提案。区工委还完成《关于世界旅游城市联合会总部基地落户石景山的深度开发建议》提案。各支部积极组织调研。经济支部完成《关于进一步完善石景山区"综合城管"模式的探讨》；金苹古西支部完成《石景山区残疾人康复需求调研报告》和《关于在职党员进社区活动的几点建议》；退休支部《建议我区把慈善寺的三皇殿与冯玉祥所刻谦卦办成传统文化的教育基地》等调研报告。区工委利用各种方式逐步增强会员信息报送意识。截至年底，有26人撰写社情民意信息74条信息。其中6人6条信息被市委会采用；13人18条信息被区委统战部采用；民进中央网刊登工作信息15条。

（杨朝红）

【社会服务】 春节前，民进区工委组织几位书法家到石景山区最大的经济适用房滨和园社区，现场为社区居民送春联、送“福”字。民进会员、区政协委员王东第二次向培智学校学生捐赠100套棉背心和裤子。会员丁永红多次为培智孩子进行康复训练，到学生家中进行指导，还去八宝山街道举办老年偏瘫患者家庭护理知识讲座，受到老年人欢迎。退休支部赵志欣多次到社区及学校讲解历史、传播中国传统文化，听课人数150人次。会员祁超定期看望培智中心学校癫痫患儿，购买食品玩教具，关注儿童健康成长。会员边疆、吴新和到6省市作公益性“生命教育”讲座，听众达3000多人。政协委员陈反修到苹果园社区为居民健身联系专业教师，有2000多人参加；他还联系风云单车俱乐部向培智中心学校老师及学生赠送食品。会员张连英、尹玉生多次参加民进市委组织书画家公益下乡活动。

（杨朝红）

【思想建设】 年内，民进区工委强化理论学习，提高会员政策水平和理论素养。组织会员参加民进中央、民进市委、区委统战部组织的各种学习讲座；组织学习现阶段党和国家的路线、方针、政策，及时传达重要会议精神。3月14日，组织工委委员学习传达民进中央和全国“两会”精神。8月30日，区工委在法海寺举办暑期班，邀请入会28年的老会员于书江介绍石景山民进发展史，新会员及骨干后备会员参加。10月24日，召开学习领会十八届四中全会精神座谈会，全体工委委员参加。11月29日，举行大讲堂系列讲座，80岁高龄的赵志欣介绍中华民族的起源与文化。

（杨朝红）

【会员发展】 民进市委分配的年度发展任务为8名，实际发展10名。新会员平均年龄37.9岁，其中大学本科9名，大专1名。截至年底，区工委有会员182人（调走1人，转入1人，去世2人）。着眼培养后备人才，给会员搭台子，锻炼、使用新人，为推荐后备干部创造条件，区工委决定建立主、副委联系支部工作制度，重新分配政协委员、人大代表在各支部的比例，发挥政协委员、人大代表作用，不再兼任各支部负责人。对经济支部、金苹古西支部、古东永乐支部班子进行重新调整。一批年轻会员进入支部班子，发挥作用。5月10日，经济支部组织新会员和入会积极分子20余人到民进中央参观会史展。

（杨朝红）

【民主评议】 年内，根据《2014年北京市民主党派工作要点》及区委统战部安排，制定届中工委领导班子评议安排。分别召开主副委会和工委委员会进行动员布置。7月11日，民进区工委召开届中民主评议会。主委于秀云代表工委从政治学习、自身建设、参政议政、社会服务等几方面进行工作总结。随后，于秀云及几位副主委进行个人述职。工委委员上交书面总结。到会的人大代表、政协委员，各支部主任填写《民主测评表》。

（杨朝红）

【组织建设】 年内，根据民进市委关于开展创先争优活动的要求，区工委创新活动内容形式，总结经验，查找不足，增强组织活力，努力提升民进的组织凝聚力和社会影响力。通过树立典型、表彰先进，调动各支部和会员积极性，提高会员的思想觉悟，夯实各项工作基础。各支部比学赶帮，开展丰富多彩的活动，既有学习、参观调研、也有文化讲座、公益活动等。区工委被民进中央评为“全国先进基层组织”；丁永红被评为“先进基层组织负责人”称号。金苹古西支部和经济支部被民进市委评为“优秀支部综合优秀奖”和“优秀支部突出进步奖”；于静慧被民进市委评为“优秀会务工作者”。

（杨朝红）

中国农工民主党石景山区工作委员会

概　　述

中国农工民主党北京市委员会石景山区工作委员会（简称农工党区工委）是农工党市委派出机构。区工委有基层支部4个，党员124人。68%的党员来自医药卫生界。其中男54人，女70人；在职人员78人，退休人员46人；平均年龄49.2岁。硕士研究生以上学历28人，占党员总数23%；大学学历（含大专）88人，占70%；中专以下学历8人，占7%。高级职称的60人，占48%；具有中级职称的53人，占43%；初级职称3人，占2%。党员中区人大代表4人，其中区人大常委1人；区政协委员9人，其中区政协常委

4月29日，在特钢社区开展义诊　　（农工党区工委供稿）

2人。担任区政府特约监察员4人。年内，农工党区工委深入学习中共十八大和中共十八届三中、四中全会精神及治国理念，继续贯彻农工党中央宣传思想工作会精神，贯彻农工党中央及市委关于在全党开展坚持和发展中国特色社会主义学习实践活动精神，带领广大党员继承和发扬农工党与中国共产党团结合作的优良传统，继续践行社会主义核心价值体系，以思想建设为核心，以组织建设为基础，加强自身建设。积极履行参政党职能，立足农工党的特点，围绕政府关注、群众关心的重点、热点和难点问题，谋发展之道，献务实之策，为推动地区建设和科学发展贡献力量。

地址：石景山区八角北路民主党派办公楼

电话：88927996

邮编：100043

（王明生　王秀荣）

【参政议政】 1月，农工党9名政协委员参加区政协九届三次会议，区工委主委王明生作题为《关于促进我区现代金融产业发展的建议》大会发言。会议期间提出《关于加快我区现代金融产业发展的建议》和《关于加快我区集中养老事业的建议》提案。区工委完成《关于"以国家服务业综合改革试点区为契机，促进我区现代金融业快速发展"的调研报告》，与区政协城建环保委联合完成《关于石景山区大气污染防治的调研报告》、与政协教文卫体委联合完成《提升职业教育的影响力，促进区域经济互动发展》、与政协学习与文史委联合完成《关于加快推进模式口古镇保护与开发利用的调研与思考》，并获优秀调研报告奖；《关于石景山科技园区积极寻找新的经济增长点的建议》、纪富水《关于进一步提升我区城市精细化管理水平的建议》被评为"优秀提案"。王明生《关于建设石景山区中小企业融资平台体系的建议》被评为"优秀社情民意"。纪富水被评为"招商引资先进个人"。同月，农工党4名人大代表出席区第十五届人大四次会议。4月，区工委获区委统战部信息工作先进单位一等奖；《石景山区集中养老现状及对策探讨》获优秀调研报告二等奖、《完善精细化管理机制，提升我区市容环境卫生水平》《关于"以国家服务综合改革试点区为契机，促进我区现代金融业快速发展"的调研》获优秀调研报告三等奖。王明生、郑师方、王秀荣被评为优秀信息员；《石景山区统战系统学习贯彻十八届三中全会精神》《建议进一步完善集中养老及失独家庭帮扶政策》《党外人士对十八届三中全会公报金融领域改革的意见建议》《党外人士对中央政治局改进工作作风、密切联系群众八项规定的反映》被评为优秀信息。6月，迟虹《关于应对城市地陷灾害的建议》《关于立即制止总参三部破坏北京西山森林的建议》《关于涉"氨"安全问题的建议》，谭丽玲《牢记国耻，实现强国之梦》，赵亚菡《建议严格控制进京人口》《建议进一步提高抗战时期的离休老干部医疗待遇》，纪富水《强烈谴责昆明3·01袭击事件的暴行》，被农工市委采用。迟虹《关于应对我市路面塌陷灾害的建议》被市政协采用。7月，张紫波《应加强永定河共管段河道环境治理》被农工党中央《前进论坛》第七期登载，并获市政府领导批示。11月，焦彦生《关于做好小轮车赛场保护利用的建议》得到区委书记、政协主席、区长和两个副区长的批示。

（王明生　王秀荣）

【组织活动】 1月，农工党区工委领导分别看望慰问老党员。10月，八宝地区支部组织15名党员参观考察密云县古北口镇农村改革开放带来的成果。12月，各支部通报区工委扩大会精神，开展支部总结工作，评选先进党员。58名党员参加活动。

（王明生　王秀荣）

【思想建设】 2月，迟虹《以十八届三中全会精神指引科普工作》被《北京农工》第二期登载。4月，纪念中共中央发布"五一口号"66周年，组织党员观看《建国大业》电影。5月，2名新党员参加市委统战部、各民主党派在北京社会主义学院联合举办新成员培训班。同月，参加"同心共筑中国梦"宣传教育活动，谭丽玲撰写《我身边的劳模——心内科王明生主任》，被《石景山报》刊载。康雅楠撰写《为农工党争光，为振兴中华出力——记农工党党员孔令多》，焦彦生撰写《不断发展的农工党石景山区工委》。6月，贯彻农工党中央及市委关于在全党开展坚持和发展中国特色社会主义学习实践活动，工委召开扩大会集中学习，统一认识。7月，举办第三期暑期"信息工作培训班"，原主委作"农工党员的光荣与职责"的演讲；区委统战部介绍统战信息撰写；农工党市委副主委作参政议政一定要结合世界背景和中国具体国情的报告，40名党员参加培训。同月，张紫波《参加2014年农工党全国理论骨干培训班有感》被农工党市委《北京农工》第四期登载。8月，张紫波《协商民主与人民政协政治协商、参政议政、民主监督职能研究》，被推荐为市政协理论研究报告。9月，17名新党员参加《民主党派新成员教育培养研究调查问卷》。同月，15名党员听取市委统战部《如何做好统战信息工作》讲座及友党信息工作经验介绍。10月，张紫波《加强参政党作风建设，实现北京统战工作新突破》中共市委《北京工作》10期登载；《"网络意见代表人士"统战工作研究》被推荐为全国政协发言备选报告。12月，5名党员听取中共中央统战部副秘书长兼四局局长张献生作协商民主问题的研究辅导报告。

（王明生　王秀荣）

【组织建设】 3～10月，孙文明由农工党宁夏区委调入工委，后转入西城区委会。赵萌、马克、高艳春、杜晗、黄绿萍、马志明加入农工党，编入工委各支部。7月，根据农工党市委和区委统战部要求，在工委班子及委员中开展民主评议工作。主委、副主委在工委扩大会议上述职，9名工委委员以书面形式报告履行职责、发挥作用情况。30名党员代表对班子及各委员评议。工委班子被评为优秀，8名委员被评为优秀，4名委员被评为基本称职。会后制定整改措施。10月，农工党市委增补迟虹为市委妇女委员会委员。增补张紫波为市委经济委员会委员。批准同意增补魏志强、康雅楠、焦彦生为第五届区工委副主委，增补李鸿泓为区工委委员。

（王明生　王秀荣）

【社会服务】　4月，农工党区工委协办北京市首个社区居民生活指导站活动在景阳社区启动，8名党员为80余居民义诊咨询服务。6月，参加农工党中央第七届“中国环境与健康宣传周”活动，深入特钢社区、天翔社区和高能所社区，开展颈椎、心脏健康知识讲座及义诊咨询，为200余人做心电图、骨密度、血糖、眼底、测血压等检查，发放环保与健康科普宣传材料10余种、400余份，17人次参加活动。9月，响应国家卫计委“服务百姓健康行动”全国义诊活动周的号召，协同区政协开展“健康人生，从心做起”的政协委员联系社区义诊活动，5名党员到高井社区举办“冠心病与高血压”知识讲座，发放健康资料，测血压、健康咨询等，为100多名居民答疑解惑。11月，首钢支部和古城支部10名党员慰问区社会福利院老人，送去40件棉服、80条毛巾等慰问品，价值近5000元。通过北京人民广播电台体育频道《今夜私语时》和中国生殖健康网站专家答疑栏目进行性健康科普宣教，每月4～6次；举办男性健康进军营、进大学和航天城讲座5次，约2000人受益。与人民网合作，组织心脑血管疾病专家，率先在全国药店行业中开展“健康大讲堂”活动4次。举办老年病、心脑血管急症的防治、家庭急救、禽流感、体检等讲座17次，受益人数约2100人。为基层急救员培训820人次。首钢支部和石景山医院支部党员向贫困地区捐衣物60余件。迟红、孟宪军、杨国军为活动提供资金支持。

（王明生　王秀荣）

中国致公党石景山区工作委员会

概　述

中国致公党北京市委员会石景山区工作委员会(简称致公党区工委)是致公党北京市委的派出机构。现有3个支部，党员77人，其中男党员37人，女党员40人；少数民族4人；大专以上学历68人(其中硕士以上18人)，占党员总数的88%；40岁以下25人，占32%，40岁以上52人，占68%；归侨、侨属、侨眷、留学归国人员56人。全国政协委员1人、区人大代表2人、区政协副主席1人、区政协委员8人、区青联委员3人。年内，致公党区工委结合本党特色，发挥侨、海优势，围绕中心、服务大局，做好参政议政、调查研究和建言献策工作，履行参政党职能。

地址：石景山区八角西街民主党派办公楼
电话：88928001
邮编：100043

（刘　可）

【思想建设】　年内，致公党区工委注重党员政治理论学习和政治思想建设，在实践中通过领导干部以身作则，身先士卒，组织带动全体党员通过不同形式开展理论学习和形势教育工作。工委主委带头撰写多篇理论学习文章，对调动党员学习积极性起到带头作用。年内，工委召开全区党员理论学习会、党员工作会议、全体委员会议、坚持和发展中国特色社会主义学习实践活动专题研讨会等多项重要会议。通过多种途径，不断提升党员的政治思想水平和政治把握能力。

（刘　可）

【组织建设】　年内，致公党区工委利用区人大、区政协及区海外联谊会等多种平台，以多种途径的活动为载体，加强组织建设，调动党员积极性，不断探索党派工作新形式，展示工委活力与形象。组织区政协委员和党员参加区政协联谊会，召开入党积极分子座谈会，组织新党员参加致公市委中青年党员学习班、参政议政工作培训班，召开工委民主测评工作会议。通过开展多项组织活动，加深工委对干部和党员们的了解，加强党员间联系。区工委获致公市委“宣传思想工作先进集体”称号。工委三支部被评为市委“先进基层支部”。区工委主委高杰被致公党中央评为“优秀党员”“对外联络工作先进个人奖”。

（刘　可）

【参政议政】　年内，致公党区工委注意倾听归侨、侨眷呼声，积极做好参政议政、调查研究和建言献策工作，切实履行好参政党职能。开展“民俗文化调研”主题活动，考察旅游节庆文化；到法海寺开展专题调研。联合西城区委第二支部赴天津开展“京津冀协同发展”联合调研活动。组织参观考察第九届中国北京国际文化创意产业博览会。撰写《关于深入挖掘旅游文化资源 推进我区旅游产业发展的建议》获区政协年度优秀提案。撰写《关于促进我区旅游产业高端发展》《关于进一步完善社会治安综合治理体系 加强群防群治队伍建设》《关于促进我区文化创意产业高端发展》等被区政协评为优秀调研报告。2篇信息得到中共中央统战部领导批示，多名党员被区委统战部评为优秀信息员，多篇信息被评为优秀信息。

（刘　可）

【服务社会】　年内，致公党区工委开展多种形式的服务社会工作，打造服务品牌，不断扩大工委影响力。坚持开展“结对共建送温暖”活动，与“结对共建”单位爱乐实验小学继续合作，完善校园文化建设方案，帮助学校改造校区文化景观。在黄南苑社区举办“送文化进社区－汉字书写与中国文化”主题大讲堂活动，为社区60多位学生和家长举办讲座。打造“扶残助残”服务品牌，走访、慰问多名残疾人家庭，为孩子们送去助学款。开展“关爱残疾人 共筑中国梦”为主题的扶残助残大型公益活动，设置购物优惠区和残疾人职业康复作品展卖专柜，为来自9个街道近200名残疾人提供义务咨询服务。开展“送文化进社区－关爱残疾人群体”主题大讲堂活动，为八角街道、古城街道多名残疾人举办“中国传统美术传承”主题讲座。春节、国庆、重阳节期间，工委干部分赴70岁以上和有困难的老党员家中看望，送去温暖和祝福。

（刘　可）

九三学社石景山区工作委员会

概　述

九三学社北京市委员会石景山区工作委员会(简称九三学社区工委)是九三学社北京市委的派出机构,下设4个支社。年内发展新社员6人,从外区转入5人,区工委社员人数达到129人,其中女性64人,占总人数49.61%;男性65人,占50.39%;高级职称100人,占77.5%。有市政协委员1人,区政协委员11人,区人大代表1人。区工委在社中央、社市委和中共石景山区委领导下,深入学习贯彻中共十八届三中、四中全会和习近平总书记系列重要讲话精神,积极开展坚持和发展中国特色社会主义学习实践活动。以自身建设为抓手,以"思想上坚定,组织上坚强,履职上坚实"为目标,围绕中共石景山区委、区政府"全面深度转型　高端绿色发展"战略,认真履行职能,为区域经济社会发展贡献力量。

地址:石景山区八角北路民主党派办公楼
电话:88927995
邮编:100043

(赵军民)

【社会服务】　年内,九三学社区工委采取多种方式开展社会服务工作,不断探索发挥自身优势做好社会服务工作的新路子、新办法,增强九三学社的社会影响力,向社会传递正能量。3月7日,区工委在首钢工学院学术报告厅联合举办庆祝"三八"妇女节健康知识讲座,工委主任左小兵向首钢工学院图书馆捐赠关于女性健康的书籍。5月30日,区工委副主任何云飞、吴瑕,委员赵百旺、刘喜波到小飞象训练发展中心,向小朋友赠送水壶、玩具等,并向训练中心食堂赠送米面等物品。广大社员发挥自身优势开展社会服务工作,张家敏、崔兰带领"粉红丝带"志愿服务队先后12次走进病房,探望乳腺癌患者,鼓舞她们珍爱生命,勇敢面对病魔,积极配合治疗。8月29日,"粉红丝带"志愿服务队应邀出席在北京国际饭店召开的第五届全球华人乳癌病友组织联盟大会,张家敏作"心手相牵,姐妹同行"专题发言。9月26日,在《时尚健康》主办的粉红丝带乳腺癌防治活动——"2014年粉红盛典"上,张家敏团队获"2014粉红英雄奖"。社员郑向东长期关注来京务工人员生活状况,坚持每年为海淀曙光打工子弟学校捐款捐物。董绍珮老师退休后自费学习足底按摩法,举办"足部反射疗法"培训班和家庭足疗辅导班,为居民义务传授足部反射疗法。区工委被社市委评为"社会服务工作先进集体",张家敏、王书万被社市委评为"社会服务工作'文化传播'先进个人"。

(赵军民)

【参政议政】　年内,九三学社区工委带领全体社员紧贴经济社会发展实际,积极反映社情民意,为地区高端绿色发展建言献策。在区政协九届三次会议上,党派提案《关于提升石景山区现代服务业的几点建议》、刘喜波个人提案《关于加强石景山区立体绿化提高绿化透视率的建议》获年度优秀提案。区工委共提出20件提案,其中党派提案2件,个人提案14件,委员联名提案4件。多次参加区政协组织的区情通报、党派研讨交流、民主协商会和调研活动,落实地区"全面深度转型　高端绿色发展"战略,促进"八个高端体系"落地。3月18日,参加区政协提案工作会。4月17日,参加区政协党派研讨交流会。7月9日,参加区政协第23次理论工作研讨会和群众路线教育活动通报会。8月20日,在中共石景山区委召开的"八个高端体系"建设座谈会上,提出"做好顶层设计、完善评价体系、认真抓好落实、加强统筹协调、强化保障体制"5条建议,阐述八个高端体系建设应关注的问题,得到区委领导重视。10月15日,参加区政协报告征求意见会。

(赵军民)

【支社活动】　年内,九三学社区工委注重开展形式多样的组织活动,增强凝聚力、向心力。5月8日,综合支社组织部分社员参观吴阶平纪念馆。8月29日,在九三学社成立纪念日及中国人民抗日战争胜利69周年之际,组织部分区工委和所属支社支委成员参观卢沟桥和中国人民抗日战争纪念纪念馆,感受历史、勿忘国耻、缅怀先烈。9月20日,安排10名社员参加社市委在国家奥林匹克中心举办的"益起跑"助力申冬奥健步走活动。10月1日,选派3名社员参加天安门升国旗仪式。区工委和各支社对年老社员和生病社员多方关怀,组织14名老社员参

5月30日,到小飞象训练发展中心调研慰问　(九三学社区工委供稿)

加社市委组织的“北京九三王选关怀基金会送健康行动免费体检”活动。春节前组织慰问老社员，探望生病社员，成为区工委一项重要工作。丰富多彩的活动，加深社员之间交流，使社员感受到组织温暖。

（赵军民）

【调研信息】 年内，九三学社区工委围绕“八个高端体系”建设，将课题调研重点放在首钢园区开发利用、城市立体绿化、社区医疗服务中心建设和交通拥堵治理等方面。多次对调研内容进行研究讨论，广泛听取意见建议，不断充实完善，经过中期评估和结题论证，形成4项调研成果上报区政协和区委统战部，其中，《关于加快首钢园区开发，促进我区高端服务普发展的调研报告》获年度优秀调研报告。7月11日，区工委举办信息工作培训班。广大社员消化培训成果，注意观察民生和热点问题，勤于思考，踊跃建言，全年提交稿件、信息98条，社市委采用稿件22篇、信息36条，区委统战部采用信息26条。

（赵军民）

【组织建设】 九三学社区工委注重组织建设，确保进步性，保持生机和活力。7月12日，区工委召开第三届工委会届中评议会，工委主任左小兵作工作报告和个人述职，副主任何云飞、吴瑕、陈文彰先后进行个人述职。经全体社员评议，本届工委班子成员的考核结果全部为优秀。在社员发展上，坚持“人才兴社”“人才强社”战略，吸纳科技领域有发展潜力的中青年人才，努力把社会优秀人才吸收到九三学社中来。通过考察和研究，并报社市委批准，全年发展新社员6名，平均年龄39.5岁，其中博士学历4个、硕士学历1个、本科学历1个，社员年龄和学历结构进一步优化。年内从外区转入5名社员，社员增加到129名，比上年增加11名。区工委被九三学社中央组织部评为“组织建设先进集体”。

（赵军民）

【思想建设】 年内，九三学社区工委加强思想政治建设，确保社员政治立场坚定。加强对中共路线、方针、政策的学习贯彻，注重学习统战理论和中国特色的政党制度。开展“同心共筑中国梦——统战宣传活动”，推出张家敏和她创立的粉红丝带志愿服务队的先进事迹，刊发表在《石景山报》上。持续开展社会主义核心价值体系学习活动，引导广大社员把践行社会主义核心价值观内化为自觉行动。开展“学社史，爱九三”活动，支持王书万利用自身特长创作“民主科学之光”九三成立时的历史情景画，组织社员参观吴阶平纪念馆，弘扬九三先贤同中国共产党团结合作的优良传统，引导社员以民主、科学为宗旨，坚定接受中国共产党领导的信念，共同致力于中国特色社会主义事业。区工委还建立“石景山九三人”微信群作为交流平台，交流学习实践活动情况和心得体会，办公室关注手机报的内容变化，及时推荐优秀信息，引导社员关注阅读。通过学习交流，全体社员能把政治共识内化于心、外化于形，努力把学习实践成果转化为推动区域经济社会发展的强大动力。

（赵军民）

石景山区工商业联合会

概　　述

石景山区工商业联合会（商会）是在区委、区政府领导下的具有统战性、经济性、民间性的人民团体，是党和政府联系非公有制经济人士的桥梁和纽带，是政府管理非公有制经济的助手。年内，区工商联围绕中心、服务大局、积极进取、开拓创新，以深入开展党的群众路线教育实践活动为抓手，锁定“着眼精神家园建设，使党的思想政治建设水平有一个大提升；着眼整改突出问题，对脱离群众路线的‘四风’问题做一次大扫除；着眼完善制度机制，使党要管党、从严治党的能力有一个大进步；着眼区域转型发展，对‘全面深度转型　高端绿色发展’来一个大促进；最终达到人民群众满意”的“四大一满意”目标，强化思想建设、作风建设、能力建设、制度建设，坚决扫除“四风”突出问题，着力打通服务群众最后一公里，为改善和优化区域非公经济发展环境、促进非公经济“两个健康”发展，全力推动地区全面深度转型、高端绿色发展作出新贡献。

地址：石景山区八角北路民主党派人民团体办公楼
电话：68885640
邮编：100043

（伍新民）

【参政议政】 在1月初召开的区“两会”上，区工商联经过深入调研形成“打造优质高效经济发展环境，促进非公经济健康发展”的大会发言，提出“关于构建石景山区政策咨询综合服务平台”的界别提案和“关于提升石景山区高端人才服务水平”的团体提案。

（伍新民）

【优秀企业】 1月12日，北京市爱依家政服务有限责任公司被市人力社保局评为“北京市人力资源诚信服务示范单位”。4月29日，爱依社区养老服务中心获“北京市工人先锋号”荣誉称号。5月15日，畅游获中国“文化企业30强”殊荣。

（伍新民）

【走访慰问】 1月22日，区委常委、纪委书记、统战部部长在工商联领导班子成员陪同下，走访慰问部分原工商业者。同月23日，区工商联、区侨联负责人走访慰问工商联、侨联联合党支部帮扶困难家庭陈晓一家，送去慰问金和慰问品，并致以新春祝福。

（伍新民）

【光彩公益】 3月4日，物美控股集团有限公司与中国人权发展基金会共同发起成立物美公益基金。首笔捐赠为总价值810万元人民币的物资和现金。7月7日，京汉置业集团向苹果园街道社会治理综合执法指挥中心捐赠50辆电动自行车。同月，京汉置业集团向河北安新县捐资50万元建设向村京汉希望小学。8月，一夫唐人爱心社发起爱心行动，面向社会倡议“我为工人送箱水”，为烈日下的环卫工人、酷暑里的绿化工人、脚手架上的建筑工人送上夏日里的一份关爱。同月，北京诚安堂医药有限公司通过蚂蚁救

援队为云南鲁甸地震灾区捐出200盒藿香正气水、600包一次性医用棉签、210支碘伏消毒液、140盒复方黄连素片等药品，为地震灾区同胞健康护行。诚安堂还出资策划组织“我和北京在一起”的大型公益活动。

（伍新民）

【八届四次执委会】 4月11日，区工商联召开八届四次执委会。市工商联副主席郑勇男，区有关领导出席会议。区工商联主席总结上年工作，部署当年工作。大会对新增补选的工商联副主席、常委、执委进行表决。本次会议是一次四会合一的大会，既是工商联执委会议，又是区非公经济服务和管理协调领导小组会议，还包括非公有制经济人士理想信念教育实践活动动员部署和第三届石景山区企业服务季活动启动等内容，区投促局和工商分局作表态发言。锡华集团董事长张杰庭就“诚实做人、诚信经营”向全区非公经济企业家发出倡议。

（伍新民）

【第三届企业服务季】 4～11月，区工商联开展第三届石景山区企业服务季活动。金融服务方面，组织开展银企沙龙、上市融资培训、中小企业融资辅导、投融资对接等活动，为65家企业，获得贷款支持2.8亿元。政策服务方面，组织企业参加“善用香港优势，开拓海外市场”投资说明会、加计扣除政策解读会、企业所得税纳税指导培训、科技文化融合类项目政策宣讲会等活动，服务企业83家。科技服务方面，组织开展“东升科技园智慧农业示范项目”参观学习、国家高新企业认定及申报培训等活动，服务企业40多家。法律服务方面，组织开展知识产权与企业依法管理培训、工商联维权工作研讨会、非公企业经营管理法律实务培训班等活动，服务企业124家。人才服务方面，组织开展北邮精英探秘京西暨创业辅导学堂巡讲活动；“职在必得”石景山企业走进北京邮电大学专场招聘活动，29家企业走进校园招聘优秀人才；组织108家企业参加民营企业招聘月活动，现场达成就业意向268人。招商引资方面，加强与外地商会、产业园区的合作，以商引商、以企引企，全年引进企业27家，总注册资金7681万元。产业链对接方面，组织苏宁电器内购活动4场；组织水孩儿童装“六一”内购活动，5天成交额9.8万元。

（伍新民）

【八角楼宇商会成立】 5月9日，本区首家楼宇商会——八角街道联合楼宇商会正式挂牌成立。来自5座商务写字楼的40家企业参加八角楼宇商会成立大会，并选出包括会长和副会长在内的第一届理事会。该商会是区工商联联合区委社会工委、八角街道党工委，依靠楼宇工作站，本着“自愿入会”原则，首批发展40家企业入会，以此搭建政府部门与楼宇企业之间的桥梁纽带，打造资源共享、互利共赢、优势互补的平台。

（伍新民）

5月16日，与京津科技谷战略合作签约 （区工商联供稿）

【与京津科技谷合作】 5月16日，区工商联与天津武清区京津科技谷签署战略合作协议。双方就发挥各自资源优势，加强招商引资合作，共建企业服务平台，实现互利共赢，促进京津冀一体化发展达成共识。战略合作协议的签署，为两地企业发展搭建良好平台，有利于加强双方合作交流。京津科技谷建于2007年2月，是天津市级示范工业园区和高新技术产业园区，被评为国家天津滨海自主创新示范区分园。园区规划面积34平方千米，内有各类企业500余家，其中科技型企业占90%以上。

（伍新民）

【缓解企业融资难题】 8月，区工商联组织“银企沙龙——走近平安”活动，20多家企业参加，多家企业与银行达成融资意向。金融服务是工商联为企业服务的一项重要内容，年内积极促进银企对接，与中国工商银行、北京银行、平安银行，邮储银行等多家银行机构合作，组织银企对接活动，为民营企业量身定做融资方案，并提供个性化的融资服务。组织企业参加“中小企业融资辅导培训会”，为多家企业提供融资辅导服务；举办“游戏动漫类项目投融资对接会”，吸引了区内外70家游戏动漫类企业，30多家证券、金融、法律等行业机构参加对接会，8家企业进行项目洽谈。组织企业参加北京股权交易中心规则制度解读会，推动企业改制上市和股权融资暨新三板挂牌操作总裁对接会等活动，帮助企业了解资本市场的最新发展形势和政策，推动企业上市。组织成立融资服务专委会，联合政府部门、中介机构和会员企业，通过搭建政企、企业之间的信息交流平台，汇集资源，拓展金融合作途径，丰富金融服务内容，不断满足企业的融资需求。

（伍新民）

【创业辅导学堂巡讲】 9月26日，区工商联联合区委组织部、区投促局、北京邮电大学共同举办北邮精英探秘京西暨创业辅导学堂巡讲活动，扩大地区及企业知名度，拓宽企业人才引进渠道。活动邀请北京邮电大学30多名骨干精英学生参观区内重点企业，在座谈会上，畅游副总裁李国龙、易华录总裁林拥军与学生们分享创业及择业经验。活动拉近了企业与高校人才的距离，拓宽企业引进高校人才的渠道，创新地区人才服务工作模式，同时也让外界更直观地了解石景山的发展变化和战略定位，有助于吸引高端人才，为全面深度转型、高端绿色发展提供智力支持。

（伍新民）

10月24日，举办北邮专场招聘会 （区工商联供稿）

【理想信念教育活动】 年内，区工商联制订非公经济人士理想信念教育实践活动方案，召开动员部署会，以“诚实做人、诚信经营”为主题，在会员企业中全面开展树品牌，讲诚信活动。内容包括十八大，十八届三中、四中全会精神座谈学习活动，组织企业家参观“复兴之路”展览，引导企业坚定理想信念、增强对党和政府的信任、对企业发展的信心、对社会的信誉，致富思源，回馈社会，做有理念、受尊敬的企业家。非公有制经济人士理想信念教育实践活动已在全国连续开展两年，是贯彻落实党的十八届四中全会精神，在非公经济领域推进全面依法治国方略的重要举措；是新常态下加强和改进非公经济人士思想政治工作，教育和培养中国特色社会主义优秀建设者的重要抓手，是新形势新任务赋予教育实践活动新的内涵。

（伍新民）

【助力非公经济发展】 年内，区工商联落实教育实践活动成果，出实招，办实事，加强作风转变，切实解决好服务企业问题，进一步助力区域非公经济健康发展，主动融入“八个高端体系”建设。一是夯实基础，大力做好会员数据库工作。将400多家会员企业分解到人，逐一进行沟通联系，详细了解企业基本情况、经营当中遇到的问题和困难以及对工商联工作的意见建议，进一步夯实工作基础；二是摸清家底，积极推动三经普成果转化。完成《石景山区非公经济发展和环境评估报告》的软课题研究工作，结合三经普数据，全面了解和评估区域非公经济发展现状和发展环境；三是调查研究，解决企业实际问题。走访完美世界、游艺春秋、易宝支付等数十家企业；四是注重宣传，营造良好舆论环境。大力开展“同心共筑中国梦”主题宣传活动，宣传沃捷传媒、中天金谷等非公经济代表企业。开通区工商联官方微信服务号，进一步加强与会员企业的沟通联系，重点以网站、微博、微信、QQ等新媒体渠道为非公经济营造良好舆论环境；五是牵线搭桥，促进高端人才引进。联合区委组织部、区投促局、北京邮电大学共同举办北邮精英探秘京西暨创业辅导学堂巡讲活动，邀请北京邮电大学30多名骨干精英学生走进石景山，参观畅游、易华录等区内重点企业，为企业引进高校优秀人才搭建平台；六是集优聚强，促进高端的科技与文化融合驱动体系建设。根据区内数字娱乐、科技文化产业发展情况，积极筹建数字娱乐商会，畅游、趣游、漫游谷、蓝港在线、标派科技、科影国际、三浦灵狐等企业积极响应商会筹备工作。努力实现区域内数字娱乐、科技文化产业深度融合，互赢合作。

（伍新民）

【开展非公经济调研】 年内，区工商联开展“石景山区非公经济发展和环境优化研究”的调研。结合第三次全国经济普查数据成果，对非公经济现状进行摸底，对比其他城区非公经济发展情况，客观评估石景山非公经济所处的地位，探索新时期区非公经济发展思路，为区委区政府制定政策提出有价值的意见建议。

（伍新民）

【创新非公人才服务】 年内，区工商联创新非公企业人才服务工作模式，组织开展民营企业招聘月、人才沙龙活动、创业辅导学堂巡讲活动、走进大学校园现场招聘等一系列人才服务活动。通过走访调研、座谈等多种形式，深入了解会员企业的人才需求。根据会员企业的用工需求和人才服务需求，努力为会员企业搭建人才服务平台。为满足企业用工需求，联合区人力社保局和总工会专门组织以“帮人才圆梦、促民企发展”为主题的民营企业招聘月活动，多家会员企业参加招聘会，有效帮助企业解决用工难问题。联合清华、人大、北邮、北方工大等高校及区相关政府部门，开展“民营企业走进高校”活动，先后组织举办北方工大、北邮专场招聘会，为企业引进人才牵线搭桥。依托“非公企业点石讲师团”，邀请驻区成功企业家为中小企业和高校毕业生进行创业就业培训辅

导。利用华海基业孵化器“创业三人行”等为创业者提供创业机会。组织人才沙龙活动，邀请专家对企业招聘、用工管理及国家相关人事政策等作专题讲座，帮助企业构建和谐的劳动关系。同时，整合社会中介组织和会员企业的培训资源，提供线上线下的技能培训、就业实训。

（伍新民）

石景山区各民主党派、工商联负责人

中国国民党革命委员会北京市委员会石景山区工作委员会主任委员　李凤芹(女)

中国民主同盟北京市委员会石景山区工作委员会主任委员　赵继新

中国民主建国会北京市委员会石景山区工作委员会主任委员　司马红(女)

中国民主促进会北京市委员会石景山区工作委员会主任委员　于秀云(女)

中国农工民主党北京市委员会石景山区工作委员会主任委员　王明生

中国致公党北京市委员会石景山区工作委员会主任委员　高　杰

九三学社北京市委员会石景山区工作委员会主任委员　左小兵

石景山区工商业联合会主席　马丽萍(女,回族)

人民团体

石景山区人民团体主要有石景山区总工会(简称区总工会)、共产主义青年团石景山区委员会(简称团区委)、石景山区妇女联合会(简称区妇联)、石景山区科学技术协会(简称区科协)、石景山区残疾人联合会(简称区残联,详见社会建设编)、石景山区文学艺术界联合会(简称区文联)、石景山区归国华侨联合会(简称区侨联)、石景山区红十字会(简称区红会)等。年内,这些团体结合自身特点和专长优势,发挥党与群众联系的桥梁和纽带作用,团结带领全区广大职工群众、青年团员、各界妇女、科学技术人员、残疾人、侨界和文艺界人士,深入贯彻党的十八届三中全会精神和习总书记系列重要讲话精神,围绕地区转型发展实际,紧扣全面深度转型、高端绿色发展这个战略目标,坚定信心,砥砺奋进,积极推进“八个高端体系”建设,为构建国家级绿色转型发展示范区作出新贡献。

(杜京珊)

石景山区总工会

概　述

区总工会是职工自愿结合的工人阶级群众组织。截至年底,全区职工总数12.01万人,区属各级工会组织971个,涵盖单位6469家,工会会员80877人。当年是石景山区工运事业发展中重要一年。4月11日,北京市第二次工会工作会议和北京市工会第十三次代表大会同期召开,体现市委对首都工人阶级和首都工会工作的殷切关心和大力支持。两个会议对当前首都工会工作面临的形势和挑战进行深入分析,对今后五年首都工会工作所肩负的目标和任务进行明确部署。区总工会认真贯彻落实两个会议精神,在区委和市总工会领导下,按照“争创一流”要求,紧密围绕地区高端体系建设的实际,团结动员广大职工在全面深化改革和转型中发挥主力军作用;以增强工会组织吸引力、凝聚力为目标,继续深化落实“1+6”“1+9”文件,加强基层建设,加强维权服务;深入开展以“为民、务实、清廉”为主题的党的群众路线教育实践活动,将作风建设贯穿于各项工作之中,以改革创新精神全面推进工会各项工作,努力建设学习型、服务性、创新性工会组织。区总工会现有内设机构:办公室、财务部、组宣部、权益维护部、生产保障部、职工帮扶(服务)中心。工会机关公务员编制13个,全额拨款事业编制9个。

地址:石景山区石景山路42号
电话:68863687
邮编:100043

(王　薇)

【“两节送温暖”活动】 自上年12月下旬开始,区总工会全面启动“两节送温暖”系列活动。区总工会多方筹措资金,组织各级工会开展“走基层、访群众、解难事、送真情”为主题的送温暖系列活动。做到“四个面向”(即面向困难职工、面向广大劳模、面向农民工、面向困难党员),实现对困难职工、困难劳模、农民工和困难党员的送温暖全覆盖。组织慰问一线职工(物美八角店和区道路清扫队),送去价值6万余元的慰问品;逐户走访全区80名在册困难职工,每人发放1000元慰问金;组织慰问劳模,对全区135名劳模发放春节慰问金共14万元;为25名退休老干部送去价值7500元的慰问品;为21名患重病职工,发放医疗救助金16.75万元,把党和工会组织的温暖和关爱送到患病职工的心坎上;为51名就业困难职工发放就业帮扶金,帮助他们实现再就业。活动共计走访慰问困难职工、农民工、一线职工6345人次,累计发放慰问款物共计62.6万余元。救助资金之多、规模之大、范围之广均超过历年。活动还推出新举措,凸显新亮点,形成以领导干部与困难职工结帮扶对子的新机制。工会领导与12名困难职工结成帮扶对子,千方百计为特困家庭排忧解难,节前共发放慰问金和慰问品9万余元;与区文化委合作,为农民工举办丰富多彩的春节慰问演出;响应中央厉行节约号召,改革团拜形式,组织全区劳模看电影迎新春;开展“迎新春,技能培训促就业”行动,为58名农民工进行厨师取证培训,发放就业培训资金2万元。

(王　薇)

【春风行动暖人心】 2月18日,区总工会与区人力社保局、区妇联、区残联共同举办的“2014就业援助月”春风行动专场招聘会在区人力资源市场西大厅举行。区内20家企业参加招聘会,提供就业岗位325个,其中适合就业困难和残疾人的就业岗位152个,现场达成就业意向151人次。年内,区总工会将春风行动与技能培训促就业行动、两个普遍以及困难职工家庭就业援助项目分别有机结合,为各类有转移就业愿望的劳动者提供职业技能培训、就业指导、职业介绍、劳务输出“一站式”就业服务;指导进城务工人员普遍加入企业工会组织,依法签订劳动合同,普遍开展工资集体协商;为困难职工家庭提供“跟踪式”就业帮扶。为51名就业困难人员落实工作岗位,对70名农民工进行烹饪资格取证培训实现就业,累计协助开发就业岗位571个,达成就业意向223余人。

(王　薇)

【劳模管理和服务】 年内,区总工会发挥劳模志愿服务队“弘扬劳模精神,服务职工群众”的示范作用,开展法律知识咨询、环保知识咨询、房屋管道维修和皮鞋养护与辨别真伪等志愿服务3场,服务职工群众840人次。组建“践行社会主义核心价值观劳模宣讲团”,宣讲劳模精神。4月中旬发起“石景山劳模林”建设活动,来自全区各条战线80名劳模认养树木171棵。组织50余名劳模参加“红色之旅”休养,为80余名劳模进行体检。国庆节前夕,走访慰问7名全国劳模和130名市级劳动模范。全年累计投入劳模服务资金共计38.5万元。持续开展“实现中国梦 劳动最光荣”主题实践活动,举办职工素质大讲堂、单身职工联谊、维权普法知识竞赛等工会品牌活动。吸引职工广泛参与。

(王　薇)

【先进模范表彰】 4月29日,石景山区庆祝“五一”国际劳动节暨表彰先进大会在北京国际雕塑公园举行。大会以“劳动创造幸福 实干成就梦想”为主题，对当年“全国五一劳动奖章”“全国工人先锋号”“首都劳动奖章”“首都劳动奖状”和“北京市工人先锋号”的获奖集体和个人进行表彰。市总工会副主席王永浩，区领导牛青山、夏林茂、赵玉民、岳德顺等出席大会。本区各项劳动奖项获评先进集体和个人总数达到10个，其中全国荣誉称号奖项有2个。获奖单位和个人涵盖创新企业、个体劳动者、企事业单位、家政服务、一线职工等各个行业。其中，蒲公英创业教育工作室获“全国工人先锋号”、丁海涛获“全国五一劳动奖章”；李华等5人获“首都劳动奖章”，北京东土科技股份有限公司获“首都劳动奖状”，北京市爱依社区养老服务中心、区八角街道人口与计划生育办公室获“北京市工人先锋号”。本次庆祝大会突显“弘扬劳模精神，传承红色基因”，邀请张秉贵班组、时传祥班组代表以及石景山区历届劳模代表为获奖的先进个人和集体颁奖。同时，全区各行业技术精湛、水平高超的劳模现场为到会观众表演精湛技能，旨在弘扬劳模精神，倡导劳动光荣的社会风尚。

（王　薇）

【为一线职工送清凉】 7月31日，区有关领导及部分爱心市民代表前往区环卫中心，为在高温酷暑下坚守岗位的近千名环卫工人送去防暑降温慰问品。“夏季送清凉”活动作为6个普惠服务项目之一，通过区直属基层工会和各街道所管辖工会，覆盖所有露天作业一线职工，以刷京卡的形式集中领取4500份清凉慰问品。活动一改以往形式，慰问品由工会采购和爱心市民捐赠两部分构成。其中，“清凉包”是由区总工会与诚安堂合作推出，礼包内有“风油精”“毛巾”“仁丹”和“清凉油”等夏季防暑降温用品；矿泉水由广大爱心市民通过“一夫唐人爱心社”捐赠，体现广大爱心市民与工会组织心系职工情怀，一同为环卫工人安全增添防线，传递社会正能量。

（王　薇）

【“金秋助学”活动】 9月，区总工会在“金秋助学”活动中，向16名困难职工子女发放助学金3.2万元。区总工会始终本着“决不让一名困难职工子女因资金困难而上不起学”的原则，对困难职工子女进行就学帮扶。在新一轮摸底调查工作后，通过审核，来自8家基层工会申报的16名困难职工子女符合资助条件，获得工会给予的助学金2000元。此项活动得到全区各级基层工会广泛支持。据统计，“金秋助学”活动自2005年开展以来，区总工会共资助全区70余名困难职工家庭子女，累计救助金额达15.8万余元。

（王　薇）

【职工创新工作室】 12月23日，区总工会召开职工创新工作室总结表彰会，对2013～2014年度新评选的石景山区常青藤创业研究中心刘刚创新工作室、北京首拓汽车滤清器制造有限公司邱建湘创新工作室、北京暴风科技股份有限公司冯鑫创新工作室等5家职工创新工作室进行命名与表彰，并颁发铭牌和奖金。年内，区总工会全力支持职工搞创新，推进职工创新工作室的发展和壮大。对13家申报参评“职工创新工作室”的单位，突出高端绿色特点，帮助具有推广价值的创新项目与成果寻求合作伙伴，助力企业实现创新发展。截至年底，通过各级工会组织的精心打造、不断扶持，全区已有“职工创新工作室”21家，其中市级4家，劳模创新工作室5家。努力做到“五有”，即有高端技术、有创新团队、有领衔人、有资金保障、有项目应用，创新工作优秀成果已为单位乃至整个行业创造数十亿元的经济效益。选拔10名从职工创新工作室中脱颖而出的优秀人才，推荐申报区优秀人才，逐步树立石景山职工创新品牌。

（王　薇）

【工会组建和会员发展】 年内，区总工会在巩固建会三年规划的成果基础上，强化以服务促建会的工作理念，实现连续两年工会会员的持续增长。加强与工会经费税务代收工作联动，以税务代收费源核查数据为基础依据，开展对街道、园区工会组织的工作指导，实行建会工作绩效考核，对建会单位数据台账进行信息动态管理。基层工会干部通过对辖区未建会企业走访、建会、回访的方式，不断扩大工会组织对小微企业和零散就业人员的覆盖面。新建独立工会173家，发展会员4933人，联合工会新增覆盖单位1395家，发展会员3063人。

（王　薇）

【关注女职工权益】 年内，区总工会关注女职工和青年职工的特点，开展以“家庭梦、事业梦、中国梦”为主题的系列活动，继续承办“首都女职工流动

4月29日，庆“五一”劳模表彰会　（区总工会供稿）

课堂——职业女性话题十讲”课程。会同区内多家医院免费为2200人次女工，特别是单亲困难女职工和外来务工女性实施免费妇科体检。由区总工会出资邀请北方工业大学品学兼优的特困大学生，为区内单亲困难女工子女进行“一对一”帮扶助学活动，受到学生、家长、学校和社会广泛赞誉。关注女职工特殊需求的“妈咪屋”建设得到基层工会组织响应和参与，全区已建成14家。“爱在摩天轮，圆梦石景山”主题单身青年联谊会，成为工会组织服务单身青年的品牌活动，累计吸引1500人次单身青年踊跃参与，接待日常咨询11000人次，更吸引各区县工会组织及中铁建、北京建工集团等众多大型企业广泛参与。

（王　薇）

【工资集体协商】　年内，区总工会巩固完善“党委统一领导、政府依法推进、三方五家协调联动、企业全面实施、职工民主参与”的基础，加强与区内各部门沟通协调。继续以百人以上企业和世界500强企业及园区企业为重点，巩固协商成果，55家百人以上企业全部建立协商机制，涵盖职工46710人。强化对基层近百人的协商工作骨干队伍的管理，严格学习例会制度、台账动态管理制度、半年分析制度、责任分工制度等，保证协商有效开展。在9个街道（鲁谷社区）和高科技园区选树区域联合会典型示范案例，从建立机制、召开职代会、拟订协商内容、注重协商过程、完善签约程序到汇集合同文本、档案资料备案等整个流程的规范统一，带动全地区区域性工资集体协商工作质量的同步提高。截至年底，510家企业签订工资协议，覆盖职工56179人，签订率达到95.6%。签订区域工资集体合同152份，覆盖小微企业5287家，覆盖职工13470人；签订率达99.2%，企业覆盖率99.3%。

（王　薇）

【劳动争议调解】　年内，区总工会以一线职工、农民工、劳务派遣工、困难职工为重点，规范用工行为，抓好基层劳动争议调解组织的建设。在9个街道（鲁谷社区）、高科技园区以及一个5000人以上的大型企业集团中建立起11个基层劳动争议调解中心，在百人以上企业建立起39个劳动争议调解委员会，在708家企业建立劳动关系协调员制度，并为街道园区调解中心配1～2名劳动争议调解员。合理统筹律师志愿服务人员为各基层调解中心提供免费法律服务，并于每周四在区职工服务中心开展免费法律咨询。会同各有关部门联合开展拖欠农民工工资专项整治检查，维护一线职工合法权益。截至年底，区劳动争议调解中心共受理各类劳动争议案件329件，调解成功280件，82%的案件调解成功，涉及金额268万元。

（王　薇）

【京卡服务】　年内，区总工会加强会员信息动态管理。累计采集单位信息1270家，累计采集会员信息71745人；会员信息采集率98.45%，累计办理京卡59373张，办卡率82.57%。以京卡为载体，发展市级服务商户6家，区级服务商户12家，优惠服务项目涉及文化体育、医疗体检、美容美发、餐饮娱乐、汽车修理、生活服务6大领域近200项服务内容。依托“三级服务体系”，为全区职工群众开展“私人订制”“专享16元”普惠活动、“区中医院持京卡”免费挂号、为露天作业一线京卡职工免费赠送清凉包等多项普惠服务活动，实现实名制刷京卡13242人次，刷京卡发放春节免费庙会门票13221张，全年各项服务活动惠及职工3万余人次。

（王　薇）

【普惠职工服务】　年内，区总工会推出系列京卡会员优惠活动，通过刷京卡为职工提供普惠制帮扶服务，为不同职工群体提供针对性分类服务。在企业和职工群体中倡导终身教育理念，通过多种途径不断满足职工个体多样化的学习和发展需要，组织职工参加首都职工素质建设工程举办的各种通用能力培训，以公益大讲堂为主要方式自选相应主题。全年共开展职工公益大讲堂10场次、2700人次职工参与。全年，各级工会组织开展技能比赛、岗位练兵30余场次，4300人次职工踊跃参与。依托三级服务体系工作平台，面向全区持有京卡·互助服务卡的在职职工开展职业发展助推计划，以国家职业资格证书和新兴行业职业能力认证证书为依托，激发广大职工参加职业培训的积极性，促进辖区职工职业技能水平普遍提升。

（王　薇）

【经济技术服务创新】　年内，全区有55个企事业单位、240个班组、2万余名职工报名参加“安康杯”竞赛评比活动。与区安监局联合表彰上年度全区“安康杯”优胜单位10个、优秀班组10个，先进个人10名。区自来水公司被评为“全国优胜单位”；北京银建投资公司银建汽修二厂维护班组为“全国优胜班组”；区环卫中心工会、北京家乐福商业有限公司鲁谷店为“北京市优胜单位”。

（王　薇）

【职工互助保险】　年内，职工互助保障计划覆盖面持续扩大，全区新增职工互助保障计划会员3723人，会员总数4.5万人。全年为610名职工赔付71万余元保障金，六项保费型险种总额192万余元。同比增长31%。区总工会连续六年被评为“全国职工互助保障工作先进单位”。

（王　薇）

【厂务公开民主管理】　年内，区总工会调整充实区厂务公开协调小组成员，区委主管领导和政府联系工会的区长任组长，加强与各成员单位的联系与督导。对全区企事业单位建立厂务公开、职工代表大会制度的情况进行督查和调研，建立健全工作档案，实行动态管理。在企业建立工会组织的同时，同步建立厂务公开民主管理制度，同步建立工资集体协商制度，同步推进巩固深化、经验总结和宣传推广等工作。对非公企业通过把“架子”搭起来、把“会议”开起来，把“活动”搞起来的方式，逐步规范其民主管理程序，促进规模企业建立独立的职代会、中小型企业建立区域性职代会。到年底，公有制企事业单位职代会建制率和实行厂务公开率均为100%；非公有制企业职代会建制率为86%，实行厂务公开率88%；建立区域性职代会119个，覆盖企业5011家。

（王　薇）

【三级服务体系建设】　年内，工会服务站规范化建设按照总体规划、分步实施、突出重点的原则，分阶段推进工会服务站规范化建设。使三级服务体系真正服务到社区每名职工会员。深入街道工会服务站，现场协调指导，及时解决建设中的问题。对服务站阵地建设、队伍建设、管理服务、工作职责、运行机制、工作台账等严格把关，强化规范化建设的管理与指导，有效提升建设效果。上半年，全区有8家工会服务站完成规范化达标验收，全部做到统一标识、临街设置、独立办公。同时对服务站的管理服务、工作职责、运行机制、工作台账等进行明确规范。工会服务站规范化建设使基层工会办公环境明显改善，办公总面积增长近3倍。随着工会服务站品牌的逐步树立，基层工会承接更多服务项目，为辖区内企业职工提供各种服务。职工普遍反映工会服务站从楼上下来、从院里出来，办事更方便。职工能够随时随地感受到工会服务站提供的贴心周到服务。

（王　薇）

【开展党工共建】　年内，区总工会依托“五站合一”商务楼宇工作站，开展党工共建工作。近年来，面对非公有制企业日益发展的新形势和新局面，区总工会坚持“围绕党建抓工建”的工作要求，创新工作思路，探索基层党工共建的有效途径，营造“党工共建，良性互动，整体推进”的良好局面，发挥党组织的战斗堡垒和工会组织的桥梁纽带作用，推动非公企业党建工作和工会工作的健康发展，促进区域经济的高端绿色发展。以“带”为关键，发挥党建工作的带动作用。“党建带工建”，根本在“带”。区总工会把加强“党工共建”工作作为一项长期任务抓紧抓实，指导和帮助工会组织加强自身建设，探索建立工作带动机制，增强各级工会组织的活力。从整体谋划上明确“带”的要求。在深入调研基础上，就非公企业工会组织建设和健全“党工共建”工作，形成以党工联动、行政支持、各方配合、整体推进的工作运行机制。把非公经济组织“党建带工建”工作列入基层工会工作目标责任书，平时同步检查指导、年底同步检查考核，实现党工共建工作部署同步、检查同时、考核同向、工作同轨的目标，推动党工共建的开展。以“建”为基础，不断扩大工会组织的覆盖面。“党建带工建”，基础在“建”。按照“非公经济组织延伸到哪里、党工组织就建到哪里、活动就开展到哪里”的要求，创新组建模式，狠抓非公经济党工组织建设，扩大非公经济党工组织的覆盖面和影响力。针对有些企业建立党组织未建工会、有些企业建立工会组织未建党组织的状况，发挥已建党工组织的作用，分类指导，互为依托，共同推进组织建设。对于已建立党组织未建工会的，采取党员带头入会、引导带动职工入会的方式，创造条件建立工会组织。以“服务”为根本，努力实现党建工建的联动效应。“党建带工建，工建服务党建”，关键在“服务”。辖区商务楼宇不断增多，成为“两新”组织、流动党员和高层次人才聚集的场所。“五站合一”商务楼宇工作站由党建、社会、工会、团建、妇联5个工作站组成，明确五站各自职责。其中工会工作站职责中提出依法开展楼宇内建会工作，发展工会会员，指导所辖工会组织会员开展活动，增强基层工会组织的活力；依法协调辖区劳动关系，开展劳动争议调解工作，并为楼宇内会员和职工提供信访接待、政策咨询、法律援助、就业指导、生活求助、互助保障、文化教育等全方位的维权工作，促进辖区单位劳动关系和谐稳定，形成依托商务楼宇工会工作站开展职工服务工作的新格局。依托商务楼宇工作站建设，搭建服务职工工作平台。自2009年以来，陆续成立41个商务楼宇工作站。楼宇工作站的工作理念是“党建引领，服务先行，公益同行”，以服务非公企业发展和服务非公职工为工作重点，与工会在楼宇开展工作的服务对象及宗旨高度吻合，工会工作是楼宇工作站日常工作的一个重要组成部分。楼宇工作站人员及外聘的楼宇党建指导员积极走访企业，有相当一部分工作内容是宣传工会推出的京卡系列服务，尤其是职工互助计划及二次报销等做法，这些深深吸引企业主管及非公职工。依托商务楼宇工作站，调动和发挥商务楼宇内1500余家企业和16000名白领的作用，通过平台搭载工会三级服务体系，全方位地为楼宇非公企业职工服务。

（王　薇）

【“社区联合工会”建设】　年内，区总工会利用“社区联建门店”的基层党建新模式，实现“会、家、点”三合一，“社

5月10日，鹊桥联谊会　（区总工会供稿）

区联合工会”化零为整。“社区联建门店”党建模式是指针对社区周边门店党员人数少、流动性大、居住分散、不具备单独成立党组织条件的情况，将其划分成若干党小组，统一纳入社区党组织教育、服务、管理中，扩大基层党组织覆盖面和影响力。街道总工会则利用“社区联建门店”党建新模式所形成的人力资源、场地设备和信息服务等优势，在社区成立联合工会，同时设立职工之家和工会服务点，统一挂牌、统一公开制度、统一规范管理，形成“会家点”三合一的基层工会工作模式。“社区联合工会”主席由社区党委书记或副书记兼任，同时设立1名工会专职干部，7名联络员，其中2名来自非公企业，方便党工共同开展工作。区总工会将辖区内的非公企业划分成若干网格进行管理，开通职工服务热线，并建立健全各项规章制度，规范服务，形成长效管理机制，同时，借助“社区联建门店”的场地和设备，一室多用，设置劳动争议调解室、职工书屋，开设维权服务热线和职工活动室，设立征求职工意见箱，发挥社区作为城市管理最基层单元收集企业信息、整合资源等方面的优势，将不具备独立建会条件的各类小企业和零散就业人员全部纳入“社区联合工会”，并成立“职工之家”，为工会会员提供各类工会服务，实现全覆盖。“会、家、点”三合一工作模式是社区党建促工建、工建服务党建的有机结合，是社区党建和工会组织服务小企业的有机结合，实现辖区内小企业全覆盖，填补社会领域党建工作和工会工作的空白。街道总工会针对8人以下的小微企业和零散就业企业上门走访、宣传组建工会的必要性和重要性。同时，各“社区联合工会”利用社区已有资源为工会会员提供如困难帮扶、走访慰问、劳动争议调解、法律咨询等服务，举办形式多样的文体活动，让会员能够达到“困难有人帮”“心声有人听”“权益有人管”“活动有去向”“服务落到位”的目标。区总工会在社区开展的三合一模式，有力地促进小企业建会工作以及签订集体合同及工资集体协商等工作，收到较好效果。“会、家、点”三合一社区工会工作模式已在全部135个社区联合工会推广。

（王　薇）

【开门办会激发活力】 年内，区总工会坚持“开门办会”，不断创新工作思路，由工会“独奏”变为党政工和职工群众广泛参与的“合奏”。积极倾听了解职工愿景诉求，整合各种资源手段，切实维护职工合法权益，增强工会凝聚力、向心力和组织活力。通过对区域内职工整体状况、不同群体职工如农民工、劳务派遣工状况进行全面系统地分析研究，切实站在职工利益角度，建立走访群众机制。利用各种平台，以走访座谈、集中接待、电话询问等形式，深入听取职工呼声，架起连心桥，畅通诉求渠道，促使职工利益得到进一步保障。组织开展以中国工会十六大精神、践行党的群众路线、工会业务知识为主要内容的基层工会干部业务知识学习培训，全区130名工会干部参加。同时，利用各种会议，以会代训，加强工作研讨，提高干部队伍的业务水平。

（王　薇）

共青团石景山区委员会

概　述

团区委是受中共石景山区委领导、经团的地方代表大会选举产生的团的地方领导机关，负责全区共青团工作，领导少先队区工委，指导区青年联合会，是全区先进青年的群众组织，是党联系青年的桥梁和纽带。全区有基层团组织1087个。其中，团区委直属二级团组织38个，包括团工委14个，团委4个，团总支13个，团支部7个。共青团领导机关数据采集系统录入1717名团干信息，其中女性团干部1070人，占团干部总人数的62.9%；少数民族团干部60人，占3.5%。录入8820名团员信息，14～28周岁青年人数为22807人。女团员4988人，占56.8%；少数民族团员376人，占4.3%；全年推优入党团员数10人，占0.1%。年内，全区各级团组织深入贯彻落实党的十八大、十八届三中、四中全会和习近平总书记系列重要讲话精神，以开展群众路线教育实践活动为主线，统领全团工作，以大力发展社区青年汇和创建青春护航基地为亮点，参与社会管理创新，同时以“勤学、修德、明辨、笃实”为基调，全面履行组织、引导、服务、维权4项基本职能，团结带领全区广大团员青年为构建“八个高端体系”作贡献。

地址：石景山区石景山路18号
电话：68607210
邮编：100043

（隗　婉）

【志愿者服务活动】 3月5日，团区委以“邻里守望”为主题，开展“传承雷锋精神 邻里守望相助”学雷锋志愿服务活动，宣传志愿服务理念，弘扬中华民族传统美德。春季，多次开展环保公益活动，组织区青联委员、社区青年汇和青年志愿者等群体到莲石湖参加义务植树。联合高井热电厂志愿服务队，走进民族养老院，开展“青春伴夕阳”志愿服务活动。依托太阳花康复中心、小飞象训练中心等助残机构，联合石景山万达广场开展“阳光助残 关爱残疾青少年”志愿服务活动。组织黄庄职业高中49名学生志愿者参加毛主席纪念堂志愿服务交接上岗仪式，成为毛主席纪念堂志愿者。

（隗　婉）

【传承红色基因系列活动】 4月3日，团区委举办“继承先辈遗志，争做时代先锋”北京市2014年清明节红色祭扫，全区各行青年代表200余人参加活动。该活动是团区委创新工作形式，在青少年中开展“红色基因”教育，引导全区广大团员青年传承红色基因、践行社会主义核心价值观的一次创新和尝试。9月2日，组织团员青年100余人开展纪念中国人民抗日战争胜利69周年祭扫活动。同月30日，协调各有关部门组织革命烈士纪念日纪念活动，统筹组织300余名各界代表参与活动，牛青山、夏林茂出席纪念活动。12月4日，联合首钢总公司团委，邀请江西省文联文艺志愿者服务团·

红云舞蹈团在首钢古城影剧院演出大型情景歌舞《红色记忆》，机关干部、社区青年汇会员、居民和学生共计800余人观看演出。

（隗　婉）

【迎五四活动】 4月29日，“时代先锋·中国梦”纪念五四运动95周年大会在区科技馆报告厅举行。大会对区五四红旗团委、五四红旗团支部、优秀青少年社会组织、社区青年汇、青年志愿者、创业青年、社区专职社工等共计9类奖项52个先进集体和优秀个人进行表彰。京原路7号·社区青年汇与区检察院团总支、八角街道景阳东街第三社区共同开展“迎五四”青年干警走进“社区青年汇”检察开放日活动。各级团组织结合各自联系青年群体的实际，广泛开展丰富多彩的主题团日活动，以多种方式纪念五四运动95周年，激励广大团员青年大力发扬五四精神，树立和培育社会主义核心价值观，为实现中国梦齐心奋斗。

（隗　婉）

【青年工作交流】 5月8日，陕西省安康团市委书记陈磊及安康共青团系统学习交流团一行13人到区参观交流。参观京原路7号社区青年汇、区科技馆文化创意展览及创业公社等，就两地共青团工作进行座谈交流并签订友好合作框架协议。7月12日，山东淄博市张店团区委一行参观调研京原路7号·社区青年汇旗舰店。11月27日，湖北团省委书记张桂华带领湖北省各地市团委书记一行40余人调研京原路7号·社区青年汇旗舰店，团市委书记常宇和团区委负责人陪同调研。12月18日，团中央主办的团省市委书记培训班一行40余人参观调研京原路7号·社区青年汇旗舰店。

（隗　婉）

【希望工程捐助】 6月13～24日，希望工程北京捐助中心、北京青少年发展基金会在石景山万达广场启动“在爱中行走的印记”巡展活动。展览以“希望、感动、力量”为主题，通过图片和数据，向群众展现北京希望工程20年来的发展历程。宣传希望工程各项工作，向大众普及公益理念，弘扬社会正能量，吸引更多的人加入到帮助贫困青少年健康成长的队伍中。年内，团区委持续完善区内需要帮扶的青少年群体信息库，推动希望工程、“100365首善行动”“善薪计划”等项目稳步开展。全年共资助困难青少年300余人，资助物资价值10.53万元。“两节”期间，组织走访慰问困难青少年家庭、首钢“周末家庭”未成年子女、低保重残青少年、“点对点”帮扶家庭共计200余人，为他们送去新年礼物和慰问物资。

（隗　婉）

【举办青年沙龙】 6月，在团区委、区投促局指导下，由区青联、京港投融资协会和“欧文沙龙”联合承办的京西高端绿色发展青年沙龙第一期在北京合众建国饭店举办，60余位区内外政商领域45岁以下青年才俊参加此次活动。青年沙龙力图打造北京西部聚焦产业发展和区域发展领域热点问题的思想创新平台，致力于为地区引智、引才、引资，同时服务区内企业发展，对外传播地区现代化新形象，为“全面深度转型　高端绿色发展”贡献力量。青年沙龙每次参与嘉宾在60人左右，区内和区外嘉宾占比为1:2，分为听取主题报告、提问互动和晚餐社交3个环节。活动开始前，区领导李文起与嘉宾代表亲切交谈。参加本次活动的嘉宾包括华谊兄弟传媒公司、漫友文化传播机构、亚太低碳循环经济发展促进会、民生银行、欧文时代投资管理有限公司、第一财经等“重量级”单位。在主题报告环节，中关村大数据产业联盟秘书长赵国栋，以“大数据与经济转型中崛起的北京文化创意产业”为题，为到场嘉宾深入讲解信息化和大数据对产业结构带来的冲击和调整，以及区域经济的应对之策，之后是半小时的提问与互动时间，嘉宾们互相深入认识和深入交流，并就若干项目合作达成意向。

（崔　凯）

【区域化团建试点】 7月10日，团区委召开区域化团建阶段性工作部署会。按照区委要求和团市委整体部署，自6月起，选取八角街道、八宝山街道开展区域化团建工作试点。会议贯彻落实共青团中央《关于在城市街道开展区域化团建工作的通知》及团市委相关工作要求，指导试点街道深挖区域特色，结合各自实际，因地制宜地分别探索开展区域化团建的有效方法，为全面铺开提供经验。8月15日，八宝山街道团委组织召开区域化团建共建委员会工作交流会，团市委副书记黄克瀛以及辖区国际广播电台、市检一分院、同文中学等17家主要单位团委书记及负责人、社区共青团负责人共30余人参会。各成员单位与街道团工委签订《共建协议书》。八宝山街道区域化团建共建委员会日常工作制度包括联席会制度、联络员制度、共

9月3日，青春护航基地揭牌　　（团区委供稿）

建活动制度和互评互推制度。发挥团建共建委员会组织、引导、服务青年和维护青年权益的作用,在议事与自治、互助与自助,交流与活动3个关键环节上抓好落实。借助共青团服务网络,实现资源共享,更好地为青年提供服务和帮助。组织成员单位团组织参与社区文化活动,另外结合社区工作,组织在职、在校团员青年参与社区建设活动。截至年底,两试点街道引入驻区单位资源开展共建活动35次,联合辖区内73家单位共同参与,近2000名青少年直接参与活动。

(隗 婉)

【青年人才培养】 7月11日,团区委联合区委组织部与北京大学党委组织部、校团委启动北大博士生服务团到本区挂职项目,选拔8名博士生到区委组织部、区纪委等部门任职。召开人才合作座谈会,北京大学党委常务副书记、副校长张彦一行到区中关村雏鹰人才创业基地、国家无线电监测检测中心参观考察,实地了解本区人才和创新创业等工作。10月16日,团区委与北京世普荣新科技有限公司联合启动计算机高级知识职业技能培训项目,免费为全区待业、失业青年培训计算机技能并推荐就业。11月17~21日,与区委组织部和区委党校共同举办全区年轻骨干人才培训班。各基层团组织负责人、驻区大型企业青年代表、高校团组织负责人及各街道优秀青年社工共50余人参加此次培训。

(隗 婉)

【青春护航基地】 9月3日,全市首家综合性全覆盖未成年人考察帮教基地——"石景山区青春护航基地"在京原路7号·社区青年汇挂牌成立。为涉诉未成年人提供就业、学习、城市体验、社会实践、志愿服务等考察帮教项目,帮助他们顺利回归社会。青春护航基地由团区委联合区检察院、区法院、区司法局、区教委等相关单位共同建立,以社区青年汇、培训学校专业技能培训基地、爱心企业就业帮扶基地为载体,主要针对相对不起诉、附条件不起诉的涉诉未成年人,以及法院判处缓刑、管制或免予刑事处罚和判处短期实刑的未成年被告人,以及犯罪时未成年、刑满释放时未满20周岁的被告人及其他适宜纳入考察帮教体系的未成年人开展帮教教育。青春护航基地的三大载体通过不同方式,为涉诉未成年人提供帮助。以13家社区青年汇为依托,安排帮教对象在活动中担任志愿者,让青年人彼此交流融合,重新塑造积极向上的价值观;爱心企业为有需求的帮教对象提供就业岗位,安排食宿,发放基本工资;培训学校为有就业需求和技能培训需求的帮教对象提供职业技能培训、入学机会和其他社会资源,帮助其树立正确的价值观和掌握生存技能。打造全方位、立体化、多层次的综合性一体化帮教服务平台。

(隗 婉)

【青少年权益维护】 9月16日,团区委与区综治办、区教委联合召开第七届法制副校长换届暨培训工作会,全区118位法制副校长,各学校德育主任参加此次大会。与会领导向第六届优秀法制副校长代表颁发荣誉证书,向第七届新任法制副校长代表颁发聘任证书。换届大会结束后,特别增设第六届优秀法制副校长工作经验分享及第七届新任法制副校长培训环节。来自全区公、检、法、司的4位优秀法制副校长代表分别介绍开展青少年法制教育的工作经验及如何做好此项工作的心得体会。之后,北京青少年法律援助与研究中心主任张雪梅对法制副校长、各中小学德育主任进行专题业务培训。新一届法制副校长队伍在保持原有架构的基础上注入新鲜血液,创新制度模式,建立法制副校长"双配"制度,为每所学校配备两名来自不同单位的法制副校长;将法援律师、律师团成员和关心支持青少年法制宣传教育工作的部分人大代表、政协委员纳入队伍之中,进一步推动青少年法制宣传深入化、规范化发展。继续开展"迎六一 关爱少年儿童"法制宣传活动、"欢乐暑假、法伴我行"法制夏令营、"12·4"国家宪法日宣传等活动。召开预防青少年违法犯罪暨未成年人保护工作会,细化工作职责,督导履职程序,强化沟通、协调、联动机制。

(隗 婉)

【青联工作】 12月19日,区青联召开四届十次常委会,讨论通过成立区青联金融界别组的提议,共同研讨组长人选及组内委员构成方案。标志着区域青年金融人才资源的进一步整合,区青联围绕党政中心工作整体水平得到提升。年内,组织委员开展志愿募捐、参观交流、植绿护绿等活动20余次,参与委员200余人次,调动委员参与区域建设的积极性。

(隗 婉)

【与人大代表、政协委员面对面】 12月,团区委开展"共青团与人大代表、政协委员面对面"活动。围绕"健全青少年社会服务体系 推动区域涉诉未成年人考察帮教工作"主题,通过"面对面"交流方式,共同探讨涉诉未成年人考察帮教工作的重要意义以及促进涉诉未成年人复归社会的有效途径和方式方法。座谈会上,团区委简要介绍涉诉未成年人考察帮教体系建设情况,播放"北京电视台《党建进行时》之'青春护航'挽救失足少年"宣传短片。公安分局、区检察院、区法院、区司法局相关工作人员从自身工作角度,深入交流涉诉未成年人考察帮教建设中取得的相应进展;爱心企业、培训学校分别表达贡献涉诉未成年人考察帮教工作的强烈愿望;超越社工事务所负责人、考察帮教基地司法社工、京原路7号·社区青年汇社工结合自身职责,畅谈从事涉诉未成年人考察帮教工作的未来设想。与会人大代表、政协委员认真听取参会人员发言,对区域涉诉未成年人考察帮教工作以及"青春护航基地"开展情况给予肯定,并就推动本区公安机关建立未成年人专业预审机构、加大法制副校长工作力度等问题提出中肯意见与建议。该活动作为青少年利益诉求充分表达的有效载体,同时也为区人大代表、政协委员了解青年需求,做好人大建议与提案工作提供可靠的参考和依据。会后,团区委总结会议要点,收集细化相关素材,持续加强与区人大代表、政协委员的联络沟通,推动促成人大建议或政协提案的有效形成。

(隗 婉)

【社区青年汇】 截至年底,全区已建立13家社区青年汇,覆盖9个街道(鲁谷社区)。各青年汇以满足广大青年需求为导向,组织开展"纯真时代·鼓动青春"非洲手鼓培训班、"让插花艺术走进你的生活"主题活动、"717全民亲吻日——亲昵火花,等你来擦"大型相亲交友联谊活动、"画灯笼,玩面塑,欢欢乐乐迎中秋"等各类品牌活动。全年开展市级活动17次、区级活动8次、自主类活动265次,直接联系服务青年5000余人次,辐射带动近10000余人次。青年汇对接辖区内可利用的社会资源,"团聚"青年、服务青年、惠及青年,增进团组织的向心力,拓宽青年汇的"朋友圈"。真正发挥服务青年、凝聚青年的作用。

(隗 婉)

【开展非公团建】 当年是非公企业团建"活力工程"建设年,团区委按照"建活并重、以活促建"的总要求,继续开展非公企业和社会组织团建工作。完成非公有制经济组织建团66家、新社会组织建团5家,超额完成年度指标。同时将把工作主线从增加覆盖面、新建团组织,进一步调整到理顺联系管理机制、提升已建组织活力、增强覆盖有效性上面来。初步形成较好的工作框架和工作机制,有力地促进团的基层组织建设。

(隗 婉)

石景山区妇女联合会

概 述

区妇联是在区委领导下的社会群众团体。下设办公室、组宣部、权益部(发展部)和区妇女儿童工作委员会办公室、妇女儿童活动中心。截至年底,全区共有街道(鲁谷社区)妇女联合会9个,社区妇联149个,各类妇委会15个,企业女职工委员会221个,区级妇女工作研究机构2个,行业和特殊群体女性联谊组织9个。区、街两级专兼职妇女干部20人,女性志愿者近1.5万人。年内,以党的群众路线教育实践活动为契机,发挥党联系妇女群众桥梁纽带作用,弘扬和践行社会主义核心价值观,维护妇女儿童合法权益,提高妇联组织建设的科学化水平,参与社会管理和服务,团结和带领广大妇女为实现"全面深度转型 高端绿色发展"贡献力量。

地址:石景山区石景山路18号
电话:68607200
邮编:100043

(何 巍)

【送温暖活动】 1月17日,区妇联启动"营造温暖之家 共享美好生活"专项救助活动,开展处级领导干部与特困家庭结对帮扶工作,区有关领导参加活动,对部分困难妇女儿童家庭进行走访,先后看望癌症患者赵淑琴、困难家庭王淑文、困难学生张雪晴,把帮扶款和慰问品送到她们手中。"两节"期间,开展向困难群体送温暖的慰问走访活动。区妇联根据各街道(社区)实际情况,将"两节"送温暖与送志愿服务、送文化、送心理疏导、送就业信息与就业岗位相结合,以巾帼志愿者上门入户、结对包户、爱心服务等方式,针对不同类型的群体,开展走访慰问活动。慰问对象包括:全区低收入贫困妇女、困难儿童家庭、单亲贫困母亲、"两癌"患者贫困人员、老干部等。期间,向3名老妇救会主任、24名"两癌"患者贫困人员、122名单亲贫困母亲、146个低收入困难家庭的婴幼儿发放慰问款、物共计42万余元。

(何 巍)

【纪念"三八"国际妇女节】 3月4日,区妇联举办纪念"三八"国际妇女节104周年大会。大会为区社会保险事业管理中心颁发全国"巾帼文明岗"奖牌;为获得"巾帼志愿者之星"的代表颁发证书。受表彰单位和个人代表进行交流发言。大会启动新一轮"巾帼建功"活动,活动以"巾帼建新功共筑中国梦"为主题,以争当"巾帼建功标兵"和争创"巾帼文明示范岗"为主要内容,突出行业特色和岗位特点,结合开展党的群众路线教育实践活动,在女性集中的单位开展岗位练兵、技能比武、学习交流等多种形式的活动。同日,与区直机关工委联合举办"国学智慧与女性养生"讲座,邀请北京大学传统文化学者就国学智慧与女性养生进行授课,200余名女干部参加。在"三八"国际妇女节期间,区妇联开展以"法律温暖 家庭幸福"为主题的"三八"维权周活动。通过开展普法进社区、发放法律知识读本、开展流动法律讲堂、法律咨询、现场维权、走进法庭等形式,帮助社区妇女提高法律意识,增强依法维权的能力。同月5日,在老山街道举办高潮日宣传活动,发放《妇女权益保障法》《婚姻法》《未成年人保护法》《未成年人法律援助服务手册》《禁毒法》等法律宣传资料1000余本,接受法律维权咨询妇女200余人。同日下午,在八宝山街道四季园广场举办以"为社会公益尽一份力量,为困难母亲献一份爱心"为主题的"庆'三八'义卖为困难母亲献爱心"活动。此次义卖收集工艺品、书画作品、小家电、日用品、衣物等13类200余件物品,吸引千余名志愿者和社区居民的参与。7日,与市婚姻家庭研究会、鲁谷社区、区科委、园区管委会共同举办"不独·有你有我"北京大龄未婚人群社会支持项目之"爱情速递·缘来是你"互动式交友联谊大型活动。来自驻区部队、机关事业单位、首钢集团、光大银行、驻区企业等近200位单身青年参加本次活动。12日,全国妇联在鲁谷社区开展"三八"维权周法律咨询活动。全国妇联书记处书记谭琳,全国妇联权益部部长蒋月娥,中国妇女杂志社社长韩湘景,市妇联副主席常红岩,著名律师陈旭等出席参加活动。

(何 巍)

【巧娘发展促进会】 4月17日,区巧娘发展促进会在妇女儿童活动中心就巧娘发展问题展开调研,就下一阶段市场开发、队伍培训、品牌提升等征求意见。巧娘发展促进会于2011年成立时有会员108名,市级巧娘工作室5个,区级巧娘工作室11个,随着近几年发展,巧娘会员队伍不断壮大,工作室有所增加。6月27日,区妇联、区巧

10月24日，"最美家庭"命名 （区妇联供稿）

娘手工艺发展促进会联合开展"手心里的爱——2014年北京市红丝带手工艺品征集大赛"活动。倡导公众主动了解艾滋病，学习有关政策，并创作相关主题的手工艺品。张学敏的剪纸"爱心家园"、钱均岭的手工刺绣"爱"两项作品获大赛一等奖。9月18日，组织全区30名巧娘骨干、技术能手、工作室负责人到南锣鼓巷参观，部分巧娘工作室负责人与店铺初步达成合作协议。年内，协会共开展培训28期，培训人数达600人次，培训内容有博绣、剪纸、编织、丝网花等多种形式。

（何　巍）

【儿童节系列活动】 4月18日，区妇联邀请北京动动鞋子儿童剧团在家教基地蓝天宇峰幼儿园表演戏曲《老鼠招亲记》。5月16日，组织华奥学校学生参观中国第四纪冰川遗迹陈列馆。同月19日，在师范附属小学举办"美丽绽放——玫瑰课堂"活动。同日，在金顶街二区开展"迎六一 关爱少年儿童"法制宣传活动。25日，联合区国家保密局、区文明办在区妇女儿童活动中心开展"大手拉小手 保密知识进家庭"保密知识竞答活动，200余户家庭参加。27日，区妇联协调区四套班子主要领导走访慰问北京师范大学石景山附属幼儿园、师范附属幼儿园、西黄村小学、爱乐实验小学。29日，联合区文化委，在区少儿图书馆举办"童心童梦同成长"——石景山区庆祝"六一"儿童节主题活动。

（何　巍）

【寻找"最美家庭"】 5月11日，区妇联联合区委宣传部、区文明办等单位在区科技馆报告厅举办寻找"最美家庭"推进会暨大型现场报名活动。现场有90余个家庭报名，征集家风家训50余条、发放宣传材料5000多份、咨询服务100余人次。年内，区妇联在全区各街道（社区）开展寻找"最美家庭"活动。该活动以社会主义核心价值观为统领，以倡导和谐精神、服务和谐社会建设为目标，在"和谐家庭"创建工作基础上，以群众自荐、互相学习、彼此借鉴、共同分享为宗旨，面向基层妇女和家庭，组织开展体现时代精神、契合家庭需求、群众喜闻乐见的寻找"最美家庭"活动，推选出以学习型家庭、平安家庭、绿色家庭等为特色的最美家庭。各街道依托"妇女之家"，建立寻找"最美家庭"活动专题宣传栏、展示壁报、张贴宣传画，发布活动的目的、意义、方式和程序。在"妇女之家"举办家庭道德文明故事会、文明家风交流会、家训家规评议会、自编自演文艺节目等丰富多彩的活动，吸引群众踊跃参与、互评互议。区妇联设立寻找"最美家庭"活动专题网页，晒出"最美家庭"故事、家训、照片、视频等。在区有线电视台上开办特色专栏，每周一期播放"最美家庭"故事。通过《中国妇女报》《北京社区报》《石景山报》等报刊推荐优秀家庭，宣传"最美家庭"事迹。并在区妇联《妇女之声》设立专题版面，集中宣传活动开展情况。借助石景山妇联网和区政务信息网宣传寻找"最美家庭"的活动信息。此次活动旨在弘扬夫妻和睦、尊老爱幼、科学教子、勤俭节约、邻里互助的传统美德，以生动活泼的方式晒家庭幸福生活、讲家庭和谐故事、展家庭文明风采、秀家庭未来梦想。通过组织推荐、自荐、互荐等形式，挖掘家庭典型。根据"最美家庭"先进事迹，与区广电中心合作拍摄寻找"最美家庭"系列宣传片，自主设计编排报道剧《今天是母亲节》，编写《寻找美发现美展示美——石景山区寻找"最美家庭"活动成果展示》。活动最终评选出110户区级"最美家庭"、3户首都"最美家庭"，其中任全来家庭被全国妇联授予全国"最美家庭"、全国"孝老爱亲最美家庭"荣誉称号。10月24日，在区文化馆百姓剧场举办石景山区"最美家庭"命名活动，市妇联、区相关领导为110户"最美家庭"代表颁发荣誉证书，赠送全家福照片。12月3日，召开"有一种成功叫家庭幸福"——寻找"最美家庭"活动研讨会。会后，整理多位知名专家发言和研究成果，制作成家庭工作专版，刊登在《中国妇女报》婚恋周刊上。

（何　巍）

【家庭综合服务项目】 5月，区妇联"家庭综合服务项目"在金顶街街道模式口西里中和鲁谷五芳园两个社区"妇女之家"启动。石景山区是北京市妇联家庭综合服务项目的试点区县之一，项目采用"专业社会工作者＋妇女工作者＋志愿者＋社区自治组织"四方工作模式，利用首都经贸大学社会工作系的专业优势，以家庭及家庭成员为对象，通过与家庭及家庭成员面对面交流、心贴心沟通，使社区"妇女之家"真正成为服务妇女群众和家庭的有效载体。模式口西里中社区服务项目针对"失独家庭、残疾家庭、空巢家庭"等，首批参加家庭综合服务的失独家庭有12户。根据他们的需求，就如何使用计算机进行辅导，内容包括如何上网、浏览网页、学会网上购物、观看新闻、与好友聊天等。鲁谷五芳园居委会服务项目以高龄独居或空巢老年妇女及其家庭为主,有13户家庭参与。大学生社工将13户分类进行服务,对孤独的老人采用小组工作方法,组织一些适合老人的活动,让老人交到朋友,减少孤独感;对于个别问题家庭,采取叙事治疗与家庭治疗的专业方法,对有需要的服务对象进行心理社会干预。9月11日,市妇联、区妇联、首都经贸大学就"家庭综合服务项目"进行督导,并就下一阶段搭建交流平台工作进行协调与沟通。"家庭综合服务项目"是将社会工作专业服务引入社区"妇女之家",提升"妇女之家"参与社会管理创新、为妇女群众提供社会服务的专业水平,解决联系服务群众"最后一公里"问题的一项具体举措。

(何　巍)

【关爱女性健康】 7月11日,由市妇女儿童发展基金会、区妇联、北京兰超服饰科技有限公司联合举行无偿为乳腺癌患者定制义乳文胸的测量工作在区妇女儿童活动中心进行,为全区170名登记报名的乳腺癌患者定制义乳文胸。患者中年龄最大的已经82岁,最小的只有31岁,这些乳腺患者在治疗过程中,不得已将乳房切除,严重影响生活质量,为使她们尽快从病痛和精神的煎熬中走出,树立重拾幸福生活的信心,区妇联广泛发动社会资源,为身患癌症的妇女争取到无偿的义乳文胸。10月28日,区妇联在区妇女儿童活动中心举行义乳文胸发放暨巧娘工作室颁牌仪式,为133名乳腺癌患者发放义乳文胸,帮助癌症患者成立"抗癌乐园巧娘工作室",并发放2000元启动资金。市妇联发展部负责人出席仪式并讲话。两年来,区妇联共为265名乳腺癌切除手术患者带来关爱和福音,共计无偿送出义乳文胸360套,价值17万余元。

(何　巍)

【家庭教育活动】 8月12日,区妇联在区图书馆举办"守护童年"防止侵害知识讲座。100余名家长和孩子聆听讲座。来自北京青少年法律援助与研究中心、《守护童年 春蕾计划》的家长手册和儿童手册撰写专家张雪梅以"指导家长、儿童提高自我保护能力"为主题,从儿童自我保护十条建议、如何应对侵害、家长如何预防儿童遭受侵害3个方面对儿童和家长提供指导和建议。9月27日,在区妇女儿童活动中心举办迎国庆"我爱我的祖国"儿童绘画公益大赛。10月27日,在京源学校举办"玫瑰课堂——女儿如花"主题活动,活动由青春讲座和温馨下午茶两部分组成,北京市第二医院心理科医师、全国首家"青苹果"少男少女门诊创始人邓军以"健康青春期"为主题为学生讲授亲子课。12月5日,在蓝天宇锋幼儿园举办"石景山区家庭教育基地"揭牌仪式。

(何　巍)

【湖北宜昌市妇联考察】 8月14日,湖北省宜昌市妇联主席周赟鸿一行5人到区妇女儿童活动中心,就中心建设进行考察、座谈。区妇联主席陪同参观妇女儿童活动中心小公民道德实践基地、儿童活动游艺区、婚介职介及办公区。

(何　巍)

【助学基金惠泽困难家庭】 8月21日,区妇联在今尊大厦举办"情暖莘莘学子,真情扶困助学——实兴腾飞助学基金"发放仪式。刘亚泉宣读《关于发放2014年石景山区"实兴腾飞助学基金"的决定》,与会领导为受助学生代表发放爱心款及书籍,市妇联副主席赵丽君到会并讲话。"实兴腾飞助学基金"自2010年启动以来,共救助困难学生600人次,累计发放救助金80余万元,有效缓解困难家庭学生的实际困难。

(何　巍)

【援助贫困母亲项目】 9月3日,区妇联联合区慈善协会、区民政局签署合作协议,共同启动第三轮2015~2017年度"关爱母亲 共建和谐"真情援助贫困母亲项目。以救助具有石景山户籍且居住在本区、符合城乡低收入家庭认定标准的、因重大疾病、突发事件造成家庭困难的贫困母亲。通过实施救助,缓解部分贫困母亲家庭生活困难,使她们感受到党和政府以及社会各界的关心和支持,树立战胜困难的信心。该项目已开展六年,共救助贫困母亲1200人,发放救助金60万元。

(何　巍)

【"妇女之家"建设】 9月19日,区妇联举办基层妇联业务知识培训,150名社区妇联干部参加培训。中国家长教育与家庭文化学科带头人、北京大学教授齐大辉以"如何发挥妇联组织在推进家庭文明建设中的作用"为题,从家庭教育、家庭建设、家庭公约等方面入手,以全新的视角阐述"家长教育是家庭教育基础、公民素质源头、群众工作桥梁、党群关系抓手"的观点及家庭工作的新方法。西城区人民调解员协会副会长刘跃新以"常见家庭纠纷的调解方法与风险预防"为题,讲述当前婚姻家庭纠纷的形势、当前妇女维权中的误区、常见家庭纠纷的调解方法与技巧等内容。

(何　巍)

【"十二五"妇儿发展规划推进】 10月14日,区妇儿工委召开重点指标单位落实"十二五"妇女儿童发展规划推进会。区妇儿工委成员、北京调查总队石景山调查大队副队长杨金忠全面介绍上年度石景山区"十二五"妇女儿童规划指标监测情况。区委组织部、区教委等承担重点指标的单位汇报上年度"十二五"妇女儿童规划指标落实及下一步推进措施。

(何　巍)

【女性·家庭·社会大讲堂】 10月,区妇联贯彻落实中国妇女十一大和市十三次妇代会关于大力实施"巾帼成才行动"的工作部署,组织全区各街道开展"女性·家庭·社会"大讲堂系列培训。在金顶街街道开展"和谐婚姻 和谐人生"讲座;在八角街道举办主题为"健康养生黄金法则"公益大讲堂活动;在苹果园街道开展"女性家庭生活"大讲堂活动;在八宝山街道开展"合理膳食 远离疾病"讲座活动;在老山街道开展"社区法制"大讲堂活动。其他街道也开展形式生动、寓教于乐的培训活动,让大家以轻松愉悦的心

情完成培训课程。通过此次系列培训课程,引导广大妇女全面提高思想道德素质、文化知识素质、职业技能素质、身心健康素质、科学教子素质,在社会生活和家庭生活中发挥独特作用,不断提升妇女、家庭的综合素质和生活质量。

(何　巍)

【全国法制宣传日活动】 12月4日,是我国第一个国家宪法日暨全国法制宣传日。区妇联在八宝山街道远洋山水西里社区开展以“弘扬宪法精神 促进男女平等”为主题的宣传活动。本次活动由区妇联联合区检察院、新儒律师事务所及恒顿律师事务所等部门共同举办。活动提供法律咨询服务、搭设宣传展板、发放维权实用手册和12338妇女维权热线资料,弘扬宪法精神,促进男女平等观念深入人心。现场发放宣传材料1300余份,提供法律、政策咨询服务12人次。活动展板还在全区9个街道(鲁谷社区)进行巡回展示,提升居民群众的法律意识和法律素质,提高群众学法、用法、守法的自觉意识,为推动全面深度转型、高端绿色发展奠定坚实的法制基础和群众基础。

(何　巍)

【狱内帮教活动】 12月24日,区妇联、区检察院在市女子监狱,开展以“走进大墙内的帮教”为主题的帮教活动。活动中,帮教人员看望并慰问监狱干警,了解服刑人员的生活、劳动、学习情况,向服刑人员讲解《刑法》的减刑条款及社区矫正等相关问题。并向33名石景山籍在押女犯赠送法律和心理学书籍。

(何　巍)

石景山区科学技术协会

概　述

区科协是中共石景山区委领导下的人民团体,是区科学技术工作者的群众组织,是区委和区政府联系科学技术工作者的桥梁和纽带,是推动科学技术事业发展的重要力量,是学术交流主渠道,科普工作主力军,国内外民间科技交流主要代表和科技工作者之家。有区属学、协会9个、街道(社区)科协9个。围绕重点人群和基础工程建设,实施《全民科学素质行动计划纲要》。年内与所属团体动员组织全区科技工作者进行学术交流,组织社会组织及科普志愿者走进社区、学校开展科技周、科普之夏、科普日等大型科普益民服务活动,组织数码大赛及青少年活动等各类重点主题科普活动。荣获市青少年科技创新大赛优秀组织工作奖、市自然知识竞赛优秀组织工作奖、市信息工作先进集体、市中小学生“我有一只灵巧的手”活动优秀组织工作奖,市家庭数码大赛荣获优秀组织工作奖等一系列荣誉。

地址:石景山区石景山路18号
电话:68607102
邮编:100043

(邵丽芳)

【青少年科技教育】 在3月27日开赛的北京市第34届青少年创新大赛中,本区选手获得一等奖7名、二等奖14名、三等奖23名,教师发明1项入围全国奖,科幻画3项获全国三等奖。在11月29日举行的北京青少年“动手做”科技竞赛“我有一双灵巧手”科技制作比赛中,获得市级一等奖1项、二等奖3项、三等奖14项。区科协组织42所学校近6000名学生参加自然知识竞赛网上答题活动,获得第20届北京市自然知识竞赛团体赛高中组亚军、初中组亚军和天文星光奖、小学组优胜奖,区科协获得优秀组织奖。选拔10名优秀高中学生参加市科技后备人才培养计划,申请项目4项,获得资金支持20000元。全年组织“科学家进校园”活动11场次,3500多名中小学生与科学家零距离接触。组织1600名学生参与博物馆进校园活动,并与中国第四纪冰川遗迹陈列馆共同组织4期科普之夏“李四光中队青少年野外地质勘探训练营”。

(邵丽芳)

【实施科素纲要】 3月,司马红代表本区与市全民科学素质纲要实施工作办公室签订《落实全民科学素质行动计划纲要共建协议》。《协议》明确建立公民科学素质建设共建机制,落实公民科学素质建设的目标责任。年内,区科协对社区专兼职科普工作者开展系统培训,举办“社区科普志愿者和科技类社会组织工作人员培训班”和“石景山区科协系统科普工作者培训班”,提高社区科普工作的科学性、规范性。分别与区委组织部和区委党校联合开展处级、科级干部轮训以及公务员初任培训,与区人力社保局和社区学院联合开展公务员知识大讲堂活动等培训活动,首场讲座由中国科学院欧阳自远院士主讲《中国的探月梦》专题,

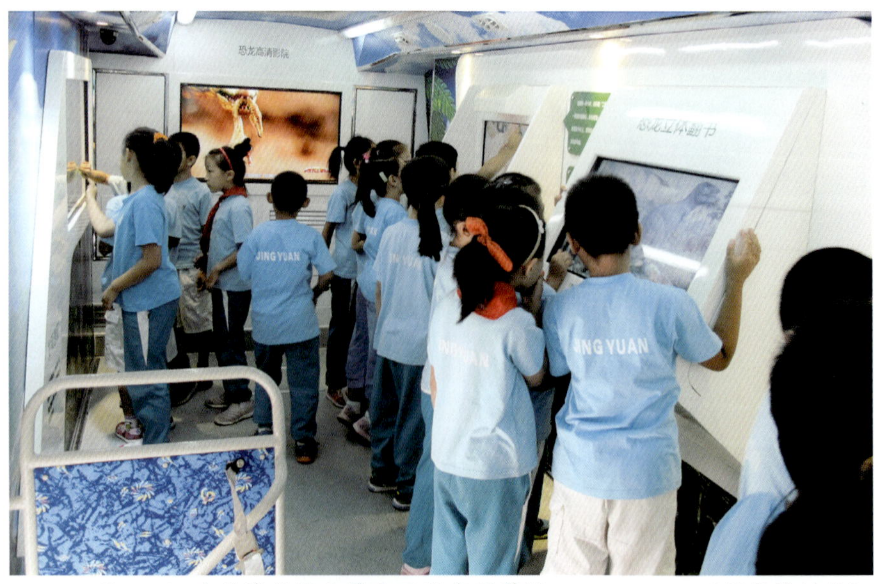

9月16日,自然博物馆大篷车开进京源学校　　(区科协供稿)

近300名机关公务员参加。

(邵丽芳)

【区科协委员会及活动】 4月1日,区科协召开第七届委员会第六次全委(扩大)会议。审议通过上年工作报告,制定和部署当年工作任务,表决通过毛轩等7人为区科协七届委员会委员。年内,组织科协委员分别到农业嘉年华和硅化木国家地质公园进行科普考察参观,了解最新的农业技术、硅化木化石的形成过程。

(邵丽芳)

【科技周活动】 5月,区科协在五里坨街道南宫社区举办“2014年石景山区科技周启动仪式暨五里坨社区科学生活指导站揭牌仪式”。面向社区居民开展“穿越时空的科技梦、低碳环保的幸福梦、科学生活的健康梦”展示活动。组织开展科普活动项目达348个,发放宣传资料9万余份,组织科普进社区101次,组织科普报告、讲座、研讨会125场(次),科普展览14场,组织参观活动24次,组织咨询58场,开放科普基地(场馆)6个,中央在京单位参与活动7项,为青少年组织活动26次,受益群众16万余人次。

(邵丽芳)

【科普之夏活动】 7~9月,区科协联合市自然博物馆将“中生代王者归来”流动科普车开进京源学校小学部和银河小学。同时从区属学(协)会、区科普教育基地、9个街道(鲁谷社区)科协等单位共征集83项重点活动、55项社区科普活动、28项科普教育基地活动。开展各类科普讲座40余场,科普展览20余场,免费发放各类科普书籍及科普宣传资料。

(邵丽芳)

【家庭数字技能大赛夺魁】 9月10日,第十一届北京百万家庭数字生活技能大赛家庭赛决赛在北京航空航天大学晨兴音乐厅举办。朝阳区、海淀区、丰台区、石景山区、大兴区、怀柔区6支家庭队从全市16支区县代表队中脱颖而出入围决赛。决赛围绕“创建智慧家园 乐享数字生活”主题,通过秀我家庭、眼疾手快、勇闯难关、巅峰对决4个环节的才艺展示和知识竞赛综合评分。由区文化委推荐、代表石景山区参赛的史明霞家庭以领先第二名40分的高分获得第一名。区大赛组委会获组织工作一等奖。“北京百万家庭数字生活技能大赛”由市科协、市经信委、市妇联共同主办,是集普及、互动、展示、竞赛为一体,以家庭和青少年为参赛主体的数字科普活动。自2004年首次举办以来,区科协一直把这项活动作为本区的重要科普活动来抓,取得三次全市第一的好成绩,并已成为本区普及信息科技知识的重要品牌活动。区科协还围绕大赛主题,针对不同受众开展各具特色的科普活动。征集摄影作品600余幅,开展区域特色活动13项,组织全民信息能力培训8场,听众达2000余人。

(邵丽芳)

【科普日活动】 9月15~16日,区科协连续两天在八角街道文化广场举行以“创新发展,全民行动”为主题的全国科普日主场宣传活动。此次活动由区科协与区文化委、八角街道共同举办。分为科普文艺晚会和现场宣传活动两个部分,延续历年简约、创新的整体风格。现场活动分为:科学健身项目展示、科普展品体验、健身项目比赛、科普知识有奖问答4个部分。区科协秉承创新发展主题,广泛组织动员街道、社区、驻区单位开展贴近百姓的科普活动。特别是科普示范社区和“社区科普益民计划”的奖补社区,不但参与“北京科学嘉年华”和“北京科学达人秀”等市科普日重点活动,还开展居民喜闻乐见的科普活动,普及科学知识。各学(协)会、科普教育基地、法人科普志愿者单位以及全区各中小学校也发挥自身优势和专长,围绕科普日主题,结合公众关心的热点问题,开展各类主题科普日活动。全区申报科普日活动项目达70余项,区科协专门拿出资金对各单位申报的部分重点活动给予一定资金或物质形式的支持。各单位开展各种宣传活动100余场,发放资料10余万份,惠及人群超过20万人。科普日结束后,评选表彰一批区级科普日优秀组织单位、优秀特色活动,并向市科协推荐“2014年全国科普日活动优秀组织单位”和“2014年全国科普日优秀特色活动”。

(邵丽芳)

【举荐优秀科技人才】 年内,区科协推荐3名优秀青年工程师参加“第二十二届北京优秀青年工程师”评选,黄锋、刘月被评为“北京优秀青年工程师”。举荐5名优秀人才获评区“优秀人才”“优秀青年知识分子”“先进科技、管理、高技能人才”。

(邵丽芳)

【社区科普益民计划】 年内,区科协评选出6名优秀科普宣传员,7个优秀科普社区,1个经济适用房社区,1个

7月15日,社区科普益民计划通过验收 (区科协供稿)

优秀基层科普场馆，获得88万元市级专项奖励和资助。五里坨街道联勤部社区获评“全国科普示范社区”，并获得中国科协专项资助20万元。完成上年度社区科普益民计划项目检查，第一批全国及北京市科普示范社区——八角街道北路社区通过专家组验收。组织下年度社区科普益民计划申报工作，推荐7个优秀科普社区、1个优秀基层科普场馆、8名优秀科普宣传员，全部通过专家评审，获得79万元市级专项奖励和资助。

（邵丽芳）

【科普项目申报实施】 年内，区科协组织科普法人志愿者单位等相关单位进行项目申报，“健康科普沙龙”项目获区级项目经费5万元。市科协领导到区调研，确定石景山区为“科学健康人”项目试点。社区科学生活指导站（155.8万元）和数字科普进楼宇示范建设（261.6万元）两个项目审批通过并推进项目实施。社区科学生活体验馆项目获批资金155.12万元。

（邵丽芳）

石景山区文学艺术界联合会

概　　述

区文联是区委领导下的由全区各文艺家协会组成的人民团体，是区委、区政府联系区内文艺工作者的桥梁和纽带，是北京市文联的团体会员。现有团队16家，登记在册会员2000余人。年内，区文联在区委宣传部和市文联指导下，以党的十八届三中全会和习近平总书记系列讲话精神及区委十一届八次会议会精神为指引，认真开展党的群众路线教育实践活动，坚持“二为”方向，贯彻“双百”方针，开展“走进石景山、走近生活，走入历史，走进京津冀”的文艺创作活动，围绕宣传区域发展创作文艺精品。围绕“高端绿色发展　全面深度转型”发展目标，认真梳理地区历史文脉，深入挖掘其独特的文化内涵，提炼文化禀赋，鼓励支持各协会深入基层，广聚区内外文艺人才资源，组织和动员驻区文艺工作者开展“中国精神·中国梦”主题文艺创作实践活动，开展“深入生活、扎根人民”主题实践活动，发挥各自艺术特长，创作出一批具有地域特色的原创文艺作品，同时举办多种形式不同艺术门类的展览展演。通过加强基础建设，探索文艺创作基地建设新路。加强协会日常建设，发挥文艺人才优势，积极服务人民群众，支持区曲艺家协会落户鲁谷社区，支持区集邮协会落户永乐西南居委会，并拨付活动经费用于协会创作交流、展示等日常工作。同时与区文化馆、区图书馆、慈善寺、五里坨王家大院建立合作关系，将其设为文联文艺创作展示活动基地，为协会提供集中创作、研讨交流的场所。

地址：石景山区石景山路18号
电话：68607213
邮编：100043

（马彦斌）

【开展书法交流活动】 1月3日，区书协副主席徐景辉应山东省日照市邀请，在日照市书协举办“徐景辉书法展”。取自于金代《张行简作品手抄本》（日照第一个状元）的书法作品《东方太阳城》入藏日照市档案馆，开拓有价值文化作品的理想归宿，增强双方文化交流。

（马彦斌）

【德耀石景山春联征集】 春节前夕，区文联与区委宣传部、区文明办联合开展“德耀石景山”春联征集活动。运用春联这种中华民族传统而独特的文学艺术形式，弘扬真善美，传播正能量，激发市民爱国热情，鼓励全社会崇德向善、见贤思齐，营造国家兴旺、社会和谐、家庭幸福的喜庆、文明、祥和的春节氛围。经评选共产生金奖5个，银奖10个，铜奖10个。

（马彦斌）

【加强文联工作交流】 3月6日，区文联带领区美协、区书协、首钢画院负责人到驻区文化企业——东煜经典文化有限公司参观学习，并就东煜经典文化有限公司与区属各文艺家协会深入合作，以地区文化内涵为主题的文艺作品创作、展览、展示活动等问题召开座谈会。

（马彦斌）

【集邮协会活动丰富】 3月中旬，集邮协会与区教委团队办联合组织600多名中小学生，参加市集邮协会举办的“中国梦我的梦”青少年集邮知识、集邮绘画、纪念封设计竞赛活动。区教委团队办获组织奖；实验小学罗翊宸同学获集邮绘画、纪念封设计一等奖；实验小学赵梓辰和杜柏萱同学获三等奖。暑假期间，在三山园居委会、永乐西南居委会和西厂居委会为青少年举办“邮票里的北京故事”专题集邮讲座，为同学们发放集邮品。12月中旬，在区图书馆举办“灵秀石景山”集邮展览，展示地区人文景观。不同形式活动的开展，增强协会凝聚力，激发协会活力。

（马彦斌）

【文化学者到区调研】 4月2日，著名文化学者、中国历史文献馆馆员、中国现代文学馆原馆长舒乙先生到区调研文联建设情况。舒乙先后参观皇姑寺、首钢厂区、石景山、五里坨王家大院、慈善寺等，题赠书法作品“最美的就是这”，为王家大院题词“院子里的故乡、京城骆驼寨”，为慈善寺题字“百善诚为重，慈悲当为先”。

（马彦斌）

【组织文艺家会员采风】 5月29日，区文联组织30多名文艺家会员开展采风活动。走进转型期的首钢，来到正在开发建设中的五里坨建设工地，参观传统民居王家大院的保护修缮工程，来到京西古香道的万善桥、双泉寺，参观市级文物保护单位慈善寺。使会员深入了解石景山，热爱石景山，激发创作热情。

（马彦斌）

【同根同源书法活动】 6月6日，区文联与区台办联合主办“同根同源”——台湾书法家陈志声书法作品展。现场进行两岸书法家笔会，书法内容均以弘扬中华民族传统文化、歌颂祖国大好河山为主题，相关领导对深化石景山区与台中市的文化交流与合作进行商议。新华社、《人民日报》、中央电视台（CCTV4）等媒体进行宣传报道。

（马彦斌）

【曲协主席收徒】 6月10日，为传承民族艺术，培养文艺人才，区文联主办曲艺家协会主席胡长江先生收徒仪式。胡长江先生为相声第六代艺术名家常宝霆先生的门婿、于连仲先生弟子，唐杰忠、李金斗等相声名家到场祝贺。

（马彦斌）

【书法展览活动】 6月25日，“蘸墨释怀·徐景辉书法艺术展”在首钢石景山园区氧气厂“首钢书画艺术展厅”内举办，为期七天。徐景辉为区书协副主席，该展览对转型发展中的首钢文化建设提供有益尝试。

（马彦斌）

【美丽石景山展】 8月20日，区文联召开第三次“美丽石景山”美术作品研讨会。区美协12位画家参加研讨，同时还特邀人民美术出版社编审、著名画家刘普生对作品进行点评和指导。此次美术创作，以“美丽石景山”为主题，历经多次采风酝酿，确定内容，创作研讨、再创作再研讨的基础上，共有创作作品40余幅产生，其中入选的优秀作品近20幅。9月25日，“庆祝中华人民共和国成立65周年——美丽石景山书法美术作品展”在首钢艺术展厅举办。活动由区委宣传部主办，区文联承办，区书法家协会、区美术家协会、老年书画研究会、区政协文史委协办，为期4天，展出作品近150幅。其中包括“古人咏美丽石景山”主题书法作品100幅，名家题字，围绕宣传社会主义核心价值观撰写的诗文、警句15幅，“千年北京城、灵秀石景山”美术创作活动选拔作品30余幅。此次展览是区文联近两年梳理历史文脉，挖掘区域文化内涵，认真提炼素材进行创作的主要成果展示。用优秀传统书画艺术展现区域历史文化、人文风貌、名胜古迹、社会生态文明等，表达文艺界对家乡、对祖国的热爱之情。《石景山报》对展览进行专版报道。

（马彦斌）

【参加市文艺展演】 11月23日，区文联组织艺术家参加市文联在武警北京市总队第五支队礼堂举行的“践行社会主义核心价值观 放飞艺术梦想——2014北京市区县（局）、产（行）业文联优秀文艺节目展演”活动。小品《亲情》作为代表作，展示舞台艺术创作的新成果、新人才、新风貌。

（马彦斌）

【主题创作活动】 年内，区文联与东煜经典美术馆合作开展“千年北京城，灵秀石景山”美术书法创作活动，在多次采风研讨的基础上，确定主题、构思，分工到人，并在创作过程中定期召开创作会，请作者互相点评，不断修改。并邀请著名画家，人民美术出版社编审刘普生先生现场教学评定。刘普生先生高度称赞石景山区文联组织文艺家深入实际，脚踏实地搞创作，深入挖掘区域社会历史文化题材，宣传家乡歌颂时代的这种作风和精神。这次创作共完成八尺、丈二大幅国画作品22幅。

（马彦斌）

11月4日，区美协完成庾陵堰作品　　（区文联供稿）

【学生作文大赛】 年内，区文联支持作协开展“第二届东方少年·中国梦北京新创意中小学生作文大赛”石景山分赛区活动，旨在加强未成年人思想道德建设，在中小学生范围内弘扬正能量，宣扬中国梦主题，提高学生阅读与作文水平，为中小学生提供一个交流学习和展示才华的平台。活动通过征稿、筛选、评审，共征集作品4600多篇，选出790篇优秀作品参加市级评选。其中5名同学获北京市特等奖，10名同学获一等奖。区文联、区作协获得优秀组织奖。此外，区作协承办区模范人物报告文学创作活动，共创作报告文学约30万字。

（马彦斌）

【老年书画活动】 年内，老年书画研究会坚持“围绕中心，弘扬传统，陶冶情操，服务社会”宗旨，文艺作品创作成绩显著。通过书画展览展示交流活动，倡导传承中华美德、老有所学、文化养生。举办《庆祝新中国成立65周年书画展》《老骥雄风 中国梦》书画展，展出作品400余幅。参与社区文化建设，培养书画爱好者200多人，结业学员总人数达1000人以上。在市老年书画研究会换届选举和表彰大会上被评为先进集体，孙有志被评为先进个人，王卫星的作品被文化部送入中巴文化交流参展作品，并列为国家级馆藏作品和国礼作品。

（马彦斌）

【曲协活动多彩】 年内，曲艺家协会结合党的群众路线教育实践活动，创作歌曲《中国梦 社区梦》、京剧《和谐社区 真叫棒》、群口快板《平安梦 文化梦》、豫剧《中国梦放射出万丈光芒》、歌曲《小巷总理》及表演唱《党的群众路线好》的作品，通过展演得到市、区领导认可。

（马彦斌）

【文艺作品汇集】 年内，区文联编辑

出版《古人咏美丽石景山书法作品集》,汇集历代文人歌咏石景山的名篇佳作。与区政协合作出版《舒乙与石景山》,编辑印制《红色收藏—纪念毛泽东诞辰20周年集邮册》。

(马彦斌)

【美术作品创作】 年内,区文联配合模式口历史文化保护区的修缮,创作尺寸为八尺的模式口古村落全景图,并请中国公共外交协会副会长、中国现代文学馆馆长舒乙先生题字“京西古镇模式口胜迹复原图”,真实再现模式口地区的明清时期风貌。

(马彦斌)

石景山区归国华侨联合会

概述

区侨联是区委领导下的人民团体,是区委、区政府联系区内广大归侨侨眷和海外侨胞的桥梁和纽带,是团结服务归侨侨眷和海外侨胞的群众组织。区侨联有专职干部4人。区第三届侨联委员25人,其中主席1人,副主席3人,秘书长1人。基层侨联组织9个。年内,区侨联在市侨联和区委统战部指导下,坚持以党的十八大和十八届三、四中全会精神为指导,以党的群众路线教育活动为重点,围绕中心、服务大局,履行职能、发挥优势,团结带领广大归侨侨眷,认真践行为侨服务宗旨,维护归侨侨眷和海外侨胞的合法权益,不断加强自身建设,在凝聚侨心、汇集侨智、发挥侨力、维护侨益等方面开拓创新,凝聚力量,抓住机遇,开拓进取,为推动地区高端绿色发展贡献侨界智慧和力量。

地址:石景山区八角北路民主党派人民团体办公楼三层
电话:68878921
邮编:100043

(蔡琳)

【组织活动】 4月18日,区侨联组织30余名归侨侨眷开展《健康和谐大讲堂—绿色生活体验》系列讲座活动。5月8日,组织归侨侨眷代表观看话剧《中国梦》。同月10日,组织侨联骨干50余人参观中国历史博物馆《复兴之路》大型展览。20日,组织侨联委员考察八大处佛牙舍利子文化。23日,参加市华侨服务中心举办的“侨界健康爱心行动走基层”系列活动。9月8日中秋节,组织50余名归侨侨眷欣赏著名小提琴演奏家吕思清“思乡曲”中秋浪漫经典音乐会。同月18日,组织100名归侨侨眷方阵参加“首都侨界纪念抗战胜利歌曲大联唱”活动。25日,组织侨联全体干部参加秋季登山运动会。30日,组织部分侨联委员参加市侨联举办的“首都侨界庆祝建国65周年联欢晚会”。

(蔡琳)

【依法维护侨益】 年内,区侨联拓展联谊工作,建立并完善“石侨之家”微信平台,增进友谊,沟通感情。元旦、春节期间开展“送温暖,献爱心”活动,走访慰问困难归侨侨眷20人次。努力拓展渠道,加强海外联谊,侨联主席于8月应邀参加在瑞典举办的欧洲华侨华人社团第十八届换届大会,拜访荷兰青田同乡会,参观荷兰的华文学校,并与当地侨团围绕参与首都新发展,增进社团间交往以及开展华文教育,推动媒体合作交流进行交流和座谈。9月,接待来自欧洲等国的访京团,宣传石景山,增进双方了解,建立深厚友谊。

(蔡琳)

【参政议政】 年内,区侨联积极参政议政,建言献策。参加市、区“两会”期间,侨界人大代表、政协委员为北京、石景山建设建言献策,向人大、政协提出意见建议提案9份,上报各种信息26条。维护侨益和侨联公益事业。组织侨联委员参加市人大召开的侨法实施办法实施情况座谈会,对做好维护侨益工作、促进首都民主法治建设提出意见建议。加强侨联理论调研工作,经过深入基层专题访,走家串户细致问,形成《关于发展石景山高端休闲旅游的分析》调研报告。

(蔡琳)

【基层侨联活动】 年内,区侨联按照“组织起来、活跃起来”要求,营造“社区为侨服务,侨为社区贡献”的理念,指导各街道(社区)侨联开展文化娱乐活动,扩大和提升侨联组织的社会影响力。鲁谷社区侨联每逢佳节都举办联欢会、故事会、红歌会等特色活动,其中“鲁谷侨联忆十年,侨人相聚话中秋”等活动颇具影响力。八宝山街道侨联组织归侨侨眷参观航天博物馆及怀柔航天朗考生态园。老山街道侨联组织归侨侨眷参加健身舞、器乐、社区乒乓球比赛及第28届卢沟桥纪念抗战胜利醒狮越野跑活动。苹果园街道侨联举办归侨侨眷手工艺品展,组织侨联委员及社区侨务干部参加“把‘绿’留在石景山”义务植树活动。广宁街道侨联举办重阳节归侨侨眷广场舞展示活动。金顶街街道侨联全年发行三期会刊,合唱队、舞蹈队坚持每周活动一次,并组织归侨侨眷参加英语学习班。五里坨街道侨联举办“侨界迎新春联谊会”,组织归侨侨眷参观电影博物馆。古城街道侨联对社区侨务干部进行建档,建立定期走访和开展活动制度,社区侨务干部经常上门了解社区侨情,组织“社区公民道德讲堂”等各种社交活动,组织赴焦庄户“抗日战争教育基地”参观学习。八角街道侨联开展“暖巢”志愿服务活动,为侨界空巢老人安装紧急按铃,组织参观北京植物园,举办归侨侨眷暨统战人士趣味运动会。

(蔡琳)

石景山区红十字会

概述

区红会是中国红十字会的地方组织,是从事人道主义工作的社会救助团体,是党和政府人道救助领域的得力助手,组织开展全区的红十字工作。年内,在市红十字会指导和区委、区政府领导下,区红会贯彻落实党的十八届三中、四中全会和习总书记系列讲话精神以及区委十一届八次会议精神,按照“全面深度转型 高端绿色发展”的总体部署,围绕“加快人道惠民改革、增强人民群众福祉”的工作思路,依法履职，以服务民生为切入点，充分发挥红十字人道助手作用，大力宣传弘扬“人道、博爱、奉献”的红十字精神，全力推进“三救”（备灾救灾、应急救护、人道救助）和“三献”（无偿献血、造血干细胞和遗体器官捐献）工作，进一步完善捐赠款物的管理、信息公开制度，坚持年度审计、社会监督制度，加强快速、便捷、有效的应急救助能力和资源动员能力的提升；着力增强红十字组织和志愿者的活力，不断拓展惠及民生的红十字核心业务，在人道惠民中践行党的群众路线，在服务大局、当好助手中彰显红十字的独特优势和作用，为地区高端绿色发展作贡献。

地址：石景山区体育场南路6号1号楼5层
电话：68606619
邮编：100043

（杨欣欣）

【红十字应急救护站】 5月27日，全市首个政府部门红十字应急救护工作站在工商分局成立。市红会在工商分局机关登记服务大厅配备AED（心脏除颤器）等急救设备，分局组建15人（均经过应急救护专业培训并通过考试）的应急急救队伍，一旦来办理业务的当事人出现紧急事故，具备急救知识的工作人员能够迅速做出反应，及时启动急救设备，最大限度地挽救生命。

（赵林平）

【拓展宣传动员】 年内，区红会坚持以声誉建设为重点，大力弘扬红十字精神和首都红十字核心价值观，拓展红十字大宣传、大动员阵容，营造“慈善光荣、奉献可敬”的社会氛围。在区有线电视台播放宣传短片，向社区居民印发宣传手册。加强宣教基地、急救亭、公益宣传栏和“石景山红十字公益网站”的建设与使用，指导基层红十字组织开展经常性、群众性的宣传活动。以“红十字精神进万家”等活动为契机，广泛传播红十字精神和有关法律法规。全年广泛开展初级救护培训、无偿献血、防灾减灾宣传、造血干细胞捐献、红十字知识宣传活动，进一步提升红十字会的社会知晓率和公信力。

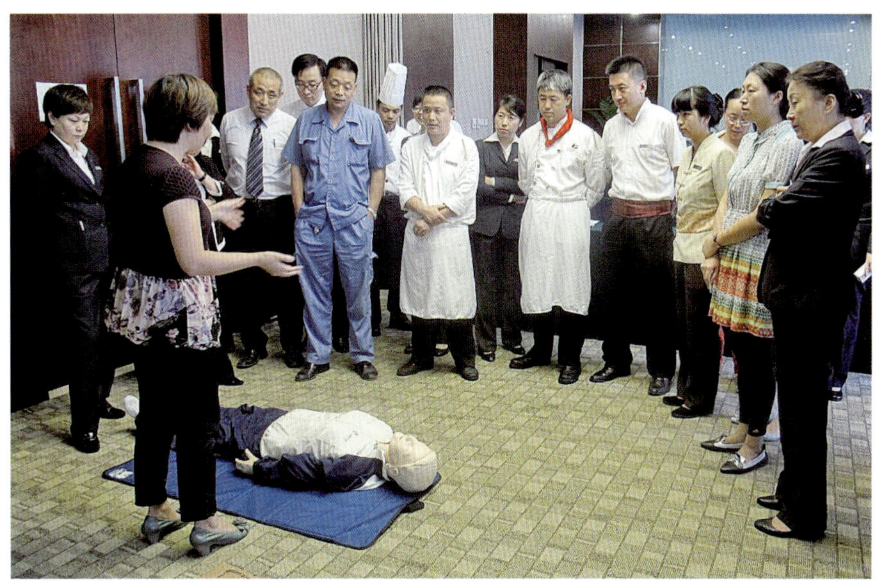

9月23日，开展急救培训　　（区红十字会供稿）

（杨欣欣）

【创新应急培训】 年内，区红会扩大应急救护培训覆盖面，普及避险逃生和自救互救知识技能，提升救助救护服务水平。结合第15个“世界急救日”活动，在全区范围内开展急救系列活动，进一步提高社会知晓度和急救学习的群众参与度。录制“急救知识与技能”知识讲座，在区有线电视台播放，普及急救知识。在工商分局开展“关爱生命从自救互救做起”应急救护知识大讲堂活动。借助老山街道“健康一条街”活动平台，开展急救知识宣传。印制10000册“红十字急救掌上学堂”宣传折页，在全区街道（社区）、各红十字工作委员会广泛发放，提高下载数量和使用率。对17个单位1300余人进行初级急救员培训。选派15名师资参加市红会举办的应急救护师资继续教育培训班；选派10名救援队骨干参加市红会专业应急救护培训，并参加市红会在鸟巢举行“中国北京市红十字人道救援队暨首都红十字维稳医疗专用车启动仪式”。开展应急和赈济演练，培训骨干力量。

（杨欣欣）

【抓实募捐救助】 年内，区红会在全区范围内开展“博爱在京城”募捐活动，收到社会各界捐款共68.8万余元。云南鲁甸发生6.5级地震后，红会立即开展向灾区募捐活动，第一时间通过区红会网站、区政务网、区有线电视台等多种媒体向全区各街道（社区）红会、各红会工作委员会、各理事成员单位乃至社会各界人士发出呼吁书，动员大家为灾区人民筹集善款奉献爱心。收到捐款50.2万余元，及时上交市红会，接受并通过市红会审计。全年救助225人，发放救助款物共计30.86万元。其中：“两节”送温暖救助200户，每户800元，共16万元；看望慰问患大病少儿2人，共发放救助款2万元；开展定向募捐救助1人，发放救助款2万元；重阳节前夕，走访慰问一名105岁高龄的百岁老人，送去价值970元的慰问品；发放本年度非典后遗症生活补助款3人，共1.35万元；日常慰问救助困难户共发放救助款9.41万元。开展“人道公益项目”定向资助4个单位，共支出17.5万元。分别资助：漂亮妈妈听力言语康复中心4万元，小飞象训练发展中心5万元，太阳花听力言语康复中心4.5万元，八角北路特钢社区居委会4万元。支持内蒙宁城“博爱家园”建设，定向资助10万元。

（杨欣欣）

【推进三献工作】 年内，区红会指定专人负责无偿献血、造血干细胞捐献、遗体器官捐献工作。加大造血干细胞

捐献工作的宣传力度，制作造血干细胞捐献宣传海报500套张贴在辖区每个居委会的宣传橱窗内，宣传造血干细胞捐献的重要性及必要性，动员更多的爱心人士加入造血干细胞志愿服务队伍。制作人体(器官)捐献便民联系卡2万余张，内容包括本市三家接收人体(器官)捐献的医院地址、联系电话和区红十字会咨询电话，并统一下发到9个街道144个居委会。

（杨欣欣）

【加强防艾宣传】 年内，区红会坚持艾滋病防病宣传“进学校、进社区、进工地”。增强人们了解艾滋病的危害、传播途径、预防方法和防治知识，有效消除对艾滋病的恐慌心理和对患者的歧视陋习，加强自我保护，提倡健康文明的生活方式，向“零”艾滋病迈进。注重“三加强，一交流”，即加强骨干培训：对医务人员、卫生检验人员，开展有关职业暴露感染艾滋病防护知识培训，举办4期职业防护知识培训班，提高医护人员职业防护能力。加强志愿者业务培训：根据外地来京人员流动性大的特点，对各街道(社区)、学校、建筑工地等防艾志愿者进行业务培训，使其掌握艾滋病防治知识及宣传技巧。加强娱乐场所、按摩房等负责人培训：提高其预防艾滋病宣传教育工作重要性的认识及干预工作的组织能力。开展业务交流：邀请市防艾协会专家及有关业务骨干进行业务技术指导，传授预防干预工作经验，不断提高协会工作人员对艾滋病干预工作的能力和业务水准。

（杨欣欣）

石景山区人民团体负责人

总工会主席	李桂珍(女，副区级)	文学艺术界联合会主席	郭　明
常务副主席	蒋志谋	科学技术协会主席	宋菁慧(女)
共青团石景山区委书记	杨俊峰	残疾人联合会理事长	高春玲(女)
妇女联合会主席	刘　红(女)	红十字会会长	田春生(副区级)
归国华侨联合会主席	张　文	常务副会长	王颖玲(女)

政 法

2014年,全区政法工作以贯彻落实党的十八大和区委十一届十次全会精神为主线,紧紧围绕全国、北京市政法工作会议提出的各项工作任务和“八个高端体系”建设,以维护地区安全稳定,服务区域经济发展为目标,以深化司法体制改革为重点,扎实推进“平安石景山”“法治石景山”、过硬政法队伍建设,不断提升政法工作水平,为地区深化改革、科学发展创造安全稳定的社会环境、公平正义的法治环境、优质高效的服务环境。

圆满完成维稳安保任务。在全国“两会”、建国65周年、APEC高官会议期间等重大活动和敏感节点,适时启动社会面安保防控及专项工作督查。研究制定《政法系统涉稳信息报送意见》,形成周研判、月分析、季度总结的研判会商机制。全年搜集上报各类维稳情报信息1200余条,编发维稳专刊103期,提前预防和处置西山枫林小区部分居民对轨道交通项目设计不满等多起治安、越级上访案(事)件。全年共组织召开协调、会商、联席等会议120余次(其中现场协调37次;区领导参与或要求召开的高级别维稳会商40余次),妥善处置西北热电工程施工引发的系列矛盾纠纷,东方家园与消费者、员工、商户之间纠纷,苹果园Ⅰ地块项目恢复施工,“喜隆多”、景阳市场火灾善后以及农民工讨薪等20余起影响较大、波及面广的涉众案(事)件。充分发挥人民调解委员会职能作用,共调处矛盾纠纷7529件,成功化解7178件,化解率95.3%。全面推进“济困工程”,不断加强救助巡视工作,共救助15余万人次,投入资金近8000万元。

全面夯实反恐防恐工作。制定下发《石景山区开展严厉打击暴力恐怖活动专项行动实施方案》等11份规范性文件。组织召开全区反恐怖领导小组工作会议、专题会10次,开展反恐处突应急处置演练105次,组织反恐专业培训62场5500余人次参加,发放各类宣传品4800余份。投入专项经费近500万元,完成全区187处反恐重点目标和重点部位的物防设施安装配置工作。

构建社会治安防控体系。进一步完善网格化社会管理体系建设,按照“城市管理网”“社会服务网”“社会面防控网”三网融合的要求,对原有社会防控网格重新梳理划分,明确调整后290个社会防控网格的力量配置、工作职责,建立定期联系、会商制度。深入推进科技创安工作,建设社会面图像信息系统点位572处,探头599个,整合社会单位图像信息资源174路。全年启动社会面防控等级7次,累计出动专群力量74万余人次,对全区13类、1147名重点人员,全面落实教育转化和动态管控工作。

积极协调区域经济发展。政法委综合协调公安、法院、城管、信访、宣传、街道等部门,紧密联动、形成合力,顺利完成对五里坨水厂多个租户强制腾退,刘娘府项目安××、二管厂项目范××等多起司法强拆的保障和善后工作。

不断提高执法司法规范水平。聘请10名职能部门工作人员作为政法系统执法执纪特邀监督员,加大对政法机关执法、司法活动的监督。共建专业技术咨询委员会,通过组织委员参加案件审理、提供咨询活动,不断拓宽民主监督渠道。充分利用北京市政法综治网站,大力宣传本区政法工作情况,全年市政法综治网采用本区政法动态信息800余条。

切实加强队伍建设,提升干警整体素质。政法各单位结合自身实际,认真开展官德人品大讨论、“法定职责必须为”等活动,通过集体学习、辅导报告、专题研讨、撰写心得体会等多种形式的学习交流,进一步增强广大干警政治上的坚定性、行动上的自觉性。在党的群众路线教育实践活动中,集中精力对“四风”问题进行大排查、大扫除。政法系统汇总各方面意见建议1356条,推出整改措施522项,制定改进作风建设制度60余个,并按照近期、中长期分步进行落实。

(张　晨)

政法委员会

概　述

中共北京市石景山区委政法委员会(简称区委政法委)是区委领导政法工作的职能部门。内设区维护稳定工作领导小组办公室(简称区维稳办),作为区维护稳定工作领导小组常设办事机构。区委政法委行政编制7人、工勤编制1人;区维稳办行政编制3人,共计11人。年内,区委政法委围绕区委、区政府中心工作,全力做好维护社会稳定和服务区域经济社会发展工作。将重大决策社会稳定风险评估纳入区委常委会议、区委专题会议和区政府会议决策程序,规范评估流程、提高评估效能;研究制定《政法系统涉稳信息报送意见》,形成周研判、月分析、季度总结的研判会商机制;全年共组织召开协调、会商、联席等会议120余次(其中现场协调37次;区领导参与或要求召开的高级别维稳会商40余次),妥善处置西北热电工程施工引发的系列矛盾纠纷,东方家园与消费者、员工、商户之间纠纷,苹果园Ⅰ地块项目恢复施工,“喜隆多”、景阳市场火灾善后以及农民工讨薪等20余起影响较大、波及面广的涉众案(事)件。制定下发开展严厉打击暴力恐怖活动专项行动实施方案等11份规范性文件。进一步完善网格化社会管理体系建设,按照“城市管理网”“社会服务网”“社会面防控网”三网融合的要求,对原有社会防控网格重新梳理划分,明确调整后290个社会防控网格的力量配置、工作职责。政法各单位结合自身实际,开展官德人品大讨论、“法定职责必须为”等活动,通过集体学习、辅导报告、专题研讨、撰写心得体会等多种形式的学习交流,增强广大干警政治上的坚定性、行动上的自觉性。

地址:石景山区石景山路18号
电话:88699118
邮编:100043

(张　晨)

4月28日，社会稳定风险评估　　（区委政法委供稿）

【社会矛盾化解】　区委政法委全年组织召开协调、会商、联席等会议120余次（其中现场协调37次；区领导参与或要求召开的高级别维稳会商40余次），妥善处置西北热电工程施工引发的系列矛盾纠纷，东方家园与消费者、员工、商户之间纠纷，苹果园I地块项目恢复施工，“喜隆多”、景阳市场火灾善后以及农民工讨薪等20余起影响较大、波及面广的涉众案（事）件。发挥人民调解委员会职能作用，共调处矛盾纠纷7529件，成功化解7178件，化解率95.3%。推进“济困工程”，加强救助巡视工作，共救助15余万人次，投入资金近8000万元。

（张　晨）

【维稳信息研判】　年内，区委政法委研究制定《政法系统涉稳信息报送意见》，形成周研判、月分析、季度总结的研判会商机制。全年搜集上报各类维稳情报信息1200余条，编发维稳专刊103期，提前预防和处置西山枫林小区部分居民对轨道交通项目设计不满等多起治安、越级上访案（事）件。与区委宣传部紧密配合，收集境内外各类舆情信息1835条，发挥公安网监部门作用，及时发现、妥善处置各类涉区、涉警网络舆情218起。

（张　晨）

【治安防控体系】　年内，区委政法委完善网格化社会管理体系建设，按照“城市管理网”“社会服务网”“社会面防控网”三网融合要求，对原有社会防控网格重新梳理划分，明确调整后290个社会防控网格的力量配置、工作职责，建立定期联系、会商制度。深入推进科技创安工作，建设社会面图像信息系统点位572处，探头599个，整合社会单位图像信息资源174路。全年启动社会面防控等级7次，累计出动专群力量74万余人次，对全区13类、1147名重点人员，全面落实教育转化和动态管控工作。

（张　晨）

【政法工作宣传】　年内，区政法系统联合团区委、区教委建立全市首家综合性未成年人“青春护航”考察帮教基地，为未成年犯罪嫌疑人提供学习、就业机会，一对一开展帮教活动，该创新型工作经验被北京电视台、正义网、《检察日报》等多家媒体宣传报道。利用市政法综治网站宣传本区政法工作情况，全年市政法综治网采用政法动态信息800余条。

（张　晨）

【从优待警】　年内，区委政法委走访慰问因公负伤、患大病等干警54人，发放关爱金36.5万元；协调区教委为18名干警解决子女入学困难问题；建立政法系统因公牺牲干警特别关爱金制度。在区住建委帮助指导下，完成85套保障性住房的申请、审核、备案、配租等工作，帮助住房困难干警解决实际问题。参照区财政收入年均增幅标准，调整对公安分局、交通支队、消防支队春节慰问的经费，并将法检两院纳入春节看望慰问对象中。协调完成区法院、交通支队医务室建设工作。组织开展政法系统春节、国庆前夕走访慰问退休老干部、老党员等活动。

（张　晨）

【反恐防恐】　年内，区委政法委制定下发开展严厉打击暴力恐怖活动专项行动实施方案等11份规范性文件。组织召开区反恐怖领导小组工作会议、专题会10次，开展反恐处突应急处置演练105次，组织反恐专业培训62场、5500余人次参加，发放各类宣传品4800余份。投入专项经费近500万元，完成全区187处反恐重点目标和重点部位的物防设施安装配置工作。

（张　晨）

社会管理综合治理

概　述

北京市石景山区社会管理综合治理委员会办公室（简称区综治办）是区委、区政府解决社会治安问题的常设办事机构，承担维护社会稳定和社会管理综合治理“打击、防范、教育、管理、建设、改造”6项工作任务。年内，社会治安综合治理工作按照中央、市委和区委关于加强和创新社会管理的一系列决策部署，深入贯彻党的十八届三中全会、中央政法工作会议精神，落实区委十一届八次全会要求，把反恐防暴作为维护安全稳定的第一任务，把深化“平安石景山建设”作为综治工作的长期主题，把群众路线教育主题实践活动作为社会治理的根本保障。坚持争创一流的工作标准，开展源头治理、系统治理、综合治理、依法治理，不断提升群众安全感和满意度，坚决防止发生危害国家安全和社会稳定的“重大暴力恐怖事件、重大政治事件、重大群体性事件、重大个人极端事件、重大公共安全事件”，确保新中国成立65周年庆祝活动和亚太经合组

织峰会圆满成功，为全面深化区域转型发展营造和谐稳定的社会环境。

地址：石景山区石景山路18号

电话：88699106

邮编：100043

（张桂清）

【综治领导责任制】 3月14日，区社会管理综合治理委员会召开第一次全体（扩大）会议，通报上年度综治工作考核情况，进行治安形势分析，各成员单位、街道主要领导进行综治工作述职评议。区主要领导与全区60个单位、9个街道（鲁谷社区）的党政一把手签订《社会管理综合治理责任书》，全面落实社会管理综合治理领导责任制。区综治办全年向区委常委会汇报综治专题工作4次，多次向区委、区政府主要领导汇报社会治安重点地区整治、社会面防控、违法群租房治理工作情况，专题向区政协有关领导和委员汇报综治工作1次。年底，区综治委领导及"五部委"负责人听取各街道和部分综治委成员单位的年度综治工作情况汇报，并按照《"平安石景山"建设暨石景山区社会管理综合治理工作考核标准及评分细则》对各单位的综治工作进行考核评分。

（张桂清）

【违法群租房治理】 4月10日，区综治委召开全区群租房问题治理工作动员部署会。制定下发在全区集中开展违法群租房治理工作的实施方案，抽调15个部门人员成立违法群租房治理办公室，办公室设在区流管办。年内投入经费近20万元，发放各种宣传材料共计10万份，制作悬挂横幅193条，展板263块，接受群众各类咨询952人次，受教育群众达13.8万人。开展各类违法群租房治理联合执法473次，累计出动4869人次，批评教育3563人次，拘留1人，强制审查7人。摸排出违法群租房452户、1783间、面积49166平方米，居住3426人，涉及7个街道、57个社区。其中市区挂账7个社区共有群租房114户、437间、12927平方米、容纳居住流动人口1247人。共拆除452户，拆除隔断1743间，劝退居住违法群租房流动人口3388人，返还租金、押金24000元。对市流管平台群租房举报投诉情况进行认真办理，28件群众举报投诉违法群租房问题全部办结，其中，电话答复16件、信函2件、约谈10件。

（张桂清）

【重点地区整治】 4月，根据首都综治委工作要求，区综治委召开社会治安重点地区整治工作大会，制定并下发社会治安重点地区排查整治行动工作方案，明确"市、区、街"三级挂账重点地区19个。年内，全区各职能部门与属地街道倾力配合，针对三级挂账重点地区突出问题开展联合执法，发动群防力量8.13万人次，出动执法力量17124人次，执法车辆7113辆次，组织各类排查工作2188次，开展大规模联合执法143次，排查各类矛盾纠纷962件，查处各类非法营运车辆756辆，查处非法运营及无照游商1993起，暂扣各类经营工具及物品84721件，处罚非法运营人员815人。

（张桂清）

【基层平安创建】 5月23日，区综治委召开全区基层平安创建工作会议。由区委、区政府主管领导挂帅，组建指挥协调小组，负责整合全区力量，对基层平安创建活动进行组织、协调、督促、检查。各成员单位、各街道，比照区级模式，层层建立工作机构、理顺领导体制，召开工作部署会35次，制定方案70余份。6月26日，全区召开"践行群众路线，推进安全社区创建"现场会，在26个高发案社区推广更换防盗锁芯1500余把，在重聚园、五芳园、永乐小区等钻窗入室盗警情高发社区安装防爬刺。全年社区三类可防性案件（入室盗窃、入室抢劫、盗窃机动车）立案327起，比去年同期347起下降5.8%，万人发案率低于预设目标。安全社区创建现场会后，社区三类可防性案件立案环比下降18%，各类警情稳中有降，APEC会议期间警情同比下降30%，群众安全感指数达到93.5%，同比上升3.2%。

（张桂清）

【城乡结合部整治】 9月中旬，区综治委根据《关于在全市城乡结合部重点地区开展专项整治的工作方案》要求，在全区开展城乡结合部专项整治工作，为国庆65周年、APEC会议顺利举办营造良好社会环境。截至年底，全区共开展各类联合执法活动310次，参加执法人员2631人次。共查处治安案件81起、刑事案件161起、社区可防性案件154起；检查消防场所246处，整改火灾隐患131处；消除房屋结构安全隐患88处，查处违法出租房主20人，停租出租房屋76间，拆除违法建设9100余平方米；查处黑诊所17个，黑药店7个，查处违法食品加工点44个；清理垃圾518吨，清理收缴小广告32485份，清除占道经营户814个次，查处无照经营点2958起。全区有流动人口194847人，比整治工作开始的204039人减少9192人。其中区级挂账重点苹果园街道西黄村社区整治工作成效显著，开展各类联合执法26次，执法人员297人次参加执法活动。共查处治安案件11起、刑事案件3起、社区可防性案件12起；检查消防场所37处，整改火灾隐患17处；消除房屋结构安全隐患26处，查处违法出租房主4人，停租出租房屋22间，拆除违法建设224平方米；查处黑诊所3个，黑药店1个，查处违法食品加工点5个；清理垃圾120吨，清理收缴小广告2600份，清除占道经营户110个次，查处无照经营点34起。

（张桂清）

【人口调控】 截至年底，全区共登记流动人口194514人，出租房屋16439户。同比（204779人）减少10265人，超额完成当年人口调控指标（5000人）。年内，对全区9个街道（鲁谷社区）、57个社区的违法群租房开展各类联合执法473次，累计出动各种力量4869人次，批评教育3563人次；拘留1人，强制审查7人，共拆除452户，隔断1743间，劝退居住违法群租房流动人口3388人。特别是从9月中旬开始，对市级挂账的八角街道和鲁谷社区群租普通地下室开展治理工作，共治理4处、125间、劝退居住流动人口192人。对苹果园西黄村等地区开展专项整治工作，查处违法出租房主15人，停租出租房屋42间,清退流动人口370人。

(张桂清)

【社会面防控】 年内,区综治委在社会面上,组织协调专业力量,以公安、武警专业力量为主导,实行“双警巡逻制”,常态下每天投入405名公安、武警力量在街面巡防。针对“一线、三园、五站、一广场”重点部位和重点场所,重新调整划分重点路线、点位83处,修改完善社会面防控方案25份。在社区防控上,组织全区270名专职巡逻队员以车巡、步巡的方式,进行24小时全天候巡逻,3万余名社会治安志愿者、3000余名安全稳定信息极协助公安、武警等专业力量做好社会面防控。全年,启动社会面防控等级7次,一级超常防控23天、二级加强防控35天,累计出动专群力量74.3万余人次,确保“两会”“清明”“六四”“七五”、国庆65周年庆祝活动、十八届四中全会、APEC会议等重要节日、重点时段平稳度过。

(张桂清)

【群防群治】 年内,区综治委建立健全反恐维稳、安全稳定信息员队伍体系,继续坚持和完善社会治安志愿者平台注册,注册数量、人员在线学习时长均达到首都综治委工作要求。全区共有专职巡防队1520人,安全稳定信息员队伍3140人,流动人口管理员451名,网上注册治安志愿者29074人。全年依托志愿者公益反哺平台、社区社情恳谈会等载体,发挥群防群治队伍作用,发现和排查矛盾524件,化解495件,出动群防群治力量约70万人次。

(张桂清)

【网格化管理】 年内,区综治委按照网格化社会服务管理综合信息系统建设工作计划,协助首都综治办做好市政法综治信息系统建设调研工作。配合区市政市容委、区委社会工委、区经信委完善网格化社会管理体系建设,出台城市管理监督指挥中心主要职责、内设结构和人员编制规定(试行),在原有职能上增加网格化职能,设立网格管理科,负责统筹协调全区网格化社会服务管理类综合信息系统各项工作。另外,每个街道增加一名正科级职数,负责街道社会治理综合执法指挥中心日常工作和网格化社会服务管理类信息系统的统筹协调等工作,并安排4~5名社区工作者承担街道指挥分中心相应工作。组织各街道综治办对原有社会面防控网格进行重新梳理和划分,并按照三网融合的要求,配合区经信委、区市政市容委搭建区级社会服务管理类综合信息系统,制作电子地图。截至年底,全区9个街道(鲁谷社区)完成网格划分和网格员选拔,根据实际情况将社会面防控网格调整为290个,专职网格员448名,兼职网格员近18000名。

(张桂清)

公 安

概 述

北京市公安局石景山公安分局(简称公安分局)紧紧围绕“平安石景山”建设的总体部署和“两最”建设的战略目标,以重大专项安保为牵动、以夯实基础工作为保障,圆满完成建国65周年、党的十八届四中全会、APEC会议等重大安保任务,努力为建设国家级绿色转型发展示范区创造安全稳定的社会环境、公平正义的法治环境和优质高效的服务环境。年内,深入贯彻落实市局“两个固化”(将警力固化在社区、固化在街头)、两级人口部门垂直管理驻区民警工作模式,积极调整派出所警务运行模式,确保社区民警全部沉入社区。同时,规范群防群治力量日常和重大保卫活动梯次投入,组织发动社会各界力量参与社区安全防范,有效提升社区安全防范水平。全区共接报110警情65424件,同比(67758件)少2334件,下降3.4%。全年破获各类刑事案件2712起,刑事拘留犯罪嫌疑人721人,超额完成市局破案“比三年平均值上升10%”的目标要求,实现全年命案100%侦破、敏感案件100%侦破、领导交办案件100%侦破。同时,准确把握全区经济犯罪面临的新形势,坚持主动进攻严厉打击,破获各类经济犯罪案件89起。共建设社会面图像信息系统点位150处、探头164个,整合社会单位图像信息资源100余路。接消防警情1567起,其中火警836起,抢险救援731起,火警成灾93起,死2人,伤1人,直接经济损失83.1万元。强化互联网单位分级分类管理和重要信息系统安全监管,检查全区涉网单位460余家次,行政处罚网吧28家。检查单位5271家次,发现隐患和违法行为7612件,督促整改7468件,下发《责令改正通知书》2962份,依法实施“三停”99家、临时查封99家,拘留10人。全年受理进京户口审批706件943人,办理常住户口迁移登记手续3.9万人次,受理制作居民身份证3.5万张。办理因私出境证件11.2万人次,继续保持证件办理零差错、零超期、零投诉。深入开展“执法不公、群众不满”大整顿活动,共自查案件4000余件,发现存在执法问题的案件185件,整改执法问题350个。坚持主动反腐、主动廉政,深入开展党风廉政系列专题教育活动。强化纪律作风建设,党委班子带头,按规定取缔小食堂,压缩办公用房面积,调配超标配公务用车,为全局党员民警作出榜样,树立威信。全局无民警违纪违法问题发生,实现公安队伍“零违纪”目标。为4个一线实战单位增配班子成员,全年调整干部115名。强化表彰奖励,即时通报表扬参战集体43个、个人231名,全年推树“警营标兵”64名。公安分局刑侦支队行动中队中队长董天婳、模式口派出所民警孙书礼在市局50名先锋示范岗创建活动中,被命名为先锋示范岗。

地址:石景山区古城南里甲1号
电话:68873814
邮编:100043

(王 成 申小荣)

【启动校警制院警制】 2月19日,公安分局正式启动校警制、院警制这一新的警务工作模式。8名责任心强、有丰富基层工作经验的民警入驻部分学校和医院。校警和院警的主要职责:一是监督、检查、指导学校、幼儿园和医院做好内部安全管理工作;二是先期处置学校、幼儿园和医院内部的突发事件和案件；三是定期开展法制宣传和安全教育，开展综合演练，提高在校师生、医护人员自我防范和应对突发事件的能力和水平；四是通报当前警情和治安形势，协助排查内部矛盾纠纷，定期开展内部安全检查。此外，结合各自特点，校警还将协助配合相关部门查处和打击涉校违法犯罪活动；配合相关部门开展校园周边的治安秩序清理整治等工作。院警将指导医院保卫部门工作人员和保安员进一步加强重点时间、重点场所部位的巡逻防范，维护医院良好的就诊秩序等工作。实施“校警制、院警制”工作后，学校、幼儿园和医院仍然承担本单位内部安全工作的主体责任。

（王　成　申小荣）

【完成重大安保任务】 年内，公安分局围绕全国“两会”、国庆65周年、十八届四中全会、APEC会议等一系列重大安保任务，坚持底线思维，强化问题导向，全面落实“以面保点”各项措施，以最高标准、最严措施、最佳状态，确保实现“两个最低、四个坚决防止、两个确保”（两个最低：违法犯罪警情历史同期最低，队伍违法违纪和群众投诉历史最低；四个坚决防止：坚决防止发生危害国家安全和政治稳定的重大事件、规模性群体事件和暴力恐怖事件，坚决防止发生影响社会稳定的重大网上涉稳警舆情事件，坚决防止发生影响恶劣、引发炒作的严重刑事案件，坚决防止发生重特大火灾、爆炸等安全事故；两个确保：确保各类重大活动安全有序进行，确保党委政府和人民群众满意）目标。特别是在APEC会议安保工作中，按照市局统一部署，先后分3个批次，组织149名警力，直接参与水立方、奥林匹克公园和朝阳麦子店地区的巡逻防控、安全警卫、防爆安检等勤务工作，全体支援民警按照“无缝对接、零差错”的工作要求，认真履职、严格检查、文明执法、热情服务，确保各项警卫部署和安检措施落实执行到位。

（王　成　申小荣）

【坚持以面保点】 年内，公安分局坚持“以面保点”，启动最高等级防控方案，围绕区内“三线、四段、五点”以及8个敏感地区，日均投入专业警力550人次，采取机动车、摩托车、携犬巡逻等方式，最大限度将警力摆上街面、沉入社区，营造“见警车、见警灯”的安全氛围。日均组织发动3.2万群防群治力量，开展信息搜集、上街巡逻、内部防范、看门护院、邻里守望等工作，营造共保安全的强大氛围。

（王　成　申小荣）

【强化反恐防恐宣传】 年内，公安分局贯彻落实公安部、市局系列反恐工作会议精神，开展反恐防恐宣传教育活动。在石景山万达广场设立主会场，同时在八宝山、八角、新古城、苹果园4个街道设立分会场，开展全民反恐宣传活动。累计发放各类宣传品4800余份，提高群众反恐意识和防恐自救能力。开展联系各民族群众主题交流活动，与暂住辖区的维吾尔族群众，面对面开展宣传教育、谈心交流、征求意见等各项工作，争取广大群众对反恐工作的支持，构建全民反恐防恐工作格局。

（王　成　申小荣）

11月4日，预防煤气中毒安全宣传　（区委宣传部供稿）

【严打有组织犯罪】 年内，公安分局坚持“打早打小、露头就打”工作方针，以开展“惊蛰行动”专项工作为契机，强化对现行涉恶线索、案件的查证工作，确保实现对秩序类、涉众型有组织团伙犯罪日常阶段高压管控、零容忍，敏感时期快速处突、零懈怠，涉恐、涉稳和具有黑社会性质的有组织犯罪团伙零存在、案件零发生。全年打掉有组织犯罪团伙10个，刑事拘留35人，治安拘留24人，破案14起，净化辖区的社会治安环境。

（王　成　申小荣）

【突出治安整治】 年内，公安分局围绕群众反映强烈的突出治安问题，坚持部门联动、警种联动、专项打整、波次推进。全年出动执法力量2135人次，会同区有关部门开展联合执法146次，查扣非法营运车辆544辆，查扣黑摩的490辆，清理无照游商2.4万摊次，处罚违章停车2.7万起，批评教育1492人次。开展精确打击行动171次，集中清整行动86次，打掉涉黄涉赌违法活动窝点、团伙74个，拘留以上处理涉黄涉赌违法犯罪人员348名，依法关停、取缔无照黑开场所124家，规范经营秩序334家次，全区黄赌警情总量同比下降46%。

（王　成　申小荣）

【人口服务管理】 年内，公安分局开展打击“三无三非”（三非人员指“非法入境、非法居留、非法就业”的外籍人或取得外国籍的原国人或中国籍的华侨；三无人员指由民政部门收养的无生活来源、无劳动能力、无法定抚养义务人的中国公民）、“违法群租房”“人口规模调控”等一系列专项工作，全年新登记流动人口4.5万余条，核销3.6万人，流动人口总量19.7万人，同比下降7.9%，达到人口调控预期目标。会同区商务委、工商分局、区集体经济办、城管大队等部门，开展流动人口出租大院基础调查，走访出租大院175个，采集流动人口基础信息1.1万条。开展群租房清理整治，牵头组织相关部门出动执法力量4869人次，开展联合执法473次，拆除违法群租房449户，隔断1814间，劝退居住违法群租房流动人口3402人，处罚违法房主125户，批评教育3563人次。

（王　成　申小荣）

【公共安全监管】　年内，公安分局严格大型活动审批管理和现场秩序维护，完成石景山游乐园、八大处公园等61项244场次大型活动的安保任务，确保出席活动各级领导和192万余名参与群众的绝对安全。开展对全区重点要害单位、物流寄递企业、写字楼、大中型商市场、重点特色餐饮企业的安全大检查，确保要害单位内部安全。落实火险隐患排查整治长效机制，加强重点单位火灾事故隐患排查。全年共检查单位5271家次，发现隐患和违法行为7612件，督促整改7468件，下发《责令改正通知书》2962份，依法实施“三停”99家、临时查封99家，拘留10人。全区共发生火灾93起，同比下降6.1%。

（王　成　申小荣）

【社区安全防范】　年内，公安分局贯彻落实市局两级人口部门垂直管理驻区民警工作模式，依托现代管理手段，加强对驻区民警下社区工作的动态指挥和督导检查，量化社区民警每日工作，确保警力沉入社区。以创建“最安全社区、最规范派出所”活动为载体，在党委政府的支持下，为高发案社区更换防盗锁芯、安装防爬刺，推进社区物技防建设。规范群防群治力量日常和重大保卫活动梯次投入，组织发动社会各界力量参与社区安全防范，提升社区安全防范水平。

（王　成　申小荣）

【深化爱警工作】　年内，公安分局召开爱警工作大会，完成两级民警代表提案答复工作，集中推出26件实事，努力为民警办实事、解难题；固化完善民警代表、账单督办、联席会议、健康帮扶以及战时爱警5项工作机制；组织全警健身活动，医疗小分队送医送药，改善民警健康水平；采取为441名民警子女办理统筹医疗保险、举办子女夏令营活动和暑期托管班、优惠为民警及家属办理公园年票等实事，向民警及家庭送去关爱。

（王　成　申小荣）

【狠打严管毒品犯罪】　公安分局全年共破获涉毒案件61起，同比上升22%。抓获涉毒人员463人，其中刑事拘留62人，同比上升31.9%，治安拘留401人，同比上升152.2%。缴毒4024.06克，同比上升515.9%，缉毒打击4项指标均大幅提升。特别是在缉毒会战专项行动中，新古城、八宝山、八角、模式口4个派出所单警抓人数量在全市340个派出所中排名均进入前50名。

（王　成　申小荣）

案例举要

【破获伤害致死案】　1月18日，公安分局在市局有关部门的配合下，破获“1·12”西黄村伤害致死案。经工作，在安徽省五河县朱圩村将犯罪嫌疑人朱××（男，1971年出生，江苏省宿迁市泗洪县人）抓获。经审，朱××交代伤害致人死亡的犯罪事实。

（王　成　申小荣）

【破获盗窃犯罪团伙案】　2月20日，公安分局破获利用干扰器盗窃犯罪团伙案，抓获车×（男，1980年出生，安徽省阜阳市人，有诈骗前科）、仇××（男，1977年出生，安徽省阜阳市人，有诈骗前科）、韩××（男，1981年出生，河北省邯郸人）3名犯罪嫌疑人，当场查获作案工具汽车干扰器3个以及被盗物品。经审，车×等犯罪嫌疑人交代利用干扰器实施盗窃的犯罪事实。

（王　成　申小荣）

【破获重大故意杀人案】　4月10日，公安分局破获重大故意杀人案。经工作，在海淀区永引渠路边抓获犯罪嫌疑人范××（男，1967年出生，河北人）。经审，范××交代其3月31日在西山枫林小区故意杀人的犯罪事实。

（王　成　申小荣）

【破获特大挪用资金案】　7月21日，公安分局破获一起特大挪用资金案，涉案金额达3710万元。经工作，将犯罪嫌疑人李××（男，1973年出生，海淀人）抓获。经审，李××交代作为北京鼎城泰和投资管理有限公司法人、执行董事，以与事主贾×签订购房合同为由，挪用公司资金的犯罪事实。

（王　成　申小荣）

【破获虚开增值税发票案】　8月6日，公安分局破获一起虚开增值税发票案，涉案金额达60余万元。经工作，将涉案嫌疑人石×（女，1980年出生，北京首亿通世纪商贸有限公司法人）、石×（男，1981年出生，无业）抓获。经审，两名犯罪嫌疑人交代2013年以来在没有真实货物交易的情况下，向江西新余×公司虚开增值税发票的犯罪事实。

（王　成　申小荣）

【破获入室抢劫及涉车盗窃案】　8月28日，公安分局破获“8·16”入室抢劫及系列涉车盗窃案件。经工作，在海淀区某网吧内将犯罪嫌疑人高×（男，1994年出生，河南许昌人）抓获。经审，高×交代入室抢劫及多次砸车玻璃盗窃车内财物的犯罪事实。

（王　成　申小荣）

【破获系列盗窃车内财物案】　9月9日，公安分局破获系列盗窃奥迪车内财物案。经工作，在大兴区旧宫镇某出租房内将犯罪嫌疑人戴×（男，1990年7月出生，西城区人）抓获。经审，戴×交代2013年9月以来，在海淀、丰台、石景山、大兴、门头沟、怀柔等地区，盗窃四五百辆奥迪汽车车内财物的犯罪事实。同时，根据犯罪嫌疑人戴×供述，在丰台方庄国信鑫融理财中心将另一名犯罪嫌疑人关××（男，1989年2月出生，北京西城区人）抓获。2名犯罪嫌疑人对犯罪事实供认不讳。

（王　成　申小荣）

【打掉一制贩“毒豆芽”窝点】　9月16

日，公安分局在市局经侦总队、区食药监局配合下，打掉一制贩“毒豆芽”窝点。经工作，将张×（男，1963年出生，黑龙江五常人）、于×（女，1963年出生，黑龙江五常人）等9名犯罪嫌疑人抓获。经审，张×、于×等7名嫌疑人交代制贩、销售有毒有害食品的犯罪事实被分局刑事拘留，其余人员教育释放。

（王　成　申小荣）

【破获跨区系列盗窃金店案】 11月13日，公安分局在市局有关部门的配合下，破获跨区系列盗窃金店案，涉案总金额约合人民币50余万元。经工作，在通州区马驹桥附近将犯罪嫌疑人陈×（男，1979年出生，山东省宁津县人）抓获。经审，陈×交代在石景山、昌平、亦庄等地盗窃金店的犯罪事实。

（王　成　申小荣）

【破获系列寻衅滋事案】 12月12日，公安分局破获地铁系列寻衅滋事案。经工作，在本市地铁西单站将嫌疑人孟×（男，1977年出生，门头沟人）抓获，并当场查获作案用折叠刀一把。经审，孟×交代其先后多次在苹果园地铁站内，用刀刺伤年轻女子臀部的犯罪事实。

（王　成　申小荣）

检　察

概　述

北京市石景山区人民检察院（简称区检察院）是国家的法律监督机关，在辖区内依法独立行使检察权，接受市人民检察院和中共石景山区委领导，对本级人民代表大会及其常务委员会负责并报告工作。年内，在区委和市检察院领导下，在区人大及其常委会监督下，坚持“强化法律监督、维护公平正义”的检察工作主题，围绕“政治建检、规范治检、监督廉检”的工作方针，履行检察职责，服务改革发展稳定大局，为“全面深度转型　高端绿色发展”战略顺利实施提供有力的司法保障。全年获得全国和市、区级集体荣誉12项，连续5届被评为全国检察机关“文明接待室”，在全市检察业务技能15项竞赛活动中，7项进入全市“十佳”行列，其中公诉部门选手排名第一，未检部门选手实务考试排名第一、综合排名第二。被市院监所处授予监所检察流动红旗，17人入选北京市首届“检察业务骨干人才”。

地址：石景山区古城南里
电话：59734588
邮编：100043

（马晓霞）

【检察开放日】 4月25日，区检察院与团区委共同开展“迎五四”青年干警走进“社区青年汇”暨“深化检务公开——让人民群众更加了解检察机关”主题检察开放日活动。在社区青年汇京原路7号旗舰店，开放日活动分为让人民群众更加了解检察机关、法律咨询服务、征求干部群众意见建议和检团共建4个单元。活动中，青年干警引导干部、社区工作者和群众参观检察职能宣传展板，介绍检察工作成效，发放《检务公开手册》《未成年人星光自护手册》《预防职务犯罪警示教育宣传手册》《行贿犯罪档案查询工作说明》等材料，进行现场法律咨询和互动，并就检察机关和检察官践行群众路线征求意见建议。12月4日是我国首个国家宪法日，区检察院开展“深入贯彻落实党的十八届四中全会精神，扎实开展检务公开，全面推进依法治国”主题检察开放日活动，与区教委联合举办教育领域反腐警示教育巡展。展览结合教育领域职务犯罪情况与特点，精心选取30个典型案例，设置53块展板，分别从校长、财务、总务3个关键岗位；“小金库”“专项补贴、津贴管理”“工程建设、设备采购”“招生入学”4个重点环节揭示教育领域在体制、机制上存在的漏洞，并提出相应的对策建议。此次巡展为期两周，区属各中、小学校、幼儿园500多名教职员工前来参观。同日，区检察院未检处组织百余名师生走进检察机关，“零距离”感受宪法赋予检察机关的神圣职责，向师生们传播宪法精神。

（马晓霞）

【打击网游著作侵权行为】 4月29日是首个“首都网络安全日”，区检察院联合各大媒体召开“打击侵犯网游公司著作权犯罪，保障文化创意产业发展”新闻发布会，通报4起以制售网络游戏外挂、破解文件为主要形式的犯罪案件，介绍区检察院服务保障文创产业的基本做法和成效。区检察院为严厉打击网游侵犯著作权案，成立文化创意产业检察保护工作领导小组，并与公安分局、区法院、区知识产权局等单位联合签署《司法保障助推中关村石景山园发展合作框架协议》，制定《关于服务和保障石景山区文化创意产业科学发展的意见》以及《派驻中关村石景山园区网络检察联络室工作办法（试行）》，全面履行检察职能，保障文化创意产业健康发展。游艺春秋网络科技（北京）有限公司五六年前被犯罪嫌疑人王×入侵服务器获取数据，通过修改游戏源代码的方式编制游戏外挂，非法获利700余万元，给公司造成上千万元的直接经济损失。由于缺乏知识产权保护意识，公司直到2012年才报案。区检察院提前介入此案，于上年一举破获犯罪嫌疑人王×等人侵犯著作权案。近年来，区检察院批准逮捕4起网游“外挂”案件的犯罪嫌疑人，其中3起案件的犯罪嫌疑人已获法院有罪判决。

（马晓霞）

【与区司法局会签意见】 5月9日，区检察院贯彻修订后的刑事诉讼法，进一步落实在刑事诉讼审查起诉阶段中加强未成年人法律援助工作，与区司法局共同会签《关于办理未成年人刑事法律援助案件达成进一步工作协商意见》。确定双方为对口联系单位，并建立定期工作交流机制，由区检察院未检处和区法律援助中心作为具体联系部门，明确法律援助核心内容，规范法律援助程序，建立督查工作机制，创立《法律援助申请转交函》，组建专门法援律师团队，加强工作中的沟通和相互配合，确保各个工作环节有效衔接。

（马晓霞）

【法律监督】 年内，区检察院向侦查机关、审判机关发出纠正违法通知书8份、检察建议51份；加强立案监督和侦查活动监督，受理刑事立案监督案件17件，监督侦查机关主动立案2件，通知立案6件，监督侦查机关不应立案而立案1件，侦查机关已撤案；加强侦查活动监督，纠正漏捕7人，纠正漏诉8人；加强刑事、民事审判监督，提出刑事抗诉6件6人，同比增长50%，获法院改判5件，办理民事申请监督案件39件；加强刑罚执行和监管活动监督，初查监管场所职务犯罪案件线索4件，经查决定立案1件，不予立案1件，移送市院专案办理2件，其中1件已经移送审查起诉，办理在押人员控告、申诉和举报案件32件。

（马晓霞）

【队伍建设】 年内，区检察院以共建的国家检察官学院“教学示范基地”为契机，开展检学共建。换届选聘北京师范大学教授担任挂职副检察长，制定《新进人员轮岗锻炼实施办法》，选任优秀检察官担任指导老师。区检察院深化检学共建推动检察工作发展的做法被高检院转发。组织参加全市检察业务技能比武，结合两法的修改，采取全员培训和重点选拔相结合的方式，提升干警法律监督能力。

（马晓霞）

【规范治检】 年内，区检察院执法办案行为更加规范。严把案件质量关。公诉与自侦部门沟通协作，将介入侦查的时间提前至立案前，完善监督线索的移转、跟踪、备案机制，年内，院查办的自侦案件最短8日内审查起诉。有效降低存疑不起诉率，对于因证据不足或不构成犯罪不予批捕的案件，及时与侦查机关沟通，建议补证后再移送审查起诉，全年区检察院存疑不起诉率为29.1%，同比下降15.1%。联合区烟草专卖局召开非法经营烟草专卖制品案件专家论证会，形成相关法律适用请示报送市院。修订完善《检委会议事和工作细则》，规范检委会提请、审议程序。规范职务犯罪案件查办工作。提高程序意识和权利保障意识，加强立案风险评估和研判，加大案件内部审查力度，规范《提请不予立案报告》《适用逮捕理由意见书》等法律文书，严格执行讯问同步录音录像制度，建立职务犯罪案件电子卷宗，加强辩护人、诉讼代理人的执业保障，实现资源共享。完善内部衔接工作机制。应对新刑诉法赋予检察机关的新职能，深化捕诉、捕监衔接机制，加强捕后羁押必要性审查、捕后证据收集完善、立案监督、追捕追诉等环节的密切合作，形成监督合力。全年审查羁押必要性27人，办案部门采纳变更13人。

（马晓霞）

【宣传教育】 年内，区检察院在全区医药卫生、教育领域举办反腐警示教育展，1800余人受到警示教育。完善与区委党校共建机制，将“反贪局长以案释法”和组织参观反腐教育基地纳入区中青年干部培训班和科级干部培训班课程，配合党校组织参观和授课5次。主动服务首钢新园区建设，协助5家参建单位排查风险和完善廉政制度。在机关、企事业单位开展预防职务犯罪巡回法制讲座21次。面向全区编发《预防职务犯罪专刊》6期、《预防职务犯罪警示教育宣传手册》3000册。完成专项预防调查报告3篇、案件分析报告62篇。推进廉洁准入制度，接待行贿犯罪档案查询2712次。参与社区、企业综合治理，以迁安检察联络室为载体，派出7批工作组为群众开展普法教育和法律咨询，深入矿区企业调研，指导廉政风险防控。在迁安检察联络室建立全市首个“法律书屋”，更新网络检察联络室网站4次。与区工商联共同组织非公经济组织座谈会，宣传预防商业贿赂犯罪，服务小微企业。

（马晓霞）

【未成年人刑事检察】 年内，区检察院对未检工作提出体系化建设规划。完善司法配合机制建设。继上年制定的合适成年人旁听讯问、社会调查工作两项工作办法后，年内联合区法院、区教委等单位，先后会签未成年人刑事法律援助、考察帮教体系等3项实施方案，保护涉案未成年人合法权益。完善社会协作机制建设。推动未成年人刑事案件配套工作体系和未成年人犯罪预防帮教社会化体系建设。与团区委联合，在全市率先开展依托“社区青年汇”考察帮教附条件不起诉的未成年人。联合多家单位建立涵盖“学校、企业、社区青年汇”三位一体的区未成年人考察帮教基地。完善形象工程建设。原创设计石景山未检法制宣传标识。联合北京电视台拍摄未成年人司法保护工作的工作宣传片。联合高检影视中心拍摄预防未成年人犯罪的警示教育微电影，选派一批精通业务的法制副校长。全年作出附条件不起诉决定2人，相对不起诉6人，申请法律援助33人，委托开展社会调查39人。

（马晓霞）

【监督廉检】 年内，区检察院以廉政教育和警示教育为依托，组织参观官德文化廉政展，开展“北京廉政故事”和“廉政微短剧”征集活动。加强制度执行督察力度，采取先“督办”后“督察”的方式，确保监督实效。坚持定期督察、日常督察、专项督察相结合，每月通报督察情况，每季度召开党风廉政建设领导小组联席会，每半年通报纪检监察工作，全年共开展出庭支持公诉、自侦部门提讯、执法作风形象、大额资金使用等检务督察48项，发出督察通报13期。每月进行9类重点案件评查，共复查案件50件，未发现问题案件。制定《执法监督全覆盖实施办法》，综合运用执法记录仪、监控视频、同步录音录像等技术手段，实现执法监督无死角，该做法在《北京日报》头版予以报道，高检院予以转发，并相继在市院会议上做典型发言，连续多年实现违法违纪“零”目标。

（马晓霞）

【涉罪未成年人监督考察】 年内，区检察院本着“教育、感化、挽救”的方针和“教育为主、惩罚为辅”的原则，依托“社区青年汇”平台，探索涉罪未成年人监督考察工作新模式，完成本区首例涉罪未成年人附条件不起诉监督考察工作。主要工作做法是：以制度创新为基点，实现检察机关与共青团组织考察帮教无缝对接；以模式新颖为着力点，实现社工与涉罪未成年人考察帮教一对一辅导；以活动丰富为吸

引点，实现涉罪未成年人从被动接受考察向主动参与帮教转变；以结交良师益友为切入点，实现向涉罪未成年人传递正能量重塑价值观。

（马晓霞）

【推进执法监督全覆盖】 年内，区检察院召开执法监督全覆盖推进工作会议暨执法记录仪培训开班仪式。会上，检察长就推进此项工作的目的和意义作简要介绍，纪检组长宣读《执法监督全覆盖实施办法》，明确运用摄像监控、执法记录仪、同步录音录像3种方式监督检察人员执法办案行为的情形、流程和管理等内容。此次会议全程微博直播。《执法监督全覆盖实施办法》是区检察院在全市检察系统中首先提出并开展的创新性工作，“执法监督全覆盖、执法办案无死角”是规范检察人员执法行为的有效助力，也是证明检察人员执法行为正当性、合法性的重要保障。

（马晓霞）

【与区委党校签订合作协议】 年内，区检察院贯彻落实《建立健全惩治和预防腐败体系2013－2017年工作规划》，与区委党校联合签署《预防职务犯罪教育合作工作协议》。《协议》主要内容是：明确培训对象，将科级干部培训人员、处级干部进修班、副处级干部任职培训班、中青年干部培训班人员，其他培训班中有接受警示教育必要的人员等三部分人员纳入培训对象范围；创新工作形式，除检察机关选派优秀骨干力量到党校授课外，还将组织参观反腐倡廉警示教育基地、参与检察开放日活动、观摩现场庭审、现场教学等活动，通过典型案例警示片、宣传图、宣传册等，开展预防职务犯罪知识学习，不断深化预防效果；建立定期沟通机制，每半年召开一次研讨会议，制定相应教学计划，及时总结经验打造具有石景山特色的“预防职务犯罪”品牌形象；建立廉政法律宣讲工作评估机制，请全体学员对授课内容、效果、不足等情况进行评价，年底邀请党校教学主管对全年廉政法制课程进行整体评价，区检察院对宣讲课程内容、授课人员进行考核、评估，对优秀人员进行表彰、奖励。

（马晓霞）

【与天津基层院交流合作】 年内，区检察院落实京津冀一体化战略，推动京津跨区域检察合作，与天津市河北区院召开队建工作座谈会，并签订《加强队伍建设交流合作协议》。共同搭建经验共享、人才共育、文化共建的互动平台，探索异地基层院交流合作新模式。根据协议，双方利用“国家检察官学院教学实践示范基地”、北京师范大学等教学资源，依托“京西法治沙龙”“检察官上讲堂”等平台，共同组织、共同参与，实现人才培养的合作共赢。同时，结合检察实务，加强业务部门岗位练兵和交流锻炼，达到优势互补，共同提高。相互借鉴队伍管理的成功经验和创新举措，提升队伍管理科学化水平。实现共享优势资源，开展互助共进；借力优秀人才，拓宽培养渠道；加强自身建设交流，树立共建标杆。

（马晓霞）

【迁安检察联络室开展“三进”】 年内，区检察院派出工作组前往河北省迁安检察联络室，积极做好各项检察工作，加强社会管理创新深度，增强化解社会矛盾力度，强化职务犯罪预防工作广度，切实把中央政法工作会议精神落到实处。“进社区”——注重联系群众。迁安检察联络室应群众要求，结合目前诈骗案件多发实际，组织公诉干警举行预防老年人被诈骗法制宣传，普及法律知识，营造全社会知法、懂法、用法的良好氛围。同时受理一封为解决子女户口问题求助无门的老人来信，并着手协调此事，努力把联络室真正建成“服务基层群众的窗口、为民解忧的平台”。“进学校”——保护未成年人权益。联络室针对青少年犯罪特点，在矿业公司街道配合协调下，组织技校70余名学生开展法律知识讲座。通过典型案例，宣传刑事法律相关知识，讲解未成年人易发生的犯罪类型以及易遭受的犯罪侵害，发放“检察官寄语”百余份，向当地街道及学校提出如何防范犯罪的建议。“进企业”——强化职务犯罪预防。联络室发挥检察机关查办和预防职务犯罪、熟悉职务犯罪发生规律的职能优势，协助分析首钢矿业公司制度疏漏和廉政风险点，深入多家企业，有针对性地提出多项预防对策和建议，不断完善矿区重点单位及重要岗位的廉政风险防范工作。同时向矿业公司纪检部门赠送《警惕廉政风险》系列挂画，督促国企干部远离职务犯罪，正当行使职权。

（马晓霞）

【案件办理】 区检察院依法履行审查逮捕、审查起诉职能，全年共批准逮捕各类犯罪302件370人，同比分别增长3.78%和3.64%，提起公诉477件601人，同比分别增长17.78%和25.47%。加大职务犯罪查办力度，初查贪污贿赂犯罪案件线索23件，立案9件11人，其中大案7件9人，要案1件1人，反贪局整建制参与办理高检院“1·30”专案，立案2件3人；依法查办区属国企海特饭店原经理乔×、原财务经理刘×贪污受贿案、五里坨和天泰山地块拆迁领域行受贿案。初查渎职侵权案件线索2件，介入区安全生产事故调查4件，反渎局整建制参与办理市院统一部署的丰台区“4·15”专案，立案公职人员5件5人。

（马晓霞）

审 判

概 述

北京市石景山区人民法院（简称区法院）是国家审判机关，依法行使审判权，审判在法律规定范围内的第一审刑事案件、民事案件、商事案件、知识产权案件、行政案件并承担相应的执行职责，通过依法审判，严惩犯罪分子，妥善化解民事、商事、知识产权和行政纠纷。目前，区法院设立案庭、刑事审判庭、未成年人案件综合审判庭、民事审判第一庭、民事审判第二庭、五里坨人民法庭、民事审判第三庭、知识产权审判庭、行政审判庭、执行局（下设执行一庭、执行二庭、执行三庭）、审判监督庭、涉诉信访办公室、审判管理办公室、诉讼服务办公室、书记员室、办公室、研究室、政治处(下设干部科、组宣科、教育培训科)、监察室、法警大队、保卫科等 27 个局、庭、处、科、室、队及信息技术中心和机关后勤服务中心 2 个全额拨款事业单位。全院共有干警 245 人,包括行政编干警 165 人,其中法官 97 人,书记员 50 人,行政序列人员 11 人,司法警察 7 人;事业编干警 11 人;聘用制书记员 35 人;聘用制司法警察 34 人。具有研究生及以上学历的 83 人,占总人数的 34%,本科学历的 91 人,占总人数的 37%。年内,区法院深入贯彻落实党的十八届三中、四中全会和习近平总书记系列重要讲话精神,紧紧围绕公正司法、司法为民工作主线,扎实开展党的群众路线教育实践活动,主动服务区域经济社会发展,切实回应群众司法需求,全年共受理各类案件 16289 件,审、执结 13256 件,法官年人均结案 149.7 件,一审服判息诉率达 92.9%。受理刑事案件 492 件,审结 370 件,建立全市首家综合性未成年人"青春护航"考察帮教基地;受理民商事案件 12421 件,审结 9839 件,高效审理喜隆多火灾案、金海韵公司服务合同纠纷及五里坨安置房燃气恢复群体诉讼等影响稳定的涉众型案件 1651 件;受理行政案件 52 件,审结 50 件,处理非诉执行审查案件 6 件;受理执行案件 2894 件,执结 2496 件。选取典型案件网络直播 85 次,加强法院官方微博与知识产权职务微博建设,发布微博 339 件,粉丝量 9475 个,举办法制讲堂、法律咨询,组织法院开放日和旁听观摩活动 128 次。区法院被授予 2013 全国"青少年维权岗"。

地址:石景山区阜石路 169 号

第二办公区地址:实兴大街 30 号院 7 号楼三层

电话:68899888　68899777

邮编:100043

邮编:100144

(张　晨)

10 月,区法院被授予全国"青少年维权岗"　(区法院供稿)

【妥善处理信用卡纠纷案】 上年始,以光大银行为主的信用卡纠纷案件大量出现,区法院采取以下 4 方面措施应对:成立信用卡纠纷专案组。以商事审判庭为基础,抽调部分人员成立信用卡纠纷专案组;穷尽送达手段保证程序公正严谨。以司法专邮投递诉讼材料及告知函,提高送达效率;实行实时、畅通、高效的汇报沟通机制。建立沟通机制,对信用卡持有人的最新信息和联系进展及时反馈,以便促使双方和解。畅通汇报机制,法院内部分阶段、有重点的对案件审理过程中的难点和问题加以总结汇报;向重点银行发放司法建议。发送司法建议规范银行信用卡业务流程,防范金融风险。全年妥善处理信用卡纠纷案件 3936 件,涉案标的 3.17 亿元。

(张　晨)

【迁安矿区普通程序案件第一例】 7 月,区法院五里坨法庭赴迁安矿区开庭审结巡回法庭建立以来第一件普通程序案件。近年来,由于迁安矿区案件数量及案件难度的不断增加,许多疑难复杂案件无法适用简易程序审理,导致巡回法庭审判效率在一定程度上有所下降,同时也增加当地人民群众的诉累。为解决以上问题,区法院提请区人大常委会在迁安矿区新任命 5 名人民陪审员,为此次普通案件的开庭审理提供必要条件。此次开庭审理的是一起离婚案件,案件当事人均为年逾七旬的老人,且双方意见分析较大,审判长及两位陪审员合力对双方展开调解工作,最终,在合议庭共同努力下,案件得以调解解决。首件普通程序案件的顺利审结,结束区法院迁安巡回审判只审理简易案件的历史,进一步提高巡回审判效率,减轻当地人民群众的诉累,在巡回法庭 23 年历程中具有重要历史意义。

(张　晨)

【审判质效管理】 年内,区法院加强审判管理,提高审判质效,促进司法公正。建立审判质量管理月报制度,对照最高法院 31 项质效考核指标,将完成情况逐月逐项公开通报,及时纠错,促进法官审判质效的提升;坚持案件季度评查,对重点案件召开联席会分析研判,找准问题症结,及时总结经验教训,全年自查案件 247 件;发挥审判委员会督导作用,召开审委会 17 次,对重大疑难案件、改判发回及再审案件坚持集体研究,对案件审理中易发生问题的环节定期开展讲评,按季度开展发改案件情况通报,督促法官改进工作,提高办案质量。区法院公正指标在全市法院排名第四位。

(张　晨)

【便民利民举措】 年内,区法院创新司法为民新举措,方便群众诉讼。开

通12368诉讼服务监督热线，安排专人8小时坐班值守，耐心解答群众反映的问题，共接听咨询电话、帮助群众解决困难300余次；畅通诉讼绿色通道，针对年老、体弱、农民工等弱势群体推行“立审执”一站式服务，确保上门来院1～2次解决纠纷；推行网上立案、网络接访等便民新举措，畅通民意表达渠道；在西山汇科技园区设立第二办公区，为园区单位和金融企业提供便捷、优质的司法服务。

（张 晨）

【知识产权保护】 年内，区法院围绕“智护CRD”工作思路，以“三个注重”（即注重调研座谈、注重交流互动、注重新媒体宣传）作为推进特色审判工作的着力点，实现普法效果、宣传效果的双提升。在4月知识产权月期间，精心组织巡回审判、园区通报、法律大讲堂、法律大篷车4项活动。注重调研座谈，组织园区40余家重点企业进行座谈，了解企业发展情况和知识产权保护方面遇到的问题，及时汇总和分类，发送司法建议；注重交流互动，设置与企业代表交流互动环节，由法官对企业代表们提出的问题进行详细解答；注重新媒体宣传，及时发布典型案件释法、前瞻调研、普法宣传活动即时报道等原创微博信息，提高普法宣传效果。全年受理知识产权案件405件，审结378件，妥善审理涉袁腾飞著作权侵权纠纷、涉金庸武侠小说手机游戏不正当竞争纠纷等社会关注度较高的案件。

（张 晨）

【完善纠纷预警机制】 年内，区法院注重纠纷源头化解工作，建立相关纠纷预警服务机制。建立商事纠纷风险预警服务机制，深入中铁建、物美集团、首钢机电公司、北京建筑技术研究等国有大中型企业进行实地调研，组织专题法律讲座、普法宣传活动，增强企业抵御诉讼风险的能力；开展校园法制教育，选派法官兼任中小学法制副校长，定期就校园多发案件为师生讲授法制课，组织青少年普法宣传活动，提升学生自我保护能力；加强案件通报力度，定期向区知识产权局、园区管委会通报知识产权案件审理情况，每半年向区政府进行一次行政案件通报，帮助行政机关查找工作中存在的不足，提高行政机关依法行政水平，《2013年行政案件司法审判年度报告》引起区领导高度重视。

（张 晨）

【公开渠道接受监督】 年内，区法院促进司法公开，以公开促公正，主动接受各方监督。加强司法信息公开，将审理、延长审限、宣判、执行等环节的工作情况及时上网，让群众及时了解审判工作信息，提高审判工作透明度。加强法院官方微博与知产职务微博建设，发布微博296条，粉丝量9444个，推动法院与网民的互动，确保法官规范司法、文明审判。主动接受各方监督。自觉接受人大监督，建立重点工作向区人大季度通报制度，邀请人大代表70人次参加法院开放日、座谈会、旁听庭审、监督执行等活动；高度重视民主监督，开展由区政协委员组成的专业技术咨询委员会参与陪审和提供专业技术咨询活动；广泛接受社会监督，邀请廉政监督员、企业职工、社区居民旁听并点评案件11次，报刊、电视台、电台等新闻媒体宣传报道司法举措、案件审理1467次，增强司法活动的透明度。

（张 晨）

3月12日，公开审理著作权纠纷案 （区法院供稿）

【教育培训基地建设】 年内，区法院坚持“教育为本”理念，把深入贯彻党的十八届三中、四中全会和习近平总书记系列重要讲话精神贯穿到教育培训全过程，继续加强和完善教学基地和师资库建设，打造精品课程充实现场教学内容。区法院先后被确定为全国法官现场教学实践基地、中国政法大学法律硕士教学实践基地、北京市廉政教育基地、北京工商大学教学实践基地、区中小学法制教育基地等多家教学实践基地。并承接国家法官学院全国基层法院院长培训班现场教学、市纪委组织的反腐倡廉警示教育庭审观摩和北方工业大学、本区中小学法制教育课堂模拟法庭教学指导等现场教学活动。现场教学后还组织参观阳光大厅司法为民系列展览、廉政文化长廊、干警文化长廊等特色教学内容，使学员、学生和参观的干部群众受到深刻教育，得到社会各界广泛认可，取得良好培训、教育效果。

（张 晨）

案例举要

【徐杭诉袁腾飞侵害作品署名权、作品发行权案】 2011年9月22日，袁腾飞出具《授权书》，授权天地精华公司享有暂定名为《袁腾飞说战争史》等10部作品的出版发行权。同日，天地精华公司与博集天卷公司签订《图书授权出版合同》，授权后者独家享有袁腾飞所著前述作品的出版发行权，双方约定交稿方式为电子邮件。随后袁腾飞着手写作《袁腾飞说战争史》即涉案《战争就是这么回事儿》系列作品。涉案作品于 2013 年陆续由湖南人民出版社出版，作者署名为袁腾飞。上述图书的腰封及封底相应部位均标注有“特约策划徐杭”字样。原告认为袁腾飞的上述行为，严重侵害徐杭依法享有的署名权、发行权等著作权权利，请求法院判令被告袁腾飞停止销售涉案三部图书，并在再版时将徐杭署名为共同作者，同时道歉并赔偿相应损失。区法院经审理认为：徐杭在涉案作品的形成过程中存在相应的创作行为，应与袁腾飞一并作为涉案作品的合作作者。虽然如此，徐杭亦不能主张其对涉案作品享有署名权、发行权等著作权权利，因为在每部涉案作品出版前，出版单位均将出版物的封面、封底、腰封样稿发送给徐杭看，其上标注徐杭的身份为“特约策划”，徐杭在当时及此后的合理期限内均未提出异议。徐杭虽然主张其曾向袁腾飞及出版单位主张过署名权，但并未提供证据证明。根据民事自治原则，权利人对自己享有的著作权等民事权利，在不损害第三方合法权益的前提下可自行处分。综上，依照《中华人民共和国著作权法》第三条第（二）项、第十一条第一款、第十三条、《中华人民共和国民事诉讼法》第六十四条、《中华人民共和国著作权法实施条例》第三条、第四条第（二）项、《最高人民法院关于贯彻执行 < 民法通则 > 若干问题的意见》第 64 条的规定，判决驳回原告徐杭的诉讼请求。

判决后双方当事人均未上诉。

（张　晨）

【范凤来不服区审计局政府信息公开案】 2012 年 5 月，被告石景山区审计局与案外人北京中咨新世纪会计师事务所有限公司（以下简称中咨公司）、河北宏鉴工程造价咨询有限公司（以下简称宏鉴公司）签订房屋征收与补偿全过程跟踪审计合同，将石景山区某综合改造项目房屋征收与补偿项目全过程跟踪审计事务委托给中咨公司、宏鉴公司。2014 年 7 月 2 日，原告范凤来向被告提交政府信息公开申请表，该申请表“所需信息的内容”栏注明：石景山区某综合改造项目征收补偿费用管理和使用情况的审计报告。收到原告申请后，被告于同月 3 日向中咨公司、宏鉴公司分别发出《关于提交石景山区某综合改造项目房屋征收与补偿跟踪进展情况的函》，要求中咨公司、宏鉴公司反馈项目审计进展情况。8 日，中咨公司、宏鉴公司分别向被告复函称相关报告尚未完成。21 日，被告作出《政府信息依申请公开答复告知书》（石景山区审计局［2014］第 1 号－告），即本案被诉行为，并于当日送达原告。收到《政府信息依申请公开答复告知书》后，原告不服，提起本案诉讼。区法院认为：根据《中华人民共和国政府信息公开条例》的规定，被告具有政府信息公开的法定职责。本案中，被告已查明原告申请公开的“石景山区某综合改造项目的征收补偿费用管理和使用情况的审计报告”因审计项目未完成、信息正在形成过程中的事实，但被告根据《国务院关于做好政府信息依申请公开工作的意见》第二部分的规定，将原告申请公开的信息答复为不属于《政府信息公开条例》所指应公开的信息，没有法律依据。依据《中华人民共和国行政诉讼法》第五十四条第（二）项第 2 目之规定，判决撤销被告北京市石景山区审计局于 7 月 21 日作出的《政府信息依申请公开答复告知书》；被告于本判决生效后依法对原告提出的政府信息公开申请重新作出答复。

判决后双方当事人均未上诉。

（张　晨）

司法行政

概　述

北京市石景山区司法局（简称区司法局）是区政府负责本区司法行政工作的职能部门，业务上受市司法局指导。设办公室、政工科、法制科、监察科、基层工作科、法制宣传科、公证律师工作管理科、社区矫正和帮教安置工作科 8 个职能科室，同时承担着区法治宣传教育和依法治区领导小组办公室、区综治委特殊人群专项组办公室、区综治委社会矛盾多元调解专项组办公室的日常工作。区司法局行政人员编制 60 人。在全区 8 个街道和鲁谷社区、区集体经济办分设 10 个司法所；设 1 个参照公务员法管理事业单位（区法律援助中心），1 个全额拨款事业单位（区阳光中途之家），1 个自收自支事业单位（北京市燕京公证处）。年内，深入学习贯彻党的十八大、十八届三中、四中全会精神，认真开展党的群众路线教育实践活动，围绕“平安石景山”建设和“法治石景山”建设工作主线，继续落实“六五”普法规划和依法治理工作，围绕弘扬法治文化和践行社会主义核心价值观，充分发挥法制宣传、法律服务、法律保障职能作用，为区域实现全面深度转型、高端绿色发展提供法律服务和保障。被评为“首都精神文明单位标兵”、市“司法行政系统社区矫正和公证律师岗位练兵先进集体”、区“依法行政先进单位”、区“全国科普日工作先进单位”。局属 3 个部门被评为市人民调解工作先进集体，3 个部门被评为市司法行政系统先进集体，基层科被评为区“三八红旗集体”。共有 20 余人获部、市、区级奖励。

地址：石景山区八角北里
电话：68874144
邮编：100043

（王立永）

【司法行政开放日】 4 月 11 日，区司法局举办以“司法行政暖民心”为主题的第四届司法行政开放日活动。在区法律援助中心设主会场，在各基层司法所设分会场，全部对社会开放，社会群众可参观全区各司法行政单位，了解司法行政法律援助、法制宣传、社区矫正等工作职能和工作程序，为百姓解答法律相关问题等。通过现场播放专题片、制作展板等形式展现近年来司法行政工作业绩和成果；通过发放调查问卷，设立意见箱、留言簿，向社区居民征求意见建议。当天接待群众参观 2000 余人，发放调查问卷 100 余份、宣传资料 800 余份。咨询解答婚姻家庭、遗产继承、合同纠纷、劳动争议、公证程序、法律援助等方面的法律

问题500余件。

（王立永）

【古城消费纠纷调解室揭牌】 5月23日，古城地区消费纠纷人民调解室揭牌成立。该调解室依托区消费纠纷人民调解委员会，由古城司法所和工商所联合建立，将古城地区消费领域矛盾纠纷就地化解，便于地区消费者和商户就近寻求帮助，维护双方合法权益，实现人民调解和行政调解的有效衔接联动。截至年底，调解室成功调解纠纷数十起，涉及当事人30余人，涉及金额10余万元，其工作形式和经验在全区得到推广，推动人民调解品牌化建设。

（王立永）

【普法微视频征集活动】 5月，根据市局关于举办普法微视频征集展映活动的通知要求，区法制宣传教育和依法治区领导小组办公室组织全区相关单位开展普法微视频征集活动。向各相关单位下发征集主题为“感受身边的法律 做讲法制守秩序的好市民”普法微视频通知，要求作品内容体现社会主义核心价值观，弘扬法治精神，传播法治理念，要突出“做讲法制守秩序的好市民”这个主题，宣传重点明确，诠释法律法规准确，具有较强的艺术表现力。法制题材的微电影、短剧、公益广告、动漫等作品均可参加征集活动。9月，征集活动圆满结束，收到工商分局《升级》《闹心的洗车卡》普法短剧2个，区检察院未成年人案件检察处《青春有点痛》普法微电影1部。区依法治区办将作品统一报送市局法宣处进行展播和评选。

（王立永）

【流动人口法制宣传教育】 7月9日，区法制宣传教育和依法治区领导小组下发《关于开展流动人口专项法制宣传教育活动的通知》，督促全区各相关单位通过“四结合”开展流动人口专项法制宣传教育活动：坚持法制宣传与法治实践、法律服务相结合；坚持普法守法与学法用法相结合；坚持教育管理与服务维权相结合。以此提高流动人口法律素质，维护流动人口合法权益，进一步引导包括流动人口在内的广大市民遵守法律，有问题依靠法律来解决，在全社会形成自觉学习法律、信仰法律、维护法律的浓厚氛围。活动期间，区法制宣传教育和依法治区领导小组办公室组织流动人口专项主题宣传教育系列活动，开展流动人口法律讲座，设计制作流动人口宣传资料和宣传品。同时，投资建设新居民法律服务站，设立专门的流动人口普法宣传橱窗，制作流动人口法律服务展板，并驻派律师开展各项法律服务，为流动人口提供法律服务建立长效机制。

（王立永）

【法律援助进社区】 7月31日，区法律援助中心在景阳东街地区举行以敬老爱老法援同行为主题的老年人专场宣传活动，邀请新儒律师事务所专业律师为社区居民上了一堂老年人权益保障法制课。活动发放爱心卡、宣传资料等100余张，为社区发放八角地区法律服务宣传单300余份，此次活动是区法律援助中心老年人维权季系列主题活动之一。开展法律服务进社区老年人系列专题法制宣传活动期间，中心设立专人引导、负责老年人法律咨询和法律援助案件的受理，对行动不便的孤寡老年人提供预约上门服务，为老年人提供便捷舒适的法律服务场所，由全区擅长婚姻家庭、财产继承、人身伤害等领域的专业律师组成老年人法律援助律师服务团，切实维护老年人合法权益。年内，区司法局围绕高端民生保障体系建设，做好法律服务相关工作。重点培养培育律师服务品牌，组织律师受聘区政府和有关部门法律顾问，不断固化“法律服务村居行”活动，建立律师与社区“一对一”服务网络，推进社区法律顾问工作。全面提升公证质量和服务水平，为地区经济社会发展和广大群众提供优质高效服务。不断拓宽公证服务范围，为区域环境整治、拆迁拆违、推进住房、教育公平等提供公证服务。全年共办理各类公证事项12167件。延伸法律援助服务触角，在全区社区建立法律援助工作联络点，实现法律援助社区全覆盖。建立法律援助律师值班制度，实施以“点援制”等多项便民措施，对来访群众实行“一次性告知”，在服务大厅增设电子屏幕叫号机和4部“148”专线电话，做好相关咨询、转引工作。针对侦查阶段的指定辩护工作和审查起诉阶段未成年人法律援助工作，分别与公安和检察机关加强业务沟通和交流，确保各个环节有效衔接。开展“关爱妇女儿童、法援倾情相助”等主题突出、实用性强的法律援助专项维权季活动16场次。全年办理法律援助案件174件，其中民事案件74件，刑事案件100件，接待来电来访群众咨询3762人次。

（王立永）

9月28日，向老年人宣传法律援助　（区司法局供稿）

【矫正帮教工作】 8月19日，区司法局组织20余名新接收的社区服刑人员开展集中教育和心理辅导活动。公安分局干警通过分析撤销缓刑、假释案例进行警示教育；阳光旅程心理咨询公司咨询师进行心理讲座，并以问卷调查方式对社区服刑人员进行心理测评；抽调干警为社区服刑人员讲解社区矫正相关管理规定和行为规范。年内，围绕高端社会治理体系建设，强化教育管控，服务平安建设。增强刑罚执行意识，做细审前调查，规范宣告接收到解除矫正流程，严格请销假审批、居住地变更、奖励处罚和收监等执法行为。完成全市首例禁止接触被害人社区服刑人员纳入社区矫正相关工作。强化动态掌握，做实监督管理。通过电话报到、当面报到、家庭走访、社区监督等，落实好管控措施。创新教育矫正，将集中教育与个别教育相结合，分类开展法律法规、形势政策和心理、道德等方面的教育，提升教育改造效果。多措并举，促进回归。坚持促进就业的帮扶导向，为两类人员就业谋生给予指导帮扶。区司法局组织司法所长、司法助理员和社区矫正协管员，开展为期2天的社区矫正岗位练兵培训活动，并开展岗位练兵"应知应会"知识全员考试，强化工作人员规范执法的能力和水平。在市司法局组织抽考中排名第二。组织开展对假释、暂予监外执行罪犯中"三类罪犯"的社区矫正执法自查和检查工作，同时与其他区县司法局开展互查活动共同提升工作水平。建立拟矫正人员居住地核实和社会调查评估的双核会审工作机制，做细"两类"人员社区调查与居住地核实工作，开展服刑罪犯的基本信息核实工作，完成25名拟矫正人员的社会调查、121名拟矫正人员的居住地核实，排除衔接上可能出现的脱节隐患。落实定期排查与滚动排查相结合的工作制度，严格执行请销假、迁居、初始报到等方面的规定，确保管控对象安全稳定，完成全市首例禁止接触被害人社区服刑人员纳入社区矫正相关工作任务。落实市局专案工作部署，完成涉及敏感案件人员接回和纳入矫正工作。并采取多种措施开展教育管控工作，确保安全稳定。

（王立永）

【律师协会换届】 9月19日，区第二次律师代表大会在京燕饭店召开，市律师协会副会长张晓炜出席开幕式并致词。大会听取并审议通过第一届理事会和监事会工作报告、会费收支情况报告，表决通过律师协会章程的部分修改内容；选举产生第二届区律师协会理事9名，监事3名。邵浩当选为第二届律师协会会长，王冉、陈云鹏当选为副会长；余尘当选为监事长。全区律师代表和特邀代表共70余人参会，市司法局副局长李公田出席闭幕式并讲话。

（王立永）

【青少年法制动漫征集】 11月，区法制宣传教育和依法治区领导小组办公室、区教委、团区委、区司法局共同举办法制动漫作品有奖征集评选活动。活动主题为"大力弘扬法治精神 服务高端绿色发展"，参选作品分为法制漫画类和法制动画类。凡未参加过其他法制动漫作品征集活动的法制漫画、动画册原创作品，均可参加本次法制动漫作品征集活动。活动奖项设置为法制漫画类一、二、三等奖及优秀奖若干名；法制动画类一、二、三等奖及优秀奖若干名；优秀组织单位奖若干名。届时，由主办单位组织法律、动画、漫画等方面专家组成评选委员会，对参选作品进行评选。获奖作品将被推荐电视、公交移动电视、互联网和户外大型电子显示屏等平台进行展播和宣传，同时，制作普法光盘发放、播放。活动旨在调动和引导漫画和动漫爱好者的积极性，创作高质量法制动漫作品。同时，发挥获奖作品的普法作用，不断提高普法实际效果。

（王立永）

【普法宣传教育】 12月2日，"弘扬宪法精神 建设法治石景山——'12·4'国家宪法日暨全国法制宣传日"活动在北方工业大学举行。同时举行区法制宣传教育志愿者协会成立仪式。市司法局、区相关领导为法制宣传教育志愿者协会、法律顾问团、普法讲师团、法律服务团和法制文艺宣传队授旗。随后开展以民乐合奏、京剧、诗朗诵、快板、小品、相声、舞蹈等形式的法治文艺汇演，区法制宣传教育和依法治区领导小组成员单位与来自本区高校和社区的近200名法制宣传教育志愿者参加活动。年内，区司法局深入落实"六五"普法规划，以"法律六进"为载体，针对5类重点普法对象，组织开展"营造优美环境 建设美丽北京 做讲法制守秩序的好市民""法制宣传志愿周"、困难群体专项维权季、法制宣传"四季行"等主题活动，举办依法行政、社区青年汇志愿服务、法制宣传教育志愿者培训等专题讲座。全年共组织开展各类针对性强、主题突出的法制宣传活动160余场次，受教育人数达20余万人次。

（王立永）

【"法治石景山"创建】 12月3日，区法制宣传教育和依法治区领导小组办公室组织全区各相关单位在区科技馆举办"12·4"全国法制宣传日暨法治石景山创建活动启动仪式，市司法局、区相关领导出席会议。会议命名区委党校、区广电中心等10家单位为区"法制宣传教育基地"。授予在"五五""六五"普法期间基层民主法治工作有突出贡献的五里坨街道军区联勤部大院社区、广宁街道高井路社区等9个社区为首批"民主法治示范社区"。与会领导为区法制宣传教育基地授牌并为首批"民主法治示范社区"颁发证书。会后，与会领导一起实地参观正在筹备建设中的黄南苑"法治家园"，区司法局指导黄南苑小区利用原有设施、场地，建立"四个一阵地"，即设立一个法治文化长廊，制作普法便民小贴士；开设一个"法博士"问题邮箱，与律所结对共建；组织一支法制宣传志愿者队伍，实行"坐班答疑"服务制和"点对点"志愿服务相结合；创建一个法制书屋，提供各类法律书籍供居民阅读，为社区法治建设树立标杆。年内，八角街道、老山街道和团区委试点先行，开展法治街道和法治机关创建活动。八角街道依托"三横三纵"的社会服务管理网格，四项措施推进公益律师"一对一"服务社区和商务楼宇工作，让居民切实感受到法治创建活动的成效。老山街道建立"新居民"法律服务站，让流动人口和外来务工人员"零距离"感受"共享公平正义阳光"。在推进"法治石景山"创建活动中，整合社区资源，落实"六个一"工程。在全区每个社区创立一个社区居民学法制度，一名法制宣传员，一支法制宣传队伍教育志愿者队伍，设立一个法制宣传专栏，建立一个法律图书角，每季度在市民学校上一堂法制课。依托各街道司法所和社区综合服务平台，开展法制宣传、人民调解、法律服务联动式工作，将法制宣传向基层延伸，服务基层、服务群众，并构建起组织网络、资源网络、信息网络三网一体的"社区法律服务网"，开展"法律服务村居行"活动，使社区成员享受到优质、方便、快捷、满意的法律服务。鲁谷五芳园社区等 4 个社区被评为市级"民主法治示范社区"。

（王立永）

【人民调解工作】 年内，区司法局围绕高端社会治理体系建设，不断强化人民调解第一道防线，扎实开展矛盾纠纷化解工作。从组织、队伍、场所、业务、纪律、保障等方面推进规范化调委会创建活动。加强人民调解员队伍建设，组织开展调解骨干培训、卷宗评查、知识竞赛、调解能手争创等活动，提升调解员预防和化解矛盾纠纷能力。强化多元调解联动机制建设，巩固和完善治安民间联合调解、人民调解进立案庭、道路交通事故纠纷调解、劳动争议调解等工作，新建消费纠纷调解委员会及古城调解办公室，拓展人民调解工作领域，形成多元调解合力。发挥人民调解工作的预防、调处和宣传作用，坚持日常排查和重点时期滚动式排查，服务房屋征收、拆违、群租房治理、亮剑行动等重点工作。全年各级人民调解组织共调解矛盾纠纷 7529 件，涉案金额达 956.6 万元。开展规范化调委会创建活动，全区 47 个社区调委会被评为规范化社区调委会，占全区社区调委会总数的 33.1%。吸收懂法律、懂政策、知民情、有经验的社会力量充实街道人民调解委员会，化解疑难纠纷，最大限度化解不稳定因素。开展争当人民调解工作能手活动，组织调解员参加第三调解室现场观摩活动，精心挑选 29 名调解员推荐为区法院人民陪审员人选。通过网络、报刊等多种形式宣传人民调解工作，与区政协共同开展送法下基层活动，提高人民调解工作的社会影响力和社会公信力。

1 月 20 日，火灾现场勘验公证 （区司法局供稿）

（王立永）

【律师行业管理】 年内，区司法局依法规范管理，严格律所年检和考核，加强巡查检查，全面完成律师和律师事务所年检工作，实现全区律师事务所巡查走访全覆盖。严格落实案件报告制度，对律师事务所代理重大影响、敏感案件进行掌握、跟进，确保队伍发展的同时保持行业稳定。重点强化律师公益社会服务项目，全年为区政府信访接待安排律师 50 余人次。巩固"法律服务村居行"活动成果，开展"讲询调训"和"司法大讲堂"活动，广大律师为社区居民提供更加便捷的法律服务。开展村居法律顾问工作，年内，第一批律师事务所与 60 个社区签订法律顾问协议，按照计划逐步推进实施。简化流程，完善机制，加强服务，全年完成律师和律师事务所行政许可事项 70 项。截至年底，全区共有 30 家律师事务所、190 名律师。

（王立永）

【公证质量建设】 年内，区司法局以开展"公证质量建设年"为契机，提升公证质量和服务水平。建立公证质量监督检查、案件学习研讨、工作交流机制，确保办证质量。拓宽公证服务范围，为区域环境整治、拆迁拆危等提供公证服务。喜隆多火灾发生后，先后出动 253 人次持续 140 天开展现场勘验，对 170 余商铺的清点、勘验、登记造册等行为进行摄像监督，为火灾损失评估机构遴选提供全程公证服务，为火灾善后处理奠定良好基础。多次进企业、进学校等办理批量公证事项，全年办理各类公证事项 12167 件，其中国内民事公证 3402 件，国内经济公证 322 件，涉外民事公证 8443 件。

（王立永）

【创新大讲堂活动】 年内，区司法局认真策划、实施贯穿全年的春、夏、秋、冬四季讲堂系列活动，将大讲堂整合为集法制宣传、法律咨询、调解服务、弱势群体维权等多功能于一体的综合性平台。抓好宣讲主题，以形式创新、内容创新、机制创新的宣讲满足居民日益增长法律服务需求。采取一些新形式，在职党员进社区征集意见建议，形成"居民想听什么就讲什么"的良性互动。针对不同的活动场所、受众对象、宣传内容，选取合适的活动形式，采取大讲堂宣讲、公共法制宣传、互动法律咨询、知识问答竞赛、培训研讨会等多种形式，提升活动的新鲜感，同时注重通过创意、变化和探索，提升群众的参与积极性，以有奖问答形式对授课内容进行复习，加深印象，通过设置听众发言环节，由专家举例群众分析，在集体辨法析理的热烈讨论中让法律知识更加清晰。在举办“治理大气污染我们在行动”主题宣传活动中，组织企业代表作出“绿色生产治污减排”承诺，环保志愿者代表发出“低碳生活 从我做起”的倡议书。推进内容创新，着力解决居民“最急、最盼、最忧、最怨”的民生问题。围绕“民安”开展“安全生产法制宣传月”、《保守国家秘密法实施条例》主题宣传活动等内容的讲座；围绕“安居”开展房屋买卖、租赁、拆迁、保障性住房政策法制专题宣传和咨询服务等内容的讲座，以群租房整治为契机，宣讲政策法律、提供法律服务；围绕“乐业”开展劳动争议、合同等内容的讲座，提供具体咨询；围绕“和谐”开展遗产继承、邻里关系、物业纠纷、侵害自护等内容的讲座。推进机制创新，发挥律师专业服务优势，与各司法所、公证处等窗口单位联合开展多种多样的服务民生法制讲座；面向特定人群，开展特色司法大讲堂活动，如开展青少年法制宣传系列活动，为中小学校、职高学生暑假前上好最后一堂法治课，开展青少年法治夏令营、“迎六一 关爱少年儿童”“关爱儿童 平安暑假”星光自护等活动。在“送法进军营”活动基础上，推进共建形式和内容创新，将部队官兵从营院“请出来”。八一前夕，联合区法院开展“法律拥军”活动，邀请部队官兵走进法院旁听、学习和交流，为部队官兵送上“节日大餐”。组织部队官兵旁听法院公开审理的一件故意伤害案件，“零距离”感受庭审庭审。全年共开展法治讲座、知识竞赛、文艺汇演等形式多样的活动140余场/次。

（王立永）

案例精选

【人民调解化纠纷 老有所养家和睦】

年近80的老赵找到街道调委会，说他家因子女赡养问题产生家庭矛盾，经了解老赵有7个子女，最小的儿子下岗失业后，一家三口就跟着老赵夫妻俩生活，五口人每月的收入仅有老赵800余元的退休金，家庭出现经济危机，因此老赵要求其他子女每月出赡养费，这引起其中两个女儿的不满。矛盾双方公说公有理，婆说婆有理，在这种情况下，调解工作首要的任务就是摸清当事人的心理状态，弄清纠纷的来龙去脉，找出纠纷的焦点，缩小双方在认识上的差距。老赵的大女儿说：“救急救不了穷，给钱没意见，如果确实花在老人身上就行，我们填不起这个无底洞”。二女儿也说：“母亲很不体谅我们，我家刚买房，欠着外债，老人事多，平时总找儿女的麻烦，还经常闹脾气，弄得我爱人都要跟我离婚，一次好心带她到小吃一条街去吃小吃，本想让她吃个新鲜，她却说我成心害她，现在都没法跟他们说话，一说话就打架！”听完女儿的诉说，调解员又找到老两口，老两口也把她们说得一无是处，尽情地发泄：“知道我牙不好，还给我买苹果，10块钱一大堆不是显数吗？带我吃小吃，那是我吃的东西吗？就是成心害我。”听到这，调解员明白了，父母说儿女结了婚，忘了娘，不孝顺，儿女说父母不近人情，跟儿女过不去，总找茬儿。矛盾的焦点就是缺少理解和沟通，日积月累，造成家庭不和，矛盾加深。找到矛盾的焦点后，调解员对双方做耐心的劝说。首先劝两个女儿：“你弟弟没工作，有困难是暂时的，你们应该理解父母一片苦心，如果反过来，你们处在弟弟的情况，不是也迫切需要兄弟姐妹帮一把度过难关吗？”听调解员的话，两个女儿冷静下来，互相看看，调解员就接着说：“我知道对你们来说花钱是小事，重要的是希望父母能多理解，当儿女的也不容易，你们放心，父母的工作我们来做。”听到这，两个女儿都很感动，说：“谁不希望自己的父母衣食无忧，但大家好像隔着一层纱，都不愿意给对方台阶下，久而久之，这层纱就变成一座山，亲情也就淡漠了。”两个女儿对调解员表示感谢，同时也希望他们在父母面前说说好话，最后两个女儿表示：“钱我们愿意出，也希望父母能多理解我们的苦衷。”女儿的工作做通后，调解员又找到老两口进行劝说：“都是您的儿女，十个指头咬哪个不疼啊！以后要多理解儿女的好意，说话千万不要伤孩子的心，他们有孩子有家庭，都有自尊心，打拼不容易，多理解。”就这样，通过调解员对当事人进行的“背对背调解”，几轮劝说疏导工作之后，老人也明白儿女的不易，矛盾化解了，认识统一了，几个孩子同意每月给老人赡养费，并表示老人看病的医药费大家平摊，让老人没有后顾之忧。从感情上，亲人之间要互相照顾，但现实中很多客观问题阻碍亲情，做好调解工作，在知法规、懂政策的基础上，更要熟练掌握调解技巧，做到“四心”：即接待纠纷当事人要热心，调查了解要细心，调解纠纷要耐心，处理纠纷要用心，只有认真听取双方陈述，找到矛盾症结，使用正确疏导方法，说法与讲理相结合，问题才能大事化小、小事化了，小家庭的美满才能促进大环境的和谐。

（王立永）

【精准衔接 依法入矫】　赵×，2014年因犯对非国家机关工作人员行贿罪被判处有期徒刑二年，缓刑二年，同年10月9日纳入社区矫正，矫正期限自2014年10月9日至2016年10月8日。9月，区司法局接到上级指示，要求妥善做好赵×接回、接收、纳入矫正管理教育等工作。据了解，赵×作为某公司董事会董事、法律事务部门总监，为实施贿赂销售提供帮助。赵×在宣判前一直被羁押在外地，其本人具备丰富法律事务常识，一旦在衔接环节出现纰漏，将对社区矫正工作乃至政法工作的开展带来不利影响。接到任务的第一时间，区司法局即刻召开专题会议，研究工作

方案。此时距接回赵×仅有不到4天时间，会议决定将工作重点放在以下几个方面：一是成立工作组，制定工作方案和应急预案，就可能出现的各种细节、意外情况作出预判，明确各部门在接回过程中的职责分工，杜绝工作疏漏。二是摸清具体情况，了解赵×基本信息，与其亲属取得联系了解家庭帮教转化条件，核实确定其回京后居住地，要求居住地司法所提前成立矫正小组。三是落实衔接细节。就与外地法院材料交接、人员交接，火车实名临证问题，变更强制措施后各部门职责，回京后公安、司法衔接等系列问题进行商榷，确保万无一失。经过各方协调，各单位间密切衔接配合，各工作组成员自北京连夜赶赴千里之外的长沙。到达当地后，工作人员与上级领导和当地相关部门召开碰头会，再次就各项细节问题进行会商，会议结束时已过凌晨。工作人员一早赶到法院，审判法官就人员、材料进行交接，各项法律手续确认完成后，当天即刻踏上返程的火车。次日凌晨，列车准时抵达北京，工作人员立即与居住地派出所取得联系，就人员、材料妥善进行交接。此时工作人员已连续工作30多个小时，但他们仍旧没有忘记叮嘱赵×社区矫正的相关规定，要求其强制措施结束后到司法局报到，接受社区矫正。最终，赵×在规定时间内按时报到，正常纳入社区矫正管理。区司法局和公安机关、司法所和派出所之间紧密沟通，工作人员严格按照工作方案部署，明确职责分工，全程工作严格依法依规开展，未发生脱管漏管问题，成功将异地法院判决的社区服刑人员及时纳入社区矫正，彰显在时期、新形势下对社区矫正工作的新要求和工作人员执法水平的提升。

（王立永）

石景山区政法部门负责人

北京市公安局石景山分局局长　陈　强
政委　郑燕生
人民检察院检察长　王春风
人民法院院长　王忠华
司法局局长　郭景明

北京 石景山年鉴

2015 BEIJING SHIJINGSHAN NIANJIAN

军　事

石景山区是北京军区机关所在地，驻军数量多，有部队团以上单位31个。民兵工作是人武部门的中心工作，是人民武装工作的重要内容。根据城市民兵工作情况的变化，坚持属地化管理，实行条块结合、以块为主的民兵工作领导关系，逐步实现各类专业技术分队的结构布局与战时兵员动员需要相结合。民兵组织由驻区企业和农村组织逐步向社区、大专院校、行业系统和高新技术企业拓展，不断提高民兵专业分队成建制成系统快速动员能力，提高遂行特殊应急任务的能力。区委、区政府坚持年度的议军会制度，着力加强领导干部和全民国防教育，增强全民国防意识，加强与军事相关的各项工作。着眼融合式发展，坚持在创新保障机制中提高动员效能，建立军地资源共享和应急转换保障机制。

石景山区坚持人民防空与城市建设相结合的方针，军用高科技的人防设施设备和网络平台逐步推广，人防的整体功能不断增强，人防工作的内容也逐步向城市应急工作拓展。人防工作按照平战结合的方针，开发利用人防工程，为社区和群众服务，取得较好的战备效益、社会效益和经济效益。

（张耀中）

人民武装

概 述

中国人民解放军北京市石景山区人民武装部（简称区武装部）受北京卫戍区和中共石景山区委、区政府双重领导，主管全区军事工作，行使区委军事指挥机关和区政府兵役机关职能。下辖22个基层武装部，有专兼职武装干部50余人。区武装部内设军事科、政工科、后勤科。年内，按照“科学计划、严密组织、统分结合、整体推进”的原则，开展党的群众路线教育实践活动，军区转发区武装部先行试点的做法。坚持把民兵思想政治建设摆在各项工作首位，组织民兵认真学习十八届四中全会精神，深入开展“牢记强军目标，献身强军实践”“警卫战士忠于党”等专题教育，进一步强化民兵的党性修养和理想信念。全年组织国防教育讲座20余场次，举办国防知识竞赛10余次，协调驻区部队对全区大部分中小学生进行军训，有效提高全民国防观念。围绕首都反恐维稳任务需要，深入开展专武干部培训，狠抓民兵军事训练，全区后备力量建设实现新发展。组织兵役登记、体检和政治审查工作，圆满完成征兵任务。邀请专家教授讲国防课，组织国防教育宣传活动和领导干部参加军事日活动。加强对武器装备和人员的安全管理，全年无责任事故。发动民兵在地区经济建设中显身手，取得较好效果。

地址：石景山区八大处路22号
电话：88962828
邮编：100144

（何竹青 赵国廷）

【坚持战备执勤】 1月，区武装部结合地区实际，及时修订战备执勤方案和训练预案。严格落实“元旦”“春节”“五一”“十一”“十八届四中全会”等重大节日和重要敏感期的双值班制度，确保不误时、不误事。畅通情报信息收集渠道，加强与区应急、公安、信访等部门沟通联系，实现信息共享，准确掌握区域民社情动态。设立首钢100人常备民兵值班分队，随时做好处置突发事件准备。修订完善防火、防汛、防震等应急行动预案，加强与驻军部队和相关部门的沟通、协调，召开防汛工作会，组织现地勘察，建立情况通报制度，为有效应对各类自然灾害做好充分准备。

（何竹青 赵国廷）

【组织军事训练】 1月中旬，区武装部参加卫戍区组织的冬季适应性拉练，完成训练任务。7月，狠抓民兵应急分队建设试点，完成卫戍区赋予的试点观摩任务，受到卫戍区首长肯定。8～9月，采取集中训练方式，完成基础体能、手工标图、手枪射击等科目的训练，提高现役干部的军事技能。年内，结合地区实际及民兵担负的任务，采取岗位分散训、利用基地集中训、依托部队挂钩训等形式，强化军事训练效果。

（何竹青 赵国廷）

【民兵组织整顿】 2～4月，区武装部针对区域经济转型，新兴企业增多的实际，进一步拓宽民兵编组范围，优化组织结构，提高科技含量，积极尝试在高新技术和民营企业建立民兵组织，进一步提高民兵编组质量。3月31日召开民兵工作会议，对上年度民兵工作先进单位和先进个人进行表彰。按照“建在身边、抓在手中、用在关键”的目标要求，及时完善《民兵应急分队反恐维稳方案》《民兵应急分队执勤方案》《民兵应急分队抢险救灾方案》，不断加大投入力度和训练强度，坚持在

7月24日，召开征兵工作动员会 （区委宣传部供稿）

用兵中练兵强兵。扎实抓好常备应急力量建设,全区各街道均建有应急分队,集中设置区属应急分队,配置应急指挥车、运输车、消防服、警棍、盾牌等装备器材,保持较高的人员在位率,做到召之即来,基本具备覆盖全区的快速反应能力。通过整组,较好地落实编制,配齐配强民兵干部,实现各类专业技术分队的结构合理布局。

(何竹青　赵国廷)

【国防教育宣传】 5月,区武装部结合征兵宣传周活动,组织开展国防教育进校园、进企业、进社区系列活动,在全社会形成关心、支持国防建设的浓厚氛围。邀请国防大学教授为全区处以上干部上国防教育课,有效增强领导干部的国防观念。结合《国防教育法》公布实施13周年,采取悬挂横幅、设立宣传站、播放宣传片等多种形式,在区属的主要街道和社区进行集中宣传。在各街道辖区中小学开展以"读书演讲、国防知识竞赛"为主要内容的国防教育进校园活动。

(何竹青　赵国廷)

【完成征兵任务】 自当年起,我国将依托"全国征兵网"实施网上征兵,所有征集对象都必须参加网上兵役登记、报名应征。网上登记报名于4月10日展开,截止时间为8月5日。5月,区武装部认真组织征兵工作宣传,摸清适龄青年的底数和分布情况,积极推动兵役登记。7月11日,区征兵工作领导小组开会,传达市征兵工作会议精神,根据征兵政策变化情况,安排当年征兵工作。同月24日,召开夏秋季征兵工作动员部署大会。坚持以提高新兵质量为标准,确保征兵各时间节点任务环环相扣、衔接紧密。精心组织应征青年体检和政治审查,严把征兵质量关,圆满完成105名男兵和11名女兵的征集任务。9月2日,举行2014年度欢送新兵大会。

(何竹青　赵国廷)

【走访慰问部队】 7月16日,区委常委、区武装部政委高道忠、副区长刘亚泉到北京军区第一通信团和警卫一师教导队进行走访慰问,代表区委、区政府向部队领导和全体官兵致以节日祝福和亲切慰问。北京军区司令部直工部副部长程宝林代表军区首长和全体指战员,对区委、区政府长期以来对部队的关怀和帮助表示感谢。

(何竹青　赵国廷)

【应急力量建设】 7~9月,区武装部组织民兵应急分队100人,进行为期2个月的反恐维稳训练和演练。9月24日,区武装部全体干部和民兵应急分队代表卫戍区参加军区组织的比武考核,取得优异成绩。通过训练和考核,展示民兵应急队伍建设成果,提高民兵应急分队遂行多样化军事任务的能力。

(何竹青　赵国廷)

【民兵政治教育】 年内,区武装部结合民兵整组训练、征兵等时机,组织基层单位广泛开展爱党、爱国、爱军教育。在民兵队伍中开展"首都民兵忠于党"教育,进一步坚定广大民兵的理想信念,铸牢军魂意识。利用民兵整组、民兵应急分队训练期间,在参训民兵中开展"热爱首都、驻守首都、建设首都,积极为首都经济社会发展做贡献"及形势任务专题教育,有效强化广大民兵爱国奉献精神和参训热情。同时,还以青年民兵之家为载体,有针对性地指导基层民兵营连开展各种形式的教育活动,利用《中国民兵》《华北民兵》《国防教育》等杂志进行刊授教育,打牢民兵思想政治合格的基础。

(何竹青　赵国廷)

【推进双拥共建】 年内,区武装部贯彻习近平总书记到北京视察时的重要讲话精神,着眼形势任务的新变化和新特点,以争创全国"双拥模范城"七连冠为契机,积极发挥桥梁纽带作用,不断推动双拥工作向深度、广度发展。协助区委办、区政府办、区文化委等组织召开八一军政座谈会、军民联欢晚会。协调区相关部门为驻区部队解难题、办实事。如帮助解决供暖供水线路改造、基础设施建设、战备道路和部队周边道路修缮等问题;为随军家属举办再就业培训和随军家属专场招聘会;在北京九中、京源中学继续开设拥军班,解决军人子女40人入学;推动"强军育才接力工程"持续开展等。同时,协调驻区部队出动5000多人次参加地方绿化植树、铲冰扫雪、护林防火、学生军训、环保宣传、环境治理、慰问演出等任务,全力打造军民融合"特色品牌",实现经济社会发展和军队现代化建设良性互动、融合发展。

(何竹青　赵国廷)

民　防

概　述

北京市石景山区民防局(简称区民防局)是区国防动员委员会常设办事机构,是负责本区人民防空和防灾救灾相关工作的区政府工作部门。内设办公室、指挥通信科(应急管理科)、工程建设管理科、法制宣传教育科,下属事业单位2个,即区防空防灾指挥中心、区人防工程管理中心。机关行政编制15名,其中,局长1名,副局长2名;科级领导职数4正2副。负责全区民防指挥通信建设与管理、人防工程建设管理与开发利用、防空防灾知识宣传教育、人防专业队伍建设、民防志愿者队伍建设;承担区政府赋予的应急指挥保障、公用人防工程安全管理等任务。年内,围绕全区中心工作,贯彻落实党的十八大、十八届三中、四中全会和习近平总书记系列讲话精神,以党的群众路线教育实践活动为契机,全面落实"长期准备,重点建设,平战结合"的方针,民防指挥通信、人防工程建设管理、公共安全宣传教育等体系建设取得新成绩。完成元旦、春节、正月十五、全国和市、区"两会"期间、重大节日、敏感时期的应急指挥通信保障任务,共出动815D卫星指挥车28台次,参加保障人员100余人次。完成视频会议保障、接待上级参观检查和各种会议41次;办理人防工程使用许可21件,其中续用行政许可11件,新办10件;验收新建人防工程21处,建筑面积9.3万平方米;完成14处人防工程364项设备设施的维护维修工作。

地址:石景山区石景山路18号

电话:88680178

邮编:100043

(崔建国)

3月17日，民防宣传进社区 （区民防局供稿）

【防灾减灾宣传】 2～5月，区民防局组织蓝天、中安、浩天、民安、区红会、首钢、中医骨科医院等救援队和景山学校远洋分校、五里坨中学开展人员搜救、现场救援、紧急疏散、防汛排险、逃生避险等科目的应急演练，200人参加。聘请西山康复医院专家到西山枫林宣传教育基地给社区居民讲解登山运动、呵护心脏、保护肾脏等保健知识讲座。4月2日，组织初任公务员任职培训学员到鲁谷惠民乐园参观学习。5月15日，在西山枫林宣教基地举行公共安全知识讲座，社区居民50人参加，讲解地震、防汛、防火、自救互救等公共安全知识。6月，区民防局下拨4万元，完成古城街道和八角街道公共安全宣传橱窗216块展板内容更新工作。8月22日，平安生活讲师团到西山枫林宣教基地对社区居民进行巡讲，25名居民参加，讲解关于紧急救援与紧急救护等知识。向相关学校、街道、首钢发放公共安全民谣书籍3600册。按照市民防局的要求，向居民发放民防知识居民调查问卷300份，及时完成回收、整理和上报工作。

（崔建国）

【指挥中心建设】 2～5月，区民防局组织总控室、815D指挥车岗位培训196次。对指挥中心设备设施进行预检预修和维护，排除卫星链路故障6次，中控视频会议系统故障7次，排除设备故障12次，维修发电机修理3次，确保各项设备的正常运转。完成京燕饭店1处高点监控建设任务，拓展监控范围，实现与市民防局高点监控系统融合，与市公安局资源共享目标。

（崔建国）

【人防工程防汛】 3月5日、5月13日，区民防局分别召开街道、单位工程管理单位和公用工程使用单位防汛工作会，签订防汛工作责任书51份，提出要求，落实任务。修订完善人防工程防汛应急预案，组建3支应急抢险队；准备充足的防汛物资。5月22日，举行防汛应急抢险演练。为全区101处人防工程配备防汛沙袋2000余袋，向使用单位配发潜水泵26台，做好应对极端天气工作。对古城旅游职业学院早期人防坑道进行回填治理，回填土方1171立方米，消除隐患。严格防汛值班制度，处级领导带班，应急抢险人员在岗在位，24小时保持联络畅通，随时到位参加抢险。

（崔建国）

【设施维护管理】 4～10月，区民防局对全区防空警报器进行检测和维护保养，排除故障6处。7月，更换88块电声警报器备用蓄电池。8月，完成防空警报设施战备资源普查工作。9月，完成2台防空警报器更新。

（崔建国）

【专项业务培训】 5月26～27日，区民防局举办防空警报设施维护管理人员培训班，全区各街道民防干部和警报设点单位维护管理人员58人参加培训。培训内容主要有防空警报器的操作方法与常见故障排除等。会上与各警报器设点单位签订维护管理协议。通过培训，提高管理人员业务能力和水平，为日常管理奠定良好基础。6～9月，先后3次组织区民防特种急应救援队员140人次开展救援器材、伤员运送包扎、地震救援等技能培训和演练，提升队员应急救援能力。

（崔建国）

【资产资源普查】 7～12月，区民防局

5月12日，验收人防地下车库 （区民防局供稿）

按照市局《关于组织开展人防战备资产资源普查实施方案》工作要求，制定区人防战备资产资源普查实施方案，组织人员对全区民防指挥通信、人防工程、宣教基地等资产资源进行详细普查，严格审核、校准各种普查数据，摸清人防战备资产资源底数。

（崔建国）

【宣教基地建设】 区民防局投入313万元，完成古城民防公共安全宣教基地建设任务，9月中旬向居民开放。该基地共计3262平方米，共设国防、人民防空、公共安全、消防、地震、气象、文体等16个主题展厅。以图片讲解、现场互动、录像播放、亲身体验等方式组织居民参观学习。针对街道公共安全宣教基地日常运行维护困难的实际，下拨15万元，用于苹果园、八角、金顶街、鲁谷、八宝山等街道公共安全宣传教育基地维护管理，确保正常运行。

（崔建国）

【参加防空演习】 9月20日上午，代号“京盾－2014”北京市人民防空袭演习举行。此次是本市首次举行信息化条件下的人民防空袭演习。演习包括指挥所开设、组织筹划人民防空袭行动、人防工程平战转换、舆论导引与发布、警报发放、紧急疏散掩蔽、自救互救、重要经济目标防护等8个课目，主要检验人防建设的各项准备，提高应对空袭的处置能力。区民防局参加演习，制定详细工作方案，明确任务，全体参演人员服从指挥、听从命令、各司其职，完成所承担的指挥所开设、人防工程平战转换、组织筹划人民防空行动等科目任务。

（崔建国）

【组织疏散演练】 10月，区民防局组织鲁谷社区居民、民防志愿者100人开展应急疏散和人员掩蔽演练。居委会干部熟悉指挥程序，检验居委会《人员疏散掩蔽方案》的可操作性，增强居民自我防护意识，收到较好社会效果。

（崔建国）

【人防工程整治】 年内，区民防局严格按照年度工作计划，对协议到期散租住人工程进行关停和清理，对关停完毕的工程进行改造，恢复原状。全年综合整治任务10处，实际关停29处，建筑面积27012平方米，清退租户807户，清理居住人员1615人。

（崔建国）

【完成专项整治】 全年，区民防局组织开展打非治违、城乡结合部综合整治、安全生产标准化、安全生产年、安全生产月等专项行动。制定工作方案、召开部署会、签订安全责任书，集中开展工程安全检查6次，上级督导检查4次，区领导带队检查3次，组织街道、相关单位联合检查4次，共出动检查人员300余人次，检查工程650处次，消除各类安全隐患40件。

（崔建国）

石景山区军事机构负责人

人民武装部党委第一书记	牛青山（1月任）	石景山消防支队队长	岳爱军
人民武装部部长	耿振虎	政委	高国富
政委	高道忠	民防局局长	崔　泽

(上接58页)

与壁画一道,法海寺山门前的四柏一孔桥及寺中的千年白皮松、青铜佛钟、曼陀罗藻井等合称法海寺五绝。

地　　址:石景山区模式口村北法海寺

联系电话:88713976　88715776

开放时间:9:00—16:00

门票价格:门票价20元,观看壁画真迹100元

乘车线路:(1)乘336、337、396、746、941、959、972、977路公共汽车首钢小区站(337路为石景山站)下车,往东北步行20分钟到达。

(2)地铁:一线苹果园站换乘公交336、396路至首钢小区,311路至模式口东口。

自驾车线路:五环八大处出口出,西行至模式口大街,过北京第九中学100米即到。

网　　址:www.fahaitemple.com

承恩寺(修缮中)

承恩寺是全国重点文物保护单位。始建于明正德五年(1510年),落成于明正德八年(1513年),明代太监温祥在原址上重建,清乾隆二十二年(1757年)和清道光二十三年(1897年)重修。共有四进院落,面积约一万九千余平方米。

承恩寺布局严谨,四周有院墙维护,四进院落依次为山门殿、天王殿、大雄宝殿及法堂。

山门殿面阔三间,红墙及仿木石窗,汉白玉卷门上悬有明代武宗钦赐石额"敕赐承恩寺"。山门殿后东西两侧为两座石碉楼。天王殿中存有六幅壁画,四幅龙形壁画和两幅帝王放生图。天王殿东西两侧建有钟鼓楼。大雄宝殿坐落于月台之上,两侧有两座石碑,其中一座为明代大学士李东阳书写的"承恩寺纪略"石碑。第四进院落正房为法堂,两侧为配殿。绕过法堂乃承恩寺后院,四周是巨石砌成的围墙,东西是两座碉楼。

承恩寺内部有众多古树,包括柏树、松树、国槐、人字柏以及六株五百年以上的古银杏,古树苍天,奇树众多。

地　　址:石景山区模式口大街20号

联系电话:88724148

乘车线路:(1)乘336、337、396、746、941、959、972、977路公共汽车首钢小区站(337路为石景山站)下车,往东北步行20分钟到达。

(2)地铁:一线苹果园站换乘公交336、396路至首钢小区,311路至模式口东口。

自驾车路线:五环八大处出口出,西行至模式口大街,北京第九中学对面。

慈　善　寺

慈善寺位于天泰山西崖之巅,始建于明万历十五年(1587年),是一座集释道、民间诸神为一体的寺院。占地四万平方米。全寺分为主体院西路佛教、东路道教、院外民间诸神三部分,共有二十五座殿宇、一百余间房舍。依山势按北斗星分布,十分奇特。解放前每年农历三月十五开庙三日、吸引八方信众无数香客。民国时期,著名爱国将领冯玉祥曾三上天泰山,写下了大量赞美天泰山美景和慈善寺的佳联名句,留下了六处珍贵的摩崖石刻。

慈善寺是市井文化的产物,也是历史的见证。1995年10月北京市政府公布为第五批文物保护单位。2007年5月石景山政府公布为"廉政教育基地"。

2005年底慈善寺被列入北京市"人文奥运"修缮工程,现已修缮完毕。如今,曾经尘封深山多年的慈善寺已经修缮一新,重现昔日的风景。这里环境清幽,目前已逐渐成为京西一处主要的文物旅游景区。

地　　址:石景山区五里坨天泰山慈善寺

联系电话:88905988　88905989

开放时间:9:00—17:00(无休息日)

门票价格:成人8元,学生4元,团体6元

乘车路线:苹果园地铁乘621路黑石头终点、959路、336路、972路五里坨下往北。

自驾车线路:阜石路金安桥北拐,走石门路,按指示牌走即可。

语言服务:中文

(下转466页)

综合经济管理

综合经济调控

概　述

北京市石景山区发展与改革委员会(简称区发改委)是负责研究提出全区经济和社会发展战略规划,进行综合平衡,指导本区总体经济改革工作,行使价格行政和监督检查职能的区政府工作部门。年内,面对经济发展步入"新常态",全区上下按照"全面深度转型,高端绿色发展"战略部署,全力推动"八个高端体系"建设,稳增长、促改革、调结构、惠民生,国家级绿色转型发展示范区建设取得实效,全区经济社会整体呈现平稳较快发展态势,完成年初人代会制定的各项目标任务。全年实现地区生产总值400.9亿元,同比增长7.3%,第三产业比重达到66%;一般公共预算收入实现37.97亿元,同比增长24.1%;全社会固定资产投资完成184.1亿元,同比增长13%;社会消费品零售额完成232.1亿元,同比增长12.1%;城镇居民人均可支配收入41943元,同比增长8.5%;城镇登记失业率控制在2.35%;万元GDP能耗0.77吨标准煤,较去年同期下降15.3%,超额完成市政府下达下降2%的任务。

地　　址:石景山区石景山路18号
电话:88699333
邮编:100043
网址:http://www.sjsfg.gov.cn

(吴漫一)

【服务业试点办成立】 3月,经区编办批准,国家服务业综合改革试点区发展建设办公室成立,为区发改委内设科室。主要职责是综合分析辖区服务业发展情况,研究提出服务业发展战略,会同有关部门研究拟定促进服务业发展政策措施并组织实施;研究拟定服务业发展规划与空间布局规划,并统筹其与国民经济和社会发展规划衔接平衡;按权限审核和上报服务业重大建设项目;负责推进服务业发展和辖区国家服务业综合改革试点区建设统筹协调工作;承担辖区国家服务业综合改革试点区领导小组办公室日常工作。

(范立昕　宋　琦)

【市发改委领导调研】 4月10日,市发改委党组书记、主任张建东到区调研。张建东一行首先来到西北热电中心项目现场进行实地考察,并就项目进度以及遇到的问题与相关部门进行详细交流。考察结束后,调研组就地区经济建设与区领导和有关部门负责人进行座谈。牛青山表示,石景山近年来的长足发展离不开市发改委的大力支持,在新机遇面前,石景山区还有更广泛的发展前景,希望市发改委能继续给予支持和帮助。市发展改革委领导刘印春、洪继元,区领导夏林茂等参加调研。

(闵俊华)

【电力设施建设签约】 4月24日,区政府与国网北京电力公司签订电力设施建设合作协议。协议明确双方全面战略合作关系,确定多个项目的投资划分模式。北京公司与区政府整合优势资源,共同推进地区电力建设,将陆续启动6座110千伏变电站、3座220千伏变电站的建设,组织实施10条架空线路入地工程和老旧小区改造工程。这些电力设施项目的实施,将有效缓解地区用电紧张局面,切实保障和改善民生,加快推进"四区"(国家服务业综合改革试点区、中关村石景山特色园区、国家可持续发展实验区和新首钢高端产业综合服务区)建设,确保区域经济可持续发展。截至年底,第一批农村煤改电工程竣工,陈家沟、双泉寺等四个城中村共400余用户冬季实现电采暖。此外,集中电采暖也作为试点同步实施,北辛安护理院、首钢仓库2家单位率先完成集中电采暖工程。集中电采暖采用的蓄热式锅炉仅在夜晚用电低谷时工作,加热后的水储存在保温箱内供白天使用。采用此种模式使多方受益——对用户来说方便又经济,对电网企业则有削峰填谷增加收益的优点,对于社会则达到节能环保效果。以北辛安护理院为例,该院实施电采暖后,仅一个采暖季就可减少200吨燃煤,每年减少二氧化硫排放约11吨,减少烟尘排放约6吨。

(顾术松)

【加大压减燃煤力度】 6月5日,区应对气候变化及节能减排领导小组召开年度工作会议。听取区发改委上年节能降耗及应对气候变化工作进展汇报和当年重点工作安排。同月,经区编办批准,设立压减燃煤管理科。主要职责是指导、协助、督查有关单位开展压减燃煤工作;承担辖区压减燃煤工作领导小组办公室日常工作。年内,落实市新农办、市环保局相关要求,建立部门联席会议制度,确定"减煤换煤、清洁空气"行动,形成"部门联动、政策集成、资金集聚、资源整合"工作格局。全年完成压煤任务231.3万吨,其中电厂关停完成压煤任务230万吨;民用采暖锅炉清洁能源改造完成压减燃煤任务9125吨;城市化改造上楼完成513吨;城乡平房煤改电完成压煤任务1431吨;拆除违建完成压煤任务2129吨。完成民用优质型煤替代3838吨。

(金亚松　范立昕　宋　琦)

【严格控制人口规模】 7月,经区编办批准,设立划转人口科。年内,区发改委研究制定并印发严格控制人口规模工作方案,明确以常住外来人口调控为重点人口调控工作思路。成立区人口调控工作组,牵头推进以房管人、以业控人、打非拆违、教育入学等各项工作。夏林茂与17个主要部门签订责任书,明确人口调控工作任务目标。各街道、各部门分别制定专项工作方案并建立基础台账,按照"街道主责,统筹推进,部门配合,条块结合"工作原则,确保人口调控措施落实到位。开展人口调控动态监测,将人口调控工作纳入区政府年度绩效考核。推进产业结构调整升级,提高新增项目准入门槛,加快低端产业调整退出,全年关停聚人多、高污染、高耗能企业4家,取缔再生资源回收市场12家。依托辖区城市综合管理体系,建立联合联动执法机制,重点开展"亮剑"系列行动,全面清理整理外来人口非法居住空间。全年拆除各类违法建设303处、19.7万平方米,清理普通地下室5

万平方米，关停散租住人人防工程9处、7627平方米，清理群租房454户、5万平方米，拆除出租大院11处、3万余平方米。通过开展“五证”审核，全区减少非京籍儿童入学445人。年末，全区常住人口65.0万人，常住外来人口21.2万人，完成年度人口调控目标。

（蔡红峰　范立昕　宋　琦）

【推进融资平台建设】 7月，石景山区获市发改委投融资平台资本金3亿元。根据市政府办公厅上年7月15日下发《关于加快推进石景山区国家服务业综合改革试点区发展意见的通知》精神，作为配套保障措施，市政府固定资产投资优先安排试点区建设资金，以资本金注入等方式，每年3亿元，连续5年支持试点区投融资平台建设，加快试点区基础和公共服务设施、重点产业园区及重大产业项目建设。

（刘碧寒）

【打造良好用电环境】 7月，文献及区应急办、规划分局、国土分局、区园林绿化局、区市政市容委主要领导到国网北京石景山供电公司座谈交流，共商度夏电网形势及电力设施建设，保障地区电网安全。座谈中，国网北京石景山供电公司首先汇报地区电网形势、电力设施建设内容，并就地区重点工程建设情况进行汇报。面对严峻的度夏形势，大家共同商讨地区电网存在的薄弱环节，积极商讨解决办法，共同为地区电力发展建设出谋划策。文献强调：近期将安排召开迎峰度夏专题会，邀请更多单位共同参与到度夏保障中；希望涉及欠费停电问题，供电公司能提前与政府部门做好沟通，提前安排，防范舆情；电力设施建设和重点工程实施项目，希望提前进行需求侧分析，保障地区电网分布均衡；定期组织召开工程进度会，形成长效沟通机制。国网北京石景山供电公司表示将继续加强与区政府部门沟通，抓好地区电网建设，服务地区百姓用电需求，保障夏季高温大负荷及恶劣天气下石景山地区电网安全稳定运行。

（顾术松）

【便民工程建设管理】 8月，区发改委通过区有线电视台“记者视线”栏目，采取不同方式，宣传近几年部门及街道便民工程实施成效，提高全区干部群众对便民工程认知度。同时，通过《北京日报》《石景山报》及网络等媒体宣传辖区便民工程建设成效。全年，石景山区投入7000余万元，实施159项便民工程，其中部门便民工程5项，街道便民工程154项（维修改造居民服务站、安装便民设施37处，修缮社区道路27条，环境整治18处，提升居民休闲、健身场所及设施63处，建设各类小型应急工程9项）。区发改委下发进一步做好街道便民工程建设相关工作的通知，采取一系列措施改进便民工程建设管理机制。一是简化便民工程审批程序，促进项目尽快落实；二是提前拨付建设资金，保障项目顺利实施；三是统一规划设计，提升建设品质；四是加强公示宣传，提高居民认识度；五是强化抽查审计，确保财政资金合理使用。

（张　青）

【永定输变电站投产】 10月13日，市政府重点工程——永定220千伏输变电站顺利投产。该项目是辖区第一座公用电网220千伏输变电站，投运后，将彻底改变区内配网用电全靠外供的历史，为新首钢高端产业综合服务区及周边地区提供电力保障，缓解辖区用电负荷压力。

（顾术松）

【“十三五”规划编制】 11月14日，区发改委启动“十三五”规划研究编制工作。经区政府第9次常务会议、区委第88次常委会审议通过，《北京市石景山区国民经济和社会发展第十三个五年规划研究编制工作方案》（简称《方案》）以政府办第26号文件印发。《方案》明确指导思想和编制原则，成立由夏林茂任组长的“十三五”规划研究编制工作领导小组，全区71家单位和首钢总公司参与。编制工作分为五个阶段：8～11月为第一阶段即准备阶段，重点做好前期重大研究课题酝酿、规划编制方案制定等工作；是年11月至下年3月为第二阶段即调研阶段，形成前期研究报告终稿；下年3～8月为第三阶段即规划编制阶段，就规划纲要基本框架和总体思路与各专项规划对接，形成规划纲要讨论稿；下年9月至2016年区人代会召开前为第四阶段即规划论证与审议阶段，组织专家论证，完善规划纲要，提交区人代会审议；2016年上半年为第五阶段即规划衔接发布阶段。

（张　肖）

【政府采购项目2636项】 年内，政府采购中心全年完成政府采购项目2636项，项目预算金额40423万元，合同金额37775万元，节约资金2648万元，资金节约率6.55%。其中公开招标项目107项，合同金额23374万元；协议采购2529项，合同金额14401万元；便民工程124项，合同金额2862万元。

（赵　亮）

【重大项目立项】 年内，经区发改委协调，京西商务中心（西区）、苹果园交通枢纽I地块商业金融、老古城综合改造项目D及JB地块二类居住、老古城项目商业金融（配建公共租赁住房）、北京国际雕塑公园地下文化娱乐中心、东下庄定向安置房、第二水泥管厂自住型商品房等项目获市发改委立项批复。

（刘碧寒）

【固定资产投资】 年内，全区累计完成固定资产投资184.1亿元，同比增长13.0%。其中产业发展类项目完成投资80.3亿元，基础设施类项目完成投资34亿元，民生保障类项目完成投资19.5亿元，社会公益类项目完成投资3.2亿元，计划外项目完成投资47.1亿元。

（刘碧寒）

【“四本账”课题研究】 年内，区发改委组织开展《统筹土地、规划、投资和人口四种发展要素，推动石景山区全面深度转型、高端绿色发展》（简称“四本账”）课题研究工作。通过统计分析辖区土地、规划、投资和人口等四大类资源数量、分布、结构等情况，理清区域存量资源，形成“1+5”研究成果汇编文集。“1+5”即1个总报告和5个分报告，1个总报告为《统筹土地、规划、投资和人口四种发展要素，推动区

域高端绿色发展研究》,5个分报告分别为《石景山区土地资源分析研究报告》《石景山区规划布局分析研究报告》《石景山区人口发展分析研究报告》《石景山区固定资产投资分析研究报告》《石景山区“四本账”评价指标体系研究》。

(张　肖)

【奢华浪费建设清理】 年内,区发改委成立由16个部门组成的区楼堂馆所和办公用房清理工作领导小组。制定落实中央党政机关停止新建楼堂馆所和清理办公用房通知精神的工作方案,完成四次全区办公用房摸底调查和清理工作。根据关于在党的群众路线教育实践活动中全面清理整治奢华浪费建设的通知要求,成立由区发改委、区监察局、区财政局、国土分局、规划分局、区住建委、区审计局组成的区清理整治奢华浪费建设工作组,完成全区范围内建设豪楼情况摸底自查、排查奢华浪费建设豪楼等专项工作。

(况旖旎)

【服务业试点区建设】 年内,石景山区作为国家服务业综合改革试点,继续加快基础设施和产业载体建设,持续优化现代服务业发展环境,促进经济发展方式转变。服务业增加值264.8亿元,占地区生产总值比重66%,较2010年57%占比提高9个百分点;全年实现入区税收30.3亿元,占全区公共财政预算收入80%。

(邢钦卉 郭 茜)

【三类产业实现新突破】 年内,石景山区现代金融产业实现跨越式发展,全区汇聚光大银行信用卡中心、中国保险信息技术管理有限责任公司等现代金融企业153家,实现收入518亿元,同比增长37.4%,成为区域经济新的增长点。文化创意产业全年实现收入300亿元,同比增长10%,搜狐畅游、暴风等4家企业入选首批“首都文化企业30强”,丽贝亚、趣游等5家企业获批“2014北京市设计创新中心”。高新技术产业实现收入1100亿元,其中科技金融融合产业收入180亿元,占全区高新技术产业收入的16.4%。园区纳税百强企业中,具有科技文化融合特征企业47家,累计税收占比45%。截至年末,20家商业保理企业完成入驻。旅游休闲产业全年实现收入42亿元,同比增长8.5%。

(邢钦卉　郭　茜)

【节能减碳考核获市优】 年内,区发改委编制《石景山区2013年节能工作自查报告》,在北京市对区县政府上年节能考核中获优秀等级。参加国家对北京市区县考核,节能工作得到国家考核组认可。采取自查自评、审阅考核报告方式完成上年度对区管重点用能单位节能目标考核。完成区内19家重点用能单位能源负责人备案及能源利用状况报告审核工作。开展资源综合利用企业认定,完成北京古运混凝土有限公司等2家单位初审。组织召开年度能源审计工作布置会和清洁生产启动会,推进中铁建设等6家单位能源审计,北重阿尔斯通等4家单位清洁生产审核。推动区内全部重点排放单位完成碳排放报告和碳交易履约。完成公共机构供热计量改造项目。组织生态文明高级研修班,区内重点用能单位及相关委办局60余家单位参加研修。

(吴　捷)

【区域生态文明建设】 年内,区发改委以国家生态文明先行示范区申报为契机,成立创建国家生态文明先行示范区工作领导小组,开展申报第一批国家生态文明先行示范区相关工作。研究讨论编制《北京市石景山区申报国家生态文明先行示范区建设方案》,并组织申报答辩,评审结果在全市参评的8个区县中名列第三。落实区委关于构建高端生态文明体系相关部署,开展《石景山区构建高端生态文明研究》和《石景山区构建高端生态文明体系的指标体系研究》。

(吴　捷)

【落实能评下放】 年内,区发改委制定能评审核工作方案。探索实施1000吨以上节能登记和评估项目专家评审制度,与规划分局、区住建委、区市政市容委等相关部门实行联合评估。全年完成节能登记类项目审批28个,总投资18.52亿元,年能耗1184吨标煤,年二氧化碳排放5248吨。初审节能专篇类项目2个,总投资35.39亿元,年能耗5093吨标煤,年二氧化碳排放19774吨。

(吴　捷)

【协调西北热电中心建设】 年内,区发改委发挥属地协调服务职能,促进工程主体及“两进两出”工程顺利推进。召开居民对接会30余次,协调热力集团、检测单位等部门共同努力,妥善化解热力管线穿山爆破工程引发群体访事件及热力管线穿山爆破折点周边扰民补偿问题;协调解决电力送出工程塔基跨越联勤部大院、并网远大A1－A2塔基挂线受阻、金隅加气土地、五里坨农工商土地等重大事项。实现西北热电中心项目全面投运目标,大唐高井燃煤机组于7月22日正式关停。同时,争取环保奖励资金及投融资平台资金12.5亿元,推进西北热电中心项目周边环境整治。

(吴　捷)

【电力安全生产检查】 年内,主管部门坚持开展电力安全生产检查。动用车辆22台次,相关人员72人次。其中区领导3次检查石景山供电公司电力调度控制中心、南山110千伏变电站和衙门口等地区电力设施,未发现重大安全生产隐患。国网北京石景山供电公司也组成安全生产联合监督组,深入一线现场,开展安全生产巡视检查工作。对施工人员的安全意识、安全知识、自我保护能力及工作现场落实安全技术措施、组织措施情况进行监督,对发现的问题进行现场整改,并进行记录。全年辖区电力安全生产运行稳定。

(顾术松)

价格管理

【概况】 年内,物价工作以“稳增长、控物价、调结构、防风险”为目标,以加快转变经济发展方式为主线,围绕中心、服务大局,精心组织调控、锐意推进改革、着力强化价格监管、积极化解价格矛盾,维护市场价格秩序,促进经济社会全面协调可持续发展。全年检查商场超市、停车场、公园景点、医院、银行、学校等580户，行政处罚19件，经济制裁6.128万元，其中退还用户1.839万元，罚款2.859万元，没收违法所得1.43万元。被国家发改委价格认证中心评为“2013－2014年度价格认证工作先进单位”。

（刘崇光）

【行政事业收费管理】 3月24日至4月11日，区发改委开展辖区上年度行政事业性收费年审和换发证工作。年审68户，参审率100%，未发现价格违法行为。取消婚姻登记证书工本费、普通煤二氧化硫排污费、低硫煤二氧化硫排污费、公办高中择校收费4项行政事业性收费。年内，根据《石景山区教育实践活动“四风”突出问题专项整治方案》部署，联合区经信委、区纪委监察局开展专项整治政府有关部门指定各类服务性机构垄断经营等问题。制定工作方案，开展专项检查，规范政府职能部门收费行为，优化企业发展环境。

（刘崇光）

【市场价格服务保障】 11月3～12日，区发改委启动APEC会议期间市场价格服务保障和应急管理工作。开展重点行业法规宣传和提醒告诫工作，明确法规政策，通报典型违法案例，部署自查自纠，引导经营者守法、诚信经营。APEC会议期间，完善每日值守和突发事件应急处置机制，安排领导带班、专人值班和应急备勤人员值守制度。开展重点区域、行业检查巡查，及时处理举报投诉，妥善化解价格纠纷。对机动车停车场、商场超市、景点景区等易发生价格违法行为的行业以及会议相关场所周边区域，有针对性地开展检查巡查，检查中密切关注舆情，关心社情，对突发价格异常波动、群体性价格事件或重大价格违法案件，第一时间、第一现场处置。强化与工商分局、区旅游委、区商务委、非紧急救助等部门的配合联动，对涉及多部门管理的问题开展联合执法，保证监管不留死角。

（刘崇光）

【教育收费专项检查】 12月15～31日，根据市发改委、市教委《转发国家发展改革委、教育部关于开展全国教育收费专项检查文件的通知》要求，区发改委开展教育收费专项检查。检查范围：各级各类学校、幼儿园2013年秋季开学以来发生的收费行为，具有连续性的乱收费行为可以追溯到上一年度。检查的重点内容：一是高校研究生学费和代收服务性收费政策执行情况；二是是否存在收取特长生加试费及自主招生考试过程中自立收费项目收费的行为；三是义务教育阶段是否存在收取与入学挂钩的赞助费、共建费、捐资助学费等行为；四是高中学校取消择校生招生政策落实情况；五是学校是否存在向学生推荐或强制学生、家长订购教辅材料、报刊等行为；六是幼儿园是否存在收取与入学挂钩的捐资助学、赞助费、建校费、教育成本补偿费等行为，是否存在正常教学时间内违规开办特长班、兴趣班、实验班并收取费用的行为。

（刘崇光）

【受理价格举报】 区发改委全年受理价格举报175件，同比增加2.73倍。核查出有价格违法问题68件，其中行政处罚14件，调解解决价格投诉12件，纠正价格违法行为42件。向消费者退款7083元。

（胡彩霞）

【完成价格调控】 年内，区发改委落实辖区价格综合调控工作，制定年度价格综合调控重点工作任务及分解方案，确定5方面内容12项重点任务，明确牵头单位和完成时限，细化工作任务。完成年度价格调控目标。

（刘崇光）

【停车收费管理】 年内，区发改委严格停车收费核准。核对辖区所有停车场现场信息，核准机动车停车场共240个（含新增机动车停车场30个），其中路外露天停车场63个，非露天停车场18个，占道停车场41个，居住小区停车场118个。利用网络公示停车场名称、经营企业、停车场类型、车位数量等信息，方便百姓查询和监督。继续实行大型活动期间机动车停车计次收费。在石景山游乐园“迎春洋庙会”，八大处公园“新春祈福庙会”“茶文化节”“佛牙舍利文化节”等大型活动期间实行停车计次收费，缓解活动期间周边地区交通拥堵。

（刘崇光）

【价格收费监管】 年内，区发改委针对价格法律、法规及物价方针政策培训10家电商企业、11家商贸流通企业、3家停车公司，督促企业依法经营，维护节假日、重点时段市场价格平稳。节日期间设专人值守举报电话、每日巡查市场。开展机动车停车收费专项治理，处罚违法收费停车公司5家，罚款9800元，退款4650元。落实“四风”整治方案，检查规范19个行政事业单位收费行为。落实国家发展改革委银行收费新规定，检查13家银行收费公示情况。

（胡彩霞）

【开展价格监测】 年内，区发改委新增药品价格监测91种，医疗服务收费监测62种。监测9个监测点蔬菜、副食品、特色农产品、日用消费品、成品油、药品、居民服务收费9类、330个品种价格，分析上报日报、旬报、月报监测点上报数据。

（胡彩霞）

【加强价格鉴定】 年内，区发改委加强价格鉴定工作，自主开发价格鉴定办公系统，严格价格鉴定程序。全年完成价格鉴定2930件，鉴定金额534万元。

（董建华）

【中杉学校收费标准调整】 年内，经区政府批准，区发改委批复中杉学费和住宿费收费标准。其中小学学费收费标准每生每学年45600元，中学学费收费标准每生每年72000元；小学住宿费收费标准每生每学年4600元，中学住宿费收费标准每生每学年5600元。

（刘崇光）

经济和信息化

概　述

石景山区经济和信息化委员会（简称区经信委）是负责辖区工业、软件和信息服务业发展、服务首钢搬迁建设、推进中小企业发展和信息化工作的政府工作部门。年内,以加快转变经济发展方式为主线,着力调结构促发展,积极做好经济运行、智慧建设、"石景山服务"、首钢搬迁建设等重点和各项基础工作。在经济运行方面,做好工业、软件和信息服务业的行业管理工作;在智慧建设方面,继续推进信息化项目建设,加快推进物联网工程建设,加大公共平台集约化建设,智慧应用形成初步成果;在打造"石景山服务"品牌过程中,加强统筹协调,加强资金引导,加强平台建设,取得实质进展;新首钢高端产业综合服务区是市级重大项目,在项目推进过程中,充分体现"市级牵头、市区联动、政企合作"特点,完善政策加大支持力度,推动首钢建设和区域协调发展。同时做好电子政务和网络安全保障、集体企业管理等基础工作。

地址:石景山区石景山路 18 号
电话:88699890
邮编:100043
传真:88699665

(张　洋)

【创新政府资金扶持方式】 4 月,辖区第一家以政府引导基金方式参股的创业投资企业——北京融科鼎盛投资有限公司成立。发挥财政资金的杠杆放大效应,引导民间资金进入创业投资领域,争取市级引导基金支持,引入更多创业投资人资源,扩大创投公司规模,鼓励其增加对石景山区小微企业投资。

(李　崴)

【智能交通停车诱导系统运行】 5 月,银河商务区智能交通路侧停车诱导试点系统投入运行。该系统以已有物联网网络、平台为基础,对政达路、银河东街路侧 100 余个停车位占用及车辆进出情况进行实时监测,通过政府对外网站发布信息,为万达商圈交通提供动态信息服务。

(王继广)

【"4K 极清宽带电视"试点】 5 月,区经信委借助辖区全部楼房居民家庭实现双向高清有线电视网络覆盖,在北京市率先试点"4K 极清宽带电视"。全部楼房居民都可通过 4K 电视终端享受比普通数字电视清晰 4 倍的视觉体验。

(王继广)

【人口管理服务平台上线】 6 月,区经信委与区人口计生委共同建设的"石景山区人口综合管理与服务信息平台"正式上线运行。该平台主要提供六大服务功能:实现全区人口信息的采集、联审、更新、上报、对比、抽样、校验;按人员基本信息及家庭婚配、教育就业、社会保障等扩展信息实现人员信息的组合查询;以专题形式对特定人群的信息进行查询筛选并展示;根据人员基本信息及户籍状态、教育就业、健康状态等扩展信息对人口库中人员信息进行灵活统计分析;查询、浏览近十年来全区各部门正式发布的人口统计数据和相关人口调研成果;将区人口数据库和区地理空间库中的相关信息进行关联,建成人口电子地图,直观反映人口的空间分布情况,实现人口预警等功能。平台通过信息化手段,加强地区人口数据资源管理,提升人口服务管理水平和工作效率。

(王　闪)

【促进中小微企业办法发布】 9 月 30 日,区政府发布《石景山区促进中小微企业发展的办法》。《办法》贯彻落实市相关责任分工,在延续原有政策基础上,进行适度创新;内容分为 7 个部分,共 39 项。主要框架包括创业扶持和环境提升、产业融合和技术创新、资金引导和创新融资、市场开拓和品牌建设、服务提升和体系保障。

(李　崴)

【网上办事平台建设】 12 月,石景山政府网上办事平台正式上线运行。区经信委通过重新梳理各部门业务、整合服务资源,切实服务百姓办事。该平台以统一风格提供网上办事各栏目及功能,包括:网上办事大厅、办事指南、网上申办、网上预审、网上预约、网上评价等相关服务功能,并提供网上查询办事结果、办事结果短信推送服务。系统按照企业和个人不同服务对象的需求和工作特点提供个性化服务,实现简洁、易操作的办事场景,一目了然的办事导航。同时,还提供一站式搜索功能,方便百姓对所需信息进行快速查询。系统以石景山信息网、各委办局门户网站为互联网服务入口,直接接入网上办事统一平台,实现互联网前台受理。并利用信息技术支撑内网进行事项审批、公示、查询、统计、预约设置等功能,构建新型政府行政服务体系。

(邱　君)

【推进工业结构调整】 年内,区经信委深入落实清洁空气行动计划。以污染企业退出、清洁能源改造为重点,完

5 月 22 日,促进中小企业发展领导小组会　(区经信委供稿)

成北京香香唯一食品厂、大唐国际发电股份有限公司北京高井热电厂(燃煤机组)、北京首钢机电有限公司、北京金隅加气混凝土有限责任公司(石景山生产基地)4家企业调整退出工作。

(代　蓉)

【加强人口调控】　年内,区经信委落实人口调控工作方案,坚持以业控人。严格执行《北京市新增产业的禁止和限制目录》,严把产业准入关,坚决不发展占地多、聚人多、高污染、高耗水、高耗能产业。对现存低端产业进行有序清理和调整升级,促进低端产业加快调整退出。

(代　蓉)

【培育新主导产业】　年内,区经信委实施创新驱动发展战略,切实用好、用足国家服务业综合改革试点区政策优势,发挥科技创新支撑引领作用,聚焦中关村石景山园区建设,加快形成新的战略增长点。加快"腾笼换鸟""筑巢引凤",推动区域经济可持续发展。加快发展云计算等高新技术产业,加速总部基地设计。全力推进符合首都功能定位及符合辖区发展方向高端项目建设。年末,华胜天成成员企业新云东方生产的新云东方 Power System 服务器全系列产品下线开始批量生产。

(代　蓉)

【行业安全生产】　年内,区经信委成立安全领导小组,全面落实安全生产工作责任制和事故责任追究制。学习与管理并举,全员培训学习《新安全生产法》,提高安全生产管理能力。加强城填集体企业安全管理。领导带队实地检查所属4家城镇集体企业,督促企业及时排查治理安全生产隐患。在APEC期间,制定安全生产应急预案,全方位做好安全生产工作。

(代　蓉)

【服务中小企业】　年内,区经信委帮助11家中小企业兑现市级贴息支持241万元,企业获得集合信托融资额12360万元。推荐北京易盟天地信息技术有限公司成功认定为第二批"北京市中小企业公共服务平台"。组织召开"北京市中小企业发展专项资金创新融资项目申报说明会",辅导企业用足用好政策,帮助企业争取上级资金支持。举办《北京市促进中小企业发展条例》解读会,落实条例宣传贯彻工作,提升中小企业服务能力。

(张　钦)

【宽带石景山行动】　年内,按照市政府《关于印发宽带北京行动计划(2013－2015年)的通知》要求,围绕地区实施的"全面深度转型、高端绿色发展"战略和构建"八个高端体系"主方向,以区政府办名义发布《宽带石景山行动计划(2014年－2015年)》,提出2014～2015年信息基础设施建设总体目标和主要任务。

(王继广)

【申请专项资金】　年内,区经信委为支持首钢产品结构转型升级,推动信息化与工业化深度融合发展,协助首钢总公司《首钢迁钢冷轧信息化项目暨迁顺一体化质量管控体系》项目成功申请到上年重点产业振兴和技术改造专项资金2039万元。

(王继广)

【实现4个100%覆盖】　年内,辖区全部楼房居民区实现宽带光纤接入100%覆盖、双向高清数字电视网络100%覆盖,建成区4G无线网络100%覆盖,全区3G无线网络100%覆盖。

(王继广)

【软件和信息服务业】　年内,全区软件和信息服务业总收入超200亿元,同比增长21.3%。软件和信息技术服务业、互联网内容服务业,同比增长23.6%和31.1%。

(王继广)

【完成国庆保障】　年内,区经信委按照《石景山区服务保障新中国成立65周年庆祝活动工作方案》相关要求,及时部署,协调组织辖区通信资源,做好各系统检查整改和链路保障。在保障政务网络同时结合反恐,针对重点地区监控探头链路保障,联合相关运营商制定节日保障及应急方案。机房实行7×24小时在岗值班制度,领导带班、应急牵头人员待命,保证半小时内赶到现场。

(张　兰)

【政府门户APP建设】　年内,区经信委完成区政府门户网站APP建设工作。该应用服务具有实现信息公开、政民互动、办事指南查询等功能。为公众提供公众办事、政府服务指南随身查询;实现地图查看办事机构、办事机构导航;通过政民互动信息提问、查询为公众和政府之间搭建互动交流平台;在政府有效公开政务信息同时,实现信息订阅,为公众获取政府信息提供选择性,建立支持苹果(IOS6.1及以上)和安卓手机系统(Andriod2.3.3及以上)智能手机客户端系统。

(邱　君)

【内网机房建设】　年内,受区委机要局委托,依照市委机要局相关要求,区经信委组建石景山区电子政务内网机房。区电子政务内网机房建设完成,标志着区电子政务内网建设工作全面启动。

(王燕春)

【视频会议系统】　年内,区经信委完成党政机关电视电话会议系统建设工作。该会议系统覆盖区政府机关大楼以及楼外所有委办局及街道(社区)共50个单位,构建全区高清交互式视频会议系统,可满足各类会议及培训需求。全年该系统完成各类重要会议14次,其中中央会议1次,市级会议4次,区级会议9次,总时长超过30小时。

(王燕春)

统　计

概　述

北京市石景山区统计局、北京市石景山区经济社会调查队(简称区统计局、调查队)是区政府负责综合统计和国民经济核算的职能部门,受区政府和市统计局、调查总队双重领导。局机关设一室、一队、二中心、十四科:办公室、执法队、普查中心、计算机中心,人事科、纪检监察科、综合科、工业科、商贸科、城建科、服务业科、价格调查科、住户调查科、能源监测科、人口就业科、专项调查科、宣传科、法规教

育科。下设10个统计所。年内,全面贯彻党的十八届四中全会精神,紧紧围绕“全面深度转型　高端绿色发展”战略目标,以党的群众路线教育实践活动为契机,着力推进统计制度方法改革,创新工作组织模式。为构建“八个高端体系”提供优质高效的统计保障。

地址:石景山区杨庄东路71号
电话:88920357
邮编:100043

(李　泾)

【人口抽样调查】　8～12月,区统计局、调查队按照全市统一部署,继续开展年度人口抽样调查。调查涉及9个街道,43个社区,82个调查小区。登记户数11151户,登记人口30151人。按照每个调查员负责50户标准选聘调查员254人,指导员43人。历经前期准备、入户摸底、登记复查、质量抽查、数据处理、评估推算、工作总结等环节。调查数据显示:石景山区年末常住65.0万人,常住外来人口21.2万人,其中男性32.9万人,女性32.1万人;常住人口中0～14岁5.9万人,15～64岁52.5万人,65岁及以上6.6万人,60岁及以上9.3万人;出生5547人,出生率8.57‰;死亡3239人,死亡率5.01‰。

(武洪敬)

【完成第三次全国经济普查】　截至年底,第三次全国经济普查基本结束。区统计局、调查队精心组织、周密安排,高效完成各阶段普查任务。全区536名普查员使用手持电子终端设备(PDA),普查登记单位20823家、个体经营户16420户。在全市经普质量检查验收中,石景山区工作质量和数据质量综合得分191分,位列全市第一。普查办公室被评为国家级“第三次全国经济普查先进集体”。在全市普查总结表彰中,辖区4个街道经普办公室评为先进集体,15人被评为先进个人。

(孔凤英)

【统计调研】　区统计局、调查队全年组织撰写调研报告12篇,进度类和专题类分析160篇。在全区调研成果评比中,获一等奖3篇、二等奖2篇。《石景山区“四本账”评价指标体系研究》收录于《“统筹土地、规划、投资和人口四种发展要素,推动石景山区全面深度转型　高端绿色发展”课题研究成果汇编》;《石景山区金融产业竞争力比较研究》发表于《决策参考》;《石景山区服务业疏解及规范发展情况》等多篇分析报告获区领导批示;《2014年石景山区经济运行稳中提质》刊登于《北京市经济社会统计报告》;《宣传在统计大型普查中的运用与未来模式研究》为市政府统计系统立项课题,并顺利结题;《石景山区流动人口变动规律及其与经济增长关系分析》及《北京市实现收入倍增因素实证分析》作为北京市政府统计系统建模大赛石景山区参赛课题,获优秀奖。

(石海平)

【落实折子工程】　年内,区统计局、调查队承担区政府折子工程责任单位22项,涉及主要经济指标5项,承担第三次全国经济普查牵头工作。局队从加强数据管理入手,确保源头数据质量,主动加强与市局、总队及区内折子工程牵头部门沟通协作,顺利完成年度折子工程。

(刘　泽)

【人口动态监测】　年内,区统计局、调查队加强人口调控动态监测,形成“街道人口监测台账(月度)”与“部门人口监测报告(月、季报)”相结合的人口动态监测体系。加强与区发改委、公安等部门日常联络与沟通,定期编发人口调控简报,监测人口数据、分析工作特点、查找难点问题、提出对策建议、展现工作动态,及时将监测结果报送区委、区政府,为领导决策和相关单位落实人口调控职责提供参考。定期召开人口调控动态联席会,对出租大院、违法建设、地下空间、产业升级等重点、难点问题开展专题研究,共商对策,逐个突破,确保人口调控目标完成。与区发改委等部门协同做好区人口调控工作专项考评工作,将考核制度从内容和方法上进行改进,一是调整优化考核指标,科学设定评分标准;二是将人口工作台账作为考核重要依据;三是考核结果作为区政府督查考核重要内容。进一步完善区“人口综合信息管理与服务平台”,与区发改委、经信委和研发公司合作,建立信息共享机制,逐步整合“网格化”和其他相关人口数据,重点关注实际居住人口;并结合公安系统的流管平台数据,提高流动人口信息准确率,为开展人口服务管理提供可靠的数据支撑。

(姜红艳)

【统计进社区建设】　年内,区统计局、调查队探索深化统计改革,推进统计进社区建设。在全区9个街道(鲁谷社区)148个社区,选择40个社区开展试点,建立社区统计工作室。完善工

9月11日,社区统计工作室揭牌　　(区统计局供稿)

作职责及人员管理办法，通过实行量化考核、加强培训教育，组织好、管理好、使用好社区统计专职工作者，为加强统计基层基础建设积累经验。

（颉增义）

【高端体系统计监测】 年内，区统计局、调查队围绕区域发展战略和“八个高端体系”构建，强化区属部门合作，构建统计监测指标体系。围绕构建“高端服务业为主导的产业体系”，建立高端服务业监测评价体系。利用最新经济普查数据，对高端服务业门类进行界定。初步形成《石景山区高端服务业分类目录》，涵盖现有五大主导产业监测评价体系，解决现有五大主导产业核算重复化问题。围绕构建“高端的生态文明体系”，探索建立和谐宜居城区监测评价指标体系，撰写《石景山区构建和谐宜居城区监测评价指标体系》，初步设立包含社会文明、经济富裕、环境优美、资源承载、生活便利、公共安全6个方面一级指标，27个分级指标体系，为辖区和谐宜居程度提供判断依据。围绕构建“高端的民生保障体系”，抓好民生统计工作。做好住户调查等基础性工作，跟踪了解有关惠民政策制定、落实情况，了解企业经营和职工薪酬增长情况，对居民收入结构深入分析。围绕人口调控，完善人口动态监测台账，做好季度人口数据分析。围绕构建“高端的人才资源管理体系”，配合区委组织部完成对五大主导产业人才需求情况调查，重点开展调查问卷设计、数据汇总、分析研究工作。对五大主导产业人才需求特点进行深入分析，就人才引进与培养提出建议。

（李　泾）

【完成11项专项调查】 年内，区统计局、调查队主动服务区域发展，打造专项调查品牌，组织开展《石景山区党的群众路线教育实践活动区级班子民意调查》《八角街道党的群众路线教育实践活动民意调查》《石景山区群众安全感调查》《石景山区居民（企业）统计宣传认知情况调查》《2014年石景山区党风廉政建设民意调查》《2014年石景山区国资委系统党风廉政建设民意调查》《石景山区社会环境综合治理“亮剑行动”实施效果民意调查》《石景山区便民工程实施效果民意调查》《石景山区全民健身计划实施情况调查》等11项自主开发、承接委托专项调查，调查涉及全区300多个党政机关、企事业单位，近万个调查样本。根据调查撰写的专报《我区开展便民工程实施效果民意调查工作》获牛青山批示、《2014年第三季度群众安全感调查情况分析》获吴克瑞批示。各项调查结果成为各级党政部门评测工作业绩、加强社会治安综合治理、反映辖区社会经济发展状况和制定政策措施的重要参考依据。

（杨福江）

【统计服务】 年内，区统计局、调查队围绕区域“全面深度转型　高端绿色发展”战略目标，努力提升统计监测能力。围绕区政府折子工程，加强对地区生产总值、全社会固定资产投资、社会消费品零售额、人均可支配收入等重点发展指标的统计监测，加强与相关部门沟通协调，建立重点指标统计监测平台，加强经济预警监测分析，为区委区政府科学把握经济社会发展形势提供决策依据。全年通过各种公开渠道提供统计数据130余万笔次，定期向区委区政府领导提供主要经济指标完成情况，编印《石景山区经济发展统计月报》11期及《石景山区统计年鉴》(2014)。

（石海平）

【统计年报】 年内，区统计局、调查队深化统计制度改革，以年定报工作为契机服务全区大局。以固定资产投资统计改革试点工作为起点，主动应对统计制度的新变化和新内容，与区经济管理和业务主管部门深化合作，全面贯彻各项统计报表制度，加强对各专业统计数据质量的审核和评估，确保统计数据真实客观反映区域经济社会发展的状况，更好地为政府提供决策依据。为建立健全长效工作机制，对全区规模以上企业、单位部署年定报任务并予以培训，落实责任切实做好年定报组织环节、实施环节和监督环节有关工作。完成年定报统计培训、布置和统计工作。全年召开年报培训会30场，培训单位1200余家，涉及人员3000余人次。

（石海平）

【名录库管理维护】 年内，区统计局、调查队扩大准规模调查范围，实现名录库建设与第三次全国经济普查数据平稳衔接。严格执行“四上”（即规模以上工业企业；有资质的建筑业及全部房地产开发经营企业；限额以上批发和零售业、限额以上住宿和餐饮业；部分规模以上服务业企业）单位审批工作相关规定，全年核查准规模单位1053家；新纳入定期统计单位97家，退出79家。

（石海平）

【投资统计改革试点】 年内，区统计局、调查队根据国家及市局关于开展固定资产投资统计改革试点工作通知精神，制定试点方案，明确相关主要事项，认真开展固定资产投资统计方法制度改革试点前期各项工作。及时组织试填，多种形式开展调研，筛选部分具有代表性的直报单位召开座谈会，选择部分大单位进行实地走访，了解企业接受程度和填报难点，提高投资试点制度执行效率和质量，为投资改革试点工作全面铺开奠定基础。

（刘　欣）

【能源统计监测】 年内，区统计局、调查队根据市局关于《能源、水统计报表制度》具体规定，新增《经销企业能源购进、销售与库存》月报表、《煤炭消费情况》年报表、《分区县居民燃煤户数》调查表等，填报表范围为区域所有法人单位及街道。开展燃煤用户调查，重点调查9个街道所涉及平房居委会和楼房平房混合居委会，掌握全区燃煤户真实情况。开展重点耗能单位统计培训，全区非工业重点耗能单位100家企业参加。

（朱雅超）

【居民生活调查】 年内，区统计局、调查队推进一体化调查基础工作，积极尝试与调查对象建立新型合作关系，变单纯的“我布置、你填报”为“我布置、我服务，你填报、你受益”。建立多层次的访户机制，坚持调查员每月入

户走访长效机制，对调查户的意见和建议进行集中归类，逐项梳理解决，并将解决情况再反馈到调查户。按照职责分工，包户到人的原则，分别入户服务特殊调查对象，以手机和电脑等电子记账户为重点，将年龄较大的记账户、行动不便、电子记账操作有困难的记账户作为重点服务对象，专业骨干入户面对面进行记账培训指导。加强对调查户的回访力度，不定期地对调查户进行电话回访，了解调查户需求。定期为记账户反馈“住户收支与生活状况调查主要数据”，为住户提供分类科学、翔实准确的家庭收支信息资料，使记账户真正实现“为国记账、为己理财”的目的。建立严格细致的考核制度，以提高数据质量为目的，以考核惩罚为促进手段，对于马虎、不认真、审核不细出现的编码错误、单位数量未标注、能源消费未登记、用餐人次漏登或不符、医疗费用未注明几号成员以及有线电视费未记录等项目，按照检查发现的漏登重登笔数，进行汇总考核，力争将错误率降到最低，提高整体调查数据质量。全年完成“城镇居民家庭生活情况日记账调查”“北京市城镇住户粮油消费日记账调查”“北京市城镇居民家庭用水器具情况调查”“城乡低保家庭生活情况日记账调查”“网购用户专项调查”“职工收入监测”六项居民生活调查。

（张清淑）

【统计宣传】 年内，区统计局、调查队牵头制作专题片——《石景山如何打造国家服务业综合试点区》，在北京电视台播出，向全市宣传石景山区改革成果。全年结合全国第三次经济普查、抽样调查、统计改革制度和建立社区工作室等重点工作，累计36篇稿件被《中国信息报》《北京日报》《石景山报》等刊载，编辑出版《经普风采画册》，邀请区有线电视台专业人员编辑《三经普总结宣传片》在全区播放。开展“记好家庭小账，理好国家大账”面向居民群众和记账户的主题宣传活动。全年向市、区两级部门报送信息794篇，比上年增加13.4%，刊登309篇，同比增加40.5%。获年度区委信息工作三项全优单位。全年主动公开信息、数据累计2496条。获上年度北京市统计系统网站运维工作综合考评三等奖。

（李岱丽）

【统计执法】 年内，区统计局、调查队提升依法统计意识，以法律法规为手段保障数据源头质量。以积极推进统计诚信建设，落实严重失信企业信息公示工作为龙头，加大统计执法监督力度，建立健全统计执法检查制度，提升统计执法水平，坚决杜绝并严厉惩处虚报、瞒报、拒报等违法行为，确保源头数据真实可靠。全年完成257家单位执法检查，超额完成7.08%。其中执法122家（其中互查15家、区内107家）、督导检查92家、催报43家。立案单位31家，立案率28.97%，处罚金额10余万元，比上年提高一倍。连续第二年开展专项查询单位，除上年立案单位外，再抽取18家文化创意企业，有针对性地进行指导、纠正。开展对金融业联合执法检查，抽取12家较大企业，涉及保险、典当、贷款和融资4种业态。联合检查同时，完成金融业执法检查调研。

（张雪萌）

国有资产监督管理

概　　述

北京市石景山区国有资产监督管理委员会（简称区国资委），是代表区政府履行国有资产出资人职责，承担国有资产监管职能的政府直属特设机构，监管范围为区政府履行出资人职责企业和授权实行企业化管理事业单位的国有资产，并对区属国家原始出资集体资产指导监管。区属国有经济呈现平稳健康发展态势。截至年末，区属国企资产总额144.85亿元，同比增长26.5%；负债总额79.43亿元，同比增长33.9%；净资产65.42亿元，同比增长18.6%。全年区属国企营业收入累计16.15亿元，同比增长4.3%；实现利润1.56亿元，同比下降29.2%；税收贡献1.67亿元，同比增长51.1%。

地址：石景山区杨庄东街59号今尊大厦10－11层
电话：68880498
邮编：100043

（杨　洁　付　婷）

【推动国企改革】 年内，区国资委有序推动国有企业改革。一是组建石泰基础设施建设投资有限公司，理顺区政府投资项目管理体制，加强项目管理。二是国资公司先后三次增加11亿元注册资本金，建筑公司增加5000万元注册资本金。三是宏润公司出资3000万元入股嘉事堂下属子公司京西医疗器械公司，合作运营京西医药物流项目。四是国资公司代表区政府出资1500万元参与设立移动互联网基金，代表区政府出资1000万元参与设立中融金华（北京）基金管理公司。五是国资委委托石泰公司托管二建公司，以加强二建公司经营管理，提升企业主营业务。六是石泰公司出资50万元成立文化公司，运营五里坨民俗陈列馆。

（张　鹏）

【投融资平台服务】 年内，国资公司成功发行10亿元企业债券；出资2400万元设立北京融科鼎盛投资有限公司，完善互联网金融、高新技术等主导产业链条；向北京服务·新首钢股权投资基金注资5000万元，助推战略性新兴产业发展。

（付　婷）

【国有资产基础管理】 年内，区国资委完成监管和非监管企业、事业单位共计68户（其中监管企、事业单位55户；非监管企业单位13户）的年度国有资产年报统计工作。每月对所监管国有企业报送的财务快报审核、汇总，分析监管企业经营成果、财务状况增减变动情况，做好汇总上报。根据市国资委要求，做好年度产权登记信息汇总。截至年末，纳入产权登记范围企业106户，国有资本209944.3万元，全部为境内企业；正常经营户数94户，国有资本208638.7万元；吊销企业12户，国有资本1305.6万元。其中监管企业86户，非监管企业20户；国有法人出资16亿元；国有绝对控股法人出资5.8亿元；其他出资0.6亿元。

（杨 洁 简耀先）

【完成招商引资指标】 年内，区国资委围绕项目建设抓招商、围绕企业改制抓招商、依托产业及资源优势抓招商、利用区优惠政策抓招商、通过提高良好服务抓招商。利用国有企业资源引进企业3家，均为注册资金100万元以上企业。

（曹 宁）

【国资国企发展规划】 年内，区国资委研究深化区属国资国企改革方案，推动区属国有经济持续健康发展，探索企业分类监管，国资监管向监管资本为主转变，初步形成关于全面深化区属国资国企改革的方案（草案）。开展"十二五"规划实施情况评估，完成区"十二五"国有经济发展规划评估报告和深化区属国有企业改革推动国有经济健康发展监测评估报告。开展区"十三五"时期国有经济发展规划前期准备工作。

（张 鹏）

【国企业绩考核】 年内，区国资委按照《石景山区国有及国有控股企业负责人经营业绩考核办法》，完成区属国有企业负责人上年度经营业绩考核和薪酬核定。10家企业考核指标44项，经考核计算，完成或超目标完成指标33项，占指标总数的75%，未完成指标11项，占指标总数的25%。

（杨 洁）

【加强国资监管】 年内，区国资委加强监督管理。采取五项措施：一是理顺一级监管企业出资人，与工商分局沟通协调，完成二建公司、物资公司、宏润公司3家企业出资人调整事项，分别从无出资人、原物资管理局、原商委，统一变更为国资委，解决长期以来监管人与出资人分离状态。二是完成二建公司原负责人离任审计工作及公司清产核资专项审核。三是修订国有及国有控股企业负责人经营业绩考核暂行办法，引入考核指标目标值与基础薪金水平直接挂钩机制。探索推进国有企业分类考核，重点完成石泰公司和盛景嘉和物业公司分类考核方案。四是加大管理出租经营性房屋力度。下发规范国资委系统国有经营性房屋出租管理的通知，统计系统内50万平方米经营性房屋，摸底履行中的经营性房屋租赁合同1059个，合同总额17亿元。完成系统企业房屋出租政策讲解、业务培训及符合条件出租房屋的合同备案等工作。五是监事会按照"调查研究、反映情况、监督检查、提出建议"工作方针，全面履行《石景山区国有企业监事会暂行办法》，提升监事会工作规范化、制度化水平。

（付 婷）

5月30日，石泰公司成立 （区国资委供稿）

【调研信息】 年内，区国资委完成调研课题19篇。其中1篇调研报告在《首都国资》上发表。全年编发各类信息153篇，被上级采用84篇，其中区政府采用34篇，区委采用29篇，市国资委采用21篇，超额完成区委、区政府及市国资委下达的任务。被评为区委系统年度信息工作先进单位。

（邓智勇 付 婷）

【人口调控】 年内，区国资委制定人口调控工作专项工作方案，成立三个督导组，对各企业治理情况及时跟踪督导，细致摸排、建立台账。截至年末，人口调控第一阶段清理整治地下空间及出租大院35040平方米，清退外来人口2257人。

（付 婷）

【增设小区车位500个】 年内，盛景嘉和物业公司全力开展八角中里、南里老旧小区环境整治。八角南里小区整治后新增车位300余个；五芳园立体停车场改造后新增机械车位近200个。五芳园立体停车场工程被评为"北京市老旧小区停车改造示范工程"。

（付 婷）

【排除隐患】 年内，区国资委系统内开展监督检查3047次，监督检查单位6498家（次），出动检查人员6680人次，发现排除安全隐患154项。城乡结合部专项整治45项，安全隐患整改完成44家，完成率97.8%。

（付 婷）

【信访维稳】 年内，区国资委出台深入开展信访代理制工作的实施意见、信访代理工作考核暂行办法，加强矛盾隐患排查治理。全年系统累计信访接待369人次，承接区领导转办单及网上办理单161件，重大集体访3起。其中主动代理5件，指定代理单11件，共16件。妥善处理五里坨安置房、重聚园哄抢地下室、酒吧街农民工讨薪等群体性事件。

（付 婷）

北京市石景山区国有资产经营公司

【概况】 北京市石景山区国有资产经营公司（简称区国资公司）有20家出资企业，其中全资公司8家，控股及相

对控股公司2家,参股公司10家。主营业务涉及商务金融、现代服务业、电子竞技产业等领域。年内,按照区政府授权,发挥政府唯一对外投资主体的重要作用,履行"五个平台"职能定位:一是推动区域经济和社会发展,实现区委区政府战略意图投资平台;二是以市场方式进行资本运作融资平台;三是持有全部出资或部分出资企业股权管理平台;四是推动国企改革重组、实现国有资本有序进退产业整合平台;五是促进先导产业发展和企业科技创新创业投资平台。全年实现收入总额5095万元,资产总额80亿元,负债总额34亿元,所有者权益46亿元。国资公司、华游竞界公司、银河嘉业公司、石金小贷公司4家纳入考核企业,利润总额2032万元,比上年增长77.93%。

地址:石景山区杨庄东街59号今尊大厦8-9层
电话:68887260
邮编:100043

(徐鑫岩)

【发行企业债券】 年内,区国资公司主动融入区域发展大局,探索构建高端化、特色化融资服务体系。在遵循市场规律基础上,抓住时机,发行7年期10亿元企业债券,促使资本市场为辖区国有企业发展提供更多金融服务和支持。

(徐鑫岩)

【参股中融金华(北京)公司】 年内,区国资公司投资1000万元参股设立中融金华(北京)投资基金管理公司,打造互联网金融服务平台。

(徐鑫岩)

【参股金熙金融信息公司】 年内,区国资公司投资50万元参股设立金熙金融信息服务(北京)有限公司,并研究参与P2P业务、商业保理业务,拓宽中小企业融资渠道,扶持区域互联网金融企业发展。

(徐鑫岩)

【投资设立启润丰泽基金】 年内,区国资公司出资1500万元参与设立北京市移动互联网创业投资基金暨启润丰泽基金,以"基地+金融+服务"模式,构建高端金融服务体系,促进区域经济发展。

(徐鑫岩)

【设立融科鼎盛投资公司】 年内,区国资公司出资2400万元发起设立北京融科鼎盛投资有限公司,完善互联网金融、高新技术等主导产业链条,提升区域竞争软实力。

(徐鑫岩)

【基金运行良好】 年内,区国资公司加大对初创期企业和高新技术企业投资力度,注资5000万元于北京服务·新首钢股权投资基金,助推战略性新兴产业率先发展。

(徐鑫岩)

【投资北京保险产业园】 年内,区国资公司投资10亿元成立北京保险产业园投资控股有限责任公司,服务区域高端金融产业发展。

(徐鑫岩)

【组建石泰基础设施公司】 年内,区国资公司出资3000万元组建北京石泰基础设施投资有限公司,发挥国有企业的基础支撑、公共服务和战略引导作用。

(徐鑫岩)

【银河嘉业拓展业务范围】 年内,银河嘉业公司拓展停车业务,加强停车场安全管理。探索新的运营模式,参与区内旅游体验中心运营,完成莲石湖景区旅游策划方案。

(徐鑫岩)

【石金公司服务中小企业】 年内,北京石金小额贷款股份有限公司利用公司自身资金及融资资金,面向区内微小型企业、科技型中小企业,提供信贷服务和融资新渠道,探索开展专项委托贷款业务,解决企业发展资金不足、融资困难等问题。全年累计发放贷款20655万元,实现净利润1310万元。

(徐鑫岩)

工商行政管理

概　　述

北京市工商行政管理局石景山分局(简称工商分局)主要负责辖区内市场经济主体登记、商标广告监管、经济合同监管、市场竞争监管、打假维权等工作,维护辖区市场经济秩序稳定。分局下设24个部门,其中13个职能科室、5个工商所、5个事业单位、1个执法检查队。有干部职工167人,其中公务员135人,事业单位29人,工勤人员3人。实有市场主体42070户,其中企业26994户,个体工商户15076户。年内,工商分局认真学习贯彻落实党的十八大以来的路线、方针,政策,提升队伍凝聚力和战斗力,努力争优创先,积聚队伍发展正能量。围绕区委区政府中心工作和市工商局重点工作,出台促进区域经济发展相关措施,助推国家级绿色转型发展示范区建设,服务于城市环境治理工作,加快区域经济结构调整,促进主导产业发展。创新维权机制,完善消费维权网络体系建设,提升消费维权效能。区消协获"2012-2013年度全国消协组织消费纠纷处理先进集体"称号、获"全国新《消费者权益保护法》知识大奖赛"优秀组织奖。八角工商所被共青团中央、国家工商总局授予全国"青少年维权岗"称号。

地址:石景山区实兴大街64号
电话:88791318
邮编:100041

(赵林平)

【首家商业保理落户】 1月23日,全市首家商业保理公司——北京农投商业保理有限公司落户辖区。该公司投资人为市政府出资授权的首创集团组建的创新型农业投融资平台——北京市农业投资有限公司,注册资本2亿元人民币。主营业务是为企业提供贸易融资、销售分账户管理、客户资信调查与评估、应收账管理、信用风险担保等业务。

(赵林平)

【新消法宣传进军营】 2月28日,工商分局、区消协会同北京军区联勤部开展"新消法、新权益、新责任"为主题的新《消费者权益保护法》宣传活动。制作新消法解读展板20张,向官兵和军人家属宣讲新消法亮点,发放宣传材料1000余份。邀请区烟草专卖局及稻香村食品有限公司、岳岩矿泉水公司等企业参与活动，介绍消费知识。

（赵林平）

【助力区域经济发展】 自3月1日起，随着注册资本登记制度改革的实施，市场活力被激发，工商分局登记注册业务量屡创新高。受理岗日均受理190件，咨询岗日均接待现场咨询100人次，电话咨询日均70人次，较制度改革实施前业务量上涨100%。为保障登记服务窗口接待能力，登记科采取一系列措施。及时启动应急预案，延长服务时间。早中晚全天无休服务，早间提前到岗开展服务，午间分批次吃饭，午休时间无间断受理；晚间加班受理，直到最后一位申请人满意为止；后台随时待命，由核准岗、领导岗支援窗口受理岗，保障接待能力；周末加班，全力审核名称登记申请，节省申请人的等待时间。设置贴心自助服务区，让申请人满意舒心。在已有的手机加油站、饮水机、电视机、免费Wi-Fi基础上，更新自助上网电脑2台、打印复印一体机1台，同时满足申请人上传、下载、修改、打印、复印相关登记材料，切实便利申请人，提升材料受理当日办结的概率。确保市场准入服务的有序开展，率先在全市开展“三个工作日”发照承诺，一切以便利申请人为原则，展现高品质、高效率的工商服务形象。同时积极探索“全流程网上登记注册”，提高登记注册工作精细化水平，为申请人提供足不出户的办照便利。8月，登记注册大厅推出企业注册登记网上预约办理制度。上半年，全区工商登记受理企业11880户，同比增长38.83%，核准企业6430户，同比增加2217户，增长52.62%。

（赵林平）

【消费维权进校园】 3月7日，工商分局在区教委礼堂，举办第十二届“物美杯”青少年维权知识竞赛。活动由工商分局、区消协、区教委、物美集团共同组织。辖区8个中学代表队参加初赛，4支代表队进入决赛，最终蓝天二中获竞赛冠军。该竞赛是以维护青少年合法权益为主题的校园教育活动。

（赵林平）

【殡葬用品市场监管】 清明节期间，近40万群众到八宝山革命公墓、人民公墓、福田公墓、老山骨灰堂扫墓。工商分局采取五项措施做好应对：一是提前介入公墓周边花卉摊位选点工作，根据往年车辆和人流密集度和公墓周边状况，控制摊位数量，合理设置摊位。二是掌握经营者基本信息，与相应经营场地进行核对，将姓名、照片、经营地址、联系电话等详细备案。三是鲜花销售实现“四个统一”（统一经营服装，统一佩戴胸牌，统一明码标价，统一签署承诺书），引导经营者自律。四是采取清明服务日“一日两巡”，高峰日执法人员全程值守方式，及时规范经营行为并受理消费者投诉。五是与公安分局、区民政局、区城管执法局等部门开展联勤联动，确保清明节祭扫用品市场平稳有序。

（赵林平）

【工商开放日】 4月25日，工商分局举办年度第一次工商开放日活动，开放日以“落实注册资本登记制度改革要求，优化服务方式提升服务效能，营造首都良好经营环境”为主题。邀请参与人员参观登记注册服务大厅，由注册科负责人介绍分局落实注册资本登记制度改革工作情况以及下一步工作计划，并召开座谈会。10月28日，举办以“企业年度报告与企业信用管理工作”为主题的第二次工商开放日活动。分局详细讲解企业信息公示制度和落实情况，对《企业信息公示暂行条例》等5部相关法规结合PPT演示进行详细讲解，解答各位代表针对信息公示提出的具体问题。区人大代表、政协委员、特约工商监督员、企业代表约30人参加活动。

（赵林平）

【宣传《商标法》】 4月26日始，工商分局结合“4·26”国际知识产权日，历时一个月，采取多种形式做好商标保护宣传工作。利用分局二级平台，编印商标法律宣传手册供企业随时领取，制作图文并茂的“易拉宝”置于登记大厅，宣传新《商标法》新增条款。深入当代商城、金鼎建材市场、社区工商工作站，宣讲新法规，使企业和居民了解《商标法》更新内容。对辖区的首钢、冲击波等驰名商标企业发放行政指导提示单，告知“驰名商标”使用事项。科所队联动与商标权利人一起对建材市场的油漆、腻子粉、龙骨等商品商标进行检查。

（赵林平）

【综合调度指挥体系】 5月13日，工商分局综合调度指挥体系建成运行。体系以完善组织支撑，强化制度保障，创新信息化载体为总体思路。依托“一个机构、一套制度、一个系统”，构

6月5日，开展市场专项检查 （工商分局供稿）

建促进全局工作统筹管理综合调度指挥体系。“三举措”促进体系运行：一是成立调度指挥中心实体机构，该机构设在办公室，由分局局长办公会直接领导。二是制定一整套工作规程作为调度指挥体系运行制度。规程包括6个章节9条细则。明确分局涉及多部门工作任务全部纳入平台统一管理，细化任务整合、分解、审核、分派、接收、办理和督查等流程规范；量化公开折子工程等重点工作任务进度指标；集中公示问题反馈和业务指导；协调解决工作争议事项；规范会议和发文管理；优化突发事件应急处置机制。三是设计开发调度指挥平台管理软件系统。成立系统开发领导小组，全程参与调度指挥体系需求采集、基础搭建、数据汇总、制度建立、问题反馈、测试运行等过程。该系统为市工商系统首个调度指挥系统。

（赵林平）

【首个人调办成立】 5月23日，工商分局首个基层人民调解办公室在古城工商所成立。分局与区司法局合作，在充分发挥人民调解委员会作用基础上，按照延伸“消费争议不出社区、不出经营店铺”原则，辖区古城工商所与古城司法所依托人民调解委员会，联合成立古城地区消费纠纷人民调解办公室。由工商所、司法所干部以及义务人民调解员共同组成人民调解委员会，办公室设在工商所内。

（赵林平）

【房地产经纪机构整治】 6月12日，工商分局启动“强基固本重防控，落实责任保平安”集中行政指导活动，全区280家房地产经纪机构参加。检查房地产经纪主体275户，开展行政指导63户次，清理自设性户外广告17块，清理张贴门窗房源信息广告40张，清理宣传推广房地产经纪服务违法违规印刷品广告7条。

（赵林平）

【商标专项整治】 7月10日，工商分局对辖区万达百货、星座商厦、沃尔玛超市、物美集团、当代鼎城商场5家“无假冒商标示范单位”进行为期一周检查，重点检查上述企业纪念品、毛绒玩具、服装、鞋帽、文具等青奥会期间易产生侵权行为的旺销商品，以及商品商标授权资料是否完备，商标管理制度是否建立执行等情况。经查，商家进货渠道把关严格，商户经营资质、商标注册证、商标授权材料留存完备，商标管理制度完善。

（赵林平）

【金融产业监督】 7月11日，工商分局与区金融办举行“关于构建石景山区现代金融产业服务监督机制协作书”签订仪式，构建金融产业监督机制。与区金融办加强职能协作，共同制定建立现代金融产业服务监督机制的工作意见。建立联席会制度、临时会议制度和联系人机制，搭建信息查询和交流平台；共同做好全区现代金融企业服务和指导，提升金融企业市场准入服务效能；共同加强金融企业风险防控，提高对市场秩序控制力，增强现代金融产业服务监督工作成效。

（赵林平）

【免费邮寄执照】 8月11日起，工商分局推出登记注册服务微创新举措——为企业免费提供邮寄执照上门服务。申请人只需在分局二级登记平台向受理人员提出“邮寄营业执照”需求，并且规范填写“北京同城速递业务详情单”，营业执照就会在规定时间安全送达，不需企业承担任何费用，有效降低企业办事成本。

（赵林平）

【听证会注入高科技】 8月29日，工商分局首次启用高科技听证室召开案审会。办案人员直接使用电脑登录行政执法案件管理系统，通过高清显示屏向案审会委员们展示案件证据（图文）信息、相关文书，可查看案件全部办理过程。针对案审会委员提问，办案人员可直观清晰地展示现场证据并进行答辩。

（赵林平）

【规范促销行为】 11月11日，一年一度的“双十一”是网上商店的促销活动日，网上各大商店搞促销来冲击年底的销售额。工商分局规范“双十一”促销行为，倡导理性消费。加大网上巡查力度和广告监测力度，严查虚构原价，虚假优惠打折等不正当促销手段。根据“双十一”期间的投诉举报分析，有针对性地对存在问题的网络商家进行走访，要求确保商品质量过关，避免出现超卖现象，协助企业完善投诉调解内部机制。聘请中国政法大学《消费者权益保护法》专家，开展电商企业培训，提高依法经营意识，学习互联网销售知识。通过微博、有线电视、工商宣传栏等多种途径倡导消费者理性消费。提示选择信誉好的网店，保护交易账号安全，收货时尽量当面清点核对货物等问题。

（赵林平）

【无证无照治理】 11月24日，工商分局开展无证无照经营专项治理行动。一是对餐饮、足疗、美容美发、工程装饰、建筑销售等重点行业开展违法经营线索摸排，奠定工作基础；二是发挥区无证无照经营行为治理工作领导小组办公室职能，牵头组织各街道办事处、公安分局、区城管执法局、区食药监局等职能部门开展波次整治、不定时错峰执法，形成常态化打击无证无照的高压态势；三是分局法制部门参与一线整治行动，提供法律指导与保障，完善案件（线索）移转机制，保证执法工作不越位、不缺位；四是区有线电视台进行全程跟踪报道，提升对无证无照违法经营行为的震慑力。年内，牵头开展交通秩序、食品安全、空气清洁等多个领域的无照经营波次整治，减少无证无照存量。全年出动执法人员1195人次，检查主体2021户，取缔各类无证无照经营户193户，销账率达到25.13%，市级两个挂账地区无照经营行为得到有效治理。

（赵林平）

【企业登记情况】 工商分局全年登记私营企业17924户，同比增长8.89%。其中有限责任公司16187户，同比增长8.82%；个人独资企业1439户，同比增长7.71%；合伙企业294户，同比增长17.13%。私营企业注册资本实有4288198万元，同比增长12.48%。年内，新设内资企业271户。其中国有企业5户，集体企业0户，股份合作企业40户，公司制企业226户，其他类企业 0 户。与去年同期相比，增长 -10.56%。截至年末，辖区有内资企业 3638 户，同比增长 0.47%；企业注册资本 2761652 万元；同比增长 28.56%。

（赵林平）

【涉农企业监管】 年内，工商分局针对农资产品繁多，类别复杂，质量难辨，季节性强等特点，对辖区涉农企业实施监管。筛选出辖区 29 家经销“种子”企业，指导其在经营地址、通讯方式、基础信息等各方面年报公示。妥善处理农资市场投诉举报，对相关被投诉企业重点监管，强化质量检测，加大执法力度。加强与区集体经济办、农村工作委员会等涉农部门联系，形成为农资企业服务、解决涉农问题的横向联系，保证农民消费者合法权益。

（赵林平）

【规范防雾霾用品市场】 年内，工商分局采取措施，规范防雾霾用品市场。检查辖区苏宁、大中、沃尔玛、家乐福、物美等 10 余家经营主体所售空气净化器，逐一查验亚都、三星、夏普等 12 个品牌商品进货台账，查看店内广告及商品宣传册内容，杜绝夸大宣传现象。拓宽监管领域，加大电子商务网站净化器宣传广告隐患排查力度，主要涉及远大、奥斯汀、豪斯威尔 3 个品牌，未发现虚假宣传违法行为。利用网络、报刊、工商工作站等媒介，发布消费警示，宣传净化器、口罩等防雾霾用品选购常识，引导消费者理性购买。

（赵林平）

【青少年维权】 年内，八角工商所针对辖区内大、中、小学校较多特点，深入学校开展宣传教育，落实监管责任净化校园周边环境，维护青少年权益。一是扎实基础数据，建立校园周边经营主体台账。对校园周边从事文具、玩具、小食杂店和娱乐场所经营者进行重点检查，做到情况清底数明。二是创新宣传载体，建立校园消费知识讲堂。针对不同年龄层学生分别采取宣传册发放、举办知识竞赛、消费维权小故事讲解等宣传活动，增强青少年消费维权意识；三是强化履职监管，建立校园周边环境整治长效机制。加大对校园周边环境监督检查，与辖区公安分局、区文化委、区城管执法局等部门形成联合执法机制，定期组织检查学校周边 200 米内经营者，维护校园周边经营秩序。四是注重社会参与，共建和谐社会。结合两送活动，对校园周边与学生消费相关经营主体进行法制宣传教育，提高经营户对共同维护中小学生身心健康的责任意识，正确处理营利与社会责任、经营道德的关系。

（赵林平）

质量技术监督

概　　述

北京市石景山区质量技术监督局（简称区质监局）隶属北京市质量技术监督局，编制有办公室、法制科、产品质量监督管理科、标准化科、计量监督科、特种设备安全监察科、纪检监察科 7 个内设机构。另有稽查队、组织机构代码管理中心、计量检测所（产品质量监督检验所）、特种设备检测所 4 个直属机构。主要职责是负责区内工业产品监督管理，组织实施标准计量工作，承担特种设备安全监察责任。年内，区质监局认真落实区委、区政府和市局的部署要求，以“能力提升”为抓手，以习近平总书记视察北京重要讲话精神为统领，抓住机遇，真抓实干，发挥质监部门在城市管理中的重要作用，集中力量服务区域经济发展和战略转型，年初部署的各项工作均已完成。全年执法 610 起，立案 23 件，结案 22 件，处罚 14.6 万元，无行政复议、行政诉讼案件。受理投诉举报 142 起，处理业务咨询 152 件，全部按时回复。区代码中心被北京市组织机构代码管理中心评为年度“代码工作目标管理考核优秀集体”。

地址：石景山区杨庄东路 73 号
电话：88921698
投诉电话：68827817
邮编：100043

（杨宗耀）

【烟花爆竹专项检查】 春节前夕，区质监局进行烟花爆竹专项监督检查。执法人员巡查辖区 33 家烟花爆竹销售点，查验烟花爆竹标识标注，逐一发放烟花爆竹销售单位（网点）告知书，向商户宣传北京市相关地方标准，严防不符合标准的烟花爆竹销售。检查出动执法人员 104 人（次），发放告知书 33 份。

（杨宗耀）

【治煤防霾】 年内，区质监局开展“减煤换煤，清洁空气”活动。2 月底，依照市局煤炭抽样要求，对区内煤炭使用单位进行抽样，共抽取 3 家单位低硫散煤样品 3 个，经质检站检测合格。3 月，对 5 家全煤炭使用单位、4 家供暖单位进行执法检查，保障所用煤炭符合北京市地方标准 DB11/097 - 2013《低硫散煤及制品》要求，通过抽样检测等科学手段监控煤炭质量。运用市场机制，开展减煤换煤工作。通过招标，辖区 3 家供煤单位中标，负责配送 9 个街道（鲁谷社区）。制定优质燃煤替代工作运营管理办法、平房住户取暖烟煤炉具更换实施办法等工作方案，采取系列措施，保障减少煤炭污染。强化 APEC 前夕煤炭监管，对辖区煤炭使用单位，重点检查供煤商资质、库存煤炭检验报告和进货台账等重要信息，确保供应煤炭质量，减少雾霾。

（杨宗耀）

【营造安全购物环境】 3 月 14 日，区质监局组织质监人员对北京沃尔玛百货有限公司山姆会员店开展综合检查活动。检查内容主要包括超市用自动人行道等特种设备是否注册登记、定期检验，是否张贴安全检验合格标志，各项安全管理制度是否有效执行；商品净含量标注是否规范，是否使用法定计量单位，计量器具是否定期检定且在有效期内等方面。年内，广泛开展安全检查活动，保证消费者安全购物、放心消费。

（杨宗耀）

【质量发展实施行动】 3 月，区政府发布区贯彻落实质量发展纲要实施意见 2014 年行动计划。该文件由区质监局起草，围绕地区“全面深度转型 高端绿色发展”和“四区”建设，突出年度区

4月5日,血压计免费检测 (区质监局供稿)

质量安全工作重点。内容涉及质量安全监管、环境质量改善、质量发展市场机制、质量升级的配套措施以及质量治理体系和能力建设等五个方面19项工作任务。

(杨宗耀)

【手机产品监督抽查】 3月,区质监局联合国家无线电监测检测中心抽查辖区强制性认证产品(3C)手机。抽查重点检测项目为:静电放电测试、基本功能测试、电池充电器标识和说明、传导连续骚扰、辐射杂散、辐射连续骚扰。抽查苏宁电器、国美电器、大中电器、中复电讯等手机卖场共20家企业生产的20个型号手机产品。抽取品牌为:三星、HTC、索尼、美图、酷比、诺基亚、天宇、中兴、联想、华为、步步高、酷派、金立、诺亚信、奥克斯、朵唯、波导、飞利浦、先锋、神舟。9月22日,鉴定结果为3款手机不合格。

(杨宗耀)

【地铁6号线西延配料秤校准】 4月3日,区计量检测所对北京建工集团有限责任公司地铁6号线西延工程西黄村站至廖公庄站区间1号井、4号井的2套搅拌机组的4台电子配料秤进行现场校准。检测人员严格按照程序校准,对计量偏差责成衡器制造单位技术人员及时调试,确保项目开工前衡器称量数值准确可靠。

(杨宗耀)

【加油机计量检查】 5月8日,质监人员依据国家计量检定规程,对区域内中石化、中石油以及民营企业加油站的在用燃油加油机展开全面计量检查。合格的燃油加油机在每条加油枪明显位置粘贴北京市统一印制的强制检定合格标识、标识上标注有效期,便于消费者监督查看。

(杨宗耀)

【定量包装净含量检查】 7月下旬,区质监局开展定量包装商品净含量专项监督检查。主要以辖区内生产化妆品和饮用水定量包装生产企业为重点。对北京百根康诺生物技术有限公司生产的40克包装芦荟凝胶、6克包装肤乐宝凝霜和北京奥陶矿泉饮料有限公司生产的18.9升桶装天然矿泉水、11.3升桶装纯天然矿泉水、330毫升瓶装天然矿泉水5个产品监督抽查,检测结果100%合格。

(杨宗耀)

【眼镜制配企业检查】 暑假期间,区质监局开展眼镜制配企业计量监督检查。重点检查企业在用电脑验光仪、焦度计、验光镜片组等计量器具是否经过检定、合格证是否在有效期内等重点环节。共检查眼镜制配企业10家,检查在用计量器具32台件,合格率100%,受检率100%。

(杨宗耀)

【商品条码监督检查】 8月28日,区质监局开展商品条码监督检查。执法人员重点检查商场、超市销售的与人民群众生活密切相关的乳制品、化妆品、儿童用品、家用电器、文体用品等商品。检查企业6家,检查商品条码265件。发现2家企业销售的4件商品条码涉嫌未经核准注册或不符合国家标准,执法人员依据《商品条码管理办法》对其予以立案查处。

(杨宗耀)

【计量器具周期检定】 8月,区计量检测所对全区15个集贸市场在用计量器具进行周期检定,共检定强检计量器具741台(件),合格727台(件),不合格14台(件),合格率为98%。

(杨宗耀)

【清洁空气专项执法】 9月中旬,区质监局摸底排查辖区车用汽油清净剂、车用氮氧化物还原剂、成品油生产企业以及煤炭销售企业,抽查煤炭使用单位或个人煤炭质量。共检查企业和个人56家,出动执法人员112人(次)。检查内容包括企业生产的产品是否属于清洁空气行动中监管产品,对辖区平房户更换优质煤炭过程中对煤炭质量进行监督抽查。检查中未发现生产车用汽油清净剂、车用氮氧化物还原剂和成品油生产企业以及煤炭销售企业。立案处罚1起煤炭监督抽样结果不合格单位。

(杨宗耀)

【机动车检测场评级】 9月22日,由市质监局组织的专家组对石景山区机动车检测场进行审查评级。专家组分别对检测场的检验资质、管理制度、环境设施、设备运行、执行标准、投诉处理等进行现场考评检查。对考评中发现的场地标识等不合格项,要求按期整改完毕。评定结果为B级。

(杨宗耀)

【市假日旅游领导小组督查】 9月23日,市假日旅游领导小组督查辖区国庆假日旅游安全工作。督查组听取区国庆假日旅游工作情况介绍及八大处文化景区安全生产汇报后,检查索道、滑道等特种设备安全管理制度、运行记录、特种设备作业人员资质等。向石景山区反馈督查结果:要求各相关单位加强操作人员培训管理，加强应急演练，认真开展安全检查，做好应急值守，确保假日安全。区人大、区质监局、区旅游委、消防支队、交通支队等部门相关人员参加督查。

（杨宗耀）

【质量安全管理培训】 9月26日，区质监局联合区综治办举办质量安全知识培训会。各街道、鲁谷社区以及所有居委会相关负责人共160人参加培训。会议围绕区政府通知、市政府关于贯彻落实《计量发展规划（2013－2020年）》的实施意见，介绍辖区企业质量发展总体状况。结合“二大安全、三项基础”讲述产品质量安全、特种设备安全、标准化体系、民生计量、组织机构代码等内容。

（杨宗耀）

【实验室资质认定】 9月，区质监局检查全区21家检验检测机构实验室资质。检查针对实验室组织管理、资质体系、环境和仪器设备、人员管理、检测管理等五个重点环节及是否存在违法违规行为，是否持续符合法定条件，管理体系是否在有效运行。检查未发现明显突出问题，但有个别实验室存在原始记录填写不规范、法定计量单位使用不正确等问题，执法人员责令其限期整改。

（杨宗耀）

【发放标准补助资金】 年内，区质监局落实市政府《首都标准化战略纲要》精神，鼓励辖区企事业单位贯彻执行标准化法律法规，根据《关于申报2014年北京市技术标准制修订补助项目的通知》精神，主动帮助落实战略纲要工作扎实单位，申报技术标准制修订补助资金。经过申报受理、核实审查，受理辖区包括首钢总公司在内的4家单位，申报的4项国标、1项行标。10月13日，市质监局公布补助项目名单，有3家企业的3项国标通过市质监局终审委员会审议，获得相应补助资金。

（杨宗耀）

【APEC特种设备保障】 10月15日，区质监局组织召开区APEC特种设备保障工作会，辖区内地铁、商场超市、公园、游乐场、气瓶充装单位、市燃气集团和供热单位等60余家特种设备生产、使用单位参加。会议要求各使用单位认真落实安全主体责任，遵守法律法规相关规定，制定特种设备服务保障工作方案和应急预案，加强特种设备人员管理，全面排查、消除隐患，APEC会议期间加强特种设备巡查和维护保养，保证在用设备依法登记，检验合格。

（杨宗耀）

【加油机强制检定】 11月底，区计量检测所完成下半年全区加油站燃油加油机周期检定工作。共检定17家加油站在用燃油加油机（加油枪）276台，合格276台，合格率为100%。检定结果显示，燃油加油机误差均在±0.3%范围内，燃油加油机流量计、传感器、电脑主板铅封均完好无损，在用燃油加油机全部符合国家计量检定规程标准。

（杨宗耀）

【出租车计价器整治】 11月，区质监局专项执法检查辖区出租汽车企业和个体出租汽车经营者。重点检查计价器的检定、台账建立等情况。经查，全区5家出租汽车企业和300余辆个体出租汽车经营者大多建立并执行相关管理制度，个别企业和个体经营者计价器超期未检，执法人员对相关企业、个人进行计量法律法规宣传，并责令计价器超期未检的37辆车停止营运，检定合格后再营运。

（杨宗耀）

【服装生产企业排查】 年内，区质监局依照相关信息系统数据，核实辖区33家服装生产企业。经查，在辖区注册并生产企业6家，在辖区记录外地生产企业8家，已不生产服装企业9家，注销1家，无法联系9家。信息更新至“北京市产品质量监督信息系统”检查在生产6家企业，重点检查企业原辅材料进货验收、生产加工、标识标注、出厂检验等环节产品质量情况。按照相关国家标准对服装吊牌、标识和标注产品安全类别进行检查，未发现违法违规行为。

（杨宗耀）

安全生产监督管理

概　述

北京市石景山区安全生产监督管理局（简称区安监局）是行使安全生产综合监督管理的政府职能部门，内设1室7科2队（办公室、综合科、监管科、职安科、事故科、检查科、监察科、应急科、执法一队、执法二队），共计35人编制。年内，区安监局围绕“全面深度转型　高端绿色发展”战略和构建高端的社会治理体系，以隐患排查治理体系建设和安全生产“四化”（法制化、标准化、信息化和社会化）建设为抓手，坚持“安全第一、预防为主、综合治理”方针，不断强化安全生产“红线意识”。分别制定地区安全生产“法制化、标准化、信息化和社会化”三年行动方案，推进安全生产“四化”进程。狠抓隐患排查治理体系建设。研究制定实施办法，修订完善《石景山区安全生产委员会成员单位安全生产工作职责》；扎实开展企业安全生产条件普查。建立完善企业安全生产条件数据库，提升安全生产精细化管理水平；深入开展执法检查，各环节组织周密、措施到位、推进有力。在城乡结合部、危险化学品、建筑施工、有限空间、人员密集场所等重点行业领域加大监管监察力度，及时排查整改隐患，对发生问题的单位和责任人实施“零容忍”；抓好专职安全员队伍建设，充实基层安全监管执法检查力量；深化宣传教育培训，实现安全生产宣传教育经常化、长期化，不断增强全社会安全发展意识，为地区经济社会发展营造良好安全稳定环境。

地址：石景山区石景山路18号
电话：88699523
邮编：100043

（王树伟）

【城乡结合部整治】 自上年12月至当年9月，区安委会在全区集中组织开展城乡结合部地区安全生产专项整治工作。整治范围主要包括：辖区与丰台区、海淀区和门头沟区相临区域；

街道与街道临界区域;首钢功能区周边区域;中关村石景山园区和古城企业孵化基地及周边区域;"城中村""厂中村"和流动人口聚居等环境复杂区域。整治重点是非法生产、非法经营和非法储存生产经营单位。主要包括:各类商品批发零售市场、工业大院、"五小企业"(小化工、小木器、小服装、小加工、小作坊)、"六小场所"(小歌厅、小餐饮、小网吧、小洗浴、小旅馆、小市场)、仓储场所、再生资源回收站点及"三合一""多合一"生产经营场所。整治内容主要包括:存在无工商执照或相关证照不全的;在违法建筑内从事生产、储存、经营活动的;停产、停业整顿验收仍不合格或整改未验收,擅自恢复生产经营的;存在重大安全隐患,且无法整改的;不具备安全生产基本条件的非法、违法行为生产经营单位。专项整治采取领导带队重点查、行业部门牵头联合查、区安办督导查等形式,对各类商品批发零售市场、"五小企业""六小场所"、再生资源回收站点及"三合一""多合一"生产经营场所重点排查。区安办组成3个督查组,进行全面督导检查。全区上账隐患270家,已销账270家,整改率100%。检查单位11615家次,整治非法违法、治理纠正违规违章安全生产行为11567起,行政处理4人,清退从业人员1860人,处罚金额147.2万元。

(王树伟)

【安全生产大检查】 1月23日上午,区领导分4路进行节前安全生产检查。夏林茂一行实地检查星座商厦、华联商厦的安全生产落实情况、消防安全落实情况和食品安全落实情况。吴克瑞到当代商城和沃尔玛石景山店,对安全生产、消防安全、食品安全等方面工作进行检查。文献带队到新五星农副产品市场、天圣发百货批发市场和沃尔玛超市3家单位,对安全生产及节日市场供应情况进行督导检查。高重瞳带队到北京天山新材料技术股份有限公司、北京东标电气股份有限公司等区内重点企业,检查生产经营和安全责任制落实情况。全国"两会"、安全生产月期间,区四套班子23位区领导带领相关行业部门,全面开展安全生产大检查,督促指导相关单位做好安全生产工作,整改一批隐患。在日常执法检查中,区安监局共检查各类生产经营单位865家,查处并整改各类隐患768处;行政处罚37家,罚款29.1万元;通过12350举报电话,及时处置32件群众投诉举报安全隐患,办结率100%。

(王树伟)

【烟花爆竹监管】 1月,区安监局严把烟花爆竹零售网点行政许可关,加大资金投入,在所有网点安装音、视频监控,督促商户缴纳保证金和购买安全责任险,加大安全系数。烟花爆竹安全管理工作率先实现三个统一:一是率先进行烟花爆竹销售许可证照联合审批和统一颁发;二是率先统一在所有零售网点安装监控设备;三是率先规范烟花公司配货程序,要求烟花公司在所有零售网点领取许可证照后统一启动配货程序。2月,采取"部门联合、区街联动、人技联防、加大宣传"方式抓好各个环节安全监管。联合公安分局、工商分局、消防支队以及各街道重点监管除夕、初五、十五重点时段。期间,全区安全监管系统出动执法检查人员1528人次,车辆180余台次,检查生产经营单位730余家次,发现各类问题隐患50项,下达责令整改执法文书30多份。

(王树伟)

【暗访夜查行动】 1月,区安监局联合各街道及区商务委、文委、消防等部门开展安全生产暗访夜查专项行动。重点检查城乡结合部地区各类生产经营单位、烟花爆竹批发及零售网点、"五小企业"和"六小场所",并明确生产经营单位许可范围与实际条件是否相符;安全生产管理制度建立和落实情况;安全标识的设置情况;消防器材设置和配备情况;安全生产教育培训情况;劳动防护用品配备和使用情况;特种作业人员持证上岗及值守情况;各种安全生产设施设备的运行情况;应急值守及应急演练情况等九项重点检查内容。出动执法人员36人次,车辆15台次,共检查生产经营单位68家次,发现并整改各类安全隐患21处,下达责令限期整改指令书16份。其中,行政处罚4家,并对1家存在较大安全隐患的企业实施暂停营业的处罚。

(王树伟)

【强化"红线意识"】 2月20日,以区政府名义制定并下发安全生产"一岗双责"暂行规定的通知(石政发〔2014〕4号),对安全生产"一岗双责""管行业必须管安全、管业务必须管安全、管生产经营必须管安全"等"三个必须"进行再强调、再部署、再落实,进一步健全和完善安全生产责任体系,落实各级领导在履行岗位业务工作职责的同时,履行安全生产监督管理职责。增强区安委会各成员单位的红线意识、责任意识。区安委会先后组织召开安全生产"千人"工作大会和年度安全生产工作会,对年度安全生产工作进行安排部署,与区安委会成员单位逐一签订安全生产责任书,进一步落实安全生产主管部门监管责任和生产经营单位的主体责任。区委、区政府坚持安全生产例会制度,每季度专题听取安全生产工作汇报,研究解决安全生产中存在的问题。区安委会多次组织区安委会成员单位学习习总书记关于"发展决不能以牺牲人的生命为代价,这必须作为一条不可逾越的红线"等一系列指示精神。区安委会制定并下发安全生产综合考核实施方案,对29个重点行业部门和9个街道办事处(鲁谷社区)加大日常考核和年终考核力度,进一步推动行业监管、综合监管、属地监管责任的落实。根据区委区政府《关于建立城市综合管理体系提升社会治理水平的意见》精神,结合安全生产实际,积极推动安全监管工作下沉。

(王树伟)

【获评市级先进单位】 3月,经市安委会综合考核,石景山区获2013年全市安全生产先进单位,这是本区连续5年被北京市评为安全生产先进单位。全区坚持"安全第一、预防为主、综合治理"方针,以基层基础工作为立足点,加大监管监察力度,加强安全隐患排查治理,强化安全生产宣传、教育、培训工作,集中开展安全生产大检查,扎实推进城乡结合部地区安全生产专项治理等重点工作。各类安全生产事故得到有效控制,切实维护人民群众生命财产安全,确保全区安全生产形势的平稳发展。上年共检查生产经营单位13616家,发现并整改隐患17088项,责令停产、停业、停止建设224家,关闭非法违法企业268家,罚款254.15万元。烟花爆竹、有限空间、危险化学品等高危行业实现“零亡人”,全区连续5年未突破安全生产亡人指标,连续5年超额完成执法检查任务。

(王树伟)

【街道专职安全员队伍】 4月,区安监局根据市政府相关文件要求和区领导指示,对全区各街道安全监管力量进行调研,在广泛听取意见建议的基础上,起草街道安全生产专职安全员队伍建设方案(讨论稿)。做好综合协调工作,各街道(鲁谷社区)提前谋划招人条件、组织报名、面试、办公、管理等相关工作;相关部门积极配合,稳妥做好队伍建设工作。8月初,结合城市综合管理体系建设试点实际,采取招聘社区工作者模式,参照市招聘条件,明确区社会办牵头,安监局配合,制定并发布招聘方案及公告。9月,面向社会公开招聘街道安全生产社区工作者,招聘工作坚持“公开、平等、竞争、择优”的原则和德才兼备的用人标准,按照报名、笔试、面试、政审、体检、公示等程序进行。共有330人参加笔试,215人进入面试,公示合格人员144名。12月1~15日,区安监局组织144名新招聘的安全社工进行岗前培训。下年元月1日正式持证上岗。

(王树伟)

【职业卫生监督执法】 5~10月,区安监局根据市局关于开展“工作场所职业卫生监督执法年”活动通知要求,开展工作场所职业卫生监督执法活动。重点以木质家具、汽修、加油站等用人单位为重点开展检查。通过检查,企业职业卫生管理、工程防护、个体防护、健康监护等多方面职业卫生水平提升。

(李美娟)

【安全月“咨询日”活动】 6月16日,区安委会首次尝试“政府主导、企业承办”的“安全生产月”咨询日大型宣传活动。在京能热电厂设立安全月咨询日宣传主会场,在各街道设立宣传“一条街”,同时开展集中宣传教育活动。活动由区政府主办、广宁街道办事处协办、京能热电厂承办,区安监局、区旅游委、区商务委、区文化委、区民防局、消防支队、交通支队等26个相关行业部门和首钢总公司、中铁建设北重等9家驻区大企业参加。活动内容包括行业部门对相关政策法规宣传咨询,广宁街道秧歌表演,消防支队消防器械演示,京能热电厂组织的初期火灾现场扑救、液化气罐着火和油锅着火扑救等。企业职工、市民1000余人参加主会场活动,近万人参加各街道办事处“咨询日一条街”活动,悬挂横幅200余幅,LED显示屏滚动宣传16块,发放各类宣传材料3万余份。

(王树伟)

【安全生产月活动】 6月,区安委会组织开展第十三个“安全生产月”活动。以“强化红线意识、落实主体责任”为主题,分四个阶段开展政策咨询、知识竞赛、隐患排查、专项执法、应急演练等活动,根据活动方案总体安排,开展安全生产“大宣讲”活动、家庭安全知识大赛、安全社区创建、“青年安全示范岗”创建活动、安全生产事故警示教育活动、安全生产应急演练活动、安全生产社会化宣传等系列活动。期间,区安办组织区处两级中心组360余人参加安全生产“大宣讲”活动。62家成员单位召开近百次各种动员部署会议,参加活动人员近8万余人,参与活动的单位千余家。张贴各种宣传画近2万张,悬挂横幅、标语等3000余幅,利用沿街LED大型广告宣传42处,发放各种宣传材料100万余份。设置专栏、板报等宣传园地近1000余个,设置专题(栏)50余块。发行内部刊物16个。开展安全生产执法检查560余家,查出并整改各类安全生产隐患(问题)近2000个(项),开展安全生产应急演练近58次;举办各类安全生产培训48次,安全生产培训受众人员3万余人。

(王树伟)

【涉危企业安全监管】 9月1~3日,区安监局在首钢技校举办全区危险化学品企业负责人和安全管理人员安全管理知识培训班。对涉及危险化学品安全管理法律法规、危险化学品安全经营管理、化学品危险性鉴别与分类、防火防爆防恐、申办危险化学品经营许可证等方面的知识进行系统讲解,对从业人员在经营、储存、运输、使用危险化学品过程中的注意事项、存在的安全隐患以及应急措施等进行全面培训。辖区内各加油站、输气站、药业企业等危险化学品生产经营单位主要负责人和安全管理人员80余人参加培训。年内,区安监局组织协调19家危化企业投入资金100余万元,投入安保反恐人员300余人,做好危化企业反恐防范工作。组织危化企业采取企业自查、专项检查、安监局督查等形式,促进企业反恐防范工作落实。各危化企业制定反恐应急措施,全区加油站均加装阻隔防爆装置,加装51个高清摄像头,建立视频监控系统和入侵报警系统,完善机动车阻挡防护设施以及一键关停系统等。截至年末,全区1个中石油输气站、2家电厂、16家社会加油站的人防、物防、技防措施全部按标准落实到位。16家在营加油站和7家非经营性加油站以及1家涉氨单位同时开展安全隐患排查治理,确保安全。

(王树伟)

【国庆节安全生产大检查】 9月15~29日,区四套班子领导分别带队开展国庆节安全生产大检查。组织18个行业主管部门,深入危险化学品、地下管线、道路交通、特种设备、建筑施工及人员聚集场所等安全监管重点领域56个生产经营单位,开展安全生产督导检查,及时发现整改各类安全隐患150余项。

(王树伟)

【职业病危害防治评估】 12月,市评估专家组采取资料审查和现场抽查相结合方式,量化评估辖区职业病危害防治工作状况。辖区存在并已申报职业病危害用人单位100家，按行业划分：其中工业24家、汽修43家、加油站14家、印刷企业5家、其他14家。按企业规模划分：大型企业8家、中型企业19家、小微企业73家。有职业危害作业场所168个，接触职业危害人员6358人。主要职业危害因素有粉尘、物理因素、化学因素三大类。用人单位分布在古城、八宝山、八角、广宁、苹果园5个街道，总从业人数6899人。通过评估7项指标，石景山区得分86.3分(总分100分)。

(李美娟)

【安全生产控制指标】 年内，市安委会下达石景山区安全生产事故亡人控制指标21人(其中道路交通12人，火灾1人，生产安全7人，铁路交通1人)。区安委会办公室分解控制指标，实行发生安全生产事故单位“一票否决”。全年辖区因发生交通、消防、铁路、生产安全事故死亡17人，占指标21人的81%。

(王树伟)

【安全生产培训】 年内，区安监局先后组织两次安全生产公开培训课，累计培训近600人，进一步提升政府部门和企业人员的“红线意识”。区委宣传部、区安监局于6月28日组织区、处两级理论中心组学习扩大会，聘请专家进行“红线意识”的理论宣讲，取得较好效果。组织高低压电工、电气焊等特种作业培训班11期，培训11456人，取证率85%以上。

(王树伟)

【打击违法生产经营】 年内，区安监局开展严厉打击非法违法生产经营专项行动，各街道、行业主管部门共组织检查组8651个，组织检查人员21843人次，检查生产经营单位9279家次，打击非法违法、治理纠正违规违章行为9074起，停业整顿185家，关闭非法违法企业185家，没收非法所得41起，行政拘留5人，拆除违法建设270处，拆除面积176930平方米。处罚金额218.6万元。

(王树伟)

【“六打六治”专项行动】 年内，石景山区成立专项行动工作领导小组，明确22个重点行业部门任务职责，集中打击工业企业、危化企业、油气管道、交通运输、建筑施工、消防安全等行业领域非法违法、违规违章行为。各街道和相关行业主管部门组织检查组2286个、组织检查人员6758人次，受检单位2415家次，整治非法违法安全生产行为71起，备案21件，责令停产、停业、停止建设54家，拆除非法违法建筑92处，拆除违法建设面积53585.48平方米。处罚金额49余万元。

(王树伟)

【地下管线执法检查】 年内，区安监局根据区领导关于“针对台湾高雄燃气爆炸情况在我区开展地下管线安全治理”批示精神，区市政管委完善《开展燃气管线安全隐患专项排查整治工作实施方案》，召开工作部署会。区安委会副主任带领区安监局、区市政市容委等单位检查首钢总公司等驻区大企业燃气管线、地下管网等重要部位，对存在问题提出整改措施。

(王树伟)

【存在爆危企业检查】 年内，区安监局吸取昆山“8·2”特别重大爆炸事故教训，全面摸排辖区存在粉尘爆炸危险企业，摸清13家存在粉尘爆炸危险企业底数，建立台账。全面检查13家企业规章制度、教育培训、通风除尘、禁火措施、电气电路、检查维护和应急预案等工作，督促企业配齐作业现场通风、除尘、防火、防爆、个人劳动防护等安全设备设施，严防事故发生。

(王树伟)

【重点行业隐患排查】 年内，区安监局全力压减和预防事故，推进隐患排查和治理工作。各相关行业主管部门、各街道办事处将严格控制事故作为解决安全生产存在的各类问题和提升安全生产监管水平的出发点和首要目标，深入开展隐患排查治理工作，进一步树立“隐患就是事故”的理念，把隐患排查治理工作做深、做细、做实。特别是在建筑施工、道路交通、消防安全、危险化学品监管、有限空间监管、人员密集场所安全等重点领域开展全方位的隐患排查治理，达到“排查一批事故隐患、消除一批事故苗子，确保一方平安”的目的。组织道路交通专项安全治理，加大交通秩序整治力度，强化安全行车动态监控，严肃查处超员、超速、超载(限)、疲劳驾驶等行为，确保全区实现“安全、畅通、有序”道路交通环境。组织建筑施工安全治理，突出施工现场临时用电、消防安全和各类洞口、临边、深基坑、高处作业防护措施等各个环节排查治理。组织人员密集场所隐患排查治理，以火灾安全隐患治理为重点，整治“三合一”“多合一”生产经营单位火灾隐患。开展高层建筑、地下空间、人员密集场所专项整治活动，整治非法经营和不具备消防安全条件，威胁公共消防安全单位、场所和其他易燃易爆场所。

(王树伟)

【职业卫生执法检查】 年内，区安监局检查辖区所有职业危害单位100家，下达文书40份，消除隐患65处，行政处罚6家，罚款1.5万元。经过检查，有100家单位建立职业卫生责任制、职业卫生管理制度和职业卫生档案；有100家主要负责人和职业危害管理人员参加职业卫生培训；有100家向安全监管局进行职业病危害申报；有95家工作场所设置职业病防护设施，在职业病危害严重岗位设置警示标识；有90家对工作场所职业病危害因素进行检测；有90家为劳动者提供合格个体防护用品；有95家单位签订劳动合同时，进行职业危害因素告知；有95家单位按规定组织劳动者进行职业健康检查。

(李美娟)

【综合执法检查】 年内，区安监局坚持宣传教育到位、责任落实到位、依法监察到位、案件办结到位，采取日常检查、专项检查、抽查检查、联合检查四种形式相结合，加大日常执法检查力度。全年检查各类生产经营单位1612家，查处并整改各类隐患1589处。行政处罚58家，罚款53.3万元。

(王树伟)

【投诉举报办结率100%】 年内，区安监局受理市安全监管局12350举报投诉中心转来群众举报投诉事项34件。

其中,住宿和餐饮业14件,批发和零售业12件,文化、体育和娱乐业4件,建筑业和电力、燃气及水的生产和供应业、制造业、房地产业各1件。全部按时办结,办结率100%。

(王树伟)

【安全生产制度化建设】 年内,区政府相继出台安全生产“一岗双责”规定、安全生产党政同责规定、工作部门及相关单位安全生产监管(管理)职责。完善区政府每季度研究安全生产工作机制,发挥区安办综合统筹协调职能,每季度至少召开一次安委会成员单位专题会议,分析形势,查找问题,研究部署工作。年初,区安委会主任夏林茂与安委会成员单位逐一签订安全生产责任书,将“管行业必须管安全、管业务必须管安全、管生产经营必须管安全”要求落实到位,推动行业监管、综合监管、属地监管责任落实。每个街道派驻一名执法监察人员,推动安全监管工作。

(王树伟)

【安全生产信息化建设】 年内,区政府立项投入50万元用于安全生产信息化建设,区安监局协调区经信委,将安全生产信息化建设纳入“智慧石景山”整体规划和工程。并通过招投标确立专业公司负责辖区安全生产综合监管动态管理系统建设。年末,系统正式投入试运行。将有效解决企业基础数据不完善、资源信息不共享等问题,实现安全监管动态化、信息化。

(王树伟)

【安全生产标准化建设】 年内,按照市安办下达的三级400家、小微1000家企业达标任务,区安办对标准化评审质量严格把关,做好企业的三级达标工作,多次召开协调会,制定具体措施,加强对评审人员和企业内审人员业务培训。有关重点行业部门、各街道成立标准化创建办公室,建立工作台账,安全生产标准化创建工作进展有序。截至年底,全区1136家企业达标,其中一级达标企业1家,二级达标企业44家,三级达标企业75家,小微企业达标1016家。

(王树伟)

【安全生产社会化建设】 年内,区安监局认真贯彻安全生产预防为主方针,坚持做到每月有专题,干部职工“我要安全”意识和“我会安全”能力提升。采取三项措施抓落实:一是强协会。加强区安全生产协会建设,健全完善制度,发挥协会服务保障作用,邀请相关专家,面向协会会员单位开展“安全生产大课堂”,适时发放安全生产知识宣传材料,提升安全意识和管理水平。推进安全文化示范企业创建活动,中铁建设集团和京能热电厂被评为市“安全文化示范企业”。举办特种作业培训班11期,培训近万人,取证率85%以上;二是抓媒体。投入资金10万元,与区有线电视台、《石景山报》签订协议,明确全年、季度、月宣传任务。三是建阵地。挖掘区内资源,与区公园管理中心、区科协合作,将国际雕塑公园、老山公园等4个公园70多个橱窗作为安全生产宣传阵地,长期宣传安全生产法律法规、安全事故防范措施、危化企业反恐措施等安全知识;四是求创新。开展第十三个“安全生产月”活动中,重点行业部门在京能热电厂主会场设置咨询台,9个街道设立宣传“一条街”,同时开展集中宣传教育活动,构建“政府搭台、企业主导、街道配合、全民参与”活动新模式。

(王树伟)

【安全生产应急演练】 年内,区安监局重点督促指导危化企业修订完善反恐应急预案,核查辖区内应急物资储备库,确认具体位置和装备情况,及时补充更新应急物资,加强应急物资日常保管和应急使用。应急演练恐怖袭击、火灾、爆燃、泄漏等情况,提升突发情况快速反应能力和应急处置能力。各相关部门、街道及驻区企业根据区安委会统一部署,修订完善本系统应急预案,组织开展以消防灭火、火灾逃生、危险化学品泄漏、防踩踏、防恐、紧急救护等内容的各种应急演练近600次,切实提高群众发现隐患、预防事故的自救和互救能力。

(王树伟)

食品药品监督管理

概　　述

北京市石景山区食品药品监督管理局(简称区食药监局),负责本行政区域内食品、药品、医疗器械、保健食品、化妆品(以下统称为食品药品)的日常监督管理工作。下辖“十科一队九所”,现有干部职工87人。截至年末,辖区有食品药品主体共计5410家。其中,食品生产经营单位2625家,餐饮服务单位1193家,药品生产经营使用单位297家,医疗器械生产经营单位374家,保健食品生产经营单位199家,化妆品生产经营单位722家。年内,贯彻执行《食品安全法》《药品管理法》《北京市食品安全条例》和市、区两级食品药品安全工作会议精神,以建设国家级绿色转型发展示范区为目标,发挥食品药品新型监管体制和社会治理综合执法体制的双重优势,强化监管,推动区域食品药品安全工作迈上新台阶。全年食品药品稽查受理群众投诉举报851件,立案115件,结案查处57件,移送公安机关2起,罚没款总计1016069.07元。

地址:石景山区古城南里16号
电话:68885118
邮编:100043

(胡成杰)

【“两节”食品药品监管】 元旦、春节期间,区食药监局根据巡查工作方案,先后对八大处新春祈福庙会、石景山游乐园迎春洋庙会餐饮摊位,辖区内饭店、餐馆、超市、药店、化妆品、保健食品和医疗器械经营单位开展安全检查。通过快检抽检,加大乳制品、肉及肉制品、酒类、食用油、饮料、糕点、调味品、水饺、小食品和“北京烤鸭”等北京特色旅游食品检查力度。共出动执法人员671人次,车辆220台次,检查单位180家。

(胡成杰)

【“两会”食品药品监管】 全国“两会”期间,区食药监局实行政府领导、属地负责、部门联动、条块结合、以块为主的工作原则，落实24小时值班和领导在岗带班制度，对沃尔玛、物美等大型商场超市，新五星、鲁谷仙鹤、鲁谷玉泉、金宝山等食品集中交易市场开展食品安全检查。对商场超市乳制品、鲜肉、糕点等重点食品及市场内商户的进货票据、销售记录、亮证经营、经营场所环境卫生是否符合条件等情况进行检查，发现不规范经营行为要求立即改正。对市局抽查有问题的香油再次进行回查抽检，并向各商场超市及市场主办方传达《北京市食品现场制售许可管理办法(试行)》相关精神。在万商酒店和京燕酒店"两会"会场派驻执法人员，全程保障会议餐饮食品安全。

（胡成杰）

【食药安全监控中心】 3月，区药品检验所更名为北京市石景山区食品药品安全监控中心，主要负责本行政区域食品药品检验、食品安全风险评估和风险监测，并承担药品、医疗器械、化妆品不良反应监测。年内，监控中心严格按照《实验室资质认定评审准则》标准，落实《药品检验标准操作规程》和《质量手册》，开展检验业务规范化管理检查，保证检验结果科学准确、报告书规范及时。全年完成各类检品252批，其中监测抽检检品251批，稽查办案抽检1批，合格率为99.2%；完成快检121批，合格率100%。

（胡成杰）

【校园食品安全检查】 3月、7月、9月，区食药监局分别开展春、夏、秋季学校食品安全检查。全面检查115家学校、托幼机构以及制售学生餐的集体用餐配送单位，出动执法车辆159台次，执法人员583人次，共检查203户次，监督覆盖率100%。主要采取约谈企业负责人，检查餐饮服务许可证有效期、食品采购索证、食品添加剂使用、从业人员健康状况、食品生产加工过程、餐饮具和容器具清洗消毒、食品分装配送是否符合食品安全要求等，对存在食品安全隐患的学校及托幼机构下达相关执法文书，同时通报区教委相关部门督促其整改落实。

（胡成杰）

【生食水产品专项检查】 4月，区食药监局根据市局通知要求，针对春夏季食源性疾患高发，存在高风险因素，对生食水(海)产品和烧烤类食品餐饮业开展食品安全专项监督检查。检查餐饮单位158家，出动执法人员346人次，执法车辆167台次，对15家未取得餐饮服务许可证的企业督促整改落实，对不符合操作要求的单位提出整改意见，对食品安全设施设备陈旧、破损、不到位的餐饮服务单位要求改造更新，及时消除食品安全隐患。

（胡成杰）

【注射用透明质酸钠检查】 6月，区食药监局结合医疗器械"五整治"(整治虚假注册申报行为、整治违规生产行为、整治非法经营行为、整治使用无证产品行为、整治夸大宣传行为)专项行动，开展注射用透明质酸钠产品使用环节监督检查。对开展医疗美容的医疗机构及向医疗机构销售注射用透明质酸钠的医疗器械经营企业，重点检查企业经营的注射用透明质酸钠是否从取得相应资质的企业购进，使用的注射用透明质酸钠产品是否具有医疗器械产品注册证书，企业是否具有相应经营资质、经营范围等。将有注射用透明质酸钠经营行为的医疗器械经营企业所经营过的产品名称、注册号、来源、销售对象名称、销售数量、销售日期等情况汇总上报市局。共检查医疗器械使用单位10家次，出动执法人员20人次，经检查未发现违规行为。

（胡成杰）

【区食品药品行业联盟成立】 7月2日，区食品药品行业联盟召开第一届会员大会。大会通过行业联盟章程，选举执行机构、联盟主席、副主席、秘书长和监事。联盟依照《社会团体登记管理条例》组建，涉及辖区药品、医疗器械、保健食品、化妆品企业38家，代表辖区6000余家食品药品研发生产、经营流通、使用服务等单位。联盟以转变政府职能为核心，努力建立起政府监管、企业自律、行业协助、公众参与、媒体监督的食品药品安全社会共治格局。

（胡成杰）

【夏季专项整治】 进入夏季后，区食药监局组织辖区300余户大中型食品生产经营单位，召开夏季食品安全专项整治暨预防食物中毒工作会。与区商务委、区城管监察局、区环保局、公安分局等主管部门及相关街道配合，对露天烧烤、夜市大排档进行多次联合执法检查。对具备整改条件的餐饮单位，督促指导限期整改、合法经营；对拒绝整改、整改不到位或完全不具备条件的餐饮单位，联合相关部门依法予以取缔。出动执法人员1506人次，

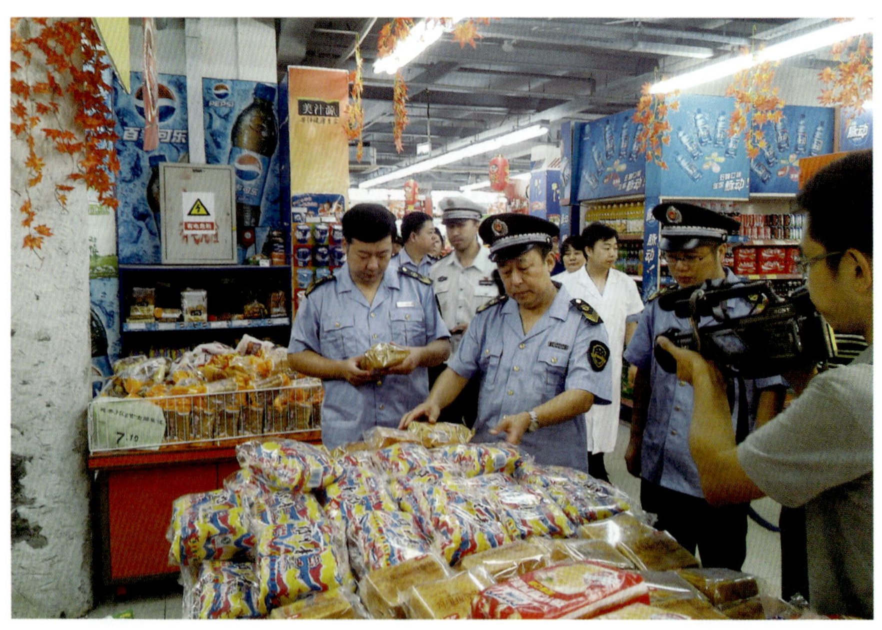

5月29日，学校周边食品检查　（区食药监局供稿）

车辆518台次，监督检查2147户次，制作监督意见书180份，责令改正68家，清理取缔及关停无证经营主体120户，督促办理餐饮服务许可证85户，对违法行为严重的11家餐饮单位实施行政处罚。

（胡成杰）

【儿童食品、校园周边食品整治】 8月20日至10月30日，区食药监局开展儿童食品和校园及周边食品安全专项整治行动。检查校园及其周边餐饮单位392户次，其中学校（含托幼机构）食堂113户次，向学校供餐集体用材配送单位10户次，校园周边餐饮单位269户次，发现存在问题或者风险隐患单位6家，取缔无证经营户46户，监督抽检367批次。

（胡成杰）

【查处“毒豆芽”案件】 9月16日，石景山、房山公安分局及区食药监局出动执法人员40人，出动执法车辆10辆，查处位于房山区北六环青龙湖镇崇各庄村西南4号蔬菜大棚内生产销售“毒豆芽”窝点，现场发现“毒豆芽”5吨，全部销毁。审查9名现场工作人员，其中7人因生产、销售有毒有害食品，被刑事拘留。

（胡成杰）

【管所基础建设】 年内，区食药监局在9个街道设立基层食药监管所，各街道办事处主任兼任本街道食品药品安全委员会主任，各街道主管安全工作副主任兼任食药监管所所长，人员由区食药监局派驻执法人员和街道工作人员组成。食药监局为各所派驻3名执法人员，同时配备3名食品药品安全监察员，正式执法人员与监察员达到1:1。印发街道工作人员和食品药品安全监察员队伍建设方案，颁发食品药品监督管理局科室、队、所主要职责（试行），规范化建设示范所实施计划和积极建设学习型食药监管所实施方案。争取区政府财政支持基层食药监管建设经费500余万元，至年底办公用房及有关设施全部到位。

（胡成杰）

【食品药品综合治理】 年内，区食药监局发挥区食品药品安全委员会组织协调职能，形成食品药品监管领域资源共享、协调互动、有机融合的执法体系。监管重心下移、专业职能下沉、联动综合执法，有效解决各部门单打独斗、部门执法人员不足等城市管理难题。统一树立“条块”思想，将食品药品监管专业监管的“条”融入属地社会治理综合执法监管的“块”，参与社会治理综合执法，开展食品药品专业监管，消除风险隐患，努力根治无证食品经营等顽疾，破解城市管理难题。对模式口村、麻峪一条街食品药品市场进行集中整治，取得较好效果。截至年底，查处取缔无证食品经营500余户次，无证食品经营状况得到改善。

（胡成杰）

7月2日，到幼儿园开展宣传　（区食药监局供稿）

【食品安全专项整治】 年内，区食药监局开展各项专项执法行动50起，出动1680人次，执法车辆420车次，发现问题并整改102起。联合公安、工商等部门取缔食品加工窝点6个，移送公安部门违法案件线索2件。针对超市食品举报问题不断上升，相同食品安全问题在同一家超市重复出现等现象，先后对物美、沃尔玛、京客隆、家乐福、永辉超市负责人进行行政约谈，总结出现食品安全的问题，规范食品市场秩序和企业经营行为，营造放心消费环境。

（胡成杰）

【无证餐饮安全检查】 年内，区食药监局开展辖区无证餐饮食品安全专项检查。与属地街道办事处联合，对辖区无证餐饮单位进行检查。建立台账，一户一档，定期复查。对新出现的无证餐饮单位及时查处。检查覆盖率100%。开展联合执法行动33次，查处无证餐饮单位65家，下发责令改正通知书54份，立案10起，结案7起，罚款6.3万元，查扣经营工具400件。

（胡成杰）

【肉类安全专项整治】 年内，区食药监局对辖区经营的肉类产品开展食品安全专项监督检查。检查商场、超市、餐饮户、集贸市场共440户次，抽检肉类产品52份，7户不合格，立案处理7户，罚款0.4万元。出动车辆220台次，执法人员440人次。

（胡成杰）

【食品流通监管】 年内，区食药监局提升科学监管理念，针对食品流通环节突出问题和风险隐患，深入推广食品流通环节“四步工作法”（四对照、四查看、四核对）。对照食品，查看标识，核对是否合法规范，重点审查食品标签标识是否符合法律法规标准以及绿色有机食品标识规定；对照标识，查看台帐，核对是否如实记录，重点审查生产日期、保质期、生产批次等是否如实记录；对照台帐，查看票据，核对是否

可溯来源，重点审查票据是否规范、供货商生产商是否来源可溯；对照票据，查看资质，核对是否手续完备，重点审查生产经营资质、检测报告等证明文件。提高风险发现和突出问题解决能力，提升日常监管效能。

（胡成杰）

【食品标签标识治理】 年内，区食药监局开展规范食品标签标识专项监督检查。全覆盖式检查全区餐饮单位食品标签标识，同时要求各企业自行检验产品标签标识。出动执法人员1482人次，立案9起，涉案货值及罚款金额21214.76元，食品委托生产备案30家次，接受咨询50家次。

（胡成杰）

【餐饮监督抽检】 年内，区食药监局从监督抽检、快速检测两个方面加强餐饮服务环节食品安全监测工作。重点抽样猪羊肉、蔬菜、豆制品、水果加工品、餐饮具、学生营养餐、食品包材、冷荤凉菜、熟肉制品、馒头面条、社会快餐、水产品等上百种食品，抽检237家餐饮服务单位，抽样检测778件样本，不合格样品21件，总体合格率约97.30%；完成快速检测样品572件，不合格样品14件，总体合格率97.55%。存在的主要问题是：抽检食品微生物指标超标，熟肉制品、冷荤凉菜、盒饭等样品中大肠菌群、菌落总数检测超标，面制品中的铝含量超标及超限量使用食品添加剂，蔬菜农残超标，食饮具清洗消毒效果不合格等。

（胡成杰）

【实施餐饮量化分级管理】 年内，区食药监局按照“依法行政、全面覆盖、公开透明、量化评价、动态监管、鼓励进步”的原则，实施餐饮服务食品安全监督量化分级管理。强化餐饮服务单位食品安全第一责任人意识，减少餐饮环节食品安全事故发生，对持有《餐饮服务许可证》的餐饮服务单位，包括餐馆、快餐店、小吃店、饮品店、食堂、集体用餐配送单位和中央厨房等的许可管理、人员管理、场所环境、设施设备、采购贮存、加工制作、清洗消毒、食品添加剂和检验运输等进行餐饮服务食品安全等级评定。安全监督量化等级分为动态等级和年度等级，动态等级为监管部门对餐饮服务单位食品安全管理状况每次监督检查结果的评价，分为优秀、良好、一般三个等级，分别用大笑、微笑、平脸三种卡通形象表示；年度等级为监管部门对餐饮服务单位食品安全管理状况12个月期间监督检查结果的综合评价，分为优秀、良好、一般三个等级，分别用A、B、C三个字母表示。截至年底，应量化1069户，已量化247户，其中优秀115户，良好85户，一般47户，待评定705户，未评定117户。

（胡成杰）

【食品药品质量监测】 年内，区食药监局争取区财政投入食品药品监测等专项经费165万元，实施“农田到餐桌”食品全过程监督抽检和药品（含医疗器械、保健食品、化妆品）生产、流通、使用各环节全过程覆盖抽检。截至年底，全区食品监督抽检1787个、合格率99.55%；药品监督抽检150件、合格率98.66%，监测抽检251件、合格率99.2%，快检120件、合格率100%；医疗器械抽样21批次、合格率100%；化妆品采样35件、合格率100%。

（胡成杰）

【医疗机构药品使用监管】 年内，区食药监局摸底调查辖区189家医疗机构类型分布、服务对象、用药结构、用药规模和主要购药渠道等情况，建立台账和监管档案，评估药品使用环节风险，利用抽查检验药品质量、流通监管码核对票据真伪等监管手段，加大对医疗机构药品质量的监管力度。全年对医疗机构日常监督检查152家次，出动检查人员304人次，对不能当场立即改正的违规行为，下达现场监督检查意见书11份。同时，对辖区内3家有医疗机构制剂许可证的医疗机构进行现场检查，对其配置的制剂进行药品监测性抽验1件。组织相关单位参加医疗机构制剂再注册申报，完成制剂再注册14个品种。依据《药物临床试验质量管理规范》和《北京市药物临床试验机构日常监督检查标准（试行）》，对辖区内已通过国家食品药品监督管理总局资格认定的2家药物临床试验机构实施机构、伦理和专业的现场监督检查，检查发现不合格项12项，并督促按期完成整改。

（胡成杰）

【特殊药品使用监管】 年内，区食药监局全面检查持有麻醉药品和第一类精神药品购用印鉴卡的16家医疗机构。对使用管理特殊药品采购渠道、验收记录、存储条件、账物管理及安全设施等情况，以及科研用特殊药品单位和美沙酮药物维持治疗门诊定期进行重点检查，现场检查特药购进、使用、储存等环节情况。驻区美沙酮药物维持治疗门诊第八门诊部，为北京西部地区为吸毒人员提供维持治疗的重要基地，针对地址变更可能导致的特药使用风险，提前介入，多次进行现场指导，在新门诊通过审批开诊后，及时进行日常监督检查，增强使用特药安全性。

（胡成杰）

【疫苗采购监管】 年内，区食药监局现场检查辖区内8个疫苗接种点。重点检查疫苗进货渠道是否清晰，资质是否齐全，冷链管理是否符合规定，质量状况是否符合要求。解决二类疫苗票据项目不齐全，影响接种点验收和追溯的共性问题。检查疫苗采购渠道的合法性，接种点是否具备满足疫苗储存条件的设施、设备和温度检测仪器，同时对监控记录进行抽查。检查中发现有的单位从区疾控中心采购的二类疫苗单据项目不齐全，缺少必须的疫苗批号和有效期项目，影响接种点对疫苗的验收和追溯，指导单位对发现的问题进行整改，对辖区内人用狂犬病疫苗的进货渠道和冷链管理情况进行监管，对疑似预防接种异常反应（AEFI）体系建立及运行情况进行检查。按照通知指导停用深圳康泰生产的乙型肝炎疫苗及拜耳广州分公司生产的碘普罗胺注射液等药品。

（胡成杰）

【药品不良反应监测】 年内，区食药监局宣传落实市局药品不良反应监测员管理制度。督促辖区相关药品生产企业、一级以上医疗机构和社区卫生服务中心提交药品监测管理员备案表，并100%在国家药品不良反应监测管理系统注册。组织区内医疗机构和个体诊所进行药品不良反应监测培训，宣传贯彻药品不良反应监测管理员工作制度。辖区药品生产企业、药品经营企业和医疗机构相关工作人员130余人参加。强化药品不良反应监测日常工作，检查和指导辖区药物警戒站工作，完善和健全各医疗机构药品不良反应制度，完善药品不良反应监测体系，稳定报告数量。截至年底，审核辖区医疗机构累计上报药品不良反应417例，其中一般不良反应401例，严重不良反应16例。

（胡成杰）

【药品零售企业分类监管】 年内，区食药监局根据《药品零售企业分级分类管理细则（试行）》及市局通知精神，按照新版GSP对药品零售企业进行认证。落实药品零售企业实行分级分类管理，从经营药品范围、药学技术人员配置、信息化管理水平、场地设施设备、药学服务能力和规范程度、药品质量管理水平等63个子项目，对所有零售药店综合评定为三个风险等级。在每个零售药店设立“药学服务角”，倡导药学服务人员遵守《药学服务公约》，提升市场风险发现和控制能力，营造百姓放心的药品消费环境。

（胡成杰）

【医疗器械企业“五整治”】 年内，区食药监局制定医疗器械“五整治”方案，明确各检查组职责及检查任务。重点对生产无菌产品、植入产品及体外诊断试剂产品企业进行专项检查。依据《医疗器械生产质量管理规范》，建立重大事项报告制度，加大“突击检查”力度。特别是对血液透析用浓缩物、一次性使用无菌导尿管（导尿包）、一次性使用无菌注射器（针）和一次性使用输液器（带针）等4个品种使用环节进行专项检查，共检查企业74家次。对重点监管企业、无菌和植入性产品生产企业现场监督检查覆盖率达到100%，对其它第二类、第三类生产企业现场监督检查覆盖率不低于50%，对检查中发现的问题及时督促企业进行整改。

（胡成杰）

【体外诊断试剂专项检查】 年内，区食药监局对一级以上（含社区服务站）医疗机构体外诊断试剂使用情况进行检查。重点检查医疗机构采购和体外诊断试剂是否具有医疗器械产品注册证，是否从具有医疗器械生产、经营合法资质的企业购进体外诊断试剂，是否进行进货入库验收，验收记录项目是否齐全，是否按照产品说明书或包装、标签标识要求对产品进行储存等。共检查医疗机构33家，出动70人次。各医疗机构对于体外诊断试剂重视，购进渠道规范、购进记录基本齐全，储存设施设备能够正常运行。部分存在冷链不完整、缺少运输过程中的温度记录、检验科的质量验收记录不全面等问题，对存在的问题当场要求全面整改，对个别使用过期体外诊断试剂单位进行立案查处。

（胡成杰）

【定制式义齿专项督查】 年内，区食药监局对取得《医疗器械生产企业许可证》的定制式义齿生产企业，取得《医疗机构执业许可证》且诊疗科目中包含“口腔科”的医疗机构，包括社区卫生服务中心，以及专门的口腔诊所和门诊部进行专项检查。重点检查是否具有有效的《医疗器械生产企业许可证》和产品注册证书，是否存在无证生产和生产无证产品的情况，企业的生产和检验条件是否满足产品生产要求，是否存在擅自降低生产条件，是否从正规渠道采购原材料，能否提供有效票据和供方资质证明，企业产品是否销售给具有合法资质的医疗机构等。共检查医疗机构30家，出动70人次。

（胡成杰）

【保健食品企业检查】 年内，区食药监局加强对保健食品企业的检查力度。对生产企业重点检查企业是否按经批准的生产工艺组织生产，是否按要求建立原辅料供应商审核制度及进行原辅料控制，核对生产企业主要原料、重点原料的来源渠道等及委托加工情况，检查保健食品生产企业电子监管系统上线情况，核实企业上传的生产批号记录是否一致；对经营企业重点检查是否按要求索证索票，建立进货验收记录，是否存在无法提供进货来源的保健食品，所经营的保健食品标签标示是否与批准文件一致，是否存在夸大宣传行为，经营场所、储存场所卫生情况，产品是否专柜码放存储，人员健康体检情况等。共检查企业198家次，检查产品800余种，保健食品采样122批次，风险监测10批次。其中，风险监测不合格1批次。保健食品检测不合格立案查处9家，没收产品14盒，罚没金额3080元。

（胡成杰）

【化妆品企业监管】 年内，区食药监局检查化妆品经营企业进货渠道、产品标签、索证等内容，市局对化妆品采样36批次（检测结果均合格），风险监测30批次，利用化妆品比对系统对620余件产品进行扫码。全年对化妆品生产经营企业检查148家次，出动350人次，检查品种涉及480余种。检查中对存在资质索取不及时、法规意识淡薄等问题，及时向企业宣传化妆品法规知识，提高企业专业知识，增强守法经营责任意识。

（胡成杰）

【食品药品市场秩序】 年内，区食药监局依托区食品药品安全委员会平台，联合公安分局、工商分局、区卫生局、区城管执法局、区商务委、各街道等相关成员单位，开展无证经营餐饮、夏季食品安全、肉及肉制品、非法收售药品、医疗器械“五整治”、特殊药品使用、医疗机构制剂等检查整治110余次，开展日常监督检查6220余家次。建立科、队、所协同办案模式，加大处罚力度。全年接投诉举报851件，立案108件，结案88件，立案率81.48%，罚没款120.8元。

（胡成杰）

【食品药品法制宣传】 年内，区食药监局采取“六进”（进军营、进机关、进社区、进学校、进单位、进工地）法制培训讲座等形式，宣传《食品安全法》《药品管理法》和《北京市食品安全条例》等法律法规。借助《首都食品安全》《北京社区报》、区有线电视台等市、区

两级媒体平台，加强食品药品法制宣传。全年在各类媒体法制宣传50余次，组织各类宣传活动71次。其中大型食品药品安全宣传活动6次，发放宣传品3万余份，接待咨询近万人次。全年为市局RTX“政务信息”“市OA平台”、区政务网、分局外网以及首都医药邮箱等媒体投放777条工作信息。

（胡成杰）

【简化行政审批】 年内，区食药监局明确行政许可职责划分和许可项目范围，落实简政放权要求。出台行政管理事权设置、食品流通与餐饮服务许可审批权限设置规定和窗口服务规范等制度，建立健全政务公开、首办责任、一次性告知、限时办结、工作考评和群众监督等制度，提升规范服务水平。下放个体工商户食品流通许可至基层所；整合药品经营许可、药品经营质量管理规范认证，减少许可事项审批环节；取消食品安全管理员须取得培训合格证明及申请食品流通许可含乳制品经营项目须提交银行开户名和账号信息等8大项规定。承担行政审批缩减至44项（包括承接市局下放的5项）。截至年底，办理食品药品各类审批2172件，其中食品流通1281件，餐饮服务443件，药品经营141件，保健食品107件，医疗器械200件。

（胡成杰）

【加强依法行政】 年内，区食药监局制定《依法行政责任制》《行政执法错案和过错责任追究制度》《监督检查制度》《内部案件移送制度》《案件审核委员会工作规程》《案件评查制度》《法制员制度》《行政管理事权设置》等制度。印制各类执法文书25种50余万张，加强与市局法制处、区法制办、法院、检察院及区卫计委、工商分局、区质监局的法制部门沟通联系，加强依法行政建设。全年组织审核合议68件行政处罚案卷，对33起符合案审条件的案件召开案审会。市、区两级案卷评查全部获优秀卷。区法制办案卷评查以三卷平均98.5分的成绩被列为行政处罚案卷典范卷。

（胡成杰）

【信息化专网建设】 年内，区食药监局出台信息化管理制度。对职责分工、软硬件管理、OA系统管理等作出具体规定，组织开展计算机应用、OA办公系统使用等教育培训，培养专业技术人才，利用区政府批复专项财政资金，依据市局建设标准，进行网络升级改造及各食药所机房升级改造工程，完成信用管理保障体系、行政处罚网络体系、行政审批和风险监测网络体系“三大体系”建设，实现统一专网公开和信息正常查询。

（胡成杰）

【政务信息公开】 年内，区食药监局主动公开食品安全标准，食品生产经营许可、专项检查整治等信息2674条，全文电子化率100%。其中，机构职能类5条，法规文件类0条，规划计划类2条，行政职能类5条，业务动态类信息2662条。业务动态类信息占总体比例的99.6%。全年未收到社会公众政府信息公开申请。

（胡成杰）

审　　计

概　　述

北京市石景山区审计局（简称区审计局）是负责本区审计工作的区政府职能部门。编制公务员34人，公勤人员1人，事业人员10人，领导职数4名。在编公务员30人（公勤人员1人），事业人员7人，领导5人。设有办公室、审计综合科、行政事业审计科、财政金融审计科、经济贸易审计科、固定资产投资审计科、经济责任审计科、纪检监察科8个科室，石景山区审计指导中心、石景山区审计局经济责任审计中心2个事业单位。审计局依据《宪法》《审计法》《北京市审计条例》开展审计工作，对辖区年度预算执行、领导干部经济责任、行政事业单位财务收支、政府重点投资项目和国有企业资产、负债、损益情况审计监督，对专项资金审计调查，向区政府和市审计局负责并报告工作。全年开展各类审计项目81项，其中监督重点建设项目46项。查出违规金额473万元；管理不规范金额56047万元；审减工程造价3.75亿元；应调账处理金额3472万元；提出审计建议115条。被审计单位已调账处理1871万元，采纳审计建议95条。被市、区信息主管部门采用信息95篇次，18篇审计结果被区领导批示。提出整改措施37项。开展党的群众路线教育实践活动。制订改进工作作风实施办法、公务员平时考勤实施办法、公车管理规定、安全管理规定等制度，推动整改任务落实。配合区纪委监察局、财政局等部门开展7项专项整治任务，发挥审计监督作用。

地址：石景山区八角西街甲23号
电话：68861879
邮编：100043

（王　鹏）

10月13日，文化广场现场审计勘查　（区审计局供稿）

【预算执行审计】 年内，区审计局完成区级财政预算执行审计和区民政局、区卫生局、区园林绿化局等12个部门预算执行审计工作，并首次向社会公开审计结果；完成市区联动财政存量资金和转移支付资金审计调查，对区政府采购管理系统和资产管理系统进行专项审计调查。全年审计中，将公共财政收支、政府基金收支、国有资本经营预算和政府债务等纳入审计范围，关注财政性资金结余管理、部分预算定额编制合理性、"三公经费"预、决算情况，执行中央"八项规定"和国务院"约法三章"等政策情况。审计开始从关注资金使用真实性、合法性向财政宏观政策执行和维护财经安全管理转变。

（王　鹏）

【固定资产投资审计】 年内，区审计局重点审计政府折子工程中十项重点工程涉及资金额较大的重点建设项目，前移审计"关口"，实行从前期准备、建设实施到竣工投入使用全过程的跟踪审计。全年累计审计监督政府重点建设项目52项，其中包括区妇幼保健院、永定河莲石湖景观提升工程（三期）、森林防火信息化建设远端监控设施、苹果园交通枢纽绿地等，年度招审金额总计29.02亿元，其中年内审结9项，工程报审金额9.55亿元，审减金额1.67亿元，审减率17.5%；年末在审工程43项，工程报审金额19.5亿，年内阶段性审减金额2.08亿元，审减率10.6%。

（王　鹏）

【经济责任审计】 年内，区审计局按照《党政主要领导干部和国有企业领导人员经济责任审计规定实施细则》要求，推进全区经济责任审计工作。一是加强宣传培训，开展领导干部、被审计单位和审计人员等多层面宣传学习活动。利用审计意见交换会等平台，开展新出台《实施细则》的宣传；二是健全工作机制，根据新的经济责任审计工作领导体制，建立对突出问题的审计专报机制，强化经济责任审计领导小组组织领导，落实领导干部凡离必交的常态财务清查监督机制；三是突出审计重点，将各部门各单位落实中央八项规定、厉行勤俭节约、反对铺张浪费及"三公经费"情况、内部审计制度建立健全情况、内部审计机构设置情况纳入新的审计重点；四是创新审计方式，全面实行审计谈话制度，与相关部门人员深入剖析问题根源，研究解决办法，发挥建设、治理作用。全年完成区住建委、区卫生局、区园林绿化局、区民政局的4名处级领导任中和离任审计，为干部选拔任用提供可靠评价依据。

（王　鹏）

【民生类专项审计调查】 年内，区审计局开展残保金征缴、使用管理和实施效果情况审计调查，重点调查残保金征缴管理、使用、政策执行、总体效果等方面，规范残疾人就业保障金使用管理。调查9个街道便民工程资金使用绩效情况，重点调查项目组织实施情况、项目资金使用及管理、项目效益性等。

（王　鹏）

2月28日，开展烟草法律宣传　（区烟草专卖局供稿）

烟草专卖

概　述

北京市石景山区烟草专卖局（公司）（简称区烟草专卖局）在市（公司）领导下，依据国家法律法规，实行"统一领导、垂直管理、专卖专营"经营管理体制，承担本区烟草经营业务、净化卷烟市场、规范烟草经营秩序、对地区烟草专卖品经营企业实施全面监管职责。内设8个科室，有职工75名，其中处级干部6名，科级干部16名；党员25名，团员14名。年内，践行"国家利益至上，消费者利益至上"行业共同价值观和北京烟草"服务别人就是服务自己，提高效率就是提高效益"企业核心理念，以"精细管理 规范创新 团结协作 奋发有为"工作方针为指导，严谨求实、扎实工作。石景山区烟草专卖局（公司）被评选为区2013年－2014年纳税信用等级A级企业。

地址：石景山区古城西路170号
电话：88708315
邮编：100041

（甄　珍）

【经济运行】 年内，区烟草专卖局销售额达6.48亿元，同比提升10%。实现税利10536万元，毛利10522万元，完成税费上缴7007万元，为区财政收入贡献932万元。税利、毛利两指标首次突破亿元大关；销售额上6亿元、纳税上7000万元、财政入库上900万元。

（甄　珍）

【网络建设】 年内，区烟草专卖局将重点由"占有率"向"上传率"转移，实地勘察筛选"实卖时刷"优质客户，通过配用电脑、签订承诺书、评价奖励等形式，最大限度争取客户配合。截至年末，辖区有128户零售终端，占比14.4%，保持全市第一；现代终端46户，占比5.3%。

（甄 珍）

【打网办案】 年内，区烟草专卖局查办涉烟违法案件176起，查获卷烟201.2万支，案值87.52万元。查获5万元以上大要案3起，查获卷烟41.36万余支，案值24.01万元。上交罚没款金额8.29万元。

（甄 珍）

【市场监管】 年内，区烟草专卖局通过定期组织片区内和跨区互查，8月、12月，对四个“优质三级网格”验收并顺利通过，超额完成年度目标。截至12月底，与区工商局组织联合执法检查6次，查处取缔无证户9户次，辖区零售户守法经营率从上年的70.59%提升至78.73%，持证经营率从90.67%提升至96%，市场净化率达到84.33%，较年初同比提升近18个百分点。

（甄 珍）

【专销联动】 年内，区烟草专卖局修订完善采取强化市场管控措施的工作流程。对30户违法经营零售户实施经营管控。截至年底，真烟流出数量19.48万支，较去年同期38.22万支下降49%，管控措施收效明显。制定《石景山烟草内部专卖管理监督服务手册》，明确“两员”日常拜访和检查有关内容。坚持开展领导带队走访，全年领导带队走访1200余户次，辖区覆盖率142%，检查出各类问题164个。

（甄 珍）

【网络案件研讨】 年内，区烟草专卖局针对“10·22”网络案件，专卖、内管、法制共同组织召开三次专题研讨会，梳理前期侦查、中期收网、后期衔接三个环节主要工作，总结、归纳案件特点和侦办难点，就真烟案件法律定性和证据认定情况、法律法规适用等问题探讨分析，提出改进方案和努力方向。年末，“10·22”案件当事人因非法经营烟草专卖品分别依法判处7年、5年有期徒刑，物美案中当事人因非法经营烟草专卖品被判处有期徒刑1年零4个月。

（甄 珍）

【企业管理】 年内，区烟草专卖局优化完善绩效考核，制定以平衡计分卡为导向，KPI、CPI为指标提炼方法的绩效考核管理办法。与海淀烟草共同承担开发“区县局（公司）员工绩效管理应用信息系统建设”项目，并通过市局验收。外聘QC诊断师对课题培训指导，推荐5个QC成果参加市局评比。推荐《利用精益管理思想，减少无价值流程》精益课题参加市局发布。聘请外区内审员开展2次内审，合计审核事实项346项，发现改进建议项11项，平均文件执行率96.78%。明确公务接待、车辆管理等办法。年内“三项工作”采购项目执行率100%，同比提升近40个百分点。

（甄 珍）

【财务管理】 年内，区烟草专卖局（公司）各项费用总支出2123万元，剔除工资因素，执行进度96%，整体控制较好。其中五项重点可控费用支出169万元，执行年度预算199万元的85%。其中，会议费同比降低75%，业务招待费同比降低28%。

（甄 珍）

【公益活动】 年内，区烟草专卖局与门头沟区龙泉务村村委会签订帮扶协议书。与市慈善协会商定向古城街道和西山机械厂各捐赠善款5万元，为古城街道后街居委会购置电影放映设备1套及图书若干，为西山机械厂社区安装公园长椅40条、桌凳10套，并救助一名贫困大学生。

（甄 珍）

财政税务

财政管理

概　　述

北京市石景山区财政局(简称区财政局)是主管全区财政收支、财税政策、会计管理和财政、财务监督管理工作的区政府职能部门。全局设办公室、人事教育科、预算科、国库科、行政政法科、教科文科、社会保障科、城建科、其他事业财务管理科、综合计划科、会计科、政府采购管理科、法制监督科、绩效评价科、纪检监察科、行政科共16个行政科室;下属区财政局预算编审中心、区财政局国库收付中心、绩效考评中心、区财政监督检查所、区财政局财政所、中华会计函校石景山分校6个事业单位。年内,区财政局认真贯彻中央、市委"稳增长、促改革、调结构、惠民生"决策部署,围绕区委"全面深度转型　高端绿色发展"战略和建设国家级绿色转型发展示范区的目标,以争创一流的工作作风,强化财政收支管理,提升资金使用效益,推进财政管理改革,促进经济平稳、健康发展和社会和谐稳定。

地址:石景山区阜石路167号
电话:68872800
邮编:100043

(范晋瑜)

【**财政收支平衡**】　全年政府性基金预算收入完成237185万元,其中:国有土地使用权出让收入232216万元,加市对辖区专项转移支付36320万元,上年专项结余8514万元,政府性基金预算收入总计282019万元。全年政府性基金预算支出完成272082万元,主要用于苹果园交通枢纽H地块廉租房建设、黄庄职业高中改扩建工程、今冬明春中小河道水利工程、区投融资平台偿债资金、职业劳动康复等残保金项目及居家养老服务券等彩票公益金项目支出。本年收支结余9937万元。

(范晋瑜)

【**经济建设投入**】　年内,区财政局围绕引导和扶持现代金融、文化创意、高新技术、商务服务、旅游休闲五大主导产业发展,运用财政政策和资金,加强税源建设,支持企业发展和招商引资。推进现代金融产业平台、北京保险产业平台和中小企业金融服务平台建设,为企业健康快速发展创造良好环境。推动区域经济转型发展,扶持重点企业开展技术改造和产业升级。落实园区企业贷款贴息政策,缓解中小微企业融资困难。

(范晋瑜)

【**加大民生投入**】　年内,区财政局压缩一般性开支,集中财力向民生领域倾斜,提高基本公共服务保障水平。教育、社会保障、医疗卫生、住房保障等民生领域支出52.8亿元,占总支出76.7%。累计筹措资金3.4亿元用于老旧小区综合整治,改善居民生活环境;投入资金13亿元用于城市基础设施建设、环境综合整治及便民工程,提升城市管理水平;投入资金11.2亿元落实中小学建设三年行动规划、支持学前教育和职业教育发展以及基础教育改革等,保障教育优质、均衡发展;投入资金13.5亿元用于退役安置、行政离退休及社会养老保险补助等,完善社会保障体系;投入资金0.7亿元用于社区网格化管理、市容美化精细化管理、政府购买服务等便民领域支出,居民生活品质提高。

(范晋瑜)

【**部门预算管理**】　年内,区财政局加强全口径预算管理体系建设,落实"四本预算"编制,细化编制内容,提高预算编制科学性和完整性。贯彻落实中央、北京市及区委区政府关于厉行勤俭节约、反对铺张浪费以及"约法三章"等一系列政策要求,将厉行节约与部门预算管理相结合,从严从紧编制预算。规范和加强行政事业单位财政性结余资金管理,贯彻区行政事业单位财政性结余资金管理办法,年内收回财政性结余资金5.3亿元,优先用于市、区重点支出项目,健全结余资金管理与当年预算编制有机结合管理机制。

(范晋瑜)

【**国库集中支付**】　年内,区财政局深化国库各项改革,完善国库集中支付运行机制,严格管理将财政性资金支付到预算单位实有资金账户的情况。大力宣传落实公务卡强制结算目录制度,并进行相关检查。配合市局上下贯通预算执行动态监控机制建设,参照市局管理模式增补关于中央八项规定、六项禁令等方面监控规则。进行非税改革调研,并将国有资本经营预算收入纳入非税征缴系统管理。截至年底,区国库集中支付改革单位量和资金面均达100%,公务卡制度改革单位占区属预算单位86%,消费笔数比上年增长637%;动态监控资金量占国库集中支付资金量100%,核实违规资金31万元已全部进行纠正;99%的非税资金纳入非税收缴制度改革。

(范晋瑜)

【**规范政府采购**】　年内,区财政局严把"四关"规范政府采购行为。一是严把申报关。区属各单位必须如实填报基本信息、预算信息、条目信息,经审核同意后,方可委托市、区政府采购中心或已备案的社会代理机构进行采购;二是严把采购关。凡采购预算金额在采购限额标准以上的货物、工程和服务的行为,因特殊情况采用其他方式进行政府采购的,实施审批前置程序;三是严把结算关。强化政府采购年初预算约束力,特别是财政直接支付采购资金的管理,提高财政资金支付安全与效率;四是严把检查关。组织开展政府采购活动、集中采购机构和社会代理机构的监督检查,加强合同履行和备案管理,切实维护法律和政策的严肃性。继续完善政府采购非招标采购方式管理、评标专家抽取管理、采购项目备案管理。加强采购代理机构动态监管,推行政府采购领域廉洁准入制。实行公务用车定点加油,"一车一卡";规范会议定点采购,严格限制会议定点场所档次,节约经费开支。政府采购范围扩大到60个品目,加大民生项目和服务类项目采购力度,其中58个品目实施协议供货和定点服务,提高政府采购工作效率,推动政府采购科学化精细化管理。全年完成采购项目2736个,预算金额

64442万元，实际采购金额60405万元，同比增长33.87%，节约资金4037万元。

（范晋瑜）

【预算绩效管理】 年内，区财政局拓展预算绩效管理手段，在事后绩效评价基础上，试点开展绩效跟踪、事前绩效评估、单位自评等多种手段，全方位、立体式开展预算绩效管理工作，形成事前有评价、事中有跟踪、事后有评价全过程预算绩效管理。全年纳入预算绩效管理资金5.9亿元，涉及26个主管部门的37个项目，财政资金使用更加规范高效。

（范晋瑜）

【财政信息公开】 年内，区财政局统筹协调、积极稳妥地推进财政信息公开工作，首次公开本级政府汇总“三公”经费预算，扩大部门预算公开范围，除涉密单位外全区59个部门的年部门预算及“三公”经费预算全部公开。首次开展部门决算公开，公开范围参照上年部门预算公开范围，共计53个部门，实际公开53个部门，部门决算具体到款级科目。

（范晋瑜）

【国有资产管理】 年内，区财政局开展事业单位及其所办企业产权登记，核实国有资产产权关系，规范和强化事业单位国有资产管理。开展行政事业单位土地、房屋出租和租赁情况调查，全面摸清行政事业单位土地、房屋出租和租赁情况，不断挖掘增收潜力。完善制度建设，出台《石景山区国有资本经营预算管理暂行办法》和《石景山区国有资本收益收缴管理暂行办法》。修订完善行政事业单位国有资产制度框架体系，以区政府名义分别印发行政、事业单位国有资产管理办法，制定资产配置标准和资产处置细则，规范资产入口和出口。

（范晋瑜）

【财政监督管理】 年内，区财政局从严从紧安排预算，严控“三公”经费，“三公”经费财政拨款支出比上年压缩23.4%。同时强化监督管理，健全厉行勤俭节约长效机制。以促进预算编制、执行、监督机制完善为主要目标，

6月20日，调研西北热电中心建设情况　（区财政局供稿）

出台财政内部监督检查实施办法，修订财政检查工作规程，组织开展财政局各项业务开展情况年度内部监督检查，达到防范管理风险、提高管理效能、推进廉政建设效果。组织开展违反财经纪律专项整治，严肃财经纪律和“小金库”专项治理，清理整治挪用扶贫款、救灾款等专项资金、举借和使用政府性债务资金造地标等奢华浪费建设，中央专项转移支付资金执行情况动态监控，强化整改落实，规范财经秩序。促进各单位建章立制、堵塞漏洞，保护资金资产安全，科学有效预防腐败。落实公示公告制度，全年各项财政检查通知分别在区财政局外网、区政府办公网、《石景山报》等媒体进行公示。检查结束后，检查结果以公告的形式在财政局外网发布，自觉接受社会监督，扩大财政监督工作的影响力和威慑力。加强政府性债务管理，压缩债务规模，防范政府债务风险，政府债务规模比上年压缩6.6%。

（范晋瑜）

【会计管理服务】 年内，区财政局加强基础工作，做好新制度贯彻和应用，适时开展《事业单位会计准则》《事业单位会计制度》及《行政事业单位内部控制规范》等新规章制度专题培训，组织行政事业单位内部控制知识竞赛答题等活动，加大财务新政策宣传力度，更新单位财会知识。提升相关人员基本会计素养，按照严格严肃、公开自愿、从业需要的原则，对单位超过有效期限的会计从业资格证书持证人员开展会计管理政策培训考试，普及会计知识，提高执业能力，促进基层财务工作。全面升级财务核算及报表系统，全程开展业务指导。扎实做好会计从业资格及会计专业技术资格考试及报名工作，认真办理从业资格调转、变更、补证、视同教育、有效期恢复等服务类事项 。加强会计人员继续教育培训机构管理，规范培训市场，对本区会计人员继续教育培训机构上报的资料进行备案工作，经审核、考察、评估、确认，备案2个继续教育培训机构。

（范晋瑜）

税　　务

国家税务

【概况】 石景山区国家税务局（简称区国税局）隶属北京市国家税务局，设有征收管理科、货物和劳务税科、所得税科等14个科室，1个直属机构稽查局，2个事业单位（信息中心、机关服务中心），6个派出机构（税务所）。全局干部职工248人，其中大专以上文化程度211人，占全局总人数85%；科以上领导84人；党员151人、团员75人。主要负责首钢、京能热电等大中型国

有企业、股份制企业、外资企业及私营、个体集贸税收征管工作。管户27200户，其中内资企业21604户、外资企业148户、港澳台企业216户、消费税纳税人87户、个人所得税11户、企业所得税纳税人13016户、个体工商户5094户、集贸市场53个。缴纳增值税户24368户，其中一般纳税人5610户、小规模纳税人13668户，占总户数56%。年内，注重适应经济新常态，把握区域经济转型与税收发展新特点，大力组织税收收入，深化征收管理模式改革，以开展便民办税春风行动推动纳税服务工作，强化绩效管理，提升税收征管水平、税收工作实现新突破、税收收入再创新高。全年累计入库475265万元，同比增加47133万元，增长11.01%。完成市局下达年度计划的100.63%，超收2965万元。其中央级累计入库256874万元，同比增加3735万元，增长1.48%。累计入库地方级收入218391万元，同比增加43398万元，增长24.80%。其中市级累计入库收入109196万元，同比增加21694万元，增长24.79%；区级累计入库收入109195万元，同比增加21704万元，增长24.81%。获年度首都文明单位称号。

地址：石景山区老山西街5号

电话：88972125

邮编：100049

（杜志刚）

【增值税管理】 年内，区国税局坚持科学化、专业化管理理念，抓好增值税资格认定管理、纳税申报管理、专用发票管理、金税工程管理、纳税评估管理等11项岗位职责基础工作，收转文191件，确保增值税政策落实到位。建立和完善"制度＋科技"风险识别、风险分析、风险应对、核查反馈为一体的闭环式税收风险防控管理系统，开发指标198个，其中事前告知类指标37项，事中提示类指标63项，事后核查类指标98项。依托风险防控系统，核查类异常指标1153条，其中有问题户数848户，问题率73.5%，涉及补税户数47户，查补税款及加收滞纳金565.8万元，调减留抵税额3.86万元，调减免税收入943.3万元，涉及增值税专用发票降版22户次、降量177户次，降量8114份。6月1日起，开展电信服务业"营改增"试点工作，32户企业实现营业税改征增值税。开展"便民办税春风行动"，简化业务流程，重新梳理和制作办税手册，优化申报大厅，在自行设计《需求量化表》中增设任务生成功能，实现核查、审批过程监控。简并资料，增加免填单系统功能，实现纳税人与税务机关"双减负"。实施科所协同，在办税服务厅做好企业初始数据采集基础上，加强监督管理服务单位（四通金税石景山服务站）。对非常规报税企业，开展已开发票和结存发票信息逐一进行核对，确保数据采集完整准确，全年未发生发票信息漏采现象，存根联数据采集率100%，列全市第一；专用发票人工干预率、红字发票率、失控发票率下降幅度均名列全市前位。根据市局统一安排，开展增值税小规模纳税人票表比对工作，强化小规模纳税人管理，应申报12627户，已申报12542户，占应申报户数比例的99.33%，其中试点小规模纳税人应申报5841户，已申报5814户，占应申报户数比例的99.54%，有效减少税款流失。年内，累计入库增值税292501万元，同比增加47077万元，增长19.18%。

（杜志刚）

【出口退税管理】 年内，区国税局注重提高出口退税管理水平，实施出口退税与征税、纳税申报管理系统科学衔接，提高管理实效。实施对出口退税企业服务型管理，为出口退税企业提供优质便利服务。在严格坚持出口退（免）税三级管理原则基础上，加快出口退税进度，及时办理退库、调库手续。做好出口货物税收函调，确保出口退税准确无误，正式复函43件，向上游企业发函25件，延期复函27件，正式复函中经核查业务异常回复13件。年内，所辖出口退税登记户数110户，其中享受免、抵、退税政策生产企业80户、小规模纳税人出口货物享受免税政策22户、提供零税率应税服务（营改增）8户，累计办理出口退（免）税8813万元，支持企业持续发展。

（杜志刚）

【所得税管理】 年内，区国税局明确目标对象、强化针对培训、加强考核三位一体，做好上年度所得税汇算清缴工作。汇算清缴应汇算9681户，申报率为99.84%，其中查账征收企业5944户、核定征收企业3737户，所得税汇算清缴实现汇算净入库27984万元，同比增加3631万元，增长14.9%。完成企业所得税税收优惠备案，涉及17项减免税备案类型，涉及3003户次企业，累计享受各项税收优惠177957万元，其中享受小微企业税收政策2775户，减免税493万元。规范企业所得税预缴管理，强化预缴企业过程控管，有34户按月预缴企业。按企业类型分类：分支机构13户、总机构6户、非总机构15户。构建闭环式风险防控管理体系，以预缴和汇算申报表为核心，设计风控指标54个。按工作性质分类：核查类33个、服务类21个；按所得税事项分为二次复核6个、日常管理26个、优惠政策19个、资产损失3个。年内，风控核查经管理发现疑点数据2136条，经核实有问题1140条，涉及补税企业339户次，核查后补缴所得税及滞纳金539.94万元，调减亏损额848.49万元；经局核查小组核查后补缴所得税及滞纳金13207.44万元，调减亏损额8.83万元，合计补缴税款及滞纳金13747.38万元，调减亏损额857.33万元。年内，所得税累计入库179037万元，同比持平。

（杜志刚）

【国际税收管理】 年内，区国税局进一步规范国际税收制度和流程、提升纳税服务水平。重新修订国际税收管理政策和规程、对外支付操作规程、《非居民企业股权转让适用特殊性税务处理公告》等工作手册，强化税企政策培训。做好新旧系统未完结审批处理、系统培训及信息采集等准备，确保4月新对外支付系统上线运行。做好2期第三方信息核实工作，其中为合作办学和球员转会6户次、外商投资企业股权变更32户。对2012年度和上年度存在股息红利税收风险的19户次企业开展专项检查。对2004～2013年向境外关联方支付大额服务费和特许权使用费企业共核实75户次。严格工作要求和流程，做好与其他国税收取情报交换。做好反避税工作，加强政策咨询和催报，关联申报5921户，申报率连续第五年100%。完成110户企业同期资料上报企业审核。截至年底，非居民税收入库21236.46万元，同比增加9157.18万元，增长75.81%，其中增值税入库6021.33万元，同比增加3592.92万元，增长147.95%；企业所得税入库15215.13万元，同比增加5564.27万元，增长57.66%。

（杜志刚）

【大企业税收管理】 年内，区国税局根据国家税务总局安排，对中国烟草公司、大唐集团和中国银行三个集团开展风险管理工作，补缴税款滞纳金15.26万元。完成冶金矿产、技术服务、建筑安装和电子机械四行业风险采集工作，共45条，其中增值税风险点14条，所得税31条。完成25户大企业名册信息核实，为大企业信息化建设奠定基础。按市局要求，开展大企业风险分事项管理。选定2户企业，开展股权转让、跨境投资和关联交易三个事项风险管理，确认3个风险点并督促企业整改。开展对农业银行石景山支行和建设银行石景山支行风险全过程管理识别，形成涉及评价税收风险的严重程度、可能性，分析风险来源、风险发生的原因和条件及潜在风险为企业带来可能后果的完整报告。逐户发送“两函一书”，做好总局定点联系企业共性税收风险问题整改，确保企业进行纳税调整和税款入库。

（杜志刚）

【个体税收管理】 年内，区国税局根据税收专业化管理要求、推进个体税收征管改革，将个体工商户按照东、中、西三个区域划分，并指定专人负责区域内个体税收管理。取消原个体税收管理员管户形式，实行个体工商户和集贸市场管事不管户模式管理，涉税事项由主管所长进行派发，对一些业务性较强涉税事项实施专人管理。对1699户个体工商户进行定额、执行期调整变更，进一步规范个体工商户管理。截至年底，个体税收注册个体商户5094户，达起征点户数（月收入2万元以上）558户，累计入库747.9万元，同比增加49.9万元，增长12%。

（杜志刚）

【园区税收管理】 年内，区国税局结合园区企业特点，强化组织收入，注重税源管理和提高服务质效。认真开展纳税评估、所得税汇算清缴、核定征收改查帐征收、小型微利享受税收优惠落实等工作。开展申报风险预警核查，通过核查查补税款922万元，删除一般纳税人通用机打票信息122户，增值税专用发票降量1135份，各类业务二次复核344户次。做好增值税政策效应分析，筛选10户涉及“营改增”政策企业，实地调研，上报“营改增”政策实效分析9篇，涉及18户企业。完成出口函调审核件21户次。对中国大唐集团新能源股份有限公司北京检修分公司开展税收风险现场审计，发现所得税风险问题2个，调整应纳税所得额合计267万元。完成8户小规模纳税人“票表比对”测试。完成106户差额大于1万元小规模税控开票专项清理，补缴增值税66万元，加收滞纳金0.2万元。完成核实企业2012年度、2013年度企业所得税年度纳税申报收入与增值税全年申报收入不符及所得税年报查账征收超限额扣除业务招待费核查，共计128户，补缴所得税18.4万元。利用北京国税税收调查网上直报平台，完成上年度税收资料调查涉及企业203户。建立外网邮箱，实现税企信息互通，送政策到园区企业，提高征管和服务效率。截至年底，园区管户4885户，一般纳税人2162户，小规模纳税人2723户，累计入库104102万元，同比减少5521万元，降低5.04%，其中增值税入库75349万元，同比增加13956万元，增长22.73%；企业所得税入库28699万元，同比减少19458万元，降低40.41%；消费税入库54万元，同比减少19万元，降低26.03%。

（杜志刚）

【税收稽查】 年内，区国税局加强绩效考核，深化稽查管理，围绕整顿和规范税收秩序主线，继续开展重点税源检查、重大税收违法案件检查、税收专项检查、专项整治和打击发票违法犯罪活动。对中国航天科工集团公司等13户企业开展重点税源企业自查，其中有问题7户，自查补缴入库税款及滞纳金2853万元。组织业务骨干查结市局督办案件2户，查补税款、罚款共计517万元。做好金税委托、受托、纸制发票等协查、审核和回复，累计协查105户次、628份发票、涉及金额

4月30日，开展税法宣传　　（区国税局供稿）

8403.53万元、税额4176.15万元，受托协查回复率100%。按照市局部署，开展税收专项检查、区域税收专项整治、重点税源企业检查和税收违法案件检查，做到"查账必查票""查案必查票""查税必查票"。查处发票违法企业25户，查处非法发票864份，涉及金额4999万元，查补税款滞纳金及罚款1777万元。与公安机关配合，严厉打击涉嫌取得虚开专用发票案2起。其中，北京喜地国际文化有限公司涉及非法发票526份，涉及非法发票金额4159万元，税额707万元，价税合计4866万元，查补税款707万元，处以罚款807万元。北京首亿通世纪商贸有限公司涉及非法发票6份，涉及非法发票金额61万元，处以罚款15万元。严格执行《税务稽查工作规程》《稽查局案件反馈管理办法》，实行重大或疑难案件审理提前介入工作机制，推进"以审促查"，稽查规范性和办案质量进一步提升。年内，检查各类纳税人35户，发现有问题35户；清理欠税2户；组织企业自查47户。查补税款、滞纳金、罚款10161万元，同比增加6015万元，增长145%。

（杜志刚）

【征管模式改革】 年内，区国税局以风险防控为导向，大力优化办税流程，以分类管理为方法，以信息化建设为保障，以部门联动为抓手，推行"风险识别－任务推送－核查应对－信息反馈"风险防控模式，提升征管质效，优化纳税服务。取消管户制度和重组业务职责及流程，重新界定办税服务厅和管理所工作职责，将依纳税人申请审批事项全部集中办税服务厅办理，简化流程和减并涉税资料，最大限度地实现涉税事项办理扁平化。办税服务厅窗口处理涉税业务231258户次，人均每日处理涉税事项51户次，办理事项增加157%；组成12人审批核查组，受理涉税审批事项4883户次，完成4715户次，月均完成472户次；完成实地核查1086户次，月均完成108户次，当月办结率均80%以上，实现征管资源合理配置、减员增效的目标。通过核查、评估主动征收税款9243万元。新组建33人风险应对组，接收风险防控任务16258条，准期完成率100%，有问题户4179户次，补缴税款1618.06万元。推行网上申报纳税，年内网上申报企业23141户，占总户数27200户的85.08%。依据《全国县级税务机关纳税服务规范》，编写操作手册。涵盖征收管理六个部分114项业务，为一线税务人员提供业务指南。

（杜志刚）

【信息化建设】 年内，区国税局做好6个网络节点、38个应用系统、21台服务器、292台内网计算机和85台外网计算机设备运维工作，确保税收系统运行提供信息化服务支持。完成CTAIS系统后台升级、防伪税控系统等系统升级51次，完成系统各类提交单337份，并解决全部问题。开发税收风险预警等项指标50个。开发免填单三类共计16张表单。建立发票疑点信息库，包含货劳、征管、稽查三方面，为税收征管统计和筛查提供便利。丰富查询辅助功能，开发2类15个模块，提升税收信息化支持服务水平。

（杜志刚）

地方税务

【概况】 北京市石景山区地方税务局（简称区地税局）隶属于北京市地方税务局，在市地税局和区委、区政府领导下，行使石景山区行政区域内地方税收管辖权，负责营业税、企业所得税、个人所得税、土地增值税、城镇土地使用税、城市维护建设税、房产税、车船税、资源税、印花税、契税、耕地占用税、固定资产投资方向调节税、文化事业建设费、教育费附加、场地使用费收入、地方教育附加收入、残疾人就业保障金（代征）、工会经费（代征）及地方税收滞补罚收入共二十种税费的征收管理工作。设14个科室、10个税务所、1个稽查局和1个后勤服务中心。有干部职工272人，平均年龄43.6岁，其中处级领导职务6人，科级领导职务60人。大专以上学历261人，占全局总人数的95.95%；研究生学历14人，占全局总人数的5.14%。年内，全区税源登记户数44903户，同比增加6666户，增长幅度为17.40%。从企业经济类型看，内资企业25895户，港澳台及外商投资企业392户，个体工商户18616户；从企业行业分类看，社会服务业15635户，批发和零售贸易、餐饮业17129户，科教文卫业6943户，交通运输、仓储及邮电通信业1009户，建筑业1051户，制造业565户，房地产业496户，其他行业502户，分别占税务登记户总数的38.30%、38.20%、15.50%、2.20%、2.30%、1.30%、1.10%和1.10%。年内，全区新增税源户7540户，因吊销、注销及转出等原因税源户减少1491户，净增加6049户。

地址：石景山区八角南路28号
电话：88911058
邮编：100043

（高文玲）

【税收收入】 年内，区地税局采取各项措施，保证税收收入。坚持"依法征收、应收尽收"原则，加强领导，准确掌控收入目标，认真落实责任制度，全年计划任务分解到税务所，实现任务指标和工作责任双重落实。成立支持大企业发展工作小组，加强首钢、房地产、金融业等重点行业、重点企业税源监控，完善三级重点税源管理，实行重点税源走访制度，准确把握税源动态。全年全区重点税源户入库税款365482万元，同比增长10.31%。建立旬报制度，即时监控税收进度，做好预测分析，及时调整应对措施；定期召开收入分析会，及时总结收入计划指标落实情况；加强重点行业、税种走势分析，做好收入预判；建立国税、地税定向联合分析机制，及时掌握全区税收发展整体态势。成立减免税调查领导小组，确定调查范围，制定分阶段工作计划和落实方案，加强培训辅导和沟通协调，组织开展调查数据收集、录入、审核、整理、分析，完成减免税调查，为税收分析、领导决策提供依据。全年累计完成各项税费收入749138万元，同比增收183464万元，增长32.4%，其中地方公共财政预算收入543643万元，同比增收113777万元，增长26.5%，完成全年计划任务的102.6%。

（高文玲）

【依法行政】 年内，区地税局坚持依法行政，规范执法行为。落实《税务行政处罚裁量权实施办法》：制定实施意见，明确特殊审批程序；组织专题培训，详细讲解工作重点；加强沟通反馈，了解落实情况，解决实际问题；开展跟踪检查，及时通报存在的问题。开展规范性文件清理工作：对2012年以前自行发布的现行有效税收规范性文件，区地税局主办的、与其他单位联合发布的现行有效税收规范性文件，以及转发的规范性文件进行清理，并按照区政府法制办要求，保留相关文件。召开行政调解联席会议：及时汇报行政调解工作开展情况，分析调解工作中反映的执法与服务环节的问题。加强法制培训，提高干部执法能力和水平：依托局长办公会和党组中心组理论学习会，建立领导干部学法长效机制，将基本法律与税收法律知识纳入培训范围。开展税收执法督察，规范执法行为：对2013－2014年度税收优惠政策落实情况、注销清算税收管理情况、代开发票、个人独资和合伙企业个人所得税征收方式鉴定及汇算清缴、税务行政处罚、发票缴销、外出经营证明管理工作等11类、18项工作开展督察。

（高文玲）

【税收征管】 年内，区地税局深化征管改革，推进税收现代化。加强组织领导：研究制定深化税收征管改革工作方案，建立周例会制度，明确方向，做好部署。实现税源分级分类管理：加强调查研究，注重数据分析，初步建立税源分级分类管理模式；明确风险统一推送、统一接受、统一归集的基本原则，形成税收风险监控工作实施方案；明确闭环管理的流转、推送和交流事项，形成税收业务联动机制实施办法。做好“营改增”工作：加大政策培训力度，加强部门间协作配合，与区国税局建立工作联系，及时掌握动态情况。经过四轮改革，辖区有7100户企业进行“营改增”。加强出租房屋征收管理：实现与区财政局、区商务委、区投促局信息交换，掌握行政事业单位和42座商务楼宇纳税人租房情况，建立档案资料，为税源集约管理、评估、堵塞漏洞奠定基础。推进委托代征管理：在各街道办事处配合下，实现个人出租房屋9个街道代征工作全面覆盖。做好发票管理：推进发票网上授权，授权比例45%；利用国标发票税控管理平台，完成台账统计工作；开发国标发票数据核验批量比对系统，实现由手工逐户比对转化为信息化批量比对。

（高文玲）

4月18日，税务宣传进校园　　（区地税局供稿）

【纳税服务】 年内，区地税局优化纳税服务，提高服务质量。根据全职能、标准化办税服务厅建设要求，实现141个依申请事项六个服务窗口的集中受理。加强网站建设，及时发布外网税收信息，及时维护纳税人关心的通知公告、地税动态等栏目；关注网上税企互动栏目，及时发布税收问题在线问答，收集意见反馈；制定局长信箱管理制度，加强动态管理，及时归集、反馈，提高信件办理时效。全年局外网纳税人访问量4万人次，是上年的1.1倍。落实“便民办税春风行动”：采取措施，确保全国县级税务机关纳税服务规范（1.0版）需转办事项的无缝转接，实现入厅事项区域通办；完善制度，包括《一次性告知制度》《上门、电话、网络业务咨询工作流程》《办税服务厅劳务派遣人员工作规范》；优化信息支撑，定期更新《纳税指南》，发布热点问题和意见反馈。开展联合辅导：与区国税局联合制发《纳税服务工作实施方案》，确立联合服务形式；依托“税务讲堂”组织纳税人实体学校培训，开展分类辅导，增强培训针对性。推行代开发票免填单服务，提高受理环节的审核通过率和办理速度，减少工作重复性，提高纳税人大量非首次业务办理速度。

（高文玲）

【纳税评估】 年内，区地税局开展无税申报核查。成立领导小组，明确职责，清理核实97户未申报纳税人，有问题率42%，查补税款、滞纳金、罚款1096万元，日常检查有问题率及组收数额均列全市第一名；与区国税局沟通，获取无税申报户纳税情况，为日常管理提供依据；制定预判无税纳税人风险应对措施，探索征管内在规律和管理手段；建立检查台帐和通报制度，按月通报各税务所工作情况。开展未登记户核查清理。强化税源登记，核查清理未登记户，加大催办力度，及时清理漏管户。年内，核实催办183户工商已登记、176户质监已登记却未在地税办理登记的纳税户，采用挂号信的方式，逐个清理核查9427户已在工商登记未在地税登记的个体工商户。加强评估和大企业管理，全年完成注册资金5000万元以上无税申报纳税人检查清理工作，查补税款、滞纳金、罚款共计1096万元；以大企业风险管理、税种勾稽关系、税源基础信息比对以及企业所得税申报事项分析为风险识别重点，实施税收风险应对；形成“以风险管理为导向，贯穿税收管理业务流程，适于分级管理、重点监控”风险管控机制；开展大企业案头审计、现场审计、税务风险内控调查、风险识别设计。

（高文玲）

【税政职能】 年内，区地税局开展税政指导，发挥税收职能作用。落实税收优惠政策：通过公开课、联席会、指导专刊等形式，落实高新技术及文化创意产业、小型微利企业、非营利组织、残疾人等税收优惠政策；加强数据采集比对，跟踪政策执行情况，及时解决问题；为文化创意产业、现代金融业、高新技术服务业、商务服务业、特色文化旅游业及试点区培育壮大主导优势产业，编写优惠政策汇编。加强政策指导：推进税政服务大企业工作，局长带队走访区内重点企业，解决涉税问题，搜集纳税人的意见和建议；落实委托国税代征“一税两费”宣传辅导工作，做到政策宣传、学习理解、沟通协调三步到位。做好企业所得税汇算清缴：加强初期政策培训和协调沟通，确保不出现漏征、漏管情况，提高企业所得税入库率和申报率。加强财产行为税税源监控管理平台应用：完善财产税税源数据管理，加强税源数据分析比对力度，核实房产税纳税企业和土地使用税纳税人，修正税源信息，及时催缴税款，保证平台成功运行。加强土地增值税日常征管和清算：掌握房地产开发项目进展情况，加强税源监控；严格执行差别化预征率，及时告知纳税企业；加强营业税与土地增值税比对，确保及时入库；建立定期联系制度，加强已清算项目后续管理。

（高文玲）

【税务稽查】 年内，区地税局以稽查体制机制改革为契机，整合稽查资源，完善工作机制，以查办重大税收违法案件为重点，完成各项稽查任务。推行稽查事项管理模式：完善工作规程和工作制度，加强稽查基础管理，梳理稽查业务流程，修善 12 个稽查岗位职责，归结 67 项工作事项；编制稽查事项管理手册，推行科学规范的稽查事项管理模式；细化稽查案件查办，实现稽查全员办案模式，推行查案主办制。明确职责，加强管控：结合实际，拟定稽查干部人均办案户数和查补税款额度；强化案件质量过程管理，完善案件汇报制度；实行查办案件首查负责主检制，以及分级分类交叉审核复审制；加强协作，提升稽查办案整体效能；强化监督制约，控制稽查执法风险。重视考核评价：将“推行税收黑名单制度”、打击发票违法犯罪活动等七类考核评价指标细化为 14 项基础工作考核项目，逐项分解，确定考核标准、时限、工作内容及环节衔接，规范稽查基础工作。清理积压案件：成立清理 2010 年度以前稽查未结案件领导小组，与公安分局、区法院协调，借助司法手段清理走逃案件。全年立案实施稽查 142 户，完成立案、遗案 166 户，有问题率 99.4%，查补收入 3152 万元，入库率 100%。

（高文玲）

石景山年鉴

2015 BEIJING SHIJINGSHAN NIANJIAN

金　　融

截至年末，石景山区有153家现代金融机构，其中有18家银行在辖区设立分支机构及营业网点；有9家证券机构在辖区设立营业部；有10家法人机构落户北京保险产业园；16家典当企业或分部在辖区设立；19家保险公司在辖区设立分支机构与营业部。银行机构贷款余额548.05亿元，同比增长12.4%；存款余额1286.32亿元。同比增长4.7%。全区有小额贷款公司4家；融资性担保公司3家；各类交易所5家；典当行16家；融资租赁3家。以易宝支付为代表的各类互联网金融机构50家，成为辖区金融业发展的新生力量。现代金融产业实现收入518亿元，同比增长37.4%。年内，全力推进北京保险产业园建设，争取中国保监会、北京市联合出台《关于加快推动北京保险产业园创新发展的意见》，不断坚持高起点策划、高标准推进，强化政策示范引领，吸引中国人寿电子商务有限公司、中兵集团金融投资公司等大型金融机构入驻，成立全国第一家中外合资铁矿石交易中心，高端金融要素加快集聚，现代金融产业形成“一轴带两翼”良好发展格局，为地区“全面深度转型　高端绿色发展”提供充足动力。

（赵晋晋　刘　珊）

金融管理

概　述

石景山区金融服务办公室（简称区金融办），是负责促进金融产业发展和金融服务工作的区政府管理机构。年内，区金融办贯彻落实“全面深度转型　高端绿色发展”战略，围绕打造“长安金轴”，全力做好北京保险产业园、互联网金融产业基地建设，推动辖区现代金融产业发展再上新台阶。获“首都精神文明单位”、区“招商引资工作突出贡献单位”称号，在全年督查考核中被评为业绩突出单位。

地址：石景山区石景山路18号

电话：88699583

邮编：100043

（赵晋晋）

【北京保险产业园建设】　3月12日，中国保监会、北京市政府出台《关于加快推动北京保险产业园创新发展的意见》，为保险产业园科学发展奠定政策基础。该园是保监会、市政府共同建设的全国首家服务于保险业创新发展的主题产业园区，是保险业创新发展的国家级战略平台，肩负着改革创新先行先试的历史使命，同时也是首都构建“高精尖”经济结构、加快西部发展、打开首都西大门的重要载体。保险产业园首期启动的是产业核心区建设，位于中关村石景山园北Ⅰ区，总用地64.5公顷，建筑面积56.3万平方米。4月8日，成立北京保险产业园工作领导小组，组建北京保险产业园投资控股有限责任公司。按照绿色建筑三星级标准，征集制定保险产业园规划设计方案。12月25日，保险产业园实现基础设施开工。截至年末，保险产业园聚集10家法人机构，实现税收突破3亿元。

（赵晋晋）

【推进商业保理试点工作】　5月21日，召开首次商业保理工作联合推进领导小组会。区商务委、区金融办、工商分局等8家成员单位就商业保理试点工作监管实施方案（征求意见稿）、商业保理试点监管暂行办法及商业保理公司业务信息监管系统技术方案（征求意见稿）进行研讨。石景山区获批北京市首个商业保理试点区县后，率先出台准入政策、制定监管方案。借助先行先试的优势，使商业保理与现代金融产业融合发展，以已有的优势产业带动新型业态发展。《石景山区设立商业保理公司试行办法》作为全市首个区域性商业保理规范性政策正式发布。《办法》对准入政策、机构审批流程做出明确规范。积极对接国家商业保理专委会、国家金融行业协会以及各地区商会和金融机构，着力吸引股东背景为大型国有、企业总部以及金融行业的优质商业保理企业落户发展。已有20余家企业入驻，产业集聚效应初显。针对商业保理的风险防控和服务监管，专门成立联合推进领导小组，统筹指导开展商业保理行业的服务和监管，并在全市率先出台区域性监管办法——《石景山区商业保理试点监管暂行办法》，建立以政府监管、银行监督、专业审计、行业自律为主，商业保理业务信息监管平台为辅的商业保理“4＋1”监管工作机制，形成政府、企业及第三方“同监共管”的格局，杜绝商业保理经营风险，促进企业诚信化经营。借鉴融资租赁、典当等类金融工作的先进做法和成熟经验，探索建立融资租赁、典当、商业保理等商务类金融“统监共管”工作体系。完善“石景山区商业保理公司业务信息监管平台”，利用信息化手段，实

工商银行服务窗口　　（官庆培摄）

现对商业保理企业信息的集中管理与动态监测，为政府宏观管理决策提供数据支持和分析，提高非现场监管水平。同时，按照定期检查与长效机制相结合原则，区商务委、区金融办、工商分局等部门强化协作监管方式，提高监管效能，加强企业日常巡查，对问题严重的商业保理企业及时清退，把好出口。

（张　焰）

【构建金融服务监督机制】 7月11日，区金融办与工商分局共同签署《关于构建石景山区现代金融产业服务监督机制的工作意见》。双方确定建立联席会制度、临时会议制度和联系人机制，搭建通畅、高效的信息查询和交流平台；共同做好对现代金融企业的服务和指导，提升金融企业市场准入服务效能；共同加强金融企业风险防控，提高对市场秩序的控制力，增强现代金融产业服务监督工作成效。为维护地区金融市场稳定，推动产业高端发展，促进经济社会和谐稳定、健康发展做出努力。

（赵晋晋）

【市金融局领导到区调研】 7月13日，市金融工作局局长王红，市保监局局长郭左践就北京保险产业园建设进展及需求情况进行调研。表示将根据保险产业园建设需求，定期沟通工作，分解落实责任，全力保障保险产业园建设。

（赵晋晋）

【成立现代金融行业组织】 10月10日，石景山区现代金融商会成立。商会由37家现代金融机构作为会员单位发起成立，通过搭建政、金、企高端交流平台，提升现代金融行业合作和自律水平。年内，成立现代金融研究院，牵头完成《关于完善现代金融产业高端服务体系的研究》等两项重点课题，推动现代金融产业专家人才队伍建设。

（赵晋晋）

【亮相金融博览会】 10月31日至11月2日，第十届北京国际金融博览会在北京展览馆举办。本届金博会以“中国金融业改革和发展”为主题，展览面积达23000平方米。由市金融工作局等单位主办，是国内规模最大、最具影响力，国际化程度最高的金融博览会，被誉为“中国金融第一展”。北京保险产业园首次展出全景规划效果。区金融办借助这一平台展示现代金融产业发展历程和重点金融机构、服务及品牌形象。吸引2万余人次参观，50余家金融机构现场洽商合作事宜。

（赵晋晋）

建行业务咨询台　　（官庆培摄）

【互联网金融产业基地】 年内，在中国保险信息技术有限责任公司的示范带动下，中国人寿电子商务公司等5家互联网保险创新平台入驻基地，率先形成互联网保险聚集区。91金融、乐融多源获得风险投资支持，领筹网等机构成为互联网金融创新的新生力量，第三方支付、大数据、征信等行业发展迅速，互联网金融产业基地初步构建起全产业链、协同发展格局。推动互联网金融机构合法合规经营，鼓励参与央行支付清算委员会互联网金融专业委员会、北京市网贷协会等行业组织，推动产业健康发展。

（赵晋晋）

【吸引高端要素聚集】 年内，区金融办坚持“全面深度转型　高端绿色发展”战略，通过高端“定制化”服务，加快对央企新设立金融机构的引进步伐。完成中国兵器集团总公司金融投资公司、齐鲁证券北京分公司、北京铁矿石交易中心、中国人寿电子商务有限公司等多家金融龙头机构引进及设立工作。推动北京乐融多源金融信息服务有限公司等互联网金融新兴业态入驻。现代金融产业形成传统金融与创新型金融业态多元化发展格局。

（赵晋晋）

【“长安金轴”加速形成】 年内，区金融办以银河商务区为起点，以长安街沿线现代金融产业基地、新首钢高端产业综合服务区等项目为依托，引进新型金融机构，围绕长安街西延长线这条交通优势主轴，打造“长安金轴”。截至年底，长安金轴正在渐次成型。形成以银河商务区为中心、30家法人金融机构聚集的“总部金融功能区”，以盛景国际广场为中心、63家金融机构聚集的“产业孵化培育区”和以新首钢高端产业综合服务区为中心的“金融服务拓展区”，规划载体总量超过1600万平方米。“长安金轴”沿线呈现资本密集度高、经济贡献突出、辐射带动和示范引领作用明显特征。

（赵晋晋）

【金融服务改革创新】 年内，区金融办推进金融机构设立全程代理制。协同工商分局、区税务局、区统计局、区人力社保局等部门，研究制定《现代金融机构设立工作指引》，组建专人受理、专人咨询、专人送达专业服务团队。开展全程代理服务，压缩行政工作时间为1天，为60余家金融机构提供注册登记、人才引进。在全市率先成立区域性金融案件合议庭。加强与区法院沟通协调、开辟重点金融机构快速审裁绿色通道，推行“简案快审，难案精审”工作程序。

（赵晋晋）

【中小企业上市】 年内，区金融办组织开展企业上市培育工作。无线天利移动信息公司实现创业板上市。昊福文化、中天金谷2家企业完成全国中小企业股份转让系统（“新三板”）挂牌工作。

（赵晋晋）

【金融风险防控】 年内，区金融办采取多种形式强化金融服务民生意识，防范金融风险。组织开展“1+N”系列金融服务进社区活动。“1”是组织一批金融惠民活动，送金融知识、送金融服务到社区，累计发放金融知识普及读物400余册，发放宣传材料4100余份。“N”是组织多家驻区金融机构，深入148个社区，扩大金融安全覆盖面，向5000余名社区居民普及金融安全意识，加强打击非法集资工作宣传力度。

（赵晋晋）

【提升现代金融影响力】 年内，新闻媒体聚焦地区现代金融产业发展，累计刊载各类报道1700余篇。其中《首钢老厂区变身金融产业园，石景山欲打造第二金融街》《石景山发展新型金融产业，创办全国首家保险主题产业园》等文章被人民网、《北京日报》等媒体刊载，获广泛关注和认可。

（赵晋晋）

银 行

概 述

截至年末，有18家银行在辖区设立分支机构及营业网点。分别是：中国工商银行、中国农业银行、中国银行、中国建设银行、交通银行、北京银行、华夏银行、中国光大银行、民生银行、北京农村商业银行、兴业银行、中国邮政储蓄银行、江苏银行、广发银行、中信银行、杭州银行、厦门国际银行。年末，银行机构贷款余额548.05亿元，同比增长12.4%；存款余额1286.32亿元，同比增长4.7%。

（赵晋晋）

中国工商银行北京石景山支行

【概况】 中国工商银行股份有限公司北京石景山支行（简称工行石景山支行），隶属中国工商银行股份有限公司。年末，有员工492人，其中在岗员工428人，柜员合同工33人，劳务人员31人；网点从业人员336人。下辖网点有八角支行、玉泉路支行、高井支行、北辛安支行、黄楼支行、八角北支行、古城东街支行、鲁谷支行、苹果园支行、八大处支行、游乐场支行、金顶街支行、重兴园支行、远洋山水支行、莲石东路支行、五里坨支行、高井北支行及古城分理处、四平台分理处。支行网点9个，包括综合网点16个，单一网点3个。其中财富管理中心1个，理财中心18个。另有自助银行26个。

地址：石景山区石景山路63号
电话：68874128
邮编：100043

（李惠卿）

【经营发展】 年内，工行石景山支行全年实现本外币利润9.6亿元，同比增加1.18亿元。本外币各项存款余额469.3亿元，较年初增加37.9亿元。本外币各项贷款余额150.1亿元，比年初增加17.49亿元。

（李惠卿）

【个金业务】 年末，工行石景山支行人民币储蓄存款余额254.36亿元，增加7.93亿元。信用卡净增发卡2.27万张，发卡量、消费额、融资额和中间业务收入四项指标继续保持系统领先地位。

（李惠卿）

【中间业务】 工行石景山支行全年实现本外币中间业务收入2.67亿元，同比增加3327万元。其中投资银行业务收入5102万元，同比增加2088万元；代理及个人理财业务收入6186万元，同比增加1671万元；代理保险业务收入2422万元，同比增加608万元。战略性成长业务收入1.78亿元，同比增加3125万元。

（李惠卿）

【资产业务】 截至年底，工行石景山支行人民币贷款（不含票据）时点余额147.8亿元，较年初增加15.2亿元。其中人民币公司贷款时点余额103.4亿元，较年初增加10.7亿元；人民币个人贷款时点余额44.5亿元，较年初增加4.5亿元。

（李惠卿）

工商银行业务咨询台 （官庆培摄）

【负债业务】 截至年底，工行石景山支行人民币对公存款时点余额209.5亿元，较年初增加29.36亿元。人民币储蓄存款时点余额254.36亿元，较年初增加7.93亿元。各类负债规模继续在同业保持领先地位。

（李惠卿）

中国农业银行北京石景山支行

【概况】 中国农业银行股份有限公司北京石景山支行（简称农行石景山支行），隶属于中国农业银行股份有限公司北京市分行。下设8个部室、15个二级支行、1个分理处、1个营业部，在职员工360人（其中党员155人，占员工总数43%；硕士及以上学历26人，占员工总数7%；本科学历201人，占员工总数56%；大专学历90人，占员工总数25%）。截至年末，本外币核心存款时点243.2亿元，较年初增加15.6亿元；各项贷款余额113亿元；中间业务收入1.32亿元；国际业务结算量19.8亿美元；跨境人民币结算量8.6亿元；净增个人优质客户3319户；净增信用卡发卡量1.35万张；净增现金管理上线客户数139户。

地址：石景山区八角南路18号
电话：68863907
邮编：100043

（陈　晨）

【深化银政合作】 年内，农行石景山支行联合区金融办深入金顶街街道社区举办“金融知识进社区”等大型宣传活动。在北京市一中院增设“派出柜台”，方便群众诉讼费缴纳；在服务“三农”方面，重点支持石景山区棚户区改造项目，发放20亿元土地一级开发贷款。

（陈　晨）

【提升服务水平】 年内，农行石景山支行制定《石景山支行服务品质提升管理实施细则》，将“95599客服联动单＋客户满意度调查＋神秘访客测评＋视频监控检查”内容纳入考核管理范围，指定专人检测网点日常服务，对非现场监控结果按周通报，对柜员实行积分管理，及时采取奖罚措施，强化基层网点服务意识。

（陈　晨）

【树立创新意识】 年内，农行石景山支行开辟“创新业务研讨板块”，在全行开展“金点子”创意大赛。在创新服务方面，推出微信公众服务号“95599北京农行”，形成社区服务平台雏形。在微信平台上不仅整合农行理财、信用卡等金融信息，同时整合在线缴费充值、票务查询、旅游、教育、交通等便民服务；给所有网点添置“可替换宣传展板”；依托网点转型，突出网点特色，建立2家特色社区银行。

（陈　晨）

【强合规控风险】 年内，农行石景山支行为提高员工风险防控意识，相继召开案件风险防控联席会议，网点每季召开有管理团队参加的案防分析会议，并按期召开贷后管理例会。为引导全行员工依法合规主动性和自觉性，邀请法院法官举办“强合规、控风险”警示教育讲座。

（陈　晨）

【加大安全管理】 年内，农行石景山支行牢固树立“安全第一”思想。抓好日常安全教育工作，提高员工防范意识。全年组织防暴预案及消防演练40次，与区公安分局组织防暴演练，提高员工安全防范意识和处置突发事件能力。

（陈　晨）

中国银行北京石景山支行

【概况】 中国银行股份有限公司北京石景山支行（简称中行石景山支行），隶属于中国银行股份有限公司北京市分行。下设5个职能部室，对外营业机构11家，包括支行营业部1家，经营性支行9家，分理处1家。年末，在职员工234人，党员85人。大专以上学历228人，占比97.44%，其中硕士研究生22人，博士1人。年内，围绕北京分行党委工作思路和工作部署，结合石景山区域经济发展特点和自身情况，明确“以加速发展为重点，以创造效益为中心，以加强内控为前提，以提升服务为保障，以提高干部员工队伍综合素质为动力，进一步夯实各项工作基础，不断提高支行资金实力和整体盈利水平”的指导思想，认真落实“三比三看三提高”（即在与自身比、与市场同业比、与兄弟单位比这“三个坐标”中找位置、定目标，不断提高战略执行力）工作要求，制定“五个围绕”（即围绕效益促发展、围绕合规防风险、围绕规范抓服务、围绕执行带队伍、围绕晋级强网点）工作目标，各项工作实现稳步有序开展。全年实现拨备前利润1.53亿，全行本外币全口径余额218.39亿元，同比增加48.6亿元；各项存款余额218.39亿元，同比增加22.25%；各项贷款余额28.57亿元，同比增长10.59%；中间业务净收入0.74亿元；实现国际业务结算量3.32亿美元；新增信用卡13753张。

地址：石景山区石景山路20号
电话：57832255　57832009
邮编：100040

（尹元靖）

【支持“地坛文化庙会·台北之旅”】 2月7～16日，中行石景山支行在台北花博公园举办冠名“中国银行”的大型主题文化活动“北京地坛文化庙会·台北之旅”。借助地坛庙会走进台北契机，传播北京地道民俗和传统文化，实现中国银行品牌海外推广。

（尹元靖）

【文明优质服务百日竞赛】 2月10日至5月20日，中行石景山支行开展以“为支行做贡献，为中行添光彩”文明优质服务百日竞赛活动。活动围绕提升效率，强化服务意识，提升窗口服务水平，深入推进服务标准化、规范化进程，强化服务培训与督导、检查与考核，优化服务环节衔接，缩短客户等候时间，提升柜面服务效率等方面开展竞赛，形成地区具有影响力的服务品牌。

（尹元靖）

【打造小微业务特色行】 年内，中行石景山支行设置小微客户经理岗位，注重由上至下全员拓展，延伸营销触角，提供融资业务行业十余种，通过逐类设计金融方案，满足客户不同发展阶段多样化需求。小微客户基础和授信规模不断扩大，全年新增中小授信9618万元，是上年增长率的234%。被北京市银行业协会授予"2014年度北京市银行业小微金融服务特色经营单位"称号。

（尹元靖）

中国建设银行北京石景山支行

【概况】 中国建设银行股份有限公司北京石景山支行(简称建行石景山支行),成立于1992年1月4日,隶属于中国建设银行股份有限公司北京市分行。有员工246人,平均年龄35.8岁,下设6个部室(含营业部),6个营业中心,3个个人金融中心。营业中心为古城支行、西永乐支行、杨庄东路支行、模式口支行、雍景支行、鲁谷大街支行。全年实现本外币账面利润3.65亿元。年末,本外币全口径存款时点余额167.39亿元;本外币各项贷款时点余额125.88亿元;五级分类不良贷款余额0.05亿元,不良率0.04%。

地址:石景山区石景山路22号

电话:51993506　51993518

邮编:100043

（苗一聪）

【银政合作】 12月5日,建行石景山支行促成建行北京分行与区商务委签署框架合作协议,建行北京分行正式成为区商务委商业保理资金监管合作银行。全年累计与9家保理公司合作,其中成功开立账户5家,开展授信推进7家。

（苗一聪）

【风险控制】 年内,建行石景山支行深入开展合规教育,合规自查参与人数累计984人,覆盖全行员工,消除潜在风险隐患。对公信贷不良余额保持为零;全年开展消防、防盗抢等应急演练24次,堵截电信诈骗12次,金额612029元,协助公安部门抓获通缉犯2名。

（苗一聪）

【承办公积金贷款业务】 年内,建行石景山支行与北京公积金管理中心开展贷款业务合作,于10月13日实现首笔贷款发放,正式成为建行系统内可以受理公积金贷款的6家支行之一,为北京西部地区提供便民惠民的金融服务。

（苗一聪）

【优化网点布局】 年内,建行石景山支行完成所辖玉泉西里支行迁址、鲁谷大街支行装修重新开业等工作。全年安装离行、附行式自助设备14台,优化网点布局。

（苗一聪）

【服务南水北调项目】 年内,建行石景山支行为北京水务投资中心追加15.56亿元授信额度,并顺利实现中小河道第二阶段第一批提款发放,为南水北调项目提供优质高效金融服务。

（苗一聪）

建行服务窗口　　（官庆培摄）

北京银行石景山支行

【概况】 北京银行股份有限公司石景山支行(简称北京银行石景山支行),隶属于北京银行股份有限公司。下设公司业务部、零售业务部、办公室、石景山营业室、京源路营业室、远洋山水营业室6个部室。在职员工91人,平均年龄30岁。具有大专以上学历人员87人,占员工总人数的96%;初级职称10人,中级职称1人,共占员工总人数的12%。全年实现委托贷款中间业务收入45万元,票据贴现业务累计发生额2.86亿元。年末,各项存款余额56.04亿元;各项贷款余额20.95亿元;新增自助设备6台,其中ATM1台,CDM2台,医保取款机3台。获年度区"纳税百强单位""重点企业"等称号。

地址:石景山区石景山路42号

电话:68878220

邮编:100043

（朱汉京）

【同业托管】 年内,北京银行石景山支行开拓同业托管业务,累计托管金额8.46亿元,全年托管业务实现中间收入641万元。

（朱汉京）

【周到服务】 年内,北京银行石景山支行为市、区两级财政及各预算单位提供周到服务。为北方工业大学、北京工业职业技术学院两所大学提供非税业务服务,指定专人每天往返于单位取送支付令、开学时帮助学校上门收取学费、发放助学贷款等,得到预算单位好评。

（朱汉京）

【发放京卡】 年内,北京银行石景山支行为区总工会所属企业发放京卡·互助服务卡11577张。京卡·互助服务卡是北京银行与市总工会联合发行的银联标准借记卡,除了具备北京银行现有借记卡基本金融功能外,还包括身份识别、购买生活必需品、互助保险、福利金发放、特惠商户刷卡消费折扣服务等特色服务功能。互助服务卡项目可对工会会员实行多项福利政策,让持卡人实现互助保险金发放,以及享有市总工会为其会员所提供的如法律咨询、职业培训、特定商户消费打折等增值服务。

（朱汉京）

中国光大银行北京石景山支行

【概况】 中国光大银行股份有限公司北京石景山支行（简称光大石景山支行），隶属于中国光大银行北京分行，是其在辖区唯一的分支机构。设有办公室、营业室、公司业务部、零售业务部、远洋山水社区银行、雍景四季社区银行及24小时自助银行。有员工35人。其中本科及以上学历人员30人，占员工总数的86%；研究生及以上学历人员5人，占员工总数的14%。年内，光大银行石景山支行深入贯彻落实国家宏观经济政策和金融监管要求，坚持在合法合规原则下稳健发展经营。参与新经济、新产业发展，支持地方建设，为辖区内企业和群众提供优质金融服务。不断融入地方、融入百姓生活开展各类宣传活动，被社会誉为百姓身边最满意的银行；同时形成各主要业务条线均衡发展、零售业务人员贡献度不断提升、风险管理趋于完善、创新能力日益增强的经营格局。支行全口径存款余额为30亿元。其中对公存款余额为20亿元，对公贷款余额5.38亿元；对私存款余额10亿元。零售9项资产余额18亿元。

地址：石景山区泽洋大厦北座首层101室
电话：52638610　52638612
邮编：100043

（张　丽）

【特色个人业务】 年内，光大石景山支行推出融易贷、小微金融“快贷”等业务打造全方位、立体化中小微金融产品。拓宽支票易、乐惠金卡及白金信用卡等小额授信渠道，服务中小企业；开展二手房资金监管、二手房资金托管业务，为有需求的客户提供交易更安全、更放心、更简便的服务。

（张　丽）

【网上服务】 年内，光大石景山支行拓宽服务渠道，满足客户需求。银企对账脱离纸质账单，实现全面网银对账。客户足不出户即可在光大银行信用卡网站申请信用卡。光大银行连续获中国金融认证中心评选的“中国最佳电子银行”，以及各类机构评选的“中国最佳互联网创新银行奖”“年度中国电子银行创新最佳案例”“最佳微信银行”“年度最佳手机银行”“中国互联网金融领军榜百强品牌”等十余项行业奖。

（张　丽）

【品牌宣传】 年内，光大石景山支行秉承“阳光在心，服务在行”服务理念，打造“百姓心中最满意银行”服务品牌。定期走入社区开展宣传活动，活动包括定期开展反假币、反洗钱社区宣传、理财讲座等活动，普及银行金融产品知识。

（张　丽）

【2家社区银行成立】 年内，光大石景山支行解决京西地区网点少的问题，于1月在鲁谷东街成立远洋山水社区银行，10月在苹果园东路东口成立雍景四季社区银行。银行走入社区，社区融入银行，为居民提供有针对性的个性化金融服务。

（张　丽）

广发银行北京石景山支行

【概况】 广发银行股份有限公司北京石景山支行（简称广发石景山支行），于2013年10月16日成立，是一家全功能业务支行，隶属于广发银行股份有限公司北京分行。下设三部一室，即公司银行部、个人银行部、营业部及办公室，在职员工24人（党员4人，其中本科及以上学历人员21人，占员工总数的87.5%；大专学历3人，占1.25%）。截至年末，全行本外币各项存款余额12.7亿元，各项贷款余额5.05亿元，中间业务收入945.22万元；发放信用卡（激活卡）818张；开发手机银行、个人网银客户3876户；新增个人储蓄VIP客户383户。名列北京分行年度综合考核得分第一名。

地址：石景山区实兴大街30号院15号楼
电话：68897876　68809228
邮编：100041
邮箱：yuehong@cgbchina.com.cn

（岳　虹）

【深化园区合作】 年内，广发石景山支行延续“立足园区，面向园区，服务园区”经营宗旨。为支持园区打造CRD核心区，针对园区企业特点，将信贷投放目标客户确定为文化创意类企业和科技类企业，全力支持园区中、小、微型企业发展。截至年末，面向园区企业审批授信额度18000万元，实现实际投放8000万元，其中园区某重点企业获批信用贷款额度2000万元，并全额出账。

（岳　虹）

【业务推广】 年内，广发石景山支行推出优利存款、黄金T+D、双语保证金存款证明、资产托管计划、私人银行定制产品、特价游天下、信用卡、集团理财等业务，满足客户需求。

（杨　楠）

江苏银行北京石景山支行

【概况】 江苏银行股份有限公司北京石景山支行（简称江苏银行北京石景山支行），隶属于江苏银行北京分行。下设4个部室，在职员工18人（其中党员8人。本科及以上学历人员15人，占员工总数的83%；大专以上学历8人，占100%）。年内，江苏银行北京石景山支行秉承“合规、业绩、社会责任”经营理念，坚持“服务中小企业、服务地方经济、服务城市居民”市场定位，为辖区广大企业、居民提供金融服务。年末，各项存款余额217390万元，较年初增长119854万元；各项贷款余额93540万元，较年初减少19430万元；资产总额141199.34万元，实现利润1576.24万元。

地址：石景山区石景山路31号盛景国际广场一层
电话：57537005
邮编：100043

（孙婷婷）

【“卡易贷”产品】 年内，江苏银行北京石景山支行推出“卡易贷”随借随还消费贷款业务。“卡易贷”准入门槛低，外地户籍不受限制；无抵押、无担

保，最高可享受30万元额度；还款方式灵活，多种可供选择。并开通取现及转账功能，使提款方式多样化。

（孙婷婷）

【“智存宝”产品】 年内，江苏银行北京石景山支行推出“智存宝”产品。该产品是一款智能靠档计息产品，业务期限三年，起存金额10000元，具有起点低，无风险、收益高、随用随取、按实际存期向下靠档计算的特点。

（孙婷婷）

中国邮政储蓄银行北京西区支行

【概况】 中国邮政储蓄银行北京西区支行（简称邮储西区支行）隶属于中国邮政储蓄银行北京分行。下设综合管理部、公司业务部、个人金融业务部、风险合规部四大部室。年内，邮储银行西区支行创新营销模式，实现资产、负债、中间业务全面发展。年底存款规模196亿元、贷款规模165亿元；拥有客户总量149万户；服务网点75家，自助机具165台。获“北京市金融工会颁发的先进职工之家”“北京市总工会颁发的北京市模范职工之家”“中国邮政储蓄银行颁发的先进集体”等称号。邮储银行西区支行围绕打造“人文北京、科技北京、绿色北京”发展战略，着眼于差异化经营，致力于提供基础金融服务，被社会誉为“百姓银行”“绿色银行”，社会知名度不断提升，为地区经济发展做出努力。

地址：西城区阜成门北大街17号

电话：68332868

邮编：100035

（孙　意）

【创富大赛】 年内，邮储西区支行继续与工商分局、区私个协合作，连续第四年举办“邮储银行杯”中小企业创富大赛。石景山区在册企业共计18000余家，总体处于实体经济规模扩大、资金缺口较大、融资需求相对集中的快速发展阶段。支行加大扶持中小企业力度，解决中小企业融资难问题。加大集群研究，增加投放13款融资产品，降低融资门槛，为340户中小企业发放7.22亿贷款，在年度贷款额度收缩大背景下，保持27%的增长速度。

（孙　意）

【银企合作】 年内，邮储西区支行注重发挥网络优势，拓宽对公服务领域，与企事业单位建立广泛深入合作关系，服务涉及电力、通信、化工、科技、IT、金融、零售等多个行业领域。完善服务功能，构建以零售负债、信贷、公司、托管、理财、国际、同业七大金融业务板块，数十项核心产品为支撑的完善的产品服务体系，为众多企业提供便捷金融服务。

（孙　意）

【代发养老金】 年内，邮储西区支行每月发放养老金数额2亿元，涉及435家企事业单位近6万人，为养老金客户免费加办短信通知业务，使老人足不出户就能掌握账户变动情况；招募金晖俱乐部成员，使养老金客户享受增值服务；聘请养老金志愿者引导服务；开展感恩贺百岁，送寿到家和“快速通道”服务。

（孙　意）

【服务渠道创新】 年内，邮储西区支行在金融服务中，大力融合现代技术，进行服务渠道创新，推出自助银行、网上银行、电话银行、手机银行、电视银行、POS终端以及基于电子技术衍生的金融产品不断进行服务渠道的创新活动。

（孙　意）

11月2日，反洗钱宣传　（邮储西区支行供稿）

中国光大银行信用卡中心

【概况】 中国光大银行信用卡中心（简称信用卡中心）是经银监会批准成立的信用卡中心，直属于中国光大银行总行，于2013年3月13日在石景山区注册成立。信用卡中心是区域现代金融产业的龙头机构，对地区全面深度转型、高端绿色发展具有积极的促进作用。年内，信用卡中心被授予“先进基层党组织”“模范职工之家”等荣誉称号。被金融时报、中科院等数十家全国性媒体或机构颁发“最佳信用卡业务银行”“最佳信用卡品牌”等26个奖项。

地址：石景山区政达路6号院1号楼北方中惠国际中心B座

电话：56963218

邮编：100040

（陈　静）

【业务规模】 年内，信用卡中心通过积极探索O2O线上发卡模式，并与第三方合作批量导入优质客户，信用卡立体式的营销模式日趋完善。与此同时，结合“光大十元惠”“百元优享”等系列品牌活动，拓展国内知名连锁餐饮、超市、百货等优质商户，推动信用卡客户、交易和收入规模迅速增长。全年信用卡中心纳税9.7亿元，较上年增长133%。

（陈　静）

【创新发展】 年内，信用卡中心推出天天富联名卡、DIY信用卡等一系列新产品，得到市场广泛认可。探索基于互联网和移动互联网的O2O客户引入与产品营销模式。在业内首创互动账单式营销平台，搭建创新型多元行销体系，推广大规模精准化审批等项目落地，提升运营效率。在国内信用卡领域首次创新开发并启用信用卡“主机双活”技术，经过系统扩容、双向数据同步、技术改造、运维调整、稳定性测试等阶段，年内实现上线运行。

（陈　静）

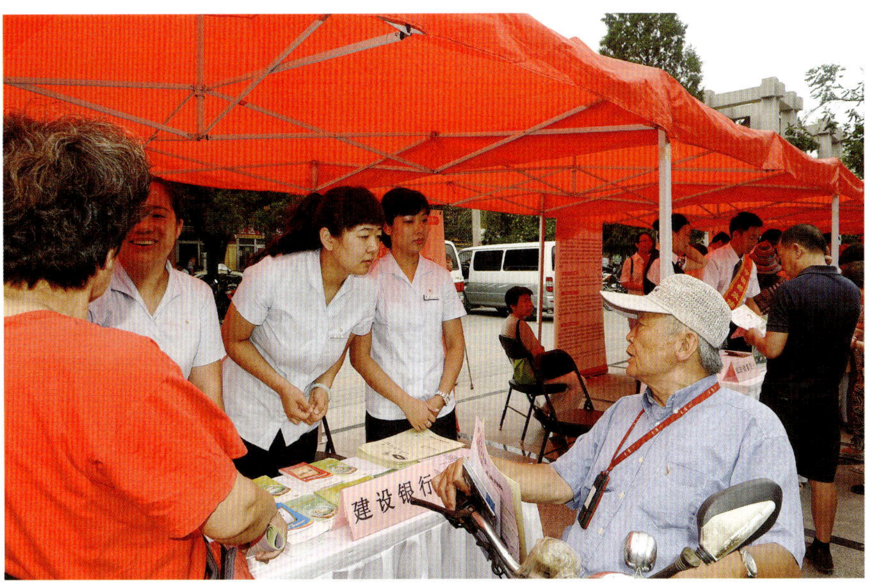

7月3日，金融知识宣传　（区金融办供稿）

保　险

概　述

年内，辖区有中国保险信息技术管理有限公司、天安人寿保险股份有限公司、光大永明资产管理有限公司、中国人寿电子商务有限公司、安邦电子商务有限公司、新华世纪电子商务有限公司、中保慧杰教育咨询有限公司等10家法人机构落户北京保险产业园。新华人寿保险、泰康人寿保险、中华联合保险、中国人民保险、中国人民财产保险、中国人寿保险、阳光人寿保险、安邦财产保险、太平洋财产保险等19家保险公司在辖区设立分支机构与营业部。

（赵晋晋）

中国保险信息技术管理有限责任公司

【概况】 中国保险信息技术管理有限责任公司（简称中国保信），是经国务院批准，于2013年7月在国家工商行政管理总局登记成立的企业法人。注册资本20亿元，总部设在辖区，由中国保险监督管理委员会管理。中国保信以支持保险行业发展、服务保险监管、保护保险消费为目的，主要职责是了解保险行业信息交互共享需求，建设和运营集中统一、设计科学、功能完善、安全高效的保险业数据信息共享和对外交互平台。截至年末，公司有员工103人。内设7个部门，另设北京、上海2家分公司。

地址：石景山区实兴大街30号院1号楼
电话：88195555
邮编：100144

（吕红亮）

【经济指标】 年内，中国保信业务发展良好，全年实现收入5.29亿元。年末总资产合计24.2亿元，实现资产保值增值。

（吕红亮）

【信息数据平台建设】 年内，中国保信建成机动车辆保险、农业保险、健康保险和保险中介业务信息等平台，其中机动车辆保险信息平台基本实现全国范围内机动车辆保险数据信息汇集利用和交互共享，可在车险保费定价、车船税联网征收、代位求偿、反欺诈等方面发挥作用。

（吕红亮）

天安人寿保险股份有限公司

【概况】 天安人寿保险股份有限公司（简称天安人寿）是注册于辖区的总部型金融机构，注册资本金45亿元人民币。公司成立于2000年11月，经营各类人寿保险、健康保险、人身意外伤害保险及养老保险服务等。年内，天安人寿在对行业外部环境客观分析基础上，充分发挥自身经营管理专业优势，牢牢围绕以客户为中心的经营方针，从营销、产品、服务、创新等诸多方面，深入开展创新探索和尝试，努力贴近广大保险消费者实际需求和潜在需求，发挥核心管理团队优势，深挖机构潜能，实现全年业务持续快速增长，管理水平显著提升，创新举措不断迈上新台阶的良好发展格局。

地址：石景山区盛景国际广场
电话：68639991
邮编：100043

（王　聪）

【业务经营】 年内，天安人寿实现规模保费收入101.71亿元，同比增长14.82%，成功跨上百亿保费平台。其中银邮代理渠道规模保费收入80.18亿元；年度期交保费收入1.57亿元，同比增长59.2%；个人业务规模保费收入6.39亿元，同比增长131.5%。公司各项业务均实现持续、大幅度增长，全面达到各项年度任务目标。

（王　聪）

【创新发展】 年内，天安人寿本着“以客户为中心”指导思想，整合互联网资源，与第三方平台建立合作关系，形成“以客户需求为导向”C2B网络销售体系。紧随互联网发展大势，打破行业界限，与众多互联网公司建立合作伙伴关系，借助平台优势，准确捕捉客户真实需求，调整产品结构，引导客户回归保险保障本质。根据人身险、互联网业务监管办法、消费者权益保护等相关监管规定，搭建互联网制度体系，

弥补公司互联网业务体系空白;同时就业务实践中遇到的新问题与困难寻求解决方案,保障客户权益的同时形成公司完整健康的互联网业务体系。

(王 聪)

【机构建设】 年内,天安人寿机构建设工作持续稳步推进。机构开设工作以完善全国省级分公司布局为基础,加快二级机构建设、重点完善三级机构布局、适度开设四级机构,重点围绕潜力巨大的市场开展分支机构建设,同时有选择地在西部及东北部进行分支机构布局。截至年末,上海、河南、山东、河北、青岛、吉林、四川等7家二级机构、1家北京营业总部、24家三级机构、32家四级机构开业。

(王 聪)

【保险产品开发】 年内,天安人寿注重构建"客户优先、产品优势,服务优质"产品体系。着力把握新时期保险消费者保险消费诉求和需求,设计、开发和推广贴近客户生活的创新型保险产品。截至年末,开发完成30余款新产品,在售产品80余款。

(王 聪)

【信息化建设】 年内,天安人寿不断推进和创新信息化建设,形成从基础支撑平台、核心业务平台、财务核心平台到业务渠道拓展平台的完整一体化信息平台。已上线系统分为四大类,即核心业务类系统、财务核心类系统、基础支持类系统、业务创新类系统。

(王 聪)

光大永明资产管理股份有限公司

【概况】 光大永明资产管理股份有限公司(以下简称"光大永明")是由中国光大(集团)总公司和光大永明人寿保险有限公司共同发起设立的保险资产管理公司。是中国保监会核准的第十二家保险资产管理公司。2011年9月获批筹建,2012年3月2日正式成立。光大永明在职员工70%以上具有硕士和博士学历,部分员工具有海外留学或工作经历,多名员工获得注册金融分析师(CFA)资格、国际金融风险管理师注册资格证书(FRM)。获中国保监会信用风险管理能力、债权投资计划产品创新能力和股票直接投资能力备案。具有全国银行间债券市场交易资格,并在中央国债登记结算有限责任公司和上海清算所股份有限公司申请了DVP(券款对付)服务。获批成为中国银行间市场交易商协会、中国保险行业协会、中国证券投资基金业协会、中国证券业协会会员。

地址:石景山区实兴大街30号院8号楼3层307号房间
电话:57570088
邮编:100033
网址:www.slebam.com

(赵 阳)

【首发产品】 8月6日,光大永明第一只开放式净值型主动管理产品"聚宝1号"正式成立。

(赵 阳)

【行业荣誉】 8月22日,光大永明获得由中国商业媒体领导《21世纪经济报道》主办的年度中国资产管理年会暨第七届21世纪资产管理大会授予的"金贝奖""年度最具发展潜力保险资产管理公司"荣誉。

(赵 阳)

中国农业产业发展基金有限公司

【概况】 中国农业产业发展基金有限公司(简称农业产业基金公司)是落实中央一号文件精神,经国务院批准,财政部联合中国农业发展银行、中国信达资产管理股份有限公司、中国中信集团有限公司3家国有金融企业发起设立的市场化投资主体,注册资本40亿元。基金成立于2012年12月18日,首期实收资本16亿元,其余注册资本于成立后两年内缴纳。基金下设董事会秘书处,负责承办和执行董事会会议决议的各项具体事项。董事会秘书处在职员工6人(均为本科及以上学历人员,其中博士学位3人)。截至年底,基金资产总额40.50亿元,较年初增加24.38亿元。全年实现盈利3884万元。基金通过管理人共入户调研企业240多家,涉及20余个省、市、自治区,覆盖超过40个农业细分行业,确定重点跟踪企业37家,立项企业12家,最终完成投资企业4家,全年投资总额超过10亿元。

地址:石景山区石景山路20号1201-02
电话:68081078
邮编:100045

(吴文军)

【基本资金增至40亿元】 年内,农业产业基金公司落实发起人协议和章程约定,基金董事会通过缴付后续注册资本议案,信达资产、中信集团和农发行分别于4月11日、5月12日和10月22日分别缴付各8亿元出资。基金40亿元注册资本全部到位,基金规模由16亿元增加至40亿元。

(吴文军)

【推动西部地区农村经济发展】 11月,农业产业基金公司向陕西海升现代农业有限公司投资8000万元,通过示范园建设,吸引农民、合作社、种植大户的种植热情,提高农民收入,推动西部地区农村经济发展。

(吴文军)

【投资企业登陆"新三板"】 年内,农业产业基金公司通过资本市场,使企业发挥资源优势,增强运营水准,提升产品竞争力,实现业绩强劲可持续增长。12月8日,基金投资企业辽宁参仙源股份有限公司在"新三板"的正式挂牌,成为全国第一家以野山参稀缺资源为主营业务登陆"新三板"公司。

(吴文军)

【支持绿色环保与循环经济】 12月,向北京嘉博文生物科技有限公司投资1亿元,用于支持绿色环保和循环经济。

(吴文军)

【支持海洋经济发展】 12月,农业产业基金公司向福建省平潭远洋渔业集团公司投资4亿元,支持远洋渔业龙头企业发展。

(吴文军)

证 券

概 述

年内,辖区有信达证券、国泰君安

证券、新时代证券、国联证券、中国银河证券、广发证券、中信建投证券、第一创业证券、华融证券等9家证券机构在区域设立营业部。

（赵晋晋）

国泰君安证券股份有限公司鲁谷路营业部

【概况】 国泰君安证券股份有限公司鲁谷路营业部（简称国泰君安证券鲁谷路营业部）于2010年2月9日正式开业，是国泰君安证券在京设立的第七家营业部，也是石景山区首家国内双A级券商营业部。依托总部从事证券经纪业务、多项创新业务，服务范围覆盖整个京西地区。2012年二季度成立财富管理部。财富管理部下设投资顾问岗和客户经理岗。客户服务部下设综合管理岗、客户服务岗、账户业务员岗、柜面运行岗、系统运行岗。年内，有在岗员工19名，其中硕士学历3人，占在岗员工15.79%；本科学历15人，占团队人数的78.95%；大专学历1人，占团队人数的5.26%。获年度国泰君安总公司授予的“显著进步团队”奖称号和北京分公司授予的年度“业务转型升级先进集体”称号。

地址：石景山区鲁谷路35号电子一所一层
电话：68658719
邮编：100040

（吴长峰）

【证券投资业务】 年内，国泰君安证券鲁谷路营业部设立多种金融产品体验区，为投资者展现专业金融服务能力。将原传统营业部模式升级打造成财富管理中心。开发市场，拓展各项经纪业务，以营业部为中心，辐射周边社区及各大中型商铺。针对不同客户需求设计适合不同行情的软件。

（吴长峰）

【多元化创新业务】 年内，国泰君安证券鲁谷路营业部为客户办理资产配置、融资融券业务、中小企业私募债业务、约定购回业务、新三板业务、大小非减持业务、股票质押、PB业务等多项创新业务。全年，PB业务达成合作意向并完成业务签订2单。

（吴长峰）

广发证券股份有限公司北京鲁谷路证券营业部

【概况】 广发证券股份有限公司北京鲁谷路证券营业部（简称广发证券北京鲁谷路营业部）成立于2011年9月13日，内设综合部、电脑部、市场营销部、客户服务部，正式员工16人。广发证券北京鲁谷路营业部秉承“知识图强、求实奉献”核心理念和“稳健经营、规范管理”经营原则，本着专业、专心、专为您的客户服务理念，为投资者提供全面、专业的证券投资服务，打造优质区域金融服务平台。全年营业收入3200万元，股票基金交易量84.21亿元。

地址：石景山区鲁谷路74号中国瑞达大厦F608室
电话：68609565
邮编：100040

（王　尧）

【证券投资服务】 年内，广发证券北京鲁谷路营业部借助金融技术和金融创新，优化经纪业务服务平台，为投资者提供高效便捷证券交易服务。营业部汇集股票、国债、企业债、开放式基金销售业务、代办股份转让业务、期货业务、融资融券业务等。投资者可体验多种交易方式、投资资讯产品以及多种投资增值服务，为投资者量身定制专属投资理财服务。

（王　尧）

【创新金融业务】 年内，广发证券北京鲁谷路营业部秉承以往传统证券经纪业务基础上，发展新型金融产品，拓展个性化金融服务：开展国家级高新园区企业股份制改造、新三板挂牌、定向增资及交易、信息披露等财务顾问业务；为客户进行证券质押登记和解除质押业务；统一证券账户平台上线。配套推出“新一柜通”柜台系统，实现客户账户业务全柜台一站式服务。推出网上资助开户系统，使客户足不出户就实现开户交易。

（王　尧）

【资产管理服务】 年内，广发证券北京鲁谷路营业部坚持“客户至上、专业服务”经营理念，在合法合规前提下进行业务开拓与创新。资产管理部建立“以公司研究为依托、外部研究为补充、自主应用研究为核心”的研究模式，专注于为高端客户提供一对一投资理财服务。

（王　尧）

中信建投证券北京时代花园南路证券营业部

【概况】 中信建投证券北京时代花园南路证券营业部（简称中信建投北京时代花园营业部）成立于2011年10月31日，年末，有在岗员工16人，全部为正式员工。拥有硕士学历员工2名，占12.5%；本科学历14名，占87.5%。年内，秉承“诚信、专注、成长、共赢”理念，踏踏实实、认认真真地做好地区老百姓投资理财工作。

地址：石景山区时代花园南路17号1层102室
电话：88980800
邮编：100043

（刘丽娟）

【财富管理平台上线】 年内，中信建投北京时代花园营业部打造具有竞争力的财富管理中心，全面上线不同起点、不同风险评级的金融产品。产品从固定收益到浮动收益，从公募产品到私募产品，从低风险到高风险。通过产品组合和资产配置，为不同风险承受能力客户提供综合理财服务。

（刘丽娟）

【新三板进展】 年内，中信建投北京时代花园营业部为中小企业提供全方位综合优质金融服务。独立承揽承做新三板企业1家，帮助该企业在全国股份转让系统成功挂牌，为实体企业经营提供金融支持。

（刘丽娟）

【柜台衍生品尝试运行】 年内，中信建投北京时代花园营业部在公司平台支持下，有序稳步开展柜台衍生品业务，帮助高端客户设计场外期权合约一单，向客户介绍OTC柜台业务收益凭证、交易配资、融资等新型交易模式和工具。

（刘丽娟）

典　当

概　述

截至年末，辖区有典当企业17家，分支机构3个。全年典当企业共开展业务3358笔，典当总额累计241696.49万元，同比增长87.3%。业务范围涵盖动产质押、房地产抵押、财产权利质押等。年内，全面完成上年度北京市典当企业年审，17家典当企业通过审核，其中13家被评为A类企业（最高级），3家被评为B级。北京融通典当有限公司被收回《典当经营许可证》。新增典当企业1家（北京祥瑞通典当有限公司），分支机构2个（北京市华夏典当行有限责任公司阜石路分公司和北京万国典当有限公司石景山分公司）。北京迪升典当有限责任公司迁出辖区。

（刘　珊）

【北京中天典当有限公司】　2002年8月30日注册成立。注册资金1000万元。注册地点石景山区杨庄东路126号。2005年4月公司注册资本金增至2500万元，2011年1月26日再次增资至4900万元。年内，有员工27人。实现典当总额55770万元，典当余额4360万，获年度石景山区绿色通道企业。

（陈　雷）

【北京金寿典当有限公司】　2005年10月21日注册成立。注册资金2000万元，注册地点石景山区银创家园南小区D座4单元102号。中发实业（集团）有限公司占比60%，华京投资股份有限公司占比40%。2008年12月5日变更股权，为中发实业（集团）有限公司占比50%；普盛达投资股份有限公司占比40%；中金福（北京）投资管理有限公司占比5%；云水月投资管理（北京）有限公司占比5%。2009年10月25日变更股权，具体为普盛达投资股份有限公司占比40%；中金福（北京）投资管理有限公司占比55%；云水月投资管理（北京）有限公司占比5%。2010年8月19日变更地址及增资，地址变更为杨庄北区52－7底商，注册资本变更为4000万元。股份重新分配为：慧谷盛志投资股份有限公司占比20%；中金福（北京）投资管理有限公司占比77.5%；云水月投资管理（北京）有限公司占比2.5%。2012年10月11日法人变更及股权变更。股权变更为：中金福（北京）投资管理有限公司占比77.5%；云水月投资管理（北京）有限公司占比22.5%。年内，有员工11人。实现典当总额12145.41万元，典当余额6352.66万元。

（陈　雷）

【北京都市典当有限公司】　2006年2月13日注册成立。注册资金3000万元，注册地点石景山区银创家园南区D座5单元101号。股东为北京都市房地产开发有限公司占比90%，北京鑫磊物业管理有限责任公司占比9.67%，自然人方向东占比0.33%。年内，有员工8人。实现典当总额10592万元，典当余额1320万元。

（陈　雷）

【北京国融典当有限公司】　2008年6月12日注册成立。注册资金1000万元，注册地点石景山区香山南路168号院1号楼36号。股东为北京大秦置业有限公司占比20%，北京信泰祥投资有限公司占比80%。年内，有员工6人。实现典当总额963万元，典当余额669万元。

（陈　雷）

【北京瑞鑫达典当有限公司】　2008年11月27日注册成立。注册资金1000万元，注册地点石景山区玉泉西里2区1号楼1层商业02号。股东为中润博海科技（北京）有限公司占比28%，北京中伟博海投资咨询有限责任公司占比42%，北京实意博海投资咨询有限责任公司占比30%。年内，有员工4人。实现典当总额1625万元，典当余额1045万元。

（陈　雷）

【北京永大典当有限公司】　2009年3月23日注册成立。注册资金2000万元，注册地点石景山区西井四区10号楼1—2单元一层底商。股东为赢在线（北京）科技有限公司占比80%，北京正华天宝投资有限公司占比20%。年内，有员工8人。实现典当总额11656万元，典当余额1396万元。

（陈　雷）

【北京万嘉信诚典当有限公司】　2009年4月9日注册成立。注册资金1000万元，注册地点石景山区古城南里甲5号1楼101房间。股东为北京阳光康桥投资有限公司占比30%，北京中加阳光能源技术（集团）有限公司占比70%。2013年7月11日变更地址为北京市石景山区时代花园南路23号院1号楼103号。年内，有员工14人。实现典当总额11500万元，典当余额1130万元。

（陈　雷）

中天典当行　（官庆培摄）

【北京国华典当有限公司】 2011年7月1日注册成立。注册资金1201万元,注册地点石景山区八角北路8号、5号住宅楼1层5号。股东为北京国通宝元投资有限公司占比48%,北京龙源绿镁科技有限公司占比35%,杨学文占比17%。年内,有员工8人。实现典当总额18739万元,典当余额1207万元。

(陈 雷)

【北京铭锋典当有限公司】 2011年8月12日注册成立。注册资金1000万元,注册地点石景山区时代花园南路28号院1号楼1层102号。股东为北京绿冠生态科技发展中心占比40%,北京绿冠种业发展有限公司占比30%,自然人杜春青占比20%,自然人石宏民占比10%。年内,有员工9人。实现典当总额3271万元,典当余额366万元。获北京典当行业协会年度"积极参加协会活动奖"。

(陈 雷)

【北京中保典当有限公司】 2011年7月21日注册成立。注册资金2000万元,注册地点石景山区杨庄东街59号2层204号。股东为易圣投资集团股份有限公司占比40%,北京玛斯科特通信技术有限公司占比30%,北京中鸿建信息技术有限公司占比30%。年内,有员工6人。实现典当总额23559万元,典当余额904万元。

(陈 雷)

【北京鼎瑞典当有限公司】 2012年4月12日注册成立。注册资金1000万元,注册地点:石景山区八角东街东侧石景山游乐园塞纳左岸风情街25-30号。北京晟懋鑫宇热力科技有限公司占比45%,中科环宇(北京)建设有限公司占比15%,自然人毕宝林占比40%。年内,实现典当总额0.45万元,典当余额0.45万元。

(陈 雷)

【北京金泽通宝典当有限公司】 2012年10月18日注册成立。注册资金1000万元,注册地点石景山区阜石路166号1号楼317室。北京泽洋房地产开发有限公司占比75%,北京泽洋物业管理有限公司占比15%,北京泽洋建筑装饰工程有限公司占比10%。年内,有员工7人。实现典当总额5366万元,典当余额924万元。

(陈 雷)

华厦典当行 (官庆培摄)

【北京中京典当有限公司】 2012年8月1日注册成立。注册资金1000万元,注册地点石景山区时代花园东街8号院3号楼1层115室。广东三银投资有限公司占比40%,汕头市新华城人造丝花有限公司占比20%,自然人许润华占比20%、欧阳宇占比10%、田亚军占比10%。年内,有员工4人。实现典当总额2469万元,典当余额958万元。

(陈 雷)

【北京融惠典当有限公司】 2013年7月11日注册成立。注册资金4000万元,注册地点石景山区西黄新村西里4号楼1至2层3单元101号。北京泰德市政工程有限公司占比99.25%,北京晟泰华鑫投资管理有限公司占比0.75%。年内,有员工17人。实现典当总额44888.82万元,典当余额2744.67万元。

(陈 雷)

【北京宝盛源典当有限公司】 2013年8月9日注册成立。注册资金2000万元,注册地点石景山区古城南里甲5号1号楼一层。北京信怡卓越科贸有限责任公司占比90%,北京海宸工程咨询有限公司占比10%。年内,有员工20人。实现典当总额20050万元,典当余额1380万元。

(陈 雷)

【北京泰德典当有限公司】 2013年11月26日注册成立。注册资金1000万元,注册地点石景山区政达路6号院6号楼103号。北京正大建筑工程有限公司占比31.95%,北京东方金鹰信息科技股份有限公司占比22.65%,自然人白桦占比30.4%、杨志强占比10%、自然人廖中扬占比5%。年内,实现典当总额8403.11万元,典当余额752.28万元。

(陈 雷)

【北京祥瑞通典当有限公司】 2014年7月15日注册成立。注册资金5200万元,注册地点石景山区金顶北路20号院9栋1至2层103号。山东诺德英物流有限公司占比57.69%,固安县宏达建材有限公司占比3.11%,自然人郭绍增占比35.35%、王建平占比3.85%。年内,有员工9人。实现典当总额14605万元,典当余额5020万元。

(陈 雷)

小额贷款

概 述

年末,全区有小额贷款公司4家,注册资本金13亿元。小额贷款公司累计发放贷款27亿元,其中,发放企

业贷款16.3亿元,辐射区内315家中小微企业,成为服务实体经济发展的重要力量。

（赵晋晋）

北京铭鑫小额贷款有限公司

【概况】 北京铭鑫小额贷款有限公司(铭鑫小贷)是经北京市金融工作局批准,在石景山区发起设立的股份制企业,公司主要发起人为北京市景山房地产有限公司、北京澳达天翼投资有限公司等,注册资金为1亿元人民币。公司注册成立时间为2012年3月31日,公司实行集团统一管理方式,采取集团审批集中制,公司下设综合管理部、信贷部两大部门。员工7人,其中本科以上学历5人,大专2人。铭鑫小贷秉承为守信客户提供便捷贷款服务经营理念,以精干、专业的团队、高效的管理、快捷的流程为客户提供融资增值服务,以降低客户融资成本、提升客户市场竞争力。截至年末,公司贷款余额10940万元,比上年同期增加470万元,累计放款11470万元,比上年同期减少44.5%;累计收回贷款11000万元,比上年同期减少39.6%,实现利息收入1691万元,上交税款305万元。

地址:石景山区西井路17号2号楼四层
电话:88794608
邮编:100041

（李凤莲）

【服务对象】 年内,铭鑫小贷集金融产品开发、市场推广、信贷审批和贷后管理等专业化职能于一体,主要为辖区内急需资金支持的个人、个体工商户、中小、小微企业及其他组织机构提供小额贷款服务。

（李凤莲）

【主要产品】 年内,铭鑫小贷开展流动资金贷款、综合授信额度贷款,担保方式可接受房产抵押、存货质押、股权质押、商圈联保、第三方保证以及小额信用等。

（李凤莲）

北京市盛丰小额贷款有限责任公司

【概况】 北京市盛丰小额贷款有限责任公司(简称盛丰小贷)由北京服务新首钢股权创业投资企业(有限合伙)以及其他几家内蒙古知名企业和个人共同投资,成立于2012年5月10日,注册资本10亿元人民币。截至年底,职工总人数25人,内设4个部门,是北京市资金规模最大的小额贷款公司之一。

地址:石景山区时代花园东街8号院2号楼
电话:88937113
邮编:100043

（丁　超）

【公司业务】 年内,公司累计发放贷款金额203995万元,累计收集客户信息1523份,接触客户830户,服务和支持客户128户,其中第三产业占95.45%,第一产业占4.55%,保证类贷款占79.44%,抵押类贷款占13.87%,信用类贷款占6.69%。全年公司纳税额4637.61万元。

（丁　超）

中央市属驻区企业

年内，全区规模以上工业企业累计完成工业总产值239.4亿元，同比下降12.8%，好于全年预期。全区8家高技术工业企业累计完成工业总产值8.4亿元，同比下降40.7%，19家现代制造业企业完成工业总产值41.5亿元，同比下降4.8%。高端产业有所好转，但工业总产值仅占全区工业产值的20.8%，工业内部结构仍有待调整。中央市属驻区工业企业完成现价工业总产值189.7亿元，占全区工业总产值的79.2%；销售产值191.9亿元，占全区工业销售产值78.7%；利润总额47.3亿元，占全区工业利润的90.9%；应交税金9.9亿元，占全区工业交税金的69.7%。中央市属驻区工业企业在工业经济总量中仍占据主导地位。

首钢集团

概　　述

首钢集团是以钢铁业为主，兼营矿业、电子、机械、建筑、服务业和海外贸易的大型企业集团，以首钢总公司作为母公司，下属北京首钢股份有限公司、首钢迁安钢铁有限责任公司、秦皇岛首秦金属材料有限公司、北京首钢特殊钢有限公司、首钢矿业公司、中国首钢国际贸易工程公司、北京首钢房地产开发有限公司、北京首钢机电有限公司、北京首钢自动化信息技术有限公司、北京首钢实业有限公司、北京首钢国际工程技术公司、北京首钢建设集团有限公司等12家子公司及其他独立经营单位，1月1日起撤销北京首钢新钢有限责任公司；国内其他钢铁企业7家，分别是山西长治钢铁公司、贵州水城钢铁公司、贵阳特殊钢公司、新疆伊犁钢铁公司、吉林通化钢铁集团、贵州首黔资源开发有限公司和首钢凯西钢铁有限公司；在香港有4家上市公司，分别是首长国际企业有限公司、首长四方集团有限公司、首长科技集团有限公司、首长宝佳集团有限公司；在南美洲有首钢秘鲁铁矿股份公司等海外企业。年内，首钢集团销售收入1828亿元，实现利润4.36亿元。集团生铁产量3138万吨，粗钢3078万吨，钢材2909万吨。首钢推进产品产量1183万吨，同比增加187万吨，增长18.8%。其中高端领先产品产量420万吨，同比增加112万吨，增长36.4%。全年首钢钢铁业整体运行趋稳。5月，京唐公司首次实现盈利；8月，四地钢铁业首次实现总体盈利。园区开发建设取得新进展。按照国务院办公室9号文件和国家发改委有关文件，北京首钢园区纳入全国城区老工业区搬迁改造试点范围。北京市政府颁发《关于推进首钢老工业区改造调整和建设发展的实施意见》，给予首钢按照新规划用途落实供地、专项使用首钢土地收益、创新投融资模式、合作招商选资引智、建立健全工作机制等6项政策支持。资本运营平台取得新成果。首钢股份公司资产置换获得中国证监会核准，12月22日基金公司正式成立，由母子基金构成，用于支持北京和曹妃甸园区开发建设。同月19日，首钢设立财务公司获得中国银监会批准。探索“金融+基地”运营模式，北京服务·新首钢基金运行稳健，入选国家发改委战略新兴产业创投支持计划并设立北京移动互联基金，入选市经信委创投合作单位并设立首钢节能环保产业基金，构建小额贷款、担保、保理金融服务链条。深化改革工作全面启动。制定《首钢全面深化改革指导意见》，搭建钢铁板块管理平台，细化实施方案，运输部划归矿业公司，整合矿业公司烧结厂、球团厂，实施铁前一体化管理，制定《首钢集团深化薪酬分配制度改革思路方案》及12个配套实施办法，坚持生产一线职工先行，在部分单位试点基础上，完成异地工作补贴、艰苦岗位津贴、年功工资、岗位工资套改工作。组织两期领导干部特训班、短训班和周末大讲堂，1.1万人次参加学习。全年举办培训班842个，培训23万人次。

地址：石景山区石景山路厂东门
电话：88293520　68873606
邮编：100041
网址：www.shougang.com.cn

（李淑萍）

【市领导调研】 1月9日，市长王安顺到首钢生物质能源项目现场调研。4月17～18日，王安顺、副市长张工到首钢京唐公司调研，实地了解企业发展情况、慰问一线职工。5月17日，市委书记郭金龙参观“第十七届中国北京国际科技产业博览会”首钢展台。5月20日，副市长张延昆到首钢生物质能源项目现场调研。6月28～29日，郭金龙、王安顺率北京市代表团到河北省学习考察，期间到首钢京唐公司调研并看望慰问一线干部职工。7月10日，市委副书记吕锡文到首钢生物质能源项目现场调研。

（李淑萍）

【生物质能源项目】 1月10日，首钢生物质能源项目垃圾焚烧发电厂并网发电。该项目是市委、市政府确定的重大民生工程和折子工程。累计接收垃圾51.15万吨，累计焚烧垃圾39.89万吨，累计发电13432万千瓦时，上网9657万千瓦时。生物质能源项目于2011年7月破土动工，利用首钢鲁家山矿南区工业占地31.32万平方米，投资214139万元，建设4台750吨/日往复式机械炉排焚烧炉，4台82吨/日卧式余热锅炉，2台30兆瓦抽汽凝汽式汽轮发电机组，处理门头沟、丰台、海淀、石景山4区经过分类收集、分选预处理后的生活垃圾。以热电联产方式，应用SCR脱硝技术、空冷技术、飞灰资源化工艺、沼气发电技术、烟气处理和废水零排放工艺技术，处理规模每天3000吨生活垃圾。项目于上年12月21日焚烧垃圾热负荷试生产，1号发电机组一次成功完成并网发电运行。

（李淑萍）

【签署战略合作协议】 1月17日，首钢总公司与中粤供应链战略合作协议签约。3月12日，首钢总公司与山西焦煤集团签署战略合作备忘录。11月17日，市政府侨办、区政府、首钢总公司签署战略合作协议，共同加快北京西部地区转型发展，推进“世界侨商创新中心”建设。首钢总公司党委书记、董事长靳伟作题为《关于在新首钢高端产业综合服务区内建设“世界侨商创新中心"相关工作》汇报，副区长司马红作《全面深度转型 高端绿色发展》主题推介。市政府侨办主任刘春锋，区长夏林茂与靳伟共同签署《加快西部地区转型发展，推进"世界侨商创新中心"建设战略合作协议》。

（李淑萍）

【首钢老工业区纳入全国试点】 3月11日，国务院办公厅出台《关于推进城区老工业区搬迁改造的指导意见》，明确首钢老工业区纳入城镇低效用地再开发试点范围，为老工业区开发建设提供政策支持。首钢搬迁后在北京腾出9平方千米土地，编写《首钢老工业区整体搬迁改造实施方案（2013年～2020年）》，首钢老工业区纳入全国老工业基地整体调整改造规划范围。其中，首钢西十筒仓改造项目一期纳入国家老工业区整体搬迁改造全国首批四个试点之一并获取2600万元中央预算内资金补助。首钢老工业区纳入城镇低效用地再开发试点范围后，可享受国土资源部2013年2月28日《关于开展城镇低效用地再开发试点的指导意见》中相关土地政策。首钢地区获得多项国家级试点和政策支持，先后被认定国家服务业综合改革试点区、北京保险产业园、国家可持续发展实验区和中关村自主创新示范区，市发改委牵头设立"北京服务·新首钢"股权投资基金，成为西部新兴产业引入培育的投融资平台。

（李淑萍）

【获市科技二等奖】 3月25日，北京市科学技术奖励大会暨2014年市科技工作会议召开。首钢的《海水淡化联合发电关键技术研究与应用》获北京市科学技术二等奖。海水淡化联合发电技术是首钢拥有自主知识产权的节能环保技术。该技术实现能源梯级利用，大幅度降低海水淡化运行成本，在产生制水效益同时，产生发电效益，实现热、电、水联产。每年可以节约海水淡化制水成本约6500万元。同时，配套发电机组每年可产生发电效益2500万元。海水淡化联合发电技术在首钢京唐公司应用。

（李淑萍）

【园区开发建设】 4月10日，首钢北京园区建设项目长安街西延首钢厂区工程启动。8月22日，北京市新首钢高端产业综合服务区发展建设领导小组第二次会议，明确包括按新规划用途落实供地政策、专项使用首钢土地收益、创新投融资模式等6项政策支持。9月25日，北京市政府出台《关于推进首钢老工业区改造调整和建设发展的意见》和《关于推进首钢老工业区和周边地区建设发展的实施计划》政策文件。截至年底，西十筒仓改造项目（一、二期）完成主体工程及部分配套工程建设，开始精装修；二型材、脱硫车间、一耐养老项目、晾水池东路等项目完成内部立项，其中二型材、晾水池东路项目进行初步设计，脱硫车间项目进行控规调整，一耐养老项目编制控规调整方案并推进建筑方案设计；完成长安街西延线首钢厂区建筑物、首钢广场及古南先期启动地块已腾迁区域的拆除；首钢水厂项目完成可研、环评、地勘报告编写工作；晾水池东路取得市规委道路工程设计方案批复等，完成部分专业施工图设计，开展红线范围内部分设备设施拆除。开展招商推广工作，举办中外知名企业投资首钢行、世界侨商创新中心建设战略合作协议签约等活动，参加科博会、乒超联赛、第18届京港洽谈会，重点推介筒仓创意广场项目、二型材互联网金融产业园项目、首钢广场项目、侨商创新中心项目；搭建园区网站、微博及微信平台，与市侨办、中关村管委会及招商局集团、海尔集团创新中心、中关村智慧产业联盟等单位和企业洽谈。

（李淑萍）

【养老项目启动】 4月，启动首钢一耐养老项目；7月9日完成设计方案征集工作。实施项目土地处置、场地评价等工作。首钢一耐养老项目位于丰台区，项目总用地面积46.7万平方米，分南北两区。其中，大型养老机构设置千余张养老床位，涵盖生活自理、生活协助、特殊护理、持续护理照料四大功能，集合养老、医疗、文化娱乐、教育培训、精神慰藉、生活照料等多种服务业态。养老服务产业园区，集合老年用品展示、体验、研发设计、健康服务等养老衍生领域服务设施，设置部分高品质养老床位，促进养老产业链上下集群协同发展。

（李淑萍）

【获市发明专利奖1项】 5月15日，北京市举行第三届发明专利奖颁奖大会，36项创新成果获得表彰。首钢的"一种高强韧性螺旋埋弧焊管用X80热轧卷板及其生产方法（ZL200810227820.9）"获"北京市发明专利奖"二等奖。北京市发明专利奖是全国首个省部级发明专利奖，自2008年起，每两年一届，已举办三届。

（李淑萍）

9月26日，首钢灯光节 （首钢集团供稿）

【连续4年进入世界500强】 7月7日，美国《财富》杂志发布世界500强企业排名，首钢集团以342.92亿美元(2108.43亿人民币)营业收入列第348位。这是首钢集团自2011年首次上榜《财富》世界500强后，连续第4年人选榜单。年度世界500强入围门槛再次提高5亿美元，营业收入达到237亿美元。

（李淑萍）

【京津冀协同发展】 7月25日，市委市政府在北京市上半年经济形势分析会上，明确提出京津冀协同发展要发挥首钢等大企业平台作用，加快建设以首钢曹妃甸园区等为突破口的四个战略合作功能区。同月31日，市政府与河北省政府签署《共同打造曹妃甸协同发展示范区框架协议》，明确“双方共同把曹妃甸打造成宜业宜居的现代化新城，打造成协同发展示范区。”在曹妃甸工业区北侧规划100平方千米，建设北京(曹妃甸)现代产业发展试验区，由首钢牵头组织建设。8月22～23日，“2014‘转型发展·钢铁强国之路’高峰论坛暨京津冀协同发展首钢实践研讨会”在北京会议中心举行，第十届全国政协副主席、中国工程院主席团名誉主席徐匡迪和首钢领导分别作主旨演讲。11月26日，由人民日报社主办的“京津冀协同发展论坛”在京举行，首钢领导介绍先期在河北省发展情况以及要在促进京津冀协同发展上做出更大贡献的思路，受到社会关注。首钢进入河北省发展较早，1958年开始在迁安市建设矿业公司，到近十年进行搬迁调整，目前首钢在河北省注册企业50家，资产规模1684亿元，职工3.46万人。

（李淑萍）

【获全国荣誉称号】 7月31日，全国钢铁工业先进集体、先进工作者和劳动模范表彰大会在北京召开，首钢集团有9个先进集体和18名劳动模范受到表彰。大会共评选出全国28个省市自治区98个先进集体、284名劳动模范及8名先进工作者。在以“服务创造价值，融合共赢未来”为主题的第五届中国软件外包和信息技术服务产业年会上，首自信公司获“2013年度制造行业信息技术服务十大龙头企业”称号。

（李淑萍）

【首钢基金公司成立】 8月22日，设立首钢京津冀协同发展产业投资基金，打造以首钢为主体的投融资平台，通过吸引社会资本设立若干支子基金，用于支持首钢北京园区和曹妃甸园区的开发建设。首支基金采用母子基金放大模式，基金规模上千亿元，重点投向非首都功能疏解和多地协同发展产业、综合服务配套及首钢老工业区重振等领域。基金采取公司制形式，打造城市综合服务业子基金、京外落地企业投资子基金和传统工业企业重振子基金。基金创新产业融资模式，吸引社会资金，为首钢老工业区产业升级、建设新首钢高端产业综合服务区提供长期、稳定资金。

（李淑萍）

【薪酬分配制度改革】 9月9日，首钢总公司党委发布关于首钢全面深化改革的指导意见。年内，首钢制定深化薪酬分配制度改革的思路方案，以京唐公司等5家单位进行分类试点。坚持一线先行、试点推进，改革措施成熟一个、出台一个、推行一个。至年末，《首钢总公司年功工资实施办法》《首钢总公司异地工作补贴管理办法(境内)》《技能操作岗位分档核定方案》《四地钢铁业艰苦岗位津贴实施办法》《四地钢铁业岗位工资套改实施办法》等涉及职工切身利益的薪酬分配制度改革措施陆续实施到位。

（李淑萍）

【服务APEC会议】 10月29日，首钢召开APEC峰会期间环境质量保障和冬季大气污染防治督查专题工作会，制定《首钢总公司关于2014年APEC峰会期间保障环境质量的工作方案》《2014年APEC会议期间首钢总公司安全、环保、生产、检修工作方案》，11月1日，首钢生产基地实施减排、检修方案；5日，河北省政府下发《关于实施最高一级重污染天气应急减排措施的通知》，首钢限产、压产，加大对环保设施监测力度。8日，首钢落实政府部门下发的《关于亚太经合组织会议期间进一步采取强化污染减排措施的紧急通知》，从环保设备使用维护管理，控制扬尘污染、废水污染、危险废物及放射性污染、噪声污染、机动车污染等6个方面做出具体安排。会议期间，按照北京市统一部署，北京园区重点施工项目全部停工。首建建设集团完成APEC会议立体会徽钢结构制作和安装，APEC立体会徽钢骨架为一个球径为7米，会徽设置于北辰路与北土城路交汇处的环岛上，会徽主体为扁球体，球径为8米，高11.8米，厚度为4.43米的圆饼，在圆饼下方设有一个梯形底座，外表面为硬质加灯光效果，内表面为钢骨架。这是首钢建设集团继完成天安门国庆主题花坛钢构工程后承接的又一项重大任务。同时，该集团负责承建国家体育场鸟巢LED超大型网幕，网幕依附鸟巢西侧立面，呈弧形曲面，总面积1.5万平方米，网幕最高点距地面57.73米，最低点距地面3米，弧线长度约320米。此外还完成APEC花坛钢结构设计制作安装。APEC立体花坛位于怀柔区迎宾路北环岛，花坛总长16.5米，高8米，厚度为1.6米，钢结构总用钢量超过50吨。均按照施工节点时限要求全部完成。

（李淑萍）

【首钢新园区通过专家评审】 10月30日，市住房和城乡建设委、市科委联合组织对首钢高端产业综合服务区(简称“首钢新园区”)申报国家第三批智慧城市试点进行评审。专家组实地考察首钢新园区建设现状，查阅文档，经质询与讨论，专家评审意见：首钢新园区智慧城市申报文件及相关材料，规划背景清晰、架构完整、目标明确、方案合理、指标体系科学、技术路线先进、实施路线可行、保障措施配套、创新点明确，对首钢新园区智慧城市建设具有指导意义与应用价值。申报单位基础良好，资金、技术、人才、组织等方面有充分保障，为创建高水平智慧城市试点打下坚实基础。同意推荐申报试点。

（李淑萍）

【非钢产业取得新成效】 10月，首钢

鲁家山生物质能源项目建成试生产，首钢实施污染土壤修复项目。承揽APEC会议灯光网幕工程，并取得立体车库制造和安装许可证。承揽并完成天安门周边地区部分防撞装置工程，参与北京市道路护栏标准制定。

（李淑萍）

【获中国专利奖1项】 11月6日，在第16届中国专利奖评选中，首钢总公司申请的“一种提高热轧钢板控制冷却温度均匀性的方法（ZL201110359346.7）”获中国专利优秀奖。该项目针对控轧控冷钢板温度不均匀问题，重新设计控制冷却装置及冷却工艺。该专利采用高压高密度强水冷设备和层流水冷设备相结合的方法，各控制冷却装置冷却强度保持不变，保证设备均匀冷却能力。热轧后的钢板被划分为头部低温区、均匀温度区、尾部低温区，钢板以“减速－匀速－加速”模式穿过控制冷却装置，控制钢板三个区域在冷却装置内的停留时间，解决钢板头尾温度偏低问题，获得整板面均匀的终冷温度的有益效果。该专利实施后，首钢累计生产中厚板产品60万吨，降低生产成本，提高产品质量和性能，经济效益超过1亿元。

（李淑萍）

【烟气脱硫项目通过鉴定】 11月，在中国钢铁工业协会组织召开的《适用于球团工艺的烟气脱硫除尘一体化技术研究与应用》科技成果评价（鉴定）会上，委员会鉴定认为项目在设备一体化、能耗和稳定运行等方面达到国际领先水平，具有大范围推广意义。项目由首钢环境产业公司与北京科技大学、首钢矿业公司共同研发完成，由北京首科兴业工程技术有限公司负责实施。项目每年减排二氧化硫9500吨，年减排粉尘480吨。

（李淑萍）

【管理创新成果获奖】 12月23日，首钢有16项创新成果获第29届北京市企业管理现代化创新成果奖，首钢总公司获优秀组织奖。其中，《大型钢铁企业集中一贯管理体系的构建与实施》《大型钢铁企业现场自主创新管理体系的构建与实施》《专业技术人才量化评聘体系的构建与实施》《大型国有企业创新发展方式的实践》《首钢发展旅游产业构建与实施》《高端引领，校企融合，构建完备系统的高技能人才培训体系》《打造综合延伸性产业链，支撑企业转型升级发展》7项创新成果获一等奖；《现代钢铁联合企业可靠性设备维检体系构建与实践》《构筑管理新模式，提升首秦公司发展能力的实践》《大型钢铁企业集团履行社会责任的实践》《大型企业文化评价体系建设与应用》《大型企业人工成本管控体系的构建与实施》《大型钢铁企业开展工业建筑、设备、设施防腐管理与实践》《坚持深化改革，调整发展战略实现企业转型发展目标》《构建经营管理平台提升集团管控水平》《老工业区整体搬迁改造的探索与实践》9项创新成果获二等奖。在冶金企业管理现代化创新成果评审中，《大型钢铁企业以工艺稳定为目标的系统保障能力建设》获一等奖；《大型钢铁企业系统性物流管理体系的构建与实施》《以班组为准利润中心的探索与实践》《集团化能源管控模式的创新与实践》《利用数据挖掘技术优化库存和采购降本增效》4项创新成果获二等奖；《地采矿山管理模式的创新与实施》《“一业多地”格局下备件采购管理模式的创新与实践》《以提高持续竞争能力为目标的新产品开发管理体系构建》《多地重组钢铁企业运行沟通机制的创新与实践》等6项创新成果获三等奖。

（李淑萍）

【获“金杯奖”产品11项】 12月，在中国钢铁工业协会冶金产品实物质量认定名单中，首钢有11项产品实物质量达到国内先进水平，被授予“金杯奖”称号。首钢获“金杯奖”的产品分别是：170P1加磷高强度冷轧钢板及钢带、DC51D＋Z连续热镀锌钢板及钢带、DC56D＋Z连续热镀锌钢板及钢带、HC220YD＋Z连续热镀锌钢板及钢带（50SW1300、50SW800、50SW600）冷轧无取向电工钢带（片）、S380CL汽车车轮用热连轧钢板和钢带、J55石油套管用热轧宽钢带、Q345R锅炉和压力容器用钢板、J55石油套管用热轧宽钢带、HP295焊接气瓶用钢板和钢带、DC03冷轧低碳钢板及钢带。

（李淑萍）

【西十筒仓改造项目】 年末，西十筒仓改造项目完善设计。一、二期主体工程进入收尾阶段，6个筒仓被改造成创意办公空间，筒仓外共开设千余个形状规则或不规则的大小孔洞做窗户。该项目采用光伏发电、太阳能热水、光纤照明、雨水收集利用等绿色环保技术以及BIM、GIS、照明控制等多项先进技术，成为首钢打造智慧园区示范项目。该项目被列为国家发改委老工业区改造首个试点项目，享受国务院9号文件政策。北京市出台《关于推进首钢老工业区改造调整和转型发展的意见》。在第三届亚太商业地产建筑设计效能高峰论坛（Green－CREP3）上，西十筒仓改造项目获“亚太商业先锋大奖”。

（李淑萍）

【钢铁生产】 年内，首钢推进产品产量1183万吨，同比增加187万吨，增长18.8%。其中高端领先产品产量420万吨，同比增加112万吨，增长36.4%。重点产品产量861万吨，同比增加211万吨，增长32%。其中汽车板产量194万吨，同比增加18万吨；管线钢产量87万吨，同比减少31万吨；电工钢产量126万吨，同比增加18万吨；耐候钢产量109万吨，同比增加32万吨；酸洗板产量37万吨，同比增加16万吨；汽车结构钢产量54万吨，同比增加4万吨；高强钢产量33万吨，同比增加10万吨；冷轧专用板产量91万吨，同比增加39万吨；能源用钢产量63万吨，同比增加42万吨。

（李淑萍）

【矿产资源业】 年内，首钢矿业公司精矿粉产量475.36万吨；供应迁钢球团矿312.98万吨、烧结矿889.22万吨；销售收入115.15亿元，实现利润1.2亿元，国有资本保值增值率104.76%。在露采、地采、选矿、球团烧结76项可比技术经济指标中，37项排同行业前3位，25项排名第1位。矿业公司水厂铁矿供矿总量5885.87万吨，回收矿量201万吨；杏山铁矿入选

矿石268.16万吨；大石河铁矿高品粉生产37.92万吨。唐首马铁矿入选矿石产粉27.75万吨。干选资源回收产粉46.34万吨。完成球团高压辊磨技改工程，秘鲁铁矿细粉配比达到40%，实现低品矿配比和采场技术状况优化，改善烧结矿冶金性能，为高炉输送优质熟料，主生产线经济运营综合效益2788万元。制定实施《环保预警期间保迁钢炉料供应措施》。6台99平方米烧结机及球团二系列脱硫系统和高压辊磨项目建成投入生产。完成水厂铁矿新水尾矿库恢复使用工程建设、评审验收。实施烧结老系统机头除尘器、球团一系列工艺除尘器大修，改善外排质量。矿产资源综合利用示范基地项目，获国家财政资金支持2119万元。杏山铁矿在国内首家通过国家安全监督管理局“地下金属矿山数字化建设示范工程”验收。矿业公司被评为“国家级信息化和工业化深度融合示范企业”，成为全国第一批两化融合管理体系贯标试点企业之一。

（李淑萍）

【科技进步创品牌】 年内，首钢科技成果鉴定验收133项，其中15项成果达到国际先进及以上水平，58项达到国内领先水平。获上级科学技术奖励10项次，其中“留渣+双渣转炉炼钢新工艺技术创新”“微合金化钢板坯角部缺陷形成机理及控制技术的开发与应用”“大型带式焙烧机球团技术研究开发与创新应用”3项获冶金科学技术一等奖。全年首钢推进产品生产1183万吨，同比增加187万吨，增长18.8%。其中高端领先产品420万吨，同比增加112万吨，增长36.4%。全年增收54亿元，增利25亿元。管线钢完成高韧性X90小批量认证；与宝鸡钢管合作实现J55－Q125套管系列全覆盖。耐候钢国内市场占有率26%，其中550－700兆帕级热轧集装箱钢市场占有率70%，800兆帕级冷轧集装箱钢通过青岛太平冲压认证；新开发耐硫酸露点腐蚀钢Q295NS、耐候结构钢S355J0W、新型耐候电力塔架钢SQ420NH等耐候系列产品。900兆帕级高强搅拌罐钢和专用车车厢钢在福田等用户试用。550兆帕、600兆帕级高端车轮轮辋钢应用于宝钢金属乘用车及日上轻量化商用车。酸洗板产品为郑州日产、长城汽车、五菱汽车等企业供货。奔驰底盘弹簧臂用复相钢CPW800－P通过海斯坦普冲压认证。汽车板产品实现退火1000兆帕、镀锌800兆帕、热成型1500兆帕及以下级别全覆盖，国内市场占有率15.2%。HC400/690TRD+Z通过斯图加特梅赛德斯奔驰技术的材料认证；无Mo高Cr体系HC260/450DPD+Z取代阿塞洛进口材料；Nb－Ti系IF钢FEP04－FEP06向菲亚特公司供货6000吨；为北汽D60车型开发的HC550/980DP通过认证。为北京现代、吉利、长安、厦门金龙等企业开发HC340/590DPD+ZF合金化高强钢等多种产品。电工钢市场占有率15.5%。实现无取向产品全系列供应能力。无取向电工钢总客户数量80家，直供比例超过85%。取向电工钢正品率、板形合格率达到国内先进水平，实现对国际ABB公司和国内特变电工、保定天威等三大变压器厂的批量供货。管线钢完成超低温管线钢X80、海洋工程隔水管、煤浆输送管等产品开发和供货。容器板完成临氢CrMo钢、抗酸容器钢的开发和供货。完成75Cr、8CrV、50Mn2V等锯片钢和NM400耐磨钢等产品开发，进入北美市场。高性能420兆帕级桥梁钢板应用到白沙沱铁路桥工程。特厚高建钢Q420GJGC－Z35应用到北京王府井嘉德艺术中心工程。超高强海工钢EQ51和E550实现商业供货4000吨。S420ML完成100毫米规格CE认证并中标孟加拉PADMA大桥项目；9Ni钢通过全国锅炉压力容器标准化技术委员会认证。首钢完成66项研发储备产品开发，其中35项供货16万吨。新增金杯奖产品8项，金杯奖总数40项。开展短平快项目89项，已完成实施45项。

（李淑萍）

【同6家企业交流合作】 年内，首钢与CMI和台湾中钢定期进行专题技术交流；借助与北汽联合成立的“汽车材料联合研发中心”，完成北汽C50、B40等车型零件切换；与一汽技术中心合作完成St13等5个钢种材料认可，用于一汽集团自主品牌全部汽车企业；联合美的公司在空调设计选材方面进行先期介入；为首钢与山东兴民共建的“车轮钢联合实验室”购置双轴疲劳试验机等设备；与南京小原签署“汽车板点焊联合实验室共建协议”，合作开展汽车板点焊焊接工艺研究。

（李淑萍）

【专利获奖】 年内，首钢专利申请625项，获专利授权461项，其中发明专利157项。“一种提高热轧钢板控制冷却温度均匀性的方法”获中国专利优秀奖；“一种高强韧性螺旋埋弧焊管用X80热轧卷板及其生产方法”获北京市发明专利奖二等奖。参与修订国际标准4项，国家、行业标准51项；其中9项国家标准和12项行业标准已颁布实施。提出合理化建议1.7万项，采纳1.22万项，创效益6.95亿元。

（李淑萍）

【获5项国家科技项目】 年内，首钢申请国家和北京市科技计划项目（课题）6项，其中“5万t/d水电联产与热膜耦合海水淡化研发及示范”“1200～1500兆帕超高强热成形钢研发”等5项通过可行性论证。“十二五”期间，首钢总公司承担国家科技计划项目（课题）9项，获拨经费5325.39万元。加入“海洋工程用钢产业技术创新战略联盟”，成为会员单位。完成首钢“绿色钢铁制造技术国家重点实验室”申报。

（李淑萍）

【钢材产品销售】 年内，首钢钢铁业4地钢材产品销售量1869万吨。其中推进产品销售量789.7万吨，同比增加51.9万吨，占总销售量比例42.24%；推进产品增加收入31.8亿元，同比增加1.6亿元。带出品销售增加效益3502.1万元。新开发用户244户，同比增加29户，其中直供与三方直供196户，同比增加41户。热轧管线钢销售量75.38万吨，市场占有率连续5年国内销量第一位；集装箱板销售量108.6万吨，市场占有率26.16%，连续3年国内第一位。热轧品种钢开发新牌号24个，涵盖高强钢、冷轧基料、车轮钢、耐候钢等产品。全年冷轧汽车板销售量193万吨，同比增长10.92%；国内市场占有率13.7%，居国内排名第四位。完成零件认证284个，与49家自主品牌终端用户、20家合资品牌终端用户合作，涵盖华晨宝马、一汽大众、长安福特等知名汽车制造企业。全年家电板销售量187.1万吨，连续3年市场占有率20%以上，与海尔、美的、LG等16家家电及配套企业建立订货关系，重点家电企业供货比例22%。全年冷轧专用钢销售量88.5万吨，同比增加35.8万吨，增长68%；新开发的油汀用钢、导轨用钢、液晶显示器背板用IF钢SEC1等实现批量供货。首钢在全国各区域分公司钢材产品销售量496万吨，同比提升7个百分点，新开发用户224家。全年受理质量异议513件，平均异议处理周期12.6个工作日，同比缩短2.9个工作日。

（李淑萍）

【首特钢园区开发】 年内，首特钢园区15号、16号项目用地取得市规委控规调整规划意见，并分别纳入市年度绿色审批通道，按照备案制方式进行项目立项。完成15、16号地立项备案手续、道路规划方案的编制及批复。15号地项目纳入石景山区2015年十项重点工程之一。获市国资委国有资本金预算项目资金支持1亿元。启动实施项目方案设计工作，公开展示及评审15、16号地项目、15号地绿色建筑评估研究分析，启动土地评估、道路测绘、相关勘察、专项设计等工作。完成资产处置及地上物拆除，轧钢生产线设备拆除及盘活资金3531万元，拆除建构筑物近5万平方米，达到地平标准。参加在京举办的第17届科博会、中外知名企业投资首钢行、第18届京港洽谈会项目推介会，搭建绿能港网站、微信平台，宣传推介首特钢园区。参与区科委功能性新材料推广平台项目，获得支持资金15万元。

（李淑萍）

【节能环保】 年内，首钢三地（迁钢、首秦、京唐）钢铁业吨钢综合能耗601千克标准煤/吨，同比降低8千克标准煤/吨。首钢钢铁业完成迁钢一热轧3号加热炉黑体节能技术改造、京唐公司增设外置氮压机回收低压氮气、首秦公司炼钢转炉煤气替代天然气烤包等12项重点节能项目，年节约5.17万吨标准煤。推进加热炉黑体改造、加热炉炉门优化等技术的实施应用。高炉水冲渣余热利用项目、电机永磁涡流柔性传动节电等7个节能项目落地实施，年节能量3.09万吨标准煤。加强节能减排优惠政策搜集、研究、利用，争取政府节能项目补助等政策资金支持2730.8万元；开展能效对标工作，制定改进措施提高能效水平。完成APEC会议期间空气质量保障工作。

（李淑萍）

【碳排放权交易创效益】 年内，首钢制定并下发碳排放权交易管理办法（试行），完成碳交易配额账户、交易账户及资金专用账户开户工作，完成上年度碳排放报告编制、上报工作，做好北京地区涉及碳排放报告及参与碳排放交易单位的指导服务工作，相关单位全部按时完成上年度碳排放报告、履约工作，搜集研究国家、北京市及行业碳交易相关政策文件、市场走势，编写《首钢碳讯》，建立协同联动机制，指导氧气厂、机电公司等单位参与碳交易工作，在北京市第一个履约期内共实现净收入1108.2万元；首钢开展碳排权交易管理的工作经验获得北京市发改委肯定。

（李淑萍）

【出口创汇10.68亿美元】 年内，首钢出口钢铁产品创汇10.68亿美元，出口收汇10.53亿美元。钢铁产品出口量168.94万吨。重点出口产品汽车板、管线钢、硅钢，出口量同比增长158%、106%和77%。推进产品出口量77.15万吨，占出口总量的45.7%，同比增长25.9%。全年进口铁矿石2155万吨，进口焦煤254万吨。销售铁矿石1587万吨，其中秘鲁矿1098万吨。

（李淑萍）

中铁二十二局集团有限公司

概　述

中铁二十二局集团有限公司（简称集团公司）是拥有铁路工程施工总承包特级，铁道行业甲（Ⅱ）级设计资质。公路、市政公用、水利水电、房屋建筑施工总承包一级；公路路基、桥梁、隧道、钢结构工程专业承包一级，地质灾害治理工程甲级和城市轨道交通工程专业承包资质企业；拥有对外工程和境内国际招标工程的经营资质、对外派遣实施境外工程所需的劳务人员特许经营权的集团公司。集团公司下辖第一、二、三、四、五工程有限公司、哈尔滨铁路建设集团有限责任公司、电气化工程有限公司、天瑞机械设备有限公司、房地产开发有限公司，铁路运营指挥部，北京、东北、华北、华东、华南、东南、中南、西南、西北、晋蒙宁、厦门特办指挥部等9个子公司和12个指挥部。有职工10668名，其中干部7282人，工人3386人；大学本科及以上学历3880人，大学专科学历2971人，专业技术人员6050人，其中高级职称662人，中级职称1609人；技能人才824人，其中高级技师16人，技师159人。截至年底，集团公司有施工、运输、生产、测量及试验等实物设备资产8253台（套），设备原值14.808亿元，净值6.534亿元，设备成新率44.07%。在建项目150个，合同总投资786亿元，剩余投资224亿元。全年累计完成施工产值184.8亿元，完成主要实物工程量：路基土石方3566万方，桥梁42.7成桥千米，隧道45.9成洞千米，房屋建筑88.4万平方米，铁路制梁2740孔（T梁、箱梁），公路制梁6414片，铁路架梁2168孔，公路架梁5084片，铺轨1188千米（含正线、站线），无砟轨道施工45千米，通信线路724千米。新立科研计划课题23项，资助研发经费104万元。《昆玉铁路宝峰隧道》工程列入股份公司年度技术重难工程项目。《大风地区低温环境下墩身施工控制技术》通过新疆科技成果鉴定，成果水平评价为国内先进；9项科技成果通过集团公司科技成果评审，2项评价为国际先进水平，5项评价为国内领先水平，2项评价为国内先进水平。截至年末，集团有6项有效国家级工法，10项省部级工法。4项获上年度铁道部科学技术奖，4项获上年度中国施工企业管理协会科技奖。2项获股份公司年度科学技术三等奖。2项获股份公司优秀工法。评定集团公司科学技术二等奖2项、三等奖2项，评定三级工法8项；优秀论文一等奖6篇、二等奖21篇、三等奖37篇。全年集团公司受理专利18件，授权专利12件。累计获授权发明专利4件，实用新型专利81件，外观设计专利1件，著作权4件。集团公司被评为股份公司安全生产先进单位；4项工程获股份公司安全质量标准工地；1项工程获国家优质工程银质奖；16项工程获省部级和中国铁建杯优质工程奖；获6个国家级和13个省部级优秀QC成果；上半年集团公司铁路信用评价首次进入A类企业行列。

地址：石景山区石景山路35号

电话：51886220

邮编：100043

（罗小慧）

【主要经济指标】 年内，集团公司新签合同项目129项，合同总额181.08亿元，实现营业收入190.85亿元。国有资产保值增值率111.86%，应上交款完成率100%。全年上缴利税总额1564897762.85元，其中企业所得税145476890.27元，个人所得税36181539.17元。

（钱春元　王志刚）

【松原至陶赖昭铁路工程】 集团公司承建的新建松原至陶赖昭铁路为新建Ⅰ级单线铁路。包括：松陶铁路正线长度110.695千米，其中桥梁长度15.857千米，占线路长度的12.87%。团山疏解线长5.444千米。陶赖昭联络线长7.133千米。合同投资额191300万元。主要工程量包括：路基土石方992.44万方，其中区间路基土石方断面方814.90万立方米，站场土石方177.54万立方米；桥涵15857米/233座，其中特大桥14979.55米/9座、大桥438.10米/1座、中桥271.05米/5座、小桥167.80米/15座，涵洞3839.57米/203座；预制T梁472.5孔；轨道正线铺轨122.37千米，站线铺轨27.03千米（含团山、陶赖昭、松原站改）；站场房屋14850平方米。11月27日完工。2010年8月开工。

（李　坛）

【太兴静游至兴县铁路2标】 集团公司承建的太兴铁路二青山隧道，全长15.851千米，洞身线路纵坡为单面坡，自进口至出口依次为4‰/1205米、5‰/13250米、3‰/1400米下坡。设有四座斜井，其中1号斜井全长835米，坡度7.9%下坡；2号斜井全长1725米，坡度11.2%下坡；3号斜井全长1830米，坡度11%下坡；4号斜井全长1230米，坡度6%下坡。斜井总长5620米。项目特点是隧道里程长、断面小、地质差、通风难、工期紧，是全线控制工期工程。其中正洞Ⅳ、Ⅴ级围岩占44.42%，比较大断层有5个，隧道涌水量大，有近3千米岩爆地段；辅助坑道斜井Ⅳ、Ⅴ级围岩占51%，安全风险大，施工难度高。全国投资额56762万元，7月16日安全贯通，10月15日完成整体道床施工，23日完成铺轨。该工程于2010年9月开工。

（李　坛）

【哈齐客运专线1标工程】 集团公司承建的新建哈尔滨至齐齐哈尔铁路客运专线土建（站前）工程HQTJ－1标段正线长度47.7千米，线路经过哈尔滨市道外区、松北区、呼兰区和肇东市。主要工程包括：桥梁21.98千米（其中现浇梁135孔、预架箱梁440孔、连续梁6联），路基29.9千米、地基处理CFG桩731.8万延米、路基土石方总量568万立方米（其中AB组填料385万立方米），中桥2座、框架桥2座，涵洞52座，车站1座（哈尔滨北站），铺轨289.48单线千米。项目部下设5个分部和1个轨道板厂。合同投资额为476274.5万元。12月10日完工通车。该工程于2009年10月开工。

（李　坛）

【福安至寿宁高速公路A2标段】 集团公司承建的海西高速公路网福安至寿宁（闽浙界）高速公路A2标段位于福建省宁德市境内。全长10.32千米，路基挖方561.08万方。填方509.08万方，桥梁6座共1941.5延米，隧道3座单洞长3190延米。合同投资额54172.5万元。12月31日完工。该工程于2013年1月1日开工。

（李　坛）

【古武高速公路A4合同段】 集团公司承建的古武高速公路位于福建省龙岩市武平县，起止里程：K26＋100～K31＋300，全长5.2千米。合同投资额为24000万元。合同段内全线均为分离

11月27日，松陶铁路竣工　（中铁二十二局供稿）

式，其中隧道六座，大桥两座，涵洞六道以及路基挖方 32.2 万方，填方 41.7 万方。12 月 31 日完工。该工程于 2013 年 1 月 1 日开工。

（李　坛）

【寿光至邹平线三电工程】 集团公司承建的新建铁路寿光至邹平线（寿光至广饶段）位于山东省寿光市和广饶县境内，线路全长 62.18 千米，分寿广正线、华星支线和益羊改线三部分。寿广正线从益羊线田柳站接轨，向西至兴广线华泰站，沿途设寿光西站和化龙站，正线全长 36.839 千米；华星支线自化龙站接轨，至华星集团厂区北侧，线路全长 3.432 千米；益羊改线作为寿光联络线，自益羊线 K18＋000 出线，向北至寿光西站，正线全长 21.918 千米。合同投资额为 7398.6695 万元。是年 7 月开工，11 月 19 日开通。

（李　坛）

【福州可门港铁路支线完工】 集团公司承建的新建福州可门港铁路支线位于福建省连江县境内，线路自温福铁路透堡站北引出折向东南，沿罗源湾经透堡镇、尖墩村、南岐尾到坑园镇颜岐村设港湾站，正线全长 22.319 千米，四电专业包括 23 组道岔，箱式变压器 4 台。合同投资额为 7242.98 万元。12 月 2 日完工。该工程于 2010 年 3 月 1 日开工。

（李　坛）

【珠海高栏港铁路专用线一期】 集团公司承建的新建铁路珠海高栏港疏港铁路专用线一期工程位于高栏港经济区内的 I 场、Ⅱ场及 III 场粤裕丰专用线线下及铺轨工程，标段内四电工程、站场房屋及配套工程。主要工程量：高栏港车站Ⅰ场新增到发线 2 条，有效长分别为 894 米、893 米，并对车站两端咽喉区改造；高栏港车站Ⅱ场新建存车线 4 条，有效长分别为 862 米、911 米、911 米、899 米；高栏港车站Ⅲ场新建到发线 5 条，有效长分别为 1052 米、913 米、946 米、858 米、860 米；Ⅱ、Ⅲ场间新建煤炭、矿石装车线各 1 条，机车走行线 1 条；粤裕丰专用线在矿石装车线上接轨，新建专用线长度 1.827 千米；以及综合办公楼及相关配套设施等。合同投资额为 31463 万元。10 月 24 日完工。该工程于 2012 年 12 月 25 日开工。

（李　坛）

12 月 28 日，地铁六号线二期项目完工　（中铁二十二局供稿）

【北京地铁 6 号线二期 16 标】 集团公司承建的北京地铁 6 号线二期工程第 16 合同段，包括一个车站一个区间。车站为东部新城站，区间为东部新城站－东小营站区间。车站为地下二层岛式车站，区间右线长度约 668.95 米，左线长度 672.356 米。在右 K42＋407.5 处设联络通道兼泵房一座。该项目首次采用盾构法施工完成的地铁项目。合同投资额为 21400 万元。12 月 28 日开通运营。该工程于 2011 年 7 月开工。

（李　坛）

【安全质量】 年内，集团公司与所属工程公司、直属指挥（项目）部签订了安全生产包保责任状，第一次将包保单位除主管领导以外的其他人员纳入安全考核的范围。截至年底，集团公司委派安全总监 11 人，A 类安全人员（企业负责人）73 人，B 类安全人员（项目负责人）376 人，C 类安全人员（专职安全管理人员）581 人，注册安全工程师 108 人，专职质检员 634 人。安全质量持证人员基本满足全局施工生产、经营所需。全年，未发生任何亡人事故；未发生较大及以上安全责任事故；未发生重大责任交通、火灾、火工品及铁路行车险性事故。安全管理机构健全，安全管理人员到位；未发生重大施工质量事故，工程质量一次验收合格率 100%。集团公司被评为股份公司安全生产先进单位，且京石铁路客运专线永定河特大桥工程荣获 2013－2014 年度国家优质工程银质奖；共有 7 项工程获得省部级优质工程奖和 9 项中国铁建杯优质工程奖，省部级优质工程奖分别为：津秦铁路客运专线宁车沽永定新河特大桥工程、松原至陶赖昭铁路工程 STS－1 标段第二松花江特大桥、北京地铁 6 号线 16 标东部新城站、京石铁路客运专线轨道工程、湘桂铁路扩能改造工程南广横寨双线特大桥、柳南横寨双线特大桥、厦门大学翔安校区海洋与环境学院及科研平台大楼、广元至南充高速公路工程。获得 6 个国家级优秀 QC 成果，分别为：新港苑安置房项目 QC 小组的“提高外墙内保温合格率”成果、三公司中国铁建·海曦项目 QC 小组的“提高卫生间排水管安装质量合格率”成果、五公司沪昆客项目部 QC 小组的“提高桥梁桩基钢筋笼质量”成果、昆玉铁路工程指挥部小组的“确保宝峰隧道大断面破碎带断层施工安全”成果、沪昆客专工程指挥部 QC 小组的“提高桥梁钢筋笼工厂化加工钢筋定

位精度”成果、哈建集团哈齐客专松花大桥QC小组的“提高移动模架造桥机制梁效率”成果；获得13个省部级优秀QC成果，铁路信用评价首次进入A类。

（任朝敏）

【科技成果】 年内，集团公司获2013年度铁道部科学技术奖4项。其中《M5－10型车载式布枕机研制与应用》《岩溶地质倾斜岩面钻孔桩施工技术》获二等奖；《SVM1000型铺轨机组升级改造技术研究》《穿隧式运架一体机研制及应用》获三等奖。获2013年度中国施工企业管理协会科技奖4项，其中《卵漂石富水地层城市地铁暗挖隧道下穿南水北调管廊施工综合技术研究》获一等奖；《M5－10车载式布枕机研制与应用》《现场预制砼T型梁整体立拆模系统及整体钢筋笼制安系统及配套系统研究《严寒条件下框架桥火灾病害大面积维修加固施工技术》获二等奖。《深水钢板桩围堰内大管井降水无封底砼承台施工工法》获黑龙江省2013年度省级工法。获股份公司年度科学技术三等奖2项，分别是《M5－10型车载式布枕机研制与应用》《严寒条件下框架桥火灾病害大面积维修加固施工技术》。获股份公司优秀工法2项，其中《曲线变截面钢箱梁的整体胎架拟桥位组装施工工法》获一等奖；《四线客专单箱四室连续梁6片主桁架挂篮设计施工工法》获二等奖。获得股份公司优秀论文二等奖5篇。年度集团公司新立科研计划课题23项，资助研发经费104万元；延续至年内科研项目55项。评定集团公司科学技术二等奖2项、三等奖2项，奖励金额3.2万元。评定三级工法8项，奖励金额4万元。评定集团公司优秀论文一等奖6篇、二等奖21篇、三等奖37篇，奖励金额4.5万元。年度集团公司受理专利18件，其中发明专利4件、实用新型专利14件。授权专利12件，其中发明专利1件、实用新型专利11件。全年累计获授权发明专利4件，实用新型81件，外观设计1件，著作权4件。

（应爱武）

北京北重汽轮电机有限责任公司

概　述

北京北重汽轮电机有限责任公司（简称北重公司）隶属于北京京城机电控股有限责任公司，前身为创建于1958年的北京重型电机厂，2000年10月实施“分立式”债转股正式设立的公司。北重公司是以生产经营火力发电机组（包括电站汽轮机、汽轮发电机及其辅机）为主导的电力装备制造企业。注册资本7.9亿元，员工1700余人，其中工程技术人员240余人；公司拥有以数控设备为主的加工设备600多台（套）；占地面积26万平方米，其中建筑面积18万平方米。年内，北重公司面向国内外发电设备细分市场，以“清洁高效、制造精良，成为在细分市场中具有竞争优势的发电设备制造和服务的供应商”为愿景，形成以亚临界、超临界300～360MW湿冷、空冷、单双抽供热火电机组和超超临界660MW机组等大机组，以及余热利用、生物质发电、热电联产、垃圾发电等领域小机组为主导的产品系列，产品容量自12MW到660MW，具有年产5000MW火电机组的生产能力。其中，超超临界660MW汽轮发电机组是国内首家自主研发产品，具备产品制造能力和条件。北重公司和法国阿尔斯通公司签订F级重型燃气轮机长期合作协议，进入重型燃机制造领域。截至年末，为运行在各大电力公司的110多台套的300MW等级火电机组提供设备安全运行、维修维护、改造升级服务工作。获北京企业评价协会和北京机电行业协会联合颁发的“诚信长城杯企业”称号。

地址：石景山区吴家村57号
电话：68632552
邮编：100040
传真：68639675
网址：http://www.bzd.com.cn
邮箱：office@bzd.cn

（谭远智）

【主要指标完成情况】 年内，北重公司主营业务收入7.62亿元。其中大机组业务3.2亿元；小机组业务0.82亿元；服务业务3.6亿元。应收账款净额4.75亿元。新增订货1.78亿元。主营货币收入12.24亿元。产品产量包括电站汽轮机大机组6台/1830MW，小机组10台/358MW；汽轮发电机大机组4台/1140MW，小机组6台/260MW；汽轮机改造1台/330MW；辅机330MW冷凝器4台、低加4台、机座3台。

（谭远智）

【创新体制机制】 年内，北重公司进一步落实“十二五”战略产品业务定位，实施体制机制改革，推进企业发展。成立电站技术服务分公司，从机构设置、资源匹配、技术保障、约束激励等方面优化电站服务业务体制机制，推动机组改造、备件修理等服务业务发展。继续落实核心制造方案，实现热处理车间停产关闭，淘汰高耗能、低效率生产环节。

（谭远智）

【市场开拓】 年内，因经济、环保、结构调整等各方面压力，煤电设备市场萎缩，市场竞争激烈。北重公司创新营销手段，加强区域营销策划，密切跟踪重点项目，针对用户要求制定详细方案进行技术交流，全年大机组业务中标两个项目，总价近4.5亿元。围绕电厂节能降耗、实现节能减排，机组改造技术实现突破，330MW等级火电机组高压通流改造获得成功。汽轮机首台（台州电厂8号机）增容提效改造项目由浙能研究院完成性能试验，改造后实测高压缸效率提高4.1%，增容部分及机组效率提升每年至少为用户增加1100万元收益，达到国内领先水平。

（谭远智）

【科技开发】 年内，北重公司重型燃气轮机开发合作：完成《GT26等级燃气—蒸汽联合循环配套150MW等级蒸汽轮机设计方案》评审；同时推进燃机技术合作，推动燃机制造项目落地，组织燃机附属设备国产化学习培训。汽轮机产品开发：完成首台350MW超临界间接空冷凝汽抽汽式汽轮机新产品项目开发；完成首台50MW直接空冷双抽汽轮机新产品项目开发；完成25MW直接空冷凝汽式汽轮机（利用余热资源发电）新产品项目开发；18MW凝汽式汽轮机（利用生物质发电）新产品开发项目；完成台州330MW汽轮机高压缸通流改造项目，使该机组增容20MW，高压缸效率提高3%。完成《660MW汽轮机阀门气动设计》等4项科研项目开发工作。发电机产品开发：完成新疆其亚360MW、新疆国泰350MW、山东鲁北100MW发电机等16个合同产品开发；完成40MW空内冷发电机、33MW、25MW二代空外冷发电机等6项新产品开发；完成9F型燃机及联合循环汽轮发电机投标技术资料；完成Q108转子绕组水流量计算、无刷励磁转子数据采集与无线通讯装置、稳定14m卧车转子加工质量等6项科研项目开发工作；开展Q108双水内冷330MW发电机技术完善、Q96发电机组的三维设计工作。技术管理：完成《关于参加标准制定或修订、专利申报和优秀科技论文发表参与人员的奖励办法》文件，鼓励工程技术人员参加标准（标准件）制定、撰写科技论文和申请专利工作。完成《超（超）临界660MW汽轮机滑销系》《超（超）临界660MW汽轮机中压第一级动叶片冷却方式设计》《电子量角器等三项实用新型专利》《汽轮机隔板特殊焊接及加工工艺》专利申报准备工作。

（谭远智）

【质量管理】 年内，北重公司精心组织策划，顺利通过ISO9001质量管理体系、ISO14000环境管理体系、OHSAS18000职业健康安全管理体系审核；通过300MW（及以下）等级机组及600MW等级机组低压加热器、凝汽器中国电能产品认证监督检查；完成QC课题11项并组织评审发布，其中《降低60MW汽轮发电机定子线棒击穿率》《改进供应商的审核评价方法》两项QC成果获“全国机械工业优秀质量管理小组活动成果”一等奖。

（谭远智）

北京巴布科克·威尔科克斯有限公司

概　　述

北京巴布科克·威尔科克斯有限公司（简称北京巴威公司）成立于1986年，是美国巴布科克·威尔科克斯有限公司（简称美国B&W公司）与北京京城机电控股有限责任公司各投资50%组建的国内首家合资电站锅炉制造企业，具有制造百万及以下等级超临界电站锅炉、超超临界电站锅炉、W火焰超临界电站锅炉、锅炉岛以及烟气脱硝（SCR）等相关电站环保产品的生产能力，为电站提供合理设计方案和优质技术服务，年生产能力达到800万千瓦，总资产达51亿元。北京巴威公司以美国B&W公司148年的设计经验和强大的试验研究能力为基础，动态引入美国B&W公司的先进技术并与自主创新相结合，始终保持在科技水平、产品质量上与美国B&W公司同步创新和发展，现已形成一套独立的研发、设计、制造、检验和售后一整套服务体系。年内，北京巴威公司面对电力市场长期处于低迷状态、市场竞争激烈的局面，公司员工找准市场，努力跟踪，创新经营，保持稳步发展。签订山西神头2×1000MW超超临界锅炉及SCR项目、宁夏枣泉2×660MW超超临界锅炉、宁夏宁东2×660MW超超临界锅炉及SCR项目合同，签订合同额25.75亿元，实现销售收入22.05亿元。公司首台浙江舟山2×1030MW超超临界锅炉投入运营，并实现了超低排放；公司首个605℃/603℃的600MW等级高效参数锅炉内蒙古布连电厂项目取得年度“中国电力优质工程奖”，并成为可供国内外电力企业参观学习的模范示范电厂。电站技术服务分公司立足环保，创新产品和服务，开辟多元化发展之路。全年签订合同2.3亿元，为公司发展作出贡献。北京巴威公司600MW“W”火焰锅炉岛项目荣获北京京城机电控股有限责任公司产品创新一等奖；市经信委授予北京巴威公司“企业技术中心”称号。

地址：石景山区石景山路36号
电话：68862244
邮编：100043
传真：68861336

（南英杰）

【签订山西神头锅炉合同】 5月4日，北京巴威公司与中国电力国际有限公司正式签署山西神头二期2×1000MW超超临界锅炉及SCR脱硝项目合同。神头一期2×600MW超临界锅炉为北京巴威公司于2009年设计制造，至上

6月9日，布连电厂新机组投入运营　　（北京巴威公司供稿）

年均已完成168小时满负荷运行。神头一期正常运营赢得山西神头发电有限责任公司的充分信任。北京巴威公司凭借诚信经营、诚挚服务赢得二期项目,本期工程两台机组计划于2016年9月和12月建成投产。

（南英杰）

【签订宁夏枣泉锅炉合同】 10月30日,北京巴威公司与宁夏枣泉发电有限责任公司在杭州签订2×660MW超超临界锅炉项目合同。该项目是北京巴威公司在宁夏乃至西北地区首个超超临界锅炉项目,对今后在西北市场开发起到扩大影响的重要作用,该项目已列入宁夏"十二五"重点项目,此项目是宁东太阳山到浙江绍兴正负800KV直流送电工程的配套电源项目。

（南英杰）

【签订宁夏宁东锅炉合同】 11月30日,北京巴威公司与神华国华宁东发电厂签订二期扩建工程2×660MW超超临界锅炉及SCR脱硝装置项目合同。本工程为2×660MW燃煤汽轮发电机组,项目计划下年3月投产,2017年3月实现第一台运行发电,两台机组同年实现双投。根据宁夏自治区国民经济和社会发展计划及远景目标,贯彻党中央、国务院"西部大开发"的战略部署,积极推进国家"西电东送"的电力发展战略,贯彻落实"必须加快转变经济增长方式,要把节约能源作为基本国策,努力建设资源节约型、环境友好型社会"的要求,实现节能降耗的目标。该项目已列入宁夏"十二五"重点项目,是宁东太阳山到浙江绍兴正负800KV直流送电工程的配套电源项目。

（南英杰）

【首台高效参数锅炉】 布连项目是北京巴威公司与国电建投内蒙古能源有限公司于2008年签订的2×660MW超超临界锅炉合同,它是北京巴威公司第一个605℃/603℃的600MW等级高参数超超临界锅炉项目。项目合同签订后,北京巴威公司依据电力市场追求高效率、低造价和降低排放等先进设计理念,在项目设计阶段,着重锅炉全方位的优化和创新,并将优化贯穿在设计、制造、安装和售后服务的各个环节。已投入运营的布连电厂是内蒙古自治区目前单机容量最大、参数最高,最节能、最高效、最经济、最环保的火力发电厂,主要技术经济指标为同类型机组最好水平。布连电厂荣获年度"中国电力优质工程奖",成为可供国内外电力企业参观学习的模板示范电厂,创造七项全国第一的机组。

（南英杰）

【首台百万等级锅炉】 由北京巴威公司提供锅炉供货的浙能中煤舟山电厂2×1030MW超超临界机组于7月和9月分别投入运营。投运后效果较好,并实现超低排放,享有"海上坑口电站"美誉,北京巴威公司在锅炉设计上和环保理念上有众多亮点,同时两台百万发电机组的大气排放指标均优于天然气发电机组的排放标准限值,使其成为全国首家机组全部实现超低排放的绿色环保电厂。浙江舟山电厂百万机组实现超低排放,在新中国电力发展史上成为一个重要里程碑,具有重要历史意义。

（南英杰）

商业贸易

石景山区商业经过多年培育打造，大体量商业不断涌现，商业服务设施总体规模不断扩大，形成囊括百货店、购物中心、综合超市、专业店等较为完善的商业业态，总商业面积超百万平方米。其中万平方米以上综合百货4家、购物中心2家、仓储会员店1家，千平方米以上超市19家，专业店7家，市级特色商业街1条。就北京楼市看，石景山区目前处于价值洼地，与同样位于城市功能区和城市半径的北部和东部城区相比，明显处于下风。但随着国家服务业综合改革试点区、国家可持续发展实验区和中关村国家自主创新示范区三大国家级牌照落户本区，以中关村科技园区石景山园和国家保险产业园、国家互联网金融产业基地等高精尖产业园区为代表的金融、互联网和文化创意产业的发展，特别是金融产业聚集效应一旦形成，将大大提升区域投资潜力，也将支持石景山区构建高精尖业态为主导的新兴商务区。年内，开展总部经济专题研究，明确发展方向，谋划空间布局。随着金融街（长安）中心项目正式亮相，石景山新兴商务区布局初显。与北京市商务委总部工作平台密切衔接，发挥市级总部新政引导作用，促进驻区总部企业实体化经营和战略提升。京能、瑞达总部兼并壮大，畅游升级全国总部，中铁物总贸易公司、八大处房地产入选全市首批重点总部企业名录。促进跨境电子商务发展。借助北京市发布跨境电子商务发展方案契机，引导物美集团进军跨境电子商务领域，创新“O＋O”商贸企业线上线下联动模式。鼓励文创企业搭建网络平台，创新“走出去”渠道，趣游集团、华录百纳获批国家文化出口重点企业称号。石景山区不断加快转变外经贸经济发展方式，坚持稳中求进，扩大增量，提高质量。引进外经贸企业从工业生产到商业零售、汽车出租、科技研发、商务服务、咨询服务、文化创意产业等领域，全部符合辖区发展定位。外资来源遍及亚洲、美洲、欧洲和大洋洲的30个国家和地区。新设外商投资企业41家，投资总额2亿美元，注册资本1.5亿美元，合同外资1.3亿美元。

（郝　响　张　焰）

商　务

概　述

北京市石景山区商务委员会（简称区商务委）是负责本区内外贸易和对外经济合作的区政府工作部门。年内，区商务委按照北京市“四中心、一目标”发展定位，围绕区委“八个高端”体系建设要求，扎实推动各项工作。举办2014京西消费节。出台设立商业保理公司试行办法、商业保理试点监管暂行办法，与50余家拟在京设立商业保理企业接洽设立事宜，其中20家注册入驻辖区。加速辖区蔬菜网点布局和业态升级，实现全区千平方米以上超市蔬菜销售全覆盖。跟踪方圆六合、福民超市等社区菜市场（菜店）规范化改造，促进传统市场业态升级。围绕五里坨定向安置房菜店和便利店建设，搭载综合便民服务项目。推动“乐智屋”建设试点，引导实体经营与网上销售相结合。依托家政龙头企业推进多网融合家政服务体系建设，实现线上线下联动。全面实施早餐示范工程建设试点。推进再生资源回收体系建设，落实回收市场清理整治任务，多次组织相关单位开展安全生产专项整治，取缔无照经营、违章建设、非法经营回收市场6家。规范消夏露天餐饮，落实整治工作实施方案。全年实现社会零售额232.1亿元，同比增长12.1%，增速稳居城六区首位。

地址：石景山区石景山路18号
电话：68607227
邮编：100043
网址：http://sjsswj.bjsjs.gov.cn

（郝　响　张　焰）

【商业保理业务试点】 年初，市商务委正式函复石景山区“可作为北京市首批商业保理试点区县开展相关工作。”成立区商业保理联合推进领导小组，出台全市商业保理行业第一个政策性文件——《石景山区设立商业保理公司试行办法》。北京农投商业保理（首创集团）、京西启润商业保理（京西创投）、兆通置地商业保理（兆通置地集团）、北京康平商业保理（物美集团）4家公司作为市首批获得商业保理试点企业正式在辖区注册登记。出台商业保理区域性监管办法——《石景山区商业保理试点监管暂行办法》，推出以“政府监管、银行监督、专业审计、行业自律”为主，“商业保理业务信息预警系统”为辅的“4＋1”监管工作机制，研发国内首个商业保理业务信息预警系统，提高商业保理企业监管水平。截至年末，共审批商业保理企业20家，注册资金21.71亿元。

（董　华　陈　雷）

【粮食平衡调查】 3月，完成上年度辖区粮食供需平衡调查。共调查城镇居民64户、粮食经营及转化企业28家、餐饮企业及单位食堂30家，基本掌握全区上年粮油产品供给量、需求量、库存量等基础性数据，形成《2013年度石景山区粮油供需平衡调查报告》。

（刘　珊）

【拓宽购物新渠道】 3月，石景山万达广场O2O智能电子商务平台“万汇网”正式上线，万汇网独立APP也已同期上线。作为北京首家上线的购物、消费广场，业务涵盖百货、美食、影院等领域，实时为消费者提供最新的广场活动、商家资讯、商品导购、优惠折扣等全方位服务及资讯。万达电商产品关键组成的手机客户端“万汇”，除实现万汇网的功能外，还可为消费者提供找商家、找车位等多种智能化一站服务。万汇网的上线有效拓宽石景山万达广场的购物渠道，同时为石景山及京西周边地区的消费者提供全新的购物体验，进一步树立石景山万达广场在京西地区标杆型购物广场的中心地位。

（徐　沫）

【再生资源回收体系建设】 4月24日，区商务委组织召开再生资源回收体系建设和整改工作动员部署会。会上传达《石景山区再生资源回收体系建设实施方案》和《石景山区集中开展再生资源回收市场安全生产专项整治工作实施方案》，对相关工作提出要求。城管执法局、鲁谷社区和再生资源回收主体企业分别进行发言。各委办局、街道(鲁谷社区)、农工商公司、社区居委会、物业公司和再生资源回收主体企业负责人共约200余人参加会议。全区废品年回收总量约为7.6万吨。主要去向是区内的32个废品回收市场,大多分布在中西部的城乡结合部地区,部分市场存在异地经营、共用执照甚至无执照等情况,成为游商的"集散地"。区商务委围绕"开拓建设新思路、提升行业规范度、形成回收产业链、树立回收新形象"总体目标,按照"政府推动、企业运营、行业规范、社会参与"原则,规范建设与清理整治相结合,通过"主体企业+规范化回收站点、统一物流运输体系、专业分拣中心"的"一带三"模式,规范再生资源回收市场,促进再生资源回收体系健康发展。8月,完成区再生资源行业专有形象标识、回收站点围挡和回收车辆等设计方案,撰写再生资源回收体系建设文件汇编等配套文件材料。以鲁谷社区为试点,确定27个回收站点。《实施方案》计划在三年内建立起再生资源回收体系。首先将取缔无照经营、违章建设、非法经营的违规市场,保留2家较有规模的回收企业,由政府监督企业规范化、标准化运营。政府还将出资规范目前142个社区里的148个回收点,配备统一标识的折叠围挡、回收箱、回收专用三轮车和电子秤,企业将分拣中心升级改造,新增专业封闭回收机动车10辆,并指派回收人员进驻社区。根据每1000~1500户设立1个回收站点,每个社区设置1~2个回收站点的要求,增加30个回收点,确保回收点社区全覆盖,建立起比较完善的再生资源产业化、资源化回收体系,方便居民交售废品。此外,还将建立网上交易平台,发展再生资源多样化回收交易方式,甚至提供询价、网上预约、上门回收等服务,保障再生资源交易活动的有序进行。

(张　弋)

9月29日,节日市场检查　　(区商务委供稿)

【规范消夏露天餐饮经营】 5月22日,区领导带队检查全区消夏露天餐饮市场。重点检查八宝山、鲁谷、八角、古城、苹果园、金顶街等地区的8家大型消夏露天餐饮场所和17个门店,了解并查看食品卫生、油烟排放、安全保障等情况,向经营者宣传法规,对4个存在油烟净化不到位、店外经营、倚门(窗)烧烤、私接燃气的单位进行批评教育,责成相关部门严格依法处罚并限期落实整改。6月19日,区领导带队检查消夏露天餐饮经营和整治工作。对老山西街、八角东街、古城北路、西井路、金顶路、鲁谷路等9条重点大街和"碧海蓝鲸""大江南"消夏露天餐饮文化广场进行检查,针对存在问题提出四点要求。年内,区商务委成立消夏露天餐饮经营管理和整治工作领导小组,制定实施方案,召开动员会。协助各街道(鲁谷社区)按照属地管理原则组织召开辖区内餐饮企业消夏露天餐饮经营管理和整治工作会,发放《致全区餐饮企业的一封信》。利用区有线电视、《石景山报》等媒体,开展系列宣传活动,营造工作氛围。规范文化广场,组织召开"消夏露天餐饮文化广场申报情况"汇报会,与北京俄斯科餐饮管理有限公司等8家企业签订经营《承诺书》。组织城管、公安、环保、食药等职能部门多次进行联合执法检查和巡查。全年组织各部门联合检查10余次,定期巡查25次。共出动执法检查人员500余人次,纠正规范各类违规经营行为170余起。

(张　弋)

【参加第三届"京交会"】 5月28日至6月1日,区商务委联合区相关委办局,参加在国家会议中心举办的第三届中国(北京)国际服务贸易交易会(简称"京交会")。在历时5天的展会中,重点推介地区两块"金字招牌"——国家服务业综合改革试点区和国家可持续发展实验区。通过京交会平台,全方位、宽领域、多角度展现"全面深度转型　高端绿色发展"战略、建设国家级绿色转型发展示范区奋斗目标及着力构建"八个高端体系"工作推动情况。展会期间,北京馆持续滚动播放宣传片"美丽石景山"。同时在展区设立政策咨询台,重点发放支持服务业发展的政策合集和宣传手册,并由工作人员解答企业咨询。6月1日,京交会北京主题日举行。辖区企业北京华录北方电子有限公司、北京新七天科技公司分别与日本松下签署蓝光工程录像机采购合同,与深圳创维签署电视天猫运营服务年度电视采购合同,签约金额5亿元人民币。

(徐　沫)

【2014京西消费节】 9月6日至10月12日,在石景山万达广场举行,由石景山、门头沟、房山三区商业联合会联合主办。本次京西消费节以"惊喜在京西·京西GO惊喜"为主题,汇聚百货、汽车、超市、黄金珠宝、餐饮、家居、家电、旅游等品类和业态,并延续惠民文

化消费，提供美食及文化展示、演艺表演、厨艺展示、技能展演等特色文化项目。活动遵循“请进来、走出去、动起来、沉下去”的宗旨，即请外区企业参与、到外区拓展宣传、多种业态联动、深入社区开展活动，以时尚潮流为主线，通过“快乐时尚购、台湾美食汇、电商体验购、汽车欢乐购、节庆实惠购、活动连环动”六大主题板块，全面带动京西消费市场，是京西地区每年一度的商业盛会。活动期间，万达广场、爱玛裕家居广场、神农庄园酒店、当代商城鼎城店、物美、永辉、沃尔玛及房山区华冠购物中心、门头沟国泰百货等京西地区众多企业整体让利消费者。多家驻区汽车4S店同时带来百余款畅销车型开展试乘试驾、整车让利、展示展卖等活动。北京台湾街、神农庄园、眉州东坡酒楼石景山店、旺顺阁海鲜广场等餐饮企业齐推打折促销、菜品推广、美食品鉴活动。与往届相比具有以下特点：一是转变方式，服务企业。尝试以“政府推动、协会主导、企业主办”的市场化模式运行，以企业为主体，突破地域限制，深入社区服务，充分激发各类商业服务业企业的积极性，相互融合竞相发展，促进和拉动京西地区社会购买力的提升。二是活动丰富，参与度强。企业积极踊跃参加“2014京西消费节”，各项主题活动丰富多彩，线上线下企业齐动，参与企业涵盖商超、汽车、电商、餐饮、特色街等众多业态近百家企业，汇集300余项商家活动，千余种优惠促销全面回馈消费者。此外，除折促活动外，还与区内文化活动相结合，安排多场文化演出活动，丰富活动内涵。三是宣传多样，受众面广。本次活动除利用平面、网络、微博、微信等十余种宣传方式外，还加强与电视、移动媒体的合作，通过立体化宣传，树立消费节的品牌形象，成为京西消费市场风向标。

（刘　颖）

【完善“数字商务”系统】 年内，区商务委依托“数字商务”平台建设，构建高端商业民生体系。率先提出“数字商务”理念，“数字商务”项目二期实现一期工程C/S结构向B/S结构转换，完善社区商业数据库，全面客观掌握社区商业总量、结构、覆盖现状、未来规划等情况。科学谋划社区商业布局，以信息化技术手段为支撑，以“一刻钟服务圈”覆盖空白点和居民需求为重点，按照“提”“转”补”“建”发展思路，分类推进老旧小区、新建小区、待建小区社区商业便民服务体系建设。加快早餐便民服务体系建设，实施早餐示范工程，科学规划网点布局，采取“固定早餐门店为主、便利店搭载为辅”模式，实现早餐网点合理配置。科学规划构建蔬菜零售网络新格局，利用“一刻钟”分析和叠加区域规划功能，将蔬菜零售网点布局与城市规划、公共服务设施配套相衔接，实现科学规划、合理布局。

（徐　沫）

【推动跨境电子商务发展】 年内，驻区企业趣游集团、华录百纳获“2013－2014年度国家文化出口重点企业”称号。辖区文化创意总部企业——趣游集团开展跨境电子商务，建立“中国轻游戏产品版权出口服务平台”，为中小企业提供全球游戏出口运营服务，引领中国游戏企业“走出去”。截至年末，该平台有106家中小企业用户，超过500个人用户，平台收入突破6000万元，创造税收1200万元。

（徐　沫）

【新七天获电子发票资格】 年内，驻区重点网上零售企业——新七天电子商务公司成为辖区首家获批北京市电子发票试点企业。该公司是国内领先家电类电子商务营销服务商，为创维等数十家知名家电企业提供天猫旗舰店托管运营服务。

（徐　沫）

【促消费保增长】 年内，区商务委采取组织特色活动、推动品牌提升、优化购物环境、落实资金政策、完善应急体系等措施，促使全区消费品市场继续保持较快增长。全年累计实现社会消费品零售额232.1亿元，同比增长12.1%，累计增速在城六区中保持首位。

（刘　颖　滕小宇）

【蔬菜零售网络建设】 年内，区商务委依托区蔬菜零售网络建设工作推进小组，完善支持政策，加速蔬菜网点布局和业态升级。印发新建改建居住区社区菜市场（菜店）建设管理的意见，强化新建居住区菜市场（菜店）配建，推动五里坨定向安置房菜店建设；印发蔬菜直销车管理暂行办法，规范车载直销车管理；支持连锁化、公司化经营进社区，引入二商股份、食全食美等蔬菜连锁品牌参与网点建设，建成老山西里、远洋山水等一批规范化连锁菜店；以“农超对接”带动生鲜超市蔬菜平价专区建设，全区1000平方米以上超市实现蔬菜销售全覆盖。

（刘　珊）

9月23日，检查重点外资企业　　（区商务委供稿）

【早餐示范工程试点】 年内,辖区获批市早餐工程建设试点资格,承接40个(以上)固定早餐门店、10个(以上)连锁经营搭载早餐服务便利店和1个(以上)主食加工配送中心新建或改造任务。通过公开招标,确定北京和谐一家餐饮管理有限公司、北京首钢饮食有限责任公司、北京物美商业集团股份有限公司3家试点企业承接建设任务。

(刘 珊)

【行业安全监管】 年内,区商务委完善商务安全管理数据基础。调研摸清商业场所分布数量、规模、业态等基本现状,建立商业场所基础数据库。逐步从被动管理向主动管理转变,借助“大城管”工作机制,合理划分监管范围。集中信息反馈与处理,统一监督、调度、跟踪和评价,对不同规模、不同业态商业经营场所分类管理。履行安全监管职责,通过召开全区安全生产工作大会、与全区83家规模以上企业签订《安全生产责任书》;组织行业企业参加“安全生产月“主题活动;组织32家试点企业参加安全生产标准化达标等措施,创建行业安全生产大环境。落实市、区两级要求,做好商业经营单位和人员密集场所反恐工作部署,从方案制定、人员配备、培训演练、技防器材配备等方面进行对照检查,逐项落实。

(张 弋)

对外经济

概 述

年内,石景山区吸纳合同外资额4.5亿美元,同比增长177.5%,占全市总比重的1.3%,完成实际利用外资9370万美元,同比增长7.1%,占全市总比重的1%。新设外商投资企业41家,同比增长24.2%;实现投资总额2亿美元,同比增长100%;注册资本1.5亿美元,同比增长237.3%。开业外商投资企业增资27家,同比增长42%;实现新增投资总额6.2亿美元,同比增长287.5%;注册资本4亿美元,同比增长185.7%;合同外资3.1亿美元,同比增长181.8%。投资总额1000万美元以上大项目3个,合计投资总额6625万美元,注册资本3390万美元,合同外资总额3390万美元,分别占全部新批项目的33.1%、22.6%和24.2%。完成进出口总额7亿美元,同比下降0.2%。地区生产总值390亿人民币,外贸依存度11.1%。全年缩短承诺审批率77%。

(刘 斌 王凯蒂)

【提升台湾街影响力】 1月31日至2月14日,区商务委在八大处庙会设立25个台湾街展示区域。通过台湾特色工艺品、台湾百货商品、台湾土特产品等台湾商品展卖展示及台湾街形象展示、现场互动等形式,提升北京台湾街在京市场影响力。

(刘 斌 王凯蒂)

【外资结构】 截至年末,开业外商投资企业367家。按企业生产方式划分,生产型企业56家,非生产型企业311家;按合作方式划分,合资企业96家,独资企业266家,合作企业3家,股份制合资企业2家。累计投资总额25.2亿美元,注册资本17.5亿美元,合同外资14.2亿美元,企业平均投资规模686万美元。

(刘 斌 王凯蒂)

【外贸进出口】 年内,全区完成进出口总额7.1亿美元,同比下降0.2%,其中出口额4亿美元,同比增长16.6%,进口额3.1亿美元,同比下降16%。出口商品以工业制成品为主,主要销往美国、南非、日本、新加坡、荷兰、英国、德国、香港等国家和地区。

(刘 斌 王凯蒂)

【外资来源】 年内,辖区累计外资主要来源于24个国家和地区。其中企业数量最多的为中国香港,设立“三资”企业206家,外资额16.4亿美元;英国(含维尔京群岛和开曼群岛)位居第二,设立“三资”企业22家,外资额2.6亿美元;美国位列第三,设立“三资”企业21家,外资额2426.4万美元。3个国家和地区的投资企业数分别占全区外资企业总数的56%、6.0%和5.7%。

(刘 斌 王凯蒂)

【新批外资规模】 年内,新设外商投资企业41家,投资总额2亿美元,注册资本1.5亿美元,合同外资1.3亿美元。开业外商投资企业增资27家,同比增长42%;实现新增投资总额6.2亿美元,同比增长287.5%;注册资本4亿美元,同比增长185.7%;合同外资3.1亿美元,同比增长181.8%。

(刘 斌 王凯蒂)

【新批外资结构】 年内,区商务委新批“三资”企业中,从企业类型上分,合资企业6家,投资总额6119.7万美元,注册资本6087.3万美元,合同外资总额3376.7万美元;独资企业35家,投资总额1.4亿美元,注册资本8957.3万美元,合同外资总额8957.3万美元。从产业结构上分,企业全部符合区域产业发展定位。其中商务服务类企业占新批企业的93%。投资涉及主要行业有科技研发、商业批发、商务咨询、外贸进出口等。

(刘 斌 王凯蒂)

【外资大项目】 年内,全区投资总额1000万美元以上大项目3个,合计投资总额6625万美元,注册资本3390万美元,合同外资总额3390万美元,分别占全部新批项目的33.1%、22.6%和26.1%。

(刘 斌 王凯蒂)

【支持中小企业开拓国际市场】 年内,区商务委实施北京市“走出去”战略支持政策,支持中小企业走出国门,开拓国际市场。26家企业申报资料,申报待审批项目83个。其中,拥有自主知识产权和自主创新产品4家。第一批受理17家企业申报34个项目,涉及拨付金额64.6万元;同意项目33个,实际合计拨付金额60.8万元;第二批受理22家企业申报49个项目,涉及拨付金额112.2万元。办理中小企业开拓国际市场资质审核22家,其中资质注册15家,资质变更4家,密码重置3家。

(刘 斌 王凯蒂)

招商引资

概 述

北京市石景山区投资促进局(简

称区投促局)是区政府直属负责组织、管理、协调、指导全区招商引资工作的职能部门,属工资规范管理事业单位,机构规格为正处级。下设六部一室(投资信息部、投资公关部、投资服务部、载体资源部、市场运营部、投资发展部和办公室)。年内,区投促局深入贯彻落实“全面深度转型　高端绿色发展”总体战略,以党的群众路线教育实践活动为统领,紧紧围绕政府折子工程和年度重点工作计划,认真履职,开展各项工作,基本实现将招商引资成果转化为对区域经济发展贡献的目标。全年新引进企业1558家,新增累计注册资本金150.3亿元。其中,千万元以上企业248家,包括亿元以上企业37家。围绕高端绿色发展定位,积极推进主导产业向高端化发展,现代金融产业实现收入518亿元,同比增长37.4%。光大银行信用卡中心累计发卡量近2300万张。中国保险信息技术产业管理有限责任公司完成全国车险平台接收工作。文化创意产业实现收入270亿元,同比增长10%,搜狐畅游、暴风、华录、精彩4家企业入选首批首都文化企业30强。高新技术产业实现收入1100亿元,同比增长29%。诺亚星云、纽曼凤凰等一批高新技术企业落地;商务服务业实现收入73亿元,北京农投、北京中技等20家商业保理企业完成入驻;旅游休闲产业实现旅游综合收入42亿元,增加85%。

地址:石景山区石景山路18号

电话:88683088

邮编:100043

(邵　彬)

【全年引进企业1558家】 年内,区投促局新引进企业1558家,同比增长41.6%,新增累计注册资本金150.3亿元。其中千万元以上企业248家,同比增长74.6%,包括亿元以上企业37家,同比增长60.9%。全年全区招商引资企业实现税收59.5亿元,同比增长40%,入区库19.5亿元,同比增长37.3%,占全区公共财政预算收入51%,同比增长4%。

(邵　彬)

【签署战略合作协议】 年内,区投促局促成区政府与中国车联网创新战略联盟签署建设车联网产业园区的战略合作协议。完成区政府与印尼力宝集团就开发本区西部签署战略合作协议。完成区政府、光大银行、首钢特钢公司就光大银行研发中心项目落户中关村石景山园南区签订合作意向书。完成市侨办、首钢总公司和区政府签署共同推进世界侨商创新中心合作协议,并建立合作机制。

(邵　彬)

【提升区域服务品牌】 年内,区投促局完成金融产业服务平台光大银行信用卡中心数据机房、中保信公司保险产业服务平台建设,助推高精尖企业实现集群化发展。组织重点企业座谈会,依托全区招商引资“绿色通道”体系,全年帮助企业解决融资、上市、高管子女入学等困难和问题139件。发挥“招商引资联络员”体系作用,为近2000家企业提供咨询、注册、登记“一对一”服务。

(邵　彬)

【提升区域投资环境】 年内,区投促局联合泰禾、绿地集团等项目开发商,举办高端载体招商活动4次,累计参与人数800余人次。联合市投促局、市贸促会、团区委等部门,组织企业参加2014中国(北京)跨国技术转移大会、第三届中国(北京)国际服务贸易交易会澳大利亚新州创意产业推介会、2014北京京西科技企业融资项目暨中-意企业项目洽谈会等活动。在全市投资促进系统中首家开通“北京市石景山区投资促进局”微信公众账号,截至年底,关注人数超3500人。与区广电中心共同策划“石景山服务”和“走进演播室”专题栏目,全年完成8期。在《金融家》等杂志上专版宣传投资环境。与搜狐网合作,以通栏和文字链接两种形式加大区域投资环境营销力度。

(邵　彬)

企业经营

北京万商投资发展有限公司

【概况】 北京万商投资发展有限公司是北京市石景山区大型国有独资企业,前身是北京市石景山区城市建设开发公司。2006年,经石景山区人民政府批准,改制为北京万商投资发展有限公司(简称万商公司)。万商公司下辖5家子公司及多家参股公司,子公司有北京万商花园酒店有限责任公司(四星级酒店)、北京万商如一快捷酒店管理有限公司(经济型酒店)、北京万商物业管理有限公司、北京京西五环机动车检测场有限公司及北京石信万汇劳务派遣有限公司,托管北京海特饭店(三星级酒店)。年内,万商公司有员工近千名,总资产近20亿元,连续四年营业收入近2亿元,创造税收数千万元。北京万商花园酒店有限责任公司获携程网“携程旅行口碑榜——2014最佳 酒店设施奖”称号。

地址:石景山区石景山路22号

电话:68681188

邮编:100043

(袁　媛)

【K地块签订临时占地协议】 2月,万商公司与K地块开发商北京天环燃气公司签订施工临时占地三方协议书,对水、电、天然气相关设备设施改造工作予以确定。

(袁　媛)

【引进电信通网络】 5月,电信通网络基站在万商大厦写字楼内安装完毕,并试运行。电信通网络基站为万商大厦客户提供更多网络选择范围,提升楼宇整体服务品质。

(袁　媛)

【企业改制】 10月,万商花园酒店完成企业改制。由原北京万商花园酒店变更为北京万商花园酒店有限责任公司。石景山机动车检测场完成改制。由原北京市石景山机动车检测场更名为北京市京西五环机动车检测场有限公司。

(袁　媛)

【机场巴士专线设站万商】 12月12日,机场巴士石景山专线签约仪式在万商花园酒店举行。专线总站起止站均设在万商花园酒店,发车间隔时间为半小时,全程用时1小时左右。

(袁　媛)

【三星级酒店复核】 12月23日，区旅游委星评工作复评领导小组到海特饭店实地检查，一致同意北京海特饭店通过年度三星饭店复核。

（袁 媛）

【外宾入住增长20%】 年内，万商花园酒店全年接待客人72633个间夜，其中接待内宾52890个间夜，占72.82%；外宾19743个间夜，占27.18%。客源主要分布为欧洲11548个间夜，占15.9%；亚洲（除中国）5877个间夜，占8.09%；其他洲2318个间夜，占3.2%。年内，接待外宾人数同比增长20%。

（袁 媛）

北京市永定林工商公司

【概况】 北京市永定林工商公司（简称公司）隶属市园林绿化局。位于地区西南部永定河畔，西北临莲石湖，西南接园博湖，与园博园隔河相对。总面积141公顷，其中公园绿化区121公顷，工副业经营区17公顷，总部办公区3公顷。机关设办公室、人事劳资科、计划财务科、经营管理科、苗木科和后勤服务部。下设永定河休闲森林公园、都西景河绿化公司、林业送变电工程公司等6个直属单位。在职职工102人，其中高级技术人员3人，中级技术人员21人，中高级技术工人90人。年内，公司着力突出企业发展的公益性、生态性和社会性，重点围绕绿化服务，按照“坚持绿色转型、提升经营发展、传承永定精神、打造一流公园”发展方针，完成各项工作任务。

地址：石景山区京原路55号
电话：88957379
邮编：100043
传真：88957379
邮箱：ndhmp@126.com

（刘 瑶）

【接待游客18万人次】 年内，永定河休闲森林公园完成市园林绿化局、市水务部门等各级领导及市人大代表、北京高校40余人次的考察接待。与社会各界合作在公园开展“闪电－北京越野自行车联赛”、文化部老干部重阳联欢暨森林文化座谈会、“世界无车日”创意骑游活动、“让彩虹唤醒蓝天”酷跑公益等活动。全年接待游客量约18万人次。公园将首钢钢渣铁路线改造为观光线路，引进观光小火车和铁路自行车，市民可以乘小火车赏花、观湖、隔河远眺园博园，体验永定河文化。公园因地制宜建成“两核”（主门区和永定河文化广场）、“一带”（滨河风景带）、“十大景点”（镇水牛、十八磴、海棠谷、桃李园等）的景观格局。

（刘 瑶）

【产业绿色转型】 年内，公司调整产业结构，扶持重点企业，主动进行绿色转型。撤并夕阳产业，形成以林业送变电工程处、金属材料厂、液压件厂、都西景河园林绿化公司为重点的产业格局。

（刘 瑶）

【拓展对外宣传】 年内，公司大力拓展公园对外宣传，拍摄永定河休闲森林公园主题宣传片《莲石外，古道边，芳草碧连天》；通过申请注册，在百度百科、微信等平台扩大公园宣传范围。

（刘 瑶）

【全年无安全事故】 年内，公司成立综合治理领导小组，与所属各相关单位签订安全生产、交通、防火、防汛等各项责任书。全国两会、十八届四中全会、APEC会议重点时期，做好辖区内安全稳定工作。全年组织全面综合检查20余次，发放各类通知、防控措施等材料百余份，整改通知书10份。实现全年无安全事故。

（刘 瑶）

北京市星宇商贸有限公司

【概况】 北京市星宇商贸有限公司（简称星宇公司）前身为北京市石景山区星宇总公司，于2006年7月改制，隶属于北京市供销合作总社。公司占地总面积2.1万平方米，其中可运营资产面积2.27万平方米。下设星宇项目部。核算单位4个：北京市星宇商贸有限公司、北京市石景山区供销合作社、北京星宇京西物资回收有限公司、北京星宇锐智广告有限公司。业务经营范围包括房屋租赁、物业管理，广告设计及发布、企业形象策划等。年内，公司紧紧围绕“再改革、快发展，做大做强新型供销社”工作思路，推进市社集团化发展战略目标，完成并入北京海龙资产经营集团有限公司管理工作，优化经营管理结构，创新工作方式，提高服务质量，维护企业和谐稳定，实现企业健康持续发展，完成营业收入总额1524.16万元，实现综合效益949.81万元。

地址：石景山区杨庄东路126号
电话：68863473
邮编：100043

（周 烈）

【股权结构调整】 年内，星宇公司依据《北京市供销合作总社所属出资企业经营管理团队股权管理办法》，进一步规范所属出资企业股权管理，建立健全经营管理团队股权激励约束机制。完成回购全体自然人股东股权工作，实现企业向法人独资经营结构转变。

（周 烈）

【转制企业回购】 年内，星宇公司根据市社和集团关于解决改制单位使用资产相关指示精神及网点资产经营管理事业部经营计划书安排，结合改制企业实际情况，对北京市天隆古城建材商场进行改制企业回购，解决历史遗留问题，加强资产管理。

（周 烈）

【完善制度建设】 年内，星宇公司经过修订、完善并广泛征求员工意见和建议，修订涉及行政管理、安全管理、基本建设管理三大类共11项制度，覆盖会议会务、印章管理、车辆管理、防汛、工程维修建设等方面内容，规范公司各项工作。

（周 烈）

宏润公司

【概况】 北京宏润投资经营公司（简称宏润公司）前身为石景山区商业网点管理处，2000年1月28日北京宏润投资经营公司正式挂牌成立，专门从事石景山区政府授权范围内的国有资产经营和资本运营，受区国有资产管理委员会直接领导。公司注册资金5000万元。主要业务为商品零售、房地产开发、旅馆服务、粮油销售和房屋

租赁。公司实行董事会领导下的总经理负责制。董事会由4名董事组成,设董事长1人;监事会由3名监事组成,设监事会主席1人;公司设总经理1人,副经理4人。公司下设3个部门:综合办公室、资产运营部、财审中心。至年末,公司在册职工372人,退休职工2934人,离休职工9人。公司其下全资企业北京石景山区天翔贸易总公司、北京市京石大谷粮油供应站、北京市宏通家庭服务公司、北京市天利翔饭店、北京市康青工贸公司5家。控参股公司北京星座商厦股份有限公司、北京石金小额贷款公司、北京嘉事堂药业股份有限公司、北京宏润圣德物业公司、北京嘉和农贸市场有限公司、北京宏鑫源房地产开发有限公司、北京宏路通商贸公司、北京嘉事京西器材有限公司8家。分公司古城宾馆。托管集体企业北京市恒辰工贸集团。全年营业收入14313万元,资产总额48338万元。宏润公司被评选为2013年和谐劳动关系单位。宏润公司及控股企业星座商厦被评为2012-2014年度区级精神文明单位。

地址:石景山区八角西街商业1号楼

电话:68875965

邮编:100043

(李　雷)

【海特花园西侧环境改造】 7月,宏润公司成立海特花园广场西侧网点周边环境整治工作专项整治工作小组。制定整治方案,筹资80万元。7月下旬进场施工,10月25日改造完成。整治后,有效调整便民网点布局。

(李　雷)

【京西医药物流中心增资】 年内,嘉事堂药业股份有限公司与宏润公司共同对京西医药物流中心增资扩股,将其注册资本金增加至10000万元。其中嘉事堂药业累计投资7000万元,占总股本70%,宏润公司累计投资3000万元,占总股本30%。京西医药物流中心的成立,有效优化京西区域内医院药品供应链管理,并有望降低医药采购成本。

(李　雷)

【嘉和市场经营模式转变】 年内,宏润公司针对嘉和农贸市场(由宏润公司和圣德物业共同入股建立的股份制有限责任公司)存在占压燃气管线的安全隐患,进行管线避让工程改造。改造后市场经营面积缩小,经股东会协商,市场由宏润公司委托圣德物业经营管理,经营项目不变。

(李　雷)

【开展人口调控】 年内,宏润公司按国资委统一部署,开展人口调控工作。工作重点定位在地下空间及群租院落的清理整治。至年末,累计清退地下空间租住人员92人,群租院落租住人员80人,合计172人,有效控制外来人口增速。

(李　雷)

石景山区物资总公司

【概况】 北京市石景山区物资总公司(简称区物资公司)成立于1992年8月,是以资产运营和物资经营为主业的国有企业,下设综合办公室和开发办公室。设全资控股公司——北京天庆源金属材料有限公司。年末,物资公司有职工21人。年内,围绕高端绿色发展战略和稳中求进工作总基调,做好物资经营和资产运营二项核心业务工作,实现经济平稳运行,无安全、交通、火灾、上访事件发生。

地址:石景山区古城北路3号

电话:68861843

邮编:100043

(徐国燕)

【工资集体协商】 5月8日,工资集体协商会议在区物资公司会议室召开。会议以全体职工举手表决形式,通过调整岗位工资的决定(草案)。所属在岗职工岗位工资按原工资额10%比例上调。自1月1日起执行。

(徐国燕)

【股权转让变更】 年内,根据区国资委党委要求,区物资公司完成北京天庆源金属材料有限公司股权转让。原职工22万元股权全部转让给区物资总公司。并完成股权转让变更和工商变更登记手续。转让后,区物资公司全资控股北京天庆源金属材料有限公司。经营类型变更为有限责任公司(法人独资)。

(徐国燕)

【安全隐患排查】 年内,区物资公司加强对综合办公楼及门面房安全隐患排查治理。相继完成烟花爆竹禁放管理、可燃杂物清理、安全生产专项整治、防汛、火灾防控、“亮剑”行动、服务保障国庆65周年和APEC会议等工作。全年安全无事故。

(徐国燕)

【强化营销和清欠】 年内,北京天庆源金属材料有限公司在市场竞争中,准确掌握市场行情,科学制定采购价格,钢材采购货比三家,采购、储备足量物资,严把合同签订关和质量关。全年销售钢材43857吨,比上年的24200吨增加19657吨;销售收入12038万元,比上年的7660万元增加4378万元,增长57.2%;完成利润3.7万元,比上年的2.7万元增加1万元,增长37.0%;上缴税金22.3万元。清回外欠货款38万元。

(徐国燕)

【出租房屋收入】 年内,区物资公司房屋出租率和租金足额收取率均为100%。房租收入总额176.8万元,比上年的281万元减少104.2万元,减少37.1%。利润总额13.7万元,比上年的9.9万元增加3.8万元,增长38.4%。上缴税金14.6万元。

(徐国燕)

【安全综合治理】 年内,区物资公司综合治理老化电缆、顶层住户、档案室渗漏水、下水主管道堵塞塌陷等安全隐患。通过宣传栏、宣传单、会议、面对面讲解、横幅标语等形式,强化职工、承租方及各租户安全意识。年内,组织检查50次,出动检查人员100人次,未发现事故隐患。开展宣传教育培训32次,开展演练3次,受教育职工608人次。无安全生产和消防安全事故发生。

(徐国燕)

旅 游 业

2014年，石景山区旅游产业发展立足高端的旅游产业体系构建，高端的项目依托、高端的品牌活动塑造、高端的环境保障，全面实施旅游"1236"重点工程(一个行动计划、两个载体支撑、三大功能区建设、六项重点工作)。区旅游委制定《石景山区旅游业发展行动计划(2014～2015年)》；世界旅游城市总部基地项目已完成选址研究和项目概念方案，世界旅游体验中心正式开始市场化运营；莲石湖景区正式亮相，并启动旅游项目的市场化运营。协助推进西山八大处文化景区建设、积极推进首钢工业文化旅游区建设；通过明确主题、有效整合、突出特色、加强联动，进一步深化四季活动。充分发挥宣传媒介的推动作用，提升区域旅游知名度；推进旅游安全标准化建设工作。已完成42家旅游经营单位安全生产标准化三级达标建设并通过最终评审；开展联合执法，重点打击非法"一日游""黑车""黑导"、社会旅馆非法揽客等行为，确保良好的旅游市场秩序，营造良好旅游发展环境。完成2012、2013年旅游协会的社会团体评估及旅游协会换届工作。全年地区旅游综合收入达441542万元，同比增长14.1%，成为全市旅游收入增速最快的区县。其中住宿业营业收入50369万元，同比增长7.5%；旅游景区景点营业收入31445万元，同比增长9%；旅行社营业收入39361万元，同比增长74.4%；旅游餐饮收入19688万元，同比增长12.1%；旅游商业收入245994万元，同比增长12.1%；旅游交通收入54680万元，同比增长5.8%。全年旅游接待人数717万人。其中住宿业接待人数为75万人；旅游景区景点接待人数641万人；旅行社接待1万人。

截至年底，全区有旅游从业人员3835人，其中住宿业从业人员2422人，旅游景区景点从业人员1112人，旅行社从业人员296人。有旅游经营单位195家，其中主要旅游景区(点)共有8家，星级饭店5家，社会旅馆111家，驻区旅行社23家，旅行社分支机构48家。

(李　琰)

旅游管理

概　述

北京市石景山区旅游发展委员会(简称区旅游委)是负责辖区旅游行业管理的区政府职能部门。年内，区旅游委围绕"全面深度转型　高端绿色发展"战略，立足高端旅游产业体系构建，高端项目依托、高端品牌活动塑造、高端环境保障，全面实施旅游"1236"重点工程(一个行动计划、两个载体支撑、三大功能区建设、六项重点工作)，努力推动旅游产业创新发展。全区旅游综合收入44.15亿元，同比增长14.1%，成为全市旅游收入增速最快区县。截至年末，辖区有旅游经营单位195家，其中主要旅游景区(点)8家，星级饭店5家，社会旅馆111家，驻区旅行社23家，旅行社分支机构48家。

地址：石景山区石景山路18号
电话：68607216
邮编：100043
传真：88680353

(李　琰)

【旅游市场秩序整治】 1月26日，区旅游委联合公安分局、工商分局、区城管执法局、区食药监局、交通执法八队、区文委执法队等部门，整治石景山游乐园、八大处公园、国际雕塑公园等重点景区周边旅游市场秩序，实现旅游市场监管的全覆盖。春节期间，区假日旅游工作领导小组成员单位开展联合执法检查，加强对节日旅游市场秩序、环境卫生和安全生产的检查和监管。共出动执法人员4104人次，执法车辆675车次，检查景点、餐饮、商超市、文物等旅游企业及文化娱乐场所245家，查处各类违规行为96起，对查出的问题责令限期整改，协调、解决旅游市场运行中出现的各种矛盾和问题，保障假日旅游市场的平稳有序。

(李　琰)

【春节假日旅游部署】 1月，区旅游委全面部署春节假日旅游工作。召开全区假日旅游工作会议，要求各相关部门和旅游经营单位做好旅游安全和应急管理工作。整合全区旅游资源，整体推介石景山游乐园"迎春洋庙会"、八大处公园"新春祈福庙会"、北京国际雕塑公园新春游园活动以及万商花园酒店、万达嘉华酒店、台湾街等住宿餐饮单位推出的年夜饭、节日大酬宾等新春特惠系列活动。深入旅游经营单位，现场检查假日旅游安全与接待服务准备工作。

(李　琰)

【春节假日活动宣传】 春节前后，区旅游委采取"三举措"，促进市民参与假日旅游活动。统筹协调集中发布：邀请中央、市、区级三十余家媒体集中召开冬季旅游活动新闻发布会。加大硬广告投入力度：在北京电视台天气预报、北京交通台一路畅通、北京文艺台旅游资讯等栏目持续硬广告宣传40频次。热点专题持续报道：采取北京文艺台《环球旅行家》、区有线电视台《走进演播室》制作专题节目，现场连线北京交通台等方式综合运用电视、报刊、网络等集中宣传。期间，媒体对春节期间活动新闻报道73次，转载报道百余次。

(李　琰)

【八大处班组获文明称号】 3月，八大处公园三五处班组在全国妇联开展的"全国巾帼文明岗"评选活动中获巾帼文明岗称号。巾帼文明岗称号为石景山旅游景区首次获得。本次评选，全市旅游系统仅有2家单位获此称号。

(李　琰)

【旅游业发展行动计划】 4月14日，经区政府常务会议审议，通过区旅游委编制的《石景山区旅游业发展行动计划(2014－2015年)》。行动计划围绕"全面深度转型　高端绿色发展"战略，立足构建以高端服务业为主导产业体系，提出抢抓机遇、整合资源、打造品牌、提升服务，努力把旅游业发展成为全区战略性主导产业行动目标。行动计划分为指导思想、行动目标、重点任务、保障措施四大部分，并附《重点任务分解表》，重点任务细化分解为31项，每项有责任单位和落实时限。

(李　琰)

【防灾减灾日消防演练】 5月15日，区旅游行业“5·12防灾减灾日”消防安全综合演练活动在京燕饭店举行。活动主要演练宾馆饭店业突发火情后如何正确报警，如何组织疏散宾客、如何营救被困人员、如何进行火场自救逃生、如何组织义务消防队扑灭初期火灾以及如何发挥消防、卫生部门专业力量支持等内容。市旅游委安全与应急处处长及区应急办、旅游委、安监局、消防支队有关领导参加活动，并为参加学习观摩的64家旅游单位配发消防应急箱和应急知识书籍。

（李　琰）

【消防安全知识培训】 5月29日，区旅游委协调区消防支队为重点旅游经营单位安保负责人举办以“打通生命通道”为主题的消防安全知识培训活动。消防支队警官介绍近期市、区消防安全总体形势，针对旅游行业特点，重点讲解火灾发生起因、火灾事故处置方法、人员逃生疏散自救互救相关知识。现场演示灭火器材使用方法、逃生绳合理运用技巧等。

（李　琰）

【安全生产标准化达标】 5月，区旅游委召开旅游安全生产标准化达标创建工作动员部署大会，安全生产标准化建设工作全面展开。一是加强组织领导。按照“统一领导，分工负责，齐抓共管，形成合力”的工作思路，加强对达标创建工作组织领导；二是广泛宣传动员。要求旅游经营单位全员参与，全员教育培训，形成共同创建良好格局；三是突出工作重点。把整改安全隐患作为安全生产标准化达标创建工作重点和突破口，保证整改全部隐患，保证隐患整改措施、责任、资金、时限和预案“五到位”。通过消除人的不安全行为、物的不安全状态和管理上的不规范等问题，实现安全生产标准化工作规范化、制度化、常态化，提升全区旅游业安全保障水平。

（李　琰）

【“安全生产月”活动】 6月，区旅游委以安全生产标准化为核心，开展“安全生产月”各项活动。一是召开动员部署会，重点部署旅游行业安全生产标准化工作目标任务、评定标准、工作措施和“安全生产月”活动内容、方法和形式，要求各旅游经营单位制定实施方案，落实责任，排查治理安全隐患；二是参加“安全生产月咨询日”活动。发放《中华人民共和国旅游法》《旅游安全提示》《旅游地图》等宣传材料2000余份；三是在旅游行业开展打通“生命通道”和“强基础、严整治、重实效”火灾防控专项行动。重点治理消防安全责任制不落实、安全操作规程不执行、单位消防安全“四个能力”建设不落实等八项突出问题；四是做好汛期安全隐患排查整治行动。深入排查汛期安全隐患，落实防汛责任制、预案、物资、队伍及避险措施，做好组织保障、物资储备、抢险布控和应急处置等工作；五是加强检查全区旅游行业生产安全、消防安全和食品安全。会同区公安、安监、工商、质监、食药、消防等部门联合执法检查，加大执法力度，消除各类安全隐患。

（李　琰）

7月19日，夏日旅游活动咨询　（区旅游委供稿）

【旅游协会换届】 7月11日，区旅游协会第四次会员大会在万商花园酒店召开。大会审议通过协会第三届理事会工作报告，总结近几年协会工作开展情况，选举产生新一届理事会成员，吸纳一批新会员。会议明确从四个方面着手，发挥行业组织力量，推动区域旅游产业融合发展：①发挥桥梁纽带作用，加强行业自律。②履行服务职能，维护会员权益。③搭建行业平台，加强交流合作。④不断提高完善，加强自身建设。协会名誉会长、副区长司马红对新一届理事会提出：要解放思想，转变观念，正确认识协会职能和作用；要强化引导，服务大局，积极促进旅游行业的培育和发展；要优化结构，不断提升，全面推动协会各项工作开展。以协会为平台，培育和催生一批有规模、有实力的旅游企业，使协会在行业中具有代表性、广泛性和权威性。形成“协会搭台，企业唱戏”的良好格局。

（李　琰）

【参加安全技能大赛】 7月31日，市旅游行业第二届安全技能大赛决赛在大兴消防训练基地举行。区旅游委从全区旅游从业人员中精选25名队员参加全部16个比赛项目。获两个第2名、一个第4名、两个第5名、一个团体第3名的成绩。区旅游委代表队获团体总分第5名。

（李　琰）

【官方旅游微信开通】 7月，区旅游官方微信公共账号正式开通，账号名“石景山旅游”。据此，石景山区正式构建“一网两微”旅游自媒体平台。“一网”即区域旅游门户网站——“北京CRD”

旅游网,"两微"即石景山旅游官方微博、官方微信两个新媒体平台。区旅游委将两个微平台与区域门户网站进行充分结合,优势互补,做好区域旅游资源推广,旅游资讯发布。加大旅游资讯发布频次,涉及区域重大旅游项目新闻、旅游活动资讯等信息第一时间通过几个网络自媒体平台发布;加强旅游资源专题策划,以专题策划、主题营销的方式进行有针对性的宣传推广;加大游客互动及参与力度。与旅游企业、旅游协会会员单位联合营销,增设互动项目,增加游客参与度。

(李　琰)

【重大活动安全保障】　8月14日,区旅游委组织召开全区116家旅游经营单位《关于进一步加强旅游行业下半年重大活动安全保障与旅游秩序整治》工作部署会。按照"全覆盖、零容忍、严执法、重实效"总体要求,坚持"管行业必须管安全"工作原则,做好旅游重点领域、关键环节安全隐患排查整治。会议要求强化安全责任制和全员责任制落实,强化旅游安全治理能力和治理体系建设,强化监督检查和严密监管,落实24小时专人严密联控监管。实行日检查、日讲评和问责制度。

(李　琰)

【国庆公园免费开放】　9月24日,区旅游委针对国庆节当天八大处公园、石景山游乐园、北京国际雕塑公园免费向市民和游客开放工作召开专项工作部署会。会议传达市委市政府和区委区政府有关工作会议精神,对"国庆"假日期间,特别是国庆节当天免费开放公园旅游活动、环境布置、服务接待、交通管理、反恐防暴、食品安全、火灾防控、预案演练、应急处置等进行详细部署;相关部门就有关问题进行沟通和工作提示。

(李　琰)

【签署合作框架协议】　11月27日,石景山区与内蒙古巴彦淖尔市签署旅游合作框架协议,在旅游基础设施建设、旅游市场开发、精品线路打造、旅行社业务等方面开展合作。根据协议,两地区将建立旅游工作互通机制,增强旅游交流与开发,助推旅游企业间的合作,研究解决两地区旅游合作方面的新情况和新问题。双方将共同开发旅游市场,逐步消除旅游壁垒,在两地居民互游等方面实施无障碍自由通行。在各自辖区内的媒体多层次、多角度广泛宣传推介对方的旅游线路和旅游产品。相互支持对方举办的各种节庆、会展和旅游推介活动,定期在对方区域内举办旅游推介展示。加强旅游管理人才培养、交流与合作。确保石景山与巴彦淖尔两地的旅游网站长年友情链接,通过网站、微博、微信即时互通发布两地旅游发展动态、景区(点)开发情况、景区门票价格、旅行社报价等信息,全力推动旅游信息资源共享。

(李　琰)

【机场巴士石景山专线开通】　12月12日,区旅游委与北京民航通力客运有限公司在万商花园酒店签署"机场巴士"合作协议,新开通一条石景山区至首都机场的巴士专线。首都机场目前共开通17条客运线路,石景山专线开通后,将是机场专线中距离最远的一条,也是首个直通京西地区的线路。该专线投入运营车辆为新购置的37座宇通豪华中巴车,往返每半小时一班。按照运营方案,巴士专线拟在万商花园酒店、万达嘉华酒店、远洋山水小区设立3个落客站点,运营时间段为早7:30~晚22:00。正常路况下,预计全程用时1小时左右,票价30元。

(李　琰)

【全年假日旅游统计】　春节期间,全区纳入监测范围的重点旅游经营单位31家,其中景区8家,住宿单位23家。旅游接待人数64.18万人次,实现综合收入1941.26万元,同比增长22.27%。三家主要景区中,石景山游乐园接待游客32.8万人次,综合收入1150万元;八大处公园接待游客18.77万人次,综合收入144.6万元;国际雕塑公园接待游客12.24万人次,综合收入6.35万元。纳入统计的住宿单位7天接待游客2142人次,综合收入622.15万元,比上年同期的415.7万元,增长49.66%,实现"经济效益和社会效益双丰收"的喜人局面。"五一"假期,全区主要旅游景区接待游客13.32万人次,实现旅游经营收入603.06万元,同比增长15.92%。5家市级住宿监测点接待宾客2827人次,综合收入82.67万元,同比基本持平;端午假日期间全区主要旅游景区实现综合收入410.98万元,同比增长44.15%,接待游人10.64万人次,同比减少7.98%。5家住宿监测点综合收入83.84万元,接待游人2108人次;中秋假日期间全区主要旅游景区接待游人10.27万人次,实现综合收入271.52万元;国庆假日接待游客37.04万人次,实现综合收入1658.69万元。全年接待游客711万人,旅游综合收入44.15亿元,同比增长14.1%,成为全市旅游收入增速最快区县。

(李　琰)

旅游活动

【与新浪联手举办"私人定制"游】　1月10日至2月28日,区旅游委联合新浪网举办"私人定制——领略自己的石景山"专题活动。活动根据旅游者需求,以旅游者为主导进行旅游行动流程的设计,为每一位游客量身定做专属的私人石景山游览路线。游客登录新浪网,选择推荐线路或自行定制专属游览线路。本次共推出祈福专线、白领专线、青春专线、探秘专线、花朵专线、花甲专线6条主题旅游线路。活动招募10位微博达人深度游石景山,以职业旅行家视角深度体验石景山游乐园、八大处、法海寺、万达嘉华酒店等地美景、美食,感受辖区历史、文化与民俗,并通过各自网络影响力在微博平台互动传播,达到宣传推介石景山旅游目的。

(李　琰)

【春节假日旅游再创新高】　春节假日期间,地区各项旅游接待主要指标创历史新高,旅游接待人数64.18万人次,实现综合收入1941.26万元,同比增长22.27%。三家主要景区中,石景山游乐园接待游客32.8万人次,综合收入1150万元;八大处公园接待游客18.77万人次,综合收入144.6万元;

国际雕塑公园接待游客12.24万人次，综合收入6.35万元。纳入统计的住宿单位7天接待游客2142人次，综合收入622.15万元，比上年同期的415.7万元，增长49.66%。各主要景区活动异彩纷呈，八大处首届新春祈福庙会以“喜迎新春马贺岁、灵光普照福门开”为主题，推出包括传印长老送“福”进万家、新年祈福大法会、灵光普照福门开、十三档花会拜庙走会、北京最大的“打金钱眼”盛装亮相等十七项主题系列活动。石景山游乐园“迎春洋庙会”将传统民俗节庆集会活动与西洋游乐文化活动相结合，以“骏马奔腾跃新春、阖家欢聚逛庙会”为主题，为迎春洋庙会活动注入“新玩法、新乐趣、新滋味”等创意百出、互动性强的内容。北京国际雕塑公园为首都市民倾情举办令人耳目一新的“新春游园活动”，将具有浓郁京味文化的老物件、非遗技艺融汇于此，把新时代百姓风貌依托文艺舞台淋漓展示。旅游市场安全有序。春节期间，区假日旅游工作领导小组成员单位开展联合执法检查，加强对节日旅游市场秩序、环境卫生和安全生产的检查和监管，7天出动执法人员4104人次，执法车辆675车次，检查景点、餐饮、商超市、文物等旅游企业及文化娱乐场所245家，查处各类违规行为96起，对查出的问题责令限期整改，协调、解决旅游市场运行中出现的各种矛盾和问题，实现旅游市场监管的全覆盖，保障假日旅游市场平稳有序。

（李　琰）

【学雷锋旅游咨询活动】 3月5日，区旅游委组织石景山游乐园、台湾街等单位在区燕保家园公租房社区开展“传承雷锋精神，邻里守望相助”主题学雷锋旅游咨询宣传活动。推介辖区旅游精品线路，介绍旅游常识，解答与旅游相关各种问题。活动期间接待旅游咨询500余人，发放《玩转石景山》《石景山旅游图》《北京市旅游地图》《经济参考报》《石景山游乐园导览图》等宣传资料1500余份。

（李　琰）

【清明假日旅游实现双增长】 “清明”假日期间，“踏春品香石景山”春季旅游活动以及北京国际雕塑公园2014踏青季暨第十一届玉兰文化节，吸引大批市民和游人踏青游玩。主要景区游客量和综合收入显著提升，实现游客接待量和经营收入双增长，经营收入的增幅均在60%以上。石景山游乐园接待游客4.15万人次，同比增长48.21%，营业收入318万元，同比增长62.24%；八大处公园接待游客4.2万人次，同比增长7.69%，营业收入32.2万元，同比增长66.41%；国际雕塑公园接待游客4.84万人次，同比增长16.95%，营业收入9.57万元，同比增长65.86%。5家市级住宿监测点共接待宾客1524人次，综合收入45.98万元，与上年同期相比基本持平。

（李　琰）

【春季主题活动】 4月5日至5月21日，区旅游委协同区各大景区及兄弟单位，开展“踏春品香石景山——品花香、品茶香、品食香”为主题的春季活动。一是品花香。北京国际雕塑公园开展一系列围绕“品味兰香，弘扬传统文化”主题活动。二是品茶香。八大处公园第十三届中国园林茶文化节，以品茶为文化背景，将园林、旅游与茶文化相结合传递拓展茶文化内涵。三是品食香。以北京台湾街特色台湾美食、万商花园酒店中餐厅“春意盎然”美食节、北京神农庄园酒店餐厅特色雨林就餐等为主，开展系列美食活动。

（李　琰）

【中国旅游日咨询活动】 5月，区旅游委组织景区、宾馆饭店、旅行社等10余家旅游企业在区科技馆、八大处公园、石景山游乐园、国际雕塑公园、金顶街社区等地开展以“爱旅游、爱生活”为主题的旅游宣传咨询活动，宣传“中国旅游日”。推介八大处公园禅林晒经文化节、石景山游乐园狂欢之夏游园会等活动，推出微信扫码送景区门票、宾馆饭店夏季美食汇等便民惠民措施。活动现场发放区旅游地图、区旅游一册通、精品旅游主题扑克、走进博物馆等旅游宣传品4500余份，接待游客咨询6500人次。

（李　琰）

【惠灵顿城市推介会举办】 5月28日，世界旅游城市体验中心举办首个旅游城市推介活动——“惠灵顿城市推介会”。惠灵顿也是首个在体验中心举办推介活动的世界旅游城市联合会会员城市。活动中，现场嘉宾观看“我们的惠灵顿”视频，惠灵顿市长西莉亚·韦德·布朗（Celia Wade - Brown）女士和乔·科赫兰议员进行现场演说。市政府副秘书长马林、副区长司马红、世界旅游城市联合会秘书处副秘书长李宝春以及来自惠灵顿的企业及教育界嘉宾、新西兰驻华大使馆代表、世界旅游城市联合会嘉宾等近百人出席活动。

（李　琰）

【暑期旅游咨询活动】 7月19日，区旅游委在石景山游乐园开展“缤纷夏日石景山”夏季旅游活动主题咨询日活动。面向广大游客推介石景山夏季旅游活动。八大处公园、石景山游乐园参与活动。活动接待游客咨询4000人，发放《石景山旅游地图》《旅游折页》等宣传材料3000册。

（李　琰）

【首发旅游“护照”】 7月，针对暑期旅游市场特性，区旅游委创新思路，首发石景山旅游“护照”，带动暑期旅游升温。“护照”涵盖区内多家景区点、特色宾馆及餐饮企业，持有的游客可享有免费体验景区点及娱乐项目优惠活动。同时，策划推出“缤纷夏日石景山”主题活动，包括石景山游乐园“狂欢之夏”游园会、八大处公园“清凉之夏”、俄罗斯餐厅及万达嘉华酒店“缤纷夏日美食汇”三大系列活动。召开夏季活动媒体见面会，策划北京文艺台《快乐超级旅行》专题节目，以集中新闻发布及专题报道方式相结合，宣传推广夏季旅游活动。

（李　琰）

【体验中心启动市场化运营】 8月29日，世界旅游城市体验中心开展加拿大温哥华城市推介活动。温哥华城市代表以世界旅游城市体验中心为平台宣传推介温哥华美丽风光、人文特色。据此，世界旅游城市体验中心通过加拿大旅游城市推广月活动正式启动市

8月29日，世界旅游城市推介会　　　　（区旅游委供稿）

场化运营。

（李　琰）

【"北京礼物"大赛获金奖】　9月10日，第十一届"北京礼物"旅游商品大赛中，石景山区选送的"首钢记忆"系列旅游商品获大赛金奖。"首钢巧克力铸造工厂系列产品"，以巧克力表现钢铁配以白瓷作为载体，表现具有符号化的餐具。另有八大处佛像系列、茶缘禅茶伴手礼盒获景区分赛区银、铜奖。"水墨禅心—北京名刹写经套装"产品获老字号赛区铜奖。区旅游委蝉联"北京礼物"大赛三届优秀组织奖。

（李　琰）

【参加旅游商品博览会】　9月10～13日，由市旅游委主办的"2014第三届北京国际旅游商品博览会"在中国国际展览中心举行。区旅游委组织八大处公园、首钢饮食公司、巧艺天宫脸谱工作室、乐龄社、一得阁文化公司等企事业单位参加活动，展卖辖区特色旅游商品。期间，发放中英双语《石景山区旅游地图》《石景山一册通》《景区景点介绍》等宣传资料3000余份，接待洽谈咨询上万人次。

（李　琰）

【第三届光影文化季】　9月26～30日，"2014光影文化季暨第三届首钢灯光秀"在首钢群明湖畔举办。活动由区政府、首钢总公司主办，区委宣传部、区旅游委、区妇联、区团委、区文联以及首钢源景公司、依玛国际摄影俱乐部联合承办。本届光影文化季倡导厉行节约，以"忆·镜首钢"工业文化旅游摄影系列活动为主线开展各项活动，通过摄影镜头展现辖区和首钢主厂区文化旅游产业发展新成果，展示石景山文化旅游发展特色，体现首钢工业文化转型发展成绩。活动期间，游客可以欣赏到"美丽石景山"书法美术集邮联展，以及利用废旧钢铁材料制作的打击乐器表演以及同样用废旧钢铁材料制作的钢铁昆虫系列，还可以自己动手用巧克力模拟钢铁从固态矿石到液态熔炼并成型的生产过程。

（李　琰）

【莲石湖环湖之旅】　10月25日，碧水绿道骑迹畅游——"欢乐莲石湖 健康生态游"启动仪式在"京华水韵"景观举行。活动由区旅游委、区市政市容委主办，区自行车运动协会、北京银河嘉业商务管理有限公司联合协办。活动仪式上，莲石湖"观光电瓶车"及"双人(多人)自行车"两个全新旅游项目亮相。活动吸引各俱乐部骑行爱好者踊跃参与。参与者在环绕莲石湖骑行欣赏美景的同时，还纷纷参与到现场"绕障碍""独木桥"等骑行小游戏中。活动还向现场游客展示最新推出的"莲石八景"。此前，区旅游委面向社会开展"我心中的莲石八景"名称及摄影作品主题征集活动，在征集的数百个名称及摄影作品中，经过专家集中评选，最终确定"京华水韵""步步生莲""燕都仙山"等八个景观为"莲石八景"，涵盖莲石湖相关历史、人文、自然等内容。沃尔玛山姆会员店、捷安特旗舰店、长城宽带、朗斯固齿自行车行、交通银行、住总众邦、航天朗勤生态产业园等十余家企业也积极开展宣传促销活动，为现场游客赠送精美小礼品。

（李　琰）

西山八大处文化景区管理委员会

概　　述

北京西山八大处文化景区管理委员会(简称景区管委会)成立于2012年，是负责北京西山八大处文化景区(以下简称景区)规划、建设、管理等组织协调工作的区政府派出机构。设综合办公室、发展规划科、项目建设科、运营管理科，管委会机关暂核定行政编制5名，设主任1名(由区级领导兼任)，常务副主任1名(正处级)，副主任3名(副处级)。根据区政府授权，主要职责为负责研究制定景区发展战略和总体规划，编制景区开发建设中长期计划，并组织实施。负责景区规划建设项目组织实施；协调推进景区及周边基础设施和社会事业重点项目建设。负责研究景区管理思路及运作模式，做好景区整体运营和管理。统筹做好景区产业发展、招商引资等相关工作。负责景区开发建设项目管理，统筹安排和监督审核开发建设项目相关资金，并对项目建设情况进行监督指导。研究解决景区建设工作中遇到的有关问题。负责景区对外宣传、交流接待和举办各类文化活动等工作。2012年始，西山八大处文化景区经市委专题会研究，后由市第十一次党代会确定为全市重大文化项目。按照市委专题会确定的突出传承性、世界性、生态性和高端性的原则，初步提出"北京标志性文化景区、中国文化旅游胜地、具有世界影响力的文化场所和北京5A级风景旅游区”规划定位。将八大处、天泰山和模式口三个位置邻近、功能互补的区域共同纳入到景区研究范围，总规划面积约为2200公顷，形成一个核心景区、两个功能景区布局，并初步确立“三区二线”空间格局。景区作为大西山文化旅游带核心项目，被列为市19个市级旅游功能区、市20个市级文化创意产业功能区、市加快推进旅游与文化融合发展示范区之一，纳入到大西山国家公园规划范围，并被列为市重点项目得到稳步推进，景区呈现多维立体政策融合发展态势。

地址：石景山区八大处路3号

电话：88964661

邮编：100144

网址：http://www.badachu.com.cn

（郭鹤艺）

【推动景区建设快速发展】 1月26日，牛青山就区重大项目北京西山八大处文化景区规划建设工作推进情况进行调研。王文光、富大鹏、司马红、司尚国参加调研。牛青山要求，北京西山八大处文化景区工程建设，一定要符合高端绿色的特色发展战略，要怀着对历史高度负责的精神规划好、建设好。他指出，在文化景区工程建设过程中，要处理好以下五种关系：一是文化与经济的关系。西山八大处文化景区建设，一定要以文化为灵魂为追求为目标，文化效益是第一位；二是保护与发展的关系。要以抢救保护为前提，科学发展是方向；三是政府与社会的关系。从根本上，政府为主导，包括规划、业态、标准、规则、管理等方面，并积极与社会力量相融合，充分发挥社会各界力量；四是发展与生态的关系。生态文明是文化功能区的根本、生命，是发展过程中不可逾越的红线；五是质量与速度的关系。质量是标准，功能区的建设速度要服从标准。在坚持一流标准的前提下，各相关单位及部门要积极协调配合，共同推动西山八大处文化景区建设工程快速发展。4月30日，牛青山调研新景区建设并指导规划报批等工作。强调推动景区建设，一要处理好软件和硬件的关系；二要多方听取专家意见，做好基础设施建设和古建修缮工作，准确体现历史传承；三要积极推进软件建设，高度重视传统文化，深入研究西山八大处的宝贵文化资源；四要成立常设专家研究小组，系统研究地区文化内核、文化融合；五要加大投入力度，充分利用八大处文化和文物，推动区域文化大发展、大繁荣。

（郭鹤艺）

【核心区道路及配套设施】 3月开工。景区核心区道路及配套设施一期工程由景区管委会委托八大处公园管理处组织实施，截至年末，完成核心区道路主体、二处至八处道路路基和基层、挡墙防护、弱电照明、截水沟、景观亭、桥梁改造等工程，占该工程项目的54%。投资1900万元。

（郭鹤艺）

【广场改造及景观提升工程】 10月开工，12月竣工。主要包括对公园门区停车场铺装改造，安装监控和智能停车系统。由区市政市容委委托景区管委会组织实施。投入资金近300万元。

（郭鹤艺）

【“三区两线”空间格局确立】 年内，备受关注的西山八大处文化景区初步确立“三区两线”的空间格局。“三区”即八大处公园及其以东古四平台村落地区所组成的核心景区（由八大处公园原寺庙景区以及新建佛教文化交流体验区组成，275公顷）、模式口民俗文化体验功能区（425公顷）和天泰山生态旅游拓展功能区（1500公顷）；“两线”即八大处至慈善寺的古香道线路和八大处至模式口的旅游观光线路。近几年八大处基础设施建设力度较大，文物古建陆续开始修缮。上年，西山八大处文化风景区形成核心区总体规划方案。文化景区位于西山地区，处在西部沿山历史文化发展带的中心位置。规划范围以八大处为轴心，辐射模式口和天泰山地区，东至八大处公园与北京军区交界处，西至石景山与门头沟交界处，南至首钢模式口南里小区，北至石景山与海淀交界处，总规划面积约2200公顷，未来将建成北京标志性文化景区。

（郭鹤艺）

北京石景山游乐园

概　　述

北京石景山游乐园（简称游乐园）占地面积35万平方米，拥有大中型主题游艺项目75项，是国家AAAA级旅游区（点）；是国内唯一一家通过ISO14001：2004环境管理体系、ISO9001：2008质量管理体系、GB/T28001－2001职业健康安全管理体系认证的游乐园。年内，游乐园围绕区委、区政府“全面深度转型　高端绿色发展”战略目标，认真践行党的群众路线，坚决遏制“四风“，面对游乐行业政策调整，以“安全、规范、服务、创新”工作方针为抓手，全面优化游乐设备设施，积极策划品牌文化活动，努力提升游客满意度，树立“更健康、更快乐、更美好”企业形象。全年接待游客157万人次，综合经营收入9799万元。被评为“首都文明单位标兵”“北京市旅游标准化示范单位”“北京市青少年学生校外活动基地及区纳税百强单位”等荣誉。

地址：石景山区石景山路25号

电话：68876016

邮编：100043

（艾咏梅）

【9项游艺设备停运】 1月1日，《特种设备安全法》《大型游乐设施安全监察规定》颁布施行。游乐园根据新法规，陆续停运风神过山车、飓风、爱情快车、激流勇进、青虫过山车、太阳神翼、勇敢者转盘、超级秋千、阿拉伯飞毯9项游乐设备。

（艾咏梅）

【迎春洋庙会】 1月31日至2月6日举办。作为石景山区冬季一个传统庙会，本届“迎春洋庙会”将传统民俗节庆集会活动与西洋游乐文化活动相结合，以“骏马奔腾跃新春，阖家欢聚逛庙会”为主题，开展时尚娱乐“high”到底游艺嘉年华、流动的舞台幽默滑稽秀、“美食美客”品美味美食荟萃、京韵京味非遗技艺表演、七彩世界科技乐园展示、“记忆中的庙会”书写新年祝福寄语等活动。为迎春洋庙会注入“新玩法、新乐趣、新滋味”等创意百出、互动性强的内容。庙会在开放原子滑车、大摩天轮、皇家转马、飞炫云霄、能源风暴等60余项经典游艺设备基础上,继续保留京城庙会唯一的“花车行进表演”。庙会接待游客29万人次,综合经营收入1429万元。

(艾咏梅)

【“金玲魔法世界”活动】 4月8日至11月15日举办。游乐园充分利用作为北京市爱国主义教育基地、科普教育基地及首批社会大课堂资源单位优势,与曾获国际金奖魔术专业团体金玲艺韵文化艺术中心合作,整合多种资源,通过园内看演出、学魔术、听讲座、体验游艺项目及观看爱国主义教育电影等活动,拓宽学生们的视野。活动接待20余批次近万名中小学生游客。

(艾咏梅)

【“爱在摩天轮”活动】 5月1~3日,游乐园与区总工会联合举办。活动围绕经典游艺项目“摩天轮”,通过开展线上线下征集“与摩天轮有故事的人”等主题活动,邀请游客故地重游。活动期间推出多条“爱之旅”游园攻略。同时邀请劳模家庭免票乘坐“摩天轮”。活动接待游客6万人次,综合经营收入402万元。

(艾咏梅)

【通过三体系认证外部审核】 5月26~28日,中国质检协会认证中心对游乐园进行ISO14001:2004环境管理体系、ISO9001:2008质量管理体系、GB/T28001-2001职业健康安全管理三体系外部审核,游乐园通过审核认证。

(艾咏梅)

【动漫游戏嘉年华(IDO户外)活动】 5月31日至6月2日举办。游乐园将游乐设备体验与动漫主题相结合,引入动漫独特的青春、时尚、潮流等新元素,在东园西南区域及CRD剧场开设动漫爱好者衍生品展示展卖区及Cosplay展演。内容包括现场动漫人物展示、COS服装道具展示、动漫创意衍生品、二次元周边产品等。活动接待游客6.01万人,综合经营收入395万元。

(艾咏梅)

【陕西安康“欢乐世界”培训】 7月3~18日,陕西安康“欢乐世界”选派11名管理人员在游乐园进行为期15天开业前培训。游乐园专门抽调中层管理人员及业务骨干19人,采取集中授课、专题交流及实地操作等形式,对游乐园经营管理、设备维护、票务管理、活动策划、市场营销及游客服务等内容培训。

(艾咏梅)

【狂欢之夏活动】 7月12日至8月31日举办。以“Happy乐园,High爽夏日”为主题,主要内容有:“听众喜爱的名牌栏目”落地活动、麦霸2014—北京音乐台首届K歌季、嗨啤(Happy)Party、浪漫七夕幸福牵手、暑期欢乐游攻略推荐等。同时,增加幽默滑稽表演、“小苹果”舞蹈、非洲手鼓、巴西桑巴舞、夏威夷草裙舞、爵士舞,邀请曾获全球美猴王争霸赛15强以及星光大道总冠军美猴王扮演者来园表演。活动接待游客35万人次,综合经营收入2840万元。

(艾咏梅)

【七夕特别活动】 8月2日,“七夕”当日,游乐园与北京人民广播电台、统一饮品公司共同举办“百变情侣骑遇记”七夕特别活动。内容包括彩绘T恤、织女坊、爱情彩陶、书写爱情诗等。晚8点,“77对情侣点亮摩天轮”活动启动,77对情侣携手登上幸福摩天轮,享受浪漫七夕之夜。全天接待游客1.27万人次,综合经营收入97万元。

(艾咏梅)

【企业宣传片拍摄】 9月,游乐园企业宣传片拍摄完成,历时7个月。该片采取宣传片和情感纪录片结合手法,从前期取景、后期航拍收录千余个素材画面,以“时光”为主线,突出表现游乐园28年文化内涵,以“快乐、疼爱、延续、释放、成长、陪伴、承诺”7个情感篇章为切入点,将游乐园的发展历程与游客的人生历程交融,分享游客在游乐园中的快乐感受和幸福瞬间。

(艾咏梅)

【游乐园官网改版】 9月中旬,游乐园官网改版试运行。改版后的网站涵盖虚拟旅游、旅游服务、电子商务、乐园政务。首页由主题活动、乐园之旅、网上预订、游园服务等6大板块组成。子栏目增设虚拟乐园导游图,实现坐在家中虚拟游览游乐园项目。

(艾咏梅)

【欢乐金秋游园会】 10月1~7日举办。主要内容有:经典游艺狂欢High、谐趣彩车欢乐游、妙趣儿童剧汇、“十一”

迎春洋庙会表演　　(石景山游乐园供稿)

当日免费游园惠民等活动。期间，德国“过山车朋友圈俱乐部”20余名过山车发烧友，体验“神舟号”“原子滑车”“自旋滑车”等滑行类项目。期间接待游客9.5万人次，综合经营收入750万元。

（艾咏梅）

【提示信息】 入园开放时间4月1日至10月7日每天9:00—17:30；10月8日至3月31日每天9:00—16:30。节假日期间正常营业，闭园时间根据当日具体情况适当延长，持老干部离休证、残疾证和身高不足1.2米的儿童免门票入园；持学生证、老年证购买门票享受半价优惠。

（艾咏梅）

欢乐金秋游园会　（石景山游乐园供稿）

八大处公园

概　述

八大处公园（简称公园）是国家AAAA级景区、北京市一级一类公园。西山八大处位于石景山区西北部，是集登山休闲、清心品茗、园林美景、建筑艺术于一体的山地寺庙园林景区。佛教文化是西山八大处诸文化之精髓。年内，公园管理处认真落实八大处作为北京市大西山文化旅游带核心景区、市级旅游功能区、文化创意产业功能区定位，做好总体规划前期工作，有序推进文物古建修缮和基础设施建设，依托品牌旅游活动，持续提升文化融合发展，稳步构建高端文化景区。全年入园人数305万人次，门票收入1766.4万元，同比增加7.3%，综合经营收入3376.8万元，同比下降7.3%。

地址：石景山区八大处路3号
电话：88964661
邮编：100144
网址：http://www.badachu.com.cn

（王少卿）

【首届新春祈福庙会】 1月31日至2月14日，由公园举办。作为冬季旅游系列活动的一个重头大戏，在春节期间首次推出“喜迎新春马贺岁 灵光普照福门开”——八大处新春祈福庙会，庙会以“迎新春、进福门、走福路、点福烛、敲吉祥钟、击太平鼓、上平安香、请吉祥物”为主题，把春节习俗和寺庙文化结合。主要包括：传印长老送“福”进万家、新春祈福大法会、灵光普照福门开、“皇帝”游山与民同乐、十三档花会拜庙走会、挑担货郎走三山、“老福树”下祈新福、老北京吆喝叫响三山、北京最大的“打金钱眼”盛装亮相、民间非遗手工绝活展演、老北京百年庙会图片展及来自泰国、希腊的异国情调的表演，灵光寺佛乐团的佛教音乐演奏、传统的相声、评书、大鼓等演出17项主题系列活动。北京各区县非物质文化遗产花会项目齐聚于此，再现老北京十三档花会拜庙走会的盛大场面。其中百年老会的皇家御赐牌成为庙会亮点。庙会接待游客26.8万人次，门票收入212.3万元，综合经营收入310.8万元。

（王少卿）

【三寺庙照明工程】 3月30日至5月15日，公园完成改造三山庵、香界寺、宝珠洞古建照明工程，投资49.6万元。

（王少卿）

【宝珠洞智能化安防工程】 4月1～25日，公园实施宝珠洞智能化和直击雷安防系统工程，投资177.2万元。主要包括智能化数字监控系统、机房建设系统、智能化公共广播系统、智能化报警系统及在宝珠洞每个建筑物屋面、屋脊等易受雷击部位安装接闪带（网）。

（王少卿）

【三寺庙修缮工程验收】 5月，公园

八大处新春祈福庙会活动
（八大处公园供稿）

三、六、七处古建修缮工程历时三年，竣工验收并完成决算审计。三处三山庵、六处香界寺和七处宝珠洞修缮工程为2012年市级文物及历史文化保护专项，总投资1704.75万元，于上年6月开工。修缮工程主要包括屋面挑顶、油饰彩画、木装修、地面铺装等。

（王少卿）

【第十三届园林茶文化节】 4月28日至5月6日，由公园举办。主要活动包括：现场压制普洱茶茶饼、"专家"教做紫砂壶、傣族特色的歌舞亮相、看谁能猜对普洱茶、八处盖章寻茶地图、八大处品牌茶劳动节献礼、龙泉茶社品龙泉及普洱茶体验、园林茶社品香茗、寻访老茶馆喝大碗普洱茶、看北京老胡同的门牌儿、法师现场讲禅茶、民间茶歌舞及相声、舞蹈、歌曲等相关活动。期间接待游客10万人，门票收入63.4万元，综合经营收入87.2万元。

（王少卿）

【浴佛大法会】 5月6日(阴历四月初八)，是汉传佛教重大节日"浴佛节"——庆贺释迦牟尼佛圣诞。灵光寺和大悲寺如期举办盛大"浴佛节"法会活动。八方信众随常藏大和尚之后以鲜花、净水灌沐"太子像"。整个法会，大众虔诚如法，道场吉祥喜庆。

（王少卿）

【佛牙舍利塔免费开放】 5月8日至6月6日，经中国佛教协会决定，佛牙塔首次免费面向社会大众开放。灵光寺为佛牙舍利塔开放瞻仰举行隆重的诵经礼拜大迎请法式。并配合公安机关实施入塔前安检，义工发心护持道场内外秩序，准备即时饮用水和储物柜，为信众们参拜提供保障。

（王少卿）

【缅甸总统参拜佛牙舍利】 6月28日上午，来京进行国事访问的缅甸联邦共和国总统吴登盛一行72人专程参访北京灵光寺，并参加缅甸赠送灵光寺翡翠佛祖圣像开光法会。吴登盛在现场参拜翡翠佛祖圣象，并拜谒灵光寺方丈常藏法师。按照缅甸传统，吴登盛代表缅甸政府向灵光寺赠送珠宝玉石供养佛牙舍利。常藏大和尚率两序接待，在佛牙塔前为其诵经祈福，祝福中缅情谊历久弥新。国家宗教事务局副局长蒋坚永和中国驻缅甸大使杨厚兰陪同到访。北京灵光寺有着1200多年历史，其中供奉的释迦牟尼佛真身牙舍利，曾应缅甸政府和佛教界邀请四次赴缅甸供奉巡礼，引起巨大轰动。上年6月，北京灵光寺向缅甸捐赠三尊鎏金佛牙等身舍利塔，一时传为佳话。

（王少卿）

【第六届中秋慈善晚会】 9月7日晚，由区佛教协会和北京灵光寺联合主办，区民宗侨办、八大处公园管理处协办的以"慈悲情怀·利乐众生"为主题的中秋专场慈善晚会，在八大处公园新游客中心举行。晚会为部分困难群众发放慰问金。灵光寺佛乐团及众多知名艺术家参加演出，市宗教局、市佛教协会以及岳德顺等区领导出席晚会。

（王少卿）

【西山八大处文化节】 9月29日至10月19日，由公园举办。文化节以"西山显魅力 文化育和谐"为主题，分三大版块19项文化活动。"万物平等 世界大同"佛教文化系列活动包括佛牙供拜法会、梵呗音乐会、祈祷世界和平大法会、佛舍利文化论坛、灵光佛学大讲堂、万株菩提送游人、贝叶经纯金版香界寺经书集中展示、佛牙舍利巡礼图片展、佛教纪念品展示、千年法相——"宋代木雕佛像艺术展"、唐卡精品展、各国佛教文化表演；"欢度国庆 重阳敬老"系列文化活动包括群众文化活动展演、古琴音乐会、名家书画笔会、现场压制普洱茶饼、百米长卷"写"祝福、请茱萸囊"带"祝福、饮菊花茶"品"祝福、吃长寿面"尝"祝福、免费义诊"问"祝福等；心灵体验活动包括"心灵之光"古琴音乐会、茶道表演、香道表演、金鱼池放生、抄经、印经、刻经、吃斋饭等。期间，装饰三山八刹，虎峰山上布景观"祖国好"及布"中国结""中国印""佛家八宝"等景观；各寺庙内推出挂吉祥牌、请如意符、搓"龙洗盆"、打金钱眼、敲吉祥钟等系列传统祈福活动。期间，接待游客24.8万人次，门票收入155万元，综合经营收入269.5万元。

（王少卿）

【首届佛牙舍利大法会】 10月20日上午，北京灵光寺在佛牙舍利塔前举行首届中国八大处佛牙舍利大法会。中国、斯里兰卡、孟加拉三国高僧共同拈香祝祷，祈愿世界和谐发展、世界佛教徒法谊源远流长。孟加拉僧王、世佛联泰国中心副会长、孟加拉佛教复兴会主席、达卡法王寺住持苏塔难陀长老，斯里兰卡凯拉尼亚大学校长、智严佛学院院长、斯里兰卡科伦坡地区大僧正山法大长老，斯里兰卡圣菩提寺住持、佛教电视台台长善法长老，斯里兰卡摩尔伐多寺僧伽理事会理事、佛牙寺主祭官梅檀格勒长老，世佛联秘书长帕洛·泰阿利先生，斯里兰卡驻华大使兰杰特·乌杨高先生等外宾；中国佛教协会副秘书长、北京市佛教协会会长、北京雍和宫住持胡雪峰大喇嘛，中国佛教协会副秘书长、北京广济寺方丈演觉大和尚等十八位诸山长老及高僧大德及岳德顺等区领导出席法会。佛牙舍利在灵光寺内供奉已900余年，其传承脉络清晰，曾经多次出访东南亚等国家和地区，为国际间交流与和谐友好，为世界和平作出积极贡献。

（王少卿）

石景山年鉴

2015 BEIJING SHIJINGSHAN NIANJIAN

规划建设

规划管理

概　　述

北京市规划委员会石景山分局(简称规划分局)于2003年3月1日正式挂牌成立,是北京市规划委员会(简称市规划委)派出机构。设办公室、纪检监察科、综合科、建设工程管理科、规划科、用地科、市政交通科、执法队。下辖区城市建设档案信息中心,负责全区城建档案信息管理工作。年内,规划分局以区委十一届八次全会精神和“八个高端”体系建设为指导,以构建高端绿色城市综合规划体系为目标,加快规划编制步伐,强化规划管理,加强基础设施建设和生态环境建设,落实区十项重点工程、区固定资产投资项目等区政府绩效管理任务,全面推进城市规划建设。落实区委提出的围绕拆除违法建设、城市环境治理、城中村和棚户区改造、处理信访积案,打好“四个攻坚仗”的工作要求,强化措施、狠抓落实,进一步提升城市综合管理水平。着力整治市容环境,提升城市形象;改善生态环境,提升宜居质量;规范秩序环境,发挥典型效应;提升设施环境,增强承载能力;建设安全环境,确保社会和谐。在落实区“大城管”体制提升社会综合治理水平工作中,着力做好规划认定和综合联动执法工作。全年受理各类行政许可和服务事项189件,其中核发行政许可事项(两证一书)57件,规划服务132件。

地址:石景山区八角南路9号

电话:报建大厅68863815

办公室68870345

邮编:100043

(曲　欣)

【总规修改工作启动】 2月,规划分局按照市规划委有关工作要求,着手拟定地区总规修改工作实施方案。按照国家总规修编办法要求,城市总体规划于10年期满后要进行一次评估和修改,根据市委、市政府指示和要求,《北京城市总体规划(2004年－2020年)》修改工作于当年展开。规划分局通过推动总规修改工作,明确地区发展意愿,针对总规落实过程以及地区规划实施过程中存在的主要问题,从生态、环境、市政基础设施等承载能力着手,考量城市人口容纳能力和城市的建设发展规模,有效控制人口规模和用地规模,并进一步研究适宜地区发展建设需要的主导产业,确定合理功能定位。同时,随着总规修改有关工作的推进,在未来规划编制方法和实施管理方式上,注重做好四个转变,即从目标愿景式规划向问题导向型规划转变,从扩张型规划向内生约束性规划转变,从技术型规划向政策性规划转变,从静态型规划向动态型规划管理转变。

(曲　欣)

【重点地区控规调整】 2月,推进首钢医院门急诊医技楼项目规划调整。首钢医院东邻北方工业大学,南临钢校南路,西邻首钢地质勘察院,北临大台铁路,总用地面积约6.56公顷,用地性质为医疗卫生用地(C5)。首钢医院提出原门诊楼及医技用房等建设年代较早,面积有限,条件较差,已严重影响正常医疗活动的开展,拟拆除院内零散用房,建设首钢医院门急诊医技楼项目,建筑高度由45米调整为60米。规划分局接到申请后,积极推动公益性医疗卫生服务项目规划调整,主动与有关部门沟通情况,取得初步意见,按照控规动态维护程序,做好公示等有关工作。3月,积极与区相关部门沟通,召开被列入区十项重点工程的五里坨西部环卫综合场站项目专题会。对项目进行综合统筹,对土地权属及融雪剂搅拌站建设提出针对性意见。在土地权属确认及市环保局等部门明确意见后,立即启动规划调整等前期工作。该项目建成后,将大大提高环卫作业效率,降低作业成本,消除东车西扫,东水西洒的现象。5月,推进刘娘府综合改造项目定向安置房地块控规调整后续工作。为解决刘娘府居民按时回迁入住,同时考虑教育设施及时落地,服务周边居民,根据中心城动态维护会要求,对该项目进行为期30天的公示。根据公示期间收到的居民来访意见,组织国土分局、区住建委、奥宸房地产开发公司等单位对意见进行梳理与研究。全力保障安置房居民按时入住。年内,还完成五里坨建设区、麻峪集体产业等项目的控规调整工作。

(曲　欣)

【构建综合规划体系】 3月,规划分局多措并举,快速启动综合规划体系研究的开题工作,积极探索高端的城市规划、建设和运行体系。一是召开综合规划体系研究工作专题会,对各项工作进行部署。会上成立课题组,制定调研方案,明确课题的牵头科室、研究内容、配合部门,确定职责分工。同时还明确下一步与相关机构、单位进行沟通,在综合专家、专业职能部门意见的基础上明确课题的思路框架。二是积极听取专家意见,拓宽调研思路。先后邀请市规划院总体所及区委研究室相关领导到分局做专题讲座,听取他们对于全面深度转型、高端绿色发展的解读。并与市标准化办公室、国土分局、市规划委研究室等相关部门开展合作,拓宽思路、挖深内涵。进一步明确地区所处的阶段性特征,深入分析全面深度转型、高端绿色发展所面临的机遇和挑战、难点和瓶颈,进一步增强规划建设发展的统筹性、协调性、基础性和前瞻性。年内,通过规划、土地、投资和人口“四本帐”研究,明晰辖区现存土地、规划、投资、人口资源状况。按照统一工作部署,牵头组织开展地区规划布局分析研究的相关工作。组织召开构建高端综合规划体系论坛。编制完成《关于构建高端的城市规划、建设体系的实施方案》。

(曲　欣)

【开题研讨会召开】 4月16日,规划分局组织召开构建高端城市综合规划体系开题研讨会,邀请市规划委领导及12家设计院的专家为石景山区未来发展出谋划策。与会专家对构建全面深度转型、高端绿色发展的综合规划体系展开讨论。牛青山、夏林茂等区领导与市规划委副主任刘玉民,市规划院院长施卫良,原中规院书记、建设部副司长陈锋,原清华大学建筑学院院长、中国建筑学会副理事长朱文一，市社科院市情研究中心主任唐鑫，中科院科技政策与管理科学研究所研究员、市城市运行与发展研究中心主任陈锐等进行研讨交流。一致认为石景山区正处于转型发展的关键时期，需要用高端的眼光去规划布局，用发展的眼光谋发展。要立足长远，着眼长远，自觉按规律办事，以“敢为”的精神解放思想、探索新路子、创造新经验，以“应为”的精神主动研究、胸怀全局、担当责任，以“能为”的精神坚定信念、统一思想、脚踏实地。

(曲　欣)

【推动棚户区改造】 4月25日，规划分局组织召开北辛安棚户区改造项目专题研究会。该项目北至阜石路，东至北辛安东路，南至石景山路，西至北辛安路，现状建筑主要为住宅、国有厂房和国有企业。为推进棚户区改造进度，充分研究基础资料，确定回迁房和企业回迁的标准和规模，同时做好资金平衡工作，为控规调整提供论证依据。在编制控规阶段，对项目范围内绿地、学校、城市基础设施的规划规模进行充分论证，并在控规成果中明确其布局。同时加大对轨道交通一体化设计范围等问题的研究力度。按照区领导要求，协助区住建委，细化研究棚户区改造相关政策，做好与市重大办的汇报沟通工作。棚改方案充分体现地区人文历史特色，全面梳理该地区各权属单位权益以及未来发展中市政交通、业态分布等问题，统筹研究农村集体经济组织未来发展问题，记录“北辛安人的文化传统”“家族观念”“生活态度”等情感故事，留存城市记忆，全面发挥棚户区改造促发展惠民生的积极效应。年内，棚户区改造项目包括北辛安综合改造项目、西黄村综合改造项目和梁公庵综合改造项目，3个项目用地共约232公顷，涉及拆迁约5800户，总投资约207亿元。

(曲　欣)

【保险产业园设计方案征集】 4月29日，规划分局组织市规划院、意向入驻企业、区金融办等相关单位召开座谈会，研究分析企业需求。意向入驻企业从用地与建设方式、交通、居住、通讯、环境、餐饮、文化娱乐、综合配套等方面提出需求。通过对企业需求的梳理，进一步明确入驻企业的门槛和产业园所承接的金融产业类型。北京保险产业园位于中关村科技园区石景山园北Ⅰ区、南区和新首钢高端产业综合服务区，是市政府贯彻落实党的十八大和十八届三中全会精神，在本区建设的重点项目，对于打造首都新的经济增长极、打开首都西大门具有重要意义。规划分局积极推动园区建设，力争企业早日入驻，确定4家单位参与保险产业园方案设计工作，委托市规划院对保险产业园城市设计工作提出设计条件。通过调研走访，座谈论证，不断优化该区域的城市设计方案。10月，召开北京保险产业园核心区应征城市设计方案评审会，邀请9名国内资深的规划、建筑、交通、环境、园林等方面专家以及主办单位代表，对应征设计方案进行独立评判和表决。评审内容主要包括：项目的功能空间及布局、建筑造型与城市界面、公共空间科学、有序的组织、交通系统安排以及绿色环保技术应用和方案落实、成本与收益的合理性等。经过记名投票方式完成4家应征方案评审，2个应征设计获优胜设计方案。

(曲　欣)

【基础设施建设】 5月，五里坨供水厂项目规划设计方案确定。该项目是区十项重点工程之一，位于五里坨地区秀府村北路与五里坨路交接处，总用地面积约16536平方米，地上建筑面积约2483平方米。一期供水规模为1.6万立方米/日，远期供水规模为3万立方米/日，规划分局在两个工作日内完成该项目规划设计方案的审批。银河商务区K地块C2商业金融项目对于提升石景山区整体形象，打造“长安金轴”、促进区域经济发展有积极的促进作用。规划分局主动服务，采取提前介入方式，加快办理银河商务区相关规划手续，仅用一个工作日就完成该项目方案的审查工作。截至年底，完成永定站220千伏、石莲站110千伏变电站建设用地规划许可，刘娘府110千伏变电站确定选址，启动首钢220千伏变电站建设前期工作。推动轨道交通站点一体化建设。推进苹果园枢纽建设项目，开展六号线西黄村站、苹果园南路站一体化设计方案。提出开展金安桥站轨道站点一体化综合体方案设计研究工作思路。

(曲　欣)

【高端城市规划研究】 8月，规划分局着力推进高端城市规划课题研究，细化结构、深化内容，健全体系、升华成果。认真领会区领导要求，进一步明确研究责任与任务，邀请市规划委、市规划院有关领导、专家就高端的城市规划课题初步成果进行研讨。就习近平对北京城市发展五点指示、郭金龙对首钢未来要跳出房地产、超越CBD的期望和打造京西战略增长极的要求，从三个方面深入研究具体对策。一是与市规划委对接总规修改对石景山区空间布局、核心功能的进一步优化，特别是对重点功能区产业空间布局的引导作用，以及如何构建望山见水的城市空间格局，彰显历史文化名城特色以及强化基础设施支撑，统筹地上地下空间进行交流。二是与市标准化办公室等相关部门对接标准体系建立的技术问题，深化高端、绿色城市规划的内涵，着手研究高端标准体系如何保持发展战略性、规划前瞻性和区域适应性，并就城市有机更新的和谐有序标准、新型交通模式与绿色基础设施标准、城市开放空间与生态宜居标准进行沟通。三是细化实施对策，有效控制人口规模和新征占土地规模，提高土地利用效率，摸清低效用地的现状和开发潜力，探索土地资源整治与规划实施的有效机制，探索划定规划实施单元的模式与方法，加强产业发展规划、土地利用规划、城乡规划目标与空间布局的协调统一，推动城乡建设集中紧凑发展。

(曲　欣)

【西十筒仓改造项目】 9月，规划分局推动首钢老工业区西十筒仓改造项目建设，积极配合首钢总公司完成西十筒仓改造项目的规划意见复函，初步审定该项目的设计方案，并核发建设工程规划许可证。西十筒仓作为首钢老工业区搬迁改造的试点工程，在原有老工业设施上进行改造，总用地面积约7.69公顷，总建筑面积约31800平方米。项目的实施对于实现首钢老工业设施的功能转变、城市风貌的有机更新起着重要作用，将成为长安街西延长线“长安金轴”的新亮点。

（曲　欣）

【京西商务中心项目】 10月10日，京西商务中心项目设计方案经区委常委会审议通过。该项目总用地面积8.57公顷，总建筑规模约60万平方米（地上约38万平方米，地下约22万平方米），建筑高度120米。项目位于长安街西延长线上，是北京城市的“西大门”，同时也是新首钢高端产业综合服务区的门户，地理位置优越，且项目规模巨大，是中心城区近期乃至未来都稀有的城市综合体。规划分局根据“全面深度转型　高端绿色发展”战略部署和构建高端城市规划建设运营体系的目标，为京西商务中心项目方案设计提出了标准。组织项目建设单位进行规划方案设计。2月始，牛青山、夏林茂等区领导先后四次听取该项目的方案汇报，对方案在产业功能、建筑艺术、绿色生态、地下空间利用、科技创新等方面分别提出具体要求。区委常委会参会领导一致认为该设计方案为地区城市建设树立标杆，确立城市建设高端、绿色标准，对未来新首钢高新产业综合服务区以及未来石景山西部建设具有重大指导意义。

（曲　欣）

【交通枢纽调整方案获批】 11月，市政府正式批准苹果园综合交通枢纽调整后的规划设计方案。该项目总用地面积约4.77公顷，方案设计总建筑面积29.7万平方米，其中，枢纽及轨道交通部分15.1万平方米，商业开发部分14.6万平方米，建筑高度84米，综合容积率4.0。确定苹果园南路站一体化设计方案，议定同意地铁西北侧出入口设置在开发项目用地红线内，与开发项目裙楼形成统一。增加建筑规模约3780平方米（其中地上1620平方米，地下2160平方米），其中地铁功能区面积约750平方米（其中地上140平方米，地下610平方米），其余面积作为地铁占地补偿。

（曲　欣）

【气象业务用房项目】 12月，规划分局核发石景山气象业务用房项目规划选址意见书。年内，积极落实市政府关于推进首都气象事业发展、率先实现气象现代化的要求，多次现场踏勘，并与区气象局及相关部门沟通协商。经报区政府批准，市规划委中心城控规动态维护工作会研究并请示市政府同意后，将石景山气象业务用房项目选址在五里坨建设组团西北部，西邻石景山与门头沟区界，南临新隆恩寺路，总建设用地面积约0.15公顷，总建筑规模约1500平方米。该项目是地区实现气象现代化，达到气象事业“一流装备、一流技术、一流人才、一流台站”目标的重要组成部分，项目建成后，将为突发事件处理、预警防灾、公共服务等提供有力支撑，为地区乃至全市实现气象现代化提供重要基础。

（曲　欣）

【专项规划编制评估】 年内，规划分局委托市规划院总体所开展辖区规划实施评估工作并完成阶段性成果。同时组织编制《石景山区防震减灾专项规划（2013—2020）》《石景山区电力专项规划》。完善市政专项规划体系，全面启动《石景山区雨水专项规划》《石景山区污水专项规划》《石景山区中水专项规划》《石景山区燃气专项规划》《石景山区热力专项规划》五项规划的编制。为大气环境治理、能源综合利用、保障供热安全，合理利用城市空间资源，实现低碳发展提供重要依据，是构建高端城市规划体系的重要组成部分。其中，燃气、供热专项规划方案，针对地区燃气场站分布不均匀、管网建设不均衡以及西北热电中心的建成对地区产生新的影响等现状，提出具体工作内容及研究重点。8月底，由市规划院市政所提交规划成果。

（曲　欣）

【推进便民工程建设】 年内，根据夏林茂在调研中对便民工程规划设计提出的要求，规划分局立行立改，主动深入街道社区做好规划设计全程服务，实现便民工程规划设计的“三快两提升”。“三快”，一是服务动作快，马上落实区领导指示，立即带领专业建筑和景观设计师到老山、八角、古城、金顶街、五里坨等街道社区便民工程现场，主动与街道社区对接，做好全程规划设计服务；二是设计速度快，专人负责督促便民工程的设计进度，为便民工程开工抢时间；三是规划审批快，为便民工程开辟审批绿色通道，审批与设计同步进行，力争在最短时间内帮助街道实现开工建设。“两提升”，一是通过高效优质规划服务，使便民工程的设计水平明显提升，成为提振社区精神的重要建筑和环境景观，践行区委高端、绿色发展理念；二是通过深入社区了解百姓需求，征询周边居民意见，使便民工程规划设计的群众参与度和满意度明显提升，体现更多社情民意。将全区112项便民工程梳理分类，开展全过程跟踪服务。同时，与街道紧密配合，调研与群众生活关系密切的公共建筑和环境空间，提前开展规划服务，为来年工作做好准备。截至年底，组织设计单位完成9个社区活动用房外装修、改造工程和4个社区广场景观改造工程的方案设计。

（曲　欣）

【提升便民工程设计水平】 年内，规划分局秉持高端、绿色和为民服务的理念，把好便民工程设计关。首先，从社区居民角度出发，一是充分考虑居民对生活环境、社区景观的感受；二是联系社区现状，全面考虑社区风貌的整体性、协调性；三是兼顾建筑造型的美观与功能的实用性。其次，从实际出发，确保便民工程造价合理和建设可行性。同时考虑无障碍设施设置、空调机位等可能影响建筑立面效果的实际因素。再次，从所在区域的设计导则出发，对便民工程的材质、立面色彩提出建议，提高便民工程的标识性，使其成为提振社区精神的重要建筑和环境景观。最后，从深化设计方案出发，严把设计关，力求把高端、绿色和为民服务思想落实到具体行动当中，使便民工程切实提升社区的居住品质,优化居住环境,实现真正的便民。

（曲　欣）

【无障碍设施改造普查】　年内,规划分局统筹负责全区无障碍设施建设,组织200多人,结合老旧小区改造相关工作,普查区内居住小区和居住建筑无障碍设施点241个。重点调研居住建筑出入口和小区内公共活动场地主要出入口,并制定相应改造设计方案。

（曲　欣）

【查处违法建设】　年内,规划分局落实"大城管"体制,加大违法建设查处工作力度。作为街道社会治理综合执法指挥中心的挂牌部门,着力做好综合联动执法和规划认定工作,采取四项措施,加大违法用地违法建设查处力度。一是加强对逾期临建的规划执法,及时监督建设单位拆除相关临建设施,避免发生临建改变使用性质,用于违法出租等新生违法建设;二是加强日常巡查,把城中村、主要道路两侧作为巡查的重点范围。对重点地段、居民反映强烈的地段,会同相关部门联动执法,集中时间、集中力量及时制止和查处;三是做好卫星查违核查工作。通过利用卫星图斑核查手段,及时发现并查处区域内新生违法建设,依照职责分工,移送城管部门查处。对确定程序违法的项目,责令建设单位尽快完善手续;四是通过强化规划监督,落实城市规划建设。完成水泥厂经济适用房项目、站前小区项目、学校等20项建设工程规划验收工作,共规划验收合格553000平方米。全年完成违法用地违法建设的规划认定107件、8.26万平方米,协查城管13件、3.66万平方米。联动执法拆除270处、17.69万平方米。拆除施工临建12处、9300平方米。

（曲　欣）

国土资源管理

概　述

北京市国土资源局石景山分局(简称国土分局)为北京市国土资源局的派出机构,在市国土资源局领导下,按照管理权限,负责组织实施石景山区行政区域内土地、矿产资源的行政管理工作。内设办公室、财务科、综合科、地籍科、土地利用科、地质矿产科、政工科、纪检监察科8个职能科室;下属执法监察队、国土管理所、土地权属登记事务中心、土地利用事务中心、土地储备分中心、土地一级开发管理中心、服务大厅。编制人数80人,其中行政编制27人、事业编制53人。年内,国土分局切实践行党的群众路线,开展"学习十八大 爱岗实干兴国土"知识大讲堂,创新工作思路,突出务实特色,狠抓项目管理,促进发展创实绩;狠抓服务管理,保障民生见实效;狠抓流程管理,优化效能落实处;狠抓基础管理,立足长远务实;狠抓执法管理,规范秩序出实招;狠抓内部管理,夯牢基础兴实风。以管理促服务,打造高效服务型机关,落实党风廉政工作,建设"廉洁国土";提升信息化水平,建设"智慧国土";加强信息公开与宣传,建设"阳光国土";强化综合服务能力,建设"精细国土";妥善处理矛盾纠纷,建设"和谐国土";加强学习与调研,建设"学习国土",全面完成各项工作任务。

地址:石景山区八角西街66号方地大厦
电话:68861188
邮编:100043

（徐卫东）

【推进西部储备项目】　3月,国土分局牵头区西部建设办公室、北京实兴腾飞置业发展公司成立西部储备项目推进工作组,并召开第一次项目专题调度会,各单位分别抽调业务骨干全力跟进。同时,组织召开每两周一次的领导小组会、不定期的项目专题会和至少每周一次的现场项目推进会,为全面实现供地计划指标和保障房建设提供保障。年内,积极推进西部五里坨地区市区联储项目上市工作。五里坨建设组团一级开发项目计划供地约40公顷,建设规模65万平方米,实现供应保障性住房约1.9万平方米。

（王　茜）

【信息化建设】　7月,国土分局以监管平台为依托推进信息系统整合,完成区国土综合信息系统向市局监管平台的迁移工作。在前期调研沟通过程中,历经系统架构汇报、演示系统功能、展示业务流程、交流应用经验等阶段,以系统整合为契机,统一建设标准,优化业务流程,完善系统功能,保证业务和办公系统正常应用。配合市局信息中心开展相关工作,整理开发文档,分析数据结构,调研业务需求,保障业务应用平滑过渡,保障信息系统数据安全。全年应用综合监管平台收23件,办结22件,未办结1件。其中许可类17件,办结16件,未办结1件;服务类6件,办结6件,未办结0件。所有办结案件达到市局行政许可事项和行政服务事项办理规则中的案件闭合要求。电子报盘应收件23件,实际收件23件,执行电子报盘比例100%。应用国土综合信息系统辅助完成土地发证等工作任务,受理商品房土地出让业务6件、地籍调查业务53件、土地登记业务(包括权利设定登记、变更登记、分摊登记)143件(其中小业主90件)、抵押登记业务102件(其中小业主58件)、抵押注销登记业务71件(其中小业主39件),土地权属审查业务34件,公文流转业务632件。共受理1041件、办结1018件,通过督办和业务调度实现良好办结率。信息系统累计形成275G基础数据,包括基础地形图、航空遥感影像、宗地图、地下管网等数据资源;82.8G业务数据,包括土地规划、土地利用、土地地籍、矿产资源和土地储备等数据资源。

（赵　亮）

【刘娘府A1地块交易】　8月25日,市国土资源局正式发布石景山区刘娘府综合改造项目A1地块一期国有建设用地使用权挂牌出让公告,并于当日至9月28日进行挂牌竞价工作,通过竞价方式确定竞得人。该项目位于刘娘府地区,用地面积11.66公顷,建筑规模15.17万平方米,规划用途为居住和商业金融用地,是以区土地整理储备分中心为主体运作的土地一级开发项目。该项目鼓励引进以现代金融

及商业服务业为核心的国内外大型企业或商户落户，进一步贯彻地区绿色发展理念，以实现良好经济社会效益。

（徐卫东）

【行政服务大厅成立】 10月22日，国土分局内设机构——行政服务大厅成立。主要职责是受理行政区域内国土资源管理方面行政许可和行政服务事项申请；核发各项行政许可和行政服务事项批准文书；受理政府信息公开申请；核发政府信息公开申请答复文书；负责一次性告知单发放和日常业务咨询等事项。

（胡晓明 王忠全）

【建设项目用地预审】 年内，国土分局全力保障政府绩效管理责任项目等重点工程和重点项目。全年完成10个建设项目用地预审审批工作，审批用地面积51.66公顷。经过前期调研和专项研讨，明确将国家保险产业园、首钢转型开发、世界旅游体验中心等项目纳入今后工作创新的重点，从项目协调沟通、制定用地标准、主动上门服务、简化办理程序、争取政策支持等各方面进行工作改进和创新，更好地服务“全面深度转型、高端绿色发展”目标，推动国家级绿色转型发展示范区建设。

（崔茜倩）

【土地供应项目划拨】 年内，国土分局按照合法合规、优化效能的原则，狠抓流程管理，通过科学制定土地利用规划与计划、切实提高项目审批效率。完成京原路7号公租房项目非营利配套设施用地、京原路7号幼儿园项目、东下庄北路、五里坨供水厂4个项目划拨审批工作，划拨供地面积4.0547公顷。

（刘丽娟）

【出让土地批后监管】 年内，国土分局采取三项措施，切实杜绝土地闲置现象，提高用地单位履行出让合同、合法用地的法律意识。一是加强政策培训，促使用地单位主动与分局联系共同开展批后监管工作；二是分局科室依法履责主动开展定期与不定期相结合的外业踏勘巡查，及时收集相关信息、及时发现问题；三是加强与项目用地单位和相关部门沟通协调，提醒督促用地单位严格按照合同开展各项工作，对发现的疑难问题及时汇报，杜绝土地闲置现象产生。全年对32个出让项目、4个划拨项目土地进行外业踏勘、现场拍照、收集施工许可证和竣工备案资料并依要求上传至批后监管系统。对未按出让合同开工的京西商务中心东区、西区等4个项目进行延期开工情况说明并上报市局。解决京西商务中心（东区）商业金融、五里坨建设组团02号B地块保障性住房用地项目名称变更事宜，增加区域税收3亿元。

（刘丽娟）

5月，治理后的赵山地灾点项目 （国土分局供稿）

【补办商品房出让手续】 年内，国土分局完成鲁谷村8号楼10单元202号、七星园1号楼7单元302号、石景山路23号院8号楼4单元803号、八角北里23号楼1单元102号、海特花园56号楼4单元302号5套楼房出让手续补办工作，收缴土地出让金10.05万元。

（刘丽娟）

【完成专项审计】 年内，国土分局完成国家审计署土地出让金收支和耕地保护情况专项审计、国家土地督察局北京局节约集约专项督察工作。全面梳理自2008～2014年9月30号期间辖区所有征收、划拨、出让和耕地保护占补平衡项目。通过梳理，期间征收土地项目31个，土地总面积491.4488公顷；土地划拨项目26个，划拨面积66.803公顷；出让项目76个，占用61.5117公顷耕地并异地补充61.5117公顷耕地；111项业务295套住宅商品房补交出让金638.9964万元。并依要求全部办件文字、矢量数据录入市局办公系统。

（刘丽娟）

【地质矿产管理】 年内，按国土资源部要求，国土分局对地区涉矿企业与矿产资源数据进行梳理采集，创建矿产资源数据库数据模块，强化矿产资源管理基础工作。全年探明区域矿产资源有无烟煤、凝灰岩、陶粒岩、铸石辉绿岩、砂石、矿泉水、地热等矿产资源。完成矿产资源储量登记及建设用地是否压覆矿产资源核查工作。落实矿产资源补偿费征收，开展矿泉水企业开发利用年检，办理有关矿泉水厂采矿权延续。统计矿泉水企业资源数据，完成数据模块更新。开展矿泉水企业原水水质检测、地热资源开发利用预申请有关工作。加强矿产资源开发利用保护，规范地质矿产管理。

（赵晓宾）

【地质灾害防治】 年内，国土分局切实抓好地质灾害防治，进一步加大对地质灾害隐患点治理、强化地灾防治责任制、健全区域地质灾害群测群防网络等，切实保障人民群众生命财产安全。配合市局完成区域1:50000地质灾害祥查及避险场地调查。经专家评审，区域确定地质灾害隐患点24处，涉及金顶街、广宁、苹果园、五里坨4个街道，隐患点多为人工削坡违章建房形成人工边坡造成隐患。结合区域地质灾害防治特点，汛期成立应急队伍，落实值班、巡查检查、信息报送、地质灾害报告等相关制度，送防灾《明白卡》到有关街道、隐患点居民，更新应急《通讯录》，与有关街道签订《责任书》，共同做好地质灾害隐患点治理。截至年末，国土分局完成5处隐患点治理等相关工作。

（赵晓宾）

【地籍宗地代码信息化】 年内，国土分局完成现行宗地代码向全国宗地统一代码转换工作。此次转换内容包括将全区划分为9个地籍区，13个地籍子区；按照编码规则将数据库中宗地代码进行转换；将地籍管理系统进行升级；生成新旧宗地代码对照表等。

（刘敏生）

【地籍管理数据】 年内，国土分局全面收集上年度地籍管理数据，包括土地登记发证数量（国有土地使用权、集体土地所有权、集体建设用地使用权、宅基地使用权）、土地权属争议数量（已受理和已处理）、公开查询次数、持证上岗人数等，叠加汇总历史数据，完成《地籍管理工作进度表》。全面总结上年度地籍管理进度汇总统计工作，分析问题、总结经验，编写上报2013年地籍管理进度汇总分析报告。全面汇总上年度城镇地籍调查数据（辖区201范围），收集上年地籍登记发证数据，使用最新土地利用类型和面积数据更新2012年城镇地籍数据库，完成城镇土地利用现状更新汇总表。收集辖区GDP、人口、固定资产投资等相关经济数据资料上报市局。收集辖区建筑面积和建筑占地面积等数据，完成《典型城镇土地利用强度调查表》并上报市局。更新上年度新增城镇建设用地数据库。

（刘敏生）

【城镇国有土地权属审核】 年内，国土分局通过城镇地籍调查及地籍管理数据汇总统计，摸清地区土地基础数据，进一步规范落实土地权属审查。完成对北京供销社登记、北京市农村商业银行、区人口计生委、北控置业、中国银行、京汉置业集团股份有限公司、北京高校房地产开发总公司、最高人民检察院、北京物美置业房地产开发有限公司、区房屋经营管理和市场管理中心、区文化委、区教委等33件国有土地使用权划拨、出让初始及变更登记确权初审工作。完成区储备分中心北二区西井地块、南园大厦抵押、北京华清安平置业有限公司、海蓝科技公司、区国资公司20件国有土地抵押权初始及变更登记复审。理顺权属审查工作内部工作规范，提出东下庄项目、重点中心东下庄道路、金顶北路、区储备分中心二管厂、古城西路权属审查、区储备分中心香山南路28号院、区储备分中心刘娘府地块权属审查、北京市电力公司上庄大街老山南路地块、区重点中心古城西路及南山1、2号院项目等19个项目权属审查意见。

（刘敏生）

【农村土地调查统计】 年内，国土分局按照北京市农村土地确权登记发证工作要点要求，结合辖区农村土地确权登记发证工作具体情况，提出农村土地确权登记发证工作基本工作思路。即：统筹协调，落实责任分工；分片包干，全力加快推进；积极协调，确保实现目标；加强沟通，争取政策支持；查漏补缺，巩固工作成果。全年完成243宗地、1047.5公顷集体土地所有权调查和统计成果汇总。

（刘敏生 胡晓明）

【土地登记服务】 年内，国土分局积极做好土地登记服务、严格规范土地出让监管，从用地计划到出让监管，全流程优化业务，提升效率。全年受理权属类业务479件，办结400件。其中土地登记51件、抵押登记45件、抵押注销登记32件；小业主土地登记96件，抵押登记59件，抵押注销登记91件，权属审核26件。严格执行退件制度，退件27件。清理自1993年以来土地登记卡宗地号升级，改以往按年、按土地证号排序的登记卡重新调整为按地籍区、地籍子区宗地号排序。辖区分为九个街道13个子区，共计1844张登记卡。完成2005年后1362张登记卡的清理工作，未发现明显问题。

（胡晓明）

【信息公开管理】 年内，国土分局加强信息公开与宣传，建设“阳光国土”。做好登记结果主动公开、数据报送及政府信息公开查询答复工作。做到按市局要求及时向中国土地市场网上传大业主抵押登记数据，向分局外网及首都之窗网站政府信息公开目录中录入土地登记类数据51条（不含储备及小业主登记发证），抵押登记类（只含大业主抵押，不含小业主、储备抵押及抵押注销）数据26条。同时，做好政府信息公开查询答复工作，先后为用地单位及个人完成查询答复10件。

（胡晓明）

【土地储备项目】 年内，国土分局积极运作土地储备项目。全区土地储备项目30个，用地面积694.8公顷，其中建设用地面积385.55公顷，建筑规模约595.14万平方米。全年新增融资71.87亿元，计划投资55亿元，完成28.08亿元，完成率51%。

（王　茜）

【土地上市供应】 年内，国土分局着力推进土地上市项目。完成第二水泥管厂居住用地、香山南路28号商业金融用地、刘娘府综合改造项目A1地块一期用地、老古城综合改造项目C4地块土地上市工作，总用地面积28.67公顷，建设用地面积28.49公顷，建筑规模67.86万平方米。年度成交总额134.07亿元，实现政府收益41.68亿元。

（王　茜）

【卫片执法检查】 年内，国土分局根据国土资源部、市局土地卫片执法检查工作实施方案的通知和市局关于开展土地矿产卫片执法监督检查工作的通知精神，核查国土部下发B、W、PJ三类图斑，总面积6.56公顷（其中耕地面积0.60公顷）。其中，国土部下发疑似违法用地（W）图斑20宗，总面积5.87公顷（其中耕地面积0.56公顷）。开辟巡查执法工作早发现、早制

止、早报告的良性轨道，严厉打击违法用地违法建设专项行动工作，切实维护城市建设与土地市场秩序。立案处理年度卫片检查中发现的违法用地符合立案条件的2个违法主体，没收建筑物2997.25平方米，罚款10.62万元。

（李　雪）

【土地供应计划编制】 年末，国土分局完成下年度国有建设用地供应计划建议方案及附表编制工作。下年，石景山区计划供应13个项目，计划供地总量51.2公顷。

（崔茜倩）

建设管理

概　述

石景山区住房和城乡建设委员会（简称区住建委）是负责辖区住房和城乡建设行政管理的区政府工作部门。年内，实现房地产开发项目有序供应，全区房地产行业健康发展。全年房地产开发共实现开复工面积427万平方米，同比增长41%。新开工面积232万平方米，同比增长13%，其中产业类187万平方米、住宅类45万平方米，全部为保障性住房项目。实现竣工面积173万平方米，同比增长31%。完成投资金额81.8亿，同比增长30%。

地址：石景山区八角西街66号方地大厦
电话：68829989
邮箱：100043

（田佳丽　寇　佳）

【石槽E02地块商业工程】 1月8日竣工。工程位于石槽西，工程规模72213平方米，框架剪力墙结构，工程总造价14840.0728万元。2012年8月30日开工。远洋地产有限公司建设，中国建筑设计研究院设计，远洋国际建设有限公司施工，北京方圆工程监理有限公司监理。

（张庆平　王　蕊）

【环氧胶等生产厂房项目】 1月13日竣工。工程位于八大处高科技园区双园路5号，工程规模19152.56平方米，框架剪力墙结构，工程总造价6474.7963万元。2012年1月12日开工。北京天山新材料技术股份有限公司建设，亚瑞建筑设计有限公司设计，中建一局集团第二建筑有限公司施工，北京和平诚信工程建设监理有限公司监理。

（张庆平　王蕊）

【节能改造工程】 3月11日竣工。工程包括广宁村新立楼5-10号楼、北京工职学院家属楼3-6号楼、石门路287号2-3号楼。工程规模39823.44平方米，工程总造价755.3366万元。2013年6月8日开工。区住建委建设，北京筑福建筑事务有限责任公司设计，北京城建一建设发展有限公司施工，北京市双利工程建设监理有限责任公司监理。

（张庆平　王　蕊）

【八角中里改造工程】 3月27日竣工。工程位于八角中里小区，包括八角中里4~9号楼、13~22号楼、24号楼、28~29号楼、32号楼。工程规模76090平方米，砌体结构，工程总造价1838.8533万元。上年3月29日开工。区住建委建设，华诚博远（北京）建筑规划设计有限公司设计，北京韩建集团有限公司施工，北京方正建设工程管理有限公司监理。

（张庆平　王　蕊）

【交通枢纽H地块部分】 3月27日竣工。工程位于苹果园，包括住宅楼、公共服务设施配套项目。工程规模19989平方米，剪力墙结构，工程总造价3597.6619万元。2012年9月18日开工。区住建委建设，北京华茂中天建筑设计有限公司设计，中扶建设有限责任公司施工，北京精正兴工程建设监理有限公司监理。

（张庆平　王　蕊）

【站前小区经适房项目】 3月28日竣工。工程位于五里坨村，包括五里坨站前小区经济适用房项目1~5号楼。工程规模26034.79平方米，剪力墙结构，工程总造价3974.3894万元。2012年5月11日开工。北京天泰兴业置业发展有限公司建设，北京华茂中天建筑设计有限公司设计，北京市石景山区建筑公司施工，北京精正兴工程建设监理有限公司监理。

（张庆平　王　蕊）

【八角东街写字楼】 4月18日竣工。工程位于八角东街25号，包括写字楼、酒店、裙房、人防出入口、地下。工程规模39280平方米，框架剪力墙结构，工程总造价8853.6135万元。2011年5月20日开工。北京金辰生态源科贸有限公司建设，中国中建设计集团有限公司设计，北京韩建集团有限公司施工，北京中外建工程管理有限公司监理。

（张庆平　王　蕊）

【燕山水泥厂限价房】 4月23日竣工。工程位于京源路68号。其中，由华北铁建建设有限公司负责施工的A2、A7，工程规模36974.03平方米，剪力墙结构，工程总造价7462.8885万元。由北京韩建集团有限公司施工的A3、A5、A6，工程规模62009.56平方米，剪力墙结构，工程总造价12050.1182万元。以上两个项目均于2011年11月24日开工。由北京金隅嘉业房地产开发有限公司建设，北京京业建筑设计有限公司设计，北京建拓工程管理有限公司监理。同时竣工的还有部分公用设施，包括A8号公厕、A9号密闭式清洁站、A10号配电室、A11号配电室及A12号地下车库。工程规模9777.69平方米，框架结构，工程总造价2997.0808万元。北京韩建集团有限公司施工，2012年5月21日开工。

（张庆平　王　蕊）

【房屋腾退拆迁】 5月，首钢铸造村集资建房项目完成搬迁，实现项目结案。7月，银河商务区（三期）项目完成搬迁，实现项目结案。8月，五里坨路项目完成搬迁，实现项目结案。同月，区住建委启动石河村110KV变电站项目地上物腾退搬迁，至月底完成腾退范围内腾退工作，9月底完成98%协议搬迁工作。9月，启动金顶西路地上物腾退项目协议搬迁，10月中旬完成全部协议搬迁工作。

（张佰军　石　云）

【八角北路等节能改造工程】 6月3日竣工。工程包括八角北路2号楼、3号楼、5～7号楼、9～11号楼、13～15号楼、17号楼、杨庄小区39号楼。工程规模70743.23平方米，工程总造价1174.6886万元。上年6月8日开工。区住建委建设，北京筑福建筑事务有限责任公司设计，江苏省建工集团有限公司施工，北京市双利工程建设监理有限责任公司监理。

（张庆平　王　蕊）

【高井发电厂小区改造工程】 6月11日竣工。工程包括高井发电厂住宅楼10～21号楼。工程规模38539.22平方米，工程总造价780.9504万元。上年6月8日开工。区住建委建设，北京筑福建筑事务有限责任公司设计，北京中煤正辰建设有限公司施工，北京市双利工程建设监理有限责任公司监理。

（张庆平　王　蕊）

【赵山小区等节能改造工程】 6月19日竣工。工程包括赵山小区联建4～5号楼、北京科研宿舍楼1－2号楼、北京聚庆斋公司居民楼、林业楼1、4～5号楼、市政疗养院宿舍楼1号楼、建筑疗养院宿舍楼2号楼、工人疗养院家属楼2～3号楼、八大处菜市场宿舍楼、西下庄副食综合宿舍楼。工程规模49932平方米，工程总造价1204.2599万元。上年4月22日开工。区住建委建设，华诚博远（北京）建筑规划设计有限公司设计，北京房修一建筑工程有限公司施工，北京市双利工程建设监理有限责任公司监理。

（张庆平　王　蕊）

【八角南路等节能改造工程】 6月26日竣工。工程包括八角南路6～10号楼、12～16号楼、20～22号楼、24号楼、26～27号楼。工程规模68659.61平方米。工程总造价1261.5262万元。上年6月8日开工。区住建委建设，清华大学建筑设计研究院有限公司设计，江苏省建筑工程集团有限公司施工，北京市双利工程建设监理有限责任公司监理。

（张庆平　王　蕊）

【康复医院医疗工程】 8月4日竣工。工程位于八大处西下庄，包括医疗综合楼、工伤康复楼、液氧站、2号楼（加固）改造。工程规模47942平方米，框架结构，工程总造价17196.8186万元。2011年11月24日开工。北京康复医院（北京工人疗养院）建设，中国中元国际工程公司设计，南通启益建设集团有限公司施工，北京建院金厦工程管理有限公司监理。

（张庆平　王　蕊）

首钢西十筒仓改造项目　（区住建委供稿）

【刘娘府B地块B5楼等项目】 8月12日竣工。工程位于刘娘府，包括B5号、B10号、B11号、配电室、密闭清洁站和厕所。工程规模58833.16平方米，剪力墙结构，工程总造价119015.2931万元。2011年8月8日开工。北京奥宸房地产开发有限公司建设，北京维美工程设计有限公司设计，湖南省第四工程有限公司施工，北京建宇工程管理有限责任公司监理。

（张庆平　王　蕊）

【老古城D地块二类居住工程】 8月29日竣工。工程位于老古城，包括1～6号住宅楼及配套用房，地下车库及配套用房。工程规模91456.85平方米，剪力墙结构，工程总造价24219.4279万元。上年6月14日开工。北京中海金石房地产开发有限公司建设，中国建筑设计研究院设计，北京韩建集团有限公司施工，北京市双利工程建设监理有限责任公司监理。

（张庆平　王　蕊）

【高新技术产业综合楼】 10月30日竣工。工程位于实兴大街15号，包括高新技术产业1～3号综合楼。工程规模29995平方米，框架剪力墙结构，工程总造价8737.009万元。上年8月29日开工。北京世纪盛达园科技发展有限公司建设，中冶地建设集团（三河）建筑设计咨询有限公司设计，邯郸市邯三建筑工程有限公司施工，内蒙古科大工程项目管理有限责任公司监理。

（张庆平　王　蕊）

【玉泉医院医疗教学综合楼（一期）】 12月3日竣工。工程位于石景山路5号，工程规模19659平方米，框架剪力墙结构，工程总造价10311.6852万元。2012年4月16日开工。清华大学玉泉医院建设，清华大学建筑设计研究院有限公司设计，北京市第三建筑工程有限公司施工，泛华建设集团有限公司监理。

（张庆平　王　蕊）

【老古城JB地块项目】 12月9日竣工。工程位于老古城，工程规模81529平方米，框架剪力墙结构，工程总造价15010.401万元。上年10月12日开工。北京中海金石房地产开发有限公司建设，北京市建筑设计研究院有限

公司设计，中国中铁航空港建设集团有限公司施工，北京坤恩国际工程管理咨询有限公司监理。

（张庆平　王　蕊）

【银河商务区E地块】 12月16日竣工。工程位于银河大街东侧，工程规模87325平方米，框架剪力墙结构，工程总造价29898.8853万元。上年3月21日开工。北京上善恒盛置业有限公司建设，上海中建建筑设计院有限公司设计，中铁建设集团有限公司施工，北京方正建设工程管理有限公司监理。

（张庆平　王　蕊）

【刘娘府D区D4楼等5项】 12月25日竣工。工程位于刘娘府，包括D区D4、D6、D8～D10号楼。工程规模65404.22平方米，剪力墙结构，工程总造价119015.2931万元。2010年12月8日开工。北京奥宸房地产开发有限公司建设，北京维美工程设计有限公司设计，湖南省第四工程有限公司施工，北京建宇工程管理有限责任公司监理。

（张庆平　王　蕊）

【冬季安全联合检查】 12月，区住建委开展全区建筑施工工地冬季安全联合检查。在组织各施工工地开展安全工作自查基础上，区住建委联合公安分局、区安监局、消防支队执法人员，对建筑工地开展以施工现场消防安全、预防煤气中毒为重点的执法检查。重点对老旧小区改造项目及6个重点工程施工现场进行施工生产管理、现场消防安全措施、施工人员采暖安全保障情况的排查，对发现的问题要求立即整改，督促施工单位全面落实工地防火、防风、防滑、防煤气等各项措施。

（张庆平　王　蕊）

【老旧小区公共区域改造】 12月，完成本年度老旧小区公共区域改造工程。八角北路1号院、八角北里、永乐小区三个小区改造任务全部完成，共更换污水管线10615米，铺设沥青路40086.3米，铺设透水砖67942.9平方米，增建停车位1807个，铺设弱电入地管线沟6800米，新建安防摄像头79个，新增分类垃圾箱204组，维修更换小区护栏1441.7米，实现绿化76290平方米。

（张庆平　王　蕊）

【建筑质量监管】 区住建委全年建设工程开复工94项，建筑规模541万平方米。在施工程39项，建筑规模345万平方米。完成竣工验收备案48项，建筑面积102万平方米，质量监督注册39项，建筑面积274万平方米。执法检查357项次，累计出动执法力量1136人次，排查各类安全隐患907条，责令限期整改21起，责令停工整改1起，约谈告诫施工单位和监理单位23次。

（张庆平　王　蕊）

【行政处罚18起】 区住建委全年完成行政处罚18起，罚款25.05万元。其中一般程序行政处罚11起，处罚集中在房屋管理领域，罚款24.35万元；简易程序行政处罚7起，处罚集中在建设管理领域，罚款0.7万元。

（张继奎　董　莹）

【依法行政】 区住建委全年行政复议23起，其中区法制办复议8起，市住建委复议15起（拆迁争议8起和信息公开15起）。行政诉讼16起（房屋登记案件4起、信息公开案件5起、拆迁案件7起）。

（张继奎　董　莹）

【重点工程建设】 年内，经区委区政府研究决定，确定银河商务区K地块项目、社区卫生服务站建设工程、西十筒仓改造项目、五里坨建设组团02号地B地块保障性住房建设项目、黄庄职高改扩建工程、中小河道治理工程、西黄村和西井棚户区改造项目、环卫中心场站项目一期建设工程、五里坨水厂建设工程、保险产业园建设工程为年度十项重点工程，总投资289.1亿元。上述工程均于年内开工，其中社区卫生服务站建设工程、环卫中心场站项目一期建设工程中衙门口综合场站东配楼于年末完工。

（闫晓辉　贾　洁）

【高端城建体系研究】 年内，区住建委围绕构建高端城市建设体系课题，下大力度进行研究和探索，高标准、精要求，全力打造石景山区高端城市建设体系。一是不断深化研究内容。在深入学习领会区委区政府指示精神的基础上，组织精干力量对高端建设体系进行研究论证，形成地区高端建设体系初稿；二是赴天津滨海新区实地调研学习。参观滨海新区规划馆和中新天津生态城，学习听取新区规划建设局领导和专家对滨海新区规划引领建设、基础设施先行、先地上后地下、高度重视生态建设与环境保护等先进做法，滨海新区的经验对本区高端城市建设具有理论和现实指导意义；三是初步提出高端城市建设的评价指标体系。在充分研究和借鉴国内外相关评价指标体系的基础上，结合地区发展现状，从城市建设能力、城市建设现状、城市基础设施供给、城市环境优美度和城市运行能力等五个维度，初步建立区高端城市建设评价指标体系；四是研究项目空间落地。与区发改委、规划分局和市政市容委沟通，努力把高端城市建设的新举措落实到具体项目上；五是征求各委办局意见，召开专家论证会。先后召开4次专家座谈会，并在初稿完成以后，征求各委办局的意见，同时邀请包括中国社会科学院、国家信息中心、北京师范大学等单位相关领域专家，对初稿内容进行深入论证。

（田佳丽　寇　佳）

【住房民生保障】 年内，区住建委通过加强组织保障，积极寻找工作突破口，破解各项难题，高效完成年度住房民生保障工作。区老旧办启动老旧小区综合整治楼本体改造170栋，67.45万平方米，涉及24个小区，12075户居民。抗震节能综合改造完成招投标，高井、特钢厂东门等10栋、2.87万平方米房屋完工。首钢产权的23栋、7.05万平方米于8月全面开工。节能改造开工7栋、3.49万平方米，首钢产权109栋、47.05万平方米于8月底前全面开工。简易楼改造开工4栋、1.71万平方米。截至年底，完成老旧小区抗震加固22栋、8.26万平方米；完成节能综合改造226栋、107.15万平方米；简易楼改造7栋，分别完成全年任务的165.2%、104.6%、350%。启动热计量改造133万平方米、入户率84%；完成污水管线改造10615米，修建停车位1937个，修建道路42486平方米。保障性住房新建812套、竣工4852套，分别完成全年任务的101.5%、105.4%。棚户区改造工作完成征收腾退2003户，拆迁面积约15万平方米，完成投资约30亿元，任务完成比例位居全市第一。

（景　莉　于　贺）

【房地产、物业企业资质管理】　年内，42家房地产开发企业办理开发资质升级、延续、变更等手续。截至年末，全区有房地产开发企业67家，其中一级资质企业4家，二级资质企业4家，三级资质企业2家，四级资质企业36家，暂定资质企业21家。全区登记注册物业服务企业49家，其中一级资质2家，二级资质10家，三级资质36家，三级暂定1家。

（田佳丽　寇　佳　郭倩楠　薛　松）

【建筑业企业资质管理】　年内，区住建委受理、审核、上报申报资质企业86家次，37家企业取得资质证书，其中晋级2家、资质增项9家、新设立企业取得资质25家，1家企业经改制后取得原企业资质；完成57家企业名称、注册地址、注册资本金、企业法人、技术负责人等资质内容变更审批；迁入企业7家，迁出企业1家。完成655人二级建造师初审工作，其中初始注册235人，重新注册78人，延续注册15人，增项9人，变更注册176人，注销140人，公司名称变更15人，遗失补办1人；完成年度《安全生产考核合格证书》续期初审，共计418人，其中A证59人、B证111人、C证248人。

（李万生　杨慧宇）

【房地产经纪机构和租赁管理】　年内，区住建委共检查房地产经纪（分支）机构208家次，约谈房地产经纪（分支）机构55家次，发放责令改正通知书48份，处罚房地产经纪机构5家，罚款12万元。办理初始备案证明21家，变更47家，注销16家。全区房地产经纪（分支）机构登记备案总数186家。办理非居住房屋租赁登记备案58件，面积30045平方米。办理10件经租产工作，其中3户年内领取经租产补留自留房货币补贴，其他7件报市住建委。

（张庆平　王　蕊）

【保障性住房建设】　年内，区住建委推进落实各类保障性住房建设，其中新开工第二水泥管厂配建限价房2.9万平方米/432套；中关村科技园石景山园北一区定向安置房项目二期3万平方米/388套。竣工和基本建成各类保障房项目5个（燕山水泥厂限价房（部分）、第二水泥管厂经适房、苹果园交通枢纽H地块廉租房、五里坨定向安置房、老古城E地块定向安置房），竣工总面积39万平方米/5206套。完成全年开、竣工任务指标。

（张　明　郭家麟）

【保障性住房管理】　年内，区住建委累计审核保障性住房申请家庭31978户，占全区户籍家庭总量的22.84%，解决家庭21007户。年度通过审核备案家庭1203户，审核终止不符合条件家庭362户。区住建委与市住保办沟通，将五里坨02号地B地块及南宫小区AB地块1900套公租房调整为合作型保障房。根据相关政策，为53户特殊困难家庭解决住房问题。运用市房屋权属筛查系统筛查轮候家庭，取消不符合资格家庭105户。全年廉租住房租金收缴额58.14万元，平均收缴率95%以上。廉租租金补贴累计发放17062户次，1516.97万元；公租房租金补贴累计发放9574户次，1253.68万元。

（王晓庆　左静伟）

【工程施工招标】　年内，区住建委办理建设工程施工招标85项（其中公开招75项，邀请招标10项），招标工程建筑面积1170078平方米，中标价479555.06万元；办理建设工程监理招标42项（其中公开招标34项，邀请招标8项），中标监理费8762.64万元。

（郭庆珍　高相波）

【普通地下室管理】　年内，区住建委接待普通地下室备案咨询109件次，办理普通地下室备案5件。向普通地下室各产权、管理单位和使用人下发市、区级普通地下室安全管理政策法规、管理规定、相关文件会议纪要等材料2400余份，制订普通地下室综合管理工作制度，组织普通地下室法规宣传、培训活动2次，接受普通地下室安全管理相关政策、法规咨询550余人次。全年检查普通地下室2960处，联合检查52次，清退违法群租普通地下室62处，面积59015.78平方米，清退居住人员1758人，行政处罚7.1万元。全年未发生安全事故。

（袁文斌　陈　哲）

【劳务管理】　年内，区住建委强化日常行业监管，与职能部门联动，主动开展隐患排查，加大工地检查力度和处罚力度，基本做到劳务用工存在问题提前预判，矛盾纠纷及时化解的工作目标要求。联合区相关职能部门开展全区在建项目农民工岗位培训教育，参加人数3万余人。项目开工前对项目经理和劳动力管理员坚持开展劳务管理政策交底工作，并加强施工过程中的劳务检查、隐患排查，全年开展工地现场检查80人次，检查劳务企业90余家、合同120余份。对发生问题的项目主动约谈企业负责人，督促用工企业及时整改，履行各自主体责任，做好自身管理。对存有隐患的项目以告知书形式进行警告，如发生农民工讨薪问题则给予处罚，做到劳务用工存在问题提前预判、矛盾纠纷及时化解。全年共发生因劳务纠纷引起的农民工讨薪事件5起，同比下降44.4%，有效减少全区建筑施工安全生产事故及农民工群体讨薪事件发生，保护企业及农民工合法权益，全区劳务用工管理总体情况处于平稳状态。

（李万生　杨慧宇）

【建筑节能】　年内，区住建委办理建筑节能设计审查备案25项，面积230万平方米，其中新增绿色建筑一星5个，面积17.12万平方米；二星2个，面积25.9万平方米。太阳能热水系统建筑项目4个，建筑面积19.74万平方米。建筑节能专项验收备案26项，面积103.6万平方米。其中绿色建筑一星项，面积17.3万平方米。

（李万生　王丽波）

【房改售房】 年内，区住建委核准批复房改售房方案21件（含农转居安置住房方案2件）。对83个单位次（含退件10件）的房改售（调）房进行审核备案，售865套、58928.97平方米。（其中中央33个单位次售297套，23724.89平方米；市属35个单位次售436套、27221.82平方米；区属15个单位次售132套、7982.26平方米；办理调房21个单位次60套、3799.11平方米。）

表5 石景山区2014年1～12月份房改售（调）房情况表

价格	单位数量（个）	面积（平方米）	套数（套）	中央单位售房			市属单位售房			区属单位售房		
				单位数量（个）	面积（平方米）	套数（套）	单位数量（个）	面积（平方米）	套数（套）	单位数量（个）	面积（平方米）	套数（套）
	1	2	3	4	5	6	7	8	9	10	11	12
房改成本价售房	57	40050.44	649	8	5169.78	88	34	26898.4	429	15	7982.26	132
经济适用住房价格售房	5	15079.42	156	5	15079.42	156	0	0	0	0	0	0
房改成本价调房	2	372.03	8	1	48.61	1	1	323.42	7	0	0	0
经济适用住房价格调房	19	3427.08	52	19	3427.08	52	0	0	0	0	0	0
合 计	83	58928.97	865	33	23724.89	297	35	27221.82	436	15	7982.26	132

（戚金章 李 瑾）

【维修资金审核】 年内，区住建委审核通过4个产权单位支取售后公有住房专项维修资金242.6万元。审核通过1个单位支取售房款资助职工建立住房公积金单位缴存部分4.04万元。

（戚金章 李 瑾）

【施工安全管理】 年内，区住建委严格建筑施工危险性工程管理，有效控制重大危险源。针对高空作业、临时用电、机械安全等作业开展专项治理；强化施工现场消防、食品、预防煤气、烟花爆竹等行业管理工作，实现全年无重大施工安全事故发生。做好2014年亚太经合组织第三次高官（APEC）会议期间保障工作，严格贯彻执行《北京市建设工程施工现场管理办法》及扬尘治理相关要求，严格落实施工工地达标率高于90%；全区所有施工工地停止土石方、拆除等作业。开展全区建筑工地绿色施工、扬尘治理工作，规范建筑垃圾处置，全年扬尘治理达标率96%。10家工地获市“绿色工地”称号，其中苹果园创意产业园项目获市“绿色施工样板工地”称号。28家建筑工地完成视频监控设备安装，实现在线监管。

（杨剑海 白 石）

【房屋安全度汛】 年内，区住建委开展年度全区城镇房屋及设备安全检查。共检查城镇各类房屋建筑面积2138.42万平方米，检查城镇私有房屋9877户、48966间，建筑面积约63.66万平方米。整个汛期指挥部出动75人次，检查楼房118栋次，平房1796间次，发现平房漏雨14间，楼房漏雨13幢。全部做到第一时间处理。

（郭倩楠 薛 松）

【各类信访1855件】 年内，区住建委落实信访代理制。全年接收各类信访件1855件，其中信访代理29件（已办理26件）；普通信访件172件（已办理158件）；监察投诉件90件（已办理90件）；区政府便民热线转办单件1418件（已办理1387件）；政民互动127件（已办理127件）；市长信箱48件（已办理48件）。完成信访复查工作2件次，参与区领导信访接待77批次，接待群体来访268批次，约1300余人次。

（张继奎 董 莹）

【政府信息公开】 年内，区住建委主动公开政府信息143条，累计主动公开政府信息632条。其中机构职能类信息68条、法规文件类信息228条、规划计划类信息4条、行政职责类信息140条、业务动态类信息192条。受理政府信息公开申请157件，办结151件，均录入“政府信息公开工作管理系统”。在受理的政府信息公开申请中，公开66件、政府信息不存在的34件、非本机关政府信息16件、补正10件、非政府信息23件、已主动公开信息2件。

（张继奎 董 莹）

【房屋权属交易与登记】 年内，区住建委规范商品房预售资金管理和使用，加强商品房销售现场日常巡查，强化销售企业对购房资格审核监管，严格监管预售资金入账及预售房源一房一价政策执行情况。全年完成房屋权属登记25361件，建筑面积246.69万平方米。其中所有权登记11506件，建筑面积99.13万平方米；抵押登记13662件，建筑面积140.2万平方米；预告登记58件，建筑面积0.66万平方米；其他登记135件，建筑面积0.7万平方米。全年预售许可初审3件。办理疑难产权证明1000余件。处理市建委监管平台投诉30余次，办结率100%，满意度90%。

（陈 洁 果雪梅）

房屋经营和市场管理

【概况】 年内，石景山区房屋经营和市场管理中心（简称中心）在区国资委领导下，深入学习贯彻习近平总书记系列重要讲话和中央、市委、区委全会精神，认真落实区委、区政府以及区国资委的一系列决策部署，将抓班子、带队伍，抓党建、促经营，抓项目、增效益，抓作风、出效率贯穿始终，认真履行职能，开展各项工作，完成各项任务指标。全年实现总收入4151万元，同比增长7.6%。

地址：石景山区古城东街103号
电话：68880771 68861581（传真）
邮编：100043

（任 群）

【安全生产】 年内,中心通过与基层单位签订《安全生产目标责任书》,举办贯彻落实新安全法培训班及开展专项整治活动等形式开展安全生产。开展"地下室专项整治""清剿火患""城乡结合部安全专项整治""亚太经合组织社会面火灾防控""亮剑行动"等专项行动,加强安全隐患排查治理。行动中,涉及中心地下室13个,清退10个。涉及城乡结合部安全整治39处,年内整治完毕。全年组织集中安全检查40次,与各出租户签订消防安全责任书110份。对检查中发现的4类11处问题下发整改通知,规定时限内整改完毕。截至年底,中心无安全责任事故。

(任 群)

【信访维稳】 年内,中心明确各单位行政一把手是信访工作第一责任人,全面负责落实信访工作。严格信访制度,畅通信访渠道,设专人接待信访,不回避矛盾,做到事事有反馈,件件有回音。全年受理各类信访件12件,报结12件;便民电话转办单59件,报结59件;人大提案2件,报结2件。

(任 群)

【廉租房管理】 年内,中心管理的廉租房3个。金顶阳光廉租房小区租金收缴率90%以上。苹果园H地块廉租房小区入住率96%,租金收缴率100%。五里坨站前廉租房小区入住率47%,租金收缴率100%。

(任 群)

【物业管理】 年内,中心完成跨年度房屋普查74.57万平方米。其中辖区楼房158栋,正规楼房130栋67.45万平方米,其中托代管房屋11.69万平方米、简易楼房28栋0.4万平方米、平房4035.5间6.72万平方米。修改完善电子档案,整理归档52卷。整理保障房住户资料,重新比对原始纸质档案,重新审核电子版资料,确保电子版档案准确无误。核定大中修缮18项,完成工程监管。完成各类房屋安全鉴定94处,总面积约34万平方米。加强保障房小区后期服务监管,做好小区内保洁、保安、绿化等公共部位维护。

(任 群)

【售房办证】 年内,中心规范办事程序,严格执行标准,全年出售各类房屋84套,其中标改成8套,成本价46套,经适房27套,拆迁范围内平房3套。

(任 群)

【供暖保障】 年内,中心全力做好88.2万平方米供暖保障工作。一是加强基础管理。对外围管线阀门检修155个,各类阀门站内维修36个、站外更换15个;维修保养换热站水泵5台、软化罐7台;更换电锅炉电热管22根、水箱2台,确保供热设备设施完好率100%。二是改进供暖管理模式。提高供热管理人员专业素质,加强所属三个供热站量化管理和安全检查,加大外管单位自管供暖管线排查力度,及时处理住户反映的供热问题,确保在住户要求时限内排除故障险情。三是狠抓供暖费收缴欠缴。要求收费工作人员必须做到"底子清、任务清、欠费清",重点对历年欠费空白户通过给单位发清欠通知书、上门催缴或通过诉讼协同追缴等形式收缴。根据市、区政府治理大气污染工作要求,组织完成南大荒供热站锅炉煤改气工作,保证住户按时供暖。

(任 群)

【测绘工作】 年内,中心累计完成各类房屋测绘面积135万余平方米,市级备案件数33件,规划验收18件,老旧小区改造项目9件,临时任务11件,翻建1件,公证1件,分户任务999件。接洽项目8个,完成签约2个。通过方圆ISO 9001质量管理体系认证和资质升级。

(任 群)

【拆迁工作】 年内,中心完成苹果园粮食局搬迁结转扫尾项目。完成人民渠拆迁项目、北重北路西延拆迁项目集体土地协议签订。完成北辛安S1项目同区房管中心非住宅拆迁补偿协议签订。完成M6车站项目同八大处农工商临时征地协议签订。协调推进第二水泥管厂、金顶北路、苹果园北路、规划一号路拆迁在施拆迁项目后续方案的制定、研讨、论证及调整工作。

(任 群)

房地产开发

北京石开房地产开发有限公司

【概况】 北京石开房地产开发有限公司(简称石开公司)于2006年2月8日成立,注册资本4亿元,2013年减资为6000万元;由区国有资产经营公司和金融街(北京)置业有限公司共同出资组建。公司主营房地产开发建设、商品房销售。石开公司是在原区城市建设开发公司基础上进行企业改制组建而成。2009年3月,石开公司与金融街控股共同出资成立北京天石基业房地产开发有限公司,作为衙门口居住公建用地项目开发主体。年内,石开公司做好融景城客户服务工作,基本完成代建项目银河大街热力管线工程。

地址:石景山区体育场2号
电话:51810266
邮编:100043

(马 光)

【银河热力管线工程】 年内,石开公司承接政府代建项目银河热力管线工程。工程开挖断面大(断面宽5.6米,高4.35米)、岩石多,工程难度大,且地处区政府门前,极易造成交通堵塞。石开公司反复论证工程施工方案,最终确定隧道施工方式。截至年底,完成工程主线隧道(长376米)和东支线隧道(长110米)。

(马 光)

【融景城收尾工作】 年内,石开公司清理融景城尾房、追缴房屋尾款。完成融景城四期中储粮尾款结算、配套邮局及托老所签约等事宜,实现签约3705万元、回款11649万元。景阳农工商还建楼经公司多方协调,12月12日完成交付工作,追回尾款。

(马 光)

【加强维修维保】 年内,石开公司继续坚持"客户为导向""把业主家的事当作自己家的事来做"原则做好客服管理,疏通与业主沟通渠道,加强对物业公司管理,高度重视业主维修维保

及投诉处理工作。融景城全年接业主报修约800余项,维修关闭率98%;全年投诉关闭率100%;金融街客服关怀400系统中得到业主表扬3例。

(马　光)

【特约巡查员和"五方会议"】 年内,石开公司在融景城项目客服管理中,建立特约巡查员机制和五方会议机制,营造自治自管氛围。聘请业主代表作为特邀巡查员对小区管理形成常态巡视,建立微信群,及时发现问题迅速反映、第一时间协调解决。同时公司牵头倡议,联合居委会、社区工作站、物业公司、业主代表定期召开信息沟通会,共商共议小区事项,协调、解答、解决业主们关注的维保、物业服务等问题,形成融景城自治自管新机制。

(马　光)

【融景城北停车管理】 年内,石开公司协助国资委办理人大代表"关于规范融景城及周边机动车停放管理的建议"。石开公司协同长城物业公司在社区内张贴温馨提示方式,开展宣传活动,善意提醒小区业主规范、有序停车。针对小区北侧、人民渠南侧锅炉厂南路小区业主出行难、停车乱问题,出资修建道路绿化隔离带拆除改造工程,停车位从改造前的29个增加至87个,从根本上解决融景城业主出行、停车等问题。

(马　光)

北京实兴腾飞置业发展公司

【概况】 北京实兴腾飞置业发展公司(简称实兴腾飞)注册资金6000万元,总资产23.5亿元,年内晋升为一级房地产开发资质,是本区最大国有房地产开发企业。下属7家子公司,包括3家全资子公司(北京实兴金海物业管理中心、北京实兴建材公司、北京实兴腾飞酒店物业管理有限公司),2家参股子公司(北京石海兴业置业发展有限公司、北京金石融景房地产开发有限公司),1家控股子公司(北京西部联合置业发展有限公司),1家代管公司(北京金鼎园大学生公寓物业管理中心)。年内,实现经营收入39600万元,实现利润总额6436万元,分别完成年计划的68%和159%。

地址:石景山区杨庄东街59号
电话:68880853
邮编:100043

(刘笑忱)

【五里坨建设组团项目】 年内,实兴腾飞五里坨定向安置房项目进入收尾阶段。档案移交,除B－11号配套楼因拆迁未完不予验收,其它竣工资料全部移交城建档案馆和兴泰物业公司;实体移交,除托老所和文体活动用房等移交事宜外,其它市政、部分园林绿化、道路、停车收费系统和相关配套设施全部移交完毕。完成定向安置房项目成本核算及项目结算审计工作。完成全部住宅楼栋实测备案,产权初始登记完成19栋,占总量50%。一级开发住宅拆迁全年签约13户,累计签约3550户,剩余产权户97户,全年拆除面积2718平方米,累计拆除面积39万平方米,占总拆迁面积的97%。国有土地共涉及14家产权单位,完全签约7家,部分签约4家。截至年底完成总拆迁面积的62%。集体土地完成拆除90%以上。完成03－A土地平整、围挡搭建。完成土地一级开发成本核算统计整理工作。

(刘笑忱)

【项目进展】 年内,实兴腾飞组织完成金石融景京西商务中心项目总包、监理招标工作及相关前期手续,同时完成90%土方开挖量和边坡支护工程,当年年底完成基础底板。金融街长安销售中心11月份开始采取"定制协议"形式与客户签约,截至年底签约额3.1亿元。南宫保障房项目A地块结构封顶;B地块一标段完成全部正负零施工,二标段全部楼座结构封顶,并完成外立面工程。

(刘笑忱)

【子公司项目建设】 年内,实兴腾飞委托下属子公司天泰兴业代建的苹果园交通枢纽H地块廉租房完成竣工验收,354套廉租房全部办理入住手续。石海兴业负责的西井项目完成拆除染中靓;注销西井中学、染中靓公司土地房屋所有权证;与嘉事堂达成初步拆迁意向。截至年底,除嘉事堂及棚户区约120户居民住宅等尚未拆除外,其余地上物均拆除完毕。

(刘笑忱)

【资产管理】 年内,实兴腾飞完成西黄新村西里16号楼销售79套房屋,收售房款1.98亿元;鼎城大餐饮项目签订《租赁意向书》。杨中教学楼项目签订联合办学《合作协议》。

(刘笑忱)

【履行社会责任】 年内,实兴腾飞向"实兴腾飞助学基金"注资20万元。自2010年"基金"启动以来,累计发放资助金80万元,共资助困难学生750人次。组织开展"寒冬送暖衣"捐助活

五里坨安置房项目　　(实兴腾飞公司供稿)

动，向灾区和贫困地区儿童和家庭捐助棉衣140余件。开展党员群众献爱心活动，捐善款8520元。

（刘笑忱）

石景山区建筑公司

【概况】 北京市石景山区建筑公司（简称建筑公司），是区属全民所有制建筑企业。具有房屋建筑工程施工总承包二级资质，城市及道路照明工程专业承包三级资质。1999年2月，通过ISO9001质量管理体系认证，成为区属建筑业企业中第一个通过该认证建筑公司。2006年1月，通过质量、环境保护及职业健康安全管理体系三体系认证。2009年，公司成为辖区首批持“CRD绿卡”88家重点企业之一。年内，有7个职能科室，8个土建分公司，1个电气分公司；正式职工166人，工程技术及专业管理人员121人。其中具有高级技术职称4人，中级技术职称26人。全年完成营业收入40494.82万元，上缴税金1047.14万元，开复工面积44.69万平方米，竣工面积1.75万平方米。截至年末，建筑公司获北京市建筑工程最高质量奖“结构长城杯”和“长城杯工程奖”15项、北京市优质工程6项、北京市文明安全工地19个，连续多年获区“百强企业”“重合同、守信誉”企业。

地址：石景山区西井路15号静洋科技大厦五层
电话：68863898
邮编：100041
传真：68829495

（贾海艳）

【幼儿园、小学校工程】 9月竣工。工程位于杨庄中区住宅区，建筑面积17465平方米，合同造价6032万元。工程为全现浇框架结构和剪力墙结构，由幼儿园、地下车库、教学楼及配套楼四项工程组成。2012年9月开工，建设单位区教委及北京实兴腾飞置业发展公司，建筑公司第二分公司承建。

（贾海艳）

【通过三体系认证监督审核】 12月18～19日，方圆标志认证中心专家审核组，对建筑公司本部和所属基层项目部运行最新质量管理、环境保护、职业健康安全三体系及《工程建设施工企业质量管理规范》进行认证审核，审核结论为“审核结果符合要求，给予认证注册资格。”

（贾海艳）

西部建设办公室

【概况】 石景山区西部建设办公室（简称西建办）是全面组织协调石景山西部地区开发建设工作的区政府派出机构，行政编制12名，领导职数3名，内设综合办公室、规划发展科、项目推进科（挂工程管理办公室牌子）。实有人员9人，其中，党组书记1名（副区级待遇），常务副主任1名（党组成员，正处级），副主任1名（党组成员，副处级），科级干部（含非领导职务）5人。年内，西建办紧紧围绕“全面深度转型高端绿色发展”战略和建设国家级绿色转型发展示范区目标，按照“统筹推进、高端发展、争创一流”工作思路，开展党的群众路线教育实践活动，完善规划体系建设，推进土地一级开发、基础设施和公益项目建设，全面提升城市化水平，开发建设和教育实践活动取得成效。

地址：石景山区五里坨车站路1号
电话：88907327
邮编：100042

（杜玉敏）

【建设区控规调整研究】 年内，西建办贯彻落实区委书记西部调研时提出“四个典范”（把西部地区规划建设成实施‘高端绿色’发展战略典范、实施‘三个北京’建设典范、落实中央城镇化会议精神典范、经得起后工业化时代文明检验典范）要求，借势西部优质资源和发展空间，就五里坨建设区规划优化调整。控规调整中，密切与市规划院、市规划委沟通，通过召开协调会、专题会协调解决相关问题，平衡各方利益，全面加快推进控规调整。形成五里坨建设区控规调整等问题专题会会议纪要，以区政府红头文形式抄送市规划委。截至年底，控规调整取得最终成果文件、图册。五里坨建设区新版控规总建筑规模446.43万平方米，规划人口7.3万人。

（杜玉敏）

【开展水资源、交通研究】 年内，西建办配合五里坨控规调整，开展《五里坨建设区规划水资源论证》《五里坨建设区交通影响评价》研究编制。通过水资源论证，对新版控规相关指标复核，数据及结论均证明本次规划开发强度符合地区人口与资源环境承载力。

（杜玉敏）

【市政基础设施建设】 年内，西建办承建的五里坨路工程完成并交付使用；新隆恩寺路完成新隆恩寺过路涵桥面、完成500米沥青混凝土车行道及透水砖人行步道施工；黑石头村路北段大修工程完成道路主要工程；石府路完成前期测量、设计和勘察、道路环境评价，获道路工程规划方案批复；秀府村北路及五里坨南宫中路部分道路工程完成前期测量、设计和勘察，确定工程资金来源，完成施工招标；五里坨中街完成160米道路结构层及道路全线雨污水管线施工，完成道路1座桥梁施工；支路100道路完成全线道路结构层施工。

（杜玉敏）

【项目建设】 年内，五里坨规模学校教学楼、宿舍楼主体建设完成封顶；五里坨供水厂完成总工程的13%；完工隆恩寺沟渠治理工程；潭峪沟治理工程项目总长度2.6公里，完成总工程量的20%。西部剩余村落棚户区开发项目完成测算包装。完成南宫AB地块保障房项目楼体主体工程。五里坨建设区2号B地块保障房项目完成基础施工。

（杜玉敏）

北京燕金源置业有限公司

【概况】 北京燕金源置业有限公司（简称燕金源公司）是本区国有控股房地产公司，注册资本4.5亿元，具有房地产开发四级资质，负责实施苹果园交通枢纽商务区土地一级开发项目建设工作，配合做好苹果园交通枢纽建设相关工作。苹果园交通枢纽商务区项目位于石景山区中部，其四至为：东

至苹果园大街、杨庄大街,南至阜石路,西至规划金顶西路,北至琅山苗圃(其中,不包含苹果园交通枢纽范围)。总用地面积52.81公顷,总建筑控制规模55.14万平方米。苹果园交通枢纽位于地区中部,以苹果园地铁站为中心,北至苹果园路,南至阜石路,东至金顶东路,西至规划一路。规划占地规模4.77公顷,总建筑面积34.132万平方米,其中枢纽7.624万平方米,商业19.822万平方米。

地址:石景山区杨庄北区甲12号楼底商二层
电话:68868123
邮编:100043

(孙　蕊)

【交通枢纽项目调整】 年内,燕金源公司配合市工联公司完成枢纽项目方案调整,取得枢纽项目规划和设计方案调整的复函。调整后项目总用地面积4.77公顷,总建筑面积控制在29.7万平方米。其中,枢纽及轨道交通部分15.1万平方米,商业开发部分14.6万平方米。

(孙　蕊)

【M、N地块完成拆迁】 阜石路69号院的拆迁是苹果园交通枢纽商务区项目M、N地块拆迁重点。年内,区政府、国资委等有关单位大力协调,燕金源公司全部完成M、N地块拆迁工作。

(孙　蕊)

【M、N地块上市前准备】 年内,燕金源公司委托北京市文物研究所、物探公司对M、N地块进行考古勘探与地块地下管线勘探,取得测绘报告和钉桩报告。并通过市国土局项目内审会、成本预审会及地价会。

(孙　蕊)

北京金石融景房地产开发有限公司

【概况】 北京金石融景房地产开发有限公司(简称金石融景公司)是金融街控股和实兴腾飞联合体自上年7月获得京西、南宫项目后,于上年8月21日成立,以该公司为主体开发金融街(长安)中心和南宫嘉园项目。注册资本10亿元,由金融街控股股份有限公司和北京实兴腾飞置业发展公司共同出资,其中,金融街控股出资8亿元,占股权80%,实兴腾飞置业出资2亿元,占20%。

地址:石景山区体育场路2号
电话:51810266
邮编:100043

(马　光)

【南宫项目成为文明施工标杆】 3月14日,五里坨地区城管队与区环保局、五里坨街道等政府部门在南宫项目现场组织"五里坨地区施工管理工作现场会"。五里坨地区再施工程建设单位、施工单位40余人参会。会议确定南宫项目作为该地区文明施工管理标杆工程。

(马　光)

【金融街(长安)中心建设】 项目规划建筑面积约38万平方米,业态包含酒店、写字楼、商业和公寓。年内,金石融景公司开展项目方案设计,结合区政府对项目要求,吸取金融街控股多年商务地产开发经验,调整规划设计方案。区政府审议通过项目方案。方案实现与相临绿地项目统一规划,设计中充分体现绿色、科技、健康、文化,达到金融街、CBD区域内相关建筑较好水平。截至年末,完成总包、监理、勘察设计等单位招标和备案工作;签订完成园林、幕墙、夜景、精装等主要设计单位和酒店咨询委托协议。启动前期报建工作,进行人防咨询、园林咨询,取得交评、环评、节水审查、项目立项、建设用地规划许可证等。

(马　光)

【南宫嘉园建设】 项目位于五里坨地区,规划建筑面积约15万平方米,业态包含限价房、合作型保障房和商业用房。年内,金石融景公司完成二标段全部楼座结构封顶;完成一标段全部正负零施工;完成二标段外立面;完成二标段1号、2号、4号、6号、7号楼结构封顶。

(马　光)

【创新销售模式】 年内,金石融景公司创新销售模式,采取全员销售、定制协议方式。年末完成长安中心项目订制签约55套,签约额3.1亿元、回款2771万元;南宫嘉园项目临街商业实现签约0.4亿元,完成商业销售年度计划。

(马　光)

城市管理

市政市容管理

概　　述

北京市石景山区市政市容管理委员会(简称市政市容委),是主管全区市政基础设施建设与管理、城市环境建设、交通设施、水务管理、爱国卫生、防震减灾工作的区政府职能部门。10月,中共石景山区委城市综合管理工作委员会(简称区委城管工委)和石景山区城市综合管理委员会(简称区城管委)成立,原区市政市容委扩充为区城管委,区委城管工委与区城管委合署办公,统一领导全区城市管理工作。区环保局、区园林绿化局、区城管执法局、区城管监督指挥中心、区环卫中心等部门归口区城管工委、区城管委管理。区委城管工委是负责城管系统的思想、组织、作风建设等相关工作的区委派出机构。区城管委是负责统筹协调、督促落实城市环境建设、环境秩序整治,负责市政基础设施、市政公用事业、市容环境卫生、交通水务等行业管理的区政府工作部门。区委城管工委和区城管委设18个内设机构,其中区委城管工委内设机构1个,区城管委内设机构17个。年内,区城管委围绕"全面深度转型　高端绿色发展"战略,配合区相关部门完成《关于构建高端的城市规划建设运行体系实施方案》。加快推进城市管理体制改革,坚持统筹协调、属地主责、突出重点、健全机制,以街道统筹为出发点,以文化内涵为灵魂,以综合执法为保障,以改善民生为根本,以科技支撑为手段,以争创一流为标准,以城市管理体制机制创新为重点,建立健全社会治理综合执法运行机制,加强城市管理行政执法综合监察,推动辖区生态文明和社会治理突出问题综合整治,提高城市精细化管理水平。发挥党建统领作用,推动城市管理重心下移和专业职能下沉,构建行政综合、法治综合、上下综合、社会综合的城市综合管理体系,破解"城市病"难题,提升城市治理水平,探索出一条城市管理体制改革新路。推进实施轨道交通建设、主干路网建设、微循环道路建设。完成道路大中修及桥梁维护工程,涉及大中修道路20项,桥梁2座,总面积10.37万平方米。倡导绿色出行,开展公共自行车服务系统二期建设。推进公交线路优化调整,开通微循环线路。实施居住区停车设施补建。加强供热管理及燃气管理,更新300万平方米室外供热管线、室内采暖系统,完成101.3万平方米热计量改造。做好防震减灾工作。加强个体出租车管理。着力提升水务工作保障能力,推进中小河道二期治理工程及提升黑石头小流域生态功能。完善莲石湖及周边配套设施建设。推进污水治理工程建设,完成多处截污工程。加强供水工程建设,推进五里坨水厂工程及供水管线、透水砖铺设、雨水利用工程。加大水环境综合整治力度,强化节水监管,对特殊行业用水开展集中整治。全面排查安全度汛隐患,扎实做好防汛工作。营造和谐宜居城市环境,深入推进爱国卫生运动,改善人居环境质量,推进环境精细化管理,实现背街小巷达标率80%目标。推进环卫设备设施更新改造,完成74%居民小区生活垃圾分类达标工作目标。推进建筑垃圾综合管理工作。组织交通管理、环保、城管等部门开展联合执法,出动检查人员1100人次,检查工地41个,纠正问题54个,处罚违规行为14起,查处车辆92辆。

地址:石景山区杨庄东街9号
电话:68866937
邮编:100043

(王　璐)

市政基础设施建设

【概况】　市政基础设施建设工作主要由市政办、供热燃气办、市容办等科室负责。年内,以重点工程带动完善城市基础设施,提升城市服务功能,推进城市主干路建设及微循环道路建设。完成大中修道路及维护桥梁工作。加强供热管理,消除燃气安全隐患。推进环卫设备设施更新改造,加大环卫保洁经费投入。推进垃圾分类等工作。

(王　璐)

【供热计量改造】　年内,区市政市容委组织相关供热单位,改造西引力、金福苑小区、瑞达物业小区、实兴金海物业等居民小区,合计142万平方米。节能建筑供热计量设施,为供热计量收费、节能减排做好准备。

(范立堂)

【老旧管网改造】　年内,区市政市容委组织相关单位完成朝阳医院西院和西下庄老旧管网改造竣工验收,改造老旧供热管线4625米,改善该地区供热管网质量。

(范立堂)

【设施养护管理】　区市政市容委全年投资4487万元,完成实兴大街、工疗路等5条道路大修及军福桥等2座区管桥梁维修,总长度4.2千米,总面积7.9万平方米;完成五里坨西路、广宁办事处路等15条道路中修,维修沥青路面2万平方米,步道4700平方米;投入524万元,日常养护道路2.5万平方米;整修检查井和雨水口82座,处理应急问题260件。做好地下管网日常巡查及监管,补装无主井盖、雨水篦16个,协调各权属单位处置问题井盖769个、雨水篦163个。组织道口安全培训、应急演练、宣传教育;利用道口监控系统加强道口监督检查,提高道口管理水平,所辖两处铁路道口实现全年安全无事故目标。在市交通委路政局全年对城六区区管城市道路路况检测、养护资金投入水平和基础管理等检查中,石景山区获综合评比第二名。

(邱　露)

【环卫设施改造】　年内,区市政市容委落实市、区财政资金4421.3万元,建设与改造环卫设施。其中争取并落实市级旱厕改造、垃圾分类等补助资金460.2万元。投资400万元,购置小扫车10台,完成政府绩效考核清扫保洁新工艺作业覆盖率88%任务指标。投资400余万元,购置5台大型垃圾转运车,弥补辖区垃圾转运动力不足。完成衙门口粪便消纳站改造,处理能力由300吨/日扩容至600吨/日。完成34座环卫产权公厕和8座社会产权旱厕改造。投资1323万元,新增17个垃圾分类达标小区,全区垃圾分类达标小区总数116个,实现74%的居民小区生活垃圾分类达标。五里坨工程兵营院采用厨余垃圾就地处理模式,降低垃圾运输成本,提高厨余垃圾分拣率。截至年底,全区厨余垃圾总量6500吨,占比提高6%。

(张　楠)

城市环境建设

【概况】 年内,石景山区进一步深化城市管理体制改革,理顺和规范街道办事处与城市管理专业部门的管理关系,提升区域社会治理水平,推进城市环境建设工作,构建三级响应体系,即“区级指挥、部门共治、街道统筹”的组织体系。以推进市级重点环境建设工作任务为基础,进一步提升地区城市面貌和人居环境改善。推进老旧小区、平房区环境建设及精细化管理工作,实现背街小巷达标率80%目标。推广背街小巷“三快一净”和“人机结合”作业方式。大力推进建筑垃圾综合管理工作,每日夜间组织交通、环保、城管等部门联合执法,设卡夜查。对全区夜景照明设施进行维护,提升视觉环境。

(王　璐)

【环境综合整治】 3月,区市政市容委组织开展环境综合整治月活动,清理街巷566条、清理居民小区212个,清理垃圾渣土1400余吨、清理地下车库和自行车棚230处、清理小广告20余万张;结合八大处区域景观提升工程开展八大处公园佛牙舍利塔周边及公园周边综合整治,平整硬化场地800余平方米,清理垃圾渣土15吨,规范门头牌匾30余块。10月,完成APEC会议环境保障任务,对相关区域主要大街、重点地区建筑物外立面清洗粉饰20余万平方米;石景山路沿线、五环辅路等重点地区栽摆花卉,栽植面积7941平方米,摆放花卉24.4万盆/株;区政府、国际雕塑园设立体花坛7座;主要道路悬挂灯笼7200个,中国结1300个,设立宣传标语硬质横幅30余块。

(姜　蓓)

【构建城市综合管理体系】 5月,区委区政府印发《关于建立城市综合管理体系提升社会治理水平的意见》。旨在进一步深化城市管理体制改革,理顺和规范街道办事处与城市管理专业部门的管理关系,提升区域社会治理水平。本着坚持党建统领,形成工作合力;坚持以人为本,管理服务并重;坚持属地主责,强化街道职能;坚持依法行政,综合联动执法;坚持共治共享,发动社会参与的原则,积极构建行政综合、法治综合、上下综合、社会综合的城市综合管理体系,力求破解“城市病”难题,提升社会治理水平,加快推进实施全面深度转型、高端绿色发展战略,建设国家级绿色转型发展示范区。《意见》明确提出,构建“区级指挥、部门共治、街道统筹”的组织体系。在区级层面,成立区社会治理综合执法委员会,有效整合区级层面城市管理、专业执法资源和街道的行政管理资源,搭建高位指挥、高位组织、高位协调的综合管理平台。在专业部门层面,成立区委城市综合管理工作委员会,主管副区长任工委书记。区委城市综合管理工委作为区委的派出机构,根据区委授权统筹领导城市管理领域各项工作,与市政市容委合署办公。在街道层面,成立社会治理综合执法指挥中心,主任由街道办事处主任担任。成员单位分为常驻单位和挂牌部门。常驻单位主要包括城管、公安、食药、安监、环保、工商、交通、消防等,挂牌部门主要包括住建委、文委、司法、规划、国土、质监、国税、地税、卫生和人口计生等。同时,建立健全“重心下移、职能下沉”的管理机制。即建立城市综合治理的资源整合机制。有效整合社会治理和城市管理领域相关议事协调机构,强化区社会治理综合执法委员会的集中统一指挥功能;完善管理主体分工合作机制。各专业部门执法力量下沉街道,并依法赋予相关权限,建立街道综合联动执法体系。各专业部门、街道按照各自职责,加强分工合作,协调一致开展工作;建立街道联动执法运行机制。各街道社会治理综合执法指挥中心实行统一办公、统一管理、统一装备、统一执法、统一考核,使“条块结合、以块为主、属地管理”要求落到实处;建立有效的经费保障机制。设立城市综合治理专项经费。按照“事权与财权相统一,费随事转”的原则,街道承担的区下放事权所需经费,由区社会治理综合执法委员会统筹分配;街道常驻单位和挂牌部门所承担的街道统筹的事权工作经费,由街道拨付。7月4日,上海浦东新区社会治安综合治理委员会办公室到区交流考察“城市综合管理体系”,并实地调研老山街道社会治理综合执法指挥中心。

(李　喆)

【APEC期间环卫保障】 11月6~13日,区城管委高标准、全方位做好APEC会议期间环境卫生保障工作。加大非法小广告冲刷作业力度,出动作业人员231人次,清理非法小广告211100张。区环卫中心共出动人员4592人次,出动扫车、水车、垃圾运输车辆、粪便抽运车等各类专业作业车辆822车次。对109条城市道路、环卫产权的253座公共厕所、45座密闭式清洁站,加大保洁力度和作业服务,确保会议期间各项环卫作业运转正常。区园林局共出动车辆(货车)22台、三轮车1500辆/次、人员1500人次,对辖区绿地、道路周边进行卫生清理、保洁工作,共清理绿化垃圾及绿地内白色垃圾18吨。各街道办事处(鲁谷社区)共出动6751人次,加大对文化活动场所周边、背街小巷、单臂吊箱、垃圾桶、垃圾房等垃圾收集站点的保洁力度,确保非物业管理的老旧小区和结合部地区的垃圾收集工作正常开展。在此基础上,区市政市容委加强监督检查。出动检查人员260人次,对各部门落实环境卫生作业责任加大检查力度,发现问题及时通知责任单位进行整改。

(张　楠)

【优美小区街巷胡同评选】 年内,区市政市容委组织开展年度环境优美居住小区街巷胡同评选。通过街道推选、公众投票及专家评审,翠谷玉景苑和雍景四季2个小区及建华西路、上

庄东街和工疗路3条街巷入围。评选工作自3月开始,公众投票工作于9月25日结束,11月专家评审,12月下旬揭晓评选结果。

(姜 蓓)

【公共服务设施整治】 年内,区市政市容委开展规范邮政报刊亭专项整治行动。组织工商、城管、公安、商务、药监部门和各街道办事处,分别于4月22日、5月20日、6月24日、7月10日、8月8日、9月9日和11月10日,组织7次联合执法检查。拆移邮政报刊亭17个;清理公共服务设施上小广告380余万个;对石景山路古城地铁过街天桥南侧,违规超范围经营邮政报刊亭约谈处罚,给予停业整顿两天、罚款1000元、到期后不再续签等处理;拆除2个损坏,找不到产权单位的电话亭;拆除3个私自设立在人行道上的4G网络信号塔;取缔1个志愿者服务亭;清洗800余个(次)公共自行车存放架。

(张 楠)

【架空线入地】 年内,区市政市容委完成通信架空线入地任务主次干路11条道路,长度15892米;支路7条道路,长度4207米。管道施工设计10.5千米,完成施工任务9.06千米。鲁谷大街南北段、石景山路西段和鲁谷南路中段完成架空线入地、穿缆、撤线、清杆全部工程,八大处路、依翠园中路、七星中街、苹果园北路4条道路完成管道施工工程。

(邱 露)

【市区级重点大街整治】 年内,区市政市容委完成八大处路、香山南路、古城大街、古城西路、古城西街5条市级大街,实兴北街、玉泉西路等10条区级大街景观达标工作。实施绿化53000平方米、清理小广告5500余块、清理堆物堆料73处、规范改造门头牌匾200余平方米、查处无照经营164起、规范施工围挡8处。

(姜 蓓)

【背街小巷综合整治】 年内,区市政市容委完成翠园西街、铸造村小巷、工疗路等12条背街小巷环境综合整治。修整建筑立面3069平方米、拆除宅院大门14座、拆除破旧房屋88平方米、修整道路9991平方米、绿化补建889平方米、改造管线60米、清理杂物垃圾322吨。

(姜 蓓)

【校园周边及老旧小区整治】 年内,区市政市容委开展对京源学校、九中等15所校园周边、八角北里等4个老旧小区环境综合整治工作。完成铺设柏油路25200平方米,粉饰楼体12万平方米,完成台阶降缓1500平方米,改造地面400平方米,新建下水管线120米,清理无照游商35起,清理垃圾渣土13吨,拆除私搭乱建7处。

(姜 蓓)

【市级重点区域景观提升】 年内,区市政市容委完成八大处和鲁谷半月园周边两个区域景观提升工作,完成绿化53500余平方米、清洗粉饰外立面10万余平方米、规范改造门头牌匾500余平方米、拆除违法建设200平方米、路面硬化200平方米、清理垃圾渣土17吨。

(姜 蓓)

【解决无主脏乱问题】 年内,区市政市容委针对莲石路及五环沿线石景山区部分路段环境卫生保洁责任不清问题,协调区园林绿化局改造莲石路周边约5.1万平方米无主绿地。协调苹果园、八角等街道办事处,解决苹果园大街北口至双园路西口、西井东街、时代花园东街等长期乱倒渣土问题。

(张 楠)

【环境精细化管理】 年内,区市政市容委落实2700万元精细化资金,用于街道办事处环境卫生保洁,完成背街小巷达标率80%工作任务。推广背街小巷"三快一净""人机结合"作业方式,完成八角、金顶街两个街道市政基础设施较好的背街小巷实施机扫保洁试点工作。落实316万元小广告作业经费和252.45万元过街天桥保洁经费,提高作业保洁质量。

(张 楠)

【规范户外广告、门头牌匾】 年内,区市政市容委对鲁谷地区半月园周边、古城大街、八大处周边三条重点大街户外广告、门头牌匾进行集中整治更新。拆除道路两侧私自设立指路牌、违规建设广告牌及灯箱广告;规范门头牌匾,统一更换门头牌匾210余块。配合公联公司在阜石路段设立5块单立柱广告牌。年内,共备案门头牌匾51件;审批公共场所标语宣传品设置74件。

(张 楠)

【景观亮化工程】 年内,区市政市容委对石景山路延线老旧小区的景观照明设施进行提升改造。投入500万元,用于维护景观照明和管理支出。共维修181处故障,其中更换变压器30个,数码管523根,信号源2个,控制器DTU7个,放大器10个,网线信号线75米,控制接触器8个,电源线197米,投光灯4个,控制开关1个,同步器17个。全年出动维修人次928次,车辆464次辆。

(张 楠)

交通保障

【概况】 年内,区交通委以落实"人文交通、科技交通、绿色交通"行动计划为主线,以缓解辖区交通拥堵为重点,继续加强交通需求管理,优先发展公共交通、注重基础设施建设、开展文明交通宣传教育,突出交通保障功能,发挥交通先行引导作用,大力推进轨道交通建设,优化调整公交线路,开通微循环线路。推进居住区停车设施补建工作。开展公共自行车服务系统二期建设,新增40个服务站点。

(王 璐)

【公共自行车服务系统建设】 年内,区市政市容委有序推进公共自行车服务系统建设,方便市民绿色出行。在一期建设32个服务站点、1000辆公共自行车的基础上,再投资700万元,新建40个服务站点,投入1000辆公共自行车,覆盖苹果园、金顶街地区。

(马超骥)

【非机动车存车处开放】 年内,区交通委按照"免费使用、依序停放、电子监控、专人值守"工作思路,将八角游乐园站、古城站非机动车停车场,采取政府购买服务方式,取消停车收费,进行统一管理,加强看管和车辆疏导,增加停车容量,有效缓解长安街沿线自行车乱停乱放现象。

(马超骥)

【增设非机动车停车架】 年内,区交通委根据辖区非机动车出行规律,在重点商业区、办公场所等人流密集地区增设60处,约1800延米非机动车停车架,引导居民文明停车。

(马超骥)

【停车设施编号和补建】 年内,区交通委根据市交通委运输管理局统一安排,协助区交管部门开展"一车位一编号"工作。对全区78个路段3530个车位全部进行编号,并重新施划。了解居民诉求,广泛征求相关部门意见,全年完成19个小区停车位补建工作,增加停车位2235个。

(张 庆)

【民用运力车辆预征】 年内,区交通委根据市交战办相关要求,对区域内涉及民用运力预征98家单位、1665台车辆分布情况统计分析,预征10台重型自卸货车(H17)、50台大型普通客车(K11),共计60台纳入市民用运力国防动员预征范围。

(韩振杰)

水务管理

【概况】 区水务局全年以中小河道治理为重点,加强水务基础设施建设,构建产业高端、功能完善、环境优美、宜居宜业的城市水环境。推进中小河道二期治理工程及提升黑石头小流域生态功能。推进莲石湖及周边配套设施建设。同时,推进污水治理工程建设。加强供水工程建设。加大水环境综合整治力度。强化节水监管,积极开展水务执法检查,扎实做好防汛工作,全面排查安全度汛隐患,提高防汛应变能力,确保全区安全度汛。

(王 璐)

【与市民面对面沟通】 3月22日是第22个世界水日,团市委和市水务局共同开展"世界水日""中国水周"纪念活动——走进北京水务,邀请市民到各水务管理基层单位进行参观。当日,来自东城区的210余位市民到区自来水公司参观。区水务局安排专门的讲解人员向参观者普及水务常识,并与市民互动,回答市民提出的疑问。活动中发放并回收《群众意见调查表》20份,分别从工作态度、工作作风、讲解情况、卫生情况、服务满意等五个方面,采取抽查形式征集参观人员的意见,好评率均为100%。

(赵 鹏)

【市人大代表调研】 3月26日上午,市人大常委会副主任柳纪纲率市人大常委会委员、市人大代表一行20余人到区对生态清洁小流域建设、生产建设项目水土保持、水土流失防治措施等问题进行实地调研。柳纪纲一行来到黑石头小流域,实地查看小流域治理和建设进展,听取治理情况汇报。黑石头小流域是石景山区治理的第一条生态清洁小流域,小流域建设紧密围绕地区"全面深度转型 高端绿色发展"的目标及西部开发战略实施。该小流域位于五里坨街道,流域面积8.02平方千米。综合治理已取得阶段性成效,通过设置生态护坡、生态型挡墙、修复梯田、铺设道路、拆除并新建原破损栈桥、实施绿化、清理垃圾并设置垃圾收集设施、设置宣传、警示牌等措施,使南马场水库库区道路完整,道路边坡稳定,减少小流域上游水土流失,使小流域生态环境得到有效改善。市人大代表首先对小流域综合治理工作给予充分肯定。同时,希望认真研究城市平原小流域治理的方式、方法,下一步结合环境整治、蓄水、保水等措施,重点推进城市小流域的治理。其次,加快对其他山区小流域的治理工作,从汇水源头控制水土流失,下游河道结合中小河道治理工程进行整治,形成完整的城市河道体系。最后要进一步明确责任,健全小流域管理长效机制,切实保护好水土资源及整治成效。

(马 惠)

【加强防汛准备】 5月30日,在全区防汛工作会上,公布地区防汛工作重点为:麻峪、北辛安、衙门口、梁公庵等平房地区安全度汛、雨天道路交通保障;永定河石景山段左岸堤防、莲石湖公园及南马场水库防洪防灾;中小河道及西部小流域治理;在施工地及全区人防工事汛期安全。区水务局采取六项举措加强防汛准备工作。一是利用物联网防汛应用系统加强防汛指挥能力建设。利用物联网一期工程部署的12个防汛摄像头、12个电子水尺和10个雨量筒,为各级防汛指挥部提供决策依据,提高指挥决策能力;二是加强薄弱地区水毁及消隐工程建设。推动武警十九支队门前排水、西黄村火车站排水管线清淤等17个消隐工程项目汛前完工,强化防汛薄弱环节;三是加强防汛应急抢险物资储备。购置数字集群手持台、水域救援服等防汛抢险物资,充实区防汛仓库的储备,为应急抢险队配备必要的抢险设备,提高防汛保障能力;四是继续加强区属应急抢险队建设,落实各区属抢险队的人员,包括由区市政工程管理所40人组成的市政水毁工程抢险队、主要由武警十九支队100人(极端天气下可出动400人)组成的城市防汛应急抢险队,和由首钢实业公司380人组成的首钢防汛应急抢险队。并新增区消防支队组成城市防汛应急抢险队。抢险队配备吊铲车等各类运输、工程车辆29辆,抢险舟4艘,各类水泵、发电机等防汛设备40余台及必要的抢险装备和物资,同时加强业务培训,做到关键时刻拉得出,打得赢;五是严格落实汛期值守制度,确保信息畅通。进入汛期后所有防汛单位必须严格实行24小时值守制度和领导带班制度。区防汛办利用800兆电台等通讯手段,严格督查各防汛分指挥部制度执行情况。气象部门加强预报预警工作,各相关单位严格执行各类信息报送制度,提高防汛工作的主动性、及时性、科学性;六是加强防汛宣传,提高群众避险意识。本年度以"关爱生命、远离洪水、人人参与、安全度汛"为宣传主题,通过多种渠道宣传防汛知识,利用区广电中心、旅游委、文委、教委等部门资源优势,通过有线电视台、景区广播、显示屏、学校教学设备向广大市民、游客、学生滚动播放防汛安全短片;在《石景山报》刊登防汛专版,并利用各政务微博发布防汛知识;组织社

区居委会、小区物业，结合上汛日、主汛期等重要时间节点进行宣传，通过发放防汛安全手册，绘制板报，张贴宣传海报等方式，向居民开展防汛安全知识宣传教育。

（郭建超）

【开展联合执法】 5月，由区供节水办牵头，开展“水资源与节水专项联合执法活动”。联合区水政监察大队、工商分局、城管执法局、自来水公司等多家单位，对高耗水用水户，特殊行业的洗浴、洗车等单位进行执法检查。其中检查洗浴1家、洗车8家、施工单位1家、社会单位4家。在检查中，大多数单位用水比较规范，但有3家洗车单位未安装使用循环水设施，区水政监察大队依据《北京市节约用水办法》相关规定，对违法单位下发“限期责令改正通知书”，要求违法单位立即停止违法行为，进行改正并接受复查。夏季到来之际，区水政监察大队加大对全区用水单位，尤其是洗车、洗浴、工地等重点用水单位的检查，内容包括用水许可、用水指标、节水、排水和水价等。旨在使居民和用水单位在日常生活和工作中养成良好的用水习惯，促进生态环境改善。

（徐　磊）

【永定河、南马场水库安全度汛】 6月，区永定河防汛指挥部召开永定河防汛工作部署会，沿河15家防守单位指挥部成员参加会议。会议要求各防守单位做到高度重视、以防为主、提高应急处置能力、狠抓责任到位，确保防汛工作领导有力、组织有序、开展有效。汛前，区永定河管理所对防汛仓库、麻峪人字闸、京原公路闸进行维修，对大堤、河道和各闸涵堵口进行隐患排查，调整防汛指挥机构及抢险队伍，制定防洪抢险实施方案，绘制各堵口堵筑图。针对永定河左岸堤防及莲石湖公园、南马场水库及排洪沟渠，由永定河防汛指挥部和南马场水库防洪抢险指挥部具体部署，严格落实防汛工作制度、预案、人员、物资等相关事项，汛期内遇降雨天气严防死守，坚决避免出现事故。区永定河管理所以永引渠与丰沙线铁路涵洞、三家店火车站地下通道口、三家店火车站南穿铁路涵洞三个堵口为试点，完成利用新型抗洪材料（挡水墙）封堵堵口施工。此次施工与传统取土装袋堵漏方法相比，有效减少抢险人员、节省封堵时间，更快捷完成堵口封闭，保障汛期安全。

（郭建超）

【防汛应急演练】 7月18日，区防汛指挥部在永定河莲石湖开展城市防汛应急演练。模拟辖区遭遇6小时降水量超过50毫米降雨，永定河上游雁翅洪峰以300立方米/秒向下泄洪，城区出现低洼院落、房屋进水、地下空间倒灌等严重内涝，区防汛指挥部启动Ⅲ级应急响应，队伍集结增援、排水抢险及救助、转移遇险群众等应急处置。区城市防汛指挥部下属各分指挥部、区属4支应急抢险队、市排水集团等20支抢险队伍300余人参加演练。

（郭建超）

【APEC期间供水保障】 11月7～12日，6天供水总量为41.24万吨。其中杨庄水厂供水量为37.96万吨，五里坨水厂供水量为3.28万吨。杨庄水厂最高日（12日）供水量6.46万吨，平均日供水量6.33万吨。五里坨水厂最高日（9日）供水量0.58万吨，平均日供水量0.55万吨。会议期间未发生大型维修、抢修。6日，永乐东区75栋跑水，第一时间抢修完毕，其他情况正常。

（赵　鹏）

【生态清洁小流域】 年内，区水务局为打造精品生态清洁小流域，在一期基础上继续投入455万元，提升黑石头小流域生态功能，防护南马场库区汇流沟道，最大限度提升道路及栈道两侧植被覆盖面积。截至年末，取得市水务局关于该工程实施方案批复意见；依法完成施工、监理单位公开招标；完成绿化整地22807平方米，种植土回填409立方米，土壤改良1020立方米。栽植乔木456株，灌木7776株，攀缘植物6020株。沟口卵石堆砌78立方米。设置各类宣传警示牌16块，垃圾箱3个。

（马　惠）

【雨洪利用工程】 年内，区水务局完成杨庄北区透水砖建设工程，铺装16000平方米透水地面，随建配套雨水利用设施。建设集雨樽167个，其中海特花园110个，石景山游乐园57个，收集利用屋顶雨水。随道路大中修改造17处道路透水砖铺装，面积27690.8平方米。

（曾向心）

【排水管理】 年内，区水务局根据加快污水处理和再生水利用设施建设三年行动方案（2013～2015年）任务，协调配合市公联公司、市排水集团完成随路新建、改造排水管线7千米；协调市排水集团移交权属不清排水管线31条，总长18.4千米。

（邱　露）

【截污治污】 年内，区水务局协调配合市排水集团完成西蓄砂石坑工程涉及北八渠、琅璜渠沿线8处截污工程；按照治河先治污原则，随人民渠和潭峪沟中小河道治理实施配套截污工程，治理排污口7个。

（邱　露）

【防汛消隐工程】 年内，区防讯办组织实施武警石景山支队门前新建排水、西黄村火车站排水管线清淤等25项防汛消隐工程，投资568万元。配合市排水集团完成鲁谷大街、八角东街、北辛安南北岔、鲁谷路4处积水点改造，投资70万元。补充、更新防汛物资储备，采购37台800兆无线手持台，用于建立防汛应急通讯系统，覆盖各防汛指挥部、分指挥部，增强各级指挥部应急通讯能力。

（郭建超）

【水价调整】 年内，区水务局制定落实水价调整实施方案，加强部门联动，强化属地管理。牵头组织工商、城管、街道办事处（鲁谷社区）等部门联合执法，在全区开展自备井、洗车、洗浴、旅游、餐饮等不同行业摸底调查，分类建立台账。加大节水宣传力度，狠抓特殊行业监管，完善水质监测平台，督促供水企业、自建设施供水单位做好水价调整实施细则制定及落实，确保水价调整工作顺利实施。

（徐文颖）

【中小河道第二阶段治理】 年内，区

水务局创新河道治理工作思路和方法，扎实推进第二阶段工程——隆恩寺沟及潭峪沟治理。截至年底，完成隆恩寺沟治理工程，治理河道1439米，起点为隆恩寺水库挡水建筑物，终点为油库沟。治理后达到20年一遇的规划防洪标准，解决南宫地块公租房、五里坨定向安置房雨水排放等问题。实施潭峪沟治理工程，完成形象进度约60%，主要完成土方工程及相关地下管线改移。治理河道2685米，起点为河涧村北，终点至油库沟，治理后达到20年一遇的规划防洪标准。解决五里坨定向安置房及其周边地区雨水排放问题。

（马　惠）

【三、四阶段前期工作启动】　年内，区水务局启动第三、四阶段中小河道治理工程前期工作，包括高井沟、黑石头沟及八大处沟3条沟道治理，治理总长度7088米。其中，高井沟治理工程建设范围起点为五里坨铁路桥，终点为永定河入河口，治理河道总长3200米；黑石头沟治理工程建设范围起点为黑石头村，终点为高井沟汇入口，治理河道总长2520米；八大处沟治理工程建设范围起点为北京军区体工队营区，终点为永定河引水渠，治理河道总长1368米。治理内容包括疏挖河道、岸坡防护，修建跌水，改建桥梁、雨水口，以及相关拆迁、占地及地下管线改移等工程。截至年末，完成工程项目规划及实施方案编制。

（马　惠）

【节水器具换装】　年内，区水务局完成年度高效节水型生活器具换装工作。市、区两级财政总投资89.44万元，在东山社区和西黄新村社区开展换装，包括座便器、手持花洒和水嘴限流器5000套（件）。

（曾向心）

【节水型单位创建】　年内，区水务局推进节水型单位（社区）创建。投入资金19.5万元，完成区中医医院、区地税局等15个节水型单位、2个节水型小区创建工作以及12个节水型单位复审。

（曾向心）

防震减灾

【概况】　年内，区地震局深化防震减灾宣传教育，提高群众防震减灾意识。夯实基础，推进地震安全示范社区及防震减灾校的建设及申报工作。做好应急避难场所建设，不断提高应急避险能力。做好震情跟踪，加强震情监测保障能力。

（王　璐）

【防震减灾日宣传】　5月12～17日，区地震局启动“5·12”防震减灾日宣传周。结合“平安中国”活动，以城镇化与减灾为主题，与区应急系统各单位联合开展宣传教育活动。组织地震应急疏散演练10余次、各类培训9次，展出防灾减灾科普知识展板、挂图、宣传标语、横幅、黑板报5000余张，发放纸质宣传手册和购物袋等应急宣传印刷材料1万余份，组织地震安全社区居民和防震减灾示范学校师生观看防震宣传电影《今天 明天》7场，收集征文200余篇，参与各类宣传教育活动人数2万余人。

（王珅珅）

【应急避难场所建设】　年内，区地震局推进古城公园、伴月园公园、沃尔玛停车场、金辰大厦停车场4处Ⅲ类应急避难场所建设。总占地面积12.9万平方米，棚宿区面积2.3万平方米，疏散人数1.1万人。创新建设管理应急避难场所试点，探索企业出资自建应急避难场所新模式。其中，金辰大厦停车场Ⅲ类应急避难场所建设由企业出资100多万元完成建设、维护及管理，形成“政府强管理、企业得实惠、民众得服务”新局面。

（王珅珅）

【安全社区和学校创建】　年内，新建景阳东街第一社区、第二社区，重兴园、重兴嘉园、翠谷玉景苑5个区级地震安全示范社区及石景山中学1所区级防震减灾示范学校。完成西山枫林第二社区、玉泉西里西社区2个市级地震安全示范社区及银河小学1所市级防震减灾示范学校申报和验收。

（王珅珅）

【地震应急志愿者培训】　年内，区地震局开展社区地震应急志愿者队伍建设，在西山枫林第一社区、西山枫林第二社区、玉泉西里西社区、玉泉西里北社区、老山东里北社区5个已经建成的区级地震安全示范社区组织开展社区地震应急志愿者培训。培训内容包括红十字会专家介绍地震灾害，现场开展急救治疗、心肺复苏、止血包扎等应急救援基本技能演示。增强社区防震减灾意识，提高地震应急志愿者队伍应急救援水平和综合减灾能力，参加培训200余人。

（王珅珅）

爱国卫生

【概况】　年内，区爱卫办阶段性开展爱国卫生月和城市清洁日活动，推进健康细胞工程建设，广泛开展病媒生物防治工作，禁烟控烟工作水平显著提升，全面促进群众健康生活素养。

（王　璐）

【公共场所控烟】　5月29日，区爱卫办、区卫生局与鲁谷社区在半月园广场联合开展主题为“提高烟草税，保护下一代”大型控烟宣传活动，各街道（鲁谷社区）设置分会场。活动中，发放宣传材料6000余册、禁烟海报8000张、控烟折页指南500本，展出控烟宣传展板20块，宣传条幅10余条，开展现场义诊并讲解相关知识。年内，区爱卫办下发进一步加强医疗卫生机构控烟工作的通知、进一步加强党政机关、事业单位控烟工作的通知；组织6家单位完成市级无烟机关、单位创建，其中1家获红旗单位。区爱卫办被评为市级“控烟优秀组织奖”。对北方工业大学、首钢工学院、北京工业职业技术学院和初高中、小学落实控烟工作情况进行督导检查和效果评估。联合区教委、区疾控中心、中小学保健所等部门，开展知识竞赛和征文比赛，对中小学校进行禁烟、控烟宣传。

（李　静）

【健康细胞工程】　年内，区爱卫办组织完成区园林绿化局、老山街道办事处、八角街道办事处、环卫中心和首钢矿业公司市级健康单位创建验收。制定健康社区评选工作计划，巩固市级

健康社区创建成果，推荐4个社区参加创建，定期培训督导社区。开展社区、企事业单位健康知识讲座。推荐10名社区志愿者参加社区健康指导员培训活动。培训后健康指导员在区试点社区内开展健康技能、健康知识、病媒生物控制、科学建设等各项健康北京建设宣传工作。

（李　静）

【病媒生物控制】 年内，区爱卫办开展健康北京灭蟑行动，完成11.5万户居民灭蟑。制定下发年度工作要点，开展全区春、秋季灭鼠活动。组织各街道（鲁谷社区）、相关成员单位免费发放蜡块300桶，鼠药120箱，鼠盒3000个，对居民小区、农贸市场、旅游景点、拆迁工地及公厕、垃圾楼投药灭鼠，联合区供热办、区除“四害”服务中心，集中对鲁谷路、八角东街以及各主要大街1000多个污水井、热力井投放鼠药。共投放0.01%溴敌隆毒饵（蜡块）100公斤和立克命追踪粉50公斤。配合市疾控中心完成1200户居民入户测蟑、蚊密度工作，蟑、鼠、蚊密度均控制在国家标准范围之内。

（李　静）

【爱国卫生活动】 年内，区爱卫办根据不同季节和工作实际，开展以消除病媒生物孳生地为重点、以搞好城乡环境卫生为中心的城市清洁日和爱国卫生月活动。治理脏、乱、差，全面清除垃圾，彻底清除卫生死角，有效控制减少病媒生物孳生场所，切断疫病传播途径。全年组织城市清洁周活动12次，对背街小巷，居民小区，机关、企事业单位、学校、部队院内和房前楼后、阳台楼道、地下室、自行车棚、地下车库等进行清扫、擦拭、整理，清理宣传栏、楼道小广告。动员辖区2000余个单位，出动人员6.5万余人、清理街巷624个，清理居民小区135个，清理堆物堆料3000余吨，清理地下车库、自行车棚438处，清理白色污染3.5万余公斤，清除非法张贴小广告12万余张。

（李　静）

【健康社区指导员】 年内，区爱卫办贯彻落实《健康北京“十二五”发展建设规划》，按照市爱卫会开展健康北京社区指导员建设试点工作相关要求，自上年以来，共申报两批健康社区指导员，每批5人，共10人。健康社区指导员积极参加市级组织的业务培训，在健康传播、病媒生物防治、两癌筛查、脑血管病防治、血压和血糖的测量、口腔功能与龋齿的预防等方面掌握一定的健康知识和传播技巧。9月，市爱卫会对鲁谷六合园南社区和古城南路东社区的健康指导员工作进行检查督导，对本区开展健康指导工作中资金保障、业务交流、宣传动员等各方面工作给予肯定。

（李　静）

园林绿化

概　述

石景山区园林绿化局（简称区园林绿化局）挂区绿化委员会办公室（简称区绿化办）牌子，是负责本区园林绿化的区政府工作部门。年内，贯彻落实区委第十一届八次全会精神，围绕实施“全面深度转型　高端绿色发展”的战略目标，树立“争创一流”的标准，坚持“全覆盖、高品质、有特色”的原则，将优化城市生态系统、改善人居环境、不断满足群众需求作为出发点，充分发挥区域优势，重点实施“1、8、9、3”绿化工程建设，完成全区环境建设工作中涉及绿化建设的各项内容。打造绿色生态的城市品牌，为地区统筹推进“四区”建设，奠定坚实的绿色生态环境基础，开创工作新局面。全区完成绿化面积56.9公顷，其中新建14.9公顷，改造42公顷，种植各类乔灌木7.5万株，色块43.1万株，铺草12.5万平方米，栽摆花卉176万株，实施屋顶绿化1180平方米。无危险性林木病虫害疫情、无森林火灾发生。区总工会、区委党校被评为“首都全民义务植树先进单位”；区园林绿化局、广宁街道办事处、鲁谷社区行政事务管理中心被评为“首都绿化美化先进单位”；武警北京市总队第十四支队、融景城65号院、北京教育学院石景山分院附属小学、北京市地铁运营有限公司运营二分公司被评为“首都绿化美化花园式单位”；八宝山街道沁山水北社区被评为“首都绿化美化花园式社区”；梁国荣等10人被评为“首都绿化美化先进个人”。

地址：石景山区石景山路15号
电话：68291700
邮编：100049

（郑文靖）

【区绿化委调整】 3月，区绿化委员会委员调整，区长任主任，副区长、北京军区政治部办公室副秘书长、首钢总公司党委常委、副总经理为副主任，区政府各委、办、局、处，各街道（鲁谷社区）办事处，各人民团体，驻区有关单位主要领导为委员，成员共计48人。召开绿化委员会全体会议，审议并通过上年绿化美化工作总结及当年工作思路，确定全年绿化工作任务目标，明确各成员单位工作职责。

（郑文靖）

【义务植树】 年内，石景山区组织多次活动，通过多种形式引导市民参与义务植树。4月5日首都全民义务植树日，在永定河莲石湖景观提升工程（三期）现场举行“弘扬生态文明 建设美丽石景山”主题大型义务植树活动，区四套班子领导、驻区部队和首钢总公司领导与各界群众千余人参加植树活动。活动整地2万平方米，树木浇水施肥1200余株，种植银杏、白皮松、油松、海棠、紫叶李等树木510株。4月5～20日，在莲石路南侧衙门口雪松林社会义务植树点接待社会单位、团体、个人1346人，植树330株。春季，全区累计15万人次参加多种形式义务植树活动。期间，围绕增强群众绿化美化意识和生态文明理念开展《北京市绿化条例》、“林木绿地认建认养”“义务植树尽责形式”“林业碳汇和低碳生活”等主题宣传。在主要大街、繁华地段设立宣传站点20余个，设立展板40余块，张贴海报600余张，发放宣传材料1.5万份。并利用报纸、网络及电视等媒介扩大宣传覆盖面。

（郑文靖）

【杨柳飞絮治理】 春季，区园林绿化局首次用科技手段在全区范围开展杨柳飞絮治理工作。对专业、群植系统开展摸底调查，邀请市园林科学研究院专家现场“诊断”，组织专业施工队伍为全区约3万株杨柳树注射“抑花一号”药剂。杨柳树是我国北方地区的主要绿化树种，在改善城市生态环境和形成鲜明特色的园林景观方面发挥不可替代的作用，生态效益显著。上世纪六、七十年代被广泛应用于行道树、居住区和单位庭院绿化，随着树龄增长，结实量激增，每年春天，持续一个多月的杨柳飞絮污染城市生态环境，给宜居城市建设带来一定负面影响。“抑花一号”药剂采用树干注射方法将药剂注入树干内，在杨树与柳树花芽分化前期使用，药剂随植物蒸腾作用扩散到树体各部，通过抑制杨柳树花芽的形成达到控制翌年杨柳飞絮的目的。

（郑文靖）

【林木普防普查】 4月18日至10月31日，区园林绿化局出动防控队伍16支、累计投入人工8172人次、出动2970车次、动用防治机械18台套、使用药剂19.8吨、预防面积15.9万亩。其中普查区域包括135千米公路、60千米铁路、96千米河流、7个公园、20个重点单位。普查面积16.9万亩，普查树木约301万余株。

（蒲子雯）

【释放白蛾天敌】 6月底至7月初，第一代美国白蛾老熟幼虫逐渐进入化蛹期。区园林绿化局根据美国白蛾生物学特性，开展周氏啮小蜂集中释放工作。6月25日、7月8日，在全区美国白蛾防控重点地段64个释放点，集中释放美国白蛾天敌周氏啮小蜂1.6亿万头。释放周氏啮小蜂是一种高效无毒、无害生物防治手段，除美国白蛾之外，周氏啮小蜂还是杨扇舟蛾、榆毒蛾和柳毒蛾等鳞翅目害虫寄生性天敌。

（蒲子雯）

【绿化资源普查】 7月，区园林绿化局根据市园林绿化局开展第八次园林绿化资源普查工作的相关要求，开展森林资源调查与城市园林绿化资源普查。森林资源调查内容为本区行政区域内生长的所有森林、林木和林地的基本情况；城市园林绿化资源普查内容为规划城区范围内绿地的基本情况。根据全市普查工作总体时间安排，通过前期立项、建立组织机构、制定工作方案、资金申请和项目招投标等工作，于7月中旬正式开展外业调查，10月底完成全部调查及数据汇总工作，并按照全市统一安排进行数据处理上报。

（郑文靖）

【绿化隔离区核查】 7月，区园林绿化局重新核实全区现有第一道、二道绿化隔离地区及五河十路用地范围绿地。通过调查核实，现有一道绿隔范围内保存绿地235.3公顷，其中生态林面积129.24公顷（国地78.16公顷、集地51.07公顷）；二道绿化隔离现存林地面积315.57公顷，其中生态林面积190.15公顷（国地190.15公顷）；五河十路范围内现存绿地面积27.2公顷，其中生态林面积15.57公顷（国地4.37公顷、集地11.20公顷）。

（翟　源）

【国庆景观布置】 9月，区园林绿化局根据区国庆65周年活动环境保障工作方案及市园林绿化局有关要求，本着主题突出、特色鲜明、确保安全、厉行节约原则，组织和发动专业、街道、公园、企事业单位等做好国庆期间花卉布置工作。在全区主要道路沿线、公园入口处、街道办事处及驻区企业门口等重要区域摆放和栽植花卉80余万盆（株），摆放“山花烂漫”“祥鹤迎国庆 共圆中国梦”等立体花坛7组，营造节日氛围。

（郑文靖）

【森林防火宣传】 11月1日，区森林防火指挥部办公室在老山城市休闲公园举办“爱绿植绿护绿、严防森林火灾、共建绿色北京”主题宣传活动。通过悬挂横幅、发放宣传品、设置展板等多种形式，宣传森林防火法律法规、预防和扑救森林火灾基本常识，营造爱绿植绿护绿、严防森林火灾、共建绿色北京氛围。宣传日发放印有森林防火宣传字样各类宣传品2万余份、制作森林防火宣传展板20块、出动宣传车6辆。

（赵　巍）

【专业消防培训】 11月22日，区森林防火指挥部办公室举办森林防火业务培训班，60名专业森林消防队员参加。会议分析森林防火面临形势，重点讲解扑火理论知识、扑火机具使用要领、防扑火战术技巧及安全常识等内容，并于培训结束后进行森林灭火专业理论考试。60名专业森林消防队员取得市专业森林消防队上岗资格证书。

（赵　巍）

【绿地系统规划修编】 12月，区园林局按照“全面深度转型　高端绿色发展”整体布局，结合本市开展的城市总体规划修编工作，与中国城市规划设计研究院共同完成地区绿地系统规划修编。立足于“八个高端”体系建设，把握城市生态、发展、建设与城市化进程的关系，将绿地修编成果融入全区未来生态发展中。找出现阶段公园绿地500米服务半径的盲区，从规划层面完善辖区中、小型绿地空间布局，努力实现公园绿地500米服务半径的全覆盖。绿规修编成果分别经区委常委会、区长办公会审议，基本确定辖区打造“一山一河一轴、两心六廊、多点成网、生态社区”的绿地空间布局。“一山一河”即西山国家公园生态文化核心区和永定河滨水生态画廊；一轴即西长安街绿轴；“两心六廊”即三山公园、首钢工业遗址公园和永引渠滨水绿廊、阜石路生态通风绿廊等6条绿色廊道；“多点成网”即多个公园节点和纵横阡陌城市道路绿网；“生态社区”即通过对辖区内老旧小区进行绿化改造改善居民身边环境，打造宜居、亲民的绿色生态社区。巩固和扩大东中部地区绿化成果，划定西部地区绿色发展的生态红线，切实保护西部绿色生态环境。

（翟　源）

【重点绿化工程】 年内，区园林绿化局配合“全面深度转型　高端绿色发展”战略实施，全面落实“1、8、9、3”绿化美化重点工程。“1”是完成1套森林防火信息化远端监控设施建设，新建1座森林防火监控设备塔、9个林区

内视频监控探头，使全区林区瞭望覆盖率达到45%；“8”是重点实施刘娘府A1地块、区政府南侧绿地、永定河莲石湖景观提升工程（三期）等8处公共绿地的建设与改造；“9”是完成古城大街至杨庄大街、鲁谷路等9条道路绿化建设与改造，按照国家服务业综合改革试点区相关内容，打造样板街区，提升道路景观形象；“3”是结合区住建委老旧小区改造项目，实施八角北路小区、八角北里小区、永乐东小区3处老旧小区的绿化改造建设，改善老旧小区缺绿、少绿状况。集中体现以人为本，生态优先、节约型园林及生物多样性的原则。重点工程全部履行工程建设和工程监理招投标程序，实现项目建设规范化、合理化、程序化，工程实行全过程跟踪审计有效监控工程质量和造价。

（郑文靖）

【立体绿化工程】 年内，区园林绿化局着眼增加绿化空间维度、提高街景质量，对区内具备立体绿化条件的地点进行摸底，推进全区立体绿化工程的开展。结合边角地整治及老旧小区改造，在石门路、上庄大街、西现代城、古城地铁家园等现有临街围栏上增加垂直绿化，主要栽植地锦、蔷薇、月季等攀援植物。此外，结合“地锦进社区”活动在单位、学校、居住小区内等有条件的区域以及边角地、护坡等适宜地点实施垂直绿化，种植中国地锦10万株。同时，全力推进公共建筑的屋顶绿化，实施万达广场屋顶绿化1180平方米，完成卫生局等九个单位近1万平方米的屋顶荷载试验。

（郑文靖）

【群众性绿化美化】 年内，区园林绿化局开展“市花月季进社区（校园）”“送花籽进社区”“地锦进社区”等多项贴近百姓生活的绿化美化“六进”活动，八宝山街道沁山水社区被首绿办评为“市花月季精品社区”。倡议和鼓励社会单位和市民利用身边的边角地、废弃地以及可利用的一切空间“见缝种树、种草”，开展阳台绿化，增加绿量，提升单位、校园、居住小区绿化景观，增强市民植绿护绿爱绿意识。以花园式社区、单位创建工作为带动，进一步提高单位庭院、居住小区绿化水平，提升档次，建设精品，完成首都绿化美化花园式单位（社区）创建工作，武警十四支队、融景城65号院等4家单位被评为“首都绿化美化花园式单位”；沁山水北社区被评为“首都绿化美化花园式社区”。复查2009年创建的花园式社区——新华社鲁谷社区和五里坨街道联勤部大院社区。完成“城乡手拉手，共建新农村”工作。为平谷区对口村庄提供苗木300余株及花卉7100平方米，协助完成该村绿化环境整治工作。

（郑文靖）

【“两沟一线”绿化】 年内，区园林绿化局推进“两沟一线”（油库沟、隆恩寺沟、京门新线）绿带建设，弥补西部地区公共绿地较少现状，推动东西部地区协同、均衡发展，使居民共享绿色、健康生活。石景山西部地区拆迁多、环境差、绿地质量低、休闲公园少。46万平方米的五里坨定向安置房交房时内部绿化已达标，但由于代开发用地多，外环境跟不上，居民满意度不高。针对东西部地区绿化发展不均衡问题，结合群众路线教育实践活动，区政府加大对西部地区的投入，力争将“两沟一线”沿线绿地及五里坨路两侧绿地打造成为西部地区百姓身边的公园绿地。由园林局负责具体规划设计，于4月完成设计，6月开始施工，10月完工。新建绿地2.98万平方米，通过常绿物种与落叶物种交错种植的方法，打造色彩层次丰富的景观效果，形成绿树成荫、繁花似锦的优美城市绿色空间。园林部门还在绿地中适当增加几处小型活动休闲空间，让群众能够亲绿、近绿，真正将这片绿地融入百姓生活。

（郑文靖）

【百姓身边增绿】 年内，区园林绿化局加强老旧小区的绿化升级改造，治理城市“斑秃”地块，开展多项百姓身边增绿工程。结合全市“小微绿地”建设行动，首次对小微绿地进行统一建设。进一步扩大绿量，提升环境面貌。全年共完成鲁谷路、京石客专沿线等21处、4万余平方米边角地、小微绿地的改造。对公园北社区、环卫局宿舍楼等5处未列入区住建委改造范围小区进行绿化改造。结合居民实际需求调整绿地布局，清理危死树，增加景观树木种植，更新原有地被，种植各类乔灌木1500余株，铺草坪7500平方米，色带1400平方米，还在有条件的区域修建坐凳、廊架、亭子等园林设施供居民使用，为市民身边增绿添美，提升区域景观形象。

（郑文靖）

【林木绿地认建认养】 年内，区园林绿化局通过印发海报、制作报纸专刊、短信互动等形式宣传林木绿地认建认养工作，提高居民植绿、爱绿、护绿的意识。区总工会、区委组织部、区委办、区委党校等单位以树木认养形式建立“劳模林”“组工林”等，光大银行信用卡中心认养区政府南侧绿地15449平方米。截至年底，辖区认养绿地面积52607平方米，2351人认养树木（含古树）658株，其中14人参加古树认养。

（郑文靖）

【野生动物救助】 年内，区园林局采取多种措施保护野生动物资源。救助国家和市级保护动物夜鹭4只、隼鸮3只，泰国鳄1只，黑眉锦蛇4条，煤山雀、灰喜鹊等保护鸟类754只。同时开展野生动物保护管理的执法检查，严厉打击破坏野生动物资源违法犯罪行为。

（蒲子雯）

【古树名木管理】 年内，区园林局在区文委配合下，开展对现有百余棵古树名木的全面性保护工作，加大养护和管理，抢救复壮濒危古树。辖区名树古木大多分布在西部山区及各文物保护单位、模式口历史保护街区内，品种有白皮松、国槐、桧柏等，这些古树有的生长几百年，有的已经上千年。园林部门投入197万元专项资金，对区域内102株“活文物”古树名木进行科学有效的保护，复壮根系，修剪枝杈，助其开源节流，瘦身健体。通过专业人员对古树修枝、堵洞、消毒并涂上保护剂和防水剂、涂白等处理，有效防止病菌侵入和害虫产卵蛀入，同时减少树木上部吸收太阳的辐射，延迟芽的萌动期，避免早春霜害，减少日灼危害和环境对树木造成创伤。另外，通过加设围栏、修葺护坡、改良地被等措施，减少人为破坏，并对每株古树植入电子标签芯片，储存古树名木的GPS坐标、等级、树种、长势状况和复壮等信息，采用物联网技术，实现和数据库的实时链接，24小时监控古树日常养护、预警重大灾害等情况，实现古树实时全覆盖的信息化管理。全年办理1株古树确认许可，4株古树死亡确认许可，3株建设项目避让保护古树名木行政许可。

（蒲子雯）

【搭建森林防火网】 年内，区森林防火指挥部全面开展森林火灾综合防控体系建设，提高森林火灾防控能力，确保不发生重、特大森林火灾和人员伤亡事故。森林公安处三管齐下，搭建森林防火网：一是搭建组织领导网。成立专业森林消防大队，形成指挥部、消防大队和有林单位的三级防护网，部门联动、形成合力，提高辖区内2411公顷林地的森林防火应急保障能力；二是搭建专职防护力量网。聘请40名专业森林防火队员和20名兼职森林防火队员，进行军事化体能训练提升专业技能，24小时备勤以便及时应对灾情；购置消防车辆、通讯及辅助设备等，为“打早、打小、打了”森林火灾提供物质保障；三是搭建一线防护网。加强一线防控力量，从源头上减少森林火灾的发生。区森林防火指挥部办公室全年组织召开森林防火专题会议8次，组队检查、传达市、区会议精神20余次，与区内有林单位签订各类森林防火责任书26份，严格落实24小时值班、领导带班，接警及时、信息报送准确。全年接报火警2起且均为误报，未发生较大以上森林火灾，较好完成森林防火工作。连续十二年被评为“北京市森林防火先进单位”。

（赵　巍）

【涉林案件办理】 年内，森林公安处办理刑事案件4起，分别为“2·21非法收购、出售珍贵、濒危野生动物案”“3·14非法收购、出售珍贵、濒危野生动物案”“王亚强非法收购、出售珍贵、濒危野生动物案”“杨振宇非法收购、出售珍贵、濒危野生动物案”，其中“杨振宇非法收购、出售珍贵、濒危野生动物案”根据《公安机关办理刑事案件程序规定》移交天津警方办理，“3·14非法收购、出售珍贵、濒危野生动物案”获市公安局森林公安分局集体三等功。全年抓获犯罪嫌疑人5人，取保候审2人，批准逮捕3人，从源头上减少破坏野生动物资源违法犯罪活动。

（赵　巍）

【绿化养护管理】 年内，区园林绿化局按照精细化管理方案，强化绿地养护管理，加强日常病虫害防控力度，完善绿地保洁机制，加大巡查，探索多部门联合执法有效途径，举办不定期培训，全面提高专技人员技术水平。召开街道系统绿化美化工作研讨会，了解百姓对绿化的需求及想法。研究分类指导方法，对自管和物业管护的绿地按照相关标准加强监督；对弃管、荒置绿地，以专业部门为主导，实施绿地改造提升，消除绿化死角，提升全区景观生态效果。日常养护中，创新思路，为区内部分绿地挂标识牌，标明植物种类、名称、产地、习性等内容，同时引入手机二维码扫描技术，方便游人扫描识别，利用科普宣传手段增长市民植物知识，提高市民自觉维护身边绿化意识。

（张莉非）

【代征绿地4.5公顷】 年内，区园林绿化局接管五里坨保障房周边（京门新线、油库沟、隆恩寺沟两侧）、苹果园交通枢纽项目、二管厂保障房周边代征绿地4.5公顷，弥补西部地区公共绿地不足、水平不高的短板。其中五里坨保障房周边、苹果园交通枢纽项目代征绿地于年内完成绿化建设。

（翟　源）

公园管理

概　述

北京市石景山区公园管理中心（简称公园管理中心）是负责全区区属公园及其他所属机构规划、建设、管理、安保、服务、科技工作的区政府直属相当正处级全额拨款事业单位，管理北京国际雕塑公园、老山城市休闲公园、古城公园、石景山雕塑公园、法海寺森林公园5所公园。年内，区公园管理中心学习贯彻落实习近平总书记系列重要讲话精神，按照区委区政府部署，开展党的群众路线教育实践活动，围绕“全面深度转型　高端绿色发展”战略和建设国家级绿色转型发展示范区的目标，着力推进公园管理各项工作。以惠民便民利民为己任，公园基础设施建设取得新进展，综合承载能力得到新增强；以改善环境品质为根本，生态环境和园林景观质量得到持续改善；以构建治理体系为目标，资源保护管理和综合治理力度不断加大；以维护安全稳定为重点，服务保障能力和行业管理水平明显提高；以丰富民众生活为主题，公益文化活动策划与筹办更加普惠民生。截至年底，所属公园接待游人总量670万人次，同比增长8.1%，市民和游客游园保持较高满意度。

地址：石景山区杨庄路6号
电话：88961698
邮编：100043
网址：http://www.sjsacp.org.cn
邮箱：sjsgyzx@163.com

（叶　萌）

【马年新春文化游园活动】 1月31日至2月6日（大年初一至初七）在北京国际雕塑公园举办。活动以“传承文化遗产·娱乐寻常百姓”为宗旨，以“诠释民俗精粹”为主题，汇聚浓郁京味文化老物件、非遗技艺及部分互动娱乐节目。公园举办“时光的记忆”——大型主题情景再现展示活动，千余件已经绝迹或正在消失的老北京物件儿首次引入北京国际雕塑公园展出。通过老物件展示、老北京情景再现、老北京叫卖等活动，努力挖掘传统民俗、民间、民族文化内涵。“百姓大舞台”以群众才艺展示为主，名人参与为辅。群众才艺展示广泛吸纳多种表演形式，暨舞蹈、声乐、小品、戏曲、朗诵、器

公园绿化美化　（公园管理中心供稿）

乐、书画等，为全市百姓提供一个参与表演、展现自我的舞台。名人参与方面，公园邀请到八极拳武术名师任德全，《北京晚报》资深记者、知名京味文化专家刘一达，文玩界达人、行家姜跃进和围棋国手等知名人士，与游客现场互动。期间，接待游人7.5万人次。

（叶　萌）

【第十一届玉兰文化节】 4月5日至5月3日在北京国际雕塑公园举办。作为京城最大的玉兰观赏园，数十个品种的5000余株玉兰花竞相开放，数量、品种、颜色、花期均为京城之首。本届玉兰文化节以"踏青觅春品玉兰，放飞心情展纸鸢"为主题，推出包括"绘玉兰·赏玉兰·拍玉兰"、全民健身日及纸鸢四月天、百姓大舞台、清明蹴鞠会等主题活动。公园还举办"振兴民族文化·谱写美丽玉兰"名家笔会，邀请20余位著名书画家现场画玉兰花；在"晒民俗技艺，夺风筝达人"活动中，邀请专业老师现场制作各具特色的风筝，游客可在不同样式的风筝上画上自己喜欢的图案。公园为游客精心组织"非物质文化遗产展卖"，众多老北京手工艺品，剪纸、毛猴、雕漆、糖画、面人、脸谱等现身公园，游客可在此购买古书善本，观看活体雕塑展示，参与玉兰文化节摄影展、百姓大舞台等活动。活动贴近百姓心声，助推社区文化建设，突出和谐、愉悦、健康、惠民的活动特色，吸引市民踏青游玩，感知春天。期间，接待游人26.5万人次。

（叶　萌）

【安全生产检查】 6月，公园管理中心结合"安全生产月"活动，组织各公园开展自查工作，并对北京国际雕塑公园管理处、古城公园管理处防恐维稳和汛期安全工作进行检查。中心及所属公园加强部门间的联系沟通和协调联动，建立预报预警工作机制，完善事故信息传递渠道，及时掌握安全生产动态，构建统一指挥、协调有序、运转高效的应急救援与处置机制；加强应急值守，坚持领导带班制度，适当延长职工巡护时间，调整上岗班次，保证24小时通讯联络畅通，遇有紧急情况，及时上报并妥善处理；加强日常巡视、检查力度，及时发现各类安全隐患，对风险点加大管控力度；各公园提早做好因强降雨天气引发各类生产安全事故的各项工作，做到早预警、早准备、早防范。做好应对汛期极端天气各项工作，协调有关部门推进模式口51号院挡土墙汛期安全隐患整改。年内，公园管理中心深化"平安公园"建设，开展安全生产大检查及隐患排查14次，完善管理和处置机制，推动公园安全生产标准化建设。公园维稳工作体系增设反恐防暴，建立健全反恐应急管理机制，出台反恐防暴工作方案及应急预案，加强重点日期信息预警监测，增加应急防护设施，加大安保力量，确保公园内外部环境安定有序。开展防汛应急演练，坚持每日巡查和夜间值守常态化。同时对配电室、游艺设施等部位进行重点排查，通过发放安全生产答卷、光盘、在公园内显要位置张贴宣传画等形式，增强职工及游客的安全生产意识；落实各项应对措施。切实做到责任到位、宣传到位、措施到位，确保各类事故得到及时、有效处置。

（叶　萌）

【工艺美术非遗嘉年华】 9月30日至10月6日，公园管理中心、北京商报社联合主办的第二届北京惠民文化消费季·2014工艺美术非遗嘉年华在北京国际雕塑公园举办。活动围绕"高端文化品位生活 区域联盟 绿色发展"主题，打造国庆专场群众文化演出、京津冀书画联展区、非物质文化遗产互动区、老北京文化一条街等特色的板块，搭配丰富多彩的惠民文化活动，游客欢度国庆奉上一场文化消费"大餐"。10月1～3日上午在奥运文化广场举行专场文艺演出，中国杂技团、北京都市歌舞团、北京歌剧舞剧院为游客带来精彩演出。古典家具鉴赏家于鸿雁、老物件收藏家宋振忠、印章篆刻家赵增福、高级美术大师张广志、京味文化学者刘一达等名人分别作客"百姓大讲堂"，漫话中华民族传统文化的独特魅力。专设京津冀工艺美术及非遗联合展示，京津冀三地近60名当代著名书画家现场挥毫泼墨，以画会友，还有湖笔、徽墨、宣纸、端砚、歙砚等非遗传承人现场表演。游客在互动体验区，观看北京的景泰蓝制作，学习天津的杨柳青年画，尝试河北蔚县的剪纸等，真正融入到非遗文化中。此外，老物件收藏展、老北京叫卖表演、文玩一条街等，使市民穿越回"老北京"，感受独特的城市文化魅力。还专为小朋友准备恐龙科普文化展，三叠纪、侏罗纪、白垩纪等不同时期的恐龙骨架及仿真活体，配合震撼的视觉特效，仿佛置身于惊险刺激的"恐龙世界"。

（叶　萌）

【重视森林防火】 年内，公园管理中心落实森林防火责任制，加强重点森林防火设施建设，提高森林火险防控能力。公园管理中心所辖山林绿地240余公顷，森林防火是中心工作的重中之重。进入森林防火期后，积极贯彻“预防为主、积极消灭”的方针，采取多项举措：开展安全隐患自查与检查、制定完备的森林防火应急预案体系、加强防火宣传工作、储备防火物资等。组织护林员学习护林防火知识，定期送去防寒物资，解决护林员后顾之忧。截至年底，重新铺设防火通道2.7千米，建立3座防火瞭望塔，安装全天候防火监控设备3套，引进林地喷灌设施2处。更换、维修、保养灭火器材287具，增设防火宣传牌示43块，悬挂防火横幅36处，发放各种宣传材料3万份，开展防火安全教育及培训20次，组织防火实战演练10次，清打防火阻隔带75万平方米，清理林下可燃物40吨，出动车辆45次增湿处理林地，洒水总量360吨。加强巡视检查、火源管理和防火重点日期应急值守。劝阻林地吸烟、野炊、烧纸等动用明火行为60余起，全年未发生森林火灾和人员伤亡事故。

（叶　萌）

【加强绿化养护】　年内，公园管理中心持续拓展公共绿色空间，推进建景增绿和见缝插绿，强化公园园林景观结构，打造特色景观。以观赏春花秋叶为主，完成老山城市休闲公园、法海寺森林公园景观调整；以打造精品景观为主基调，完成北京国际雕塑公园景观提升。开展义务植树活动，完成春季义务植树活动组织协调，发动市民游客及公园周边单位开展义务植树和认建认养，共认建认养树木100余株。全年新植、调整树木6000余株，累计栽植花卉16万株，更新草坪、地被约5000平方米。

（叶　萌）

【推进环境整治】　年内，公园管理中心持续深入推进公园绿化环境整治。结合模式口地区环境综合整治工作，开展法海寺森林公园违法占用林地绿地和周边环境专项整治行动，建立违章建设台账，推动拆违还绿和规划建绿。在各公园开展园容卫生、环境垃圾、小广告、渣土、“拉拉秧”等专项治理行动，共清理垃圾约490吨，水池内漂浮物、淤泥约50吨，清除小广告近千张。围绕治理会所中的歪风，开展公园高档餐饮和私人会所摸底调查和专项整治。实施杨柳飞絮专项治理，飞絮污染问题明显好转。

（叶　萌）

【林木生物防治】　年内，公园管理中心全面加强林木有害生物防控，提升综合防治手段的应用水平。加大美国白蛾等林木有害生物防治力度，新增各种诱捕工具33个，释放周氏啮小峰、肿腿蜂等生物天敌5000余万头，出动防控人员800人次，车辆560次，使用各类防治药品1500公斤，累计完成防治作业面积500公顷，未发生病虫灾害。

（叶　萌）

【资源保护管理】　年内，公园管理中心推进林区生态建设，完成林区内古树名木复壮75株，砌筑濒危古树护池30个，修剪维护各类植物60余万株，累计施肥、灌溉面达400公顷，植物成活率保持98%以上。制止毁坏古树、非法占用绿地、砍伐盗伐林木等违法行为22起，林区生态环境明显改善。

（叶　萌）

【工程项目建设】　年内，公园管理中心强化领导分工负责制和督查考核责任制，倒排工期，统筹推进重点项目和基础设施建设。5月，投资483万元建成老山城市休闲公园休闲健身长廊及健身步道维护工程、投资94万元建成北京国际雕塑公园群众文化广场项目、投资43万元建成古城公园科普宣传园；6月，投资50万元建成北京国际雕塑公园科普宣传园、投资130万元建成法海寺森林公园群众文化广场。11月，投资1128万元建成区重点区域森林消防监控·调度·指挥中心系统。

（叶　萌）

【完成服务保障】　年内，公园管理中心改善服务设施和服务形象，优化便民设施。全年更新维护路椅、垃圾箱、路灯等服务设施120余处，更换公园景观标识、道路指示牌53块。开展行业管理专项行动，加大窗口岗位监督检查力度，在重点节假日前夕开展行业管理检查8次，狠抓服务规范整改落实，高标准完成国庆65周年及APEC会议期间公园景观环境布置。

（叶　萌）

【落实信访代理制】　年内，公园管理中心深入开展信访代理制工作，建立由1个信访代理工作室（中心机关）、2个信访代理工作站（直属单位）、4个信访代理工作点（基层公园）组成的三级信访代理工作网络。实行“七个一”工作模式（即一室接待、一套制度、一帐登记、一单代理、一线解决、一信回访、一案归档），规范信访事项办理流程。全年受理信访事项40件，其中信访代理1件，便民服务等非紧急救助事项27件，纪委政风行风热线4件，政民互动综合服务平台2件，区信访办转办件1件，区委宣传部转发网络舆情信息5件。信访事项同比下降9.1%，办结满意率95%。各公园在显著位置公布热线电话，增设游客意见箱，畅通游客诉求渠道。全年接听市民游客来电求助、反映问题108次，收集意见建议23条。

（叶　萌）

【公益惠民活动】　年内，公园管理中心所属各公园充分发挥公益宣传窗口和科普文化传播基地作用，组织开展各类公益惠民文体宣传活动。先后在各公园举办石景山区庆祝五一国际劳动节劳模表彰典礼、搜狐特惠年特惠购车季活动、“老山徒步越野赛”、档案工作宣传活动、民族体育项目展示、“敬老爱老·报效祖国”重阳诗歌会、“祝福祖国·喜迎国庆”专场文艺演出、加拿大四个城市旅游推介活动、全国高血压日主题活动、“2014北京特跑汇”等各类公益性活动40余次。

（叶　萌）

市容卫生

概　述

石景山区环境卫生服务中心（简称区环卫中心）是区政府直属财政补助

6月20日，雨后推水作业 （区环卫中心供稿）

事业单位。机关设有9个职能科室，下属5个专业作业队和1个离退休人员管理办公室。有干部职工1896人，其中在职干部职工400人，离退休人员462人，非事业编务工1034人。环卫中心承担全区环境卫生方面的技术性、服务性、事务性工作，主要负责制定并组织落实环卫工作发展规划和年度计划；根据区政府核定下达的环境卫生作业任务、指标和要求，组织专业单位作业并对其实施监督、检查和管理；负责环卫经费的管理和使用以及全区环卫产权公厕和产权垃圾楼的管理，粪便清运、垃圾清运处理与消纳；负责环卫设施规划的制定和实施等工作。年内，区环卫中心围绕"全面深度转型 高端绿色发展"战略，以继续深化精细管理和强化作风建设为主线，扎实开展党的群众路线教育实践活动，推动目标差别化管理工作机制建设，全面促进提高环卫工作整体水平。完成全区112条大街和47条街巷道路机扫、保洁任务，总面积431.85万平方米，五项机械化绩效考核指标全部达标；生活垃圾日产日清，全年处理生活垃圾14.38万吨，全部转运至鲁家山垃圾焚烧厂焚烧处理。负责99个小区厨余垃圾规范化密闭清运，清运厨余垃圾6204.58吨。春节期间集中清理烟花爆竹残屑171.7吨。负责全区258座环卫产权公厕正常使用、保洁及维护，全年清掏处理粪便7.88万吨，粪便抽运及处理全部达到规范要求。垃圾综合处理厂助理严震获市总工会颁发的"首都劳动奖章"荣誉称号。

地址：石景山区杨庄东街65号
电话：68887692
邮编：100043

（谢　昊）

【"两节"环卫保障】 1月，区环卫中心成立领导小组和应急分队，坚持高质量环卫作业标准，加强各项专业作业，全力做好"两节"期间环境卫生保障工作。节前对全区责任范围进行环境卫生大扫除，重点清除卫生死角，做好节前车辆、设施、设备安全排查和运行维护。以庙会、繁华商业区、旅游景区等人流密集地区，街巷道路、交通场站等群众出行集中地区为重点，严格实施环境卫生作业标准和工作责任。加大对交通枢纽周边和重点地区周边环境保障和公厕保洁清掏力度。全力确保燃放烟花爆竹高峰时间重点燃放点（路段）的残屑清理工作，按照先行清扫主要干路、再依次向次要道路和结合部地区扩展的原则，迅速恢复市容环境卫生面貌。加强对各街道重点时段、重点地区的水车消防辅助备勤，遇到情况积极响应，协助消防支队做好水源补给及重点地区洒水降尘。春节期间清理烟花爆竹残屑及重点地区污物171.7吨，协助降湿阻燃面积2.5万平方米。加强值班值守力度，保证24小时有人在岗，及时处理应急指令和群众反映的相关问题。

（谢　昊）

【应对马年初雪】 2月7日凌晨，本市普降中雪，区环卫中心循环出动700余人次高效完成连续除雪作业，确保道路通行。自7日5时起，环卫中心便启动扫雪铲冰作业三级预警。至8日6时，中心专业作业队连续对全区140条道路进行扫雪铲冰作业直至雪停，共出动专业作业人员757人次、出动多功能除雪车8台、融雪车24台、扫车46台、扫刷3台、撒布机1台、步道扫雪机20台、其他车辆8台，共计110台，施撒融雪剂244吨，使用融雪液40吨；确保主要道路路面没有明显积雪，雪后1小时内主要道路融通打透。区小广告冲刷队采取专人盯守方式清扫全区15座过街天桥。保证道路畅通、行人出行安全。

（谢　昊）

【应对雾霾天气】 自2月20日起，受不利气象条件影响，北京市遭遇严重雾霾污染。对全区主要道路加强清扫保洁频次3次，共出动扫车42台、水车24台，累计出动人员881人次、清扫车86车次，达到增加路面清洁度、减少扬尘的目标。6天内出动一线作业人员2974班次、作业车辆378车次，有效抑制道路扬尘。同时做好道路清扫队坚持在室外作业的307名一线工人的防护工作，及时向一线人员发放口罩、帽子等防护用品，并要求道路保洁员、司机、公厕保洁员等一线职工上岗必须按规定配戴防护用品，做好防护措施。

（谢　昊）

【中秋、国庆环境卫生保障】 9月，区环卫中心推出6项措施，确保中秋节全区环境卫生整洁。措施包括：严格执行环卫作业标准，并根据秋季工作特点和中秋假期特点及时调整作业方式，重点加强对长安街沿线、旅游景点及市、区重点大街的清扫保洁、最大限度地缩短污染物的停留时间。同时发挥环卫专业机械化作业优势，根据天气变化情况做好道路的冲刷和降尘作业，加大清运频次。此外确保作业车辆干净、整洁上路，杜绝遗洒。加强重点地区公厕的保洁，同时对全区280余座公厕周围乱堆乱倒、乱贴乱画等现象进行及时清理。按照“安全第一、预防为主”的原则，加强节前安全隐患排查，及时整改隐患问题。加强信息统计，做到每天各作业队及相关人员准确把握当天工作量，合理安排次日工作内容。环卫中心成立国庆期间环境保障工作领导小组，并设立保障工作办公室，制订细致的方案并逐步实施。加大道路清扫保洁作业力度，确保全区大环境的整洁干净；保持果皮箱设施的完好和整洁，做到清掏及时、定时擦洗、箱内杂物不顶不冒和箱体整洁；根据节日期间客流量大、垃圾量增多的特点，在确保全区生活垃圾日产日清的基础上，配备应急车辆，以随时处理突发情况；加强对八大处公园、游乐园广场、北京国际雕塑公园等重点地区内外产权公厕的保洁管理，为群众创造良好的如厕环境；节日期间全中心及专业队值班人员认真受理群众反映的问题，凡属于本单位业务范围的工作，必须迅速处置，将问题在最短的时间内加以解决。同时，通过增加机械捡拾作业、增加街巷道路大型机械化清扫作业两项工艺，缩短垃圾滞留时间，解决环境脏差问题；通过增加微型机械化作业工艺，弥补道路隔离区域机械化作业缺失，解决道路保洁作业效果差的问题；通过加强大型机械保洁作业、人工保洁作业两项工艺，缩小人均作业面积，降低作业强度，减少污染物滞留时间，提升道路洁净度和建成区整体环境水平，保障市民、游人假日出行环境。

（高　飞）

【APEC环境卫生保障】 11月7～12日，区环卫中心为保证APEC亚太经合组织领导人会议周的顺利召开，做好全面环境卫生保障。一是将道路分三个等级落实清扫保洁措施，每日开展机械冲刷、道路清洗和喷雾降尘作业，全天候开展人工巡回保洁，将全区城市道路车行道面积245.9万平方米中可中型以上道路机械清扫的面积约为220万平方米全部覆盖，实施机械化作业车行道。充分发挥现有机械化作业能力，确保清扫高质量；二是按照建成区道路清扫保洁工作方案措施实施以下作业：微型机械化道路保洁在每日日间进行作业，对城市道路的主路隔离区域进行微型机械化保洁作业，确保保洁质量；三是强化重点区域的保障工作措施，对“三区”“八线”“四周边”涉及的八大处公园周边、重点防止道路扬尘的古城路、古城东街、古城南路、古城大街、古城西街、古城北路等道路，加强作业力度和检查频次，及时整改发现的问题，随时保持干净整洁；四是认真做好APEC会议期间的应急保障工作措施，遇有重污染天气，大风天气、降雪天气等恶劣气候，及时启动相关预案，进行应急保障工作；五是确保全区生活垃圾日产日清，采用最有效措施，确保清运率达到100%，保持全区范围内整体环境干净，不断提高专业化服务质量；六是配备应急车辆，以随时处理突发情况，确保生活垃圾清运正常运转；七是加强对全区280余间公厕的整体保持洁净工作措施，不断提高环卫服务质量，方便群众，创造良好如厕环境。

（高　飞）

【开启鲁家山作业模式】 上年11月，位于门头沟区首钢鲁家山石灰石矿南区的鲁家山垃圾焚烧厂正式投入使用。负责东城、西城、丰台、石景山及门头沟五个区生活垃圾的焚烧处理，日处理量占全市生活垃圾日产量的六分之一。自当年1月1日起，石景山区生活垃圾全部转运至鲁家山垃圾焚烧厂，标志着本区长达10年的原始填埋垃圾作业退出历史舞台。至此，石景山区也成为全市第一个通过无害化焚烧、处理原生生活垃圾的区县。鉴于处理模式由填埋转为焚烧，转运地点、时间、路线随之改变，区环卫中心提前着手，周密设计，牵头与市、区管理部门沟通协调跨区作业流程。对全区46座密闭式清洁站、94座单吊箱站、116个垃圾桶收集点进行细化作业调整，分时段划分作业顺序和生活垃圾收集时间。在前期准备工作中，环卫中心克服作业车辆、人员不足困难，调整180余名垃圾清运和转运作业人员的工作时间，相应增加垃圾处理的车辆、设备和人员的投入，管理资源大幅度向垃圾收集、运输作业进行侧重，确保生活垃圾顺利转运出区，实现辖区生活垃圾无害化向资源化处理平稳过渡。

（高　飞）

【专项应急保障】 年内，区环卫中心根据气候特点和环境卫生状况，适时调整作业重点，做到准备充足、反应迅速。冬季扫雪铲冰出动作业人员1382人次，作业车辆315车次，使用机械化设备56台次，人工除雪设备（人工推雪板）378个次，最大限度避免和减少雪天对道路交通的影响。扫雪铲冰及冬季日常作业使用融雪剂568吨、融雪液1143.46吨。做好夏季打药灭蝇工作安排，坚持常态化运行，确保环卫设施灭蝇效果。启动防汛工作应急预案，提前摸底、全面排查，及时做好设施防汛和道路雨后推水。规范应急委派工作流程，建立委派单确认制度，及时准确反馈工作信息，提升特勤应急保障作业质量。完成区政府督办单、领导视察、重要活动应急保障工作，集中整治古城西街、古城西路、景阳东街、污水处理厂路、古城南大街、西黄村桥下、衙门口村周边、北辛安路、水屯东路、莲石路等脏乱点，出动人员1549人次，出动车辆1152台次，清理垃圾、渣土4119.5吨，全面完成应急保障任务。

（谢　昊）

【重要节点保障】 年内，区环卫中心针对全国“两会”、重点节假日等固定保障任务，分级分类制定专项任务保障方案，加强重点区域周边道路清扫保洁作业。按照清扫保洁新工艺要求，增加作业频次，严格实施环境卫生作业标准和工作责任，做到定人定段定时、巡回保洁不断线；加强垃圾收集清运以及粪便清掏管理，做到规范收集和运输，车容车貌整洁完好。强化一线作业人员、作业车辆的安全和运

行管理，及时处理环境卫生突发事件、群众反映的热点难点问题。强化检查成效，每季度检查所管辖道路、设备、设施，检查率100%。完善保障方案和实战演练，将市、区各级检查保障任务纳入常态化管理，形成科学、规范长效机制。全年出动作业人员8170人次，出动车辆1799台次，清理垃圾、渣土8310吨。

（谢　昊）

【建成区道路作业】　年内，区环卫中心制定提升建成区道路街巷环境卫生水平的工作方案。通过新增各类机械化作业、扩大夜间机械化清扫范围、增加机械捡拾、人工保洁频次等方式，弥补道路隔离区域机械化作业缺失，解决街巷道路脏差，减少污染物滞留时间，提升建成区（金顶街—北辛安路一线以东）整体环境卫生水平。

（谢　昊）

【完成专业作业】　年内，区环卫中心全年清扫保洁总面积431.85万平方米。其中，可机械化作业车行道面积244.2万平方米，机械化清扫、保洁、新工艺洗地均为217.3万平方米，机械作业覆盖率89%；水冲作业244.2万平方米，覆盖率100%；道路高压降尘169.47万平方米，对部分道路进行侧冲中心隔离带及步道作业，按要求完成道路清扫保洁任务，达到道路机械化绩效考核指标额度。生活垃圾日产日清，粪便抽运规范处理，全年完成全区45座清洁站、100个箱站和116个垃圾桶站清运，衙门口转运站进站生活垃圾15.58万吨，压缩并密闭转运14.38万吨；做好258座环卫产权公厕正常使用、保洁及维护，清掏处理粪便7.88万吨，垃圾、粪便无害化处理率均100%。落实垃圾减量，全年实现分离渣土1.46万吨，同时做好99个厨余分类小区垃圾密闭清运，清运厨余垃圾6204.58吨。完成夏季雨后推水，强化雨天汛情巡查责任制，及时清除路面积水。加强打药灭蝇作业培训、安全防护和规范化管理，按照工作计划施撒，坚持常态化运行，确保环卫设施灭蝇效果。

（谢　昊）

【设施设备升级】　年内，区环卫中心全面开展综合场站建设。衙门口综合场站东配楼、西部场站建设项目一期工程列入区政府年度重点工程。其中，衙门口环卫综合场站东配楼工程全部竣工。西部综合场站建设用地及五里坨供水厂部分用地完成场地腾退。根据人大建议和政协提案，新建4座景观公厕，分别位于五里坨（2座沿街公厕和环卫一体化设施）、杨庄大街（新建）、游乐场西门（翻建），已投入使用。这4座景观公厕主体为轻体结构，由移动式公厕改造而成，有小便间等人性化设施，厕内设置独立储水箱，还配备许多先进技术和设施，如节水冲洗技术，可将单次冲水量控制在1.5升之内；红外感应与电脑智能系统完成协调配合，如厕完成后不必人为操纵自动冲水，开启厕门后无人指示灯自动亮起。同时，所有新式公厕都设有第三卫生间，专供残疾人如厕使用，该卫生间内，扶手、呼叫器、暖器等设备一应俱全。完成32座产权公厕及粪便消纳站升级改造。购置、更新50台专业作业车辆、30台电动自行车、维修30个垃圾集装箱，保证清扫、清运作业正常运行。

（谢　昊）

【安全生产管理】　年内，区环卫中心强化一线岗位安全管理和职工教育，突出安全管理工作重心下移，在一线生产作业岗位广泛开展“环卫专业作业技能大比武”“百日安全无事故竞赛”“红旗驾驶员”评选等争创活动和安全知识讲座，强化一线职工安全生产意识。定期组织安全隐患排查，重点加强有限空间安全作业管理。结合新《道路交通安全法》规定，对驾驶员进行安全教育，根据专业作业特点，制定安全行车标准，提高安全驾驶意识。

（谢　昊）

环境保护

概　　述

石景山区环境保护局（简称区环保局）是负责环境保护工作的区政府组成部门。年内，区环保局全面贯彻落实市生态文明和城乡环境建设动员大会精神，以持续改善环境质量，实现细颗粒物（PM2.5）浓度同比下降5%左右为工作主要目标，继续坚持以生态文明建设为统领，以改善环境质量为核心，以确保环境安全为底线，以“无煤区”建设为突破，以污染减排为根本，以执法监管为手段，力争提前完成“十二五”总量减排指标，确保全年无重大环境污染事故发生，为推动全面深度转型、高端绿色发展，建设国家级绿色转型发展示范区提供良好的环境保障。扎实推进清洁空气行动计划各项工作措施落实，年终考核全市排名第五；加强总量控制力度，按照“减二增一”审批原则严把环保准入关；深化结构减排，关停高井电厂全部燃煤机组；环保实事全部按时完成；完成APEC空气质量保障任务；贯彻落实《北京大气污染防治条例》，环境执法力度显著加大，处罚金额大幅增加；实行区域监管责任制，完成全市污染源动态活动水平调查、整治违法排污企业等工作；全区水环境质量稳定，放射源、危险废物得到有效监管，全区第一批通过市危险废物规范化管理督察考核；环境质量稳步提升，为区域经济转型发展提供良好环境基础；推动环保宣传，有力提升公众环保意识和环保工作影响力。圆满完成年度环境监测任务：完成地表水、地下水和大气降尘的采样分析工作，完成全区117个点位区域环境噪声和35条交通路段道路交通噪声的监测工作，全年报出环境质量监测数据12000多个；完成132家次废气和143家次废水污染源单位监督性监测工作，为管理部门提供有力数据支撑；新增实验用房300平方米、人员编制1人、设备45台套、监测项目49项，标准化建设顺利通过验收；编制完成《2013年北京市石景山区污染源监测报告书》《2013年北京市石景山区环境质量报告书》和《2013年度石景山区环境状况公报》；组织应急监测培训5次，应急监测演练4次、安排应急值班90人次、完成1次应急监测任务；顺利通过181项次理论、122项次操作演示和59项次未知样品考核，换证和新证473项。

地址：石景山区古城路8号

电话：68876190

邮编：100043

（于　敏）

【推进无煤区建设】　1月，区环保局监察队到古城泰然投资管理公司召开小燃煤锅炉改造工作动员部署会，要求积极落实全市控制大气污染措施，主动自查自改，尽快实施清洁能源改造。并现场向公司下属企业负责人发放《致全区燃煤锅炉使用单位的一封信》，15家企业负责人参加会议。古城泰然投资管理公司有40台燃煤锅炉，其中2蒸吨以上1台，小燃煤锅炉能源利用效率低、环境污染严重，对地区空气质量影响很大。年内，区环保局采取有效措施，将压减燃煤工程设为重点，全面推进火电行业燃料燃气化，全面实现分散式燃煤供暖清洁化，全面加快平房区散煤供暖电力化，进一步治理燃煤污染排放，压减燃煤230.5万吨，加快区域能源结构调整，为地区绿色转型发展提供重要保障。加大燃煤锅炉查处力度，保持高压态势，坚决打击不法排污行为。推进"四个一批"及"煤改电"等减煤换煤工作，全年消除平房区燃煤设施3759台，实施2003户棚户区改造，拆除违章建筑18.3万平方米，城市改造上楼3550户，实施"煤改电"477户，总计压减散煤9230吨。争取市农委优质型煤替代优惠政策，实现区域全覆盖，年内替代劣质散煤3600吨。

（于　敏）

【环保法制工作】　3月1日，《北京市大气污染防治条例》正式实施。区环保局在万达广场举行宣传活动，号召社会公众参与监督大气污染防治工作。企业代表对条例的实施作出"绿色生产　治污减排"承诺。与会领导为各界环保志愿者者代表授旗，环保志愿者代表发出"低碳生活从我做起"的倡议。随后，与会人员在"治理大气污染我们在行动"主题背板上郑重签字，承诺大力支持和响应《条例》的实施。邀请市环保局法制处处长在区政府党组会上宣讲条例。全年组织22个环保专项行动，加大处罚企业曝光力度。开展以燃煤锅炉、餐饮企业、汽修行业、家具制造业为重点执法检查，累计出动2524人次，检查单位1060家次。全年实施行政处罚55起、罚款115.5万元，立案数、处罚金额分别同比增长200%和增长636%。行政处罚案卷在市、区案卷评比中均被评为优秀。

（李君鹏）

【完成减排任务】　7月，高井热电厂燃煤机组全面关停，削减燃煤230万吨，减排二氧化硫、氮氧化物分别为2300吨、7200吨。坚持淘汰落后产能，关停首钢机电有限公司、北京金隅加气混凝土有限公司2家企业。全年辖区二氧化硫、氮氧化物、挥发性有机物（VOC）排放量分别削减17.1%、21.37%、24.6%，超额完成年度减排任务。

（于　敏）

【餐饮油烟监管】　7月，市人大教科文卫体委员会相关负责人一行到区环保局视察餐饮油烟在线监测示范项目情况。市科委、区环保局、万维盈创科技有限公司分别介绍"首都蓝天行动"总体布局和进展情况、地区大气污染治理及餐饮油烟治理情况、餐饮油烟在线监测管理系统研发与应用情况，9位市人大常委会委员分别就机动车尾气、餐饮油烟等社会关注的环保问题进行提问。餐饮油烟在线监测系统工程是市科委、市环保局合作的"首都蓝天行动"重点工程的一部分，石景山区作为全市首个试点单位，率先开展餐饮油烟在线监测。为43家重点餐饮企业安装51套餐饮油烟在线监测系统，是全国油烟在线监测设备安装数量最多、覆盖面最广的地区。通过油烟在线监测系统的安装运行，环保监察工作实现监察工作效率和群众信访满意度"双提升"。全年监测餐饮企业370家次，先后发现10家餐饮企业油烟净化设备异常现象，有针对性地安排监察人员到现场排查，依法处罚14家次，罚款9.6万元。眉州东坡餐饮管理北京有限公司石景山分公司、北京万达嘉华酒店等4家企业被评为首批"餐饮油烟达标排放示范企业"。

（龙国瑜）

【空气质量指标】　年内，辖区大气中细颗粒物浓度89微克/立方米，同比下降4.3%，下降率全市排名第五；可吸入颗粒物、二氧化硫、二氧化氮年均浓度分别为131、20.5、62.3微克/立方米，其中二氧化硫、二氧化氮分别同比下降17.7%、1.58%。

（于　敏）

【清洁空气行动】　2014年是落实2013～2017年清洁空气行动计划的关键之年。区环保局根据行动计划、重点任务分解，推出六大重点环保工程，分别为实施压减燃煤工程、实施控车

7月，环保大检查　　（区环保局供稿）

减油工程、实施清洁降尘工程、实施治污减排工程、实施生态保护工程和实施能力保障工程。确定76项重点任务，涉及牵头单位39个，明确压减燃煤、控车减油、清洁降尘、治污减排年度目标。召开全区环境保护工作大会，区长与25家牵头单位签订责任书。每月通过《清洁空气行动简报》及时跟进重点项目进展情况，协调解决难点问题。年内，关停高井电厂燃煤机组，完成36.5蒸吨燃煤锅炉改造，淘汰老旧机动车15406辆，检查机动车尾气排放32.2万辆，处罚577辆，同比增长183%。淘汰低速农用车145辆、更换90台电动清扫车，关停首钢机电公司、金隅加气混凝土有限公司2家落后产能污染企业，完成北京巴威公司挥发性有机物治理工程，规范消夏露天餐饮经营，建立区建筑工地远程视频监控中心。实现全区挥发性有机物削减率24.6%、降尘量年均值为7.19吨/平方千米·月，降幅超过任务指标7.4个百分点。年终考核全市排名第五。

（于　敏）

【环境保障】　年内，自8月6日起，组织开展环保雷霆专项行动，领导包街道、靠前指挥，全区动员，环保、监察、城管、住建、市政等部门组成6个督查检查组联合督查，检查重点单位315家，梳理问题45个，下发督察情况反馈通知单6张，检查各类机动车1.4万辆，处罚9辆。检查施工工地41次，道路降尘用水2.6万吨。同时，对全区288家重点污染源实现全覆盖、高强度监管，严厉查处环境违法行为。10月，成立2014年亚太经合组织（APEC）领导人非正式会议保障工作领导小组，制订会议期间地区环境保障、流动源监管、扬尘控制方案和空气质量保障督查工作方案。定任务、定标准、定人员、定岗位，确保各项任务落实。

（龙国瑜）

【十件环保实事】　年内，区政府确定十件环保重点工程，其中锅炉清洁能源改造8项，有机物治理1项，淘汰老旧机动车1项。投资总额40.67亿元（其中市财政投资40.19亿元、区财政投资0.073亿元，企业投资0.41亿元），各项实事均按时限完成。环保实事工程污染减排显著：共削减燃煤4500吨，减排二氧化硫2722.6吨，减排氮氧化物7653吨，削减挥发性有机物32.64吨。

（于　敏）

【空气重污染应对】　年内，区环保局健全完善空气重污染应急机制。建立"三迅速四加强"（迅速启动空气重污染应急、迅速传达信息、迅速反馈督察检查结果；加强例会制度、加强会商协调、加强联合执法、加强督查）工作方法。全年启动空气重污染应急预警18次，各项应急措施落实到位，为改善大气环境质量发挥作用。

（龙国瑜）

【环境准入管理】　区环保局全年共审批各类建设项目148件，平均审批提前率69.8%，平均提前天数13天。落实北京市新增产业的禁止和限制目录（2014版）要求，按照"以新代老、削减存量、减二增一"原则，严格建设项目总量指标管理，累计拒批项目26个。

（杨　峰）

【清洁能源改造】　年内，区环保局完成南大荒苗圃、寿山福海养老服务中心、五里坨医院北辛安老年院区、北京首运物流有限责任公司、香香唯一食品厂等7家单位14台36.5蒸吨燃煤锅炉清洁能源改造，实现减煤5500吨，削减二氧化硫47吨、削减氮氧化物16吨。争取国家电网投资1700万元。在全区实施电锅炉改造试点建设，促成北辛安医院、首运物流公司零投入实施"煤改电"。

（于　敏）

【扬尘污染控制】　年内，区环保局加大协调统筹力度，针对检查中发现的各类扬尘污染问题，主动开展联动检查。落实北京市大气污染防治督查工作会精神，召开首钢厂区扬尘污染控制工作会等会议，对全区重点区域、重点建设工程加大联合检查力度，下发限期整改713家次，全区处罚工地46起，罚款63.05万元，处罚渣土运输车辆162辆，罚款27.7万元。

（周金应）

【机动车污染控制】　年内，区环保局通过环保宣传"六进"活动，引导社会车主积极参与老旧车淘汰工作。通过日常遥感监测和重点车辆大户的高频次检查等执法形式，促进个人和单位参与淘汰工作。截至年底，全区淘汰老旧机动车15406辆，超额完成全年任务量（10800辆）的42.6%，完成率居全市第三位。联合市政、城管、交管、住建、质监等部门开展建筑垃圾运输车专项整治行动、渣土运输车超标排放行为、非道路移动机械专项执法及检测场专项执法。累计检查车辆322050辆，超额完成8.6%。巡检加油站985座次，抽测50座次，超额完成2.6%。累计处罚尾气超标车辆578辆，罚金134900元，同比增长183.3%。

（李　京）

【声环境监测】　年内，区政府发布《石景山区声环境功能区划实施细则》，调整全区声环境功能区划，提高全区14.42平方千米面积噪声控制标准。10月15日至11月15日，区环保局开展为期一个月的噪声普查工作，对辖区内117个区域环境点位和35条道路进行声环境质量监测，摸清区域声环境现状。区域环境噪声平均值为52.0分贝，比上年下降2.4分贝；道路交通噪声为72.2分贝，同比上升0.5分贝。

（于　敏）

【水环境监管】　年内，区环保局编制集中式饮用水水源年度环境状况评估报告，完成辖区集中式饮用水源保护区划分。划定全区40眼饮用水水源井保护区范围，从源头保障饮用水源地安全。加强检查饮用水源地周边重点污染源，累计检查废水排放单位245家次，确保达标排放。加强生态涵养区水质监测，增加南马场水库、五里坨垃圾填埋场两个水质监测点。与区水务局建立莲石湖水质会商机制，加强监测。与门头沟区开展跨区合作，对地表水体加强联合执法和数据通报，有效预防水污染。

（龙国瑜）

【环境安全保障】　年内，辐射科共受理辐射类行政许可67件，办结65件；完成对辐射工作单位计划内检查150

余家次，完成对危险废物产生单位监督检查130多家次，总共计完成监督检查288家次；对于未按期完成整改的业主单位处罚7家，共罚款14.9万元；开展了对大专院校、监测机构和科研院是否使用放射性同位素和射线装置、危险废物的专项检查；推进重点工业企业的危险废物规范化管理工作的落实，在全市危险废物规范化管理考核中蝉联冠军；表面放射性污染测量项目在全市环境应急比武中获得第四名。

（郭钦民）

【处理1011件信访件】 年内，区环保局牵头办理《关于开展生态评估工作制定全区生态经济发展纲要的建议》等人大建议、政协提案2件。全年处理环境信访1011件，同比增加62.8%，其中大气、噪声、水和其他环境信访分别为612件、340件、28件和31件，同比上升76%、43%、0%和244%。实现按时办结率、办理率、群众满意率3个100%。其中3件被评为优秀件，3件得到信访人表扬。

（龙国瑜）

【生态红线划定】 年内，区环保局按照"保现状、挖潜力"工作思路，在全市各区县中率先启动生态保护红线划定工作。确定综合生态功能区、风景名胜区、公园绿地等10个生态红线类型，提出管控措施，明确部门职责。构建"一带、两区、八廊道、多节点"的生态保护红线网络，依托道路防护绿地等带状生态空间，加强自然生态过程的连续畅通及自然残遗斑块之间的廊道联系。明确提高红线内区域林地质量、加强城市公园绿地建设等工作措施，进一步提升辖区生态建设水平。邀请环保部环境工程评估中心、北京大学等专家学者就辖区西部开发建设进行环境生态主题研讨，对西部地区生态环保、产业发展提出建设性意见。以维护和改善区域重要生态功能为重点，科学评估全区生态环境现状，并形成初步方案。

（于　敏）

【环境监测】 年内，区环保局环境监测能力进一步提升，监测站标准化建设通过验收，监测项目增至108项，增幅83%。完成辖区22家污染源企业76个频次的监督性监测，其中废气监测9家32个频次，废水13家44个频次。

（李　昂）

【排污申报收费】 年内，区环保局完成新增476家单位申报登记；回访调查上年排污申报921家餐饮单位、99家汽修单位、40家医疗单位，并在《北京市排污费征收管理》系统软件中动态更新。完成市下达排污申报登记任务。随着当年北京市对废气、污水中的四项污染物收费标准的提高，区环保局共对41家单位征收排污费，同比增加33家；累计开单金额82万余元，比上年增加80余万元。其中，废水排污费2496元，废气排污费82万余元，分别同比增长9倍、50倍。

（贾　旭）

【环保宣传】 年内，区环保局采取五项措施，加强环保宣传工作。一是开展"12·4"法制宣传进社区活动，以"向污染宣战 为美丽石景山加油"为主题的"六五"世界环境日大型宣传活动。举办十大环保明星评选、环保局长进社区等主题活动14场次。二是利用LED显示屏、《石景山报》、区有线电视台等媒介，形成立体宣传格局，广泛宣传普法知识、播放普法标语，全面营造环境保护和生态文明建设氛围。三是开通"绿色石景山"官方微信平台，定期解读有关环保法律法规，曝光环境违法企业名单，搭建公众普法宣传平台。

（周建勋）

【声环境质量】 年内，区域声环境质量在国家标准之内，同比有所上升，上升1.4分贝。

表6　区域环境噪声监测统计表

年度	监测网格数（个）	网格（米）	监测面积（平方公里）	环境噪声（分贝）标准:55
2013年	117(112个小网格,5个大网格)	大网格:2500×2500　小网格:500×500	28.00	50.6
2014年	117(112个小网格,5个大网格)	大网格:2500×2500　小网格:500×500	28.00	52.0
对比	0		0	1.4

（魏　铮）

【水环境质量】 年内，地下水环境质量除硬度略有超标外，其他指标均在国家三级标准之内。

表7　地下水环境质量监测主要项目数据统计表　毫克/升

年度	测点＼项目	总硬度	高锰酸盐指数	氨氮	亚硝酸盐氮	硝酸盐氮	氟化物
	三类国标	≤450	≤3.0	≤0.2	≤0.02	≤20	≤1.0
2013	首钢物业苹果园	479	<0.5	<0.025	<0.003	12.4	0.41
	杨庄水厂深水井	301	<0.5	<0.025	<0.003	1.29	0.40
	杨庄水厂浅水井	474	0.6	<0.025	<0.003	16.2	0.34
	永定林工商公司	563	1.2	0.040	<0.003	10.6	0.44

续表

年度	项目 测点	总硬度	高锰酸盐指数	氨氮	亚硝酸盐 氮	硝酸盐氮	氟化物
	三类国标	≤450	≤3.0	≤0.2	≤0.02	≤20	≤1.0
2014	首钢物业苹果园	450	0.6	<0.025	<0.003	12.8	0.38
	杨庄水厂深水井	300	<0.5	<0.025	<0.003	1.85	0.33
	杨庄水厂浅水井	465	0.5	<0.025	<0.003	15.1	0.40
	永定林工商公司	566	1.0	<0.025	<0.003	15.7	0.47

（魏　铮）

【主要污染物排放】 年内，随着地区产业结构不断调整，清洁能源改造工作继续推进，主要污染物排放量均有所下降，尤其是工业企业所排放的SO_2、烟粉尘排放量较上年明显降低，超额完成年度减排任务。

表8　区域主要污染物排放量统计表

项目 年份	燃煤量（万吨）	SO_2排放量（吨）	烟粉尘排放量（吨）	COD排放量（吨）	氨氮排放量（吨）	固废产生量（万吨）	综合利用量（万吨）	利用率（%）
2013	557.35	14029.32	3341.17	29.78	1.65	162.45	162.45	100
2014	366.07	12106.69	1976.72	17.68	1.11	105.24	105.19	99.95
对比	-191.28	-1922.63	-1364.45	-12.1	-0.54	-57.21	-57.26	-0.05

注：数据来自2013年度、2014年度环境统计年报。

（于　敏）

城市管理执法

概　述

根据市委、市政府《关于深化城管执法体制改革全面加强首都城市管理综合行政执法工作的意见》的通知和市编委《关于进一步健全完善区县城管体制机制规范机构设置的通知》精神，结合市编办《关于同意北京市石景山区城市管理监察大队更名的批复》和区编办《关于北京市石景山区城市管理监察大队更名的通知》，设立北京市石景山区城市管理综合行政执法监察局（简称区城管执法局）。区城管执法局是负责本区城市管理综合行政执法监察工作的区政府直属行政执法机构，主要行使工商、园林、规划、市容、市政管理、公共事业等12个方面、392项行政处罚职能。设党委办公室、行政办公室、宣传科、法制科、督察科、指挥中心、查处违法建设办公室、信访办公室、装备财务科、监察科。下辖1个直属执法队、1个苹果园地铁执法队和9个街道执法队。年内，建立街道执法队“双重管理”工作机制，提升辖区城市综合管理水平。按照“重心下移、职能下沉、街道统筹、综合执法”原则，在机构编制不变、主要职责不变、执法主体不变前提下，将城管执法局所属9个街道执法队和苹果园地铁执法队整建制移交各街道办事处管理。按照区委、区政府和市局工作部署，以服务辖区高端绿色发展战略为中心，以建立、完善社会综合治理体系为主线，以城市综合管理改革为动力，以满足人民群众生活环境需求为导向，以全面提升社会稳定管理水平、城市环境管控能力和市容卫生保洁质量为重点，全面提升城市管理综合执法、综合监管、综合协调能力。全年出动执法人员39666人次，执法车辆8762台次，治理各类环境秩序问题46307起。其中查处无照经营26225起，查处“门前三包”、店外经营等市容环境问题14655起，查处施工工地696起，查处泄漏遗撒大货车188辆，查处非法营运38起，查处占道经营、露天烧烤大排档482起，没收经营工具358件，查处非法小广告1282起，没收非法小广告45万张。拆除各类违法建设250处，面积219483.4平方米。

地址：石景山区八角西街32号
电话：68862289
邮编：100043

（王　烨）

【燃气安全执法检查】 1月，区城管执法局在全区范围内持续开展燃气安全专项执法检查。重点检查餐饮企业、宾馆饭店、施工工地、会议场所等公共服务用户，对燃气主管部门移交的违反燃气法规行为，特别是在液化石油气中掺混二甲醚的行为进行查处。2月，针对气温变化频繁的气候特点，提前启动“温暖三号”行动。本次行动以新来京和返京的取暖户为重点人群，主要采取以下措施：一是组织政府部门工作人员、街道社区干部、派出所民警、流动人口和出租房屋管理员等管理队伍，对全区使用煤火取暖的用户再全部检查一遍；二是对事故高发区域、城乡结合部、流动人员聚集区等重点部位和新来京户、新返京户、室内无任何取暖设备的出租户等重点人群，进行重点检查；三是重点检查用户是否懂得生火取暖常识、是否使用不安全炉具、烟道是否堵塞，重点宣传临时取暖的危害，教授安全取暖常识，提醒用户及时清理烟道；四是通过电视、广播、报刊、网络等多种渠道，采取集中宣传、入户宣传等形式，广泛开展预防煤气中毒宣传教育，增强广大取暖户的自防意识。随着中小学校陆续开学，城管执法队员主动出击，对苹果园中学、北京九中学生食堂以及周边餐馆的燃气安全情况进行检查，送法上门，强化燃气使用安全意识，排除安全隐患。

（王　烨）

【整治非法小广告】 2月，区城管执法局开展非法小广告专项整治活动。检查主要街道42条、社区112个，拆除非法宣传广告牌19块，横幅11条，清理非法宣传品70余张，督促落实保洁清刷工作8次，督促单位个人责改15人次，暂扣非法小广告600余张。

（王　烨）

【校园周边整治】 2月和9月，在学生陆续返校之际，区城管执法局分别开展校园周边环境秩序集中整治。重拳打击校园周边无照游商和三无商品。查出无照经营66起，规范“门前三包”问题102起，非法小广告停机19起，检查施工工地12次，暂扣广告牌匾2个、小广告100余张、没收三轮车7辆。走访学校26个，走访返校学生家长150余人次，发放告知书155份。

（王　烨）

【“降尘控污”行动】 3月19日至4月30日，区城管执法局开展“降尘控污”行动，主要遏制春季高发施工扬尘及道路遗撒等各类违法行为。出动执法人员2570人次，执法车辆610台次。开展大气污染防治专项执法周，盯守出土工地1个；检查施工工地41个，纠正问题133个，处罚6起，罚款58000元。开展多部门联合检查30次，查扣运输车辆19辆，罚款28500元。

（王　烨）

【清明节专项整治】 3月22日至4月7日，区城管执法局开展清明节专项整治，查处各类违法行为2657起，罚款93650元。重点开展殡葬祭扫市场专项治理，规范、清理非法祭扫用品贩卖摊点98起，捣毁制售冥币、假花窝点两处，收缴冥币、纸扎380公斤。

（王　烨）

【治理“大排档”出新招】 3月24日，区政府下发《2014年消夏露天餐饮经营管理和整治工作实施方案》。采取疏堵结合的方式，全面开展消夏露天餐饮经营管理及整治工作。近年来，消夏露天餐饮经营活动在满足部分居民消费的同时，存在着非法露天烧烤、倚门烧烤、乱倒废弃物、占道经营、噪音扰民、露天随意摆放食品等突出问题，群众上访和信访件不断。根据实施方案，将专门设置几处消夏露天餐饮文化广场，要求具有一定文化主题、周边道路交通顺畅、有利于经营管理、方便群众等条件；其他不具备条件的区域不再开办消夏露天餐饮经营活动。4～9月期间，区相关部门联合开展消夏露天餐饮经营活动集中整治，对违法经营行为依照相关法律法规进行查处和取缔。努力营造经营管理有序、食品安全规范、环境卫生良好、方便居民消费的消夏露天餐饮经营环境。6月5日，市、区环保局和区商务委相关负责人带队，对大江南和早春二月2处消夏露天餐饮文化广场进行联合检查。持续加大对重点地区露天餐饮违法行为的整治力度，采用常态化执法检查、高密度综合检查、定点集中突击检查相结合的方式，形成高压管理态势，对问题严重的商户坚决查处，取得明显效果。区城管执法局联合街道、工商、卫生、环保等部门，对于屡教不改的商户依法暂扣其烧烤炉、炭槽、桌椅等经营工具，对于利用违法建设进行烧烤的行为，对其违法建设进行拆除，同时采取高限处罚、案件移送、媒体曝光、定期复查等多种方式，促进长效机制形成。

（王　烨）

【环境整治宣传月】 3月，区城管执法局落实首都生态文明和城乡环境建设动员大会精神，全面启动以“共建绿色和谐石景山”为主题的环境秩序综合整治宣传月活动。本次宣传月分为四个专题周，分别是远离违法建设宣传周——采取定点宣传和流动宣传相结合方式，通过悬挂条幅、设置宣传展板、发放宣传材料、进行现场咨询等形式，重点宣传治理违法建设的重要性和必要性，积极引导广大市民自觉远离违法建设，不建、不租违法建设，使查违专项行动的高压态势得以有效延续、整治成果得到永久保持。远离非法小广告宣传周——重点宣传非法小广告危害，号召广大市民积极参与配合执法工作，做到不收、不听、不信，让更多市民认可、理解、支持非法小广告整治行动。组织社会力量清理重点大街、过街天桥、校园周边、道路护栏等公共设施上张贴的非法小广告，面向市民征集治理非法小广告的建议，集思广益，共同谋划长效治理手段。远离无照经营宣传周——开展“城管教您辨真伪”活动，将执法中发现的造假商品和造假手段向市民进行展示，传授辨别真伪的相关知识与技巧，引导市民认清无照经营“以次充好、以假充真、以少充多”的真实情况，从而自觉抵制无照经营行为。开展校园食品安全知识讲座，引导学生认清无照经营食品的危害，培养学生远离无照经营的良好意识。防治雾霾宣传周——通过设立宣传站、走访工地、走访餐饮单位、进社区等形式，重点宣传露天烧烤、施工扬尘、违规运输、露天焚烧、燃放烟花爆竹对大气环境的影响和本市清洁空气行动计划的主要内容，引导市民提高环境保护意识，抵制违法行为。组织施工单位通过现场点评、座谈交流、自查问题等形式，开展互评互比，提高工地规范管理水平。活动旨在通过形式多样、覆盖广泛、深入持久的系列宣传、服务活动，动员广大市民积极参与城市环境整治，进一步提高城市管理精细化水平，维护良好城市秩序和市容环境，为下一步全面推进“城市病”治理工作做好提前准备。

（王　烨）

【停车管理专项整治】 3月，区城管执法局开展停车管理专项整治行动，主要查处擅自设置停车场、拆除私装地桩地锁、规范停车运营服务。截至年底，出动执法人员6205人次，执法车辆2196台次。开展联合执法159次，办理热线举报45件，拆除地锁239个，规范轻微违法行为28起。

（王　烨）

【东方家园周边整治】 5月5日，区城

5月15日，整治东方家园 （区城管执法局供稿）

管执法局联合公安、街道等13个部门、单位，出动执法人员350名，对东方家园周边家具经营擅自摆摊设点、占道经营、私搭乱建、破坏绿地等违法行为进行历时近8小时的整治，强制带离占道经营商户4名，取缔占道经营商户26个，清理、暂扣教具物品128车共1500件，拆除私搭乱建4处，恢复市容环境和交通秩序。

（王　烨）

【中高考服务保障】 6月，区城管执法局通过宣传引导、提前布控、集中检查等方式，全面启动“静心2014中高考服务保障”工作。宣传告知，梳理排查。各辖区执法队开展社会走访，邀请社区居委会、社会监督员、施工企业及考生家长进行座谈，认真听取各方对于服务保障工作的建议，向施工企业明确中高考期间严禁夜间施工等相关要求，并进一步梳理辖区施工企业的作业进展情况，向施工企业发放《致首都建设施工从业单位的一封信》，督促施工企业张贴于工地出入口明显位置，向社会公示。同时，对影响考生学习生活的露天烧烤、露天大排档等突出环境秩序类问题加大宣传告知力度，净化校园周边环境。全面防控，集中检查。各执法队根据拉网排查结果，确定高峰勤务时间，增派夜间执法力量，对在建施工工地开展提前盯守，除应急抢险外，所有工程一律禁止在夜间进行产生噪声污染的施工作业，对存在夜间施工行为的及时制止并高限处罚。同时结合露天烧烤、无照经营专项治理整顿工作要求，加大违规大排档、露天烧烤查处力度，做到发现一处，查处一处。点位盯守，积极服务。中高考期间，执法人员加大考点周边巡查力度，在考试开始前、后以及中午休息期间不留时间空档，不留区域管理“真空”，并在考点附近设立“城管服务文明加油站”，开展等候休息、简单应急医疗、法律咨询等服务，义务为考生及家长提供饮水、报纸、板凳、扇子等物品，全面践行执法为民的服务宗旨。

（王　烨）

【中秋节、国庆环境保障】 9月8日，区城管执法局开展中秋节期间环境秩序保障工作。查处无照经营717起、门前三包399起、非法广告179起，规范施工工地扬尘污染行为44起，排查餐饮燃气单位111家。同月，对辖区内违规户外广告、牌匾标识、山寨指路牌、临窗广告以及车身广告等五类违法行为进行专项整治。通过前期摸底调查，复核有关手续，清理条幅、灯箱广告125个，拆除“山寨”指路牌2个，拆除并暂扣一批违规广告，净化环境，消除安全隐患。国庆节期间，白天上岗不少于三分之一人员，加大主要大街、重点旅游景区、繁华商业区等重点地区街面环境秩序巡查执法力度，重点保障区政府、八大处公园、八角游乐园、万达广场、国际雕塑公园、五环八角桥下、古城南小街等周边环境秩序，做好各地铁站外围环境管控，视情况对重要点位自7时至24时进行人员盯守，强化值班备勤和应急处置，确保人员到位、责任到位、保障效果到位。

（王　烨）

【十八届四中全会环境保障】 10月，区城管执法局结合秋冬季城市管理工作内容及“亮剑行动”工作部署，落实区委、区政府工作要求，合理调配执法力量，圆满完成十八届四中全会环境秩序保障工作。保障期间，共查处无照经营737起、散发小广告49起，规范“门前三包”487起，走访工地9处，劝离疑似非法运营车辆17辆，清理违规广告牌匾18块。逐一走访施工工地、门前三包单位，提前摸排影响市容环境秩序的突出问题，开展专项整治，全天候、无缝隙监管，对各类环境秩序问题“零容忍”。对主要大街、繁华商业区、旅游景区等地区作为重点保障区域，实行一类地区管控标准，对群众举报高发点位，联合相关职能部门加大综合整治力度。做好大风、空气重污染等极端天气应对工作，及时启动相关预案。将施工工地扬尘污染、泄露遗撒、露天烧烤、露天焚烧、无照售煤作为重点问题处理，加大处罚力度。做好群众对市容环境秩序问题投诉举报的受理、处置、回访与会议期间信访接待工作，及时控制、妥善化解有关可能影响社会稳定的矛盾纠纷和信访问题。

（王　烨）

【环境秩序“亮剑行动”】 10月15日至12月31日，区社会治理综合执法委员会在全区范围内开展社会环境秩序综合治理“亮剑行动”。通过开展“十大行动”、23项综合治理，以15处市、区级挂账乱点、16处违法建设拆除点位、25处环境秩序重点区域及120处校园周边、露天烧烤、非法小广告重点点位综合治理为重点，贯彻“属地牵头、部门联动、执法下沉”工作方针，杜绝主要大街、重点区域、重点点位各类违法行为。“亮剑行动”期间，各街道、各部门出动人员100807人次，查处各类违法行为20720起，处罚7160起，罚款668609元；拆除违法建设66处，13719平方米；暂扣物品68492公斤；暂扣各种车辆981辆；暂扣非法小广告148165张；清理垃圾渣土409.2吨；拆除违规灯箱广告1316个；拆除私设地桩、地锁66个；捣毁肉类加工黑窝点1个；消除各类安全隐患329处；公安、交通部门行政拘留14人，刑事拘留2人，传唤2人，警告、训诫64人；工商、食药、消防、环保、安监等部门开展执法检查1631次。

（王　烨）

【大风扬尘天气治理】 10月，区城管执法局开展大风扬尘天气专项治理行动，检查“门前三包”责任单位71家、规范17家，清理广告灯箱4个，检查施工工地28家，规范2家。启动冬季大风扬尘管控工作，截至年底，检查施工工地21家，查处未及时清运建筑垃圾2起，未开启洒水降尘设备2起。开展渣土运输车辆联合检查6次，清理违规灯箱19个、横幅11条、白色垃圾5处。

（王　烨）

【冬季环境秩序整治】 10～12月，区城管执法局检查施工工地12家，现场整改扬尘问题4起，检查“门前三包”单位212家，走访社区47家、出租大院5处，宣传告知300余人次，开展联合检查11次，排查安全隐患12处，劝阻4人次。对沿街商户、平房区住户宣传教育，发现安全隐患责令当场改正，避免因取暖造成安全隐患。

（王　烨）

【夜查农用机动车】 11月1日，区城管执法局组织公安、交通、环保、工商、食药等部门组建区属联合执法队，联合治理农用机动车商户。在实施联合清理“零点行动”一天时间内，查扣农用机动车5辆、清掏黑窝点2处。

（王　烨）

【APEC会议环境保障】 11月5～11日，区城管执法局根据市、区部署，结合社会环境秩序综合治理“亮剑行动”，高标准做好APEC会议期间环境秩序服务保障工作。与相关部门密切配合，强化无照经营、施工工地、非法小广告、门前三包等突出问题查处力度，及时发现并严查白色树挂、破损横幅、灯箱断亮、晾晒衣被、乱停乱放机动车辆、流浪乞讨、垃圾积存暴露、未经审批进行店外促销等行为。同时，通过发放宣传材料、悬挂宣传横幅等形式，向市民开展维护环境秩序宣传，确保会议期间环境秩序良好。共取缔无照经营72起，开展联合执法21次。联合商委、工商、食药、质监、公安及街道，对餐饮商户实施联合宣传告诫，规范“门前三包”247起，查处非法广告57起，查处规范施工工地扬尘污染行为19起，清理灯箱广告89个。

（王　烨）

【建筑垃圾运输执法】 12月1～31日，区城管执法局开展建筑垃圾运输专项执法月行动。出动执法人员2550人次，执法车辆680台次。盯守出土工地3个；检查施工工地41个，纠正问题58个，处罚3起，罚款60000元；开展多部门联合检查170次，查扣运输车辆7辆，罚款11500元。

（王　烨）

【拆违1846平方米】 12月18日，区城管执法局与公安、卫生、交通、消防部门以及苹果园街道、区市政市容委、教委、监察局、法制办、规划分局、司法局、信访办、发改委等单位联合出动200余名执法人员，历时10余个小时，强制拆除苹果园交通枢纽地块内3处违法建设共计1846平方米。进一步推进打击违法用地违法建设工作，深化环境整治“亮剑行动”。

（王　烨）

【新生违建动态清零】 年内，区城管执法局整合辖区土地权属单位、社区居委会、物业管理公司等社会力量，协同执法部门建立专职巡查管护队伍，新增30名保安人员，做好全天候不间断零死角动态巡查，第一时间对划线挖槽、堆砖存料相对人采取“劝拆”“助拆”等措施，实现新生违建动态零增长。

（王　烨）

【打造有序高质城市环境】 年内，区城管执法局进一步营造城市管理软环境，在加强日常执法基础上，推出四项措施，提升城市管理水平再升级。四项措施包括：一是典型引领出精品。通过“出标准、灭死角、落责任、提水平”，建设推出11条精品街、10个精品社区，提升城市环境精细化管理总体水平。二是疏堵结合求双赢。会同有关部门实施无照经营“原地疏堵”，开辟2个临时便民菜点，引导80余户流动摊贩限时间、限地点、限品种经营，实现净化环境与满足群众需求双赢。三是群防群治促和谐。与136个社区建立联系制度，引导群众参与环境整治，第一时间发现、劝阻违法行为。开展环境整治13次，查处违法行为200余起，为群众办好事实事30件。四是宣传发动造氛围。多渠道多形式开展城市管理宣传活动165次，发放宣传品12000余份，在中央、市级媒体刊发稿件近300篇，争取群众理解、支持城市管理工作，充分调动社会参与积极性。

（王　烨）

交通管理

概　述

北京市公安局公安交通管理局石景山交通支队（简称交通支队）是辖区道路交通管理机关，主要职能是对道路交通依法进行管理。截至年底，支队在编干警184人，下属6个职能科室，2个执勤大队。年内，交通支队围绕“建设最安全城市、打造最廉洁警队”战略部署，完成全国“两会”、APEC安保等各项中心任务，为首都经济社会发展创造良好道路交通环境。全年处罚各类交通违法行为7.6万起，其中货车违法5.9万起、涉牌违法2548起，扣留电动三轮、“摩的”800余辆，有效净化城市交通环境。全年粘贴违法停车通知单124157张（民警粘贴18015张、协管员粘贴106142张），民警现场处罚1081起，拖车80辆。全年增设违法停车自动抓拍探头1处、便道护栏

2000余米、机非隔离护栏1200余米、便道隔离桩140根。完成全区44条道路3530个路侧停车泊位复划和编号工作。

地址：石景山区杨庄路8号

电话：68873720

邮编：100043

（杨敬民）

【推进高峰交通勤务】 年内，交通支队采取三项措施推进高峰时段交通执勤任务。一是落实“自主警务”，坚持科学用警、因需设岗，针对高峰时段和常规拥堵点段，合理安排固定岗、巡逻岗，在重点路段安排两轮巡，提高快速反应能力。二是遵循“民意主导警务”原则，拓宽情报信息收集渠道，加强分析研判，科学预测交通流量、流向，建立健全“未堵先知”“未堵先疏”预案体系。三是推进“三全”工作，将机关及执勤大队二线警力全部编组，投入路面，严格落实“全员上路、全警执法、权责考核”工作措施，早晚高峰在全区主要道路和重点路口维护交通秩序、严查各类违法行为，实现“走出去、站上岗、管起来”。

（曹世兴）

【静态交通和谐有序】 年内，交通支队按照年度停车秩序管理工作指导意见，严格落实各项工作措施，确保停车秩序整治专项行动工作组织到位、责任到位、措施到位。以石景山路等示范大街、路口为重点，合理调配民警和协管员岗位，重点时段阵地值守，对重点地区违法停车和各类交通违法行为全面综合整顿，确保静态停车秩序管理有序。与区消防部门配合，详细登记辖区消防通道、消防设施设置点位，对违法占用情况做到情况清、底数明，并登记备案。针对占用消防通道、消防设施违法停车问题，联合消防、城管、治安等部门开展十余次联合执法行动，消除安全隐患。认真分析各类舆情反应动态，针对集中反映的重点点位（景阳东街、石槽中街、翠园西街、七星东街、阜石路等）开展专项整治行动。

（郝　炘）

【路面交通“净化行动”】 年内，交通支队推进“净化行动”。协调区委政法委成立交通秩序大整治领导小组，召开全区动员部署大会，分阶段部署工作任务，细化工作措施，明确职责任务。牵头组织实施各项整治行动，以“严管、严整、严打、严防”工作标准，深化“一号、二号、三号、四号”行动，全面提升交通防控等级，严打重点交通违法行为。协调大整治成员单位，组织苹果园地铁、模式口、东方家园等大规模联合整治行动60余次，严格执行三委局通告精神，全天候卡控大货车、外地车等禁限车种。以安全线、民生线、生命线“三条红线”为重点，对机动车违法驶入应急车道、公交专用道和驾驶人不系安全带违法行为开展集中整治，规范道路交通秩序，提升市民交通安全法治意识。完成44条道路3530个路侧停车泊位复划和编号工作。全年处罚各类交通违法行为7.6万起，其中货车违法5.9万起、涉牌违法2548起，扣留电动三轮、“摩的”1200余辆，有效净化城市交通环境。

（郝　炘）

10月31日，开展亮剑行动　（交通支队供稿）

【道路交通事故预防】 年内，交通支队通过严格执法、加大宣传等手段，减压道路交通事故。坚持严查酒驾违法不放松，特别是“两会”、专项维稳、世界杯、十八届四中全会和APEC会议期间，全天候不定时、不定点开展整治行动，全年查处酒后违法796起。深入党政机关、客货运单位、国有企业、驻区部队、教育系统、各街道召开事故预防动员部署会22场次，督促单位认真查找隐患漏洞，落实交通安全主体责任。成立交通安全专项督导检查组，检查危化品运输、客运单位209家，检查运营线路125条、运输车辆1700辆，对172家单位发放限期改正通知书，对37家单位禁止机动车上路行驶，消除交通安全隐患。全年道路交通安全稳定，未发生重大交通事故。

（李　栋）

【提高交通安全意识】 年内，交通支队本着“宣传先行、舆论引导、形式多样、群众参与”工作思路，全面加强交通安全宣传。结合全区“大城管工作模式”，落实属地管理责任，选调业务骨干派驻街道，会同各部门开展社会宣传及综合执法。组建交通安全宣教巡讲小分队，到首钢、街道社区举办交通安全大讲堂、挂图巡展、集中宣传等活动300余场，发放各类宣传材料15万余份，受教育群众近10万人。联合区文明办设立19处文明交通监督岗，发动志愿者8800余人次，协助维护交通秩序。开展“交通安全进校园”专题宣传，组织民警与中小学生开展互动，通过讲交通安全课、发放一封信和交通安全宣传品等形式，提示广大师生家长遵守交通法规，摒弃交通陋习，用实际行动营造安全畅通交通环境。

（曲守全）

【整治交通违法行为】 年内，交通支队在阜石路、莲石路及鲁谷东街设立

24小时卡控岗，加大外埠车辆管控力度。加强涉牌、非司机、酒后驾车、货车超载等重点违法行为查处力度，做到“见一起处罚一起”，坚持高限处罚。全年大队处罚各类交通违法行为83433笔、罚款5850730元，其中货车违法行为66348笔、罚款4331750元，涉牌违法行为为2802笔、罚款560400元，违反交通信号灯行驶行为174笔、罚款34800元，酒后违法行为323笔、罚款484500元，滞留摩的、残疾人三轮车等车辆1475台，粘贴违法停车告知单124157张，拖移违法停车车辆80辆。

（邢芳红）

消　　防

概　　述

北京市石景山区消防支队（简称消防支队）隶属于市公安消防总队，属于武警现役编制单位，在行政业务上归属公安分局领导。2014年是市公安局“建设最安全城市、打造最廉洁警队”建设（简称两最建设）夯实基础阶段的攻坚之年。消防支队以“两最建设”为目标，把握“抓党建、带队建、促发展”基本工作思路，重点推进“清剿火患”系列专项整治行动，夯实“四项建设”（即大力推进构建消防安全“防火墙”工程建设，致力强化社会单位“四个能力”建设，全力加强“消防铁军”队伍建设，着力提升“为民服务”水平建设）和实战化练兵步伐，落实后勤服务保障，推进社会面火灾整体防控，确保社会面火灾形势整体平稳和部队内部安全稳定。完成春节、元宵节、清明节、五一、“六四”、国庆、十八届四中全会、APEC等各项重大和敏感期消防保卫任务。组织社会单位培训、演练等活动1700余场次。全年有48人、4个集体获总队、市局、部局各级荣誉。

地址：石景山区古城北路甲2号
电话：68886208转9505
邮编：100043

（尹成云）

【灭火能力提升】 1月，北京金同泰科技有限公司向消防支队捐赠2套总价值百万元的德国奥尔净移动式高压细水雾灭火装备，为消防部门提升灭火能力提供有力支持。此装备采用德国先进技术，工作压力高达20兆帕，超细雾滴颗粒DV1.99只有65微米，欧美国家70%以上的消防车都装备该装备。可一机多用，扑救多种类火灾，同时可以实现扑救1000伏以下电器火灾而不会对消防队员造成伤害。超细水雾对烟尘的吸附力超强，可大大提高现场人员的逃生概率，同时帮助消防队员清晰地判断火场情势，实施最准的灭火方案。装备本身轻便灵活，可单人操作，适用任何城市地形。高压水管可承受90兆帕压力，火中燃烧一小时无恙。安全环保，用水量小，无水渍损失和次生灾害，可根据消防车的具体结果，量身定做。此外，这种移动式高压细水雾灭火装备，特别适合城乡结合部一些道路狭窄、消防车辆无法到达的区域，包括一些楼道里没有消防栓的老旧小区，或者事故车堵在高速公路上，消防车辆无法到达的情况，都可用该设备进入现场灭火。这种设备可直接放在消防车里，到现场能快速控火，在初期火灾、处置突发事件等情况下发挥作用。

（尹成云）

【加强消防宣传】 春节前夕，消防支队构建“贴民生、贴地气、广设点、全参与”的开放式消防宣传格局。共举办许可类大型活动3项26场次，秩序维护类大型活动2项8场次。在旅游景点、庙会、商市场等场所发放各类宣传品2000余份，发放宣传材料4万余份，受教育群众达5万余人次。年内，营造消防宣传声势，加大对消防法律法规、消防重大事件、火灾隐患排查整治、社会化消防工作亮点的宣传报道力度，曝光火灾隐患整治情况，大力宣传消防知识。全年在中央级媒体发稿15篇，市级主流媒体发稿375篇，区级媒体报道322篇，曝光重大消防隐患、事故案例139次。按照“广泛宣传、重点指导”的原则，建立消防支队、网格协管员、辖区志愿者3个层面的组织体系。发动52名消防协管员、136名网格管理员、150名消防志愿者，330名商务楼宇信息员、社区楼门组长和单位安保队伍等1000余人，建立一支“专业型、服务型、知识型、责任型”、具有地区特色的消防志愿者宣传队，对全区9个“大网格”、136个“中网格”、684个“小网格”实施全方位立体化的消防宣传。全年组织流动消防宣传队，在街道、社区开展消防宣传活动5800余场次；滚动播放消防公益广告、防火安全提示17万条（次）；发放宣传资料20万余份。

（谢　超）

12月31日，开展元旦零点夜查行动　（消防支队供稿）

【消防湿化行动】 1月28日,“万人千车”消防湿化专项行动全面启动。市消防总队副参谋长焦文宝、区相关领导以及区园林局、公安分局、环卫中心等相关部门负责人一同参加启动仪式。仪式上,区消防支队负责人对第二次“清剿火患”战役宣传活动暨2014年消防湿化专项行动及可燃物清理进行部署。通过悬挂横幅、张贴标语,在辖区所有户外大屏、社区的LED屏滚动播放与家庭防火相关的提示标语,滚动播放与可燃物清理、烟花爆竹相关的安全提示字幕,做到多角度全覆盖宣传;同时,消防支队每个中队派出消防水罐车,重点对辖区居民小区内外的植被实施洒水增湿,消除火灾隐患并清理可燃物;区园林、市政、环卫等部门按照工作职责,出动园林绿化车、洒水车,重点对辖区主要道路绿化带、公园草坪、山林苗圃等地区最大化进行湿化处理。

(尹成云)

【火患清剿行动】 6月5日,区政府召开消防工作联席会。会议通报国务院对北京市消防工作考核情况,部署APEC期间社会面火灾防控工作和“强基础、除隐患、重实效”专项行动。自7月21日起,第三阶段火灾隐患集中排查行动在全区范围展开。按照“全区动、全警动、全民动”的思路,充分整合警种资源,最大限度地发动各行业、各部门和广大人民群众参与消防安全、消除火灾隐患。多部门齐抓共管、各警种通力协作,全力以赴,全方位多角度展开火灾隐患清理排查工作,对可能存在的隐患重拳出击,绝不姑息迁就。全区共出动检查组1365个、人员2831人,检查单位3141家,发现火灾隐患5890处、督促整改5130处,下发整改通知书1509份。此外,联合《法治进行时》《特别关注》等市级媒体栏目随警作战,共组织市级新闻媒体曝光火灾隐患单位15家。

(尹成云)

【“一区一警”机制】 10月19日,消防支队组织召开“一区一警”消防警务工作机制启动仪式。依托9个街道消防工作站及136个社区消防工作室,定期向街道、社区派驻消防警力,具体负责辖区的消防监督管理,对辖区内企业、社区履行消防安全职责情况进行监督检查,督促消除火灾隐患和不安全因素,落实消防安全措施,从而使消防监督工作与其他各项公安业务工作有机结合,共同开展。实现辖区消防民警与社区工作人员、社区民警、小网格负责人对接,发挥大、中、小网格群防群治力量,切实形成“网格化防控、精细化管理、信息化支撑、社会化参与”社会面火灾防控机制。

(谢 超)

【推广“掌上119”】 年末,消防支队在全区落实推广“掌上119”系统。该系统是集消防资讯发布、政务服务、消防警务“大数据”建设、安全救助、宣传教育及培训于一体的消防公共服务新平台。安装这一软件的手机,使用者可以随时向消防部门上传火灾隐患现场信息,并在遇到紧急情况时,获得逃生路线导航及一键求援。截至年底,已在重点单位729人安装该系统,同时通过街道、派出所的进一步强力推动,在全区广泛推广安装“掌上119”系统。

(尹成云)

【火灾形势平稳】 消防支队全年接警1567起,其中火警836起,抢险731起。出动消防车辆3627车次,出动警力25389人。火警成灾93起,死2人,伤1人,直接财产损失83.1万元。与上年同期相比,火灾起数减少6起,下降6.1%;死亡人数与上年持平;受伤人数减少1人,下降50%;直接财产损失减少1301.1万元,下降94.0%。

(尹成云)

【开展执法检查】 消防支队全年出动检查组2307个,警力4876人次,检查社会单位5271家,发现消防安全隐患7612处,整改消防安全隐患7468处,下发《责令改正通知书》2962份,其中罚款162起、141.025万元,临时查封问题单位99家,“三停”(停止施工、停止使用或者停产停业)消防不合格单位99家,拘留10人。

(窦珊珊)

【隐患举报】 消防支队全年接群众隐患举报369起,查处属实121起,不属实248起,查处回复率100%。奖励举报投诉人21人,发放投诉奖金4200元。

(尹成云)

【消防设备】 年内,消防支队新配备30辆消防车。包括32米登高车、大功率大吨位水罐车、陆虎60雪炮拖车、高倍泡沫排烟车、器材保障车、地震救援应急保障车、马基路斯路轨两用救援车、抢险救援车、消防泡沫车、照明车、摩托车等。区财政投入209.8万元用于购买防灭火工作装备和防灭火器材。包括警戒装备、侦检装备、个人防护装备、破拆装备、通讯指挥装备、火灾技术调查装备、消防宣传装备等2621件套。截至年末,共有器材装备616种、13118件套,其中基本防护装备5479件、特种防护装备1368件、个人防护装备1112件;灭火器材2129件套、射水器材324件、给水器材1363件;抢险救援装备1343件套。

(武 将 尹成云)

【实战演练】 年内,消防支队加强灭火救援实战能力演练。针对轨道交通、水域灾害、商市场、宾馆饭店、化危单位等场所开展灭火救援实战演练12次,参演单位38队次、96车次、672人次。联合区商务、教委、文委、防汛办、地震局等应急联动部门开展演习3次,组织开展夜间实战演习3次,参加区防汛抢险救援综合演练1次。开展战训业务大讲堂7期,组织召开灭火救援典型战例战评会7次,撰写上报灭火救援准备工作专项总结报告7份。开展360余次实战化演练,4次实兵实装集结拉动演练,2次城市汛期抢险救援演练等活动,提升部队处置复杂灾害事故和反恐处突综合能力。

(尹成云)

气 象

概 述

石景山区气象局(简称区气象局)是科技型、基础性社会公益事业单位,受市气象局和区政府双重领导。主要负责区域内防灾减灾、地面气象观测、公共气象服务、科研气象科普宣传、气象预报、预警、行政审批、行政执法等工作。下设3个科室(综合办公室、业务管理科、法制管理科)和2个具有独立法人资格的直属单位(区气象台和区防雷装置安全检测站)。有职工21人,其中本科9人,硕士3人;高级工程师4人,工程师5人,党员10人。年内,开展气象观测和气象预报、预警服务工作,向区委、区政府和相关部门发送决策气象信息;通过预警平台向区各级防汛部门、各街道气象协理员、各社区气象信息员和社会公众发送天气预报预警短信息;通过短信、电视台、显示屏、户外预警广播系统、微博、微信发布气象信息。区气象台获北京市气象服务优秀奖,气象测报业务成绩名列全市区县第一名。

地址:石景山区杨庄北区20楼9单元201室
电话:68887008
邮编:100043

(李　辉)

【重大活动专项保障】　春节期间,区气象局拓宽服务形式,实现业务工作的三个"首次":一是首次对石景山游乐园"北京洋庙会"和八大处"新春祈福庙会"提供气象服务保障;二是首次在气象服务产品中加入烟花爆竹燃放指数、空气污染气象条件预报和相关提示;三是首次通过电子显示屏发布气象信息,拓宽信息发布渠道,加强服务公众能力。从1月上旬开始,气象局就着手布置庙会气象服务工作。春节期间(除夕至正月十五),区气象台累计为区旅游委和两大庙会制作发送气象服务产品76期。累积发送传真6份、邮件6封、短信1834条。9～10月,分别为"2014光影文化季暨首钢灯光秀"和"骑行畅游"活动提供气象服务保障。

(李　辉)

【气象宣传】　开展"3·23"世界气象日主题宣传工作,加大气象防灾减灾科普宣传力度;5月,参加"2014年石景山区社区科学生活指导站启动仪式",进行气象科普和气象法律法规的宣传;6月,与区科协合作,向区科协管理的18块电子显示屏发送预报预警信息,进行科普宣传;7月,首次参加区应急防汛演练,模拟可能遭遇强降水,并发布石景山暴雨、地质灾害预警信号演练短信及区应急响应启动信息。9月,与区民防局合作,联合建设古城"气象防灾减灾教育示范基地"。12月,与苹果园中学合作,联合打造"气象科普示范校"。全年累计在社区、学校和公园及各类公共场所投放气象科普宣传展板累计152块。

3月23日,世界气象日宣传　　(区气象局供稿)

(李　辉)

【应对雾霾】　3月,区气象局专家与区环保局共同就雾霾天气监测、预报、干预等工作进行座谈,并发挥各自优势,协商讨论建立联合工作机制。座谈会上,区环保局介绍本区治理雾霾的目标和措施,提出合作开展雾霾监测、预报和干预措施的建议。区气象局从气象角度,对雾霾天气形成的部分原因进行分析介绍,并表示会为环保局提供中长期气象预报。会上双方领导商定建立技术合作关系,实行数据定期交换机制。区气象局负责完成气象预报和阶段气象报告。区环保局适时开展人工影响干预作业,进一步提高雾霾预报和干预能力。10月,与区环保局联手向区科委申报可持续发展项目《石景山地区PM2.5浓度与气象条件规律的初步研究》,成功获得区科委科研项目支持。为提高重污染天气预报预警能力积累经验,同时加强部门交流、推动资源、数据深度共享。

(李　辉)

【气象服务】　年内,区气象局制定决策气象服务周年方案、决策气象服务产品制作发布规定。针对每种决策服务产品,规范产品模板,明确发布对象;拓展决策气象服务范围,将气象信息专报及时送达区领导、应急办、园林(森林防火)、环保(重污染)、旅游委等决策部门。增加每月短信容量条数,提高信息发布速度,短信全组发布时长由3小时缩短到3分钟。新增信达通短信平台,作为移动短信平台热备份。增加业务手机,建立飞信群组,作为短信平台备份。精细化管理短信用户群组,缩短预警信息发布与全区应急响应部署之间时间差,提高防汛响应速度。拓展服务手段,在八大处公园内安装11个智能语音播报喇叭,用于灾害性天气预警信息无线发布。利用麻峪村内已有的30余个喇叭进行防灾资源共享,由区气象台一键式无线发布预警信息。5月修订汛期服务方案、气象灾害预警信号制作发布业务管理规定、气象台预警服务管理办法、应急响应预案、气象台业务值班及交接班工作制度、各类业务工作要求暨岗位职责、官方微博"石景山气象"

发布制度、气象台业务人员工作考核制度、预(测)报业务工作流程、气象预报会商管理办法等多项业务管理规定。同月,完成“2014 年夏季趋势预测分析报告”。汛期期间(6 月 1 日至 9 月 15 日)发布各种气象灾害预警信号 51 次,与国土分局联合发布地质灾害气象风险预警信号 6 期。发送重要天气报告、天气快报等决策材料 133 期,发送传真 234 份,发送手机短信 314568 条,实现电话、短信、传真、电子显示屏、邮件、报纸、微博、喇叭等服务手段全覆盖。8 月,发布气象灾害应急保障预案。全年建立气象信息服务站 9 个,气象安全社区创建达到 50 个。

(李　辉)

【气象培训】 7 月,区气象局与民政局共同召开气象信息员培训会。全区 140 余个社区的气象信息员参加培训。此前,区民政、气象部门为提高基层防灾减灾能力,采取多元合一模式,由民政局灾害信息员兼任气象信息员。此次培训,从气象信息员的职责、工作内容、组织管理、奖惩、发展规划等七个方面进行学习。加强汛期多方联动,提升气象服务水平。

(李　辉)

【依法行政】 年内,区气象局按照气象行政审批工作程序进行施放气球活动审批、防雷装置设计审核及竣工验收的行政审批。建立各项审批活动的工作流程图,制定行政许可工作管理规定。全年批复施放气球活动 141 次,施放气球 871 个。批复防雷工程设计审核 24 件,竣工验收活动 4 件。批复新(改)扩建防雷装置设计审核 16 件。开展气象行政执法 75 次,进行行政处罚 2 次。重点对区域内施放气球活动和新(改)扩建申报防雷安全许可工程、安装有防雷装置重点单位年度防雷安全检查。根据市气象局和区安全生产委员会通知精神,制定防雷安全生产大检查工作方案,并具体实施。参加市局组织的联合执法 3 次,就防雷安全大检查与区住建委联合发文并联合执法 1 次。

(李　辉)

【气候评价】 本年度主要气候特点:气温较常年偏高,降水量偏少。年平均气温 14.3℃,较常年平均值(12.7℃)偏高。年极端最高气温 41.9℃(常年平均值为 37.6℃),出现在 5 月 29 日。年极端最低气温 -10.7℃(常年平均值为 -13.8℃),出现在 2 月 11 日;年总降水量 323.2 毫米,比常年(540.7 毫米)偏少 40.2%,较上年(519.8 毫米)偏少 38%。日最大降水量 41.8 毫米,出现在 7 月 16 日。温度时间分布特点为:除 2 月接近常年外,其他各月温度比较常年偏高,其中 3 月份偏高(3.7℃)最为明显。年内温度起伏较大,年极端最高温度出现在春末。本年度总降水量较常年偏少,降水时间分布特点为:除 2、6 月降水较常年偏多外,其他各月均较常年偏少。年日照时数 2221.2 小时,比常年(2387.3 小时)偏少。年无霜期 238 天,较常年 213 天偏多;年内大雾日 5 天,霾日 122 天,浮尘日 3 天,年内主要气象灾害为雾霾、沙尘和夏季强风雹天气。

表 9　石景山区 2014 年月平均气温与常年对比统计表　单位:℃

年度	1月	2月	3月	4月	5月	6月	7月	8月	9月	10月	11月	12月
2014年	0	-0.2	10.3	17.4	22.4	25.3	28.5	26.5	20.7	14.2	6.4	-0.2
常年	-3.3	0.1	6.6	14.9	20.9	24.8	26.5	25.2	20.3	13.2	4.7	-1.3

(李　辉)

科学技术

2014年中关村论坛平行论坛三
Zhongguancun Forum 2014 · Parallel Session III
创业无界 跨境加速
瀚海智业
PLUGANDPLAY
瀚海PLUG&PLAY
加速器

石景山区科技资源优势明显，科研机构实力较强。主要科研机构有：中央属院所院校8家，北京市属院所院校5家，区办院校1家，国家级重点实验室6家，北京市重点实验室2家，区级重点实验室5家，创意工作室5家和市级以上企业技术中心9家，总体呈现出数量精、实力强的特点。企业资源特色鲜明。以首钢为龙头的制造业科技研发创新实力较为强大。近几年快速兴起的高新技术产业和文化创意产业，逐步成为石景山区科技创新的主力军。同时，石景山区的文化创意产业和高新技术产业融合发展特色明显，两大产业融合度已达到60%以上，具有鲜明特色的数字娱乐产业初具规模。研发及成果转化基地基础良好。自2004年北京数字娱乐产业示范基地落户石景山区后，“国家数字媒体技术产业化基地”“国家电子竞技运动发展中心”“国家网络游戏动漫产业发展基地”“国家动画产业发展基地”和“国家文化产业示范基地”5个国家级基地也先后落户。以数字娱乐产业为主导的文化创意产业发展势头迅猛，石景山区已成为国内首屈一指的文化创意产业集聚区和先导区。科技人才队伍不断壮大。全区科技人才达到7万余人，其中专业技术人才约3.5万人，占总量的50%，企业经营管理人才约1.6万人，占总量的22%，企业已经成为吸纳和培养科技人才的主体。这些人才中有中央“千人计划”人选1名，北京市“海聚工程”人选7名，中关村“高聚工程”人选7名。

中关村科技园区石景山园位于西山脚下，分为3个区域：北Ⅰ区，北Ⅱ区和南区。规划面积为0.636平方千米的北Ⅰ区，以工人疗养院西墙外排水沟为东边界，以苹果园大街为西边界，以永定河景观带为南边界，以八大处风景园区为北边界。北Ⅱ区的前身是八大处高技术园区，其规划面积为0.913平方千米，东以八大处路西为界，西以苹果园大街东为界，南以西井路北为界，北以永定河引水渠南路南为界。规划面积为1.892平方千米的南区是新兴产业发展区，以杨庄大街西为东边界，以北辛安路东为西边界，以古城西路北、北京首钢机电有限公司南墙为南边界，以阜石路南及京门铁路南为北边界。首钢搬迁以后，石景山科技园纳入首钢的8平方千米厂区以及一些其他的重点区域，面积由原来的3.45平方千米扩展到17平方千米。园区初步产业布局是以新材料和电子信息为主，以生物医药、节能环保以及光机电一体化为辅的高新技术产业格局。按技术领域大类分析，园内高技术产业共有10大类技术领域。其中，航天航空技术领域有1家企业，核应用技术领域有2家企业，现代农业技术动植物优良新品种领域有4家企业，环境保护技术领域有14家企业，生物工程和新医药领域有15家企业，先进制造技术领域有58家企业，新材料及应用技术领域有32家企业，新能源与高效节能技术领域有40家企业，电子信息类领域有271家企业，其他适合首都发展的高技术产业领域有224家企业。自上年石景山园扩园后，园区全年实现收入1450亿元，税收60亿元，同比分别增长22%和50%，成为中关村第6个千亿级产业园区。园区已经形成“特色产业+知识产权+人才发展+创新激励”四位一体的园区发展政策体系，以国家级服务业标准化试点基地建设为契机，推进服务标准化、规范化、专业化建设，搭建“石景山创新平台”，整合政府、市场等各类服务资源，构建“绿色通道服务网络”“中介服务超市”，打响“石景山服务”品牌。

年内，区政府科技工作领导小组围绕高端绿色产业发展，构建高端的科技创新驱动体系，突出园区战略，以提高科技创新能力和科技成果转化应用水平为主线，以促进科技与经济社会紧密结合为重点，以深化改革和扩大开放为动力，以体制机制创新为突破口，以博采天下的宽广视野，汇聚创新资源，整合创新要素，激发创新活力，提高自主创新能力，增强科技创新的融合驱动功能，建设科技成果转化运用、集成应用强区。

（王亚智）

科技管理

概　述

石景山区科学技术委员会（简称区科委）是区政府主管全区科技工作的综合职能部门，与知识产权局和园区管委会合署办公，对内简称“科委园区”，现有编制60人。按照北京建设“全国科技创新中心”城市战略新定位要求，以科技创新为源动力，培育高端的科技创新驱动体系，加快科技文化金融融合的新兴高端产业发展，推动“国家级绿色转型发展示范区”建设。全区高新技术产业实现收入1120亿元，同比增长29%；科技金融产业实现收入180亿元，同比增长30%；文化创意产业收入突破270亿元。启动《高端的科技创新驱动体系》课题研究，明确在首都“科技创新中心”建设中承担科技研发转化中心、科技创新服务中心、科技金融创新中心和高端人才创业中心4项功能。全年10项成果获得年度北京市科学技术奖励，其中一等奖2项，二等奖2项，三等奖6项，主要涉及电子信息、节能环保、新能源领域等高新技术产业。评选出区级科学技术奖32项，其中一等奖2项，二等奖5项，三等奖25项。50家企业获得中关村技术创新能力建设专项资金支持，总额超过300万元；43家次企业获得国家和北京市创新基金，总金额突破1000万元，全年累计争取市级以上科技发展资金达2.1亿元。做强首都条件平台石景山工作站，汇集各类需求30余项推荐给平台成员单位，鼓励华录集团、游戏谷等十余家重点企业开放优质服务资源，以龙头企业带动产业链上下游企业发展。启动知识产权“领航工程”，延伸区知识产权服务分中心工作体系，推进华海、古城基地认定12330（知识产权保护服务中心）工作站。实施知识产权托管工程，入托企业达800家，数十家企业实现专利技术转化转移。全年专利申请量达3119件，同比增长44.4%，增速全市第二，专利授权1255件。新增市知识产权示范企业4家、试点企业15家，示范企业累计达12家，试点企业累计为166家。全年登记合同789份，技术合同成交额46.5亿元，比上年增长14.95%，完成市政府绩效管理考评增长10%的任务。扎实开展党的群众路线教育实践活动，领导班子查摆“四风”突出问题16个，剖析深层次原因4个。确定26项整改任务，13项任务已经完成，集中解决一批企业反映强烈的突出问题；13项中长期整改任务已制定整改计划。专项整治任务7项，修订制度7个、新建制度是13个。压缩会议45%，发文减少40%，压缩“三公”经费支出83%。大力开展“红色基因工程”“1234凝聚力工程”、党建质量管理体系认证工程、党建工作信息化工程4大工程，引领非公党建工作全面提升。新建党支部12家，两家企业成立党委，园区非公企业党组织总数达到163家，党员3000余名，实现区内规模以上园区企业党的组织、工作和服务全覆盖。区科技馆获得石景山区首批“市民终身学习体验中心”称号，区生产力促进中心获得中国技术市场“金桥奖”和“中国生产力促进奖”。

地址：石景山区八角西街40号

电话：68863659　68863626

邮编：100043

网址：http://sjskw.bjsjs.gov.cn

邮箱：sjskw@263.net.cn

（岳继华）

【绿色通道信息服务平台】 1月6日，科委园区绿色通道信息服务平台和项目内部管理系统完成验收并正式投入使用。该平台系统集入园登记、虚拟档案、中介服务、统计分析等多项功能于一体，实现园区统计申报系统数据层面共享对接，为工商、税务、投促等多部门提供数据共享；项目内部管理系统实现项目数据结构化存储、项目信息归类有序、项目经费拨付情况清晰可追溯、与财务部数据共享等多项功能。两个系统投入使用后，提升行政管理办公自动化水平，提高企业服务工作效率。

（马　廷）

【8项成果获市级奖励】 3月25日，在北京会议中心召开的“北京市科学技术奖励大会暨2014年北京市科技工作会”上，石景山区有8项成果获北京市科学技术奖励，其中一等奖1项，二等奖2项，三等奖5项。此次获奖项目主要涉及节能环保、新能源领域等高新技术产业。

（石桂莲）

【武警动漫创作骨干培训】 4月14～22日，区科技馆与北京迪生动画科技发展有限公司联合举办武警部队动漫创作骨干培训班。培养武警学员的创作思路与技巧，提高动画技能，为参加两年一届的全军动漫大赛打下坚实基础。中央电视台电视导演陈向农，北京电影学院动画学院副院长曹小卉，中国传媒大学动画系主任艾胜英等著名动画专家出席活动。全国武警总队基层文化宣传干部参加培训。

（雪　冰）

【首家文创银行成立】 4月21日，石景山区第一家文创专营支行——杭州银行股份有限公司北京石景山文创支行成立。该行运用期权贷款、股权质押贷款、订单贷等创新融资产品，利用“投融一站通”等创新金融模式和产品为多家文创企业提供融资服务。该行重点介入软件服务业、动漫游戏业、现代传媒业、设计服务业、艺术品业、文化休闲旅游业等文创重点产业，并对文创行业贷款实行1.5倍于平均标准的风险容忍度。

（罗耀玲）

【知识产权“领航工程”】 4月23日，区政府与市知识产权局联合推进知识产权“领航工程”工作会暨知识产权联席会议在万商花园酒店召开。会上，市知识产权局副局长王淑贤介绍合作背景、框架协议内容及下一步工作安排，并与区政府签署“领航工程”框架协议；区知识产权局介绍上年知识产权工作情况以及当年工作思路；区法院等相关单位进行交流发言。市知识产权局局长汪洪，区领导夏林茂等出席会议。“领航工程”以知识产权试点城市建设为契机，以中关村石景山园为载体，通过实施三大计划（知识产权引领产业发展计划、知识产权创新驱动计划、知识产权环境优化计划）和十二个专项（知识产权〔专利〕导航产业发展、知识产权促进园区发展、知识产权质量提升、产学研用协同创新、知识产权优势企业培育、知识产权人才引育、知识产权管理、知识产权保护、知识产权宣传推广、知识产权品牌等），力争到2015年实现全面提升辖区知识产权综合运用水平，为区域转型提供持续强劲内在动力。

（陈　京）

【知识产权案件“巡回审判”】 4月24日，区法院联合科委园区开展知识产权案件“巡回审判”活动。区法院在区科技馆公开开庭审理一起侵害作品信息网络传播权的纠纷案件。搜狐畅游、金山网络、中科院高能物理研究所、银河长兴影视公司、东土科技等园区重点企业负责人30余人到庭旁听。庭审后，知识产权庭法官与企业代表就案件中涉及的知识产权保护问题进行交流沟通。

（陈　京）

【知识驱动 创新引擎培训】 5月6日，区科技中介服务联盟“知识驱动，创新引擎”培训会在西山汇举办。美国顶级律师事务所Snell & Wilmer合伙人菲利普律师详细讲解美国“337”条、新商标法对企业生存发展的重要性。北京畅游时代数码技术有限公司、COMLAB（北京）通信系统设备有限公司、北京暴风科技股份有限公司、北京乐动卓越科技有限公司等13家企业参会。

（耿　璐）

【获评可持续发展优秀会员】 5月16～17日，中国可持续发展研究会在北京召开“2014年加强会员管理与服务工作座谈会”，全国各分支机构及单位会员数十家代表参会。会议评选出2013年度13家“优秀单位会员”，石景山实验区为北京市唯一获奖单位，科委园区副主任邓清平作为实验区代表领奖并发言。

（王鹤乾）

【科普文化交流活动】 5月17～24日全国科技周期间，区科技馆作为国家级科普基地，先后在全国农业展览馆新馆、区科技馆科普报告厅、石景山科普交流中心等地组织系列以居民体验、学生参与为主的科普文化交流活动。推出《无限创意》《人形变换》和《置身3D电影中》等展项；放映《鼠老三进城》《雪地狂奔》《月球探秘》《星空音乐会》等3D动画电影、科普电影；组织数百名中小学生在动漫教室体验制作动画片过程，感受自编自导的乐趣；面向公众免费发放科普图书《走进博物馆》2000余册，举办数场“节能环保在你身边”知识讲座，使居民了解LED的节能作用和家庭节能的重要性，近千居民和青少年参加活动。

（雪　冰）

【新增市重点实验室】 6月30日，市科委公布2013年度北京市重点实验室和工程技术研究中心认定名单。北方工业大学、中科院软件研究所和易华录公司共建的“大规模流数据集成与分析技术北京市重点实验室”被认定为北京市重点实验室，该实验室完成“城市大型活动交通特勤决策支持系统”等7个项目，获得发明专利3项、实用新型专利4项和软件著作权15项，是本区企业和院校开展科技创新和产学研合作的典范。北京首钢国际工程技术有限公司的“北京市冶金工程三维仿真设计工程技术研究中心”被认定为北京市工程技术研究中心。石景山区已有国家级重点实验室6家，国家级企业技术中心2家，市重点实验室5家，市工程技术研究中心7家，市设计创新中心7家，市企业技术中心15家。以重点实验室和工程技术研究中心等科技创新基地建设为抓手，加快推动科技成果转化和产业化。

（曹　洁）

【4企业获评专利示范单位】 7月28日，市知识产权局公布北京市第六批专利示范单位。园区贝壳网际（北京）安全技术有限公司、北京航天测控技术有限公司、北京明诚技术开发有限公司、北京首钢自动化信息技术有限公司4家企业入围。其中贝壳网际（北京）安全技术有限公司每年数百件的发明专利申请被评为“中关村首批知识产权领军企业”，全区专利示范企业增至11家。

（陈　京）

【空气质量自动监测系统】 7月31日，市科委组织5名环保领域专家对“石景山区环境空气质量自动监测系统应用”课题进行结题验收。专家组一致同意课题通过验收，标志着历时两年、总投资500万元的区科技重点支持项目圆满完成。该课题由区环保局承担，与中科院大气所等单位共同合作完成。为客观分析评价地区空气污染水平、查找PM2.5来源、分析空气污染物累积转化过程得出初步结论，对指导地区大气污染防治工作提供科学依据。

（曹　洁）

4月23日，区知识产权联席会议召开　　（区科委供稿）

【两岸生产力机构牵手】 8月25日，由中国生产力促进协会等单位主办、石景山生产力促进中心承办的“走进石景山园”——2014两岸企业转型升级暨产业辅导服务交流活动在京燕饭店举行。活动以“文创品牌化+服务业科技化”为主题。科技部专家组、中国生产力促进协会、台湾经济部门中小企业处、台湾管顾钜群联盟、（台湾）财团法人中国生产力中心及北京市生产力中心领导和专家，分别就科技服务业政策、文创品牌化、大资料时代的客户洞察、文创设计与文化加值及北京市科技服务业现状发展趋势等内容进行精彩演讲，台湾专家与参会企业针对搭建两岸中小企业服务平台、共建科技金融服务平台、3D打印文创设计中小企业服务平台等进行互动交流。两岸企业转型升级暨产业辅导服务团成员还参观石景山创新平台，表示将积极参与园区的企业服务。来自园区50余家文化创意企业，30家科技中介服务机构等100多人参加活动。

（王　云）

【知识产权金融培训】 9月18～19日，由市知识产权局主办、区知识产权局承办的“知识产权金融培训会”在北京稻香湖景酒店举行。本区专利试点、示范单位、园区重点企业代表80余人参加培训。中关村知识产权促进局、工信部电子知识产权中心、北京银行、人保财险等单位的专家分别就中关村知识产权相关政策、专利质押贷款、专利保险、专利运营基金等方面内容进行讲解。东土科技公司作为首批“专利保险试点单位”作典型发言。市知识产权局副局长周砚出席活动并讲话。

（陈　京）

【32个项目获区政府奖励】 11月4日，区政府发布2013年度石景山区科学技术奖评审结果。经专业评审组初审、区科学技术奖评审委员会终审、公示，共有32个项目获得2013年度区级科学技术奖，其中一等奖2项，二等奖5项，三等奖25项。32家获奖单位中，

区重点企业14家,区纳税百强单位8家,国家高新技术企业16家,中关村“十百千”企业9家,中关村瞪羚企业10家,上市企业4家,“新三板”挂牌企业2家。获奖项目完成人中,45岁以下的中青年科技人员95人,占获奖人员总数的近80%,一大批“80后”科技人员脱颖而出。这些获奖成果集中体现地区科技创新的水平与特点,科技奖励政策已经成为服务区域创新驱动发展战略、支撑经济社会发展的重要激励和导向。

(王亚智)

【生产力促进中心获金桥奖】 11月8日,在中国技术市场协会主办的“第三届中国科技服务业论坛暨第七届金桥奖颁奖大会”上,石景山生产力促进中心荣获2014年第七届中国技术市场协会金桥奖“先进集体奖”,企业服务部的崔海霞荣获“先进个人奖”。“金桥奖”经国家科学技术奖励办公室批准设立,属全国技术市场最高奖项。区生产力促进中心构建“石景山服务”品牌,先后成立“中关村石景山园技术转移中心”“中关村科创技术转移促进会”及“中关村文创游戏产业发展联盟”,覆盖会员300余家;探索“科技管家”市场化服务新模式。优选科技服务中介,组建科技管家服务团队,为50余家企业提供政策咨询、企业资质代办、企业诊断、知识产权、科技金融等服务,签订服务合同30余份;推动科技金融文化产业项目对接,成果转化,并获得2013年国家火炬计划“文化创意产业孵化及金融支持服务体系建设”专项支持。

(齐雪丹)

【高新技术转移促进会成立】 11月28日,由中科合创(北京)科技推广中心、石景山生产力促进中心、中国技术交易所、北京航空航天大学等多家单位联合发起的“中关村科创高新技术转移促进会(简称促进会)”筹备成立大会暨第一次会员代表大会在万寿宾馆召开。来自市民政局、在京高校、科研院所、知名技术转移机构、投融资机构等50余名会员单位代表出席会议。大会审议并通过中关村科创高新技术转移促进会章程(草案)和中关村科创高新技术转移促进会会费收缴标准及管理办法(草案)。促进会是经北京市社会团体登记管理机关核准登记的非营利性社会团体法人,通过开展科技研发协作和制定相关标准,开展专业咨询、培训和会展、国际交流与合作,编辑出版展业刊物、承接政府委托项目等工作推动科技成果转化和产业化。

(齐雪丹)

【著名商标企业增至9家】 石景山区深入实施创新驱动战略,鼓励企业走自主创新的品牌化发展道路,以品牌强化支撑企业创新发展。截至年底,北京市著名商标已从2006年的1件增至9件。分别是:首钢总公司“首钢”、北京嘉曼服饰有限公司“水孩儿”、北京东方信联科技有限公司“telestone”、北京物美商业集团股份有限公司“物美”、北京合康亿盛变频科技股份有限公司“合康”、北京冲击波电子有限责任公司“冲击波”、北京银建投资公司“银建”、北京市爱依家政服务有限责任公司“爱依”、北京奥力助兴石化有限公司“飞圣达”。

(王　震)

【领航工程支撑创新驱动】 年内,区政府与市知识产权局联手打造“知识产权领航工程”,推动区域高端绿色发展。通过实施“知识产权促进园区发展”等专项,以知识产权为创新驱动力,园区经济发展不断提升。全区高新技术产业收入1100亿元,其中国家高新技术企业占到50%以上,领航工程成为园区发展的加速器。通过实施“知识产权优势企业培育”等专项,一批企业脱颖而出,以专利、商标、版权、著作权、标准为依托实现跨越式发展。新增“航天测控”“贝壳网际”等市知识产权示范企业4家、试点企业15家,总数分别达到12家和166家。“东土科技”“暴风科技”公司进入中关村国家商标战略实施示范区第一批商标试点名单。东土科技成为园区首家参与国际标准制定的企业,贝壳网际成为首批中关村知识产权领军企业,领航工程成为科技企业发展的助推器。一批拥有自主知识产权的科技产品、原创文化作品不断涌现,伏尔特“高精密输液器”凭借血液分离系列专利技术获“国家重点新产品”称号,成为引领国内输液器市场的主流产品。

(王　震)

【高端绿色发展迈出新步伐】 “北京设计产业示范基地公共服务平台建设”课题是由区科委和北京丽贝亚建筑装饰工程有限公司共同承担的北京市科委绿色通道项目,于年内顺利验收。成效主要体现在4方面:一是高端专业化服务能力大幅提升。建设动漫游戏衍生品设计、钢铁工程试验、建筑设计协同交互三大子平台,利用线上、线下多种模式为设计企业提供测试研发、创意设计、技术交流与推广等高端服务。该平台已为20余家设计企业提供服务67件次,直接促进企业用户实现收入突破2000万元。二是创新科技成果不断涌现。建设完成动漫游戏设计元素转换、建筑设计管理及协同交互设计、线上设计素材库3个设计产业系统,建立现代钢铁厂高炉炼铁、现代钢铁厂工业炉及自动化控制2个工程实验室,成立现代钢铁厂数字化三维动态摸拟数字化仿真试验中心。通过该项目,已申报6项发明专利,获得2件实用新型专利、3项外观设计和2项软件著作权。三是区域设计产业资源快速集聚。制定《北京设计产业示范基地发展规划》,认真分析存在问题,明确产业发展重点,统筹产业发展布局,理清产业发展重点任务,为石景山区设计产业发展提供充分的理论依据和良好的产业政策引导软环境。四是“石景山设计”品牌建设成效明显。举办北京设计产业高端论坛、设计管理品牌宣传推介会等交流会,有效提升“石景山设计”品牌知名度。以动漫游戏设计、工业工程设计、建筑规划设计为重点的设计产业发展格局初步形成。

(王　震)

【8家单位获年度表彰】 年内,区知识产权联席会议决定,对2013年度知识产权工作成绩突出的北京航天测控技术有限公司、中国光大银行股份有限

公司信用卡中心、北京奥力助兴石化有限公司、北京金山网络科技有限公司、北京首钢自动化信息技术有限公司、中煤地质工程总公司、中国科学院高能物理研究所、北京明诚技术开发有限公司8家单位授予"知识产权工作先进单位"称号。并号召广大企事业单位积极创新,为进一步开创辖区知识产权工作新局面,实现地区全面深度转型和高端绿色发展作出更大贡献。

(王　震)

【文化创意产业发展】　年内,区科委通过三项措施促进文化创意产业集聚发展。建设服务标准化体系,构建科学合理、层次分明,满足园区企业需求的标准体系构架,优化文化创意产业发展软环境。已征集35个委办局窗口服务事项158项。搭建展示交易平台。建设石景山区文化创意产业展示交流中心,推动文化创意产品交易、项目合作。积极组织文化创意企业参加科博会、京交会、京港洽谈会、文博会和"动漫北京"等活动,扩大企业知名度。拓展国际化交流渠道。以中关村石景山园硅谷基地为桥梁,帮助文创企业"走出去",开拓国际市场;同时引导海外留学人才归国创业,吸引产业项目与园区全面对接,实现高新技术和人才的"引进来"。

(李　成)

中关村科技园区石景山园

概　述

中关村科技园区石景山园(简称园区),是中关村科技园区"一区十园"(注:现为一区十六园)重要组成部分。园区紧抓北京建设全国创新中心机遇,进一步发挥园区文化、科技、金融等产业高端融合发展优势,继续实施重点建设项目引领,整合市区各级资源投入,搭建产业公共技术服务平台,带动企业创新能力提升,持续优化文化创意产业发展环境,实现与全市其他文创产业功能区错位发展格局,为石景山区实现"全面深度转型　高端绿色发展"战略目标提供重要支撑。同时,园区继续推动北京数字娱乐产业示范基地、北京设计产业示范基地等产业集聚区建设,大力发展数字内容、动漫游戏等优势产业,推动创意设计产业的协同创新发展,在石景山形成特色化、差异化的产业集群,发挥园区在全区高端绿色产业发展的主战场、主力军的作用。园区全年实现收入1450亿元、税收60亿元,同比分别增长22%和50%。坚持创新驱动,调整园区管理体制,组建由常务副区长和主管副区长牵头,科委园区、区金融办、区经信委、区投促局等部门领导组成的石景山园管理委员会,推动园区建设。招商引资渠道不断拓展,招商企业质量明显提升。园区新增注册资本1000万以上的落地企业238家,过亿企业25家,新增注册资金超过100亿。招商企业经济贡献持续增长,占园区总收入和税收中的比例分别超过60%和70%。发挥创业平台资源优势,中关村雏鹰人才创业基地、高端人才创业基地、腾迅创业基地、蒲公英社区青年汇等创业平台聚集200多名高端创业人士,其中海外归国创业人员51名;聚集140余家创新型企业、120个创业团队。争取市级创业扶持经费3268万元,吸引真格基金等社会投资3亿元,引导社会资本投资总额超过7亿元。巩固特色产业优势,园区被市文创产业功能区规划定位为"文化科技融合示范功能区、动漫网游及数字内容功能区和创意设计服务功能区",成为北京市实施文化、科技双轮驱动的主战场。园区被市科委认定为"数字娱乐特色北京市国际科技合作基地"。搭建市区科技金融产业服务平台,发挥园区金融服务联盟作用,引入全区第一家文创专业支行——杭州银行石景山文创支行,为文化创意企业提供专业化综合性金融服务。企业融资并购活跃,伏尔特8亿元实现对北京天新福医疗器材公司的并购;华录百纳25亿元收购蓝色火焰,成为A股迄今为止传媒行业最大的并购案,也是创业板最大的并购案;蓝港在线获得复星基金、兰馨亚洲投资等机构高达8000万美元C轮投资;仙境乐网等企业通过并购募集配套资金突破5亿元。金山旗下4家企业打包登陆纽交所,中天金谷、昊福文化挂牌新三板,无线天利登陆创业板,上市企业和新三板企业分别达到15家和9家。加强规范化建设,形成常态化服务品牌。通过园区"绿色通道"办理人才子女入学、工商、国地税事项共计110余项。举办"园区讲堂"25期,累计举办179期。成立"中关村石景山园技术转移中心",为企业提供技术转移等服务20余件次,服务企业成果转化合同金额突破2000万元。园区组织党员干部和非公企业党组织深入扎实开展党的群众路线教育实践活动,园区163家党支部、3000余名党员参加教育实践活动。园区被推荐为"首都文明单位标兵"。

地址:石景山区实兴大街64号
**　　　八角西街40号**
电话:88794457　68863659
邮编:100041　100043
网址:www.zgc-sjs.gov.cn
邮箱:sjskw@263.net.cn

(岳继华)

【获音像电子网络出版物奖】　1月4日,国家新闻出版领域的最高奖项——中国出版政府奖在京揭晓,由园区企业北京网元圣唐娱乐科技有限公司(GAMEBAR)研发、运营的单机游戏《古剑奇谭》获得"音像电子网络出版物奖",成为本次获奖作品中唯一的一款游戏类出版物。该公司于2009年成立,是以单机和网络游戏发展为起点,集研发、运营为一体的国内领先的综合性互联网科技企业,已研发、代理多款深受业内及玩家赞誉的游戏产品。

(陈　京)

【首钢环境产业发展平台成立】　1月7日,首钢总公司全资子公司首钢环境产业有限公司在中关村石景山园注册成立,注册资本1.6亿元。该公司作为首钢唯一的环境产业发展平台,依托首钢全面构建环境产业的"技术研发、资源利用、装备集成、工程承包、运营管理"一体化发展体系,打造"首钢环境”品牌，促进首钢能源环保产业跨越式发展。在推进新的产业化项目上，以生活垃圾焚烧发电项目为重要抓手，以建设“北京市鲁家山循环经济(静脉产业)基地”项目为契机，实现北京市固体废物资源化处理。

(付　琦)

【3企业获试点项目支持】 1月7日，园区企业易宝支付有限公司的“面向大宗商品交易的第三方金融服务平台”、北京天山新材料技术股份有限公司的“新型功能材料综合服务与检测平台建设项目”、北京信力筑正新能源技术股份有限公司的“钢铁企业三废利用综合节能示范工程系统项目”3个项目获得最新一批中关村现代服务业试点项目补贴支持。至此，园区共有6家企业获得中关村现代服务业试点项目支持，项目技术涵盖互联网金融、文化创意、物联网、新材料、节能环保等众多领域，累计获得财政补贴资金共计5233万元。

(李　成)

【获中关村年度奖项】 1月14日，2013年度中关村十大系列榜单发布会在湖北大厦东湖厅隆重举行。园区企业北京东土科技股份有限公司和贝壳网际(北京)安全技术有限公司分获“2013中关村十大创新标准奖”和“中关村新锐企业十强”奖。截至年底，园区已有10余家企业获评中关村十大系列相关奖项。

(崔海霞　王　震)

【中天金谷挂牌“新三板”】 1月24日，园区企业北京中天金谷科技股份有限公司经中国证监会核准成功挂牌“新三板”，交易代码430624，成为中国粮油工程技术行业第一家上市企业。“中天金谷”是一家从事大型粮油设备研发、生产、销售于一体的国家高新技术企业，该公司拥有专利近百项，上年获评国家专利试点单位和中关村“创业之星”。

(罗耀玲)

【国际科技合作基地获批】 3月6日，市科委公示第三批“北京市国际科技合作基地”认定名单，园区“数字娱乐特色北京市国际科技合作基地”和趣游时代(北京)科技有限公司、北京建筑材料科学研究总院有限公司榜上有名。被认定的“数字娱乐特色北京市国际科技合作基地”，目标是打造科技文化融合特色国际科技合作交流平台，引进具有国际影响力的创意创新型企业和国际高端人才，推进一批国际合作项目；趣游时代“轻文化产业孵育北京市国际科技合作基地”和北京建材院“固废资源化利用与节能建材北京市国际科技合作基地”，带动园区企业开展国际技术合作，推进科技成果产业化。此次新增的3个基地是园区开展国际科技合作工作的重要平台。

(曹　洁)

【园区通勤班车正式运营】 3月10日，中关村石景山园通勤班车正式运营，解决园区企业早晚高峰出行难问题。班车运营方式与公交线路一样，可刷公交卡乘坐，全长7.5千米，线路基本覆盖园区重要路段和大型楼宇，填补现有公交线路在园区内的运行盲区，有效解决园区到地铁“最后一公里”的公交微循环问题。

(崔明明)

【华录百纳并购蓝色火焰】 4月2日，北京华录百纳影视股份有限公司披露《发行股份及支付现金购买资产并募集配套资金暨关联交易报告书(预案)》，通过发行股份及支付现金相结合方式，以25亿元收购广东百合蓝色火焰文化传媒股份有限公司100%股份，成为A股迄今为止传媒行业最大的并购案，也是创业板最大的并购案。10月15日，华录百纳完成本次交易的标的资产过户及工商变更工作；11月7日，本次交易中非公开发行的新增股份上市。“蓝色火焰”是电视栏目品牌内容营销领域的领先企业和具有独特商业模式的文化传媒企业，先后运作《快乐大本营》《非诚勿扰》《爸爸去哪儿》《最强大脑》等多个重量级栏目的内容营销项目。园区企业华录百纳是业内领先的精品剧制作公司，近年陆续出品《媳妇的美好时代》《黎明之前》《永不磨灭的番号》《金太狼的幸福生活》《天真遇到现实》《咱们结婚吧》等精品剧，取得良好经济效益和社会效益。

(王　震)

【共商首都保险业创新发展】 4月8日，北京保险产业园创新发展座谈会在区政府举行。市长王安顺与中国保监会主席项俊波实地察看北京保险产业园建设发展，听取有关产业园发展规划等工作情况的汇报。区政府与中国保险信息技术管理有限公司签署合作协议。常务副市长李士祥主持座谈会。全国政协常委李克穆，保监会副主席王祖继等领导，中国人保集团等有关企业负责人和市政府各委办局相

4月15日，区政府与车联网合作签约　　(区委宣传部供稿)

关负责人,区领导牛青山、夏林茂等参加活动。

(岳继华)

【与车联网签署战略合作协议】 4月15日,区政府与中国车联网产业技术创新战略联盟签署战略合作框架协议。双方围绕在石景山区打造车联网产业园等多项内容,形成紧密合作,积极探索车联网产业创新发展模式,打造以车联网为核心的尖端科技产业集群,将更多车联网优秀企业引入石景山。

(付 琦)

【天山公司获AI“用户好评奖”】 4月21日,由中汽国际、中国汽车工业协会、AI汽车制造业举办的第十四届“先进制造技术与汽车制造业”高层论坛暨第三届AI“用户好评奖”颁奖典礼在京举行。北京天山新材料技术股份有限公司的“1591硅橡胶平面密封剂”荣获第三届AI“用户好评奖”。“1591硅橡胶平面密封剂”具有中粘度,高强度,高伸长,优良的耐热老化和耐机油性能。该公司研发、制造硅橡胶密封剂、聚氨酯粘接密封剂、环氧胶、丙烯酸酯胶4大类300余种产品,广泛应用于汽车、工程机械、轨道交通、医疗、航空航天、船舶、电力等29个重点行业。

(耿 璐)

【斯坦福大学“点燃”项目说明会】 4月25日,斯坦福大学“点燃”项目说明会石景山园专场在创业公社举办。斯坦福大学商学院中国区副主任王柳介绍斯坦福大学“点燃”项目的具体情况,重点强调该项目在推动创新与创业方面的积极作用。京西创业与斯坦福大学签署合作备忘录,担任斯坦福大学“点燃”项目的中国区运营方,为创业者提供优质资源和服务。

(马海涛)

【企业和个人获荣誉称号】 4月29日,石景山区庆祝“五一”国际劳动节暨表彰先进大会在北京国际雕塑公园举行。大会对获得全国、北京市先进荣誉称号的单位和个人进行表彰。园区企业常青藤创业研究中心蒲公英创业工作室荣获“全国工人先锋号”称号,北京北重汽轮电机有限责任公司电机副总工艺师刘凤娟、北京东土科技股份有限公司董事长李平分获“全国五一劳动奖章”和“首都劳动奖状”荣誉称号。

(王 震)

【文化科技融合主线布局】 4月,市文资办正式公布全国首个省级文创产业空间布局规划《北京市文化创意产业功能区建设规划(2014～2020年)》。根据规划,到2020年北京将建设20个文创功能区。其中,中关村石景山园被布局为文化科技融合主线,定位于文化科技融合示范功能区、动漫网游及数字内容功能区和创意设计服务功能区,成为北京市实施文化、科技双轮驱动的主战场。

(李 成)

【猎豹移动登陆纽交所】 5月8日,金山软件旗下“北京金山网络科技有限公司、北京金山安全管理系统技术有限公司、可牛网络技术(北京)有限公司、贝壳网际(北京)安全技术有限公司”4家企业打包以“猎豹移动”品牌成功登陆美国纽约证券交易所,股票交易代码为“CMCM”,成为园区第9家境外上市企业。园区上市公司数量已累计达14家。猎豹移动原名金山网络,是一家致力于成为世界一流的互联网软件公司,继承金山15年的安全技术积累和可牛公司的互联网基因。公司发展良好,全球用户超过3亿,移动端用户超过1.5亿,成为中国第二大互联网及移动互联网安全公司。

(王 震)

【昊福文化挂牌“新三板”】 5月13日,园区企业北京昊福文化传播股份有限公司在全国中小企业股份转让系统(俗称“新三板”)挂牌,股票名称为“昊福文化”,交易代码430702,成为图书出版行业第一家登陆新三板的企业。该公司于2005年12月经原北京市新闻出版局批准成立,集图书策划、编辑、营销及文化教育投资为一体,核心业务为青少年教辅类图书。2011年,广西师范大学出版社与昊福文化开展股权合作,占有公司10%的股份,昊福文化成为广西师范大学出版社集团有限公司的成员单位。此次新三板挂牌,昊福公司计划以每股9元的价格,增发300万股,占增发后总股份的10%。昊福公司先后在天津、北京两次场外交易市场挂牌,也为出版发行企业趟开沪深两市IPO和借壳之外的上市融资之路。

(王亚智)

【5企业获市设计创新中心认定】 5月21日,市科委公布“2014年度北京市设计创新中心”认定结果。园区5家企业即北京丽贝亚建筑装饰工程有限公司、趣游科技集团有限公司、北京畅游天下网络技术有限公司、北京夏岩园林文化艺术集团有限公司、北京光影梦幻城市文化发展有限公司荣获认定。石景山区“北京市设计创新中心”已达7家,涵盖游戏动漫设计、工业工程设计和建筑规划设计等优势产业领域。近年,石景山区多措并举,通过出台设计产业专项政策、举办设计论坛、制定发展规划、搭建设计公共服务平台等,大力发展以游戏动漫设计、工业工程设计和建筑规划设计为特色的设计产业,推动区内设计产业创新、差异化发展。北京设计产业示范基地建设稳步推进,地区设计产业创意能力和品牌影响力不断提升。

(李 成)

【小米互娱落户石景山】 5月,小米互娱正式落户石景山。小米互娱是小米科技有限公司的移动互联网增值业务平台,其运营主体为落户本区的北京瓦力网络科技有限公司(小米科技全资子公司)。该平台已在全球拥有5000万注册用户,上线精品游戏达千余款,已跻身国内手机游戏平台前5名。

(王亚智)

【贝壳网际入选领军企业】 6月5日,市知识产权局、中关村科技园区管委会联合评审的27家中关村首批知识产权领军企业培育名单公布,园区企业贝壳网际(北京)安全技术有限公司成功入选。中关村知识产权领军企业培育方案旨在加快落实《2013～2015年中关村知识产权推进计划》,打造一批“专利过千、质量过硬、管理规范、运用科学”的中关村知识产权领军企业。贝壳网际(北京)安全技术有限公司是金山旗下专业的互联网安全服务和产品提供商,是金山在纽交所上市品牌“猎豹移动”的核心业务支撑者。

(陈　京)

【中国智能交通建设推荐品牌奖】　6月10～12日,在“第五届中国智能运输大会暨第三届深圳国际智能交通与卫星导航位置服务展览会”上,园区企业北京易华录信息技术股份有限公司凭借多年在智能交通领域的贡献,获“中国智能交通建设推荐品牌奖”。并在“第十一届中国国际城市智能交通论坛”上就当前国内主要城市的智能交通系统建设情况进行发言,获得与会者的肯定和赞扬。

(耿　璐)

【中关村智慧环境产业联盟调研】　6月12日,中关村智慧环境产业联盟企业家30余人到首钢主场区和园区调研。联盟企业家听取首钢总公司发展规划及石景山园政策介绍,针对西十筒仓重点项目、首钢钢材节能改造项目等事项分别与首钢园区开发部、新产业开发部、园区管委会进行沟通交流,达成合作意向。此次活动由中关村管委会、首钢总公司、石景山园联合组织。中关村智慧环境产业联盟专注于智慧环境事业,联盟成员企业注册资金合计超过10亿元,资产超过100亿元,致力于通过技术和市场的联动,促进智慧环境产业链中企业的创新与成长。

(付　航)

【创业项目融资对接会】　7月29日,由园区管委会主办、石景山科技金融服务联盟承办的园区“科技金融日”系列活动——“创新、创意、创业项目”融资对接会在万商花园酒店举行,园区60余家创新型科技企业、20余家金融机构共150人参加会议。杭州银行、中信证券、中关村担保3家金融机构推介各自的特色产品和服务,昊福文化、虎符科技等6家企业进行融资项目路演,金融机构与参会企业进行深入沟通对接,达成多个合作意向。

(王　震)

【91金融超市推出】　7月,91金融信息服务(北京)有限公司获得海通证券第三轮投资,以直接融资方式获得超过2亿元的融资,公司整体估值达到10亿元。该公司成为首家获得大型金融机构投资的互联网金融企业,从单纯的在线金融产品导购和销售平台逐步升级为中国最大的互联网金融服务提供商。本次融资成功使91金融各项创新业务获得进一步发展,旗下91金融超市、91旺财、91金融云、91金融开放平台等产品与服务将不断升级。同时,公司全面介入资产证券化业务领域并拓展与银行、信托等金融机构的互联网金融合作模式,支持中小微企业发展,提升服务水平。该公司于上年在本区注册成立,是中关村互联网金融行业协会33家发起机构之一,获得国家高新技术企业资质。公司创新推出的互联网金融产品——“91金融超市”,为消费者和金融机构搭建一个平台,其功能相当于全世界最大的超市“沃尔玛”。面向大众提供金融消费服务,面向金融机构提供需求信息服务。“91金融超市”含三大类、30多种金融产品(贷款、保险、车险、证券、基金等),覆盖金融服务机构数十家,日均流量达到40000UV(网站访问人数);单个用户的成单周期一般在1～3天,平均每个金融服务机构日接单量能够达到100单。

(付　航)

【高级专业技术资格直通车】　8月1日,市人力社保局公布:石景山园北京吉威数源信息技术有限公司总经理张扬、北京建筑材料科学研究总院有限公司所长助理李春萍、北京海斯迪克新材料有限公司总经理史伟同取得2014年度中关村高端领军人才高级工程师(教授级)专业技术资格。自上年起石景山园已有7名企业家入选。中关村国家自主创新示范区高端领军人才专业技术资格评价工作,又称为“高级专业技术资格直通车”,是北京市为加快中关村人才特区建设,进一步促进专业技术人才队伍发展,面向园区注册企业中从事工程技术研发生产的专业技术人员进行的专业技术评价工作。申报人需满足4项条件之一:曾取得国家级人才表彰奖励、曾获得国家级科技奖项、曾担任国家级重大科技项目负责人、在自主创新和科技成果转化过程中取得突出成绩,即可不受学历、资历、职称限制,不需参加职称外语和计算机应用能力考试,直接申报北京市高级工程师(教授级)专业技术资格。“高级专业技术资格直通车”由市人力社保局、市科委、市教委、中关村管委会于上年起在“一区十六园”试点推广。

(孟宪然)

【市级部门与园区企业对接】　9月5日,园区管委会在万商花园酒店多功能厅内举办第178期“园区讲堂”。本次讲堂旨在加强园区企业与市级相关服务部门全面对接,了解最新政策动态。活动由1个主会场和4个分会场组成,共吸引500余家企业参加。主会场由中关村管委会、市统计局、中关村知识产权促进局、市技术市场办、市科委相关负责人从不同角度为企业分析解读国家自主创新示范区的发展形势、介绍最新政策动态,动员企业抓住发展机遇用足用好政策资源;4个分会场分别以“科技孵化器政策”“金融与科技服务”“知识产权助力企业发展”“科技项目政策”为主题进行深入讨论与交流。“园区讲堂”自开办以来,一直力求从企业实际需求出发,以培训会、座谈会、活动沙龙等形式为企业搭建政企交流服务平台,成为园区服务企业的亮丽品牌。

(耿　璐)

【中关村年会论坛】　9月25日,由中关村管委会和区政府主办的2014中关村论坛年会——创业发展分论坛在北京国际饭店举行。科技部火炬中心、中关村管委会有关领导以及来自武汉东湖、上海张江、深圳新区国家自主创新示范区等负责人出席论坛,主管副区长到会致辞。活动以“创业无界 跨境加速”为主题,邀请国内外著名孵化器创始人、国际创业服务机构和组织、科技园区、金融机构、专业服务机构的专家、政府官员、创业者近300人参加。会议就创业的国际化发展

9月25日，创业发展分论坛举行　　（区科委供稿）

趋势、资源整合情况和创业生态的形成做深入交流。中关村年会论坛在石景山区连续举办4年，石景山园作为“北京市国际科技合作基地”，成为本区整合全球创新资源，推动企业开展国际研发合作的重要平台。硅谷著名孵化器Plug&Play与本区华海基业孵化器合作成立瀚海Plug&Play加速器，整合中美创业资源，针对国际一流的创业项目提供创业加速服务，是一个成功合作案例。

（马海涛）

【保险产业园开发建设】 9月26日，中关村发展集团与区政府工作对接会在万商花园酒店召开。中关村发展集团总经理许强、副区长司马红出席会议。会议听取京石科园公司关于北京保险产业园一级开发等4个项目的工作进展和资金情况，研讨石景山园产业定位及发展规划。双方同意加强合作，共同支持京石科园公司加快推进保险产业园开发建设。

（崔明明）

【中银创业快捷贷产品发布】 9月26日，由创业公社和中国银行联合主办的“中银创业快捷贷”产品发布会在创业公社举办。该产品专为创业期中小企业定制，旨在帮助企业快速获得百万元贷款。中国银行北京市分行等30余家企业代表及创业公社总经理参加发布会。企业代表——北京卓信志恒科技有限公司介绍该公司与创业公社和中国银行合作获得500万元授信的成功经历。创业公社协助其在一个月内拿到低成本的500万元授信，有效解决该公司的融资难题。现场企业与中国银行、创业公社面对面交流，咨询关于“中银创业快捷贷”的具体事宜，多家企业形成合作意向。北京创业公社投资发展有限公司是由北京京西创业投资基金管理有限公司和北京股权交易中心联合发起设立的具有投行功能的创新型产业园区运营商，公社的创业服务可以概括为“孵化基地、政策支持、组合金融、产业化”4个方面。

（罗耀玲）

【无线天利在深交所创业板上市】 10月9日，园区企业北京无线天利移动信息技术股份有限公司在深圳证券交易所创业板上市，证券简称“京天利”，代码为300399。公开发行2000万股，发行价格11.19元/股，上市首日收盘报16.11元，上涨44%。无线天利是一家从事互联网和增值电信业务的企业，是中国移动的业务集成商（SI）。该公司上年实现行业短彩信业务量规模近70亿条，服务集团客户超过300家，广泛分布于金融、交通运输、电子商务、零售商贸、文化传媒、公共服务等领域。

（罗耀玲）

【乐动卓越联手腾讯互娱】 10月16日，园区企业“乐动卓越”召开《我叫MT2》新品游戏发布会，宣布正式与“腾讯互娱”合作，由其独家代理《我叫MT2》手机游戏。乐动卓越公司于2012年入园，成为获得中国游戏风云榜“最佳卡牌手机游戏”、中国游戏行业年会“最优秀企业”等26个行业顶级奖项在内的手游龙头企业。旗下有“我叫MT”“我的部落”等多款产品，其中“我叫MT”是全国唯一一款实现“畅销榜”“付费榜”等手游排行榜“六榜第一”、总注册玩家突破2100万人、日在线人数突破230万人的手机游戏。

（崔海霞）

【豆果美食完成C轮融资】 11月18日，园区企业北京豆果信息技术有限公司宣布获得C轮2500万美金融资，由高瓴资本领投，纪源资本GGV跟投，公司估值达到3亿美元。豆果美食网是国内第一家发现、分享、交流美食的互动社区，已发展成为国内最大的美食社区平台。注册用户规模超过400万，美食软件下载量达7500万。2011年和2012年分别获得盛大资本千万元人民币和纪源资本800万美元投资，本次融资完成后，豆果网将进一步进行市场扩张，试水美食类电商领域。

（罗耀玲）

【首个园区企业并购合作案例】 11月19日，北京东土科技股份有限公司通过非公开发行股份的方式，以溢价14倍总计8亿元资产收购北京拓明科技有限公司100%股权，实现重大资产重组，成功切入工业控制网络大数据行业应用领域，拓展企业产业链及产品线。此次并购重组双方均为石景山园高新技术企业，是首个园区内部企业并购合作案例。拓明科技是一家提供移动互联网大数据业务质量优化、大数据精准营销及行业应用解决方案的高新技术企业。

（罗耀玲）

【北Ⅰ区定向安置房项目立项获批】 11月24日，北Ⅰ区土地一级项目获市发改委立项批复。项目建成后将用于安置中关村科技园区石景山园北Ⅰ区土地一级开发被拆迁居民，该项目位于石景山园北Ⅱ区的创业创新园内，其四至范围为：东至实兴西街，南至中园路，西至刘娘府东街，北至永定引水渠。项目用地总面积3.26公顷，其中规划建设用地面积2.12公顷，代征面积1.14公顷。项目建筑规模53000平方米，总投资约为49963万元。

（杨　莉）

【互动体验项目亮相文博会】 12月11～14日，第九届中国北京国际文化创意产业博览会在北京国际展览中心举办，石景山区主打互动体验牌，受到前来参观的市民青睐。中国华录集团、蓝色火焰文化传媒有限公司、杭州银行北京石景山文创支行等10家有代表性的文化创意企业以文化科技和文化金融为主线，通过现场互动体验方式，充分展示近年来地区文化创意产业发展的新成果、新技术和新产品。

（崔海霞）

【蓝港在线登陆香港创业板】 12月19日，园区企业蓝港在线正式在香港联交所创业板挂牌上市，股票代号HK8267，成为石景山园第10家境外上市企业。蓝港在线创立于2007年，主营业务涉及手游、页游和端游等领域，其代表游戏包括《王者之剑》《三国演义》《西游记》及《倚天剑与屠龙刀》等。至此，园区累计16家企业上市，其中8家企业挂牌"新三板"，10余家企业正在筹备中；6家企业登陆创业板，占中关村创业板企业的9.2%。年内，科委园区通过搭建科技金融服务平台，开展专业化、常态化、品牌化科技进入服务，定期组织"科技金融日"品牌活动和投融资对接会，实现园区企业与投融资机构短、平、快的对接和交流，企业融资并购活跃，科技金融工作年末实现完美收官。

（罗耀玲）

【保险产业园基础设施开工】 12月25日，北京保险产业园核心区规划二路开工建设。规划二路起点为金顶山路，终点为实兴北街。道路设计总长度为1801.06米，规划红线宽为25米，是北京保险产业园核心区构建两横三纵道路路网的重要节点。

（崔明明）

【首都科技创新券政策宣讲】 12月26日，科委园区在万商花园酒店召开"首都科技创新券政策宣讲会"。首都科技创新券办公室主管工程师针对"首都科技创新券制度"的设立、网上申报等内容进行讲解、答疑。区科技企业孵化器以及60余家小微企业代表参会。"首都科技创新券制度"是由市科委和市财政局共同组织实施的一项最新普惠制度。降低小微企业和创业团队科研创新投入成本，激发小微企业和创业团队的科技创新活力。创新券由政府发放，小微企业及创业团队向高等学校、科研院所购买科研活动时使用。鼓励小微企业和创业团队充分利用国家、市级相关科技资源开展研发和科技创新活动，促进产学研合作。首都科技条件平台石景山工作站作为石景山区科技创新券推荐机构，积极做好政策宣传、创新券申请、企业推荐等相关服务，助力企业快速成长。

（何　源）

【多家企业获创新基金资助】 年内，科技部和市科委公布2014年度中小企业创新基金立项及高新技术成果转化名单，石景山区共有43家次企业获各类补贴、资助和奖励。北京虎符科技有限公司、华清科盛（北京）信息技术有限公司等11家企业获得国家中小企业创新基金，总金额824万元，为历年之最。其中虎符科技公司的"基于标识认证的移动安全通讯平台"项目获150万元资助，位于被资助企业名单前茅。北京云测网络科技有限公司等24家企业获得北京市中小企业创新资金奖励，包括4项天使投资奖励和20项科技项目资助。北京东土科技股份有限公司、趣游（北京）科技有限公司等8家企业获得北京市科技成果转化资金资助。本年度，园区内国家和北京市中小企业创新基金项目呈现出数量多、领域广、质量高的特点。

（罗耀玲）

【动漫游戏产业服务平台】 年内，石景山园动漫游戏产业服务平台推动中小企业发展成效显著。建成动漫游戏集群渲染云平台。注册用户超过16000家，有效用户超过11700家，累计完成渲染任务52.3万个，完成渲染子任务138.2万个，有效渲染机时70.5万小时，一天内峰值任务数超过4100个。建成知识产权特色服务平台，建设完成超过1000万条数据的知识产权数据库，为"小岛动漫"等文化创意企业提供商标、专利等免费的查询服务，有效降低企业知识产权服务成本。建成中小网页游戏孵化推广平台，完成跨平台游戏引擎研发1项，成功孵化游戏团队工作室12家，研发新游戏13款，促进孵化企业实现收入突

1月5日，市有关部门调研　（区科委供稿）

破1000万元。

（李　成）

【设计产业示范基地建设】　年内，由区科委和北京丽贝亚建筑装饰工程有限公司共同承担的市科委绿色通道项目“北京设计产业示范基地公共服务平台”，总投资1200万元，历时一年半，取得明显成效。该平台包含三大子平台：3个设计产业系统、2个工程实验室、1个三维动态摸拟数字化仿真试验中心，已申报发明专利6项，获得2件实用新型专利、3项外观设计和2项软件著作权。通过发挥该平台作用，为20余家设计企业提供服务67件次，有效提升“石景山设计”品牌知名度。发布《北京设计产业示范基地发展规划》，集聚设计服务类企业1510家，吸引设计人才355人，设计企业实现收入突破200亿元。石景山设计行业影响力得到提升，2家企业获批北京市首批设计创新中心，3家企业获上年度首都设计提升计划支持，5项工程设计创新成果获市级科学技术奖励，4名设计领域人才入选北京市科技新星计划，2名设计领域人才入选科技北京百名领军人才培养工程。

（何　源）

驻区科研单位

中国科学院高能物理研究所

【概况】　中国科学院高能物理研究所（简称高能所）是以基础研究和应用基础研究为主的多学科综合性研究所。主要学科方向是粒子物理研究、加速器物理及技术研究和射线技术及应用研究，并兼顾核分析技术及多学科交叉研究；优势研究领域包括粒子物理、粒子天体物理、同步辐射技术及其应用、加速器物理及技术、核分析技术。高能所建有北京正负电子对撞机国家实验室、核探测与核电子学国家重点实验室（与中国科学技术大学共建），1个院级卓越创新中心：中国科学院粒子物理前沿卓越创新中心，3个院级重点实验室：粒子天体物理重点实验室、纳米生物效应与安全性重点实验室（与国家纳米中心共建）、粒子加速物理与技术院重点实验室，2个北京市重点实验室：北京市射线成像技术与装备工程中心、网络安全防护技术北京市重点实验室，1个非法人研究单位：中国科学院大科学装置理论物理研究中心（挂靠高能所），1个国家级国际联合研究中心：高能物理国际研发中心，1个北京市国际科技合作基地：直线加速器技术及射线应用国际科技合作基地，1个所级实验室：X射线光学与技术实验室。高能所下设东莞分部、实验物理中心、粒子天体物理中心、理论物理室、计算中心、加速器中心、多学科研究中心、核技术应用研究中心8个研究单位；拥有北京正负电子对撞机、北京谱仪、北京同步辐射装置、西藏羊八井国际宇宙线观测站、中国散裂中子源（在建）、大亚湾中微子实验装置、硬X射线调制望远镜卫星（在建）、江门中微子实验装置（在建）等大型科研装置。截至年底，在职职工1506人。其中科技人员1211人、科技支撑人员295人（中国科学院院士6人、中国工程院院士2人、发展中国家科学院院士1人、正高级专业技术人员169人、副高级专业技术人员425人）。国家高层次人才特殊支持计划（万人计划）入选者2人，国家海外高层次人才引进计划（千人计划）长期入选者2人，“青年千人计划”入选者4人，中国科学院“百人计划”入选者50人，国家杰出青年科学基金获得者19人。作为国务院学位委员会批准的首批博士、硕士学位授予权单位之一，现设有理论物理、粒子物理与原子核物理、凝聚态物理、光学、无机化学、生物无机化学6个理学博士、硕士培养点，设有核技术及应用、计算机应用技术2个工学博士、硕士培养点，设有材料工程、动力工程、机械工程、电子与通讯工程、核能与核技术工程、计算机技术、化学工程7个全日制工程硕士培养点，并设有物理学、核科学与技术2个博士后流动站，共有在读研究生480人（其中博士生271人、硕士生151人、全日制工程硕士生58人）、在站博士后76人（其中外籍9人）。高能所是中国物理学会高能物理分会、粒子加速器分会，同步辐射专业委员会，核电子学与核探测技术学会，中国毒理学会纳米毒理学专业委员会，中国物理学会中子散射专业委员会的挂靠单位。主办的刊物有《中国物理C》（月刊）、《现代物理知识》（科普双月刊）。

地址：石景山区玉泉路19号乙院

电话：88233092

邮编：100049

（王晨芳）

【科研项目】　高能所全年承担在研（项目）课题总数555个。其中包括：国家“973”项目29个课题；国家“863”项目3个课题；国家基金委项目278个课题，其中国家杰出青年基金项目2个、创新研究群体1个；中科院项目（课题）169个，中科院“百人计划”项目13个，研究所自主部署项目63个。

（王晨芳）

【国际合作】　高能所全年共签署6项科技合作协议，包括高能所与国际互联合作组织就全球粒子物理信息宣传的备忘录，高能所与日本放射线医学综合研究所合作备忘录（延期），高能所与日本高能加速器研究机构更新学术交流协议的备忘录，中美高能物理合作项目协议，高能所与DEPFET合作组的补充备忘录，高能所与泰国苏兰拉里理工大学学术和科研合作谅解备忘录等。承办高能物理领域国际研讨会19次。接待国外（境外）来访学者约800人次，组织所内科研人员出国（境）进行学术交流600余人次。参加欧洲核子研究中心的大型强子对撞机LHC上的ATLAS和CMS实验、丁肇中教授领导的AMS实验、国际直线对撞机（ILC）、BELLE & BELLE II、PANDA等国际合作项目。

（王晨芳）

【科研进展】　年内，高能所在基础前沿研究和完成国家重大任务方面，北京谱仪III发现Zc（4020）和Zc（4025），对丰富人类对物质基本结构的理解具有重要科学意义。射线源及核技术的应用研究、放射化学与核相关的材料研究、肿瘤低毒化疗纳米药物临床前研究等多学科交叉研究取得重要进展,实现单个细胞内金属元素的定量分析,发展干湿结合的特色乏燃料后处理技术,成功合成国际上首个锕系元素金属聚轮烷。参与 ATLAS、CMS 等多项重要国际实验。在国家大科学工程建设、运行任务方面,BEPCII/BESIII/BSRF 圆满完成高能物理取数运行和同步辐射专、兼用光运行,大亚湾中微子实验稳定运行,JUNO 研制完成第一支 20 英寸微通道板光电倍增管,CSNS 建设进入设备安装阶段,ADS 关键技术攻关和系统集成取得重要进展,LHAASO 完成选址并签署院省共建协议,HXMT 正样产品开始电装,HEPS、CEPC 等项目有序推进,开展大型空间项目 HERD、XTP 预研。

(王晨芳)

【科研成果】 年内,高能所"同步辐射纳米分辨三维成像平台和实验方法"项目获本年度北京市科学技术一等奖。"Belle 实验新粒子的发现和研究"项目获本年度北京市科学技术二等奖。"化石 X 射线成像装置研制及应用"项目获本年度北京市科学技术三等奖。全年发表论文 1314 篇,科学引文索引(SCI)数据库收录论文 914 篇,EI 数据库收录 462 篇,ISTP 数据库收录 27 篇,MEDLINE 数据库收录 8 篇。根据 ISI-ESI 数据库中全球论文影响力百分比基线,进入千分之一但不足万分之一的 9 篇,进入百分之一但不足千分之一的 33 篇。申请中国专利 65 件,其中发明 60 件、实用新型 5 件;通过 PCT 申请专利 1 件。获得中国专利授权 23 件,其中发明 15 件、实用新型 8 件;获得软件著作权 16 件。《中国物理 C》荣获 2014 中国最具国际影响力学术期刊。

(王晨芳)

【成果转化】 年内,高能所在电子辐照加速器方面,重点推进整体解决方案式营销;乳腺 PET 已完成获取 3 类医疗器械注册许可证的所有准备工作,材料已提交国家食品药品监督管理局,进入最后的审核阶段;在核检测设备的产业化方面,目前已有 5 款定型产品,实现项目产品及衍生产品等多款定型产品的小批量生产及销售,已在 20 多家涉核现场应用;建立怀柔高能产业基地,项目公司在怀柔区工商登记,注册资金 5000 万;超导磁体方面,在原有合作之上进一步明细和深化开发项目的内容,针对两个系列 4 种型号产品签订具体的技术开发合同,总金额 560 万元。以奥龙院士工作站为平台,与奥龙射线集团合作的"X 射线探测器研发"项目入住丹东育成中心。

(王晨芳)

工业和信息化部电子科学技术情报研究所

【概况】 工业和信息化部电子科学技术情报研究所(简称电子情报所)是工业和信息化部直属事业单位,主要从事情报研究和信息咨询服务,服务对象遍及工业和信息化部、国防科工局、中央网信办、科技部、国家发改委、总装备部等政府和军队领导机关及相关科研院所、生产企业和高等院校,代工业和信息化部行使情报、成果、期刊、电子知识产权、电子工业档案和工程建设等行业管理职能,并提供媒体出版、声像服务、文献服务、软件开发、数据库建设等多元化服务,同时还是中国电子学会情报分会、国防科技声像服务中心、中国信息产业商会等社团组织的挂靠单位。现有职工 800 余人,专业技术人员占 85%以上,其中国家级突出贡献专家 2 人,部级突出贡献专家 2 人,享受政府特殊津贴人员 21 人。编辑出版《中国信息产业年鉴》《首席财务官》《竞争政策研究》等公开出版物和《世界信息产业与技术发展年度报告》《世界信息化发展年度报告》《世界网络与信息安全发展年度报告》《世界软件产业发展年度报告》《国外军事电子发展年度报告》等系列研究报告,以及《世界军事电子装备与技术发展研究》等内部刊物。由电子情报所控股的计世传媒集团是目前国内最大的 IT 传媒集团,经营规模连续多年位居全国报刊业前 10 强,出版《计算机世界》《IT 经理世界》《网络世界》等业界知名品牌媒体。电子情报所是工业和信息化部直属单位唯一一家同时获得"中央国家机关文明单位标兵"和"首都文明单位标兵"的双标兵单位。

地址:石景山区鲁谷路 35 号
电话:68632898
邮编:100040

(张芳芳)

【承办软博会】 5 月 29 日,由电子情报所承办的"2014 第十八届中国国际软件博览会信息发布会"在北京展览馆召开,来自行业主管部门、信息发布机构及 20 余家媒体的 100 余人参会。本届信息发布会以"加速软件创新,引领信息消费"为主题,以"大力推广典型示范,加速产业转型升级,提升信息消费能效"为主线,发布内容共计 11 项。其中,来自上海、青岛等 6 个地方的政府和软件园区发布促进当地产业发展新政策;中国软件行业协会、电子情报所分别发布最新研究报告;武汉软件新城、聚光科技等 3 家企业发布最新产品。由电子情报所编著的《中国 IT 发展报告(2013~2014 年)》在发布会上公开发布,承办的软件知识产权运用与保护论坛和 2014 移动互联产业创新发展论坛引起媒体和业界强烈反响。

(张芳芳)

【提升综合服务能力】 6 月 13 日,电子情报所通过中国信息安全认证中心评审组的现场审核,正式获得国家信息安全风险评估服务资质。电子情报所开展信息安全风险评估的综合服务能力达到国家相关标准,符合国家资质认证机构要求,具备面向社会开展信息安全风险评估服务的条件。标志着电子情报所在信息安全风险评估服务管理能力及技术能力等方面取得里程碑式进步,对今后信息安全业务面向市场转型发展具有重要意义,也是全面拓宽市场渠道迈出的关键一步。

(张芳芳)

【举办中国 IT 两会】 11 月 20 日,由电子情报所下属计世传媒集团《计算机世界》报社主办的 2014 年中国 IT 两会暨领袖峰会——2014 中国 IT 财富(CEO)年会和中国信息主管(CIO)年会在北京举办。本届大会以"变革传统,

赢在未来"为主题,邀请业界 CEO 和企业 CIO 及互联网企业精英,共同探讨在产业 IT 化大趋势下,如何利用 IT 技术、互联网思维打造基业长青的百年老店,并从 IT 架构创新、管理创新和模式创新 3 方面,重点探讨传统企业在向互联网转型过程中,其 IT 组织架构、运营模式、商业模式、销售模式及管理和服务的变革,以推动传统企业迎接互联网时代的到来。

(张芳芳)

【承办网络安全宣传周】 11 月 24～30 日,由中央网信办会同中央编办、教育部、科技部、工信部、公安部、中国人民银行、新闻出版广电总局等部门联合主办,电子情报所承办的首届国家网络安全宣传周在北京中华世纪坛举行。本届宣传周以"共建网络安全,共享网络文明"为主题,分别设置启动日、政务日、金融日、产业日、电信日、青少年日及法制日 7 个主题宣传日,围绕金融、电信、电子政务、电子商务等重点领域和行业的网络安全问题,开展"感知身边的网络安全"网络安全体验展、"网络安全知识进万家"知识普及活动、"网络安全专家 30 谈"专家访谈、"网络安全大讲堂"知识讲座、网络安全知识竞答等一系列网络安全主题活动。让公众切身感知身边存在的网络安全风险,帮助公众提升网络安全防范意识,增强网络安全防护技能,营造网络安全人人有责、人人参与的良好氛围。本届网络安全宣传周在全国范围引起强烈反响,同时也开启电子情报所网络安全品牌建设新篇章。

(张芳芳)

【多领域有突破】 年内,电子情报所在两化融合、信息安全、知识产权、物联网、智能语音、移动互联网、国防电子智库等重点领域不断切入高层次研究和决策支撑,以重大课题项目和重点支撑任务带动研究咨询能力和水平不断提升。两化融合管理体系标准推广工作获得业界高度认可,已在 17 个省市开展工作,其企业数据突破 3 万家;成为中央网信办授权的国家级网络安全检查技术监测队伍,重要控制系统在线监测预警技术取得新突破;国防电子智库系列品牌产品初步形成,在军工电子领域影响力不断扩大。

(张芳芳)

【加强战略合作】 年内,电子情报所分别与陕西省工业和信息化厅、内蒙古自治区通辽市政府、江苏物联网研究发展中心、陕西省信息安全测评中心等签订战略合作协议。加强电子情报所在信息化发展、两化融合、信息安全技术与标准研究、工业控制系统信息安全、知识产权咨询与服务等方面的发展,努力开创与地方政府和地方技术机构合作共赢发展的新局面。

(张芳芳)

北京建筑材料科学研究总院

【概况】 北京建筑材料科学研究总院(简称北京建材总院)成立于 1959 年,是北京金隅集团(原北京建材集团,全国特大型工业企业 500 强之一)研发总部,为北京市属重点科研院所。2000 年由事业型研究单位转制为高新技术企业,现有职工 200 余人,其中技术人员占 60%,拥有 400 多项科研和专利技术成果。先后建设国家认定企业技术中心(2007 年)、固废资源化利用与节能建材国家重点实验室(2010 年)、金隅中央研究院(2012 年)等。在绿色节能环保新材料、建筑节能技术、固废资源化利用等领域的研究水平居国内领先水平。是市经委认定的企业技术中心、市科委认定的建筑化学品科研中试基地、市工商局认定的守信企业。积极推进科研成果产业化进程,现建有年产 50 万吨干混砂浆生产线两条、1 万吨建筑涂料防水涂料生产线以及 1 千吨抗菌剂生产线。产品质量及技术水平均居国内领先地位。金鼎建材系列产品通过 ISO9001:2000 质量管理体系、ISO14001 环境管理体系、GB/T18001职业健康安全管理体系、ISO10012 计量管理体系及中国环境标志产品认证。经过多年发展,北京建材总院已成为以科技创新为核心,集研究开发、质量检测、产业化经营为一体的综合型高科技企业。8 月,金隅中央研究院大厂分院正式挂牌成立。年内,致力于打造世界一流的产业集团研发总部,形成国内一流的具有完整科技产业链和独特竞争优势的高成长型科技企业,以科技进步与创新推动中国建材工业的发展,努力做好为企业提供全方位优质科技服务,完成科技研发工作。

地址:石景山区金顶北路 69 号
电话:88721857
邮编:100041

(刘　燕)

【资源整合】 5 月,北京建材总院正式获批筹建国家节水器具产品质检中心。8 月,下属单位北京建筑材料检验研究院一次性通过国家质检总局组织的现场评审,取得电梯定期检验资质。10 月,节水器具产品质检中心通过"三合一"资质评审。

(刘　燕)

【技术服务】 年内,北京建材总院积极推广高性能混凝土技术,提供增值服务,为天津金隅混凝土公司承接的金大福超高建筑施工提供专项技术支持,10 月顺利完成主楼基础底板浇筑,全程用时 38 小时,打破国内同体积混凝土浇筑耗时 48 小时的记录。扎根大厂园区,为新材板块企业提供定制技术服务;发挥专业特长,为砂浆线建设保驾护航;促进水泥产业技术和环保水平的协同提升。琉璃河水泥厂飞灰处理量与上年相比翻了两番,实现每天处理 100 吨的目标。

(刘　燕)

【技能大赛】 12 月 27～28 日,北京建材总院承办的全国混凝土职业技能大赛在金隅科技大厦举行。由各省市推荐的混凝土企业参赛代表和全国性混凝土企业参赛代表组成 40 个代表队参赛。大赛采用指定条件下的现场混凝土设计、制备、性能测试和知识测验、答辩等方式进行。大赛产生特等奖一名,一等奖、二等奖、三等奖若干名。特等奖获得者被推荐授予全国五一劳动奖章,一等奖、二等奖和三等奖获得者将获得奖励,未获奖单位和个人获得参赛纪念奖。目前,我国商品混凝土企业已超过 7000 家,各类预制混凝土和水泥制品企业数以万家,产值高达 2 万亿元以上。混凝土材料的性能、质量在很大程度上影响混凝土结构的安全和耐久性。混凝土的性能质量取决于混凝土的材料设计以及混凝土生产、运输、浇注施工和养护等多个环节的技术管理。大赛得到行业协会和全国总工会领导的充分肯定。

（刘　燕）

【科研成果】 北京建材总院全年新申请专利48项，新授权专利19项，发布标准12项。《尾矿和废石在混凝土中的应用技术》获中国循环经济协会科学技术奖一等奖，《水泥窑共处置垃圾飞灰工程化技术研究》获北京市科学技术奖三等奖，《水泥窑协同处置危险废弃物关键技术及应用》获中国建筑材料联合会、中国硅酸盐学会科技进步二等奖。全年获得外部科技资金511余万元。

（刘　燕）

【科研项目】 年内，北京建材总院在研国家课题8项，其中“863”计划项目3项，“十二五”科技支撑项目5项。《新型混凝土膨胀剂技术研究》课题组研发出熟料型高性能混凝土膨胀剂，并与日本电气化学公司合作在金隅的燃煤预热预分解干法水泥窑进行工业化试验成功，属世界首创。

（刘　燕）

【科研平台】 年内，北京建材总院成功获批“北京市国际科技合作基地”，为利用全球资源开展国际化创新提供有效的资源和渠道保障。成立“院士专家工作站”，对于突破关键技术制约，促进技术创新体系建设大有裨益。

（刘　燕）

【项目建设】 年内，国家防火中心检验业务全面铺开，在沈阳设立代理处，品牌知名度和社会影响力日益提升。先后承担室内装饰装修消防验收产品见证检验和干粉灭火器国抽任务，大型窗口火演示活动得到市住建委、消防局和相关行业协会高度赞誉。获得“建筑防火与安全技术北京市国际技术合作基地”称号。

（刘　燕）

北京首钢国际工程技术有限公司

【概况】 北京首钢国际工程技术有限公司（中文简称首钢国际工程公司，英文简称BSIET）是2008年由原北京首钢设计院改制成立、首钢集团相对控股的国际型工程公司，注册资本15000万元，员工1200余人，拥有中日联、考克利尔等9家投资公司。该公司是“国家火炬计划重点高新技术企业”和“北京市设计创新中心”，拥有国家最高等级的工程设计综合甲级资质及工程咨询甲级资质。主要从事冶金、市政、建筑、节能环保等行业的规划咨询、工程设计、设备成套、项目管理、工程总承包业务，综合实力和营业收入排名全国勘察设计企业前列。作为钢铁全流程工程技术服务商，为钢铁企业工程建设、环保搬迁、升级改造、挖潜增效、节能减排提供技术服务。将传统优势技术升级应用于城市市政工程、建筑设计、节能环保等领域，为建设生态宜居城市和信息智慧城市提供技术服务。近5年为国内外200多个客户完成近800项优质工程，完成国家“十一五”重点项目首钢京唐钢铁厂的总体设计。注重技术研发和自主创新，有300余项专利和专有技术，承担多个国家级重大科技课题的研发工作，主编或参编多项国家和行业标准规范，获国家科学技术奖和全国优秀设计奖近100项，获冶金行业和北京市优秀设计及科技进步奖300余项，连获全国建筑业企业工程总承包先进企业、全国冶金建设优秀企业、中国企业新纪录优秀创造单位、全国企业文化优秀单位、全国建筑业信息化应用示范单位、北京市“守信企业”等称号。

地址：石景山区石景山路60号
电话：68872480
邮编：100043
传真：88295389

（齐　岳）

【明确发展战略】 年内，首钢国际工程公司坚持问题导向，加强顶层设计，确立“1234”的发展战略。即：一个目标：创建国际一流工程技术公司；双轮驱动发展战略：“做优做强钢铁技术服务业，大力拓展城市综合服务业”；三项支撑战略：“科技创新”“人才强企”和“差异化营销”；四全服务：“全流程、全方位、全生命周期、全天候”；四型企业：创建“学习型”“创新型”“科技型”“国际型”企业。

（齐　岳）

【加大市场营销】 年内，首钢国际工程公司坚持实施“走出去”战略，加大国内外市场营销力度。承揽湘钢3号高炉技改、创远球团二期等设计任务，签订长钢焦化、宣钢高线及加热炉改造、唐山汇丰等6套干熄焦总承包合同。加强国际目标市场重点项目跟踪，参加伊朗、美国冶金展及学术交流会，联合大型央企、金融机构等社会资源，拓宽海外市场开发路径。利用优势技术打造非钢新产业板块，积极开拓外部市场，承揽民用建筑、节能环保、城市污水处理、市政交通等领域项目。

（齐　岳）

【服务首钢园区】 年内，首钢国际工程公司全方位服务支撑首钢园区开发建设。通过强化管理、优化机构设置、构建专业团队、联合优质资源，提升技术能力和服务质量。编制完成北区开发总体布局策划方案，全面参与园区专项规划、单体建筑、基础设施、拆改移以及外围配套等各类项目，组织实施西十筒仓改造、园区过渡期供暖、办公厅改造等设计项目和园区过渡期供电、长安街西延线拆改移等总承包项目。

（齐　岳）

【项目实施】 年内，首钢国际工程公司强化统筹策划和协同管理，稳步推进项目实施工作。重点组织完成包钢球团、宣钢烧结以及京唐2号镀锌、首贵中空钢、钎具钢等设计项目，推进实施伊朗MK球团、浦项托盘、青钢2号高炉、临沂华商球团等总承包项目，客户满意度不断提高。

（齐　岳）

【管理创新】 年内，首钢国际工程公司围绕影响企业发展的“技术、人才、管理”3个核心要素，推进开展“三化三力”实践活动，加强“技术专业化、人才职业化、管理规范化”建设，提升“市场竞争力、岗位执行力、发展创新力”。坚持深化改革、创新驱动、转型发展，

在全公司推行全成本核算、专业部所模拟事业部运行，构建高效低成本运行管理体系的改革措施。

（齐　岳）

【科技开发】　年内，首钢国际工程公司加大科技开发投入，分两批确立科技开发课题69项，比上年增加4项。其中公司级课题10项，专业室级课题59项，超额完成公司科技开发课题立项目标，课题经费直接投入958.55万元。立项课题中包含节能环保以及非钢新产业类课题22项，占课题总数的31.9%。“高新技术企业”复评再获通过，标志着公司科技创新综合实力继续保持国内先进水平。

（齐　岳）

【成果应用】　年内，首钢国际工程公司科技成果申报再创佳绩。申报专利86项(其中发明专利38项)，超额完成45项的计划目标，比去年增加22项。获冶金科技进步奖2项，获北京市科技进步奖1项，获河南省科技进步奖1项，获首钢科技进步奖7项，通过首钢科技成果验收6项。获冶金行业全国优秀工程设计奖15项，全国优秀工程总承包奖4项，全国优秀测绘工程奖1项。

（齐　岳）

【企业技术中心建设】　年内，首钢国际工程公司推进制订企业技术中心技术委员会、专家委员会工作管理办法，完成人员配置；申报“北京市级企业技术中心”通过认定，科技创新平台上升至市级；“海水淡化与水处理工程研究中心”正式挂牌成立，联合社会资源组建“海水淡化与水处理工程实验室”；冶金三维仿真中心申报“北京市冶金三维仿真设计工程技术研究中心”通过认定并正式开放，为开展复杂三维设计、有限元分析、仿真分析等提供良好平台。

（齐　岳）

【人才管理】　年内，首钢国际工程公司加强人力资源管理。引进建筑创意、景观设计专业社会人才3名，完成民用建筑设计研究所的人员调整和配置工作。结合年度绩效考评工作，对118名员工的岗级和薪酬进行调整。调整领导干部25人，选拔、建立后备干部队伍。组织开展公司级培训41期，有2200余人次参加，培训内容涵盖创新思维、项目管理、海运管控、法律法规、三维设计等。组织青年职工参加北京市工业创新大赛、建筑创意设计大赛等活动，开展演讲与口才等比赛，为青年提供锻炼和展示平台。

（齐　岳）

【企业文化】　年内，首钢国际工程公司加强企业文化和宣传工作。弘扬优秀企业文化，组织开展“光荣与梦想”先进表彰会、温馨部所评选表彰、“和衷共济、共创未来”春节联欢会等特色主题文化活动。加强企业品牌形象宣传，改版品牌宣传册，制作《客户杂志》及专业多媒体演示光盘。与《中国冶金》等多家媒体开展合作，宣传公司优势技术和工程业绩。荣获全国“企业文化顶层设计与基层践行优秀单位”和“首都文明单位”荣誉称号。

（齐　岳）

教 育

年末，全区有各级各类幼儿园51所。其中市级示范园5所，一级一类幼儿园16所，市级早期教育示范基地16所，市级特殊儿童教育示范基地6所。在园幼儿13409名。教职工2280名。

全区有小学41所(其中一贯制学校小学部10部)，中学26所，其中初中10所，高中3所，完全中学3所，一贯制学校10所。有特殊教育学校1所。区属中等职业学校1所。全区小学在校生人数为23479人(其中北京户籍10699人)，初中在校生人数为9679人(其中北京户籍5111人)，高中在校生人数为5036人(其中北京户籍3639人)。全区中小学教职工2597人。小学、初中入学率、巩固率、毕业及格率连续保持在100%，超过首都教育发展纲要提出的全市义务教育入学率保持在99%以上的发展目标。

辖区有1个社区市民总校(社区学院)，9个市民学校中心校(街道社区教育中心)，145个市民学校分校(设在居委会)。

全区经审核批准的各级各类民办教育学校、培训机构共117所。其中民办普通中学4所，民办幼儿园26所，外地来京务工人员自办学校4所，其他文化、教育、技术等非学历培训学校83所。

辖区有北方工业大学、中国科学院大学、北京工业职业技术学院、首钢工学院、国家检察官学院等高等院校。

(魏　莉)

教育行政

概　述

北京市石景山区教育委员会(简称区教委)是区政府主管教育事业的职能部门，负责管理、推动发展全区学前教育、基础教育、职业教育、成人与社区教育等工作。下设科室19个，有公务员78名，下属教育信息中心、青少年活动中心、业余大学等单位11家。年内，以“绿色教育”和可持续发展教育理念为引领，以“10项重点工程50个主要项目”为着力点，全面推进“十二五”时期区域教育事业发展规划和区域高端教育体系建设。扎实推进教育系统党的群众路线教育实践活动，全系统党建工作水平不断提升。顺利通过“可持续发展教育国家实验区”专项督导评估、北京市全面实施素质教育综合督导。国家级教育体制改革试点项目“中小学德育课程体系建设”“优秀青年班主任队伍建设”“社会大课堂评价实践研究”3个项目通过北京市检查验收。推进学前教育普惠优质发展，全年新增690个学前教育学位。深化基础教育集群化改革，通过扩大教育集团规模、推进学区化改革、与名校合作办学等方式，构建区域优质教育新地图。完善招生入学政策，积极稳妥应对入学高峰。推进高中高品质特色发展。推进黄庄职业高中“国家中等职业教育改革发展示范校”项目建设，探索职教普教衔接工作，开办普通高中综合实验班。加强学习型城区建设，举办第十届社区学习节。保障特殊群体受教育权利，稳步推进新疆内高班各项工作。加强民办教育规范管理，101个民办教育机构通过年检，清理整顿5所未经审批幼儿园。认真办理人大代表议案、建议和政协委员提案，按期结案率、满意率为100%。信访办结率100%。发挥“报刊、网络、电视、短信”等区域教育宣传阵地的功能，全年出版《石景山报教育导刊》18期、《石景山教育》杂志6期，制作并播出《教育新视线》节目24期，发布手机教育新闻播报28期，在教委网站发布教育新闻1000余条，同时在市级以上媒体刊稿400余条，进一步提升石景山教育整体形象。

地址：石景山区八角西街95号
电话：68872844
邮编：100043

(魏　莉)

【中小学课外活动启动】 3月4日，区教委召开中小学推行课外活动计划启动大会，提出7项工作举措，对义务教育阶段推行中小学生课外计划进行全面部署，强调学校课外活动以体育为主、全面普及、师生联动等具体工作要求。本区课外活动以“健体、创美、阳光、快乐”为主题，遵循“政府主导、社会支持、学校组织、学生自愿”原则－按照平均每位学生每年400元标准，各中小学通过“购买社会服务”等形式，开展体育、艺术、科技等形式多样的课外活动。同月5日，全区义务教育阶段中小学生课外活动计划全面启动，各中小学按照市、区教委文件要求，结合自身实际情况，制定科学、合理、普惠性、实操性强的活动计划，切实加强中小学生体质健康，提高学生科学艺术素养，培养全面发展的合格人才。

(王　蕾)

5月17日，模拟联合国大会举行　　(区教委供稿)

【教育科研大会】 5月15日，区教育科研大会召开。各学校和相关单位约200人参加。区教委作《扎实推进、开拓创新促进石景山区教育事业高端绿色发展》的工作报告，总结“十二五”中前期(2011～2013年)教育科研工作整体情况，部署“十二五”后期(2014～2015年)教育科研工作任务；表彰在北京市基础教育教学成果奖评比中的获奖者、教育科研先进单位、优秀科研室主任以及区第二届教育教学成果奖获得者。获奖代表六一小学蔡云副校长、北京教育学院石景山分院教研员闫云梅、区实验中学科研室主任王红光作经验交流。地区教育科研工作取得突破性进展，在北京市基础教育教学成果奖评比中，获得两项一等奖、6项二等奖。

(王贤鑫)

5月15日，石景山区教育科研大会召开 (区教委供稿)

【第6届中学生模拟联合国】 5月17～18日，第6届中学生模拟联合国大会在景山学校远洋分校举行，6所高中学校220名学生代表参加。本届模拟联合国大会分设安全理事会、经济与社会理事会、环境规划署、G20领导人峰会4个委员会，分别就叙利亚问题、全球稀土资源的开发与利用、预防和减少海洋污染、灾难后的应对与重建4个议题进行深入研讨与广泛交流。模拟联合国协会成立于2009年4月，会议规模逐步扩大，组织逐渐完善，影响从高中学段辐射到全区初中、小学学段。

(金清苗)

【实验教育集团成立】 5月28日，石景山区实验教育集团成立。成员有石景山区实验中学、实验中学分校(原北京市蓝天二中)、石景山区实验小学、石景山区第二实验小学和石景山区实验幼儿园。集团包括7个校区，占地面积共计62751平方米，建筑面积共计39401平方米。在此之前，本区东部拥有以景山学校远洋分校、京源学校为代表的优质校，西部拥有以九中、北师大附中京西校区为代表的优质校，但中部地区优质资源相对薄弱。实验教育集团成立后，实验小学毕业生将直升实验中学，实验二小毕业生直升实验中学分校。同时，各学段的师资和教育资源共享，共同开发区域特色课程，集团内部骨干教师共同开展教学研讨、组织实施课题研究、校际间流动等活动，促进学校(幼儿园)间均衡发展。加上已经成立的九中教育集团和古城教育集团，石景山区已有3大教育集团。

(李 强)

【推进核心价值观教育】 5月，区教委印发《石景山区中小学培育和践行社会主义核心价值观实施方案》。该方案从宣传、课程、文化、实践、管理、示范6方面指导学校推进社会主义核心价值观教育。建设区级德育课程资源库，推进德育课程建设。评选最美孝心少年，创编、传唱新童谣，举办“读美德故事”主题实践、“助力梦想，成就青春”主题教育活动、“四个一”实践活动，将社会主义核心价值观教育融入中小学教育全过程。

(金清苗)

【绿色教育发展实验区】 8月25日，区教委联合北京师范大学教育学部召开“石景山区绿色教育发展实验区”工作推进会。本次论坛从基本理论和黄庄职业高中品牌学校建设项目、绿色课堂改进项目、学校文化和品牌建设项目、绿色学前项目、师德建设项目和青少年领导力培养项目7部分，总结第一阶段“石景山区绿色教育发展实验区”项目实验成果，发布2013～2014学年度中小学绿色发展指数。“石景山区绿色教育发展实验区”项目是区教委于2010年起借助北师大教育学部专家资源共同推进的一项区域教育综合改革实践活动。区教委以本次论坛作为新的教育改革的战略起点，继续从宏观管理层面、学校管理层面、课程教学层面深入推进区域教育绿色发展进程。

(王明明)

【庆祝教师节大会】 9月9日，区教委召开教育系统庆祝第30个教师节大会。大会对北京九中等18个“教育先进单位”、邵莹莹等194名“优秀教育工作者”进行表彰，并颁发奖杯和证书。北京市京源学校校长白宏宽、石景山区六一小学校长王京兰、北京九中教师段长波和石景山教育分院教师杨春利代表受表彰的集体和个人进行交流发言。副区长杨东起就加快推进地区教育事业发展提出意见。一是要把培育和弘扬社会主义核心价值观作为教育改革的战略任务，教育工作者一定要充分尊重青少年的身心特点和成长规律，善于挖掘、传承、发扬中华民族传统文化精髓，使学生在生活实际和社会实践中逐步认知、理解、认同、践行社会主义核心价值观。要主动聚合包括家长、社区在内的各种资源和力量,构建全方位、立体化的育人体系;二是要把办人民满意教育作为教育改革的出发点和落脚点,加快培育和引进优质教育资源,统筹骨干教师交流与共享机制,推动优秀师资合理流动,加快缩小全区校际教育发展的差距。努力使每个学生的潜能都得到充分发展,为孩子提供最合适的教育;三是要把加强教师队伍建设作为教育改革的最重要基础工作,必须大力弘扬尊师重教的良好风尚、切实提高教师地位,吸引优秀人才长期从教、终身从教。必须采取切实措施,保证教师队伍既有畅通的补充渠道,同时又有继续学习的上升通道。必须加强制度创新,健全管理制度,加强师德建设,不断提升教师业务水平。区教委两委一室主要领导、校级领导干部及优秀教师代表共180余人参加会议。

(魏　莉)

【国家安全教育示范基地】 9月22日,北京市首批“国家安全教育示范基地”启动仪式在北京九中举行。第十一届全国政协副主席、中国政策科学研究会国家安全政策委员会名誉会长李金华为九中“国家安全教育示范基地”授牌,同时获此殊荣的还有北京八中。中国政策科学研究会国家安全政策委员会为这两所学校专门制定“国家总体安全”“传统安全”“政治与文化安全”“经济与资源安全”“科技与信息安全”“生态安全”“核安全”和“时代使命与担当”等国家安全教育课程,10月始,邀请军事科学院、中国社科院、中国工程院的高级专家为学生授课。“国家安全教育示范基地”是由中国政策科学研究会国家安全政策委员会主导建立,目前已在江苏如东、四川邛崃等地建立3个教育示范基地。该会由国家民政部正式批准成立,是从事国家安全战略研究的全国性学术研究机构。

(曹艳玲)

【三方教育联合会换届】 10月31日,区教委召开家长、教师、社区教育联合会大会。各中小学校长、各校家长委员会会长、各街道代表140人参加会议。大会交流经验,总结工作,表决通过联合会提案议事、矛盾调解、家长培训、资源开发、学校开放、巡回监督、交流指导、评估评议8项工作规范,投票产生新一届教育联合会执行委员会名单。祝智军连任第二届三方联合会会长。

(金清苗)

【承办小足球节】 11月22日,由区关工委、区教育关工委承办的北京市“欢乐足球在校园小足球节”活动在石景山体育馆举行。中国关工委主任顾秀莲,足坛名宿年维泗、张路、郝海东参加活动。来自北京市22所小学的600多名小学生演示《聪明的狐狸》《指尖足球》《足球高尔夫》《正反博弈》等足球游戏。电厂路小学、景山学校远洋分校获得优胜奖,先锋小学获得优秀奖,区机关工委获得优秀组织奖。此次活动将趣味体育活动引进校园,有利于塑造青少年健康体魄,动员全社会共同开展好关心下一代工作。

(徐继先)

9月22日,九中成为首批国家安全教育示范基地　　(区教委供稿)

【警示教育巡展】 12月4日,区教委召开“弘扬宪法精神·建设法治中国”暨2014年石景山区教育领域反腐倡廉警示教育巡展启动仪式。中国政法学校教授王敬波从依法治校的提出背景和意义、学校治理面临的问题与挑战、依法治校存在的突出问题、依法治校的重点和难点4个方面作“弘扬宪法精神·构建法治校园”专题讲座。与会人员共同观看国家宪法日的宣传展览。此次展览在介绍反腐倡廉工作相关政策、法规的基础上,结合北京市基础教育领域职务犯罪的情况和特点,选取易发职务犯罪的3种岗位及4个环节的典型案例进行警示教育。此外,教育系统各单位还组织开展法治文艺演出、网络在线学习、书画笔会、法治展览、知识竞赛、法律咨询、征文演讲等形式多样、各具特色的宪法学习宣传活动。

(李　强　周　苏)

【拉萨市教育考察组到区交流】 12月10日,拉萨市委常委、常务副市长洪家志率拉萨市教育考察组到区考察交流联合办学事宜。感谢石景山区长期以来给予西藏教育事业的支持,并详细介绍拉萨市教育发展情况。副区长杨东起、拉萨市副市长计明南加参加座谈。

(魏　莉)

【教育人才队伍建设】 区教育系统全年接收应届毕业生135人,其中硕士研究生51人,博士研究生4人(含博士后2人)。完成新一届市、区骨干教师、青年教学能手推选工作及全区中小学教师职称结构比例调整方案制定工作。举办中小学校长任职资格培训班,中小学副校长提高培训班、专职书记提高培训班。15名中青年校长进入5个校长工作室研修。选派20多名优秀校长参加国家、市、区级高端研修项目培训。推动第三期名校长名教师培养工程,组织新教师培训、继续教育培训、教师成长层级培训、名师培养工程培训合计5100人次。持续推进第一批35名青年硕士人才培养项目、石景山可持续发展教育专家工作室。2名教师入选北京市第二批名师培养工程。深化“绿色·生命·爱与尊重”师德教育活动,3名教师被评为北京市师德先进个人;1名教师被评为全国优秀教师;11名教师被评为北京市中小学紫禁杯优秀班主任(其中一等奖5名);6名教师被评为北京市学生喜爱的班主任;1名援疆教师被评为新疆自治区教育厅优秀教育工作者;15名教师被评为区师德标兵,69名教师被评为区师德优秀教师;1所学校被评为全国教育系统先进集体,10所学校被评为区师德建设先进单位;北京九中等18所单位获区级“教育先进单位”、邵莹莹等194名教师获区级“优秀教育工作者”。年度人民满意学校测评中,全区整体满意率达到94.2%。

(范璐丹　孟　云)

【区域优质教育新地图构建】 年内,石景山区佳汇中学转制为九中第二个初中部,石景山中学纳入九中教育集团,集团办学规模扩大。成立实验教育集团。北京市“城乡一体化建设”项目京源学校莲石湖校区首次招收102名一年级新生。西部地区进行教育布局调整,撤并天泰中学,原址引入民办中杉学校。依据区政府与北师大附属中学、首都师范大学、清华附小、北方工业大学合作协议,北师大附中京西分校首次招收46名高一新生,校址竣工之前于师大附中本部就读;海特花园小学、苹果园第二小学、外语实验小学、杨庄小学挂牌“北方工业大学体育美育特色学校”。

(魏　莉)

【十项教育实事完成】 年内,区教委牵头完成年度十项教育实事。一是苹果园中学正式挂牌“首都师范大学附属苹果园中学”,北京师范大学附属中学京西校区于9月正式开学,金顶街二小成为“清华大学附属小学协作校”;二是调研分析区域未来五年学龄人口变动趋势,制定义务教育招生制度改革方案,通过多校对口、计算机派位等方式推动实现学区内就近入学;三是接收3所配套幼儿园,年内增加690个学前教育学位;四是批准举办2所民办普惠性幼儿园,在西部五里坨地区引进一所高起点民办学校——中杉学校;五是投入市级资金2900余万元用于京源学校莲石湖校区建设项目,投入市级专项资金2840余万元用于景山学校远洋分校高中部改造工程,投入市区专项资金7400余万元实施学校布局调整、综合维修和校园基础设施改造工程;六是安排市区专项资金1700万元,支持学校引入社会专业力量开展好课外一个半小时体育、科技、艺术教育;七是为北师大附中京西校区和京源学校莲石湖校区等学校新增50个教师编制,安排专项经费15万元推动5个校长工作室和5个博士后工作室建设;八是安排4770万元市区专项资金用于数字化校园建设以及学校网络运行、现代教育技术整合、设备维护和技术培训等方面,进一步提升教育信息化水平;九是投入区级专项资金924万元加强平安校园建设、完善校园人防、技防、物防体系;十是安排1470万元市级专项资金支持学校校园文化建设项目。区政府自2011年起每年实施教育实事项目,项目通过区政府发文方式下达、区政府督查室按时间节点督查考核。

(魏　莉)

【平安校园建设】 年内,区教委投入1800万专项用于增强人防、物防、技防基础建设,完成学校及幼儿园视频监控系统升级改造。实施校园安全巡查和安全形势月分析制度,全年共组织全区安全巡查4次,安全大检查2次。对24所民办幼儿园、27所非法自办幼儿园和1所非法自办小学进行集中检查,查找督促安全隐患整改,更新健全安全管理台账,宣传安全办学和规范办学相关知识。启动“安全进校园”项目,聘请专业救援队走进16所学校培训师生安全知识和技能,举办校园安全工作培训,对100余名校园保安进行反恐防恐技能培训。召开全区校园及周边综合整治联席会议及街道级联席会议,推进校园周边安全隐患治理。开展“打通‘生命通道’”专项行动、“小手拉大手,共创文明交通环境”等主题教育活动,组织5·12防灾减灾日、11·9消防日、12·2交通安全日、12·4法制宣传日等主题宣传活动。规范幼儿在园用药管理,联合区食药监局等相关部门开展全区学校(含托幼机构)食品安全专项检查工作。执行营养餐公司评审准入制度,完成下年度学生营养餐送餐企业招投标工作。

(康爱农)

学前教育

概　述

2014年,石景山区各级各类幼儿园51所。(公办园19所、民办园32所),离园幼儿2766人,入园幼儿4235人,在园(班)幼儿13409人。教职工2280人,其中,专任教师1214人。幼儿园占地面积219230平方米,建筑面积125188平方米。全区市级示范园5所,一级一类幼儿园16所,市级早期教育示范基地16所,市级特殊儿童教育示范基地6所。年内,石景山区学前教育工作围绕《石景山区学前教育全面普及工程行动计划》的目标与任务要求,推进幼儿园硬件建设,在园所管理、课程改革、队伍建设等方面加强内涵建设,巩固学前三年行动计划工作成果,依据北京市工作部署,研究制定第二期学前三年行动计划,进一步提高幼儿园保教工作质量,提升教师队伍专业化水平,促进学前教育内涵发展。

(谭春林)

【教师成长工作室建设】 1月3日,“十二五”教师成长工作室总结会召开。会议总结语言领域工作室、社会领域工作室、艺术领域工作室、阳光体育工作室工作的开展情况。各工作室发挥理论与研究的优势,围绕提升教师教育观念、课程领导力及持续发展的综合能力,组织各类活动40次,著

成《语言领域活动经验集锦》《社会领域活动经验集锦》《艺术领域活动经验集锦》《阳光体育活动经验集锦》。自2012年成立来，完成2批学前骨干教师的培养计划。

（黎　铮）

【园长教师专题培训】 3月18日，区教委启动学前系统2014年园长、教师“用学习故事记录儿童学习”主题培训。各级各类幼儿园干部、教师150人听取《撰写儿童学习故事》专题讲座，围绕“促进幼儿主动发展”核心，研讨交流撰写技能。

（黎　铮）

【验收大地金苹果幼儿园】 4月18日，区教委、区妇幼保健院联合验收首钢大地金苹果幼儿园一级一类达标工作。验收组一行10人分别观摩“班级区域活动”“集体教育活动”“生活活动”“户外活动”，听取幼儿园三年来争创达标工作汇报，审查卫生保健、食品卫生管理情况。检查组肯定办园环境和队伍建设成效，并做出指导建议。

（黎　铮）

【幼儿园环境创设评优】 5月26日，市教委召开幼儿园环境创设评优活动表彰会。经区教委推选、市教委领导和专家评审，本区10家幼儿园、6人获2013年北京市幼儿园环境创设评优活动各项奖项。其中，区幼儿园、区第三幼儿园、八角北路幼儿园、区希望之星幼儿园、区第二幼儿园、北京军区政治部幼儿园获“最优环境建设奖”；首钢大地苹果园幼儿园、联勤部幼儿园获“人文教育模范奖”；区师范附属幼儿园、首钢大地古城幼儿园获“园所环境创意奖”。时进霞、张洪霞、尹双琴、佟桂香、李兆兰、齐景华6人获“优秀个人”奖。园所文化建设，是幼儿园富有凝聚力、向心力、创造力的基础，也是师生整体素质和美好形象的体现。各园所因地制宜制定实施文化建设及环境创设方案。包括规范办园行为，营造园所内外文化环境和氛围；全面开展园风、教风、师德建设，突显园所办学特色，促使办园质量不断提升，让更多孩子在幼儿园中健康、快乐成长。

（黎　铮）

【萌芽杯评比】 5～11月，区教委举办第十一届“萌芽杯”学前教育教学系列评比活动。其中，154人参加“录像课评优”，包括健康领域27节、语言领域25节、科学领域40节、艺术领域40节、社会领域22节；154人参加“学习《3～6岁儿童学习与发展指南》征文活动”；137人参加“幼儿学习故事评选活动”。共有281人次获奖，集结出版学前系统第十一届“萌芽杯”教育研究系列活动优秀作品集。

（谭春林）

【绿色活动课程实践研讨】 7～12月，区教委组织推进绿色活动课程实践研讨。26个实验园、教师130人参加“绿色活动课程实践”研究。区分院学前教研室牵头3个小组，下园指导96次，集中研讨24次，阶段总结4次。共同完成的《幼儿园活动课程案例集》，覆盖小、中、大班儿童、逐月设计活动课程内容，内容包括节日活动、家庭生活、大自然与季节变化、体育活动、社会交往、游园活动等。

（谭春林）

【玩教具配备培训】 9月11日，区教委组织“幼儿园玩具配备专题培训”。51所幼儿园的园长、业务园长、教师共120人，接受教育技术装备中心和区学前教研组关于园所“美工区”“益智区”“娃娃家”“建筑区”“角色区”的玩教具配备和科学使用的工作指导。

（谭春林）

【交流民办园工作】 12月19日，区教委召开民办幼儿园办学经验交流研讨会。会议以“责任、生存、发展”为主题，总结民办幼儿园年度考核工作，交流3所民办园“规范办园、提升水平，促进幼儿健康快乐成长”工作经验。年内，全区20所民办幼儿园接受园所管理、教育、保育工作年度考核。区教委领导和全区民办幼儿园代表参加会议。

（谭春林）

基础教育

概　述

2014年，石景山区小学41所（其中义务教育九年一贯制、十二年一贯制学校小学部10个），毕业生3486人，招生4402人，在校生23479人，在校生中京籍10699人，教学班720个；入学率100%，巩固率100%，毕业及格率100%。中学26所（初中10所、高中3所、完全中学3所、一贯制学校10所），毕业生4532人（初中3040人、高中1492人），招生4694人（初中3110人、高中1584人），在校生14715人（初中9679人、高中5036人），在校生中京籍8750人（初中5111人、高中3639人）；教学班472个（初中310个、高中162个），初中入学率100%，普通高中入学率为96.99%，高考上线率为88.5%，高考录取率87.2%，应届高考录取率为95.2%。特殊教育学校数1所，毕业21人，招生14人，在校生92人，教学班10个。残疾儿童入学率100%，巩固率100%，结业率100%；特殊教育学校教职工35人，其中，专任教师29人。校外教育单位4个，教职工185人，其中，专任教师50人。中小学教职工2597人，其中，专任教师1968人。小学教师学历合格率99%，初中教师合格率97%，高中教师合格率99.7%。中小学高级技术职务教师349人。全区中小学图书馆藏书1905742册。固定资产总值107366.31万元。全年教育经费投入181149.94万元，其中国家拨款165882.25万元，自筹15267.69万元。

（薛　强）

【校长成长工作室推进研究】 2月21日，区教委召开可持续发展教育校长成长工作室研讨会。校长成长工作室4个项目组，分头协同规划和推进“可持续发展教育办学理念及特色学校建设实验研究”“校长可持续发展教育领导力及实践效果实验研究”“可持续发展教育的教学与学习方式创新策略与质量评价实验研究”“中小学生可持续生活方式养成教育途径与效果评价实验研究”“在可持续发展教育中培养学生科技创新能力实验研究”。

（王贤鑫　马　强）

【生涯教育交流会】 3月13日，区教委召开学校生涯教育工作计划交流会。北京九中、京源学校、苹果园中学、古城中学、北师大励耘实验学校、景山学校远洋分校6所高中，实验中学、高井中学、蓝天二中3所初中，京源学校小学部、实验小学、五里坨小学、水泥厂小学4所小学，交流"生涯教育工作计划及举措"会议部署新学期生活教育工作计划。

（周　冬　龙娟娟）

【第八届教育教学研讨月】 3月26日，区教委开展第八届教育教学研讨月。在启动仪式上，苹果园中学展示化学、政治等6节优质课，京源学校小学部、同文中学、苹果园中学分校分别作专题发言。研讨月推出各级各类活动234项，其中区、校活动92项，"给予课题研究的教研组组织变革研究"等科研带题授课39项，"人际关系心理理论培训"等德育心理教育活动23项，"提高基础薄弱生的写作技能"等学科教研活动80项。

（施　爽）

【经典诵读活动】 4月23日，区教委举办"诵国学经典，享书香诗韵"主题的经典阅读表彰展示活动。古二小、海特花园小学、苹中分校等7校带来《春韵序曲》《中华情，少年梦》《满江红》等诵读、舞蹈、歌唱、绘画等艺术表演。

（王贤鑫　杨红兵）

【颁布中小学文化建设方案】 5月9日，区教委召开中小学文化建设项目专题培训会。颁布《石景山区中小学校文化建设方案》，从指导思想、目的意义、原则、措施、保障及指标体系做出解读。市文化建设项目总负责人、北师大教授张东娇系统阐述学校文化及结构、学校文化驱动模型和管理策略。

（王贤鑫）

【初中教师基本功表彰】 5月15日，区教委召开区初中教师教学基本功总结表彰会。大会总结市、区第二届初中教师基本功培训与展示工作，18名教师接受表彰。区教委宣读《石景山区小学教师教学基本功培训和展示活动实施方案》，启动第二届小学教师教学基本功培训和展示活动。

（周　冬）

【第28届"四联展"】 5月16日至6月16日，区教委与区文明办联合组织第28届中小幼师生"四联展"。绘画、书法、篆刻、工艺等获奖作品，有学生3155幅，教师467幅；分布于全区9个街道、108个社区的810块橱窗。中小幼师生"四联展"是以绘画、书法、篆刻、工艺4类作品为主的展示活动，始于1986年，至今已连续开展28届。活动为喜爱艺术的学生提供一个展示梦想的平台，使大批少年儿童对艺术产生浓厚兴趣，孕育和培养出众多艺术新人。

（王贤鑫）

【可持续发展教育督导评估】 5月17～20日，石景山区召开亚太可持续发展教育专家会暨石景山区可持续发展教育(ESD)督导评估大会。区教委作《建设可持续发展教育国家试验区深入推出区域教育综合改革》报告，介绍"开发完善和丰富区域课程建设""提升校长领导力和教师专业综合素质""构建可持续教学模式""营造可持续发展的绿色教育环境"的经验。加拿大、澳大利亚、瑞典、德国、日本及中国台北的ESD专家，走进苹果园中学、六一小学，观摩数学、语文、物理、英语及综合实践课程的课堂教学，了解节能减排的科技创新活动过程和成果。

（曹艳玲）

【第五届武林大会举办】 5月30日，区教委主办、古城第二小学与中华武校北京分校联合承办"2014年石景山中小学第五届武林大会"。21所中小学校、700余名学生参加太极拳、五步拳、武术操规定项目和刀术、棍术等自选项目的比赛。武术进校园项目自2007年9月正式启动以来，区教委与山东莱州中华武校紧密合作，将武术纳入学校整体课程设置，成立武术教学研讨组，并利用课间操、晨练等时间进行全校练习。每所学校安排专门的武术教练，覆盖学前教育、小学、初中试点校21所，每年武术教练员正式授课7000余节，参与教学班级140个，涉及学生5000余人。

（周　冬）

【优质课程资源评选】 5～7月，区教委组织首都特色优质原创课程辅助资源评选工作。36所中小学参与本次资源征集活动，共收集课程辅助资源394项，获一等奖48项，二等奖82项，三等奖97项。

（王贤鑫）

【学习方式变革研讨】 6月12日，区教委召开"基于手持移动终端的云学习方式变革研究"研讨会。北京市"学习方式变革"课题组、中小学与会者莅临六一小学，观摩四年级英语、品德与社会2节现场课，听取该校课题实验语文组课题研究案例的说课介绍，以及学校该课题的实验报告《且行且思的思考》。市项目组从实验理念、技术操作、学生需求角度，重申项目宗旨，点评研究成果。

（曹艳玲）

【承办市课程建设研讨】 6月16日，区教委承办市"市区校联动整体推进三级课程建设，促进学校内涵式发展——走进石景山区课程建设阶段研讨会"。其中，研究性课程及主题节日活动，展演"华彩音乐节""Super英语节""激情体育节""缤纷书画节"，包括击剑、武术、跆拳道、独轮车、滑板、面塑毛猴、鹅卵石画等。区实验小学做"基础性和拓展性课程"研究展示，开设经典阅读、英语、品德、信息技术、趣味思维、心理健康、劳动课变幻折纸等8节研讨课。该校语文、英语、美术3个教研团队、教师4人，分别汇报《课程改革伴教师成长》《教研团队的思考与实践》《校本课程的开发与创新》；校长介绍学校纵深开展课程建设研究，整体推进三级课程建设情况。区教委围绕努力构建"身心健康，人格健全，自主学习，赋予创新"的绿色课程体系作主题报告。

（王贤鑫　曹艳玲）

【中小学随班就读】 9月12～28日，区教委召开石景山区中小学随班就读工作会。会议总结三年来全区的随班就读工作，表彰区特殊教育先进学校和先进工作者。大会颁布《石景山区中小学随班就读工作管理实施细则（试行）》，宣布石景山区特殊支持教育中心成立。大会解读《石景山区特殊

教育学校学生“双学籍”制度实施方案》，介绍特教“融合教育”的支持系统及发展现状，为残疾孩子日后走入社会，奠定成长基础。“双学籍”为九年义务教育残疾儿童少年，提供既可以接受特殊教育的专门课程学习，亦可以到普通中小学随班就读，取得双学籍身份。第一批“双学籍”学生27人，分别到分院附小等中小学6校随班就读。

（曹艳玲）

【新创意作文赛获奖】 9月20日，区教委组织中小学生参加北京市东方少年·中国梦——第二届“新创意”中小学生作文大赛。首钢矿业职工子弟学校六年级学生王恬恬获一等奖，外语实验小学朱博涵等3人、金顶街二小李少伟等7人获二、三等奖。区教委、中小学校等10家单位获组织奖。

（王贤鑫）

【中小学生涯教育协作体】 10月，京源学校和北师大附属实验中学、北方交大附属中学、北京市165中学、牛栏山一中、苹果园中学等10所学校共同成立“中小学生涯教育协作体”，并召开第一次工作经验交流会。本次活动由北京市京源学校主办，10所协作体成员校负责人、教师和来自海南中学等3所外省市学校相关领导共60余人参加活动。此举为集中生涯教育力量，整合生涯教育资源，建设生涯教育环境，探讨生涯教育机制，加深校际交流和合作。作为生涯教育协作体的发起单位，京源学校校长白宏宽介绍成立协作体的重要意义，宣读包括总则、协作体基本任务、成员、工作机制、组织、附则在内的12条《中小学生涯教育协作体章程（草案）》。11所协作体成员校签署《中小学生涯教育协作体单位确认书》。165中学、北师大附属实验中学、北方交大附中和古城中学就各自学校的生涯教育思路、实践经验进行交流，并从生涯教育的出发点和落脚点、校本课程的研发路径、活动的开展、教师队伍建设、学校生涯教育工作体系构建等多个方面进行了探讨。

（徐继伟）

【在线教育服务培训】 11月2日，区教委召开落实北京市“在线教育服务”工作培训会。邀请市教委项目组培训“在线学习信息推送”“在线作文批阅”“名师在线”相关工作，要求各学校利用现代网络技术手段，做好教育服务新方式。

（周　冬）

【第12届教育教学大赛】 11～12月，区教委举办中小学第12届“强化教师基本功，促进教师专业发展”教育教学设计与课堂大赛。此次大赛基于《课标》，提升教材编排、教育教学内容开掘的设计理论和实践水平；强调学情背景的智力、非智力因素分析，包括知识结构和思维水平、年龄、年级与学习心理特征；展示学科素养风采和改革成果。区教育分院组成22个学科评委组，包括分院66人、一线骨干21人、教育行政3人。中小学展示课382节，包括中学142节、小学240节；教学设计一等奖79人、二等奖117人、三等奖119人，课堂教学一等奖80人、二等奖116人、三等奖119人。其中首钢矿山教育集团参赛教师28人，获奖率80%。心理学科40人、主题班会54人，参加突显社会主义教育核心价值观的学生教育大赛，获奖率80%。

（曹艳玲）

【召开三级课程建设现场会】 12月12日，区教委在九中初中部召开“传承整合体验，打造全人教育理念下的三级课程体系”主题展示活动。会议展示九中初中部10名教师的国家课程和地方课程、校本课程的研究成果，交流该校校本教材建设和三级课程体系建设经验。现场会是区教委、石景山教育分院全面推进区域基础教育课程改革、提升学校三级课程建设实效性而进行的典型展示活动，来自全区中小学校的教学干部和骨干教师共100人参加活动。

（王贤鑫）

【科学探案项目培训】 12月18日，区教委举办科学探案创新人才培养项目工作培训会。11所项目学校干部教师接受中国人民公安大学刑事技术学院的培训。听取刑事侦查破案和科学探案项目的相关知识介绍，进行互动交流。

（王贤鑫）

【学生机器人大赛举行】 12月，由区教委、区教育学会、区青少年科技教育协会联合举办的“2014年石景山区学生机器人大赛”在石景山中学举行。本次大赛共设“机器人智趣搭建赛”“穿越障碍赛”“火星探险赛”3个项目，有265名学生、61位指导教师共326人参加比赛，涵盖本区18所中小学校及幼儿园、并有海淀、丰台、西城等7个区县22所学校师生参与。本次大赛秉持科技教育活动服务学校、助力学生成长的原则，为本区各学校开展的机器人教学搭建成果展示与交流平台，并培养了学生严谨细致的习惯以及多项学科知识的运用能力、逻辑思维能力、解决问题的创新与决策能力，提高了学生团队合作精神和竞争意识、科学素养和人文精神。

（王文精）

【第32届学生科技节】 12月，第32届学生科技节三维创意设计竞赛在北京师范大学励耘实验学校举行。本次竞赛是由区青少年活动中心、北京教育学院石景山分院、北京四维拓智教育科技有限公司以及励耘实验学校共同承办。此次竞赛分小学、初中和高中3个组别进行，小学组的竞赛题目是制作空气加湿器；初中组的竞赛题目是USB创意风扇；高中组的竞赛题目是无人飞行器。选手们通过软件进行三维模式设计、搭建和零件输出，再利用三维打印机和激光雕刻机自动加工输出实物微缩模型和测试实物模型零件，在规定时间内完成零件的组装拼插和模型测试。经过激烈角逐，共评出小学组一等奖6名、二等奖8名、三等奖16名；初中组一等奖5名、二等奖7名、三等奖12名；高中组一等奖5名、二等奖10名、三等奖11名。

（曾凤鸣）

社区教育

概　述

2014年，有社区市民总校1个，设

于社区学院;市民学校中心校9个,分设于街道社区教育中心;市民学校分校145个,分设于各居委会。区教委派出社区专职教师20人,在册社区教育志愿者4073人。年内,社区教育工作围绕创建学习型城区工作展开,建立健全社区教育中心各项管理制度,加强社区教育工作的管理和考核。成立社区教育师训工作室,发挥社区学院龙头作用,举办"市民讲外语活动周""社区学习节""全民终身学习周""周末大讲堂""APEC实用英语大讲堂""志愿者送教进社区""一街一品"等社区教育工程。各街道社区教育中心结合自身条件,建立老年大学分校,促进老年教育开展;开展青少年家庭教育,确保学校、社区、家庭三位一体教育模式的有效构建;推动中小学及驻区单位合作,促进社区教育资源共享。依托《石景山社区教育通讯》等媒体,面向社区宣传终身教育理念。完成各类社区教育市民培训263806人次。评选表彰市级"首都市民学习之星"3个、区级"学习品牌"15个、区级"学习之星"26个、区级"学习型组织"30个。在社区学院、黄庄职业高中、区图书馆、区文化馆、区科技馆5个单位建立首批"市民终身学习体验中心"并授牌。

(张 蕾)

【社区工作者招聘组考】 5月25日至6月15日,社区学院承办面向社会公开招聘社区工作者组考工作。石景山区公开招聘社区工作者,涉及全区9个街道(社区)工作、楼宇党建以及枢纽型社会组织等230个岗位。笔试考点设置于社区学院、杨庄中学,考场25个;接待报考729人。

(张 蕾)

【第十届社区学习节】 6月18日,石景山区第十届社区学习节落幕。其间,表彰丁玲等区级"学习之星"26人,宣布"时尚生活"等15个项目为区级"市民学习品牌"。居民代表分别参加茶艺、调酒、花式咖啡及中西面点制作等5个项目的体验学习活动。

(曹艳玲)

【开展APEC实用英语培训】 10月20日,石景山社区学院开展"APEC实用英语"培训。英语公益大讲堂是地区市民英语教育学习品牌,继"学说奥运英语一千句""学好英语畅游世界""新起点英语"之后,再次开发创设的一套市民英语学习的视听课程。本次培训以《APEC实用英语手册》为教材,社区学院采取同期录像、编制视频课程,后期将制作教学光盘下发给各街道的英语角、开通"空中英语课堂"等网络平台,多渠道服务市民学习英语,以实际成效推进区域国际语言环境建设。

(曹艳玲)

【学习型组织表彰】 10月29日,石景山区社区教育志愿者协会表彰大会在区教委举行。区建设学习型城区工作领导小组授予区人力社保局等3个机关"区级学习型机关"荣誉称号;区统计局党总支等2个党组织为"区级学习型党组织";古城街道为"区级学习型街道";古城第二小学等3个学校为"区级学习型学校";北京万商投资发展有限公司等3个企业为"区级学习型企业";八宝山街道永东北社区等8个社区为"区级学习型社区";常敬媚等10个家庭为"区级学习型家庭";王晓萌等20个市民家庭为区"书香家庭"。同时对苏莲英等161人优秀社区教育志愿者以及在"一街一品"社区教育特色课程系列教材编写过程中作出特殊贡献的编委邓淑萍等13人进行表彰。通过树立典型,鼓励更多的人全面致力于提升生活质量和文化素养,加入到终身学习的行列。

(张 蕾 曹艳玲)

【第十届全民终身学习周】 10月29日至11月4日,第十届全民终身学习周举办。开幕式现场展出首届石景山区"幸福生活"编织节的市民学习作品。本届全民终身学习周活动主题为"全民终身学习·创造出彩人生",活动期间,各单位、街道(社区)围绕"终身教育终身学习",组织讲座、学习交流会、"书香家庭""探寻京西文化,创造智慧家园"摄影大赛等学习教育、成果交流活动,突出倡导全民学习,创造出彩人生,共享智慧生活,促进全区营造良好学习氛围。

(张 蕾 曹艳玲)

【家庭快乐厨艺赛】 11月1日,区社区学院举办第二届"健康厨艺,快乐生活"家庭快乐厨艺风采赛。大赛分设刀工技法、选料配比、菜品外观以及营养价值等方面,进行综合考评。9个街道(社区)组队参加"我的厨艺情"等5个环节,3个街道(社区)胜出。

(张 蕾)

【志愿者送教进社区】 年内,区社区学院组织志愿者"送教进社区",推出"菜单式"送教课程表。课程内容涵盖礼仪沟通、低碳环保、家庭教育、法律时事、艺术、拓展培训等,共11大类61门。该课表装订成册,下发街道社区教育中心9个、市民学校145个。

(张 蕾)

【社区一街一品建设】 年内,区社区学院整合各街道、社区特色教育资源,建设社区"一街一品"项目,打造区域特色的"本土化"课程,并完成《石景山区"一街一品"社区教育特色课程系列教材》。

(张 蕾)

职业与成人教育

概 述

2014年,石景山区职业高中2所,毕业生590人,就业率99%,职业资格证书取证率96.66%。招生629人,在校生2818人。教职工191人,其中,专任教师92人、教辅人员19人、工人7人。专任教师中本科及以上学历98.9%,研究生学历14人;高级专业技术职务27人、中级32人;"双师型"教师41人。外聘教师17人。学校占地面积9.06万平方米,产权校舍建筑面积78805.5平方米。划分学历教育区、实训经营区和综合培训服务区等6个校区,开设服装设计与工艺、美容美发与形象设计和烹饪等共12个专业。全年教育经费投入12195万元,包括国家拨款11710.4万元、自筹经费484.6万元。固定资产总值17553.18万元,包括教学、科研仪器设备总值8579.39万元。图书馆建筑面积0.16万平方米,藏有纸质图书12.8万册、

电子图书1024GB。拥有计算机1765台。多媒体教室座位1920个，信息化建设投入100万元，网络信息点1572个，校园网出口总带宽1000Mbps，数字资源量4096GB。学校网址：http://www.huangzhi.net.cn。年内，区属成人高校有石景山业余大学、北京开放大学石景山分校2所。学校划分八角、鲁谷、八大处3个教学区，占地总面积1.06万平方米，建筑总面积2.45万平方米。固定资产13039.16万元，藏有纸质图书101678册，电子图书301册。全年教育经费投入3570万元，其中国家拨款1571.95万元。两校合署办学统一管理，教职工126人，专任教师34人，包括副教授12人。区业余大学开设市场营销、广告设计与制作、幼儿艺术教育等13个专业，在校生1539人，毕业275人，招生529人。北京开放大学石景山分校开设法学、工商管理、行政管理等11个本科专业，会计、物业管理等4个专科专业，在校生3130人，毕业643人，招生767人。奥鹏远程学历教育开设护理学、药学、法学等30个本、专科专业，在校生428人，毕业120人，招生96人。全年短期培训计69849人次。

（姜 玮 张 蕾）

【大师工作室成立】 4月2日至5月9日，黄庄职高成立大师工作室2个。会计专业启动“曹明工作室”，北京市悦铭缘企业管理顾问有限公司经理、会计专业优秀毕业生曹明担任领衔人。学校师生与团队定期处理手工、财务软件记账及报税等实际业务，提高专业教师实践能力，提升学生综合职业能力和职业素养。校骨干美发与形象设计专业运作“美发技艺大师工作室”，北京市商业服务业“中华传统技艺技能大师”张大奎担任领衔人，双方约定在传承和发展中华美发传统技艺、挖掘整理古典盘发造型、研发发型等方面开展合作，保护和传承中华美发技艺。

（曹艳玲 尤凤娇）

【京袍技艺传承】 4月13日，黄庄职高携非物质文化遗产“京式”旗袍，参加北京市中等职业学校技能教学成果展示。学校服装专业教师杨红、张凤兰正式拜“京式”旗袍第四代传承人李侃女士为师，成为京袍第五代传承人。

（刘 冰）

【业大校园招聘】 5月24日，区业余大学举办学生就业大型校园招聘会。北京世行国际石油化工投资管理有限公司、北京北方信息技术有限公司、北京惟帆通讯设备有限公司等，共55家企业提供2000个就业职位。

（孙海燕）

【志愿服务毛主席纪念堂】 9月24日至10月8日，黄庄职高全校遴选46人成为北京市第13批次的毛主席纪念堂服务志愿者。作为首支来自中职学校、平均年龄最小的志愿团队，承担毛主席纪念堂外围引导岗、扶老助残岗、蓝立方岗、团队预约岗、献花引导岗5个岗位工作。累计15天，接待团体预约1364个、58686人次，外围接待58686人，发放宣传手册500册，帮扶轮椅、童车812部，解答瞻仰群众咨询896次。完成天安门毛主席纪念堂志愿服务任务，马文卓、毕志翔等18人，荣膺“优秀志愿者”称号。

（文昌敏 曹艳玲）

【京西杯技能大赛】 10月25日，黄庄职高承办北京市西部地区中等职业学校首届“京西杯”专业技能“美容美发类”赛事。市教委成立海淀、丰台、西城、石景山、门头沟、房山6个区职业高中校的京西协作组，旨在加强京西各区县职业高中校际间的交流与合作，提高美容美发专业学生专业技能水平和综合职业素质。学校率先制定比赛方案，赛项设“标准卷杠＋修剪”“男士无缝推剪造型”“新娘化妆＋盘发整体造型”“晚宴化妆”。北京市西部地区3所中学职业学校42人参加比赛，26人获奖，其中黄庄职高13人获奖（一等奖3人、二等奖4人、三等奖6人）。

（刘 冰）

【中职示范校建设】 11月20日，市教委、市教科院主办、区教委承办的北京市国家中等职业教育改革发展示范校建设工作会在黄庄职高召开。市教委、市教科院、区教委及首钢技师学院等第二、三批“国示范”建设项目校5个单位60人出席会议。黄庄职业高中校与会，共同交流“国示范”建设经验。

（姜 玮）

【参加技能竞赛】 年内，黄庄职高选派学生69人次参加北京市和全国各类技能大赛。其中市级一等奖11人，二等奖24人，三等奖23人，优秀奖4人；国家级一等奖1人，二等奖1人，三等奖5人。教师6人参加全国和市级信息化比赛，一等奖2人，二等奖3人，三等奖1人。

（姜 玮）

【出版版权教材】 年内，区业余大学出版6部版权教材。学校财会教研室独立编写、清华大学出版社出版，包括《纳税会计实训》《审计实训》《成本会计实训》《会计基础实训》《财务会议实训》《财务管理实训》，作为高职高专财会专业工学结合模式的系列教材。

（赵秀艳）

教育督导

概 述

2014年，石景山区人民政府教育督导室（简称教育督导室）贯彻落实《教育督导条例》，督政与督学并重、监督与指导并重；依法督导，以督促改，以导促建；以立德树人为导向，以推动区域教育发展、提高育人质量为根本，促进区域教育科学发展，办人民满意的教育。年内，围绕区域教育中心工作，依据《北京市区县政府、教委、学校（教育机构）全面实施素质教育评价方案》，颁发教育执法和全面实施素质教育督导评价实施方案，教育执法和全面实施素质教育目标责任分解、全面实施素质教育评价指标体系责任分解，全面实施素质教育评价指标检测要点，学校（教育机构）全面实施素质教育综合督导评价实施细则；研制幼儿园全面实施素质教育评价指标体系、普通中小学校全面实施素质教育评价指标体系、职业高中全面实施素质教育评价指标体系、特殊教育学校全面实施素质教育评价指标体系、校外教育机构全面实施素质教育评价指标体系，修订民办学校办学水平综合评价方案。完成全区教育执法和全面实施素质教育工作自评考评、落实市区《学前三年行动计划》的督导随访、基础教育试评随访、民办校的综合督导与回访任务，区属委办局街道办事处37个单位、督导幼儿园、中小学、社区、民办教育机构17所。完成“北京市全面实施素质教育综合督导”迎检，市“义务教育阶段减轻学生过重课业负担督导监测”。制定“十二五教育督导与评价科研课题”结题指导计划。组织实施“石景山区义务教育均衡发展公众满意度调查”，完成《2014年石景山区学校人民满意度调查总报告》；会同区教委完成“人民满意学校”测评工作，授予67所学校“石景山区人民满意学校”牌匾。年内，进一步完善中小学责任督学挂牌督导工作，编制进一步完善督学责任区制度，落实中小学校责任督学挂牌督导工作实施方案，下发责任督学挂牌督导工作手册，设置5个督学责任区，区政府教育督导室专职督学6人，兼职督学20人，责任督学26人。

（王桂洋　曹艳玲）

总　类

【推进中小学挂牌责任督导】 3月4日，区政府教育督导室与区教委联合召开“中小学校责任督学挂牌督导工作推进会”。会议对全区中小学校责任督学挂牌督导工作进行部署，向中小学校长提出“强化责任意识，保障工作依法运行；强化规范意识，保障工作有序运行；强化质量意识，保障工作优质运行；强化合作意识，保障工作长效运行”的工作要求。会议向13名责任督学颁发聘书。全区中小学校划分5个督学责任区，各责任区设1名督学组长，并聘任2～3名在职的兼职督学担任责任区内各学校的责任督学。区委教工委、区教委、区政府教育督导室领导，全区中小学校校长及学校督学联系人100多人参加会议。5月5日，区政府教育督导室召开“中小学责任督学挂牌督导工作交流会”，交流研讨责任区内挂牌督导工作进展及问题，明确下一阶段经常性督导的内容和要求。12月，增聘13名在职教研员和学校校级领导为责任督学，对责任督学负责的学校重新进行调整。

（千文芳　荆　林）

【素质教育评价指标体系】 3月至8月30日，教育督导室依据2014年修订的《北京市区县政府、教委、学校（教育机构）全面实施素质教育评价方案》，研制幼儿园、中小学、职高、特殊教育学校等素质教育评价指标体系，包括《石景山区幼儿园全面实施素质教育评价指标体系》《石景山区普通中小学校全面实施素质教育评价指标体系》《石景山区职业高中全面实施素质教育评价指标体系》《石景山区特殊教育学校全面实施素质教育评价指标体系》。各体系分别设置一至三级指标、评价要点，附信息收集方法。

（千文芳　荆　林）

【学校卫生工作督导资料目录】 6月，教育督导室制定《石景山区学校卫生工作检查资料目录》。包括“学校常规工作制度”“学校健康教育工作记录”“学生常见病监控、防治记录”“课桌椅、采光、通风、饮水、厕位等硬件设备情况”“食堂、营养餐管理记录”“学校晨检午检记录”“学校卫生工作督导基本情况调查”“学生体检情况统计”“学校学生十项卫生习惯行为检查”等。

（曹艳玲）

【校外教育评价指标体系】 7月至11月4日，教育督导室依据2014年修订的《北京市校外教育机构全面实施素质教育评价指标体系》《北京市校外教育机构综合督导评价实施办法》，研制《石景山区校外教育机构全面实施素质教育评价指标体系（征求意见稿）》。其间，随访区青少年活动中心、区业大、区校外联席会及社区3个少年之家，征询意见，再行修订并试行。

（厉　丽　刘国峰）

【挂牌责任督学督导】 9月15日，教育督导室组织中小学挂牌责任督学督导交流工作会。会上，听取5个督学责任区组长做开展经常性督导工作的汇报和总结，交流学校课程建设、青年教师队伍建设、科研和教学研究、回复来电来信等指导策略的工作案例。

（千文芳　荆　林）

【责任督学挂牌督导手册编制】 9～10月，教育督导室依据国家、市、区文件的相关规定，编制《石景山区责任督学挂牌督导工作手册》。该《手册》旨在完善挂牌责任督学督导工作，包括职责、任务、督导规程、考核培训、保障措施等方面内容。

（千文芳　荆　林）

【素质教育评价方案汇编】 9～10月，教育督导室汇编《石景山区政府、教委、学校（教育机构）全面实施素质教育评价方案》。内容包括区教育执法和全面实施素质教育目标责任分解、评价指标体系，涉及区政府、教委、学校及教育机构的督导工作，汇集市、区教育督导相关文件10项11篇。《方案》下发至全区各教育单位和政府相关委办局、街道办事处。

（王桂洋）

【学校艺术教育工作评估细则】 10月，教育督导室依据《北京市学校艺术教育工作规程》，制定《石景山区督导学校艺术教育工作评估细则》。《细则》涉及项目、指标、要点及相应的等级权重。评估项目包括“指导思想”“课程建设和课堂教学”“课外校外艺术教育活动”“校园文化艺术环境”“艺术教师队伍”“组织管理与保障机制”。评估指标16个，包括艺术教育理念与贯彻教育方针情况、艺术课程开发、课堂教学、考试评价、活动内容和学生参与、艺术教育活动组织、教育资源开发、校园文化艺术环境建设、艺术教师的数量、结构和待遇、艺术教育素质、专业素质和教学能力、艺术教师的进修与提高、组织与管理、场所器材和资料、经费保障等。评估要点26条。

（曹艳玲）

【义务教育减负督导监测培训】 12月9~15日，教育督导室召开"义务教育阶段减轻学生过重课业负担督导监测培训会。市政府教育督导室督学郑晓东、王德文，分别从"实施义务教育阶段减轻学生过重课业负担督导监测意义、目的、依据""监测方法"，做中小学校责任督学及义务教育阶段学校领导培训。

（荆 林 李晓钧）

督导检查

【综合督导民办培训学校】 9月26日，教育督导室依据《民办教育促进法》《石景山区民办学校办学水平综合评价方案》，综合督导区民办新国人培训学校。督导评价组听取学校领导工作汇报、巡视教育教学环境、课堂听课、召开干部教师、家长访谈、查阅档案等，了解学校办学现状，双方就办学管理、提高教育教学质量进行沟通与交流。

（历 丽 刘国峰）

【接受市素质教育综合督导】 11月26日，石景山区召开迎接北京市全面实施素质教育综合督导工作会，市政府督导评估组一行19人，观看《办好家门口的每一所学校——石景山区实施素质教育工作纪实》，听取《关于全面实施素质教育工作情况》汇报，内容包括"强化政府职责，切实把教育摆在优先发展战略地位；优化资源配置，全力构建区域优质教育全地图；坚持立德树人，促进学生全面健康发展；落实"四有"标准，为全面实施素质教育提供人才保障；深化内涵建设，在素质教育推进中形成特色等。市督导项目组分别召开区委办局、街道和学校座谈会，查阅相关档案资料；分别考察实验幼儿园、爱乐实验小学、京源学校、黄庄职业高中、青少年活动中心、八角街道办事处等单位实施素质教育情况。

（王桂洋）

【综合督导中小学2所】 12月18~24日，教育督导室依据《石景山区中小学校全面实施素质教育评价指标体系（试行）》，分别对金顶街第四小学和同文中学全面实施素质教育情况进行督导。督导组听取校长汇报、巡视校园环境、观看两操、听推门课、访谈干部教师、查看档案资料，组织学生座谈等，实地考察"规划与干部队伍""教师队伍建设""教学工作""德育体育心理""校园文化""硬件建设"等方面，对学校近年来全面实施素质教育情况督导试评。各项目组为该试行体系的各个指标收集信息，形成完善评价、进行新一轮综合督导的依据。

（干文芳 李晓钧）

督导评价

【督导随访京源幼儿部】 4月22日，教育督导室依据《北京市幼儿园全面实施素质教育评价指标体系》，督导随访京源幼儿部。督导组听取学校领导队伍建设、保教、卫生保健、后勤等工作的汇报，观看幼儿集体活动和户外活动，查阅各项档案资料。各督导组就相关指标考察情况，与幼儿部干部教师进行交流、反馈。

（荆 林）

【督导随访民办培训机构4所】 5~10月，教育督导室依据《民办教育促进法》《石景山区民办学校办学水平综合评价方案》，督导随访区民办魔奇英语培训学校、励步儿童英语培训学校、新方向培训学校和小状元培训学校。评价组听取学校领导工作汇报、巡视教育教学环境、课堂听课、访谈干部教师、查阅管理档案等情况。并就办学相关工作，与校领导进行反馈与交流。

（历 丽 刘国峰）

【督导复查回访】 6月26日，按照督导规定，教育督导室督政科一行6人对中国第四纪冰川遗迹陈列馆进行综合督导一年后的复查回访，逐条检查该单位整改措施的落实情况。7月3日，区政府教育督导室民办教育评价组对汇英艺术文化培训学校进行复查回访，逐条检查上年6月对该单位综合督导后整改措施的落实情况。复查结果表明，各单位能按照整改措施认真进行整改，效果明显。

（历 丽 刘国峰）

【督导随访街道办事处】 10~11月，教育督导室督导随访街道办事处"贯彻相关教育法律法规、全面实施素质教育工作目标"的完成情况。督导室主任李秀兰带领一行6人，听取古城街道办事处、鲁谷社区、苹果园街道办事处、广宁街道办事处和八角街道办事处5个单位，汇报2011年以来"全面实施素质教育工作的亮点及特色、存在问题及解决思路"，查阅相关档案资料。督导组还就修订的《石景山区教育执法和全面实施素质教育工作目标责任分解》征询意见。

（历 丽 刘国峰）

【督导随访社区教育】 12月23日，教育督导室督导落实《石景山区教育督导五年行动计划》，随访社区教育工作情况。与区教委就社区教育行政管理，交流工作思路；听取区社区学院《充分发挥社区教育服务功能，打造具有区域特色市民教育》的主题汇报。

（历 丽 刘国峰）

督导调研

【民办教育情况反馈】 4月3~17日，教育督导室开展民办培训学校办学情况调研。其间，调研艺术体育类民办培训学校办学情况，并召开"艺术体育类民办培校办学情况调研结果反馈会"，就调研结果进行反馈，与汇英艺术文化培训学校、加祥培训学校、北方艺校等17所学校进行交流。制发外语类培训机构基本情况调查问卷及师资、办学条件等学校基本情况调查表，面向区内外语类培训学校12所，展开基本情况调研。调研完成以上民办校的"专业设置""招生管理""教学场所""财务状况""办学绩效"等方面的数据汇总、信息分析，撰写调研报告，提交区教委。

（历 丽 刘国峰）

【调研特教发展状况】 6月4~17日，教育督导室调研区特殊教育发展状况。调研着重了解区培智学校关于"干部队伍建设""教师师德建设""特殊教育课程设置"等工作进展情况。并就《石景山区特殊教育学校全面实施素质教育评价指标体系检查要点》，征求修改意见。

（于文芳）

【人民满意校调查】 7月4日至11月，教育督导室与区教委联合开展“2013～2014学年度人民满意学校”问卷调查。调查单位涵盖公办幼儿园11所；小学38所，含培智中心校1所，民办校4所；初中18所，含民办校3所；高中校8所，其中民办高中、职高各1所；街道社区等相关16个单位。调查对象涉及小学4～5年级，初高中、职高1～2年级学生；幼儿园孩子家长，小学1～5年级、初高中1～2年级学生家长及派出所、社区人员等。调查问卷5套，内容含学校总体评价、学校管理、家校沟通、教师素质、教育教学设施、环境设施、校园安全等。向家长、派出所、街道社区发放问卷29607份，回收有效问卷29194份，问卷有效率为98.61%；发出学生问卷13769份，回收有效问卷13729份，问卷有效率99.71%。总体有效回收率达到98.96%。统计结果表明，全区人民满意学校评价满意率达94.21%；其中区公办校教育总体满意度从2006年的84%上升至2014年的96.5%。学校满意调查的主要项目显示：“校园安全保障”幼儿园家长99.36%，小学家长96.95%，中学家长97.89%；“师德水平”幼儿园家长，中小学家长和学生均95%以上；“教育教学能力”中小学生均95%以上，小学家长97.8%，中学家长96.9%；“办学条件”家长和学生均92%以上。获“石景山区2014年人民满意学校”67所。

（王桂洋）

民办教育

概　　述

2014年，石景山区各级各类民办教育学校、培训机构共117所。其中民办普通中学4所，民办幼儿园26所（该26所幼儿园为独立法人单位，另有首钢幼教中心所属7所分园及黄庄学校幼儿部），外地来京务工人员自办学校4所，其他文化、教育、技术等非学历培训学校83所。民办幼儿园在校生7523人，民办中、小学在校生4140人，各类培训机构全年培训人数达100824人。各类学历类学校教职工1696人，其中专任教师917人。年内，审批设立民办非学历教育培训机构3个，民办学前教育机构3个，民办中等及中等以下学历教育机构1个。学校自行终止办学3项，变更举办者、办学类别、名称7个，办理行政许可事项共计17项。

（丁荣利）

【乐童成长计划】 3月25日，区教委召开乐童成长计划学校健康促进国际合作项目启动会。会上，救助儿童会北京项目负责人介绍项目实施的目的、意义、开展健康教育、健康政策、环境支持的形式，与4所自办打工子弟学校校长进行研讨。该项目为期一年，支持流动子弟校解决健康问题的能力，建立可持续的健康管理机制。

（丁荣利）

【民办学校年检】 4月29日，区教委召开2013年度民办学校年检工作总结会。大会总结上年度石景山区民办教育工作情况，表彰学而思培训学校、中国成人教育协会等6个民办教育先进集体和16个先进个人。区内101所各级各类民办校、培训机构通过年检。

（丁荣利）

【民办幼儿园安检】 9月3日，区教委组织民办幼儿园安全工作检查。区属新世界国际幼儿园、家宝贝幼儿园、可儿幼儿园、东方龙人幼儿园接受校园安全工作检查。检查学校门前及周边综合治理、食品留样、燃气报警器使用、消防隐患、外来人员出入登记情况、视频监控、门口设置防冲撞装置等情况，并给予安全管理工作的指导。

（丁荣利）

【查处非法办学】 10月29日，区教委依据群众举报，查处八大处22号院22－2－102非法托管机构。经调查，该机构使用育才博智教育名称对外宣传招收学生，进行托管、文化课辅导，无任何办学资质。工作人员宣讲法律法规，下发停止办学告知书，责令停止非法办学行为。

（丁荣利）

【维修改造校舍】 年内，区教委保障来京务工人员随迁子女在京接受义务教育，协调市、区投入360万用于支持已审批的打工子弟学校进行校舍及教育教学设施设备完善和改造。由基建房管中心、教育技术装备站对4所学校进行校舍维修改造，基本完成地面整修、门窗更换、外墙粉刷等工程。并配备多媒体教学设备、空调、教具仪器、消防器材等设备设施。

（丁荣利）

驻区高校

中国科学院大学

【概况】 中国科学院大学（简称国科大）是国家教育部正式批准成立的一所以研究生教育为主的科教融合、独具特色的高等学校。国科大的前身是中国科学院研究生院，成立于1978年，是经党中央、国务院批准创办的新中国第一所研究生院，培养了我国的第一个理学博士、第一个工学博士、第一个女博士、第一个双学位博士。国科大依托中科院各研究所高水平科研优势和高层次人才资源，形成由京内4个校区、京外5个教育基地和分布全国115个研究所组成的“大学校”。国科大玉泉路校区面积11.83万平方米，雁栖湖校区面积312.14万平方米，中关村校区面积5.81万平方米，奥运村校区面积3.98万平方米。学校实行“统一招生、统一教育管理、统一学位授予”和“院所融合的领导体制、师资队伍、管理制度、培养体系”；完善在集中教学校区完成课程教学和研究所科研实践为主的“两段式”培养模式；形成以国科大为核心和平台、以研究所为基础和延伸的完整教育体系。国科大累计授予119564名研究生硕士、博士学位。国科大拥有门类齐全的学科体系。有博士学位授权一级学科点39个，分布在教育学、理学、工学、农学、医学、管理学6个学科门类；硕士学位授权一级学科53个，分布在哲学、经济学、法学、教育学、文学、理学、工学、农学、医学、管理学10个学科门类,覆盖54个一级学科。本科专业6个,分别是:数学与应用数学、物理学、化学、生物科学、材料科学与工程、计算机科学与技术。国科大还拥有工程、工商管理、应用统计、应用心理、翻译、农业推广、药学、工程管理8类专业学位授权点,及169个博士后流动站。研究生指导教师共计10063名,其中博士生导师5995名;两院院士276人;海外高层次人才引进计划(千人计划)入选者230人;国家杰出青年科学基金项目(杰青)获得者689人;长江学者奖励计划(长江学者)31人。分布在各研究所的3个国家实验室、85个国家重点实验室、163个中国科学院重点实验室、41个国家工程研究中心(实验室),以及众多国家级前沿科研项目,为学生培养提供宏大的科研实践平台。国科大校部直属院系中心教师539人;研究所教师1241人;外聘教师554人。全日制研究生毕业9193人(博士生5081人、硕士生4112人),其中来华留学研究生毕业57人;授予工程硕士专业学位190人,授予工商管理硕士(MBA)专业学位5人。招收全日制研究生13660人(博士生6114人、硕士生7546人),其中,招收来华留学研究生342人。在职工程硕士专业学位研究生549人(工程硕士527人,工商管理硕士22人),非计划在职研究生同等学力硕士51人。录取本科生332人。在校研究生42824人(博士生21314人、硕士生21510人);在校本科生332人;在校留学生研究生666人(博士生505人、硕士生161人)。在职人员攻读研究生学位2323人(博士生71人、硕士生2252人)。学校教育云建设经费625.2万元,教育信息化系统运维经费149.1万元;数字资源建设投入201.2万元,其中图书馆信息化建设90万元。图书馆提供的电子文献资源有中文电子期刊20313种、中文电子图书166万册、中文学位论文215万余篇。外文期刊17272种、外文电子图书36756册、外文电子工具书864册、外文学位论文41万余篇。

地址:石景山区玉泉路19号(甲)
电话:88256030
邮编:100049
传真:88256006
网址:http://www.ucas.edu.cn
邮箱:leader@ucas.edu.cn

(张怡然)

【泰国公主来校访问】 4月10日,泰国公主诗琳通一行访问国科大,参加"中国科学院大学与泰国公务员委员会办公室合作备忘录"(简称"合作备忘录")的续签仪式。仪式结束后,诗琳通公主用汉字为国科大欣然题词"再创佳绩"。"合作备忘录"主要内容是:双方设立"国科大—泰国皇家政府奖学金",以资助泰国学生在国科大攻读硕士和博士学位。同时,双方鼓励各自人员加强现存及潜在的合作关系,并进一步扩大沟通渠道、深化科研合作。本次续签有效期为2015~2017年。截至年底,共有12名泰国学生通过该项目资助来校学习,已毕业1人。

(夏 雨)

4月10日,诗琳通公主为国科大题词 (国科大供稿)

【新一届行政班子任命】 4月14日,国科大在玉泉路校区召开新一届行政领导班子任命宣布大会。中国科学院副院长、党组成员詹文龙代表中科院党组宣读任免决定并讲话。中国科学院副院长、教育委员会主任丁仲礼院士在接受兼任国科大校长的任命后讲话,并宣布中国科学院院长白春礼任国科大名誉校长。中国科学院副秘书长兼国科大党委书记邓勇参加会议。中国科学院北京分院党组常务副书记、副院长马扬主持会议。詹文龙宣读新一届国科大领导班子成员任免通知,并向与会人员简要介绍新进班子成员的个人情况。根据相关任免通知,丁仲礼兼任国科大校长(法定代表人),吴岳良、席南华、高鸿钧、郭正堂、苏刚、王艳芬、王颖任国科大副校长;马石庄由副校长改任国科大党委副书记。

(严苑轩)

【丹麦女王为中丹科教楼奠基】 4月26日,丹麦女王玛格丽特二世访问国科大雁栖湖校区,出席中丹科教中心大楼奠基仪式。中国科学院院长白春礼与玛格丽特二世女王共同为中丹科教中心大楼的奠基石培土。校长丁仲礼主持奠基仪式。中丹科教中心是丹麦目前在海外投资建设的唯一一个科教机构,中心大楼计划建筑面积1万余平方米,建成后为来自中丹双方的100名科研人员,300余名博士、硕士研究生提供科研和教育基础平台。

(谢 勇)

【"理科菁英班"开办】 5月7日,国科大、中科院西安分院与西安铁一中联合开办全国首家中学"理科菁英班"的

4月26日,丹麦女王访问国科大 （国科大供稿）

签约仪式在西安铁一中举行。校长丁仲礼、中科院西安分院院长赵卫、西安铁一中校长庆群分别代表合作方签署合作协议。中学“理科菁英班”是中科院、教育部《科教结合协同育人计划》之“走进中学计划”的重要组成部分。根据合作协议,国科大、中科院西安分院将通过开办科学知识讲座、冬/夏令营、暑期学校进行研究性学习指导。通过开展科学实践、中学教师再回大学等活动,将优质教育资源注入地方基础教育。高中毕业后,“理科菁英班”的同学可以根据自己的兴趣、志愿自主选择要报考的学校和专业。

（张怡然）

【校党委换届】 6月8日,中共中国科学院大学第九次代表大会第二次全体会议在玉泉路校区召开,来自国科大校部各级党组织的159名党代表参加会议,校长丁仲礼应邀到会讲话。中国科学院京区党委常务副书记、纪委书记马扬等出席会议。大会由执行主席王艳芬副校长主持。大会通过选举办法,并在总监票人的主持下进行大会选举。通过无记名差额选举,产生第九届党委委员13名,他们是(按姓氏笔划为序):丁文军、马石庄、邓勇、王艳芬(女)、王颖(女)、牛晓莉(女)、吴岳良、苏刚、屈一至、郭正堂、赵力(女)、赵宝奇、高随祥;产生了第九届纪委委员9名,他们是(按姓氏笔划为序):丁永胜、马石庄、王大洲、王颖(女)、刘彬、刘卫强、李增喜、唐素琴(女)、董纪昌。

（严苑轩）

【入选文化遗产十佳图书】 6月14日,“2013年度全国文化遗产十佳图书”评选结果揭晓,国科大人文学院科技史与科技考古系王昌燧教授编著的《科技考古进展》一书入选其中。全书较为系统地介绍王昌燧教授领导的科技考古团队近年来在陶瓷考古、冶金考古、生物考古、农业考古、玉器研究以及残留物分析等诸多方面的最新研究成果,注重不同学科间研究方法与思路的融会贯通。

（尚 雪）

【智能设计获全国一等奖】 7月28日,第四届“华为杯”全国大学生智能设计竞赛总决赛在厦门大学落幕。经过初赛选拔,共有来自全国23所高校40支队伍进入总决赛。计算机与控制学院“逐梦国科大”参赛队由罗铁坚教授及王中杰、郝硕、陈腾龙、谢雪4名学生组成。参赛作品手机应用软件《行天下宝典》获得全国一等奖。

（纪雪雯）

【中丹项目硕士生毕业】 8月5日,中丹学院启动首批2012级硕士毕业生学位申请的受理工作。有17名丹麦学生通过学位答辩,获得国科大及丹方合作大学的双硕士学位;41名中国学生通过丹方学位答辩获得丹方合作大学的硕士学位。

（张怡然）

【首次招收本科生】 8月27日,国科大360名本科生在玉泉路校区完成了入学报到工作。首批本科生录取方式分为两种:其中,北京、江苏、陕西、四川采用综合评价录取100名学生;浙江、云南、湖南、山东、河南、辽宁6省采用统考招生,通过高考成绩录取学生202名学生;另有30名学生面向招生区域内贫困地区招收“奋飞计划”考生。同时,国科大与北京理工大学联合招收28名数理基础实验班学生。招生专业涵盖数学与应用数学、物理学、化学、生物科学、材料科学与工程及计算机科学与技术。

（张怡然）

【与多所大学签署合作协议】 10月15日,芬兰拉普兰塔理工大学校长Anneli Pauli教授等一行5人访问国科大。双方代表签署《中国科学院大学与芬兰拉普兰塔理工大学联合培养博士生谅解备忘录》。根据协议,双方将首先在能源工程、环境工程等领域开展教师、学生交流及联合培养博士生项目。同月21日,英国阿伯丁大学副校长Seth Kunin等一行4人访问国科大。双方代表签署《中国科学院大学与英国阿伯丁大学联合培养博士生协议》。根据协议,国科大赴阿伯丁的学生,将免除学习期间的学费,阿伯丁大学负责提供免费住宿条件和医疗保险。双方联合培养博士生计划将首先在生命科学等领域展开。30日,澳大利亚国立大学副校长Erik Lithander等一行5人访问国科大。双方代表签署《中国科学院大学与澳大利亚国立大学联合培养博士生协议》。根据协议,双方联合培养博士生项目将在两校优势学科领域展开,此外双方还将开展教师、学生交流活动,组织学术研讨会,进行合作研究。

（张怡然）

【授予外教名誉博士学位】 11月10

日，Peter J.G. Teunissen教授名誉博士学位授予仪式在中国科学院测量与地球物理研究所举办。校长丁仲礼宣读国务院学位委员会同意授予Teunissen教授名誉博士学位的决定，并为Teunissen教授颁发名誉博士学位证书。

（张 垒）

【APEC志愿服务】 11月12日，国科大青年志愿者协会参与的APEC（Asia－Pacific Economic Cooperation）外围志愿服务活动正式结束。APEC外围志愿服务活动是由怀柔区团委组织、雁栖镇团委和国科大团委共同主办，主要为APEC会议外围区域人员提供语言翻译、信息咨询、应急救护以及媒体服务。共有72位学生通过面试、培训，分别在雁栖镇下庄、顶秀美泉小镇、范各庄3个服务点提供信息咨询服务。

（钟益桂 吕鹏辉）

【创新专利成果获金奖】 12月6～7日，第三届“首都大学生科技创新作品与专利成果展示推介会”在北京建筑大学（大兴校区）举办。国科大共报送15件参展作品。博士生胡颖及其团队的专利作品《一种用于控制单个生物分子在纳米孔中运动的系统及方法》荣获本次活动生物与新医药技术领域创新金奖。此项发明能够正确地识别生物单分子进出纳米孔的状态，完成生物单分子的驱动、暂停、继续运动、反向运动、停止等具体行为的精确控制，有望应用于单个链状分子运动控制及其快速序列测定。硕士生王珏华及其团队的专利作品《尼古丁降解菌TW在烟草废水处理中的应用》荣获本次活动资源与环境领域创新金奖。该作品可成功去除烟草废水中98%以上的尼古丁，为解决烟草行业废水处理问题提供新思路，有望结束长期依靠国外技术及设备处理废水的历史。

（张怡然）

【国际大学生亚洲赛创佳绩】 12月7日，ACM（Association for Computing Machinery）国际大学生程序设计竞赛亚洲区域赛决赛在上海大学举行，国科大学生在为期2个多月的比赛中共获得一金一银两铜。分别是：在10月19日鞍山站的比赛中，吴望龙、吴浪、岑武斌团队以6题的成绩获金奖。王冰、刘毅和周可人组成的队伍通过4个题目，获铜奖；在11月24日广州站的比赛中，王冰、刘毅、周可人以及侯建鹏、牛国成、盛柯凯组成的两支队伍，获优胜奖；在12月7日上海站的比赛中，吴望龙、吴浪、岑武斌团队获银奖；侯建鹏、牛国成和郭天佑团队获铜奖。

（张怡然）

【场发射枪扫描电镜落户】 12月10日，中国科学院大学—北京中科科仪股份有限公司“电子显微技术”联合实验室签约和挂牌仪式，在国科大雁栖湖校区举行。双方进行场发射枪扫描电镜交接，与会人员参观联合实验室，并考察设备实际使用情况。此设备是我国历时近20年自主研发的首台场发射枪扫描电镜。

（李佳君）

【党委主要负责人调整】 12月26日，国科大党委书记任免宣布大会在玉泉路校区礼堂召开。中科院北京分院党组常务副书记、副院长马扬宣布中科院党组的任免决定：国科大党委常务副书记、副校长董军社任党委副书记（主持工作），中科院副秘书长邓勇卸任国科大党委书记。中科院办公厅、人事局、北京分院相关负责人，国科大领导班子成员以及教职员工300多人参加会议。

（严苑轩）

北方工业大学

【概况】 北方工业大学（简称北方工大）的前身是创立于1946年的“国立北平高级工业职业学校”。由中央与北京市共建，以北京市管理为主，是北京市重点建设的多科性高校，也是教育部“卓越工程师教育培养”院校。其办学水平和综合实力在全国同类院校中处于领先水平。有各类学生16000多人，其中，全日制本科生10184人，研究生2300余人，成人高等教育学生3100人，外国留学生500人。形成从本科生到硕士生、博士生，从全日制到成人高等教育、留学生教育的多层次、广覆盖的办学格局和教育体系。学校产权校舍建筑面积39.42万平方米，占地面积32.05万平方米。全年教育经费投入80261.75万元，其中国家拨款65412.88万元，自筹经费14848.87万元。固定资产总值12.75亿元，其中教学、科研仪器设备资产值4.82亿元。图书馆建筑面积19652平方米，藏书261.72万册，其中电子图书112.78万册。拥有计算机6928台。信息化经费投入2688万元，网络信息点数9000个，校园网出口总带宽800Mbps，电子邮件系统用户数17484个，上网课程数3门。数字资源量48503GB，管理信息系统数据总量293.84GB。学校设有11个学院，8个教学实验中心，30个研究设计院（所）；开设43个本科专业，19个一级学科硕士授权点、57个二级学科硕士授权点、15个专业硕士学位领域、同等学力人员申请硕士学位资格，3个第二学士学位点，1个博士生培养项目。有3个国家级特色专业，5个北京市特色专业，4个北京市品牌专业，1个国家级实验教学示范中心，1个市级示范性校内创新实践基地，3个北京市重点实验室，5个北京市实验教学示范中心，拥有数量经济学、经济法学、思想政治教育、机械电子工程、检测技术与自动化装置、计算机应用技术、电力电子与电力传动7个北京市重点建设学科。年内，有教职工1379人，其中，专任教师791人。专任教师中，教授104人，副教授301人；博士生导师10人；硕士生导师471人；享受政府特殊津贴专家（在职）5人。外籍教师10人。教师中的高级职称比例为48%。教师中博士学位获得者占38%，硕士以上学位获得者占85%，35岁以下青年教师中具有博士和硕士研究生学历的达到100%，三项比例均远高于全国重点大学平均水平。另外，学校还拥有国家级优秀教师1名，市级教学名师7名，市级高层次人才5名，北京市突出贡献专家1名，北京市百千万人才3名，北京市优秀青年知识分子2名，以及市级创新团队12个，市级创新人才13人，市级科技新星5人，市级中青年骨干教师81人。全校有毕业生4038人，其中，学历教育学生中全日制硕士研究生534人，普通本专科生2563人（本科2534人、第二学士学位29人），成人教育本专科生941人（本科511人、专科430人），全年招生4874人，其中，学历教育学生中全日制研究生619人（博士生2人、硕士生617人，普通本专科生2828人（本科2808人、第二学士学位20人），成人教育本专科生1427人（本科生441人、专科986人）。全校有在校生15768人，其中，学历教育学生中全日制研究生1747人（博士生4人、硕士生1743人，普通本专科生10686人（本科10659人、第二学士学位27人），成人教育本专科生3335人（本科生1515人、专科1820人）。年内，本科毕业生就业率96.68%，高考招生北京地区提档线一本理科543分，文科539分。留学生毕业21人，招生181人，在校生614人。年内，行政机构变更，学校设职能部门19个，教学单位11个，教辅及后勤单位3个，群团组织2个。

地址：石景山区晋元庄路5号

电话：88802114

邮编：100041

网址：www.ncut.edu.cn

（王　波）

【师生参赛获奖】 1月8日，在首届北京高校心理素质教育教学技能大赛中，北方工大心理健康教育暨咨询中心教师姚彩琴获二等奖。5月5日，由北京高等学校新闻与文化传播研究会组织的“2013北京高校好新闻评选”结果公布，北方工大报选送的12篇校报作品中，有9篇获奖。其中获一等奖1项、二等奖3项、三等奖5项。同月14日，机电工程学院学生参加由交通运输部科学研究院、中国智能交通协会、荷兰阿姆斯特丹RAI国际展览公司联合主办的“联合国道路安全十年行动——2014中国道路安全宣传日”活动，并在道路安全知识竞赛中获得第一名。6月9日，在第三届POCIB全国大学生外贸从业能力大赛上，2011级国际贸易专业学生以总分1856.64的成绩获得第四站团队二等奖，10名同学获个人三等奖，白小伟、孟东梅获得优秀指导教师称号。20名参赛选手业务全部达到优秀等级，获得由中国国际贸易学会颁发的POCIB国际贸易从业能力证书。同月11日，2014年“创青春”首都大学生创业大赛决赛在北京航空航天大学举行，北方工大选送10件作品参赛，其中2件作品获银奖，4件作品获铜奖。8月25日，第八届全国大学生“西门子杯”工业自动化挑战赛总决赛在山东青岛中国石油大学（华东）落下帷幕，北方工大学生获“设计开发（高校组）”总决赛一等奖。10月7日，第十一届世界葡萄大会旅游纪念品设计大赛颁奖暨作品展览在延庆八达岭世界葡萄博览中心园区举行，机械与材料工程学院工业设计系2011级黄浩宇、李然然、李乐陶和吴仪4名学生分获设计创意类一、二、三等奖；曹武阳、陈月等12名学生获优秀奖。10月9～12日，2014中国机器人大赛暨Robocup公开赛在安徽合肥举办，电气与控制工程学院教授李小坚率领北方工大与湖南大学联队参加RoboCup中型组的比赛。参赛学生获得Robocup中型组技术挑战自选项目特等奖1项、技术挑战规定项目一等奖1项，在Robocup中型组5对5足球比赛中获一等奖。同月19日，2014年全国高等学校建筑学专业指导委员会年会暨建筑院校教育大会在大连理工大学闭幕，北方工大建筑学专业获4个奖项（最高奖），包括优秀教案奖1项、优秀作业奖3项。12月2日，经济管理学院派出由国际经济与贸易专业大三学生组成的两支代表队，参加“北京交大杯”2014未来国际商务谈判精英全国赛，分获一、二等奖；黑玺璇获最佳谈判手奖，刘雅鑫获优秀谈判手奖，孟东梅获优秀指导奖。同月30日，2014年“园冶杯”风景园林（毕业作品、论文）国际竞赛结果揭晓，建筑与艺术学院师生获优秀组织奖、优秀指导教师奖、场地分析奖和设计作品鼓励奖4个奖项。

（王　波）

【社会荣誉】 1月12日，多名工会干部获表彰。原纪委书记、原工会主席苏英获市教育工会“工会工作突出贡献奖”，校工会常务副主席陈太栋被评为“优秀工会工作者”，校工会干部徐心卉被中华全国总工会评为“女职工劳动保护特别规定知识竞赛优秀个人奖”，后勤集团分工会被评为“先进职工小家”。3月21日，学生服务楼工程获评年度“北京市结构长城杯金质奖工程”。该工程是学校第7个获“结构长城杯金质奖”的基建工程。4月10日，从中国高等教育学会学生工作研究分会获悉，北方工大有4篇学生工作论文、1部学生工作专著在2013年全国高校学生工作优秀学术成果评选中获奖，其中特等奖1项，一等奖1项，二等奖3项。6月4日，北方工大建筑工程学院教授孙世国获“首都劳动奖章”。同月26日，北方工大后勤集团党总支等30个基层党组织获“北京高校先进基层党组织”称号，100名共产党员获“北京高校优秀共产党员”称号，30名党务工作者获“北京高校优秀党务工作者”称号。

（王　波）

【与多所院校合作】 1月14日，北方工大与北京电子科技职业学院签订校际合作协议。双方就师资队伍建设、专业队伍建设、科研合作、教学实习、联合培养等方面达成共识。根据协议，双方将互派骨干教师交流学习，加强实践教学研讨，并充分利用双方科研及实验条件进行实训课程教学。双方还将逐步健全沟通机制，确定人员具体落实各项工作，为今后长期合作奠定基础。同月15日，北方工大与北京政法职业学院签订合作框架协议。根据协议，两校将在教师交流学习、专业建设、学生实习实践资源共享、高职与普通本科联合培养等方面开展合作。4月1日，台湾体育运动大学校长一行6人来校访问。双方签署校际交流合作协议，并就开展体育教师交流、棒垒球特长生交换生项目交换意见。

（王　波）

【新增一名市科技新星】 4月10日，市科委公布2014年度北京市科技新星计划入选人员名单，北方工大教师张萌萌入选“北京市科技新星计划”。学校累计有10名教师入选“科技新星计划”。

（王 波）

【小学体育美育合作】 5月9日，北方工大与海特花园小学、苹果园第二小学、西黄村小学、杨庄小学分别签署“体育美育发展工作合作协议”。学校将与各签约校精诚合作，发挥各方面资源优势，形成育人合力，最终实现全面提高学生素质的目标。

（王 波）

【校领导任免】 5月16日，北方工大召开干部任职宣布大会。市委组织部副部长闫成宣布市委决定：谢辉任中共北方工业大学委员会书记，免去吴晚云中共北方工业大学委员会书记职务。

（王 波）

【校棒球队创联赛纪录】 5月23～29日，中国棒球联赛挑战赛在成都金牛体育中心棒球场举行。以校棒球队为主体的大学生联队与四川蛟龙、上海金鹰、河南吉象等国内专业队伍同场竞技。在12场激烈的双循环比赛中，大学生联队两胜河南吉象获得优胜奖。这是大学生联队首次参加中国棒球顶级赛事，并历史性取得第一场大学生球队与省市职业球队比赛的胜利。本次赛事象征着学校高水平运动队走出校园，进入一个更高水平的平台。

（王 波）

【参加全球华人计算机大会】 5月28～30日，北方工大计算机及网络管理中心计算机基础教研室教师王若宾参加在上海华东师范大学举办的第十八届全球华人计算机教育应用大会(The Global Chinese Conference on Computers in Education，GCCCE2014)，并在“泛在学习与无所不在学习”分会场作题为《Mobile Social Network Sites as innovative pedagogical tools：Mechanism of students' continuance intention》的论文报告。GCCCE是全球华人计算机教育应用学会主办的国际学术会议，是信息与通信技术(ICT)教育应用领域内全球华裔学者和教育工作者的重要学术聚会，自创办以来，曾先后在广州、香港、澳门、新加坡、中坜、北京、南京、夏威夷、兰辛、台北和上海举办，在全球华人计算机教育应用研究领域有重要影响力。

（王 波）

【集成电路设计大赛】 5月31日，2014年“华大九天杯”大学生集成电路设计大赛在北方工大闭幕。大赛是国内唯一基于国产化EDA平台的集成电路全流程竞赛，旨在培养微电子专业学生的实践能力，促进微电子专业实践教学，推动国产化集成电路设计制造平台的普及和应用。大赛期间，学校与华大九天软件有限公司建立“北方工业大学——华大九天集成电路设计联合实验室”，并在该公司成立“北方工业大学校外人才培养基地”，通过校企深度合作加强集成电路设计人才培养工作。

（王 波）

【获学生作业展最高奖】 6月17日，北方工大6份学生作业在2014年中国建筑院校境外交流学生作业展中获得优秀作业奖(最高奖)。获奖学生包括建筑学专业的部分外国留学生，这是外国留学生首次在全国最高水平的作业评比中获奖；作业指导获优秀指导教师奖。中国建筑院校境外交流学生作业展由全国高等学校建筑学专业评估委员会、中国建筑学会建筑教育评估分会主办，每年评选一次。参评学校为全国通过建筑学专业评估的院校，送选作业为与境外院校教学合作或交流完成的设计作品。获奖的优秀作业将由中国建筑工业出版社出版《中国建筑院校学生境外交流优秀作业集》，并在全国巡展。

（王 波）

【东北亚设计大会】 6月24日，“2014东北亚设计大会”在北方工大举行。多名国内外专家学者作关于计算机图形图像学和设计领域的主题演讲，参观北方工大数字媒体实验中心的互动工作室、数字影视创作工作室和3G应用工作室，并观摩艺术学院学生作品展。

（王 波）

【设计竞赛颁奖典礼】 6月27日，2013～2014城市立体农场国际大学生建筑设计竞赛颁奖典礼在北方工大举行。广东美术学院作品《净之塔》和德国柏林工业大学作品《水田共生复合养殖摩天楼》并列获得一等奖，全部获奖作品在第四教学楼一层大厅和十五层进行为期一个月的展览。城市立体农场国际大学生建筑设计竞赛是由北方工大与博德西奥国际建筑设计有限公司共同主办的面向全球大学生的设计竞赛，以关注农业与城市关系为主题，每两年举办一次。竞赛奖金由博德西奥公司提供，获奖学生将列入博德西奥公司校园招聘计划候选人才库，优先获得到该公司实习、应聘机会。

（王 波）

5月29日，北方工大棒球队创国内顶级联赛纪录 （北方工大供稿）

【"Y 计划"教育启动】 7 月 1 日上午，校党委副书记在体育馆为 2013 级全体学生作"Y 计划总动员"主题报告，标志着北方工大面向 2013 级学生精心设计的"Y 计划"主题教育活动正式启动。"Y 计划"是北方工大针对高校普遍存在的大二低潮现象(俗称"大二病")而实施的学生工作教育辅导计划，也是促使学生内力觉醒、全面提升个人成长成才动力的教育计划，主要包括"思想发动阶段""暑假探索"、大二第一学期实践、大二第二学期收获 4 个阶段，通过自我认知、习惯养成、成果反馈等方式帮助大二学生成长成才。

(王　波)

【新增 3 个硕士学位授权点】 7 月 9 日，国务院学位委员会下发通知(学位〔2014〕14 号)，经审议批准，北方工大新增工程硕士(材料工程)、工程硕士(交通运输工程)及会计 3 个硕士专业学位授权点。学校共有 14 个硕士专业学位授权点，分属工程硕士、工商管理硕士(MBA)、法律硕士、会计 4 类硕士专业学位授权类别。此次增列硕士专业学位授权点进一步拓宽学校的学科专业领域，优化研究生培养结构和布局，为推进研究生培养模式改革创造良好条件。

(王　波)

【与迪信通集团合作】 8 月 15 日，北方工大与迪信通集团公司签署战略合作协议，决定联合成立"北方工业大学－迪信通物联网技术研究中心"。依托学校现场总线及自动化市级重点实验室的人才和技术资源，开发系列物联网软硬件产品，进一步促进校企合作、协同创新和科研成果产业化推广，提高学校人才培养质量。

(王　波)

【与中建公司合作】 8 月 22 日，北方工大与中国建筑发展有限公司就开展科研合作事宜进行研讨。双方一致认为，建筑工业化作为一种新型的生产方式，是我国建筑业发展方向。北方工大经济管理学院工程管理研究中心在工业化建造与评价方面有较好研究基础，取得较丰硕研究成果；中国建筑

10 月 16 日，国际文化节圆满落幕　　(北方工大供稿)

股份有限公司作为中国最大的建筑企业，具有雄厚的资金技术力量和丰富的工程实践经验；双方科研合作有利于提升学校科研水平，加快企业建筑工业化发展进程，推动工业化建造技术、管理和评价水平的进步。

(王　波)

【新增 1 个市重点实验室】 8 月 29 日，北方工大依托云计算研究中心申报的"大规模流数据集成与分析技术北京市重点实验室"通过评审，被市科委认定为 2013 年度北京市重点实验室。该实验室组成产、学、研联合攻关团队，旨在利用云计算、并行分析和智能服务等手段，求解智慧城市和行业信息化中的大规模数据集成共性问题，提升复杂系统集成能力。截至年底，学校共有 7 个省部级重点实验室/工程研究中心。

(王　波)

【1 项目通过成果鉴定】 9 月 13 日，中国有色金属工业协会组织专家对"新型锚杆及其工程应用集成技术体系的研发"项目进行成果鉴定。与会专家经过认真交流和质询，对该成果表示充分肯定，认为成果具有创造性，评定成果整体技术达到国际领先水平，可推广至更多领域应用。该项目由北方工大作为牵头单位，孙世国教授、宋义敏副教授、宋志飞副教授、冯少杰博士、王杰博士和张军徽博士为主要完成人。

(王　波)

【参加专业建设研讨】 10 月 14 日，全国交通设备与控制工程专业建设研讨会在南通大学举行。北方工大作为研讨会组织单位，与西北工业大学、哈尔滨工业大学、长安大学等 7 所高校的专家学者商讨成立交通设备与控制工程专业联盟，并就专业建设开展研讨。会议就交通设备与控制工程专业人才培养的目标定位，以及培养计划、课程体系、实验教学体系建设等进行深入交流，形成广泛共识。交通设备与控制工程是一个多学科交叉的新兴专业，涉及交通、计算机、电子信息、电气自动化及管理等。

(王　波)

【第二届国际文化节】 10 月 16 日，第二届国际文化节在学生活动广场举行。包括蒙古、韩国、美国、日本、委内瑞拉、哥伦比亚、巴哈马、俄罗斯、塔吉克斯坦、哈萨克斯坦、土库曼斯坦、乌兹别克斯坦、印度、土耳其、德国、卢旺达、布隆迪、苏丹、尼日利亚、纳米比亚、喀麦隆、津巴布韦、刚果(金)23 个国家的留学生设置文化展台，共计 300 余名中外师生参与此次校园文化盛宴。文化节内容主要包括介绍各国传统文化、特色美食，体验各国习俗风

情,以及文艺表演等。北方工大国际文化节既展现留学生风采,丰富留学生文化生活,也让中国师生领略各国文化魅力。

(王 波)

【青年教师培养】 10月21日,北方工大校外实习基地——中国电子工程设计院人力资源部部长一行访问建筑与艺术学院,举行深化校外实习基地建设座谈会。双方讨论青年教师"在大师身边学习"培养项目实施内容和步骤,确定每学期派出1名教师接受院方国家级建筑设计大师黄星元的业务指导。除启动实习生和青年教师培养项目外,还初步建立建筑师参与教学的"建筑师进校园"制度。

(王 波)

【国际竞赛获银奖】 10月23日,第14届中日韩大学生风景园林设计竞赛获奖名单公布,北方工大建筑与艺术学院风景园林专业师生完成的设计作品——《归巢》摘得银奖。这是风景园林专业师生在各类竞赛中取得的最好成绩。中日韩大学生风景园林设计竞赛由中国风景园林学会(CHSLA)、日本造园学会(JILA)、韩国造景学会(KILA)联合举办,是风景园林学科最重要的学生竞赛之一,影响力仅次于国际风景师协会(IFLA)学生竞赛。本次竞赛的主题为四川宜宾现代竹产业园概念规划,共收到中、日、韩三国入围作品52份,最终评出金奖1名、银奖2名、铜奖4名、提名奖8名。

(王 波)

【1人获法国荣誉奖章】 10月28日至11月12日,北方工大建筑与艺术学院副教授张立应欧洲艺术家联盟和法国艺术家协会邀请,参加在法国兰斯、香槟等地举办的绘画作品巡展活动。法国各地对本次作品巡展给予高度关注,兰斯市市长出席开幕式,并向张立授予市长特别荣誉奖章,以表彰其为中法艺术交流作出的贡献。

(王 波)

【入选科技期刊顶尖论文】 11月3日,北方工大土木工程学院青年教师崔光耀博士于上年发表在《岩土工程学报》35卷第6期的论文《汶川地震公路隧道洞口结构震害分析及震害机理研究》入选"领跑者5000——中国精品科技期刊顶尖论文"。F5000入选论文是中国精品科技期刊前1%的被引论文,论文内容须具有原创性的科学发现和技术创新,能够反映所在学科领域某一方向的最高学术水平。

(王 波)

【教学科研荣誉】 11月26日,市委教育工委公布2014年首都高校思想政治理论课学生社会实践优秀论文名单,由北方工大马克思主义学院老师刘志洪指导,建筑与艺术学院张霄琳、张劭森和李帅纬同学撰写的《北京市公共自行车设置与使用研究——以石景山八角地区为例》获特等奖,刘志洪获优秀指导教师奖;由马克思主义学院老师荣鑫指导,电子信息工程学院田一松、崔乾、李想等同学撰写的《当代大学生时政热点关注状况的调研》获二等奖;北方工大获得优秀组织奖。同月27日,国家安监总局公布《第五届国家安全生产专家组组成人员名单》(安监总办〔2014〕114号文件),土木工程学院教授孙世国当选国家安全生产专家组专家,标志着土木工程学院在非煤露天矿山方面工作得到国内同行认可。12月17日,计算机学院计11-1班获市高校"优秀示范班集体"称号。同月24日,团市委、市委宣传部、市委教育工委、首都文明办、市学联等联合下发《关于表彰2014年首都大学生暑期社会实践先进集体、先进工作者、先进个人和优秀成果的决定》,北方工大被评为"先进单位",5名教师被评为"先进工作者",5名同学被评为"先进个人",10个团队被评为"优秀团队",15项实践成果被评为"优秀成果"。

(王 波)

【校外实习基地落户深圳】 11月27日,北方工大建筑与艺术学院师生赴深圳开展实践教学活动,访问深圳北林苑景观及规划建筑设计院、英国JALP(捷派联合)设计事务所、奥意工程设计有限公司3家实习实训教学基地,并分别举行揭牌仪式。

(王 波)

【两教材入选国家级规划教材】 12月4日,从教育部通知(教高函〔2014〕8号文件)获悉,北方工大《计算机通信网络技术》和《财务报告分析实训教程(双语)》两部教材入选第二批"十二五"普通高等教育本科国家级规划教材。

(王 波)

【获两项省部级科技进步奖】 12月11日,北方工大土木工程学院岩土工程科研团队的科研课题"新型锚杆及其工程应用集成技术体系的研发"和"尾砂充填料浆制备新技术及智能充填系统的研发",分别获得年度"中国有色金属工业科学技术二等奖"和"中国冶金矿山科学技术二等奖"。自2002年以来,该学术团队累计获得13项省部级和国家级奖项。

(王 波)

【《人文思考与社会观察》出版】 12月22日,由校长王晓纯、校党委书记谢辉主编的《人文思考与社会观察——北方工业大学报载优秀文章选集》一书由光明日报出版社正式出版。该书共收录23位教师近年来在《人民日报》《光明日报》《中国教育报》等报刊上发表的文章共计67篇。

(王 波)

北京工业职业技术学院

【概况】 北京工业职业技术学院(简称北工职院)是一所以工科专业为主、独立设置的公办普通高等职业学院,是国家示范性高等职业院校之一。学校前身为创建于1956年的北京煤炭工业学校,1994年开始举办高等职业教育,1999年正式改制为职业技术学院。2000年被教育部确定为全国首批示范性职业技术学院建设单位;2002年被财政部、教育部确定为中央财政重点支持建设的示范性职业院校;2003年在教育部组织的高职高专院校人才培养工作水平评估中,被确定为全国首批八所优秀院校之一;2005年被评为北京市首批"依法治校"示范校;2002年和2006年两次被评为"北京市职业教育先进单位";2007年入选"国家示范性高等职业院校建设计划",成为"十一五"期间国家重点支持建设的百所重点高职院校之一；2008年被北京市委教育工委评为党建和思想政治工作优秀院校；2010年7月，学校以优异成绩通过教育部、财政部组织的国家示范性高等职业院校项目建设验收。截至年底，学校占地面积24.01万平方米，产权校舍建筑面积16.80万平方米。全年教育经费投入34229.98万元，其中国家拨款30440.67万元、自筹经费3789.31万元。固定资产总值63602.48万元，其中教学、科研仪器设备总值44817.77万元。图书馆建筑面积5868平方米，藏有纸质图书57.7万册、电子图书4152GB。拥有计算机4694台，多媒体教室211间。学校信息化经费投入616.48万元，信息化设备资产11010.92万元，网络信息点3484个，校园网出口总带宽610Mbps，电子邮件系统用户547个，上网课程101门，数字资源量4414GB，管理信息系统数据总量62.4GB。学校设有4个二级学院和3个系部，分别为机电工程学院、电气与信息工程学院、建筑与测绘工程学院、基础教育学院，经济管理系、文法系、思想政治理论课教学部和一所继续教育学院，形成独具特色的以工科专业为主，工、经、管、文、法等不同门类协调发展的专业体系。学校开设12个大类，共33个专业。开设工程测量技术、机电一体化技术、通信技术和安全技术管理等高职专业33个，包括国家级重点专业5个、北京市重点专业7个。获国家教育教学成果一等奖1项、二等奖3项，北京市教育教学成果一等奖3项、二等奖5项，国家级精品资源共享课程10门、国家级精品课程10门、北京市精品课程11门。有教职工494人，其中，专任教师354人，包括教授及教授级高级工程师30人，副教授及高级工程师以上145人；博士25人，硕士259人；“双师型”教师212人。聘请校外教师122人。毕业生2457人，其中，高职生1751人、中职生560人、成人教育专科生146人。毕业生一次就业率99.42%，一次签约率85.21%。招生2167人，其中，高职生1694人、中职生273人、成人教育专科生200人。高考北京地区提档线文科150分、理科156分，单考单招170分。在校生6734人，其中，高职生4882人、中职生1276人、成人教育专科生576人。

地址：石景山区石门路368号
电话：51511004
邮编：100042
网址：www.bgy.org.cn

（谢光辉　白旭东）

【获评“平安校园示范校”】 2月28日，“首都综治委校园及周边综治专项组会议暨高校安全稳定工作会议”在北京会议中心召开。会议宣布“平安校园”创建达标学校和示范学校的决定，北工职院获得首都“平安校园示范校”的荣誉称号和100万元专项奖励。多年来，学校高度重视校园安全稳定工作，院党委将安全稳定工作纳入学校的总体规划。特别是2012年底启动“平安校园”创建工作以来，认真贯彻落实有关要求，紧密结合学校实际，强化统筹协调，坚持重过程、重状态、重持续、重实效，在科技创安、安保力量配备、校园安全文化建设等方面加大投入，进一步建立健全领导机制、突发事件应急处置、矛盾纠纷排查化解等工作体系，形成党政领导齐抓共管、各部门协调联动的维护校园安全稳定工作格局，“平安校园”建设取得显著成效。

（谢光辉　白旭东）

【专业调整及布局优化】 2月底，北工职院完成专业结构调整及优化布局，分别组建机电工程学院、电气与信息工程学院、建筑与测绘工程学院、基础教育学院、经济管理系、文法系、思想政治理论课教学部。其中机电工程学院（简称机电学院）所含专业门类包括机械类、自动化类、汽车类。电气与信息工程学院（简称电信学院）所含专业门类为电气类、电子信息类、计算机类。建筑与测绘工程学院（简称建工学院）所含学科门类为土建类、测绘类。经济管理系（简称经管系）所含专业门类为经济类、管理类。文法系所含专业大类为语言文学类、法学类。基础教育学院（简称基础学院）负责全校公共基础课教学和初中学生前两年的集中教育与管理。思想政治理论课教学部（简称思政部）负责做好思想政治理论课及职业基本素养等课程的教学、课程建设、教学研究等工作。

（谢光辉　白旭东）

【培训7400余人次】 4月27日，由北工职院承担的“强军育才培训工程”培训班正式开班。此为学校与北京军区、区委区政府共同实施的双拥特色品牌，连续第四年为驻区部队现役士兵免费开展职业技能培训。共设有6个培训点，有6支部队的300多名战士参加培训。培训项目有计算机应用、汽车维修、动漫、网络技术等，由北工职院专业优秀教师承担培训任务。使部队官兵获得专业技能，切实提升参与社会竞争的能力。同时，北工职院发挥国家级安全培训机构和北京市矿山安全生产培训基地作用，坚持开展各类安全培训。依托设在该校的北京市职业院校“建筑类专业教师培训基地”和“新教师入职培训基地”，组织全市职业院校师资培训。至年底，共完成社会培训7400余人次。

（谢光辉　白旭东）

【与城建亚泰合作】 9月，北工职院在综合楼第四会议室举行校企合作签约仪式，与北京城建亚泰建设集团有限公司建立“专业共建、定向培养”的校企合作模式。双方共同制定专业人才培养方案、共建“产、学、研”合作平台、同时在北工职院设立“城建亚泰定向班”和“城建亚泰奖学金”，在城建亚泰设立“校外实训基地”，并向企业聘请兼职教授。第一批“城建亚泰订单班”学生已入职。

（谢光辉　白旭东）

【北煤机电公司改制】 9月底，北工职院完成北京市煤炭矿用机电设备技术开发公司改制工作。根据市教委（京教函〔2014〕429号）通知精神，北京市煤炭矿用机电设备技术开发公司完成企业工商变更登记，企业名称变更为北京市煤炭矿用机电设备技术开发有限公司（简称“北煤机电”），企业经济性质由全民所有制改制成有限公司。改制后的北煤机电成立董事会、监事

9月，北工职院获国家级教学成果一等奖 （北工职院供稿）

会，建立现代化企业制度，成为自主经营、自负盈亏、自我约束、自我发展的市场竞争主体，增加企业竞争力。该公司是由北京市煤炭矿用机电设备技术开发公司改制而成，是北工职院于1993年出资设立的校办企业，一直从事防爆核子皮带秤、防爆电子皮带秤、煤灰分仪等计量器具的研发和制造，连续三次通过国家级高新技术企业认证，被区政府授予“中关村科技园石景山园明星企业”，也是北工职院教师科研成果转化的平台，学生的实习实训基地。

（谢光辉 白旭东）

【聘请法律顾问】 10月24日，北工职院在综合楼第一会议室举行法律顾问聘任仪式，校长陈建民为李承华和郭洁颁发法律顾问聘书。聘请法律顾问是学校推进依法治校，维护学校和师生合法权益的现实需要，也是贯彻落实党的十八届四中全会精神的具体行动。法律顾问将严格按照学校法律顾问工作管理办法的规定依法履行工作职责，为学校重大决策提供更专业的法律意见，为学校有关规章制度与合同等法律文书提供法律审查，及时解决与学校相关的经济、人事、劳动等民事、行政纠纷，为学校发展和师生合法权益保护提供切实有效的法律服务。

（谢光辉 白旭东）

【探索高职培养新模式】 12月30日，北工职院与首师大附中在综合楼第一会议室就北京市高端技术技能人才贯通培养计划以及教学条件改善、外教引进、学生培养方向等进行广泛交流与研讨。双方确定，首师大附中派相关领导和骨干教师到北工职院，对高端技术技能人才贯通培养模式进行帮助与指导。进一步深化职教改革，探索高职培养新模式，以达到共同探索高中阶段人才培养规律，共同开发建设高中阶段课程资源，共同提高公共文化课师资水平，共同改进教学组织管理的目标。在高职办学领域探索出一条新路，引领职教改革与未来。

（谢光辉 白旭东）

【参加全国大赛获佳绩】 年内，北工职院组织开展校级、市级、国家级三级学生技能竞赛，以赛促教，以赛促学，促进教学质量提高。截至年底，该校学生相继获全国职业院校技能大赛高职组一等奖7项、二等奖4项、三等奖4项，一等奖数量在全国高职院校中排名第一。

（谢光辉 白旭东）

【获国家级教学成果奖】 年内，北工职院在教学成果奖方面实现重大突破，获得国家级教育教学成果一等奖1项、二等奖1项。其中《高职学生“职业基本素养”培养体系的创建与实践》项目获国家级教学成果奖一等奖；《构建高职“四双”人才培养模式 打造“四高”机电技能人才》项目获国家级教学成果奖二等奖。

（谢光辉 白旭东）

【入选全国先进个人】 年内，北工职院建筑与测绘工程学院教授王强，被教育部、发改委、财政部、人力资源社会保障部、农业部、国务院扶贫办6部委授予“全国职业教育先进个人”荣誉称号。

（谢光辉 白旭东）

北京石景山年鉴

2015 BEIJING SHIJINGSHAN NIANJIAN

文化·传媒

北京作为全国的文化中心，是世界闻名的古都和历史文化名城，数千年来文脉绵延不断，底蕴深厚。石景山区是北京的母亲河——永定河的出山口，围绕对永定河的治理和利用，历朝历代都留下丰富纪念。无论石堰古道，还是碑亭造像，都记载着人类改造自然征服自然的艰辛历程，同时坐拥丰富且独特的庙宇资源。历史文化具有突出的古文化特征，涵盖古刹、宗教、古镇、墓藏和宦官等方面的内容。拥有33处各级文物保护单位。其中，国家级文物保护单位2处，市级14处，区级17处。区域内拥有西山八大处、石景山、天泰山和永定河等诸多山水资源，呈现出“一半山水一半城”的独特格局。对自然生态资源的合理开发利用，不仅能满足居民的休闲需求，而且还会为地区发展带来良好的经济效益。目前正在开发的永定河绿色生态发展带、西山八大处文化景区等，都是被看好的文化休闲项目。现代娱乐文化资源优势突出，主要体现在主题公园、数码娱乐、休闲体育、休闲购物等方面。北京国际雕塑公园是国家级的雕塑文化艺术园区，也是北京市十大精品公园之一；石景山区游乐园是国家4A级景区，建设布局在中国园林中融入欧洲城堡建筑风格，特色鲜明；同时，石景山区还是北京数字娱乐产业示范基地核心区；另外，还有老山自行车场馆、万达广场等休闲场所。工业文化特色鲜明。首钢具有近百年的冶炼史，作为一个时期的象征，留下很多文化财富。地区文化基础设施较为完善，文化社团及从业人员众多，文化活动丰富多彩。现有国家一级图书馆2座、国家二级文化馆1座、电影院2个，剧场5座；各街道均建有街道文化站，全区140个社区中138个社区建有社区文化室，建有率98.6%；文化广场125个，其中1000平方米以上的社区文化广场27个；9个街道全部建有图书分馆、基层图书流动网点64个。文化从业人员2135人，文化创意产业从业人员2万余人，并且已经涌现出一批领军人才。石景山区以弘扬中华优秀文化，引领高端绿色发展为主题，以打造高端普惠的文化生活体系为目标，秉承传承发展，特色创新、开放融合、博采天下的理念，明确“文化是城市的灵魂，城市是文化的载体”的定位，着力加强主题、基础、能力、品牌、人才5个建设，励精图治，承担使命，全力推进区域文化再振兴。深层次孕育主题，以文化内涵塑造城市灵魂。赋予古城之春艺术节、夏日文化广场等已经具有一定区域影响力的文化活动以新的时代内涵；结合春节、清明、端午、中秋、重阳等传统文化节日，组织顺应时代要求的主题活动。将文化活动植入文物景点，承接“清明诗会”“舞动北京”等市级大型群众文化活动。这些传统文化活动的新呈现及新活动的不断组织，一方面丰富居民精神文化生活，另一方面也提升石景山区的文化辐射力、影响力。

（萧　媛）

文　化

概　述

北京市石景山区文化委员会（简称区文化委），是负责全区文化艺术、文物、博物馆、文化娱乐、新闻出版和广播电影电视行业管理工作的区政府工作部门。内设办公室、组织人事科、文化科、文物科、文化市场管理科和监察科5科1室。下属行政执法队、文化馆、图书馆、少儿图书馆、古城电影院、法海寺文保所、慈善寺文保所、承恩寺文保所、冰川馆、文物研究所、会计管理中心11个单位，在职员工196人。年内，区文化委贯彻落实十八大、十八届三中全会、全国宣传思想工作会议精神和习近平总书记在北京考察工作时的重要讲话精神，围绕“全面深度转型　高端绿色发展”战略和“构建高端普惠的文化生活体系”的目标任务，坚持将文化作为高端民生追求，在深入服务群众中奏响主旋律，引领新风尚；坚持文化工作的创新、融合发展，整合资源，创新载体，发挥文化驱动和支撑作用；进一步完善服务体系，深入推进文化惠民工程，大力培育文化品牌，扩大文化影响，高质量推进文化遗产保护和利用工程，促进文化资源转化利用，强化文化市场的服务和管理。使文化基础更牢，文化惠民更实，文化融合更深，文化品牌更响，文化环境更优，使文化资源优势转化为区域发展的动力和实力。瞄准高端、绿色目标，准确定位区文化中心外观的方案设计，区文化中心建设工程有序推进。落实和谐稳定要求，依法协同相关部门完成建设用地腾退拆除工作。坚持“公开、公正、透明”原则依规启动设计招标流程，确定中标单位并积极推动设计方案持续深化。同时，根据工程进度，周密组织，按计划实现基坑工程开工建设。突出主题，提升质量，着力打造区域群众文化活动品牌。以元旦、春节、古城之春艺术节、清明等重要节庆为契机，以“我的中国梦，欢乐石景山”为主题，开展一系列“中国梦”主题群众文化活动，营造浓厚文化氛围。科学修缮、合理利用，提高文化遗产社会效益。加强组织领导，构建文物安全体系；加大文物保护资金投入，确保文物安全；拓展思路，打造平台，文物利用取得成效；完成全国第一次可移动文物普查阶段性工作。加强整治，确保安全，不断优化文化市场环境。严格执行法规，做好文化市场审批工作，为引进企业开通绿色通道，提升服务水平。落实市、区两级安委会的部署，组织消防应急疏散演练，提升生产安全事故应急处置能力。积极开展“扫黄打非”斗争，开展“春节”“两会”“六四”敏感期等重点时期的安全保障工作，以及“清源”“净网”“秋风”等多项文化市场专项整治行动，全力推进安全生产标准化建设。正本清源、固本强元，夯实文化事业发展基础。全面开展党的群众路线教育实践活动，成立领导小组、督导组，结合文化工作实际，相继制订总体方案、工作安排，确定处级党员领导干部联系点，以集中学习、交流会、“官德人品大讨论”征文、书记讲党课等活动确保学习效果。通过自查、发放征求意见函、处级党员干部深入联系点征求意见等多种方式广泛征求基层党员群众的意见，对意见进行全面梳理，细化措施方案，力求整改效果达到最佳。深入开展“最美石景山人”系列演讲比赛活动，激发党员学优秀、比优秀、赶优秀的热情。

地址：石景山区石景山路18号
电话：68607158
邮编：100043

（萧　媛）

群众文化

【概况】　年内，石景山区文化事业深入实施“全面深度转型　高端绿色发展”战略，围绕“构建高端普惠的文化生活体系”的重要任务，大力推进区域公共文化服务体系建设。坚持将文化作为高端民生追求，在深入服务群众中奏响主旋律，引领新风尚；坚持文化工作的创新、融合发展，整合资源，创新载体，发挥文化驱动和支撑作用；进一步完善服务体系，深入推进文化惠民工程，大力培育文化品牌，扩大文化影响，充分发挥文化作为最核心的发展力在区域转型发展中的作用，承担使命，励精图治，全力推进文化再振兴。

（刘　婕）

【非遗年俗文化展示周】　1月19～26日，中国非物质文化遗产年俗文化展示周活动在石景山体育馆举办。展览以春节、年俗为主题，选调77个国家级、省级非物质文化遗产代表性项目参加展览；展出形式以国家级、省级代表性传承人现场演示为主，结合图文、视频、实物展示，3万余名市民群众参观展览。区文化委牵头组织各职能单位300余人的工作人员保障队伍负责各省市、自治区200余参展人员的接待食宿、展览制作、安全保障及场地秩序维护工作，确保活动整体运行安全有序，效果良好。

（刘　婕）

7月29日，“古城之春”艺术节开幕式　（区文化委供稿）

【第31届“古城之春”艺术节】　5月中旬至7月上旬，第31届“古城之春”艺术节在全区范围内举办。5月17日，由区社会文化工作委员会主办的第31届“古城之春”艺术节开幕式在海特花园社区百姓大舞台举办。开幕式节目由北京都市歌舞团演出，这是本届艺术节专业艺术院团进基层活动的开端，也是通过政府购买服务，引进专业艺术团体为群众提供优质的惠民演出和文化服务的一次有益尝试。7月29日，在八角街道文化广场圆满落下帷幕。本届艺术节以“我的中国梦，欢乐新北京（石景山）”为主题，精心推出包括艺术赛事、文艺展演、展览展示、培训讲座、评选推优5大板块的系列文化活动。艺术节的一个亮点是将业余群众的艺术赛事与专业院团的文艺展演相结合。既有面向全市举办的第二届“放飞梦想”北京诗歌朗诵大赛、“乐动北京”全市民乐器乐大赛；也有面向全区开展的“我的中国梦，欢乐石景山”模特、摄影、群众文艺展演比赛等活动。同时，艺术节期间还开展“大地飞歌”全国群星奖获奖节目展演、“百姓大舞台”公益演出等活动。另一大亮点是将文化活动与培训讲座、评选推优相结合。活动期间举办文化遗产展览展示主题宣传活动；推出“戏聚石景山”经典国粹艺术赏析、“名家讲坛——红色阅读进社区”等培训讲座活动。此外，第三批“社区文化志愿之星”评选、第三批品牌群众文艺团队评选也同步进行。通过形式多样的活动，

1月19日，非遗年俗文化展示周——风筝艺人　（区文化委供稿）

6月21日，北京诗歌朗诵大赛举行　　（区委宣传部供稿）

为大众提供互动参与的平台，进一步提升艺术节活动的覆盖面和参与度，满足不同人群的文化需求。本届艺术节共组织开展各类文化活动280余场次，吸引百余支群众艺术团队、50余家社会单位、近10万人次群众参加。通过开展丰富多彩的活动，全面展现区域转型发展成果和京西文化形象，讴歌时代主旋律，营造良好和谐的文化氛围，为群众奉献上一道丰富多彩的文化盛宴。历经多年发展创新，“古城之春”艺术节形成各级领导齐抓共管、特色文化艺术活动丰富多彩、全区各界群众广泛参与的特色。艺术节已经成为丰富石景山区群众文化生活，展示石景山人民群众精神风貌的品牌文化活动之一，真正成为“艺术的盛会，百姓的节日”。

（刘　婕）

【市器乐大赛复赛】 6月7～8日，第二届北京市器乐大赛复赛在区文化馆举行。活动以“器乐响京城·共筑中国梦”为主题，吸引全市16个区县95件作品、1103名选手参加，经过层层选拔，11个区县的26件作品晋级决赛。决赛中，本区选送的选手荣获诗歌朗诵大赛成人组和原创作品一等奖、器乐大赛独奏组金奖等优异成绩。活动为广大器乐爱好者提供交流、学习、展示的平台，为群众提供多样化的文化艺术服务，同时为文化部举办的全国群星奖音乐类活动储备力量。

（刘　婕）

【文化遗产日宣传展示】 6月13日，在第九个“中国文化遗产日”来临之际，区文化委、区国资委、区教委、区体育局和各街道办事处，在五里坨王家大院举办中国文化遗产日主题宣传展示活动。区有关领导向相关单位发放非遗丛书《石景山太平鼓》，向第二批、第三批区级非遗代表性传承人颁发牌匾和证书，随后与来自全区的500多名群众一起观看非遗项目展演。活动紧扣“让文化遗产活起来”的主题，依托京西五里坨民俗陈列馆这一文化保护、展示、交流基地，以主舞台、庭院展演和非遗、民俗展览区3个展演展示场地，既有国家级非遗项目太平鼓表演、国家级非遗项目永定河传说的情景剧，市级非遗项目京式旗袍走秀表演和武术表演，也有区级非遗项目翁派京剧脸谱展示等，集中展现地区文化遗产保护的整体风貌及非遗进校园成果。同时，区非遗项目及民间手工艺在现场展示制作技艺和作品。

（刘　婕）

【诗歌朗诵大赛】 6月23日，由市文化局、市文联、区政府联合主办的“放飞梦想”——第二届北京诗歌朗诵大赛决赛在区广电中心举行。大赛以“我的中国梦，欢乐新北京”为主题，于5～6月在全市范围内开展。来自全市各区县的近500名诗歌朗诵爱好者、70余篇原创作品参加比赛。大赛推出一批反映“中国梦”时代主旋律的优秀原创作品及艺术人才。市、区相关部门领导为获奖选手和单位颁奖。

（刘　婕）

【夏日文化广场】 7月29日，拉开2014年夏日文化广场序幕。活动以“我的中国梦，欢乐石景山”为主题，围绕纪念抗日战争胜利69周年和庆祝建国65周年，以广场演出、群众歌咏、艺术比赛培训等为主要形式，组织开展群众合唱展演、舞蹈大赛、重阳诗歌

7月29日，夏日文化广场演出　　（区文化委供稿）

会、国庆游园演出、京西消费节演出、消夏惠民演出进基层等文化活动50余场次，惠及群众6万余人次。充分激发市民群众参与文化、享受文化、创造文化的热情，掀起群众文化活动新高潮，营造良好和谐的文化氛围，为构建高端普惠的文化生活体系，助力区域高端绿色转型发展提供文化支撑。

（刘　婕）

【群众合唱展演】 9月1日，区委宣传部、区文化委主办的“热血长城——纪念抗日战争胜利69周年群众合唱展演”在首钢古城影剧院举行。由9个街道、社区选送的15支群众合唱团逾千名群众参加展演，纪念英烈丰功伟绩，铭记难忘的历史。以诗歌朗诵加情景表演的艺术形式将15支合唱曲目有序串联起来，成为此次活动最大亮点。

（刘　婕）

【金视角摄影团成立】 9月16日，区文化馆“金视角”摄影团正式宣告成立。这是继金枫舞蹈团、金声合唱团、金玉模特团、翠微京剧团、春晖评剧团、馨艺河北梆子剧团、北京鸣越社、启明星少儿艺术团、北京朗诵艺术团、天安交响乐团、文化馆话剧团之后成立的第12个群众性文化品牌团队。“金视角”摄影团成立后，将通过有组织的集体活动，充分发挥摄影骨干的辐射作用，团结带领一大批摄影爱好者，进一步丰富地区群众摄影文化活动的开展，为群众文化活动再上新台阶贡献力量。

（刘　婕）

【“舞动北京”决赛】 9月28日，石景山区获得第九届“舞动北京”——群众舞蹈大赛团体金奖。大赛决赛暨颁奖晚会活动在石景山体育馆举办，千余名观众观看比赛。本届大赛吸引全市16个区县和各系统的群众文化团队3000余人参与。赛事已在本区成功举办5届，受到社会各界好评。区文化委作为承办单位之一，就参演团队接待、场地提供、安全后勤保障、观众组织等工作进行详细周密的安排部署，确保活动安全有序开展。

（刘　婕）

【群众舞蹈大赛】 9月，由区文化委、石景山万达广场主办，各街道（社区）、区文化馆联合承办的“舞动梦想　祝福祖国”群众舞蹈大赛在万达广场上演。比赛汇集20支业余群众舞蹈团队参赛，全面展现社区百姓朝气蓬勃、热爱祖国、热爱生活、享受艺术的精神风貌。通过评比，广宁街道艺枫舞蹈队、老山街道彩虹桥舞蹈队、鲁谷社区依锦绣舞蹈队、八角街道快乐舞蹈队、苹果园街道金苹果艺术团海韵舞蹈队、五里坨东街小青山广场舞蹈队、古城街道映山红舞蹈队等10支团队分获一、二、三等奖，其中秧歌《火火的中国》《故乡的奶茶美酒》《那一别》荣获创作奖。

（刘　婕）

【文化中心建设】 石景山区文化中心建设地点为苹果园东口，按照“综合高端、绿色人文、科学现代、和谐共享”的理念建设，以文化馆、非遗中心、博物馆、全民健身中心、多厅影院、实体书店和地下空间等项目为主要建设功能。初步规划地上10层，分别为文化馆和非遗中心（10000平方米左右）、博物馆（6000平方米左右），还有大型全民健身中心和实体书店；地下3层，包括建筑面积达5000平方米左右的多厅影院，以及车库、人防等设施。文化中心建筑面积可达4万余平方米。年内，各职能部门攻坚克难，合力推进，筹建工作取得显著成效。文化中心建设工程采取“交叉同步、提前介入、压茬推进”的工作模式，有序完成立项、征地腾退、交评、环评、人防、园林等80%的前期工作量。

（康哲峰）

【公共文化“菜单式”服务】 年内，区文化部门从注重研究文化服务供给向注重研究群众文化需求转变，整合区文化馆、图书馆资源，创新思路，探索实践公共文化“菜单式”服务模式，减少需求与服务之间的脱节。“菜单式”服务围绕群众文化需求，以区文化馆、图书馆、少儿图书馆业务资源为基础，以街道综合文化中心为平台，利用新媒体发布途径，依据公共文化服务菜单，让群众结合自身需求选择公共文化服务内容和项目的一种惠民服务方式。“菜单式”服务可以提供4种服务模式，一是“点菜式服务”，即把所有能够提供的服务项目和内容以菜单化方式列述预发布出来，以供群众的多样选择。二是“融合式服务”，即对基层文化部门和相关需求单位和个人的需求提供合作式服务，例如有的行业需要做行业歌曲，创作了歌词，文化馆提供专业工作者为其作曲、配器、录音等；群众创作话剧剧本，由文化馆专业人员提供舞台成品化排演等。三是“定制式服务”，即对菜单中没有列出的项目，根据民众需求，定制特殊的服

9月28日，舞动北京舞蹈大赛　　（区委宣传部供稿）

务项目和内容，并提供相应的服务。四是“配送式服务”，即根据部门业务职能，开展送文化到基层活动，如慰问演出、流动展览、图书配送等活动，让群众就近享受高质文化服务。通过走访、座谈、填写问卷等方式调研群众需求，整合全区可利用调节的文艺演出节目资源、讲座资源、展览展示资源、辅导人才资源等多种公益文化产品和服务，编制《区文化馆、图书馆、少儿图书馆 2014 年公共文化服务菜单》，并通过街道文化中心、网站、QQ 群等方式等进行发布。区文化委选取老山、广宁、八角 3 个街道开展“菜单式”服务试点工作，开展合唱指挥、书法、绘画、舞蹈、戏曲、表演、图书服务等十余项内容的辅导培训和惠民服务，惠及群众千余人次，受到群众广泛欢迎。

（刘　婕）

8 月 28 日，纪念抗战胜利 69 周年演出　（区委宣传部供稿）

【基层设施建设】　年内，区文化委投入资金 1300 万元用于街道社区文化设施设备建设。完成苹果园海特文化广场改建，推进五里坨街道隆恩寺社区文化室改造、广宁街道图书分馆、益民书屋图书更新工程。为各街道综合文化中心、社区文化室统一制作标牌标识，将设施开放时间、活动安排、惠民项目、规章制度等内容统一制作公示栏。完成图书馆静音地板的基础设施改造工程、文化馆百姓剧场改造。

（刘　婕）

【非遗保护】　年内，区文化委完成第三批区级非遗代表性项目及传承人申报评审认定工作，新增 5 个区级非遗代表性项目。京西民谣、靳氏范制葫芦申报为第四批市级非遗代表性项目。编辑出版《石景山古城村秉心圣会》《石景山太平鼓》等非遗项目丛书。新开辟石景山小学、华奥学校、北京武警十四支队五中队等民间舞蹈和传统体育传承教育示范点。在京西五里坨民俗陈列馆组织第九个全国文化遗产日主题宣传展示活动，取得良好社会反响。

（刘　婕）

【文艺创作】　年内，由文化馆馆员创作表演的音乐作品《北京时间》在中宣部举办的“我们的中国梦，讲述中国故事”文艺作品征集中获一等奖，还荣获第十三届精神文明建设“五个一工程”奖。舞蹈作品《最美时光》获第九届“舞动北京”群众舞蹈大赛创作奖、团体金奖及老年组金奖；《茉莉花》获第九届“舞动北京”群众舞蹈大赛青年组银奖。

（刘　婕）

【阵地建设】　年内，区文化馆参与各类演出及服务保障活动共 180 余场次，百余支群众艺术团体参与，惠及群众 10 万余人次。创新文化服务方式，多渠道延伸文化慰问演出、文艺培训辅导进基层。组织不同领域、不同年龄、不同层面的基层文化组织员、艺术骨干、社区百姓，举办舞蹈、合唱指挥、声乐、美术、诗歌朗诵、模特表演、戏曲知识、曲艺、化妆、灯光音响操作及音乐基础知识、大型群众文化活动组织策划等 10 余个门类、300 余课时的培训辅导，2000 余人听课，辅导对象达万余人次。周末剧场演出，引进中国评剧院、北京歌剧舞剧院、北京儿童艺术剧院、北京曲剧团等数十家优秀文艺院团、40 余部优秀剧目演出，为群众提供低票价观看高水平文艺演出的平台。

（刘　婕）

6 月 13 日，市级非遗项目“京式旗袍”走秀表演　（区文化委供稿）

图 书 馆

【概况】 北京市石景山区图书馆(简称区图书馆)位于八角南路2号,是国家地市级一级图书馆。馆舍建筑面积9042平方米,地上四层,地下一层;现有各类文献资料73万,阅览座位730个;服务窗口20个;日平均接待读者能力3000人以上,年平均接待读者41万人次,实行免费开放,常年坚持365天开馆。馆内设流通部、阅览部、网络信息部、采编部、宣传辅导部、文化服务部、物业部、办公室7部1室。在全区建成9个图书分馆、44个图书流通站(部队图书馆室28个)、5个数字文化社区、48个益民书屋,形成覆盖全区的网络服务体系。石景山区少年儿童图书馆(简称区少儿图书馆)自1984年开馆,作为国家地市级一级公共图书馆,馆舍面积3236平方米,15个对外开放窗口。馆藏图书近30万册,报刊508种,全部面对个人、集体开架借阅。宽敞明亮、色彩鲜艳的阅览室共有阅览座位近500个,可同时接待读者800余人。每周开放52小时。全年365天不闭馆。年内,区图书馆和少儿图书馆围绕"宏扬中华优秀文化,引领高端绿色发展"战略,创新工作思路,提升服务水平,大力推进基础设施和业务建设,努力构建高端普惠的文化生活体系。全年办理借阅证9939个,接待读者62.8734万人次,外借图书54.5728万册,送书下基层162次、4.6587万册次,开展讲座、演出、征文、比赛、展览等读者活动312场次,参与人数达8.97万人次。区图书馆全年代检索课题20项,编制二次文献32期。

(刘 婕)

【道德讲堂活动】 3月4日,区图书馆特邀全国知名雷锋精神研究专家、《雷锋全集》主编邢华琪老师讲述雷锋同志的事迹,解读雷锋精神。活动共分为学模范、诵经典、谈感受、唱歌曲、送祝福5个环节。在读者中广泛宣传雷锋精神,倡导文明新风,提高道德境界。区文化委、区文明办、中国传记文学学会、海司老干部服务处、区图书馆等领导以及66469部队、北京京源学校、北京巴威公司和图书馆职工、读者共百余人参加此次活动。

(刘 婕)

【世界读书日活动】 4月23日,在第19个世界读书日到来之际,区少儿图书馆成立京原路7号·社区青年汇图书分馆。少儿图书馆为该分馆配送图书8000余册,安装智慧2000图书管理系统,与馆内书目数据库对接,对社区图书管理员进行业务指导,并组织青年朋友及周边居民开展"悦读时光"读书会活动。

(刘 婕)

【第四届"换书大集"】 5月9~18日,第四届"北京换书大集"活动启动收书工作,23~24日进行书刊交换。期间,区少儿图书馆作为石景山区分会场,在馆内和学校进行大量宣传工作,收到读者交来的图书、刊物千余册,精心组织图书收集并进行分类整理。活动现场参与人数达到上千人次,热热闹闹的换书大集使读者手中的闲置图书、期刊有了"用武之地"。

(刘 婕)

【文化助残】 5月18日,在第24个"全国助残日"到来之际,区少儿图书馆举办"我们在一起 拥抱中国梦"爱心助残活动,捐赠图书和爱心。活动邀请小豆豆艺术馆创始人、儿童美术教育专家,畅销书《和孩子一起玩儿艺术》作者李芳妃老师给孩子们讲述有趣的绘本故事,并带领大家一起参与手工吹画制作。

(刘 婕)

【30周年馆庆】 "六一"儿童节,区少儿图书馆举办丰富建馆30周年馆庆系列阅读活动。内容包括:"快乐阅读直通车"把读书活动送进校园。在老山街道何家坟社区北方之星务工子弟幼儿园,以及西部隆恩寺金豆豆学前教育中心西校区,分别举行两场"庆'六一'宝宝读书会"。联合区妇联举办"童心童梦同成长——石景山区庆祝'六一'儿童节主题活动",带领孩子们畅想自己心中的"中国梦"。开展绘本阅读、互动游戏、"开心DIY"、播放卡通片和儿童电影、举办主题展览、摄影作品征集等活动。6月1日,法国绘本画家高迪先生来到少儿馆,与小朋友共同描绘"小学里的那点事"。

(刘 婕)

【纪念抗战胜利69周年】 7~9月,区图书馆依托馆内文献资源优势,发挥文化宣传主阵地作用,用多种形式纪念抗战胜利69周年。7月,邀请首席军史专家、抗日战争史学会常务理事刘庭华举办"七七事变与全国抗战"讲座。9月,红色后代黄克诚长子黄煦作客区图书馆抗战大讲堂,讲述黄克诚大将在抗日战争时期的主要经历。在一楼东大厅展出专门制作的"纪念中国

灯谜竞猜 (区文化委供稿)

6月1日，法国绘本画家作客区少儿图书馆 （区文化委供稿）

人民抗日战争胜利69周年”展板，在二层展出由读者刘宝才自图书馆资料室收藏的文献资料中节选、摘抄、拍照完成的专题展板，内容包括“七七事变，全面抗战”“华北危机，救亡高涨”“同舟共济，全民抗战”“浴血疆场，民族壮歌”等，吸引到馆读者驻足观看。在一楼流通部设立“抗战图书专架”，并制作专题书目检索目录供读者参考借阅。举办“缅怀英烈、纪念抗战胜利”的楹联展、联手古城街道西路北社区，开展以“纪念抗战胜利69周年”为主题的灯谜有奖竞猜活动。通过北京电视台、区有线电视台、《石景山报》《首钢日报》等多家媒体资源，结合馆内微博、网站宣传抗战史实，弘扬抗战精神。

（刘 婕）

【改变传统借阅方式】 8月，新引进的电子书借阅机在区图书馆一层东大厅与读者正式见面。读者安装借阅客户端后，只要在借阅机上扫描所陈列的电子书二维码，即可做到轻松扫一扫，正版电子图书借回家。内容涵盖健康生活、文学名著、小说传记、少儿教育等11个大类共2000种图书，开启纸质图书与电子图书双借阅的创新模式。每月根据借阅数据排行情况，进行末位淘汰制，替换借阅频率较低的100种书籍，同时提供100种新书供读者借阅。没有借阅时间期限，读者能够细细品读各种经典正版图书。极大地拓展读者阅读空间，免除纸质图书副本量小而不能多人借阅的限制，达到资源共享。11月，区图书馆24小时自助图书馆正式接待读者。可提供400册左右的图书供读者挑选，读者不受闭馆时间限制，随时借还图书，实现图书馆24小时服务群众的目标。该设备具有科技含量高、设置灵活、使用便利等特点，是集人性化、智能化为一体的新型图书馆服务模式，可以实现自助借书、自助还书、自助查询和续借4大功能。截至年底，区图书馆数据存储容量达到80TB，实现纸质资源和数字资源共存的馆藏资源模式。

（刘 婕）

【获评全国先进】 12月，在文化部举办的全国文化先进单位、全国文化系统先进集体、先进工作者和劳动模范表彰活动中，区图书馆获“全国文化系统先进集体”称号。作为国家一级图书馆，区图书馆发挥社会教育和文化宣传主阵地职能，率先在全市引进触摸屏读报机，实现馆内无线网络全覆盖，开通读者短信服务平台，引进电子书借阅机，安装图书自助借还系统及24小时自助图书馆。发挥“名家讲坛”“周末社区大讲堂”等阵地品牌活动的影响力，举办讲座、征文、展览、竞赛等形式多样的文化活动，弘扬时代主旋律。依托传记图书馆等特色资源，邀请老一代革命家后代走进石景山，开展传承“红色基因”专题讲座，践行社会主义核心价值观。区图书馆协会利用“世界读书日”“全民读书月”“服务宣传周”等有利时机，精心组织会员单位进行展板展览、上街宣传、发放宣传资料等多种形式的宣传活动，组织会员参加业务培训、征文、比赛等，充分发挥中心馆的作用。把基础业务建设放在首位，扎实推进，稳步发展。努力做到“十化”：文献采选合理化；编目数据规范化；地方文献数字化；古籍保护科学化；政府信息公开化；课题研究专业化；网络建设现代化；基层辅导个性化；读者接待人性化；活动内容多样化。开展图书“五进”（进机关、进学校、进社区、进军营、进企业）活动，丰富机关干部、学校教师、社区居民、部队官兵、企业职工（包括外来务工人员）的业余文化生活。

（刘 婕）

【打造数字化少儿馆】 12月，区少儿图书馆“点点电子书工坊”在亲子阅览室亮相。“电子书工坊”致力于引领读者从传统阅读到电子阅读，再深化到电子书创作，使读者参与到图书馆的电子书资源建设中来，实现读者之间的知识循环和资源共享。另外，在报刊阅览室和新书外借处配备方正阿帕比触摸屏读报系统和数字掌上阅读系统，使读者更加便利获取馆内数字资源。

（刘 婕）

【学习品牌项目】 灯谜、楹联是图书馆多年的传统品牌活动，除每月定期举办讲座外，在传统节日期间，还举办灯谜有奖竞猜和主题楹联征集、展览活动。区图书馆灯谜活动自2002年举办至今已有12年，不仅被地区灯谜爱好者和广大读者所熟知，每次活动更是吸引全市灯谜爱好者积极参与。英语角、英语大课堂开办也有十余年的历史，活动为英语爱好者提供口语交流、交际的平台，内容贴近生活，得到众多读者赞扬与肯定。年内，灯谜及英语角活动获区学习品牌项目。

（刘 婕）

【吸引社会力量】 年内,区图书馆注重整合资源,加强与相关单位、社会团体的合作共建。同时加强基层业务辅导和协作协调工作,推进共享工程建设。与中国传记文学学会联合创办国内首家传记图书馆,与区委宣传部合作开展"周末社区大讲堂",与区卫计委合作设立"青少年健康教育基地",与区科协科普志愿者协会合作进行DV制作,与区残联成立"残疾人阅读指导委员会",使读者活动覆盖面更广、受益群众更多。

(刘　婕)

文物管理

【概况】 年内,区文物系统坚持以党的十八大精神为统领,以传承文化发展,弘扬社会主义核心价值观,提升百姓文化民生、服务社会、促进发展为工作重心,把文物安全和执法工作作为重中之重。进一步树立大文物、大安全意识,进一步完善政府主导、社会协同、公众参与的文物安全执法工作机制,在提高全社会公民文物保护意识上下功夫,在完善机制创新方法、提高水平上寻突破,确保文物保护,传承中华传统文化。

(贾卫平)

【文物清查摸底】 全国第一次可移动文物普查工作自2013年10月开始,历时3年2个月。其中,2013年10~12月为第一阶段。主要任务是组建普查机构和队伍,制定普查实施方案,编制普查经费预算,落实普查所需经费,学习规范和标准,组织开展人员培训,开展国有单位文物收藏情况清查摸底。2014年1月至2015年12月为第二阶段,主要任务是采取认定、采集、建档、整理、报送、审核、登录同时进行的方式开展信息数据登录。年初,区文化委按照市文物局工作要求,结合地区实际情况,制定工作方案,3月21日召开动员会。全区共有143家国家机关、事业单位、国有企业、社会团体参加调查,调查完成率100%,反馈有文物单位共计9家。可移动文物种类涉及古化石类文物、古籍类文物善本、地契、徽章、奖章类文物、石造像、石刻、明代香炉、花瓶、磬、石构件、古建瓦当等,材质有:金、银、铜、铁、铝,陶、瓷、玉、石、纸十大类文物。全面完成第一阶段国有单位文物收藏情况清查摸底工作。

(杨晓红)

【八宝山革命公墓增补为国保单位】 4月25日,国务院下发国函〔2014〕49号文件,将北京市八宝山革命公墓增补为第七批全国重点文物保护单位。截至年底,地区文物资源现登记有文物保护单位共计105处,其中地上不可移动文物100处(古遗址14处,古墓葬11处,古建筑41处,石窟石刻10处,近现代重要史迹及代表性建筑21处,其他3处),地下埋藏区4处,历史文化保护区1处。其中地上不可移动文物:国家级文保单位3个,市级文保单位13个,区级文保单位17个,登记文物67处。

(杨晓红)

【文保工程通过财政审计】 5月,市财政局、区文物局、区财政局对2012~2013年文物修缮项目进行审计。区文化委积极配合,认真组织落实,顺利通过市、区两级财政、审计部门对2012年度文物保护工程项目的绩效考核和文物专项资金审计,完成市文物局对2013年度文物保护工程项目的绩效考核工作,涉及市财政文物修缮专项资金18694.90423万元,包括文物修缮、安防技防、修复方面的29个文物工程项目。区文化委加强监管,严格按照国家、北京市各项法律法规、管理条例、规章制度执行,严格立项、审批、招投标、施工、竣工等工作流程,确保立项、审批手续齐全、资金使用规范,工程质量合格,工程按期完成。

(杨晓红)

【首届两岸书画展】 10月17日,由区文化委与民政部当代社区发展与治理促进中心联合举办的"翰墨同抒华夏情,丹青共绘中国梦"——北京石景山显应寺历史文化展暨首届海峡两岸中国书画名家作品邀请展在显应寺举办。本次展览汇集两岸100多位名家的书画精品和石景山文物展两部分,活动得到众多书画名家的大力支持,包括欧阳中石、范迪安、张海等书画名家的作品,还特别邀请台湾地区知名书画名家参展。同时还展出大量历史文物,包括显应寺500多年的大日如来铜造像。显应寺位于西北部古村落西黄村,始建于明代天顺年初,俗称皇姑寺。从建寺伊始,该寺就得皇室显贵青睐,清代和民国经历多次重修,2006年显应寺产权归属区文化委,并开始进行大规模古建修缮,2011年公布为北京市第八批重点文物保护单位。

(杨晓红)

【法海寺壁画赴台展】 11月9日,"重彩流金六百年——法海寺壁画特展"在台湾世界宗教博物馆举办。展览运用大量多媒体技术,并配以临摹作品展示等多元手法,对法海寺、法海寺壁画、壁画临摹珍品等进行详细介绍,同时对壁画艺术及壁画制作工艺进行专业剖析,深入浅出地向民众普及并不广为人知的传统文化与工艺。区文化委为本次展览提供法海寺壁画素材,包括可供原尺寸输出的高清图像、相关记录性影片、研究材料等资料,北京首都博物馆采用高科技手段制作成10幅3D效果图片参展。台湾文化部门代表、宗教界及社会各界人士近2万人参观展览。报刊、杂志和互联网等近70家媒体用中、英、日、韩文进行报道。

(杨晓红)

【加大资金投入】 年内,区文化委积极争取市级文物保护专项资金3637万元,先后启动田义墓围墙及坟冢排险、法海寺部分殿座局部屋面漏雨排险、模式口西老爷庙正殿抢险、冰川擦痕保护大棚、满井茶棚、八大处摩崖石刻及石碑保护、圣安塔院、二处招仙塔保护、龙王堂塔院、鲍氏家祠、冰川漂砾亭11个文物修缮工程和显应寺防雷系统、慈善寺监控防雷系统、崇兴庵智能化安防系统、田义墓智能化安防系统、八大处三山庵智能化安防系统、灵光寺西区智能化安防系统6个安技防工程的立项申报、财政评审工作和工程的招投标工作。截至12月底,贤

良寺塔修缮工程、史履晋别墅修缮工程、显应寺防雷工程已竣工，其他各项工程按计划稳步推进。同时，积极争取区财政资金162万元，加大基础设施的建设，完成慈善寺山路护坡工程、承恩寺供水管线改造工程、显应寺（皇姑寺）煤改电工程等，消除安全隐患，确保文物安全。

（杨晓红）

【确保文物安全】 年内，区文化委坚持五强化，确保责任到位。强化文物使占单位的文保责任，召开文物使占单位2014年火灾防控及烟花爆竹安全管理工作会部署相关工作，下发冬春季火灾防控专项行动方案，与各文物使占单位签订《文物安全管理责任书》，将文物安全责任落实到单位的每个人、每个空间、每个时段。强化社会保护作用，发挥区文保协会、义务监督员和社会团体的作用，开展群防群治。强化检查执法，做到常规检查和重点检查结合，单位自查和部门联查结合，专业检查和群众巡查结合，使检查经常化、专业化、群众化。全年共组织文物巡视检查70余次，出动执法人员160人次。强化宣传教育，通过组织知识讲座，开展“国际博物馆日”“文化遗产日”主体活动，向文保单位及公众宣传文物保护法规，增强百姓文保意识，营造“保护文物，人人有责”的良好氛围。强化队伍建设，以会代训，开展职工安全思想教育，牢固树立安全意识。狠抓重点时段、重点区域，做到严防死守。严格执行领导带班、隐患排查和信息报送制度，对重点单位、重点区域实行24小时监控，做到全天候无盲区监管。在全国“两会”和重大节日等重点时段，增加检查频次，加强联合宣传、联合执法、实施拉网式全覆盖面检查，实行检查、回访、复查制度，确保安全工作监管到位。

（杨晓红）

【文物利用情况】 年内，区文化委深入挖掘地区文物的内涵、发挥其在城市建设和转型发展中的作用，努力探索文物保护与利用有效途径，初步实现从文物保护向文化遗产保护转化；文物单体保护向综合保护转化；从政府独资保护向政府投入为主，社会融资为辅转化；从展示文物资源，向发掘内涵推动文物资源、文化资源、旅游资源转化。成功打造法海寺壁画研究平台、皇姑寺文化交流平台、承恩寺文化遗产展示平台、慈善寺党风廉政教育基地，冰川馆科普教育基地今年与首都博物馆合作，在台湾世界宗教博物馆首次举办“法海寺壁画艺术展”。依托新修缮的五里坨王家大院开办民俗博物馆，举办以“让文化遗产活起来”为主题的第九个“中国文化遗产日”主题宣传活动；依托冰川馆开展博物馆里过大年、国际博物馆日主题宣传活动；依托慈善寺举办李大钊的中国梦——纪念李大钊诞辰125周年展览、“登山踏青赏桃花”旅游活动等活动；依托显应寺成功举办“石景山区显应寺文化展暨海峡两岸中国书画家作品展”；积极发挥校外大课堂的作用，全年接待中小学生3000余人参观学习。通过这些系列活动，有效发挥地区历史文化资源的辐射作用，提升和传播区域文化形象。

（杨晓红）

文化市场

【概况】 年内，区文化委共接待群众咨询1800余人次，受理各类行政许可证41件，其中新许可经营单位17家（其中出版物经营单位14家、电影院1家、文艺表演团体2家），受理各类变更24家次，全部按时办结。同时，完成娱乐场所、网吧、出版物发行单位、电影放映单位、印刷企业、有线电视设计安装单位及文艺表演团体共计247家场所年检换证和统计年报工作。同时，扎实开展好出版物市场、文化娱乐市场、广播电视市场、网络文化市场的“扫黄打非·秋风、净网、清源”、人员密集场所强基础除隐患重实效火灾防控和互联网上网服务环境专项整治5项重点专项行动。全年出动执法人员2300余人次，出动执法车辆480余台次；检查文化市场经营单位2500余家次；立案61起，罚款165550元；收缴盗版图书900余册，盗版光盘8300余张；落实群众举报45起。联合取缔黑开场所3家。确保文化经营场所安全、有序、有条不紊地运转。

（赵 勤）

【地下空间检查】 1月27日，由区主管领导带队，区文化委、公安分局治安支队，区安监局、工商分局、消防支队等单位领导和执法人员组成联合执法检查组，对兴和兴唱娱乐有限公司、京西豪门娱乐城、永远在线上网服务中心等位于地下空间的文化经营场所重点开展联合执法检查。检查中突出文化市场依法经营和安全生产两个重点，做到查找隐患不留死角，纠正违规行为不讲情面，责令整改不许拖延。

（王艳君）

【规范春节市场】 区文化委于节前周密部署，狠抓落实，通过召开文化市场安全工作会，与经营单位签订安全生产责任书等一系列措施，进一步加强安全生产和规范经营宣传教育，节日期间认真落实文化市场隐患排查制度、重点场所每日巡查制度及节日期间各类值班制度，加班加点，坚守执法第一线，重点对各文化娱乐场所、文物景点及庙会市场进行检查。确保春节文化市场有序、安定、繁荣，广播电视安全播出，为全区人民营造欢乐祥和的节日氛围。

（王艳君）

【确保两会安全】 3月，在全国“两会”期间，区文化委多措并举，突出重点，通过召开文化经营者专题会议；组织专门力量对区域内文化市场的安全生产、规范经营等情况进行拉网式检查；对侵犯知识产权、网络游戏运营等违法行为进行重点打击；发挥好监督员作用等多项措施，确保全国“两会”期间地区文化市场的稳定有序。

（王艳君）

【安全生产宣教】 5月12日是我国第六个“防灾减灾日”。区文化委在北京麦颂KTV、北京月色莺歌KTV组织消防应急演练，演练期间KTV工作人员分工明确，各司其职，疏散、报警、救护、警戒、初期救火等程序进行得有条不紊，演练现场气氛紧张、程序流畅。通过演练，进一步强化文化娱乐场所经营者的消防安全意识，提高各场所经营单位火灾防控能力和应对突发事件的应变能力。6月是全国统一组织开展的第十三个“安全生产月”，区文化行政执法队组织开展形式多样的文化娱乐场所宣传教育活动。期间，共召开文化娱乐场所安全工作会1次，组织开展安全应急演练3次，开展宣传活动2次，发放宣传材料80余份，让安全真正融入到企业的日常经营中和公众生活之中，确保文化娱乐场所安全。

（王艳君）

【严查报刊市场】 7月初，区文化委根据市“扫黄打非”办公室“清源行动”部署，开展为期两个月进一步加强查处非法报刊的专项夏季行动工作。会同区邮政报刊零售分公司出动执法人员6人次，车辆2台次，联合对长安街沿线、古城等重点区域、人流量较大地段的5家报刊亭进行突击检查。依法收缴2家报刊亭内非邮局派送违规刊物200余份，并对摊主进行法律法规宣传教育。区文化行政执法队获悉苹果园周边报刊亭出售非法报刊出版物的情况后，迅速反应，对苹果园地铁周边3家报刊亭进行突击查处，当场收缴非法报刊50余份。督促邮政报刊零售分公司加强内部管理，对屡教不改者坚决取消其经营权。会同相关执法部门深挖非法报刊的源头，从根源上打掉派送违法违规报刊的行为。对苹果园地铁周边和天宇市场周边等重点地段内具体有问题的报刊亭在重点时段反复查、查反复，继续组织联合执法，不让非法报刊在石景山区驻足。

（王艳君）

【打击黑游戏厅】 8月27日晚上8时许，区文化行政执法队会同区公安分局治安支队，通过前期走访摸点，联合对衙门口等地的“黑游戏厅”进行检查，依法取缔未经批准擅自经营的电子游戏厅2家，当场查缴违规机种6台，取得较好打击和震慑效果。

（王艳君）

【清源专项行动】 8月，区文化委开展“扫黄打非·清源2014”行动。主要以全面净化出版物市场环境为抓手，以印刷企业、图书音像店、报刊亭为重点整治范围，联合区工商、邮政部门等单位，有计划，分步骤，不断加强对出版物市场的监管和巡查力度。共出动执法人员82人次，执法车辆37台次，检查图书音像店24家次，报刊亭11家，印刷企业6家，出版物领域立案2起，罚款11800元，收缴盗版图书20册，盗版光盘50余张，有效规范和净化文化市场的经营行为和环境。

（王艳君）

【加强汛期执法】 8月，区文化委面对北京多雨天气，迅速部署，加强汛期文物执法力度，重点对辖区内2处国家级、13处市级及18处区级文物保护单位开展专项执法检查。提出“完善雨季汛期工作方案预案”等整改保护措施，重点检查各文保单位雨季防汛工作方案、工作措施，应急预案及应急演练、各项安全管理制度的制定、完善和落实情况，值班制度是否落实到位，安全出口、疏散通道是否畅通，消防设施、设备、应急照明灯是否完好有效等。通过一段时期的专项检查排查，进一步完善辖区内文物保护单位台账，拍摄每处文保单位的现场照片，提出有针对性的整改措施，确保辖区文物平稳、安全渡过汛期。

（王艳君）

【校园周边净化】 9月，区文化委结合迎国庆65周年、保障APEC会议专项行动等重点工作，围绕秋季开学，开展校园周边出版物市场专项整治工作。严查游商，通过明查暗访、监督员反馈、群众反映等渠道，掌握个别兜售出版物游商的出行规律，取缔3家无证售书的摊位。主抓印企，执法人员从校园及周边复印店入手，查处违规承印和非法印制教材教辅行为。查办“坐商”，执法人员对容易忽略的高校内部及周边进行检查。网络执法，借力执法权下移，对互联网领域进行全面细致的执法检查，取得初步成效。

（王艳君）

【网吧消防培训】 10月9日上午，区文化行政执法队邀请市防火中心专家到区开展网吧消防安全知识讲座，全区20余家网吧经营代表参加培训。通过宣讲案例，展示图片，为大家深入浅出地讲解火灾现场的逃生与自救、初期火警的预防与扑救、灭火器的种类和使用方法等消防知识，并亲自演示灭火器的正确使用方法和姿势。培训结束后，杨立峰还与现场人员进行互动，当场解答大家提出的问题，进一步加深对消防知识的消化理解。通过此次培训，使网吧从业人员对消防安全知识有了更深入、更直观的认识和了解，深入推进社会单位“四个能力”建设，为社会单位提高自防自救的能力打下坚实基础。

（王艳君）

【法规知识竞赛】 11月4日，京津冀印刷法规知识竞赛在北京蟹岛绿色生态度假村举行，北京、河北、天津地区各参赛代表队选手近百人参加竞赛。代表北京地区参赛的石景山区代表队获团体二等奖和个人三等奖。国家新闻出版广电总局印刷发行司司长王岩镔等出席本次活动。

（王艳君）

【文化执法考评】 12月17日下午，市文化行政执法总队考评组一行5人，莅临区文化行政执法队考评年度地区文化市场管理及“扫黄打非”工作。考评组听取地区文化市场管理及“扫黄打非”工作总体情况的汇报，并对地区文化市场基础工作、专项行动、重点工作、市场面貌、案件办理、信息宣传、工作创新等方面进行全面、严格的测评考核，认真查阅相关制度、文件、执法案卷、举报登记、档案等材料，详细了解执法装备和办公设备配置、运行情况。在听取汇报后，考评组对完善队伍和制度建设、加强市场监管、推进管理创新等方面给予肯定，强调要在全市形成文化市场管理和“扫黄打非”工作的共识，继续保持前一阶段召开的“APEC”会议期间文化市场的良好态势，确保首都文化市场安全稳定。

（王艳君）

传　媒

广播电视

【概况】 石景山区广播电视中心（简

称广电中心),成立于1987年12月,是区属公益性事业单位,拥有石景山有线电视媒体平台。作为区委、区政府重要的新闻宣传机构,中心承担全区对内、对外电视宣传任务。年内,聚焦区委、区政府中心工作,积极履行主流媒体职责,为建设国家级绿色转型发展示范区营造良好舆论氛围。全年共制作播发新闻2190条,在市以上电视媒体播发新闻518条;各类自办专题栏目制作播出近千期。坚持正确舆论导向,大力弘扬主流思想,制作完成《保险产业园》《转型发展》《爱心播撒京城》等专题片50部;组织、策划并录制《感动石景山人物颁奖晚会》《清明诗会》《劳动创造梦想》《环保之歌》《诗歌大赛》等大型节目12场,坚持把举办大型节目和制作专题片作为弘扬社会主义核心价值观的载体,努力取得经济效益和社会效益的双丰收。广电中心荣获"全国文化惠民工程宣传工作先进单位",新闻部荣获"北京市三八红旗集体"。全年安全播出无故障,两个频道共实现安全播出210240小时。全年实现总收入1560万元,其中事业创收793万元。

地址:石景山区古城大街61号

电话:68849799

邮编:100043

(宋爱娟 周鸣嫣)

【话说石景山路】 9月30日,广电中心拍摄制作的十集系列专题片《话说石景山路》在石景山有线804数字频道开播。专题片采取以空间结构为主体、以石景山路为拍摄轴线、由西向东散点式叙事的手法,通过讲述石景山路的历史沿革和发展转变,印证、折射了在党的领导下,祖国的辉煌成就、北京的快速发展和石景山区的日新月异。

(宋爱娟 周鸣嫣)

【高清建设】 年内,广电中心继续推进高清建设工作。多次外出调研其他兄弟区县高清化推进工作情况,调研内容涉及制作、播出、灯光、演播室等各方面,并组织多家有影响的高清设备厂商来中心进行设备演示。11月20日,夏林茂带领区财政局等相关部门到广电中心调研高清建设工作。经12月26日区长办公会审议通过,高清改造项目工程全面启动。

(宋爱娟 周鸣嫣)

【新闻宣传】 年内,广电中心以《石景山新闻》《记者视线》和《法治聚焦》等节目为出口,大力宣传积极落实十八届三中全会和市委十一届四次全会精神、加快建设国家级绿色转型发展示范区的新举措;宣传开展党的群众路线教育实践活动新成效,以及深化改革、开拓创新、争创一流的新业绩。在《石景山新闻》中开设20多个主题版块和系列报道,推出"回眸2013""展望2014""扎实开展教育实践活动、为民务实清廉""节俭养德""美丽石景山""法定职责必须为"等主题宣传200余期。完成先进人物类深度报道——"身边的感动""寻找最美家庭""巾帼风采录""环保明星""最美石景山人"等50余期。针对在全区开展的城市环境综合整治"亮剑行动"开办《亮剑战报》新闻版块,播发新闻80余条、《记者视线》制作11期、市级媒体播发新闻25条。

(宋爱娟 周鸣嫣)

【百姓系列】 年内,广电中心在原"百姓系列"5档栏目基础上,新开办《百姓故事》和《百姓剧场》两档栏目,打造离百姓最近的电视台。《百姓故事》讲述老百姓自己的故事;《百姓剧场》为观众呈现异彩纷呈的群众文化盛宴。全年还制作播出《百姓DV》50期,《百姓诵读》50期,其中参与录制人数突破100人,节目作品200篇。《百姓系列》栏目是广电中心多年打造的系列品牌栏目,记录百姓生活,通过荧屏直抒百姓心声,成为开展群众性精神文明创建活动的一个有效载体。

(宋爱娟 周鸣嫣)

【微信公众平台】 年内,广电中心经过多方筹备,开通有线电视微信公众平台,依托微信现代化通讯的先进手段,面向全国微信用户,及时发布地区新闻,以及与百姓密切相关的服务性电视节目和热点资讯。有线电视微信公众平台分为3个板块,第一个板块以石景山新闻为主,每天播发12分钟的本区新闻事实动态,观众可随时通过手机关注新闻,第一时间掌握最新资讯。第二个板块是微点播,以形象宣传片、百姓诵读等观众喜爱的文化类节目内容为主。第三个板块是微生活,以宜商宜居、健康桥、吃喝玩乐等生活服务类节目为主要内容。市民可通过手机微信搜索"石景山区有线电视"公众平台账号直接添加关注。此外,广电中心还专门在《石景山新闻》中悬挂微信公众平台二维码,市民群众可通过手机微信扫描二维码图标进行添加关注。微信公众平台的开通,在加大与市民群众之间的信息互动和沟通的同时,也扩大中心对内对外的影响力和覆盖面。

(宋爱娟 周鸣嫣)

石景山报

【概况】 《石景山报》为中共石景山区委机关报,由区委宣传部主办。编辑部隶属于区委宣传部,设总编辑1人、副总编辑1人、编辑部主任4人,编辑兼记者8人,主要负责编辑出版《石景山报》。《石景山报》编辑部为区委宣传部所属的相当正科级全额拨款事业单位,编制11名,其中科级领导职数为2正2副(《石景山报》编辑部1正2副,报社电台记者站1正)。主要职责是:宣传区委政策方针,反映基层工作动态,报道先进典型事迹;在首都主流报刊和电台做好本区新闻宣传,负责与新闻媒体联系,办好石景山宣传网等。年内,《石景山报》围绕区委区政府中心工作,服务大局,牢牢把握正确舆论导向,坚持团结稳定鼓劲、正面宣传为主的方针,以深入创新为途径,以"零差错"为目标,集中力量、提前策划,全年编辑出版《石景山报》100期,共1200版,办报质量不断提高,为地区繁荣发展作出新贡献。

地址:石景山区石景山路18号

电话:88699846

邮编:100043

(杜 雷)

【群众路线教育报道】 年内,《石景山报》全力以赴,做好党的群众路线教育实践活动的宣传报道。开设理论版,刊发“学习贯彻党的十八届三中全会和习近平总书记系列重要讲话精神”“习近平总书记在北京调研讲话精神”“官德人品，三严三实”专版50期。刊登区、处两级领导学习体会文章以及理论文章摘编100余篇。其中，由牛青山、夏林茂、赵玉民、岳德顺等四套班子领导共同署名的《闻过则喜，改过则喜——高标准高质量开好专题民主生活会》和《君子坦荡荡，良师益友互相帮——切实用好批评与自我批评的锐利武器》在区内引起广泛反响。开办“石景山区党的群众路线教育实践活动区政府党组学习交流发言摘登”专栏，刊登区领导发言摘要18篇。刊登相关新闻报道100余篇，评论员文章10篇。开办“教育实践活动进行时”专版6块，专栏9期，全面反映各单位各项工作开展情况。得知八角街道综合执法中心工作人员在居委会配合下，一举拆除八角北里社区“私装地锁”40余个后，《石景山报》及时刊登《居民私装地锁，拆你没商量》一文，为有关部门迎难而上，祛除城市“毒瘤”的行动和决心喝彩。在《石景山报》副刊开设“弘扬优良传统，传承红色基因”专栏11期，用文学艺术形式，鲜活地反映党员群众，学习、贯彻、落实习总书记讲话的心得体会。其中，根据金一南讲座整理的《中国梦——从民族救亡到民族复兴》一文，在《石景山报》刊登后，很多单位都选用此稿作为活动中的学习材料。《石景山报》持续对典型模范人物进行报道，共计30余篇，其中《深切缅怀英烈 守护平安北京》《金牌月嫂孙立红》及《太阳花让听障儿童融入有声世界》在读者中引起良好反响。

（杜 雷）

【亮剑行动重点报道】 年内，《石景山报》对“亮剑行动”历次重要会议和重要节点综合整治活动，做到有亮点、有声势。共刊出“亮剑行动”专版40块，专栏30余期，综述2篇，全面反映“亮剑行动”战果和成效。对牛青山受邀参加新华社“首都民生对话”栏目专访等活动，均第一时间在头版进行报道，并刊发《致全区人民的一封信》。同时，对活动中涌现出的典型事迹、先进个人进行重点报道，刊发《“亮剑行动”全面治理阶段首战告捷》《石景山城市管理：“九龙治水”为执法合力》《“亮剑行动”20天，城市环境大变样》《区四套班子领导深入基层蹲点办公听民声办实事》《苹果园交通枢纽地块三处违建被强拆》等报道，合计70余条。与区安监局联合对安全隐患专项治理和整治做两期综述类报道。无论前期宣传阶段，综合整治阶段，经验梳理与总结阶段，坚持深入执法一线采访，及时留存第一手资料。与各有关单位、街道（社区）前期策划，深入现场，其中，参加全区重大行动6次，各街道（社区）重要整治行动10余次，做到重大整治活动不漏项，留下第一手鲜活素材，为进一步宣传打下良好基础。

（杜 雷）

【重要会议报道】 年内，《石景山报》对区第十五届人大第四次会议、区政协九届三次会议、政府工作会、党务工作会、党风廉政建设工作会、四套班子联席会等重要会议，全力报道工作思路、主要目标和工作措施。关注代表、委员的意见和建议。仅“两会”期间就专访30名人大代表和政协委员，报纸还在民主法制版为代表、委员参政议政开辟专栏。

（杜 雷）

【重点工作报道】 年内，《石景山报》围绕实施重点工程、便民工程、济困工程及扩大内需、惠及民生、加快转变发展方式等重点工作，组织专题报道，深度报道，系列报道。同时发挥专栏优势，同各办栏单位协作，做好“市政前沿”（市政管委）、“城市美容师”（环卫中心）、“靓丽城市”（城管大队）、“红盾风采”（工商分局）、“劳动保障”（人保局）、“绿色石景山”（环保局）、“开启健康之门”（卫生局）、“情系我的兄弟姐妹”（区残联）等专栏，展示各项工作的成就和亮点。

（杜 雷）

【“法定职责必须为”宣传】 《石景山报》头版刊登《以“法定职责必须为”为主题，集中开展学习十八届四中全会精神活动》一文，同时在理论版开办“法定职责必须为大家谈”专题。至年底，共出专版18块，刊登理论文章36篇，其中《深刻领会“法定职责必须为”精神，全力做好社会环境综合治理工作》《在法治轨道上向城市顽疾亮剑》等文章，收到较好宣传效果。

（杜 雷）

【服务经济发展】 年内，《石景山报》利用新闻报道、专栏、专版等形式，重点报道加快转变经济发展方式、促进社会和谐所取得的显著成效。集中宣传区域发展规划，招商引资政策，经济建设成果，园区企业发展，帮扶企业措施以及明星企业家。全年刊登经济类新闻报道80余篇，专版30块，达到增信心、聚人心的宣传效果。同区委组织部、统战部合作，开展驻区企业系列报道。

（杜 雷）

【民生问题宣传】 民生问题是区委区政府年度重点工作任务。年内，《石景山报》开辟专栏，对有关领导进行专访，组织评论员文章，分别对劳动就业、住房保障、医疗、帮困等政策进行解读，围绕就业援助月活动宣传就业创业先进典型，开辟专栏11个，刊登各类报道140余篇。与区委组织部、区委办、区政府办等部门配合，加强对重大节日各级领导走访慰问送温暖的报道。加大社区报道力度，先期深入基层，了解读者各方面阅读需求。开辟“社区新闻”“社区人物”版面，及时报道百姓身边故事，社区活动以及政府为民办实事的新闻事件，挖掘社区中有特点的人物，增强报纸的互动性和可读性。全年报道社区人物20余名，成为报纸品牌栏目。加大贴近百姓的宣传，围绕百姓生活需求，开辟“卫生健康”“民主法制”“百姓生活”“市民学校”“消费驿站”等版面，提供各种资讯服务。特别对医疗制度改革，生产、食品、药品安全生产，居民文明养犬，黑车治理，烟花安全燃放等工作进行大量重点报道。

（杜 雷）

【精神文明报道】 年内，《石景山报》做好“北京清明诗会”和八宝山清明祭扫活动的报道。在第七届清明诗会国

际雕塑园游园踏青等清明节系列活动中,派出记者,全程摄影和文字记录,编发2个整版图片和半版文字材料。加强思想道德建设典型人物、典型事迹的宣传报道。与区文明办、社工委等部门合作,对活动过程和涌现的先进模范人物进行报道。

(杜　雷)

【学习型党组织报道】 年内,《石景山报》做好区处两级中心组学习情况报道。对活动中涌现出的学习型党组织示范点和品牌活动,进行深入连续报道。利用"悦读时间"专版,通过书评形式,向全区干部群众推介学习书目,形成重视学习、崇尚学习氛围。

(杜　雷)

【理论研究宣传】 年内,《石景山报》推出理论版,深入学习贯彻党的十八大精神和全国"两会"精神。重温经典、传播理论观点、聚集理论热点,架起理论与大众之间的桥梁,让理论的魅力在关注热点中充分显现、理论的活力在回应现实中不断迸发。坚持直面问题、聚焦热点,贴近实际、贴近生活、贴近群众,指明解决问题的途径和方法,使理论赢得人心、走进群众。

(杜　雷)

【社会热点宣传】 年内,《石景山报》加强同区委区政府各有关部门协同配合,准确把握舆情,追踪社会热点。关注住房、教育、医改、社保、就业、房地产等领域出现的热点问题,及时宣传相关政策,为群众释疑解惑,为百姓服务。

(杜　雷)

【最美石景山人报道】 年内,《石景山报》开办"最美石景山人"专版,宣传报道各行各业身边的榜样。弘扬社会主义核心价值体现,体现出高贵的思想品格、公益精神。同时,发动区作协等社会资源,利用报告文学、散文、小小说等文学形式,从不同角度描写先锋模范人物。

(杜　雷)

【合办教育导刊】 年内,与区教委合办"教育导刊",隔周四出版,分设"要闻""综合新闻""专题""副刊"4个版块。在扩版的同时增加互动园地,内设"热点话题""百姓热线""政策顾问""心理咨询""教育心得""学生天地"等栏目。其中"教育心得"栏目与老师、家长进行互动,刊登教书育人题材的文学摄影作品、同时也刊登家长教子心得,在栏目开设后,收到教师和家长大量的文学摄影作品和家教心得投稿,对这些文章进行筛选并刊登,受到广大教师和家长好评。"学生天地"重点推出学生习作,学生和老师互动,刊登学生习作的同时配上推荐语文老师的评语,提高学生写作兴趣和积极性。

(杜　雷)

【国防建设宣传】 年内,《石景山报》围绕国防建设开展情况,利用全民国防教育日、"八一"和"春节"军地走访慰问,军民共建开展活动,民兵整组、训练、征兵、重大活动,学校德育教育等时机,安排记者进行重点报道,做到图文并茂,为群众所喜闻乐见。设立固定的国防教育专栏,宣传国防知识。在重要时点刊登专版,集中报道,做到国防教育专题宣传进街道、进社区、进校园、进企业、进机关、进部队,确保国防教育进家入户,深入人心。

(杜　雷)

石景山年鉴

2015 BEIJING SHIJINGSHAN NIANJIAN

医疗卫生

截至年底，辖区有各级各类医疗卫生机构217个（含北京朝阳医院西院、北京军区总医院京西医院、首钢矿山医院及矿山地区社区卫生服务站1个和医务室2个），其中医疗机构212个，按级别分为：三级医院4家，二级医院8家，一级医院14家。按类别分为：综合医院15家，中医医院3家，专科医院3家，疗养院1家，妇幼保健院1家，门诊部、医务室、诊所129家，其他卫生机构5家。按性质分为：非营利性115家，营利性88家。在医疗机构中有社区卫生服务中心10家、社区卫生服务站47家。预防保健服务机构5家，其中疾病预防控制中心1家（含结核病防治所和性病防治所），妇幼保健院1家，中小学保健所1家，精神卫生保健所1家；卫生监督机构—区卫生监督所1家。医院管理机构—医院管理中心和社区卫生服务管理中心各1家；卫生学（协）会3家，分别为区医学会、老医药卫生工作者协会和性病防治协会。全区实有床位4736张。全区卫生技术人员8067人，其中执业（助理）医师3031人、注册护士3536人、药师（士）473人、检验技师（士）267人、影像技师（士）90人、其他卫生技术人员632人。编制床位5332张，实有床位数4736张（其中医院实有床位数4641张）。平均每千常住人口拥有床位数、卫生技术人员数、执业（助理）医师数、注册护士数分别为7.35张、12.53人、4.71人、5.49人。全区医疗机构门诊6670018人次，同比增长8.36%；急诊357057人次，同比增长5.02%。入院103049人次，同比增长7.25%；出院103159人次，同比增长7.78%。住院手术41903人次，同比减少8.78%；门诊次均费用358.64元，同比增加2.69%；住院次均费用18233.66元，同比增加9.44%。药品收入占业务收入53.42%，同比减少0.96个百分点。其中，二级以上医院门诊4150832人次，同比增长9.97%；急诊335676人次，同比增长10.83%；出院100439人次，同比增长8.87%；住院手术41558人次，同比减少8.36%；门诊次均费用429.49元，同比增长3.54%；住院次均费用18264.22元，同比增长9.34%。药品收入占业务收入47.06%，同比减少0.98个百分点。社区卫生服务机构全年门急诊1917241人次，同比增长11.25%。组织献血258.94万毫升，同比增长24.75%，医疗用血170.86万毫升，同比增长0.43%。全区甲、乙类传染病报告发病率194.27/10万，国家免疫规划疫苗接种率保持在99%以上，孕产妇死亡率0，婴儿死亡率3.19‰，5岁以下儿童死亡率3.46‰。全区户籍人均期望寿命82.10岁，疾病死因顺位前三位依次为恶性肿瘤、心脏病和脑血管病。

北京市石景山区卫生局（简称区卫生局）是区政府负责本区卫生工作的职能部门。设党委办公室、局办公室、人事科、财务审计科、医政科（科教科）、疾病控制与卫生监督科（妇幼社区卫生科）、献血办公室、法制科、安全保卫科9个内设机构，机关行政编制33名（含监察科长编制1名）。其中：局长1名，副局长3名；科级领导职数11正（含工会专职副主席1名，团委书记1名）2副。年内，医药卫生体制改革成效明显，公共卫生服务保障能力有效提升，医疗服务质量持续加强，计划生育服务管理能力不断提高，社区卫生服务内涵建设逐步拓展，政风行风建设有序有力，其他各项工作整体推进。石景山区被评为首批“全国餐饮服务食品安全示范区”“北京市慢性病综合防控示范区”。广宁街道社区卫生服务中心被评为“全国示范社区卫生服务中心”，金顶街社区卫生服务中心被评为市“示范社区卫生服务中心”。区卫生局获市级“日常报表先进单位”“2011～2014年度动植物疫情防控工作先进集体”“第三届北京健康之星优秀组织奖”“妇幼健康技能竞赛团体比赛优秀奖”等荣誉。

地址：石景山区体育场南路6号院
电话：68873891　68879937
邮编：100043

（刘　喆　刘媛媛）

3月19日，石景山区医联体建设启动会　（区卫计委供稿）

卫生改革

概　述

年内，在区医改领导小组各成员单位共同努力下，重点推进医改难点任务，完善区属公立医院管委会工作机制，稳步推进公立医院改革。制定“石景山区医疗机构设置规划（2013～2015）”，进一步完善医疗服务体系；积极探索康复医疗体系的建设。到年底，医改工作在稳步推进公立医院改革、积极支持社会办医、继续深化基层医疗卫生机构综合改革、完善医疗保障体系、完善医疗服务体系及加快推进信息化建设等区深化医药卫生体制改革7个方面的26项重点工作任务基本完成。医疗资源规划和布局调整整体推进；基本药物制度实施范围涵盖规划内所有政府办及非政府办社区卫生服务机构;在年中、年末对区属公立医院改革情况实施考评;完善社会办医绿色通道,社会资本举办医疗机构达116家;医联体建设方案初步形成,三级康复医疗服务体系不断完善;进一步完善药品供应保障体系;推进区域卫生信息平台建设;进一步提升公共卫生服务均等化水平。全年投入医改资金26525万元,比上年增长16.93%。加强引领作用,积极探索政府购买公共卫生服务;统筹医疗资源,创新工作模式,深入推进康复医疗服务体系建设的医改创新做法在全市进行交流。

(刘　喆　刘媛媛)

【医联体建设】 3月20日,被列入当年区政府折子工程的区域医疗联合体系(简称医联体)建设工作正式启动。区卫生局根据北京市指导意见,根据医疗机构设置规划、区域医疗资源状况、人口数量和就医需求,在全区设立3个医联体。由区域医疗中心即石景山医院和2家三级综合医院即北京大学首钢医院、首都医科大学附属北京朝阳医院西院分别作为医联体的核心医院。首都医科大学附属北京康复医院作为3个医联体的合作医院。其他有关医院和社区卫生服务机构分别作为不同医联体的合作机构。首钢医院、石景山医院和朝阳医院西院分别于6月13日、24日、30日启动医联体建设。7月22日,区卫生局召开医联体工作推进会,启动业务数据收集分析工作。9月1日,召集辖区41家医联体各成员单位会议,下发医联体医师执业备案管理暂行规定(石卫医发〔2014〕27号),对医联体内医师备案管理进行部署,自当日起,正式实施辖区医联体医师执业备案制度。医联体建设是构建新的医疗服务格局和就医秩序的重要举措,通过打通不同层次、不同类别的医疗机构转诊通道,完善合理分级的诊疗模式,解决医疗资源倒三角与医疗需求正三角之间矛盾,促进地区优质医疗资源纵向流动,提高医疗服务体系的整体运行效率,为群众提供分级、连续、节约、高效的医疗服务。

(张　凯　李　卓)

【医改工作会】 9月18日召开,全区20家医改成员单位领导参加会议。会议总结北京市医改工作年度考核情况并提出当年医改重点工作安排。经北京市专家考评,石景山区医改责任书完成情况、医改工作推进情况为排名全市第一,医改创新情况排名全市第六,社区卫生服务排名全市第五,取得阶段性成效。当年医改重点工作安排包括7项主要内容:一是稳步推进公立医院改革。继续推进区属公立医院改革,建立现代医院管理制度,完善区医院管理委员会工作机制。落实北京市医疗服务项目价格改革相关政策。严格控制公立医院规模和建设标准。二是积极支持社会办医。继续落实北京市政策,建立社会资本举办医疗机构设置审批绿色通道,鼓励社会办医并加强监管。三是继续深化基层医疗卫生机构综合改革。推进社区卫生服务标准化建设,完善基层医疗卫生服务体系,加强家庭医生式服务内涵建设,推广全科诊疗服务新模式,落实国家基本药物制度,强化慢病防控工作。四是进一步完善医疗保障体系。落实《北京市城乡居民大病保险试行办法》,继续推进医保总额预付工作。落实北京市疾病应急救助、医疗救助制度相关政策。加强卫生应急体系建设。五是进一步完善医疗服务体系。调整完善社区卫生服务机构设置规划,推进9个社区卫生服务机构基础设施标准化建设项目并投入使用,继续推进和完善3个医疗联合体建设,积极推进"建立完善康复医疗服务体系"试点区工作,推进区护理院建设及五里坨精神病院建设,筹划区中医院基础设施建设。六是加快推进信息化建设。继续推进电子病历、区域卫生信息平台等专项信息化建设。拓展社会保障卡功能,逐步实现特困人员看病就医即时结算。统筹开展信息化需求调研,研究制定石景山区医疗卫生信息化建设整体推进方案。七是统筹推进相关改革工作。落实北京市住院医师规范化培训及社会化培养政策,探索医师多点执业,探索完善居民健康评价指标体系。规范药品流通经营行为,规范诊疗服务行为,实施"大城管"体制,重点打击非法行医等违法行为。推行信访代理制度,构建和谐医患关系。

(刘　喆　刘媛媛)

【市卫计委领导调研】 12月9日,市卫计委党委书记、主任方来英到区调研卫生计生工作。听取卫生计生情况包括政府卫生计生部门改革进展情况、在社区卫生服务层面探索医药分开模式的初步思路和有关区域卫生医疗规划与石景山医院发展相关问题的汇报。方来英对区委区政府给予卫生事业发展的支持表示感谢,希望进一步完善区域卫生事业发展规划,加强医疗卫生体系建设,希望石景山医院立足区域医疗中心定位进一步完善学科配置,提高医疗技术,提高卫生水平,保持公立医院公益性质。表示全力支持石景山区在社区卫生服务方面进行医药分开探索,通过改革进一步提升社区服务的核心功能,同时促进健康服务业发展,真正让辖区居民得实惠。牛青山表示今后将按照全面深度转型、高端绿色发展战略加快社会事业发展步伐。在卫生计生事业发展方面加强医联体建设的科学布局,做好社区卫生服务机构网底建设,加强社区卫生服务全科医师配备,推进居民健康档案的信息化运用,继续坚定不移的探索医药分开试点,造福百姓,继续加强医德医风建设,营造和谐的医患关系。市卫生计生委副主任毛羽、区领导种磊、杨东起参加调研。

(刘媛媛)

【社会资本办医】 截至年底,地区社会资本举办医疗机构116家,占全区医疗机构53.46%。年内,落实北京市"关于进一步鼓励和引导社会资本举办医疗机构若干政策",将民营医疗机构的设置审批作为重点招商引资项目之一,建立社会资本举办医疗机构设置审批的绿色通道,对符合设置条件的申请人或申请机构,优先审核材料,缩短审批时限,及时送达医疗机构设置批准书。

(刘　喆　刘媛媛)

【公立医院改革】 年内,区医改办印

发区属公立医院目标管理考评细则。由区医院管理委员会办公室牵头在年中、年末对区属4家公立医院进行目标管理考评。考评结果作为对医院领导班子成员聘任的重要条件、政府对医院服务补偿的重要依据和审批重大项目的重要参考。4家公立医院诊疗1740996人次，同比增长7.31%。根据区属公立医院改革要求，区卫生局、区财政局、区人力社保局、区纪委监察局多部门联合对区属4家公立医院进行考评。严格规范购买大型设备和申请贷款等行为，禁止公立医院举债建设。

（刘　喆　刘媛媛）

【基层机构改革】　年内，区卫生局完善基层医疗卫生机构补偿机制，继续政府举办机构实行收支两条线管理、非政府举办机构实行购买服务管理，同时不分举办类型，对基层医疗机构的零差率药品销售、返聘专家、公共卫生等工作进行专项补偿，确保基层医疗卫生机构正常运转。推进基层改革，重点推进家庭医生式服务工作，累计签约157818户、403638人，签约率达到62.7%。开展基层医疗卫生机构与大医院转诊预约工作，建立健全分级诊疗、双向转诊制度，全年预约转诊10737人次（含一老一小转诊），上转14017人次，下转655人次。

（刘　喆　刘媛媛）

【完善医保体系】　年内，全区城镇职工基本医疗保险（简称“职工医保”）、城镇居民基本医疗保险（简称“居民医保”）的平均参保率稳定在96%以上。居民医保政策范围内住院费用支付比例达到70%。调整社区用药报销范围，增加治疗常见病、慢性病、老年病药品共计224种。落实城乡特困人员重大疾病医疗救助政策，将重大疾病的种类从原有的9种扩大到15种；低保对象医疗救助的比例中门诊比例提高到70%，救助封顶线提高到4000元，住院救助封顶线提高到4万元，重大疾病救助比例提高到75%，全年救助封顶线提高到8万元。截至年底，累计审批医疗救助3630人次，支出医疗救助金417.91万元。其中重大疾病救助62人次，支出资金25.69万元，住院押金减免2人次，支出资金1.51万元，低收入家庭救助44人次，支出资金12.8万元。

（刘　喆　刘媛媛）

【完善医疗服务】　年内，区卫生局在全市率先开展区级医学重点学科建设工作，推进区级11个医学重点学科建设，打造有地区特色的优势学科。全年投入780万元为中医医疗机构及社区卫生服务机构配备中医设备和进行中医文化改造。与中华医药适宜技术网络平台签订合同，通过网络推广中医药专病适宜技术。原工人疗养院转型为康复医院，更名为首都医科大学附属北京康复医院，利用资源优势，在全市率先成立康复医疗质量控制和改进办公室。建立康复医疗质量管理制度、研究制定质量控制标准和评价方法，调研辖区医疗机构康复医疗资源现状，进行综合医院、社区卫生服务中心与康复专科机构的双向转诊试点工作。建成石景山区护理院，为失能老人提供医疗保障。

（刘　喆　刘媛媛）

【推进信息化建设】　年内，石景山医院、首钢医院、朝阳医院西院等实施电子病历建设，其中石景山医院作为试点医院，参与全市电子病历共享工程。制定区域卫生信息平台建设总体方案，并向区主要领导汇报。按照总体设计、分步实施的原则，初步建成区物联网水质监测综合示范应用系统、区突发公共卫生事件应急管理系统、社区卫生管理系统等并投入使用。

（刘　喆　刘媛媛）

卫生应急

概　述

年内，区卫生局积极开展国家卫生应急综合示范区创建工作，健全卫生应急机制，完善卫生应急体系，提高卫生应急管理工作的规范化、科学化、制度化水平，逐步提升有力、有序、有效处置突发事件的卫生应急综合能力，提高社会公众的维护公共安全意识和避险、避灾、自救、互救等卫生应急能力，最大程度减少突发公共卫生事件对公众健康造成的危害。区突发公共卫生事件报告率、报告及时率、网络直报率、报告完整率、事件评估率均达到100%。继续加强规范化管理，开展专题演练、强化专业培训。全年区卫生系统开展应急培训413次，演练208次。圆满完成全区各类重大事件、重要活动和节日的医疗卫生保障任务。

（孙　霄　乔彦云）

【埃博拉疫情防控】　8月21日，区卫生局召开埃博拉出血热疫情防控工作会。会议介绍埃博拉出血热疫情流行情况，部署埃博拉出血热疫情防控工作方案（试行），并对来自埃博拉出血热疫区人员的追踪和密切接触者的管理进行详细解读。年内，区卫生系统建立埃博拉出血热疫情防控体系，统一部署防控工作，群防群控。区应急委印发埃博拉出血热防控工作方案（试行），定期召开辖区内各级医疗卫生机构主管领导会议，及时通报疫情，部署相关工作，落实防控措施。对疫区归国（来华）人员开展健康监测。区疾控中心和社区卫生服务机构对自疫区归国（来华）人员采取健康监测和管理措施，每日上下午收集社区卫生服务机构对健康监测人员体温情况的报告，累计监测19名自疫区归国（来华）人员。对医疗机构进行督导。组织区疾控中心、区卫生监督所对一级以上医疗机构及社区卫生服务中心埃博拉出血热疫情防控工作进行多次督导检查和复查。加强信息报送。每周定时汇总开展埃博拉出血热疫情防控工作相关信息，共制作《埃博拉出血热疫情防控专报》12期。

（孙　霄）

【重大节点医疗保障】　9～11月，按照区委、区政府和市卫生计生委部署，区卫生局早入手、早防范，采取有力措施，确保国庆和APEC会议期间安全。强化医疗救治专项行动，指定救治医院做好接收成批伤员的医疗准备工作，其他医疗卫生单位要服从区卫生局统一调遣。各单位要制定、完善应急医疗救治工作预案和工作方案，认

真做好人员、车辆、药品、装备、物资和床位等准备。强化卫生监督专项行动,加强生活饮用水监督。发挥街道"大城管"执法职能,加强对非法行医的监督检查。加强公共场所监督,重点做好辖区大型商场、超市及住宿场所的监督检查,做好人员密集的公共场所的空气质量监测。强化动物防疫、检疫监督执法工作,确保动物源性食品安全,不出现区域性重大动物疫情及动物源性食品质量安全事件。强化传染病防控及特殊人群管理专项行动,开展埃博拉出血热防控工作。重点做好疫区归国(来华)人员健康监测、患者转运和流行病学调查及密切接触者的医学观察工作。加强精神病患者、艾滋病人特殊人群服务管理工作。强化安全管理专项行动,加强组织领导及对重点部位和岗位的管理。进一步加强消防安全管理、交通安全管理。开展社会矛盾纠纷专项排查。强化应急值守和信息报送工作,采取突查暗访的形式,对各医疗卫生机构检查不下通知、直去现场,检查工作落实情况。强化24小时值班,医疗急救、卫生防病、卫生监督、动物卫生监督应急小分队处于待命状态,遇有突发情况迅速做好应急处置工作,认真按照有关规定和流程处置突发事件。年内,区卫生局完成各项医疗应急保障工作。重点完成重大节日期间各项医疗救治应急保障;完成高招体检、高考、技术职务等考试的医疗应急保障;完成市第九届民族传统体育运动会、四平山隧道工程施工等政府指令性各种大型活动、现场执法等医疗救治应急保障。累计出动120救护车74车次,医、护、司人员230人次。

(孙 霄)

【公共卫生事件处置】 区卫生系统全年处置突发公共卫生事件1起,处置暴发疫情13起,分别为麻疹4起、手足口病2起、流感7起,犬咬伤多人事件3起(致伤人数18人)。全年现场处理集体单位首发病例、重点疾病、关联性事件、暴发、突发等各种事件205起,出动疫情处理人员740人次,车辆234车次,规范处置率100%。督导传染病门诊141次,出动人员345人次,112车次。处置突发事件21起,其中,斗殴事件4起(伤者17人)、刀扎伤事件6起(伤者13人,死亡2人)、车祸6起(伤者38人)、高空坠落1起(死亡1人)、沼气中毒1起(患者3人)、跳楼3起(死亡2人)。

(孙 霄)

【国家级示范区创建】 年内,区卫生局开展国家卫生应急综合示范区创建工作。示范区创建和评估内容主要包括:卫生应急组织体系、指挥协调、预案体系、应急准备、监测预警、应急处置、总结评估、社会动员8个方面。本年度重点开展自我评估和迎检准备工作。卫生系统和相关部门以提高卫生应急处置能力和水平为目标,制定创建方案和督导工作方案等,坚持预防为主、以人为本,不断提升卫生应急能力与预警能力,有效应对和处置各类突发公共卫生事件,减少突发公共卫生事件风险及危害,保障群众身体健康和生命安全。

(孙 霄 乔彦云)

【反恐维稳专项工作】 年内,区卫生局完善工作方案和预案。成立反恐怖卫生应急工作领导小组,全年召开4次区卫生系统防恐工作会,制定相关预案及工作方案,并实施月报制度。区卫生系统全年举办反恐相关培训103次,参训人员3426人次,开展反恐相关演练52次,参加人员1021人次。在"六四""七五"、国庆、APEC会议期间开展维稳信息日报告工作,辖区医疗卫生机构每日排查重点矛盾纠纷、医疗安全和消防安全。

(孙 霄)

医疗管理服务

概 述

年内,区卫生系统医疗服务质量持续加强。推进医学重点学科建设工作,组织市级专家组对11个项目进行第一个年度建设情况的评估,切实打造有特色的优势学科,有效提升区域医疗卫生服务水平。开展医疗质控办换届评审工作,采取学术论坛、专题讲座、技能比赛、现场交流指导等多种形式,加强对医疗机构的行业监管,提高医疗和护理服务质量,有效保障区域医疗安全。推进国家级康复医疗服务体系试点项目建设,不断提升区域康复水平。推广便民惠民措施,开展大型义诊活动,全面实施预约诊疗、双向转诊工作和双休日门诊。加强医疗服务监管,继续开展抗菌药物专项整治、医疗废物检查等专项活动。强化法制观念,开展"一法四规"督导、涉医突出

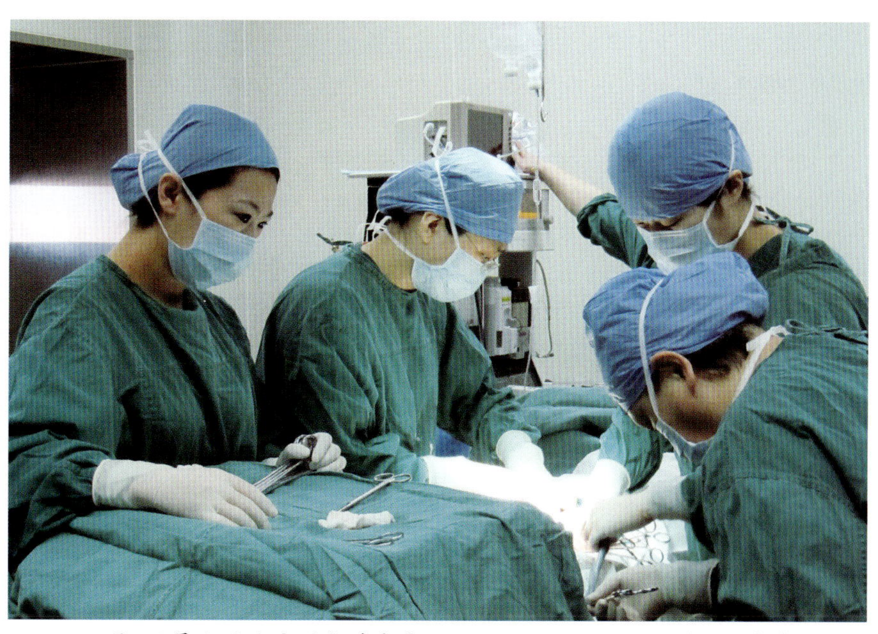

12月,石景山医院启用新手术室 (区卫计委供稿)

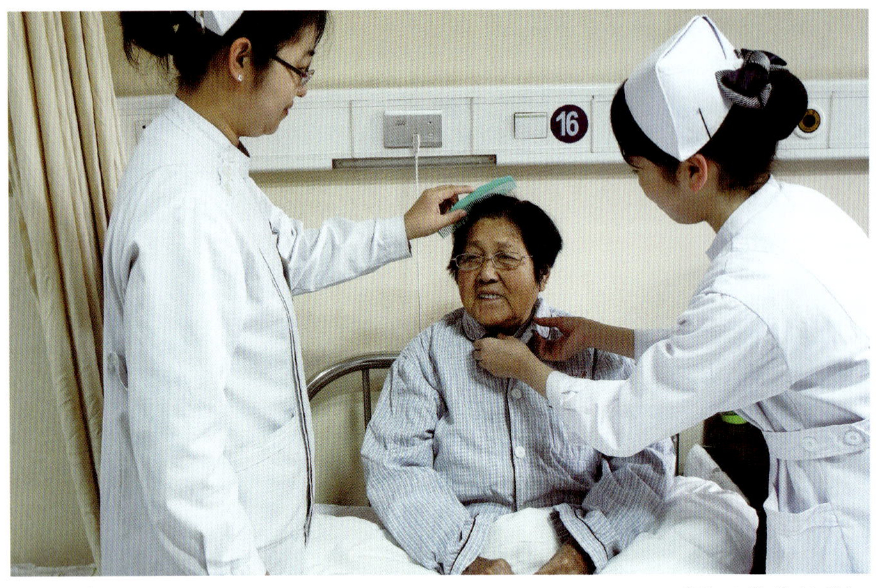

生活护理 （区卫计委供稿）

问题专项治理及卫生系统违规变相收费整治行动等专项工作，加强对医疗机构的服务质量与安全管理。圆满完成对新疆和田地区、湖北省竹山县及京郊区县的对口支援工作。加强基础设施建设，区妇幼保健院续建工程竣工，五里坨精神病专科医院建设获得市卫生计生委400张床位的规模批准，同时，积极协助推进驻区医疗机构基础设施建设。加强卫生人才培养，加强卫生人才培养，举办354项继续医学教育项目，开展面向各级各类医疗卫生机构的专业培训。大力提倡无偿献血，加强临床安全用血管理。

（刘 喆 刘媛媛）

【医院感染管理】 1月，区卫生局转发人感染H7N9禽流感诊疗方案（2014年版）等相关文件，并要求各医疗机构认真组织学习，加强培训，落实医疗诊治措施，做到早诊早治。修订人感染H7N9禽流感报告处理流程图。2月，3次组织区CDC、监督所和市、区两级专家，联合对6家二级以上医疗机构的发热门诊、急诊科、呼吸科和预检分诊工作开展人感染H7N9禽流感防治进行专项督导检查。8月15日，区院感质控办组织各级各类医疗机构参加消毒供应技术应用培训，参训人员200余人。同月28～29日，完成迎接市中医管理局对区中医医院、肾病医院、中医眼科医院专项巡查工作。定期组织专家组对医疗机构埃博拉出血热防控与救治准备工作进行督导检查。12月19日、26日，组织基层医疗机构院感管理培训，培训共2期，700余人参加培训。

（乔彦云）

【公立医院目标管理】 2月11～12日，区医院管理委员会协同北京市专家，对4家区属公立医院上年度目标管理工作进行检查。根据检查结果，调整完善年度目标管理工作指标。8月中旬，对4家医院进行中期督导，检查以资产运营管理为重点，并对上年度目标管理工作中存在的问题进行检查。

（包曹歆 周 莹）

【赴新疆对口支援】 2月21日，石景山医院2名医师和清华大学玉泉医院1名医师离京赴新疆，开展为期一年的对口支援任务。其中，石景山医院内科主治医师董亚苒和清华大学玉泉医院妇产科副主任医师李连芹在新疆皮山农场医院，石景山医院外科主治医师苏鹏在新疆224团医院分别开展工作。区卫生局积极做好卫生系统第八批援疆干部选派工作，按市卫计委通知要求，对援助的内科、外科和妇产科专业科室进行重点动员。3位医师表示将克服一切困难，积极开展临床工作，帮助当地医院提升专业科室医疗水平和医院管理能力，尽最大能力救治新疆当地群众，全力完成援疆工作。

（刘媛媛）

【医师定期考核】 3月，区卫生局召开辖区医师定期考核工作会议，对工作安排及信息管理系统数据录入进行部署。5月15～31日，对信息管理系统数据录入工作进行督导检查。7月，制发医师定期考核工作方案，就相关工作进行动员部署。8～9月，各医疗机构开展医师职业道德和工作成绩考核。10～11月，开展全科医师实践技能培训与考核、全科医师法律法规及业务水平考试，组织一级医院、门诊部、诊所医师法律法规和理论考试。区卫生局医师定期考核报名人数1459人，实际参加考试人数1431人，缺考人数28人，考试合格1430人。

（包曹歆 武凤娇）

【优质护理服务】 4月25～27日，区卫生局在首钢医院吴阶平泌尿医学中心学术报告厅举办护理专业论坛。5月4日，举办护理论文交流会，进行优秀护理论文评选。同月6日，举办纪念“5·12”国际护士节暨优秀护理工作者表彰大会，对百名优秀护理工作者颁发荣誉证书，部分获奖护士进行事迹宣讲。7月28日，召开区护理质控工作会，确定各专业组名单。8月15～16日，区康复质控办举办神经系统疾病的康复护理新进展培训班。同月25日，区护理质控办组织质量管理工具培训。11月6日，区护理质控办在首钢党校二层报告厅组织护理人员管理能力培训，台湾长庚医院护理部副主任进行授课。4家三级医院、3家二级医院的“优质护理服务病区”覆盖率达100%。

（乔彦云）

【医疗质控管理】 4月，区卫生局举办第二届京西口腔年会暨口腔质控培训班，参加人员包括京西及其他六区县的口腔医师200多人。5月，举办为期3天的临床实验室技术与质量控制暨生物安全培训班，其内容涉及生化、免疫、微生物、临检等多个专业，辖区设有检验项目的医疗机构专业检验人员150余人参加培训并经过现场考试获得培训合格证书。组织开展石景山区医疗质量控制和改进办公室换届申报评审工作。在原有17个质控办的基础上，新增加4个质控办，并组织申报和评审。同月29日，聘请市级专家对申报的35个单位进行现场答辩评审。最终确认20个新一届区质控办及单位。同月17日，举行区医疗质量控制和改进办公室主任委员单位授牌仪式，下发管理办法，全面启动新一届质控办工作。同月24~25日，区康复质控办组织姿态分析与姿势控制技术研讨学习班。8月15~16日，举办神经系统疾病的康复护理新进展培训班。同月，举办第三届北京西部影像论坛，参加人员包括京西及其他区县的影像专业技术人员170多人。9月，组织口腔质控专家对38家中小口腔医疗机构进行现场检查。此次检查主要对口腔机构的基本条件和执业状况进行全面检查和审核，主要涉及依法执业情况、制定和落实规章制度情况、消毒管理、医疗废物管理等方面，并对检查情况进行总结。10月18日，由区康复质控办主办，首都医科大学附属北京康复医院承办的第二届青年康复治疗师技能大赛在北京康复医院举行。

（乔彦云　高　晖）

【重点学科建设】　8月22日，区卫生局召开重点学科宣传工作会。10月22~24日，组织专家组开展11个区级医学重点学科建设项目的评估工作。12月10日，召开重点学科工作会，区11个重点学科所在医院的院领导、学科带头人和学科骨干参加会议，对本年度区重点学科建设评估情况进行总结，对下一阶段重点学科的发展提出要求，下发医学重点学科建设项目经费管理和使用的通知。10月22~24日，区卫生局组织专家组对第一批医学重点学科进行年度工作评估。评估工作从学科管理、学科资源、医疗工作、科研工作、队伍建设及教学工作6方面进行。专家组听取11个重点学科年度工作开展情况的汇报，通过查阅资料、现场询问和实地查看等形式，对学科建设工作进行全面评估，并对评估结果进行现场反馈。通过评估，全面了解辖区医学重点学科建设进展，掌握学科建设预期目标完成情况，查找出学科建设中存在的问题，为重点学科建设取得实效提供有力保障。二级医疗机构申报科研课题23项，其中国家级1项、市级4项、其他科技项目18项。获区科技进步三等奖1项。区属单位全年发表论文293篇，其中SCI收录14篇，在核心期刊发表116篇。

（乔彦云　包曹歆　李　晶　周　莹）

【大型义诊活动周】　9月14日，区卫生局组织朝阳医院西院、首钢医院、石景山医院、北京军区京西医院等辖区11家二、三级医院的医疗专家，在古城公园举办“服务百姓健康行动”大型义诊活动。当天出动医务人员150人、接待咨询3280人、健康知识宣讲3970人、发放资料5940份、现场健康服务2230人。一周内各医院通过在公共场所义诊、社区义诊、医疗机构内义诊、开展健康大讲堂等多种形式，为辖区百姓提供免费健康服务。期间，出动医务人员612人，其中包括高级职称医师267人；共诊疗9600余人次；开展健康大讲堂36课时，听课人数达1900余人；通过义诊服务，共减免患者费用6.5万余元。本次活动，是根据国家卫生计生委和市卫计委相关文件要求，连续第二年开展全国大型义诊活动周活动。今后将每年9月的第三周作为“服务百姓健康行动”大型义诊活动周，作为为人民群众健康服务的重点工作，长期坚持下去，让居民在自己家门口享受到优质的医疗服务。

（高　晖）

【南水北调支援】　10月24日，区卫生局接收湖北省十堰市竹山县5名医疗卫生骨干到区进修，指定石景山医院、朝阳医院西院、眼科医院和区疾控中心负责接收。召开学员座谈会，制定培训计划，明确岗位学习的目标、内容、方法、步骤及指导老师，并抓好落实。各单位指定1名领导和1名工作人员负责此项工作，确保无缝衔接，努力提供良好的学习和生活条件，保证教学质量，帮助学员解决进修期间遇到的问题。学员进修期间，石景山医院统一安排食宿，并按照市卫计委《南水北调对口协作来京学员管理办法》进行管理。

（李　卓）

【医疗设备】　截至年底，辖区医疗卫生机构万元以上设备总价值116066万元，万元以上设备6532台。本年度新增万元以上设备1856台。

（乔伯文）

【准入管理】　区卫生局全年办理医疗机构许可258件，审批医疗机构16个，其中护理院1个、社区卫生服务机构5个、门诊部1个、诊所8个、医务（卫生）室1个；医疗机构变更登记44家62项；注销8个；医疗机构校验登记185个；停业5个。完成医疗机构医疗广告初审8件。制定医疗机构包括设置审批、执业登记注册、变更登记注册、校验、注销5类许可事项办事指

12月9日，重点学科建设评估总结　（区卫计委供稿）

南。办理执业医师首次注册52人次、变更注册457人次。办理护士延续注册1074人次、变更注册610人次。

(高　晖　李　卓)

【血液管理】 区卫生系统全年组织无偿献血12947单位(200毫升/单位),其中团体无偿献血2638单位、街头献血10309单位。医疗用血8543单位。获市级无偿献血先进集体148个、先进个人152个。表彰区级无偿献血先进集体130个、先进个人132个。

(李小洁)

【纠纷处理】 区卫生局全年接待医疗纠纷来信、来访、来电224人次。调整和完善医疗事故技术鉴定专家库。受理医疗事故鉴定2起,均因患方对缴纳鉴定费有异议予以中止。

(李　卓　曹　静)

【队伍建设】 区卫生局全年招收应届毕业生8人,招聘社会在职人员28人,内部调整10人。区属卫生事业单位专业技术岗位新聘用194人,其中,正高4人、副高16人、中级69人、初级105人。获批5项区人才工作重点项目:在全区医疗机构范围内开展医学重点学科建设项目、强化卫生监督人才培养提高卫生监督执法能力、区疾控系统突发事件应对人才培养、开展卫生监督技能竞赛提升卫生监督人员实战能力、区公共卫生专业技术人才培养专项行动。选送二、三级医疗机构5人参加中法急救高级模拟培训班;二级医疗机构6人参加市级肺癌的早期诊断与治疗培训;选送石景山医院ICU、血液净化、急诊急救、手术室、肿瘤科5名护士参加市级专科培训。组织辖区37人参加北京市住院医师规范化培训。开展社区卫生业务骨干培训4次,选派5人参加急救高级模拟培训班;选派3人参加市卫计委举办的康复治疗师培训;选派一、二、三级医疗机构22人参加市级心血管病规范化治疗进展培训;选派辖区一、二级医疗机构39名住院医师参加市级规范化培训;选派2人参加由市卫计委组织的年度学科带头人培养。

(任　爽　李　晶)

【医疗服务】 年内,全区医疗机构门诊6670018人次,同比增长8.36%;急诊357057人次,同比增长5.02%。入院103049人次,同比增长7.25%;出院103159人次,同比增长7.78%。住院手术41903人次,同比减少8.78%;门诊次均费用358.64元,同比增加2.69%;住院次均费用18233.66元,同比增加9.44%。药品收入占业务收入53.42%,同比减少0.96个百分点。其中,二级以上医院门诊4150832人次,同比增长9.97%;急诊335676人次,同比增长10.83%;出院100439人次,同比增长8.87%;住院手术41558人次,同比减少8.36%;门诊次均费用429.49元,同比增长3.54%;住院次均费用18264.22元,同比增长9.34%。药品收入占业务收入47.06%,同比减少0.98个百分点。

(乔伯文)

【中医管理】 年内,区卫生局完成基层中医药服务能力提升工程督导评估工作。对基层中医药服务能力提升工程完成情况进行自查总结,迎接市中医局组织的基层中医药服务能力提升工程的现场督导评估,4名专家现场检查区中医医院、2家社区卫生服务中心和2家社区卫生服务站中医药服务开展情况。根据检查意见,制定区基层中医药服务能力提升工程整改落实方案。

(高　晖)

【药械管理】 年内,区卫生局持续推进辖区抗菌药物专项整治活动,制发抗菌药物临床应用专项工作方案。重点对全区7家二级医院的控制指标进行月监控。完成新办麻卡1家,麻卡具体事项变更16项次;完成16家医疗机构2015~2017年度麻醉药品、第一类精神药品购用印鉴卡的换发工作;联合公安分局、区食药监局对持有《麻醉药品、第一类精神药品购用印鉴卡》的16家医疗机构进行专项督导检查。完成对2家机构4项申请配置和更新大型医用设备的初审工作。完成抗菌药物临床应用规范化管理培训及考核、抗菌药物临床应用信息统计上报工作培训及麻醉药品及第一类精神药品使用培训及考核工作,共培训及考核1700余卫技人员。

(高　晖)

【继续教育】 年内,区卫生局举办国家级继续医学教育项目1项、市级继续医学教育项目20项、区级继续医学教育项目352项。全区卫生人员传染病防治知识培训5716人,全部合格。辖区二、三级医疗机构卫生人员继续医学教育达标率98.53%,区属单位继续医学教育学分达标率99.42%。

(武凤娇)

【满意度调查】 年内,区卫生局组织开展辖区居民、患者和职工对医疗机构满意度调查。了解患者和社区居民对医疗机构的真实需求、职工对医院的满意度,不断改进医疗服务质量,提高医疗服务水平,改善医疗服务环境,构建和谐医患关系。调查工作引入第三方评价机制,委托北京永润和评估公司进行,以保证调查的公平、公正、客观性和专业性,患者满意度调查样本量共4100份,职工满意度样本量3570份,召开满意度调查结果研讨会,对结果进行分析,对研究报告进行完善。

(包曹歆　周　莹)

【埃博拉防控培训】 年内,区卫生局根据国家和北京市关于开展埃博拉出血热防控培训的要求,依托国家卫计委编制的培训课件,深入开展培训工作。通过专题讲座、远程在线学习、理论考试等方式进行培训。组织埃博拉出血热防治知识培训会6次,邀请国家级、市级多名专家,培训各级各类医疗卫生机构1800人次,内容包括埃博拉出血热诊疗方案、医院感染的控制及防控方案、病例报告、医务人员防护等。选送专业骨干参加市级师资培训班,回到本单位后开展培训工作。强化重点单位如疾控中心、医疗机构发热门诊、急诊科、呼吸科及重症监护室人员的培训。采取笔试方式对所有卫生人员开展埃博拉防治专业知识和技术掌握情况进行考核,对重点科室、关键岗位人员强化考核。

(包曹歆　武凤娇)

【信息化建设】 年内,区卫生局加强卫生统计数据的质量控制,提高分析简报的编制质量，督促指导辖区各医疗机构及时更新人力资源库和医疗设备库的信息。编制区域卫生信息平台建设方案。开展以辖区内3个医联体为主要服务对象的双向转诊信息系统建设，进入招标阶段。继续推进社区卫生信息化建设，升级改造区级平台，为8家社区机构部署系统。协调社区卫生服务机构接入政务网，有20家机构联通区政务外网。完成政协84号提案关于加强区域医疗联合体系建设中信息化建设的建议办理答复工作。

（乔伯文）

社区卫生服务

概　　述

北京市石景山区社区卫生服务管理中心（简称社区中心）是隶属于区卫生局的事业单位，负责对辖区社区卫生服务机构实施检查、评估和专业技术指导。年内，围绕落实市、区两级工作部署，以加强内涵建设、强化规范管理、提升服务质量、打造示范品牌为主线，以推广家庭医生式全科诊疗综合服务新模式为工作重点，完善考核制度，规范工作流程，全面推进各项工作顺利开展。

（刘媛媛）

【服务体系建设】 年内，社区中心启动新一轮社区卫生服务体系建设，将新建小区配套8家社区卫生服务站点及广宁社区卫生服务中心新址共计9项工程统一打包列入区政府重点工程，政府投资统一进行标准化建设，完成8个站点装修改造。联合区疾控中心、卫生监督所、妇幼保健院、精神卫生保健所等相关单位和部门的专家组成绩效考核专家小组，对辖区24家社区卫生服务机构开展绩效考核，内容包括基本公共卫生项目、机构日常管理、年度重点工作、中医药服务工作和社区居民评价等共26个考核项目。按照考核成绩和实际工作量核拨社区卫生服务保障经费，并增加社区卫生服务质量监督指导及对三家收支两条线社区卫生服务中心季度绩效考核。在原有绩效考核管理办法基础上制定补充规定，对绩效考核中存在单项成绩不达标、多项成绩不达标、连续多次多项考核项目不达标，以及单项工作成绩突出等问题制定新规。截至年底，全区实际运行有9个社区卫生服务中心、41个社区卫生服务站。

（贾彩霞　侯平燕）

【服务能力建设】 年内，全区社区卫生服务机构总诊疗1937691人次，同比增加12.42%；医疗收入50066.80万元，同比增长12.08%；药品收入43575.18万元，同比增加14.45%。免疫接种190344人次，同比减少3.71%；儿童保健42968人次，同比减少8.96%；孕产妇保健17601人次，同比增长30.02%；访视精神病患者14675人次，同比增长10.54%。高血压管理48544人，规范管理39002人，规范管理率80.3%；糖尿病管理16704人，规范管理14117人，规范管理率84.5%。冠心病管理8122人，脑卒中管理3657人，其他慢病管理19072人。居民个人纸质健康档案513987份，电子化健康档案459402份，健康档案建档率79.8%，电子健康档案建档率71.3%。年内，46家社区卫生服务机构实行了基本药物零差率销售，另有首钢矿山水厂、红卫路、滨和园西社区卫生服务站等9家社区卫生服务站已具备零差率药品销售资格。

（郭星华　王小雪）

【推行家庭医生式服务】 年内，社区中心通过广泛宣传，积极改造流程，完善诊疗程序，进一步推广家庭医生式全科诊疗综合服务新模式。赴方庄和新街口社区卫生服务中心学习，印制签约居民健康管理手册。成立家庭医生工作室并公示团队中全科医生的名字，进一步提升居民对新服务模式的知晓度。开展推进月活动，强化“树立主动服务意识、规范服务内容”的工作理念，推进工作进度，重点强化残疾人、空巢老人的内涵服务。不断完善激励保障机制，对医务人员和签约居民实行双重激励，下发专项经费提高社区医务人员工作积极性；向签约居民发放鼓励品，提高居民的依从性，确保服务质量有效落实。采取区级质控专家小组指导，机构自查、中心互查、满意度调查等形式，对家庭医生式服务内涵落实情况进行季度质量监督，并纳入绩效考核管理。将门诊就诊、家医签约、健康小屋自测及慢病管理工作有机结合，形成预约就诊，定向分诊，诊前服务，预约复诊的全方位健康服务新模式。鲁谷、金顶街、广宁、五里坨、八角5家社区卫生服务中心新模式试点单位已经运行。全区共组建98个社区卫生服务团队，累计签约157818户，403642人，签约率达到62.7%。

（张佳蕊　曾玉香）

【功能社区卫生服务站】 年内，新成立法院社区卫生服务站、交通支队社区卫生服务站，功能社区卫生服务站达到10家。广宁、金顶街、鲁谷3家示范中心也分别开展功能社区卫生服务。寿山福海社区卫生服务站位于寿山福海养老院内，根据其工作项目及服务特色将其纳入功能社区卫生服务站进行管理和考核。下发功能社区卫生服务考核实施方案（试行），全年诊疗总人次数40242人次。

（张佳蕊　郭星华）

【完善预约转诊】 年内，社区中心不断完善转诊预约工作。9家社区卫生服务中心和6家社区卫生服务站与石景山医院、朝阳医院西院、首钢医院签订预约转诊协议。建立大医院与社区卫生服务机构转诊预约绿色通道，全年预约转诊3049人，双向转诊13074人。

（张佳蕊　汪　磊）

【返聘退休专家】 年内，社区中心返聘专家79人，服务于23家社区卫生服务机构。专家全年出诊13848.5天，带教3人次、宣教15206人次、咨询27022人次、门诊354566人次、会诊1924人次、查房9823人次、培训1553人次。

（王小雪　张佳蕊）

【示范中心创建】 年内，社区中心打造国家级社区卫生服务示范中心品牌效应，对广宁、金顶街、鲁谷3个示范中心一次性投入290万专项支持资金，用于建设打造内涵。经多方沟通协

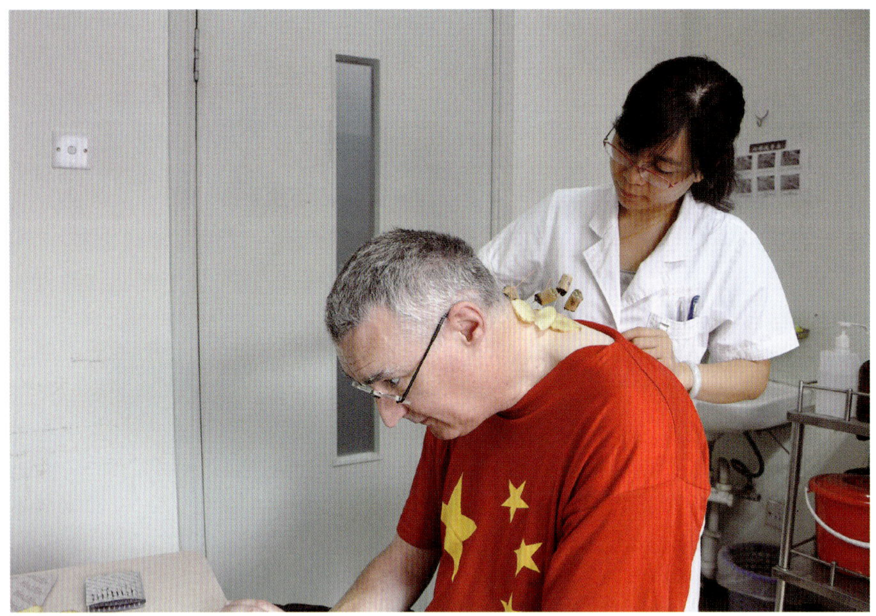

7月20日，外国人在区中医医院针灸治疗　　（区卫计委供稿）

调，为广宁社区卫生服务中心选址3500平方米新建。3个示范中心结合地域实际分别选取广宁街道办事处、模式口西里敬老院、上鱼舫企业3个功能社区，开展健康干预管理工作等服务项目。

（田爱红　张佳蕊）

【自助健康监测】　年内，社区中心利用市级一次性补助资金中的162万元，用于“健康小屋”装修改造、统一增加设备、统一配备标准桌椅、统一标识、统一宣传板。新购置设备包括：中医体质辨识仪、身高体重仪、腰围测量仪。健康自测小屋宣传单印刷一万份，下发至9家社区卫生服务中心。联合区信息中心与宇信公司洽谈健康小屋监测数据连接，实现数据实时上传到全科诊疗、慢病管理等模块，提高全科医生的诊疗效率。实行监测数据月报、季度通报制度，全年完成监测总人次22917人、其中动态心电监测1074人次、电子血糖监测929人次、体重体脂分析3436人次、全自动血压监测18020人次、中医体质辨识1321人次、腰围测量仪2815人次、身高体重测量仪5780人次。

（郝伶敏　陈　鹏）

【老年健康管理】　年内，区卫生系统共为10446名65岁以上老年人进行免费体检，体检率为16.9%；为299名60岁以上无保障老年人进行免费体检，体检率为6.03%。

（田爱红　康凤霞）

【卫生人才培养】　年内，社区中心加强对“十百千”人才的培养，包含对1名社区卫生首席专家，4名社区卫生健康管理专家，16名社区卫生业务骨干的培养、使用和管理，发挥其引领作用。聘请专家对社区卫生医务人员开展基本公共卫生中医药健康管理培训1场，开展对社区业务骨干的区级专项培训2场；组织参加市级集中培训3次，同时组织到其他区县学习考察4次。开展骨干人员交流，多渠道、多形式，有针对性地开展培养。全年举办各类培训32场，6027人次参加，基本满足社区卫生服务卫技人员的继续医学教育需求。

（栾　兰　曾玉香）

【家庭保健员培养】　年内，社区中心实际完成610名家保员（其中80人为中医家保员）的培养工作，共授课144场，其中中医课程52场。举行家庭保健员课件演讲比赛。

（田爱红　康凤霞）

【中医药服务】　年内，社区中心组织开展社区卫生“中医推进月”活动，在全区社区卫生服务机构开展进养老院、进消防队、进交通队、进功能社区中医义诊咨询活动。进行基本公共卫生中医药健康管理培训和中医适宜技术培训，设计、印制中医健康教育处方19种95万张，发放至各社区卫生服务机构。推荐苹果园中心、广宁中心等多家机构参加北京市基层中医药综合服务区建设单位项目、市中医管理局中医药社区科普团队建设评审工作并获得批准。为社区卫生服务机构配发中医理疗设备13种，600余台。

（张　杰　汪　磊）

【社区卫生诊断】　年内，社区中心对社区卫生服务供需方及社区环境现状进行调研，对社区卫生服务成效及主要问题进行总结评估。先后投入40万元在9家社区卫生服务中心开展社区卫生诊断工作。通过多阶段分层随机整群抽样调查方法，调查问卷、访谈等形式，对居民基本情况、慢性病及其危险因素、控烟状况、健康生活方式、社区卫生服务、体格测量等内容进行详细调查。并对数据进行汇总、统计分析，经过专家评审，分别完成社区卫生诊断报告。并于8月进行社区诊断报告的演讲比赛，年底前完成社区诊断报告资料汇编。

（田爱红　康凤霞）

疾病预防与控制

概　述

石景山区疾病预防控制中心（简称疾控中心）是在原区卫生防病监督管理所、区卫生防疫站、区结核病防治所、区慢病防治所和区性病防治所基础上，于2002年2月正式组建成立的区级卫生事业单位，为市禽流感、麻疹、艾滋病及甲型H1N1流感病毒网络实验室，承担疾病预防与控制、应急事件预警与处置、疫情收集与报告、监测检验与评价、健康教育与促进、应用研究与指导、技术管理与服务等重要公共卫生职责。疾控中心位于体育场南路6号院，建筑面积9046平方米，其中实验室使用面积3500平方米；中心编制职工90人，在岗83人，其中专业技术人员71人；副高及以上9人、中级34人、初级28人。拥有气相色谱仪、原子吸收分光光度计、双道原子荧光光度计、液相色谱仪、离子色谱仪、全自动酶免系统、全自动生化分析仪、流动注射仪、恒温培养箱、微波消解仪、电感耦合等离子体发射光谱仪－质谱仪(ICP－MS),医用诊断X线机等各种检测仪器设备,可开展各类检验检测328项。具有国家计量认证合格证书以及职业健康检查和职业病危害因素检测与评价的资质。年内,加强传染病疫情防控,做好重点地区、重点人群的监测和防控,强化疫情监测和报告,及时对疫情进行分析及趋势研判;加大卫生防病知识宣教,提高群众防病意识。深入贯彻落实《石景山区"健康北京人——全民健康促进十年行动规划(2009～2018年)"实施方案》,全面开展健康教育和健康促进活动,推进"健康促进1.2.6.8工程",启动创建北京市慢性非传染性疾病综合防控示范区工作,提高全民健康知晓率,增强市民的健康素质。会同多部门组织举办全面健康生活方式行动厨艺比赛、全民健康生活方式行动演讲比赛活动等。根据国家和北京市关于开展卫生应急处置技能竞赛的部署和要求,将卫生应急处置技能竞赛活动作为全年卫生应急工作重点,以"锻炼精兵、提升能力、促进发展、树立形象"为目的,以"建设高素质卫生应急队伍,提高整体卫生应急能力"为主要内容,积极参加各个阶段的技能竞赛活动并取得较好成绩,突发急性传染病防控和突发中毒事件应急处置两支队伍均获全市二等奖,10名参赛队员均获得"北京市职工高级技术能手"荣誉称号。

(班玉贞　张艳霞)

【艾滋病防控】　年内,全区新增艾滋病病毒感染者161例,其中艾滋病病人26例。现有艾滋病病毒感染者/艾滋病358人。235名艾滋病病毒感染者参加国家免费抗病毒治疗,累计抗病毒治疗覆盖率为98.8%,全年新增抗病毒治疗102人,死亡2人。筛查检测艾滋病抗体127770人份,阳性者190人份,HIV抗体检出率0.2%;艾滋病哨点监测调查各类人群1230人,检出艾滋病抗体阳性者9人,阳性率0.7%。艾滋病高危人群干预56643人次,抗体检测12289人份,阳性者146人,检出率1.2%。3个艾滋病自愿咨询检测门诊共接待艾滋病咨询检测者1218人,检出艾滋病抗体阳性者108人,检出率8.9%。社区药物维持治疗第八门诊由瑞达医院调整至区疾控中心,联合公安分局、区食药监局多次召开工作会、现场督导,规范管理流程、落实工作措施,通过市级验收。新门诊工作有序开展,累计治疗人数493人,在治人数280人,维持治疗率86.0%,在治人数与上年基本持平,社区药物维持治疗门诊连续4年被评为国家优秀门诊。与东城区、西城区、海淀区和丰台区共同被确定为国家艾滋病防控示范区、北京市城市示范区。及时启动第三轮示范区建设,完善监测系统,落实干预措施,强化综合管理,营造宣传氛围。采取多种形式,面向各类人群开展防治艾滋病宣传。6月26日是第27个"国际禁毒日"。市卫计委在本区美沙酮门诊举办主题为"远离毒品,健康生活,美好人生"的世界禁毒日主题宣传活动。参加活动的社区药物维持治疗市、区两级工作组负责人,参观美沙酮门诊并与服药人员进行深入交流,同时慰问一线的医护人员。区疾控中心美沙酮门诊摆放宣传台2张、咨询台1张、悬挂横幅3条、发放宣传品30余种2000余份,接受群众咨询200余人,向社区居民宣传远离毒品、遏制艾滋的知识,提高拒毒、防毒意识。开展"MSM人群动员检测项目""十二五吸毒人群队列调查"及"北京市高危人群干预及动员检测项目"等防治项目,健全性病艾滋病防治网络,落实"三位一体"艾滋病防治工作模式,加强实验室建设,开展艾滋病确证检测以及CD4淋巴细胞检测;对各类医疗机构性病艾滋病防治情况进行督导检查及提供技术支持。加强与社会小组合作及同伴教育志愿者培训,发挥社会小组的作用和优势。面向各类人群开展性病艾滋病防控宣传,全年发放性病艾滋病宣传资料10余种、129698份,免费发放安全套及润滑油269220只。

(班玉贞　张艳霞)

【妇幼健康技能竞赛】　疾控中心与区卫生局、区总工会于6月联合启动区级妇幼健康技能竞赛,内容包括围产保健、儿童保健等4个科目。邀请市、区级专家开展全员培训,23家医疗保健机构120余名妇幼健康专业技术人员参加竞赛。获市卫计委、市总工会颁发的"妇幼健康技能竞赛团体比赛优秀奖""妇幼健康技能竞赛优秀组织奖"称号,2人获个人专业三等奖和优秀奖。

(祁　强　郭淑菊)

【生命统计】　石景山区全年出生3761人,出生率9.96‰;死亡2403人,死亡率6.36‰;自然增长率3.60‰。死因顺位前十位依次为:恶性肿瘤,心脏病,脑血管病,呼吸系统疾病,内分泌、营养和代谢性免疫疾病,损伤和中毒,消化系统疾病,神经系统疾病,传染病,泌尿生殖系统疾病。人均期望寿命82.10岁,其中男性80.39岁、女性83.97岁。

(张艳霞)

【传染病防治】　疾控中心全年报告法定传染病18种5082例,报告发病率为761.77/10万。报告死亡4例,均为乙类传染病,包括麻疹1例、乙肝1例、丙肝1例、艾滋病1例,报告死亡率为0.60/10万,报告病死率为0.08%。甲类传染病无报告。乙类传染病12种1296例,报告发病率为194.27/10万,其中,细菌性痢疾598例、肺结核179例、梅毒152例、猩红热152例、病毒性肝炎87例、麻疹76例、艾滋病26例、淋病20例、百日咳2例、布病2例、疟疾1例、伤寒1例。丙类传染病6种3786例,报告发病率为567.51/10万,其中,报告其它感染性腹泻病2084例、手足口病1456例、流行性感冒173例、流行性腮腺炎67例、风疹4例、急性出血性结膜炎2例。流感样病例监测累计监测门急诊就诊病例1775071人次,其中流感样病例19712例,流感样病例占监测人数的1.11%。全年无脊灰野病毒病例发生,接报处理AFP 4例,本地2例(排除1例)、异地2例(转外区1例)。无乙脑、白喉、新生儿破伤风、流脑、狂犬病病例发生。

(张艳霞)

【公共卫生监测与评价】 疾控中心全年检测职业危害场所5家，检测样品30件，合格30件，合格率100%。网络直报尘肺病、职业病、疑似职业病和农药中毒28例。年内，开展医院职报人员培训2次，对部分医院开展职业病网络直报绩效考核。完成食品委托检测174件，除大肠菌群检测方法与卫生标准不符无法评价外，其他指标均合格的食品174件，合格率100%。食品现场抽检食品样品300件，合格300件，合格率100%；餐具现场抽检100件，合格98件，合格率98.0%。开展食品安全风险监测工作，其中食源性致病菌监测食品样品158件，合格149件，合格率94.3%；食品污染物监测270件，合格270件，合格率100%。对789户公共场所进行办证和审证的监测，监测24802件，合格24562件，合格率99.0%。监测自备井和二次供水80件，合格69件，合格率86.3%；监测末梢水122件，合格111件，合格率91.0%；检测地下水10件，合格8件，合格率80%。

（张艳霞）

【卫生应急】 全年发生突发公共卫生事件20起（1起Ⅳ级、19起未分级）；发生传染病暴发疫情13起，其中流感样病例暴发疫情6起，麻疹暴发疫情4起，手足口病暴发疫情2起，水痘暴发疫情1起。全区发生沙门氏菌食物中毒事件1起，涉及病例12人。突发、暴发等疫情及时报告率和规范处置率均达到100%。年内，疾控中心多次组织各级医院、社区卫生服务机构开展埃博拉出血热相关知识和防控工作培训。邀请国家、市、区级多名专家授课，累计培训达300余人次。全方位、多层次开展疫情健康宣教工作，自制海报、折页等宣传资料，下发至辖区各街道及医疗机构，共下发海报1000张，折页16000张。增强居民对埃博拉出血热的认识和防范意识。制定疫情防控工作方案，规范工作流程和工作记录。制定和修订各类突发事件专项应急预案，实施动态管理。撰写各类传染病与突发公共卫生事件监测周报51期，月报12期，定期对全区传染病疫情和各类公共场所卫生监测情况进行汇总分析，全面、及时、准确地掌握全区各类重大疫病的发生、发展动态，对重点防控传染病、重点地区和重点部门传染病发病情况和趋势进行分析研判。

（祁　强　郭淑菊）

【妇女保健】 产妇全年分娩总数5468人，活产数5446人，其中剖宫产2109例，剖宫产率38.73%；围产儿死亡数25例，围产儿死亡率4.57‰；监测围产儿总数5468人，其中本市户口3734人，发生出生缺陷72例，其中本市户口39例，本市出生缺陷发生率10.44‰；本区户籍出生数3771人，产妇数3718人，活产数3761人，无孕产妇死亡，孕产妇系统管理数3647人，孕产妇系统管理数率98.09%；围产儿死亡15人，死亡率3.98‰；妇女病体检人数11772人，妇女病患病人数2942人，妇女病患病率17.17%。继续开展适龄妇女两癌免费筛查，2013～2014年轮次共为辖区适龄妇女进行两癌免费筛查8961人，乳腺可疑病例转诊1633人，无乳腺癌前病变，11人乳腺浸润癌；宫颈可疑病例转诊420人，宫颈癌前病变22人，未发现宫颈原位癌、宫颈浸润癌及其他妇科恶性肿瘤。开展适龄妇女增补叶酸预防神经管缺陷工作，16个发药医疗机构为育龄妇女提供叶酸免费发放和咨询指导，免费发放叶酸328人份。开展预防艾滋病、梅毒和乙肝母婴传播项目，发放乙肝免疫球蛋白95支，为58名乙肝表面抗原感染孕妇所生婴儿进行注射。全区计划生育手术4925例，其中本市户口2167例，外地户口2758例，无节育手术并发症发生。

（祁　强　郭淑菊）

【母婴保健技术许可】 疾控中心全年对玉泉医院等4家医疗机构母婴保健技术服务许可组织换证工作，对32名母婴保健技术服务人员资质进行换证及新考证工作，组织全区116名计划生育技术服务人员参加为期2天的母婴保健技术继续教育培训班，并进行考核。补发出生医学证明73例。

（祁　强　郭淑菊）

【计划免疫】 年内，疾控中心召开专业会议和专业培训28期，参加2097人次，其中学校托幼3次，参会262人次。辖区20个预防接种门诊实现预防接种管理信息电子化，电子卡取代纸质卡。全年应急接种MV 1644人、MR677人、MMR 1604人、水痘疫苗663人。儿童免疫规划疫苗接种165793剂次，其中基础110781剂次、加强55012剂次，接种率在99%以上。学校、托幼园所接种证查验13741人，补种疫苗10种（不含水痘），补种2378人次，补种率95%以上。遵循“知情同意、自愿免费”原则，累计接种免费流感疫苗33574支，其中60岁以上老年人14419支，学生18692支，其他保障人员463支。接报处理疑似预防接种异常反应1例，为偶合症，及时处置率100%。外来务工人员接种麻疹疫苗1348人，接种率42.64%；接种流脑A+C疫苗1276人，接种率40.10%。完成学龄前流动儿童强化查漏补种工作，9个街道（社区）调查流动儿童15410人，比上年16369人降低5.86%，其中来京两月以上14109人，来京两月以下1301人。补卡387人、补证80人，补卡补证率100%。补种疫苗7种，累计补种437剂次，其中脊灰149、麻风36、麻风腮105、流脑67、百白破28、乙脑45、乙肝7，补种率在97～100%之间。全年报告发生疑似预防接种异常反应54例，无死亡，无群体性接种反应，无接种差错事故。报告发生率为21.10/10万，达到3/10万的监测指标。报告反应例数在1～7例之间，同比增加12例。疑似预防接种反应调查及时率、录入完整率、及时审核率及个案调查完整率均为100%，全部达到监测标准。

（班玉贞　张艳霞）

【手足口病防控】 年内，疾控中心召开手足口病托幼园所保健医、学校校医培训会，通报发病情况和发展趋势，部署相关工作。对托幼园所、中小学校及流动人口聚集地等重点场所加大监察力度，对各级医疗机构开展专项检查。及时处置手足口病聚集性和暴发疫情，对于集体单位发生的首例病例及时到现场进行处置，累计完成65起疫情的调查处置。开展手足口病病原学监测工作，全年累计采集检测手足口病咽拭子标本116件，阳性率达66.4%。访视手足口病1457例，完成个案调查、随访工作。通过报纸、广播电视以及现场宣传（进社区、进学校）完成手足口病、肠道传染病宣传工作，共计发放宣传资料5种5000余份宣传折页、张贴宣传画300多页，撰写报纸宣传稿件2件。对学校、托幼机构以及保健科人员进行培训3次，300余人次。

（班玉贞　张艳霞）

【结核病防治】 年内，疾控中心进一步贯彻落实北京市结核病防治规划（2011～2015年），在做好结核病防控常规工作的同时，围绕结核病定点医疗机构建设、耐多药结核病控制、学校结核病控制、结核菌/艾滋病毒双重感染防治等年度重点工作，积极开展结核病防控培训、督导、宣传及健康教育等工作。按照“分类指导，重点突破；区域联合，防治并举”的原则，构建疾控机构、定点医疗机构、基层社区卫生服务机构分工明确、协调配合的结核病新型防治服务体系，全区无结核病疫情发生。全年门诊2392人次，免费查痰抗酸染色涂片1356份，其中涂阳223份；培养785份，其中培阳110份。登记管理91人，其中本市45人、外地46人，监化率100%，发放免费药品21520人次，继续执行DOTS策略防治结核病。对大学新生5440人进行结核菌素监测，其中强阳性211例，免费胸片检查211人，未发现结核病人。对937名学校肺结核患者密切接触者进行筛查，未发现结核病人。新生儿卡介苗补种950人次，PPD接种161人次，卡介苗复查3255人次。组织有关单位开展“世界防治结核病日”宣传活动；全年开展健康宣教活动14次，发放相关宣传材料20000余份。开展结核病防治培训6次。

（班玉贞　张艳霞）

【精神卫生】 年内，疾控中心继续坚持“政府主导，多部门合作”的精神卫生管理联席会制度，协调解决工作中存在的问题，加强信息沟通与资源共享。全区在册重性精神障碍患者2730人，其中住院治疗329人，社区管理2401人，全年新发现建档重性精神病人数88人；有299名患者享受免费服药政策；免费为1088名精神障碍患者进行健康体检；全部符合条件的重性精神病人均纳入门诊免费服药政策。在全区开展疑似精神障碍患者的早期线索筛查，共计筛查1000例。对患者进行分级分期管理，开展日常走访评估。在重要节日期间加强入户访视、免费投药及送温暖活动，全年累计为贫困患者免费发放药品2138人次，其中联合公安、民政、残联入户走访重点患者40人次。精保所专业人员在辖区街道为社区居民开展8场次的精神卫生健康宣教活动。在世界精神卫生日，发放宣传资料5000余份。五里坨医院住院康复者参加在回龙观医院举行的“北京市第五届精神康复者职业技能大赛”，获优秀组织奖。

（班玉贞　薛　云）

【口腔卫生】 年内，疾控中心积极推进“儿童乳牙口腔保健与健康促进项目”。全年为50所幼儿园的14057名3～6岁儿童开展口腔检查和21530人次的氟化泡沫预防龋齿服务；扎实开展儿童窝沟封闭工作，为60所中小学的7～9岁和12～14岁儿开展第一和第二恒磨牙的窝沟封闭预防龋齿项目工作，累计实施7991人次、13563颗牙。协助北京市牙防所完成全区3所中学及3所幼儿园的口腔哨点监测活动，共检查学生及幼儿420人次。牙防所在全区6个社区，定期派主治医师以上级别医师开展口腔健康宣教活动，共服务居民300余人次。

（班玉贞　王　雷）

【慢性疾病防治管理】 年内，疾控中心全面深入落实创建国家慢性非传染性疾病综合防控示范区工作实施方案相关要求，进一步推进慢性病综合防控示范区创建工作。在3个社区卫生服务中心开展脑卒中高危人群随访工作，共随访3641人次，现场督导15次。成立64个高血压自我管理小组，组织开展授课及活动280余次；成立10组糖尿病同伴支持小组，共计干预糖尿病患者120人。全民健康生活方式行动区级人员培训覆盖率已达到100%，收集征文140余篇，编制海报一套（7种），折页一套（9种），发放购物袋、盐勺、油壶等支持性工具2100余件。制定并下发城市癌症早诊早治项目工作方案、肺癌早诊早治工作方案，确定筛查范围和人群，规范工作流程。召开工作启动会，进行全面部署。城市癌症早诊早治工作累计完成问卷调查和高危人群评估5599人，各类肿瘤临床筛查1259人次，其中肺癌415人次、乳腺癌221人次、肝癌221人次、胃癌202人次、肠癌200人次。肺癌早诊早治工作累计完成问卷调查和高危人群评估14000人次，肺部低剂量螺旋CT3822人次。两项癌症筛查均超额完成任务。全年完成本市户籍肿瘤患者社区随访2099名；开展高血压日、糖尿病日等宣传活动21次，发放宣传材料22种13万余份，发表健康科普文章141篇。

（班玉贞　张艳霞）

【全民健康生活方式】 年内，疾控中心继续推进全民健康生活方式行动，招募成立全民健康生活方式指导员队伍，9个街道累计200人。召开全民健康生活方式指导员培训会，详细解读工作方案，传授主要知识和技能，考核合格后颁发健康生活方式指导员证书。创建支持性环境，全年累计创建各类市级健康示范机构11家，其中示范食堂7家、示范社区3家、示范餐厅1家，通过北京市市级验收，取得市级示范机构称号。

（班玉贞　张艳霞）

【感染防治】 年内，疾控中心开展日常消毒隔离及监测工作。将区级以上医疗机构13家，区级以下45家，个体55家，20家学校医务室，托幼机构40家，全部纳入监测工作范围。医疗机构消毒效果监测：共监测184户次，共采样1859件，合格1834件，合格率98.7%，其中物表及工作人员手涂抹采样1419件，合格1411件，合格率99.4%；空气采样275间（件），合格270间（件），合格率98.2%；高压锅监测采

样129件,合格121件,合格率93.8%;消毒剂监测采样8件,合格8件,合格率100%;紫外线灯监测采样27件,合格23件,合格率85.2%;医院污水采样1件,合格1件,合格率100%。托幼机构消毒效果监测:共监测68户次,采样928件,合格927件,合格率99.9%。其中物表及手采样649件,合格648件,合格率99.8%;空气采样165间(件),合格165(件),合格率100%;其它114件,合格114件,合格率100%。消毒工作检查:医疗机构204家次,托幼机构68次。传染病消毒管理:病家或疫点消毒12次,进行物表消毒面积达12720平方米,消毒效果评价3家。传染病疫情病家消毒技术指导110家次,检查社区服务站(中心)36家次。传染病防控督导检查,肠道门诊10家次。举办消毒技术培训讲座2次,133家医疗单位的200余人参加消毒隔离和个人防护技能培训讲座;89家托幼机构卫生老师及园长等人员100人参加。疫源地消毒专项工作处理疫情3起,消毒面积2360平方米,对二溴海因消毒效果进行评价,其对菌落总数杀灭率为100%,判定为合格。病媒生物监测专项:春季全区灭鼠灭蟑专项工作、夏季灭蚊蝇专项工作及冬季灭鼠灭蟑专项工作。疾控中心承担杀灭效果监测,包括灭前和灭后的病媒生物密度监测。日常病媒生物密度监测:包括蝇监测21次,对6类环境每次设点7个场所,累计布放蝇笼119个;蚊监测18次,成蚊监测3类环境每次5个点,累计布放诱蚊灯180套;白纹伊蚊专项监测6次,2个点,布放诱蚊诱卵器600个;幼蚊监测共4类环境每次6个点,累计检查容器46个,取水样270勺。蟑螂密度监测12次,每次设点8个场所,累计布放粘蟑板4080张。鼠密度监测12次,每次设点4个,布粉块600块,鼠夹1300把。8月进行家蝇抗药性监测,选择高效氯氰菊酯、溴氰菊酯、毒死蜱、残杀威、敌敌畏5种药物进行检测。出血热鼠监测,布放鼠夹1500把,捕鼠32只,鼠心肺标本送市CDC实验室进行出血热抗原抗体的检测。蚊虫的病原学监测采集标本650只。开展居民区蜱虫及臭虫等非常见病媒生物的调查监测,对居民反映的臭虫、蜱虫滋扰事件进行现场调查和妥善处理。全年接受咨询电话18个,来访9人次,鉴定标本9次。发放"臭虫防制知识要点"等宣传材料1100份。病媒生物标本采集与制作,采集与制作蚊蝇鼠蟑螂生态标本4类11种,共110只。全国"两会"期间,进行维稳隐患排查整治专项工作,开展医疗机构及托幼机构消毒检查、对居民区、农贸市场、宾馆饭店、医院等进行鼠密度和蟑螂密度监测和隐患排查。

(张艳霞)

【学校卫生】 年内,疾控中心普及中小学生传染病早期预警监测系统应用,实现晨午检防病相关信息网络实时报告。全年对中小学校校医进行二级培训9场,培训人员700多人次,发放折页、手册、挂图、光盘等宣传品共3.4万余份。对33626名在校中小学生进行健康体检,撰写中小学生年度体检分析报告。完成26所中小学的教学物质环境监测任务,占全区学校的52%。开展"6·6"爱眼日活动、"爱眼护眼 从小做起 从我做起"的预防近视眼专题活动30余场。利用"5·31"无烟日活动期间,开展控烟宣传16场,签名横幅十余幅,5000余名师生参与。同时还在学校举办控烟宣传展览6场。开展专家进校园科普讲座活动,联合区教委成立专家进校园科普讲座专家组,由疾控中心、区卫生局、卫生监督所及各二、三级医院医务人员组成的学校卫生、眼科、营养、体育、慢病控制等方面专家组,共同负责为各中小学校开展爱眼护眼、预防控制肥胖、慢病控制、营养膳食、体育锻炼等方面的知识和技能科普讲座。截至年底,开展专家进校园科普讲座12场。

(班玉贞 张艳霞)

【健康促进】 年内,疾控中心围绕健康北京人——全民健康促进十年行动阶段工作方案(2012~2014年),制定下发年度工作计划,开展全民健康教育和健康促进工作。完成十年计划中期评估,落实"阳光长城计划2014"行动。在社区、机关企业开展6场"北京健康科普专家团巡讲活动"。加强健康大课堂师资队伍建设,举办10场疾控系统健康大课堂,区健康讲师团成员达到250余人,同比增长100%,开展社区健康讲座833场,受众37103人,覆盖9个街道143个居委会。开展北京市健康素养和成人烟草调查工作,获市卫生疾控系统优秀组织奖。开展各类卫生主题日宣传活动9次,发放宣传品30种25余万份,咨询10000人次。在《石景山报》刊登健康教育科普文章50篇,在区有线电视台播放健康知识45次,石景山卫生信息网发表科普文章30篇,开辟户外电子显示屏5块,广告宣传栏37块。区健康教育所全年发微博1500条,粉丝19600人。

(班玉贞 张艳霞)

【放射卫生】 年内,疾控中心作为市卫计委首批认定的放射卫生技术服务机构,全市范围内开展放射卫生防护检测346户814台、放射诊疗建设项目放射防护评价109户317项,并按时完成放射工作人员外照射个人剂量监测、放射性本底监测和医用辐射防护网点监测等政府指令性工作,个人剂量监测53户316人1253人次,平均送检率100%;本底监测水体2次、土壤1次和空气4次;网点监测13户29台,涵盖透视机、摄影机、胃肠机、双管球X射线机、大C形臂、小C形臂、CR、CT等医用放射设备,监测完成率100%。通过市卫计委放射卫生技术服务机构年度资质年检。

(班玉贞 张艳霞)

【从业人员体检】 年内,疾控中心共办理食品从业人员体检32640人;公共场所从业人员体检12856人。

(班玉贞 张艳霞)

【儿童保健】 年内,全区新生儿疾病筛查率98.48%;新生儿死亡率2.13‰;新生儿听力筛查率96.36%;婴儿死亡率3.19‰;5岁以下儿童死亡率3.46‰;六个月内婴儿纯母乳喂养率69.69%;儿童保健系统管理率96.59%;1~6岁儿童听力筛查率

97.79%；高危儿智力监测覆盖率100%；0～1岁神经心理测查率88.49%。全区免费儿童体检49519人次、新生儿访视8678人次、新生儿疾病筛查5363人次、听力筛查32917人次、智力筛查5087人次、视力筛查9484人次、口腔检查31825人次、血色素检查25124人次。2014年5月按照市级要求及时启动0～6岁儿童残疾筛查试点工作，5月初顺利通过国家卫计委和国家残联联合督导评估，共计筛查11115人，筛查率99.6%，筛查阳性病例217人，均及时进行了转诊及复诊。

（祁　强　郭淑菊）

【爱婴医院管理】　年内，疾控中心加强爱婴医院管理，启动爱婴社区试点工作。通过开展主题为"母乳喂养：致胜一球，受益一生"宣传活动、加大对产科安全、母乳代用品等专项督导，不断规范母婴保健技术服务。编印爱婴社区专业人员培训手册，邀请市级专家对18家基层儿童保健机构和5家产院的50余名业务人员进行爱婴培训，累计培训250人次。10月中旬，组织有关专家按照《爱婴社区检查评估标准》对爱婴社区试点单位创建工作进行复审，现场通过区级评审。

（祁　强　郭淑菊）

卫生监督

概　　述

12月29日，根据石编委〔2014〕42号通知要求，将北京市石景山区卫生局卫生监督所更名为北京市石景山区卫生监督所(简称区卫生监督所)。核定后，区卫生监督所行政执法专项编制45名，工勤事业编制1名(随着自然减员逐步核销)。其中所长1名(副处级)，书记1名(副处级)，副所长3名(正科级)，10个内设机构。职能科室分别是：综合办公室、综合业务科、法规督察科。业务科室分别是：行政许可受理办证科、生活饮用水卫生监督科、公共场所卫生监督一科、公共场所卫生监督二科、学校卫生监督科、医政监督一科、医政监督二科。年内，获评"首都文明单位"；通过"全国巾帼文明岗"复审。李秋圆在"最美卫生监督员·最美北京人"宣讲活动中获"十佳宣讲人"称号，崔超获区"先进科技、管理、高技能人才"称号。

（贺　晨）

【"两会"卫生监督】　2月24日至3月15日，区卫生监督所成立"两会"卫生监督保障工作小组，在全区范围内开展综合监督检查工作，保障全国"两会"期间市民和游客的饮水、住宿等公共卫生安全，为"两会"期间公共卫生安全保驾护航。环境卫生执法队重点监督检查辖区大型商场超市、经济连锁快捷酒店、游泳场馆，督促经营者加强营业区域的通风换气，保证客流高峰时空气的卫生质量符合卫生标准和要求；加强对公共用品用具消毒、更换、使用情况的监督检查；督促经营者做好环境卫生和病媒生物防治工作。生活饮用水执法队以自备水源供水为监督重点，重点检查卫生许可证持有情况、水源井泵房卫生是否整洁无杂物堆积、水质检测记录或报告是否齐全、自备井水质消毒设施运行情况、管水人员健康证和卫生知识培训合格证持有情况等。医疗卫生执法队加强人感染H7N9禽流感防控措施的落实，进一步规范密切接触者和暴露人群的管理，对各医疗机构预检分诊和发热门诊工作的开展情况以及应急物资的储备情况进行监督检查。期间，共出动卫生监督员500人次，执法车辆85车次，共监督检查250户次，处理投诉7起。其中住宿、洗浴游泳等公共场所47户次，供水水厂、景区供水设施27户次，医疗机构126户次，学校卫生50户次。"两会"期间未发生突发公共卫生事件。

（王丹丹）

【打击无证行医】　4月23日，区卫生监督所、金顶街街道办事处及金顶街城管分队联合对模式口村的非法行医活动进行专项打击。此次行动共出动卫生监督执法人员13人次，执法车辆3车次，共取缔无证非法诊所4家，没收药品器械4袋，拆除牌匾4块，下达取缔公告4份，并同时下达停业执业活动意见书。针对非法诊所的客源主要是打工人员、外地个体商户和年老体弱、行动不便的老人，执法人员采取摆放展板、现场讲解和发放宣传单的形式，增强患者自我保护意识。同时特别提醒患者在就医时应选择到正规医疗机构，不入无牌无证的黑诊所，如果发现自己的权益受到侵害时，应及时拿起法律武器维护自己的合法权益。年内，区卫生监督所对全区医疗机构依法执业情况进行监督检查，医政执法共监督检查586户次。对未取得《医疗机构执业许可证》擅自开展诊疗活动的"黑诊所"、假医、摊医进行排查整治，尤其对衙门口、金顶街、苹果园地区的游医和"黑诊所"进行重点排查。有效净化医疗服务市场，保障群众的医疗卫生安全。全年打击非法行医59户次，出动卫生监督员247人次，执法车67辆次，收缴药品约400公斤、器械17余件、牙椅2台、广告牌匾42块。

（崔　超）

【纳入大城管体制】　4月，区卫生监督所落实区委区政府推进"大城管"模式体制改革意见要求，正式实施"大城管"体制。在城市综合管理工作中的职责为：对旅店、游泳场、公共浴室、美容美发和歌舞厅等公共场所开展行业整治及规范其经营过程的卫生标准；开展对无证经营公共场所行为，尤其是"四小"(小理发店、小旅馆、小歌舞厅、小浴室)的查处；加大对非法行医的查处和打击力度；现场活禽宰杀监管和病死动物的处置；对重大综合治理行动进行现场医疗卫生保障工作。

（王丹丹）

【保障饮用水安全】　4～5月，根据市卫计委《关于开展涉及饮用水卫生安全产品专项监督检查行动的通知》要求，区卫生监督所认真部署，对辖区内涉水产品开展专项监督检查工作。本次检查涉及输配水设备及防护材料、水处理和化学处理材料、水质处理器等各类涉水产品，特别是以水管、家用饮水机、水处理器等为监督检查重点。现场检查1家输配水管材生产厂家和

1家二次供水无负压变频供水设备生产厂家，核查企业营业执照、生产场地、产品标识、原始生产记录、原料名单、采购记录、是否严格按照产品卫生许可批件核准事项和《涉及饮用水卫生安全产品生产企业卫生规范》相关要求从事生产等项目。检查过程中共抽检2件输配水管材，送市CDC检测；经检测，输配水管材的各项指标均能符合标准。此外，检查还涉及商场、专营店等所售净水器、饮水机等涉水产品，核查是否取得卫生许可批件，产品实物各处理单元所使用原材料与产品标签、说明书、卫生许可批件所列内容是否一致等。检查过程中抽检1件水处理器，送市CDC检测。从检查情况来看，涉水产品生产企业能符合涉水产品卫生监督管理要求，能够提供各项材料；涉水产品销售单位索证齐全，能够出示与产品相符的厂家卫生许可批件。7月，是居民用水高峰期，卫生监督所对39个二次供水单位进行专项监督检查。从检查情况来看，各供水单位安全意识较强，各项卫生制度健全，能够做到供水设施安全密闭，钥匙专人负责，供水设施消毒设备运转正常等，基本符合北京市二次供水卫生规范的要求。对个别单位存在的管水人员健康证过期等违法行为，监督员责令其立即改正并作出进一步处理。

（张　越）

【传染病防控监督】　5月，区卫生监督所对辖区内各级医疗机构、学校、托幼机构传染病防控措施落实情况进行监督检查。监督检查分两部分进行：一是对医疗机构院感工作进行督导。主要对医疗机构传染病防控措施落实情况，是否有专职（或兼职）人员负责院内感染控制工作，传染病医疗救治的应急预案、登记上报、传染病防治培训，医疗废物处置情况等。还重点检查预检分诊、发热门诊、肠道门诊设置及开诊情况、防护措施、防护用品等。二是对学校托幼机构的检查。全面排查传染病防控工作漏洞，包括晨午检制度、因病缺勤病因追查登记制度、新生入托儿童预防接种证查验、健康管理制度等传染病防控制度与措施的建立落实情况；核实教室等公共场所终末消毒情况。检查共出动卫生监督员50余人次，执法车辆20车次，共85户次。检查结果表明，各单位对传染病防控工作高度重视，各项传染病防控措施得到有效落实，管理比较规范。对于检查中发现的问题，检查人员当场指出并责令其限期整改，同时要求落实各项防控措施，做好传染病防治知识的宣传教育，提高传染病防控能力与意识。

（崔　超）

【消毒产品监督检查】　8月，区卫生监督所落实国家卫计委《消毒产品生产企业卫生规范》《消毒产品卫生安全评价规定》，根据市监督所要求，对辖区内5家经营销售消毒产品的单位进行抽查，包括超市3家、药店2家。主要检查内容：消毒产品销售单位采购和销售的消毒产品索证、索取卫生安全评价报告情况；消毒产品是否在产品有效期内，标签说明书是否合法等情况。通过检查，被抽查单位索证、留存相关证明文件材料等比较规范，产品均在有效期内，标签说明齐全符合要求，未发现违法行为。检查3家超市的消毒剂6种、抗抑菌制剂4种、卫生巾、护垫、纸尿裤、湿巾等一次性卫生用品7种；检查2家药店的消毒剂6种、抗抑菌制剂4种，共计27种消毒产品。检查共出动监督员22人次，车辆14车次。提高企业生产消毒产品过程中对卫生环境的动态管理水平，努力降低消毒产品的市场风险，不断规范消毒产品生产、经营和使用行为。

（崔　超）

【飓风、亮剑行动】　10月，按照市卫计委要求，区卫生监督所在全区范围开展“飓风行动”，有效遏制违法医疗服务，巩固“打击非法行医，整顿医疗秩序专项行动”成果。10～12月，根据区社会环境秩序综合治理“亮剑行动”要求，贯彻落实城市管理体制机制改革工作方针，履行医疗卫生保障和公共卫生管理职责，确保“亮剑行动”落实到位。

（王丹丹）

【血液透析专项检查】　12月5日，区卫生监督所与市血液透析质量控制管理中心专家，联合对辖区内获准开展血液透析项目的5家医疗机构开展专项执法监督检查。检查的主要内容：开展血液透析的医疗机构各项规章制度是否健全和完善；血液透析室建筑布局、工作流程、设施设备、人员管理、操作技术是否符合相关要求；《医院感染管理办法》《血液透析器复用操作规范》落实情况，是否存在重复使用一次性血液透析器和重复使用一次性血液透析管；感染性医疗废物及损伤性医疗废物处置情况；场所消毒和水质定期监测情况。针对检查中发现的问题，执法人员当场下达卫生监督意见书，责令立即整改。有效预防和控制医院感染，规范执业行为，确保患者身体健康和生命安全。

（崔　超）

【公共卫生检查】　截至年底，全区有公共场所839户。其中旅店业118户，文化娱乐场所32户，公共浴室25户，理发店美容店618户，游泳场14户，体育场2户，商场30户。区卫生监督所全年共监督检查3202户次，监督合格率99.60%。对全区持证公共场所单位进行量化分级402户次。其中量化A级37户次，量化B级350户次，量化C级15户次。行业已量化比例为：旅店业91.87%，文化娱乐场所71.88%，公共浴室90.91%，美容理发业81.19%，游泳场馆77.78%，商场96.67%。本区有供水单位229户，其中集中式供水26户，二次供水203户。监督检查生活饮用水803户次，合格775户次，需改进28户次，累计覆盖率100%。

（张　江　张　越　李秋圆）

【加强监督执法】　年内，区卫生监督所加大卫生监督执法力度，将日常监督与专项整治有机结合，开展生活饮用水、公共场所、学校、职业放射及医疗安全卫生监督检查6547户次，行政处罚103起，其中一般程序62起，简易程序41起，处罚金额12.7万元。全年共处理举报投诉案件85件，全部办结，群众满意率达100%。其中医疗卫生47件，传染病消毒2件，生活饮用水18件，公共场所16件，其他2件。全年未发生生活饮用水污染事件，未发生传染病疫情突发事件。

（贺　辰　李秋圆）

【办理行政审批】　年内，卫生监督所共办理公共卫生许可281件，其中，新发153件，延续37件，变更20件，撤销0件，注销22件，其他49件；办理重点企业“绿色通道”卫生行政许可6户；受理执业医师注册申请335件、护士注册2450件、母婴保健22件。

（徐　进　李秋圆）

【学校卫生监督】　全区有20所公立中学，34所公立小学，2所大学，其他学校16所；在档托幼机构49所。年内，区卫生监督所监督检查235户次，合格率98.7%，覆盖率100%。

（翟义敏　李秋圆）

【放射卫生监督】　年内，区卫生监督所监督检查职业卫生技术服务机构（放射防护）单位3户次，覆盖率100%。对现有32家放射诊疗单位，监督检查43户次，覆盖率100%。组织对辖区内以口腔诊所为主的基层医疗机构放射诊疗许可证和相关法律法规的培训，30余家单位参加。

（李大鹏　李秋圆）

【医疗卫生监督】　年内，区卫生监督所按照市卫计委、市卫生监督所、区卫生局的要求，除日常监督检查工作外，重点开展人感染H7N9禽流感防控、埃博拉疫情防控、两次“一法四规”的专项检查及“预防接种门诊”“肠道门诊”“消毒产品生产企业及消毒产品”“大型医用设备”、临床用血、打击非法行医等专项监督检查工作。全年对医疗机构和传染病疫情防控监督检查2881户次，合格2699户次，合格率93.68%。其中：检查医疗机构许可421户次、卫生技术人员执业许可873户次、传染病防控和疫情报告550户次、消毒隔离341户次、医疗废物299户次、消毒产品315户次、预防接种24户次、实验室安全25户次、医疗广告8户次，母婴保健18户次、血液安全7户次。受理投诉举报及信访件47件，查抄取缔非法行医71户次。206家医疗、预防、保健机构日常监督检查覆盖100%。

（崔　超　李秋圆）

【完成产品抽检】　年内，区卫生监督所对包括旅店业、美容美发、公共浴室、影剧院、商场超市、游泳场馆、集中空调通风系统在内的7类公共场所共51家单位进行卫生监督抽检。全年采集样品282件，合格264件，合格率93.6%。对9家抽检不合格单位依法给予警告的行政处罚。按市卫生监督所要求，共采集市政出厂水4件，送市CDC进行水质全分析检测，结果全部合格。采集现场制售水机出水2件，送区CDC进行检测，结果全部合格。抽检2件输配水管材，1件净水超滤机送市CDC检测，结果合格。

（张　江　张　越　李秋圆）

动物卫生监督

概　述

石景山区动物卫生监督所主要承担区内动物防疫、检疫、兽医医政、药政以及动物及动物产品安全监管的行政执法工作。年内，全区存栏奶牛120头、特禽4只、羊210只、马8匹、注册犬6095条。监管对象24个，其中养殖户10个，屠宰企业1个，动物诊疗机构13个（医院7个、诊所6个）。加大动物卫生监督执法力度，以确保动物和动物产品安全，确保不发生区域性重大动物疫情，全年监督检查各类场所1236户次，依法查处各类动物防疫违法案件3起，纠正其他违规经营行为6件次。

（崔瑞莲　杨国平）

【动物防疫和检疫】　动物卫生监督所开展春、秋季集中免疫，口蹄疫、禽流感免疫率100%。同时做好重点动物疫病净化，肉牛按规定进行结核、布病检疫，马属动物马鼻疽、马传染性贫血检疫全部阴性，采集240份犬血清、240份犬唾液、60份猫血清进行狂犬病、犬布病、弓形虫相关监测，结果全部为阴性。落实小反刍兽疫专项防控措施，年内辖区无小反刍兽疫疫情。

（崔瑞莲　杨国平）

【动物和动物产品检疫】　年内，产地检疫鸽子24168羽，犬、猫40只，动物产品200余吨；屠宰检疫生猪57177头，回收检疫证明1510份，耳标57177枚。

（崔瑞莲　杨国平）

【监督检查】　年内，动物卫生监督所采取日常监督与专项整治相结合的方式，共出动执法车辆175台次、执法人员703人次；检查各类场所1236户次；立案查处违法经营案件6起，纠正违规经营行为6件次，全部做到事实清楚、证据确凿、程序合法、处理处罚适当，没有行政败诉案件发生。完善“风险分级、量化监督、档案管理”的长效监管，对具备资质的24个单位进行量化监督，其中达到A级14个、B级10个。办理动物诊疗机构执业兽医注册及备案31人次。开展普法宣传活动16次。

（崔瑞莲　杨国平）

【动物和动物产品安全检查】　年内，动物卫生监督所对西黄村牧业食品公司屠宰的生猪开展生猪尿样检测，累计抽检生猪5860头，未检出盐酸克伦特罗、沙丁胺醇和莱克多巴胺残留阳性样品；落实生猪定点屠宰环节“瘦肉精”专项监督与现场监督检验工作，共抽检600头份；配合相关部门对辖区畜产品进行抽检，其中农业部专项560头份，区食药监局150头份，市兽药监察所100头份，市动物卫生监督所680头份，抽检样品合格率100%。

（崔瑞莲　杨国平）

【流浪动物收容救置】　年内，动物卫生监督所开展“文明养犬进社区”宣讲活动8次，发放宣传品1000份。累计组织无主动物收容救置联合执法38次，出动执法人员108人次，收容救治犬1960只、猫12只。

（崔瑞莲　杨国平）

【诚信责任体系建设】　年内，动物卫生监督所落实动物卫生诚信责任体系建设精神，稳步推进诚信责任体系建设。通过电话、电子邮件、现场宣传告知和送达方式将诚信体系责任建设相关文书送达到被监管单位，与112家被监管单位签订责任书。监督被监管

单位面向社会签订承诺书21份、同商品提供商签订协议书112份。

（崔瑞莲　杨国平）

医疗机构

中医医院

【概况】　石景山区中医医院始建于1983年。是区政府举办的唯一一所公立中医医院。建筑面积7485平方米。历经近30年的发展历程，于2009年3月晋级为北京市二级综合中医院。2012年9月顺利通过北京市中医管理局的医院等级复审。现已具备一定的中医专科特色和医、教、研、防综合能力。开设内科、骨伤、肛肠、针灸4个病区。编制床位120张，开放床位100张。设置内科、外科、骨伤科、肛肠科、儿科、针灸科等15个临床科室，检验、放射、B超、心脑电图、药剂5个医技科室。以及8个社区服务站。编制人员217人，合同人员21人。专业技术人员206人，正高5人，副高14人，中级职称95人，初级师60人，初级士21人，见习9人。年内，中医医院以百姓满意为目标，以内涵建设为重点，以中医药特色服务为核心，努力提高医疗质量，积极改善服务态度，为广大患者提供优质满意的服务。全年门急诊总人次增加8.22%。日均门急诊量增长9%。开展义诊、咨询、健康大讲堂等各项活动十余次，服务群众4000余人次，发放宣传材料1万余份。

地址：石景山区八角北路
电话：68862920（院办）
88982461（医务科）
68875912（医疗保险科）
邮编：100043
网址：www.sjszyy.cn

（孟林洁）

【传染病防控】　中医医院全年开展9次传染病知识培训，共计27学时，内容包括：鼠疫、人感染H7N9禽流感、不明原因肺炎、慢性乙型肝炎、手足口病、麻疹病毒、中东呼吸综合征，全体人员参训。针对流感防控，在门诊大厅设立预检分诊台，由专人负责；设专职医师出诊，对发热病人发放口罩，重症患者及时转院。制定麻疹防控预案，组建医院应急小分队。在门诊大厅设立人感染H7N9禽流感预检分诊台，设3名专职医师、一名护士、一名检验师值班。对发热病人进行单独区域治疗。规范发热门诊就诊流程，对医务人员进行系统培训，进行N95口罩、一次性口罩、PE手套、一次性乳胶手套等物资的储备。

（李长征）

【医疗质量】　年内，中医医院成立医疗质量管理委员会、护理质量管理委员会、医院感染管理委员会、生物安全管理委员会、药事管理委员会，全面监管医院的医疗质量和医疗安全。制定下发专业技术人员参加学历教育学术会议及外出进修的有关规定，电子病历书写及管理质量规定，以病人为中心、发挥中医药特色优势提高中医临床疗效为主题的持续改进活动实施方案，抗菌药物临床应用专项整治活动方案，医保责任医师制度等文件。全年检查处方18688张、处罚超常处方11张。检查病历378份，其中甲级病历360份，甲级率95.2%。对于检查中发现的乙级病历和超常处方，除进行经济制裁外，还在医院的公示栏进行通报批评，以此推进病历、处方质量规范和提高。抗菌素合理使用率达标；门诊患者抗菌药物处方比例8.5%；急诊患者抗菌药物处方比例37.3%；住院患者抗菌药物使用率38.83%；住院患者特殊使用抗菌药物使用率0.3%；抗菌药物使用强度22%。

（李长征）

【院感管理】　年内，中医医院开展医疗废物专项治理工作，实现医疗废物的分类收集管理，配备密闭收集容器，专用运送工具，严格按照每天生产的医疗废物进行分类收集，杜绝医疗废弃物与生活垃圾混装。将医疗废弃物分别放入带有“警示”标记的专用包装物或容器内，损伤性废物放入专用利器盒内，不得再取出。基本达到医疗废物的安全管理要求。转运工作防护严密。运送人员备有防护服、口罩、帽子、手套和防护鞋；按规定时间，路线送至暂存地；送前检查医疗废弃物标记、标签、封口，防止运送途中流失，泄露。运送后及时清洁消毒运送工具。对于不能及时清运的医疗废物，实现了暂存管理，有防鼠、防蚊蝇、防盗、防渗漏等措施。按要求给运送专员进行不定期培训和体检。加大重点科室监督力度，定期委托区CDC进行消毒效果检查，保证患者的就诊环境，降低医院感染率。安排开展全员培训，包括相关的法律法规、专业技术、安全防护、传染病、紧急处理等相关知识培训和考核，提高全院职工院感意识。

（殷子斐）

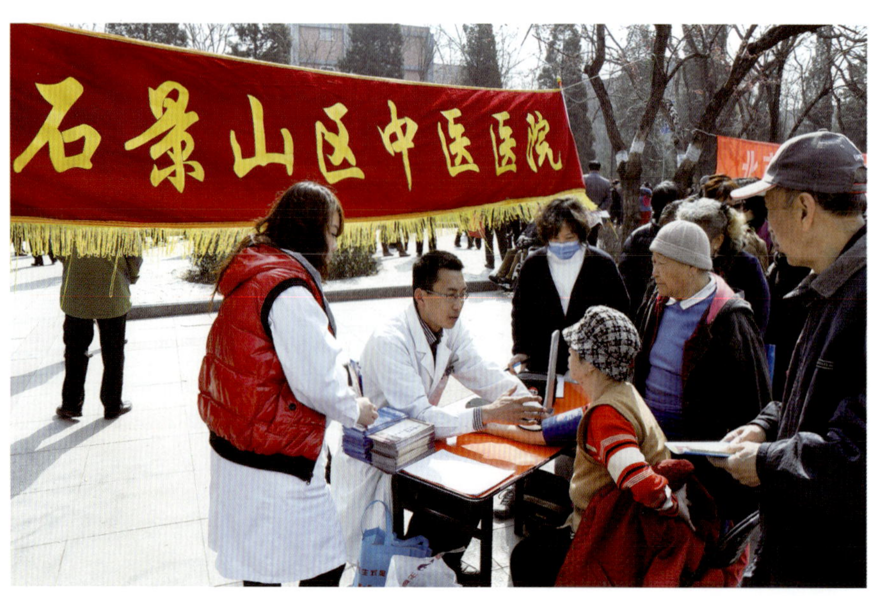

4月7日，在古城公园开展义诊活动　（区卫计委供稿）

【护理质量管理】 年内，中医医院形成健全的护理管理组织体系，制定切实可行的目标管理方案并组织实施。完善各项护理制度、操作规程、流程及应急预案等，细化部分护理质量评价标准，通过院科两级质控对护理工作进行全面质量控制，对经常发现的问题，采用PDCA的方法进行持续改进，将护理质量控制与护理质量改进有机结合起来，促进护理质量的提升。加强护理工作的环节监控。科室和护理部每月进行护理安全隐患查摆及做好护理差错事故、护理缺陷纠纷、护理不良事件和护理投诉的归因分析，从自身及科室的角度进行分析，分析发生的原因，应吸取的教训，提出防范与改进措施。对同样问题反复出现的科室及个人，追究护士长管理及个人的有关责任。优化护理服务，凸显中医护理特色。选派11人参加北京中医医院举办的中医护理专科培训、3人参加中医管理局组织的中医护理知识竞赛、4名护士参加市卫计委举办的护理骨干静脉输液规范化培训、3人参加市护理学会组织的中医护理方案实施培训、3人参加市中医管理局组织的中医护理专科技能提高班培训，为医院注入先进的护理理念。全年进行静脉输液44498人次，完成各种注射41201人次，静脉采血7634人次，其他治疗46187人次，其中中医护理项目为22285人次，基础护理合格率92.3%，一级护理合格率91.8%，技术操作达标率100%。全年无护理事故发生。

（陈　涌）

【学科建设】 年内，中医医院肾病科获批“基层中医药肾病学科团队基地”。骨伤科被认定区级“中医骨伤”重点专科。CT设备购置申请获市卫计委批准，购入机器，科室建设正在筹备中。检验科建设进一步完善，检验前，检验中，检验后的质量保证措施逐步完整，开展一些高水平的室内质控，保证监测检验项目的准确性。完善艾滋病实验室相关设施。送出人员进行微生物室及血库管理相关培训，着手微生物实验室与血库组建工作。

（李长征）

【人才队伍】 年内，中医医院完成市中医管理局薪火传承“3+3”工程基层老中医传承申报工作，推荐郝燕梅主任医师（弟子：李响、韩雪）、王嘉梅主任医师（弟子：柴华、周夏）为名老中医候选人。完成复合型中医药学术带头人培养申报工作，潘贵春通过审批，被确定为北京市第一期复合型中医药学术带头人培养项目研修对象。选送齐昕为“北京首批中药人才培养工作”候选人。强化中医护理，突出中医护理特色，提升中医护理服务水平，组织全院性护理学习7次，内容包括中医护理理论和技能、护理人员礼仪、护士条例等，参加学习达166人次。有7人参加市中医管理局组织的中医护理知识培训，3人参加中医理论基础和基本技能知识竞赛。通过网上申报、社会招聘、信息公示等多种渠道，继续开展中医肿瘤学科带头人的引进工作。通过社会招聘引进麻醉人员1名，推拿按摩技术人员各1名；聘任CT专业主任医师1名，外送1名医生在首钢医院CT科进修学习。

（李长征）

【科教工作】 年内，中医医院医护人员积极参与教育科研及论文撰写。肛肠科主任医师任毅在《北京医学》发表《近切开远对口引流法治疗复杂性肛漏的临床研究》；内科刘宁州在《光明中医》杂志发表论文《太阴少阴俱病案体会》，外科崔明在《菏泽医学专科学校报》发表论文《中西医结合治疗慢性前列腺炎55例》。制定、上报区县级继续教育项目22项，审批22项，较上年增加5项。全年继续教育讲课40余次，区县级继续教育项目22次，自管继续教育项目20次，3次无学分讲课，共计120学时。传染病授课9次，27学时，讲解内容包括：鼠疫、人感染H7N9禽流感、不明原因肺炎、慢性乙型肝炎、手足口病、麻疹病毒、中东呼吸综合征等，听课人数达1649人次。院内自管学分讲课12次，听课人数达585人次。

（李长征）

【中医药文化建设】 年内，中医医院与区广电中心合作，大力宣传中医专家、特色项目。相继为中医肾病、骨伤、针灸、皮肤等学科制作宣传短片。开展“中医专家下社区”“社区健康大讲堂”“中医药服务百姓”健康周、与朝阳医院西院、北京中医医院联合义诊等惠民活动十余次。全年义诊咨询患者5000余人次，发放宣传材料近万份。

（李长征）

【对口支援】 年内，中医医院与八角社区卫生服务中心签订对口支援协议。全年共安排12名医师下社区出诊，诊疗范围涵盖6个社区站，涉及内科、中医等4个学科，全年诊疗患者5984人次。深入社区进行健康教育讲座10次，内容包括外来人口的疾病控制、新生儿喂养、家庭急救常识等。全年双向转诊20人次，社区上转5人次，医院下转15人次。

（李长征）

【安全生产】 年内，中医医院定期召开安全生产工作专题会议，围绕全年安全产生目标、建立横向到边纵向到底的安全生产责任制，制定安全生产责任书。积极开展消防安全专项治理活动，深化人员密集场所消防安全专项整治措施，严格落实消防安全责任制，不断提升单位消防安全管理水平，严防恶性火灾。加强安全保卫人员的教育管理工作，着力提高保卫人员的法律素质和实际工作能力，确保安全工作无隐患。

（周　强）

妇幼保健院

【概况】 石景山区妇幼保健院坐落于依翠园小区，是区卫生局直属二级妇幼保健机构，医疗保险定点专科医院，承担着全区妇女保健、妇女病防治、儿童保健、婚前保健、出生缺陷监测及计划生育技术指导与管理工作，是地区公共卫生体系重要的组成部分。全院职工52人，其中管理人员4人；卫生专业技术人员44人（高级职称3人，中级职称18人，初级职称23人），非卫生专业技术人员3人；工勤人员1人。新购置10万元以上医疗设备34个。年内，不断整合、优化地区妇幼卫生资

源,形成以区妇幼保健院为中心,包含各社区卫生服务机构和各级各类医院的妇幼卫生保健服务网络,实现服务的全区覆盖。积极开展0~6岁儿童免费体检、新生儿疾病免费筛查、常住孕产妇产前检查和产后访视补助、新生儿访视、体格检查和生长发育监测、孕产妇孕期营养指导等工作,并不断加强对各项工作的培训、质控和督导。多部门联合开展适龄妇女两癌免费筛查,育龄妇女叶酸免费发放及预防艾滋病、梅毒和乙肝母婴传播3项重大妇幼公共卫生项目,累计为全区3万余名适龄妇女进行"两癌"筛查。

地址:石景山区依翠园5号

电话:68625569

邮编:100040

(郭淑菊　董金娜)

【健康教育】 1月起,妇幼保健院隔周周六上午开展儿童早期综合发展知识大讲堂24场,听课人数达600余人次。大型义诊周期间组织4场健康大课堂讲座。开展增补叶酸主题宣传活动3次,接受咨询561人次,发放宣传材料2000余份。利用各种宣传日及义诊周,开展健康教育咨询活动15次。发放各类健康教育资料处方约3000余份,制作健康教育宣传资料8份。

(郭淑菊　丰　燕)

【改革与管理】 年内,妇幼保健院开展妇幼保健新项目。新引进设备B超监测妇产科手术仪于3月25日正式启用。听力测查隔音室于6月15日安装使用。开展妇幼健康年活动,聘请市专家到区进行妇幼技能知识培训;负责地区技能竞赛理论题题库,确定妇幼技能竞赛理论题部分、为围产保健部分和计划生育部分考试制作考核评分表、完成区内比赛人员选拔,组织人员参加北京市技能竞赛。

(郭淑菊　董金娜)

【技能竞赛】 6月初,区总工会、卫计委共同开展妇幼健康技能竞赛。内容包括"围产保健""儿童保健""妇女保健""计划生育技术服务"4个科目,来自全区23家医疗保健机构近百名妇幼健康专业技术人员参加竞赛,通过岗位大练兵、师资培训、理论笔试、技能考核、知识竞答等多个环节,产生3家先进团体单位,24名优胜者,石景山医院、朝阳医院西院,区妇幼保健院分别获得团体前三名,遴选出8名优秀医务人员参加北京市妇幼健康技能大赛复赛。此次技能竞赛是历年来地区妇幼保健系统规模最大、比赛项目最全、人员参与最多的一次技能竞赛活动,通过学、练、赛,全面检验各单位妇幼卫生工作理论水平和操作技能,激发全区妇幼工作者的积极性和创造性,提升地区妇幼卫生工作服务水平。

(郭淑菊　董金娜)

【扩建项目】 8月底,列入上年区十项重点工程之一的妇幼保健院扩建工程竣工,10月投入使用。工程于上年开工,含地下室共7层,总建筑面积1833.59平方米,用于妇产科门诊、儿童口腔、儿科中医门诊、放射科、手术室等区域,妇幼保健诊疗、保健环境得到极大改善。

(郭淑菊　董金娜)

【医疗保健】 年内,妇幼保健院妇产科门诊5837人次,计划生育手术405人次;口腔科门诊885人次;内科门诊1130人次;中医科门诊1914人次;儿科门诊3658人次;儿童保健门诊4467人次;儿童健康体检共14970人次,其中儿童入托体检6209人次,预防接种6492人次,流动儿童体检2269人次;妇女保健门诊2929人次,免费孕前体检798人次,托幼园所保教人员集体体检1259人次,亲子班陪护、务工人员和集体体检共计3975人次。

(郭淑菊　于晶晶)

【儿童保健】 年内,妇幼保健院完成0~3岁亲子关系项目入户填写调查表、健康宣教及指导、终末调查个案调查表回收及入户。布置爱婴社区培训,联系市级专家,协调培训相关事宜,广宁社区卫生中心创建第一家爱婴社区。布置0~6岁儿童残疾筛查工作开展及流程设计,接受国家、北京市对地区0~6岁儿童残疾筛查工作调研。开展0~6岁儿童免费体检,128957人次接受免费体检,其中智力筛查5087人;听力筛查32917人;口腔检查31825人;视力检查9484人;血常规检查25124人;新生儿访视24520人。收集新生儿疾病筛查血片、儿童聋筛基因血片各5363份。外地流动儿童免费体检2269人。

(郭淑菊　任　霞)

【妇女保健】 年内,妇幼保健院协调危重症孕产妇的转会诊工作,共计17例。开展全区孕产妇产前检查和产后访视,对于石景山籍没有报销途径的产妇进行675~695元报销补助,对产妇各项资料进行核实整理,核实无误后报销费用,并定期上报区卫生局。完成2家计划生育技术服务机构评审。对4家助产医疗机构母乳喂养工作进行爱婴医院督导。实施市妇幼保健院有关出生医学证明机构院外分娩管理流程。对梅毒孕产妇所生婴儿进行随访7例,随访15人次,有5例排除梅毒感染,2人正在随访中。为23例乙肝阳性孕产妇所生婴儿免费注射乙肝免疫球蛋白。

(郭淑菊　李　娟)

【婚前保健】 年内,妇幼保健院进行婚前医学检查728人,婚前医学检查率8.63%,疾病检出率17.45%,以生殖系统疾病为主,对受检者进行婚前卫生指导和卫生咨询。

(郭淑菊　李　娟)

【两癌筛查】 年内(注:2013~2014为一个检查周期,数据为2013~2014年),妇幼保健院提高宫颈癌病变检出率,将宫颈细胞学检查由巴氏涂片改为液基细胞学检查。实施电话预约及现场预约,自4月1日开始,对35~64岁妇女实施免费宫颈癌、乳腺癌筛查,全区两癌筛查适龄妇女8961人。乳腺可疑病例转诊1633人,无乳腺癌前病变,11人乳腺浸润癌,乳腺癌检出率122.75/10万(11/8961);宫颈可疑病例转诊420人,宫颈癌前病变22人,宫颈癌前病变检查率251.66/10万,未发现宫颈原位癌、宫颈浸润癌及其他妇科恶性肿瘤。

(郭淑菊　林如静)

【免费增补叶酸】 年内,妇幼保健院对辖区16个发药医疗机构进行知识培训和技术指导,区级质控覆盖率100%。开展健康教育宣传活动8次,对目标人群进行免费增补叶酸和免费婚检知识宣传，对市级下发的叶酸追访经费做到专款专用，全年免费发放叶酸452人份。

（郭淑菊　丰　燕）

【指标完成情况】　年内，助产机构产科工作质量：分娩总数5468人，活产数5446人，其中剖宫产2109例，剖宫产率38.73%，围产儿死亡数25例，围产儿死亡率4.57‰。产前筛查工作：孕20～24周B超筛查胎儿5525例，筛查异常人数306例；血清学筛查4165例，筛查异常人数320例。围产儿出生缺陷监测：监测围产儿总数5468人，其中本市户口3734人，发生出生缺陷97例，其中本市户口51例，本市出生缺陷发生率10.44‰。孕产妇系统管理：本区户籍出生数3771人，产妇数3718人，活产数3761人；孕产妇死亡0人，死亡率0；围产儿死亡15人，死亡率3.98‰；孕产妇系统管理数3647人，孕产妇系统管理数率98.09%。计划生育技术服务：计划生育手术总数4925例，其中本市户口2167例，外地户口2758例，无节育手术并发症发生。妇女病体检：实查人数17132人，妇女病患病人数2942人，妇女病患病率17.17%。乳腺癌筛查：实查人数16436人，体检正常人数5417人，乳腺良性疾病患病数11019人，患病率67.04%。患病率排前五位的依次为：乳腺增生7351例，患病率44.72%；其他乳腺良性疾病1272例，患病率7.74%；子宫肌瘤1255例，患病率7.33%；宫颈炎性疾病503例；患病率2.94%，其他妇科良性疾病467例，患病率2.73%。儿童保健指标：新生儿疾病筛查率98.48%；新生儿听力筛查率96.36%；新生儿死亡率2.13‰；婴儿死亡率3.19‰；5岁以下儿童死亡率3.46‰；六个月内婴儿纯母乳喂养率69.69%；儿童保健系统管理率96.59%；1～6岁儿童听力筛查率97.79%；0～1岁神经心理测查率88.49%。

（郭淑菊　任　霞　李　娟）

五里坨医院

【概况】　五里坨医院位于西部开发区内，是一所集医院、区精神卫生保健所、社区卫生服务中心于一体的医疗机构，承担全区精神病人门诊治疗、住院康复及面向全区开展老年疾病的治疗护理工作，为北京市医疗保险定点机构。医院建筑面积11075平方米；人员编制总数183人，从业人员233名，其中正式职工158名，聘用75名，床位编制280张。年内，医院坚持以病人为中心、以全面提高医疗质量为主题、以建立和谐医患关系为目标，严抓医疗规范化和核心制度的落实，从源头防控医疗隐患，创新思维、转变观念，医院各项工作高效有序运行。精神科以心理和药物治疗为主，辅以工娱活动、康复训练，促进精神病患者早日康复。老年科病房开拓思路，大胆创新，针对老年患者特点，建立起集治疗、养护、康复为一体的老年病房。精神卫生保健所承担着地区精神病人治疗、管理及“中央补助地方重性精神疾病管理治疗项目”工作。与公安分局、区残联、区民政局、各个街道等联席部门密切合作，有效控制地区精神病人肇事肇祸事件的发生。社区卫生服务中心服务面积26.94平方公里，覆盖10个居委会。下设北辛安社区卫生服务站、古城南里第二社区卫生服务站（即公安分局功能社区、检察院功能社区），为辖区居民提供防、治、保、康、健、教、计划生育适宜技术的六位一体社区卫生服务，开设有保健科、全科、妇产科、口腔科、康复科、检验科、中医科等科室。自1997年起连续获得“石景山区文明单位”称号。

地址：石景山区石门路322号

电话：88902313

邮编：100042

（李　靖）

【精神卫生】　年内，区卫生局牵头召开由公安分局、区民政局、区残联等多部门组成的精神卫生联席会，协调解决工作中存在的问题，加强信息沟通与资源共享。五里坨医院加强社区精神障碍患者发现、诊断、治疗和管理，对危险性评估可能有肇事肇祸倾向的重点患者开展重点管理工作。在春节、全国”两会”期间开展入户访视、免费投药及送温暖活动。成立精神病人肇事肇祸事件领导小组及应急处置队伍，按照应急处置工作流程及时处置相关突发事件，参与4起疑似精神病人突发事件的应急处置任务。在确保医疗质量安全的前提下，为患者提供住院医疗服务保障。联合6个相关委办局共同制定门诊使用免费基本药品治疗严重精神障碍工作实施方案（试行），明确重性精神障碍患者6类基本使用药品，全区已有299名患者享受免费服药政策，为贫困患者免费发放药品2138人次。与区残联合作，在8个街道社区开展精神卫生健康宣教活动，现场受宣人数548人次。世界精神卫生日当天组织大型宣传活动，发放宣传资料5000余份。组织专项工作督导检查小组分别对首钢医院、朝阳医院西院、石景山医院、玉泉医院进行4次督导检查，通过网络核实出入院病人578人次，新发现建档88人并及时纳入社区规范化管理。为使精神障碍患者早诊断、早治疗，在全区范围完成1000例的疑似精神障碍患者的早期线索筛查任务。

（薛　云）

【社区卫生服务】　年内，五里坨医院门诊总诊疗115462人次，中医诊疗36023人次，占全部诊疗人次的31.91%。切实做好基本医疗，不断提升诊疗能力，加强院感管理，加强技术操作培训等，并积极通过面授、网上学习等多种形式的学习，医护人员继续教育学习情况全部达标。目前中心（站）共有49名卫生技术人员，其中高级职称10人，中级职称19人，临聘、返聘副高级以上专家5人，中级职称1人。开展家庭医生式服务，不断拓展服务内涵：提供预约就诊服务，年内预约就诊543人，达1183人次；发挥健康小屋功能，服务2573人。截至年底，家医累计签约10767户，19234人，其中重点人群签约15123人，总签约人数占辖区常驻人口71.38%。做好公共卫生工作，建立家庭档案11389份，电子家庭档案9933份；个人健康档案27064份，其中电子档案数18034份，使用过的居民健康档案数为7993份。

年内高血压管理1379人，高血压规范管理1183人，糖尿病管理596人，糖尿病规范管理507人。全年培养44名家庭保健员(含8名中医家保员)。共为599名65岁以上老年人进行健康体检，体检率29%，给3名无保障老年人进行健康管理，体检率60%。孕产妇保健1396人次，孕妇健康管理1130人次，管理率98%，产后访视631人次，访视率98%；0～6岁儿童健康管理622人，管理率90%；全年免疫接种17263人次。传染病家庭访视191人次。管理重性精神病患者149人，访视精神病患者681人次，对10名精神病人进行免费体检，精神病人免费投药172人次。管理结核病人5人。早期肺癌筛查工作：年内共筛查838人，高危410例。年内共组织各项义诊活动10余次。中心下属法院功能社区站于4月运营。隆恩家园社区站完成医保检查，等待医保审批。

(田小园)

【老年病诊治】 年内，五里坨医院老年病科承担着老年病人治疗和护理工作。面对这个特殊的群体，科室开展人性化的服务，针对老年人病情发展快、并发症多的特点，制定出一套护理计划、应急预案，医护人员在积极治疗的同时给予患者精心护理。老年科收住患有老年痴呆症、抑郁症、脑血管疾病、酒中毒所致精神障碍的患者共309人。其中年龄最大的96岁，最小年龄47岁，平均76岁。患者入院时，根据病情做好评估，制定适合每个病人的治疗方案和康复措施。住院患者病情复杂，除精神疾病外，还伴有躯体疾病。卧床病人占到60%左右，每天都有危重患者随时面临生命威胁。针对不同病症制定相应措施，开展心理治疗、行为矫正、各种工娱治疗、理疗、针灸、按摩等康复治疗；开展人性化服务，针对老年生理病理特点，制定防跌倒、防褥疮、防噎食、防外跑及各种并发症等具体措施。

(辛建华)

北京市石景山医院

【概况】 石景山医院创建于1987年10月20日，是区政府举办的集医、教、研、防为一体，以心内科、骨科等为重点学科的二级甲等综合医院，是市急救中心石景山分中心、首都医科大学教学医院、市医疗保险A类定点医疗机构、区域医疗中心。医院总占地面积近5万余平方米，建筑面积9.5万余平方米。编制床位600张，实际开放床位740张，设有31个临床科室，13个医技科室，5个社区卫生服务站。现有在岗职工1458人(在编768人、合同690人)，其中卫生技术人员1198人(含正高28人、副高71人、中级320人)。医疗设备总价值23627.78万元，拥有1.5T/3.0T高场超导核磁共振诊断仪、64排/后64排螺旋CT扫描机、数字成像血管造影仪、16人高压氧舱、乳腺机、SPECT/CT等万元以上设备1341台件。本年度新购置医疗设备总值3398.59万元，其中万元以上设备123台件，10～100万元设备25台，100万元以上设备5台。年内，医院立足石景山区，辐射京西地区，秉承"仁爱厚德、大医精诚"的院训，坚持不懈地为患者服务。从制度建设入手，完善院周会管理制度及院长办公会、党委会会议议题申请程序；加强干部队伍建设，制定中层干部管理办法，明确干部责任权利；针对奖金分配问题，修订奖励性绩效调整方案；加大对重点学科的支持和高端人才的培养，制定重点学科建设管理规定。扎实开展党的群众路线教育实践活动，领导班子及广大党员干部的宗旨意识和党性修养得到明显增强。按照务实高效的原则，精简会议文件。严格"三公"经费的管理，制定业务招待费列支管理规定、厉行节约管理办法等。

地址：石景山区石景山路24号
电话：68668131
邮编：100043
网址：www.bjsjsyy.com.cn

(靳淑琴)

【医疗服务】 石景山医院全年门急诊147.67万人次(不含社区)，同比增长7.4%，其中门诊135.91万人次，急诊11.76万人次；药品占收入比51.95%；抗菌素使用强度46.83DDD；传染病漏报率0.2%；出院病人1.958万人次，同比增长5%；住院病人手术例数4392例；病床使用率98.61%，病床周转次数26.46次/年；平均住院日10.99天，孕产妇死亡率0/万，新生儿死亡率0‰，围产儿死亡率0‰。开展心脏三维导管技术在射频消融术中的应用、Mobi－C人工椎间盘植入术/复杂颅内肿瘤手术治疗－脑胶质瘤切除术等新技术新项目30项。新增加肺炎、视网膜中央静脉阻塞等5个病种，临床路径管理病种总数达33个，全年临床路径入组率66%，完成率95%。开展抗菌药物使用的全员培训，临床药师下科室加强指导临床用药，促进抗生素合理用药管理，加强对Ⅰ类切口用药的重点监测。健全创建爱婴医院工作制度等规章制度，并对职工进行相关培训。修订医院临床用血管理制度，通过北京市对输血科的验收及增项工作。组织院内多学科会诊9次，外院专家会诊32次。加强对临床医技人员的"三基三严"培训，对98名临床医生进行气管插管考核。定期召开病案质控会，对病历检查中常出现的问题进行反馈，全年检查运行病历1223份、终末病历8237份，甲级病历率99.9%。卫生下乡共派3批次4人次70天次支援大安山乡社区卫生服务中心。对口支援共派出72人次1080天次，支援八宝山社区卫生服务中心、广宁社区卫生服务中心、体育馆社区站、远洋山水社区、永乐社区。骨科主治医师苏鹏、内分泌主治医师董亚苒完成为期一年的援疆工作。修订医院感染管理制度汇编。完成医院重建消毒供应中心的选址及布局流程的规划。对新建及改建部门进行消毒隔离指导与监测。全院手卫生设施得到极大改善。医院感染率1.34%，较上年有所增加。医院感染漏报率为3.23%。重症医学科(ICU)的目标性监测也有所提高，ICU中心静脉置管的千日感染率为1.31‰；呼吸机相关肺炎1.91‰；泌尿道插管相关性尿路感染0.31‰。环境卫生学及消毒灭菌效果监测采样1309件，合格率为99%，开展环境清洁度监测共采样62件。紫外线监测970件。全年监测到多重耐药菌265例。职业暴露32例。全年发生三级以上医疗纠纷62例，赔付38.09万元，其中经第三方调解解决20例，赔付38.09万元。

（靳淑琴）

【社区卫生服务】 石景山医院下属社区卫生服务站全年总收入1629.5万元，与2013年基本持平。公共卫生服务全部达标，绩效考核拨款70万元。迎接区医保检查3次，获医保管理二等奖，奖金5万元。开展健康大讲堂37次，健康教育讲座30次，世界卫生日宣传活动20次，发放宣传材料3600份，受益居民2585人。为辖区内65岁以上老年人进行免费健康体检400多人次。远洋山水社区卫生服务站获区家庭保健员演讲一等奖。

（靳淑琴）

【科研教学】 石景山医院全年举办5次大型学术活动。完成中国科协调查站点的各项任务。获区科技进步三等奖1项。发表论文180篇，其中SCI论文6篇，中华系列论文4篇，核心期刊发表论文55篇。开展教育教学改革，获批首都医科大学校长基金1项、学生科研创新项目2项，发表教学论文8篇。组织开展继续教育活动248项，其中市级继教项目13项，区级继教项目53项，院级继教项目182项，19800人次参加听课。组织院内医药护技人员传染病防治知识培训71次。全院1106名专业技术人员教学时学分达标率100%。外出参加学术会议和学习班71人次、选派5人次外出进修。接受市卫计委组织的全科基地动态评估。承担首都医科大学157名临床本科生的临床教学任务，完成理论授课871学时、见习带教489学时。作为教学医院接待学校国际临床医学专业认证专家组的实地考察。完成新疆和田进修班2012级48名学生的临床授课任务。

（靳淑琴）

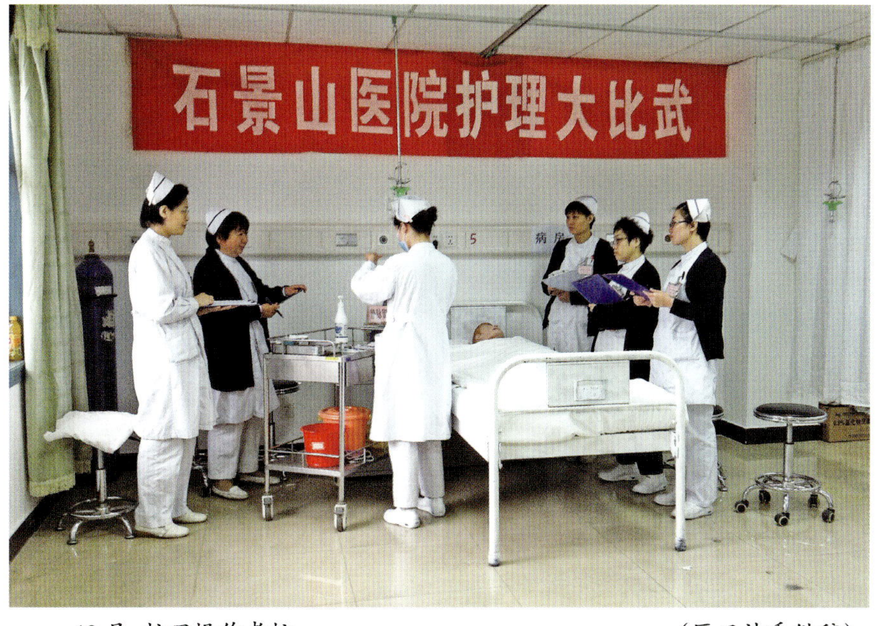

10月，护理操作考核　（区卫计委供稿）

【医联体建设】 年内，石景山医院推进医联体建设，拓展服务范围。制定方案，规范合作运行，将全部号源对医联体合作医院开放，并享受优先预约挂号、优先检验检查、优先住院等便捷服务。推进建立大医院带社区的服务模式和医疗体系，外派业务骨干帮助提升社区医院业务水平。优化服务流程，就医更加便捷，简化就诊程序，细化服务内容。推行挂号收费通柜服务和“先看病，后交费”举措；对特殊患者提供全程陪同就诊及协助办理住院手续等服务；开展多方式、多途径“预约挂号诊疗”服务；在原有自助挂号机的基础上增加信用卡自助缴费、自助打印化验单、明细单、自助预约挂号及自助查询等功能。构建和谐医患关系，强化“一切以病人为中心”的服务理念，学习相关法律法规知识，提高医患沟通能力，全年收到锦旗194面，表扬信1736封。

（靳淑琴）

【预防保健】 年内，石景山医院开展埃博拉出血热防控工作。制定工作方案、绘制病例处置流程图、成立会诊专家小组、开展培训与演练。编制传染病防控工作实用手册，下发全院医务人员，并组织学习考核。启用新版死亡医学证明书。全年儿童及成人免疫接种6505人次，免费流感疫苗接种1501人次。外来务工人员、医务人员免费麻疹、流脑疫苗接种462人次。

（靳淑琴）

【护理业务】 年内，石景山医院强化护理人员的法律意识，依法执业，对600余人注册护士信息进行网上统计、审核及注册管理。修改完善各项护理制度职责和质量标准，深入开展优质护理服务工作，合理配备床护人员，完善护士分层管理及绩效考核制度。全面落实责任制护理，实行非惩罚性不良事件上报制度，定期对护理不良事件进行汇总、分析及反馈。加强护理质量月督导及季度检查工作，全年组织护理查房6次，夜班护士长督导100余次。加强临床护理专科建设，选派护理骨干参加急诊、重症医学等专科的认证学习班。提高护理队伍整体素质，强化“三基三严”理论，坚持岗位练兵，104名护士参加岗位练兵比武考核。以展示优质护理服务工作风采为主题，组织并召开国际护士节活动，表彰4个优秀护理集体和51名先进个人。评选出星级护士30余名。

（靳淑琴）

【信息化建设】 年内，石景山医院完善领导及重点部门管理系统平台。完成门诊控药管理、门诊输液管理（电子输液条）、抗生素管理、处方点评、门急诊信息上报、手术信息上报、院感现患率调查、费用确认（取消收费条）、医院

收费系统与银行自助转接等系统的开发及实施工作。完成医学影像系统迁移整合。

（靳淑琴）

【基础建设】 年内，石景山医院投资500余万元对医学影像中心进行装修改造。投资200余万元对医院污水站进行改扩建。投资100万元对门诊楼卫生间进行改造。

（靳淑琴）

北京大学首钢医院

【概况】 北京大学首钢医院（简称首钢医院）建于1949年10月，是一所非营利性三级综合医院和市医保A类定点医院。职工总数1894人（其中在编职工数1171人、合同制人数723人），其中：卫生技术人员数1528人（不包括职能处室卫生技术人员）（含正高级职称36人，副高级职称99人，中级职称464人，初级师434人，初级士199人，无职称296人）。医疗设备固定资产总值26878万元，年内新购置医疗设备总值3461万元，其中10万元（含）以上设备65台（套），100万元（含）以上设备9台（套）。医疗设备固定资产总值25131.95万元，新购置医疗设备总值6595.59元，其中10万元以上设备67台（套），百万元以上设备8台（套）。获市卫计委组织的“医患的故事”征文活动优秀组织奖；获年度医疗卫生领域“优秀科研管理单位”称号；获年度市“医疗保险管理二等奖”；被市药监局批准成为“北京生物医药创新促进平台成员单位”。获市卫生局“临床安全用药工作组”年度优秀集体奖；获市科委“优秀药物临床试验机构”；获市药监局、市卫计委“药物警戒工作先进单位”，获“肿瘤登记工作优秀奖”；金顶街社区卫生服务中心被评为市“敬老爱老为老服务示范单位”。

地址：石景山区晋元庄路9号

电话：57830827（办公室）

邮编：100144

网址：www.sgyy.com.cn

（吴妍彦）

【医学教育】 1月8日，经北京大学学位评定委员会审核批准，首钢医院外科学（骨外）成为北京大学医学部博士研究生培养点。年内，首钢医院完成北医2010级生物医学英语专业临床教学任务和2011级海外口腔专业教学任务，共44人，929学时；完成2010、2011级辽宁医学院临床教学任务，共57人，866学时。在加强本科教学的同时，医院培养硕士研究生6人、博士研究生2名。全年参加市卫计委专科医师规范化培训的住院医师共125人，其中一阶段77人，二阶段48人。参加继续医学教育的医务人员1062人；接收来院进修生共37人。本年度脱产学习53人。到院外进修20人。2014年度录取研究生40人，其中硕士研究生36人、博士研究生4人。年内，接待美国William W. Chu教授、奥地利Georg Gaul教授和澳大利亚墨尔本林延龄教授等多位教授来医院做学术交流；医院出国考察、参加国际学术交流2人次。到广州、深圳、济南等地参加各种国内学术交流53人次。

（吴妍彦）

【机构设置】 2月21日，经院务会议研究决定：教学办公室并入教育处，原教学办公室的人员及职责划归教育处；创伤急救中心并入急诊科，其人员及职责划归急诊科。4月9日，经院务会议研究决定：恢复泌尿外科机构名称，原吴阶平泌尿外科医学中心的人员及职责划归泌尿外科。乳腺疾病科纳入普通外科，原有管理模式不变。11月1日，开设造口伤口护理专业门诊。

（吴妍彦）

【改革与管理】 2月25日，首钢医院召开第十八届职工代表大会第一次会议，108名职工代表参加。4月29日，首钢总公司党委研究决定：向平超任医院党委副书记。10～12月，医院党委进行党支部换届选举，党支部由11个调整为25个。编印临床各科急救流程、科室质量管理手册——急诊科分册、科室质量管理手册——外科系统分册、医务人员依法执业手册、应知应会手册——护理部分。制定“病历管理规定”“新生儿安全管理制度”“辐射安全管理制度”“高危孕产妇接诊及转诊实施方案”“深化优质护理服务工作方案”等相关制度和方案。加强环节质量的实时监控，以首诊负责制、三级查房制度、交接班制度等核心医疗制度为抓手，深入科室开展质量小组活动，加强关键科室、关键环节和关键时间的监督检查。开展重医德，塑医者仁心；保廉洁，创美好生活的廉洁教育培训；修订和制定总务后勤系统检修、维保、设备物资购置项目管理办法（试行），医疗设备采购管理办法，工程招投标管理办法（试行），信息系统软硬件设备采购管理办法等。医务人员全年拒收“红包”55人次，共计58600余元；收到表扬信148封、锦旗137面。

（吴妍彦）

【启动医联体建设】 6月13日，首钢医院举行医联体启动仪式，13家医疗机构与首钢医院签订合作协议，正式组建医疗联合体。首钢医院医联体的核心医院为北京大学首钢医院，合作单位包括首都医科大学附属北京康复医院、首钢矿山医院、北京首钢特殊钢有限公司泰康医院、北京中康佳中医药研究院长庚医院；苹果园、古城、老山、金顶街社区卫生服务中心；南宫、西黄村、海特花园、赵山、杨庄社区卫生服务站。作为区域医联体的核心单位，首钢医院承担建立全科医学科或会诊中心、负责与合作医院有效对接及辖区患者的接、转诊等管理工作。围绕医联体建设，首钢医院成立领导小组、专家组，制定《北京大学首钢医院医疗联合体实施方案》，制定双向转诊原则和标准等一系列工作。首钢医院医联体将重点推进建立标准服务和诊疗规范，建立患者双向转诊绿色通道，提高医联体区域内基层医疗机构社区居民首诊率，探索医保付费和药品保障创新模式4项工作。努力实现区域医疗资源的有效整合，切实解决机制、体制、利益和资源调配等方面存在的问题，通过加强医联体合作单位间的交流与合作，推动层级治疗、有序就医和双向转诊等工作，同时充分发挥自身优势，带动医联体各层级医疗机构在人才培养和医疗科研等方面的共同发展。医联体成立后，内部三级医院间、三级医院与二级医院和社区服务中心之间，都会建立双向转诊机制；医联体还将建立网络平台进行远程操作诊疗设备、远程会诊等，逐步实现引导优质医疗资源向社区延伸。促进优质医疗资源纵向流动，为群众提供分级、连续、节约、高效的医疗服务。

（吴妍彦）

【医疗服务】 首钢医院全年门急诊量1049289人次，编制床位1006张，实际开放857张，出院患者25785人次，同比增长2.93%；住院病人手术6798例，较2013年增长6.84%；病床使用率89.6%，出院患者平均住院日10.8天，较上年缩短0.3天；全院患者药占比53.42%，其中住院患者药占比38.63%。三四级手术量较上年增加114.64%；医院服务能力（DRG组数是560）、技术难度（CMI1.12）均优于北京市三级综合医院平均水平。开展新技术、新项目49项，其中关节镜等11项诊疗技术获北京市技术准入；骨科“应用骨搬移技术治疗慢性骨髓炎”等6项获医院新技术、新项目专项奖。12个科室实施临床路径，入径管理人数1682人，入径率70.17%，完成率60.76%。单病种质控网报例数：急性心肌梗死38例，心力衰竭36例，肺炎255例，脑梗死176例，髋、膝关节置换术31例，冠状动脉旁路移植术5例，围手术期预防感染301例，质控指标达标率均值较上年有所提高。采取网络预约、窗口预约、电话预约、诊间预约和社区转诊预约等多种形式，开放号源比例20%，预约挂号人次占门诊比例约2.5%。医院感染发生率为1.73%。按照人感染H7N9禽流感医院感染预防与控制制度，开展培训和督查工作，有效防控“人感染H7N9禽流感”。进一步修订多重耐药菌管理多科协作及联系制度和医院感染在职教育与培训制度等相关文件。全年医保出院人次17471人，同比增长2.92%；出院医保病人总费用327567656元，出院医保病人次均费用18747元。组织医务人员赴内蒙古自治区丰镇市医院和北京大兴红星医院进行对口支援活动，累计支援时间87天，主要开展临床诊疗、教学培训和查房、疑难病例讨论、学术讲座等，并附送教学光盘1000余张。医院每月安排各科室医务人员对口支援社区卫生服务工作，保证古城、苹果园、老山、金顶街4个社区卫生服务中心每天都有医院主治医师以上人员出诊。首钢医院医联体于6月13日启动，到年底，医院与医联体成员单位间实现双向转诊1000余人次，接待医联体成员单位进修人员18人，进行带教9次，会诊38次。9月14～20日，开展大型义诊周活动，多位专家相继在门诊大厅、古城公园、金顶街社区、五里坨高井街道卫生服务中心，内蒙古丰镇市医院和北京大兴红星医院进行大型义诊活动。体检科新址于7月11日正式启用，面积增加至1000平方米，实现医检分开、一站式服务模式。全年体检55353人次，其中体检车为60多家单位，包括30余家首钢一业多地企业单位18087人次提供上门医疗服务。积极参与首钢职工健康管理系统项目工作，配合首钢总公司项目组完成业务架构的初期模型。年内共组织医务人员开展各类宣传义诊活动17次，组织管理健康教育工作，发放健康教育处方8889张；自制宣传材料8041余份；参加患者27042人次。为医务人员举办健康教育讲座34次。参加医疗保险1427人，保险缴费973191.5元，保险赔付948606.65元。截至年底，经市医疗纠纷人民调解委员会调解16起；经法院判决5起。社区卫生服务共管理人口211739人，共计68390户。全年接诊患者507641人次，提供家庭病床服务床日13140天，上门医疗健康服务1123次。发放宣传材料27350份、家庭医生总数111人，签约人数133352人，签约户数46383户。管理高血压病患者15566人，糖尿病患者4645人，冠心病患者425人，脑血管病患者367人，精神病患者1372人，恶性肿瘤患者36人。预防接种54186人次，接种率100%，新生儿管理覆盖率100%，计划生育指导2758人，孕期保健6073人，产妇访视3270人，新生儿访视4516人。制定社区医疗中长期发展规划，确定以康复和中医适宜技术进社区为先导，信息化建设为支撑，带动其他学科支持社区的发展模式。增加设备、技术投入，增设专科门诊，提升社区医疗服务能力。

（吴妍彦）

【护理业务】 年内，首钢医院（以下数据均不包括4个社区卫生服务中心注册护士85人和非护理岗人员100人）有护士数708人，注册护士数679人，合同护士数493人，医护比例0.64，ICU床位数45张。全院优质护理评分平均为98.3分，分级护理质量总平均分为98.1分，患者非常满意度88.4%。3月31日，举行年护理论文交流会、护理创新评比暨品管圈活动成果评比大会。4月25～27日，承办区护理专业论坛。5月7日，对优秀护理团队和个人进行表彰。100%病区落实责任制整体护理。不良事件上报率100%、整改率100%。修订完善护理规章制度40余项，相关执行程序、指引、标准30余项。院级在研科研项目：青年基金3项，重点项目1项，3项护理课题通过院级立项；在统计源期刊发表的护理论文数5篇。完成护理临床实（见）习带教232人，其中本科生8名，大专生217名，中专生7名。全院护理人员继续教育学习达标率99.9%，通过市级抽查。7人（手术室4人、RICU 1人、神外科1人和儿科1人）到外院进修学习；12人（血透室1人、输液室4人、急诊室1人、骨科1人、肿瘤科1人、ICU 3人和手术室1人）参加专科护士取证培训。

（吴妍彦）

【科研工作】 年内，首钢医院新增课题12项，其中卫生部医药卫生科技发展研究中心课题2项、医学部交叉学科种子基金项目2项、中华医学会项目1项、首钢总公司管理创新课题2项。发表论文107篇，其中核心期刊69篇，非核心期刊27篇，SCI文章11篇。5月10日，与北京大学医学部教育处联合举办首届师资培训班。同月30日至6月1日，主办“2014中国内镜微创保胆取石高峰论坛”。6月6～7日，与区医学会联合举办为期两天的

北京西部医学论坛。7月10日，院长、骨科首席专家陈仲强教授当选为北京医学会骨科学分会主任委员。同月24日至8月8日，陈仲强当选北京医药行业协会第一届药物临床试验机构专业委员会副主任委员。8月9日，与区医学会、区影像质量控制办公室共同主办"第三届北京西部医学影像论坛"研讨会。10月10日，北京医学会第十一届骨科学分会学组成立，陈仲强任脊柱组委员，骨科主任张光武任骨科学分会委员及骨肿瘤、骨感染、骨结核学组委员和创伤学组委员，科研处处长范东伟任基础学组委员，骨科副主任吴四军任微创学组委员，骨科副主任医师刘正任青年委员会委员，骨科护士长梁玉焕任护理学组委员。12月19~21日，由医院心内科和中国医师协会心血管分会及北京大学心血管内科学系共同举办心血管专科医师培训课程暨冠心病介入治疗围手术期护理管理学习班。

（吴妍彦）

【信息化建设】 年内，首钢医院新建电子病历系统、体检信息系统（健康体检、职业病体检）、院感管理控制系统、输血管理系统、消防信息系统、B超排队叫号等系统；实现医院OA系统的应用，完成机房搬迁改造、医保服务器集群建设；手麻、重症信息系统上线中，启动预算管理系统、社区医保服务器升级等项目，完成银医通的调研论证工作，门诊静脉输液信息系统已在试点科室运行。

（吴妍彦）

【后勤与基建】 年内，首钢医院推进新门急诊医技大楼项目，已通过方案设计；医院立体停车楼（含营养食堂）建设进入前期改造阶段；启动门诊楼医疗总体布局设计；完成体检科、康复医学科、门诊检验和新核磁机房的改扩建工程，完成干部保健科门诊和病房、住院大楼四层血液科、免疫风湿科病房和4个社区卫生服务中心等装修改造和多项配套设施改造和升级项目，共17个项目，改善就医环境、提供优质的就医服务、实现患者优质的就医体验。确保了全年风、水、电、气等保障设备安全平稳运行，实现全年安全生产6个方面零事故，保障医院医疗工作的正常运行。加强能源管理，实施节能改造，推进非医疗物资采购集中管理工作，实现"零库存"，采购成本在原基础上下降20%。

（吴妍彦）

清华大学玉泉医院

【概况】 清华大学玉泉医院是一所向社会开放的二级甲等综合性医院，1983年12月建院，原隶属于信息产业部。2003年4月10日划归清华大学。为医疗保险定点医院，具有高级干部医疗保健资质；被评为"爱婴医院"，妇产科获得三级助产机构资质；加入市社区服务热线呼叫系统（96156）；2012年，被市人力社保局定为市工伤保险定点医疗机构。占地面积3.264万平方米，建筑面积5.8万平方米，绿化面积近1.1万平方米。截至年底，有职工734人，其中正式在编人员379人，合同制人员311人。其中卫生技术人员545人。其它专业技术人员59人，管理人员63人，工勤人员67人。全年引进各类人员18人，其中博士2人，硕士6人。设备总价值17489万元。本年度引进设备194台件，引进设备总价值696.14万元，其中万元以上设备39台件，10万元以上17台件。重点学科是神经外科和妇产科。神经中心汇集一批高学历、临床经验丰富的医师，是清华大学医学院博士后流动站及博士学位授予点，也是清华大学生命科学与医学研究院——脑科学与神经疾病研究所的临床治疗中心。下设功能及微创神经外科、脊髓神经外科、脑瘫及周围神经外科、癫痫研究中心、脑肿瘤、精神卫生科、小儿神经外科等多个临床专业组。根据专业开设了多个病区。妇产科开设普需和特需专家门诊及VIP病房，满足不同医疗需求者，采取医疗与保健相结合的服务模式，提供系统的孕前、孕期、产后一条龙服务。被中国妇幼保健协会授予全国首家"导乐分娩示范医院"称号。年内，经市心血管质控中心专家组审核，市卫计委批准清华大学玉泉医院获得心血管疾病介入诊疗准入资质，可开展冠心病介入。起搏器植入等诊疗技术项目。引进专家团队并成立心血管内科。经市卫计委同意，医院增设美容外科和美容牙科诊疗科目。

地址：石景山区石景山路5号

电话：88257755

邮编：100049

网址：http://www.yuquanhosp.com

（卢国歌）

【综合楼建设】 玉泉医院综合楼一期工程于年初实现医疗教学综合楼内基

12月，医疗综合楼一期工程竣工验收　（玉泉医院供稿）

础装饰装修完成。截至年底,医疗教学综合楼完成整体竣工验收,具备搬迁条件。

(卢国歌)

【医疗服务】 玉泉医院全年门诊234866人次,比上年减少1.17%;急诊19112人次,比上年减少3.6%;出院病人为7824人次,比上年减少1.5%;平均住院日12.29天,比上年减少0.5天;病床使用率80.5%,比上年减少3.76%;病床周转次数24.37,比上年减少0.24次;病房手术3586人次,比上年减少15.86%;门诊手术647人次,比上年减少14.42%。妇产科分娩1896例,较上年增加21.77%。健康体检17323人次,较上年减少18.39%。年内,逐步推进各项便民措施,改善服务质量。改善服务条件,积极推进预约挂号服务,所有科室出诊专家及专科均实现网上预约挂号服务。为方便患者就医,保障门诊流畅便利,及时更换中英文标识及流程指示牌,老弱幼孕残等优先挂号收费就诊。为提供上班族就医便利,在原有周六上午门诊基础上加开周日上午门诊。加强准入管理,规范医疗行为:医院按照《医疗技术临床应用管理办法》《北京市医疗机构手术分级管理办法(试行)》的要求,建立严格的医疗技术准入和管理制度,依托伦理委员会章程,对所有新申报的新技术、新业务进行伦理审查,从根源上杜绝医院内部出现违规擅自开展新技术的行为。医院今年通过了心脏介入资质的审查。严格执行医师资质及业务技术准入,不允许无医师执业资质的医师单独执业。组织业务培训,提高医疗水平:组织进行“三基三严”业务能力及技术操作相关培训,提高医务人员业务水平。新入职医师进行规章制度及业务培训。医院内组织各类专业技能培训及考核,组织业务技能竞赛活动。组织应急演练2次,医学人文知识及急救竞赛各1次。对医师临床技能进行全面培训及考核。稳固质控管理体系,完善医疗质量控制与管理:成立医疗质量控制办公室,质控框架实施三级医疗质控管理体系,由院质控委员会、医务处质控办和科室质控员组成,在病案室和医疗信息服务科的配合下,在医患沟通办、护理部、感染办、党群部、药剂科、检验科、发展办、财务处的有效支持下,对全院医疗相关质量工作进行管理。力争使医院临床医疗质控工作从完善制度化建设阶段平稳过渡到抓落实阶段,真真正正地规范临床行为,形成良好的医疗氛围。按照质控工作方案,逐步推进医疗质量管理实施方案及细则,结合医院内网,对各类管理要求及强制性卫生行业标准进行贯彻传达,督促临床科室实施。落实各项质控内容的奖惩条例,将质控内容反馈给相应科室,帮助临床科室有针对性的进行改进,更好的提高医院医疗服务质量。以积分管理的方式初步实施科室层面的质控管理,将病历书写质量、处方书写质量、医疗纠纷及投诉情况、科室及医师参与公益性、指令性任务情况、患者满意度情况以具体分值在科室积分中体现出来。开展临床路径工作:按照国家卫计委要求,总结临床路径开展工作经验,按照医院规定及设想,逐步增加开展临床路径管理的病种,并对现已进入路径管理的3个病种进行规范化、精细化管理。其他病种的临床路径工作也在稳步推进。医务处与药剂科联合对药事管理与药物治疗学委员会成员名单进行调整;完善医院抗菌药物分级管理制度。制定抗菌药物分级目录,对不同管理级别的抗菌药物处方权进行严格限定,明确各级医师使用抗菌药物的处方权限;完善了特殊抗菌药物临床应用审批程序。按照《抗菌药物临床应用指导原则》,制定明确的限制使用抗菌药物和特殊使用抗菌药物临床应用程序;完善抗菌药物使用率和使用强度控制制度、抗菌药物临床应用监测与评估制度、抗菌药物处方点评制度。医务处每月定期上报抗菌药物月调查统计表及抗菌药物采购目录及使用情况月统计表,针对监控指标,通过协调部署,加强质控管理等方式,督促临床科室落实,住院患者抗菌药物使用率从74.30%下降到66%、I类切口手术患者预防使用抗菌药物时间≤24h的比例从88.8%上升到91.4%,指标有了明显改善。加强与对口支援单位联系,深入了解支援需求,多次组织相互访问与交流。安排对口支援单位进修人员2名,安排对口支援活动10余次。

(卢国歌)

【医保工作】 玉泉医院全年医保门诊就医病人116927人次,较去年同比增加4%,门诊总费用为5257.03万元。医保出院3113人次。同比增加10%,住院总费用为3862.7万元,同比增加10%。医保病人的住院次均费用12408.3元/人次,自费比例3.86%,平均住院日为12.29天,各项考核指标均控制在合理的水平。不断规范医疗行为,规范物价收费行为,严格医保病历审核制度,抓好环节管理,对发现的问题及时与科室沟通,协商解决。在医保门诊信息上传和医生工作站建设工作中积极协调各部门工作,制定相应细则,使医院此项工作顺利进行。做好3大目录库的维护,保障了门诊上传信息符合医保的16条规范,减少了拒付额保护了医院的利益和荣誉。通过了今年物价检查。医院医保病人的住院次均费用的比例和自费比例均符合医保中心的规定。自1月1日开始,区医保中心实行医保医师管理,医院制定医保医师管理制度,进一步严格要求医师对病人做到合理检查、合理用药、合理治疗。医保病人原则上应选择价格相对低廉的材料,控制自费比例和药费比例,杜绝不合理用药、超医保目录用药及超限量用药,在保证患者合理治疗的同时,控制病人的住院次均费用以及门诊次均费用,进一步减轻患者的负担。配合市医保中心及首信公司完成医保断网软件升级工作。总额预付工作是医保付费改革方式之一,自2011年实施以来,按照市医保部门要求,医保办加强医保费用的管理和监测,较好完成总额预付工作,为医院结余医保基金。完成基本医疗保险费用为总控指标的101.63%,控制在允许范围内。

(卢国歌)

【护理业务】 玉泉医院全年选派护理

骨干外出参加专科培训班,其中手术室专科护士培训1人、PICC专科培训2人、急症专科护士培训1人,参加各专业学习班31人,护士长学习班2人。全年组织护理讲座11次;"三基"训练操作考核540人次;理论考核3次351人;全院护理查房4次;新护士培训班一期;. 举办带教老师学习班一期;实习生岗前培训75人。修订完善各项规章制度应急预案:制定并下发护理应急预案及程序4项,修订护理安全(不良)事件整改表;制发临床护理技术操作常见并发症的预防和处理规范。召开质量管理委员会会议2次,讨论并通过重新制定的各项质量检查标准;利用护士长查岗、质控检查等进行监督及检查落实情况。全年护理部参加各科晨会39次。落实各班岗位职责,继续实施"护士行为规范""护士长首尾负责制"。抓护士仪容仪表管理,收到较好效果。

(卢国歌)

【院感管理】 年内,玉泉医院坚持对新上岗的医生、护士、实习生进行有关医院感染的知识培训,组织培训12次,并进行理论考核。继续开展医院感染漏报率调查,提高医务人员感染报告意识。加强多重耐药菌管理。完善规章制度,制定管理规范、流程,做到发现病例及时到科室指导。定期与不定期的消毒隔离检查,及时发现问题,改进消毒隔离工作。继续加强医疗废物的管理。坚持定期检查反馈,医疗废物管理不松懈,医疗废物管理趋于规范。继续制作《临床药学与医院感染》内部刊物,指导医院感染管理工作。推动手卫生工作:落实手卫生规范,加强检查,加强监测,提高洗手依从性。

(卢国歌)

【科研与教学】 年内,玉泉医院以第一作者单位发表论文57篇,其中SCI收录10篇;到账经费的科研项目1项:国家自然科学基金(张玉琪)30万。创办《临川转换神经科学》杂志。区级医学继续教育项目33项,举办院内继续教育课程56课时,邀请院外专家授课或讲座报告10人次。在清华大学医学院招收博士研究生3人。接收滨州医学院、大庆医学高等专科学校实习生11人,接收进修人员16人,其中神经外科10人、疼痛科4人、超声2人。到北京市住院医师培训基地培训2人(北京医院、朝阳医院各1人)。

(卢国歌)

【信息化建设】 年内,玉泉医院完成新机房建设和服务器更新;完成新机房及新综合楼万兆主干、千兆到桌面的网络布线和网络设备升级改造;完成机房的整体搬迁。完成财政部医疗行业发票管理系统;完善门诊诊间工作站和住院医生工作站系统;新增了用药提醒与抗菌药物统计系统;完善医保病人划卡实时结算系统。完善HIS系统软件功能,完成医院计算机及相关外设维护及修理,保证医院医疗工作正常进行。配合医院信息化建设及其他工作需要,全年新购进并安装调试计算机29台,打印机15台。

(卢国歌)

首都医科大学
附属北京康复医院
(北京工人疗养院)

【概况】 首都医科大学附属北京康复医院(北京工人疗养院)是北京市总工会下属的全民所有制事业单位,其前身为1955年建立的北京市工人疗养院。上年12月18日,经市卫生局批准,北京工人疗养院(北京康复中心)正式更名为首都医科大学附属北京康复医院(简称北京康复医院),北京工人疗养院为第二名称。医院位于八大处,占地面积130余亩,建筑面积60000余平方米,其中医疗综合楼建筑面积40000余平方米,集门诊、急诊、医技和住院病房于一体;康复治疗楼建筑面积7000平方米,配置1000多台件、总价值上亿元的国内一流的康复仪器设备,全面满足康复评定、运动疗法(PT)、职业疗法(OT)、理疗、水疗、儿童康复等多项功能。医院开放床位580张,牙椅8张;设有门急诊、医技、住院、康复、体检中心和管理服务科室23个。现有职工699人,专业技术人员600人,其中具有副高级及以上职称57人、中级专业技术职务的人员145人;具有博士学位的人员15人、硕士学位的人员53人。医院坚持以康复医学为导向的"大康复、强综合"医教研三位一体的功能定位,在神经康复、骨科康复、儿童康复、心肺康复、肾病康复、老年康复、康复治疗和重症医学等方面形成较为成熟的学科队伍,并在劳模体检方面形成自己特色。医院先后被批准为涉外医疗机构、市劳动模范健康体检唯一定点医疗单位、市医疗保险定点医院、市工伤定点医院、市残联小儿脑瘫定点医院、全国工伤康复定点医院、区康复医疗质量控制和改进办公室、市残疾儿童少年康复服务定点机构。

地址:石景山区八大处西下庄
电话:56981478(院办公室)
56981111(客服)
邮编:100144
网址:www.bjkfyy.com.cn

(洪丽娟)

【医疗服务】 北京康复医院全年康复治疗中心诊疗511158人次,门急诊89721人次,出院患者4181人次,住院手术702例次,病床使用率81.65%,病床周转10.53次,平均住院日36.55天,危重病人抢救121人次,抢救成功率87%,住院患者死亡率1.75%,临床路径入径率99.3%,退径率0.00%,平均药占比38.74%,患者满意度为99.4%。全年病案甲级率100%。出院基本医疗保险患者1815人次,金额3506.06万元,次均住院费用2.43万元。年内,继续加强医疗管理,推进医院等级评审工作,修改完善医疗管理制度百余项;加强新技术准入管理与评价,医院评审立项35项新技术、新业务,北京市准入审批三级普通外科内镜诊疗技术等4项;增设全科医疗科、重症医学科和磁共振成像诊断专业诊疗科目等4项诊疗科目;新增康复评价项目8项,新建康复评定实验室1个。医院开展的三维姿势与平衡评价、三维运动分析、等速肌力评价、近红外脑功能成像、感觉定量评估等新技术走在国内前列。新增PT治疗项目15项、OT治疗项目8项、水疗项目5项和理疗项目9项，完善了医院的康复治疗综合体系。加强医院感染防控监测，利用信息化平台进行院感实时监控预警；组织埃博拉医院感染防控、层流房间的感染监控和医疗废物分类管理等院感、传染病知识培训2400余人次。

（洪丽娟）

【护理业务】 年内，北京康复医院护理人员实行“首迎负责制”“首问负责制”。组织开展“六个一”“四个多一点”“八声”“三前”护理服务。召开护理质量分析会12次，护士长读书报告会12次。举办第一届“护士诗歌朗诵比赛”“实习护士情景教学比赛”；全面推进“优质护理服务示范工程”活动，开展多部门联合病区夜间查房，评选“优秀骨干护士奖”“优秀园丁奖”“三基三严考核优秀护士”；举办“急危重症学习班”“静脉输液治疗学习班”，在全院开展PICC置管共30例，建立健全PICC各项记录表格等，努力提高护理技术水平。加强陪护人员日常管理和技术培训，举办3期康复托养机构护理员培训，制定《陪护人员管理方案》和《护理员管理制度》等。统筹做好护理带教工作。全年未发生护理事故及严重差错。危重病人护理合格率98.46%，基础护理合格率99.6%。护理表格书写合格率99.25%。毒麻药品管理合格率100%。急救药械管理合格率97.91%。消毒隔离管理合格率97.93%。

（洪丽娟）

【预防保健】 年内，北京康复医院完成妇幼保健、计划免疫、传染病、结核病、性病、艾滋病管理、精神卫生管理、计划生育管理、健康教育等国家指令性任务。共排查门诊病例89147人次、住院病例3995人次；传染病管理率、妇幼访视率、访视及时率、访视合格率、疫源地消毒率均为100%，宣教率98%；地段预防接种率均达标。

（洪丽娟）

【科研教学】 年内，北京康复医院获批举办3项国家级、3项市级继续医学教育项目。获批省市级以上继续教育项目创历史新高，累计参加学员2200余人次，学员满意度达100%。全年开展各类教育培训46次，聘请外院知名专家教授参加授课25人次，参加培训人员累计5000余人次；选派学科带头人、技术骨干参加院外学术交流及岗位技能培训16人次，进修4人次。接收来院实习、进修人员75人；采用网上自学、技能实践和集中授课的方式，举办第一期康复知识培训班，院内医师24人通过考核，顺利结业；先后为4个区县残联开展康复知识培训，累计培训1500人次。同时，承接市残联康复护理人员培训项目，完成300名康复护理人员接待和培训工作。获批“首都临床特色应用研究”专项3项，获批科研经费45万元，实现此类科研项目零的突破。医院在研省市级以上课题4项，院级课题24项；组织各类学术活动17次，累计1000余人次参加学习和交流；全年发表科研论文32篇，其中核心期刊发表论文23篇，39人在32个行业学会担任学术任职。

（洪丽娟）

【医学院建设】 年内，北京康复医院完成综合教学楼（包括图书馆、基础实验室、日常教学与办公用房）深化设计，拟定教学楼设备设施采购计划；建立康复治疗学、心理、社会康复等10个教研室；遴选后备教师77名。

（洪丽娟）

【公益服务】 年内，北京康复医院组织健康教育宣传和义诊活动57场次；落实在职职工医疗康复推进计划，五大类公益服务项目共惠及23318人次。其中，持京卡免挂号费就诊8817人次，高技能人才常见病免费筛查1483人次，出租车司机常见病免费筛查3179人次，首都女职工妇科病与乳腺疾病免费筛查5115人次，环卫职工常见病免费筛查585人次，免费治疗一颗牙695人次，中医康复理疗229人次，残疾人康复治疗2037人次，累计完成项目收入616万元。启动北京职工健康大讲堂项目，医院专家授课35场次，惠及1178名在职职工。在全市范围内开展“残疾人二便障碍”鉴定，累计鉴定1396人。

（洪丽娟）

【行政管理】 年内，北京康复医院结合三级康复专科医院建设，启动医院新版规章制度体系建设工作，组织各部门制定完善管理规定、管理办法等各类制度等百余项，全面规范管理行为。逐步搭建数字化医院架构体系，变更并启用北京市工伤医保结算为首信系统，升级改造HIS软件系统，医疗管理系统、运营管理系统、信息交换平台和患者综合服务系统部分已上线运行；完成放射信息系统（RIS，包含放射预约系统）、内窥镜信息系统、超声信息系统、影像传输系统（PACS）、心电图信息系统、合理用药、手术麻醉系统、现场流行病管理系统、中医特色管理系统、传染病上报系统、检查项目确认系统和康复软件系统的上线；财务核算启用NC系统；医院OA办公系统、人力资源系统部分模块已上线试用。

（洪丽娟）

【基建项目】 年内，北京康复医院新建医疗综合楼和康复大楼全面竣工，完成院内地下管线、广场、道路、停车场和部分园林绿地的修建工程；完成4号楼、老年公寓、西小院、医工科、采购中心办公用房和综合楼四层远程用房的装修改造工程；完成家属院1号楼外墙进行粉刷工程、家属院道路停车场改造工程、家属院5号楼、6号楼防水工程。

（洪丽娟）

中国医学科学院整形外科医院

【概况】 中国医学科学院整形外科医院（简称整形外科医院）于1957年由著名整形外科专家宋儒耀教授创建，是中国整形外科事业的摇篮。医院占地10万平方米，是一座中国古典式的园林建筑群，以中国古典特色建筑入选《英国世界建筑大全》。经过50年发展，现已成为集医疗、教学、科研于一体的整形外科三级甲等专科医院。是国家卫生部直属单位之一，是北京协和医学院临床教学医院，设整形外科研究所，是《中华整形外科杂志》的编辑出版单位。医院现有职工783人（在编职工499人，派遣制员工284

人)，其中具有正、副高级职称人员106人，中级职称人员196人。开设床位328张，包括普通整形外科、现代美容外科等24个特色中心，并在平安大街开设平安门诊部，在国贸中心开设北京医科整形美容门诊部。研究所设有研究中心，下设分子生物学实验室、细胞生物学实验室、组织与免疫化学实验室、动物实验室和解剖实验室。院所是北京协和医学院整形外科学、麻醉学和生物化学与分子生物学的博士研究生和硕士研究生的培养点，口腔学的硕士研究生的培养点。也是卫生部整形外科专业进修生的培训基地。现有博士生导师23人，硕士生导师18人。9月在北京国际会议中心成功举办第四届国际美容整形外科高级研讨会暨第九届颅颌面外科国际会议。本次会议是中国整形外科学界、亚太地区颅颌面外科界最高水平的一次学术交流。成功举办第六届国际美容整形外科高级研讨会暨第六届宋儒耀青年医师论坛。有来自中国、美国、韩国3个国家和地区的近500名医师参会。有7名专家进行7场专题发言。年内来院外宾5批7人次。每年定期举办整形美容学习班和科普宣教讲座，自1979年恢复建院以来共接待国际整形外科专家300余人，举行大型国际学术会议18次，参加人数达6000余人。

地址:石景山区八大处路33号
电话:88964826
邮编:100144
网址:http//www.zhengxing.com.cn
博客:http//zhengxing－yiyuan.blog.sohu.com

(郝亚利)

【医疗服务】 年内，整形外科医院门、急诊126482人次，比上年增长14.79%；实际床位328张，入院12782人次，比上年增长12.04%；床位使用率63.35%，平均住院日5.93天；门诊手术30605台次，比上年增长16.13%；住院手术10525台次，比上年增长3.64%。七日确诊率100%，出入院诊断率100%，出入院诊断率100%，死亡率为0。以患者为中心全面落实医疗安全质量，成立国家临床重点专科项目实施组织机构，制订临床重点专科具体实施计划。继续强化抗菌素规范使用和临床路径管理。院长与科主任签订抗菌药物应用目标责任书，抗菌药物合理使用14项指标全部达到市卫计委规定标准。全年开展临床路径共有9个病种入组，入组病人2388例，入组率87.8%，完成率96.3%。制定医患双方不收和不送“红包”协议书并将签署后的协议纳入病案管理。针对不断蔓延的埃博拉出血热疫情，严格按照上级工作部署，强化组织领导，明确工作职责，制定符合本院实际的工作预案，切实做好埃博拉出血热疫情防控工作。迎接国家卫计委、市、区卫生局、卫生监督所，食药监局等部门进行的依法执业、创建国家卫生应急综合示范区、公共卫生绩效考核及病案、统计、放射、检验、医疗废弃物等有关综合、单项检查18次。完成血库增项申请，成立三维数字模拟中心和瘢痕综合治疗门诊。送外院参加北京市住院医师规范化培训10人。深挖媒体合作，打造明星医生，进行医院品牌推广。参加北京电视台推出《我是大医生》栏目，扩大医院在社会上的知名度。同时推出更多的中青年医生，在电视、电台、报纸、杂志、网络全媒体立体宣传格局。28名青年医师报名参加第五批“优青计划”选拔，11人获人选资格。累计派出30名青年医师出国进修学习，有27人学成归国。五批优青计划人选(共计49人)出国率为61.22%，学成回国率达到90%。

(郝亚利)

【护理业务】 年内，整形外科医院配合东院区开院前的人员储配，达到1:0.4的床护比标准，合理调配临床人力，全年招聘合同护士21人。组织男护士职业生涯规划论坛和低年资护士拓展训练。国际护士节期间，评选院级优秀护士20人；院校级优秀护士4人；石景山优秀护士9人。向区卫生局5·12护理论坛投稿9篇，2人参加大会发言。进一步完善各层级护理人员考核评价制度，完成262人层级再授权工作。定期组织护理风险预案的应急演练，强调病人压伤评估和跌倒坠床等风险评估管理，提高评估及时性和评估率，护理安全管理意识加强。对急救物品、危重病人以及输血、抗生素等质量重点环节监控，提高制度的执行力。实行护理质控例会制，护理不良事件24小时无惩罚上报制。护士长等管理人员每月进行PDCA案例报告，根本原因分析，分享管理方法和效果。培养护理实习生23名，进修生4名。申请获批协和青年基金1项，核心期刊发表护理论文10余篇。

(郝亚利)

【科教工作】 年内，整形外科医院中标国家自然科学基金面上项目5项，资助金额256万元；中标北京协和青年基金10项，金额75万；中标研究生创新基金8项，资助35万元；中标研究生社会实践项目1项，资助3万元；中标北京市科委“首都医疗特色项目”中标4项，金额130万元；中标国家卫计委“公益行业专项”课题1项，金额640万元；中标人事部留学回国人员基金中标1项，3万元。外国文教专家项目7项，中标经费39万。完成国家自然科学基金、北京市自然科学基金、高校博士点专项基金、市科委“首都医疗特色项目”、首都医学发展基金的中期考核及结题工作。举办6期国家级继续教育培训班，讲授33项国家级继教项目，培训学员943人次。举办区级继教培训班1项1次，培训学员160余人次。医院自管项目举办21次讲座、培训2600余人次。全年发表SCI论文101篇，核心期刊94篇。新增博士生导师2名，硕士生导师1名。博士研究生毕业19名、硕士研究生29名。招收研究生79人，博士研究生40名，硕士研究生39名。年内获批北京市科普基地。申报新型专利1项；维持新型专利24项。经国家建设高水平大学公派研究生项目派出3人次出国。

(郝亚利)

中国中医科学院眼科医院

【概况】 中国中医科学院眼科医院(简称眼科医院)于1986年经卫生部批准兴建，建立于1994年9月，是集医疗、科研、教学为一体的中医、中西医结合非营利性三级甲等医院(专科)。职工467人(在编186人、合同制281人),其中卫技人员378人,包括正高级职称25人、副高级职称37人、中级职称94人、初级职称222人。医疗设备总值9670万元,其中100万元以上设备12台。年内新购医疗设备总值824万,其中100万元以上的2台。眼科医院经济管理处获北京地区中医、中西医结合民族医医疗机构信息服务三等奖和中医医疗质量检测工作三等奖。

地址:石景山区鲁谷路33号
电话:68688877
邮编:100040
网址:www.ykhospital.com.cn

(陈结凤)

【机构设置】 眼科医院于2月成立房管科,3月成立中药饮片调剂科、中成药西药调剂科、临床药学科,5月成立眼整形科,同月成立档案室。耳鼻喉科完成测听室建设,添置大型专业仪器。视光科成功申报北京市残疾儿童少年康复服务定点医疗机构。

(陈结凤)

【学术交流】 7月,接收来自美国纽约的学员Corina Danielle Quist来院学习中医药治疗眼病,为期4个月;挪威学员考斯兰进行短期学习;接待美国UCLA大学东西医学中心代表团一行进行学术交流,商讨继上年签署合作协议并开展一系列合作后的下一步合作计划;接待挪威Balderklinikken医院专家Ole Jorgen和报社记者Benty一行。8月,奥地利维也纳医科大学的范晓慧教授应邀来医院进行学术讲座。全年共接诊境外住院患者11人次,门诊患者120人次,主要来自美国、马来西亚、菲律宾、日本等国家,以及中国台湾和中国香港地区。12月,与(中国香港)青年发展基金、石景山区华奥学校签订华奥学校-学生视力改善服务公益计划三方协议。同月,派出3人去台湾地区学习交流医院管理经验。与天津中医药大学、南京中医药大学等签订教学协议,接收南京中医药大学、辽宁何氏医学院、辽宁医学院、首都医科大学燕京医学院视光专业、检验专业实习学生23人。

(陈结凤)

【改革与管理】 年内,眼科医院调整有关药占比考核标准并加大绩效考核力度,药占比从64.13%下降到61.51%,完善医院《医师抗菌药物处方权限和药师抗菌药物调剂资格管理制度》《抗菌药物(特殊级、三联及以上)临床使用会诊制度》《新技术、新项目准入快速审批制度及流程》《使用外来手术器械管理规定》。将质控重心前移,加大环节质控力度;首次将所有临床科室及医技科室纳入医院质控体系,实现质控范围全覆盖;强化病历及处方质量,先后举办2次病历质控培训,1次处方点评培训,1次抗菌药物临床应用培训;完成年度抗菌药物临床应用整治方案,并与各临床科室签订临床应用责任书;被评为石景山区中医质量控制和改进办公室主任委员单位。门诊实行首诊负责制,专家上下午错峰出诊,有效分流就诊患者。5月28日,参加第三届京交会,共接待咨询和体验者3000余人,发放8类宣传材料9000余份。7人参加区卫生系统医务工作人员无偿献血活动。6月30日,与朝阳医院签订医联体协议。在区医联体内进行多点执业,并制定相关规定。中级以上职称医师在医院办理多点执业中医类别5人、临床类别1人,在外院办理多点执业4人。

(陈结凤)

【医疗服务】 年内,眼科医院门诊328016人次,急诊4253人次。编制床位800张,实有床位300张。出院7520人次,床位周转25.07次,床位使用率96.95%,平均住院日14.17天。住院手术5815例。临床路径管理方面,实施临床路径的有4个科室16个病种,入径344例,入径率22.5%,完成率92.4%。预约挂号管理方面,预约方式有电话预约和网络预约,开放号源比例为50%。全年通过预约挂号就诊人次20064人,占门诊数量的25%。新技术、新疗法方面,内科开展胸腔穿刺术、腹腔穿刺术、腰椎穿刺术,妇科开展子宫输卵管通液术、阴道镜检查,骨科开展拇外翻矫正术、骨折内固定装置取出术,第二骨头修整成型术、腕管综合征切开引压术。屈光手术科完成准分子手术169例。整形科完成手术560例。内障眼病2科利用飞秒材料开展板层角膜移植术4例。医院感染管理。院感发生率0.19%。住院患者抗菌药使用率10.8%,一类切口抗菌药使用率11.1%。强化院感知识培训,每月编写《院感通讯》发布各病房院感率数据、手术切口统计、空气、物表、手的监测数据、抗菌药物使用中存在问题及不合理使用抗菌药物医师名单等。加强抗菌药物管理,制定抗菌药物临床应用整治方案,并与各临床科室签订临床应用责任书。设临床药师,专门负责抗菌药物药学工作,对不合理使用抗菌药物的处方及医嘱进行干预,并将结果纳入科室质量绩效管理及医师定期考核管理。医保方面,全年医保门诊人次207258人,医保出院3727人次。总费用154381816元;住院次均费用14146元,门诊次均费用490元。逐步将医保管理模式转变为信息化、精细化、动态化管理模式。围绕总额预付开展一系列工作,主要举措以控制次均费用,降低药占比为主,并与绩效考核挂钩。医疗支援方面,9月选派1名副主任医师赴新疆维吾尔医院开展援疆工作。先后选派两批医护人员参加"健康快车",为甘肃省白银市及湖北省丹江口市两地群众实施白内障手术3000余例;借助"京津冀"一体化契机,结合远程会诊平台,辐射周边省市,与河北省沧州中西医结合医院、山东省临沂市中医院、北京护国寺中医医院等10余家医院签订协同发展战略协议,探索中医诊疗新模式;签约石景山区医联体,不断扩大中医药服务范围,提升中医药服务能力。继续与10个远郊区县开展中医药的携手网络工程,构建北京地区中医、中西医结合眼科医教研一体化网络平台。同时,参加区残联组织的下社区健康大讲堂及义诊活动12次。医疗纠纷处理方面,为327名医务人员投保医责险,保费28.37万元。处理纠纷61件,其中调解2件,诉讼1

件。赔付 25.00 万元,其中医责险承担 19.80 万元,医院院承担 5.20 万元。

(陈结凤)

【护理业务】 年内,眼科医院有护士 147 人,全部为注册护士,其中合同制护士 130 人。医护比 1:1.25。护理不良事件上报率 100%,整改率 100%;全院 7 个病区及 5 个其他护理单元全部开展责任制整体护理,加强中医护理专科建设,加强护理科研,落实中医护理方案,开展中医护理技术。健全医疗卫生核心制度,修订《护理工作制度职责及应急预案》《中西医护理技术操作流程、评分标准》《常见疾病护理健康教育手册》等,并注重核心制度的落实与重点环节的管理。加强质量控制,全年护理部质量检查 104 次,各质量控制小组检查 48 次,各科室护理质量检查 144 次,护士长夜查房 72 次,召开全院护理质量分析会 12 次,实现护理质量持续改进,确保护理安全。申报中国中医科学院中央级公益性科研院所基本科研业务费护理自主选题项目 4 项,包括"健康教育路径在糖尿病视网膜病变手术患者中的应用研究""中医护理干预对糖尿病视网膜病变患者生存质量的影响""头面部刮痧对干眼症泪液分泌不足型的疗效观察""中药离子导入联合半导体激光对膝关节骨性关节炎疼痛患者生活质量改善的观察";院内课题 8 项。在统计源期刊发表护理论文 5 篇。护士外出进修 11 人,糖尿病健康管理师专科培训 1 人。

(陈结凤)

【科研管理】 年内,眼科医院申报各级各类课题 39 项,中标课题 18 项。共获经费资助 386.44 万元。其中国家自然科学基金 1 项(经费 72 万),市科委首都特色项目 2 项(经费 89.61 万),国家中医药管理局 1 项(经费 5 万),市中医局中医药科技项目 1 项(立项不资助);石景山区科委科技计划项目 1 项(经费 10 万);中国中医科学院自主选题 12 项(经费 209.83 万)。院级课题 37 项,共资助 102 万元。在研课题 40 项、结题 3 项。获得中国中医科学院科学技术进步三等奖 1 项,区科学技术奖三等奖 1 项。获批专利 2 项,分别为"玻璃体手术后保持眼位的装置"和"用于辅助治疗眼表疾病的中药薰眼器"。投入 220 万元选取部分院内制剂及专家经验方进行成果转化,开展部分新药临床前研究。眼功能实验室作为国家中医药管理局三级实验室,中标国家自然基金委课题 1 项,获资助 72 万元。中国中医科学院"十二五重点研究领域专项"获资助 60 万元。在研课题 9 项,开展合作及横向课题 3 项。通过 1 项国家自然基金委课题验收。在核心期刊发表论文 8 篇,参与编写《中医眼科常见病诊疗指南释义》及《中华人民共和国药典临床用药须知中药成方制剂卷》。

(陈结凤)

【医学教育】 年内,眼科医院承担中国中医科学院研究生院、北京中医药大学、天津中医药大学、南京中医药大学、首都医科大学、辽宁医学院、辽宁何氏医学院的研究生及本科生教育。录取研究生 7 人,其中博士生 2 人,硕士生 5 人;接收进修人员 20 人,其中对口支援单位进修 8 人。举办短期学习班 25 次,每次参加学习 100 ~ 200 人。为院内职工举办专业技术讲座 60 余次,每次参加 50 ~ 100 人。到院外进修 9 人。

(陈结凤)

首都医科大学附属北京朝阳医院(西院)

【概况】 首都医科大学附属北京朝阳医院是集医疗、教学、科研、预防于一体的三级甲等综合医院、首都医科大学第三临床医学院、北京市医疗保险 A 类定点医疗机构。2004 年 12 月 31 日原中铁建总医院整体划转市卫生局并入北京朝阳医院,命名为首都医科大学附属北京朝阳医院(京西院区),2005 年 5 月 19 日正式开院。上年 9 月 12 日,北京朝阳医院完成本部和京西两院区营业执照合并工作,将首都医科大学附属北京朝阳医院(京西院区)更名为首都医科大学附属北京朝阳医院(西院),以下简称朝阳医院西院。西院占地面积 5.9 万平方米,建筑面积 7.6 万平方米。构成以呼吸与危重症医学、肝胆外科、疝和腹壁外科、心脏病学、急诊医学、泌尿外科为优势的学科发展体系,在微创手术、介入治疗等方面形成较大的技术优势。截至年底,西院医疗设备总价值 11215 万元,其中 10 ~ 100 万元设备 186 台,100 万元以上设备 32 台。全年新购置医疗设备总值 210 万元。编制床位 500 张,开放床位 479 张,在职职工 981 人,其中,卫生专业技术人员 833 人,(含正高 34 人、副高 80 人、中级 213 人、初级师 358 人、初级士 148 人)。

地址:朝阳区工人体育场南路 8 号
电话:85231000
邮编:100020
西院地址:石景山区京原路 5 号
电话:51718999
邮编:100043
网址:http://www.bjcyh.com.cn

(肖久庆)

【医疗服务】 朝阳医院西院全年门急诊 890123 人次,同比增长 11.9%;日均门急诊 2439 人次,同比增长 21.61%;出院人数 17364 人次,同比增长 8.4%;病房手术 7796 例,同比增长 8.81%,其中,大中手术比例 62.9%;床位使用率 92.08%;平均住院日 9.25 天,同比降低 0.54 天;住院外地患者所占比例为 17.32%,同比增加 0.42%;全年医药总收入达 54500 万元,同比增长 17%。院内感染管理。修订医院感染管理制度。召开医院感染管理委员会会议,明确各部门在预防和控制医院感染工作中的责任。全年医院感染发生率为 0.78%,医院感染漏报率 3.68%,一类手术切口感染率 0.12%。接受上级行政部门检查 38 次,检查结果均合格。医疗支援。继续开展对房山阎村镇中心卫生院的医疗定点支援工作。加强管理和考核,安排各级医师到社区卫生服务中心出诊、授课。周六、日在院内开展义诊及健康讲座活动,全年义诊 191 次,参与医护人员 511 人次,接受义诊服务 5193 人次;健康讲座 157 次,覆盖医疗科室 36 个,参加听课人数 5193 人,发放各类宣传资料 3500 余份。医疗风险防范。加大医疗纠纷处理力度，增强医务人员的法律意识和责任意识。积极参加医政管理沙龙座谈交流会，增强与其他医院医疗安全信息方面的互通工作，不断总结交流工作经验。医保工作。严格执行医保政策，加大费用审核力度，全面分析历史数据，做到“三个到位”即前期数据监管到位，后期数据预测到位，异常数据干预到位。继续开展北京市职工基本医疗保险总额预付试点工作。推进医保持卡实时结算工作。门诊就诊医保患者530000人次，次均费用324元。审核申报医保出院10458人次，次均费用14030元。

（肖久庆）

【科研水平】　朝阳医院西院全年发表科研论文104篇。其中SCI论文23篇、中华类期刊29篇、核心期刊51篇、国外期刊1篇。课题立项28项，其中省部级课题2项、局级课题2项、区级课题2项、校级课题12项、院级课题5项、社会课题5项，获资助金额118万元。肝胆外科、疝和腹壁外科获批区医学重点学科建设项目。

（肖久庆）

【改革与管理】　年内，朝阳医院西院进一步深化公立医院改革各项任务。加强预约挂号管理，通过诊后、窗口、院内电话、出院、114电话、网络等预约方式进行患者就诊预约。设立门诊综合服务台，扩展服务功能，提升服务质量。倡导预约优先理念，引导患者分级就诊，缩短患者就诊等候时间。全年门诊预约364149人次，门诊就诊预约率60.21%，出院复诊预约率94.82%，全院履约率73.14%；深化临床路径管理工作，全院共开展病种121种，入组8226例、入组率84.16%，完成2868例、完成率95.65%；开展抗菌药物临床应用专项整治活动，进一步加强抗菌药物临床应用管理，优化抗菌药物临床应用结构，严格落实医管局抗菌药物管理指标。全面开展三甲医院复审工作，进一步提升医疗服务质量，深化服务内涵建设，提高患者满意度。

（肖久庆）

【护理业务】　年内，朝阳医院西院以护理服务质量、数量、技术风险和患者满意度为重点落实绩效考核，注重临床表现和工作业绩，向工作量大、技术性难度高的临床护理岗位倾斜，体现同工同酬、多劳多得、优绩优酬。完善三级垂直管理体系，加大护理工作管理力度，使护理管理走向科学化、程序化和制度化。在“一科一特色”护理服务的基础上，更加注重人文关怀，重视患者的感受和体验，对护理服务态度及责任心投诉实行“零容忍”，持续提升患者满意度，为患者提供全面、全程、专业和人性化的护理服务。全年完成市、区、院级各类继续教育培训15次，其中外请专家来院授课3次，参加3258人次。完成全院护理人员学分审核及录入工作，全年30名护士接受北京市继教委开展的继续教育培训情况抽检，抽检结果全部达标。全年发表护理论文10篇（其中论著6篇，护理研究3篇，个案报道1篇）。3名护士分别获区论文评选活动的一、二、三等奖。

（肖久庆）

【医学教育】　年内，朝阳医院西院继续建设规范化教学体系。现有专科医师培训基地24个，其中普通专科14个、亚专科10个。承担首都医科大学公共卫生学院2011级卫生法学专业、首都医科大学第三临床医学院2009级临床医学专业、北京护士学校2011级的教学及临床实习80人。全年举办继续教育讲座、技能培训等活动109次，参与培训11029人次。

（肖久庆）

【社区医疗】　年内，朝阳医院西院社区卫生服务机构门诊217035人次，同比增长11.37%。开展家庭医生式服务工作，宣传4场，义诊活动4场，签约37000人。管理高血压等各类慢性病患者23000人次，完成无保障老年人健康体检及脑卒中规范随诊480人。计免门诊20426人次，健康教育讲座36场次，参加人数1800人次；更新宣传板报12块，完成各类辅助检查60137人次，上门服务1104人次。

（肖久庆）

首钢矿山医院

【概况】　首钢矿山医院由首钢矿业公司管理，是北京市二级甲等医院、医保定点医院、工伤医疗保险定点医院、职业健康检查定点医院、爱婴医院，石景山区大病统筹定点医院，唐山市医保定点医院，华北煤炭医学院定点教学医院。医院占地42202平方米，建筑面积25590平方米，设有临床、医技科室18个，职能管理科室6个，后勤服务科室1个。职工304人，其中卫生技术人员209人，包括副高24人，中级职称91人，初级职称94人；行政管理人员19人；工勤人员16人；其他技术人员9人；退养1人。有CR机、16排CT机、高千伏X光机等医疗设备250台（件）。固定资产原值8198.33万元，净值4325.78万元。年内新购置医疗设备37台（件），价值228万元。

地址：河北省迁安市首钢矿业公司
电话：0315－7710856　7713124
邮编：064404

（玄　艳）

【改革与管理】　年内，首钢矿山医院继续与唐山开滦总医院、中国中医科学院眼科医院等开展医疗合作，提高专科技术水平。加强药品计划、采购管理，在与北京首钢医药合作的基础上，优化计划管理，实现传统的药库月计划模式向药房周计划模式的转变，药品供应及时率明显提高。严格落实出院病人回访管理制度，提高出院病人满意度。落实“创建护理服务示范病区”岗位责任制，按照层级建立护理人员和临床护士质量考核制度，持续改进示范病区的服务质量。深化立功竞赛活动，组织年度“十佳”服务标兵和“十佳”微笑之星命名大会，营造良好服务氛围。拓展服务形式，安排2名高年资医师到第二住院部出诊，加强第二住院部技术力量，满足水厂区域职工家属就诊需求。扩建急诊科输液室，增加输液椅15把，减少高峰时段患者等候时间。升级护士站程序，增加输液条打印功能，提高工作效率。深入开展健康教育活动，全年组织健康知识讲座及现场医疗咨询服务5场

次，利用局域网转载健康知识14期。

（玄　艳）

【医疗服务】　年内，首钢矿山医院门诊量181626人次，急重症抢救121人次，抢救及时率100%。床位255张，入院5223人次，出院5019人次，床位周转率22.11次/床，床位使用率100%，住院患者好转率97%。无孕产妇及新生儿、围产儿死亡。医疗质量管理方面，强化规章制度落实，组织全院医务人员进行规章制度及法律法规的培训。规范三级医师查房，制定主任查房、主治医师查房标准，组织观摩及竞赛，提高临床查房水平。开展全院综合性急救演练，确保抢救工作及时、顺畅。修订住院患者管理办法，签订住院病人管理责任书，规范住院病人的管理。病案管理方面，修订、完善病历书写评分标准，加强门、急诊医疗文件管理，提高医疗文件书写质量。甲级病案率为90%以上，无丙级病历。医院感染管理方面，积极落实医院感染预防控制措施，增添设备，改进设施，专业工作得到进一步完善。推广“标准预防”理念，采取多种形式开展专业培训，提高全员感控意识。院感发生率控制在0.53%，无院感暴发流行。医保工作方面，加强医保专业管理，严格执行实名制就医，严抓“四个合理”，做到依法依规行医。加大医保总额预付管理，将门诊基本医疗保险费用总额按月进行分解，定期讲评发布，增加医生工作站费用查询系统，升级拦截系统，确保总额预付目标的完成。

（玄　艳）

【科研工作】　年内，首钢矿山医院开展针刺百会和照海穴治疗椎动脉型颈椎病、四联疗法治疗腰椎间盘突出症等新技术、新项目，“拉米夫定联合胸腺五肽治疗慢性乙型肝炎疗效观察”项目获得首钢矿业公司优秀科技项目科技成果三等奖。

（玄　艳）

【护理业务】　年内，首钢矿山医院严抓各级护理人员规章制度的落实，积极参加各科室的护理质量及护理安全分析会，组织分析存在问题，逐项制订整改措施，确保核心制度的落实。严格落实三查七对制度，定期组织护理安全培训，提高执行规章制度的自觉性。加强护理基础质量管理，制定治疗、生活护理、健康指导具体内容，提高住院患者基础护理质量。开展护士礼仪培训，组织“内强素质、外塑形象”技能比赛，提升护理队伍整体服务水平。

（玄　艳）

【医学教育】　年内，首钢矿山医院持续开展导师带徒、业务学习、学习创新团队建设等活动，发挥高年资医务人员的作用，提高整体技术业务水平。借鉴外院先进经验，继续与唐山开滦总医院、中国中医科学院眼科医院等开展医疗合作，发挥专家带教作用，提高专科技术水平。开展护士长交流试点，在临床护理岗位开展护士轮转工作，提高护理人员综合技能水平。组织召开管理案例讲坛暨技术创新论坛四期，围绕落实制度、提升管理、转变思路、解决难题等方面总结案例20个，进一步提高领导干部组织协调、问题处置和综合分析能力。全年组织全院性业务讲课61次，各种技能比赛5次，应急演练3次，签订师徒对子20对，职工队伍素质不断提升。

（玄　艳）

【社区服务】　年内，首钢矿山医院积极开展社区医疗服务，为社区增添医疗设备10台，开展社区讲课7次，为541名60岁以上北京籍户口老人进行体检，通过石景山区社保定点医疗机构申请现场初审工作。

（玄　艳）

【体检工作】　年内，首钢矿山医院加强体检过程管控，完善体检质量控制体系。建立体检例会制度，提高体检质量。加强检后跟踪服务，制定异常结果告知范围，全年异常结果告知2394人次。加强职业健康档案管理，建立档案借阅制度，实现标准化管理。完成矿区中、高招体检工作，并获北京市中、高招体检工作先进单位称号。

（玄　艳）

体　育

北京市石景山区体育局(简称区体育局)是负责全区体育工作的区政府职能部门。年内,以“创优质体育服务,建一流体育强区”为目标,完善全民健身服务体系,培养选拔竞技体育人才,圆满完成市运会参赛任务,积极承办高水平赛事,不断推动全区体育事业发展。贯彻落实《石景山区全民健身实施计划(2011~2015年)》,更新升级体育设施,强化基层体育组织功能,扩大全民健身活动的覆盖面,新建体育生活化社区32家,举办阳春保健社区体育生活周、金秋体育盛会等品牌活动,将活动下沉到基层,更好地满足居民的健身需求。深化体教结合,推进校园“三大球”工作,推动学校体育与竞技体育协调发展。强化业余训练,组建代表团参加第十四届北京市运动会,完成“保八争六”的参赛目标,为石景山区赢得荣誉。承办国际机器人奥林匹克竞赛、北京国际武术邀请赛等高水平赛事,增强产业集聚效应,推进八大处网络体育集聚区和西五环体育产业带的建设。争取市级引导资金,修缮山地车赛道、骑行车道,举办老山山地车挑战赛、环湖骑行等自行车活动,打造品牌活动,规划“国家级自行车大众健身产业基地”项目,推进体育产业化进程。强化体育市场监管,开展高危体育项目安全达标工作,联合公安分局、消防支队等部门开展安全检查,突出隐患排查治理,确保群众健身的生命财产安全。

地址:石景山区石景山路32号
电话:68878705
邮编:100043

(贺琼瑶)

群众体育

概　述

年内,区体育局进一步贯彻落实《全民健身条例》和《石景山区全民健身实施计划(2011~2015年)》,履行公共体育服务职能。申请彩票公益金,对社区健身路径工程、街道体育广场进行更新升级,确保符合国家标准,提高公共健身设施的质量。不断完善体育公共服务体系,广泛开展全民健身运动,联合街道(社区)、单项协会和相关单位,开展阳春保健社区体育生活周、金秋体育盛会、“和谐杯”乒乓球比赛等品牌活动,将活动下沉到街道社区和基层一线,使健身服务惠及基层百姓,全年参与健身活动人数超过30万人次。推进体育生活化社区建设,组织32个社区申报并获得“北京市体育生活化社区”命名,争取市级资金为社区配建健身服务设施,并全面开展“一街一品”“一区一特”评选活动,激发社区群众参与体育活动的热情。推进体育协会实体化进程,开展晨晚练辅导站、社会体育指导员的注册登记,定期组织体育专干、社会体育指导员培训,全区共有22个体育协会、186个晨晚练辅导站点、1036名社体指导员。以社区晨晚练辅导站点和社会体育指导员为依托,积极开展各类健身项目培训,增强群众身体素质,丰富群众文化生活,在全区形成崇尚健身、科学健身、追求健康文明生活方式的良好环境和氛围。

(贺琼瑶)

【第二十九届阳春保健社区体育生活周】 4月24日,第二十九届阳春保健社区体育生活周举行。以“一街一站”“一区一特”活动为主线,结合体育生活化社区建设,开展近20项街道活动。95项社区体育活动。该活动是地区春季群众性传统体育项目,已连续举办二十八届,每年都吸引大批群众参与其中,成为地区春季群众体育活动的亮点。本届社区体育生活周的主题为“体育生活化,健康社区行”,系列活动项目包括:当天在老山街道举行武术社区行活动,分室内优秀团队表演,在老山文体中心举行;室外活动是百余人参与的太极武术展演,在老山文化广场举行。同月25日,在八角街道文化广场举行第九届“八角杯”全民健身运动会,来自20个社区、10个辖区单位共1000多人次参加托球跑、推铁环、拔河等8个集体和个人项目比赛。同日,五里坨街道举行春季老年趣味运动会,来自五里坨地区、北工职院的退休老人参加跳绳、踢毽子、投篮、飞镖、套圈等项目的比赛。5月9日,八角街道举行趣味集体项目比赛,20个社区和辖区10个社会单位共320人参加。同月13日,苹果园街道在海特广场举行“绳采飞扬 健康向上”跳绳大赛,来自22个居委会的242名居民参加。20日,鲁谷社区在重聚园社区举办“梦之韵”民俗文化节活动,200余人进行腰鼓、空竹、柔力球、太极扇以及京剧、民乐等展示活动。

(贺琼瑶)

5月9日,“八角杯”集体项目比赛　　(区体育局供稿)

【登山骑行活动】　5月9日，北京市体育公益活动社区行暨五里坨地区“健康十里行”登山活动举行，路线从五里坨街道黑石头居委会门口至南马场水库，来自五里坨地区的360名社区居民参加。同月16日，“潮我看，骑乐无限”环区骑行活动在八宝山街道四季园文化广场举办，来自17个社区的自行车爱好者、居民群众150余人参加。6月24日，五里坨街道举行“健康我骑行”自行车大赛。比赛以五里坨街道社区文化服务中心为起点，终点设在潭峪村，全长5.5千米，吸引360余名健身群众参加。

（贺琼瑶）

【和谐杯乒乓球赛】　5月20日，第八届“和谐杯”乒乓球比赛开赛。比赛历时两个多月，于8月8日在石景山体育馆结束。本届比赛仍按街道、机关、工会、教育、残疾人等不同系统来组织比赛，共组织近300场比赛，万余人次参加。区地税局、区食药监局、区质监局、公安分局、区法院、广宁街道、金顶街街道、五里坨街道、老山街道、鲁谷社区、八角街道、区教委、区教委房管中心、京源学校、北京首拓汽车滤清器制造有限公司等获区级优秀组织奖，古城街道、八宝山街道、苹果园街道获得一等奖并代表石景山区参加全市总决赛。

（贺琼瑶）

【民俗体育运动展演】　5月22日，金顶街街道民俗体育运动展演暨第二十届科技周活动在金顶街五区文化广场举办。本次活动是北京市体育公益活动社区行系列活动之一，以“搭建公益平台 弘扬体育精神 圆梦健康生活”为主题，展示舞龙狮、太极拳、抖空竹、健身球操以及京西传统节目太平鼓、居民创新节目《毽子飞 彩绸舞》等健身项目，共有健身群众、社区居民600余人参加。

（贺琼瑶）

【社区体质促进项目推广】　5月27日，“健身动起来 社区正能量”北京市体育生活化社区体质促进项目推广活动在八角文化广场举行。健身群众展示双扇秧歌、柔力球和拉丁舞等项目，社区健身爱好者代表宣读“文明锻炼 科学健身”文明公约，来自市、区的社会指导员和志愿者进行健身器材现场演示，并为现场居民进行体质测试。

（贺琼瑶）

【和谐邻里运动季】　6月9日，老山街道“和谐邻里运动季”健身操舞比赛在老山文化活动中心举行，比赛以“我的中国梦 欢乐在老山”为主题，老山街道10支社区代表队共180余人参加。

（贺琼瑶）

【中老年健身表演】　6月12日，由区体育总会主办、区老年体育协会承办的第十届中老年人优秀健身项目表演赛在苹果园街道海特广场举行。来自各街道（社区）和区老干局活动中心等涉老单位共24支表演队约400名中老年健身爱好者参加武术、健身操、健身秧歌、舞蹈、时装模特等多类项目的表演，比赛首次采取大众评委评分方式，使优秀健身项目更加接地气。

（贺琼瑶）

【“双拥杯”篮球赛】　7月16日，首届“双拥杯”篮球比赛在军区体工队训练馆开赛。来自驻区部队、武警和消防支队的8支军队篮球队和区属、驻区单位组成的8支地方代表队参加，分4个小组进行6轮33场比赛，历时20天，决赛暨颁奖仪式于8月8日在石景山体育馆举行。北京军区司令部勤务汽车队代表队获得冠军，区人力社保局代表队、武警十四支队代表队等7支队伍分获二至八名。

（贺琼瑶）

【武术协会挂牌】　7月23日，石景山区武术协会在新址举行正式挂牌仪式，标志着协会向实体化、规范化建设迈出了重要一步，区体育局、区武术协会、区民政局、区体育总会领导参加仪式。

（贺琼瑶）

【健身项目展示】　8月8日，以“全民健身促健康，同心共筑中国梦”为主题的全民健身项目展示在八角文化广场举行。200多名社区居民、社会体育指导员展示太极拳、太极扇、太极剑，武术、柔力球、羽毛球、乒乓球等健身项目，欢度这个在中国体育史上具有重大意义的日子。为纪念北京奥运会成功举办，经国务院批准，从2009年起，每年8月8日为“全民健身日”。

（贺琼瑶）

【金秋体育盛会】　9月23日，第二十九届石景山区金秋体育盛会开幕式暨民族体育项目展示在北京国际雕塑公园举行。来自晨晚练辅导站点的9支队伍约170名健身爱好者进行武术、太极拳、太平鼓、空竹、柔力球、花棍等民族民俗体育项目展示。本届体育盛会以“高端绿色新发展 全民健身享金秋”为主题，历时两个月，以辖区6大公园为站点，开展登山、骑行、健步走、优秀健身项目展示等形式多样的主题活动，搭建群众健身平台，营造全民健身氛围，将绿色健康、老百姓喜闻乐见的健身项目送到群众身边。金秋体育盛会是石景山区举办的规格最高、规模最大、参赛人员最多的群众体育活动。本届活动由区政府主办，区体育局、公园管理中心承办。

（贺琼瑶）

【重阳登山大会】　9月25日，由市体育局、区政府主办，市社体中心、区体育局、区直机关工委联合承办，八大处公园管理处协办的2014年“九九重阳”北京市第五届登山大会石景山分会场暨第二十九届金秋体育盛会登山活动在八大处公园举行，来自全区各机关、企事业单位和街道（社区）近70支队伍共计650余人参赛。活动以登山健身的方式进一步提高群众健身意识、健康水平和生活质量，丰富传统假日活动内容，满足群众日益增长的多元化健身需求。作为“九九重阳”北京市第五届登山大会的首站，本次活动同时拉开为期近一个月的全市登山大会的序幕。同日，区体育局在八大处公园举行“全民健身大课堂”公益活动，邀请市体育科学研究所的运动康复专家到场对群众进行科学健身指导，600多人次参加。

（贺琼瑶）

【百姓骑游活动】　9月27日，由区社体中心、莲石湖公园管理中心承办，区自行车运动协会协办的第二十九届石景山区金秋体育盛会百姓自行车骑游

活动在莲石湖公园举行。活动包括百姓环湖骑游体验活动、百姓自行车趣味游园活动、自行车产品展销及技术咨询服务活动3项内容，设置环莲石湖8.7千米骑游、自行车绕标障碍骑行、定车赛等项目，满足不同群体的健身需求，吸引周边居民、游园群众及骑游爱好者参加。

（贺琼瑶）

【山地车挑战赛】 10月12日，第二十九届金秋体育盛会山地车挑战赛在老山城市休闲公园举行，比赛分男、女35岁以上、以下4个组别，来自北京及外省市的百余名骑行爱好者参加比赛。赛后，活动还安排山地车赛道体验环节，现场及周边的健身群众、自行车爱好者亲身感受山地车骑行的魅力。

（贺琼瑶）

【徒步乐跑大会】 10月17日，以“全民健身全民参与，绿色出行低碳环保”为主题的徒步乐跑大会在黑石头公园举行。活动由区体育局、五里坨街道联合主办，以单位团体、个人两种参赛形式进行，来自五里坨街道的500余名徒步爱好者参加。参赛者从黑石头居委会出发，途经双泉寺，最终到达南马场水库，全程5.5千米。本次活动是第二十九届石景山区金秋体育盛会6大主题活动之一。活动中，主办方通过发放环保T恤衫、竹夹和环保袋，奖励主动捡拾路边垃圾的参赛者等方式，引导居民参与环保行动，树立绿色健身、低碳环保的理念。

（贺琼瑶）

【社会健身项目展示】 10月20日，由区体育局、金顶街街道联合承办，区武术协会协办的社区特色健身项目展示大会在法海寺公园举行，来自区武术协会、各街道（社区）的10余支队伍共200余名健身群众参加第二十九届金秋体育盛会最后一个主题项目。大会展示健身气功、太极拳等项目，展现社区体育发展的丰硕成果，丰富群众文化生活。

（贺琼瑶）

【健身气功展示】 10月23日，石景山区“全国百城”健身气功交流展示活动在石景山体育馆举办，活动由区体育局、区610办公室主办，区社体中心、武术协会、健身气功协会承办。展示活动分集体和个人项目，包括五禽戏、八段锦、马王堆导引术、大舞4套功法，来自各健身气功辅导站的25支队伍共300余人参加。“全国百城”健身气功交流展示活动是国家体育总局健身气功管理中心组织的一项品牌活动，石景山区连续举办7年，目前已成立23个健身气功辅导站，长期习练群众达2000余人，并带动和激励更多的人群参与体育运动。同日，召开全区健身气功工作表彰会，对健身气功工作先进站点和先进个人进行表彰。

（贺琼瑶）

【全民健身服务】 年内，区体育局加强晨晚练辅导站点管理，对全区186个晨晚练辅导站点进行登记，并配发短袖、长袖运动套装共计1120件。重视基层体育队伍的培养，开展第六套健身秧歌、太极拳等健身项目的培训，组织社区专干、社会体育指导员参加，提高运动技能水平和活动组织能力。发放冬季服装、帽子、腰包等健身装备798套，广场放音机239个，用于指导群众科学健身。

（贺琼瑶）

【体育生活化社区】 年内，区体育局推进“北京市体育生活化社区”创建工作，组织32个社区申报并获得“北京市体育生活化社区”命名。到年底，全区共创建102家“北京市体育生活化社区”。利用专项资金，对社区健身器材更新升级，开展社区体育专干培训，提升服务能力和水平，开展特色健身活动，惠及社区居民，增强身体素质，丰富文化生活。

（贺琼瑶）

竞技体育

概 述

年内，区体育局紧抓业余训练，特别是赛前集训活动，优化训练环境，加强教学管理，提升竞技体育水平，做好市运会服务保障工作。组织340名运动员参加第十四届北京市运动会19个项目的比赛，最终夺得39枚金牌、41枚银牌、26枚铜牌以及团体总分1455分的好成绩，位列奖牌榜第七名、总分榜第八名，“代表团总成绩奖”名列第六，完成“保八争六”的参赛目标，为石景山区赢得荣誉。比赛中，体育健儿展现良好的精神风貌和优异的竞技水平，代表团获得“体育道德风尚奖”。区体育局圆满承办市运会体操、女子乙组足球两项比赛，获“优秀组织奖”。赛后，以市运会为契机，总结经验，发现问题，针对性地调整项目布局，强化业训管理，提升训练效果，培养优秀体育后备人才。在南京青奥会上，本区培养输送的射箭运动员李佳蔓先后夺得射箭混合团体项目金牌、女子反曲弓个人项目金牌。加强青少年体育工作，以“校园三大球”为重点，深入了解“三大球”活动开展及学校体育设施开放情况，配备“三大球”器材，组织校园“三大球”联赛，营造良好的“三大球”文化氛围。

（贺琼瑶）

【参加市运会柔道资格赛】 3月29～30日，第十四届市运会柔道资格赛举行。来自全市14支队伍的503名运动员参加，区体校柔道队的陈紫玉获女子高中组冠军、安琦获男子乙组亚军，另有5名运动员夺得季军。

（贺琼瑶）

【参加市运会举重资格赛】 4月5～6日，第十四届市运会举重资格赛举行，来自全市14个区县代表队的208名运动员参加。区体校柔道队高雅慧获女子乙组44公斤级金牌、袁志慧获女子乙组48公斤级金牌、张月椒获女子甲组44公斤级金牌、王家乐获男子乙组69公斤级金牌、解兆顺获男子乙组85公斤级金牌。

（贺琼瑶）

【参加市运会羽毛球资格赛】 4月12～13日、19～20日，区体校组队参加第十四届市运会羽毛球资格赛，夺得4枚团体赛铜牌。共有10个区县代表队的383名运动员参赛。

（贺琼瑶）

【参加市运会射箭资格赛】 5月1～3日，第十四届市运会射箭资格赛在芦城体校举行。来自全市6个区县代表队参赛，本区运动员取得13个第一名、7个第二名、11个第三名的优异成绩。

（贺琼瑶）

【参加市运会击剑资格赛】 5月10～11日，2014年北京市业余体校击剑锦标赛暨第十四届市运会击剑资格赛在朝阳区体校举行。来自7个区县代表队的385名运动员参赛，石景山区取得2个第一、3个第二、4个第三的优异成绩。

（贺琼瑶）

【参加市运会武术散打资格赛】 5月17日，2014年北京市"天宏杯"业余体校武术散打冠军赛暨第十四届市运会武术散打资格赛在石景山体育馆举行。来自各区县13支代表队266名运动员参赛。区体校余京辉、刘鑫宇、刘壹获第二名，余京晨获第三名。

（贺琼瑶）

【参加市运会跆拳道资格赛】 5月17～18日，2014年北京市业余体校跆拳道冠军赛暨第十四届市运会跆拳道资格赛在海淀体育馆举行。来自全市14个区县代表队的571名运动员参赛，区体校获1金1银。

（贺琼瑶）

【参加市运会田径资格赛】 5月23～25日，2014年北京市业余体校田径冠军赛暨第十四届市运会田径资格赛在先农坛体育场举行。全市16个区县代表队的1518名运动员参赛，区体校获得5金2铜。

（贺琼瑶）

【参加市运会体操资格赛】 5月31日，2014年北京市业余体校体操冠军赛暨第十四届市运会体操资格赛在先农坛体校举行。全市6个区县代表队的103名运动员参赛，区体校获得12金2银1铜。

（贺琼瑶）

【参加市运会武术套路资格赛】 5月31日，2014年北京市业余体校武术套路冠军赛暨北京市第十四届运动会武术套路资格赛在石景山体育馆举行。来自全市16个区县的328名运动员参赛。本区运动员在比赛上共获3金3银2铜。

（贺琼瑶）

【组队参加第十四届市运会】 7月14日，第十四届市运会石景山区代表团成立大会在中国电子竞技馆举行，主管副区长为代表团授旗。第十四届北京市运动会共设27个正式项目，3个表演项目，将产生914枚金牌，较上届有大幅提高。石景山区340名运动员参加19个项目的比赛，夺得39枚金牌、41枚银牌、26枚铜牌以及团体总分1455分的成绩，位列奖牌榜第七名、总分榜第八名，"代表团总成绩奖"名列第六，完成"保八争六"的参赛目标。

表10　石景山代表团参加第十四届市运会成绩一览表

项目	比赛时间	比赛地点	石景山区代表团成绩
足球	7月16－25日（丙组）、8月3－12日（甲、乙组）	东城天坛体育场、地坛体育场、朝阳体育中心、石景山体育场等赛区	获得男子丙组第五、女子丙组第六，按照规则计为3枚银牌
跳水	7月25－26日	木樨园体校	岳静茹、苑浩妍获得女子组双人5米跳台铜牌
游泳	7月22－24日	东城英东游泳馆	获得1金
柔道	7月19－20日	顺义区柔道馆	获得1金1银1铜；其中，陈悦获得女子甲组48kg级冠军，为代表团贡献首金；郭同昊获得男子甲组50kg级银牌；魏嘉良获得男子甲组55kg级铜牌
体操	7月29－30日	石景山区体操馆	获得15金8银7铜，位列体操项目奖牌榜首位，体操队获得体育道德风尚奖代表队
击剑	7月29－31日	朝阳体育中心	获得1金4银5铜，其中辛天琦、王以诺、姜存烜、和明睿获得男子乙组花剑团体冠军
羽毛球	7月30日－8月2日	西城广安体育馆	获得1铜，李安奇、刘亦暄获得乙组男子双打第三名
举重	8月1－2日	丰台体育中心	获得4枚金牌
跆拳道	8月2－3日	昌平区体育馆	获得2枚银牌，代爯喆获得男子乙组69kg银牌，周可心获得女子乙组45kg银牌
排球	8月7－13日	朝阳体育中心	获得男子甲组第六、乙组第五、丙组第四和女子乙组第七、丙组第八，按照规则计为银牌6枚、铜牌3枚
橄榄球	8月8日	朝阳体育中心	获得男子组、女子组第三名，按规则计入金牌2枚；女子组获得体育道德风尚奖代表队
赛艇	8月9－10日	顺义水上中心	获得两金，分别是林世雄、苗欣获得男子甲组单人双浆冠军和女子甲组单人双浆冠军，并获得体育道德风尚奖代表队
射箭	8月9－12日	芦城体校	获得5枚金牌、9枚银牌、6枚铜牌

续表

项目	比赛时间	比赛地点	石景山区代表团成绩
武术套路	8月11－12日	地坛体育馆	获得5金、1银、1铜
田径	8月17－19日	丰台体育中心	获得3金、4银、1铜
武术散打	8月13－14日	昌平区体育馆	余京辉、刘鑫雨分别获得男子甲组56Kg、85Kg的银牌，余京晨获得男子乙组60kg的铜牌

（贺琼瑶）

【承办市运会体操项目比赛】 7月29～30日，由区体育局承办的第十四届市运会体操项目比赛在石景山体操馆举行。来自6个区县的87名运动员参加单杠、平衡木、自由体操等16个项目的角逐。石景山区代表团夺得15枚金牌，位列体操项目奖牌榜首位。

（贺琼瑶）

【承办市运会足球女子乙组比赛】 8月3～9日，由区体育局承办的第十四届市运会足球女子乙组比赛在石景山体育场举行。区体育局周密部署，认真做好竞赛组织、医疗、安保等工作，确保比赛圆满举行。

（贺琼瑶）

【南京青奥会射箭比赛夺双金】 8月24日，区体校培养输送的射箭运动员李佳蔓在南京青奥会射箭比赛中，和菲律宾运动员路易斯·加夫列尔·莫雷诺搭档，以中菲组合赢得射箭混合团体金牌。8月25日，在射箭女子反曲弓个人决赛中，李佳蔓以6比5战胜法国选手梅拉妮·戈比，再次获得金牌。

（贺琼瑶）

【欢乐足球在校园】 11月22日，由北京市关心下一代工作委员会（简称关工委）、中国青少年校园足球发展计划执行委员会、市教委、市体育局联合开展的“足球游戏在校园”展示活动在石景山体育馆举行。来自14个区县22所学校近600名学生展示《聪明的狐狸》《指尖足球》《足球高尔夫》《正反博弈》等趣味性的足球游戏，展现出全市小学生良好的精神风貌和足球技能。中国关工委主任顾秀莲、常务副主任杨志海、市关工委主任范伯元，区领导夏林茂、区关工委主任臧中凯等参加活动。

（贺琼瑶）

体育产业

概　　述

石景山区拥有全国第三大奥运场馆群落，体育资源十分丰富。年内，区体育局健全奥运场馆体育产业联盟机制，整合奥运场馆资源，挖掘奥运场馆无形资产，逐步壮大西五环体育产业带。做好体育与文化、科技等产业融合，举办中国非物质文化遗产年俗文化展示周、北京国际武术邀请赛、国际机器人奥林匹克竞赛等高水平展览、赛事，优化运营方式，赛事经济不断发展。加快八大处网络体育集聚区建设，提升ECL电子竞技冠军联赛的运营水平，重视市场培育，增强产业集聚效应。促进体育旅游产业发展，利用城市绿地、郊野公园等资源，完善健身步道、自行车道等场地设施，修缮老山山地车赛道，借助民间专业团队力量，持续举办山地车挑战赛、环湖自行车赛，形成品牌影响力，规划“国家自行车大众健身产业基地”项目，为西五环体育产业带的发展积蓄能量，使奥运场馆赛后利用见成效、见成果。

（贺琼瑶）

【非遗年俗文化展示】 1月19～26日，“中国非物质文化遗产年俗文化展示周”活动在石景山体育馆举行。该活动由文化部主办，中国非物质文化遗产保护中心、区委区政府联合承办。此次展览由“序”厅和“笔墨绘春”“张灯结彩”“舞动春风”“雕福塑瑞”“锦绣前程”“点石化金”“品味醇美”8个单元构成，展示面积2000多平方米。有与年节文化密切相关的剪纸、年画、灯彩、风筝、面人、泥塑、香包、织锦、陶瓷、漆器、茶叶制作等近80个传统技艺类非物质文化遗产项目精彩展示，邀请80多名代表性传承人现场展示精湛技艺，制作、展销其作品。文化部副部长董伟、文化部非遗司司长马文辉，区领导夏林茂等出席开幕式。

（贺琼瑶）

【体育产业联盟活动】 1月22日，石景山区奥运场馆体育产业联盟研讨会在国家体育总局自行车击剑运动管理中心召开。会议听取国家体育总局射击射箭运动管理中心、自行车击剑运动管理中心、首钢篮球中心、区体育中心4家奥运场馆体育产业联盟成员单位关于体育产业方面的经验和做法，研讨新形势下体育产业政策的变化，调整修正年度体育产业发展工作思路。12月10日，奥运场馆体育产业联盟联席会在射击射箭运动管理中心召开。会议听取4家成员单位关于当年体育产业开展情况的介绍，围绕国务院印发的《关于加快发展体育产业促进体育消费的若干意见》，对体育产业发展形势进行讨论，明确工作思路，实现优势互补，共同推动地区体育产业发展。

（贺琼瑶）

【承接各类市级赛事】 4月6日，北京体育传统项目学校武术比赛在石景山体育馆举行，来自全市各中小学千余名学生参加。同月12日，北京市“房山杯”传统武术比赛在石景山体育馆举行。比赛分为拳术、器械、对练3类，来自全市49支代表队共908名运动员参赛。6月15日，“八喜杯”北京市第二届中小学生跆拳道品势比赛在石景山体育馆举行，共800人参加。10月18日，2014年北京市“和睦顺家杯”青少年武术比赛在石景山体育馆举行，有7支代表队190名选手参加3个组别16个项目的竞赛。11月16日，

"八喜杯"北京市中小学生跆拳道公开赛在石景山体育馆举行，来自全市145个学校的1003名选手参赛。

（贺琼瑶）

【"孙剑云杯"武术太极拳赛】 4月19日，北京市"孙剑云杯"武术太极拳比赛在石景山体育馆举行。比赛竞赛项目分为规定套路：1.24式 2.42式太极拳 3.陈氏 4.杨氏 5.吴式 6.孙氏 7.武式 8.48式太极拳 9.32式太极拳 10.42式太极剑。传统套路：11.陈氏 12.杨氏 13.吴式 14.孙氏 15.武式 16.李式 17.混元24式 18.混元38式 19.其他各式太极拳。器械：太极刀、太极剑。集体项目：规定自选套路和自编自选套路。推手：男子52公斤级、56公斤级、60公斤级、65公斤级、70公斤级、75公斤级、80公斤级、80公斤级以上级。分为少年组、青年组、中年组、老年组4个年龄段分别进行比赛。比赛为个人单项和集体项目赛，参照执行国家体委审定的《1993年太极拳、剑竞赛规则》。推手比赛采用单败淘汰赛。有北京市武术运动协会孙式太极拳研究会、东岳太极拳研究会、八卦掌研究会，朝阳青少年活动中心、房山区武术运动协会、北京少林武术学校等共1300余名运动员参赛。

（贺琼瑶）

【标准舞拉丁舞国际公开赛】 5月1～3日，由亚洲国际标准舞联合会主办、北京亚舞联文化艺术传媒有限公司承办的"第六届ABDF国际标准舞锦标赛暨'亚洲杯'标准舞、拉丁舞国际公开赛"在石景山体育馆举行。本次公开赛是经过WDC世界舞蹈理事会注册并认可的赛事，秘书长汉纳斯亲自担任执裁工作。来自全国各地的1000多名选手参加比赛。

（贺琼瑶）

【城市羽毛球赛华北大区赛】 5月10～11日，被誉为"小苏迪曼杯"的"羽林争霸"2014红牛城市羽毛球赛华北大区赛在石景山体育馆举行，约400人参加，大区赛冠军直接晋级全国总决赛。华北赛区于3月22日开赛，比赛覆盖北京、天津、河北、山东、山西5个省及直辖市的25座城市，共有1139支球队的近8000名选手报名参赛。经过一个多月角逐，32支城市赛冠军队先后从各站比赛中脱颖而出，晋级在北京举行的大区赛。

（贺琼瑶）

【北京市少儿武术比赛】 6月14日，2014年北京市少儿武术比赛暨第十一届幼儿武术比赛在石景山体育馆举行，来自北京、河北、山东、内蒙古、新疆、香港的122支参赛代表队和美国、日本、德国、法国、加拿大、牙买加、荷兰、哈萨克斯坦8个国家的习武小朋友约1500多名小选手欢聚一堂，切磋技艺，以武会友。比赛分为普通组（普通学校、幼儿园学生），专业组（武术馆校、武术传统校、少年宫、武术培训机构等），外籍组（外籍学生）；还细分为男组、女组，少年组、少儿组、幼儿组。本次比赛呈现3大亮点，一是年龄跨度大，全面覆盖从4～15岁少年儿童，少年组参加尚属首次；二是参赛队伍广，包括6个省市、自治区、直辖市（特别行政区），涵盖9个不同国籍；三是继承中华民族传统文化，提高武术在我国少儿及幼儿群体中普及推广。

（贺琼瑶）

【北京国际武术邀请赛】 7月18～19日，"天宏杯"2014年第二届北京国际武术文化节暨第十届北京国际武术邀请赛在石景山体育馆举办。活动包括邀请赛、非物质文化遗产武术拳种展览、武术学术论坛、北京特色旅游活动、中国武术段位海外人员培训5部分。本届邀请赛的主题是"以武会友，共圆武术梦"，设个人单项和集体表演项目共90个项目，吸引来自欧洲、美洲、亚洲的十几个国家和地区以及国内各省市共114支代表队、1263名运动员参赛，再创往届参赛人数新高。

（贺琼瑶）

【国际机器人全国赛】 8月21日，第十六届国际机器人奥林匹克竞赛全国赛在石景山体育馆开幕。本届竞赛由IROC（国际机器人奥林匹克委员会）中国委员会主办，区体育局承办，比赛时间为2天。来自全国10个省、直辖市，共24个城市的100余所中小学校组队参赛，选手总人数近500名，是历届以来规模最大、参赛队伍和人数最多的一届比赛。本届竞赛主题是"机器人阻止全球变暖"，与地区"高端绿色发展"战略十分一致。围绕这个主题，各队选手在创意项目比赛中，将机器人实际应用与环保节能等内容相融合，展现选手们的创新思维和机器人科技的独特魅力。比赛项目较历届有新的增加，共计20余项，除轨迹赛、搬运赛、人形抓物、障碍赛等常规项目外，还包括舞蹈表演、骑士比武等集观赏、娱乐和应用为一体的项目。优胜者入选中国代表队，参加11月初第十六届国际机器人奥林匹克竞赛（国际赛），与

11月6日，国际机器人世界杯赛开幕　（区体育局供稿）

世界各地青少年展开较量,进行机器人科技方面的国际交流与学习。

(贺琼瑶)

【国际机器人世界杯赛】 11月6~10日,由IROC、区政府主办,IROC中国委员会、区体育局联合承办的第十六届国际机器人奥林匹克竞赛暨国际机器人世界杯比赛在石景山体育馆举办。竞赛主题是"机器人阻止全球变暖",IROC主席、国际机器人足球联盟(FIRA)主席金钟焕教授致辞。来自中国、韩国、马来西亚、印尼、美国、英国等20多个国家和地区的代表队参赛,选手总人数达到1000余名,是历届参赛国家、参赛队伍、参赛人数最多,技术水平最高的一届。中国选手在本届比赛中表现出色,夺得搜救赛、挑战赛、不编程轨迹赛、微电影等多个项目冠军。

(贺琼瑶)

【西五环体育产业带发展】 年内,区体育局依托老山自行车击剑运动管理中心、首钢篮球中心、石景山体育中心、射击射箭运动管理中心等奥运场馆资源,打造西五环体育产业带,被列为本市6大体育产业功能区之一。全年承办中国篮球职业联赛、北京国际武术邀请赛等高水平赛事,壮大体育赛事经济,提升石景山区影响力。利用城市绿地、郊野公园等资源,完善健身步道、自行车道设施,举办老山山地车挑战赛、环湖骑行活动,积聚人气,为后期规划建设"国家自行车大众健身产业基地"项目奠定基础。

(贺琼瑶)

体育执法

概　述

年内,区体育局开展高危体育项目安全达标工作,核查游泳场馆资质,强化减溺工作力度,定期对体育从业人员进行安全培训。严格体育执法,采用联合检查、随机抽查相结合的形式,重点对人员密集场所、地下经营和存在转承包关系的体育经营单位进行检查,健全安全生产管理制度和应急预案,提高处置突发事故的能力,突出隐患排查治理,对安全隐患实行零容忍。全国"两会"、节假日、APEC期间,全面启动安全日报告制度和应急值守制度,切实做好安全生产和反恐防暴工作,确保市场安全有序,为群众创造优质的健身环境。以节假日、法制宣传日、全民健身日为契机,开展法制宣传活动,向体育经营单位、健身群众发放各类法规和安全生产宣传材料,制作专题宣传展板,切实提高体育经营单位负责人、从业人员和健身群众的安全意识。全年体育经营单位未发生重大安全事故和溺亡事故,群众健身安全得到有效保障。

(贺琼瑶)

【春节期间联合检查】 1月23日,由区人大领导带队,区体育局联合公安分局、区卫生局、区安监局等多部门对全区室内游泳场馆和地下台球俱乐部进行春节安全生产大检查。检查中,发现个别场所存在安全出口堆放杂物、消防报警设施损坏没有及时更换、员工消防安全知识培训不到位等问题,执法人员立即对其进行处理,明确整改时限,并进行后续跟踪直至隐患彻底整改。

(贺琼瑶)

【多部门联合安全检查】 9月24日,由区领导带队,区体育局、公安分局、区卫生局、区安监局、消防支队等多部门联合对首钢篮球中心、老山健身中心等体育经营场所进行安全检查,及时排除安全隐患,确保国庆65周年和北京APEC会议期间的群众健身安全。

(贺琼瑶)

【安全生产标准化推进部署】 11月28日,区体育局组织召开全区体育经营单位安全生产标准化工作推进部署会,全区20余家体育经营单位负责人参加。由第三方咨询公司的专业工程师就安全生产标准化工作流程进行详细讲解,区体育局就推进安全生产标准化工作提出具体要求,通过落实安全生产标准化工作,彻底消除潜在的安全生产隐患,提升体育经营单位的安全水平。

(贺琼瑶)

【减溺工作】 年内,区体育局高度重视,完善减溺工作联席会机制,联合区卫生局、公安分局、消防支队等部门对辖区游泳场所进行定期、不定期检查,重点排查救生员上岗、游泳池水质、安全疏散通道、消防设备设施等方面的问题,及时排除隐患。严格游泳培训班的审批,加强游泳救生员的管理、培训和资质审查,加强应急演练。全年游泳场馆无溺亡事故。

(贺琼瑶)

【体育法制宣传】 年内,区体育局以全民健身日、法制宣传日、节假日为节点,定期开展体育法规知识宣传,组织体育经营单位消防安全专题讲座,向体育经营单位、健身群众发放安全手册,制作安全法制宣传展板,切实提高体育经营单位负责人、从业人员及健身群众的法制安全意识。

(贺琼瑶)

【等级证书审批】 年内,区体育局按照国家规定,严格做好运动员等级审批工作,公开办事程序。全年共审批等级运动员42人次,涉及围棋、击剑、武术、乒乓球、足球等10个项目,审批信息通过市体育局网站、区政府信息公开进行公示,无一例虚假投诉现象。

(贺琼瑶)

北京 石景山年鉴

2015 BEIJING SHIJINGSHAN NIANJIAN

社会事业

民　　政

概　　述

北京市石景山区民政局(简称区民政局)是负责本区民政事业管理的区政府工作部门。年内,开展党的群众路线教育实践活动,构建高端民生保障体系,发挥民政在社会建设中的骨干作用,提升民生福祉保障水平。实施“济困工程”80 项,救助 17.31 万人(户)次,投入资金 1.11 亿元。健全社会福利普惠体系。新建街道养老照料中心 1 家,改建 2 家。全区有养老机构 8 家,床位数 3090 张。其中星级机构 6 家,占 75%。社会管理创新步伐进一步加快,全区有社会组织 247 个,其中社会团体 72 个,民办非企业单位 175 个,社会组织总数比上年末增加 7.4%。完成婚姻登记 6370 对,各种登记合格率达到 100%。

地址:石景山区古城北路
电话:68863615
邮编:100043

(谢　曼)

【养老机构建设】 1 月 13 日,区民政局完成西山八大处老年公寓撤销手续。该老年公寓因场地拆迁,无法继续经营,鉴于已妥善安置老人,产权清晰,无债务纠纷,无遗留问题,予以注销。全区有养老机构 8 家,床位数 3090 张。年内,深入开展创星评比活动,老年福敬老院通过 2 星级养老机构复审,民族养老院通过 2 星级评审,全区有星级机构 6 家,占 75%。争取市级资金 372 万元,打造五星级养老机构寿山福海养老中心生态休闲品牌,养老中心拥有室内室外两个生态园,接待来自国家有关机关、全国各地民政系统和企业参观、学习、交流活动 209 批次 1054 人次。

(刘晓宏)

【寒冬送温暖行动】 1～3 月,开展“寒冬送温暖”专项救助行动。救助对象为流浪乞讨人员及因务工不着、寻亲不遇、被偷被骗等原因而陷入困境、居无定所、流落街头的生活无着人员,以城区内主次干道、过街天桥、广场、人流密集的车站、旅游景区、繁华商业区和建筑工地、地下通道、桥梁涵洞和城郊结合部等区域为重点。区民政、公安、城管、街道等多部门积极采取各项措施进行救助。

(郭文翠)

【行政区域界线联检】 3 月,区民政局对与海淀区、丰台区交界的行政区域界线的周边标志物进行自查,并联合两个区的民政部门对行政区域界线周边标志物、地形地貌进行联合检查。9 月底实地走线联检完毕,针对有标志物、地形地貌变化的地段委托专业测绘部门进行修侧,对损毁的 3 个界桩进行修复。完成区县级地名数据库和区划地名公共服务系统的信息录入,共录入界线协议、附图、社区基本情况等信息 3000 余条。

(王　茜)

【优待抚恤】 3 月,区民政局对全区 135 名烈属情况进行调研,了解其家庭实际困难,并出台关于加强“一老一小”烈属优抚工作的意见(暂行),建立生活教育补助、提高医疗费报销比例、加强定期走访慰问、开展帮扶救助活动“四个机制”,进一步传递党、政府和社会对烈属的关心和关爱。年内,为全区 629 名重点优抚对象发放抚恤补助金 1135.07 万元,为 27 名病故军人遗属发放一次性抚恤金 628.80 万元;为 97 名部队立功受奖人员发放奖励金 10.35 万元。为 230 名义务兵发放优待金 575 万元。

(杨崇艳)

【清明节祭扫服务】 按照市政府和市公安局清明节群众扫墓服务接待有关工作部署,清明节群众扫墓集中接待日从 3 月 29 日至 4 月 7 日,共计 10 天。其中,3 月 29～30 日,4 月 5、6、7 日为重点接待日;3 月 31 日,4 月 1～4 日为一般接待日。民政部门会同公安分局提前一周对八宝山革命公墓、人民公墓、老山骨灰堂和福田公墓四大墓区进行全面安全大检查,落实安全监管职责。针对天气干燥,雨水少的季节特点,进一步加大隐患排查力度。消防部门提前介入,及时组织墓区管理人员对重点部位的杂草和垃圾进行清除,并对安全防护设备和消防器材进行安检更新;内保部门超前组织,对各墓地、骨灰堂的工作人员进行岗前安全教育,并组织相关部门成立专门的巡防队,每日深入墓地、陵区,开展拉网式排查,加强墓区周边巡视和看护。清明期间,八宝山革命公墓等 4 个集中祭扫点,共接待扫墓群众 453139 人、车辆 57672 台。清明节当日,接待扫墓群众 125484 人、车辆 12603 台,创单日接待祭扫人员车辆数历史最高。全区安排公安、交通、消防、工商、城管等专业服务力量 1510

1 月 14 日,区领导慰问优抚对象　　(区民政局供稿)

人、车辆285台,做好重点部位秩序维护、交通疏导和消防安全管理,全力确保群众祭扫活动“安全、有序、文明、和谐”。

(王　茜)

【养老管理服务中心】　4月27日,区民政局完成八角街道养老照料中心建设。八角街道养老照料中心采取民建民营方式运营管理,主要为周边老人提供健康评估、日常照料、精神慰藉、养生保健、文娱活动、信息管理、助浴助洁、技能实训等服务。配备专业的管理人员和服务人员,所有人员必须持证上岗,严格按照ISO质量管理体系进行工作。年内,完成八宝山街道养老照料中心建设改造工程。

(马丽丽)

【接受各界捐赠】　4月和10月,区民政局、区慈善协会分别开展“春风送暖”“冬衣送暖”募捐月活动,共募集捐款20万余元、衣物5.7万件。上缴捐款50%,上缴衣被5.4万件。8月3日,云南鲁甸发生6.5级地震,区捐赠中心启动救灾捐赠应急机制,接受社会捐款15300元,全部上缴市民政局,用于灾区紧急救援和恢复重建。

(郭文翠)

【居家养老宣传】　《北京市居家养老服务条例》于5月1日开始施行。5月19日,区老龄办在古城公园举办《北京市居家养老服务条例》宣传月活动。此次活动以提高政策的知晓率,推动地区养老服务业发展为目的,宣传活动持续到5月底。区老龄办工作人员还面向广大老年人开展老年人权益保障法、居家养老服务中法律法规咨询和老年政策解答,向老年人发放相关法律法规知识宣传手册,全面宣传《条例》,营造浓厚的敬老养老助老氛围。相关为老服务单位也到活动现场设立服务点,为老年人提供便民服务。

(马丽丽)

【获评全国先进】　5月,在职党员张旭被评为“全国模范军队转业干部”。12月18~19日,全国军休干部服务管理工作会议在北京会议中心召开,军休干部万苏建被民政部、解放军总政治部授予“全国先进军休干部”称号,军休活动站被授予“全国军休工作先进单位”称号。

(冯维国)

【社会救助专项整治】　7~9月,区民政局根据民政部、市民政局统一部署,结合地区社会救助工作实际,开展社会救助专项整治工作。此次整治以解决群众反映强烈的“人情保”“错保”“漏保”问题和推行“阳光低保”为重点,对享受最低生活保障对象开展全面排查。以复审形式,在全面核查的基础上,通过入户调查等多种形式对低保对象经济状况进行核实,尤其对于收入来源不固定、成员有劳动能力和劳动条件或者群众有异议的低保家庭,实施重点核查。区民政局设立举报电话,也可通过信件投诉,群众可实名或者匿名举报。通过排查坚决杜绝“人情保”“错保”“漏保”问题,有效促进低保政策公平公正实施。

(冯维国)

【福利企业生产】　10月,注销福利企业北京市汇利源金属制品厂,12月,注销北京首实机械加工厂。截至年底,本区有福利企业1家,共安排社会劳动力16人,其中残疾人职工10人;福利企业全年收入246.77万元,实现利税24.98万元;

(杜建生)

【防灾减灾管理】　12月18日,鲁谷社区七星园北社区、五里坨街道红卫路社区、金顶街街道金顶街一区社区、古城街道南路西社区、八角街道八角北里社区被国家减灾委、民政部命名为国家级综合减灾示范社区,有15个社区获评市级综合减灾示范社区。年内,组织街道、社区灾害信息员进行业务培训,将《国家自然灾害灾情管理系统》的使用范围由区县延伸到街道层面。开展“5.12”“10.13”两个减灾日知识宣传,为街道、社区发放各类防灾减灾知识丛书760册,发放宣传品650余份。在古城街道古城路社区、八角街道八角北路里社区开展地震等灾害防范知识技能培训。

(李　韦)

【地退人员抚恤】　截至年底,全区有地退人员166人,其中建国前老工人6人、建国后一般人员159人、退职1人。为22名地退人员调整年龄补贴;为建国前地退人员增发生活补贴22614.8元;为建国前和建国后地退人员增加退休补贴,人均月增资600元左右;全年协助地退人员及家属办理查档72次;为7名地退人员发放一次性抚恤金6.4万元。

(石文婷)

【超转人员管理】　截至年底,全区有超转人员1431人,其中市管超转人员1207人、区管超转人员224人。年初,调整征地超转人员生活补贴,调整幅度10%,生活补贴一般人员调至1463元,病残和孤老人员调至1531元;为121名征地超转人员更换医院;在重大节日期间,走访病残及特困超转人员100余户次,送去慰问金和慰问品价值约3.2万元。

(石文婷)

【居家养老服务券发放】　截至年底,全区享受居家养老服务补贴15747人,其中新增2513人、变更169人、死亡注销1532人。全年共计发放居家养老服务补贴金额为18060050元;回收结算养老服务券金额20369972元。

(赵　君)

【福利彩票发行】　全年销售彩票1.34亿元,其中电脑福利彩票1.12亿元,即开型彩票销售2195.35万元。结合党的群众路线教育实践活动,调查访问94个彩票销售站,涉及人员配置、店面形象、销售情况等多个方面,培训销售员200人次。

(王　刚)

【落实“九养”政策】　年内,区民政系统为常住本区老年人办理老年优待卡8593张,其中为外埠老人办理老年优待卡3875张、本埠老人办理老年优待卡4718张;累计为90周岁以上高龄老人发放高龄津贴120.23万元,其中涵盖矿山8100元;为95周岁以上高龄老人发放医疗补助金19.19万元。为高龄空巢老人安装“一按灵”、烟传感器各400部。

(丁　晶)

【开展济困工程】　年内,区济困工程各成员单位开展济困项目80项,共投入资金约1.11亿元，救助各类困难群众17.31万人(户)次，与年初计划相比，各成员单位完成项目增加9个，投入资金和救助困难群众人数基本持平。

(刘晓宏)

【社区志愿者服务】 年内，全区有注册社区志愿者总人数4.68万余人，完成注册率12.58%，超出市局要求11%的年度考核目标。同时提前完成注册率为10%的年度目标。

(马丽丽)

【退役士兵安置】 年内，石景山区接收退役士兵130人，其中男兵117人、女兵13人。在退役士兵中，义务兵100人，一、二期士官7人，转业士官20人，复员士官3人。截至年底，复学38人，自主就业64人，政府分配23人，累计安置125人。

(杨崇艳)

【见义勇为权益保护】 年内，区民政局受理李清芬、卫华德2起污水池下救人，造成李清芬不幸遇难，卫华德沼气中毒事件的见义勇为申请，依法确认2名申请人见义勇为行为。6月30日上午8点左右，联勤部营房维修队工人在污水站维修更换水泵。一名工人因沼气中毒，落入污水井中，李清芬发现后，毫不犹豫地沿铁梯下到污水井内去救张立安，他拽了一下张立安，但由于吸入沼气自己也倒在污水井里，后经抢救无效，不幸遇难。负责垃圾处理分类的卫华德在得知此事后，赶忙叫上自己的工友一起到污水井下救人。卫华德从污水井铁梯爬下去，上面的工友拽着他的右手，他拉住李清芬的耳朵将其胸部以上部位拉出水面，并用自己爱人找来的绳子，在李清芬颈部套了一圈并准备打结，由于吸入沼气，发现自己的手已经无法动弹，腿也软了，不得不让工友将自己拉出污水井。事后卫华德同维修班另外两名中毒的同事一起被送往石景山医院接受治疗。全年为35名见义勇为人员送去慰问金5.60万元，以及价值1.75万元的慰问品；为2名特困人员发放困难补助金1.50万元；组织20余名见义勇为人员进行健康体检。

(杨崇艳)

【低保和医疗救助】 年内，区民政局完成城乡最低生活保障标准调标，由580元调整到650元；完成低收入家庭认定标准调整，由740元调整到850元。累计有57756户次116775人次享受低保待遇，支出救助金6934.01万元；有37334户次43682人次享受粮油帮困待遇，支出救助金174.73万元，两项合计支出7108.74万元。全年审批医疗救助3630人次，支出医疗救助金417.91万元，其中重大疾病救助62人次，支出资金25.69万元。为557户次低保家庭发放燃煤补助，支出资金27.85万元；为430户次低保家庭发放清洁能源自采暖，支出资金61.76万元。教育救助73人，支出资金32.3万元。实施临时救助65户154人，支出临时救助金35.17万元。

(张青松)

【婚姻收养登记】 年内，区民政局共办理结婚登记4675对，离婚登记1695对，补发婚姻登记证1138对，出具婚姻登记证明2285件，各种登记合格率达到100%。

(刘建斌)

【慈善公益救助】 年内，区民政系统接受慈善捐款超过263万余元。实施“恒坤助学”“应急救助”“救助企业困难职工”“救助贫困母亲”“救助困难党员”“慈善进军营”等项目，共投入资金207万余元，捐助困难群众1519人次。投入资金75万元，对北京市和河北省的3所学校进行公益支援，提升教育水平；投入资金10万元，向2所居家养老服务机构提供慈善经费，用于升级改造，服务老年人。爱心家园发放市拨粮油65024.476公斤，折价485826元，救助困难家庭5065户9779人次。救助失火家庭13户，发放救助金额4.3万元，棉被4床。

(张　朕)

【特困人员供养】 年内，区民政局实施特困人员供养办法。根据《北京市城市特困人员供养办法》，担负解决特困人员的居住、养老、看病、上学等问题。自城市特困人员供养办法实施以来，全区共审批特困人员9人。特困人员范围：持有本市非农业户籍的无劳动能力、无生活来源且无法定赡养、抚养、扶养义务人，或者其法定赡养、抚养、扶养义务人无赡养、抚养、扶养能力的老年人、残疾人以及未满16周岁的未成年人。办理流程：由申请人向户籍所在地乡镇人民政府(街道办事处)提出书面申请，并提交居民身份证、户口本、残疾证等相关证明的复印件。申请人的家庭情况及民主评议结果按规定进行公示。供养方式：城市特困人员可以在当地供养服务机构集中供养，也可以在家分散供养。供养标准：城市特困人员不得低于当地城

慈善超市　　(区民政局供稿)

镇居民平均生活水平(本区为1867.58元),并应根据当地生活水平的提高适时调整;供养最低标准按照市统计局、国家统计局北京调查总队公布的各区县上年度人均消费性支出确定。政府资金来源则纳入区(县)财政部门预算管理。

(李 韦)

【社会组织管理】 年内,区民政局社团办有序开展社会组织服务工作。认真组织204个社会组织年检工作,有193个社会组织完成网上申报,参检率超过94.6%。187个完成年检四级审批和网上发布,其中年检合格182个,基本合格5个。办理注销的8个、准备注销的10个,进一步优化社会组织结构。创新社会组织登记工作,建立"一口审批"绿色通道,全程负责办理社会组织各项咨询和审批事项,并承诺在受理10个工作日内完成各项审批工作,同时积极开展社会组织直接登记工作,完善直接登记规程,制作《社会组织咨询登记情况表》。全年办理社会组织行政许可事项54项,其中成立25项、变更17项、社团筹备4项、注销8项(社团注销2项,民非注销6项),直接登记4个。登记社会组织数量达到247个,其中社会团体72个、民办非企业单位175个,社会组织总数比上年末增加7.4%。社会组织涉及教育、卫生、文化、体育、法律、宗教、社会工作、工商业服务、居民服务、科技研究、生态环境、职业及从业者12个领域。落实评估资金,完成年度社会组织评估工作。邀请评估专家组对32个参评社会组织逐个上门评估,由评估委员会讨论确定评估结果,并对评估结果进行公示等工作。参加评估的社会组织中有3个评为5A、20个评为4A、9个评为3A。

(高 亮)

双拥工作

【概况】 石景山区是北京军区机关所在地,驻军数量多、军地联系广,具有拥军优属、拥政爱民的光荣传统。历届区委区政府始终坚持抓经济建设与双拥工作并重,积极为驻区部队解决军转干部、退役士兵、随军家属安置和军人子女入学入托、军休干部待遇落实等大量的实际问题,进一步密切新时期军政军民关系。军地双方始终坚持以军民融合式发展为主线,坚持推动国防建设和经济建设良性互动的战略思想,适应社会转型和军队变革新形势,积极探索双拥工作发展新思路,不断拓展双拥模范城"六连冠"成果。年内,区委区政府认真贯彻习近平总书记到北京视察时的重要讲话精神,着眼形势任务的新变化和新特点,积极统筹区域资源,全力打造军民融合"特色品牌",实现经济社会发展和军队现代化建设良性互动、融合发展。深入开展国防教育活动,拓展"强军育才接力工程"覆盖面,有近400人参加学习。稳步推进"强军爱兵暖心工程",为2名特困战士发放救助金3.5万元。区政府投入经费380余万元,积极协调解决部队用水、用电、修路、治理营区周边环境等问题。全年共妥善接收安置军转干部40人、随军家属39人、退役士兵130人。为109名选择自谋职业的随军家属发放政府补助324.5万元;在市义务教育改革的形势下,区教委妥善解决79名军人子女进入优质小学就读。在编制总量少的情况下,区人力社保局积极开发社区和公益性岗位等多种渠道促进随军家属就业,事业单位接收随军家属8人,面向随军家属公开招聘21名社区工作者。拥政爱民活动良性发展,驻区部队积极投身地区经济社会建设,在植树造林绿化活动中,驻区各部队出动官兵20余次1600余人次,车辆210余台次;清理驻区周边积雪、垃圾和杂草共100余吨,整修公路200余千米;修理家电40余件,自行车60余辆,汽车10余辆。同时,驻区部队官兵还广泛开展捐资助学、照顾孤寡老人、救助困难群众等便民助民活动,救助困难家庭20余户,捐款10余万元,衣物120余件。在兴学助教活动中,北京军区各驻区部队分别选派军中精英协助驻区中小学进行军训及爱国主义教育。政治部出资3万元慰问全区共建学校教师;装备部先后展出主题展板80余块,发放宣传单1000余份,悬挂横幅10余条;北空第一通信团组织官兵为自闭症儿童献爱心,形成品牌效应。

地址:石景山区古城路民政局206室
电话:68863368
邮编:100043

(贺迎潮)

【驻区单位春节团拜会】 1月28日,区委、区政府举办驻区单位春节团拜会,中央和北京市驻区单位,驻区企业、驻区部队,区各民主党派主委等各行业和社会各界代表共计100多人欢聚一堂,辞旧迎新,共庆新春佳节。北京军区副参谋长王峥嵘少将及驻区部队团以上单位军政领导应邀出席活动。

(贺迎潮)

【军地领导见面会】 春节和"八一"期间,北京军区司令员张仕波、政委刘福连率军区机关常委班子,分别与牛青山、夏林茂、赵玉民等区四套班子领导举行见面会,畅谈军民共建未来,共同谋划军民融合发展大计。参加见面会的还有军区副司令员郑传福、刘志刚、韩卫国,副政委王健、黄建国,副政委兼政治部主任程童一,参谋长白建军,联勤部部长海力斯、装备部部长张海青;区领导有吴克瑞、庞微、高道忠、李文起、王文光、文献、田利跃、陈强、富大鹏、种磊、刘亚泉等。军地领导班子始终把双拥工作提升到讲政治的高度,不断推动双拥工作向深度、广度发展。

(贺迎潮)

【军地联合送温暖】 春节和"八一"两个"双拥月"期间,北京军区司、政、联、装四大部首长与区领导,分四组走访慰问鲁谷、老山、广宁、八角、八宝山、五里坨等街道辖区15户优抚对象、残疾和特困家庭,给每户优抚对象送上大米、食用油、牛奶、鸡蛋等慰问品,并送去慰问金1000元。区民政局筹集慰问金72.73万余元,慰问优抚对象、残疾和特困家庭1556户次。

(贺迎潮)

【慰问基层官兵】 春节和"八一"两个"双拥月"期间,区四套班子领导带领

区相关部门负责人到基层部队走访慰问。共慰问北京军区司令部警卫营、武警十九支队、预备役高炮四团、区消防支队、区武装部等10余个基层部队官兵，赠送慰问金和慰问品共计420万余元。

（贺迎潮）

【科普走进军营社区】 6月，五里坨街道联勤部社区通过中国科协和财政部专家评审，成功创建全国科普示范社区。获得中国科协及市科协共计55万元专项科普资金资助，全部用于社区科普设施、科普图书、科普活动及队伍等相关科普建设。区科协组织五里坨联勤部军营社区开展全国科普示范社区创建工作，让科普公共服务持续惠及广大基层群众，助力社会主义和谐社区建设。

（贺迎潮）

【军地座谈谋发展】 7月24日，区领导与北京军区首长庆八一军政座谈会在华北宾馆举行。牛青山、夏林茂、吴克瑞等区四套班子及有关职能部门负责人，与军区副司令员韩卫国，副参谋长杨波，政治部副主任马誉炜，联勤部副政委孟中康，装备部副部长李明，军区机关有关部门和驻区部队领导共60人欢聚一堂，共话军民鱼水情深。

（贺迎潮）

【区长进军营办公】 7月24日，夏林茂率领有关委、办、局领导第32次深入军营现场办公。办公会凸显军地互动、互拥，首度增加驻区部队支持地方建设内容。会上，针对军区四大部机关和驻区部队提出的解决水、电、气、暖、道路改造等12个具体问题，在前期调研沟通的基础上，充分考虑部队实际需求和区里现实情况，研究提出初步解决方案，并出资380万元，为部队解决实际问题。夏林茂现场作出答复，并对暂时无法解决的问题作了说明，提出具体处理意见，明确解决时限。

（贺迎潮）

【首届“双拥杯”篮球联赛】 7月26日至8月8日，区体育局和双拥办联合主办首届“双拥杯”篮球联赛。分为北京军区体工队训练馆和石景山体育馆两个赛场，吸引来自驻区部队、武警和消防支队共8支军队篮球队和8支区属及驻区单位组成的地方代表队参与。经过6轮33场比赛激烈争夺，北京军区司令部勤务汽车队代表队获得本届“双拥杯”篮球赛冠军，区人力社保局代表队、武警十四支队代表队等7支队伍分获二至八名。本届“双拥杯”篮球联赛，是首次尝试以举办大型体育比赛的形式开展双拥共建活动，既丰富军地业余文体生活，又加强军地单位之间交流，更是号召全面健身的一个创新和突破。

（贺迎潮）

【随军家属就业安置】 7月，区政府面向随军家属公开招聘20名社区工作者，经过严格考核，共招录21名随军家属社区工作者。10月29日，由市人力社保局、总政干部工资福利局组织的“2014年度随军家属专场招聘会”在石景山区举办，区双拥办协调驻区部队符合条件的随军家属报考社区工作者岗位，开辟随军家属就业新途径。区双拥办集中为109名自谋职业随军家属发放政府补助金324.5万元，鼓励随军家属自主创业。

（贺迎潮）

【强军育才接力工程】 年内，区政府继续开展“强军育才接力工程”职业技能培训，扩大覆盖面，推进军地融合式发展。分别在北京工业职业技术学院和石景山业余大学，为驻区部队开设汽车修理班1个、舞蹈班1个、吉他班1个和电脑班6个，有近400人参加学习。满足部队官兵拓展、更新知识需要，实现官兵“入伍即入学、在伍有作为、退伍即成才”目标。“强军育才接力工程”是2011年启动的双拥特色品牌，已开展4年，累计培训学员1300余人。

（贺迎潮）

【强军爱兵暖心工程】 年内，区政府持续开展“强军爱兵暖心工程”，为北空第一通信团两名家庭困难士官各捐助3万元和5000元。此项工程自上年启动以来，已有75名困难官兵受到资助，资助金额共计46.5万元。该工程既是双拥工作的创新，又是慈善救助对象的延伸，使受助官兵及家人真切感受到地方和部队各级领导的深切关怀，感受到驻地政府和人民的深情厚意，激励官兵始终牢记军人职责，积极弘扬拥政爱民的光荣传统，为建设“第二故乡”贡献力量。

（贺迎潮）

【军地齐心双拥共建】 年内，社会拥军呈现良好态势，区委、区政府各委办局，各企事业单位、各人民团体参与双拥活动的热情不断高涨。区政协机关、区直机关工委、工商分局、地税局等单位与部队互动，在慰问部队的同时进行“军营一日”活动，强化工作人员国防意识。区司法系统送司法到部队活动，请官兵旁听案件公开审理，现场解答有关法律问题。区科协、环保局等单位强化与部队资源共享，开展送科技、送知识进军营活动。区图书馆在驻区部队共建立图书分馆（室）30家，其中部队图书分馆10家，部队图书室18家，益民书屋2家。共配送书刊5万余册。定期为其更换图书，每年书刊流通量达2万余册次，服务官兵万余人次。在做好为共建部队送书工作的基础上，延伸服务范围，把征文、演讲比赛、知识竞赛、名家讲坛、专题讲座、灯谜竞猜等形式多样的读书活动送进部队，实现从单一“图书拥军”向多元化“文化拥军”转型。统计局、五里坨、苹果园、古城、老山街道等在双拥月期间，深入基层部队进行走访慰问。首钢公司、北京东土科技股份有限公司、实兴腾飞物业酒店有限公司、北京电信发展有限公司，古城街道所辖的北京欣安天成投资管理公司、古城泰然投资管理公司，积极参与拥军活动，凸显军队文化与企业文化有机结合，为军民融合发展建设起到示范带头作用。五里坨街道举办“社区好声音·百姓大舞台”《五里坨好声音》比赛，邀请驻区部队官兵参加，成为八一双拥活动的新亮点。双拥月期间，驻区部队积极支援地方基础设施、重点工程和生态环境建设，深入到共建单位和帮扶对象家中慰问，切实帮助他们解决实际困难；发挥部队优势开展爱民、助民、惠民活动。由北京军区司令部支持，由66446部队承训，对全区7所高中和1所职业高中的1780多名学生进行军事技能训练。消防支队古城中队官兵进社区为孤寡老人打扫卫生，61206部队领导深入古城街道优抚对象家中走访慰问。北京军区第一通信团在照顾孤寡老人方面，一直注重经验传承，每逢岗位调整时，单位都会组织新老骨干进行交接仪式。八一建军节前夕，93658部队将北京“小飞象”训练发展中心的17名自闭症儿童患者请进军营，开展丰富多彩的“军营一日游”活动。在双拥办协调下，区民政局与驻区某部队签订《共建应急救灾物资储备库协议》，于12月底正式启用。建设应急救灾物资储备库，是贯彻落实军民融合发展思想、大力推动军民融合深度发展的新探索，成为继“强军育才接力工程”和“强军爱兵暖心工程”等双拥品牌之后又一项新成果。

（贺迎潮）

人力资源和社会保障

概　　述

北京市石景山区人力资源和社会保障局（简称区人力社保局）是负责全区人力资源和社会保障工作的区政府职能部门，内设19个行政科室和12个事业单位。年内，帮扶5016名困难人员实现就业，城镇登记失业率控制在2.35%，比指标2.5%低0.15个百分点；连续七年保持“零就业家庭”动态为“零”的目标；博士后（青年英才）创新实践基地建站9家，居全市首位；为49名高端人才申请办理人才引进，办理工作居住证1544人次；全市首创的毕业生创业基地235名毕业生实现创业，带动924人实现就业，获企业融资总额2亿元；全面完成市政府下达的社会保险扩面指标，各项社会保险基金收缴率均达到98%以上；劳动关系协调机制不断完善，劳动人事争议仲裁院建设取得成效；连续七年实现农民工工资“无拖欠”目标，维护地区劳动关系和谐稳定。全年行政复议、行政诉讼案件胜诉率达100%，实现连续8年行政复议、行政诉讼案件零败诉。

地址：石景山区杨庄路66号
电话：68861840
邮编：100043

（李艾娟）

【劳动人事仲裁院建立】　1月20日，市人力社保局批复，石景山区已具备建设劳动人事争议仲裁院条件，同意本区作为劳动人事争议仲裁院建设单位，明确仲裁院成立后，是具有公共事务管理职能和财政经费保障的实体性仲裁办案机构。9月30日，区编委批复设立区劳动人事争议仲裁院（石编委〔2014〕43号），仲裁院编制10人，全额拨款事业单位；仲裁院设院长（副处级）1名、副院长（正科级）1名。10月，区人力社保局向区编办上报仲裁院三定方案，设定4个机构，即综合办公室、立案调解室、审理一庭和审理二庭。

（李艾娟）

【医保医师库动态管理】　1月，区人力社保局制定基本医疗保险定点医疗机构医保医师管理办法，将全区65家定点医疗机构2098名医师全部纳入到医保医师库管理体系中，对医保医师实施积分制管理，实现医疗服务监管从对医疗机构向医务人员的延伸。年内，共对出现违规行为的111家次定点医疗机构的432人次医保医师实行扣分管理，有效规范医保医师诊疗行为。医保医师违规人次同比下降77%，违规金额同比下降66%，医保医师履职自觉性进一步增强，从源头上控制医疗费用不合理支出问题。

（李艾娟）

【职业技能培训】　上年底至本年3月，区人力社保局根据企业在职职工岗前、岗位技能提升培训补贴实施细则（试行）文件精神，对神农庄园和万商花园酒店84名在职职工进行中级中式烹调师技能提升培训，对13名符合享受人力社保部门免费培训补贴要求的人员，拨付本区首笔在职职工培训经费1.04万元。3月10日，开办首期以军转干部为主创业培训班，参加培训28人，其中军转干部19人。8月13日，按照“公开、公平、公正”和“条件公开、自愿申报、择优认定、社会公示”的原则，对辖区内社会各级各类职业院校和职业技能培训机构采取分学校、分职业（工种）分批认定方式进行认定，认定首钢技师学院和北京市古城职业技能培训学校为2014－2016年度石景山区定点培训机构，主要针对本市城镇失业人员开展免费职业技能培训。同意开展免费职业技能培训的职业（工种）共12个，其中首钢技师学院有维修电工、机修钳工、焊工、计算机操作员和仓库保管工；北京市古城职业技能培训学校有中式烹调师、西式面点师、餐厅服务员、收银员、理货员、小菜制作和主食制作。11月2～6日，对27名具有高级工、技师、高级技师职业资格证书的驻区企事业单位在聘人员开展技能人才创新能力培训。与区委组织部联合下发首席技师工作室管理办法（石人社发〔2014〕27号），向市局上报建立首席技师工作室申报报告，推荐神农庄园丁海涛建立“北京市丁海涛中式烹饪师首席技师工作室”。年内为石景山区职业技能培训学校等9所民办职业技能培训学校办理延续办学许可证有效期，注销北京市石景山区新天地职业技能培训学校等3所民办职业技能培训学校的办学许可证。全年区职业技能培训总量4766人，其中定点培训机构实施“市级政策补贴”培训17人（失业人员），本区组织实施各类培训27人，非政策补贴3942人，其它培训780人。

（李艾娟）

【公开招考招聘】　3月，区委组织部与区人力社保局共同下发事业单位公开招聘工作有关问题的通知，明确规定适用范围与适用人员，进一步完善事业单位选人用人制度。截至年底，全区31家单位共招聘53人，录用38人。48家单位共招录公务员96人，录用96人。

（李艾娟）

【毕业生创业基地】　5月，“创青春”全国大学生创业大赛举办，毕业生创业基地导师指导的首师大获北京市金奖

1个、银奖1个、铜奖4个、国家级银奖1个;北工大获北京市银奖2个、铜奖5个。创业团队多次到北方工业大学、河北大学、南开大学等高校开办创业讲座,培训2000余人。12月3日,区人力社保局主办北京地区大学生创业引领计划系列活动——大学生创业精英培训班暨创业沙龙,活动在基地举行,来自北京、天津、河北十余所高校的28名大学生和10名初创企业人员与创业导师、政府部门代表进行交流和探讨。年内,创业基地指导235名毕业生实现创业,成功注册企业50余家,带动就业924人。青果工坊、北京鲜旅等4家企业入选中关村金种子工程,创业团队获企业融资总额达2亿元。

(李艾娟)

【和谐劳动关系构建】 5月,区人力社保局组织创建和谐劳动关系单位活动,开展上年度和谐劳动关系单位命名、授牌工作会,为8家区和谐劳动关系单位授牌。发挥协调劳动关系三方作用,召开2次协调劳动关系三方工作会,讨论通过推进集体合同制度攻坚计划实施方案,开展创建和谐劳动关系单位、"双百双规范"活动的通知,营造创建和谐劳动关系良好氛围。加强对建筑施工企业劳动用工和工资支付情况的监控,全年累计监控342个次建筑工地用工及工资支付情况,累计涉及农民工70916人次,发现并处理建筑施工企业拖欠工资43起,涉及欠付金额939.02万元,涉及农民工1046人。

(李艾娟)

【公务员申诉公正委员会成立】 9月,根据《公务员申诉规定(试行)》及北京市相关精神和整体部署,区人力社保局协同相关部门成立公务员申诉公正委员会,落实公务员申诉相关机制建设。委员会下设办公室设在区人力社保局,公务员管理科作为具体办事机构协调处理公务员申诉案件。建立区级公务员权益保障机制,受理本区公务员申诉案件,规范公务员申诉案件的受理审理,促进机关依法行使职权。

(李艾娟)

【推进督查考核】 年内,区人力社保局完成上年度督查考核工作。共有22家单位被确定为"业绩突出"单位,25家单位被评为"工作创新"单位,23家单位被确定为"考核达标"单位,无考核不达标单位。12月,制定新的机关事业单位实施工作目标督查考核暂行办法。在全面考核的基础上突出重点内容,从党建统领、行政绩效、效果评价、奖励和否决四个方面对区委系统、政府系统、街道系统各机关单位实施全面考核,着重考核思想政治建设、党风廉政建设、区委决策部署落实、行政执行力、改革创新和服务效果等多项工作;将本区高端绿色发展战略落实情况纳入考核内容;深化落实改革总体部署,促进改革任务和创新项目落到实处,设置对信访代理制、城市管理综合体系建设等改革创新项目的考核;注重效果评价,突出基层导向和服务群众导向,由街道对区委、政府各委办局服务基层情况进行评价,聘请党代表、人大代表、政协委员开展群众满意度评价,提升综合服务水平。督查考核暂行办法经区长办公会、区委常委会审议通过,2014年度督查考核将按照新的考核办法开展实施。

(李艾娟)

【服务农民工情况督察】 12月3～4日,石景山区作为国务院督察组督察北京市农民工工作6个迎检区县之一,迎接国务院督察组工作督察。国务院督察组听取本区外来农民工就业、职业技能培训、农民工权益保障、农民工子女接受义务教育及农民工人文关怀等情况汇报,并对本区农民工及打工子女受教育情况等给予充分肯定。领导小组深入北京东土科技股份有限公司查看农民工劳动合同、工资发放情况,对农民工工作厂房进行实地考察,并与农民工代表座谈;在鲁谷双锦园社区实地调研流动人口管理、人文关怀情况;在玉泉路小学校听取本校情况汇报,检查学生学习、生活环境,与学生家长代表进行座谈。

(李艾娟)

【军转干部和随军家属安置】 12月,区人力社保局组织当年计划安置到本区的行政营连职和专业技术干部与接收单位进行现场双选见面会。有50余名军转干部及部队人事干部与21家行政事业单位的40余名人事干部参加双选见面会。采取四项措施确保军转安置工作顺利进行:一是制定军转干部安置整体规划,由具有审档经验的工作人员组成审档小组;二是提前摸底,预留编制;三是开展军转干部安置需求调研。通过座谈、电话等途径加强与军转干部、安置单位沟通,重点调查机关事业单位职位空缺情况;四是建立军转干部基础信息电子台账,包括军转干部专业学历、军衔级别、授奖情况、参军年限、滞留情况等信息,建立军转信息库,实现登记准确清晰、规范查询。年内,北京市下达本区军队转业干部安置计划110人,其中行政团职29人,行政营连职及专业技术干部81人。经过调整,实际安置65人,其中团职24人,行政营连职及专业技术干部41人。38人办理报到手续,14家行政单位接收20人,10家事业单位接收18人。张旭(2008年转业到区民政局)获第6届全国模范军队转业干部荣誉称号,并出席5月27日在京召开的第6次全国军转表彰大会,受到国家主席习近平的接见和表彰。8月,举办驻京部队随军家属专场招聘会,区7家企业、3家事业单位共提供37个岗位,现场收到简历100余份。本年度区机关、企事业单位共接收随军家属45人。

(李艾娟)

【调整技能鉴定机构】 上年12月,按照市技能鉴定中心要求,区技能鉴定所变更为区职业技能鉴定管理中心,协助市职业技能鉴定管理中心负责辖区职业技能鉴定组织指导、考务管理、鉴定服务、技能竞赛、申报鉴定场所和组织开展补贴性职业培训工种鉴定等工作。上年12月,鉴定中心依托本区现有公共实训基地平台,利用首钢技师学院的优质鉴定资源,建立起一家新的技能鉴定所,原区鉴定所业务全部转移至新所。制定《石景山区职业技能鉴定管理中心报名资质复审实施细则》和《石景山区职业技能鉴定考务管理系统数字证书管理办法》，对各级技能鉴定人员报名考试资格标准进行明确，并先后出台督考管理办法、技能竞赛管理办法、工作服务规范、财务管理制度、数字证书管理制度、督考管理办法、技能竞赛管理办法等一系列规章制度。本区职业技能鉴定工作初步实现管理工作的程序化、规范化、制度化。截至年底，区鉴定中心共计督考本辖区和非本辖区所属鉴定机构考点的考生总数为16305人次，职业（工种）173个，督考理论、实操考试共计177场。

（李艾娟）

【就业任务全面完成】 截至年底，全区城镇登记失业人员总量12015人，同比增加695人，上涨6.14%。实有城镇登记失业人员4561人，同比增加484人，上涨11.87%。城镇登记失业率控制在2.35%，比控制指标2.5%低0.15个百分点；全区实现就业7022人，完成指标任务的127.67%，其中困难人员实现就业5016人，完成指标任务的200.64%；城乡劳动力在绿色岗位实现就业403人，完成指标任务的134.33%；城镇新增就业10561人，完成指标任务的132.01%。全年认定零就业家庭75户，累计消除75户，确保零就业家庭动态为零目标。社区岗位安置就业困难人员5186人，完成指标任务的168%；用人单位招用就业困难人员100人，完成指标任务的100%。全年累计申请促进就业资金总额1.31亿元，惠及21181人。实现创业680人，完成指标任务的170%；带动就业2036人，完成指标任务的136%。全区挂牌充分就业街道2个，充分就业社区90个。

（李艾娟）

【就业服务“三进”活动】 年内，区人力社保局深入开展就业服务进街道、进社区、进企业活动，帮助基层解决实际问题，提高就业促进效率。简化各类优惠政策申报材料7项，用人单位申请补贴做到即来即办；深入13个社区挖掘充分就业创建工作亮点做法，规范、简化创建中失业人员动态管理、就业服务跟踪等台账（由12本精简为7本）；深入街道征求意见，结合就业制度经办检查，规范经办流程和留存材料；围绕热点、难点问题分批培训劳动保障协管员200余名。现场指导培训学校2家，提升区域培训质量。深入研究本区禁止和限制产业目录，进入相关企业调研，为群体性失业提前做好准备。

（李艾娟）

【首创“量身定制”招聘会】 年内，区人力社保局创新就业服务模式，首次采取“量身定制”招聘会，把定向求职个人和定向需求企业搭配在一起，同时举办职业指导专题辅导，提高就业匹配度。为北京电信和北京沃尔玛百货公司2家单位“量身定制”专场招聘会，参会人员130余人，成功录用43人。全年开展春风行动专场招聘会、就业援助月活动、民营企业招聘会、毕业生就业服务月、军人家属专场招聘会等招聘活动，共举办各类招聘会78场，提供岗位30398个，现场达成意向3333人，成功就业640人。建立区人才服务中心信息数据库，录入260余名求职者基础、求职状态等信息。

（李艾娟）

【人事考试联席会机制】 年内，区人事考试中心在全市率先实行“人事考试工作联席会机制”。建立定期信息沟通制度，凡大型考试，如中央公务员、北京公务员、一级建造师、职称外语等考试，启动联席会机制，沟通协调考点落实、安全保障、技术防范等问题。同时建立《试卷值班人员记录本》《考试实施期间考点情况记录本》《考生信息修改登记薄》《考生重置密码登记薄》等考务登记制度。全区有考点学校10所，最大考场量200个，考点资源在全市十六区县中位列第六位。区人事考试中心基础建设和设备使用情况位列全市第三位。全年共承接人事考试任务11场次，设置考点31个、考场606个，接待考生42432人次。开展资格审核5次，接待考生7000余人次。发放证书10000余张。

（李艾娟）

【事业单位管理】 年内，区人力社保局完善事业单位管理岗位设置试点，制定完善事业单位管理岗位设置试点工作方案，解决事业单位管理人员晋升问题。截至年底，全区共有32家单位完成申报工作，共设置管理岗七级职员61个，八级职员97个。组织全区254家事业单位完成上年度事业单位考核，有7642人参加考核，其中1123人获得考核优秀等次并得到一次性奖励，获奖比例14.70%。重点对未参加考核和确定为基本合格、不合格等次的人员情况进行认真审核，以确保事业单位年度考核的公正性和严肃性。全区254家事业单位岗位设置总量9151个，其中管理岗位1585个、专业技术岗位6199个、工勤岗位1367个。实际聘用人员7847人，其中管理岗位1216人、专业技术岗位5698人、工勤岗位933人。

（李艾娟）

【专技人员职称管理】 年内，区人力社保局根据教育体制改革要求，结合本区普教系统专业技术人才队伍结构现状，完成全区中小学教师职称改革模拟过渡工作和职称结构比例调整方案上报工作，共对区内近4000名专业技术人员档案进行复核，并为符合过渡要求的人员办理模拟过渡手续。针对本区73所普教机构近4000名专业技术人员，完成普教系统职称结构比例调整方案上报审核工作。针对本区13家卫生医疗机构1000余名专业技术人员，完成卫生系统职称结构比例调整方案上报审核工作。完成卫生系统高级专业技术人员职称评审申报工作。全年共协调各类职称考试12个专业，各类专业技术报名考试人员2560余人。

（李艾娟）

【博士后创新基地建设】 截至年底，全区设立北京市博士后（青年英才）创新实践基地工作站9个，建站数量在全市12个创新实践基地中排名第一。为工作站争取北京市资助资金累计102万元，区内累计投入各项配套资助143.2万元。市区配套资助带动设站单位投入科研项目经费共计6017万元。工作站共招收进站博士24名，与35所科研院所、高等院校建立合作关

名科级干部职务任免的备案工作，其中科级领导职务 101 名、科级非领导职务 92 名。

（李艾娟）

12 月 3 日，大学生创业精英培训（区人力社保局供稿）

系；建立国家级重点实验室 6 个，合作开展科研项目 38 个。在国际、国内核心期刊发表论文 50 余篇，出版学术专著 1 部；获得专利授权 23 项，正在申请的专利 2 项；攻克技术难关 12 个，研发正式投产的新产品 10 个。

（李艾娟）

【7 人获教授级高工职称】 年内，区人力社保局利用北京市高端领军人才“直通车”工作契机，通过广泛宣传、深入重点企业调研、请专家指导、组织上报材料等措施，确定本区 13 人申报中关村国家自主创新示范区高端领军人才专业技术职称资格，经过区推委会专家评鉴，11 人通过区级初审。经过市局初审、专家答辩等环节，北京吉威时代软件股份有限公司张阳等 3 名高端领军人才取得教授级高级工程师职称资格。截至年底，有 7 人取得教授级高级工程师职称资格。

（李艾娟）

【毕业生就业率 96.2%】 年内，区人力社保局建立离校未就业高校毕业生实名制登记数据库，对本区生源离校未就业 393 名入库应届毕业生进行电话跟踪服务，实时了解就业状态，及时进行就业推荐、创业宣传和见习岗位推荐。举办专场定向招聘会，一是毕业生专场招聘，本区共 5 家企业提供 23 个岗位，招聘毕业生近 40 人；二是研究生专场招聘，本区 6 家企业提供 31 个职位，聘用 175 人，聘用人数比上年增加 60%，现场收到简历 1800 份，比上年增加 64%；三是定向招聘大学生村官，本区 6 家企业提供 17 个岗位，招聘 150 余人；四是退役大学生士兵专场招聘，区文委、区民政局等 4 家单位共提供 6 个岗位，聘用 6 人。联系驻区企业 29 家，采集岗位 102 个，招聘 457 人。组织 9 家单位申报毕业见习基地，提供 19 个岗位，招聘见习人员 88 人。石景山户籍毕业生就业率达到 96.2%，超额完成市局下达的 95%指标。

（李艾娟）

【科级干部选拔任用】 年内，区人力社保局按照开展超职数配备干部专项治理工作实施方案，开展核查，重新整理“科级干部任免备案名册”，严格对照各单位职数设置检查人员配备情况，对符合条件的职数单列人员详细归类划分，确保不存在超职数配备科级干部的情况。配合区委组织部修订完善科级干部选拔任用管理暂行办法，加强区政府系统和街道系统科级干部综合管理，推进科级干部库信息系统不断完善。通过组工业务平台“科级干部任免记实监督系统”，审核各单位上报方案 60 次，其中组织提拔 31 个批次，竞争上岗 29 个批次，现场走访机关科级干部竞争上岗面试考场 3 次。完成街道系统和政府系统 193 名科级干部职务任免的备案工作，其中科级领导职务 101 名、科级非领导职务 92 名。

（李艾娟）

【年轻干部基层锻炼】 年内，区人力社保局建立派出单位—主管部门—挂职街道—挂职社区挂职干部动态信息反馈机制，及时对在基层一线全职挂职的干部表现进行考察和监督，提升挂职锻炼工作管理水平。通过为挂职锻炼干部提供社区工作岗前培训、完善挂职干部请销假审批制度等措施，确保挂职锻炼工作取得实效。按照区委整体规划，2013 ~ 2015 年，用三年时间对没有基层工作经历或基层工作经历不满两年的科级及以下、年龄在 35 周岁以下的机关年轻干部，由区委组织部、区人力社保局和区委社工委统一安排到基层社区挂任社区主任助理，通过挂职锻炼全部补足基层经历。与区委组织部、区委社工委和相关挂职街道，共同对第一批挂职干部挂职情况进行梳理，组织实施第一阶段挂职锻炼工作总结和评鉴，对 34 名挂职锻炼干部的挂职锻炼情况进行鉴定，并征求下一阶段挂职意见 70 余条。做好第二批挂职锻炼干部选派工作，9 月底召开部署会，共选派 40 名机关年轻干部，涉及机关单位 23 个，统一派往八宝山、古城、金顶街、五里坨街道及鲁谷社区所属的 39 个社区挂职锻炼。39 名干部中，科级领导职务 16 名，科级非领导职务 13 名，科员 10 名。

（李艾娟）

【公务员考核】 年内，区人力社保局完成上年度行政公务员考核奖励工作。考核范围为行政系统科及科以下人员（含纳入规范管理人员和机关工勤），共有 2181 名政府和街道系统工作人员参加考核，确定为优秀等次的人员 430 名，占参加考核人数比例为 19.7%；429 人给予嘉奖奖励，比例为 19.7%；授予三等功 95 名，比例为 3.4%。年初，区公务员和参照公务员法管理人员共 2736 名。

（李艾娟）

【保障不同群体收入分配】 年内，区人力社保局采取四项措施保障不同群体收入分配。一是调整离退休人员补贴，自1月起补发。二是调整事业单位绩效工资水平，调整后，区非义务教育单位与义务教育单位的收入差距进一步缩小，各类事业单位间的分配关系更加趋于合理，进一步完善教师绩效工资激励机制。三是贯彻落实城管执法队伍和公安系统重大安保活动一次性奖励政策。四是为获得园林等系统表彰奖励人员发放系统表彰奖励。

（李艾娟）

【社会保险扩面征缴】 年内，区人力社保局继续推行网上申报业务，新开户单位全部实现网上申报，网申率全市排名第二。继续推动社会保险费银行缴费，实现参保单位和缴费卡缴费人员多方式、多银行缴纳社会保险费。全年共清理历年欠费15.5万元，收回当年欠费928万元。将风险防控触角延伸至街道社保所，从工作人员业务权限管理、操作流程、档案整理等各环节进行规范，加强对社保所经办业务的指导和监督力度，内部风险防控更加严密规范。设立重点企业专管员，对纳税百强企业、重点企业提供全程跟踪服务。进一步发挥"社保大讲堂"的宣传载体作用，深入重点企业和园区企业宣传社保政策。"社保大讲堂"共开展培训139期，累计培训2万余人，覆盖本区全部新参保单位。社会保险扩面征缴人数指标10月提前完成，各项社会保险基金收缴率均达到98%以上。截至年末，全区共有参保单位9182户，同比增加460户，增幅5.3%。各项社会保险累计收支124.82亿元，其中累计收缴51.99亿元，同比增加12.5%，完成市政府下达任务指标的104.7%；累计支出72.83亿元，同比增加14%。全区共有8999家单位40.65万人（含离退休人员）参加养老保险，收缴基金318176万元，累计基金支出443053万元；有8900家单位42.05万人（含离退休人员）参加基本医疗保险，收缴基金169414万元，累计基金支出251671万元；有8955家单位25.45万人参加失业保险，收缴基金13362万元，累计基金支出12869万元；有9318家单位24.23万人参加工伤保险，收缴基金8403万元，累计基金支出12985万元；有8773家单位24.51万人参加生育保险，收缴基金10537万元，累计基金支出7677万元。城镇居民医疗保险参保59499人，其中"一老"9945人，"一小"48010人，无业居民1544人；城乡居民养老保险参保1750人，收缴基金210.99万元。

（李艾娟）

【社保水平稳步提高】 年内，本区职工基本养老保险待遇调整涉及11.53万人，调整后人均养老金水平为3082元/月，高于本市人均养老金水平32元/月。工伤人员及工亡人员供养直系亲属待遇调整涉及405人，其中伤残津贴调整177人，人均增长317.18元/月。供养亲属抚恤金调整228人，人均增长143元/月。城乡居民基础养老金由原来的390元/月增加到430元/月。完成养老金资格认证人数1.21万人（全市最多），认证率达99.25%。截至年底，全区社会化管理企业退休人员30399人，占全区企业退休人员总数的25.4%。

（李艾娟）

【工伤认定与劳动鉴定】 年内，区人力社保局劳动能力鉴定583人次，较上年同期增长22.74%。其中职工工伤鉴定、职业病鉴定407人次（工伤等级鉴定316人次，工伤职工配置辅助器具鉴定85人次，延长停工留薪期确认6人次），因病提前退休劳动能力鉴定确认176人次（其中达到完全丧失劳动能力标准166人次，占因病鉴定总数94.3%）。共收到工伤认定申请588件，其中认定工伤583件，视同工伤4件，不予认定工伤1件。工伤认定总数与上年同期增长4%。

（李艾娟）

【服务工伤职工】 年内，区人力社保局不断加强对工伤职工服务力度。每周通过社保大讲堂向参保单位宣传工伤保险政策，发放宣传折页、政策问答等宣传材料，积极宣传工伤持卡就医工作。根据每月受理工伤职工申请等级鉴定数量，及时调整鉴定时间，增加一次鉴定次数，缩短工伤职工等待鉴定时间。对矿山地区工伤人员往返鉴定路途较远的特殊情况，定期组织专家和工作人员进行上门服务。对鉴定结论实行复核审查，意见不统一或疑难病例，组织专家充分论证，并定期开展医疗专家培训，确保鉴定结论客观、科学、准确。自1月全市实施工伤职工持卡就医工作以来，全区共有1.69万人次工伤职工持卡就医，工伤保险基金共支付医疗费用6526.2万元，切实缓解工伤职工就医个人垫付负担。

（李艾娟）

【劳动合同签订】 年内，区人力社保局累计监控企业429户，涉及职工

4月23日，建设工程劳务人员培训　　（区人力社保局供稿）

77286人，其中城镇职工46706人，农民工30580。城镇职工签订劳动合同45430人，劳动合同签订率97.27%；农民工29727人，劳动合同签订率97.21%（指标90%）。推行集体合同制度，做好备案工作。配合区工会开展集体合同法规宣传培训3次，涉及人员150余人。深入街道开展业务指导，推进街道企业开展工资集体协商。180家企业通过集体合同审查备案，覆盖职工95225人，其中新增160家企业，涉及职工92260人；变更1户，涉及职工420人；续订集体合同19户，涉及职工2545人。截至年底，集体合同执行期内企业共244户，涉及职工151089人，其中专项集体合同企业164户，涉及职工53678人；工资集体协商150户，涉及职工51387人。

（李艾娟）

【劳动保障监察】 年内，区人力社保局对辖区内1627家用人单位进行劳动保障监察，涉及职工57415人，完成市局下达指标的136%。全年开展“春节”前农民工工资支付情况、清理整顿人力资源市场秩序、“劳动用工规范一条街工程”等专项执法检查7次，涉及用人单位711家次。日常巡视检查用人单位1356家，因举报投诉查处137家，书面审查123家。开展“普法维权宣讲”活动，共出动劳动保障监察员58人次，对21家建筑工地56户建筑劳务公司及5500名农民工进行相关法律知识宣讲，发放宣传材料2200余份。全年共立案查处各类劳动违法案件166件，其中日常巡查18件，处理突发事件11件；职工举报投诉结案137件，无逾期未结案件，结案率100%。纠正用人单位劳动合同类违法行为7起；纠正用人单位工作时间超时类违法行为6起；纠正用人单位社会保险类违法行为12起；做出8件行政处罚，罚款金额3.35万元。

（李艾娟）

【追回拖欠工资】 年内，区人力社保局建立企业欠薪预警机制，全面查清本区建筑工程项目和施工企业情况，编制在建施工项目和施工企业信息，实施工资支付情况动态监控，实现提前预警、预报。对情况复杂且处理难度大的案件，区人力社保局与区公安分局、区建委、区信访办、区农委、区武装部等部门建立联动机制，形成合力妥善解决。全年共查处工资类违法案件96件，为劳动者1304人追回工资991.18万元，其中处理建筑企业拖欠农民工工资案件43件（占总数的45%），为农民工1033人（占总人数79%）追回工资934.42万余元（占总数的94.3%），未发生群体讨薪到市政府上访事件。

（李艾娟）

【劳动人事争议仲裁】 年内，区人力社保局共处理劳动人事争议案件2475件（人事争议案件2件），其中受理案件1449件，同比下降252件，下降14.8%；案前行政调解1026件。依法做出不予受理56件。在受理案件中，集体劳动争议88起，同比增长1起，涉及职工人数604人，涉及职工人数下降21.3%。在已审结案件中，以裁决方式结案412件，占结案44.5%；调解或经调解撤诉结案376件，占结案40.6%，其他方式结案138件，占结案14.9%。超额完成全年调解率35%的指标任务。通过仲裁裁决或是调解方式企业为劳动者支付劳动报酬（工资、生活费、加班费等）489.5万余元、经济补偿金及工伤待遇等698.7万余元。

（李艾娟）

【劳动人事争议调解】 年内，区人力社保局对首钢和物美2个劳动争议调解中心进行业务指导，将劳动争议化解在基层。首钢劳动争议调解中心受理本企业劳动争议案件53件，调解成功39件，成功率74%。首钢各级基层调解组织共调解本企业纠纷121件，成功调解92件，成功率76%；物美劳动争议调解中心共受理本企业劳动争议案件8件，调解成功8件，成功率100%。推进区劳动争议调解体系建设，全年推荐到区劳动争议调解中心调解的案件1320余件，成功调解239件。

（李艾娟）

【行政案件连续八年胜诉率100%】 截至年底，区人力社保局发生行政复议、行政诉讼案件15件，与上年同期6件相比，增长150%，除3件案件正在审理外，其他案件均胜诉。连续八年保持行政复议、行政诉讼案件胜诉率100%。区人力社保局规范涉及相对人权益的行政行为，从源头上预防行政争议；通过法制培训、专题研讨、普法宣传、案卷评查、梳理职权等工作措施提高全区人力社保干部依法行政意识、树立法治理念；提高各科室部门对办理行政争议案件工作认识，加强与复议机关、司法机关的协调沟通，化解行政争议，做到案结事了。

（李艾娟）

残疾人事业

概　　述

北京市石景山区残疾人联合会（简称区残联）是国家法律确认、由残疾人及其亲友和残疾人工作者组成的人民团体，是全区各类残疾人的统一组织。区残联履行“代表、服务、管理”职能，代表残疾人共同利益，维护残疾人合法权益；开展各项业务和活动，直接为残疾人服务。归口区委管理，业务上接受北京市残联指导。下属残疾人就业服务中心、活动中心、康复中心3个事业单位，在9个街道设街道残联，126个社区成立残疾人协会，形成区、街道、社区三级工作网络。全区持有二代证残疾人16246人。年内，围绕“为残疾人服务”主题，以“平等、融合、共享、阳光”的工作理念，在健全残疾人社会保障和服务体系上下功夫，倾全力打造高端残疾人民生保障体系，使残疾人生活得越来越幸福。依法开展按比例安排残疾人就业保障金审核代征，核定用人单位1.2万余家，核定金额近7200万元；投入87万余元，为218户残疾人家庭实施无障碍改造，为残疾人生活起居创造良好条件；组织“家庭康复培训学校”讲师团开展家庭康复培训89期，培训残疾人及家属3002人次；召开残疾人就业专场招聘会17次，新安置120名残疾人就业。与

区卫生部门联合开展1.1万余名0~6岁适龄儿童视力、听力、肢体、智力和孤独症5类残疾筛查、诊断和康复试点工作，得到国家卫计委和国家残联督导组肯定。区残疾人劳动就业服务中心被评为北京市“三八”红旗集体、“全国巾帼文明岗”；区残疾人就业服务事务所被评为5A级社会组织。

地址：石景山区古城北路

电话：68860754

邮编：100043

（刘会生）

【残疾人图书馆成立】 4月，“石景山区图书馆残疾人图书分馆”成立。馆藏图书2000余册，定期对残疾人开放，实行与区图书馆定期交换制度，为残疾人创造一个良好学习平台。

（刘会生）

【助残日宣传活动】 5月15日第24次全国助残日，区残联在广电中心演播大厅举办“你我同行 共筑梦想”主题文艺汇演，市残联领导、区四套班子领导、区残联主席团成员、区残工委成员、共建单位代表及残疾人工作者观看演出。当日，在鲁谷社区半月园广场开展“假如我是残疾人”的模拟体验活动，组织学生和社区居民体验不同类别残疾人生活。首批聘请10名“石景山区残疾人事业爱心大使”，带动更多有爱心人士关心、关爱、帮扶残疾人。

（刘会生）

【职业技能培训】 5~7月，区残联组织161人参加市残疾人第七届职业技能大赛，获2个第一、2个第二、2个第三的好成绩。4名选手分别获得拼搏奖和优秀选手称号，区残联获最佳组织奖。年内，以竞赛促培训、培训促就业，组织残疾人开展插花、计算机操作、摄影、剪纸、蜡染、扎染等职业技能培训15期，培训412人。

（刘会生）

【温馨家园建设】 6月9日，区残联与区社工委联合下发《关于在街道残疾人温馨家园配备专职社区工作者的通知》，将示范残疾人温馨家园建设纳入社会工作管理范围，为每个街道示范残疾人温馨家园配备社区工作者1名。共招录社区工作者9名，负责街道示范残疾人温馨家园的管理。区残联还出台职业康复劳动资金补助办法实施细则，为各街道示范残疾人温馨家园拨付运行经费100万余元，支持残疾人就业培训、职业劳动、康复训练、信息咨询、文体等活动开展。为在职康站参加职业康复劳动的243名智力残疾人和稳定期的精神残疾人拨付运行经费302.5万元。区残联与苹果园街道共同投资建设全区最大的温馨家园，并安装一部挂梯，方便残疾人上下。按照温馨家园标准创建娱乐、生活、康复为一体，各项功能齐全的残疾人活动平台。

（刘会生）

6月24日，家庭康复服务站成立　（区残联供稿）

【家庭康复服务站】 6月24日，区残联整合北康中心资源，在苹果园街道苹四社区成立“家庭康复服务站”，组织北康中心专业人员走进社区、走进家庭为残疾人开展康复训练，讲解肢体残疾人护理常识，并把肢体残疾人请进北康中心进行系统康复训练。截至年底，为残疾人家庭配发康复手册及康复包1100件，共有1015人次残疾人到“家庭康复服务站”接受康复服务，224名肢体残疾人前往北康医院进行免费康复训练。

（刘会生）

【三级信访代理制】 6月，区残联转变残疾人工作服务方式，创新服务内容，出台残联信访代理工作制意见，成立残疾人信访代理工作室，建立三级信访代理制，变“坐等残疾人上访”为“主动替残疾人跑路”。工作主体为各社区残协、各街道（鲁谷社区）残联、区残联各部门及理事会领导。信访代理制共分三级：一是区级信访代理，由区残联组联部及各部门负责解决特殊疑难矛盾纠纷；二是街道级信访代理，由各街道残联负责，解决专事突出事；三是社区级信访代理，由社区残协负责，解决残疾人的小事身边事。确保残疾人小事不出社区、专事不出街道，突出事不出地区就能得到解决。保障服务群众“最后一公里”畅通，新增专门协会值班室，各协会委员每天轮流值班，倾听残疾人呼声、建议，并反馈给区残联各职能部门，督促办理解决，通过电话将办理情况告之残疾人，受到残疾人好评。针对不同类别残疾人的法律政策需求，邀请律师、法律专家分别面向聋人、盲人、肢残人等开展“法律知识”讲座。深入精神和智力残疾人家庭宣讲法律知识和优惠政策，协调相关部门妥善处理残疾人反映的现实问题，维护残疾人合法权益。全年处理信访事项13件、信访代理3件，接待来访178件，接听法律援助咨询电话35人次，使残疾人合法权益得到保障。

（刘会生）

【残疾人体育活动】 9月，区残联组织残疾人参加市第九届残疾人运动会、取得12金、11银、4铜的好成绩。10月24日，在位于老山西里的培智学校举办“社区特奥运动会暨精神康复者技能展示”活动，来自全区9个街道、区培智中心学校的44名智力残疾人和63名精神康复者参加沙包掷准、踢毽、拍球、定点投篮等八大项目的比赛，身心得到康复和快乐。年内还举办区残疾人飞镖培训班及飞镖联赛，开办书画培训班，丰富残疾人生活。

（刘会生）

【残疾人扶贫救助】 年内，区残联开展扶贫救助，为残疾人解决实际困难。两节、“助残日”、中秋、国庆节期间共走访慰问残疾人5254户，发放慰问品及慰问款234.48万元。截至年底，全区享受低保补助残疾人1232人，享受北京市残疾人生活补助2045人，享受养老助残券3365人，有6所托养机构享受残疾人运营补贴，享受入住托养机构个人补贴残疾人12人；为25名残疾人发放保险补贴13万多元；向806名肢体残疾人发放燃油补贴21万余元；为1名自主创业的残疾人发放创业补贴4万元。扶残助学，向残疾人及生活困难残疾人家庭高中生、大学生77人发放补助。走访慰问实验小学、古二小等6所学校17名随班就读残疾儿童，启动彩票公益金，为18名残疾儿童发放助学补助5.4万元。使用社会捐赠资金救助20户特困残疾人，救助资金6.1万元。全年投入87万余元，为218户残疾人家庭进行无障碍改造，解决残疾人生活中实际困难。

（刘会生）

【就业服务机构达标】 年内，区残联在原有服务大厅基础上，建立“四室六区”及“综合服务”等功能区域，在北京市率先通过残疾人就业服务机构规范化建设达标工作。“四室”为职业指导室、能力测评室、心理咨询室、职业适应性训练室，“六区”为咨询服务区、信息发布和查询区、职业介绍和登记区、招聘洽谈区、职业技能展示区、宣传区等功能区域。在公共服务机构设立残疾人就业服务窗口，形成区、街、社区三级网格化服务的工作体系。特别是在每个街道配备就业指导员，对有就业愿望的残疾人进行指导；与街道社保所合作，在金顶街街道开通首钢解合人员专项窗口。为大、中专学生建立《应届残疾人大、中专毕业生就业服务记录卡》，做到摸底、推荐、回访一条龙就业服务，实现应届大、中专毕业残疾人学生就业全程跟踪服务。全年举办残疾人就业专场招聘会17次，新安置120名残疾人就业。其中，3名盲人被北京康复医院录用，为盲人医疗按摩师就业开辟新路。

（刘会生）

【整合志愿服务】 年内，区残联成立志愿服务领导小组，设立志愿者服务总站，8个街道和鲁谷社区分别设立分站，建立区—街—社区三级志愿服务网络，使全区志愿服务资源整合在一起，统一协调使用，让更多残疾人享受到政策咨询、法律维权、送教上门等7项志愿服务。根据志愿者来自四面八方，服务水平参差不齐的现状，上半年开办有160名志愿者参加的骨干知识培训班，提高志愿者扶残助残服务意识、服务技能和服务能力。区残联还开展志愿服务“进千家”活动，组织志愿者走进残疾人家庭开展帮扶服务。

（刘会生）

【盲人保健按摩】 年内，区残联采取四项措施扶持盲人保健按摩行业发展。一是开展行业年检工作，确保盲人保健按摩行业走向正规化、品牌化；二是组织16名盲人保健按摩师、12名盲人医疗按摩师参加继续教育培训班，既丰富专业知识、又开阔视野；三是推荐盲人医疗按摩师到北京康复医院应聘，最终4名盲人医疗按摩师被录取为正式员工；四是在物质资金上扶持发展，为14家盲人保健按摩店免费更换门头灯箱，提高行业整体的市场认知度。向14家盲人保健按摩店发放扶持款17万元，3家盲人保健按摩机构发放社会保险补贴3万余元。

（刘会生）

人口和计划生育

概　　述

年末，全区常住人口65万人，较上年的64.4万人增加0.6万人，同比增长0.93%，低于全市1.7%的增速。常住外来人口21.2万人，与2013年相比减少0.2万人，低于全市外来人口增速2.0%的水平。全年常住人口出生5547人，人口出生率为8.57‰；死亡人口为3239人，人口死亡率为5.01‰；自然增长人口为2308人，人口自然增长率为3.56‰。全年户籍人口出生4264人，同比增长21.93%，计划生育政策符合率98.71%，出生人口性别比为106.59。石景山区人口和计划生育委员会(简称区人口计生委)是区政府依法负责全区人口和计划生育工作的职能部门。年内，坚持以党的十八届三中全会精神为指导，围绕构建“八个高端体系”，以群众路线教育实践活动为主线，以人民群众是否满意为标准，以转变职能、规范工作，改进作风为突破口，抓好人口计生部门的机构改革和职能转变，抓好人口计生服务管理工作。自觉做到思想不乱、标准不降、工作不断、作风不散，一如既往地严格落实《石景山区人口调控工作方案》，稳定适度低生育水平，控制区域人口规模，优化人口结构，提升人口素质；继续做好各项业务工作，保障机构改革平稳过渡和工作的有序衔接。在区卫生计生委组建期间，继续抓好调整完善生育政策的落实，深入开展计划生育优质服务活动；努力为群众提供优质的避孕节育、优生优育、生殖健康等公共服务，依托爱家服务中心面向全人群积极开展“四季服务”；深入推进“幸福家庭”创建工程，实施国家免费孕前优生健康检查项目；开展多种形式的“生殖健康伴你行”活动，不断改进流动人口服务管理，全面提升计划生育服务水平；着力加强基层基础工作指导，切实做到机构改革和经常性工作两不误，促进卫生计生的资源整合与业务融合，为促进全区人口与经济社会、资源环境协调发展，为营造全面深度转型、高端绿色发展和建设国家级绿色转型发展示范区良好的人口环境贡献力量。

地址：石景山区杨庄东街甲65号（后迁至体育场南路6号院）

电话：68863385

邮编：100043

（王　芹）

【单独两孩政策】　2月21日，市人大常委会全票表决通过《北京市人口和计划生育条例修正案》，将第十七条第二款第二项修改为："夫妻一方为独生子女，并且只有一个子女的"，标志着"单独两孩"政策在本市正式生效施行。区人口计生委通过政策宣传、制定实施细则、规范审批程序和办证流程、强化基层服务等措施，全面做好再生育审批工作，为群众提供高效便捷服务。同时做好生育政策调整前后各类问题的衔接，积极应对政策实施过程中的突发情况，协调解决群众诉求。全年共审批单独两孩500例，因单独两孩政策出生人口123人。

（田孟云）

【爱家服务中心】　3月4日，"爱家"服务中心项目正式启动并向社会开放。该项目为居民提供一个新的服务场所，成为服务百姓的新亮点和区人口计生委优质服务的新名片。"爱家"服务中心项目由青少年健康教育基地、家庭服务中心、性与生殖健康科普展组成。青少年健康教育基地的主要功能是为青少年提供交流学习、科技体检、心理咨询、健康倡导，包括青少年心理健康档案系统、情绪训练系统、注意力测评系统、脑电训练系统、沙盘游戏系统等十大项40余小项。家庭服务中心是为群众提供咨询、服务、活动、健康检查的场所。"爱家"服务中心项目以"幸福家庭、和谐人口"为主线，以建设家庭人口文化为核心，以关注家庭成员和谐健康发展为目的，积极推动"文明倡导、宝贝计划、青春健康、健康生育、生育关怀、心灵家园"六大惠民工程，开展面向婴幼儿、青少年、老年人的"四季服务"，着力倡导家庭道德标准，提升家庭发展能力，关爱家庭幸福，促进社会和谐。

（田孟云）

【特扶家庭帮扶】　4～11月，区人口计生委联合地区社会公益组织，面向计划生育家庭特扶对象开展系列帮扶工作。计划生育家庭特别扶助对象是指石景山户籍人口中独生子女死亡或伤残（经依法鉴定为残疾，伤、病残等级达到三级以上并已办理《中华人民共和国残疾证》）后未再生育或收养子女，并经人口计生部门审定领取计划生育家庭特别扶助金的父母。全区有651户1049人。在特扶家庭帮扶工作中形成地区特有的六大工作机制，即：全程服务机制、走访慰问机制、困难救助机制、精神慰藉机制、健康关爱机制和志愿服务机制。年内，投入50余万元，推出便民服务、发放爱心包、健康检查和京郊一日游等四大项20余小项服务内容的帮扶项目。组织160名失独家庭老人开展京郊一日游活动，游览水长城，走进农家院，并举办"结对认亲"等活动；向651户家庭发放爱心包；向1049人发放价值120元的便民服务卡，共计125880元；155名失独老人参加免费健康检查。

（李　宏）

【幸福家庭文化季】　5月25日至8月21日，历时89天的第三届石景山区幸福家庭文化节圆满闭幕。经过逐级评选出来的20个幸福家庭、9名优秀计生工作者、9个文化季优秀组织单位受到表彰。文化季期间，从街道到社区，从机关到企业，从军营到校园，围绕"幸福家庭·和谐人口"主题，先后组织60多场文体宣教活动，参与群众2万多人。宝宝大赛、文艺演出、趣味运动会、幸福家庭博物馆日、主题夏令营、知识讲座、宣传一条街、亲情服务等系列活动丰富多彩。虽然没有以往轰轰烈烈的大场面、大制作、大明星的大型活动，但每一次活动内容都贴近群众，活动方式易于参与，活动效果方便接受。文化季在推动积极健康的家庭人口文化，面向家庭、服务家庭、发展家庭、满足家庭，提升家庭发展能力，增强群众的幸福感和满意度方面起到促进作用。

（李　宏）

【健康讲堂进军营】　9月1日，由市卫计委、区人口计生委、苹果园街道联合组织的"2014年幸福家庭大讲堂走进军营"活动在军一社区军区警卫营举办。大讲堂活动聘请北京国医堂中医医院夏梦，为200名官兵讲解如何养生以及预防疾病等营养知识。区人口计生委以"健康北京，幸福家庭"为主题，着力构建六大惠民工程为平台的公共服务体系，此次活动就是创建幸福家庭系列中的一项。

（田孟云）

【慰问失独家庭】　9月中秋期间，区人口计生委、计生协按照国家卫生计生委等五部门《关于进一步做好计划生育特殊困难家庭扶助工作的通知》精神，在征得老人同意的基础上，对全区200多户计生失独家庭进行走访慰问，详细询问他们的生活情况，并与老人一起聊天。区计生部门将失独家庭帮扶工作作为一项重点工程来抓，重要节日都要对这些家庭进行走访慰问。相关处级领导分别与6户失独老人结成帮扶对子，经常走家入户了解他们的生活情况，帮助解决实际困难。

（田孟云）

【加强依法行政】　年内，区人口计生委优化审批环节，提高工作效率，落实方便群众办证要求，切实解决办证难问题。加强与公安、民政等部门的协调配合，加大对婚育证明、出生证明等申请材料的审核力度，确保审批工作的准确性和公平性。全年共受理再生育申请913例，同比增长148.09%；征收社会抚养费56例。

（田孟云）

【利益导向政策】　年内，区人口计生委全面落实国家规定的计划生育家庭奖励扶助政策，健全独生子女伤残、死亡家庭社会扶助制度。加强各类计生奖励扶助的资格审核，做好本年度各项奖励费发放和下年特别扶助新进入人员的资格审核工作。全区独生子女伤残、死亡特扶家庭共1049人的特别扶助款全部发放到位，共发放各项奖励费、经济帮助款310.89万元。

（田孟云）

【人口战略研究】　年内，区人口计生

委编印人口统计分析手册，发至区领导和各部门领导手中。组织开展户籍育龄妇女单独妇夫信息核查、“2014年中国计划生育家庭发展追踪调查”。加强人口问题研究，完成区长主持的区重点协作课题的子课题——《关于破解我区人口难题，推进人口与资源环境协调发展的对策研究》等4篇调研报告。其中《关于破解我区人口难题，推进人口与资源环境协调发展的对策研究》获区年度优秀调研报告一等奖，《关于石景山区人口出生及自然增长情况分析》《关于石景山区计划生育特扶家庭伤残子女调研报告》获二等奖。

（田孟云）

【公共服务均等化】 年内，区人口计生委以流动人口计划生育服务站建设为抓手，全面推进“四种模式”（独立式、联合式、挂靠式、吸纳式）全覆盖。选取符合条件的八角杨中、八宝山玉泉西里南、古城特钢和老山东里北4个社区作为建站单位，建立图书角和健康屋，配置健康图书和健身器械，为周边流动人口和社区居民提供图书借阅、健康指导等服务。以流动人口关爱行动为重点，促进流动人口计划生育基本公共服务均等化。开展“两节”期间留京流动人口关怀关爱活动，组织500名流动适龄妇女免费两癌筛查，为1918名打工子弟学校学生免费健康体检，为3658人次流动育龄妇女提供免费孕情、环情检查。强化服务手段，完善流动人口“一盘棋”工作机制，加强与重点牵手地区的交流合作，联合开展流动人口服务管理，实现流动人口信息异地协查，提高流动人口服务管理水平。

（田孟云）

【人口信息化建设】 年内，区人口计生委与经信委共同完成区人口综合信息平台二期开发建设及测试验收工作。二期平台增加统计分析、人口电子地图、人口综合信息和辅助决策等功能，实现人口信息与地理信息融合对接，大大强化查询统计功能。同时梳理人口信息相关指标体系，对相关人口数据、调研成果进行发布，并完成系统内数据的清洗比对。通过半年时间的试运行，系统运行稳定，各项功能及性能指标符合设计要求，对领导决策、人口调控和各部门业务应用发挥重要作用。

（田孟云）

【计生药具全覆盖】 年内，区人口计生委拓宽药具发放渠道，提高药具易得性和自取率。为街道、社区居委会、社区计生（卫生）服务中心、服务站、社会单位、流动人口市场等计生服务场所配备145个药具自取架，方便育龄群众领取避孕药具。进一步推广人机互动自助式计划生育药具服务管理新模式，在全区新安装23台第二代身份证免费避孕药具自助发放机，育龄群众只需在机器上刷二代身份证就可以免费领取到4种类型的避孕药具，实现24小时向育龄群众提供自助式产品，提高免费药具发放公共服务的社会化和信息化水平。宣传普及避孕节育生殖健康知识，提高育龄妇女生殖健康水平。组织100余名育龄妇女参加避孕节育知识健康知识讲座活动，加强育龄妇女对妇科常见病防治、不同时期避孕方法、更年期保健等知识的认识和掌握，指导育龄妇女提高自身健康意识和健康水平。

（孙利军）

【孕前优生检查】 年内，区人口计生委以群众满意为目标，从加强宣传服务入手，坚持责任分工明确化、随访服务经常化、信息评估常态化等措施，高效高质开展孕前优生健康检查项目工作。组织区妇幼保健院项目技术人员参加国家卫计委举办的项目培训班，提高技术人员业务水平和服务能力。在社区、机关、社会单位发放宣传折页，利用互联网、电子屏等形式，广泛宣传免费孕前优生健康检查项目，提高群众知晓率。结合地区流动人口工作四种模式，向楼宇、市场、出租楼房地下室及社区的流动人口宣传免费孕前优生健康检查的有关知识，鼓励流动人口政策内怀孕的夫妇积极参与。通过入户摸底，将符合生育政策、计划怀孕的育龄夫妇确定为免费孕前优生健康检查项目的重点宣传服务对象，摸清目标人群底数，有针对性地开展优生健康检查宣传、咨询工作，引导、督促和组织目标人群自愿接受孕前优生健康检查。全年为376对待孕夫妇提供免费孕前优生健康检查服务。

（孙利军）

【婴幼儿早期教育】 年内，区人口计生委深化以区“非童凡响”婴幼儿早期发展指导中心为主体，以街道科学育儿基地为分支，以社会专业早教机构为支撑的“三位一体”婴幼儿早期教育工作体系，采取政府购买服务的方式，利用社会优质早教资源为0～3岁婴幼儿家庭提供专业早教指导服务。组

2月28日，学雷锋服务队为民服务　（区私个协供稿）

织开展免费早教课程体验服务活动，即由区人口计生委、9家社会专业早教机构承办，为0～3岁婴幼儿家庭提供4次、总价值600元的早教课程体验服务，共发放早教服务包2500个，近400个家庭参与体验活动。依托区、街、居三级早教网络资源组织开展丰富多彩的婴幼儿教育培训活动，使广大家长感受到早期教育工作给孩子带来的快乐，促进家庭幸福和社会和谐。六一前夕举办“我健康 我快乐 我成长”庆六一超级宝宝秀主题活动。通过组织家长和宝宝开展亲子游戏，促进婴幼儿的适应能力、交往能力和创造能力，提升家长科学育儿意识。各街道也开展丰富多彩的早教活动，如八宝山街道组织亲子趣味运动会，金顶街街道举办书香传递活动，古城街道组织亲子教育讲座等，广宁街道开展“大手牵小手，你我共成长”亲子活动，鲁谷社区举办“宝贝嘉年华”——亲子游园活动等。组织街道早教骨干人员参加市级师资培训，逐步提高早教服务能力和水平。

（孙利军）

私营个体经济

概　　述

石景山区私营个体经济协会（简称私个协会）由全区经营企业、个体经营者及其从业人员组成，下设5个直属分会、4个行业分会。年内，区私个协会与中国邮储银行西区支行深入合作，共为172家私个企业成功贷款，总金额37346万元。与建设银行合作搭建会员诚信服务平台，宣扬文明诚信经营，服务广大会员。会员钟青林被评为“中国好人榜”7月人物，王乃贵、钟青林当选“感动石景山人物”，曹玉德获区“五四创业青年”荣誉称号。

地址：石景山区八角西街12号

电话：88708326

邮编：100043

（杨文彪）

【“光彩服务日”学雷锋活动】 3月5日和10月18日是北京市私个协会设定的“光彩服务日”活动，区私个协会组织会员开展“学雷锋”义务服务活动。各分会学雷锋小组分别走进社区、养老院、军营等，对社区居民及部队官兵进行法律宣传，提供义务理发、修理电器及修鞋等服务200余次。参与活动会员100余名，发放宣传材料3000多份。

（杨文彪）

【七届三次理事会召开】 6月27日，在工商分局召开七届三次理事会。会上，增选钟青林、李秀红、袁孝山、黄晓晨、杨培杰为副会长，陈飞为常务理事，何成武为理事。

（杨文彪）

【钟青林入选“中国好人榜”】 7月，在中央组织部、中央文明办、中央文明网举办的“我推荐我评议身边好人”活动中，区私个协会副会长、个体会员钟青林荣登7月“诚实守信好人榜”。钟青林坚持诚实守信经营25年，全心全意服务消费者，并坚持13年无偿献血6000毫升。年内，钟青林为鲁甸地震灾区捐款3000元。

（杨文彪）

【4家企业建立党支部】 年内，北京市燕都医院、北京鑫雅圣泰投资管理有限公司、北京宏昌物业管理有限公司石景山分公司、北京荟冠投资控股有限公司等4家企业建立党支部。各支部按照章程组织企业党员开展登山比赛、演讲比赛及读书会等活动，不断增强企业活力。

（杨文彪）

【组织会员培训】 年内，区私个协会与区经信委、石景山园区管委会、区工商联等相关单位联合举办《园区讲堂》系列培训活动4期，讲解财税政策、国家高新技术企业认定、企业人力资源及劳动保护政策等内容，320余名私个企业会员参加培训。落实市政府购买关于“强化食品培训，促进诚信自律，保障食品安全”服务项目培训，于3月和6月分二期培训，每期5天40小时，培训企业会员200多人。

（杨文彪）

居民生活状况

概　　述

截至年底，全区共有9个街道40个调查小区400户居民家庭调查户，街道覆盖率为100%。据居民家庭生活调查资料显示，本区常住居民家庭人均总收入46651元，同比增长8.5%，其中人均可支配收入41943元，同比增长8.5%，人均消费性支出23845元，同比增长6.4%，居民生活水平得到稳步提高。

（张清淑）

【居民收入】 全年实现居民家庭人均可支配收入41943元，同比增长8.5%。其中四项收入构成均保持平稳增长态势，收入结构进一步优化（见表11、图1）。

表11　2014年石景山区城镇居民收入构成及增长情况

收入项目	金额（元）	同比增长（%）	收入构成（%）
家庭总收入	46651	8.5	100
其中：可支配收入	41943	8.5	—
一、工资性收入	27942	6.4	59.9
二、经营净收入	1046	6.1	2.2
三、财产性收入	967	5.0	2.1
四、转移性收入	16696	12.5	35.8

（张清淑）

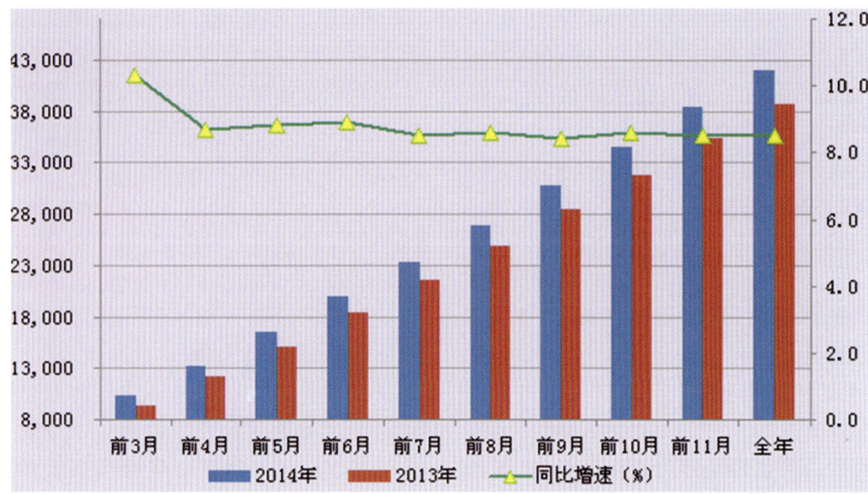

图1 2014年与2013年居民人均可支配收入对比情况

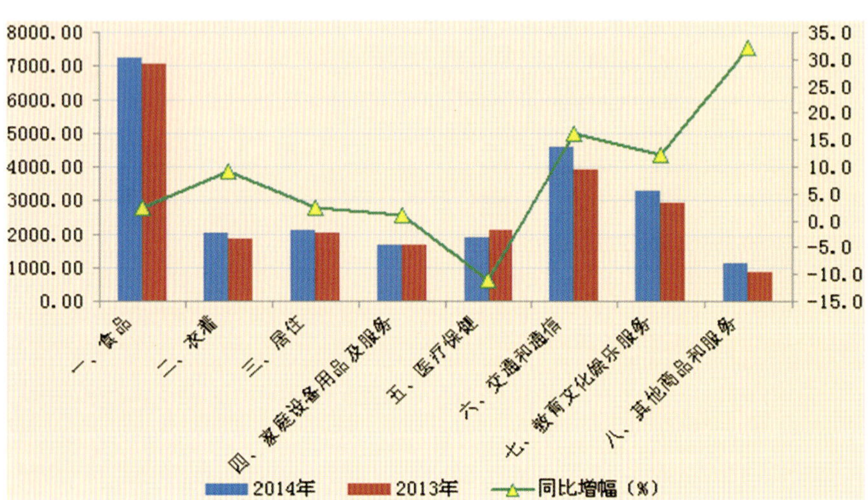

图2 2014年与2013年居民家庭消费支出情况对比

【消费支出】 年内，石景山区城镇居民家庭人均消费性支出23845元，同比增长6.4%，其中八大类消费支出七升一降（见表12、图2）。

（张清淑）

【百户耐用消费品拥有量】 年内，对19种耐用消费品拥有量进行统计，结果显示，每百户耐用消费品拥有量最高为移动电话，拥有量为220.63；最低为洗碗机，拥有量为0（见表13）。

（张清淑）

表13 2014年每百户耐用消费品拥有量

项　目	单位	数量
摩托车	辆	1.84
助力车	辆	10.41
家用汽车	辆	37.9
洗衣机	台	95.16
电冰箱	台	99.75
彩色电视机	台	135.87
计算机	台	103.48
组合音响	套	6.51
摄像机	架	21.34
照相机	架	71.39
中高档乐器（含钢琴）	件	6.04
微波炉	台	85.1
空调器	台	158
淋浴热水器	台	91.92
消毒碗柜	台	3.57
洗碗机	台	0
健身器材	套	4.3
固定电话	部	90.48
移动电话	部	220.63

表12 石景山区2014年城镇居民消费构成及增长情况

项　　目	金额（元）	同比增长（%）	消费支出构成（%）
消费性支出	23845	6.4	100
一、食品	7239	2.3	30.4
二、衣着	2009	9.1	8.4
三、居住	2094	2.5	8.8
四、家庭设备用品及服务	1676	1.0	7.0
五、医疗保健	1876	－11.1	7.9
六、交通和通信	4566	16.2	19.1
七、教育文化娱乐服务	3268	12.3	13.7
八、其他商品和服务	1117	32.2	4.7

社会建设

杨庄北区第二社区服务站
YANGZHUANGBEIQUDIER COMMUNITY SERVICE CENTER

社会领域党建及社会建设

概　　述

石景山区委社会工作委员会(简称区社工委)是负责本区社会建设工作的区委派出机构,石景山区社会建设工作办公室(简称区社会办)是负责本区社会建设工作的区政府工作部门。机关行政编制17名,其中区社工委(区社会办)书记(主任)1名、区社工委副书记1名、纪工委书记1名、区社会办副主任2名,科级领导职数6正2副;机关工勤事业编制1名,随自然减员逐步核销。年内,石景山区社会建设工作以构建高端的社会治理体系为奋斗目标,以增进民生福祉为根本任务,以组织协调社会多元参与为基本路径,以综合运用思想、经济、行政、法制等手段为基本方法,以各级党组织为领导核心,取得积极成效。一是加强社区建设。有序推进网格化社会服务管理体系建设,实现9个街道网格化全覆盖。全区共有社区153个,其中148个社区用房标准达标,达标率为97%。20个社区通过市政府绩效管理工作领导小组“六型”社区考核评议。新建6个“一刻钟社区服务圈”,覆盖率达88%(全市平均覆盖率为60%)。区财政投入400万元开展32个智慧社区建设。二是加强社区工作者队伍建设。组织业务培训4期900余人,为近1500名社区工作者安排体检;开展社区工作者、社区安全生产工作者公开招录,共招录428人。全区1818名社区工作者大专以上学历人员比例达94%。完成9个街道层面协管员队伍整合规范。三是完善社会组织服务管理体系。在5个街道开展“枢纽型”社会组织试点,拨付首批工作经费36万元。区财政投入500万元,购买50个公益服务项目,形成多群体受益、多方面发展、多层次推动的公益服务新格局。四是规范志愿服务站建设。规范84家社区志愿服务站和10家楼宇志愿服务站,做到有明显标识、有工作人员、有经常性志愿服务项目和岗位、有稳定志愿者队伍、有规范管理制度。五是着力加强社会领域党建。组织召开社会领域庆祝建党93周年暨创建服务型基层党组织工作推进会,对优秀人员及单位进行表彰。发挥十大标兵非公企业示范作用,与21家非公企业“结对共建”开展党建。

地址:石景山区石景山路18号

电话:88699851

邮编:100043

(安若冉)

【社会组织公益行活动】 3月初,区社工委按照市社工委“发展社会组织,推动社会公益,履行社会责任,促进社会和谐”总体要求,发动全区各级各类社会组织,开展社会组织公益行系列活动。制定下发活动方案,要求各社会组织开展活动期间做好日常工作与主题活动有效整合、专场活动与整体活动有效结合,做到“点”“线”“面”有机统一。年内,培育出一大批热心社会公益事业的社会组织、企业和个人,也催生出一批有影响的社会公益品牌和服务项目,共征集贯穿全年公益活动480余项。开展“社会组织公益服务优秀品牌”创建项目,评选出“石景山区十大公益服务品牌”,分别是:小飞象自闭儿童康复行动、漂亮妈妈听障儿童救助行动、乐龄参与式社区居家养老、金色亲情社区服务、红蜡烛特殊家庭教育帮扶、志愿服务公益反哺、鲁谷义工和谐博爱家园、关爱首钢留守家庭子女行动、平安社区·校园培训、健康操社区推广活动,得到北京和外省市爱心企业捐助。

(徐小凡)

【网格化组织体系全覆盖】 4月11日,夏林茂深入八角街道现场调研,研究确定加速推进网格化社会服务管理体系建设工作。按照全市工作部署和区委、区政府明确要求,通过推进平台覆盖、夯实工作基础、实现性能整合、探索机制创新,落实网格化社会服务管理体系建设。网格化社会服务管理体系建设全覆盖工作现场推进会于6月17日召开。会议听取区社工委和八角、八宝山、广宁3个试点街道相关工作情况汇报,要求加快推进力度,利用区级便民工程资金和市级专项经费,开展其他街道“社会服务管理综合指挥分中心”建设工作。推进“城市管理、综治维稳及社区”三网融合。完成其他6个街道网格精细划分,在保持原城市管理网格界线基本不变的基础上,遵循“地域性、完整性、便利性、差异性、融合性”的原则实行就近就地整合,使三网直接融合、四至统一。推动城市管理、综治维稳、社区治理等工作的统筹融合。实现网格化建设与社区规范化建设、“六型社区”创建、智慧社区创建、一刻钟服务圈等其他工作共促共进。到年末,全区9个街道(鲁谷社区)全部完成网格化建设任务,完成网格划分和网格员选拔,全区设网格402个,有专职网格员464名,兼职网格员近18000名。

(王君语)

【老旧小区自我服务管理】 4月,区社会建设工作领导小组研究出台开展老旧小区自我服务管理试点工作的意见。明确发改委、财政、市政、住建委、商务委、综治、公安、城管、工商、园林、食药、消防等13个成员单位的职责分工,并建立沟通联系机制,形成工作合力。在缺乏物业管理的老旧小区开展试点,探索物业自主式、社区自治式、产权单位自助式等自我服务管理模式。年内,进一步探索解决老旧小区存在突出问题,提高老旧小区服务管理水平,完善社区治理结构。八宝山街道永东北社区、老山街道国科大社区等7个市级老旧小区自我服务管理试点通过市级检查验收。

(金　超)

【成立首家楼宇商会】 5月9日,石景山区首家楼宇商会——八角街道联合楼宇商会召开成立大会。楼宇商会的成立将充分发挥楼宇企业集群优势,凝聚地区非公组织力量,汇聚企业智力资源,促进非公经济健康发展,更好地团结、引导、服务地区商务楼宇内非公企业,在交流合作、助力发展、反映呼声、信息服务、牵线搭桥、公益活动方面发挥积极作用。一是促进楼宇内各行业企业与各部门之间的合作,积极开展各种形式的交流考察和商务活动，帮助会员开阔眼界，拓展思路；二是开展各种形式的会议研讨、课题研究工作，促进企业提高经营管理水平；三是收集、整理会员的意见和建议，及时向区工商联反映会员的要求和呼声，同时，接受政府委托，开展楼宇经济及相关行业调研，为政府的正确决策提供意见和建议；四是依托中小企业服务平台，以及八角街道楼宇工作站博客及微博，为会员单位提供信息服务，宣传商会工作；五是加强与其他地区及行业商会、政府部门、企业之间等的广泛联系，在引进资金、项目等方面为会员牵线搭桥，促进商贸合作与交流；六是承办政府及区工商联委托交办的事项，引导会员积极参与公益事业，组织会员参加商会和各级工商联开展的活动。

（高　欣）

6月15日，公开招聘社区工作者　（区社工委供稿）

【社区工作者队伍建设】　5月，区社工委经报名、笔试、面试、体检和政审等环节，公开招录220名社区工作者；与区人力社保局联合招录军嫂20名，共计招录240名社区工作者。7月，与区统计局联合招录统计工作室人员40名。9月，与区安监局联合招录安全生产社区工作者148名。完成市“万名社区工作者培训计划”石景山区培训4期，覆盖社区工作者900余人。完成新招录社区工作者初任培训。全区有118人持有国家社工师资格证书，384人持有助理社工师资格证书。

（董妍君）

【高端社会治理体系建设】　6月5日，区社工委召开构建高端社会治理体系街道研讨会，听取各街道（鲁谷社区）关于构建高端社会治理体系的工作汇报。区社会办通过“两抓好一落实”，夯实高端社会治理体系建设基层基础。一是抓好社区工作者队伍建设，夯实基层社会治理基础。组织社区骨干参加心理课程培训，举办“青年社工沙龙”活动3期，100余人参与，打造高端社会工作人才，为构建高端社会治理体系提供队伍保障。加强人文关怀，将街道社区工作者体检周期由3年一次调整为1年1次，增强工作积极性、主动性。二是抓好街道专职协管员队伍建设，促进基层人力资源有效整合。安排专项资金457.6万元，为街道专职协管员补充配备工作服装和交通工具。建立“区、街、社区”三级管理机制，将20类专职协管员的管理权限和相关资金，全部交由街道统筹使用，建立协管员队伍转岗机制、培训体系、激励制度等，统筹规范管理的体制机制已初步建立，并与网格化、街道社会治理综合执法指挥中心、信访代理制落实有效结合。三是落实社会建设专项资金。社会建设专项资金向街道、社区倾斜。本年度社会建设市、区专项资金下拨到各街道（鲁谷社区），涉及网格化、一刻钟社区服务圈、社区规范化、智慧社区、政府购买服务等项目，资金近2890万元，确保基层有钱干事。同时，抓好资金使用监督管理，确保专款专用。

（安若冉）

【社会领域党建表彰】　6月27日，区社工委召开社会领域庆祝建党93周年暨创建服务型基层党组织工作推进会。会议表彰15个“党建示范社区”、10个“商务楼宇工作站示范点”、100名“优秀党员”，50名“优秀党务工作者”、20名“优秀非公企业党建指导员”、20个“党建精品项目”及10对“优秀非公企业结对共建单位”。

（高　欣）

【社会工作者培训】　9月，区社工委围绕社会工作者综合素质提升，举办社区工作者心理干预能力公益培训班，历时3个月，70名社工骨干力量参加。课程涵盖心理学基本知识、心理调节与干预、特殊人群心理关怀等多个方面。11月，围绕社会组织治理改革创新，举办社会工作人才能力培训班，9个街道10个区级“枢纽型”社会组织和20家优秀社会组织负责人、精英骨干接受培训。通过培训，引导和促进社会工作骨干人才学习新政策、树立新思维，提高社会工作理论水平和实务能力，推进高端社会组织治理体系建设。

（徐小凡）

【“枢纽型”社会组织建设】　12月5日，区社工委印发建立街道“枢纽型”社会组织工作体系的通知，确立9个街道级“枢纽型”社会组织，充分整合提升基层社会组织资源，进一步激发释放活力，基本确立起街道“枢纽型”工作体系框架。年内，区社工委以健全区街两级“枢纽型”社会组织管理体系为抓手，深入探索“以社管社”治理方式创新，推动全区社会组织建设实现融合式发展、规模化管理和集约式服务。重点推进街道“枢纽型”社会组织建设并取得较好成效，年初在八角、广宁、鲁谷3个街道试点先行，在资源

整合、培育管理和激发活力等方面取得初步实效。

（徐小凡）

【青年社工骨干拓展训练】 12月11日，区社工委联合社区学院举办题为“凝聚你我青春·共赢卓越未来”的青年社工骨干拓展训练。训练为期2天，内容包括团队竞技、团队合作以及参观纪念馆活动，9个街道（鲁谷社区）50余名社区工作者骨干参与拓展。

（谢云政）

【获评市级公益服务品牌】 12月，在北京市社会建设领导小组办公室组织的“北京市社会组织公益服务品牌”评选活动中，石景山区有5个项目获奖。石景山区志愿者联合会的公益反哺家园志愿行动获得银奖，八角特钢社区志愿者协会的“金色亲情”服务项目、星缘社会工作事务所的“温馨夕阳红”失独老人关爱行动、小飞象训练发展中心的“守望幸福”自闭儿童关爱行动项目和太阳花言语康复中心的“v-team”听力言语康复行动分别获得铜奖。

（徐小凡）

【社区规范化建设】 年内，区社工委按照市社会建设工作领导小组办公室在全市广泛开展“社区规范化建设示范点”活动要求，结合“组织健全、运行规范、队伍优良、设施完备、成效明显、亮点突出”等六方面标准，以规范工作职能、提高服务质量、加强综合统筹为基础，重点提升社区服务站形象和完善社区服务站“五统一”工作（即统一形象标识、统一项目设施、统一运行流程、统一服务规范、统一资源调配），完成八角街道时代花园社区、苹果园街道装司社区和金顶街街道金一社区等6个市级社区规范化示范点创建、20个社区服务站提升、26个社区服务站标识制作等。截至年底，全区共计完成108个社区标识制作和更新；社区平均用房面积达到438平方米，全区153个社区中148个社区用房达标，达标率为97%。

（谢云政）

【推进六型社区创建】 年内，区社工委按照“干净、规范、服务、安全、健康、文化”六型社区的创建要求，召开工作部署会和经验交流会。针对第一轮评估出现的问题，要求各街道深度分析，严格整改，区、街道、社区组成联合检查组在第二轮评估检查之前，对申报的“六型社区”逐一检查，力争达到挑战值目标。截至年底，68个社区完成“六型社区”创建任务，连续三年达到“六型社区”挑战值目标。

（金 超）

【一刻钟服务圈信息化】 年内，区社工委在总结深化古城街道“千百十”便捷家园服务等特色建设经验的基础上，利用“云计算”“大数据”“微平台”等信息技术手段，着力推进“一刻钟社区服务圈”建设，形成服务实体、因特网、物联网、个人手机终端的互动、互通、互联，实现“一刻钟社区服务圈”信息化发展。八角街道开通“爱八角”微信公众服务平台。金顶街街道通过与歌华有线合作，建设高清交互平台“金顶街街道”资讯项目，使街道成为搭建在政府和居民之间的一座沟通桥梁。广宁街道建立智慧生活便民综合服务中心，通过铺设便民服务终端机“E家宝”和配套智能手机，依托“智慧生活”电子互动平台，采取互动电脑查询的方式，为社区居民提供“吃、住、行、游、购、娱、健”和“一刻钟服务商圈”的各类服务信息。截至年底，全区共建成“一刻钟社区服务圈”70个（市级64个，区级5个），覆盖社区134个，服务人口近56万人。

（谢云政）

【规范社会党建运行】 年内，区社工委按照构建区域化党建格局的目标，加强街道社会工作党委建设，规范社会领域党建运行模式。主动适应信息化发展趋势，利用互联网、手机等新兴传播载体，拓展基层党建工作渠道阵地。每个街道建立联络工作室，落实相关制度和工作机制，真正实现社会工作党委“三有一化”（有人管事、有钱办事、有场所议事，构建区域化党建格局）工作目标。完善监督制度、联系党员群众制度、述职制度等，保障党代表能充分行使职权、发挥作用。进一步充实和丰富街道社会工作党委工作内容，规范工作流程，推进党务公开，逐步健全非公经济组织党组织、新社会组织党组织、流动党员党组织的组织设置。

（高 欣）

【规范专职协管员队伍】 年内，区社工委以实现工作落实体系化、制度职责规范化、教育培训经常化、考核监督务实化、保障激励机制化和服务发展优质化为工作目标，参照社区工作者队伍管理经验，进一步探索街道协管员队伍的统筹规范，推进协管员队伍科学整合与规范使用，实现特色发展。一是统筹工作安排。建立“区、街、社

12月25日，统筹规范协管员队伍 （区社工委供稿）

区”三级管理机制，制定区级业务培训、人员招录制度，各街道制定相关管理办法，探索街道、部门工作的有机统一，推动条块的协调联动。将20类专职协管员的管理权限和相关资金，全部交由街道统筹使用，相关部门的业务通过街道统筹下达。二是统筹岗位管理。各街道以群众需求为出发点，以网格化体系为工作载体和协调纽带，结合地区实际，对协管员任务总量、岗位总量进行测算，实现定岗、定责、定编。推进稳步转岗，建立协管员队伍台账和可转岗人员信息表，组织符合条件并自愿转岗的协管员办理相关手续。三是统筹效能提升。开展系统培训，内容包括统筹规范管理的意义、职业规范、技能实操等；完善激励机制，实施岗位工资、季度奖和年终奖制度，奖勤罚懒，多劳者多得。全年提供社会服务3.6万余人次，为维护地区安全稳定发挥积极作用。

（王君语）

【智慧社区建设】 年内，智慧社区建设列入区政府便民工程项目，区财政投入400万元建设智慧社区。按照《关于在全市推进智慧社区建设的实施意见》（京社办发〔2012〕6号）和《北京市智慧社区认定管理办法》（京社办发〔2013〕5号）要求，区社工委完成32个智慧社区的自评、申报和星级评定。共认定北京市星级智慧社区32个，其中五星级2个、三星级21个、二星级9个。项目建设扎实推进，形成一批特色亮点品牌。八角街道研发“365服务网”，为居民提供多门类、多层次的智能服务。八宝山街道建立社区生活服务资源库，通过互联网、电子显示屏、社区微博、智能手机等，建立公共服务信息推送平台。广宁街道开发建设“智慧生活”综合服务平台，满足居民方便快捷购物需求。

（安若冉）

【推进志愿反哺】 “志愿反哺公益援助计划”于2011年实施，是石景山区进一步推动志愿服务事业健康发展、健全志愿服务激励机制所开展的社会服务和管理创新实践。年内，反哺服务项目在理发、家居保洁、洗衣服、拆洗被褥等项目基础上，增加健康体检、订阅报纸、亲情陪伴等服务。通过市、区两级政府购买服务，争取到28万元公益资金作为反哺专项经费。

（李明轩）

【政府购买服务58项】 年内，市社会建设专项资金批复石景山区购买社会组织公共服务经费77万元，用于购买8个公共服务项目。截至年底，市政府购买社会组织服务项目的参与人数累计达14000余人次，举办活动260余场次，有20余家社会组织参与，累计提供社会服务4200小时，发放宣传海报、手册等资料23700份。区政府本年度购买服务工作专项经费增至500万元，共计购买50个服务项目。区社工委、社会办专门成立政府购买社会组织公共服务工作领导小组，办公室设在区社会办社工科。加大过程监管，随时掌握项目运行情况。成立由社工委、财政局、民政局、监察局等部门以及清华大学、北方工业大学等高校专家组成考评小组，集中抽查评估服务项目，由第三方进行项目资金审计，确保资金使用效益。

（徐小凡）

【政府购买公共服务】 年内，政府购买社会服务项目运行程序规范、资金使用合理，群众关注度高，服务质量和覆盖面有所提升，社会组织为民服务能力不断提高。社区心理健康疏导备受关注，但资源相对缺乏。引入华夏清源社工事务所，开展“新邻居99聚”——石景山廉租房社区邻里守望心理小组项目，项目负责人积极与社区沟通，了解社区人群特点，组织心理学领域专家开展20余场次符合该社区、有针对性的心理调试、培训、讲座等活动，针对特殊家庭子女通过沙盘、催眠等方法进行心理调适，百余人参加，受到欢迎。小飞象训练发展中心以服务自闭症儿童为主，为心智障碍儿童提供个别训练、集体训练、家庭指导。“‘守望幸福’——自闭症儿童家庭公益援助行动”开展以来，在政府购买服务资金支持下，开展多次自闭症家庭生存状况调查、家庭干预知识讲堂和系列家庭自助与互助活动，对有特殊需求的70多个自闭症家庭进行细致的个案辅导和咨询。举办民盟石景山综合支部、中国杂技团李宁魔术团、首钢设计院、生命之光俱乐部等单位参与的“让爱永驻家”大型公益倡导活动、“五整生日会”，以及“星宝”小飞象快乐魔术公益行系列活动等，让孩子感受社会的关心和爱护。乐龄老年社会工作服务中心以老年人为主要服务对象，致力于推动社区居家养老服务，机构成立后开展乐龄互助小组、日间老年照料室等品牌项目。“年龄无障碍”项目是以志愿服务为主要内容的参与式社区居家养老服务，探索出一套全新的“青年志愿者组织＋社区老年志愿者组织＋社区”的志愿服务模式，指定标准化服务流程，在合作社区每月开展一次活动，以健康、老年法律维权、环保、运动、文化交流等主题，全面普及新时期生活技能；高龄老人集体生日会、老年志愿者健康心理讲座、老年才艺大比拼等活动有近700余人参与其中。“95081石景山区居家养老服务项目二期”“第三期暖心职工培训咨询服务项目”“石景山志愿反哺公益援助计划”“福祉民生、惠及百姓科普社区行”“聆听幸福声音”等项目都是持续开展的品牌项目，均得到过市、区两级购买服务资金的支持，在社区居民中有一定影响力。

（徐小凡）

【志愿者网上注册58324人】 年内，区志愿者联合会组织下属各志愿者分会开展志愿者网上实名注册。截至年底，注册志愿者58324人，注册志愿组织59个。市、区志愿者联合会沟通协调，将志愿反哺积分与志愿者服务计时进行对接，对库内已有志愿者网上数据进行及时维护，对新注册志愿者志愿服务计时进行前期调试。

（李明轩）

【实施便民工程154项】 年内，区政府投入4048万元实施154项街道便民工程，其中维修改造居民服务站、安装便民设施37处，修缮社区道路27条，环境整治18处，提升居民休闲、健身场所及设施63处，建设各类小型应急工程9项。各街道充分调动驻区社会

单位参与便民工程建设，全年共争取社会资金415万元。

（李明轩）

【创新民主自治模式】 年内，区社工委不断探索加强社区自治体系、自治制度和自治实践的创新。围绕探索社区“参与型协商”民主自治模式、进一步推进社区居务公开、开通网络信息平台、畅通民情民意渠道、增强民主协商，为建设和谐社区奠定强有力的基层民主基础。全年共计完成13个“参与型协商”试点社区的建设工作。八宝山街道永东北社区以“困有所助、难有所帮、需有所应”为理念，以“设施优等、管理优化、服务优质、环境优良”为目标，坚持“知民、为民、便民、利民”的原则，以社区议事协商委员会为平台，构建起“一元统筹、多元参与”的工作格局，推行“大事共议、实事共办、要事共决、资源共享”的工作方法，有效实现联合领导、互相沟通、协商共治，充分调动辖区单位、社区居民参与社区建设的积极性，逐步把更多决策社区事务的权利赋予居民；鲁谷社区以“社区议事厅”为平台，以“楼委会”为依托，通过搜集居民反映的急、难、热问题，以议题的形式提交议事厅讨论，引导居民有序参与社区事务，真正做到“我的民生我做主”。

（董妍君）

【社会动员工作试点】 年内，区社工委落实市社会动员工作会议部署，选定老山街道、金顶街街道为第二批社会动员工作试点单位。根据《2013年在全市街道社区开展社会动员工作试点的方案》，要求各试点单位建立和完善街道统筹、各部门分工负责、驻区单位和公众广泛参与的基层社会动员体制，健全社会动员网络，内容包括：推动共驻共建、推进依法自治、完善应急动员工作机制、深化志愿服务、加强市民劝导队工作、完善基本保障政策等。老山街道在所有社区推行“五步惠民工作法”，解决群众反映的利益问题。

（李明轩）

【新增社工事务所5家】 年内，区社工委通过购买服务、购买岗位等措施，培育新增社会工作事务所5家。共有专兼职社工21人，主要开展心理健康疏导、志愿服务、社区服务、青少年关爱、教育辅导等服务项目。其中，清源社会工作事务所以社区重点人群、社工群体为主要服务对象，重点开展心理健康疏导活动；励德社会工作事务所通过开展“四点半课堂”等项目，推进中小学生的情商开发与提升；中正社会工作事务所主要开展社会工作专业培训、志愿者工作，加强社会工作经验的总结与学术交流，协助管理部门开展社会工作的绩效评估；致远社会工作事务所以组织推广公益理念为出发点，发动、组建志愿者队伍开展专项服务，承接政府部门购买的社会服务。社工事务所总计成立11家。

（徐小凡）

【商务楼宇工作站建设】 年内，区社工委加强商务楼宇工作站规范化建设。为每个楼宇工作站统一制作牌匾水牌，编写商务楼宇工作站服务手册，收录工作站服务管理相关文件，汇编41个商务楼宇工作站建设情况，明确联席会成员单位对商务楼宇提供的100个服务项目，为联席会成员单位和商务楼宇工作站工作人员提供工作依据。在商务楼宇工作站集中推进月中名列全市第一。

（高　欣）

社区党建

【概况】 全区有社区党组织153个，社区党员3.3万名。社区党委78个，党总支41个，党支部34个。年内，将基层党建考评与社区党建“三级联创”活动有机结合，按照基层党建“五好”标准抓好落实。继续推进“一社区一品牌”创建工程，推行基层党建项目化管理，培育党建创新项目品牌。通过健全社区党组织，提高社区党组织班子整体素质，扩大社区民主政治建设的发展趋势，夯实社区党组织在构建和谐社区中的主导地位。

（高　欣）

【党建“三级联创”】 年内，区社工委将基层党建考评与社区党建“三级联创”活动有机结合，并按照基层党建“五好”（领导班子好、党员队伍好、工作机制好、工作业绩好、群众反映好）标准抓好工作落实，建立健全社区党组织工作台帐。借鉴广宁街道“红色网络”服务模式，推进“党员在格上，工作进网格”的党组织服务联系群众网格化管理模式，合理划分网格，科学配备人员，开展“组团式”“个性化”“一站式”服务，帮助社区居民、流动人口、低收入家庭等解决工作生活的实际问题。

（高　欣）

【党代表工作室成立】 1月，广宁街道成立党代表工作室。实行党代表在工作室轮流值班制度，以了解地区群众意愿，倾听群众呼声，反映群众诉求，化解矛盾纠纷，搭建党组织与地区居民联系沟通的桥梁。党代表工作室设负责人1名、联络员1名、志愿者1名，开放时间为每周周二上午9:30～11:30，联系电话：88991296。全年接待群众诉求37批次280人次，化解矛盾纠纷37批次280人次。

（赵小艳）

【红色网格全面推开】 七一前夕，广宁街道在麻峪北社区召开社区红色网格推进会，红色网格建设在5个社区全面展开。每个社区根据党员和人口分布情况，将所辖区域划分成网格，每个网格由一名党小组长任格长，党员为网格成员，参与社区服务和管理，把社区工作与红色网格建设有效融合，使社区党组织和党员作用发挥最大化。各社区党委开展“四个红”系列活动，即建设红色家园，营造温馨和谐氛围；开展红色帮扶，关注弱势群体；开展红色星级家庭争创，提升居民综合素质；开展红色四季服务活动，实现社区安定有序。

（赵小艳）

【“身边好人”评选表彰】 6月，在建党93周年来临之际，苹果园街道开展“三个一百”先进人物评选活动。通过社区推荐、群众投票，选出100名优秀共产党员、100名身边好人和100名优秀志愿者。根据先进人物典型事迹，编印《身边好人》一书，牛青山作序。先进人物评选活动为地区6000多名党员、13万居民树立学习榜样，进一步助

6月27日，苹果园街道表彰"三个一百"先进人物　（苹果园街道供稿）

推精神家园建设。

（王　静）

【全国党建网到区调研】　12月9日，中央国家机关工委直属全国基层党建研究中心常务副主任、全国党建网总编辑高铭铎到区调研传承红色基因建设服务型党组织情况。全国党建网专题部主任薄彦涛、全国党建网调研部主任宋涛参加调研，市委社会工委党建工作处、区委社会工委和石景山园党工委有关人员陪同调研。

（高　欣）

【扩大非公领域党建】　年内，金顶街街道按照"积极稳妥、创造条件、因地制宜、合理设置"的原则，在1家非公企业成立新思维党支部。通过召开座谈会、专题辅导、发放宣传资料、选聘非公党建指导员、非公企业党员相互交流等多种形式，加强非公企业党员教育与管理工作。依托金隅科技大厦"五站合一"楼宇工作站，先后走访企业35次，发放各种调查问卷及宣传资料500余份，接待员工来访10余次，组织集体活动11次，服务内容涉及劳动就业、人员招聘，治安巡逻、文教、卫生等方面。

（贾春远）

【创新廉政教育载体】　年内，金顶街街道开辟金二区"廉苑"廉政文化室、模西中纪委委员接待室"连心小筑"、模西北社区的"支书讲廉政"和"居友调解室"等特色载体。利用社区党员活动室、益民书屋、宣传橱窗等平台，扩大党风廉政宣传教育覆盖面，使廉政文化融入人们日常生活中。借助"廉洁微讲坛""我为廉政建设建言献策""让廉洁意识植根于娃娃心中""讲党史、讲清廉、讲勤俭"等活动形成"街区互动、全员参与"的廉政文化氛围，筑牢精神家园。

（贾春远）

【十个"一线工作法"】　年内，金顶街街道开展窗口服务十个"一线工作法"（领导在一线指挥、干部在一线创业、措施在一线落实、办法在一线研究、问题在一线解决、矛盾在一线化解、经验在一线总结、典型在一线推广），提升服务效能。业务窗口共计接待各类咨询1.7万余人次，一次性办结各类事项近1万件，缩短时限办结事项累计388件，极大地方便办事群众。全年为社区轮训业务专干36人，举办社区党委学习交流活动16次，社工素质拓展训练1次，组织党务工作者培训2次。

（贾春远）

【社区大党委成立】　年内，五里坨街道根据回迁社区资源相融、问题相通、人员相似、地缘相近、区域相邻等特点和优势，试点回迁社区大党委机制，推进区域化党建。12月，在回迁新建社区成立大党委，一个党委统辖3个居民委员会，即"一带三"模式。由街道党工委任命专人负责，大党委委员实行席位制，吸纳回迁新建3个社区党组织书记、驻片区民警、物业公司、居民党员代表参加，其原有身份、性质和待遇均不改变。大党委以服务社区居民、完善社区管理为目标，指导3个社区党组织的党建工作和社区建设。统筹协调区域内党建资源，开展党建和社区社会服务管理协调，统一管理服务回迁新建社区党员群众，推进区域党员一体化管理，形成"载体联创、活动联搞、阵地联享、党员联管"的"四联"体系，推动社区建设发展。

（张振颖）

【社区大党委新思路】　年内，古城街道探索社区"席位制"制度。将辖区内有一定影响的驻区单位党组织负责人选任为社区大党委委员，落实大事共议、实事共办、要事共决、资源共享。创建社区党委与社会单位党组织"双轨制"人才培养模式，从社区抽调干部到辖区单位进行学习。通过这一模式，社区工作人员可以进一步了解民生政策措施，熟悉办事流程，掌握业务知识，服务居民群众，拓宽地区党建相互促进、协调发展新思路。

（孔　微）

【党员活动接力赛】　年内，鲁谷社区党工委启动"卓越向上闪光"党员活动接力赛。将所辖22个居民区党组织分为三组，每组申报一个党建活动项目，以组为单位开展活动竞赛，每次活动由居民区党组织书记到场观摩打分，根据得分每组评选出一个优秀项目，从三个组中评选出一个优秀团体。在22场接力赛中，双锦园的"感恩母亲节，放飞中国梦"、五芳园的"爱心拍卖会"获得好评。

（马玉秋）

【入党"双把关"制度】　年内，鲁谷社区党工委积极创新党员发展模式，对入党积极分子采用"双把关"制度。对报名参加入党积极分子考试的人员，先由党组织召开党总支（支部）扩大会议进行审议和无记名投票，选拔推荐考试对象；党工委对推荐考试对象进行二次审查备案，确定最终参加考试人员。综合考虑入党积极分子的考试成绩、现实表现和群众基础等情况，按照相关组织程序择优发展为预备党员。全年有18名符合入党条件的积极分子参加考试，9名同志被吸收为预备党员。

（马玉秋）

八宝山街道

概　　述

八宝山街道位于本区东南部，东起玉泉路，西至鲁谷大街，南起吴家村路，北至石景山路，辖区面积5.24平方千米，与海淀区、丰台区、石景山鲁谷社区行政事务管理中心、老山街道办事处相接。区域道路近30条，呈四纵（石景山路、鲁谷路、莲石路、吴家村路）四横（玉泉路、雕塑园中街、鲁谷东街、鲁谷大街）分布，京九铁路、一号线地铁从辖区内穿过，30多条公共汽车运营线路途径此地。辖区有社区17个，常住居民1.8万余户4.4万余人，流动人口0.6万余户2.1万余人。街道内设机构12个，其中街道工委内设机构4个，办事处内设机构8个；共有党政机关行政编制60人，工勤编制4人，事业单位编制33人。年内，开展党的群众路线教育，制定整改任务16项，完善强化干部作风纪律等5个方面的制度29项。建立党员服务“e”站，利用博客、QQ群等新媒体创新在职党员管理形式，提升党组织凝聚力，1085名在职党员到社区报到。全年完成便民工程19项；拆除违法建设面积4220.12平方米；办理老年人优待证1223张、老龄证308张，为65名高龄老人发放高龄津贴6.4万元；组织劳动政策大讲堂12次，发放独生子女父母一次性奖励费11.5万元，组织文艺演出、联欢会、书画摄影展览、艺术培训等各类文化活动80余场。新增“六型”社区3个，“一刻钟社区服务圈”1个，永东北社区为老旧小区自我服务管理试点，西里北、西里南、沁山水南3个社区安装智慧社区软件系统。西里中社区被评为“全国和谐社区建设示范社区”。

地址：石景山区鲁谷东街18号
电话：68682169
邮编：100040

（孟令妹）

【社区群防群控】 1月，八宝山街道成立重点地区整治工作领导小组，负责重点地区集中整治。全年签署维稳责任书160份，实现街道维稳中心与派出所、专业队伍、社会单位、相邻区（街）、应急工作、信息工作“六对接”。安全防控实现各行各业全动员，社区群防力量达到2729人，专业力量901人，重点社会单位确定防控力量560名，并吸收民兵预备役力量参与。

（孟令妹）

【推进信访代理制】 1月，八宝山街道成立信访代理工作领导小组，发挥街道—社区基层代理作用，依托街道“信访代理室”、社区“信访代理站”平台，把街道建设成为“六个之家”（代理人民诉求之家、为民排忧解难之家、维护公平正义之家、法制宣传教育之家、征集人民建议之家和人民群众满意之家）。截至年底，街道及社区共代理群众诉求73件293人次，接待群众119批次，群众上访量同比下降26%，一批信访积案得到有效化解；通过动态排查，共排查出各类矛盾纠纷45件，均妥善解决。

（孟令妹）

【网格化管理系统试运行】 3月，八宝山街道完成街道网格化服务管理指挥中心建设，推出“微生活，易服务”网格微信平台，提高网格事件办理效率。扩充50项基础数据表单，完善地区人、地、事、物、组织的数据资料；在四季园社区安装30个视频监控探头，协调远洋物业，将远洋山水南区的摄像头引入网格平台，随时掌握重点地区、重点地段的实时监控情况。启动第一批协管员下沉社区网格工作，共配置城管、流管、安全等各类协管员38人，每天进入所辖网格巡查。全年上报网格事件90件，均已办结。

（孟令妹）

【健全志愿者服务体系】 4月，八宝山街道绿化志愿者服务队成立，吸收辖区内几十名热心环保、奉献精神强、有一定影响力的志愿者加入。年内，在各社区开展环保绿化宣传、绿化巡查、环境卫生监督等各项志愿服务活动12次，受益群众2000余人次。12月，街道联合中华志愿者协会，开展中华志愿者“送福进万家”活动，为社区居民送去新年“福”字及书画作品，使文化成果惠及于民。全年开展志愿反哺双服务活动30次。

（孟令妹）

【协管员统筹规范管理】 6月，八宝山街道成立协管员管理办公室（简称协管办），统筹规范管理街道各类协管员，涉及协管员档案管理、工资发放、社保缴纳、增补招录、劳动合同续签、培训考核

4月4日，绿化志愿者服务队成立　　（八宝山街道供稿）

等方面。11月完成协管员集中培训，12月完成协管员年终考评。街道有协管员115人，其中公益性协管员6类65人，非公益性协管员6类50人。

（孟令姝）

【城市管理体制改革】 7月，八宝山街道社会治理综合执法指挥中心成立，地区工商、城管分队、食药监、交通、消防、安监、环保等各职能部门共派驻人员8人。中心制定每日巡查工作制度，规定每日组织常驻部门人员联勤联动、一车多人，对本辖区开展巡视，针对无照游商、非法占道经营、黑车黑摩的以及违法建筑和非法占用消防通道等违法现象及时进行处理。10月20日，地区城管分队、工商所、消防中队、安监局、环保局及街道相关负责人在联合执法巡查过程中发现鲁谷7号楼底商商户存在私自拆卸便道护栏的违法行为。执法人员及时对该商户进行批评教育并现场监督其将护栏恢复原貌。同月22日，中心对辖区内永乐东小区12号楼违建进行拆除。消防、安监、环保、工商、公安等部门常驻人员配合城管执法队开展拆违行动，维护现场秩序，确保拆违任务顺利完成。截至年底，以城市管理"亮剑行动"为抓手，解决多项市、区级挂帐的难点问题，包括拆除永乐小区67号楼周边1000余平方米违章建设、根除"胡子串吧"非法露天烧烤等。

（孟令姝）

【开展"亮剑行动"】 11月，八宝山街道根据"亮剑行动"要求，开展专项整治行动，净化辖区环境秩序。一是提高执法力度，对市、区级挂账点位开展重点治理、长效巡控，全员投入开展联合执法；二是加大巡查频次，加强联合执法人员工作效率，提高街面执法巡查"出镜率"，采取车控、步巡、人盯的模式，突出执法直接效应；三是坚定执法信念，强化联合执法意识，敢于向难管理、易反弹的环境秩序问题"出手"，运用综合执法力量和手段，将环境秩序问题个个击破。首日共计出动执法人员40余人次，检查主要大街7条，查扣无照摊贩9起，查扣人力、电动三轮车共7辆，教育劝诫无照游商50余人，严厉震慑违法行为。

（孟令姝）

【整治无照经营早餐摊点】 12月，八宝山街道根据区社会治理综合执法委员会办公室通知要求，结合辖区实际，集中开展针对无照经营早餐摊点的专项整治工作。开展摸底调查，与工商、城管等部门联合制定专项整治工作方案，具体明确整治的范围、内容和工作方法。早6点开始集中对地铁、公交车站、学校、居民小区、集贸市场周边等处无照经营早餐摊点进行重点整治。同时对早餐亭、早餐车的餐饮许可、从业人员健康证明、环境卫生、餐饮制作过程以及食品安全等进行针对性监督检查。共出动执法人员233人次，检查餐饮摊点26个，取缔无证经营早餐摊点2家。利用多种渠道，面向群众、面向小型餐馆经营人员开展宣传活动，引导群众远离无照游商，维护自身合法利益，对违法摊主进行法律宣传，劝诫其自行离开。加大日常巡查力度，每日巡查辖区早餐经营情况，对新增违法摊点及时清理，将非法早餐摊点整治工作纳入社会综合治理执法队日常工作之中，形成长效机制。

（孟令姝）

【扶贫助困资金发放】 截至年底，八宝山地区有低保家庭217户400人。全年共计发放低保金241.3万元，医疗救助低保人员106人次，救助金额94.01万元。发放军工工资130.26万元、地退工资82.79万元、超转工资89.81万元，发放"助残券"6.56万元。受理保障性住房申请家庭189户，申请变更人数36人。为50户残疾人家庭进行无障碍改造。

（孟令姝）

【完成19项便民工程】 年内，八宝山街道投入资金433万元，完成便民工程四大类19个项目。其中，基层社会治理能力提升类4项，道路设施改造类4项，民生服务类10项，小型应急工程1项，均按期完工并经过验收，进入使用阶段。

（孟令姝）

【提升计生服务品质】 年内，八宝山街道投资33万元在老旧小区永东北社区建设百米家庭文化长廊。文化长廊为浮雕设计，通过"美丽中国、优美环境、和谐社会、健康生活"四大主题，宣传人口文化知识，提升地区人口文化品位。规范和完善社区基础宣传设施，为17个社区统一配发计生政策材料自取架，整合人口文化活动中心资源，设立社区人口文化活动室。

（孟令姝）

【"温馨家园"改造】 年内，八宝山街道投入资金，完善残疾人"温馨家园"基础设施建设，配备电脑、安装宽带、开通公共微博，搭建网络信息平台；设立辅助器具供应站，提供康复训练上门、康复医疗上门、康复器械发放上门的"三上门"服务；依托"温馨家园"平台，组织开展残疾人劳动技能、生活技能培训及文体展示活动，丰富服务功能。

（孟令姝）

【群租房屋整治】 年内，八宝山街道集中整治群租房屋，联合执法21次242人次，入户检查督促428次。清理整治居住空间面积2.09万平方米，其中清理群租房107户400间，面积0.99万平方米；清理地下空间9处，面积1.11万平方米。

（孟令姝）

【安全生产检查】 年内，八宝山街道以"打非治违"专项行动、城乡结合部专项整治等活动为抓手，开展重点单位、重要部位、重要时段的安全生产大检查。全年检查辖区重点企业、重点单位、门店1027家，发现隐患问题100余处，并及时督促整改。组织安全生产应急演练58次、安全生产培训136次，100余家小微企业通过安全生产标准化达标工作评审验收。

（孟令姝）

【绿化老旧小区】 年内，八宝山街道利用老旧小区建筑外墙、小区围栏等区域种植攀缘植物，增加老旧小区内点、带、条状绿化区域，整体提升辖区绿化覆盖率。完成玉泉西社区500平方米绿地升级改造、三山园社区小广场2000平方米绿地景观提升工程、永乐东区60号楼前700平方米活动场地改造；在玉泉西等多个小区栽种爬墙虎等

植物8500余棵;在电科院社区建立"阳光菜园"示范点,推广、宣传"垂直绿化""立体栽培",传播绿色发展新理念。

(孟令姝)

【获评国家级示范社区】 年内,玉泉西里中社区坚持环境建设和团队建设两手抓,通过第三方独立评审,被民政部评为"全国和谐社区建设示范社区"。在环境建设方面,建设完善社区停车场、人口文化园、健身娱乐场地等配套设施,健全社区技防体系,优化为民服务环境。拓宽社区一站式居民服务大厅、社区居民活动中心功能,利用图书阅览室、棋牌室、党员电教室、会议室、活动室等平台,为社区居民服务和活动开展提供保障。在团队建设方面,以建设文化型特色为发展方向,整合资源,打造"远洋春天艺术团"品牌队伍,形成"以文化建队伍,以队伍带活动,以活动聚人心,以人心促和谐,以和谐树品牌"的文化特色社区。

(孟令姝)

【"阳光菜园"示范点】 年内,八宝山街道依托市农林科学院农艺专家资源,以电科院社区为试点,开展"阳光菜园"科普栽培项目,探索社区居民新型种植培训模式。运用现代农业技术,深入社区居民家中开展阳台菜园种植技术培训,并随季节变化持续关注,给予应季指导,满足社区居民日常休闲农耕需求,培训一批能种植、懂技术、会管理的社区"都市农民"。

(孟令姝)

【服务大厅环境改造】 年内,八宝山街道实施居民事务服务大厅改造工程。扩建档案室,设立独立财务室,增设低保、残联、住保等6个服务窗口,办公面积由300平米扩展到470平米。安装社会保险缴费明细查询机,增设电子显示屏,滚动播出各类社保信息,开通定点医疗机构变更系统、社保卡信息同步系统,方便群众办理业务。

(孟令姝)

鲁谷社区

概　　述

鲁谷社区位于本区东部,长安街西延长线南侧,东起鲁谷大街,西至五环路,北临西长安街,南与丰台区交界。辖区面积6.19平方千米,总人口10.36万人,其中实际居住户籍人口6.19万人、流动人口4.17万人。下辖22个社区居委会,有社区工作者297人。辖区中央、市、区级单位40家,各类商业服务网点800余个,小区物业服务企业21个。京广铁路贯穿而过,石景山路、鲁谷路、莲石路、鲁谷大街、银河大街、五环路等"三横三纵"6条主要街路经纬交错。辖区绿化面积265.4万平方米,绿化覆盖率40.41%。年内,获得各类荣誉表彰近20项。鲁谷社区获市"第三次全国经济普查先进集体"称号,义工协会被评为"首都社区志愿服务组织之星"和"北京市最美慈善义工榜样团体"。

地址:石景山区鲁谷南路8号
电话:68622901
邮编:100040

(马玉秋)

【环境综合治理】 3月,鲁谷社区成立空气重污染应急响应办公室,联合城管分队对施工工地、混凝土搅拌站、砂石厂等进行专项检查,发动社区签约保洁公司加大空气重度污染预警期间的清扫力度。7月,成立社会治理综合执法指挥中心,开展建筑垃圾运输专项治理、交通秩序整顿、市容秩序整治、违法建设查处等环境综合治理。全年清理各类小广告1.8万平米,清运垃圾渣土、堆物堆料及其它废弃物约2.3万余立方米,累计拆除违法建设93处9147.1平米,查处无照经营1400起,拆除小区地锁104个、铁皮棚83个,出动执法力量、社会力量4717人次,处罚门前三包脏乱行为1131起,查处无照经营442起,没收小广告1460张,查处违规户外灯箱广告69起,规范店外经营行为114起。协调区园林局和物业公司,改造半月园公园4.6万平米区域,动员20家主要社会单位布置国庆花卉约5万盆,完成3个小区770延米的垂直绿化任务,为810棵飞絮杨柳树进行打药抑絮处理,城市环境面貌得到进一步改观。年内,深入推进精细化管理工作,将精细管理工作分解为衙门口村整体委托保洁、建成区管理、空白区域打包、整体委托保洁等6项,细化每项任务的具体工作量、投入保洁员的数量及资金使用明细,做好工作规划,使辖区秩序面貌做到质的提升。积极与环卫、园林等专业作业部门协调、沟通,落实管理责任,无缝对接,避免责任交叉。按照环境卫生管理考核标准,以百分制形式对保洁公司工作进行量化;成立环境卫生考核检查小组,督促监管保洁工作。对辖区内无产权归属区域、无物业管理小区、管理空白区域及城乡结合部进行全面清扫和长效管理,涉及面积256.8万平方米。

(马玉秋)

【优秀义工表彰】 8月21日,纪念鲁谷义工协会成立十周年授星表彰仪式在区青少年宫金鹏剧场举行,对长期置身于义工服务行业的个人和团队进行表彰。大会为新晋升的五星级(奉献时间1500小时以上)义工代表进行授星仪式,表彰久筑义工服务队等9个义工先进集体、六南六合画苑等9个优秀品牌项目、田振声等10位十佳星级义工、葛瑶等7位优秀义工工作者,还为聘请的形象大使、艺术及法律顾问等颁发聘书。鲁谷义工协会成立于2004年8月,是依法注册登记、科学管理、有序运行的正规社会团体,也是北京市最早对义工志愿者实施记时管理、星级评定、表彰奖励的单位之一。在鲁谷社区精心培育和大力扶持下,鲁谷义工协会不断发展壮大,从成立之初的302人发展到有注册义工1360人,其中星级义工892人。共开展公益活动13万余次,累计奉献时间103.6万小时。

(马玉秋)

【人口综合调控】 8月,鲁谷社区成立以党政一把手为组长、有关部门为成员单位的人口综合调控工作领导小组,控制辖区人口规模,解决人口资源环境矛盾。制定《鲁谷社区人口调控工作推进方案》,结合社区实际有针对性地设立了整治流动商贩、整治群租房、整治地下空间、整治违法建设、整治废品回收站、整治"六小行业"等项目

8月21日，纪念义工协会成立十周年　（鲁谷社区供稿）

推进小组。严格审查办理暂住证，对违法群租房实行“零容忍”，对不符合规定的地下室逐个清理。全年共清理违法群租房46处，流动人口2718人，非法游商395名。

（马玉秋）

【推进“亮剑行动”】　10～12月，在“亮剑行动”中，鲁谷社区始终保持严打、严防、严管、严控的高压态势，全员参与、全力以赴、合力攻坚。社会治理综合执法指挥中心全体人员21人、城管执法队全体36人、街道协管员120人及区派驻机关干部6人、街道处级后备干部7人，共计190人作为中坚力量参与“亮剑行动”。健全指挥体系、塑造组织流程，通过闭环指挥，实现人员力量发挥作用最大化。同时，以“亮剑行动”为抓手，积极听取群众意见，主动争取群众参与，切实解决群众反映强烈的突出问题，真正做到“城市管理上水平，人民群众得实惠”。在第一轮的“十大行动”“23项综合治理”集中整治中，执法打击分队找准治理切入点和问题突破口，实行“严查、严打、严办，零容忍”的“3+0”措施，综合执法、高压严管、全面取缔；巡控盯守分队分为5组，加强5个挂账乱点和重点区域的巡查巡控，宣传引导、巡回检查，及时发现和清理各类违法行为。出动执法力量、社会力量870人次，处罚门前三包脏乱行为126起，查处无照经营39起、暂扣三轮车及早餐车13辆、暂扣物品40公斤，处罚非法张贴散发小广告15起、没收小广告1051张，查处违规户外灯箱广告8起、清理灯箱12个，规范店外经营行为11起，查处违法建设8起。通过3个月的奋战，全面完成鲁谷地区重点部位和乱点地区的整治，实现城市环境面貌、基层执法能力、群众满意度的三个“显著提升”。

（马玉秋）

【“六条服务线”开通】　年内，鲁谷社区开通“六条服务线”，为各级党员干部深入一线、联系群众搭建平台。一是处级领导“俯身、俯听、俯思”深入基层服务线，全年召开各类座谈会12次，征求意见建议235条；二是基层党组织“民情大走访”服务线，44个基层党组织走访调研742人次；三是“亮丽窗口”服务线，在居民服务大厅及社区服务窗口开展“五查五看”（一查思想情况，看是否存在群众观念淡薄，服务意识不强、责任心缺失的问题；二查作风情况，看是否存在慵懒散奢冷硬、工作不思进取的问题；三查履职情况，看是否存在行政不作为或乱作为，办事拖拉、推诿扯皮、效率低下的问题；四查纪律情况，看是否存在内部管理松懈，制度执行不严、有令不行、有禁不止的问题；五查自律情况，看是否存在自身要求不高、滥用职权、吃拿卡要的问题）活动；四是社区专职工作者“问百户入千家”服务线，251名社工与617户重点户结对；五是“困难家庭帮扶”服务线，238名党员与617户重点户结对帮扶；六是党员“三议一承诺”（在党组织中开展“学党章、议标准，比先进、议差距，看实践、议整改，承诺践诺”活动）服务线，将优化党建服务承诺活动纳入其中。

（马玉秋）

【太平之家公寓拆违】　年内，鲁谷社区衙门口太平之家公寓有14处88间房屋出租，其中11处73间房屋属违法建设。拆除过程中，坚持“无情拆违、有情操作”“房主损失最小化、政府成本最低化”等原则，鼓励引导承建者劝退租户、自拆违建。工作人员全天不间断进行执法监督，防止出现停滞和反复。全年清退流动人口205人，没有发生上访等影响社会稳定事件。

（马玉秋）

【充分就业社区】　年内，鲁谷社区通过打造就业空岗孵化基地、大学生实习就业基地、失业人员就业安置基地和就业特困人员服务基地，拓宽就业渠道，辖区就业人数实现平稳增长。全年与181家单位签署用人协议，采集空岗信息1828个，完成签约指标的102.8%；实现失业人员就业626人，完成就业指标的104.3%；实现创业51人，安置大学生就业39人，提供小额担保贷款30万元；22个居委会就业率全部达到80%以上，其中18个超过90%，被区再就业工作领导小组认定为“充分就业”社区。

（马玉秋）

【社会化服务管理】　年内，鲁谷社区社会化管理退休人员2584人，管理退休档案2635份；审核四房2698户；审核发放低保金及各类补贴479.5万元、各类救助59万元，发放慰问金22万元、帮困卡金12.2万元；为残疾人发放生活补助及助残券100万元，开展残疾人康复、法宣活动17次；签约34家单位提供为老服务，在原有老年餐桌、家政保洁、托老管理等服务基础

上，新增口腔门诊项目，累计为1555人发放养老金179万元，发放高龄补贴13万元。

（马玉秋）

【综治态势平稳】 年内，鲁谷社区深入开展基层平安创建活动。与居委会和主要单位签订创建工作责任书，召开警民恳谈会广泛听取意见建议。加大高发案地区物防技防投入，通过更换红外摄像头、安装防爬刺等方式，加强平房区等薄弱部位防控力度，降低三类可防性案件发生率。以老干部、老战士、老专家、老教师、老模范"五老"人员为骨干，成立24支510人市民劝导队，参与小区维稳工作。发动各类力量4915人参与安保防控，确保重要敏感时期辖区社会安全。健全应急指挥体系，妥善处置永乐西小区大面积停电、农民工讨薪等突发公事件。

（马玉秋）

【计划生育率99.2%】 年内，鲁谷社区建设主题文化长廊2个，发放早教服务包200份，走访慰问失独、伤残家庭52户，发放计生业务办理指南6000份，办理第一个子女生育服务证349例、再生育一个子女生育服务证96例，发放独生子女父母年老时一次性奖励193人，处理历年违反规定生育人员9例，人口计划生育率达到99.2%。

（马玉秋）

【安全生产管理】 年内，鲁谷社区与居委会、生产经营单位签订安全生产责任书78份，完成120家小微企业标准化达标工作，检查生产经营单位735个，消除隐患1325处。注重加强食品药品安全监管，开展中小型普法及服务宣传活动9次，检查各类经营主体542次，取缔无证经营主体93户次，处理举报投诉113户次，完成快检351个样本。开展燃气管线安全隐患专项排查整治，对7处占压燃气管线的居民发放告知书，对占压管线违法建设进行依法处理。

（马玉秋）

【社区文化活跃】 年内，鲁谷社区组织开展群众喜闻乐见的文化活动。布置"中国风"宣传展板150块，征集优秀人生箴言1800余条；选拔成立"社区红色基因宣讲团"，开展主题巡回演讲10场；组织爱党爱国征稿及群众性纪念活动，举办"重温复兴之路，共筑精神家园"主题图片展，展出图片270块；组建鲁谷网络文明宣传员队伍，利用QQ、微信、微博等新媒体，发布社区重要信息，关注解答民生问题，合理引导舆论走向；举办第11届鲁谷杯楹联征集活动、第八届"和谐杯"乒乓球比赛等系列群众比赛。

（马玉秋）

【新建工会12家】 年内，鲁谷社区新建工会组织12家，覆盖会员468人。非公企业工资集体协商建制率超过98%；为职工申请免费公园门票1600余张，发放夏季清凉包350个，办理工会保险180人次；收缴工会会费32.4万元，同比增长11.6%。

（马玉秋）

老山街道

概　　述

老山街道位于石景山区东部，东起玉泉北路，北至田村山南路，与海淀区接壤；南起石景山路，与八宝山街道相连；西至西五环路，与八角街道相接。辖区面积6.1平方千米，常住人口49619人，其中户籍人口28689人、流动人口11340人。辖区有中央、市属、区属企事业单位218家。街道下设11个内设机构，其中党工委机构4个，办事处机构7个。人员编制77人，实有人员73人。下辖12个社区居委会，有社区干部132人。年内，街道以群众路线教育实践活动为契机，推进城市综合治理体系建设，提高社会管理服务能力，获得"全国文明社区""首都文明单位标兵""首都文明社区""北京市先进社区居民委员会"等多项国家级、市级荣誉。

地址：石景山区老山南路18号
电话：88972978
邮编：100049

（魏国清）

【第三次经济普查】 1月1日开始，老山街道进入全面普查登记阶段，完成个体户登记1168户，完成100%；法人单位登记772户，完成90%。4月1日开始，完成普查登记录入，进入后期反复核查阶段。6月30日前，完成经普资料装订、移交和总结。7月1～21日，完成建筑物定位坐标编辑。9月完成经普经费和物资审计。

（魏国清）

【城市管理综合执法】 6月30日，老山街道社会治理综合执法指挥中心成立，践行"重心下移、职能下沉、街道统筹、综合执法"的工作原则，制定并建立日常巡查、信访件处理、协调联动及工作例会、问题反馈、监督考核等系列配套实施方案、工作制度及管理细则。落实好城管、公安、食药、安监、环保、工商、交通、消防等8个常驻单位派驻人员对接，以及10个挂牌单位人员联络，推进联勤联动机制固化常态。环境卫生考评、执法绩效考评中各类指标均位属全区第一。开展"亮剑行动"后，"点、线、面"全天候全覆盖推进环境集中整治工作。"点"上，依据辖区实际和环境问题情况，划分18个点位，社区民警、城管队员、社区志愿者时刻巡查，突出区域净化，争取环境秩序无死角无盲区；"线"上，针对辖区主要大街、重点地区，指挥中心合理调配力量全天候动态管控，每天分早中晚三个时段开展巡查，将日常巡查与重点路段、重点区域环境整治相结合，确保早8时至晚8时违法行为为"零容忍"，其他时段环境秩序总体可控；"面"上，派出所巡逻车、城管巡逻车、指挥中心巡逻车及巡防队员电动巡逻车机动巡逻，对市、区、街道环境秩序挂账点位加强巡查强度力度，重点时段重点地区反复突击巡查、严格执法，强化震慑作用，不断巩固整治成果。截至年底，指挥中心组织联合执法40余次，出动执法车辆80台次、执法人员8310人次，查处各类违法行为1782起。整治无照游商90起，查处无照经营人力三轮车60辆、非法营运54辆，罚款104150元；查处非法小广告600多起，教育训诫非法营运者150人次，清理户外广告牌匾23处；整治露天烧烤30起，规范“门前三包”120余处，拆除违法建设面积1379平方米。

（魏国清）

【单独夫妇信息核查】 自8月1日起，老山街道采取逐一入户方式，开展历时一个月的18～49周岁常住育龄妇女单独生育情况核查。辖区内12个社区共排查育龄家庭4950户，其中单独家庭户数453户，单独女方在孕人数44人。在排查过程中及时更新社区全员人口库系统、前台办公系统信息近5000条，提高计生信息化办公能力。

（魏国清）

【清理城市牛皮癣】 年内，老山街道采取四项措施持续高效清理城市牛皮癣。一是拓展执法渠道。在非法张贴小广告的高发时段，联合街道综治巡查人员和公交站秩序引导员加强配合，将现场张贴和散发的违法人员进行暂扣。二是发动群众力量。加强与社区干部、志愿者、居民的联系，引导群众积极参与到治理非法“小广告”中来。三是瞄准根本主动出击。对辖区内商户进行法律法规宣传，从源头上控制辖区内非法“小广告”行为，对其他的非法“小广告”加大取证和停机力度。四是加大巡查管控力度。利用点位盯守、执法车和私家车相结合、提高巡查频率等方法，加大对辖区“小广告”高发点位的巡查管控力度。10月，查处张贴、散发小广告违法行为11起，收缴宣传单2000余张，立案4起，录入警示停机系统30起。至年底，查处非法小广告99起，罚款40600元。

（马颖娜）

【保障辖区环境秩序】 老山街道把握城市管理体制改革的关键节点，保障辖区环境秩序。在思想上不松懈、不轻视，发挥指挥中心统筹作用，充分利用多部门联合执法力量，高位协调，制定周密行动方案，确保各环节无缝衔接。重点查处非法营运的轿车、面包车、农用机动车在交通安全、社会治安、市容环境、环境保护等方面的突出危害，将其作为“亮剑行动”第一个集中打击目标。充分考虑执法安全和社会稳定大局，保证执法效率最大化。采取“递进式处罚”模式，第一次进行告知，对商户进行宣传教育；第二次实施处罚，对屡教不改、情节严重的将予以高限处罚。依据前期摸底排查台账，对群众反映强烈、违规行为出现较频繁的八角地铁、八宝山地铁等重点区域采取重点时段盯守监控，制定计划，严格布控，突出“严管、严控、严查”六字方针，克服“黑车”隐蔽性大和取证难的困难，形成持续查处高压态势。此次行动查处黑车2辆、黑摩的1辆，无照售煤农用机动三轮车2辆，占道经营23起。

（马颖娜）

【工会建会116家】 年内，老山街道完成建会116家，发展新会员188人。其中独立建会2家，会员16人；联合工会114家，会员172人。辖区有建会企业405家，会员1655人。其中独立建会33家，会员843人；联合工会372家，会员812人。街道慰问2名患有癌症工会职工，为其办理职工互助保险理赔和医疗困难补助金26682元，缓解就医用药费用困难。为229人办理女工特疾保险，共计保费13544元。为10人办理住院保险理赔，赔付29588.82元。

（魏国清）

【五步惠民工作法】 年内，老山街道在社区社情恳谈会制度基础上，在12个社区推行“五步惠民工作法”，即通过“召开社情恳谈会，征求民意—召开‘两委’会商会，集中民智—召开协调议事会，凝聚民力—召开落实推进会，排解民忧—召开评议通报会，接收民评”五个步骤，建立健全督查考核机制和民情事项专办的刚性约束机制，疏通联系服务群众“最后一公里”问题。街道、社区在“五步惠民工作法”推行中，共收集整理意见、建议和诉求8大类1078项，办结率达到90%以上。

（魏国清）

【文化惠民工程】 年内，老山街道利用北京市基层文化专项资金更新机关五层会议室音响一套，为东里、玉泉西路、高能所3个社区安装LED显示屏，为社区合唱、舞蹈队、健身团队购置服装501套、道具340件，将全部社区室外健身器材进行更换，还为12个社区配备篮球、羽毛球拍、网球拍、乒乓球拍、哑铃、瑜伽垫等体育用品，购置图书1044册。全年共组织各类文艺演出42场次、电影放映8场次，街道图书分馆接待读者1100人次。截至年底，建成“北京市益民书屋”6家，“北京市体育生活化”社区8家，“北京市优秀科普社区”5家。

（魏国清）

【保障性住房管理】 年内，老山街道按照“一户一档、户档相符”原则，建立保障性住房档案2599份。将住房保障家庭人员信息实行电子化管理，建

7月28日，东里社区趣味运动会　（老山街道供稿）

立退出机制，采取定期入户走访，与相关科室核实，复核保障家庭住房、人员、收入等变化情况，及时补充更新，实现住房档案动态管理，推动住房保障方式向“租售并举，以租为主”转变。完成2个廉租房项目、33户家庭资格复核；265户参加7个公租房项目摇号；向86户申请公租房租金补贴家庭发放备案通知单。

（魏国清）

【安全生产监管】 年内，老山街道完成春节、十八届四中全会、APEC会议等重点时期安全管理。开展城乡结合部安全生产专项整治、小微企业安全生产标准化建设、安全生产月、“强基础、除隐患、重实效”火灾防控专项行动、冬春季火灾防控及“两排一清”等专项行动11个。全年召开工作部署会13次，签订安全责任书530份，领导带队执法检查46人次，联合执法检查17次，排查安全隐患680家次，开展安全教育培训21场次，指导应急演练21场次，上报各类信息62条。追查交通违法行为单位25家、私车非现场交通违法行为83人176起，核实逾期未检车辆87辆，强制注销车辆203辆。

（魏国清）

【流动人口服务管理】 年内，老山街道坚持每日早例会制度，听取管理员日常管理汇报，传达上级指示和布置当日工作；量化管理人员工作标准，坚持每人每天走访、核查出租房屋3户、常住户2户。组织开展出租房屋和流动人口“百日”基础信息采集、核查工作，查验出租房2681户，流动人口11032人，发现和消除违法违规行为239起，开具问题报告单66份。治理清退群租房61户，拆除隔断210间，劝退居住违法群租房流动人口438人。

（魏国清）

【社区用房规范化建设】 年内，老山街道通过改造一批、租用一批、建设一批，多渠道解决社区建设用房问题。截至年底，完成老山东里北、东里南、翠谷玉景苑3个社区一站式服务大厅的改建和京源路、高能所2个社区的修缮改造工程；以租用方式为玉泉北里二区第一社区解决长达7年无社区用房的问题。有9个社区达到办公环境整洁、功能划分清晰、标识统一、方便美观的市级规范化社区建设标准，达标率为75%。

（魏国清）

【环境秩序整治】 年内，老山街道重点对梁公庵地区违法建设和废品收购一条街进行拆除和整治，拆除违法建设31处6768平方米。全年组织联合执法50次，对辖区内主要大街、地铁站口、市场周边等重要地点进行整治，对大排档、露天烧烤进行监控。组织绿化培训5次，参加人数100人。组织6次清洁日活动，出动人员4000人，捡拾白色垃圾120千克，清理杂物150吨。出动100余人次清理非法户外广告6130平米。

（魏国清）

【社会保障救助】 截至年底，老山街道管理企业退休人员4445人，社会化退休人员2510人，城乡居民养老保险、无档案人员、城乡无保障人员971人，“一老一小”2967人，无业人员183人，退养人员294人，失业人员1001人。全年发放各类社会保障金657万元，报销药费金额148.01万元。享受城市最低生活保障312户604人，新增低保24户41人，停发30户59人，累计发放生活保障金447.69万元。享受特殊老年人养老服务补贴1623人（新增236人），发放补贴券金额179.49万元，结算补贴金额23.29万元。159名（新增9人）残疾人享受困难生活补助金，累计发放46.35万元。285人（新增24人）享受助残养老券补贴，发放金额33.15万元。

（魏国清）

【促进就业服务】 年内，老山街道对玉泉大厦、中础大厦和北方旧货市场3个单位密集走访，把岗补、社补政策送到企业。采集用工单位信息，完成建档任务；建立联系机制，开展就业跟踪服务。全年完成就业399人，社区安置260人，建档信息采集133家，接待招聘单位33家，职业指导692人次，提供岗位数1272个。

（魏国清）

【残疾人康复训练】 年内，街道温馨家园与老山社区卫生服务中心、司法所、北方工业大学等机构建立残疾人康复长效机制。社区卫生服务中心为每位残疾人建立康复档案，开展心理咨询，定期进行体检，定期来园指导康复训练。司法所及律师事务所定期提供法律援助及讲座。温馨家园志愿者和工作人员根据每个残疾人特点定制每月康复课程，利用PPT、视频、投影等教学工具，开展运动、认知感知、语言交往、生活自理等能力日常训练。全年每日康复训练活动共计200余次。

（魏国清）

古城街道

概　　述

古城街道位于本区中部，辖区总面积15.5平方千米，占全区总面积18.2%；人口总数69190人，户籍人口42792人，常住流动人口26398人，多为汉族，还有满族、蒙古族、苗族等8个少数民族。街道下设23个社区居委会。辖区有企业2753家，其中第一产业5家、第二产业139家、第三产业2609家；内资企业2470家，外资企业283家，港澳台商投资152家。年内，开展党的群众路线教育实践活动，征求15个方面180余条意见，开展谈心3轮160余次，提出4个方面14条整改措施。全面落实属地街道牵头、执法力量下沉的城市环境综合治理统筹协调机制，成立综合执法指挥中心，建立“门前三包”联片自治管理新模式，推进市容环境精细化管理。推进信访代理工作制度化、规范化和专业化，划分街道、社区两个信访代理层级，共接访信访案件30起，接待上访人员35人次，代理信访案件18起，办结12件。发挥青年汇社交平台主要职能，注册加入市志愿者联合会，建立青年汇微博、QQ群等社交平台，自主创办活动10余次。引进企业20家，注册资金2.4亿元。街道荣获“北京市社区戒毒社区康复工作示范单位”，被市人力社保局评为“优秀社会保障事务所”。

地址：石景山区古城路 6 号
电话：68872356
邮编：100043

（孔 微）

【北辛安地区整治】 5 月，古城街道以控制和拆除违法建设为重点，成立北辛安地区控制及拆除违法建设工作领导小组，制定工作方案，加强各部门协调配合，并通过采取“劝拆”“助拆”“强拆”等措施，做到“第一时间发现，第一时间拆除”，实现新生违法建设“零容忍”“零增长”，保障 S1、M6 方案的顺利实施。6 月 1 日起，对北辛安人口密集的平房区开展“遏制违法建设，美化生活环境，共创宜居家园”专项治理行动，采取“专人巡视、多部门联动”的方式，第一时间发现和查处辖区内的违法建设和破坏环境卫生等行为。全年共拆除各类违法建设面积 17 处 17527 平方米。加大对北辛安棚户区清洁力度。结合辖区特点，调整清洁队工作时间，将早 8 点上班提前至 6 点，及时清理，防止堆积。街道保洁队共清理垃圾 20 吨，小广告 5000 张，粉刷广告面积 5000 平方米，泼水降尘面积达 500 平方米。通过与物业公司沟通，共清理堆放无主垃圾 25 吨，清理绿地 5000 平方米，清刷小广告 2100 张，清理喷涂画面 2000 平方米，粉刷楼体 300 平方米。

（孔 微）

【执法指挥中心运行】 6 月 27 日，古城街道办事处社会治理综合执法指挥中心挂牌运行。街道制定社会治理综合执法指挥中心工作方案和 11 项规章制度，并按照门类、行业、市区挂账、本辖区重点等建立 8 大类 4100 余项基础台账，随时根据动态情况进行完善。开展打非治违“歼灭战”、拆违治乱“攻坚战”、清洁家园“保卫战”、环境治理“持久战”四大战役，解决区级挂账乱点 3 处、环境秩序重点区域 4 处。建立“二巡三网”（“二巡”即指挥中心和城管分队日常巡查，“三网”即社区居委会交通信息员、流动人员管理办公室管理员、社区综治环卫工作者共同收集有效信息）平台。在“亮剑行动”中，坚持商户自治与常态监督并举，依托“千百十便捷家园”“食药监商户联盟”“工会组织全覆盖”等平台，并通过引入电子巡查系统，动态管理巡查情况，保障执法力量常态到位，在 20 家商户设置电子巡查点。坚持科学治理与部门联动并行，投资 12 万元在古城南小街增设一处“电子警察”，有效解决古城地铁西北口非法运营车辆盘踞状况。注重联勤联动，进一步完善多警种、多部门的联合工作机制，重点打击黑车黑摩的、无照游商、非法运营等违法行为。开展南小街专项联合整治 18 次，查扣黑车黑摩的 37 辆，规范门前三包商户 370 户次，整治游商占道 320 人次，规范灯箱广告 30 块。坚持拆违治乱与巩固提升并重，通过加强联合执法力度、强化属地管理责任、挤压人口管控空间、发挥舆论导向作用，做到第一时间发现、拆除新生违法建设，确保动态清零，巩固整治成效。截至年底，指挥中心共开展辖区联合整治 45 次，出动人员 600 人次，取缔无照经营 530 余起，取缔露天烧烤 11 家，规范大排档经营 45 户次，规范门前三包 1500 余次；查扣黑车、黑摩的共计 41 辆，处理各类“僵尸车”20 辆；拆除违法建筑违法建设 27 处，面积 17526.7 平方米。

（孔 微）

11 月，在古城南小街安装“电子警察” （古城街道供稿）

【建立安全教育基地】 10 月，古城街道根据国家人防办关于“两防一体化”建设和民防工作融入社会发展、融入社会经济建设、融入百姓生活的要求，在现代嘉园小区 1 号、3 号居民楼地下建立公共安全教育基地。宣教基地总建筑面积为 3263 平方米，内设国防教育、人民防空、公共安全、地震灾害、气象灾害、群众文化、群众体育、卫生与健康、法制宣传、环境保护等多个展区，预留 500 平方米建立古城村民俗室，是一处集公共安全宣传教育、应急救援技能培训、居民休闲娱乐等多功能于一体的公益性便民惠民场所。

（孔 微）

【门前三包联片自治】 年内，古城街道以“自治管理，政府监督”为原则，落实属地街道牵头、执法力量下沉的城市环境综合治理统筹协调机制，创建“群众参与、全民管理、执法保障”的“门前三包”联片自治管理新模式。倡导“自主管理”理念，将门前环境管理权利交给商户自身，通过对商户约束和考核，变商户“被动受查”为“主动自查、互帮互助”。采取“多方配合”模式。将辖区内商户按地域及特点进行划分，以 10 至 15 家为一组，并轮流评选出 1 名监督员，对所负责范围内门前经营、小广告、乱张贴吊挂、乱堆垃圾、侵占便道堆物堆料等违法行为进行巡查及反馈，协助执法人员及早发现和处理问题。由街道制作“门前三

包”联片自治管理公示栏上墙，并指派城管、工商等执法人员“定人、定时、定户”进行签到巡查，随时了解商户需求，缓解执法中产生矛盾冲突。建立“联片监管”机制。对联片商户定期实行评比考核，其中对于门前三包整治良好、经营规范商户进行表扬鼓励，发放流动红旗，提升商户自我管理、自我协调、自我整治的积极性，营造“商户自查、群众监督、执法管控”三效合一局面。

（孔　微）

【突出治理城市顽疾】　年内，古城街道将群众反映热点、辖区治理难点、市区挂账重点作为重中之重，集中开展治理整顿。一是围绕群众反映热点，加大日常巡查力度，对居民反映强烈的问题，坚持边了解边处理，及时进行整改。在处理十万平社区违建问题上，积极协调各相关部门认真研究分析，制定工作方案，并加强对房主的思想防控，助力拆迁工作的顺利完成。截至年底，共拆除违法建筑违法建设总面积17526.7平方米，其中新生违建24处，面积4068.7平米。二是围绕辖区治理难点，加大难点问题协商力度，着力扫除执法盲点、法律空白等给工作带来的不便。针对“僵尸车”问题，通过开展走访调查、贴迁移告知书、加强联合处置力度、定期安排巡查等方式，对发现的7辆“僵尸车”全部进行清理；针对古城地铁西北口周边、古城南路长期存在的黑车黑摩的、无照游商等问题，投入15万元加装便道桩，在出站口东、西两侧4处通道口安装总长34米的隔离护栏，有效阻拦游商车辆和黑摩的进入人行横道揽客。三是围绕市区挂账重点，针对古城大街五交化公司周边电动车商户占道经营问题，联合公安、城管开展连续两天3次的执法行动，形成综合治理的高压态势，并会同工商人员对无照经营进行同步查处，确保增强治理成效。

（孔　微）

【微信服务功能开通】　年内，古城街道在落实“亮剑行动”中，重视信息化建设，及时建构“e古城”官方微信公众服务平台，设立订阅号和服务号，开通“5个微功能”：“微调研”功能，在线开展民意调查；“微电话直播”功能，公示街道各科室电话，方便居民随时致电；“微留言”功能，直接收集居民反馈；“微社区”功能，设置焦点话题引发居民讨论，第一时间了解民意和具体诉求；“微官网”功能，整合街道各方资讯，发布宣传最新政策、服务信息及工作动态，实现线上线下民政互动，及时、方便为居民提供服务。

（孔　微）

【商务楼宇服务升级】　年内，古城街道开展商务楼宇工作站调查摸底，完善台账、更新数据，共摸底企业178家，比去年增加46家。以工作站为基地，将12名非公指导员按照辖区企业的范围分成6组，实行两人多企的形式，深入企业认真调查分析，根据企业情况和特点，开展指导。

（孔　微）

【戒毒康复示范单位】　年内，古城街道以平安创建为主题，联合天堂河戒毒康复中心，开展宣传教育和康复辅导。定期与区禁毒办、属地派出所、社区及家属进行沟通，了解在案重点人动态，随时更新信息动态管理系统，与地区解除强戒人员无缝衔接率达到100%。截至年底，开展禁毒宣传教育活动4次，布置宣传展板100余块，横幅4条，分发宣传材料621份。社区居民受教育率达到50%以上，社区闲散青少年、外来务工人员等高危人群受教育率达到90%以上，吸毒人员和吸毒人员家属受教育率达到100%。街道获评“北京市社区戒毒社区康复工作示范单位”。

（孔　微）

【安全生产隐患排查】　年内，古城街道以有限空间作业、建筑施工、危险化学品、地下空间作为重中之重，继续开展“打非治违”专项行动，截至年底，共组织集中检查18次，出动人员197人，检查单位305家；完成国庆65周年期间安全生产专项行动。对35家单位进行检查，并对排查出的3处隐患进行及时整改并备案。同时，扎实做好交通安全工作，共与75家单位、社区签订安全责任书750份，追查社会单位严重违法情况19家，停驶车辆8台，吊销1家单位执照。

（孔　微）

【壮大群防群治队伍】　年内，古城街道抓好专职巡逻队、安全稳定信息员建设，巩固群防群治战线。抽选10名优秀专职巡逻队员、投入3万余元经费组建立一支专业综合巡逻队，深入落实巡查防控、治安巡逻、应急救险3项任务。提高安全稳定信息员素质，开展以反邪教以及如何提高时效性为主题的培训6次，组织反恐专题培训4次，队伍培训率达100%。共发现治安及安全隐患问题79件，填写问题报告单119份；收集信息800余条，其中涉及安全隐患137条、公共设施侵占与破坏121条、突发事件46条、社情民意83条。

（孔　微）

【市容环境精细化管理】　年内，古城街道采取3项措施，保障精细化管理效果。一是加强协调配合。实行边界到边界的清洁模式，对主要大街进行划分，并加强与市容办、首钢的协调沟通，消除三不管地区。二是加大巡查巡视。将环境整治工作纳入网格内，充分发挥协管员在城市管理工作中的重要辅助作用。三是抓好产权单位。按照“谁受益谁负责”原则，加强对沿街商户产权单位的管理，达到环境治理效果。通过协调区环卫中心，解决古城西街、古城西路存在的暴露垃圾问题。

（孔　微）

【新建3个社区居委会】　年内，古城街道在水泥厂滨和园保障性住房区域建立3个社区居委会，分别为滨和园燕堤西街、中街、南路社区居委会。西街社区居委会管辖范围为燕堤西街7号院及燕堤西街6号院，中街社区居委会管辖范围为燕堤中街6号院及燕堤南路2号院，南街社区居委会管辖范围为燕堤南路1号院。

（孔　微）

【“千百十”便捷家园】　年内，古城街道以群众需求为导向，以利民便民为目的，实行商家退出淘汰机制，即以社区为单位成立居民考评小组，定期对服务质量和服务态度进行满意度测评，根据考评结果建立商家退出淘汰机制和考评奖励机制，确保服务站点向居民提供优质满意的产品和服务。全年“千百十”百家商户联盟签约商户76家；通过项目补贴、政府扶持等形式，引导志愿者开展便民利民、文体表演、帮困服务、科普宣传、法律援助等志愿服务活动，弥补老建成区资源分配不均问题。

（孔　微）

【搭建3个服务平台】 年内，古城街道以社区公益服务为中心，搭建文化活动平台。“96156社区大课堂”开展以绿色环保、科普、摄影知识、食品安全、心理健康、防诈骗、金融理财、家用防盗门及锁具安全等便民内容的大课堂61节，完成全年工作指标152%。以与民交流为中心，搭建为民服务平台。依托北京市公共服务信息网和96156服务热线，了解居民在居家养老、健康服务等方面的需求，提供个案、小组等各项社区服务项目。以居家养老服务为中心，搭建为老助老平台。携手“千百十”服务商联手举办“携手泰康·满足居民需求·延伸品牌服务”四季养生系列讲座，得到老年人欢迎。

（孔　微）

【优化就业三个体系】 年内，古城街道优化“三个体系”，提前完成全年就业指标。一是优化就业服务体系。街道自创《劳动保障服务手册》，确保服务有记录、查询有依据、援助有目标。针对提出的问题立行立改，进一步完善窗口经办业务的告知力度，加大国家最新政策进社区的宣传力度。二是优化就业帮扶体系。针对不同人群开展3场职业指导会、9场招聘会、2场政策宣讲会，达成就业意向200余人，送就业政策上门300余户；通过对失业人员就业援助的搭桥铺路和经常性跟踪服务，有784人通过单位招工、灵活、自谋等形式实现就业，完成年计划98%；安置就业困难人员514人，完成年计划的142.8%；自主创业89人，完成年计划的136.9%；创业带动就业331人，完成年计划132.4%，跟踪走访511次，完成年计划106.5%。帮助对口企业解决政策落实、失业人员技能培训、社会保险及创业资金后期跟踪管理和指导等问题，共收回小额担保贷款166万元。三是优化就业管理体系。制定《古城街道协管员管理办法》等相关规定，按照“问题能发现、事态能控制、突发问题能解决”的工作要求，建立责任追究和层层抓落实的责任体系，分工不分家，做到协调配合、统一考核标准，提高考核效率和质量。对工作不力、行动迟缓、消级应付、工作推诿的协管员进行通报批评，推进建立协管员管理新型监管模式，不断规范公益性就业组织建设。积极打造亮身份、亮职责、亮标杆的“三亮”工程，树立服务先进典型，形成良好工作氛围。

（孔　微）

【推进第三次经济普查】 年内，古城街道结合辖区特点，扎实推进第三次经济普查。采取“两分式”工作法，即将个体户入户登记和普查单位入户登记分步开展，保证个体和单位的登记率。共录入统计联网直报平台单位数2886家（经市局区局删重后为2869家），单位登记率达到95%；登记个体商户3006家，登记率达到94%。

（孔　微）

【2个社区居委会更名】 老古城地区设老古城前街、后街2个居委会。2009年11月23日，老古城村启动旧村改造，2012年6月起原村民陆续回迁入住古城现代嘉园。年内，根据居民要求，社区居委会名称仍然保留“老古城”三个字，按照社区地理方位建立老古城东和老古城西社区居委会。老古城东社区居委会管辖范围为古城如意小区、现代嘉园66号院、现代嘉园10号院（古城村中街10号院）；老古城西社区居委会管辖范围为现代嘉园68号院（古城西路68号院）。

（孔　微）

八角街道

概　述

八角街道位于石景山区中部，辖区面积5.48平方千米，常驻人口11.6万人，其中户籍人口8.2万人、流动人口3.4万人。辖区有22个社区居委会，设17个党委、4个党总支、3个直属党支部、128个二级党支部，有党员6985名。年内，街道组织152个基层党组织、6985名党员扎实开展党的群众路线教育实践活动，3252名党员参加组织生活会和民主评议党员工作。解决涉及群众切身利益问题19项，修订和新建制度4大类94项。推进基层服务型党组织建设，建立“八角服务1+4”党建品牌。创新非公党建服务载体，成立街道楼宇联合商会和全市首家“公益星”楼宇志愿服务联盟。加强党风廉政建设，开展“庸懒散”、严禁在公务活动中赠送或接受礼品等专项整治工作，深化廉政风险防控管理，打造立体式廉政文化阵地。创新养老服务模式，建立地区养老服务“110”模式、“老街坊”品牌，建成街道养老照料中心1个、社区居家养老服务中心4个。开展社会环境秩序综合治理“亮剑行动”、零发案社区创建，打造精品街区。全年完成17项便民工程，新增“一刻钟社区服务圈”示范社区2个、北京市“六型社区”3个、智慧社区4个、老旧小区自我服务试点1个。街道获得“全国百家示范乡镇（街道）工会”“北京市建设学习型党组织示范点”“2012～2014年度首都文明单位”“2012～2014年度北京市先进纪检监察组织”“北京市工人先锋号”“工会女职工工作示范单位”“侨联工作先进集体”等荣誉。

地址：石景山区八角北路甲36号
电话：88982141
邮编：100043

（文　晖）

【教育实践活动联系点】 2～10月，八角街道作为市委常委、宣传部长李伟、区委书记牛青山的联系点，坚持高起点、高标准、严要求，扎实开展党的群众路线教育实践活动。围绕精神家园建设和民生家园建设，举办3期机关干部、社区骨干提升群众工作能力专题培训班；实施“情系百姓、八角榜样”典型培育宣传项目，征集“一家亲、百

姓情”群众原创作品10个，组织百姓宣讲20余场，制作《践行群众路线守护精神家园》漫画读本；举办“取经会”“补脑会”“诸葛会”，开设工委书记、办事处主任群众工作大讲堂、处级领导干部“一刻钟微党课”；组织“传承红色基因，处理八个‘面对’，修炼官德人品”“争一流服务高端绿色转型作示范”“作风建设在路上”等大讨论活动6次。通过发放意见征求表、委托第三方入户调查、聘请百姓民意调查代理员、召开民情恳谈会等方式，广泛收集各类意见建议311条。在街道处级领导班子和党员领导干部中开展“五体行动”，即“带头”落实要求、“聚焦”“四风”问题、“倾听”民声民意、“携手”帮扶群众、“跑腿”为民办事的五项行动；在街道机关和窗口单位党员干部中开展“四治五零”活动，即开展治庸、治懒、治散、治拖“四治”专项活动，实施服务方式零距离、服务环节零缺位、服务过程零差错、服务效率零延误、服务质量零投诉“五零服务”达标活动。在街道社区干部中开展“五民五心”活动，即知民懂人心、便民得人心、帮民暖人心、乐民娱人心、安民稳人心，真正做到与群众思想上同心、感情上结亲、行动上合拍。在地区普通党员中开展“六小十评”行动。“六小”即：纠正认识小偏差、改正生活小毛病、克服思想小懈怠、提供工作小建议、搞好群众小服务、化解身边小矛盾；“十评”即：自觉学习星、执行政策星、宣传引导星、服务群众星、遵纪守法星、诚信友善星、文明道德星、公益奉献星、调解维稳星、团结互助星评比活动。制定《领导班子整改方案》，完成整改任务19项，解决社区养老、老旧小区改造、群租房、违法建设拆除等群众切身利益问题。修订、新建机关建设、社区建设与治理、商务楼宇工作站建设、协管员队伍管理等4大类94项制度。

（文　晖）

【杨庄北区第二社区成立】 4月，八角街道根据北京市《关于全面加强城乡社区居民委员会建设工作的意见》，按照社区规模原则上在1000～3000户要求，将原杨庄北区社区管辖区域拆分为2个社区居委会管理区域，保留“八角街道杨庄北区社区居民委员会”，成立“八角街道杨庄北区第二社区居民委员会”。管理区域划分：以社区内杨庄北区中街（南北向）划分，东侧为杨庄北区第二社区，管辖面积0.25平方千米，东起杨庄东路，西至杨庄北区中街，南起阜石路，北至苹果园铁路线。区域内有楼房22栋（含当代商城A座），其中高层塔楼14栋，低层板楼8栋，94个单元。总户数3012户，常住2774户10450人。

（文　晖）

【首家楼宇志愿服务联盟】 6月16日，八角街道发挥楼宇“党建带群建”的政治优势、组织优势和群众优势作用，成立全市首家“公益星”楼宇志愿服务联盟，为楼宇内企业、员工提供应急、法律援助、助残济困、劳动仲裁等服务。该组织设在茂华楼宇服务站，下辖应急志愿服务队、促进劳动关系和谐志愿服务队、助残济困志愿服务队、姐妹关爱互助志愿服务队、楼宇文化培育推广志愿服务队、“新生活”推广志愿服务队6支志愿者队伍，有志愿者200余名。

（文　晖）

【体育场南路社区成立】 10月，八角街道根据北京原二管厂回迁安置房和经适房建设项目基本完工，大部分居民已入住的实际，设立“八角街道体育场南路社区居民委员会”，实现管理服务居民的无缝隙连接。该社区管辖范围：东靠景阳东街，西起体育场西街南段及首钢设备处西墙，南到人民渠西段，北至体育场南路西段。包括二管厂回迁房、经济适用房、石景山环卫队、石景山公厕粪肥管理处、南山变电站、衙门口车辆段、景阳天昊公司、京原养鸡场等13栋居民楼，2处平房区。居民总户2195户，约5500人。

（文　晖）

【综合治理“亮剑行动”】 10～12月，八角街道开展社会环境秩序综合治理“亮剑行动”，明确“挂账乱点全部‘清零’，初步形成长效管控机制”目标。建立街道指挥部，下设综合协调、联合执法、管理巡控、信息宣传、督查考核、后勤保障等6个工作小组，成立联合执法小分队、城市管理巡控小分队、预备队3支队伍。将整治行动进一步细化为：针对无照经营和黑车黑摩的的攻坚行动、针对门前三包的升威行动和全面整治的靓化行动。11月1日，街道联合执法小分队60名队员全时上岗，正式拉开“亮剑行动”集中整治阶段序幕。在指挥长李金克率领下，联合执法小分队分三个波次对古城地铁、朝阳医院、融景城、景阳东街、八角东街、沃尔玛周边、当代商城、游乐园南广场、首钢工学院等重点点位的无照游商、黑车黑摩的问题强力打击。共出动执法人员540人次，执法车80台次，依法查扣黑摩的4辆，取缔无照经营80起，查扣各类车辆83辆（含维族游商4辆、柴油及电动三轮66辆、农用三轮1辆、人力三轮10辆、自行车1辆、后备箱卖货机动车1辆），没收经营工具200余件。在执法过程中，切实做到依法执法、强力执法、文明执法。此外，街道城市管理巡控小分队在社区内开展楼门、街面小广告清理行动，清除及覆盖小广告960条，捡拾白色垃圾180袋，清除卫生死角30处，清理面积36000余平米，发现并上报各类信息64条，有力地配合联合执法行动。期间，通过“四个确保”深入推进“亮剑行动”。一是坚持强力执法，确保力度不减。继续坚持执法工作“五加二”“白加黑”工作机制，确保执法力度不降低、乱点地区不反弹、整治效果不弱化。二是实施机构合并，确保眼手结合。将现有网格指挥中心、执法指挥中心和综治维稳中心三个部门进行整合，实现发现问题的眼睛和解决问题的手在街道层面的无缝对接。三是固化“门前三包”，确保长效管理。结合网格化建设，赋予网格员在“门前三包”工作上的权利，树立网格员在“门前三包”工作上的权威，强化协管队伍，解放专业队伍，便于执法力量集中精力对违法违规点位重点打击。四是着眼建管并重，确保疏堵结合。投资22万元，在晋元庄路加装护栏，用物防手段挤压非法游商操作空间和生存空间；探索在古城南路社区引入专业公司实施停车管理。到年末,“亮剑行动”共出动执法人员及社会力量15203人次,查处无照经营等违法行为1683起,查扣各类违法车辆301辆(含黑摩的),拆除违规广告牌匾116块,拆除违法建设13处,共计4074.67平方米。

（文　晖）

【补选1名区人大代表】 12月,八角街道完成第十五届石景山区人大代表补选工作。参加选民6796人,参选率及得票率均在99%以上,补选种磊为区第十五届人大代表。

（文　晖）

【党群“连心服务港”】 年内,八角街道统筹整合党组织及群团组织资源,建成党群“连心服务港”。内设党(团)员服务站、党代表工作室、工会服务站、青年汇、妇女之家,着力打造真诚(Sincerity)服务塑形象、快捷(Speed)服务促发展、专业(Skill)服务建平台、满意(Satisfaction)服务赢认可的4S服务模式,自成立起已为千余人次提供组织关系接转、咨询、指导、协调、帮扶、维护权益等10余项“一站式”服务。

（文　晖）

【党群共建新模式】 年内,八角街道坚持党建带工建、团建、妇建,完成市社工委“党建带群建”调研课题。开展北京市区域化团建试点工作,联合地区3家中央单位、5家市属企业、3家驻区高校、29家地区党政机关和两新组织团组织共同成立区域化团建共建委员会,3家社区青年汇组织参与各类活动68次;建立妇联项目化目标考核机制,重点培植公园北社区“心理减压室”、杨南社区“红芭蕉巧娘工作室”等。

（文　晖）

【五分钟廉情预警播报】 年内,八角街道建立“五分钟”廉情预警播报制度,利用工委扩大会、理论中心组学习会、机关干部大会等会前会后五分钟,播报市纪委近期通报的违反八项规定精神的案件,年内播报15期。打造机关廉政走廊、八角北路廉政文化示范街、“崇廉苑”廉政文化主题公园、杨南社区孝廉文化小区的“一廊一街一园一区”立体式廉政文化阵地。

（文　晖）

【完成17项便民工程】 年内,八角街道投资478万元,完成17项便民工程,包括杨庄北区社区、公园北社区、时代花园社区配装老人扶手;杨庄北区社区养老服务中心装修;古城南里排水渠修复及美化;老旧小区院内安装减速带;建钢南里社区路面地砖修复;古城南路社区、八角南路社区、八角南里社区居民活动大厅修缮;景阳东街第一社区一站式服务大厅改造;景阳东街第二社区居民活动室及养老服务中心装修;杨庄北区第二社区、特钢北路社区道路及地下管线改造;公园北社区休闲亭建设工程;杨南社区改造提升工程等。

（文　晖）

【维护地区安全稳定】 年内,八角街道开展零发案社区创建,出资3万元,安装防爬刺设施及锁具升级;加大技防力度,在5个无物业管理公司的社区安装摄像头120个,在燕保京原家园小区两个停车场新增14个监控探头,在八角文化广场架设监控摄像17个;制定《八角街道社区治安巡逻志愿者公益反哺办法》,由社区对巡逻志愿者巡逻情况进行积分登记,定期兑现反哺;推进社区法制宣传教育,建设杨南社区法制家园阵地;在3所学校、7个社区开展禁毒宣传活动,受教育人数达到2000余人次;开展地下空间清理整治,清理10处8256.38平方米。在APEC会议、十八届四中全会等时期,对辖区重点区域、重点部位、重点人进行防控,全年完成社会面一级超常防控30天,社会面二级加强防控25天,参与防控人员11.5万人次。

（文　晖）

【实现就业1176人】 年内,八角街道摸清失业人员底数,收集大型超市、社区公益性岗位和创业示范点岗位,利用劳动力市场资源信息网、居民服务大厅电子显示屏以及各社区宣传公开栏等,将劳动保障政策、就业信息及时传递给失业人员。开展4期就业技能培训,培训人数20人。加大创业帮扶力度,为4名失业人员申请小额担保贷款共41万元。辖区全年实现就业1167人,推荐安置185名失业人员实现再就业。

（文　晖）

【保障残疾人服务】 年内,八角街道完成495名使用助残券残疾人的券变卡统计录入。发放家庭康复培训指导丛书20套,为0－16岁儿童申请残疾儿童康复补贴5万余元,为38名精神病人提供免费服药,54户残疾人家庭改造卫生间。自筹7万元走访慰问辖区2495名残疾人,建立“八角残疾人同梦艺术社”,开展残疾人家庭康复培

党群“连心服务港”　　（八角街道供稿）

训系列活动，加强馨蓝职康站建设，5名学员实现再就业。

（文　晖）

【特色社区建设】 年内，八角街道建立"品质社区万花筒计划"，完成杨南社区"七彩杨南"、八角北路社区"花香北路"建设方案。持续开展"六型社区"等创建活动，确定"一刻钟服务圈"示范点2个（"阳光暮年服务社"和"燕保京原家园"），规范化建设示范点1个（时代花园社区），六型社区示范点3个（黄南苑、杨庄中区、地铁家园社区），智慧社区4个（杨庄南区社区、景阳东街第一社区、景阳东街第二社区、景阳东街第三社区），老旧小区自我服务试点1个（八角南路社区）。组建"社区财务核算中心"，对社区经费统一管理。

（文　晖）

【养老服务"110"模式】 年内，八角街道探索建立地区养老服务"110"模式。第一个"1"是建成1个街道养老照料中心，即英智养老照料中心；第二个"1"是建成一批社区居家养老服务中心，已建成八角北里和八角南路2个社区居家养老服务中心，有百余名老人享受到数千次的日间照料、陪护、用餐、家政等服务；"0"是为辖区所有老人提供零距离、零遗漏、全覆盖的贴心服务。街道与北京爱心传递老人关爱中心联手，在八角北路社区建立老年人心理工作站，开展"爱心传递热线"活动；在八角南路社区和杨北第二社区设立中华医嘱库《预约卡》服务试点。

（文　晖）

【信访"12345"体系】 年内，八角街道深化信访代理制，街道、社区、网格把信访代理化为自觉行动，做到群众有期盼我有回应，群众有困难我有行动，不仅提高初信初访办结率，也妥善化解一批疑难、复杂问题。建立信访代理"12345"工作体系。创新一个工作理念：牢固树立"做群众代言人，做百姓跑腿人"的工作理念；设置两层专门代理室：在街道设立专门信访代理接待室，在社区设立专门信访代理接待站；建立"三级代理网络"：处科级干部代理、社区代理、网格代理；实施"四步工作法"：定责受理、调查代理、反馈归档、跟踪回访；健全"五大运行保障机制"：源头预防机制、领导接访机制、疏导分流机制、会商解决机制、考核督办机制。初信初访办结率和化解率显著提高，全年街道处级领导"下访、约访、接访"90余次，涉及问题79件。其中，处科级干部代理18件，社区和网格代理35件，化解率提升25%左右。通过运用好信访代理制，化解群众怨气、理顺群众心气，努力实现"小事不出社区、大事不出街道、矛盾不上交、化解在基层"的工作目标。

（文　晖）

【繁荣社区文化】 年内，八角街道开展"传承红色基因，爱润你我心田"百姓宣讲活动，举办"道德讲堂"活动240余场；开展群众路线原创作品暨"一家亲百姓情"第十届社区艺术节文艺演出、"八角杯"全民健身运动会、四季风采"春之歌、夏之曲、秋之韵、冬之美"百姓文艺节目展演、"七彩阳光"六一儿童节专题文艺演出、抗战歌曲大合唱等活动百余场。开辟街道、社区、楼门三级文化阵地网络，实现"周周有活动，月月有演出"。

（文　晖）

【完成第三次经济普查】 年内，八角街道对所有普查对象进行登记、基本信息核查，将普查情况与底册数据比对，查遗补漏。普查单位底册数为3332家，普查登记法人单位、产业活动单位共3592家，个体经营户1937家。

（文　晖）

苹果园街道

概　述

苹果园街道地处石景山区北部，东经新四平台与海淀区搭界，南抵京门铁路，西起首钢福寿岭疗养院、礼王坟、金顶山一线，与金顶街街道连接，北依京西翠微、青龙诸峰与五里坨街道隔界。辖区面积13.13平方千米。北京射击场、北京工人疗养院、中国医学科学院整形医院、中关村高科技园区石景山园、北京军区首脑机关、中共中央宣传部培训中心等中央、市属机关企事业单位坐落在辖区。街道下辖社区22个。年内，深入开展党的群众路线教育，累计入户3.5万户，整理群众反映问题1700条，98.5%得到解决。开展城市管理体制改革试点，引导社会力量参与城市管理，强化重点区域整治。探索民生家园建设新途径，开展2个民生家园试点工作。推进信访代理制，健全四级管理、两级代理运行机制，成功化解矛盾70起。健全社会保障体系，增强服务群众能力，实现就业1068人，发放低保金798万元，备案保障房申请家庭4136户。打造高端普惠的文化生活体系，增加文化活动场所供给，成立石景山区首家3D文化影院俱乐部。以"军民融合，共同发展"为思路，开展健康知识讲座、文艺汇演进军营活动，推动地区双拥共建和谐开展。

地址：石景山区苹果园南路23号
电话：68872724
邮编：100144

（王　静）

【"亮剑"专项行动】 10月24日，召开苹果园街道"亮剑行动"誓师动员大会。针对街道面积较大、情况复杂、挂账点多、基础薄弱问题，街道提前进入"亮剑行动"实质性整治阶段。28～30日，连续对西黄村、西井、苹果园路、八大处路等重点区域进行集中整治，劝离无照商贩48起，规范"门前三包"104起，拆除违法铁硼120平方米，先行登记保存和清理堆物堆料共计17车。印制宣传横幅80余条，向地区居民发放《致全区人民的一封信》3000余份，投资5000元制作"流动宣传小喇叭"，制作发放"苹果园社会治理"红袖标2000个，宣传动员广大居民参与城市环境建设和社会综合治理的行动。街道将执法力量分为街面执法组、八大处执法组和苹果园地铁执法组3个小组，对各种危害城市环境和社会秩序的违法行为保持高压态势。社会巡控力量日均保持在300人左右，形成领导带头，全员参与的良好工作局面。截至年底，"亮剑行动"累计查处无照经营547起、门前三包脏乱238起、店外经营258起;违规户外灯箱广告150个、非法小广告30起1050张、非法营运58起;规范违法停车134起,查扣三轮车68辆、机动车8辆,暂扣、清理、拆除物品18420公斤,清理暴露垃圾渣土38起、33吨,累计罚款3000元;拆除永引渠南侧等14处违法建设734.73平方米,检查17个工地,苫盖土方面积20000余平方米,捣毁肉类加工黑窝点1个,发现并责令整改安全隐患98处。街面环境秩序有了明显改善。

(王 静)

【打造清洁社区】 11月,苹果园街道开展清洁周活动,打造清洁社区迎接APEC。街道组织社区干部、社区志愿者,驻区部队和武警官兵、学校师生及社会单位4500人次,在苹果园南路和L线沿线集中开展清洁日活动,各社区也组织社会单位、物业等开展清洁家园活动。共清理建筑渣土、垃圾杂物150吨,清除小广告2.5万余张,清除卫生死角、乱堆乱放2000余处。同时倡导居民"拒绝雾霾,绿色生活",采用清洁能源取暖、低碳消费绿色出行、生活垃圾分类处理等形式,加强环保改善环境。各社区、各单位还清理辖区内绿(林)地内的枯死树、干枝、干梢、垃圾和杂草,对树木进行整形修剪,消除安全隐患,美化绿化环境。共清除枯死树6棵,清理拉拉秧等杂草及垃圾19车。

(王 静)

【推行"两本日志"】 年内,苹果园街道开展社区干部记"社区民情日志"、街道机关干部记"基层工作日志"活动,拉近干群距离。人手发放一本日志,实施"百千万"工程(即下基层"访百人、走千家、入万户"),听民情、察民意、记"日志"、解民忧,打通联系服务群众"最后一公里"。工作人员亲自走进居民家中,实地了解民众情况,将走访内容记录在册,为开展工作提供最真实参考依据。

(王 静)

【环境综合治理】 年内,苹果园街道加强地区环境卫生、人防工程、违法群租房综合整治力度。对琅山、福田寺、西黄村废品回收等重点地区进行人工降湿;组织3次专项活动,清理各类可燃物、堆积物2.7吨;对海特花园小区等12处人防工程进行安全检查;整治群租房屋104户,拆除隔断504间1.1万平方米,清理群租流动人口558人。

(王 静)

【健全信访代理制】 年内,苹果园街道健全四级管理、两级代理运行机制,以四级管理(街道、处级、科级、社区)为依托,建立街道和社区两个代理层级。制定街道信访代理制实施方案,明确各级职责,实行处级领导每周一、三接待制度。完善"接访""约访""下访""联合接访"4个制度,把矛盾吸附在基层,最大限度降低群众上访。建立社区信访代理站,依托居民恳谈室,强化源头化解。全年发生个访68起、集体访2起,同比下降20%,成功化解矛盾70起。

(王 静)

【公益反哺家园】 年内,苹果园街道推进志愿服务活动制度化、规范化、常态化。"公益反哺家园"活动坚持专群结合、群防群控,形成多层次、全方位、无缝隙的安保网络。实名制管理登记在册平安志愿者1898名,参加治安巡逻时间357万小时,积分731万分;认定70周岁以上的荣誉志愿者387名,有17028人次享受公益反哺服务。全年共启动二级加强社会面防控等级11次,一级超常社会面防控等级9次。

(王 静)

【城市病大家治】 年内,苹果园街道引导社会力量参与城市管理。利用"五一""十一"等节日及每月城市清洁日,组织社区、社会单位、物业和保洁公司进行环境整治。会同区城管、食药、公安等部门,在实兴大街南侧、北工大北门侧设立规格统一的80个蓝色棚子作为临时便民蔬菜点,并设有专人负责环境卫生。协调街道、社区、工商、税务、科技园区等相关单位,完成经济普查工作,核查数为10952家,企业8218家,个体户2734家。组织地区工商所、卫生监督所、房管所和消防支队驻地区警官,对辖区22个社区、8个人员密集场所、58家重点单位进行安全隐患排查,2类61个隐患基本得到解决。

(王 静)

【阳光计生服务】 年内,苹果园街道开展"佳节计生送温暖,返乡寄语传真情""点亮温馨之灯,关爱计生特扶家庭""情满端午粽飘香,计生服务叙情怀"等活动,宣传计生政策,为居民提供服务。年内,办理一孩生育服务证431件,二孩生育服务证135件,独生子女父母光荣证183件,围产保健联系单356件,免费孕前优生优育检查联系单68件,流动人口生育服务联系单230件,流动人员婚育证明2个,新生儿入户登记461件,发放独生子女父母一次性奖励费29.7万元,年审独生子女家庭伤残、死亡特别扶助对象156人95户,依法征收社会抚养费11例。

(王 静)

【社会保障体系】 年内,苹果园街道通过建立就业基地、走访用工单位、召开招聘会等方式,推进就业再就业,累计实现就业1068人。发放各种保障资金1397.93万元,申报各项政策性补贴581.18万元,代扣代缴各种社会保险2104.2万元。为24类服务人群、11万多名社区居民,提供12.2万人次的失业和就业、社会保险代理、社会保障、社会化管理和社会救助等服务。全年累计为低保家庭核发低保金7981495.66元,医疗救助431312.56元,电费补贴8412808.22元,高等教育新生入学救助45000元,共计16870616.49元;累计为军工、地退、优抚、超转人员发放金额10486354.29元。

(王 静)

【社区基础设施】 年内,苹果园街道投资300余万元,分别对下庄、苹一社区的办公和服务用房进行新建、主体装修和外围整修;投入29.68万元对新村、枫二等5个社区进行墙面粉刷。投资20余万元为苹三、装司、下庄、军一和西里5个智慧社区安装全彩户外显示屏,完善智慧社区建设,加强与居民的沟通,实现服务与管理"双赢"。

(王 静)

【3D文化影院俱乐部成立】 年内,苹

1月21日，海特广场百姓舞台　　（苹果园街道供稿）

果园街道结合辖区实际，积极整合资源，创新服务管理方式，成立石景山区首家3D文化影院俱乐部。影院放映使用的服务器、投影机、3D屏幕和3D眼镜均选用先进技术设备，配合一流音响设施，为观影者带来震撼视觉效果和优质视听享受。从传统讲座、联欢会等形式，到利用3D多媒体影视来开展活动，不仅活跃百姓精神文化生活，更展示了科技时尚和数字生活魅力，深受广大百姓喜爱。同时吸引更多青年学生关注地区文化发展，为进一步打造"文化苹果园"奠定良好基础。

（王　静）

【打造"文化苹果园"】　年内，苹果园街道打造"6+2"社区文化阵地模式。将苹一、苹四、装司、下庄、西里5个社区设为社区级文化站点，以苹果园街道为指挥中心，形成"6"点分布。同时把海特广场百姓大舞台和苹果园综合文化活动中心设为街道级文化站点，形成"2"点支持。建立中心文化社区，将地区文化阵地分片划分，以"东南西北中"五个方向，附近社区以划片就近为原则开展文化活动。依托东部西里社区开展体育赛事；依托西部苹一、苹四等社区开展消夏晚会；依托北部装司、下庄等社区，成立首家3D文化影院俱乐部，为辖区青少年播放3D电影；依托南部苹果园街道开展健康、科普、环保类讲座；依托中部海特广场百姓大舞台开展文化惠民系列演出，营造良好文化氛围。

（王　静）

【弱势群体帮扶】　年内，苹果园街道建立地区老年弱势群体服务性需求明细台账，11个社区分别对29位重点保障人员实施定向帮扶；16个单位或团体、46位个人对73位弱势人群开展志愿结对帮扶服务。海一社区启动"爱心储蓄"活动、军一社区打造"乐活俱乐部"，进一步激发志愿者服务热情，志愿者队伍扩大到1040人，社会团体和单位28个。全年为老年人办理乘车卡1023张、老年证639张，安装"一按灵"35户，为95岁老人发放高龄医疗补助21342.64元、高龄津贴161000元；向28名残疾人发放困难补助金76.37万元；向55名残疾人发补助56.46万元；为149名肢体残疾人发放燃油补贴3.874万元；为6名困难残疾人家庭子女发放助学金2.37万元；为10名重残人发放补助金6000元。

（王　静）

【落实住房保障】　年内，苹果园街道接待住房咨询2200余人次，已通过市级备案的保障房申请家庭总数达到4136户，其中限价商品房2433户、经济适用房1177户、廉租房336户、公租房家庭190户，另外有631户家庭办理公租房轮候登记。

（王　静）

金顶街街道

概　述

金顶街街道位于石景山区西北部，地区面积6.9平方千米。东以金顶山为界与苹果园街道毗邻，南以京门铁路为界与古城街道相接，西以黑头山为界与广宁街道接壤，北至蟠龙山与五里坨街道相连。地势西高东低，地区内浅山多、古迹多、学校多，文化底蕴厚重，旅游资源丰富。山地约占地区面积1/3，主要分布有金顶山、翠微山、蟠龙山、红光山和黑头山，永定河引水渠流经这里。有市级历史文化保护地区模式口村，有法海寺、承恩寺、田义墓、第四纪冰川馆等古迹，另有1处伊斯兰教活动场所清真寺，非物质文化遗产太平鼓文化在此传承。地区有10所学校，其中高中1所、初中3所、小学3所、幼儿园2所。驻区法人和产业活动单位975家（近50%不在本地经营），其中国有企业28家，行政事业单位27家。地区注册个体门店656家。金顶街街道划分16个社区，地区总人口9.2万人，其中常住人口7.8万人，登记流动人口1.4万人。年内，开展党的群众路线教育实践活动，组织谈心谈话815人次，征求意见381条，修订和新建制度67项。完善网格化社会防控体系，共摸排涉及交通、物业、消防等各类问题55件，领导批示9件，协调解决46件。成立社会治理综合执法指挥中心，实行"亮剑行动"，针对金四区门口道路摆摊、模西里小区占道经营、佳汇中学门口脏乱差等问题，加大巡查力度，确保辖区面貌整齐有序长效管理。深化"智慧金顶街"资讯平台、社区服务信息网建设，改善社区服务环境，提升社区建设水平，7个社区分别确定为规范化示范社区、六型社区、智慧社区和老旧小区自我服务管理试点社区。丰富群众文化生活，新建及更新全民健身工程器材7处，投资8.7万元为16个社区统一配备象棋桌、乒乓球台等健身器材，模式口南里、中里社区改造为棋类主题社区，为丰富社区居民文体生活搭建平台。拓宽招商引资领域，改善投资环境，共引进企业20家，注册资金8023万元。

地址：石景山区金顶街五区一号金顶街街道办公楼
电话：88711860
邮编：100041

（贾春远）

【模式口地区综合整治】 4月11日起，金顶街街道牵头组织城管、公安、食药监、工商、卫生、交通、消防等8个职能部门，对模式口地区环境秩序开展为期一个月的集中整治，重点解决环境秩序脏乱、交通拥堵、潜在重大安全隐患的问题。累计出动整治人员5000余人次，制止违法行为1000余起，清理堆物堆料87卡车，查处、取缔无照经营游商574人，劝阻售货车辆333辆，核查出租房屋642间，地区环境秩序恢复，实现无流动商贩、无占道经营和无店外经营的“三无”目标，整治期间城市管理实现零投诉，刑事案件发案率下降。5月，巩固模式口地区综合整治成果，推进“大城管”工作模式建设。成立“模式口地区社会治理综合执法站”，执法站由街道统筹管理，各执法部门指派专人（城管分队全员、食药监1人、公安2人、工商2人、保安10人）进驻执法站，与城管、食药、公安、工商等部门组成20人的地区执法力量，购置执法巡逻车2台，专职负责模式口地区社会治理综合执法事务。加大流动人口管理工作力度。调查统计模式口地区房屋租赁情况，共核查出租房屋642间，核录流动人口1058人，登记无暂住证人员230人。完善地区监控设备，对模式口地区的技防设施进行全面勘察，通过合理规划，安装6处监控摄像设备，确保地区环境秩序得到有效保持。

（贾春远）

【模式口大街整治工程】 5月26日开工，工期3个月。模式口大街西起石门路，东至金顶山路，全长约为1380米。西段路面较窄，宽度在4～6米之间，且两侧商铺众多，路面破损较为严重。由于西段道路为雨污合流制，许多居民将污水直接排到路面上，造成该段道路卫生环境很差。东段路面约为7米，路面条件相对较好。本次施工对路面进行局部基础处理，整体铣刨罩面处理，同时新建人行步道及平缘石。该路上排水井周破损严重，雨水口部分埋在路面以下，经常被垃圾填满。随着道路改造，对排水井周进行处理，将复合雨水篦全部更换为铸铁雨水篦，并对所有雨水口及雨水支线进行清掏修整。针对道路两侧围墙、矮墙、台阶大多破损严重，统一进行整治，对铁艺围栏重新粉刷，对围墙、矮墙用水泥砂浆进行抹面处理，修缮、砌筑破损台阶，并用水泥砂浆抹面，既美化周边环境又方便出行。

（贾春远）

【执法指挥中心成立】 10月，金顶街街道成立“社会治理综合执法指挥中心”，开展针对违法建筑、露天餐饮和街面秩序的整治。11月，成立“指挥中心”党支部，发挥党建引领在城市管理中的核心作用。年内，共拆除违法建设5处；检查违规经营露天餐饮8起；组织街面秩序整治12次，查处流动商贩300余起、非法行医3人次；规范门店经营600余起；清理各类杂物60余车。在整治行动中探索出依主题、分项目、过滤式的治理模式，共取缔无照经营行为150起，治理店外经营213起，街容街貌得到有效治理。

（贾春远）

【“亮剑”行动见成效】 10～11月，金顶街街道严守“点、线、面”，“亮剑出鞘”见成效。一是卡住点。以“治差”为重点，重拳出击佳汇中学门前、金顶阳光小区周边等挂账点。办事处主任亲自挂帅联合执法小分队，集中城管、公安、工商、药监多部门优势兵力，全面解决游商占道经营、店外经营、马路市场、露天烧烤等问题，各重点点位环境秩序稳定良好，街容街貌达到“五无一净”，即无店外经营、无占道经营、无乱张乱贴、无乱吊乱挂、无乱搭乱建，重点地区全面净化。二是治住线。以“治乱”为重点，街道执法指挥中心12小时对模式口大街、金顶街、金顶西街、金顶路、金顶北路“三街两路”进行无缝隙治理，共取缔无照经营行为78起；查处门前三包脏乱283起；清理非法张贴、散发、喷涂小广告11000余张；治理店外经营172起；清理暴露垃圾渣土10余吨；拆除违规户外灯箱145个。三是管住面。以“治脏”为重点，增加保洁队作业频次，同时督促落实物业、环卫、园林部门职责，对道路两侧、居民小区、背街小巷和集贸市场等地开展全面清扫，清除各类垃圾和卫生死角200余处。街道辖区保持“一净四无三落实”，即

4月11日，模式口地区环境整治　　（金顶街街道供稿）

环境卫生整洁干净，无污水外泼、无垃圾乱倒、无杂物乱扔、无卫生死角，保障环境卫生责任人落实、环境卫生责任区落实、环境卫生监督检查落实。

（贾春远）

【探索分项治理】 11～12月，金顶街街道在综合治理过程中总结经验，探索分项目整治的新办法。即针对主要街道，在日常执法队巡查的基础上，再分别以工商、食药监、消防等部门为主题，“分科目”进行多次“过滤式”筛查，不给违法行为留任何机会和借口，避免扫荡式整治的力度不够和举报突击式整治的被动等问题，每条重点街巷逐一有主题、有针对性严查。街道对辖区“三街三路”和社区主干道进行反复清理，重点点位和挂账点秩序良好，无游商占道、无证照经营、无私搭乱建。对模式口西里主街道马路市场的治理，在日常巡查基础上首先集中城管、公安清理游商、占道经营和违章私搭乱建、灯箱广告，肃清街面和门前三包，再由执法队和物业共同巩固成果，确保不反弹；继街面秩序恢复后，第二步集中食药监、工商等部门针对马路两侧无证、无照经营店商进行查处，对无照经营直接查封，对食品卫生不合格坚决予以停业处罚；第三步集中消防部门严查消防安全。模西主干道在分项治理后，道路干净整齐，商户依法经营，百姓齐口称赞。同时，街道也对其他道路分项、分科治理，将日常监督和专项检查相结合，撒网式滤清违法商贩和违规店商，有效控制街面秩序良好不反弹。

（贾春远）

【落实信访代理制】 12月，金顶街街道成立“信访代理制”工作领导小组和信访代理室，新修定和落实信访工作制度、处级领导干部信访接待日制度、矛盾排查调处工作制度、年轻干部轮流接访工作制度。年内，16个社区居委会全部建立信访代理工作站，社区书记兼任站长，负责辖区内群众信访事项的接待、调处和代理。全年共接待群众来访67次390人，受理石景山区便民电话转办单161件，受理北京市综合信息平台转信11件。

（贾春远）

【打造城市管理新常态】 年内，金顶街街道破解“整治—回潮—再整治—再回潮”的怪圈，逐步把城市管理引入“整治—提升—再整治—再提升”的良性轨道，确保辖区环境不断改善、城市形象持续提升。一是志愿参与、群策群力，打造环境秩序治理柔性力量。充分发挥社区居委会自治功能，组建环境秩序治理社区志愿者服务队伍，劝说游商不占道经营、坐商规范经营，参加志愿巡逻，协助维护社区秩序。二是依法履职、卡源断流，强化环境秩序治理刚性底线。以街道综合执法指挥中心依法履职为中坚力量，协调调动辖区物业和驻地单位的力量，卡住流动商贩进社区的源头、管住店商不规范经营的势头，形成执法中心依法履职坚守底线、物业部门积极参与主动作为、驻地单位协同配合大力支持的良好工作局面，确保亮剑行动成果得以长期巩固。三是部门联动、资源共享，打造迅捷高效的信息网络体系。街道总结借鉴“大城管”模式经验，探索建立部门科室“大联勤”，依托宣传、信访、安全、社区建设等科室工作，及时掌握辖区工作动态。通过社区网络、智慧金顶街、社区手机APP平台以及报纸、短信平台等渠道，及时向社区居民宣传环境秩序治理工作并搜集群众意见建议。根据各方面的反馈信息，真正了解群众需求，使地区环境秩序综合治理更加贴民情、切实际。

（贾春远）

【保障改善民生】 年内，金顶街街道组织招聘、技能培训6次，进行职业指导623人，办理就业登记930人，实现就业、再就业1298人。为地区1116户低保家庭发放低保金1435.66万元，办理医疗救助、慈善救助等621人。新增审核上报保障性住房家庭334户；开展公租房补贴专项核查工作，共核查225户，符合原补贴档次184户，需变更租金补贴的25户，终止公租房补贴16户；通过收入、房产等动态核查，终止限价房和经适房轮侯资格37户。落实残疾人保障措施，依托社区残协、海燕艺术团、温馨家园等队伍，围绕重大节庆日，组织开展帮残助残主题宣传活动；为611名残疾人办理居家养老助残券，累计发放残疾人困难补助金约84.94万元。

（贾春远）

【强化安全管理】 年内，金顶街街道与生产经营负责人签订各类安全责任书780余份，与20个安全生产重点单位和有关单位签订烟花爆竹安全管理责任状、责任书600余份，与4个销售烟花爆竹点签订安全经营责任书，“两会”期间签订消防安全保卫工作告知书50份。开展安全教育20余次，发放各种宣传资料15000余份。组织北京市第九中学等8家单位进行安全消防应急演练，参加人数2000余人。开展公共安全“亮剑行动”，共出动检查组446个，出动检查人员1027人次，监督检查224次，受检企业2668家次，发现并整改隐患755起。

（贾春远）

【精品便民工程】 年内，金顶街街道重新修订便民工程管理实施办法，严格管理工程立项、施工、验收等程序。利用便民工程资金解决模式口中里台阶、交通安全反光镜、楼梯扶手、金二区综合楼防水等居民反映强烈的问题。完成模式口村居民活动站改造、模东广场铺装、赵山周边环境治理等项目16个，总投资665万元。

（贾春远）

【规范社区建设】 年内，金顶街街道组织7个社区分别创建规范化示范社区、六型社区、智慧社区和老旧小区自我服务管理试点社区。其中金一区创建为规范化示范社区，西福村、模西北社区创建为六型社区，金三区、金四区、金五区创建为智慧社区，模西北为老旧小区自我服务管理试点社区。街道为6个社区改造办公用电，为16个社区更新配置电脑49台，新添置碎纸机16台。金顶阳光社会工作事务所整合周边资源，延伸服务触角，设立服务项目，举办法律咨询、青少年志愿者寒假实践等活动10余次。

（贾春远）

广宁街道

概　　述

广宁街道地处本区西部，辖区面积6.1平方千米，户籍人口12178人，流动人口9161人。境内东南是由四平山、黑头山边麓形成的山地，与金顶街街道接壤；西部是沿永定河东北岸干涸的河滩和麻峪工贸公司企业用地，与门头沟区相邻；四平山北侧是由大唐国际北京高井热电厂及一些中小企业形成的工业区和沿高井排洪渠两岸形成的电厂住宅小区，与五里坨街道相接；南部为广宁村住宅小区。境内有丰沙、京门两条铁路穿过，广宁路、电厂路、双峪路、阜石路高架四条为市级主干道，有过境公共汽车线路12条。广宁村、麻峪村、柳林庄、电务三段、麻峪29号院小区及高井路是境内6个主要住宅小区，并以此为主形成麻峪、麻峪北、高井路、新立街、东山5个社区。辖区设有1所中学、3所小学。广宁地区是北京市电力和供热主要生产基地之一，随着地区产业结构调整与升级，大唐北京高井热电厂燃煤机组在运行55年之后全部关停，西北热电中心投产运营。北京恒坤集团公司是新崛起的非公经济组织，寿山福海养老服务中心是由北京恒坤集团与麻峪工贸中心合资兴建的北京市五星级养老服务机构。年内，广宁街道深入开展党的群众路线教育活动，走访调研115次，征求意见建议112条，专项整治文山会海、铺张浪费、公车私用等问题20项。推进社区建设，建立网格化管理指挥分中心，社会网格化服务管理综合信息系统投入运行；新立街和麻峪北社区成为北京市第三批“六型社区”创建单位。创新城市管理模式，成立社会治理综合执法指挥中心，启动“亮剑行动”，地区市容、生态、设施、秩序、安全等环境得到改善。

地址：石景山区广宁村新立街4号
电话：88992395
邮编：100041

（赵小艳）

【信访代理室（站）成立】 4月，广宁街道和社区分别挂牌成立信访代理室和信访代理站，深入推进信访代理制，变“群众跑腿”为“干部跑腿”，为群众疏通高效、顺畅的信访渠道。全年完成信访代理6批次18人次；累计受理信访事件31批次268人次，未发生因街道责任处理不当引发的越级访、群体访和极端信访案件。

（赵小艳）

【复兴街交通整治】 5月，广宁街道在辖区开展广宁村复兴街实施机动车单向行驶问卷调查，96%的社区居民同意实施单向行驶方案。7月1日，市交管局交通设施处在复兴街安装单向行驶标识和监控摄像头。7月8日，广宁村复兴街施行机动车单向行驶，此举有效缓解广宁村内停车难和交通拥堵现象。

（赵小艳）

【网格化管理中心建成】 5月，投资240万元的街道网格化管理指挥分中心建成，社会网格化服务管理综合信息系统投入运行。指挥分中心4名工作人员正式上岗，招录14名社区网格员分配到社区14个网格，开展软件管理系统操作、PDA终端使用和工作流程等业务培训6次。在社区安装监控摄像头105个，实现对地区人、地、事、物、组织动态跟踪的精准管理。

（赵小艳）

【社会治理指挥中心成立】 7月1日，广宁街道社会治理综合执法指挥中心（简称指挥中心）挂牌运行，办公面积105平方米，负责统筹地区市容、生态、设施、秩序、安全等环境建设。街道办事处主任担任指挥中心主任，2名副主任分别担任常务副主任和副主任，城管科科长和1名副科级干部进驻指挥中心办公，负责中心日常管理工作。区公安、交通、安监、工商、食药、环保、消防等执法部门各派驻1～2人进驻指挥中心办公。

（赵小艳）

【数字化图书馆开馆】 7月1日，广宁街道数字化图书馆开馆，新馆面积130平方米，藏书13000余册，分为阅览区、借阅区和电子阅览区。配备电脑10台，全部联网，与区图书馆实现“通借通还”，社区居民借阅图书更为便捷。

（赵小艳）

【便民服务中心运行】 10月，北京市首家“智慧生活便民综合服务中心”（简称中心）落户广宁街道高井路社区。该中心引进北京集群电子商务有限公司，通过便民服务终端机“E家宝”和配套智能手机，依托“智慧生活”电子互动平台，为商圈内的社区家庭提供“网购、便民、省心、省钱”的服务。居民可在智慧生活便民超市办理消费卡，凭借消费卡挑选商品，并能通过手机、电脑、电话进行购物，下单后，社区居民可以享受15分钟内选购商品送货到家的服务。针对地区80岁以上的老年人、残疾人、孤寡老人、军烈属等居民，提供免费送货上门服务。居民还可以通过中心订机票、缴水电煤气费等。中心所有产品均由签约基地直供，价格比普通大型超市便宜5%～10%。

（赵小艳）

【“亮剑行动”动真格】 11月4日下午4时整，广宁街道“亮剑行动”第一次大规模联合执法行动在麻峪村展开。麻峪村地处城乡结合部，流动人员较多。村内游商经常出现，占道经营情况屡禁不止。街道城市综合治理执法指挥中心联合公安、交通、工商、城管、食药等多家单位和部门，加上街道相关科室和社区力量，组成近百人的执法队伍，对麻峪村进行大规模突击执法检查。共清理罚没相关经营用品近10卡车。自12月1日起再出重拳，持续发力，打响“亮剑行动”成果保卫战。坚持“高标准、高要求、高效率”的“三高”要求，每天不定时对辖区进行巡查，对辖区的主次干道、商业街区、农贸市场等主要路段和重点区域连续不间断巡查，及时发现各类隐患、问题，“零容忍”实施取缔，全力维护好市容环境秩序。到年底，查处门前三包脏乱7起、店外经营7起、占道经营5起，对复兴街、高井路、麻峪东街等主要路段进行整治。

（赵小艳）

【区人大代表补选】 12月，广宁街道高井路第二选区进行投票补选。共有选民1051人,参加投票选民917人,参选率87.25%,经过开箱验票,选举有效。高虹当选为区第十五届人民代表大会代表。

(赵小艳)

【群众文体活动】 年内,广宁街道先后举办社区优秀节目展演暨第一届舞动广宁艺术节、广宁地区群众体操舞蹈大赛、广宁街道第二届家庭人口文化节、"九九重阳—老年节"老年广场舞等展示活动。参加活动居民群众24087人次,演出数量88场次,其中广宁艺枫模特队在石景山区第31届"古城之春"艺术节中获得第一名。

(赵小艳)

【斩除城市顽疾】 年内,广宁街道推行"一员、一队、一本账"做法。"一员"即选派骨干城管队员下社区,按人头包路段;"一队"即成立包括城管监督员、流动人口管理员、网格化监督员、社区志愿者等力量的环境整治巡查队;"一本账"即对各类违法行为实行黑名单制度。全面摸排地区商户,建立和完善"门前三包"整治台帐,"门前三包"责任书签订率100%,查处"门前三包"脏乱743起,整治店外经营555起,占道经营300起,暂扣物品555件;查处无照经营233起,非法运营2起,罚款8000元;8处区级挂账点位和12处街道级挂账点位全部销账;清除各类暴露垃圾、渣土6吨,并投资70余万元,在柳林庄安装摄像监控装置,同时还引进专业公司全天候看守,严查违法乱倒渣土行为;整治停车秩序,合理设置机动车停车位,查处各类违法停车263起;拆除各类违规户外灯箱广告51处,查处非法张贴、散发、喷涂小广告18起;拆除各类违法建设14处,面积1363平方米。

(赵小艳)

【完成便民工程14项】 年内,广宁街道投资367万元,完成便民工程14项,包括地区环境整治、道路、上下水管道维修、停车场建设、菜市场附属工程建设、山体护坡、社区一站式服务大厅及活动室改造等工程,重点解决与居民群众生活相关问题,进一步改善人居环境,提升社区服务功能。

(赵小艳)

【超额完成就业指标】 年内,广宁街道举办"三八"专场招聘会、"春风行动"招聘会、秋季失业人员招聘会等活动,企业提供岗位240个,达成就业意向100人,并与沃尔玛山姆会员店建立长效合作机制。城镇登记失业人员就业281人,完成指标任务175%;对就业困难求职人员提供精细化职业指导和帮扶,困难劳动力就业200人,完成指标任务250%;实现创业20人,带动就业70人,完成指标任务100%;开发绿色岗位24个,安置17人;走访跟踪服务用人单位32家,完成指标100%。

(赵小艳)

12月11日,高井路社区居委会投票选举 (广宁街道供稿)

【保障性住房审核备案】 年内,广宁街道共接待咨询2000余人次,审核备案52户,正在办理12户,累计备案1323户。其中限价商品房535户、经济适用房361户、廉租房165户、公租房236户、重新复审26户。

(赵小艳)

【地区经济普查完成】 年内,广宁街道完成地区经济普查,登记底册单位数928户,实际登记单位数837户,单位登记率90.19%;个体经营户核查底数1149户,实际核查数量1102户,核查率95.91%。

(赵小艳)

【维护辖区安全稳定】 年内,广宁街道全面开展社会面防控。在全国"两会""APEC会议"等重点时期和敏感日期,启动防控等级命令5次、53天,日投入安保力量600余人,健全完善敏感时期会商制度,快速解决重要事项3件。出资60万元在地区治安案件易发区域安装监控摄像头101个;开展各类安全隐患排查,出动检查组103个、检查人员347人次,检查单位346家次,发现整改安全隐患136项,有效维护社会治安和社会稳定。

(赵小艳)

【服务西北热电中心建设】 年内,西北热电中心高压电线和输热穿山隧道爆破工程在广宁地域开工,爆破产生的震动和声音涉及新立街和高井路2个社区1674户居民。街道成立协调应急小组,研究制定《西北热电中心穿山隧道爆破工程突发事件处理应急预案》,旨在快速化解工程中出现的矛盾,保证工程顺利实施。全年共妥善解决西北热电中心附属工程矛盾纠纷19起。

(赵小艳)

【打击偷倒渣土】 年内,广宁街道让电子眼站岗,盯死偷倒渣土行为。广宁柳林庄地区地处城乡结合部,位置较偏僻,偷倒渣土问题十分严重。仅上半年,就发生偷倒渣土7次,约235吨,严重影响环境,给周边居民出行带来巨大安全隐患。街道办事处出资7

万余元,在柳林庄以及周边一些较为偏僻和盲区的位置,特别是容易出现乱倒渣土的重点区域安装摄像装置。利用电子眼24小时监控拍摄,及时发现违法偷倒行为,对企图偷倒渣土的运输车,起到震慑作用。街道指挥中心同时采取了一系列有效措施,提出“三个到位”,即人员到位、制度到位、技术到位,综合治理违法偷倒渣土行为。具体包括科学分配人员,严格落实值守制度,联合城管、交通、环保等职能部门积极开展全天候24小时严厉查处违法乱倒渣土行为;建立举报有奖制度,鼓励公众积极参与,发现后及时向街道社会治理综合执法指挥中心举报,经核实属实,给予物质奖励等行之有效的方法。该地区偷倒渣土行为得到有效遏制,再未发生过一起偷倒行为。

(赵小艳)

五里坨街道

概　　述

五里坨街道位于石景山北部,东沿香山公园西南、青龙山、翠微山、虎头山一线与海淀区、苹果园街道接壤,南沿福寿岭、109国道、高井村、丰沙铁路、永定河一线与金顶街街道、广宁街道相连,西与门头沟区三家店为邻,北沿猴山、克勤峪、白石岗诸峰与门头沟区、海淀区毗连,辖区面积21.5平方千米,常住人口4.1万人,流动人口1万人。109国道(石门路)过境。辖区有黑陈路、潭峪路、红卫路市政公路3条,市规划委批复五里坨东街、五里坨中街、黑石头北街、五里坨南路、秀府路五条道路工程建设。隆恩寺沟、潭峪沟治理工程2个项目开工建设,京西五里坨民俗陈列馆落成免费对市民开放,五里坨南宫合作性保障住房全部竣工,完成五里坨污水处理厂配套工程,五里坨地区规模学校主体完工。共管辖社区14个。新成立社区4个,撤并社区1个,辖区内有行政、事业单位19个,大小企业217家,驻区团以上部队18个。街道机构由11个部室组成,其中工委4个,办事处7个。机关行政编44人,机关工勤编2人,街道事业编30人,实有人员69人。年内,践行党的群众路线,开展“慵懒散”专项整治,切实保障改善民生。加强基层党组织建设,“双为”工程、“领雁”培养工程等6个党建品牌项目,被编入区“党建精品项目”一书。推进城市管理体制改革,成立综合执法指挥中心。启动各类专群防控力量,成立反恐防暴专项行动指挥部中心和30人的应急分队,确保地区和谐稳定。围绕服务西北热电国家级重点工程建设、回迁安置、保障房建设等信访突出问题,发挥“信访代理制”作用,全年受理信访82件881人次,答复率100%。活跃群众文化生活,开展“社区好声音、百姓大舞台”群众性主题文化活动;推动精神文明创建常态化,通过首都文明单位创建考评验收。街道、社区荣获“全国优秀科普示范区”“首都文明单位”“北京市安全生产先进街道”等10余项市级以上荣誉。任全来获“北京榜样”提名奖,其家庭被评为“全国最美家庭”。

地址:石景山区五里坨车站路1号
电话:88904238
邮编:100042

(张振颖)

【多种形式促就业】 3月,五里坨街道举办以“春风行动进家门,就业援助帮你忙”为主题招聘会。9月,在军区联勤部举办“职业指导进军营,就业岗位送军嫂”招聘会等活动,以多种形式促就业。全年实现城乡劳动力就业327人,绿色岗位安置本市劳动力就业31人,走访跟踪服务用人单位90家,社区安置就业困难人员232人,实现创业26人,带动就业80人,均超额完成全年指标,就业困难求职人员实现就业比例89%。

(张振颖)

【做好垃圾分类】 5月,区县垃圾分类经验学习交流活动在五里坨街道联勤部社区举办,全市16个区县垃圾分类工作主管部门负责人参加会议。交流会上,大家听取联勤部社区在垃圾分类工作的软硬件建设、宣传培训、特色创新等方面的经验汇报。该社区在每个居民楼设置垃圾桶,并按照区域设置5个餐厨垃圾回收点,聘请6名管理员。管理员除指导居民搞好垃圾分类外,还开展“环保存折”奖励活动。只要居民愿意把厨房厨余垃圾交给垃圾管理员,将会得到一定的奖励值,然后按照奖励数额到社区居委会兑换点兑换奖品和超市购物券。寒假期间,社区组织中小学生撰写一篇开展垃圾分类的体会文章或制作一张相关内容的卡通、漫画活动,号召学生做绿色文明小使者。联勤部社区还建成餐厨厨余垃圾处理站和污水处理中心,通过就地处理的厨房餐厨垃圾,做到无害化、减量化、资源化,把垃圾变为优质肥料,用于社区和山林绿化,做到废物利用,且无污染、效果好,变废为宝,实现资源节约合理利用。最后,参会人

6~8月,五里坨好声音评选活动　　(五里坨街道供稿)

员实地参观社区垃圾有奖积分兑换点和生活垃圾及污水处理中心。通过学习交流，有效达到促进北京市各区县垃圾分类工作相互启发、共同提高的效果。

（张振颖）

【执法指挥中心运行】 6月，五里坨街道社会治理综合执法指挥中心挂牌成立。10月，正式运行。年内，完成指挥中心信息化平台改造，健全工作考核办法、派驻人员考勤制度、工作人员纪律规范、例会制度、巡察制度等中心运行制度，开展《加强与驻区单位、友邻街乡统筹，形成社会治理合力的研究》及《治理城市道路违章停车的对策研究》等社会治理课题研究。创新居民参与城市治理途径，尝试社区议事监事会制度，评议城市环境，评价治理成效。加强“两个整合”：一是整合城市管理和执法力量。探讨将食药、流管、城建等相关部门的业务纳入综合管理的可行性，进一步提高指挥中心统筹地区城市治理的能力。二是整合街道城市管理网络平台。将街道指挥中心监控平台、网格化管理平台、应急和信访处置平台三网通联，通过有机整合，发挥各自优势，逐步将街道指挥中心综合执法由城市管理向社会治理全方位拓展。

（张振颖）

【首届“五里坨好声音”评选】 6～8月，五里坨街道联合区委宣传部、区文委、广电中心、北京普华时代文化发展有限公司共同举办首届“社区好声音，百姓大舞台——五里坨好声音”评选活动。通过电视、报纸、网络微信公众号等宣传平台，吸引军地各界人士广泛关注，众多怀揣音乐梦想的北京和外地朋友主动前来报名一试身手。700人报名，300余名选手参赛，其中有年仅6岁的小学生，也有年近80岁的老人，有相互鼓励的老两口，也有配合默契的军旅组合。历经海选、初赛、复赛、晋级赛13场比赛，有6名选手脱颖而出进入决赛。8月11日，总决赛暨艺术家社区公益行在北工职院体育场举行，配音表演艺术家吴俊全、音乐教育家赵易山、女高音歌唱家王静担任总决赛评委，区领导及驻地部队领导参加活动。来自部队的杨帅以98.17的高分力拔头筹，参赛选手赵春兰、少数民族选手茶雪红获二、三名。组委会还特别颁发“最佳原创奖”“最佳风采奖”“童心永驻奖”“笑对人生奖”“家和万事兴奖”和“2014五里坨好声音”温暖人物奖。活动走进社会单位3次，吸引观众1万人，是五里坨地区首个融入时尚元素的社区群众性文化活动。

（张振颖）

【完成辖区经济普查】 7月，五里坨街道完成辖区第三次全国经济普查。街道所属14个社区共划分为11个普查小区，有指导员、普查员20余名。通过“地毯式”“拉网式”清查，核查底册单位数量603家，年内审核录入545家，核查率达98.27%。

（张振颖）

【清理非法洗车点】 8月12日，社会治理综合执法指挥中心联合水政、工商、城管、公安、交通等多个执法部门开展非法洗车业专项整治行动。随着夏季到来，街头、路边出现不少占道无照洗车摊点，直接用自来水清洗车辆，严重浪费水资源；地面上无任何排水设施，造成便道上污水横流。指挥中心联合多个部门30余名执法人员，对高井石门路沿线上占道经营洗车、无循环水洗车的违法行为进行集中清理整治，依法暂扣洗车泵、洗车枪等工具6套，并责令其限期内到当地水政部门进行整改处罚。

（张振颖）

【成立和撤并社区5个】 9月，新成立天翠阳光第一社区、天翠阳光第二社区、天翠阳光第三社区、隆恩颐园等4个社区，其中部队单位社区1个，回迁安置社区3个。撤并社区1个（西街社区），新建服务站4个。选举产生天翠阳光社区党委，统辖天翠阳光第一社区党支部、天翠阳光第二社区党总支、天翠阳光第三社区党总支、隆恩颐园社区党支部5个党组织。协调落实回迁安置、隆恩颐园等新建社区办公用房，配备价值45万元办公设备，新建社区服务工作全面展开。

（张振颖）

【“亮剑行动”启动】 10月底，五里坨街道启动环境秩序综合治理“亮剑行动”。综合执法指挥中心共出动8342人次，查处各类违法行为1299起，罚款4050元。其中，查处无照经营129起；查处门前三包420起；拆除违法建设共计1140平方米；查处其他市容类违法行为750起，清理暴露垃圾渣土218.2吨，拆除违规户外灯箱广告81起，查处非法小广告2428张，交通清理乱停车30辆，发放告知书100份、暂扣驾驶证5个。突出重点，专项整治。11月2日，街道综合执法指挥中心再次重拳出击，拆除石门路高井车站北侧10米一处上账违法建设。区城管执法局及五里坨执法队共出动执法人员30人次，各类执法车辆5台次，拆除违法建设占地1000平方米。

（张振颖）

【攻克违法停车顽疾】 11月，五里坨街道针对辖区内近80辆大型工程车长期在街巷非法聚集停放，严重影响道路交通和城市环境这一情况，“亮剑”出鞘，打了一场清理违法停车的攻坚战。在五里坨路路口及五里坨西街路口，安装500米的机非护栏，在人行横道路口安装活动护栏30米，阻车球24个，通过安装交通设施防范违法停放现象反弹。加强日常巡视，实施全时段全方位不间断巡查制度，主要路口派专人定点值守，畅通信息渠道，发现问题及时报告，巩固攻坚成果。由执勤交通民警对主要路口实施巡控，针对违法车辆采取劝离与处罚相结合的执法方式，共同维护良好城市环境。

（张振颖）

【军休职工服务】 截至年底，五里坨街道新接收第六批军休职工43人和军队无军籍离休干部20人。协调发放109名第五批、第六批军休职工和无军籍离休干部医保卡。整理军休职工归并工资档案454份，全年为街道所有军休职工发放工资、办理工资调标、年龄补贴，补发工资及生活补贴总计2081万余元。走访慰问生活困难及生病军工41人，发放慰问金0.8万余元。发放无军籍退休退职职工慰问品792人次8.8万余元,发放6名去世军休职工抚恤金约603880元;补发4名去世军休职工退休补贴12321元。组织军工文艺演出活动12次,参加人数780余人次。

（张振颖）

【安全生产监管】 年内,五里坨街道围绕重点企业、重点时期、重要环节强化安全生产监督管理,荣获北京市安全生产先进街道称号。全年召开安全生产工作会12次,督促企业落实主体责任,签订《安全生产责任书》380份。开展安全生产宣传教育、知识培训、专项演练22次,发放宣传材料2.4万余份,悬挂横幅130余条,摆放展板32块,受教育群众2万余人。组织联合执法检查9次,查出并整改一般安全生产隐患103起,关停非法违法生产经营单位2家;组织日常检查121次,出动398人次,检查企业372家次。全年安全生产实现"零"伤亡。

（张振颖）

【城市环境建设】 年内,五里坨街道协助园林局完成京门新线、回迁房周边的绿化改造、防治飞絮杨柳树1738棵,完成地区垂直绿化2900平方米。街道、社区、企业三支保洁力量全面落实45条街巷82264.38平方米环境卫生保洁任务。联勤部大院居住区厨余垃圾处理设备开始运转,西山峻景小区垃圾分类工作在全区名列前茅。

（张振颖）

【流动人口服务管理】 年内,五里坨街道为1000多名流动人口办理暂住证,采集出租房信息100多条、流动人口信息3900余条。出动人员1800多人次,走访排查出租房5600余户、出租大院13个(400多户),检查门店、工地、企业单位170多家,做到"底数清、情况明"。规范生产经营和房屋出租,流动人口减少744人,完成人口调控任务。

（张振颖）

【4项便民工程竣工】 年内,五里坨街道落实资金488万元,带动社会资金240万元完成回迁房社区三个居委会办公设备购置、隆恩颐园社区精神文明建设宣传栏建设工程、西山机械厂社区文化活动宣传廊修缮工程、五里坨残疾人温馨家园修缮工程。

（张振颖）

【保障性住房审核】 年内,五里坨街道根据北京市新保障房申请规则,登记保障性住房55户,受理申请19户,审核通过4户。受理公租房租金补贴3户,审核通过3户,办理入住2户。廉租房签订合同60户;受理经适房、限价房、廉租房、公租房变更申请27户。

（张振颖）

【推进养老服务】 年内,辖区新增4个养老服务商,其中便民大药房2家、便民洗衣店1家、老年餐桌1家。为648位达标老人发放养老券75万余元;办理老年优待证、优待卡711张;为高龄空巢老人申报安装"一按灵"电子门铃10个;发放高龄老年人津贴133人次4万元、高龄医疗补助4962.75元;节日走访慰问高龄特困老人9人,资助5400元。

（张振颖）

【深化社会救助】 年内,五里坨辖区146户302人享受低保。全年发放医疗救助金额10万余元,发放"两节"慰问金11万余元,电补贴、清洁能源补贴累计发放1万余元,救助贫困家庭大学生4人,慈善协会救助1人,发放5张慈善救助医疗卡2268元,发放爱心家园慰问品3003.44公斤。走访慰问残疾人331人次,发放慰问物品15万余元;先后为辖区2120人发放助残券25万余元;为1144名残疾人发放35万余元生活困难补助;为残疾儿童申请康复补助4.58万元。慰问困难职工2名,困难职工子女升学帮扶1例。街道妇联为30名贫困母亲、2名贫困"两癌"患者、13名贫困学生发放慰问金共计4.2万元;走访7户失独家庭和7名贫困儿童家庭。

（张振颖）

石景山区街道(社区)工委办事处负责人

八宝山街道
　　工委书记　　崔恩平
　　办事处主任　宁慧娟(女)
鲁谷社区行政管理中心
　　工委书记　　崔章程
　　中心主任　　迟志禹
老山街道
　　工委书记　　孙　钢
　　办事处主任　肖贝(12月免)
古城街道
　　工委书记　　齐　兵
　　办事处主任　王永明
八角街道
　　工委书记　　陈婷婷(女,藏族)
　　办事处主任　李金克
苹果园街道
　　工委书记　　王春艳(12月免)
　　　　　　　　杨旭东(12月任)
　　办事处主任　杨旭东(12月免)
　　　　　　　　杨举生(12月任)
金顶街街道
　　工委书记　　吕秀艳(女)
　　办事处主任　张玉国
广宁街道
　　工委书记　　胡冀民
　　办事处主任　邵立文
五里坨街道
　　工委书记　　韩　冰(女)
　　办事处主任　周西松

（上接200页）

田 义 墓

田义墓是我国第一座以宦官历史为题材的专题博物馆，北京市重点文物保护单位。位于石景山区法海寺西南500米处。由墓园展区、宦官文化陈列室和田野石刻展区三大部分组成。田义墓建于明代，墓主田义为嘉靖、隆庆、万历三朝太监，官阶正四品。墓园区内现有5座太监墓，是我国目前保存最完整、占地面积最大、规制最高、石刻最为精美的宦官墓。从田义墓占地面积、石刻大小和种类看均已越制，尤其是华表须弥座束腰八面浅浮雕，不仅证明了明代贵族官僚常常超过礼制的丧葬习俗，而且证明了宦官在明代的专权和跋扈。田义墓地宫多次被盗，于1998年5月被清理修缮，墓中剩存楠木板两块，墓志一盒。它是北京地区继明十三陵定陵、大葆台西汉墓之后第三座供游人参观的地下墓穴。

地　　址：石景山区模式口大街80号

联系电话：88724148

开放时间：9:00—17:00

票　　价：成人8元，学生4元

乘车路线：乘地铁苹果园站下车换乘331路模式口站下；乘336、396、959、746路公共汽车在首钢小区站下车；乘337、354路石景山站下。

自驾车路线：五环八大处出口出，西行至模式口大街，过北京第九中学200米即到。

语言服务：中文

中国第四纪冰川遗迹陈列馆

中国第四纪冰川遗迹陈列馆2009年完成改扩建，占地约6300平方米，建筑面积为4200平方米，分为五个展区即冰川知识展览、互动设备、场景复原区、室外地博园、遗迹保护区，一个多功能报告厅。通过展板介绍、标本展示、声光电演示、场景复原、互动设备、地质休闲博览等现代的展陈手段，全面的介绍第四纪冰川的形成演变与人类的关系以及京西地质结构、岩石构造等一系列自然地质知识。中国第四纪冰川遗迹陈列馆以收藏、陈列、研究、普及于一体，开展形式多样的展览展示、学术交流、知识讲座和冬夏令营等活动。

地　　址：石景山区模式口大街28号

联系电话：88722585

开放时间：9:00—16:00

票　　价：10元

乘车路线：乘地铁苹果园站下车换乘311路模式口站下；乘336、396、959、746路公共汽车在首钢小区站下；乘337、354路石景山站下。

自驾车路线：五环八大处出口出，西行至模式口大街，过北京市第九中学50米，见路牌北行100即到。

语言服务：中文、英文导览

皇姑寺（修缮中）

皇姑寺位于西黄村，明正统年间（1436－1449年）始建，初称顺天保明寺，清康熙五十年（1711年）改称显应寺，民间俗称皇姑寺。

传说明正统十四年（1449年），蒙古进犯，宦官王振挟明英宗亲征，途遇吕尼拦阻。英宗不听劝阻，继续北上，在土木堡全军覆没，英宗被俘。英宗被软禁期间，吕姑多次出现，为他送饭送水。英宗复辟后，封吕尼为皇姑，并为其建寺。明时皇姑寺庙产众多，殿堂恢宏，香火鼎盛，主要施主一直是皇亲内官，有敕谕蠲免粮税碑、皇亲国戚捐铸的铜钟。清时，康熙御制碑、额等，庙会远近闻名。解放后，庙会停办，殿宇残破。1986年10月9日区政府公布为第二批区级文物保护单位，2007年开始修缮。修缮后的皇姑寺将建立石景山区博物馆，向社会开放。

地　　址：石景山区西黄村小区皇姑寺

联系电话：88701190

乘车路线：乘958、598、318、389公共汽车西黄村小区站下车，向南步行200米即可到达。

自驾车线路：阜石路西行过晋元桥，当代商城北转至西黄村即到。

先　进

全国(含系统)先进集体及先进个人

先进集体

全国五一巾帼标兵岗

北京市石景山区人民法院未成年人案件综合审判庭

全国工人先锋号

石景山区常青藤创业研究中心蒲公英创业教育工作室

首都文明单位标兵(中央精神文明办颁发)

工业和信息化部电子科学技术情报研究所

第四届全国文明单位

石景山区老山街道老山东里社区

石景山区人民检察院

全国教育系统先进集体

京源学校北京市京源学校

2014最佳文化旅游度假目的地

北京八大处文化旅游区

全国“六五”普法中期先进单位

共青团北京市石景山区委员会

第三次全国经济普查先进集体

北京市石景山区第三次全国经济普查领导小组办公室

2013年度案例工作先进单位

区法院研究室

2013年全国文化惠民工程宣传工作先进单位

北京市石景山区广播电视中心

第七届中国技术市场协会金桥奖“先进集体奖”

石景山区生产力促进中心

全国百城千村健身气功交流展示系列活动先进展示单位

石景山区体育局

全国百家示范乡镇(街道)工会

八角街道总工会

全国价格认证工作“先进单位”

石景山区发改委价格认证中心

全国巾帼文明岗

工业和信息化部电子科学技术情报研究所信息化研究与促进中心

全国青少年维权岗

未成年人案件综合审判庭

全国审计宣传工作先进单位

石景山区审计局

全国优秀科普示范区

联勤部社区

全国组织建设先进集体

九三学社北京市委石景山区工委

先进个人

全国五一巾帼标兵

孙　军　北京市石景山区总工会政工师

张吉荣　北京市石景山医院主管护师

全国五一劳动奖章

丁海涛　北京神农庄园饮食管理有限公司厨师长

刘凤娟　北京北重汽轮电机有限责任公司电机副总工艺师

全国孝老爱亲最美家庭

任全来　五里坨街道高井社区居民

全国“最美家庭”

任全来　五里坨街道高井社区居民

第七届中国技术市场协会金桥奖“先进个人奖”

崔海霞

教育部科学技术进步奖

李也白

教育部科学技术进步一等奖

宋　威

全国巾帼建功标兵

戴　兵　光大银行信用卡中心

北京(含系统)先进集体及先进个人

先进集体

首都文明示范区县

石景山区

北京市工人先锋号

北京市爱依家政服务有限责任公司北京市爱依社区养老服务中心

北京市石景山区八角街道办事处人口与计划生育办公室

首都劳动奖状

北京东土科技股份有限公司

北京市三八红旗集体

北京市石景山区国税局第一税务所
北京市石景山区人民法院政治处
北京市石景山区八角街道杨南社区居委会
北京市石景山区残疾人劳动就业服务中心
北京市石景山区旅游咨询服务中心
北京市石景山区广电中心新闻部
北京市石景山区巧娘手工艺发展促进会
北京市石景山区古城第二小学
北京市石景山区城市管理监督指挥中心
北京市石景山区委直属机关工作委员会

北京市 2012 – 2014 年度首都文明单位标兵

中共北京市石景山区委宣传部
北京市石景山区委教育工作委员会
中共北京市石景山区委中关村科技园区石景山园工作委员会
北京市石景山区住房和城乡建设委员会
北京市石景山区财政局
北京市石景山区民政局
北京市石景山区人力资源和社会保障局
北京市石景山区卫生局
北京市石景山区司法局
北京市石景山区人民法院
北京市石景山区人民检察院
北京市工商行政管理局石景山分局
北京市国土资源局石景山分局
北京市石景山区人民政府八宝山街道办事处
北京市石景山区人民政府老山街道办事处
北京市石景山区广播电视中心
北京市石景山区自来水公司
北京市石景山区图书馆

首都文明单位

中共北京市石景山区委办公室
北京市石景山区人民代表大会常委会办公室
北京市石景山区人民政府办公室
中国人民政治协商会议北京市石景山区委员会办公室
中共北京市石景山区委组织部
中共北京市石景山区委统战部
中共北京市石景山区纪律检查委员会
北京市石景山区发展和改革委员会
中共北京市石景山区委直属机关工作委员会
北京市石景山区人民政府国有资产监督管理委员会
北京市石景山区人口和计划生育委员会
北京市石景山区文化委员会
北京市石景山区市政市容管理委员会
北京市石景山区商务委员会
北京市石景山区旅游发展委员会
北京市石景山区金融服务办公室
北京市公安局石景山分局
北京市石景山区审计局
北京市石景山区园林绿化局
北京市石景山区民防局
北京市石景山区环境保护局
北京市石景山区统计局
北京市石景山区国家税务局
北京市石景山区地方税务局
北京市石景山区体育局
北京市规划委员会石景山分局
中共北京市石景山区委老干部局
北京市石景山区城市管理综合行政执法监察局
北京市石景山区烟草专卖局(公司)
北京市石景山区机关行政事务管理处
北京市石景山区卫生局卫生监督所
北京市石景山区人民政府八角街道办事处
北京市石景山区人民政府古城街道办事处
北京市石景山区人民政府苹果园街道办事处
北京市石景山区人民政府金顶街街道办事处
北京市石景山区人民政府广宁街道办事处
北京市石景山区人民政府五里坨街道办事处
北京市石景山区公安消防支队
北京市石景山区妇女联合会
北京市石景山区工商业联合会
北京市石景山区总工会
北京市石景山区档案局
北京市石景山区疾病预防控制中心
中共北京市石景山区委员会党校
北京市石景山区投资促进局
北京市石景山区环境卫生服务中心
北京市石景山区公园管理中心
北京市石景山区道路清扫队
北京市石景山区少年儿童图书馆
北京市石景山社区学院
北京市第九中学
首都师范大学附属苹果园中学
北京市京源学校
北京市石景山区实验中学
北京市石景山区实验小学
北京市石景山区古城第二小学
北京京西燃气热电有限公司
国网北京市电力公司石景山供电公司
国网北京市电力公司培训中心
中国光大银行股份有限公司信用卡中心

中国农业银行股份有限公司北京石景山支行
北京万商投资发展有限公司

北京市五四红旗团委

石景山区八宝山街道团工委

北京市五四红旗团支部

石景山区人民检察院团总支

北京市青年文明号集体

北京市公安局石景山分局勤务指挥处
北京市石景山区环境卫生服务中心突击应急分队
北京市石景山区八角街道景阳东街第三社区服务站
北京市石景山区人民法院书记员室
北京市石景山区机关行政管理处石景山保安分公司驻区机关保安班
北京市八大处培训中心
北京市石景山区发改委政府采购中心
中国移动北京公司城区三分公司石景山路营业厅
北京诚安堂药房有限公司
北京市石景山医院神内一科护理组

北京市科学技术普及工作先进集体

北京市石景山区实验中学

首都文明风景旅游区

八大处公园
石景山游乐园
国际雕塑公园
法海寺

北京市建设学习型党组织示范点

八角街道工委

北京市离退休干部先进集体

政协北京市石景山区委员会离退休干部党支部
石景山区教育委员会离退休干部党支部
石景山区八角街道离退休干部“红色短信创作班”

北京市侨联工作先进集体

石景山区归国华侨联合会
石景山区八角街道归国华侨联合会

北京市优秀科普场馆

北京市石景山区慈善寺文物保管所

北京市优秀科普社区

八宝山街道玉泉西里北社区
五里坨街道西山机械厂社区
鲁谷社区依翠园南社区
金顶街街道金顶街四区社区
八宝山街道瑞达社区
苹果园街道海特花园第一社区
老山街道东里社区

北京市优秀科普示范社区

南宫社区
西山机械厂社区

先进个人

首都最美家庭

杨　敏
郗公元

首都劳动奖章

孙世国　北方工业大学教师
裴士信　北京市石景山区市政市容管理委员会党委书记、副主任
张苏明　北京市石景山区地方税务局八角税务所所长
严　震　北京市石景山区垃圾综合处理厂厂长助理
南海涛　女，朝鲜北京教育学院石景山分院语文研修员
李　华　北京银建汽车修理有限公司技术总监

北京市三八红旗奖章

王　莹　北京市石景山区投资促进局办公室主任
王宏芬　北京市石景山区委老干部局局长
王景红　北京市石景山区城市管理综合行政执法监察局直属一队教导员
吕宝红　北京市石景山区少年国防教育基地主任
刘　震　北京丽贝亚建筑装饰工程有限公司副总经理、党支部书记
孙艳艳　北京市石景山医院检验科主任、党支部书记
李　钧　北京市公安局石景山分局鲁谷派出所副调研员
杨　磊　北京市石景山区鲁谷社区久筑居委会书记、主任
杨京春　北京市石景山区金融服务办公室主任
谷　茜　北京军区政治部宣传部俱乐部干事
汪　心　北京市石景山区自来水公司党支部副书记
赵　星　北京石景山区小飞象训练发展中心主任
郝丽霞　首钢迁钢公司炼钢作业部生产技术室品种质量专业员
郭　婧　北京市石景山区委直属机关工作委员会书记
薛维平　北京市石景山区燕京公证处主任
戴　兵　中国光大银行信用卡中心总经理
佟雪琴　北京京能电力股份有限公司石景山热电厂汽机车间专责工

北京市青年岗位能手

严　莉　中国光大银行信用卡中心高级副经理
魏　巍　北京华巍中兴电气有限公司技术总监

北京青年五四奖章

赵　星　北京市石景山区小飞象训练发展中心理事长、北京星缘社会工作事务所主任

“北京榜样”提名奖

任全来　五里坨街道高井社区居民

首都精神文明建设奖

刘吉新　区委组织部副处级组织员、组织科科长

祁爱华　八宝山街道宣传部部长
邱建生　五里坨街道联勤部军营社区党委书记
白宏宽　北京京源学校校长
李　婧(女)　区法院未成年人案件综合审判庭副庭长
任全来　五里坨街道高井社区居民
赵迎春(女)　鲁谷社区五芳园社区居委会居民

北京市优秀青年工程师

黄　锋　工业和信息化部电子科学技术情报研究所
刘　月　北京建筑材料科学研究总院有限公司

北京市公安局“优秀女民警”

董天婻　刑侦支队
苏　丽　金顶街派出所

北京市公安局先进典型先锋示范岗

董天婻　刑侦支队
孙书礼　模式口派出所

北京市离退休干部先进个人

李凤岐　北京市石景山区人力和社会保障局退休干部
沈红顺　北京市石景山区苹果园街道办事处离休干部
傅以诠　北京市石景山区人大常委会退休干部
张俊山　政协北京市石景山区委员会退休干部
牛　琨　北京市石景山区人民法院退休干部

北京市模范法官

滕恩荣
宋旭东

北京市先进法官

牟芳非
赵　伟
冉　悦

北京市归侨侨眷先进个人

王健松
张　文
徐炜彦

北京市侨联工作先进个人

丁仁猛
王月侠
方庆祥
孙金梅
宋　鹏
徐　红
高　琦
宋　鹏

北京市优秀共青团干部

张中亚

北京市优秀共青团员

孙　旭

首都城市环境建设突出贡献

侯连起
吴万福
刘兴港

首都精神文明创建先进个人

李　婧

统计资料

地区生产总值

表 1

单位:万元

项　　目	2014 年	2013 年	增长速度%（现价）	增长速度%（不变价）
地区生产总值	4009076	3737595	7.3	9.3
按产业分:				
第一产业				
第二产业	1361402	1335299	2.0	9.6
第三产业	2647674	2402296	10.2	9.1
按行业分:				
农、林、牧、渔业				
工业	799356	824630	-3.1	8.4
建筑业	563919	512506	10.0	11.5
批发和零售业	234213	223803	4.7	5.6
交通运输、仓储和邮政业	63468	59614	6.5	4.6
住宿和餐饮业	62998	60835	3.6	1.0
信息传输、软件和信息技术服务业	659500	570524	15.6	15.9
金融业	274782	241840	13.6	13.4
房地产业	218452	202546	7.9	5.1
租赁与商务服务业	176137	162696	8.3	5.6
科学研究和技术服务业	250816	234931	6.8	5.1
水利、环境和公共设施管理业	27602	27657	-0.2	-1.8
居民服务、修理和其他服务业	64317	53739	19.7	16.7
教育	220222	177362	24.2	22.2
卫生和社会工作	125135	116465	7.4	5.7
文化、体育和娱乐业	129020	126907	1.7	-0.9
公共管理、社会保障和社会组织	139139	141540	-1.7	-3.2

数据来源:北京市统计局反馈。

财政收入与支出

表 2

单位:万元

项　　目	金额	项　　目	金额
一、财政收入总计	1353805	二、财政支出总计	1697137
公共财政预算收入合计	379715	公共财政预算支出合计	688258
(一)区县固定税收小计	40897	一般公共服务	44269
房产税	20993	国防	730
车船税	9444	公共安全	48206
印花税	10199	教育	112249
资源税		#教育费附加支出	31307
耕地占用税	261	科学技术	13793
(二)共享税收小计	331150	文化体育与传媒	19702
增值税	75923	社会保障和就业	135181
营业税	129641	医疗卫生	42445
城镇土地使用税	2754	节能环保	43988
土地增值税	21883	#排污费支出	112
教育费附加收入	8732	城乡社区事务	130107
城市维护建设税(85%	34724	农林水事务	38684
企业所得税	57493	#水资源费支出	382
企业所得税退税		交通运输	
(三)分级收入小计	7668	资源勘探电力信息等事	40454
国有资本经营收入	0	商业服务业等事务	3707
国有资源(资产)有	2039	金融监管支出	1607
其他收入	16	地震灾后恢复重建支出	1748
罚没收入	873	国土资源气象等事务	137
行政性事业性收费	4699	住房保障支出	5481
排污费收入	41	粮油物资储备等管理事	660
水资源费收入		债务付息支出	
公路运输管理费收入		其他支出	5110
政府性基金预算收入合计	973981	政府性基金预算支出合计	1008879
国有土地使用权出让收入	969013	教育	22948
政府住房基金收入	38	文化体育与传媒	240
残疾人就业保障金收入	4335	社会保障和就业	3527
其他政府性基金收入	2	城乡社区事务	975974
		其他支出	5987
国有资本经营预算收入合计	109	国有资本经营预算支出合计	
债务收入合计		债务还本支出合计	

资料来源:石景山区财政局。

银行存贷款情况

表 3

单位:万元

项　　目	2014 年	2013 年	增长速度(%)
期末银行存款余额	12863186	12289998	4.7
单位存款	6694342	6327320	5.8
个人存款	6132829	5926839	3.5
#储蓄存款	5854908	5648168	3.7
其他存款	36016	35840	0.5
期末银行贷款余额	5480542	4874234	12.4
#境内短期贷款	1608463	1697180	-5.2
境内中长期贷款	3841230	3105079	23.7

数据来源:北京市统计局反馈。

现金收支情况(年人均)

表 4　　　　　　　　　　　　　　　　　　　　　　　　单位:元

收　　入	金　额	收　　入	金　额
可支配收入	41943.0	消费支出	23845.4
家庭总收入	46650.8	购房与建房支出	548.0
工资性收入	27941.6	转移性支出	3234.4
工资及补贴收入	26466.2	#交纳的个人收入税	633.9
其他劳动收入	1475.4	捐赠支出	2085.7
经营净收入	1046.1	购买彩票	11.8
财产性收入	966.7	赡养支出	292.2
转移性收入	16696.5	社会保障支出	3559.2
#养老金或离退休金	14762.1	借贷支出	450.7
赡养收入	139.5	#存入储蓄款	2.3
捐赠收入	469.6	归还借款	36.6
借贷收入	1701.1	借出款	34.7
#提取储蓄存款	1670.5	储蓄性保险支出	102.8
		归还住房贷款	225.1

消费性支出(年人均)

表 5　　　　　　　　　　　　　　　　　　　　　　　　单位:元

项　　目	金　额	项　　目	金　额	项　　目	金　额
消费支出	23845.4	其他衣着用品	56.5	交通和通信	4566.0
食　品	7239.3	衣着加工服务费	7.2	交　通	3541.6
粮油类	814.0	家庭设备用品及服务	1675.9	通　信	1024.4
肉禽蛋水产类	1557.4	耐用消费品	823.0	教育文化娱乐服务	3267.7
蔬菜类	597.5	室内装饰品	46.8	文化娱乐用品	596.7
调味品	131.5	床上用品	158.5	文化娱乐服务	1513.6
糖烟酒饮料类	860.0	家庭日用杂品	552.2	教　育	1157.4
干鲜瓜果类	835.2	家具材料	2.0	居　住	2094.2
糕点、奶及奶制品	700.7	家庭服务	93.4	住　房	1105.0
其他食品	69.0	医疗保健	1876.3	水电燃料及其它	845.9
饮食服务	1674.1	医疗器具	39.0	居住服务费	143.4
衣　着	2009.5	保健器具	28.8	其他商品和服务	1116.6
服　装	1472.6	药品费	416.1	其它商品	844.4
衣着材料	9.3	滋补保健品	260.8	服　务	272.2
鞋　类	463.8	医疗费	1131.7		

固定资产投资完成情况(建设地)

表 6　　　　　　　　　　　　　　　　　　　　　　　　单位:万元、平方米

项　　目	计划总投资	自项目开始至期末累计完成投资	本年完成投资	#住宅	本年新增固定资产	房屋施工面积	#住宅	本年房屋竣工面积	#住宅
合　计	4573231	2216281	701229	371759	756698	74251			
按隶属关系分									
中　央	735305	470814	82623	67	190022				
市　属	2441480	685613	277574	241785	202290	20201			
区　属	644059	423831	157988	63577	123631	16276			
其　他	752387	636023	183044	66330	240755	37774			

房地产开发建设生产情况

表 7

项目	完成投资额（万元）	#商品房及经济适用房	#住宅	房屋建筑施工面积（m²）	#商品房及经济适用房	#住宅	房屋建筑竣工面积（m²）	#商品房及经济适用房	#住宅
合计	1139467	905196	291445	3515472	3407648	1389046	708460	659975	547775
市属	242106	186259	88186	1634581	1634581	763849	547300	547300	489772
区属	427296	387036	31147	715634	698169	285202			
其他	470065	331901	172112	1165257	1074898	339995	161160	112675	58003

注：1."完成投资额"下的"商品房及经济适用房"是由"本年完成投资"减"其他费用"得到的。
2."房屋建筑施工面积"下的"商品房及经济适用房"是由"房屋建筑施工面积"减"非房地产开发项目的施工面积"得到的。
3."房屋建筑竣工面积"下的"商品房及经济适用房"是由"房屋建筑竣工面积"减"非房地产开发项目的竣工面积"得到的。
4.2012 年起将"市属"和"区属"以外的房地产开发企业归入为"其他"。

户籍人口数

表 8　　单位：人

地区	2014 年	男	女	2013 年
合计	379557	195574	183983	375995
八宝山街道	32033	16860	15173	30749
老山街道	28689	14913	13776	28849
八角街道	73443	37822	35621	71892
古城街道	42588	22467	20121	39986
苹果园街道	60407	30185	30222	59850
金顶街街道	56553	29268	27285	55640
广宁街道	12163	6151	6012	12313
五里坨街道	21942	10956	10986	21721
鲁谷社区	42551	21571	20980	42152
迁安矿区	9188	5381	3807	9314
首钢集体户				3529

注：首钢集体户口于 2014 年底撤销，已纳入各街道管理　　数据来源：北京市公安局石景山分局。

人口出生与自然增长情况

表 9

地区	出生人数(人)	死亡人数(人)	出生率(‰)	死亡率(‰)	自然增长率(‰)
合计	4264	2544	11.29	6.73	4.56
八宝山街	526	104	16.76	3.31	13.45
老山街道	280	217	9.73	7.54	2.19
八角街道	812	488	11.17	6.72	4.45
古城街道	407	266	9.86	6.44	3.42
苹果园街	636	343	10.58	5.70	4.88
金顶街街	611	543	10.89	9.68	1.21
广宁街道	96	116	7.84	9.48	-1.64
五里坨街	265	124	12.14	5.68	6.46
鲁谷社区	531	286	12.54	6.75	5.79
迁安矿区	29	54	3.13	5.84	-2.71
首钢集体户	71	3	20.49	0.87	19.62

注：首钢集体户数据截至 2014 年 11 月　　数据来源：石景山区卫生和计划生育委员会。

石景山区主要经济指标完成情况(2009～2014年)

表10

指标名称	计量单位	2009年	2010年	2011年	2012年	2013年	2014年
一、地区生产总值							
地区生产总值	亿元	248.7	295.5	320.7	338.2	365.2	400.9
第二产业	亿元	112.3	127.1	121.8	127.8	133.3	136.1
第三产业	亿元	136.3	168.4	198.8	210.4	231.9	264.8
第三产业增加值占地区生产总值	%	54.8	57.0	62.0	62.2	63.5	66.1
二、土地与人口							
土地面积	平方公里	84.38	84.38	84.38	84.38	84.38	85.74
常住人口	万人	60.5	61.6	63.4	63.9	64.4	65.0
#户籍人口	万人	36.0	36.2	36.6	37.1	37.6	38.0
人口密度(常住人口/土地面积)	人/平方公里	7170	7300	7514	7573	7632	7581
三、全社会固定资产投资							
全社会固定资产投资完成额	亿元	136.3	154.5	130.9	144.8	162.9	184.1
#房地产开发投资	亿元	91.5	115.7	78.2	74.8	82.6	113.9
房屋建筑施工面积	万平方米	322.9	355.9	447.4	365.0	285.1	351.5
房屋建筑竣工面积	万平方米	157.3	103.6	54.2	80.8	98.1	70.8
#住宅面积	万平方米	76.4	46.2	15.9	32.3	62.4	54.8
四、社会消费品零售总额							
社会消费品零售总额	亿元	175.9	217.6	162.1	184.5	207.0	241.9
吃	亿元	42.1	53.2	43.4	46.0	48.0	52.7
穿	亿元	6.0	7.0	9.1	12.8	10.7	12.3
用	亿元	126.1	155.2	99.5	116.1	136.9	165.6
烧	亿元	1.7	2.2	10.0	9.7	11.4	11.2
五、财政							
财政收入总计	亿元	18.2	19.1	23.0	25.9	67.5	135.4
财政支出总计	亿元	36.7	50.9	57.4	57.5	101.9	169.7
六、劳动工资							
城镇单位从业人员人数	人	161523	167431	184998	188964	200963	200521
城镇单位在岗职工平均工资	元	48298	53324	64649	70920	80813	91189
七、文化、卫生、体育							
图书馆藏书	万册	70.6	74.5	79.7	101.8	103.6	101.0
文物保护单位	个	33	33	33	33	33	33
卫生技术人员	人	5073	6183	6544	6825	7649	7927
医疗病床	张	3239	3985	3975	4127	4628	4634
每千常住人口拥有医生	人	5.2	3.9	3.9	4.1	4.5	4.5
每千常住人口拥有床位	张	9.0	6.5	6.3	6.5	7.2	7.1
中小学在校学生	人	35590	35235	35434	36072	38120	38194
八、居民生活							
居民人均可支配收入	元	25736	28051	31936	35420	38657	41943
居民人均消费支出	元	17081	18903	21343	20530	22411	23845

注:1. 全社会固定资产投资按项目建设地统计。

2. 2009—2012年社会消费品零售总额数据根据第三次全国经济普查进行了修订,2013年数据为第三次全国

附　录

中共北京市石景山区委主要文件目录

中共北京市石景山区区委文件

京石发〔2014〕1号　中共北京市石景山区委关于成立区委全面深化改革领导小组的通知

京石发〔2014〕2号　中共北京市石景山区委关于印发《石景山区深入开展党的群众路线教育实践活动总体方案》的通知

京石发〔2014〕3号　中共北京市石景山区委关于印发《关于进一步加强领导干部理论学习的意见》的通知

京石发〔2014〕4号　中共北京市石景山区委关于给予李元涛党内警告处分的决定

京石发〔2014〕5号　中共北京市石景山区委北京市石景山区人民政府关于印发《关于深入推进民主政治建设进一步加强人大建议和政协提案办理工作的意见》的通知

京石发〔2014〕6号　中共北京市石景山区委北京市石景山区人民政府关于深入开展信访代理制工作的意见

京石发〔2014〕7号　中共北京市石景山区委北京市石景山区人民政府关于建立城市综合管理体系提升社会治理水平的意见

京石发〔2014〕8号　中共北京市石景山区委关于印发《中共北京市石景山区委常委会关于加强风险防控落实“三重一大”决策制度的实施办法(试行)》的通知

京石发〔2014〕9号　中共北京市石景山区委关于印发《石景山区建立健全惩治和预防腐败体系2014－2017年实施细则》的通知

京石发〔2014〕10号　中共北京市石景山区委关于印发《中共北京市石景山区第十一届委员会常务委员会工作规则》的通知

京石发〔2014〕11号　中共北京市石景山区委关于落实党风廉政建设党委主体责任和纪委监督责任的实施意见

中共北京市石景山区委办公室文件

京石办发〔2014〕1号　中共北京市石景山区委办公室北京市石景山区人民政府办公室关于转发《石景山区2014年双拥工作要点》的通知

京石办发〔2014〕2号　中共北京市石景山区委办公室关于印发《石景山区处级以上领导干部与特困家庭结对帮扶实施意见(试行)》的通知

京石办发〔2014〕3号　中共北京市石景山区委办公室关于印发《关于落实中央党政机关停止新建楼堂馆所和清理办公用房通知精神的工作方案》的通知

京石办发〔2014〕4号　中共北京市石景山区委办公室关于印发《区委常委会2014年议题计划》的通知

京石办发〔2014〕5号　中共北京市石景山区委办公室关于印发《区委常委会深入开展党的群众路线教育实践活动工作方案》的通知

京石办发〔2014〕6号　中共北京市石景山区委办公室北京市石景山区人民政府办公室关于转发《石景山区2014年重点协作调研课题计划》的通知

京石办发〔2014〕7号　中共北京市石景山区委办公室关于印发《区委2014年主要工作任务分解》的通知

京石办发〔2014〕8号　中共北京市石景山区委办公室关于调整区委常委分工的通知

京石办发〔2014〕9号　中共北京市石景山区委办公室北京市石景山区人民政府办公室关于印发《关于石景山区社会治理综合执法委员会的组建方案》的通知

京石办发〔2014〕10号　中共北京市石景山区委办公室关于成立石景山区党委系统信息化工作协调小组的通知

京石办发〔2014〕11号　中共北京市石景山区委办公室关于成立石景山区电子政务内网建设和

管理协调小组的通知

京石办发〔2014〕12 号　中共北京市石景山区委办公室北京市石景山区人民政府办公室关于建立城管执法局街道执法队“双重管理”机制的通知

京石办发〔2014〕13 号　中共北京市石景山区委办公室北京市石景山区人民政府办公室关于进一步加强精神文明创建工作的意见

京石办发〔2014〕14 号　中共北京市石景山区委办公室北京市石景山区人民政府办公室关于印发《关于进一步规范和严格执行领导干部请销假制度的管理办法》的通知

京石办发〔2014〕15 号　中共北京市石景山区委办公室北京市石景山区人民政府办公室关于转发区双拥办《关于 2014 年“八一”期间开展双拥月活动的意见》的通知

京石办发〔2014〕16 号　中共北京市石景山区委办公室北京市石景山区人民政府办公室关于印发《关于推进民生家园建设建立区级领导蹲点办公制度的意见》的通知

京石办发〔2014〕17 号　中共北京市石景山区委办公室北京市石景山区人民政府办公室关于印发《石景山区严格控制人口规模工作方案》的通知

京石办发〔2014〕18 号　中共北京市石景山区委办公室北京市石景山区人民政府办公室关于印发《关于国庆节和亚太经合组织领导人非正式会议期间开展社会面防控专项行动的工作方案》的通知

京石办发〔2014〕19 号　中共北京市石景山区委办公室北京市石景山区人民政府办公室关于印发《石景山区服务保障新中国成立 65 周年庆祝活动工作方案》的通知

京石办发〔2014〕20 号　中共北京市石景山区委办公室北京市石景山区人民政府办公室关于印发《石景山区党政机关电视电话会议系统管理规定(试行)》的通知

京石办发〔2014〕21 号　中共北京市石景山区委办公室北京市石景山区人民政府办公室关于印发《中共北京市石景山区委城市综合管理工作委员会北京市石景山区城市综合管理委员会主要职责、内设机构和人员编制规定(试行)》的通知

京石办发〔2014〕22 号　中共北京市石景山区委办公室关于调整区委党的建设工作领导小组的通知

京石办发〔2014〕23 号　中共北京市石景山区委办公室关于印发《关于深化“四风”整治、巩固和拓展党的群众路线教育实践活动成果的工作安排》的通知

京石办发〔2014〕24 号　中共北京市石景山区委办公室关于印发《石景山区区级领导公务活动礼品管理暂行规定》的通知

北京市石景山区人民政府主要文件目录

北京石景山区人民政府文件

石政发〔2014〕1 号　关于印发《二〇一四年折子工程》的通知

石政发〔2014〕2 号　关于给予付锐行政开除处分的决定

石政发〔2014〕3 号　关于印发石景山区 2014 年度保障性安居工程用地供应计划的通知

石政发〔2014〕4 号　关于印发安全生产“一岗双责”暂行规定的通知

石政发〔2014〕5 号　关于调整区政府领导分工的通知

石政发〔2014〕6 号　关于规范清明节期间群众祭扫活动和治理乱埋乱葬行为的通告

石政发〔2014〕7 号　关于印发大力发展商标战略助推区域经济发展的实施意见的通知

石政发〔2014〕8 号　关于印发宽带石景山行动计划(2014 年—2015 年)的通知

石政发〔2014〕9 号　关于公布第三批石景山区级非物质文化遗产代表性项目的通知

石政发〔2014〕10 号　2014 年夏秋季征兵命令

石政发〔2014〕11 号　关于印发促进中小微企业发展办法的通知

石政发〔2014〕12 号　关于取消一批行政审批事项的通知

石政发〔2014〕13 号　关于发布 2013 年度石景山区科学技术奖评审结果的通知

石政发〔2014〕14 号　关于做好八大处 22 号院相关国有资产出租管理工作的通知

北京市石景山区人民政府办公室文件

石政办发〔2014〕1 号　关于印发石景山区街道食品药品监督管理所街道工作人员和食品药品安全监察员队伍建设方案的通知

石政办发〔2014〕2 号　关于北京市石景山区食品药品安全委员会名称调整等有关事项的通知

石政办发〔2014〕3 号　关于印发石景山区 2013 - 2017 年无煤区建设工作方案的通知

石政办发〔2014〕4 号　关于成立石景山区创建国家生态文明先行示范区工作领导小组的通知

石政办发〔2014〕5 号　关于四川正升环保科技有限公“12·5”一般生产安全事故结案的通知

石政办发〔2014〕6 号　关于印发石景山区 2014 年度区域性火灾隐患整治规划的通知

石政办发〔2014〕7 号　关于印发北京市石景山区城市管理综合行政执法监察局主要职责、内设机构和人员编制规定的通知

石政办发〔2014〕8 号　关于调整高风险市场业态设立登记的通知

石政办发〔2014〕9 号　关于印发石景山区政府投资重点建设项目审计监督办法的通知

石政办发〔2014〕10 号　关于印发 2014 年区政府常务会议和区长办公会议议题计划的通知

石政办发〔2014〕11 号　关于印发《北京市石景山区 2013－2017 年清洁空气行动计划重点任务分解 2014 年工作措施》的通知

石政办发〔2014〕12 号　关于印发 2014 年消夏露天餐饮经营管理和整治工作实施方案的通知

石政办发〔2014〕13 号　关于印发 2014 年石景山区十件环保实事的通知

石政办发〔2014〕14 号　关于印发石景山区再生资源回收体系建设实施方案的通知

石政办发〔2014〕15 号　关于印发 2014 年石景山区政府系统政务信息目标考核评比细则的通知

石政办发〔2014〕16 号　关于印发加快推进石景山区电力设施建设三年行动计划（2013—2015 年）的通知

石政办发〔2014〕17 号　关于印发 2014 年区政府联络人大、政协工作安排的通知

石政办发〔2014〕18 号　关于印发石景山区行政事业单位财政性结余资金管理办法的通知

石政办发〔2014〕19 号　关于印发石景山区事业单位国有资产管理暂行办法的通知

石政办发〔2014〕20 号　关于印发石景山区便民服务和应急抢险电话管理办法的通知

石政办发〔2014〕21 号　关于设立北京市石景山区卫生和计划生育委员会的通知

石政办发〔2014〕22 号　关于成立北京保险产业园工作领导小组的通知

石政办发〔2014〕23 号　关于印发石景山区贯彻质量发展纲要实施意见 2014 年行动计划的通知

石政办发〔2014〕24 号　关于印发《北京市石景山区气象灾害防御规划（2014－2020 年）》的通知

石政办发〔2014〕25 号　关于印发《北京市石景山区城市管理监督指挥中心主要职责、内设机构和人员编制规定（试行）》的通知

石政办发〔2014〕26 号　关于印发北京市石景山区国民经济和社会发展第十三个五年规划研究编制工作方案的通知

石政办发〔2014〕27 号　关于调整石景山区政府信息公开工作领导小组成员单位及职责分工的通知

石政办发〔2014〕28 号　关于印发北京市石景山区卫生和计划生育委员会（北京市石景山区动物卫生监督管理局）主要职责内设机构和人员编制规定的通知

区域教育单位名录

石景山区幼儿园名录

机构名称	机构地址	办公电话	行政负责人	办学类型
北京市石景山区师范学校附属幼儿园	北京市石景山区永乐小区甲 42 号院	68652877	王　斌	幼儿园
北京市石景山区实验幼儿园	北京市石景山区八角北里小区	68843113	张艳君	幼儿园
北京市石景山区幼儿园	北京市石景山区古城南里 17 号	68874902	左丽君	幼儿园
北京市石景山区第二幼儿园	北京市石景山区八角南路东街	68874643	张洪霞	幼儿园
北京市石景山区八角北路幼儿园	北京市石景山区八角北路甲 18 号	68876355	佟桂香	幼儿园
北京市石景山区八角幼儿园	北京市石景山区八角南路甲 18 号	68874744	许亚文	幼儿园
北京市石景山区第三幼儿园	北京市石景山区海特花园小区	88794819	鲁建平	幼儿园
北京市京源学校幼儿部	北京市石景山区京原路 10 号	68645864	王　珣	幼儿园
北京市京源学校幼儿部融景城分园	北京市石景山区景阳东街 67 号院 4 号楼	88700816	王　珣	幼儿园
北京师范大学石景山附属幼儿园	北京市石景山区杨庄北区	88953860	马炳霞	幼儿园
北京市石景山区北辛安小学	北京市石景山区北辛安南岔 13 号	68872398	章　雯	附设幼儿班
北京市石景山区麻峪小学	北京市石景山区麻峪南街 51 号	88991876	肖印军	附设幼儿班
中国科学院高能物理研究所幼儿园	北京市石景山区玉泉路 19 号乙	88235964	杨红宇	幼儿园

机构名称	机构地址	办公电话	行政负责人	办学类型
北京市石景山区向阳农工商公司幼儿园	北京市石景山区衙门口村向阳亨泰投资管理公司院内	68684485	牛彦玲	幼儿园
古城地区民族幼儿园	北京市石景山区古城西路	68872073	李玉伶	幼儿园
北京军区机关幼儿园	北京市石景山区八大处甲1号	66399546	段春梅	幼儿园
北京军区联勤部机关幼儿园	北京市石景山区高井甲32号	66384436	王　青	幼儿园
北京特钢燕鼎金地幼教中心	北京市石景山区八角北路特钢小区内	68872802	高亚丽	幼儿园
首钢矿山街道居民管理委员会第二幼儿园	河北省迁安市首钢矿业公司滨河村	0315－7713469	刘赞芬	幼儿园
首钢矿山街道居民管理委员会第三幼儿园	河北省迁安市首钢矿业公司鸽子湾	0315－7713550	孙兴霞	幼儿园
北京金色未来幼教中心首钢大地老山西里幼儿园	北京市石景山区老山西里社区	88297108	李　荣	幼儿园
北京金色未来幼教中心首钢大地老山东里幼儿园	北京市石景山区首钢老山东里小区	88973110	王　慧	幼儿园
北京金色未来幼教中心首钢大地古城幼儿园	北京市石景山区古城小街15号	68872147	史玉玲	幼儿园
北京金色未来幼教中心首钢大地八角幼儿园	北京市石景山区古城南路10号	68874088	马　建	幼儿园
北京金色未来幼教中心首钢大地苹果园幼儿园	北京市石景山区苹果园大街151号	88727831	时进霞	幼儿园
北京金色未来幼教中心金苹果幼儿园	北京市石景山区苹果园街道七区16号	88754805	张桂萍	幼儿园
北京金色未来幼教中心首钢大地金顶街幼儿园	北京市石景山区金顶街五区	88723422	齐　冰	幼儿园
北京金色未来幼教中心首钢大地模式口幼儿园	北京市石景山区模式口南里小区内	88294643	王明翠	幼儿园
北京市石景山区灵童潜能开发幼稚园	北京市石景山区玉泉路北临1号翠谷玉景苑15号楼	58974885	谢　承	幼儿园
北京市石景山区希望之星幼儿园	北京市石景山区吴庄重兴园小区	68654023	李兆兰	幼儿园
北京市石景山区新世纪幼儿园	北京市石景山区八宝山街道六合园小区8区8号	68626456	惠　玲	幼儿园
北京市石景山区瑞吉欧双语艺术幼儿园	北京市石景山区八角南路47号	68822781	左海燕	幼儿园
北京市石景山区方舟双语艺术幼儿园	北京市石景山区西井路19号	88799708	张纪红	幼儿园
北京市石景山区首钢大地现代幼儿园	北京市石景山区黑石头现代生活小区	51725817	王艳弟	幼儿园
北京市石景山区京西生态双语幼儿园	北京市石景山区隆恩寺红卫路1号	51517985	邢　丽	幼儿园
北京市石景山区家宝贝艺术幼儿园	北京市石景山区鲁谷路74号住宅配套楼	68609368	杨　丽	幼儿园
北京市石景山区蓝天宇锋幼儿园	北京市石景山区景阳东街	68602930	孙玉兰	幼儿园
北京市石景山区伊顿慧智双语幼儿园	北京市石景山区玉泉西里一区14号楼	59623300	韩　玉	幼儿园
北京市石景山区尚德幼儿园	北京市石景山区五里坨街道办事处周转房	68080006	高美玲	幼儿园
北京市石景山区三色幼儿园	北京市石景山区杨庄南区甲5号	88982799	徐　娜	幼儿园
北京市石景山区新世界国际幼儿园	北京市石景山区石景山路2号	68663536	陈继红	幼儿园
北京市石景山区可儿幼儿园	北京市石景山区鲁谷东街20号	68659763	杨　彬	幼儿园
北京市石景山区新世界实验幼儿园	北京市石景山区广宁村新立街151号	88991225	左爱华	幼儿园
北京市石景山区爱贝儿幼儿园	北京市石景山区五里坨炮厂小区	51583197	王春英	幼儿园
北京市石景山区二十一世纪实验幼儿园	北京市石景山区西黄新村西里雍景四季小区东门11号楼	88938065	张　曼	幼儿园

机构名称	机构地址	办公电话	行政负责人	办学类型
北京常春藤双语幼儿园	北京市石景山区老山东里甲 20 号	88972449	王雅君	幼儿园
北京市石景山金鼎实验幼儿园	北京市石景山区金顶东街糕点八厂 16 号楼	57280819	陈茂玲	幼儿园
北京市石景山童年实验幼儿园	北京市石景山区古城南街路东 31 号码 17 号	68825072	张言超	幼儿园
北京市石景山东方龙人幼儿园	北京市石景山区石景山路 2 号北京台湾街 12 号楼 12A－X	88272788	梁　晶	幼儿园
北京市石景山凯迪双语实验幼儿园	北京市石景山区重聚园小区 8 号楼	52630068	廖雪飞	幼儿园
北京市石景山区海特实验幼儿园	北京市石景山区实兴大街 5 号	88798323	陈茂玲	幼儿园
北京市石景山区黄庄学校附设幼儿班	北京市石景山区黄庄村 43 号	88681619	陈恩显	附设幼儿班

石景山区小学名录

机构名称	机构地址	学校类型	办公电话	行政负责人
北京市石景山区爱乐实验小学	北京市石景山区重聚中街	小学	68656411	张竞芳
北京市石景山区实验小学	北京市石景山区八角北里 39 号院	小学	68863879	叶　艳
北京市石景山区北辛安小学	北京市石景山区北辛安南岔 13 号	小学	68872398	章　雯
北京市石景山区杨庄小学	北京市石景山区杨庄小区	小学	68813625	张美玲
北京市石景山区金顶街第四小学	北京市石景山区金顶街北路	小学	88722510	蒋新华
北京市石景山区京原小学	北京市石景山区鲁谷路 66 号	小学	68660464	厉左艺
北京市石景山区金顶街第二小学	北京市石景山区金顶北路 71 号	小学	88717111	陈凤云
北京市石景山区六一小学	北京市石景山区八大处路乙 2 号	小学	88963055	王京兰
北京市石景山区苹果园第二小学	北京市石景山区苹果园一区甲 10 号	小学	68872198	杜　杰
北京市石景山区西黄村小学	北京市石景山区八大处路 102 号	小学	88932653	张立田
北京市石景山区第二实验小学	北京市石景山区老山西街 21 号	小学	88970161	吴幼颖
北京市石景山外语实验小学	北京市石景山区首钢黄南苑小区内	小学	88996422	刘世彬
北京市石景山区海特花园小学	北京市石景山区海特花园小区	小学	88798911	陈　娜
北京市石景山区师范学校附属小学	北京市石景山区永乐东区甲 31 号	小学	68655415	王瑞敏
北京市石景山区石景山小学	北京市石景山区模式口西里甲 32 号	小学	88992808	张颖涛
北京市石景山区古城第二小学	北京市石景山区古城南路东小街	小学	88923449	王　英
北京教育学院石景山分院附属小学	北京市石景山区古城小街 18 号	小学	68872083	贾洪波
北京市石景山区向阳小学	北京市石景山区衙门口村大横街	小学	68687838	马宝兰
北京市石景山区水泥厂小学	北京市石景山区京原路 68 号	小学	88958865	陈　军
北京市石景山区先锋小学	北京市石景山区绍家坡 1 号	小学	88722419	魏春英
北京市石景山区红旗小学	北京市石景山区高井甲 32 号	小学	88902251	路彦芬
北京市石景山区八角北路小学	北京市石景山区八角北路 52 号	小学	68830747	吴继红
北京市石景山区古城第二小学分校	北京市石景山区古城南里 18 号院	小学	68875305	王　英
北京市石景山区炮厂小学	北京市石景山区黑石头 7312 厂院内	小学	88950092	朴红丽
北京市石景山区广宁村小学	北京市石景山区广宁村新立街 151 号	小学	88993222	段学敏
北京市石景山区玉泉路小学	北京市石景山区玉泉路西何家坟北	小学	88233583	王建华
北京市石景山区银河小学	北京市石景山区六合园甲 24 号	小学	68644930	杨丽红
北京市石景山区麻峪小学	北京市石景山区麻峪南街 51 号	小学	88991876	肖印军

机构名称	机构地址	学校类型	办公电话	行政负责人
北京市石景山区电厂路小学	北京市石景山区高井路 18 号	小学	88953963	薛　东
北京市石景山区五里坨小学	北京市石景山区五里坨车站路 7 号	小学	88904267	王迎梅
北京市石景山区树仁小学	北京市石景山区衙门口东街	小学	52633318	赵生杰
北京市蓝天第一学校小学部	北京市石景山区苹果园三区	一贯制学校小学部	88742739	牛淑英
北京市京源学校小学部	北京市石景山区京原路 10 号	一贯制学校小学部	68644124	白宏宽
北京市京源学校莲石湖分校小学部	北京市石景山区燕堤中街 26 号	一贯制学校小学部		白宏宽
北京景山学校远洋分校小学部	北京市石景山区鲁谷东街 22 号	一贯制学校小学部	88690802	徐秀筠
北京师范大学励耘实验学校小学部	北京市石景山区八大处路 8 号	一贯制学校小学部	88962352	林福森
首钢矿业公司职工子弟学校小学部	河北省迁安市杨店子镇滨河村	一贯制学校小学部	0315－7710094	武书育
北京市中杉学校小学部	北京市石景山区石门路 342 号	一贯制学校小学部	88173625	王翠娟
北京市石景山区黄庄学校小学部	北京市石景山区黄庄村 43 号	一贯制学校小学部	88681619	陈恩显
北京市石景山区台京学校小学部	北京市石景山区衙门口村西南后街	一贯制学校小学部	68663821	刘运贵
北京市石景山区华奥学校小学部	北京市石景山区永乐东小区	一贯制学校小学部	68664165	王桂云

石景山区中学名录

机构名称	机构地址	学校类型	办公电话	行政负责人
北京市石景山区石景山中学	北京市石景山区模式口西里甲 31 号院	初级中学	88293411	白　雯
北京市石景山区实验中学分校	北京市石景山区老山西里甲 2 号	初级中学	88970862	冯　岩
北京市第九中学分校	北京市石景山区金顶北路 8 号	初级中学	88751337	林乐光
北京市石景山区实验中学	北京市石景山区八角路 40 号	初级中学	68861032	冯　岩
北京市杨庄中学	北京市石景山区八角北路 53 号	初级中学	68861314	曾科建
北京市高井中学	北京市石景山区高井路 26 号	初级中学	88953764	刘福花
北京市苹果园中学分校	北京市石景山区苹果园南路 25 号	初级中学	88931340	于志勇
北京佳汇中学	北京市石景山区模式口南里	初级中学	88296005	麻宝山
北京市同文中学	北京市石景山区永乐小区甲 8 号	初级中学	68653297	叶　奔
北京教育学院石景山分院附属学校	北京市石景山区古城东街 5 号	初级中学	68888118	贾洪波
北京市蓝天第一学校	北京市石景山区苹果园三区	九年一贯制学校	88742739	牛淑英
北京市京源学校莲石湖分校	北京市石景山区燕堤中街 26 号	九年一贯制学校		白宏宽
北京市古城中学	北京市石景山区古城南路 6 号	完全中学	68871582	李先平
北京师范大学附属中学京西分校	北京市石景山区五里坨隆恩寺路	完全中学	83193000	刘　沪
首都师范大学附属苹果园中学	北京市石景山区苹果园南路 25 号	高级中学	88932450	于志勇
北京市第九中学	北京市石景山区模式口大街 16 号	高级中学	88753160	林乐光
北京市京源学校	北京市石景山区京原路 10 号	十二年一贯制学校	68644124	白宏宽
北京师范大学励耘实验学校	北京市石景山区八大处路 8 号	十二年一贯制学校	88962352	林福森
北京景山学校远洋分校	北京市石景山区鲁谷东街 22 号	十二年一贯制学校	88690802	徐秀筠
首钢矿业公司职工子弟学校	河北省迁安市杨店子镇滨河村	十二年一贯制学校	0315－7710094	武书育
北京市中杉学校	北京市石景山区石门路 342 号	九年一贯制学校	88173625	王翠娟
北京市石景山区台京学校	北京市石景山区衙门口村西南后街	九年一贯制学校	68663821	刘运贵
北京市石景山区华奥学校	北京市石景山区永乐东小区	九年一贯制学校	68664165	王桂云

机构名称	机构地址	学校类型	办公电话	行政负责人
北京市石景山区黄庄学校	北京市石景山区黄庄村 43 号	九年一贯制学校	88681619	陈恩显
北京市艺考高级中学	北京市石景山区苹果园南路 25 号	高级中学	82593068	邹　群
北京市礼文中学	北京市石景山区老山东里甲 19 号	完全中学	88977433	欧阳蒙

石景山区职业教育、高等教育学校名录

机构名称	机构地址	学校类型	办公电话	行政负责人
北京市黄庄职业高中	北京市石景山区鲁谷东街 29 号	职业高中学校	68638293	倪晓辉
北京市古城旅游职业学校	北京市石景山区玉泉南街 8 号	职业高中学校	68638293	倪晓辉
北京工业职业技术学院	北京市石景山区石门路 368 号	高校附设中职班	51511004	陈建民

石景山区民办教育机构名录

学 校 名 称	学 校 地 址	负责人	电　话
北京市石景山区中杉学校	北京市石景山区石门路 342 号	吴玉清	88980098
北京佳汇中学	北京市石景山区模式口南里	麻宝山	88291033
北京市石景山区华奥学校	北京市石景山区永乐东小区	王桂云	68664165
北京市石景山区台京学校	北京市石景山区衙门口村西南后街	刘运贵	68663821
北京市石景山区黄庄学校	北京市石景山区黄庄村 43 号西南郊苗圃	陈恩显	88681619
北京市石景山区树仁小学	北京市石景山区衙门口东街西五环旧货市场北侧	赵生杰	52633318
北京市艺考高级中学	北京市石景山区八大处杏石口甲 2 号	邹　群	88704163
北京市礼文中学	北京市石景山区老山东里	欧阳蒙	88977433
北京市石景山区希望之星幼儿园	北京市石景山区吴庄	李兆兰	68638180
北京市石景山区新世纪幼儿园	北京市石景山区八宝山街道六合园	惠　玲	68626456
北京市石景山区瑞吉欧双语艺术幼儿园	北京市石景山区八角南路 47 号	左海燕	68822781
北京市石景山区方舟双语幼儿园	北京市石景山区西井路 19 号	李金霞	88798467
北京市石景山区灵童潜能开发幼稚园	北京市石景山区玉泉路北临1号翠谷玉景苑15号楼	谢　承	58974071
北京市石景山区首钢大地现代幼儿园	北京市石景山区黑石头现代生活小区院内	王艳弟	51725817
北京市石景山区爱贝儿幼儿园	北京市石景山区五里坨炮厂小区招待所院内	许爱国	51583197
北京市石景山区新世界国际幼儿园	北京市石景山区国际雕塑公园内	陈继红	68662026
北京市石景山区二十一世纪实验幼儿园	北京市石景山区西黄新村西里雍景四季 11 楼	张　曼	88938065
北京市石景山区可儿幼儿园	北京市石景山区鲁谷东街 20 号	杨　彬	68659763
北京市石景山区新世界实验幼儿园	北京市石景山区广宁村新立街 151 号广宁小学南楼	刘变英	88991225
北京常春藤双语幼儿园	北京市石景山区老山东里甲 20 号	曹礼南	88977842
北京市石景山区京西生态双语幼儿园	北京石景山区隆恩寺红卫路 1 号	邢　丽	51517985
北京市石景山区家宝贝艺术幼儿园	北京市石景山区鲁谷路 74 号住宅配套楼	杨君荣	68609368
北京市石景山区蓝天宇锋幼儿园	北京市石景山区景阳东街	宋良萍	68602930
北京市石景山区伊顿慧智双语幼儿园	北京市石景山区玉泉西里一区 14 号楼	韩　玉	59623300－1008
北京市石景山区尚德幼儿园	北京市石景山区五里坨街道办事处周转房	张雪英	68080006
北京市石景山区三色幼儿园	北京市石景山区杨庄南区甲 5 号	徐　娜	88982799
首钢幼儿保教中心	北京市石景山区古城小街 15 号	张春红	88293522

学校名称	学校地址	负责人	电 话
北京市石景山区金鼎实验幼儿园	北京市石景山区金顶东街糕点八厂16号楼	陈茂玲	88715022
北京市石景山区东方龙人幼儿园	北京市石景山区石景山路2号北京台湾街12号楼12A－X	梁 晶	88272788
北京市石景山区童年实验幼儿园	北京市石景山区古城南街路东31号－17	张言超	68825072
北京市石景山区凯迪双语实验幼儿园	北京市石景山区聚兴园小区8号楼	王长国	52630068
北京市卡尔贝贝实验幼儿园	北京市石景山区五里坨中街C区12号院	张 帆	13910794989
北京市石景山区海特实验幼儿园	北京市石景山区实兴大街5号	陈雪梅	88753160
北京市石景山区滨河爱迪幼儿园	北京市石景山区古城街道京原路66号	王 进	13381309282
北京群星表演艺术学校	北京市石景山区黄庄职业高中	吕丽萍	68688730
北京市石景山区信德培训学校	北京市石景山区晋元庄路6号首钢工学院	王桂梅	88748048
北京市古城旅游服务培训学校	北京市石景山区古城大街23号	文大信	68877223
国家检察官学院培训中心	北京市石景山区香山南路111号	杨迎泽	61731377
北京市石景山区成教培训中心	北京市石景山区八角北路7号	张 燕	68865852
北京市石景山区启蒙艺术培训学校	北京市石景山区八角北里	张金玲	68830104
中国成人教育协会培训中心	北京市石景山区晋元庄路6号院	孙永龙	59805870
北京市石景山区育人培训学校	北京市石景山区古城高级中学院内	蒲秀莲	88706836
北京市石景山区海特艺术培训学校	北京市石景山区海特花园	周淑芬	88796176
北京市石景山区统计干部培训学校	北京市石景山区杨庄东路71号	董年龙	68826046
中国医学科学院整形外科医院培训中心	北京市石景山区八大处路33号	曹谊林	88772048
首钢工学院培训学校	北京市石景山区晋元庄路6号	王 林	59805671
北京市石景山区图书馆培训学校	北京市石景山区八角南路2号	王 红	68878504－8409
中国科学院大学培训中心	北京市石景山区玉泉路甲19号	苗建明	88256553
北京市石景山区金帆艺术培训学校	北京市石景山区京源路10号	张玉娟	68628570
北京市北方艺术学校	北京市石景山区苹果园大街161号	王 松	68861396
中国国际广播电台培训中心	北京市石景山区石景山路甲16号	李 萍	68892473
北京市石景山区创新教育培训中心	北京市石景山区古城第二小学	张 平	68820786
北京市石景山区阳光培训学校	河北迁安首钢矿业子弟学校	李诚阳	0315－7710094
北京市石景山区非凡培训学校	北京市石景山区八宝山南路	刘 冰	68873626
北京市石景山老年大学	北京市石景山区八角北路7号	王 松	68875723
北京新旅程培训中心	北京市石景山区八角北路9号	王永华	68669555
北京市石景山区业余大学培训中心	北京市石景山区八角北路51号	王 松	68645188
北京市石景山区青少年文化教育培训学校	北京市石景山区鲁谷南路11号	付桂荣	68681406
北京市石景山区精华培训学校	北京市石景山区石景山图书馆4层	廖中扬	62122020－6230
北京市石景山区普明培训学校	北京市石景山区八角西街95号	高世宝	68838533
北方工业大学培训中心	北京市石景山区晋元庄路5号	罗学科	88803283
北京市石景山区巨人文化艺术培训学校	北京市石景山区西黄新村西里4号楼2层	尹 雄	51608188－8444
北京市石景山区玛雅乐清培训学校	北京市石景山京原路7号	马 雅	58370260
北京市石景山区信实培训学校	北京市石景山区依翠园乙16号3层	张 伦	68625403
北京市石景山区豪斯曼培训学校	北京七色光百货商场	赵云凤	88974272

学校名称	学校地址	负责人	电话
北京市石景山区沃格办公自动化培训学校	北京市石景山区古城北路地铁家园平台	王荣富	85494112
北京市石景山区金晓文化培训学校	北京市石景山区苹果园北大街甲2号	牛淑和	68821514
北京市石景山区中软培训学校	北京市石景山区向阳小学院内	田若珠	88970430
北京市石景山区智诚文化补习学校	北京市石景山区首钢工学院12号楼	何　新	58973068
北京市石景山区华英培训学校	北京市石景山区首钢工学院8号楼	李明明	88995559
北京市石景山区泰兆培训学校	北京市石景山区八大处路22号7天酒店6层601室	桂卫红	13241921399
北京市石景山区兴华文化补习学校	北京市石景山区古城二小内	佟维萍	88910127
北京市石景山区金实艺术文化培训学校	北京市石景山区杨庄南区地铁古城家园东区	孙淑洁	68812304
北京市石景山区爱德斯培训学校	北京市石景山区鲁谷六合园814号	马　亮	64183765
北京市石景山区华夏英才培训学校	北京市石景山区古城第六小学	杨　肇	68815096
北京市石景山区金苹果电脑培训学校	北京市石景山区苹果园南路23号	郎兆圣	88921172
北京市石景山区升华培训学校	北京市石景山区石景山路甲18号院3号楼万达广场E座2211室	邵日新	88977226
北京市石景山区增智培训中心	北京工业职业技术学院东角楼	安源福	88750302
北京市石景山区爱华外语研修学校	北京市石景山区古城南路古城第六小学	陈　曦	68823303
北京市石景山区新思维文化艺术培训学校	北京市石景山区模式口西里石景山小学	杨　琦	68876015
北京市石景山区小状元培训学校	北京市石景山区金顶街项目部办公楼3层	王敬东	81810902
北京市石景山区知能培训学校	北京市石景山区福田寺甲3号	刘立生	15611207221
北京市石景山区汇英艺术文化培训学校	北京市石景山区银河商务区写字楼17层1901	许蕴卿	68692273
北京市石景山区中意汽车驾驶学校	北京市石景山区永乐西小区57号综合楼	赵国业	83603837
北京市西郊驾驶学校	北京市石景山区吴庄	赵忠立	68689739
国家体育总局老山汽车摩托车驾驶学校	北京市石景山区老山西街15号	张燕华	68862585
北京市石景山区启明星艺术培训学校	北京市石景山区石景山路46号	刘宣明	68869262
北京市石景山区加祥培训学校	北京市石景山区八角西街95号	徐瑞春	68867861
北京市石景山区好贝德培训学校	北京市石景山区五里坨小学	王瑞平	13311158310
北京市石景山区星乐汇培训学校	北京市石景山区八角西街85号2层	张荣欣	88288666
北京市石景山区向日葵钢琴艺术培训学校	北京市石景山区鲁谷东街22号	李瑞霞	13381379416
北京建达培训学校	北京市石景山区鲁谷东街29号	王　超	13611162778
北京市石景山区领语堂培训学校	北京市石景山区石景山路22号长城大厦4层	赵　勇	68653355
北京市石景山区华育信息技术学校	北京市石景山区隆恩寺红卫路1号院	周海涛	13911483398
北京市石景山区新国人培训学校	北京市石景山区八角南路房管所办公楼2层	许建琦	66127398
北京市电力公司进网作业电工培训中心	北京市石景山区模式口3号院	顾联军	63679970
北京市清大世纪培训学校	北京市石景山区八大处高科技园区西井路3号	王　政	68609368
北京市石景山区金色未来培训学校	北京市石景山区西井一区综合楼	孙丽凤	88295796
北京市石景山区前程教育培训学校	北京市石景山区金顶街首钢今时宾馆3号楼	杨建荣	88719608
北京博识教育中心	北京市石景山区晋元庄6号首钢工学院15号楼	周玉律	13501005990
北京市石景山区佳煜天下培训学校	北京市石景山区苹果园南路13号1F－133号	倪　娜	13911215625
北京市石景山区广学天梯教育学校	北京市石景山区古城大街51号	才广学	51712890
北京市石景山区金科教育培训学校	石景山区八大处高科技园区西井路3号	朱丙国	15699795895
北京市石景山区东方女子古筝新筝乐团培训学校	北京市石景山区碣石坪11号楼	姜　淼	68662633

学校名称	学校地址	负责人	电　话
北京市石景山区鑫昀教育培训学校	北京市石景山区鲁谷路35号冠辉大厦	施敏强	88696309
北京市石景山区学而思培训学校	北京市石景山区石景山路23号中础大厦	张超月	52926759
北京市石景山区博森睿智国际教育中心	北京教育学院石景山分院	田　静	13641175327
北京市石景山区阳光未来培训学校	北京市石景山区阜石路159号	钱晓辉	15010118153
北京市石景山区立万专艺国际艺术培训学校	北京市石景山区石景山路乙18号院3号楼13层	马丁丁	56293090
北京市石景山区新方向培训学校	北京市石景山区金顶北路20号院1栋102二层、103	张　磊	88775640
北京市石景山区魔奇英语培训学校	北京市石景山区鲁谷大街重聚路40号底商2层	刘宏冰	68687621
北京市石景山区学大教育培训学校	北京市石景山区石景山路22号长城大厦B－11底商	李如彬	51667210
北京市石景山区励步儿童英语培训学校	北京市石景山区玉泉西里二区38号楼2层	曹　伟	88604829
北京市石景山区三叶草培训学校	北京市石景山区盛景国际广场二层A－07、A－08、A－09	陈　曦	88934303
北京市石景山区启航培训学校	北京市石景山区苹果园大街116号机电队办公楼	袁民生	68861255
北京市石景山区博乐文化艺术培训学校	北京市石景山区金顶北路18号院9号楼物美4层	朱东凌	52453370
北京市石景山区卓越优才	北京市石景山区八角西街85号首钢实业公司4层	郭姣辰	82608023

石景山区特殊教育学校名录

学校性质	机构名称	机构地址	学校类型	办公电话	行政负责人
基础教育	北京市石景山区培智中心学校	北京市石景山区老山西里甲30号	特教学校	88759797	傅立新

区域科研机构名录

驻区科研单位名录

中国科学院高能物理研究所	玉泉路19号乙	88235008
中国科学院大学	玉泉路19号甲	88256030
工业和信息化部电子科学技术情报研究所	鲁谷路35号	88686108
中国瑞达系统装备公司	鲁谷路74号(北京市信箱)134	68608573
中国医学科学院整形外科医院	八大处路33号	88772077
北京首钢国际工程技术有限公司	石景山路60号	68872480
首钢技术研究院	杨庄大街69号	88293178
北京市建筑材料科学研究总院有限公司	金顶北路69号	88721857
北方工业大学	晋元庄路5号	88804420
首钢工学院	晋元庄路6号	68871841
北京工业职业技术学院	石门路368号	51511004
中国政法大学法庭科学研究所	鲁谷路116号	68621174
国家检察官学院(中央检察官管理学院)	香山南路111号	61719114
中国电子科学研究院高科技园区	双园路11号	68893295
国家无线电监测中心检测中心科技园区	实兴大街30号院15号楼(B区)	68009178
中央财政经大学石景山分部	福寿岭	88714733/4838

区域卫生机构名录

卫生医疗单位名录

综合医院 11 家

北京市燕都医院	北京市石景山区苹果园大街 117 号	15001105747
北京大学首钢医院	北京市石景山区晋元庄路 9 号	68875731
北京中康佳中医药研究院长庚医院	北京市石景山区古城南里 8 号	88296303
清华大学玉泉医院	北京市石景山区石景山路 5 号	88257755
北京首钢特殊钢有限公司泰康医院	北京市石景山区古城小街 1 号	88924142
北京市石景山医院	北京市石景山区石景山路 24 号	88429999
北京市石景山区同心医院	北京市石景山区西郊吴家村	68633068
首都医科大学附属北京朝阳医院(京西院区)	北京市石景山区京源路 5 号	51718020
首钢矿山医院	河北省迁安市滨河村	0315－7710856
北京市石景山区五里坨医院	北京市石景山区石门路 322 号	51513851
北京市昆仑医院	北京市石景山区永乐东区	88682537 停业

中医医院 5 家

北京市石景山区中医医院	北京市石景山区八角北路	68862921
北京市石景山区老医药卫生工作者协会中医骨伤医院	北京市石景山区冠景新城 B 区 3 号楼	68889576
北京市石景山区老医药卫生工作者协会模式口中医医院	北京市石景山区模式口甲 48 号	88719986
北京联科中医肾病医院	北京市石景山区模式口西 102 号	88956667
中国中医科学院眼科医院	北京市石景山区鲁谷路 33 号	68688877

专科医院 6 家

北京米赫眼科医院	北京市石景山区永乐东小区(原黄楼幼儿园)	68669720
北京古城都市丽人医院	北京市石景山区古城大街 37 号	68882323
北京市石景山区老医药卫生工作者协会路安康复医院	北京市石景山区模式口南里	68874318
中国医学科学院整形外科医院	北京市石景山区八大处路	88964826
北京市石景山区红十字绍家坡康复医院	北京市石景山区绍家坡金顶山路 19 号	88729330
北京石景山八大处风湿病医院	北京市石景山区古城小街 1 号风湿病医院	68874320

部队医院 1 家

北京军区总医院京西医院

疗养院 1 家

首都医科大学附属北京康复医院(北京工人疗养院)	北京市石景山区八大处西下庄	88961133

妇幼保健院 1 家

北京市石景山区妇幼保健院	北京市石景山区依翠园 5 号	68625569

护理院

北京市石景山区护理院		停业

精神病防治所 1 家

北京市石景山区精神卫生保健所	北京市石景山区石门路 322 号	51513851

疾病预防控制中心 1 家

北京市石景山区疾病预防控制中心	北京市石景山区体育场南路 6 号	68662805

卫生监督所 1 家

北京市石景山区卫生局卫生监督所	北京市石景山区体育场南路 6 号	88605081

中小学保健所 1 家

北京市石景山区中小学卫生保健所	北京市石景山区永乐西小区	68611300

急救站 1 家

北京市石景山区急救站	北京市石景山区石景山路24号	68667890

门诊部10家

中国科学院大学卫生所	北京市石景山区玉泉路19号(甲)	88256119
北京市石景山区老医药卫生工作者协会京西门诊部	北京市石景山区鲁谷路35号	68684990
北京易宏堂门诊部	北京市石景山区玉泉西里二区33号楼配套1－2层公建33－2号、33－1号2层	68663938
北京市石景山区疾病预防控制中心门诊部	北京市石景山区体育场南路6号院	68661748
中国瑞达投资发展集团公司门诊部	北京市石景山区鲁谷路74号院	68637886
北京市石景山区军队离休退休干部卫生所	北京市石景山区民政局北里门诊部	68875716
北京康瑞祥中医门诊部	北京市石景山区万商花园酒店运动中心南侧	68606565
北京市石景山区老医药卫生工作者协会口腔门诊部	北京市石景山区依翠园19号楼底商	88680288
北京张海明整形美容门诊部	北京市石景山区石景山路29号京燕饭店4层	68870821
北京圣唐思邈中医门诊部	北京市石景山区黑石头村东侧	停业 68882801

社区卫生服务中心(站)57家

北京市石景山区苹果园社区卫生服务中心	北京市石景山区苹果园大街220号	88707858
北京市石景山区八宝山社区卫生服务中心	北京市石景山区八宝山南路重聚园小区北侧	88682861
北京市石景山区金顶街社区卫生服务中心	北京市石景山区金顶北路22号院1号楼	88778785
北京市石景山区八角社区卫生服务中心	北京市石景山区八角北路	88982461
北京市石景山区广宁街道社区卫生服务中心	北京市石景山区广宁中学院内	88990400
北方工业大学医院	北京市石景山区晋元庄路5号	88803257
北京市石景山区老山社区卫生服务中心	北京市石景山区老山西里老山社区卫生服务中心	88296529
北京市石景山区鲁谷社区卫生服务中心	北京市石景山区鲁谷小区六合园2号	51718209
北京市石景山区古城社区卫生服务中心	北京市石景山区古城路	88296532
北京市石景山区五里坨街道社区卫生服务中心	北京市石景山区石门路322号	51513851
北京市石景山区苹果园街道西山枫林社区卫生服务站	北京市石景山区香山南路166号院56号	88994615
北京市石景山区首钢厂东门社区卫生服务站	北京市石景山区首钢总公司办公厅院3号楼	88295442
北京市石景山区广宁街道高井社区卫生服务站	北京市石景山区高井	15311084328
北京市石景山区苹果园街道海特花园社区卫生服务站	北京市石景山区苹果园街道海特花园45号楼101室	88794771
北京市石景山区政达社区卫生服务站	北京市石景山区石景山路18号	88689406
北京市石景山区依翠园社区卫生服务站	北京市石景山区石景山依翠园5号	68629157
北京市石景山区金顶街街道赵山社区卫生服务站	北京市石景山区金顶街赵山宿舍院内平房	88714801
北京市石景山区八角街道南路社区卫生服务站	北京市石景山区八角南路20栋旁	68816992
北京市石景山区金顶街街道模西社区卫生服务站	北京市石景山区模式口西里小区	88293254
北京市石景山区古城街道北辛安社区卫生服务站	北京市石景山区古城街道北辛安南岔149号	68872361－300
北京市石景山区八角街道古城南里社区卫生服务站	北京市石景山区古城南里5号楼2门43号	68844325
北京市石景山区八宝山街道远洋沁山水社区卫生服务站	北京市石景山区八宝山街道玉泉西里一区1号楼底商	68615117
北京市石景山区广宁街道麻峪社区卫生服务站	北京市石景山区麻峪南沟甲5号	15311084316
北京市石景山区金顶街四区社区卫生服务站	北京市石景山区金顶街四区	88757497
北京市石景山区五里坨街道西山社区卫生服务站	北京市石景山区黑石头路99号	88952242
北京市石景山区广宁街道寿山福海社区卫生服务站	北京市石景山区双峪路23号	88991616－9961
北京市石景山区古城街道水泥厂社区卫生服务站	北京市石景山区京源路68号	88806839
北京市石景山区杨庄医院	北京市石景山区杨庄路西口	68874002
北京市石景山区古城街道老古城社区卫生服务站	北京市石景山区老古城北后道8号	68820341
北京市石景山区八大处中医门诊部	北京市石景山区西黄村后街24号	88702957
北京市石景山区苹果园街道雍景四季社区卫生服务站	北京市石景山区苹果园街道冠景新城B区12号楼首层106室	15311084328

北京市石景山区八角街道体育馆路社区卫生服务站	北京市石景山区石景山路32号	88707949
北京市石景山区苹果园街道刘娘府社区卫生服务站	北京市石景山区苹果园街道西井路19院	88734456
北京市石景山区五里坨街道南宫社区卫生服务站	北京市石景山区石门路368号	51511215
北京市石景山区八宝山街道永乐第二社区卫生服务站	北京市石景山区八宝山街道永乐东区23楼4单元	68637183
北京市石景山区古城街道金世界社区卫生服务站	北京市石景山区杨庄北区22栋7门102	88929572
北京市石景山区金顶街街道模东社区卫生服务站	北京市石景山区模式口东里	88292145
北京市石景山区消防支队社区卫生服务站	北京市石景山区古城北路甲2号	15311084361
北京市石景山区古城街道十万平社区卫生服务站	北京市石景山区古城街道十万平17栋北	88707925
北京市石景山区八角街道八角北路社区卫生服务站	北京市石景山区八角北路特钢小区17栋旁	68884381
北京市石景山区八角街道融景城社区卫生服务站	北京市石景山区景阳东街67号院C1号楼3层	68705429
北京市石景山区鲁谷街道永乐社区卫生服务站	北京市石景山区永乐西小区23号楼底商	68663281
北京市石景山区八角街道中里社区卫生服务站	北京市石景山区八角中里居委会	88928021
北京市石景山区老山街道中础社区卫生服务站	北京市石景山区石景山路23号院	68885504
北京市石景山区苹果园街道西井一区社区卫生服务站	北京市石景山区苹果园西井小区	88707858
北京市石景山区五里坨街道红卫路社区卫生服务站	北京市石景山区隆恩寺路99号	18010086628
北京市石景山区八角街道北里社区卫生服务站	北京市石景山区八角北里物业楼1层西门	68863275
北京市石景山区重兴园社区卫生服务站	北京市石景山区八宝山南路重兴嘉园1号1层	15001105747
北京市石景山区都馨园社区卫生服务站	北京市石景山区时代花园南路28号院2楼	88982461
北京市石景山区八宝山街道远洋山水社区卫生服务站	北京市石景山区玉泉西里二区29号楼	88689021
北京市石景山区五里坨街道黑石头社区卫生服务站	北京市石景山区晋元庄路5号	停业 88803257
北京市石景山区古城街道滨和园东社区卫生服务站	北京市石景山区古城路	停业 88296532
北京市石景山区五里坨街道隆恩家园社区卫生服务站	北京市石景山区八角北路	停业 88982461
北京市石景山区燕保京原家园社区卫生服务站	北京市石景山区八宝山南路重聚园小区北侧	停业 88682861
首钢矿山水厂社区卫生服务站	北京市石景山区金顶北路22号院1号楼	停业 88293218
北京市石景山区古城街道滨和园西社区卫生服务站	北京市石景山区老山西里老山门诊	停业 88296529
北京市石景山区金汉丽苑社区卫生服务站	北京市石景山区广宁中学院内	停业 88689021

诊所62家

北京德康杏林诊所	北京市石景山区鲁谷村7号楼底商1号	13811632659
北京鲁谷永乐诊所	北京市石景山区鲁谷永乐诊所	88684265
北京中健安康口腔诊所	北京市石景山区杨庄银创家园南小区D座1单元101号	88293369
北京市高宝维内科诊所	北京市石景山区老古城前街22号	68235565
北京嘉信诊所	北京市石景山区西下庄1号楼综合商场1层	88965818
北京建国清秀诊所	北京市石景山区衙门口西后街21号	68633440
北京佳铭诊所	北京市石景山区银河南街2号院紫御国际2号楼608#609#	68650314
北京同堂大药房有限责任公司惠泽中医诊所	北京市石景山区鲁谷路74号北院9号楼103号	15811540045
北京弘泰堂中医诊所	北京市石景山区麻峪村东街36号院2号	88991807
三齐正康(北京)国际医学研究院中医诊所	北京市石景山区玉泉西街8号1层1011	88177646
北京同仁堂连锁药店有限责任公司古城中医诊所	北京市石景山区古城南路32号	88981624
北京诚安堂药房有限公司老山诊所	北京市石景山区老山东里29栋	88973788－813
北京市弘济药店有限公司苹果园诊所	北京市石景山区苹果园南路128号	68833437
北京张丽华中医诊所	北京市石景山区玉泉路65号	51887598
北京道一堂中医诊所	北京市石景山区时代花园南路21号院1号楼1层	68889985
北京柏氏中医研究院有限公司柏氏中医诊所	北京市石景山区模式口大街20号	68611900
北京仁顺堂中医诊所	北京市石景山区玉泉西里远洋山水39号楼10号	15911012697

名称	地址	电话
北京锦安堂诊所	北京市石景山区鲁谷小区五芳园18号	68623263
北京珍鹊中医诊所	北京市石景山区香山南路166号院18号	13522706056
北京市时珍平安诊所	北京市石景山区八宝山南路29号7号楼1层	51885505
北京孙家琪中西医诊所	北京市石景山区八角北里29－7－102	68848351
北京济世慈仁中医药研究院中西医诊所	北京市石景山区高井路29—9号	88953048
北京市王建岐中西医诊所	北京市石景山区模式口大街168号	88725119
北京时雨中西医诊所	北京市石景山区游乐园南门广场商用房	13520692721
北京市翟鸿印中西医诊所	北京市石景山区边府社区服务中心	88724608
北京文杰枫林诊所	北京市石景山区老山西街15－2号	88974634
北京市弘济药店有限公司诊所	北京市石景山区杨庄北路	68842624
北京市圣医坊诊所	北京市石景山区海特花园商业楼1层2－A2－B	51956112
北京市黄德民口腔科诊所	北京市石景山区西黄新村东里1#底商07号	88705688
北京市张玫口腔诊所	北京市石景山区模式口村农村信用社旧址	88753398
北京皓齿口腔诊所	北京市石景山区古城大街75号院3－1－2－107	68838461
北京吉田光军口腔诊所	北京市石景山区鲁谷大街北重西厂12号楼2单元102	88687707
北京茂华口腔诊所	北京市石景山区时代花园东街1号楼111－112室	88980808
北京瑞嘉口腔诊所	北京市石景山区八宝山南路重兴嘉园4号楼102	68636560
北京市日新口腔诊所	北京市石景山区八角西街61号西2楼1层	88921249
北京兴安口腔诊所	北京市石景山区香山南路168号院7号楼1层48号	13552975197
北京中健安康口腔诊所有限公司正达口腔诊所	北京市石景山区八角南里15栋门面	88923369
北京市王雅红口腔镶复诊所	北京市石景山区古城大街75号院羲景长安1－1－107	68870013
北京嘉信泽洋口腔诊所	北京市石景山区阜石路166号泽洋大厦309室	88909890
北京立文同创科技发展有限公司吉源口腔诊所	北京市石景山区苹果园海特花园28号楼1门102	88794859
北京雅士美口腔专科诊所	北京市石景山区鲁谷路27号	68653707
北京市石景山区老医药卫生工作者协会模式口西里口腔科诊所	北京市石景山区模式口西里	88721625
北京志雅口腔诊所	北京市石景山区老山西街八角公园门区12号商业用房	88978953
北京市石景山区老医药卫生工作者协会口腔科诊所	北京市石景山区海特花园57栋北区2号	51956726
北京市王秀玲口腔镶复诊所	北京市石景山区老古城西路	68823784
北京爱丽森口腔诊所	北京市石景山区西黄村西里2号楼119底商	68898996
北京市王志国口腔科诊所	北京市石景山区模式口中街南职工宿舍	86056674
北京梅宝馨口腔科诊所	北京市石景山区金顶北路20号院9栋1层112	68809136
北京万康园口腔诊所	北京市石景山区玉泉西里2区12号楼1层商业02	53669212
北京博杰爱雅口腔诊所	北京市石景山区八角南里15号楼首层7号	68887628
北京市赵慧兰口腔科诊所	北京市石景山区苹果园三区20栋8－102	88715618
北京市刘锦玲口腔科诊所	北京市石景山区黄南苑小区院内物业楼1层	88997785
北京王雅平口腔镶复诊所	北京市石景山区金顶街西口	88738997
北京市唐凡华口腔科诊所	北京市石景山区古城路园北小区54栋平房	88927485
北京斯嘉丽医疗美容诊所	北京市石景山区政达路2号1层111	88689877
北京冰蝶整形美容诊所	北京冰蝶整形美容诊所	68667799
北京市古城娜仙子美容美体有限责任公司惜娜医疗美容诊所	北京市石景山区杨庄28号西城忆树1号楼1号底商	88909802
北京市石景山区建筑公司万方诊所	北京市石景山区古城西路15号	68844118
北京市天泰悦馨诊所	北京市石景山区西下庄1号楼综合商场1层　停业	88965818

北京金象大药房医药连锁有限责任公司鲁谷金象诊所	北京市石景山区杨庄北区 12 楼 109 号	停业 68813859
北京耿银珠中西医诊所	北京市石景山区玉泉西路地震局	停业 13683263385
北京济润中西医诊所	北京市石景山区八宝山南路 4 号院	停业 68849371
卫生所、医务室 54 家		
北京市第一中级人民法院卫生室	北京市石景山区石景山路 16 号	59891120
中国科学院高能物理研究所卫生所	北京市石景山区玉泉路 19 号乙院	88235961
北京市京源学校卫生室	北京市石景山区鲁谷小区七星园	68644122－8888
北京市石景山外语实验小学卫生室	北京市石景山区首钢黄南苑小区	88996420－822
首钢幼儿保教中心大地金苹果幼儿园卫生室	北京市石景山区苹果园路 16 号	68815812
北京市同文中学卫生室	北京市石景山区永乐东小区	68653297－804
北京市石景山区八角幼儿园卫生室	北京市石景山区八角南路幼儿园	68874744
新华通讯社机关事务管理局鲁谷卫生室	北京市石景山区京源路 8 号	63076032
北京市石景山区佳汇中学卫生室	北京市石景山区金顶街街道模式口南里小区	88296005
北京市石景山区青少年活动中心卫生室	北京市石景山区鲁谷南路 11 号	68662402
中国科学院高能物理研究所幼儿园卫生室	北京市石景山区玉泉路 19 号(乙院)	88235963
北京市苹果园中学卫生室	北京市石景山区苹果园中学南路 25 号	889794698－8039
北京市石景山实验中学卫生室	北京市石景山区八角路 40 号	68293411－805
北京市石景山区实验小学卫生室	北京市石景山区八角北里	68862278－810
北京市石景山区古城第二小学卫生室	北京市石景山区古城南路	68832985
北京市石景山区师范学校附属幼儿园卫生室	北京市石景山区永乐东小区	68652877
北京市石景山区幼儿园卫生室	北京市石景山区古城南里	68874902
北京市石景山区第二幼儿园卫生室	北京市石景山区第二幼儿园卫生室	68874643
北京市石景山区八角北路幼儿园卫生室	北京市石景山区八角北路幼儿园	68876355
北京市黄庄职业高中卫生室	北京市石景山区鲁谷东街 29 号	68652190－2104
北京市石景山区第三幼儿园卫生室	北京市石景山区苹果园海特花园	88795939
北京市高井中学卫生室	北京市石景山区高井路 26 号	88953764
北京市古城中学卫生室	北京市石景山区古城南路	68872084
北京市蓝天第二中学卫生室	北京市石景山区老山西里	88979150
中国地震应急搜救中心医务室	北京市石景山区玉泉西街 1 号	59956422
北京景山学校远洋分校医务室	北京市石景山区鲁谷东街 22 号	88690662
北京市石景山区民族养老院医务室	北京市石景山区模式口南里清真寺西侧	88719092
北京市石景山区实验幼儿园医务室	北京市石景山区八角北里	68864966
北京金梦圆老年乐园医务室	北京市石景山区八大处路 35 号	88961161
北京市石景山区颐养年养老院医务室	北京市石景山区高井北街 149 号	88908996
国家体育总局自行车击剑运动管理中心医务室	北京市石景山区老山西街 15 号	68868432
北京市石景山区社会福利院医务室	北京市石景山区杨庄村 17 号	68865347
北京市人民检察院医务室	北京市石景山区石景山路 12 号	68299132
国家广播电影电视总局国际台医务室	北京市石景山区鲁谷小区 65 号楼 7－102 号	68636183
北京市第九中学卫生室	北京市石景山区模式口大街	88759928
国家体育总局射击射箭运动管理中心医务室	北京市石景山区福田寺甲 3 号	88962277－790
首钢幼儿保教中心大地模式口幼儿园医务室	北京市石景山区模式口南里小区	88755285
首钢工学院医务室	北京市石景山区西黄村	68816107
北京市第九中学分校医务室	北京市石景山区金顶北路 8 号	88751337－8003
首钢幼儿保教中心大地八角幼儿园医务室	北京市石景山区古城南路 10 号	68874088－806
北京市石景山区少年国防教育基地医务室	北京市石景山区红卫路 1 号	88901083
首钢幼儿保教中心大地苹果园幼儿园卫生室	北京市石景山区苹果园大街 151 号	88742877－103

首钢矿山医院迁钢厂区医务室	河北省迁安市杨垫子镇车圆寨村	0315－7710856
首钢矿山医院迁钢生活区医务室	河北省迁安市区	7710068－5209
中国电子科技集团公司电子科学研究院医务室	北京市石景山区八大处高科技园区双园路 11 号	68893711
工业和信息化部电子科学技术情报研究所医务室	北京市石景山区鲁谷 35 号电科大厦	88686046
北京师范大学励耘实验学校卫生室	北京市石景山区八大处路 8 号	88962352－8106
北京师范大学石景山附属幼儿园卫生室	北京市石景山区杨庄	88953895
北京市杨庄中学医务室	北京市石景山区八角北路 53 号	68873778
北京市石景山区金顶街第二小学医务室	北京市石景山区金顶街北路	88717777
北京市石景山区六一小学医务室	北京市石景山区六一小学八大处路乙 2 号	88964512
北京市苹果园中学分校卫生室	北京市石景山区苹果园南路 25 号	88932598
北京市石景山区石景山中学医务室	北京市石景山区鲁谷东街 29 号	停业 68652190－2104
北京市红十字会急诊抢救中心石景山区看守所医务室	北京市石景山区老山西里	停业 68872461－8023

其他卫生机构 3 家

北京市石景山区卫生局社区卫生服务管理中心	北京市石景山区石景山路 24 号（石景山医院办公楼 4 层）	68832727
北京市石景山区卫生局医院管理中心	北京市石景山区石景山路 24 号	68635049
北京市石景山区卫生信息中心	北京市石景山区体育场南路 6 号院	88605067

区域文化设施名录

全国重点文物保护单位名录

法海寺	模式口大街北	88713976
承恩寺	模式口大街东段路北	88724148
八宝山革命公墓	石景山路	88255681

北京市重点文物保护单位名录

长安寺	八大处	88964661
灵光寺	八大处	88964661
三山庵	八大处	88964661
大悲寺	八大处	88964661
龙泉庵	八大处	88964661
香界寺	八大处	88964661
宝珠洞	八大处	88964661
证果寺	八大处	88964661
慈善寺	五里坨天泰山	88905988
冰川馆	模式口大街 28 号	88722585
田义墓	模式口大街北	88724148
老山汉墓	老山驾校内	68607156
皇姑寺	西黄村	88701190

石景山区文物保护单位名录

崇兴庵	鲁谷村	68607156
龙泉寺	模式口大街北	88713976
双泉寺	双泉寺村	68607156
礼王府	福寿岭铁路疗养院内	88961133
万善桥	黑石头村东	68607156
隆恩寺第四纪冰川擦痕	五里坨	68607156
雍正御制碑	首钢制氧厂内	68607156

福田公墓	福田寺村	68607156
贤良寺塔院	八大处长安寺南200米	68607156
石景山古井	石景山南侧	68607156
石景山古建群元君庙	石景山南侧	68607156
八大处冰川漂砾	八大处公园五处龙泉庵	68607156
四柏一孔桥	模式口大街北	88713976
瑞王坟碑亭	西山枫林东南角	68607156
兴隆寺	五里坨小青山上	68607156
翠云庵	高井村	68607156
崇国寺塔	八宝山革命公墓南300米	68607156

图书馆名录

石景山区图书馆	八角南路2号	68874077
石景山区少年儿童图书馆	古城南路11号	68875256

电影院放映场所名录

名　称	地　址	法人	联系电话	总面积（平方米）	厅（个）	座位（个）
北京市石景山古城电影院	古城南路15号	巩战营	68866386	1606	4	700
北京万达国际电影城有限公司石景山店	石景山路乙18号4号楼3层万达影城	张　霖	68663399	7178	10	1650
北京聚禾映画世纪影院管理有限公司	阜石路300号3层309－1	闫　华	18618146697	3360	7	1370

歌舞娱乐场所名录

名　称	地　址	法　人	核定面积	包间数
北京老来福娱乐有限公司	永乐西小区得实电子有限公司	陈巧云	800	33
北京玉鼎娱乐有限责任公司	金顶街西口星座兴石超市4层	李永红	510	18
北京神农庄园饮食管理有限公司	实兴北街东侧	王志强	1298	56
北京金雁翎饮食中心	麻峪村北	马玲英	319	13
北京康悦娱乐有限责任公司	衙门口虹艺玩具厂院内15号	彭丽新	690	30
北京京西豪门娱乐城	八宝山南路29号院7号楼地下室1层	王伟奇	800	27
北京海龙腾歌厅	古城西路121号	崔恩义	211	14
北京鑫鑫金唱纳练歌场有限公司	八角西街68号	赵凤民	1700	38
北京时尚风情娱乐中心	古城北路甲4号	王永亮	1300	40
北京大歌星餐饮娱乐有限公司	石景山路乙18号万达广场D座2层	李耀汉	3400	75
北京花丽都娱乐俱乐部有限公司	海特花园50号楼公建工程5层	李文静	1600	49
北京市鑫鑫沁春园饭庄	广东门(区服务公司)商业房	王艳云	450	12
北京金色海滩洗浴中心	古城西路南侧北京明塑包装厂内	漆德宽	286	19
北京万商花园酒店运动中心	银河大街1号	史记平	700	6
北京大江南花园酒店有限责任公司	八大处路58号北段路东	何宝宽	1700	29
北京佰乐迪娱乐有限公司	石景山路2号北京台湾街C2－10－1－A	黄　耀	1400	96

名　称	地　址	法　人	核定面积	包间数
北京名门会娱乐有限责任公司	古城西路甲 8 号	赵维兵	1367	60
北京鑫海名都休闲娱乐有限公司	鲁谷路 61 号 2、3、5 层	闫建军	2900	60
北京锦虹春歌厅	鲁谷大街 23 号	刘红云	340	22
北京兴和兴唱娱乐有限公司	石景山路 22 号万商大厦地下 1 层	于金梅	2000	62
北京湾仔情娱乐有限责任公司	八大处希望公园内	钱春源	800	36
北京海特饭店飘歌舞厅	实兴东街 1 号	贾静	800	22
北京市星光歌厅有限责任公司	古城南路 45 号	冯玉莲	1100	42
北京火焰娱乐有限公司	古城南里甲 5 号	刘小波	900	30
北京市都市豪情娱乐有限责任公司	京源路 7 号	温东芳	400	
北京市遥感星空音乐茶座	刘娘府路西侧琅山苗圃院内	远　立	800	38
北京鑫金玉阁歌厅	古城南街东侧 55 – 1	赵　柱	820	30
北京无限时光音乐茶座有限公司	石景山路 32 号体育场西门	刘胜利	800	25
北京凯龙盛冠商贸有限公司盛凯龙歌舞厅	古城西路 162 号	刘云娥	800	43
北京华晨兔兔娱乐有限责任公司	八角北里 1 号楼东侧甲 2 号	安庆霞	500	21
北京月色莺歌歌厅	古城西路 129 号	刘　名	1200	41
北京中川餐饮娱乐有限公司	鲁谷东街甲 26 号院 3 号楼	葛东艳	3000	30

互联网上网服务营业场所名录

名　称	地　址	法定代表人	核准面积	核准台数
北京千龙网都立龙上网服务有限公司	北京市石景山区模式口东里	杨春明	347	138
北京余乐网上网服务有限公司	北京市石景山区永乐西区 26 号楼东侧 2 层 6 – 10 号	史成海	384	80
北京吉祥在线上网服务有限公司	北京市石景山区京源路向阳综合楼 2 层北侧	史成海	660	110
北京市零星上网服务有限公司	北京市石景山区古城路南里甲 5 号办公楼 2 层北侧	代连伟	260	100
北京龙之风上网服务有限公司	北京市石景山区金顶西街杨家坡临街楼	宫晋松	210	84
北京红色起点上网服务有限公司	北京市石景山区石门路 318 号	王化成	600	240
北京零度聚阵飞越上网服务有限公司	北京市石景山区衙门口村村北口	沈　涛	230	80
北京千龙网都巨大上网服务有限公司	北京市石景山区北辛安和平街 17 号	史成海	200	80
北京协成金豆互联网上网服务有限公司	北京市石景山区古城路古城小街甲 6 号商业楼 2 层	郭伟杰	254	100
北京忠义合上网服务有限责任公司	北京市石景山区古城大街 10 号(西来顺北侧)	王一萌	206	82
北京嘉仕金诚上网服务有限公司	北京市石景山区八宝山南路重兴园甲 2 号	史守东	622	240
北京美速上网服务有限公司	北京市石景山区古城南里甲 5 号	刘　芳	450	175
北京百合海业英达上网服务有限公司	北京市石景山区苹果园南路甲 11 号	李　辉	290	116
北京市万亚辰上网服务有限公司	北京市石景山区苹果园地铁斜对面 2 楼	孙　刚	280	108
北京天罗网上网服务有限责任公司	北京市石景山区西黄村物美超市 2 楼	谭　强	450	170
北京千龙网都鑫领域上网服务有限公司	北京市石景山区苹果园大街 135 号	周洪勇	280	100

名　称	地　址	法定代表人	核准面积	核准台数
北京瑞得在线流星雨上网服务中心	北京市石景山区永乐小区黄楼饭馆2层	郝琳云	270	100
北京千龙网都瀚海网缘上网服务有限公司	北京市石景山区台湾街C－01区3号楼3－I	史宏帅	260	80
北京世纪金福上网服务中心	北京市石景山区八角南里14号楼	刘春城	260	100
北京崇光成辉上网服务有限公司	北京市石景山区金顶街西街南北装饰公司内	王化成	268	107
北京喻世三言上网服务有限公司	北京市石景山区西黄村北方工大路北东侧	冷永侠	204	116
北京千龙网都华城上网服务有限公司	北京市石景山区海特花园50号楼地下1层北侧	候殿辉	900	296
北京千龙网都仙鹤楼上网服务有限公司	北京市石景山区鲁谷翠园西街6号市政综合楼2层	幺庆权	382	146
北京宏泰基业上网服务有限公司	北京市石景山区银河大街3号	熊小琴	400	160
北京市聚友网缘上网服务有限公司	北京市石景山区古城西路8号－9－1	夏　骥	280	110
北京千龙网都任君行上网服务有限公司	北京市石景山区麻峪东街北口2层楼	韩守坤	275	110
北京市瑞龙嘉恒上网服务中心	北京市石景山古城南街路东50号－3	李永刚	206	82

出版物经营单位名录

名　称	地　址	专项审批经营范围
北京康达振华文化发展有限公司	鲁谷路74号院北院10号楼206室	图书、电子出版物 零售
北京广协出版信息中心	杨庄东路126号	图书 零售
北京百福鑫创劳务有限公司	北辛安和平街9号	图书 零售
北京乘云阁图书有限公司	科技馆	图书 零售
北京新华联合文化传播中心	老山西街19号院7号103室	图书 零售
北京新锐时空文化交流中心	古城大街西侧(古城旅馆404室)	图书、电子出版物 零售
北京市九州博文图书有限公司	北辛安袁家胡同12号	图书 零售
北京京审华信书刊经营中心	古城北路6号(原菜蔬公司综合楼)弯月亮宾馆229室	图书 零售
北京红旗在线图书有限公司	鲁谷路52号皓月写字楼303室	图书、电子出版物 零售
华教联合(北京)文化传播中心	老山西街19号院7号	图书、电子出版物 零售
水木时代(北京)图书中心有限公司	永乐小区长城羊毛衫厂6号楼2层1053室	图书 零售
北京华联综合超市股份有限公司石景山分公司	石景山路万商大厦裙楼	图书 零售
北京市鑫海威信息中心	鲁谷路35号电科大厦10层	图书 零售
北京华普联合商业投资有限公司鲁谷超市	鲁谷西路远洋山水1号楼底商	图书、音像制品 零售
北京林墨轩文化用品销售中心	八角北路小学南侧	图书 零售
北京万卷天地图书有限公司	南大荒80号院西侧3号平房	图书、电子出版物 零售
北京国联博月商贸有限公司	八角北路小学北侧第2间	图书 零售
中基育通(北京)教育科技有限公司	石景山路23号办公楼西配楼8层	图书 零售
北京结缘龙腾文化用品店	鲁谷路东口北京玉都雅风工艺美术品市场0928号	图书 零售

名　　称	地　　址	专项审批经营范围
北京秀雅香轩文化用品店	鲁谷路玉都雅风工艺美术品市场内 0948 号	图书 零售
北京天厚科贸有限公司图书城	苹果园南路甲 11 号	图书、音像制品 零售
北京首钢源景文化发展有限公司	首钢厂东门内陶楼 3 层	
北京金华鸿文化传播中心	京原路向阳综合楼展龙写字楼 609 号	图书、电子出版物 零售
北京陆机科技有限公司	京源路乙 8 号展龙大厦 617 室	图书 零售
北京轩地方圆书店	金顶东街糕点八厂 4 号楼 4 层 633 室	图书 零售
北京心灵坊文化传播中心	杨庄路供销社旅馆 4 幢 219	图书 零售
北京卓远今朝国际文化传播有限公司	双峪路 35 号爱玛裕家居购物广场 L099－w 号	图书 零售
北京育禾华盛文化传播中心	京源路口南向阳综合楼 B448 室	图书 零售
北京大唐天和文化传播有限公司	金顶东街糕点八厂 4 号楼 4 层 605、606、608 室	图书 零售
北京银贝文化交流中心	依翠园 3 号楼商业用房	图书、音像制品 零售
北京布娃娃教育科技有限公司	石景山路 23 号院科研中试楼 8 层 801 室	图书、音像制品 零售
北京诚安堂医药有限公司	老山东里	图书、音像制品 零售
北京歪歪兔教育科技有限公司	八大处高科技园区西井路 3 号 3 号楼 1283 室	图书、音像制品 零售
北京中住联合科技发展有限公司	衙门口向阳工业小区	图书 零售
北京诚安堂医药有限公司金顶街分店	金顶街二区商业用房 1 层	图书、音像制品 零售
北京大唐之都文化传播有限公司	金顶东街糕点八厂 4 号楼四层 607 室	图书 零售
北京辉煌文化交流有限公司	古城北路 21 楼 5 单元 1 层西 2 间	图书、电子出版物、音像制品 零售
北京丽家丽婴婴童用品有限公司第四十一便利店	石景山路 22 号 A 座长城大厦 A－2 底商	图书、音像制品 零售
创艺博奥教育科技(北京)有限公司	石景山路 23 号科研中试楼 8 层 811 室	图书、音像制品 零售
北京智慧文渊信息咨询中心	麻峪新街 58 号	图书、期刊 零售
北京永辉超市有限公司	鲁谷大街东侧	图书、音像制品 零售
北京物美商业集团股份有限公司西山枫林店	香山南路 168 号院 15 栋 1 层	图书、音像制品 零售
北京诚安堂药房有限公司五芳园店	五芳园 15 号楼 1 层 3 号	图书 零售
北京诚安堂医药有限公司八角北里店	八角北里实验小学对面华联超市内	图书 零售
北京双椿阁书店	西下庄统建商住楼(综合商场)	图书 零售
北京卓远启明国际文化传播中心	鲁谷银河商务区二期商业金融项目 E 酒店 3 层 309	图书 零售
北京永辉超市有限公司石景山分公司	鲁谷大街东侧 2 层	图书、音像制品 零售
北京经纶纵横生物科技传媒有限公司	鲁谷路 128 号 1 幢 2 层 208 室	图书 零售
北京当代商城有限责任公司石景山分公司	阜石路与杨庄东路交叉西北角	图书、报纸、期刊、电子出版物、音像制品 零售
北京鸿文源文化用品经营部	北京玉都雅风工艺美术品市场 0888 号	图书 零售
北京洋洋兔文化发展有限责任公司	八大处高科技园区 3 号 1 号楼 103A 室	图书、报纸、期刊、音像制品 零售
北京爱心华美图书音像有限责任公司石景山分公司	八角西街 32 号原乐山饭店 1 层	图书、报纸、期刊、电子出版物 零售
北京五月书香图书有限责任公司	八大处高科技园区西井路 3 号 3 号楼 4938 房间	图书 零售
北京葵花文化发展有限责任公司	海特花园 50 号楼 1708	图书、期刊 零售

名　　称	地　　址	专项审批经营范围
国教苑(北京)教育科技有限公司	古城大街特钢公司十一区(首特创业基地A座606号)	图书 零售
北京物美商业集团股份有限公司五里坨店	五里坨2号	图书、音像制品 零售
北京书海墨香图书销售有限公司	八角北里44号楼1层104号	图书、报纸、期刊、电子出版物 零售
北京众诚博远文化传播有限公司	古城大街西侧古城旅馆2层204室	图书、报纸、期刊、电子出版物、音像制品 零售
北京市金恒方泰科技有限公司	鲁谷路35号10层	图书 零售
北京一诺书香文化发展中心	东山坡甲1号6号楼1161室	图书、报纸、期刊、电子出版物 零售
北京玉都雅风工艺美术品市场有限公司	鲁谷路东口北侧办公室	图书 零售
北京盛世年华文化发展有限公司	八大处高科技园区西井路3号3号楼6722房间	图书、报纸、期刊、电子出版物 零售
北京盛世泽文文化传播有限公司	杨庄中区22号楼3单元6层601号	图书、报纸、期刊 零售
北京共赢时代文化传媒有限责任公司	八大处高科技园区西井路3号3号楼5336房间	图书 零售
北京梅昂书店	石景山路22号长城大厦1215室	图书 零售
北京环经广告有限公司	双锦园16号楼2层6单元201号	图书 零售
北京华文畅行出版策划有限公司	八大处高科技园区西井路3号3号楼8564房间	图书、期刊、电子出版物 零售
北京红点智慧文化发展有限公司	玉泉西里二区15－1号楼3单元0302	图书 零售
北京海纳天成文化传播有限公司	八角北里综合商业楼211号	图书 零售
北京元庆丰文化传播有限公司	五里坨车站街1号2017室	图书、报纸、期刊、电子出版物 零售
北京益洋伟华文化传播有限公司	重聚园17号楼3单元102室	图书 零售
北京日章文化传播有限公司	碣石坪12号楼1层商业103A室	图书 零售
北京万学苑书店	金顶街北路20号院1栋1层108号	图书 零售
北京开拓远景文化传播中心	鲁谷南路26号1311室	图书 零售
北京远大锦绣书店	金顶街西口1号楼京客隆超市内2层	图书 零售
北京物美商业集团股份有限公司西黄村二店	苹果园南路6号1幢－3至3层101三层	图书、报纸、期刊、电子出版物、音像、音像制品 零售
北京物美商业集团股份有限公司西黄村店	西黄村(黄南苑小区)	音像制品 零售
北京物美商业集团股份有限公司八角北里分店	八角北里菜市场内	音像制品 零售
北京物美商业集团股份有限公司科大分店	玉泉路西侧科大商场	音像制品 零售
北京国新君悦文化发展有限公司	石景山路2号北京台湾街B区2号楼2A－A	音像制品 零售
北京文墨堂书店	京原路5号院4－5－609	图书 零售
北京众合宏达文化传播有限公司	古城大街西侧古城旅馆2号楼202	图书、报纸、期刊、电子出版物、音像制品 零售
北京建亨和谐文化交流中心	古城西路20号景华丰写字楼A408	图书 零售
北京沃尔玛百货有限公司	阜石路158号	图书、报纸、期刊、电子出版物 零售

名　称	地　址	专项审批经营范围
北京慧天下国际文化传播有限公司	石景山路22号长城大厦1247室	图书 零售
北京四季书香文化交流中心	西黄西里9号楼2单元23层2602号	图书、电子出版物、音像制品 零售
北京乐友达康商贸有限公司苹果园东口母婴用品专营店	苹果园南路6号1幢-1层西侧1号	图书、报纸、期刊、电子出版物、音像制品 零售、网上销售
北京卓志天下科技发展有限公司	金顶东街糕点八厂4号楼3层309室	图书
北京金文掌阅科技有限公司	八大处高科技园区西井路3号3号楼1062A	图书、报纸、期刊、电子出版物、音像制品 零售
北京物美商业集团股份有限公司八角西街店	石景山路31号地下2层	图书、报纸、期刊、电子出版物、音像制品 零售
北京德利华创文化传媒有限公司	石景山路乙18号5号楼7层807	图书、期刊、电子出版物零售、网上销售
北京中科工研工程咨询服务有限责任公司	玉泉路19号(甲)21号楼科研楼东2层204、205室	图书、报纸、期刊、电子出版物 零售
北京博工伟业文化传播有限责任公司	古城西路113号景山财富中心642室	图书、报纸、期刊、电子出版物、音像制品 零售
北京乐友达康商贸有限公司石景山鲁谷东街母婴用品专营店	鲁谷东街8号2层201	图书、报纸、期刊、音像制品 零售
北京思必得文化传媒有限公司	金顶街五区金顶街办事处办公楼4层418	图书、电子出版物 零售
北京物美便利超市有限公司杨庄大街分店	杨庄大街18号1幢	音像制品 零售
北京博健时代科技文化发展中心	古城大街西侧古城旅馆1号楼2217室	图书 零售
北京阳光智博文化发展有限公司	古城大街西侧古城旅馆1号楼2632	图书、报纸、期刊、电子出版物 零售、网上销售
北京宏图新华文化传播有限公司	八宝山南路重兴嘉园4号楼401-31	图书 零售
北京中工在线文化交流中心	杨庄路供销社旅馆4幢226室	图书、报纸、期刊、电子出版物 零售
北京华图时代图书有限公司	鲁谷路128号1栋3层325号	图书 零售
北京冠游时空数码技术有限公司	石景山路乙18号院1号楼7层810	电子出版物 零售、网上销售
北京华惠亿邦文化发展有限公司	石景山路乙18号院5号楼12层1303	图书、报纸、期刊、电子出版物、音像制品 零售
北京市石景山区八大处百货商场	杏石口路	音像制品 零售
北京繁星博慧书店	古城大街西侧古城旅馆	图书、报纸、期刊、电子出版物、音像制品 零售
北京传奇时代图书有限公司	古城北路6号(原蔬菜公司综合楼)弯月亮宾馆229室	图书、报纸、期刊、电子出版物、音像制品 零售
北京计尔康爱的阁生殖保健用品配送有限公司	八大处高科技园区创新园J座	图书、电子出版物、音像制品 零售、网上销售
北京计尔康科技发展有限公司	八大处高科技园区创新园J座1层	图书、电子出版物、音像制品 零售、网上销售
北京中食菌网络科技有限公司	鲁谷路128号1幢2层206室	图书 零售
中工天讯文化传媒(北京)有限公司	古城西路新古城分菜站2幢3号	图书、报纸、期刊、电子出版物 零售

名　　称	地　　址	专项审批经营范围
北京璇璞良品商贸有限公司	古城南街路东53号－1弯月亮宾馆301室	图书、报纸、期刊、电子出版物 零售
北京中商佳广告有限公司	石景山路甲18号院3号楼14层1607室	图书、期刊 零售、网上销售
北京书惠人生文化发展有限公司	古城北路6号(原莱蔬公司综合楼)弯月亮宾馆330室	图书 零售、网上销售
北京中工前沿图书发行中心	古城北路6号(原蔬菜公司综合楼)弯月亮宾馆6213室	图书 零售、网上销售
北京东方静源文化传播有限公司	古城北路蔬菜公司锅炉房1幢102房间	图书、报纸、期刊、电子出版物 零售
北京新世冠文文化有限公司	实兴大街30号院3号楼2层B－0140房间	图书、报纸、期刊、电子出版物、音像制品 零售
北京物美便利超市有限公司鲁谷东街店	黄庄职业高中2幢103	图书、报纸、期刊、电子出版物、音像制品 零售
北京意本斋国际文化传媒有限公司	广宁村东山增产居委会平房103室	图书 零售
北京东澳盛大文化传播中心	金顶东街糕点八厂4号楼4层621室	图书、报纸、期刊、音像制品 零售
北京物美便利超市有限公司金顶北路店	金顶北路20号院1栋1层104	图书、报纸、期刊、电子出版物、音像制品 零售
北京中盛华博教育科技有限公司	模式口村西口102号8号楼1层01室	图书 零售
北京炫世唐门文化投资有限公司	实兴大街30号院17号楼6层77号	图书、报纸、期刊、电子出版物、音像制品 零售

区域体育设施名录

石景山区体育经营单位名录

名　　称	地　　址	开 设 项 目
万商美居酒店健身中心	石景山路22号	游泳、健身
北京实兴海特健身中心	八大处科技园区	游泳、健身、保龄球
北京环美游泳馆	苹果园北路36号	游泳
国家体育总局射击射箭运动管理中心射击场	福田寺甲3号	射击
首钢体育馆	首钢篮球中心	篮球、排球、羽毛球、网球、壁球、乒乓球、台球
北京市兴钢文化交流中心模式口分部	模式口南里活动站1号	健身、健美
北京市兴钢文化交流中心苹果园分部	苹果园1－3号	健身、健美
北京市兴钢文化交流中心八角分部	八角小区内	乒乓球
北京市兴钢文化交流中心老山分部	老山东里49、60、61、62号1层	健身、乒乓球
石景山区体育中心网球中心	石景山路32号	网球
老山自摩中心一健身中心	老山自摩中心内	游泳、健美
北京军区联勤部健身中心	北京军区联勤部院内	游泳、保龄球
石体娱乐中心游泳馆	石景山路32号	游泳

名　　称	地　　址	开设项目
首钢红楼游泳馆	石景山路首钢总公司院内	游泳
九中游泳馆	北京市第九中学内	游泳
高能物理研究所游泳场	玉泉路高能物理研究所内	游泳
工业职业技术学校游泳馆、网球馆	五里坨工业职业技术学校内	游泳、网球
首钢杨庄游泳馆	杨庄小区内	游泳
国广公寓游泳馆	鲁谷大街国广电台内	游泳
丹彤健身中心	海特小区内	健美
石景山区体育场	石景山路 32 号	足球、田径
石景山区体育馆	石景山路 32 号	篮球、羽毛球、排球、乒乓球
北方工业大学游泳场	北方工业大学南院	游泳
北京铁路职工培训中心	市政铁路疗养院内	保龄球、沙壶球、乒乓球、健身、网球、篮球、游泳
北京巨龙大成文化体育用品商店	首钢八角小区 43 号	台球
古城百合台球厅	古城路	台球
浩沙健身远洋山水店	远洋山水小区内	健身、游泳
海特饭店网球场	苹果园大街	网球
忆石羽毛球馆	莲石路 42 号	羽毛球
绅雅台球厅	古城公园入口	台球
北京星运深泉台球厅	阜石路杨庄北区内	台球
海航酒店游泳馆	石景山路 32 号(石景山体育馆南)	游泳
万商大厦美居酒店网球馆	石景山路 22 号	网球
万达铂尔曼酒店游泳馆	石景山路甲 18 号 1 号楼	游泳
北京奥酷羽毛球馆	石景山区宝荣汽修院内	羽毛球
铁人轮滑俱乐部	五里坨炮厂小区内	轮滑
石景山棋院	八角北路小学 3 层	棋类
诶万健身俱乐部	鲁谷社区服务中心地下 1 层	健身
泰而康球馆	杨庄中学西侧	台球、乒乓球
嘉安卡丁车	老山自行车馆西北侧	卡丁车
华北宾馆游泳馆	华北宾馆内	游泳
云川台球(远洋山水东店)	远洋山水小区东侧	台球
云川台球(远洋山水西店)	远洋山水小区西侧	台球
合和羽毛球馆	古城化肥路西口	羽毛球
恒川台球俱乐部	八角北路京铁家园物业楼 2 层	台球
京山天宏高尔夫练习场	莲石东路南侧	高尔夫
大玩家桌球	石景山路乙 18 号院 3 号	台球、轮滑
极道场	石景山交通队西侧社区服务中心主楼 B1 楼	跆拳道

职业服务机构名录

职业介绍机构名录

名称	电话	地址	备注
区职业介绍服务中心	68879893	杨庄路 66 号	
区外来劳动力职介中心	68879893	杨庄路 66 号	
鲁谷社区职介所	68642117	六合园东部社区中心	
广宁街道职介所	88993075	广宁村立新街 4 号	
八宝山街道职介所	88682938	八宝山街道办事处	
古城街道职介所	68879143	古城街道办事处综合服务大厅	
苹果园街道职介所	88799673	苹果园街道办事处	
八角街道职介所	88982139	八角街道办事处	
老山街道职介所	88973349	老山东里	
金顶街街道职介所	68873043	金顶街街道办事处	
区残疾人劳动就业服务中心	68821872－816	古城幼儿园东院	
区工会职介所	88930313 68810087	石景山路 35 号	
区妇女儿童活动中心	68875501	八角西街	
爱依家政服务有限责任公司	68826919 68870438	古城南路 52 号	
益友嘉职业介绍有限公司	68885486	八角北路社区服务中心	
五里坨街道职介所	88905460	五里坨车站路 1 号	
田慧园人力资源服务公司	68874794	北辛安和平街	
国广一帆人力资源管理有限公司	68892001	石景山路甲 16 号北院	
区人才服务中心	68868107	杨庄东路 66 号	
易建安盛(北京)教育科技有限公司	18611393230 68874173	杨庄路 110 号院(华信大厦)11 层 1101 室	
京邮通科技(北京)有限公司	13810446464 62264906	西井路 3 号 3 号楼 4131	
北京四达光彩人力资源服务有限公司	13466390530 68861594	古城大街 1 号领秀大厦 A 座 121 房间	
北京千橡网景科技发展有限公司	13811680134	实兴东街 11 号北楼 B1011 室	
北京猎游国际咨询有限公司	18811187975	银河南街 2 号院 3 号楼 9 层 1008 室	
石景山区残疾人就业服务事务所	13466669035	阜石路 166 号泽洋大厦 1507 室	
普一(北京)国际人力资源咨询有限公司	18510205618 68547180	银河南街 2 号院 3 号楼 13 层 1610 室	
北京聚辉管理咨询有限公司	13126509659	石景山路 3 号玉泉大厦 7 层 711 号	
国网北京市电力公司人才交流服务中心	15810979796 63679989	模式口大街 3 号院	

民办职业技能培训学校名录

（2015 年共 54 个工种，其中：高级技师 7 个、技师 8 个、高级工 16 个、非等级 7 个）

学校全称	办学许可证号	学校地址	负责人	办学类型 （允许开办的培训职业（工种）名称和培训层次）	招生电话
北京市石景山区职业技能培训学校	1107104000001	石景山区杨庄东街 66 号	王　辉	计算机文字录入处理员、中式烹调师、家政服务员、保健按摩师、花卉工（初、中级）	68875360
北京市古城职业技能培训学校	1107103000002	石景山区古城大街 23 号	朱瑞明	美容师、美发师、中式烹调师（高）、餐厅服务员、调酒师、花卉工、西式面点师、计算机调试（初、中、高级）、收银员（初）、主食制作、小菜制作、理货员（非等级）	68873414
北京市石景山区业余大学职业技能培训学校	1107103000003	石景山区八角北路 51 号院	王　松	计算机文字录入处理员、秘书（高）、公关员（高）、物业管理员、保育员、育婴员（初、中、高级）	68875355
北京市石景山区阳光职业技能培训学校	1107104000004	石景山区老山西里甲 30 号	傅立新	计算机操作员、计算机维修工、中式烹调师、中式面点师、餐厅服务员、保健按摩师、美容师、美发师、家政服务员（初、中级）	88748051
北京市首钢职业技能培训学校	1107101000005	石景山区晋元庄 6 号首钢技师学院内	张百歧	维修电工、装配钳工、机修钳工、焊工、车工、铣工、冷作钣金工（高级技师、技师、高、中级、初级）营销师（技师、高、中级）、企业人力资源管理、电子商务、项目管理、加工中心操作员（高、中级）、汽车维修工（高、中、初级）、数控铣床操作工（中级）、家政服务员、仓库保管工、计算机文字录入处理员、计算机调试工、计算机操作员、制作设备维修工（中、初级）、保洁绿化、社区物业服务、室内保洁、停车管理（非等级）	59805765
北京市石景山区现代服务职业技能培训学校	1107124000006	石景山区京原路 2 号桥三角地 1 号 3 号楼	傅彦生	家政服务员、育婴员、养老护理员（初、中级）	57172214
北京市石景山区安邦职业技能培训学校	1107104000007	石景山区老山西里 21 号实验二小院内	项学贤	保健按摩师（初、中级）	68680867
北京市石景山区棋槟职业技能培训学校	1107104000010	石景山区模式口南里文化馆 1 层	赵丽华	汽车维修工、工艺编结工（初、中级）	88996229
北京市石景山区博闻职业技能培训学校	1107104000011	石景山区鲁谷南路 26 号展龙大厦西楼 2 层	高　丰	家政服务员、公共区域保洁员、停车场管理员（非等级）（初、中级）	68622858
北京市石景山区偲美职业技能培训学校	1107134000008	石景山区石景山路 2 号台湾街 c2－5－b	聂　鑫	美容师	901238825 18810091351
北京市石景山区时尚瑞丽职业技能培训学校	1107134000014	石景山区政达路 2 号 1 单元	王洪达	美甲师、化妆师（初中级）	18611966676

律师、公证服务机构

律师事务所名录

名称	地址	电话
北京市方正律师事务所	北京市石景山区八角北里	68842567
北京市华夏律师事务所	北京市石景山区石景山路22号万商大厦602	68636613
北京市双全律师事务所	北京市石景山区石景山路甲18号万达广场E座2811室	13501000103
北京市博天律师事务所	北京市石景山区石景山路甲18号万达广场E座3层309室	68681755
北京市合达律师事务所	北京市石景山区石景山路甲18号万达广场C座2210	88696642
北京市佳泰律师事务所	北京市石景山区海特花园46号楼2单元601室	68810997
北京市信之源律师事务所	北京市石景山区石景山路甲18号万达广场E座1611	13501394769
北京市中顾律师事务所	北京市石景山区八大处高科技园区西井路3号楼1227室	82616007
北京市京晓律师事务所	北京市石景山区政达路2号CRD银座1029	88930905
北京市兆泰律师事务所	北京市石景山区石景山路甲18号万达广场F座612	88682216
北京市凯诺律师事务所	北京市石景山区政达路6号北方中惠国际中心D座801	52632699
北京孙海清律师事务所	北京市石景山区八角北路45号楼1单元3号	13521779287
北京市恒顿律师事务所	北京市石景山区石景山路甲18号院万达广场E座512室	88696916
北京市品臻律师事务所	北京市石景山区石景山路22号万商大厦1318室	88684266
北京京扬律师事务所	北京市石景山区政达路2号CRD银座1434	68647528
北京京青律师事务所	北京市石景山区政达路2号CRD银座722室	68647587
北京京翔律师事务所	北京市石景山区杨庄北区16号楼105室	68863605
北京思科律师事务所	北京市石景山区石景山路甲18号万达广场C座1807室	88696089
北京翔帮律师事务所	北京市石景山区古城南里甲5号318	68866445
北京法铭律师事务所	北京市石景山区石景山路3号玉泉大厦815室	88258209　13910997933
北京华本律师事务所	北京市石景山区政达路2号CRD银座1单元8层822室	68647508
北京冉民律师事务所	北京市石景山区石景山路23号中础大厦420	52402867
北京新儒律师事务所	北京市石景山区政达路2号CRD银座B座1323室	52420877
北京锦竹律师事务所	北京市石景山区石景山路甲18号院万达广场E座2206、1512	13911948567
北京秉道律师事务所	北京市石景山区银河南街2号院紫御国际3号楼1211	88865600
北京万贝律师事务所	北京市石景山区石景山路18号院万达广场C座1811	88696089
北京全印律师事务所	北京市石景山区古城西路113号景山财富中心334室	13011157568
北京市道衡律师事务所	北京市石景山区政达路2号CRD银座1202号	68547215
北京长立律师事务所	北京市石景山区阜石路166号泽洋大厦306室	65666161
北京众再城律师事务所	北京市石景山区实兴大街30号院7号楼5层	68882317
北京旗文律师事务所	北京市石景山区古城西路113号景山财富中心758室	13331098198
北京科鹏律师事务所	北京市石景山区古城大街特钢十一区(首特创业基地)A座335号	13911150596

公证处名录

名称	地址	电话
北京市燕京公证处	八角北里司法局2楼	88915322　68834410　68875084

法律服务所名录

名称	地址	电话
北京市石景山区八宝山街道法律服务所	永乐西小区	13911506990
北京市石景山区八角街道法律服务所	鼎城9层	13501293959
北京市石景山区古城街道法律服务所	杨庄敬老院2楼205室	13321191098
北京市石景山区苹果园街道法律服务所	苹果园首钢文化馆2楼	13801014427

石景山公安分局派出所名录

八宝山派出所	永乐小区甲66号	68668751
八角派出所	八角北路甲38号	68875652
古城派出所	老古城北后道甲1号	68872373
苹果园派出所	实兴大街甲1号	68836781　68872303
老山派出所	老山东里	88971590
模式口派出所	模式口南里甲1号	68875574
金顶街派出所	金顶街五区3栋	88732328
鲁谷派出所	依翠园甲16号	88682186
广宁派出所	广宁复兴街75号	88992177
五里坨派出所	五里坨东街甲1号	88952410
石景山路派出所	石景山体育馆内	68875350
八大处派出所	八大处公园内	88964250
高井派出所	高井甲32号	66384471
四平台派出所	八大处甲1号	88963060

科技中介服务组织名录

北京爱思济会计事务所	石景山路23号中础大厦206室	68872158
北京普洋会计事务所	实兴大街30号西山汇A2楼1层10号	13699238288
北京源中源登记注册代理事务所	实兴大街30号西山汇A2楼1层1号	13311284514
北京金海会计服务有限公司	实兴大街30号西山汇A2楼1层1号	13601259623
北京安平生财务咨询有限公司	实兴大街30号西山汇A2楼1层1号	13521837702
财智信商联盟(北京)科技有限公司	石景山科技馆2楼	13910777439
首钢总公司专利中心	首钢厂东门首钢技术研究院	88296581
石景山区人才交流中心	杨庄东路66号人才交流中心	68871056
北京国辰世纪企业管理咨询中心	石景山路22号长城大厦	68666240
石景山区生产力促进中心	八角西街40号	68863350
北京863信息安全科技发展有限公司	石景山路40号	68812109
首特科技孵化器	特钢公司院内	88982098
北京盛世易达咨询有限公司	双园路9号京宝公司307室	13001263436
北京汇丰国际登记注册代理事务所	实兴大街30号西山汇A2楼1层3号	13911131343
北京颖通嘉琳登记注册代理事务所	阜石路166号泽洋大厦718X6	13641314173
北京市双全律师事务所	碣石坪12号1-2303B	68667174
北京领步科技发展有限公司	苹果园西井路3号	51620688
金嘉恒科技发展有限公司	西井路3号3号楼	13911827608
北瑞驰胜安科技开发有限公司	石景山路甲18号院2号楼	5249615
北京顺然天成咨询有限公司	实兴大街30号西山汇A2楼1层16号	13520369807
北京英信国和会计师事务所	实兴大街30号西山汇A2楼1层13号	13911717803　68256488
北京华海基业科技孵化器有限公司	石景山路22号长城大厦506室	68666252
联合信用管理有限公司北京分公司	实兴大街30号西山汇A2楼1层17号	13521855803　64912118-814
北京国帆知识产权代理事务所	实兴大街30号西山汇A2楼1层18号	13901311903
北京知易知识产权代理有限公司	实兴大街30号西山汇A2楼1层19号	13691067119
泽羚投资咨询(北京)有限公司	实兴大街30号西山汇A2楼1层24号	13910630689
北京国泰创业投资基金管理有限公司	实兴大街30号西山汇A2楼1层34号	18618333678
北京市外商投资企业职业介绍中心	实兴大街30号西山汇A2楼1层35号	13901325723
北京柏卓人力资源开发咨询有限公司	实兴大街30号西山汇A2楼1层35号	13901052348

中国互联网协会	实兴大街30号西山汇A2楼1层28号	13301127966
工业和信息化部电子知识产权中心	鲁谷路35号电科大厦6层	88686227
古城小学科技企业工地	古城西街19号	13810135889

福利机构名录

北京市石景山区社会福利院	杨庄路17号	68842135
北京市慈善寺敬老院	五里坨潭峪村口	88903508
北京市金梦圆老年乐园	八大处路35号	88961199
北京市寿山福海养老服务中心	双峪路甲23号	88990006
北京市颐养年养老院	八大处路临50号	88908996
北京市民族养老院	模式口南里小区	88719092
北京市老年福敬老院	西井小区	88292255
北京市石景山区天泰老年公寓	北辛里铁壁街12号	88959754

街道社区居委会

古城街道

八千平社区居委会	古城北路3栋平房处	68875184
古城路社区居委会	古城路16栋西侧	68874653
南路东社区居委会	古城南路28栋前	68835582
南路西社区居委会	古城南路16栋北侧	68875391
十万平社区居委会	古城大街曦景长安3号楼底商105室	68888325
北小区社区居委会	古城北路14栋前平房	68875712
环铁社区居委会	杨庄大街地铁车辆一公司门口	68835233
特钢社区居委会	特钢东门大楼一栋平房	68810165
西路南社区居委会	古城西路8栋对面	68882076
西路北社区居委会	古城西路10栋	68874303
天翔社区居委会	古城北路21栋后院	68882488
老古城东社区居委会	古城现代嘉园66号院1号楼1单元102室	68819071
老古城西社区居委会	古城现代嘉园68号院1号楼2单元102室	68819073
北辛安大街社区居委会	北辛安大街56号	68826703
北辛安铁新社区居委会	北辛安新房子16号	68871476
北辛安南北岔社区居委会	北辛安南岔34号	68876114
水泥厂社区居委会	京原路68号	88957201
南大荒社区居委会	京原路55号永定林居民区院	68822740
白庙社区居委会	白庙村35号	88912423
庞村社区居委会	庞村大荒2号	
滨和园燕堤西街社区居委会	燕堤西街7号院1号楼2层	53023226/28
滨和园燕堤中街社区居委会	燕堤中街6号院3号楼2层	53023963/69
滨和园燕堤南路社区居委会	燕堤南路1号院8号楼3层(社区办公用房还未接管)	

苹果园街道

苹一区社区居委会	苹一区5栋楼北侧	68844260　68877461
苹二区社区居委会	苹二区6号楼后面	68844546　68870591
苹三区社区居委会	苹三区19栋西	88719085　88736486
苹四区社区居委会	苹四区13栋对面	88708061　88725239

海特第一社区居委会	海特花园 15 栋后平房		88790239
海特第二社区居委会	海特小学北侧		88790874
海特第三社区居委会	海特花园 56 号楼旁平房	88796485	88791077
西井社区居委会	西井二区甲 1 号	88931244	88932431
西黄村社区居委会	西黄村木材厂南侧 3 楼		88705057
西黄新村社区居委会	西黄新村北里 12 号楼 109 号		88783611
琅山村社区居委会	琅山村 64 号	88728914	88752643
边府社区居委会	雍王府 1 号	52637020	88759370
装备部社区居委会	装备部大院 37 号	66397155	66397061
八大处社区居委会	八大处路 6 号六一教工院内		88962994
三疗社区居委会	工人疗养院 6 号楼前平房		88960306
西山枫林一社区居委会	香山南路 168 号院 8－9－101		88782445
西山枫林二社区居委会	香山南路 166 号院 8－6－102		88774971
军区第一社区居委会	军区大院 58－1－101		66398257
军区第二社区居委会	军区大院 15－3－104		66398446
西黄新村东里社区居委会	西黄新村东里 13 号楼 108 号		88702083
西黄新村西里社区居委会	西黄新村西里 13 号楼旁 12 号楼北侧		88701646
下庄社区居委会	八大处路甲 26 号院 8 栋 11 门 101 号		88960745

金顶街街道

金一区社区居委会	金顶北路 20 号院 19 号楼首层	88775047	88749902
金二区社区居委会	金顶北路 18 号院 13 栋底商	88750554	88750423
金三区社区居委会	金三区 6 栋东南侧平房		88748025
金四区社区居委会	金顶北街 68 号(金顶街工商银行北侧)	88722550	88748026
金五区社区居委会	金五区甲 9 栋楼 1 层	88724302	88749971
赵山社区居委会	赵山 2 号楼北侧平房	88744007	88748007
西福村社区居委会	金顶山路 168 号院 9 栋旁		88723576
铸造村社区居委会	铸造村 1 区新 1 号(14 栋旁)	88714343	88748033
模式口村社区居委会	模式口村 76 号	88728098	88750148
模东里社区居委会	模式口东里 9 号楼西侧	88728152	88717592
模南里社区居委会	模南里 9 栋北侧		88722187
模中里社区居委会	模南里 26 栋楼前		88728616
模北里社区居委会	模北里 44 号楼南侧	88748010	8991155－3713
模西中社区居委会	模西 20 栋楼前	88722602	88748826
模西南社区居委会	模西 33 栋北侧		88722602
模西北社区居委会	模西物业所院内		88724325

五里坨街道

军区联勤部大院社区居委会	高井甲 32 号院社区居委会		66384479
西山机械厂社区居委会	五里坨炮厂小区居委会办公楼		51725435
天翠阳光第一社区居委会	石门南路 1 号院 9 号楼		88755221
天翠阳光第二社区居委会	西街 9 号院 11 号		88796850
天翠阳光第三社区居委会	西街 12 号院 5 号楼 1 层		88920530
高井社区居委会	黑石头南街 49 号		88951713
南宫社区居委会	石门路 368 号居委会		51511273
黑石头社区居委会	黑石头南街 49 号		88951284
隆恩寺社区居委会	五里坨隆恩寺礼堂		88902905
红卫路社区居委会	五里坨隆恩寺路 99 号院 1 号		51512279

隆恩颐园	隆恩寺路3号院综合楼办公楼	61818616
东街社区居委会	五里坨东街47号	88902445
隆恩寺新区社区居委会	秀府南路19号1－4－1层	61803063

广宁街道

新立街社区居委会	广宁村新立街113号	88991868
东山社区居委会	广宁村复兴街东山	88991398
高井路社区居委会	广宁村电厂路21号	52552881
麻峪社区居委会	麻峪南沟五十五亩地	88991640
麻峪北社区居委会	双峪路麻峪新街北口	88991282

八宝山街道

三山园社区居委会	永乐东区84楼东侧平房	68657086
四季园社区居委会	永乐东区27楼前白楼	68681076
永东南社区居委会	永乐东区32楼南平房	68684695
永东北社区居委会	永乐东区7号楼前	68658546
鲁谷住宅社区居委会	鲁谷住宅7号楼东侧1层	68636654
情报所社区居委会	情报所26号楼北侧2层	88686047
电科院社区居委会	电科院社区院32号楼东1层	68683508
玉泉西社区居委会	玉泉路甲65号院平房	68636681
瑞达社区居委会	瑞达社区北院11号楼北侧1层	68689014
青年楼社区居委会	青年楼2号楼东侧	68687279
中铁建社区居委会	八宝山南路29号院食堂2层	51885679
西里西社区居委会	玉泉西里二区7－3－106	88685338
西里中社区居委会	玉泉西里二区29号楼1层(底商)	88609638
西里北社区居委会	玉泉西里二区1号楼1层(底商)	88680676
西里南社区居委会	玉泉西里二区30号楼3单元	88608457
沁山水南社区居委会	玉泉西里一区26号楼1层302	68645680
沁山水北社区居委会	玉泉西里一区2号楼1层105	88687020

鲁谷社区

依翠园南社区居委会	依翠园13号楼底商依翠园南居委会	68624224
依翠园北社区居委会	鲁谷路市运八场3号楼南侧	68663737
双锦园社区居委会	永乐西小区3号楼东面	68636674
五芳园社区居委会	鲁谷南路5号	68620956
六合园南社区居委会	六合园20号楼南侧	68625271
六合园北社区居委会	六合园12号楼北侧平房	68626880
七星园南社区居委会	七星园10－13 101	68627417
七星园北社区居委会	七星园7号楼对面	68627418
衙门口东社区居委会	衙门口上后街南头	88681730
衙门口西社区居委会	衙门口西街44号	68636683
衙门口南社区居委会	衙门口西南后街	88681010
新华社社区居委会	京原路8号新华社第二工作区西配楼102室	3077157
石景山医院社区居委会	碣石坪小区3号楼西侧平房居委会	68659138
久筑社区居委会	双锦园16号楼底商久筑服务站	68658542
西厂东社区居委会	北京重型机电厂西厂宿舍10号楼3门103号	68683321
新岚社区居委会	依翠园乙16号新岚大厦1层	68641236
永乐西南社区居委会	永乐西区20号楼北侧平房院	88681799

永乐西北社区居委会	永乐西区 20 号楼北侧平房院		68686532
重聚园社区居委会	重聚园 18 号楼西侧物业综合办公楼 4 层		68686316
重兴园社区居委会	重兴嘉园 1 号楼 6 层居委会		68655994
磷石坪社区居委会	磷石坪 12 号 1 单元 101		88690992
聚兴园社区居委会	天和景园 1－10－101		53666011

八角街道

八角北里社区居委会	八角北里 45 栋北侧		68883787
八角中里社区居委会	八角中里 21 栋东侧		68863698
八角南里社区居委会	八角南里 17 栋楼旁	88910810	68849734
八角北路社区居委会	八角北路 44 栋楼前平房	68882386	68872161
八角路社区居委会	八角路 11 栋西边		68874285
八角南路社区居委会	八角南路 12 栋东侧	68873979	68879213
杨庄南区社区居委会	杨庄小学北侧		68875242
杨庄中区社区居委会	杨庄中区 1 号楼西侧		68872711
杨庄北区社区居委会	杨庄北区奈伦西府 49 号楼西侧平房		52651532
杨庄北区第二社区居委会	杨庄北区 12 号楼北侧		57435597
公园北社区居委会	古城路甲 61 号		68872798
古城南路社区居委会	古城南路 50 栋院内		68874196
古城南里社区居委会	古城南里 5 号楼南侧		68874340
建钢南里社区居委会	八角南里 1 号楼南侧平房		68879285
八角北路特钢社区居委会	八角北路 9 栋北侧		68878797
地铁古城家园社区居委会	八角北路 59 号地铁家园社区 5 号楼南侧		88922228
黄南苑社区居委会	黄南苑小区 2 号楼前平房		88996424
中铁建总医院社区居委会	京源路 5 号院 1 号楼东侧		51718491
时代花园社区居委会	时代花园南路 23 号院 15 号楼 1 层		88937457
景阳东街第一社区居委会	景阳东街 69 号楼 1 号楼 1 层		68648819
景阳东街第二社区居委会	景阳东街 65 号院 3 号楼 2 单元 1 层		88605660
景阳东街第三社区居委会	景阳东街 58 号楼燕保京原家园底商		88602430
体育场南路社区居委会	体育场南街 7 号 5 号楼		68800175

老山街道

老山西里社区居委会	老山西里 4 栋南侧平房	88970474
老山东里社区居委会	老山东里 5 栋东侧临甲 5－2	88975996
老山东里南社区居委会	老山东里 28 栋东侧平房	88973339
老山东里北社区居委会	老山东里 49 栋北侧平房	88973470
何家坟社区居委会	玉泉西街 5 号	88255857
高能所社区居委会	玉泉路 19 号乙	88233098
玉泉西路社区居委会	玉泉西街 1 号院	88255501
11 号院社区居委会	玉泉路 11 号院	68289034
翠谷玉景苑社区居委会	翠谷玉景苑 1 号楼 6 门 103 号	58974113
京源路社区居委会	石景山路 23 号院	68810401
玉泉北里二区第一社区居委会	玉泉北里二区国科大学 B 区 21 号楼底商 2 单元 102	88620097
中国科学院大学社区居委会	玉泉路 19 号丙 16 号楼北侧平房	88256073

索 引

使用说明

一、本索引采用主题分析索引法编制。年鉴中有实质检索意义的内容均予以标引，以供检索使用。

二、本索引基本上按汉语拼音音序排列。具体排列方法如下：以数字开头的标目，排在最前面；汉字标目则按首字的音序、音调依次排列。首字相同时则以第二个字排序，依此类推。

三、索引标目后的数字，表示检索内容所在的年鉴正文页码。年鉴正文中的栏别，从左至右分别以 a、b、c 来表示。年鉴中以表图形式反映的内容，则在索引标目后用括号注明（表）（图）字样，以区别于文字标目。

四、为反映索引款目间的逻辑关系，对于二级标目，采取在一级标目下缩两格的形式编排，之下再按汉语拼音的音序、音调排列。

0～9

2013年鉴获市级奖　128c
2014京西消费节　265c
2014年鉴出版发行　128b
2014年石景山区大事记　60
2014年与2013年居民家庭消费支出情况对比(图)　436
2014年与2013年居民人均可支配收入对比情况(图)　436
30周年馆庆　369c
4K极清宽带电视试点　206b
4个100%覆盖　207b
65周年国庆系列活动　85b
91金融超市　333b

A

APEC环境卫生保障　299c、311a
APEC会议环境保障　319a
APEC期间供水保障　302b
APEC实用英语培训　349a
APEC特种设备保障　217a
埃博拉疫情防控　380c
　　培训　384c
艾滋病防控　387a
爱国卫生　303c
　　活动　304b
爱家服务中心　433a
爱警工作　183a
爱婴医院管理　391a
安监局　217c
安全购物环境　215c
安全技能大赛　273c
安全社区和学校创建　303b
安全生产　293a
　　标准化达标　273a
　　标准化建设　221a
　　大检查　218a
　　管理　130c、312b
　　监督　217c
　　检查　308b
　　控制指标　220a
　　培训　220a
　　社会化建设　221b
　　信息化建设　221a
　　宣教　372c
　　应急演练　221b
　　制度化建设　221a
安全生产月活动　219b、273a
　　咨询日活动　219b
案件办理　186c
案件查办　144b
案件审理　144b
案例精选　193b
案例举要　183b、188c
暗访夜查行动　218b

B

八宝山革命公墓 371b
八宝山街道 444a、506
安全生产检查 445c
便民工程 445b
城市管理体制改革 445a
扶贫助困资金发放 445b
服务大厅环境改造 446a
国家级示范社区 446a
计生服务品质提升 445b
亮剑行动 445a
绿化老旧小区 445c
绿化志愿者服务队(图) 444
群租房屋整治 445c
社区群防群控 444b
网格化管理系统试运行 444c
温馨家园改造 445c
无照经营早餐摊点整治 445b
协管员统筹规范管理 444c
信访代理制 444c
阳光菜园示范点 446a
志愿者服务体系 444c
八大处班组获文明称号 272c
八大处公园 58、279a
宝珠洞智能化安防工程 279b
第六届中秋慈善晚会 280b
第十三届园林茶文化节 280a
佛牙舍利大法会 280c
佛牙舍利塔免费开放 280a
缅甸总统参拜佛牙舍利 280a
三寺庙修缮工程验收 279c
三寺庙照明工程 279b
首届佛牙舍利大法会 280c
首届新春祈福庙会 279a
西山八大处文化节 280b
新春祈福庙会 279a、279(图)
浴佛大法会 280a
园林茶文化节 280a
中秋慈善晚会 280b
八大处农工商改制 130c
八大处文化景区管理委员会 276c
广场改造 277b
核心区道路 277b
景观提升工程 277b
景区建设发展 277a
配套设施 277b
三区两线空间格局 277b
八个高端体系建设 70b
八角杯集体项目比赛(图) 412
八角北路节能改造工程 289a
八角东街写字楼 288c
八角街道 453、507
便民工程 455b
残疾人服务保障 455c
党群共建新模式 455a
党群连心服务港 455a、455(图)
地区安全稳定维护 455c
第三次经济普查 456b
公益星楼宇志愿服务联盟 454b
机关干部班 99b
教育实践活动联系点 453c
联合楼宇商会 438c
亮剑行动 454b
楼宇志愿服务联盟 454b
区人大代表补选 455a
社区文化繁荣 456b
实现就业 455c
特色社区建设 456a
体育场南路社区 454b
五分钟廉情预警播报 455b
信访 12345 体系 456c
杨庄北区第二社区 454a
养老服务 110 模式 456c
八角南路节能改造工程 289a
八角中里改造工程 288b
巴威公司 261b
白蛾天敌释放 305a
百户耐用消费品拥有量 436c
百姓骑游活动 413c
百姓身边增绿 306b
百姓系列 374b
版权教材出版 350c
宝盛源典当 249a
保护未成年人系列活动 89c
保健食品企业检查 225b
保密 96b
督查考核 97c
检查 97b
平台建设 97a
普查 97a
审查 97b
宣传教育 96c
在线学习 97c
知识进家庭活动(图) 96

组织健全完善 96c
保密委员会办公室 96b
保险 245a
保险产业园建设 115c
创新发展 72c
基础设施 335a
开发建设 334a
设计方案征集 283b
保障性住房管理 291b
保障性住房建设 291b
报刊市场严查 373a
爆危企业检查 220b
北Ⅰ区定向安置房项目立项 334c
北方工业大学 356b
Y计划教育启动 359a
棒球队创联赛纪录 358a、358(图)
成果鉴定 359b
大规模流数据集成与分析技术北京市重点实验室 359b
第二届国际文化节 359c、359(图)
东北亚设计大会 358c
法国荣誉奖章 360a
国际竞赛获银奖 360a
国家级规划教材入选 360c
集成电路设计大赛 358b
教学科研荣誉 360b
科技期刊顶尖论文 360a
青年教师培养 360a
全球华人计算机大会参加 358a
《人文思考与社会观察》出版 360c
设计竞赛颁奖典礼 358c
社会荣誉 357b
省部级科技进步奖 360c
师生参赛获奖 357a
市科技新星 357c
市重点实验室新增 359b
硕士学位授权点新增 359a
小学体育美育合作 358a
校领导任免 358a
校外实习基地落户深圳 360b
谢辉 358a
新型锚杆及其工程应用集成技术体系的研发项目成果鉴定 359b
学生作业展最高奖 358c
与迪信通集团合作 359a
与中建公司合作 359a
院校合作 357c
张萌萌 357c
专业建设研讨 359c
北京巴布科克·威尔科克斯有限公司 261b
百万等级锅炉 262c
布连电厂新机组投入运营(图) 261
高效参数锅炉 262b
宁夏宁东锅炉合同签订 262a
宁夏枣泉锅炉合同签订 262a
山西神头锅炉合同签订 261c
北京榜样推优宣传 87b
北京宝盛源典当有限公司 249a
北京保险产业园创新发展座谈会 72c、331c
北京保险产业园建设 238b
北京保险产业园投资 212b
北京北重汽轮电机有限责任公司 260b
创新体制机制 260c
科技开发 260c
市场开拓 260c
指标完成情况 260c
质量管理 261a
北京朝阳医院(西院) 408b
改革与管理 409a
护理业务 409b
科研水平 409a
社区医疗 409b
医疗服务 408b
医学教育 409b
北京大学首钢医院 400a
北京鼎瑞典当有限公司 249a
北京都市典当有限公司 248b
北京工人疗养院 404b
北京工业职业技术学院 360c
北煤机电公司改制 361c
布局优化 361b
法律顾问聘请 362a
高职培养新模式 362b
国家级教学成果奖 362c、362(图)
培训人次 361c
平安校园示范校 361b
强军育才培训工程 361c
全国大赛获佳绩 362c
全国先进个人入选 362c
王强 362c
与城建亚泰合作 361c
专业调整 361b
北京国华典当有限公司 249a
北京国际武术邀请赛 417b
北京国融典当有限公司 248c
北京建筑材料科学研究总院 338b

技能大赛　338c
技术服务　338c
科研成果　339a
科研平台　339a
科研项目　339a
项目建设　339a
资源整合　338c
北京金石融景房地产开发有限公司　296b
金融街(长安)中心建设　296b
南宫嘉园建设　296c
南宫项目　296b
文明施工标杆　296b
销售模式创新　296c
北京金寿典当有限公司　248b
北京金泽通宝典当有限公司　249a
北京康复医院　404b
公益服务　405b
行政管理　405c
护理业务　405a
基建项目　405c
科研教学　405a
医疗服务　404c
医学院建设　405b
预防保健　405a
北京礼物大赛获奖　276a
北京铭锋典当有限公司　249a
北京铭鑫小额贷款有限公司　250a
服务对象　250b
主要产品　250b
北京融惠典当有限公司　249a
北京瑞鑫达典当有限公司　248c
北京设计产业示范基地公共服务平台建设　329c
北京诗歌朗诵大赛(图)　366
北京石景山年鉴　128
北京石景山游乐园　277c
IDO户外活动　278b
爱在摩天轮活动　278a
动漫游戏嘉年华　278b
欢乐金秋游园会　278c、279(图)
欢乐世界培训　278b
金玲魔法世界活动　278a
狂欢之夏活动　278c
七夕特别活动　278c
企业宣传片拍摄　278c
三体系认证外部审核　278b
陕西安康欢乐世界培训　278b
提示信息　279a
迎春洋庙会　277c、278(图)
游乐园官网改版　278c
游艺设备停运　277c
北京石开房地产开发有限公司　293c
融景城北停车管理　294a
融景城收尾工作　293c
特约巡查员　294a
维修维保　293c
五方会议　294a
银河热力管线工程　293c
北京实兴腾飞置业发展公司　294b
社会责任履行　294c
五里坨安置房项目(图)　289
五里坨建设组团项目　294b
项目进展　294c
资产管理　294c
子公司项目建设　294c
北京市规划委员会石景山分局　282a
北京市国土资源局石景山分局　285a
北京市少儿武术比赛　417b
北京市盛丰小额贷款有限责任公司　250b
公司业务　250c
北京市石景山区人民代表大会常务委员会工作报告　17
2014年主要工作　17a
2015年主要任务　19b
城建工作监督　20a
城市规划建设和运行　18a
城市综合管理工作监督　18a
代表工作　18b
代表建议办理工作　19a
代表联系群众机制　19a
代表联系选民　20b
代表履职学习　18b、20b
代表主体作用发挥　20a
队伍建设　20b
法治工作监督　20a
高端服务业发展　18a
高端绿色发展战略　17b
高品质文化生活　18a
工作改进完善　17b
公共文化工作监督　18a
计划和预决算审查监督　18b
计划预算监督　20a
加强学习提高认识　19b
监督工作　17b、20a
建议办理工作　20b
经济工作监督　18a、20a
决策贯彻执行　17b
科技创新工作监督　18a

履职能力和水平　20b
美丽石景山建设　18a
民生工作监督　18a、20a
全面贯彻会议部署　19b
群众路线教育实践活动　17a
人大工作　17a
人大职能作用发挥　17b
社会治理工作监督　18b
生态环境建设工作监督　18a
市委人大工作会议精神贯彻落实　19b
司法权力运行　18b
思想政治建设　17a、20b
依法履职能力水平　17b
预决算审查监督　18b
政治方向　17a
制度建设　20b
中关村国家自主创新示范区建设　18a
主要工作　17a
主要任务　19b
作风建设　20b
北京市石景山区人民政府文件　477b
办公室文件　477b
文件目录　477b
北京市石景山医院　398a
北京市星宇商贸有限公司　269b
股权结构调整　269c
制度建设　269c
转制企业回购　269c
北京市永定林工商公司　269a
产业绿色转型　269b
对外宣传　269b
无安全事故　269b
游客接待　269a
北京市重点文物保护单位名录　491
北京首钢国际工程技术有限公司　339a
成果应用　340a
发展战略　339b
管理创新　339c
科技开发　340a
企业技术中心建设　340b
企业文化　340c
人才管理　340b
市场营销　339c
首钢园区服务　339c
项目实施　339c
北京台湾街走访　91a
北京泰德典当有限公司　249c
北京万嘉信诚典当有限公司　248c
北京万商投资发展有限公司　268b
K地块　268c
电信通网络引进　268c
机场巴士专线设站　268c
临时占地协议　268c
企业改制　268c
三星级酒店复核　269a
外宾入住增长　269a
北京先进集体及先进个人　467b
北京祥瑞通典当有限公司　249c
北京燕金源置业有限公司　295c
M、N地块拆迁　296a
M、N地块上市前准备　296a
交通枢纽项目调整　296a
北京银行石景山支行　242c
京卡发放　242c
同业托管　242c
周到服务　242c
北京永大典当有限公司　248c
北京中保典当有限公司　249a
北京中京典当有限公司　249a
北京中天典当有限公司　248a
北邮专场招聘会(图)　157
北重公司　260b
贝壳网际入选领军企业　332c
背街小巷综合整治　300a
毕业生创业基地　425c
毕业生就业率　428a
便民工程建设　284b
管理　203a
设计水平提升　284c
实施　441c
便民利民举措　187c
标准补助资金发放　217a
标准舞拉丁舞国际公开赛　417a
殡葬用品市场监管　213b
病媒生物控制　304a
博士后创新基地建设　427c
博士接收　83b
不同群体收入分配保障　428c
部队走访慰问　197a
部门预算管理　230b

C

财务管理　228c
财政管理　230a
监督管理　231b

财政局　230a
财政收入与支出(表)　472
财政收支平衡　230a
财政·税务　229
财政信息公开　231a
餐饮监督抽检　224a
餐饮量化分级管理　224a
餐饮油烟监管　313b
残疾人扶贫救助　432a
残疾人联合会　430c
残疾人事业　430c
残疾人体育活动　432a
残疾人图书馆　431a
测绘工作　293b
拆迁工作　293b
拆违工作　319b
产品抽检　393b
产权制度改革　129c
产业项目建设　130b
长安金轴加速形成　239c
常委会会议一览(表)　66
厂务公开民主管理　162c
超职数配备治理　82a
超转人员管理　421c
车联网产业园区落户　116a
成果获市级奖励　327a
诚信责任体系建设　393c
承恩寺　200
城市管理　297
　执法　316a
城市环境建设　299a
城市羽毛球赛华北大区赛　417a
城市综合管理体系构建　73b、299b
城市综合管理体制改革　116c、117c
城乡结合部整治　180b、217c
城镇国有土地权属审核　287a
城镇居民收入构成及增长情况(表)　435
城镇居民消费构成及增长情况(表)　436
重阳登山大会　413c
重阳诗歌会　85c
出版物经营单位名录(表)　494
出口退税管理　232b
出让土地批后监管　286b
出租车计价器整治　217b
初中教师基本功表彰　347a
处级干部进修班　99a
处级干部轮训班　99a
处级干部专题轮训　82c
传承红色基因系列活动　164c
传媒　373c
传染病防控监督　392a
传染病防治　387c
传统借阅方式改变　370a
创建工作机制　89b
创新大讲堂活动　192c
创新基金资助　335b
创业发展分论坛(图)　334
创业项目融资对接会　333a
春风行动　160c
春季主题活动　275b
春节假日活动宣传　272c
春节假日旅游　274c
　部署　272b
春节期间联合检查　418b
春节市场规范　372c
春节团拜会　423c
慈善超市(图)　422
慈善公益救助　422c
慈善寺　200
从严管理干部　81b
从业人员体检　390c
从优待警　179b
促进中小企业发展领导小组会(图)　206
促进中小微企业办法发布　206c
促消费保增长　266c
促销行为规范　214b

D

打击网游著作侵权行为　184b
打击违法生产经营　220a
打击无证行医　391b
打网办案　228a
大城管体制纳入　391c
大地金苹果幼儿园验收　346a
大风扬尘天气治理　319a
大排档治理出新招　317a
大企业税收管理　233a
大师工作室成立　350a
大事记　60
大型义诊活动周　383b
大学生创业精英培训(图)　428
代表补选工作　108c
代表建议办理工作　107b
代表旁听法院庭审　107c
单独两孩政策　433a

实施　120b
档案　126c
接收　127a
进社区巡讲　126c
文化传播　127c
信息化建设　127b
征集　127b
执法检查　127a
重要数据异地备份　128a
档案馆日活动　127a
档案机关测评　127a
档案局馆　126c
党代表工作室　442c
党的群众路线教育实践活动总结报告　26
从严治党能力水平　32b
党的领导　31b
党内政治生态　30b
钉钉子精神　28b
改革创新　28b、32a
高端绿色发展　31a、33b
工作安排　32b
工作出发点和落脚点　32a
工作根本方法　32a
工作基本原则　32a
管党治党能力　31a、31b
基本情况　26a
建章立制　33a
教育实践活动成效　30a
经验体会　31b
开门搞活动　29a
联系服务群众　34a
领导带头　27b
民生家园建设　34a
求真务实　32a
群众路线　32a
人民群众满意度　31a
三学三议三改三评　30a
深化改革　33b
事业发展　31b、32a
思想先行　32a
思想政治建设　27a、30b
四风突出问题遏制　30b
四风问题　28a
问题导向　28b
下一步工作安排　32b
整风精神　28a
整改落实　29a、33a
主要做法　27a
组织强化　29b
党风廉政建设责任制落实　143b
党工共建　163a
党建三级联创　442b
党建统领新常态　75c
党建研究会　80c
党内帮扶　80b
党史办公室　100c
党史党建宣传　101a
党史工作联络员作用发挥　100c
党史资料征集　100c、101b
党外代表人士　90a
党校　98c
科研工作　100b
党员承诺活动　79c
党员队伍建设　78c
党员干部讲党课　79a
党员活动接力赛　443c
党政分设工作机构党委(党组)书记　102
盗窃车内财物案破获　183c
盗窃犯罪团伙案破获　183b
道德讲堂活动　369a
道德讲堂建设　88a
道德领域专项教育治理　88a
道路交通事故预防　320c
德耀石景山春联征集　172b
灯谜竞猜(图)　369
登山骑行活动　413a
低保和医疗救助　422b
地方税务　234b
地方志　128b
地籍管理数据　287a
地籍宗地代码信息化　287a
地区生产总值(表)　471
地税局　234b
地铁6号线西延配料秤校准　216a
地退人员抚恤　421b
地下管线执法检查　220b
地下空间检查　372c
地下水环境质量监测主要题目数据统计(表)　315
地震局　303b
地震应急志愿者培训　303b
地质矿产管理　286c
地质灾害防治　286c
第12届教育教学大赛　348b
第28届四联展　347b
第31届古城之春艺术节　365b、365(图)
第32届学生科技节　348c

第6届中学生模拟联合国　343a
第八届教育教学研讨月　347a
第二十九届阳春保健社区体育生活周　412b
第七届北京清明诗会　84c
第三次全国经济普查　208a
第三届光影文化季　276a
第三届京交会参加　265c
第十届全民终身学习周　349b
第十届社区学习节　349a
第十四届市运会组队参加　415c
第十一届纪律检查委员会　144
第十一届玉兰文化节　308a
第四纪冰川遗迹陈列馆　466
第四届换书大集　369b
第五届武林大会　347b
典当　248a
电教片观摩交流　83c
电力安全生产检查　204c
电力设施建设合作协议　202b
电影院放映场所名录(表)　492
电子监察平台　143a
电子科学技术情报研究所　337b
　　多领域突破　338a
　　软博会承办　337
　　网络安全宣传周承办　338a
　　战略合作　338b
　　中国IT两会举办　337c
　　综合服务能力　337c
调研和宣传　90c
调研信息　211b
鼎瑞典当　249a
定量包装净含量检查　216b
定密授权　97a
定制式义齿专项督查　225b
东城区志办到区交流年鉴改版(图)　128
东方家园周边整治　317c、318(图)
冬季安全联合检查　290a
冬季环境秩序整治　319a
动漫游戏产业服务平台　335c
动物防疫和检疫　393b
动物和动物产品安全检查　393c
动物和动物产品检疫　393c
动物卫生监督　393b
　　检查　393c
都市典当　248b
豆果美食C轮融资　334c
督查考核推进　426b
督查强化　78b
督导调研　352c
督导复查回访　352b
督导检查　352a
督导评价　352b
毒豆芽案件查处　223a
毒品犯罪狠打严管　183b
杜德印　73a
队伍建设　185a
对台工作经验介绍　92a
对台工作领导小组调整　91c
对台事务　90c
对外经济　267a

E

儿童保健　390c
儿童节系列活动　168a
儿童食品整治　223a

F

发展党员工作　79c
法定职责必须为宣传　375b
法定职责必须为专题学习讨论　75b
法规知识竞赛　373c
法国绘本画家作客区少儿图书馆(图)　370
法海寺　58
　　壁画在台首展　91c、371c
法律服务所名录　502
法律监督　184c
法律援助进社区　190b
法院　186c
法制办　121b
法制宣传　121b
法治石景山创建　191c
反恐防恐工作　178a、179c
　　宣传　182b
反恐维稳专项工作　381b
反洗钱宣传(图)　244
范凤来不服区审计局政府信息公开案　189a
防空演习　199b
防雾霾用品市场规范　215a
防汛消隐工程　302c
防汛应急演练　302b
防汛准备　301b
防灾减灾管理　421b
防灾减灾日消防演练　273a
防灾减灾宣传　198a

防震减灾 303b
防震减灾日宣传 303b
房地产经纪机构和租赁管理 291a
房地产经纪机构整治 214a
房地产开发 293c
  建设生产情况(表) 474
房地产企业资质管理 291a
房改售(调)房情况(表) 292
房改售房 292a
房屋安全度汛 292a
房屋经营和市场管理 292c
房屋权属交易与登记 292b
房屋腾退拆迁 288c
放射卫生 390c
  监督 393c
非法办学查处 353b
非法小广告整治 317a
非公领域党建扩大 443a
非公团建 167a
非机动车存车处开放 300c
非机动车停车架增设 301a
非遗保护 368b
非遗年俗文化展示 416b
非遗年俗文化展示周 365a、365(图)
风筝艺人(图) 365
服务保障 309b
服务方式优化 124c
服务机制完善 95a
服务经济发展 375c
服务农民工情况督察 426b
服务型党组织建设 80a
服务业试点办 202a
服务业试点区建设 204a
服装生产企业排查 217b
福利彩票发行 421c
福利机构名录 504
福利企业生产 421b
妇女保健 388b
妇女联合会 167a
妇女之家建设 169c
妇幼保健院 395c
  儿童保健 396b
  妇女保健 396c
  改革与管理 396a
  婚前保健 396c
  技能竞赛 396a
  健康教育 396a
  扩建项目 396b
  两癌筛查 396c
  免费增补叶酸 396c
  医疗保健 396b
  指标完成情况 397a
妇幼健康技能竞赛 387c
附录 476
赴台交流 92a
赴新疆对口支援 382b
副处级干部任职培训班 99b
副区长 133

G

改革试点宣传报道 85a
改制村集体基本情况 130a
感动石景山人物评选 87a
感染防治 389c
干部队伍建设 80c
干部挂职锻炼 81c
干部监督管理 82a
干部教育培训 82c
干部培训五年规划 83a
干部选拔任用 81a
干教网分中心 83a
高端城建体系研究 290c
高端城市规划研究 283c
高端绿色发展 329c
高端人才体系研究 83b
高端社会治理体系建设 439a
高端体系建设 119a
高端体系建设 70b
  听取意见 73b
  专题研讨 73c
高端体系统计监测 209a
高端要素聚集 239b
高峰交通勤务 320a
高级专业技术资格直通车 333b
高井发电厂小区改造工程 289a
高井燃煤机组全关停 118b
高能物理研究所 336a
  成果转化 337a
  国际合作 336c
  科研成果 337a
  科研进展 336c
  科研项目 336c
高清建设 374a
高新技术产业综合楼 289c
高新技术转移促进会 329a

歌舞娱乐场所名录(表)　492
个人事项报告　81c
个体税收管理　233a
工程施工招标　291b
工程项目建设　309b
工行石景山支行　240b
　负债业务　241a
　个金业务　240c
　业务咨询台(图)　240
　经营发展　240c
　中间业务　240c
　资产业务　240c
工会组建　161c
工伤认定　429b
工伤职工服务　429c
工商分局　212b
工商行政管理　212b
工商开放日　213b
工商业联合会　145、155b
　八角楼宇商会　156b
　八届四次执委会　156a
　参政议政　155c
　创业辅导学堂巡讲　157a
　第三届企业服务季　156a
　非公经济调研　157c
　非公人才服务创新　157c
　光彩公益　155c
　理想信念教育活动　157a
　企业融资难题缓解　156c
　优秀企业　155c
　与京津科技谷合作　156c、156(图)
　助力非公经济发展　157a
　走访慰问　155c
工商银行服务窗口(图)　238
工业和信息化部电子科学技术情报研究所　337b
工业结构调整　206c
工艺美术非遗嘉年华　308c
工资集体协商　162a
工作报告　6
工作机构主要负责人　133
工作机制健全完善　94c
公安　181b
公安分局　181b
　派出所名录　503
公共安全监管　183a
公共场所控烟　303c
公共服务均等化　434a
公共服务设施整治　300a
公共卫生监测与评价　388a
公共卫生检查　392c
公共卫生事件处置　381a
公共文化菜单式服务　367c
公共文明引导行动　88c
公共自行车服务系统建设　300c
公开渠道接受监督　188b
公开审理著作权纠纷案(图)　188
公立医院改革　379c
公立医院目标管理　382b
公务员初任培训班　99b
公务员考核　428c
公务员申诉公正委员会　426a
公务员统计　82b
公益慈善　123b
公益广告宣传　87c
公益惠民活动　309c
公益活动　228c
公园管理　307b
公园绿化美化(图)　308
公证处名录　502
公证质量建设　192c
功能社区卫生服务站　385c
功文文教基金会　91a
共建活动　98b
共青团石景山区委员会　164b
供暖保障　293b
供热计量改造　298c
苟仲文　71c
构建高端城市综合规划体系开题研讨会　282c
购物新渠道　264c
古城街道　450b、504
　安全教育基地　451b
　安全生产隐患排查　452b
　北辛安地区整治　451a
　城市顽疾突出治理　452a
　第三次经济普查　453b
　服务平台搭建　453a
　古城南小街安装电子警察(图)　451
　戒毒康复示范单位　452b
　就业三个体系优化　453a
　门前三包联片自治　451c
　千百十便捷家园　452c
　群防群治队伍　452c
　商务楼宇服务升级　452b
　社区居委会更名　453b
　社区居委会新建　452c
　市容环境精细化管理　452c

微信服务功能开通 452a
执法指挥中心运行 451a
古城消费纠纷调解室揭牌 190a
古城之春艺术节 365b
开幕式(图) 365
古树名木管理 306c
固定资产投资 203c
审计 227a
完成情况(表) 473
挂牌责任督学督导 351c
关爱女性健康 169a
关于建立城市综合管理体系提升社会治理水平的意见 73b
官德人品大讨论 79b
官方旅游微信开通 273c
管所基础建设 223a
光彩服务日学雷锋活动 435b
光大石景山支行 243a
品牌宣传 243b
社区银行 243b
特色个人业务 243a
网上服务 243a
光大永明资产管理股份有限公司 246a
产品首发 246b
行业荣誉 246b
光影文化季 276a
广播电视 373c
广发石景山支行 243b
业务推广 243c
园区合作 243c
广发证券股份有限公司北京鲁谷路证券营业部 247b
创新金融业务 247b
证券投资服务 247b
资产管理服务 247b
广宁街道 461a、506
保障性住房审核备案 462c
便民服务中心 461c
便民工程 462b
城市顽疾斩除 462a
地区经济普查 462c
复兴街交通整治 461b
高井路社区居委会投票选举(图) 462
就业指标 462b
亮剑行动 461c
区人大代表补选 461c
群众文体活动 462a
社会治理指挥中心 461b
数字化图书馆 461b
偷倒渣土打击 462c
网格化管理中心 461b
西北热电中心建设服务 462c
辖区安全稳定 462c
信访代理室(站) 461a
归国华侨联合会 174a
参政议政 174b
活动组织 174a
基层侨联活动 174b
依法维护侨益 174b
规范性文件清理 122b
规范治检 185a
规划管理 282a
规划建设 281
郭金龙 74a
国保单位 371b
国防建设宣传 376c
国防教育宣传 197a
国华典当 249a
国际机器人全国赛 417c
国际机器人世界杯赛 418a
开幕(图) 417
国际科技合作基地 331a
国际赛事参加 132b
国际税收管理 232c
国际语言环境建设 132c
国家安全教育示范基地 344a
国家部委领导调研 72c
国家税务 231c
国家卫生应急综合示范区创建 380b、381b
国科大 353c
国库集中支付 230b
国企改革 210c
国企业绩考核 211a
国庆保障 207b
国庆公园免费开放 274a
国庆环境卫生保障 310c、318b
国庆节安全生产大检查 219c
国庆景观布置 305b
国庆系列活动 85b
国融典当 248c
国税局 231c
国泰君安证券股份有限公司鲁谷路营业部 247a
多元化创新业务 247a
证券投资业务 247a
国土资源管理 285a
国务院督导组视察 117c
国有资产管理 211a、231a

基础管理 210c
监督管理 210b
国有资产经营公司 211c
国资国企发展规划 211a
国资委 210b

H

海联会组织建设 90b
寒冬送温暖行动 420a
行业安全监管 267a
行业安全生产 207a
杭州银行北京石景山文创支行 85a
昊福文化挂牌新三板 332b
合作框架协议签署 274a
和谐杯乒乓球赛 413a
和谐劳动关系构建 426a
和谐邻里运动季 413b
核心价值观环境布置 86a
核心价值观教育 343b
黑游戏厅打击 373a
红色基因精品课程 100b
红色网格推开 442c
红十字会 174c
防艾宣传 176a
红十字应急救护站 175a
募捐救助 175b
三献工作推进 175c
拓展宣传动员 175a
应急培训创新 175b
红线意识强化 218c
宏润公司 269c
海特花园西侧环境改造 270a
嘉和市场经营模式转变 270a
京西医药物流中心增资 270a
人口调控 270b
胡长江 173a
湖北宜昌市妇联考察 169b
互动体验项目亮相文博会 335a
互联网金融产业基地 239b
互联网上网服务营业场所名录(表) 493
户籍人口数(表) 474
户外广告规范 300b
华录百纳并购蓝色火焰 331b
华侨代表团到区考察 117c
华厦典当行(图) 249
化妆品企业监管 225c
话说石景山路 374a
欢乐足球在校园 416a
环保大检查(图) 313
环保法制工作 313a
环保局 312b
环保宣传 315c
环境安全保障 314c
环境保护 312b
工作大会 115b
环境保障 314a
环境监测 315b
环境精细化管理 300b
环境卫生服务中心 309c
环境整治 309a
宣传月 317b
综合整治 299a
环境秩序亮剑行动 318c
环境准入管理 314b
环卫设施改造 298c
环氧胶生产厂房项目 288a
换书大集 369b
皇姑寺 466
黄职挂牌市级涉台教育基地 92a
会议服务 78b
会员发展 161c
会员培训 435c
惠灵顿城市推介会 275c
婚姻收养登记 422c
活动场所检查 124a
火患清剿行动 322a
火灾现场勘验公证(图) 192
火灾形势 322b

J

获试点项目支持 331a
击剑资格赛参加 415a
机场巴士石景山专线 274b
机动车检测场评级 216c
机动车污染控制 314c
机构编制管理 93a、94a
监督检查 93b
调整 94a
机构改革 93c
机关党组织建设 98b
机关廉政建设 98c
机器人全国赛 417c
机要密码 78b
基层电教站点 83c

基层官兵慰问 423c
基层教育培训 80b
基层平安创建 180b
基层人民调解办公室 214a
基层设施建设 368a
基层社区交流合作 91c
基层社区文化交流 91b
基层组织建设 78c
基础教育 346b
基础设施建设 283b
基金运行 212b
吉林 73a
疾病预防与控制 386c
疾控中心 386c
集体经济 129a
集邮协会活动丰富 172c
计划免疫 388c
计量器具周期检定 216c
计生药具全覆盖 434b
纪检·监察 141
纪律检查委员会 144
纪律检查委员会机关 142a
纪念建党 93 周年 79c
纪念抗战胜利 69 周年 369c
　演出(图) 368
纪念三八国际妇女节 167b
纪委五次全会 142a
技能大赛 350b、350c
技能鉴定机构调整 426c
济困工程 421c
加油机计量检查 216b
加油机强制检定 217b
家庭保健员培养 386b
家庭教育活动 169a
家庭康复服务站 431b、431(图)
家庭快乐厨艺赛 349c
家庭数字技能大赛 171a
家庭医生式服务 385b
家庭综合服务项目 168c
假日旅游领导小组督查 216c
假日旅游统计 274b
价格管理 204c
价格监测 205c
价格鉴定 205c
价格举报受理 205b
价格收费监管 205c
价格调控 205b
架空线入地 300a
监督廉检 185c
检察 184a
检察开放日 184b
检察院 184a
减溺工作 418c
减排任务完成 313b
见义勇为权益保护 422a
建成区道路作业 312a
建行石景山行 242a
　风险控制 242b
　公积金贷款业务 242b
　南水北调项目服务 242b
　网点布局优化 242b
　业务咨询台(图) 239
　银政合作 242a
建设工程劳务人员培训(图) 429
建设管理 288a
建设项目用地预审 286a
建言献策活动 90a
建筑公司 295a
建筑节能 291c
建筑垃圾运输执法 319b
建筑业企业资质管理 291a
建筑质量监管 290b
健康促进 390b
健康讲堂进军营 433c
健康社区指导员 304a
健康细胞工程 303c
健身气功展示 414a
健身项目展示 413b
江苏银行北京石景山支行 243c
　卡易贷产品 243c
　智存宝产品 244a
降尘控污行动 317a
交通安全意识 320c
交通保障 300c
交通管理 319c
交通枢纽 H 地块 288b
交通枢纽调整方案获批 284a
交通违法行为整治 320c
交通支队 319c
矫正帮教工作 190c
教师成长工作室建设 345c
教授级高工职称 428a
教育 341
《教育导刊》合办 376b
教育督导 350c
教育行政 342a

教育教学大赛　348b
教育教学研讨月　347a
教育科研大会　343a
教育培训基地建设　188c
教育人才队伍建设　344c
教育实践活动　87c
教育收费专项检查　205a
教育月活动　143a
教育战略合作签约　113(图)、114a
街道办事处督导随访　352c
街道居民事务大厅　124b
街道(社区)工委办事处负责人　465
街道社区居委会　504
街道专职安全员队伍　219a
节能改造工程　288b
节能减碳考核获市优　204b
节前廉政教育　143c
节日市场检查(图)　265
节水器具换装　303a
节水型单位创建　303a
结核病防治　389a
截污治污　302c
金顶街街道　458c、505
　安全管理　460c
　保障改善民生　460b
　城市管理新常态　460b
　分项治理探索　460a
　精品便民工程　460c
　亮剑行动　459c
　模式口大街整治工程　459a
　模式口地区综合整治　459a、459(图)
　社区建设规范　460c
　信访代理制落实　460a
　执法指挥中心　459b
金秋体育盛会　413c
金秋助学活动　161b
金融　237
金融博览会　239a
金融产业监督　214b
金融风险防控　240a
金融服务办公室　238a
金融服务改革创新　239c
金融服务监督机制构建　239a
金融管理　238a
金融局领导到区调研　239a
金融知识宣传(图)　245
金石融景公司　296b
金视角摄影团　367a
金寿典当　248b
金熙金融信息公司参股　212a
金泽通宝典当　249a
京卡服务　162b
京袍技艺传承　350a
京式旗袍走秀表演(图)　368
京西杯技能大赛　350b
京西商务中心项目　284a
京西消费节　265c
京源幼儿部督导随访　352b
经典诵读活动　347a
经济和信息化　205c
经济技术服务创新　162c
经济建设投入　230a
经济领域统战　90b
经济效益　130b
经济运行　227c
经济责任审计　82b、227a
经济指标完成情况(2009～2014)(表)　475
经信委　205c
精神卫生　389a、397b
精神文明建设　87a、375c
精准衔接　依法入矫　193c
景点景区　58
景观亮化工程　300c
警示教育　97b
　巡展　344c
竞技体育　414b
静态交通　320a
纠纷处理　384a
纠纷预警机制　188b
九三学社区工委　154a
　参政议政　154b
　社会服务　154a
　思想建设　155a
　调研信息　155a
　小飞象训练发展中心调研慰问(图)　154
　支社活动　154c
　组织建设　155a
九养政策落实　421c
九中成为首批国家安全教育示范基地(图)　344
就业服务机构达标　432a
就业服务三进活动　427a
就业任务　427a
居家养老服务券　421c
居家养老宣传　421a
居民生活调查　209c
居民生活状况　435c

居民收入 435c
举重资格赛参加 414c
飓风行动 392b
聚焦石景山 74c
捐赠接受 421a
决策研究 92b
军地联合送温暖 423c
军地领导见面会 423c
军地领导座谈 71a
军地齐心双拥共建 424c
军地座谈谋发展 424a
军事 195
　训练组织 196c
军事机构负责人 199
军转干部安置 81c、426b

K

开门办会 164b
开题研讨会 282c
康复医院医疗工程 289a
抗战胜利69周年系列活动 85b
科级干部任职培训班 99c
科级干部选拔任用 82b、428b
科技工作领导小组 326b
科技管理 326c
科技荣誉称号 332a
科技中介服务组织名录 503
科技周活动 171a
科普日活动 171b
科普文化交流 327c
科普项目申报实施 172a
科普之夏活动 171a
科普走进军营社区 424a
科素纲要实施 170c
科委 326c
科协委员会及活动 171a
科学技术 325
科学技术协会 170a
科学探案项目培训 348b
科研单位名录 485
可持续发展教育督导评估 347b
可持续发展优秀会员 327c
课程建设研讨承办 347c
空气质量指标 313c
空气质量自动监测系统 328b
空气重污染应对 314b
口腔卫生 389b
跨境电子商务 266c
跨区系列盗窃金店案破获 184a
会计管理服务 231b
宽带石景山行动 207b
矿山医院 409c

L

拉萨市教育考察组到区交流 344c
蓝港在线登陆香港创业板 335a
篮球赛 413b
劳动保障监察 430a
劳动合同签订 429c
劳动鉴定 429b
劳动人事争议调解 430b
劳动人事争议仲裁 430b
劳动人事仲裁院 425b
劳动争议调解 162a
劳模管理和服务 160c
劳务管理 291c
老干部发挥作用 95b
老干部管理 94b
老干部局 94b
老干部组织建设 95c
老古城D地块二类居住工程 289b
老古城JB地块项目 289c
老旧管网改造 298c
老旧小区整治 300b
　公共区域改造 290a
　自我服务管理 438c
老年病诊治 398a
老年健康管理 386a
老年书画活动 173c
老山街道 448b、507
　安全生产监管 450a
　保障性住房管理 449c
　残疾人康复训练 450b
　城市管理综合执法 448c
　城市牛皮癣清理 449a
　促进就业服务 450b
　单独夫妇信息核查 449a
　第三次经济普查 448b
　东里社区趣味运动会(图) 449
　工会建会 449b
　环境秩序整治 450b
　流动人口服务管理 450a
　社会保障救助 450b
　社区用房规范化建设 450a

文化惠民工程 449c
五步惠民工作法 449b
辖区环境秩序保障 449a
老挝领导人参观考察 118c、132(图)
乐动卓越联手腾讯互娱 334c
乐童成长计划 353b
离退休干部庆七一主题活动(图) 95
理论研究宣传 376a
理论中心组学习 86b
立体绿化工程 306a
利益导向政策 433c
莲石湖环湖之旅 276b
联合执法 302a
廉政风险防控管理 143a
廉政教育基地(图) 143
廉政教育载体创新 443a
廉租房管理 293a
粮食平衡调查 264c
两岸生产力机构牵手 328c
两岸书画展 371b
两沟一线绿化 306b
两会安全 372c
两会保密工作 96b
两会食品药品监管 221c
两会卫生监督 391b
两会宣传报道 84b
两节环卫保障 310b
两节食品药品监管 221c
两节送温暖活动 160b
亮剑行动 74b、318c、320(图)、392b
启动 119b
重点报道 375a
量身定制招聘会首创 427b
烈士纪念日公祭活动 86a
猎豹移动登陆纽交所 332b
林木绿地认建认养 306c
林木普防普查 305a
林木生物防治 309b
领导班子建设 80c、81a
领导调研 126a
领导干部会议 64b
领导干部学法 121c
领航工程支撑创新驱动 329b
刘娘府 A1 地块交易 285c
刘娘府 B 地块 B5 楼项目 289b
刘娘府 D 区 D4 项 290a
流动人口法制宣传教育 190b
流浪动物收容救置 393c
六打六治专项行动 220a
六型社区创建 440b
楼宇商会 438c
鲁谷社区 446a、506
安全生产管理 448a
充分就业社区 447c
环境综合管理 446b
计划生育率 448a
纪念义工协会成立十周年(图) 447
亮剑行动 447a
六条服务线开通 447b
人口综合调控 446c
社会化服务管理 447c
社区文化 448a
太平之家公寓拆违 447c
新建工会 448b
优秀义工表彰 446c
综治态势 448a
鲁家山作业模式 311b
路面交通净化行动 320b
落实政策办实事 96a
旅游管理 272b
旅游护照首发 275c
旅游活动 274c
旅游商品博览会 276a
旅游市场秩序整治 272b
旅游委 272b
旅游协会换届 273b
旅游业 271
发展行动计划 272c
律师、公证服务机构名录 502
律师行业管理 192b
律师事务所名录 502
律师协会换届 191b
绿地代征 307b
绿地系统规划修编 305c
绿化隔离区核查 305b
绿化委调整 304c
绿化养护管理 307b、309a
绿化资源普查 305a
绿色活动课程实践研讨 346b
绿色教育发展实验区 343b
绿色通道信息服务平台 327a

M

马年初雪应对 310c
马年新春文化游园活动 307c

慢性疾病防治管理　389b
盲人保健按摩　432b
每百户耐用消费品拥有量(表)　436c
美丽石景山展　173a
美术作品创作　174a
美协完成戾陵堰作品(图)　173
门头牌匾规范　300b
萌芽杯评比　346b
灭火能力提升　321a
民办教育　353a
　机构名录(表)　482
　情况反馈　352c
民办培训机构督导随访　352b
民办培训学校综合督导　352a
民办学校年检　353b
民办幼儿园安检　353b
民办园工作交流　346b
民办职业技能培训学校名录(表)　501
民兵工作　196a
民兵政治教育　197b
民兵组织整顿　196c
民防　197c
民防局　197c
民防宣传进社区(图)　198
民革广州市委考察社区卫生服务中心(图)　147
民革区工委　146b
　残疾人救助　146c
　党派调研　146c
　第五支部成立　147a
　届中民主评议　147a
　理论学习　146c
　社会服务　146b
　信息报送　147a
民建区工委　149b
　参政议政　150a
　理论学习　149c
　社服联络　150a
　组织发展　149c
民进区工委　150b
　参政议政　150c
　会员发展　151a
　民主评议　151b
　社会服务　151a
　思想建设　151a
　组织建设　151b
民盟区工委　147b
　调研工作　148b
　工委活动　148c
　获奖情况　149a
　理论研究　147c
　社会服务　148c
　思想宣传　148a
　信息报送　148c
　支部活动　149a
　自身建设　148a
　总结表彰　147c
　组织发展　148a
民生档案利用　127c
民生类专项审计调查　227b
民生投入　230bb
民生问题宣传　375c
民俗体育运动展演　413a
民用运力车辆预征　301a
民政　420a
民政局　420a
民主党派·工商联　145
　负责人　158
民主自治模式创新　442a
民宗侨办　123a
民族·宗教·侨务　123a
民族健身操舞大赛(图)　123
民族文体活动　123c
名录库管理维护　209c
铭锋典当　249a
模拟联合国大会(图)　342
母婴保健技术许可　388b

N

纳税服务　235b
纳税评估　235c
南京青奥会射箭比赛夺双金　416a
南马场水库安全度汛　302a
南水北调对口协作　117b
南水北调支援　383c
内网机房建设　207c
能评下放落实　204b
能源统计监测　209c
年鉴业务交流　128c
年轻干部基层锻炼　83b、428c
农村土地调查统计　287b
农工党区工委　151c
　参政议政　152a
　社会服务　153a
　思想建设　152b
　组织活动　152b

组织建设　152c
农行石景山支行　241a
安全管理　241b
创新意识　241b
服务水平提升　241a
强合规控风险　241b
银政合作　241a
农业产业基金公司　246b
海洋经济发展支持　246c
基本资金增加　246c
绿色环保与循环经济支持　246c
投资企业登陆新三板　246c
推动西部地区农村经济发展　246c
农用机动车夜查　319a
女性·家庭·社会大讲堂　169c
女职工权益　161c

P

排查调处　126a
排除隐患　211c
排水管理　302c
排污申报收费　315b
棚户区改造　283a
乒乓球赛　413a
平安校园建设　345b
苹果园街道　456b、504
3D 文化影院俱乐部　457c
城市病大家治　457b
公益反哺家园　457b
海特广场百姓舞台(图)　458
环境综合治理　457a
两本日志推行　457a
亮剑专项行动　456c
清洁社区打造　457a
弱势群体帮扶　458b
社会保障体系　457c
社区基础设施　457c
文化苹果园　458a
信访代理制　457b
阳光计生服务　457c
住房保障落实　458b
破解人口资源与环境问题　推动石景山区高端绿色发展研究报告　46
2000 年和 2010 年流动人口流动原因构成比较(图)　49b
2012 ~ 2013 年北京城六区流动人口发展(表)　46
GDP 增长预期降低　56a
北京城六区流动人口发展(表)　46
北京户籍人口与常住外来人口的从业分布(表)　48
部分占股合作投资方式　53b
产业布局调整　48b
产业结构提升优化　56a
常住户籍人口与常住外来人口变动情况(图)　47a
朝阳区南磨房乡产业升级　52a
城中村改造　49b
城中村改造中流动人口管理工作　50a
城中村规划　53b
低端流动人口聚居控制　50b
地下水超采　55b
动态更新与维护　54a
对策建议　49b
二元土地制度　51a
房屋出租管理　50a
分类弹性控制与引导　54a
改造成本收益的动态变化(图)　51a
改造开发视角　51a
供水管网现状　55a
供水基本情况(表)　54b
管理过程全程监督　54a
管理体制　54a
规划编制　53b
规划管理一体化　54a
国有化改制路径　52b
海淀区东升乡利用集体自有地建设高科技产业园区　52a
海水淡化技术研究　57a
横向角度　46b
宏观因素　48a
集体土地　52a
集体土地分布特点　51b
集体土地国有化改制特点　52b
集体土地国有化改制法律依据　52b
集体土地合理利用管理　52a
集体土地开发利用　53a
集体土地住宅建设规划管理　53b
计划用水管理　56a
街道社区流动人口密度　47b
街道社区流动人口占比(图)　47a
节水创建　56b
节水科技项目推进　56b
节水依法管理　56a
节约用水　55b
结构角度　47a
经济价值原因　51a
经验借鉴　52a

就业结构 50b
居民开采地下水水质 55b
居住成本因素 49a
居住环境 51a
空间布局 50b
老旧管线改造 56b
流动人口发展现状与问题 46b
流动人口发展与治理 46b
流动人口发展总体思路 49a
流动人口管控措施 52a
流动人口管理工作 50a
流动人口过度集聚原因分析 48a
流动人口集聚成本 49b
流动人口教育程度(表) 47b
流动人口聚集 55b
流动人口聚集区开发改造模式 52a
流动人口聚居区规划管理 53b
流动人口聚居区集体土地住宅建设规划管理 53b
流动人口聚居区空间布局的四类原型分析(表) 50
流动人口聚居区现状特征 50b
流动人口聚居区形成原因分析 51a
流动人口年龄结构分布(表) 47b
配套措施 50a
区位环境因素 49a
全部股权投资方式 53b
人口承载力 54a
人口集聚效应 48a
人员构成 50b
石景山区典型的流动人口集聚区与十五分钟步行圈(图) 49a
石景山区与全市及发达国家用水效率比较(表) 56a
石景山区与西部就业次中心的空间距离(图) 49a
石景山水厂 56b
实施措施 54a
首钢水厂 56b
水务管理 57a
水务管理能力 57b
水资源承载力分析 55a
水资源分布情况 54a
水资源供给总量和结构
水资源供需矛盾 55a
水资源浪费 55a
水资源利用效率管理 57b
水资源矛盾化解 54a
水资源矛盾化解政策建议 55b
水资源矛盾深层次原因 55b
水资源现状 54a
水资源形成过程(图) 54b
水资源引进 56b
投资方式 53b
土地储备机制统筹安排聚居区改造 52b
土地国有化改制 52a
土地国有化改制实际情况 52b
土地利用总体规划(图) 51b
土地使用 50b
外调水源合理利用 57a
外来劳动力需求 48a
微观因素 48b
污水资源化 57a
无证无照经营行为治理 49b
五里坨水厂 56b
现实原因 51b
杨庄水厂 56b
以集体土地高效利用 50b
以业控人 49b
应急保障措施 57a、57b
用水供给扩大 56b
用水结构 55b
用水结构调整 55b
用水需求减少 55b
再生水利用 57a
征转分离实施背景 53a
征转分离制度创新 53a
征转分离制度创新优势 53a
政策设计 54a
支撑体系建设 54a
制度原因 51a
转居不征地矛盾与问题 51b
资产管理公司与政府合作参与开发 53b
自来水厂建设 56b
自来水公司供水情况 55a
自来水管线老化 55a
自来水水源供给 55a
总体思路 49a
纵向角度 47a
普法微视频征集活动 190a
普法宣传教育 191b
普惠职工服务 162b
普通地下室管理 291b

Q

企业登记情况 214c
企业管理 228b
企业建立党支部 435b
企业经营 268b

企业引进　130b
企业债券发行　212a
启润丰泽基金投资设立　212a
气候评价　324b
气候依法行政　324b
气象　322c
　服务　323c
　培训　324a
　宣传　323a
　业务用房项目　284b
气象局　322c
器乐大赛复赛　366a
迁安检察联络室开展三进　186b
迁安矿区普通程序案件第一例　187b
强军爱兵暖心工程　424b
强军育才接力工程　424b
巧娘发展促进会　167c
侵害作品署名权、作品发行权案　188c
青春护航基地　166a
　揭牌(图)　165
青联工作　166c
青年干部挂职　83b
青年工作交流　165a
青年人才培养　166a
青年沙龙　165b
青年社工骨干拓展训练　440a
青少年法制动漫征集　191b
青少年科技教育　170b
青少年权益维护　166b、215a
青少年维权岗(图)　187
清华大学玉泉医院　402
　护理业务　403c
　科研与教学　404a
　信息化建设　404b
　医保工作　403c
　医疗服务　403a
　医疗综合楼一期工程竣工验收(图)　402
　院感管理　404a
　综合楼建设　402c
清洁空气行动　313c
清洁空气专项执法　216c
清洁能源改造　314b
清明假日旅游　275a
清明节祭扫服务　420c
清明节专项整治　317a
清明诗会　84c
　军营分会场演出(图)　84
清源专项行动　373a
庆五一劳模表彰会(图)　161
庆祝教师节大会　343c
区编办　93a
区处理论中心组学习　75(图)、86b
区发展与改革委员会　202a
区法院被授予全国青少年维权岗(图)　187
区级领导集中学习(图)　72
区教委　342a
区领导参观廉政教育基地(图)　143
区企领导座谈　71a
区人大常委会　104a、106c
区人大代表集中活动　107c
区十五届人大四次会议　104c、106(图)
区委　64a
区委办公室　78a
　文件　476b
区委常委会　66c
　会议一览(表)　66
区委党校　98c
区委工作机构主要负责人　101
区委日常事务　78a
区委十一届九次全体(扩大)会议　65b
区委十一届十次全体(扩大)会议　66a
区委书记主要调研情况一览(表)　76
区委文件　476a
区委重要会议　64a
区委专题民主生活会　65a
区域服务品牌　268b
区域化团建试点　165c
区域环境噪声监测统计(表)　315
区域教育单位名录　478
区域经济发展　213a
区域科研机构名录　485
区域生态文明建设　204b
区域体育健身设施名录　498
区域投资环境　268b
区域卫生机构名录　486
区域文化设施名录　491
区域优质教育新地图构建　345a
区域主要污染物排放量统计(表)　316
区长　133
　进军营办公　424a
区长办公会　111a
　一览(表)　111
区政府　110a
　办公室文件　477b
　工作机构主要负责人　133
　外办　131a

文件 477b
区政府办 120c
督查落实 121a
服务保障 121a
公文档案 120c
会议组织 121a
联络服务 121a
文稿起草 120c
信息编报 120c
信息公开 121a
应急管理 121a
区政协 136a
常务委员会会议 136b
城建环保委员会 138c
到军区联勤部慰问(图) 137
第二十三次理论研讨会(图) 136
高端体系调研通报会 137b
工作机构负责人 140
教文卫体委员会 138c
经济科技委员会 138a
九届三次会议 136b
九届政协第十八次常委会(图) 139
老旧小区改造情况调研(图) 138
理论研讨会 137c
社会法制与民族宗教委员会 138b
提案委员会 139a
学习与文史委员会 139b
重要会议 136b
主席会议 136b
专门委员会 138a
专门委员会负责人 140
区直机关工委 97c
区志办 128b
曲协活动 173c
曲协主席收徒 173a
全国党建网调研 443a
全国法制宣传日活动 170a
全国先进获评 370b、421a
全国先进集体及先进个人 467a
全国重点文物保护单位名录 491
全面深度转型 高端绿色发展 石景山建设国家级绿色转型发展示范区战略研究 36
全面深化改革 71b
全民健康生活方式 389c
全民健身服务 414b
全民终身学习周 349b
鹊桥联谊会(图) 163
群防群治 181a
群团作用发挥 98a
群众合唱展演 367a
群众路线教育实践活动 71c
报道 374c
动员大会 64b
活动宣传 86b
专题调研 72a
总结大会 65b
群众体育 412a
群众文化 365a
群众舞蹈大赛 367b
群众性绿化美化 306a

R

燃气安全执法检查 316c
人才管理 82c
人大常委会办事机构负责人 108
人大常委会第二十次会议 105a
人大常委会第二十一次会议 105b
人大常委会第二十二次会议 105c
人大常委会第二十三次会议 106a
人大常委会第十六次会议 104c
人大常委会第十七次会议 104c
人大常委会第十八次会议 105a
人大常委会第十九次会议 105a
人大常委会工作机负责人 108
人大常委会主任、副主任、委员 108
人大常委会主任会议 106c
人大代表集中活动 107c、108c
人大工作研讨会 106b、106(图)
人防地下车库验收(图) 198
人防工程防汛 198b
人防工程整治 199c
人口抽样调查 208a
人口出生与自然增长情况(表) 474
人口动态监测 208b
人口服务管理 182c
人口管理服务平台 206b
人口规模调控 118a、202c
人口和计划生育 432c
人口计生委 432c
人口调控 180c、207a、211b
人口信息化建设 434a
人口战略研究 433c
人力社保局 425a
人力资源和社会保障 425a
人民满意校调查 353a

人民调解工作　192a
人民调解化纠纷　老有所养家和睦　193b
人民团体　159
　党委(党组)书记　102
　负责人　176
人民武装　196a
人事考试联席会机制　427b
人调办成立　214a
融惠典当　249a
融科鼎盛投资公司设立　212b
融资平台建设　203a
柔道资格赛参加参加　414c
肉类安全专项整治　223c
入党双把关制度　443c
入室抢劫及涉车盗窃案破获　183c
软件和信息服务业　207b
瑞鑫达典　248c

S

三方教育联合会换届　344b
三个一百先进人物表彰(图)　443
三级服务体系建设　163a
三级课程建设现场会　348b
三级信访代理制　431b
三类产业新突破　204a
森林防火　308c
　宣传　305b
森林防火网搭建　307a
山地车挑战赛　414a
伤害致死案破获　183b
商标法宣传　213c
商标专项整治　214a
商品房出让手续补办　286c
商品条码监督检查　216b
商务　264b
商务楼宇工作站建设　442b
商务委员会　264b
商业保理落户　212c
商业保理业务试点　238b、264b
　落户　212c
商业贸易　263
少儿武术比赛　417b
奢华浪费建设清理　204a
设计产业示范基地建设　336a
设计创新中心认定　332c
设施设备升级　312b
设施维护管理　198c
设施养护管理　298c
社保水平提高　429b
社工事务所新增　442a
社工委　438a
社会办　438a
社会保险扩面征缴　429a
社会党建运行规范　440c
社会动员工作试点　442a
社会工作委员会　438a
社会工作者培训　439c
社会管理综合治理　179c
社会环境秩序综合治理亮剑行动誓师动员大会　74b
社会建设　437、438a
社会健身项目展示　414a
社会救助专项整治　421b
社会力量吸引　371a
社会领域党建　438a
　表彰　439b
社会领域统战　90b
社会矛盾化解　179a
社会面防控　181a
社会热点宣传　376b
社会事业　419
社会稳定风险评估(图)　179
社会治安防控体系　178b
社会资本办医　379c
社会组织公益行活动　438b
社会组织管理　423a
社区安全防范　183a
社区大党委　443b
　新思路　443c
社区党建　442b
社区党组织整顿　80a
社区工委办事处负责人　465
社区工作者队伍建设　439a
社区工作者公开招聘(图)　439
社区工作者招聘组考　349a
社区规范化建设　440a
社区红色网格推进会　442c
社区教育　348c
　督导随访　352c
社区科普益民计划　171c、171(图)
社区联合工会建设　163c
社区青年汇　167a
社区体质促进项目推广　413a
社区统计工作室揭牌(图)　208
社区卫生服务　385a、397c
　管理中心　385a

能力建设　385b
示范中心创建　385c
体系建设　385a
社区卫生诊断　386c
社区学习节　349a
社区一街一品建设　349c
社区志愿者服务　422a
射箭资格赛参加　414c
涉林案件办理　307a
涉密企业监督指导　97b
涉密载体管理　97c
涉农企业监管　215a
涉台教育基地　92a
涉台宣传　92a
涉外服务保障　131b
涉危企业安全监管　219c
涉罪未成年人监督考察　185c
身边好人评选表彰　442c
审计　226b
审计局　226b
审判　186c
质效管理　187c
审批环节精简　124c
审批时限压缩　124b
生产力促进中心获金桥奖　329a
生活护理(图)　382
生活水平提高　130c
生命统计　387c
生食水产品专项检查　222b
生态红线划定　315a
生态清洁小流域　302b
生态文明建设　130c
生涯教育交流会　346c
声环境监测　314c
声环境质量　315c
失独家庭慰问　433c
诗歌朗诵大赛　366c
施工安全管理　292a
十八届四中全会环境保障　318c
十二五妇儿发展规划推进　169c
十个一线工作法　443b
十件环保实事　314a
十三五规划编制　118c、203
十项教育实事　345a
石槽 E02 地块商业工程　288a
石金公司服务中小企业　212b
《石景山报》　374c
石景山代表团参加第十四届市运会成绩一览(表)　415
石景山公安分局派出所名录　503
石景山建设国家级绿色转型发展示范区战略研究　36
5+1 高精尖产业体系　40a
八宝山红色文化传承基地　40a
八大处-天泰山文化旅游发展带　39a
保障措施　45b
北京保险产业园　39b
产业空间布局　40b
产业体系　40a
城市规划建设　37a
城市规划建设和运行体系　41b
城市建设精品　42a
城市建设质量　42a
城市科学规划　42a
城市综合管理体系建设　42b
大气污染防治　43a
党建统领　45b
第二阶段　38b
第三阶段　38b
第一阶段　38a
东部内涵发展提升区　38b
督查考核　46a
多支点　39b
发展格局　38b
发展路径　38a
发展目标　38a
法治石景山建设　45a
改革创新　38a
高端服务业　40a
高端绿色发展　36a、36b
高端绿色发展经验启示　36a
高端绿色发展历史渊源　36a
高端绿色发展新机遇　37a
高端绿色发展新时期　36b
高端绿色发展新使命　37a
高端绿色发展中外共识　36a
高端人才聚集工程　45a
高端人才培育工程　45b
高端资源统筹工程　45b
高新技术产业　40b
公共文化服务体系　43b
公共文化体系　37a
功能布局　39a
供电设施建设　42b
供热燃气保障能力　42b
规划引领作用　42a
国际雕塑园地下文化娱乐中心　39b
基本原则　38a

建首善创一流　36b
京津冀协同发展　36b
京西金融创新服务港　39b
京西金融创新中心　40a
经济发展方式转变　36a
科技创新驱动体系　41a
科技文化融合新路径　41a
空间结构　38b
劳动就业　44a
力量整合　46a
两带　39a
绿地系统规划编制　43a
绿色生态环境　37a
民生保障体系　44a
民生保障支撑　37b
民生家园建设　40b
民生问题　44a、44b
民主政治建设　45a
模式口民俗文化特色街区　40a
目标思路　40a、41a、41b、42b、43b、44a、44b、45a
平安石景山　45a
苹果园交通枢纽综合商务区　39b
区域创新创业能力　37a
区域文化品牌建设　43b
区域文化设施　43b
区域自主创新体系　41b
取得实效　46a
人才管理体系　45a
人才激励服务工程　45b
人才强区战略　37b
人口调控　42a
人民健康水平　44b
人民满意教育　44b
任务落实　45b
三区　39a
商务服务业　40b
社会保障　44a
社会治理创新工作　37b
社会治理格局　44b
社会治理模式创新　36b
社会治理体系　44b
社会治理体制机制　45a
深化提升，形成示范　38b
生态保护　43a
生态保护线　43a
生态文明建设　43a
生态文明体系建设　36b、42b
实施步骤　38a
实现中国梦内在要求　36a
首都城市战略定位　36b
四个中心打造　41a
四个中心定位　36b
体系顶层设计工程　45a
统筹推进　38a
土地利用　42a
文化创意产业　40a
文化旅游资源　40b
文化生活体系　43b
文化事业和产业协调发展　44a
问题导向　38a
西部绿色生态引领区　39a、39b
西五环现代娱乐休闲区　40a
现实基础　37a
新首钢产业发展内核　40b
新首钢高端产业综合服务区　39b
新挑战制约高端绿色实现　37b
信访代理制　44a
形成格局，特色彰显　38b
形势剖析　36a
衙门口生态宜居新城　40a
养老事业　44b
一流标准　38a
一轴　39a
一轴两翼金融发展格局　40b
以人为本　38a
银河商务区　39b
永定河绿色生态发展带　39a
优化市政基础设施系统　42b
园林绿化水平　43a
责任担当　45b
长安金轴　39a
整体合力　46a
指导思想　37b
中部高端转型核心区　39a
中关村科技园石景山园　39b
重大项目建设　42a
重点任务　40a、41a、42a、43a、43b、44a、44b、45a
重点突破，梯次推进　38a
重点项目　45b
主导产业结构优化升级　40b
主导产业引领经济转型发展　37a
主动求变现实路径　36b
主题产业园　40b
主体功能区　38b
住房和生活环境　44a
转型发展基石　37a

综合交通网络构建 42b
总体思路 37b
组织领导 45b
石景山年鉴 128
石景山区大事记 60
石景山区第十五届人大常委会工作机负责人 108
石景山区第十五届人大常委会主任、副主任、委员 108
石景山区妇女联合会 167a
石景山区概览 2
城市建设与管理 2b
地理 2a
环境整治 3a
历史文化 2a
区域经济发展 2b
社会服务管理 3b
社会综合治理 3a
生态文明建设 3a
执政能力建设 4a
石景山区各民主党派、工商联负责人 158
石景山区工商业联合会 155b
石景山区广播电视中心 373c
石景山区归国华侨联合会 174a
石景山区红十字会 174c
石景山区建筑公司 295a
三体系认证监督审核 295a
小学校工程 295a
幼儿园工程 295a
石景山区教育科研大会(图) 343b
石景山区科学技术协会 170a
石景山区人大常委会办事机构负责人 108
石景山区人民代表大会 103
石景山区人民团体负责人 176
石景山区人民政府 109、110
工作机构主要负责人 133
区长、副区长 133
重大活动 110b
主要工作 110b
石景山区少年儿童图书馆 369a
石景山区实验教育集团 343a
石景山区图书馆 369a
石景山区委工作机构主要负责人 101
石景山区文物保护单位名录 491
石景山区文学艺术界联合会 172a
石景山区物资总公司 270b
安全隐患排查 270c
安全综合治理 270c
出租房屋收入 270c
工资集体协商 270b
股权转让变更 270b
营销和清欠 270c
石景山区政法部门负责人 194
石景山区政府、人民团体、党政分设工作机构党委(党组)书记 102
石景山区政协工作机构负责人 140
石景山区政协专门委员会负责人 140
石景山区总工会 160a
石景山手机报 84b
石景山新闻网改版 85c
石景山医院 398a
护理操作考核(图) 399
护理业务 399c
基础建设 400a
科研教学 399a
社区卫生服务 399a
新手术室(图) 381
信息化建设 399c
医联体建设 399a
医疗服务 398b
预防保健 399b
石景山中学参加国际赛事 132b
石景山中医医院 394a
石开公司 293c
石泰公司成立(图) 211
石泰基础设施公司组建 212b
实兴腾飞公司 294b
实验教育集团 343a
实验室资质认定 217a
实战演练 322c
食品安全专项整治 223b
食品标签标识治理 224a
食品流通监管 223c
食品药品管理 225c
法制宣传 225c
行业联盟 222c
监督管理 221c
市场秩序 225c
质量监测 224b
综合治理 223a
食药安全监控中心 222a
食药监局 221c
世界读书日活动 369b
世界旅游城市推介会(图) 276
世界气象日宣传(图) 323
市场价格服务保障 205a
市场监管 228a
市场专项检查(图) 213

市督导组督导检查　119c
市发改委领导调研　116a、202b
市级部门与园区企业对接　333c
市级公益服务品牌　440a
市级赛事承接　416c
市级先进单位　218c
市级重点区域景观提升　300b
市民学校建设　88a
市区级重点大街整治　300a
市人大代表集中活动　108c
市人大代表调研　301b
市人大政协领导调研　73a
市容卫生　309c
市委领导调研　71c
市委书记调研　74a
市委巡视　74b
　对接　126a
市卫计委领导调研　379c
市文艺展演　173b
市有关部门调研(图)　335
市运会参加　414～415
市政府领导到区调研　113c
市政基础设施建设　298b
市政市容管理　298a
　委员会　298a
市重点关注课题　92c
市重点实验室新增　328a
事业单位法人年检制度　94b
事业单位管理　427b
试卷监管　97b
视察活动　107b
视频会议系统　207c
手机产品监督抽查　216a
手足口病防控　388c
首都保险业创新发展共商　331c
首都科技创新券政策宣讲　335b
首都民生对话聚焦石景山　74c
首都文明区县创建　88c
首都医科大学附属北京朝阳医院　408b
首都医科大学附属北京康复医院　404b
首钢环境产业发展平台　330c
首钢集团　252a
　APEC 会议服务　254b
　出口创汇　257b
　发明专利奖　253c
　非钢产业新成效　254c
　钢材产品销售　256c
　钢铁生产　255c
　管理创新成果获奖　255a
　国家科技项目　256c
　节能环保　257a
　金杯奖产品　255b
　京津冀协同发展　254a
　科技进步创品牌　256a
　矿产资源业　255c
　连续进入世界 500 强　254a
　企业交流合作　256b
　全国荣誉称号　254a
　生物质能源项目　252c
　市科技二等奖　253a
　市领导调研　252c
　首钢灯光节(图)　253
　首钢基金公司　254b
　首钢老工业区纳入全国试点　253a
　首钢新园区专家评审　254c
　首特钢园区开发　257a
　碳排放权交易创效益　257b
　西十筒仓改造项目　255c
　薪酬分配制度改革　254b
　烟气脱硫项目鉴定　255a
　养老项目启动　253c
　园区开发建设　253b
　战略合作协议签署　252c
　中国专利奖　255a
　专利获奖　256c
首钢矿山医院　409c
　改革与管理　409c
　护理业务　410b
　科研工作　410b
　社区服务　410c
　体检工作　410c
　医疗服务　410a
　医学教育　410b
首钢西十筒仓改造项目(图)　289
首钢医院　400a
　改革与管理　400b
　后勤与基建　402b
　护理业务　401c
　机构设置　400b
　科研工作　401c
　信息化建设　402a
　医联体建设　400c
　医疗服务　401a
　医学教育　400a
首届两岸书画展　371b
首届双拥杯篮球联赛　424a

售房办证 293b
书法交流活动 172b
书法展览活动 173a
枢纽型社会组织建设 439c
疏散演练组织 199b
蔬菜零售网络建设 266c
暑期旅游咨询活动 275c
数字化少儿馆打造 370c
数字商务系统完善 266b
数字娱乐产业 326a
双拥杯篮球联赛 424a
双拥杯篮球赛 413b
双拥工作 423a
双拥共建 197b、424c
水环境监管 314c
水环境质量 315a
水价调整 302c
水务管理 301a
税法宣传(图) 233
税收稽查 233c
税收收入 234c
税收征管 235a
税务 231c
　　稽查 236b
　　宣传进校园(图) 235
税政职能 236a
司法行政 189b
　　开放日 189c
司法局 189b
私个协会 435a
　　七届三次理事会 435b
私人定制游 274c
私营个体经济 435a
思想政治建设 96a
斯坦福大学点燃项目说明会 332a
四本账课题研究 203c
四联展 347b
四套班子到首钢交流座谈(图) 116
四套班子联席会 64c
四中全会精神培训班 100a
送温暖活动 167b
素质教育评价方案汇编 351c
素质教育评价指标体系 351b
素质教育综合督导 352a
随军家属就业安置 424b、426b
孙剑云杯武术太极拳赛 417a
所得税管理 232c

T

台办 90c
台海形势报告会 92a
台湾街影响力 267b
台湾书法家作品展 91a
台湾团体参访接待 91b
台资企业培训 91b
跆拳道资格赛参加 415b
泰德典当 249c
特大挪用资金案破获 183c
特扶家庭帮扶 433b
特钢社区开展义诊(图) 151
特教发展状况调研 352c
特困人员供养 422c
特殊教育学校名录(表) 485
特殊药品使用监管 224c
特载 5
体操项目比赛承办 416a
体操资格赛参加 415b
体外诊断试剂专项检查 225b
体验中心市场化运营 275c
体育 411
　　安全生产标准化推进部署 418c
　　法制宣传 418c
　　经营单位名录(表) 498
　　联合安全检查 418b
　　生活化社区 414b
　　执法 418a
体育产业 416b
　　联盟活动 416c
体育局 412a
天安人寿保险股份有限公司 245b
　　保险产品开发 246a
　　创新发展 245c
　　机构建设 246a
　　信息化建设 246a
　　业务经营 245c
天山公司获AI用户好评奖 332a
田径资格赛参加 415b
田义墓 466
挑战杯全球创业赛 132a
听证会注入高科技 214b
停车管理专项整治 317c
停车设施编号补建 301a
停车收费管理 205b
同根同源书法活动 172c

统计 207c
调研 208a
服务 209b
进社区建设 208c
年报 209b
宣传 210a
执法 210b
资料 471
统一战线 89c
统战部 89c
投融资平台服务 210c
投诉举报办结率 220c
投资促进局 267c
投资统计改革试点 209c
图书馆 369a
名录 492
徒步乐跑大会 414a
土地储备项目 287c
土地登记服务 287b
土地供应计划编制 288a
土地供应项目划拨 286a
土地上市供应 287c
团校专题培训班 99c
退休专家返聘 385c
退役士兵安置 422a
拖欠工资追回 430a

W

外国人在区中医医院针灸治疗(图) 386
外贸进出口 267b
外事 131a
外资大项目 267c
外资结构 267b
外资来源 267b
玩教具配备培训 346b
万嘉信诚典当 248c
王安顺 72c
网吧消防培训 373b
网格化管理 181a
网格化组织体系全覆盖 438b
网络案件研讨 228b
网络建设 227c
网络文明传播活动 88a
网上办事平台建设 206c
微信公众平台 374b
为党外人士办实事 90c
为一线职工送清凉 161a
违法建设查处 285a
违法群租房治理 180a
围绕城市建管履行职责 107a
围绕经济发展履行职责 106c
围绕科技创新履行职责 107a
围绕司法监督履行职责 107a
维稳安保 178a
维稳信息研判 179a
维修资金审核 292a
卫片执法检查 287c
卫生改革 378c
卫生行政审批 393a
卫生继续教育 384c
卫生监督执法 391a、392c
卫生监督所 391a
卫生人才培养 386b
卫生信息化建设 380b、384c
卫生医疗单位名录 486
卫生应急 380b、388a
未成年人思想道德建设 89b
未成年人刑事检察 185b
温馨家园建设 431a
文保工程财政审计 371b
文保资金投入 371c
文创银行成立 327b
文创专营银行 84c
文化 364b
文化·传媒 363
文化创意产业发展 330a
文化创意企业发展 86c
文化广场现场审计勘查(图) 226
文化科技融合主线布局 332b
文化设施名录 491
文化市场 372b
文化委员会 364b
文化学者到区调研 172c
文化遗产日宣传展示 366b
文化阵地建设 95a
文化执法考评 373c
文化中心建设 367b
文化助残 369b
文联工作交流 172b
文秘工作 78a
文明办 87a
文明单位创建 89a
文明社区创建 89b
文物安全 372a
文物保护单位名录 491

文物管理　371a
文物利用情况　372a
文物清查摸底　371a
文学艺术界联合会　172a
文艺创作　368c
文艺家会员采风　172c
文艺阵地建设　368c
文艺作品汇集　173c
我们的节日主题活动　88b
污染物排放　316a
无煤区建设　313a
无线天利创业板上市　334b
无障碍设施改造普查　285a
无证餐饮安全检查　223c
无证无照治理　214c
无主脏乱问题解决　300b
五里坨街道　463a、505
　安全生产监管　465a
　保障性住房审核　465b
　便民工程　465b
　成立和撤并社区　464b
　城市环境建设　465a
　多种形式促就业　463b
　非法洗车点清理　464b
　军休职工服务　464c
　垃圾分类　463c
　亮剑行动　464c
　流动人口服务管理　465b
　社会救助　465c
　首届五里坨好声音评选　464a
　违法停车顽疾攻克　464c
　五里坨好声音评选活动(图)　463
　辖区经济普查　464b
　养老服务　465c
　执法指挥中心运行　464a
五里坨医院　397a
武警动漫创作骨干培训　327b
武林大会举办　347b
武术散打资格赛参加　415a
武术太极拳赛　417a
武术套路资格赛参加　415c
武术协会挂牌　413b
武术邀请赛　417b
武装部　196a
舞动北京决赛　367a
　舞蹈大赛(图)　367
物业管理　293a
物业企业资质管理　291a
物资公司　270b
雾霾天气应对　310c
雾霾应对　323b

X

西北热电中心建设　119c
　建设协调　204c
　情况调研(图)　231
西部储备项目推进　285b
西部建设办公室　295b
　建设区控规调整研究　295b
　交通研究　295c
　市政基础设施建设　295c
　水资源研究　295c
　项目建设　295c
西山八大处文化景区管理委员会　276c
西十筒仓改造项目　283c
西五环体育产业带发展　418a
希望工程捐助　165b
夏季专项整治　222c
夏日旅游活动咨询(图)　273
夏日文化广场　366c、366(图)
先进　467
先进个人　467b、469b
先进集体　467a、467b
先进模范表彰　160c
现代金融行业组织　239a
现代金融影响力　240a
现金收支情况(表)　473
献爱心捐款活动(图)　98
祥瑞通典当　249c
向老年人宣传法律援助(图)　190
项目获区政府奖励　328c
消毒产品监督检查　392b
消防　321a
　安全知识培训　273a
　设备　322c
　湿化行动　322a
　宣传　321b
　支队　321a
消费维权进校园　213a
消费性支出(表)　473
消费支出　436c
消夏露天餐饮经营规范　265a
小额贷款　249c
小米互娱落户石景山　332c
小区车位增设　211b

小学名录(表) 480
小足球节承办 344b
校警制 181c
校舍维修改造 353c
校外教育评价指标体系 351c
校园食品安全检查 222a
校园周边 300b
　净化 373b
　食品整治 223a
　整治 317a
校长成长工作室推进研究 346c
协管员队伍统筹规范(图) 440
协商民主推进 90a
新创意作文赛获奖 348a
新批外资规模 267b
新批外资结构 267c
新七天获电子发票资格 266c
新生违建动态清零 319b
新首钢建设 118c
新闻宣传 374b
新闻应急处置 86c
新消法宣传进军营 212c
新主导产业培育 207a
信访 125a、292b
　复查复核 126b
　经验交流 126a
　举报 144a
　条例落实情况调研(图) 125
　维稳 131a、211c、293a
　宣传培训 126b
信访代理制 125b
　落实 309c
信访件处理 315a
信息安全保密培训 97a
信息编报 78a
信息公开管理 287c
信息化建设 234b、285c
信息化专网建设 226b
信用卡纠纷案处理 187a
星宇公司 269b
行政案件连续胜诉率 430b
行政处罚 290b
　案卷评查 122b
行政服务 124a
　大厅 286a
　中心 124a
行政复议规范 122c
行政监察工作 142c
行政区域界线联检 420b
行政审批管理系统升级 125a
行政审批简化 226a
行政审批制度改革 93b
行政事业收费管理 205a
行政调解 122c
行政投诉受理 144c
行政文件管理 122c
行政应诉 122c
行政执法 122a
行政执法监督 131a
幸福家庭文化季 433b
虚开增值税发票案破获 183c
徐杭诉袁腾飞侵害作品署名权、作品发行权案 188c
宣传部 84a
宣传教育 84a、185b
宣教基地建设 199a
学雷锋服务队为民服务(图) 434
学雷锋旅游咨询活动 275a
学雷锋志愿服务活动 88b
学历教育 100b
学前教育 345c
学生机器人大赛 348c
学生科技节 348c
学生作文大赛 173c
学习方式变革研讨 347c
学习品牌项目 370c
学习实践活动 89c
学习体会选编出版 85a
学习型党组织报道 376a
学习型组织表彰 349b
学校卫生 390a
　工作督导资料目录 351b
学校卫生监督 393c
学校艺术教育工作评估细则 351c
学校周边食品检查(图) 222
学用情况检查 83c
血压计免费检测(图) 216
血液管理 384a
血液透析专项检查 392c
寻衅滋事案破获 184a
寻找最美家庭 168b
汛期执法 373b

Y

压减燃煤工作 120a、202c
烟草法律宣传(图) 227

烟草专卖 227b
烟草专卖局 227b
烟花爆竹监管 218b
烟花爆竹专项检查 215b
严打有组织犯罪 182c
研究室 92b
眼镜制配企业检查 216b
眼科医院 406b
　改革与管理 407b
　护理业务 408a
　机构设置 407a
　科研管理 408a
　学术交流 407a
　医疗服务 407b
　医学教育 408b
燕金源公司 295c
燕山水泥厂限价房 288c
央行领导到区调研 115a
央行领导互联网金融产业实地调研(图) 115
扬尘污染控制 314b
阳春保健社区体育生活周 412b
杨柳飞絮治理 304c
养老管理服务中心 421a
养老机构建设 420a
药品不良反应监测 224c
药品零售企业分类监管 225a
药械管理 384b
野生动物救助 306c
业大校园招聘 350b
一刻钟服务圈信息化 440b
一区一警机制 322a
医保体系完善 380a
医保医师库动态管理 425b
医改工作 378c
医改工作会 379b
医联体建设 379a
　启动会(图) 378
医疗队伍建设 384a
医疗服务 384a
　完善 380b
医疗管理服务 381c
医疗机构 394a
　满意度调查 384c
　药品使用监管 224b
　准入管理 383c
医疗联合体系建设 114c
医疗器械企业五整治 225a
医疗设备 383c
医疗卫生 377
　基层机构改革 380a
　监督 393c
医疗质控管理 382c
医师定期考核 382c
医院感染管理 382a
依法行政 226a
依法行政 235a、290b、433c
　培训 121c
以面保点 182b
义务教育减负督导监测培训 352a
义务植树 304c
议事协调机构清理 143b
疫苗采购监管 224c
因公出国(境)管理 133b
音像电子网络出版物奖 330c
银行 240b
　存贷款情况(表) 472
银河嘉业拓展业务范围 212b
银河商务区 E 地块 290a
引进企业 268a
饮用水安全保障 391c
隐患举报 322b
婴幼儿早期教育 434c
迎五四活动 165a
应急避难场所建设 303b
应急力量建设 197b
永大典当 248c
永定河安全度汛 302a
永定输变电站 203b
用电环境 203a
优待抚恤 420b
优抚对象慰问(图) 420
优美小区街巷胡同评选 299c
优秀调研文集 93a
优秀科技人才举荐 171c
优秀人才培养资助 83c
优质护理服务 382c
优质课程资源评选 347b
邮储西区支行 244a
　创富大赛 244b
　服务渠道创新 244c
　养老金代发 244b
　银企合作 244b
友好城市交往 131c
友好交流 131b
有序高质城市环境 319c
幼儿园环境创设评优 346a

幼儿园及学校走访慰问　117b
幼儿园名录(表)　478
舆情研判　87a
与安邦负责人座谈　116b
与保监会沟通对接　117b
与保险协会领导座谈　114a
与车联网签署战略合作协议　332a、331(图)
与赣州市缔结友好市区　120b
与国网北京电力签约　116c
与华润集团　114a
与华夏幸福基业座谈　114a
与力宝签署合作协议　117c
与门头沟区进行工作商讨　117a
与区司法局会签意见　184c
与区委党校签订合作协议　186a
与人大代表、政协委员面对面　166c
与市民面对面沟通　301a
与市侨办签署合作协议　120a
与首钢领导座谈　115c
与首钢签署合作协议　120a
与天津基层院交流合作　186b
与有关单位领导座谈　71c
与中兵投资公司座谈　114c
与中国人保领导座谈　116c
与住总集团签订合作协议　113a
羽毛球资格赛参加　414c
雨洪利用工程　302bb
雨后推水作业(图)　310
玉兰文化节　308a
玉泉医院　402
　医疗教学综合楼(一期)　289c
狱内帮教活动　170a
预防煤气中毒安全宣传(图)　182
预算绩效管理　231a
预算执行审计　227a
预约转诊完善　385c
元旦零点夜查行动(图)　321
园林绿化　304b
园林绿化局　304b
园区企业并购合作　334c
园区税收管理　233b
园区通勤班车运营　331b
园长教师专题培训　346a
援助贫困母亲项目　169b
院警制　181c
月平均气温与常年对比统计(表)　324
孕前优生检查　434b
运动员等级证书审批　418c

Z

再生资源回收体系建设　264c
再生资源治理　129c
在区委十一届十次全会上的工作报告　6
　2014年工作总结　6a
　2015年主要工作　8a
　城市管理体制改革　7b
　城市环境　7a
　从严治党　6b
　从严治党任务　8b
　从严治党责任　8b
　存在的问题　8a
　党的建设　6a
　党的领导　8b
　党建工作　9a
　党建统领新常态　8b
　党内政治生活　6b
　法治社会建设　10b
　法治石景山建设　10a
　改善民生　10b
　高端绿色发展　7a、9a
　高端绿色发展合力　9b
　高端绿色发展新常态　9a
　高端绿色发展战略　7a
　高端绿色发展战略布局　9b
　高端绿色发展重点任务　9b
　高精尖经济结构构建　9b
　工作总结　6a
　管党治党能力　6b
　和谐宜居之区建设　9b
　教育和医疗卫生问题　10b
　教育实践活动整改任务　9a
　经济社会发展　7a
　精神家园建设　6a
　劳动就业　10b
　绿色生态新优势　9b
　民生家园建设　7a
　民生家园建设新常态　10b
　民生问题　10b
　民主生活会制度　9a
　民主政治建设　7b
　年度考核考评改革　7b
　区域经济发展　7a
　全面深化改革　7b
　全面深化改革任务统筹　10a
　全面深化改革新常态　9b

群众路线教育实践活动 6a
社会保障 10b
社会建设 7a
社会治理创新 7b、11a
深化改革 9b
生活环境 10b
生态文明建设 7a
十八届四中全会精神学习贯彻 10a
思想政治建设 6a
四大一满意目标 6a
四风突出问题遏制 6b
文化生活体系 9b
信访代理制 7b、10b
医疗卫生问题 10b
依法治区新常态 10a
政治生态 6b
重点领域改革 10a
主要工作 8a
住房和生活环境 10b
转型发展 8a
在线教育服务培训 348b
在职党员进社区 79b
早餐示范工程试点 267a
责任督学挂牌督导手册编制 351c
增值税管理 232a
战备执勤 196b
战略合作协议签署 268a
站前小区经适房项目 288b
掌上 119 推广 322b
招考招聘公开 425c
招商引资 267c
指标 211a
赵山小区节能改造工程 289a
折子工程落实 208b
争取资金支持 86c
征兵工作动员会(图) 196
征兵任务 197a
征管模式改革 234a
整形外科医院 405c
护理业务 406b
科教工作 406b
医疗服务 406a
证券 246c
政法 177
部门负责人 194
队伍建设 178b
工作宣传 179b
委员会 178c
政风行风热线 144c
政府采购规范 230c
政府采购项目 203c
政府常务会 110c
一览(表) 110
政府法制建设 121b
政府工作报告 11
2014 年工作回顾 11a
2015 年主要任务 13b
产业功能区建设 14a
城市发展载体 11b
城市管理体制改革 15b
城市基础设施建设 14b
城市建设 14b
城市可持续发展 14b
党的群众路线教育实践活动 13a
法定职责必须为 16a
法治政府建设 16a
改革创新 15b
高端引领 14a
高精尖经济结构构建 14a
工作回顾 11a
公信力提升 13a
惠民实事 15a
结构调整 11a
经济发展 11a
经济社会发展预期目标 13b
经济体制改革 16a
民生保障 12b、15a
民生家园建设 15a
民主决策 16a
区域发展活力 15b
区域文化软实力 15b
权力制约和监督 16b
人口规模控制 14b
人口资源环境难破解 12a
社会服务管理创新 12b
社会和谐稳定 15b
社会治理 12a
生态立区 14b
生态文明建设 12a
生态宜居环境 15a
十三五规划平编制 14b
为民务实清廉 16b
文明执法 16b
问题和不足 13b
西部发展水平提升 15a
信访代理制 15b

以人为本 15a
招商引资 14a
政府工作总体思路 13b
政审批制度改革 16a
执政能力 13a
重大项目建设 11b、14b
重点领域改革 12a
重要成绩 11a
主导产业高端发展 14a
主要工作 11a
主要任务 13b
总体思路 13b
作风建设 16b
政府购买服务项目 441b
政府购买公共服务 441b
政府门户 APP 建设 207c
政府全体会议 114b
政府日常政务 120c
政府信息公开 124c、292b
政府信息公开案 189a
政府资金扶持方式创新 206a
政务微博互动功能 85b
政务信息公开 226b
政协北京市石景山区第九届委员会 139
政协北京市石景山区第九届委员会常务委员会工作报告 21
2014 年工作回顾 21a
2015 年工作意见 24b
爱国统一战线 22b
城市病破解 25a
创新和提高质量与水平工作 26a
服务大局 24b
改进作风 23b、24a
工作回顾 21a
工作活力与实效 23a
工作意见 24b
工作中问题 24a
好行动 23b
好声音 23b
好习惯 23b
好形象 23b
建言工作 25a、25b
教育实践活动 24a
界别活动 23a
经济社会发展 25a
开拓进取 24b
可持续发展 25a
联合调研成果 21b
联合调研工作 21a、25a
旅游产业发展 22a
民生工程建设 22a
民生家园建设 25a
民主政治建设 22b
求真务实 24b
社情民意工作 21b
社情民意信息 22a
思想政治基础工作 25a
特邀委员作用 23b
提案办理协商 22a、22b
提案督办协商 22b
提案选题协商 22a
调研视察 21b
统战工作 25b
团结联谊工作 22b
团结民主 24b
委员三级联系制度 23a
委员主动作为 23a
我是委员我承诺主题实践活动 23a
协商民主制度建设 22b
协商民主制度建设工作 25b
依法治区 25b
招商引资 22a
正确方向 24b
政协工作创新 21b
政协工作总体要求 24b
政协教育实践活动 24a
政协组织协调能力 21b
政协组织形式创新 23b
政治定力 24b
制度建设 22a
重点工程 22a
重点工作 25a
自身建设 23b
政协委员培训班 99a
政治协商会议石景山区委员会 135
知识产权案件巡回审判 327c
知识产权保护 188a
知识产权金融培训 328c
知识产权联席会议(图) 328
知识产权领航工程 327b、329b
知识产权年度表彰 329c
知识驱动创新引擎培训 327c
执法监督全覆盖 186a
执法检查 107b、129(图)、322b
执法司法规范水平 178b
执照免费邮寄 214b

直属机关党建 97c
职工创新工作室 161b
职工互助保险 162c
职能调整 93c
职业病危害防治评估 219c
职业服务机构名录 500
职业技能培训 425b、431a
职业教育、高等教育学校名录(表) 482
职业介绍机构名录(表) 500
职业卫生监督执法 219a
职业卫生执法检查 220c
职业与成人教育 349c
指挥中心建设 198a
志书初稿修改 129a
志愿反哺推进 441a
志愿服务毛主席纪念堂 350b
志愿服务整合 432b
志愿者服务活动 164c
志愿者送教进社区 349c
志愿者网上注册 441c
制度建设 125a
制贩毒豆芽窝点 183c
质监局 215b
质量安全管理培训 217a
质量发展实施行动 215c
质量技术监督 215b
治安防控体系 179a
治安整治 182c
治煤防霾 215c
致公党区工委 153a
　参政议政 153c
　服务社会 153c
　思想建设 153b
　组织建设 153b
智慧社区建设 441a
智能交通停车诱导系统 206b
中保典当 249a
中高考服务保障 318a
中共北京市石景山区第十一届纪律检查委员会 144
中共北京市石景山区第十一届委员会 101
中共北京市石景山区委办公室文件 476b
中共北京市石景山区委文件 476a
中共北京市石景山区委文件目录 476a
中共北京市石景山区委员会 26
中共石景山区委员会 63
中关村科技园区石景山园 326a、330a
中关村年度奖项 331a
中关村年会论坛 333c
中关村智慧环境产业联盟调研 333a
中国保险信息技术管理有限责任公司 245a
中国保信 245a
　经济指标 245b
　信息数据平台建设 245b
中国第四纪冰川遗迹陈列馆 466
中国非遗年俗文化展示周 113a
中国工商银行北京石景山支行 240b
中国光大银行北京石景山支行 243a
中国光大银行信用卡中心 244c
　创新发展 245a
　业务规模 244c
中国国民党革命委员会石景山区工作委员会 146b
中国好人榜 435b
中国建设银行北京石景山支行 242a
中国科学院大学 353c
　APEC 志愿服务 356a
　本科生首次招收 355c
　场发射枪扫描电镜落户 356b
　创新专利成果获金奖 356a
　丹麦女王访问国科大(图) 355
　丹麦女王为中丹科教楼奠基 354c
　党委主要负责人调整 356b
　董军社 356b
　国际大学生亚洲赛创佳绩 356a
　合作协议签署 355c
　理科菁英班 354c
　诗琳通公主为国科大题词(图) 354
　泰国公主来校访问 354b
　外教名誉博士学位授予 355c
　文化遗产十佳图书 355b
　校党委换届 355a
　新一届行政班子任命 354c
　智能设计获全国一等奖 355b
　中丹科教楼奠基 354c
　中丹项目硕士生毕业 355b
中国科学院高能物理研究所 336a
中国旅游日咨询活动 275b
中国民主促进会石景山区工作委员会 150b
中国民主建国会石景山区工作委员会 149b
中国民主同盟会石景山区工作委员会 147b
中国农工民主党石景山区工作委员会 151c
中国农业产业发展基金有限公司 246b
中国农业银行北京石景山支行 241a
中国人民政治协商会议北京市石景山区第九届委员会 139
　常务委员会工作报告 21
中国医学科学院整形外科医院 405c

中国银行北京石景山支行　241b
中国邮政储蓄银行北京西区支行　244a
中国致公党石景山区工作委员会　153a
中国智能交通建设推荐品牌奖　333a
中国中医科学院眼科医院　406b
中行石景山支行　241b
　地坛文化庙会·台北之旅　241c
　文明优质服务百日竞赛　241c
　小微业务特色行打造　241c
中京典当　249a
中老年健身表演　413
中青年干部培训班　99b
中秋环境卫生保障　310c
中秋节环境保障　318b
中融金华(北京)公司参股　212a
中杉学校收费标准调整　205c
中天典当　248a、248(图)
中天金谷挂牌新三板　331a
中铁二十二局集团有限公司　257c
　安全质量　259b
　北京地铁6号线二期16标　259b
　地铁六号线二期项目(图)　259
　福安至寿宁高速公路A2标段　258c
　福州可门港铁路支线　259a
　古武高速公路A4合同段　258c
　哈齐客运专线1标工程　258c
　经济指标　258a
　科技成果　260a
　寿光至邹平线三电工程　259a
　松陶铁路竣工(图)　258
　松原至陶赖昭铁路工程　258b
　太兴静游至兴县铁路2标　258b
　珠海高栏港铁路专用线一期　259a
中小河道第二阶段治理　302c
中小河道三、四阶段前期工作　303a
中小企业服务　207a
中小企业开拓国际市场支持　267c
中小企业上市　240a
中小学挂牌责任督导推进　351a
中小学课外活动　342c
中小学生涯教育协作体　348q
中小学随班就读　347c
中小学文化建设方案颁布　347a
中信建投证券北京时代花园南路证券营业部　247c
　财富管理平台　247c
　柜台衍生品尝试运行　247c
　新三板进展　247c
中学名录(表)　481
中学生模拟联合国　343a
中央八项规定落实　144a
中央编办和北京市联合审核(图)　93
中央督导组调研指导　118c
中央市属驻区企业　251
中医管理　384b
中医药服务　386b
中医医院　394a
　安全生产　395c
　传染病防控　394b
　对口支援　395c
　护理质量管理　395a
　科教工作　395b
　人才队伍　395b
　学科建设　395a
　医疗质量　394b
　义诊活动(图)　394
　院感管理　394c
　中医药文化建设　395b
中银创业快捷贷产品　334a
中职示范校建设　350b
钟青林　435b
重大安保任务　182a
重大故意杀人案破获　183b
重大活动　70a
　安全保障　274a
　专项保障　323a
重大节点医疗保障　380c
重大项目立项　203c
重点大街整治　300a
重点地区控规调整　282b
重点地区整治　180b
重点工程档案管理　127b
重点工程建设　290b
重点工作报道　375b
重点行业隐患排查　220b
重点绿化工程　305c
重点企业服务　124b
重点区域景观提升　300b
重点外事任务　132c
重点外资企业检查(图)　266
重点协作课题　92b
重点学科建设　383a
　评估总结(图)　383
重要会议　64a、104b
　报道　375b
重要活动　106c
重要节点保障　311c

主题创作活动 173b
主题教育活动 95b
主要工作和 70a
助残日宣传活动 431a
助学基金惠泽困难家庭 169b
住房民生保障 290c
住建委 288a
注射用透明质酸钠检查 222b
驻区单位春节团拜会 423c
驻区高校 353c
驻区科研单位 336a
驻区科研单位名录 485
著名商标企业 329b
专技人员职称管理 427c
专利示范单位 328b
专题调研 76c
专文 35
专项调查 209a
专项规划编制评估 284b
专项审计 286c
专项业务培训 198c
专项应急保障 311c
专项整治 199c
专项资金申请 207b
专销联动 228a
专业消防培训 305c
专业作业 312a
专职协管员队伍规范 440c
资产管理 130b
资产资源普查 198c
资源保护管理 309b
自然博物馆大篷车开进京源学校(图) 170
自助健康监测 386a
宗教节日 123c
宗教领域稳定 124a
综合调度指挥体系 213c
综合督导中小学 352a
综合规划体系构建 282c
综合经济管理 201
综合经济调控 202a
综合文稿 92c
综合协调 78a
综合执法检查 220c
综治办 179c
综治领导责任制 180a
总工会 160a
总规修改工作 282a
总述 1
走访慰问活动 71a、94c
走进石景山区课程建设阶段研讨会(图) 347c
租赁管理 291a
足球女子乙组比赛承办 416a
组织部 78b
组织工作会(图) 81
组织建设 78b
最美家庭命名(图) 168
最美石景山人 85a、86c、376b
　　百姓宣讲 86c
　　报道 376b
　　演讲比赛 85a

（王彦祥、张若舒编制）